KB060358

제3판

주석 신탁법

무궁화신탁법연구회 · 광장신탁법연구회

박영사

제 3 판 서문

2013년 9월 초판을 발간하고 신탁법에 관심 있는 독자들의 성원에 힘입어 그로부터 2년이 지난 2015년 10월 개정판을 발간하였다. 그리고 벌써 6년의 세월이 지났고, 그 사이 신탁업계는 많은 변화를 겪었다.

2017년 1월 금융위원회는 "신탁업 제도 전면 개편"을 금융개혁 5대 중점과제로 정하면서, 진입규제 정비, 운용탄력성 확대, 수요자 접근성, 편의성을 강조하는 내용으로 신탁업법을 제정하고자 하였다. 이는 과거 신탁업법을 폐지하고 자본시장법에서 신탁업을 규율하고 있는 현행 법체계를 다시 새롭게 개편하는 것으로, 신탁업을 단순히 금융투자업의 하나로만 보는 시각을 탈피하고 신탁업의 독자적인 영역 확대를 시도한 것으로 평가할 수 있다. 다만, 이러한 논의가 신탁업법 제정으로 아직 이어지지 못한 것은 큰 아쉬움으로 남는다. 앞으로 좀 더 본격적으로 신탁법 고유의 독자적인 영역 확대를 위한 신탁업법 제정을 기대해 본다.

2019년 금융위원회는 10년 만에 부동산신탁업에 대하여 신규인가를 내주기로 하였고, 치열한 경쟁 끝에 대신자산신탁, 신영부동산신탁, 한국투자부동산신탁이 신규인가를 얻게 되었다. 이로 인해 부동산신탁업의 경쟁이 한층 더 치열해지게 되어 소비자에 대한 서비스 향상, 경쟁을 통한 신탁업의 발전 등 긍정적 요소를 기대를 해볼 수 있게 되었다. 다만 그 이면에서 과도한 경쟁이 부작용을 낳지 않을까 걱정스럽기도 하다.

한편, 그 사이 신탁학계의 새로운 논문 및 대법원 판례 등을 통하여 신탁법의 법리 역시 눈부신 발전이 있었다. 특히 신탁 관련하여 의미 있는 대법원 전원합의체 판결도 여러 차례 내려졌다.

담보신탁의 우선수익권과 그 우선수익권이 담보하는 채권의 관계에 대하여 판단한 대법원 2017. 6. 22. 선고 2014다225809 전원합의체 판결, 체육필수시설에 관하여 담보신탁계약이 체결되었다가 그 계약에서 정한 공개경쟁입찰방식의 매각 절차나 수의계약으로 위 시설이 일괄하여 이전되는 경우, 인수인이 체육시설업자와 회원 간에 약정한 사항을 포함하여 체육시설업의 등록 또는 신고에 따른 권리·의무를 승계하는지 여부에 대하여 판단한 대법원 2018. 10. 18. 선고 2016다220143 전원합의체 판결, 수탁자가 위탁자로부터 이전받은 신탁재산을 관리·처분하면서 재화를 공급하는 경우, 재화의 공급이라는 거래행위를 통하여 재화를 사용·소비할 수 있는 권한을 거래상대방에게 이전한 수탁자가 부가가치세 납세의무자인지 여부에 대하여 판단한 대법원 2017. 5. 18. 선고 2012두22485 전원합의체 판결을 들 수 있다. 위 대법원 전원합의체 판결들 모두는 신탁업계 나아가 사회 여러 방면에 큰 영향을 끼치게 되었다.

또한 위와 같은 대법원 판결들의 영향을 받아 신탁조세 제도도 큰 변화를 겪으면서 조세 관련 법령의 개정이 있었다. 최근 2020년 세법개정안에서는 다주택자의 종부세 회피수단으로 신탁을 이용하는 것을 막기 위한 내용이 포함되기도 하였다.

나아가, 최근 인터넷의 발전과 코로나의 창궐로 전 세계는 언택트(untact) 시대로 빠르게 전환하고 있다. 이러한 시대 전환에 발맞추어 신탁업계도 신탁상품 판매와 관련하여 비대면 방식을 적극 모색하고 있으나, 아직 제도적 정비가 미비한 것으로 보인다. 시대변화에 따른 자본시장법 등 관련 법률의 개정도 하루속히 진행되었으면 한다.

이러한 신탁업계, 학계의 큰 변화가 있었지만 대표저자인 저 또한 개인적으로 새로운 도전을 하게 되었다. 오랜 기간 일해 왔던 법무법인 광장에서의 변호사 생활을 그만두고 2017년도부터 무궁화신탁으로 자리를 옮겨 신탁 비지니스를 직접 경험하고 있다. 변호사로서 신탁을 바라보던 것과 실무에서 맞닥뜨린 신탁은 전혀 달라, 하루하루 새롭게 공부하는 중이다. 또한 무궁화신탁에서 신탁업 실무를 하고 있는 임직원들과 함께 신탁법 공부를 위한 무궁화신탁법 연구회도 조직하였다.

그리하여, 기존 광장신탁법연구회와 새롭게 조직된 무궁화신탁법연구회는 뜻을 모아, 이번 개정판을 함께 준비하게 된 것이다. 6년이라는 적지 않는 세월 동안 앞서 본 전원합의체 대법원 판결들을 비롯하여 의미 있는 대법원 판결도 많이 나오고 신탁법리와 관련하여 새로운 논문도 많이 발표되어 이번 개정판에 최대한 이를 반영하였고, 신탁 관련 부속 법령의 개정 역시 반영해 보았다. 또한 개정 신탁법이 시행된 지 이제 만 8년이 지나 구 신탁법 부분은 꼭 필요하지 않으면 삭제를 원칙으로 하였다.

학문적 소양이 부족하고 연구할 시간도 별로 없는 변호사들과 신탁업 실무 종사자들이 함께 힘을 모으기는 했으나 부족한 부분이 많을 것으로 예상된다. 하지만, 이 책이 신탁법을 처음 접하는 분들이나 실무에 종사하는 분들에게 신탁법을 이해하고 실무에 활용하는 데 있어서 조그마한 도움이 되었으면 한다.

이 책의 발간에 물심양면으로 아낌없는 지원을 해 주신 법무법인 광장의 여러 변호사님들과 무궁화신탁 임직원들께 이 자리를 빌려 깊이 감사드리고, 이 책의 제작에 있어 많은 도움을 주신 기획팀 조성호 이사님, 편집팀 김선민 이사님과 이승현 과장님을 비롯한 박영사 관계자들께 감사의 뜻을 표한다.

이 책의 내용은 법무법인 광장, 주식회사 무궁화신탁의 공식적인 견해는 아니며, 이 책 집필에 참여한 저자들의 개인적 견해임을 밝혀둔다.

2021. 6. 25.

무궁화신탁법연구회/광장신탁법연구회 대표저자 오 창 석

제2판 서문

2013년 9월 초판이 나온 이래 신탁법에 관심 있는 독자들의 성원에 힘입어 발행된 초판이 모두 소진되어 부득이 재판을 발행할 상황이 되었다. 그런데 그 사이 2014. 3. 18. 공익신탁법이 제정되고, 1년이 지난 2015. 3. 18.부터 시행되고 있으며, 이에 따라 신탁법 역시 공익신탁 부분이 대부분 삭제되는 등 개정이 있었다. 주무관청별로 나누어져 있는 공익신탁에 대한 관리·감독 권한을 법무부장관의 권한으로 일원화하여 관리·감독의 효율성과 전문성을 높이고, 공익신탁의 설정을 허가제에서 인가제로 전환하는 한편, 공익신탁의 투명성을 높이기 위한 공시제도를 도입하는 등 공익신탁제도의 전면적 개선을 통해 공익신탁제도를 쉽고 편리하게 이용할 수 있도록 함으로써 기부문화 활성화를 위한 법적 기반을 확충하기 위하여 공익신탁법이 새로 제정되었다고 한다. 공익신탁제도는 공익재단법인제도와 일정한 경쟁관계에 있을 것으로 보이는바, 기부자가 다양한 법형식을 선택할 수 있는 자유를 준다는 측면에서 반가운 일이 아닐 수 없다. 또한 그 사이 전면적인 수정은 아니지만 신탁제도와 관련하여 자본시장법과 부동산등기법의 개정도 있었다.

그래서 단순히 재판을 발행하는 것보다 이러한 관련 법령의 개정 내용을 반영하는 것이 독자들의 성원에 보답하는 것으로 생각되어 이번 개정판을 준비하게 되었다. 개정판에서는 초판 발간 이후 새로 나온 각급 법원의 판례와 논문도 최대한 반영하려고 하였고 신탁법 개정 이후 논란이 되는 법률적 이슈 등도 간략하게나마 정리하여 추가해 보았다.

개정 신탁법이 시행된 지 이제 만 3년이 지나 구 신탁법 부분을 모두 삭제하는 것이 어떨까 잠시 고민하기도 하였으나, 아직도 구 신탁법 관계에서 체결된 신탁계약이 많이 존재하는 것으로 보여 구 신탁법 내용이 독자들에게 여전히 도움이 될 것 같아 이에 대한 수정은 다음으로 미루기로 하였다.

학문적 소양이 부족하고 시간이 별로 없는 변호사들이 힘을 모아 작업을 하다보니 부족한 부분이 많을 수밖에 없음에도 불구하고 독자들의 성원에 힘입어 개정판을 발간하게 되었고, 한편으로는 이 책이 주석서로서 부족한 부분이 많지만 개정 신탁법과 관련하여 이슈를 제기하여 새로운 신탁실무의 정립과 연구에 일정한 기여를 한 것 같아 기쁘기도 하다.

이 책의 발간에 있어 물심양면으로 아낌없는 지원을 해 주신 법무법인 광장의 여러 변호사님들께 이 자리를 빌려 깊이 감사드리고, 이 책의 제작에 있어 많은 도움을 주신 기획마케팅팀 조성호 이사님, 편집부 김선민 부장님과 이승현 대리를 비롯한 박영사 관계자들께 감사의 뜻을 표한다.

2015. 10. 30.

법무법인 광장 광장신탁법연구회 대표저자 오 창 석

서 문

신탁제도는 형평법(Equity)에서 발전된 영미법계의 대표적인 법제도로서 서양에서는 널리 사용되고 있는 제도이다. 우리나라에서 역시 신탁회사의 수탁금액이 약 400조 원에 이를 정도로, 신탁제도는 금융제도에 있어서 없어서는 안 될 중요한 위치를 차지하고 있다.

그러나, 구 신탁법은 1961년 제정된 이후 최근까지 단 한 차례도 개정되지 않아, 경제현실에 부합하지 않는다는 많은 비판을 받아왔고, 특히 신탁업무를 수행하고 있는 실무가들로부터 시대에 뒤떨어진 구 신탁법으로는 제대로 신탁업무의 영위가 힘들다는 불만이 제기되어 왔다.

이에, 2009년 법무부가 신탁법 개정을 위해 특별분과위원회를 구성하고 1년 가까이 수많은 논의를 거쳐 2011년에 비로소 신탁법을 개정하게 되었으며, 이렇게 개정된 신탁법은 2012년 7월 26일 시행되기에 이르렀다. 개정 신탁법은 사적자치를 최대한 보장하는 유연한 제도라는 신탁 본연의 의미에 충실하고, 기업이나 개인의 자금운영, 자산관리에 있어 도움이 되는 방향으로 개정되었으며, 이를 위하여 유한책임신탁, 수익증권발행신탁, 신탁사채, 수익자연속신탁 등의 제도가 새롭게 도입되었다.

개정 신탁법은 자산유동화 등에 활용될 수 있도록 자신을 수탁자로 정한 위탁자의 선언으로도 신탁을 설정할 수 있도록 하였고, 재신탁의 근거규정도 명문화하였다. 또한 사해신탁취소 소송의 요건을 강화하여 사해신탁의 남용을 방지함과 동시에 선의의 수탁자 또는 수익자 및 거래의 안전을 보호하는 취지로 개정되었다. 한편, 충실의무에 대한 일반규정과 이를 구체화한 이익상반행위의 금지 및 공평의무에 관한 규정을 신설하여 수탁자의 의무를 강화하는 한편, 수익자는 언제든지 수익권을 소급적으로 포기할 수 있도록 하되 제3자의 권리를 해하지 못하도록 함으로써 신탁과 관련된 법률관계를 조기에 확정함과 동시에 수익자와 제3자의 권리를 보호할 수 있도록 하였다. 결국, 개정 신탁법은 기존 신탁법의 문제점 및 거래계의 필요를 받아들여 거의 새로운 제정이라고 볼 수 있을 정도로 대폭 개정되었으며, 이로 인하여 개정 신탁법과 관련하여 많은 해석상 논란이 발생하고 있다.

법무법인 광장(Lee & Ko)은 지난 2001. 7. 소송 및 정부 규제 분야에서 명성을 다져온 법무법인 광장(Park & Partners)과 국내 기업자문 및 국제거래 분야에서 꾸준히 성장해온 법무법인 한미(Lee & Ko)의 합병으로 설립된 이후, 국내 최대 규모의 법무법인으로서 고객들에게 전문적이고도 종합적인 법률서비스를 제공하기 위하여 여러 전문 분야팀을 구성하고 있다. 그 중 신탁 및 도산 관련 업무만으로 특화된 전문팀인 법무법인 광장의 '도산신탁팀'과 신탁관련 조세 업무를 포함하여 각종 조세 관련 법률업무를 처리하여 온 법무법인 광장의 '조세팀'이 함께 뜻을 모아 법무법인 광장의 '광장신탁법연구회'를 조직하였다.

법무법인 광장의 '광장신탁법연구회'는 과거 구 신탁법 하에서 수많은 신탁법 관련 자문 및 소송사건을 처리하여 왔던 실무 경험을 바탕으로 하여, 개정 신탁법의 개별 조항의 해석과 적용에 관하여 그간 심도 있는 논의를 해 왔으며, 그 성과를 반영하여 개정 신탁법이 시행된 지 1년이 흐른 지금 개정 신탁법의 주석서를 발간하게 이르렀다.

이 책은 독자들이 쉽게 필요한 부분을 찾아볼 수 있도록 개정 신탁법의 법조항 순서로 편집을 하였으며, 각 조항에 대하여 이론과 판례 및 실무례를 되도록 상세하게 설명하는 형식을 취하였다. 그래서 불가피하게 일부 설명이 중복되는 부분도 있으나, 독자들의 이 책의 활용방법을 생각하여 그대로 살려 두었다. 또한 학설상 논란이 있었거나 있을 수 있는 부분에 대하여 부족하지만 '광장신탁법연구회'에서 논의된 나름의 의견도 제시해 보았다.

아울러, 개정 신탁법에 새롭게 도입된 제도 내지 수정된 조항의 해석과 관련해서는 실무나 학계의 논의가 아직 부족하여 부득이 신탁법 개정을 실질적으로 진행해 왔던 법무부에서 발간한 신탁법 해설서의 내용을 상당부분 참고하였다는 점도 밝혀둔다.

앞으로, 개정 신탁법은 새로운 제도의 도입뿐만 아니라 구 신탁법의 다수의 조문의 변경 및 수정으로 인하여, 새로운 법해석이 필요한 부분이 많다고 할 것이다. 그렇지만 개정 신탁법과 관련하여 국내 학자 및 실무가들의 논의가 부족하고 참고할 만한 국내 서적과 논문도 아직 충분하지 않아, 이 책에서 다루는 논의는 주석서로서 부족한 점이 많다고 생각되나, 이 책이 개정 신탁법 시행 하에서 새로운 신탁실무의 정립과 연구에 있어서 조금이나마 도움이 되었으면 하는 바람을 가져본다.

윤용석 대표 변호사님을 비롯한 광장 식구들은 이 책의 발간에 있어 물심양면으로 아낌없는 지원을 해 주셨고, 특히 바쁘신 가운데도 권광중, 서정우, 유원규 변호사님께서 직접 초안을 검토해 주시고 많은 조언을 해 주셨다. 또한 광장신탁법연구회의 일원으로서 현재 연세대학교 법학전문대학원의 교수로 계신 이미현 변호사님 역시 신탁조세와 관련하여 많은 조언을 주셨다. 이 자리를 빌어 이 분들께 깊이 감사드린다.

끝으로, 이 책의 제작에 있어 많은 도움을 주신 전략기획팀 조성호 부장님, 편집부 김선민 부장님과 이승현 씨를 비롯한 박영사 관계자들께 감사의 뜻을 표한다.

2013. 8. 30.

법무법인 광장 광장신탁법연구회 대표저자 오 창 석

주요 목차

Ⅰ. 신탁의 연혁 / 3

Ⅱ. 신탁법 / 13

Ⅲ. 공익신탁 / 455

Ⅳ. 자본시장법상의 신탁 / 489

Ⅴ. 특수한 유형의 신탁 / 577

Ⅵ. 신탁과 조세 / 629

세부 목차

Ⅰ. 신탁의 연혁

Ⅱ. 신탁법

제 1 장 총　　칙

제 2 장 신탁관계인

제 3 장 신탁재산

제 4 장 수탁자의 권리·의무

제 5 장 수익자의 권리 · 의무

제12장 벌 칙

Ⅲ. 공익신탁

제 1 장 총 칙

제 2 장 공익신탁의 인가 요건과 절차

제 3 장 공익신탁의 운영

제 2 장 금융투자상품에서 제외되는 신탁

제 3 장 신탁업자의 영업행위 규칙

V. 특수한 유형의 신탁

Ⅵ. 신탁과 조세

제 1 장 소득세법과 법인세법

제 3 장 부가가치세법

제 4 장 지방세법

참고서적 및 인용약어

Ⅰ. 서　적

[신탁법 관련 서적(가나다순)]

김상용 감수, 신탁법 해설, 법무부, 2012. 4
법률연구회 편저, 신 부동산 신탁법 실무, 법률정보센터, 2012
송현진 · 유동규, 조해신탁법(이론 · 판례 · 실무), 진원사, 2012
유재관, 신탁법실무 －이론 · 등기 · 강제집행 · 비송절차－, 법률출판사, 2008
이연갑, 신탁법상 수익자 보호의 법리, 경인문화사, 2014
이재욱 · 이상호, 신탁법해설, 한국사법행정학회, 2000
이중기, 신탁법, 삼우사, 2007
임채웅, 신탁법연구, 박영사, 2009
임채웅, 신탁법연구 2, 박영사, 2009
장형룡, 신탁법개론, 육법사, 1991
최동식, 신탁법, 법문사, 2006
최수정, 일본 신신탁법, 진원사, 2007
최수정, 신탁법, 박영사, 2019
新井 誠, 안성포 역, 신탁법, 전남대학교출판부, 2011

[기타 관련 서적(가나다순)]

곽윤직, 민법주해 채권(1), 박영사, 2004
곽윤직, 민법주해 채권(2), 박영사, 2004
곽윤직, 민법주해 채권(8), 박영사, 2004
곽윤직, 민법주해 채권(10), 박영사, 2004
김건식 · 김교창 · 최완진 · 권기범, 주석 상법 회사법(4), 한국사법행정학회, 2003. 4

김건식 · 정순섭, 자본시장법, 두성사, 2010
김재진 · 홍용식, 신탁과세제도의 합리화 방안, 한국조세연구원, 1998. 7
박준서, 주석 민법 물권법(1), 한국사법행정학회, 2001
이재상, 형법각론, 박영사, 1996
이창희, 세법강의, 박영사, 2012
이철송, 회사법강의(제19판), 박영사, 2011
이태로 · 한만수, 조세법강의, 박영사, 2012
장근호, 주요국의 조세제도 미국편(Ⅰ), 한국조세연구원, 2009. 10
정동윤 · 박길준 · 권재열 · 이범찬 · 송종준 · 손수일, 주석 상법 회사법(3), 한국사법행정학회, 2003. 4
정동윤 · 양명조 · 손주찬, 주석 상법총칙(1), 한국사법행정학회, 2003. 4
정동윤 · 양명조, 주석 상법 회사법(1), 한국사법행정학회, 2003. 4
한국증권법학회, 자본시장법(주석서Ⅰ), 박영사, 2009

Ⅱ. 참조 논문(가나다순)

강남기, 저작권 신탁형 유동화에 관한 법적 연구, 한국외국어대학교(2015)
강율리, 신탁을 이용한 자산유동화에 관한 법적 문제점, BFL 제17호(2006. 5.)
권효상, 보험금청구권 신탁 관련 법적 논의, 기업법연구 제32권 제3호(2018)
김대현, 주택재건축사업에서 신탁등기의 문제점, 토지법학 제34권 제1호(2018)
김도경 · 윤용희, 배출권거래제 도입에 따른 자본시장법의 적용상 한계와 개선방안, 증권법연구 제11권 제1호(2010. 4.)
김동수 · 마영민, 신탁과 세법, BFL 제17호(2006. 5.)
김병기, 의결권신탁제도에 관한 연구, 법학연구 통권 제43집(2015)
김병오, 특정금전신탁과 투자권유: 표준투자권유준칙을 중심으로, 법학연구 통권 제43집(2015)
김병일, 신탁법 개정에 따른 신탁세제 개편 방향에 관한 연구, 조세연구 제10-2집
김상명, 부동산 담보신탁에서 위탁자인 채무자가 도산하는 경우의 취급, 법과 정책 제24집 제2호(2018)
김상훈, 새로운 재산승계수단으로서의 보험금청구권신탁, 사법 41호(2017)

김상훈, 유언대용신탁을 활용한 가업승계, 기업법연구 제29권 제4호(2015)

김세용, 대주단의 자금으로 진행되는 건물신축분양사업에서 시행사가 대주단 및 시공사와의 일련의 사업약정에 따라 건물을 담보신탁한 것이 사해행위가 되는지 여부, 대법원판례해설 제109호(2017)

김순석, 사업신탁을 활용한 중소기업의 경영권 승계 방안, 법학논총 제38권 제2호(2018)

김순석, 신탁을 활용한 배출권거래제도에 관한 연구, 증권법연구 제16권 제3호(2015)

김순석, 신탁을 활용한 중소기업의 경영권 승계 방안에 관한 연구 — 유언대용신탁 및 수익자연속신탁의 활용을 중심으로 —, 법학논총 제36권 제4호(2016)

김용호 · 이선지, 자산유동화거래와 법적 과제, BFL 제5호(2004. 5.)

김은집 · 김용호 · 남재현, 수익증권발행신탁 관련 자본시장법상 제 문제, 선진상사법률연구 제59호(2012)

김은집, 자본시장법상 불특정금전신탁제도에 대한 소고, 사단법인 은행법학회 · 전남대학교 법학연구소 신탁산업법센터 공동주최 "신탁법의 현황과 과제" 세미나 자료집(2012. 5. 4.)

김은집, 투자일임, 금전신탁, 집합투자의 구분과 투자자보호, BFL 제71호(2015)

김재현, 퇴직연금 지배구조 진단과 부분적 대안으로서 신탁형 지배구조의 도입, 보험학회지 제95집(2013. 7.)

김재희, 개정 신탁법에 따른 부동산 신탁제도의 발전 방안에 대한 연구: 상사신탁에 도입 가능한 제도와 상품을 중심으로, 집합건물법학 제16집(2015)

김정수, 부동산신탁과 처분제한의 등기, 토지법학 14호

김종보 · 최종권, 신탁방식의 정비사업에서 신탁업자의 권한과 책임, BFL 제94호(2019)

김종서 · 장희순, 부동산개발신탁사업에 있어 신탁수익권증서의 활용을 통한 자금조달방안에 관한 연구, 주거환경 제5권 제2호(2007. 12.)

김지훈, 분양계약 해제 시 담보신탁 법률관계와 관련한 대법원 판결의 동향, BFL 제94호(2019)

김진우, 공익신탁법리와 법정책적 제언 – 공익재단법인제도와의 비교를 통하여, 비교사법 통권 14호(2001. 6.)

김진우, 신탁재산의 특수성, 법조 통권 533호(2002. 10.)

김태진, 기업형태로서의 신탁(사업신탁, 수익증권발행신탁 및 유한책임신탁을 중심으로), 법무부 세미나 발표문(2011)

김태진, 신탁수익권과 강제집행 — 수익권에 대한 압류의 효력범위에 관한 고찰, 비교사법 제24권 제2호(2017)

김태진, 유한책임신탁에 대한 검토와 신탁법 개정을 위한 시사점, 중앙법학 제11집 제3호(2009. 10.)

김형두, 부동산을 목적물로 하는 신탁의 법률관계, 민사판례연구 제30집

남궁주현 · 고동원, 신탁 수익자의 수익권 포기와 수탁자의 수익자에 대한 비용상환청구권 소멸 여부 — 대법원 2016. 3. 10. 선고 2012다25616 판결을 중심으로 —, 상사판례연구 제31권 제2호(2018)

노혁준, 신탁변경, 수탁자변경과 신탁합병 및 분할, BFL 제62호(2013. 11.)

노혁준, 최근 주요 부동산신탁 판례의 검토, BFL 제94호(2019)

노흥순, 신탁선언에 의한 유언대용신탁 등기사례, 법무사(2017. 2.)

도건철 · 배재범, 부동산신탁과 임대차의 대항력, BFL 제94호(2019)

류창호, 신탁에서의 물권법정주의에 관한 연구 — 영미법계와 대륙법계의 소유권을 중심으로 —, 법학연구 제24권 제2호(2016)

류혁선 · 최승재, 개정 신탁법상 자기신탁 및 수익증권 발행제도를 활용한 유동화 금융투자상품 설계에 대한 연구, 증권법연구 제14권 제2호(2013)

문기주, 개정 신탁법상 수익권 양도 시 수익자의무의 이전 여부 및 범위에 관한 고찰 — 수익자의 수탁자에 대한 비용상환 및 보수지급 의무를 중심으로, BFL 제65권(2014)

문기주, 개정 신탁법상 수익자의 지위에 관한 연구 — 수익권의 양도와 포기를 중심으로, 고려대학교 대학원 석사학위논문(2017)

문형배, 토지신탁상 수탁자의 손해배상의무와 보상청구권(대법원 2006. 6. 9. 선고 2004다24557 판결), 판례연구 제19집(2008)

미래에셋생명보험, 생명보험신탁을 활용한 유족의 생활안전장치마련, 금융투자협회 2011년 신탁포럼월례발표회자료

민유숙, 재건축조합의 사업시행으로 신축한 집합건물의 원시취득자, 대법원판례해설 57호(법원도서관, 2006)

박근용, 신탁법 개정에 따른 자본시장법상 투자신탁의 신탁관계에 관한 고찰, 비교사법 제20권 3호(통권 제62호)

박삼철 · 이중기, '제도'로서의 투자신탁법제의 기본구조와 발전전략, 홍익법학 제15권 제1호(2014)

박성호, 저작권신탁관리업에서 '포괄적 대리'의 의미와 '신탁범위 선택제'의 실천방안, 계간 저작권 2016 가을호

박재억, 체육필수시설 담보신탁을 근거로 한 매각 절차와 인수인의 체육시설업자 권리 ·

의무 승계 여부, 사법 제47호(2019)
박종수, 신탁재산의 공매와 체육시설업의 승계: 대법원 2012. 4. 26. 선고 2012다4817 판결을 중심으로, 법조(2015. 5.)
박주봉, 부동산신탁과 개발부담금, BFL 제94호(2019)
박준석, 지적재산권 신탁에 관한 고찰, 저스티스 통권 제151호(2015)
박철영, 신탁을 활용한 온실가스 배출권 거래, 신탁법의 새로운 전개, (사)한국비교사법학회 국제학술대회(2012. 8. 16.)
백승재, 신탁재산의 관리처분상 부가가치세 납세의무자 등, JURIST 401호(2004)
성희활, 신탁법과 자본시장법의 바람직한 관계 설정에 대한 연구, 비교사법 제20권 3호(통권 제62호)
송석주 · 박인권, 관리형토지신탁을 통한 개발사업 리스크 저감에 관한 연구, 부동산연구 제23집 제3호(2013. 12.)
송쌍종, 신탁등기 부동산에 대한 지방세제 개선방안, 정책과제 2012-26호(2012)
신영수 · 윤소연, 부동산신탁의 쟁점, BFL 제62호(2013. 11.)
안성포, 담보권신탁에 관한 소고(2010년 신탁법 전부개정안을 중심으로), 금융투자협회 2011년 신탁포럼월례발표회자료
안성포, 무체재산권신탁의 활용방안, 금융투자협회 2013년 신탁포럼월례발표회 자료
안성포, 사업신탁도입을 위한 입법론적 검토, 인권과 정의 통권 제398호(2009)
안성포, 수탁자의 충실의무에 관한 고찰: 2009년 법무부 개정안을 중심으로, 상사판례연구 제22집 제4권(2009)
안성포, 신탁의 기본구조와 그 법리: 일본에서의 논의를 중심으로, 중앙법학 제9집 제2호(2007. 8.)
안성포, 유동화에 따른 신탁재산의 독자성에 관한 소고, 증권법연구 제7권 제2호(2006. 12.)
안수현, 신탁의 금융투자상품화에 따른 투자자 보호문제, 증권법연구 제15권 제2호(2014)
양기진, 신탁을 활용한 부동산 금융의 쟁점연구, 토지법학 제29-2호(2013. 12.)
양진섭, 담보권신탁의 도입에 따른 신탁실무의 변화, 사법논집 제57집(2013)
양형우, 담보신탁계약에 의한 공매 등 매각절차에서 골프장시설을 취득한 자의 입회보증금반환채무 승계 여부, 홍익법학 제20권 제1호(2019)
엄복현, 신탁제도와 유류분반환청구권과의 관계, 가족법연구 제32권 제3호(2018)
오상민, 담보신탁 및 자금관리대리사무에서 신탁회사의 분양대금반환책임, 변호사 제44집(2013)
오상민, 부동산 담보신탁에서 공동우선수익자의 공매요청권에 대한 검토, 변호사 제45집

(2013)
오상민, 부동산등기법상 신탁등기의 대항력에 대한 검토, 저스티스 통권 제154호(2016)
오영준, 신탁재산의 독립성, 민사판례연구 제30집
오영표, 新신탁법 시행에 따른 자본시장법상의 법적 쟁점 －신탁법과 자본시장법의 조화로운 공존을 모색하며－, 사단법인 은행법학회 · 전남대학교 법학연구소 신탁산업법센터 공동주최 특별정책세미나 “신탁법의 현황과 과제” 세미나 자료집(2012. 5. 4.)
오영표, 신탁을 활용한 자금 조달에 관한 법적 연구: 자기신탁을 중심으로, 성균관대학교 법학전문대학원 박사학위 청구논문
오창석, 개정신탁법상 사해신탁제도에 관한 소고, 한국금융법학회 2009년 동계(제17회) 학술발표회(2009. 12.)
오창석, 개정신탁법이 신탁실무에 미치는 영향, BFL 제39호(2010. 1.)
유혜인, 미국과 싱가포르의 사업신탁법제에 대한 개관 및 우리나라에의 시사점, 비교사법 제22권 제3호(2015)
윤　경, 신탁재산관리방법 변경의 요건과 그 한계, 대법원판례해설 44호(2004)
윤진수, 담보신탁의 도산절연론 비판, 비교사법 제25권 제2호(2018)
윤태영, 신탁수탁자의 선관주의의무, 한국비교사법학회, 비교사법 제22권 제2호(2015)
윤황지, 부동산신탁제도에 관한 연구, 부동산학보 17권(2000. 12.)
이계정, 담보신탁과 분양보증신탁에 관한 연구, 사법 제41호(2017)
이계정, 신탁의 기본 법리에 관한 연구-본질과 독립재산성, 서울대학교 대학원 박사학위 논문, 2016
이계정, 신탁의 수익권의 성질에 관한 연구, 민사법학 제77호(2016)
이규호, 음악저작물에 관한 신탁관리계약에 있어 신탁관리단체, 저작권자와 이용자 상호간의 법률관계, 정보법학 제20권 제1호(2016)
이근영, 신탁법상 수익자의 수익권의 의의와 수익권 포기, 민사법학 제30호
이근영, 신탁법상 재산승계제도와 상속, 법학논총 제32권 제3호(2012)
이근영, 신탁수익권의 소멸시효, 재산법연구 제24권 제1호(2007. 6.)
이근영, 신탁수익권의 양도에 관한 고찰, 비교사법, 제22권 제1호(2015)
이근영, 저작권법상 저작권신탁과 신탁범위선택제에 관한 소고, 법학논총 제24집 제2호(2017)
이미현, 신탁방식에 의한 자산유동화와 관련된 조세문제, 조세법연구(Ⅸ-1)
이성상, 영리법인의 기술신탁관리업 참여방안 연구, 지식재산연구 제11권 제4호(2016)
이순동, 사해신탁의 취소, 사법논집 제57집(2013)

이승희, [2018년 분야별 중요판례분석 13. 자본시장법] 신탁회사는 특정금전신탁계약에도 설명·고객보호의무 부담 가능, 법률신문 4690호

이승섭, 골프장시설에 관한 담보신탁과 골프장 회원의 권리 보호, 법학연구 제28권 제4호(2017)

이연갑, 개정 신탁법상 수탁자의 권한과 의무, 책임, BFL 제62호(2013. 11.)

이연갑, 수탁자의 보상청구권과 충실의무, 민사판례연구 제30집

이연갑, 신탁등기의 대항력, 2019 한국신탁학회 하계학술대회

이연갑, 신탁법상 수익자의 수익권의 의의와 수익권 포기, 민사법학 제30호

이연갑, 신탁법상 수익자의 지위, 민사판례연구 제30집(2008)

이연갑, 신탁수익권의 소멸시효, 재산법연구 제24권 제1호

이연갑, 신탁재산의 공시와 강제집행, 국회의원 우윤근 의원 등 주최 “신탁산업발전을 위한 입법적 대응” 토론회 자료집(2011. 6.)

이연갑, 위임과 신탁, 비교사법 제22권 제1호(2015)

이영경, 사업신탁의 법리에 관한 연구, 서울대학교 대학원 박사학위논문(2018)

이우재, 개발신탁의 사해행위 판단방법, 대법원판례해설 46호

이은재, 신탁과 도산, 기업법연구 제30권 제3호(2016)

이정선, 담보신탁의 특징과 법적 쟁점에 관한 연구, 고려대학교 대학원 박사학위논문(2017)

이준봉, 세법상 법적 실체인 신탁의 도입에 관한 검토 －유동화기구를 중심으로－, 성균관법학 제23권 제2호(2011. 8.)

이준봉, 일본 신탁과세제도와 그 시사점, 성균관법학 제21권 제3호(2009. 12.)

이중교, 신탁법상의 신탁에 관한 과세상 논점, 법조 통권 639호(2009. 12.)

이중기, 담보신탁과 담보권신탁 －부종성과 신탁관리인의 역할, 도산격리성을 중심으로－, 증권법연구 제14권 제2호(2013)

이중기, 수탁자의 분별관리의무, 신탁재산의 귀속추정, 신탁의 공시, 홍익법학, 제16권 제2호(2015)

이중기, 신탁에서의 이익향유금지의 원칙과 이익반환책임: 상법상 개입권의 행사가능성을 중심으로, 홍익법학 제8권 제2호(2007)

이중기, 신탁제도의 개선에 관한 용역, 대법원용역(2008)

이중기, 신탁채권자에 대한 수탁자의 책임의 범위 －책임재산한정특약의 효력과 신탁의 도산절차상 처리를 중심으로－, 민사판례연구 제28집

이창열, 기업어음에 투자하는 특정금전신탁상품의 투자를 권유하는 경우 금융투자업자의 투자자보호의무 — 대상판결 : 대법원 2015. 4. 23. 선고 2013다17674 판결 —,

BFL 제72호(2015)
이화연, 재산승계 수단으로서의 신탁과 상속 — 신탁의 재산승계수단으로서의 활용가능성과 유류분 반환의 문제를 중심으로, 사법논집 제65집(2017)
이훈종, 체육필수시설에 관한 담보신탁계약에 따른 공매와 회원에 대한 권리 · 의무의 승계, 법조 통권 734호(2019)
임상민, 저작권관리신탁계약이 해지될 경우 수탁자와 체결하였던 포괄 이용계약의 승계 여부, 판례연구 28집
임채웅, 사해신탁의 연구, 법조 통권 600호(2006. 9.)
임채웅, 신탁과 유류분에 관한 연구, 사법 제1권 제41호(2017)
임채웅, 신탁법상 수탁자의 자조매각권 및 비용상환청구권에 관한 연구(대상판결: 대법원 2009. 1. 30. 선고 2006다62461 판결), 홍익법학 제10권 제2호(2009)
장보은, 계약의 해소와 부당이득반환의 문제 : 선분양계약에서의 신탁관계를 중심으로, 저스티스 통권 제171호(2019)
장현옥, 부동산신탁에 관한 연구, 연세대학교 대학원 박사학위논문(1998)
전원도, 신탁법상 수탁자의 책임에 대한 고찰 — 신인의무를 중심으로, 일감부동산법학 제16권(2018)
정소민, 담보신탁의 법리에 관한 비판적 고찰, 선진상사법률연구 제85호(2019)
정소민, 신탁을 통한 재산승계와 유류분반환청구권, 한양법학 제28권 제2호(2017)
정소민, 신탁제도를 통한 재산승계, BFL 제62호(2013. 11.)
정순섭, 신탁의 기본구조에 관한 연구, BFL 제17호(2006. 5.)
정순섭, 환경친화적 녹색금융을 위한 법적과제, 손해보험 통권 제40호(2009. 9.)
조영희, 파산절연과 자산유동화에 관한 법률 제13조에 관한 소고, BFL 제31호(2008. 9.)
조인성, 기술신탁의 경제적 효용 분석을 통한 제도 개선 방안, 산업재산권 제49호(2016)
진상훈, 부동산신탁의 유형별 사해행위 판단방법, 민사집행법연구 제4권(2008)
최문희, 온실가스 배출권 거래의 금융법상 논점, 한국비교사법 통권 제42호(2008. 9.)
최수정, 개정 신탁법상의 수익권, 선진상사법률연구 제59호(2012)
최수정, 담보를 위한 신탁, 법조 통권 683호(2013. 8.)
최수정, 상속수단으로서의 신탁, 민사법학 제34호(2006. 12.)
최수정, 수익자취소권 재고, 법조 통권 693호(2014. 6.)
최수정, 신탁과 상속, 국회의원 우윤근 의원 등 주최 “신탁산업 발전을 위한 입법적 대응” 토론회 자료집(2011. 6.)
최승재, 개정 신탁법상 사업신탁에 대한 소고, 일감법학 제30호(2015)

최승재, 신탁수익증권을 통한 부동산개발사업의 자금조달방안, 증권법연구 제16권 제3호 (2015)

최승재, 저작권신탁계약종료 시 저작권신탁관리업자가 체결한 계약의 효력, 대법원판례해설 제103호

최준규, 담보신탁을 근거로 한 체육필수시설의 매매와 매수인의 권리 의무 승계, 사법 제48호(2019)

최준규, 유류분과 신탁, 민사판례연구 제38호(2016)

최진원, '신탁범위선택제'에 관한 연구 : 음악저쟉권 분야를 중심으로, 문화 · 미디어 · 엔터테인먼트법 제10권 제1호(2016)

최철환, 재건축주택조합의 일반분양용 토지에 관한 신탁재산취득의 취득세 과세 여부 －대법원 2008. 2. 14. 선고 2006두9320 판결에 관한 평석－, 저스티스 제103호 (2008. 4.)

한 민, 사해신탁의 취소와 부인 －채무자회생법 개정안에 관한 주요 논점을 중심으로－, BFL 제53호(2012. 5.)

한 민, 신탁제도개혁과 자산유동화, BFL 제50호(2011. 11.)

한상곤, PF신탁의 신탁등기 개선방안, 홍익법학 제17권 제4호(2016)

한상곤, 부동산 담보신탁의 수익권에 관한 고찰, 경희법학 제49권 제1호(2014)

한석종, 도시환경정비사업에서 신탁 부동산의 '토지 등 소유자'(대법원 2015. 6. 11. 선고 2013두15262 판결), 행정판례평석 1, 화우 정부관계 · 법제팀

함대영, 신탁형자산유동화에서의 진정양도판단, BFL 제44호(2010. 11.)

허중혁, 음악저작권 신탁관리단체의 권리행사와 그 한계, 변호사 제49집

허 현, 신탁원부와 신탁공시의 대항력, BFL 제94호(2019)

황태희, 저작권 신탁관리단체의 남용행위와 공정거래법 적용, 아주법학 제9권 제4호 (2016)

Ⅲ. 관련 법령

[관련 법령(가나다순)]

◆ 국내법령

개발이익 환수에 관한 법률(약: 개발이익환수법), 2020. 4. 7. 법률 제17219호로 개정된

것(2020. 7. 8. 시행)

개정 신탁법, 2017. 10. 31. 법률 제15022호로 개정된 것(2018. 11. 1. 시행)

개정 신탁법에 따른 신탁등기에 관한 업무처리지침, 2012. 6. 29. 대법원등기예규 제1472호로 제정된 것(2012. 7. 26. 시행)

건축물의 분양에 관한 법률(약: 건분법), 2019. 8. 20. 법률 제16484호로 개정된 것(2020. 2. 21. 시행)

건축물의 분양에 관한 법률(약: 건분법) 시행령, 2020. 3. 3. 대통령령 제30509호로 개정된 것(2020. 3. 3. 시행)

공익신탁법, 2017. 10. 31. 법률 제15022호로 개정된 것(2018. 11. 1. 시행)

구 간접투자자산 운용업법(약: 간투법), 2007. 8. 3. 법률 제8635호로 폐지되기 전의 것

구 신탁법, 2011. 7. 25. 법률 제10924호로 개정되기 전의 것

구 신탁업법, 2007. 8. 3. 법률 제8635호로 폐지되기 전의 것

구 증권투자신탁업법, 2003. 10. 4. 법률 제6987호로 폐지되기 전의 것

금융투자업규정, 2020. 6. 24. 금융위원회 고시 제2020-29호로 개정된 것(2020. 7. 1. 시행)

금융투자회사의 영업 및 업무에 관한 규정, 2020. 8. 18. 한국금융투자협회 규정으로 개정된 것(2020. 8. 18. 시행)

담보부사채신탁법, 2018. 2. 21. 법률 제15413호로 개정된 것(2018. 8. 22. 시행)

도시개발법, 2020. 1. 29. 법률 제16902호로 개정된 것(2020. 7. 30. 시행)

도시 및 주거환경정비법(약: 도정법), 2020. 4. 7. 법률 제17219호로 개정된 것(2020. 7. 8. 시행)

동산 · 채권 등의 담보에 관한 법률(약: 동산채권담보법), 2016. 2. 3. 법률 제13953호로 개정된 것(2016. 8. 4. 시행)

민법, 2017. 10. 31. 법률 제14965호로 개정된 것(2018. 2. 1. 시행)

민사소송법, 2017. 10. 31. 법률 제14966호로 개정된 것(2017. 10. 31. 시행)

부동산등기법, 2020. 2. 4. 법률 제16912호로 개정된 것(2020. 8. 5. 시행)

부동산 실권리자명의 등기에 관한 법률(약: 부동산실명법), 2020. 3. 24. 법률 제17091호로 개정된 것(2020. 3. 24. 시행)

부동산투자회사법, 2020. 4. 7. 법률 제17219호로 개정된 것(2020. 7. 8. 시행)

부동산투자회사법 시행령, 2020. 2. 21. 대통령령 제30438호로 개정된 것(2020. 2. 21. 시행)

비송사건절차법, 2020. 2. 4. 법률 제16912호로 개정된 것(2020. 8. 5. 시행)

상법, 2016. 3. 22. 법률 제14096호로 개정된 것(2019. 9. 16. 시행)

상속세 및 증여세법(약: 상증세법), 2019. 12. 10. 법률 제16761호로 개정된 것(2020. 6.

11. 시행)

소득세법, 2019. 12. 31. 법률 제16834호로 개정된 것(2020. 7. 1. 시행)

신탁등기사무처리에관한예규, 2019. 5. 27. 대법원 등기예규 제1673호로 개정된 것(2019. 5. 27. 시행)

온실가스 배출권의 할당 및 거래에 관한 법률(약: 배출권거래법), 2020. 3. 24. 법률 제17104호로 개정된 것(2020. 6. 1. 시행)

유가증권시장 공시규정, 2018. 12. 19. 한국거래소 규정 제1616호로 개정된 것(2019. 1. 1. 시행)

민간임대주택에 관한 특별법(약: 민간임대주택법), 2020. 8. 18. 법률 제17482호로 개정된 것(2020. 8. 18. 시행)

자본시장과 금융투자업에 관한 법률(약: 자본시장법), 2020. 2. 11. 법률 제16998호로 개정된 것(2020. 8. 12. 시행)

자본시장과 금융투자업에 관한 법률(약: 자본시장법) 시행령, 2020. 8. 11. 대통령령 제30934호로 개정된 것(2020. 8. 12. 시행)

자산유동화에 관한 법률(약: 자산유동화법), 2020. 2. 4. 법률 제16957호로 개정된 것(2020. 8. 5. 시행)

저작권법, 2020. 2. 4. 법률 제16933호로 개정된 것(2020. 8. 5. 시행)

저탄소 녹색성장 기본법(약: 녹색성장법), 2019. 11. 26. 법률 제16646호로 개정된 것(2020. 5. 27. 시행)

지방세법, 2020. 8. 12. 법률 제17473호로 개정된 것(2020. 8. 12. 시행)

채무자 회생 및 파산에 관한 법률(약: 채무자회생법), 2020. 6. 9. 법률 제17364호로 개정된 것(2020. 6. 9. 시행)

◆ 외국법령

신신탁법(일본), 2006. 12. 15. 법률 제108호로 개정, 공포된 것(2007. 9. 30. 시행)

Uniform Trust Code(미국) (약: 미국표준신탁법전)

Restatement(Second) of Trust(미국) (약: 제2차 Restatement)

Restatement(Third) of Trust(미국) (약: 제3차 Restatement)

I

신 탁 의 연 혁

Ⅰ. 신탁의 연혁

1. 신탁의 기원 및 역사

가. 신탁의 기원

신탁의 성립기원은 명확하지 않으며 이에 아래와 같이 견해의 대립이 있었다.

(1) 로마법 기원설

고대 로마 공화정 말기에 고안되었던 신탁유증(*Fidei-Commissum*)에서부터 전래되었다고 보는 주장으로, 고대 로마는 여성이 많은 부를 소유하는 것을 막기 위해, 여성의 상속권과 유증 받을 권리를 제한하고 있었다. 그러나 사회적으로는 자신의 재산을 딸이나 처에게 남기려는 요구가 있었고, 결국 자신의 재산을 제3자인 남성에게 유증을 하고, 이후 수증자가 유언자의 처나 딸에게 다시 증여를 하는 신탁유증(*Fidei-Commissum*)이 발생하게 되었다. 이러한 신탁유증은 형식적으로는 수증자가 완전한 재산권을 취득하지만, 그 실질은 유언자의 처나 딸에게 다시 증여를 하기 위해 취득하는 것에 불과하였다.[1)]

(2) 잘만(*salmann*)공동기원설

게르만의 유언집행제도인 잘만(*salmann*) 제도가 영국의 고유법설에서 말하는 영국관습과 융합하여 일체화 된 것이 그 기원이라는 주장으로, 잘만(*salmann*)은 프랑크시대말부터 중세시대에 걸쳐 있었던 재산의 신탁적 양도로서, 프랑크족의 최고법원인 살리카 법전(*Lex Salica*)에서 유래하는데, 피상속인이 상속인 없이 사망하는 경우 유산이 국왕에게 귀속된다는 법원칙을 피하기 위해, 위탁자가 사망하면 수탁자인 잘만이 12개월 내에 위탁자가 지정한 수익자에게 취득한 재산을 재양도하는 것을 조건으로 재산권을 취득하는 것이었다.[2)]

---

1) 新井 誠, 안성포 역 〈신탁법〉 4면.
2) 新井 誠, 안성포 역 〈신탁법〉 5면.

(3) 영국 고유법설

신탁(trust)은 중세 영국의 관습법인 유스(*use*)가 기원이라는 주장으로, 오늘날 통설적인 견해라 할 수 있다.[1] 유스(*use*)는 'for the behalf of(…를 위하여)'라는 의미의 라틴어 *'od opus'*의 파생어로[2] 형식적으로는 토지를 양수인에게 양도하지만 실질적으로는 양수인으로 하여금 양도인이 지정하는 목적에 따라 토지를 관리·처분하는 제약이 있는 계약을 의미한다.[3]

나. 각 국의 신탁제도

(1) 영국의 경우

영국에서의 신탁은 유스(*use*)로부터 발전한 것이다. 유스는 영국에서 십자군 전쟁 때 출정한 군인이 그 가족들의 생계를 위하여 제3자에게 자기의 토지를 이전하면서 이용되기 시작하여 봉건시대에 토지 소유자의 토지에 대한 처분 제한 및 조세부담을 회피하기 위하여 사용되었는데, 법형식적으로는 재산권의 신탁적 양도의 형태를 띄고 있다. 이러한 유스가 가지고 있는 특수한 제도의 유래는 명확하지는 않지만, 일반적으로는 원시 게르만부족 고유의 관습에서 발생한 것으로 보고 있다.[4]

유스는 그 목적이라 할 수 있는 신탁적 양도 조건에 해당하는 재산의 관리·처분 제한이 보통법(*common law*)에 의해 인정되지 않는다는 문제가 있었으나, 사회적 요구에 따라 15세기 초부터 형평법(*Equity*)에[5] 의해 보호받을 수 있었다.[6]

이러한, 유스는 국왕의 재원확보에 큰 위협이 되었기 때문에 헨리 8세는 1535년 유스법(*statute of use*)을 제정하여 수익자의 권리를 보통법(*common law*)상으로 소유권화하여 그에 대한 봉건적 의무를 부담하게 하였고, 이 때문에 유스는 사실상 금지되어, 법제정 후 거의 설정되지 않았다고 한다. 그러나 이를 회피하기 위하여 이중 유스(*use upon use*)[7]를 사용하게 되었고, 17세기 중엽에 봉건제도의 몰락과 함께 법원에서 이중 유스가 인정됨에 따라 유스법은 기능을 잃게 되었다.

---

1) 최동식, 〈신탁법〉, 13면; 장현옥, 〈부동산신탁에 관한 연구〉, 33면; 新井 誠, 안성포 역, 〈신탁법〉, 3면.
2) 이재욱·이상호, 〈신탁법 해설〉, 24면.
3) 이중기, 〈신탁법〉, 24면.
4) 新井 誠, 안성포 역, 〈신탁법〉 7면.
5) 영국은 역사적으로 보통법법원(Court of Common Law)과 형평법법원(Court of Chancery)으로 구분되는데, 대법관이 보통법 원칙의 가혹하고 엄격한 적용을 완화하기 위해 내린 판단의 이유와 원칙들이 형평법으로 알려지게 되었으며, 형평법의 대표적인 것이 신탁법, 신임관계에 관한 법, 상당부분의 물권법, 회사법이다(최수정, 〈신탁법〉, 15~16면).
6) 新井 誠, 안성포 역, 〈신탁법〉, 10면.
7) 예를 들면, 토지소유자인 A가 B의 이익을 위하여 토지를 C에게, 다시 C의 이익을 위하여 D에게 양도하는 형태의 유스이다. 이 경우 유스법은 D의 소유권은 인정하지 않고 C의 수익권을 보통법상의 소유권으로 인정하게 되는 것이다(최동식, 〈신탁법〉, 22면).

이중 유스가 인정되어 유스법이 기능을 잃게 되자 이중 유스의 형식을 거치지 아니하고 바로 신탁을 설정할 수 있는 방법인 '유스법의 적용이 없는 유스'가 발생하였고, 이를 트러스트(*trust*)라 명명하였다. 중세의 유스가 봉건적 의무를 회피하기 위한 소극적 목적에서 발생한 것과 달리, 트러스트는 특정 재산에 대한 손실을 막기 위한 소극적 목적에서 나아가 특정 목적을 위하여 재산을 관리·운영한다는 적극적인 목적으로 확대되었고 자본주의 경제의 발전에 따라 근대적인 영리신탁으로 변화하였다.[1] 제도적으로는 1925년 재산권법(*Law of Property Act*)에 의해 유스법(*statute of use*)이 폐지되고, 동시에 수탁자법(*Trustee Act*)을 통해 체계적으로 정비되게 되었고, 2000년에는 새로운 수탁자법(*Trustee Act 2000*)이 제정되었다.[2]

(2) 미국의 경우

미국은 영국으로부터 전통적인 신탁제도를 도입하였으나, 철회가능신탁(revocable trusts)[3]이나 낭비자신탁(spendthrift trust)[4]과 같은 독자적인 형태의 신탁도 발달하였다. 또한 미국은 각국의 이민자들로 구성된 신흥사회였기 때문에 개인 간의 신뢰가 희박하여 수탁자 또는 유언집행자로서 법인인 신탁회사를 선호하였기 때문에 사업화된 영리신탁이 진행되었고,[5] 서부개척을 위한 자금조달의 수단으로 신탁을 활용하기도 하였다.

이에 미국에서는 보수를 전제로 신탁을 하는 신탁의 유상화나 회사의 변형된 형태인 사업신탁(business trust)[6] 등이 발전하게 되었다. 즉, 미국의 신탁제도는 영국에서 확립된 트러스트를 계수한 것이나, 영국의 신탁제도와 비교하여 상사적인 색채가 강하다는 특징을 가지고 있다고 할 수 있다. 다른 차이점으로 영국의 경우 신탁성립 후 수익자 중심으로 구조가 형성되었는데, 미국의 경우 신탁성립 후 위탁자에게 중요한 권한이 잔존한다는 점, 미국의 경우 영국에 비해 법정신탁의 성립이 인정될 여지가 많다는 점, 영국의 공익신탁은 빈민구제와 종교가 주류였는데, 미국의 경우 학교, 병원 등 공공시설의 설치 및

1) 이중기, 〈신탁법〉, 25~28면; 최동식, 〈신탁법〉, 16~30면.
2) 新井 誠, 안성포 역, 〈신탁법〉, 14면.
3) 신탁에 대한 철회권을 위탁자에게 유보하는 신탁을 의미하며, 철회권을 인정할 경우 신탁설정 이후 위탁자가 자신의 의사에 따라 사정변화에 대응할 수 있다. 때문에 유언을 대신하는 수단으로 신탁을 이용할 경우 철회가능조항을 삽입하는 경우가 많다.
4) 생활보장을 위해 신탁을 이용하는 것으로, 낭비벽이 있는 자에 대한 한정후견과 같은 성격이라 할 수 있다.
5) 이재욱 · 이상호, 〈신탁법 해설〉, 25면; 이중기, 〈신탁법〉, 29면.
6) 19세기 초 메사추세스(Massachusetts)州의 일반회사법은 부동산 취득을 목적으로 하는 법인의 설립을 허용하지 않아, 수탁자들은 다수의 투자자로부터 자금을 모아 토지취득 및 개발을 목적으로 하는 단체를 만들어 토지취득 및 개발업무를 영위함으로써 그 목적을 달성하였다. 이러한 기원에 따라 사업신탁은 메사추세스(Massachusetts) 신탁이라고도 한다(안성포, 〈사업신탁도입을 위한 입법론적 검토〉, 114면), 신탁법 제2조는 신탁의 대상에 영업을 명시적으로 포함하고 있기 때문에, 신탁법상 허용된다고 하겠지만, 신탁업자의 경우 자본시장법이 적용되고, 자본시장법상 신탁가능재산에 "영업"을 포함하고 있지 않아 신탁업자는 현재 영업을 신탁재산으로 하는 사업신탁을 영위할 수 없다.

개선이 주류라는 점 등에 있어 차이가 있다.[1)]

미국은 영리신탁이 발달함에 따라 상거래에서 신탁의 활용이 활발해진 반면 각 주(州)마다 적용되는 법률이 달라 다툼이 발생하였다.[2)] 이에 신탁법을 통일하자는 움직임이 일어나 1930년대와 1950년대에 제1차 Restatement, 제2차 Restatement가 각 작성되었고, 1992년에 제1차 Restatement, 제2차 Restatement를 현대화한 제3차 Restatement가 채택되었으며, 2000년에는 미국표준신탁법전(Uniform Trust Code)이 신설되어, 다수의 주에서 채택되고 있으며, 2005년에도 개정이 있었다.

한편, 사업신탁에 있어서는 독자적인 통일법 제정에 대한 요구가 있었고, 이로 인해, 전미통일주법위원회가 2003년 8월 초안위원회를 구성하고, 수차례 회의를 거친 끝에 2009년 7월 총 10개의 장 87개의 규정으로 구성되어 있는 통일제정법상신탁법(Uniform Statutory Trust Entity Act)을 제정하였으나,[3)] 이를 채택하여 시행하고 있는 주는 많지 않다.[4)]

(3) 일본의 경우

일본은 메이지(明治)시대에 영미의 신탁제도를 수계하였고, 일반적인 신탁보다도 산업자금의 조달을 위하여 1905년 신탁법보다 먼저 담보부사채법을 제정하여 회사의 산업시설 일체를 담보로 신탁회사가 회사채를 발행할 수 있도록 하였다.[5)] 이러한 담보부사채신탁은 수익자인 사채권자를 위하여, 위탁자인 사채발행회사가 지정하는 재산에 수탁자가 담보권을 설정하여 그 담보권의 보전과 실행을 관리하게 하는 것으로, 이러한 구조에 의하여 사채는 그 발행회사의 재산을 담보로 신용력이 높아지게 되고, 외국인이 이를 인수할 수 있게 하여, 외화를 획득하려는 의도였다.[6)]

일본은 1922년 신탁법 및 신탁업법을 제정하여 신탁업무와 신탁회사에 대한 규제의

---

1) 新井 誠, 안성포 역, 〈신탁법〉, 15~16면.
2) 대다수의 주는 영국법계이므로 불문법이지만, 스페인법계의 특색이 강한 캘리포니아(California)州에서는 성문법주의를 취하여 신탁도 민법전(Civil code)의 일부로 성문화되어 있고, 이는 일본신탁법과 우리나라 신탁법의 기본모델이 되었다(이재욱 · 이상호, 〈신탁법 해설〉, 25면).
3) 통일제정법상신탁법의 주모델이 된 법률은 사업신탁의 선두지역인 델라웨어주와 코네티컷주의 사업신탁법이며, 등기절차, 송달 등과 같은 절차적인 부분에 있어서는 회사관련 법률을, 일반적인 신탁법리가 적용되는 부분에 있어서는 신탁관련 법률을 각각 참고하였다고 한다. 한편 통일제정법상신탁법이 'business trust'가 아닌 'statutory trust'라고 한 이유는, ① 사업신탁의 설정목적이 사업적 내지 상업적 목적에 국한되지 않으며, ② 미국 연방파산법상 채무자의 범위에 포함되는 'business trust'와 개념의 혼동을 피하고, ③ 델라웨어주 사업신탁법이 사업신탁의 명칭을 위와 같이 표현하였기 때문이다. 그리고 명칭에 'Entity'를 삽입하는 이유는 동법에 따른 신탁은 보통법상 신탁과 달리 독자적인 법인격(judicial entity)이 인정되기 때문에 이를 강조하기 위함이다(유혜인, 〈미국과 싱가포르의 사업신탁법제에 대한 개관 및 우리나라에의 시사점〉, 1362~1363면).
4) https://www.uniformlaws.org에서 법령명을 검색하면 각 주별 통일법 채택현황에 대한 확인이 가능하며, 2020. 4. 현재 컬럼비아 특별구와 켄터키주만 채택 · 시행하고 있는 것으로 확인된다.
5) 이재욱 · 이상호, 〈신탁법 해설〉, 27면; 이중기, 〈신탁법〉, 31면.
6) 新井 誠, 안성포 역, 〈신탁법〉, 18면.

틀을 마련한 이후 이를 유지하다가 2004년 신탁업법의 개정이 있었다. 그 이후 2006년 신(新)신탁법이 제정되고 신탁업법이 다시 개정되었다. 이러한 일본의 법은 우리나라 신탁법에 많은 영향을 미쳤다.

1922년 신탁법 및 신탁업법은 당시 신탁업계 난립·혼란으로 인한 규제의 필요성에 따라 일본의 대장성이 주도권을 잡고 입법을 진행한 것으로서 개인의 신탁에 대한 사회적 요구를 보호하려는 것이 아닌, 업자에 대한 규제방향이 발상의 근본이었다는 점에서, 사회적 요구에 따라 발생·발전한 영미와는 상당한 차이가 있다.[1)]

신(新)신탁법은 1922년 신탁법을 80년 이상 유지하다가 사회, 경제 등에 있어 많은 변화에 따른 전면적 개정요구로 받아들인 것으로서, 개정이 아닌 새로운 신탁법을 제정하는 형식을 띠고 있으며, 조문도 271개로 대폭 늘렸다. 주요내용으로 ① 수탁자에게 선관주의의무를 부과하면서도 이를 신탁행위로써 가감할 수 있도록 하였고, ② 일정한 경우 수탁자의 제3자에 대한 신탁사무처리 위탁과 이익상반행위를 허용하였다. 그리고 ③ 신탁행위로도 제한할 수 없는 수익자의 권리를 명시하고, ④ 신탁의 중요한 변경에 해당하는 의견에 반대한 수익자에게 수익권취득청구권을 부여하였으며, ⑤ 수익자가 다수일 경우 의사결정 방식을 규정하고, 수탁자에게 공평의무를 부과하였다. 또한 ⑥ 신탁관리인에 관한 규정을 세밀화하고 신탁감독인제도와 수익자대리인제도를 규정하였으며, ⑦ 수익증권발생신탁, 한정책임신탁, 신탁선언에 의한 신탁, 수익자 정함이 없는 신탁, 유언대용신탁 및 수익자연속신탁을 인정하였다.

2. 우리나라에서의 신탁

가. 연 혁

우리나라에도 신탁과 유사한 제도로 17세기 조선조 헌종 때 처음 나타났다고 하는 '투탁(投託)'이 있었다. 투탁은 토지소유자가 자신의 농토를 궁이 소유하는 토지인 궁방전(宮房田)에 가장으로 편입시키는 것인데 궁방전에 편입되면 일정한 금액의 궁방세를 내야 했지만, 관에 땅을 뺏기지 않았고 당해 토지의 경작자는 국세와 부역이 면제되었다.[2)] 그러나 이러한 우리나라의 고유한 제도가 현대까지 이어진 것으로 보기는 어렵다. 우리나라는 근대의 서양법을 계수함에 따라 비로소 신탁제도가 활용되게 되었다.

우리나라에 근대적인 의미의 신탁제도가 도입된 것은 일제강점기로, 1910년 일본인이 설립한 후지모토(藤本)합자회사가 투자신탁, 농업개발신탁, 부동산관리경리업무를 시

1) 新井 誠, 안성포 역, 〈신탁법〉, 20면.
2) 이재욱 · 이상호, 〈신탁법 해설〉, 30~31면.

작한 이후, 남조선신탁회사, 인천신탁회사 등이 설립되었다.[1)]

한편 조선총독부는 총독부령을 통하여 1920년 일본의 담보부사채신탁법을, 1931년 일본의 신탁법을 각 의용하도록 하였다. 그러나 일본이 식민지인 우리나라에 신탁제도를 실시한 근본적인 목적은 부동산신탁제도를 통하여 일본인이 우리나라 토지에 쉽게 투자할 수 있도록 하여 우리나라 토지 소유권을 수탈하려는 것이었고,[2)] 조선총독부는 1932. 12. 조선신탁주식회사를 설립하여 금전신탁이라는 명분으로 강제저축과 국채소화를 강행하였으며, 이와 같이 조달한 신탁자산은 모두 전쟁비용으로 충당되었다.

해방 이후 1961년 신탁법과 신탁업법이 제정·시행되었고, 1962년에는 담보부사채신탁법이 제정·시행되어 각 의용되던 일본의 법들이 폐지되게 되었다. 이후 정부는 신탁업무를 전담하는 한국신탁은행을 설립하여 타 시중은행들로 하여금 신탁업을 취급할 수 없게 하였으나, 1984년 금융정책의 수정으로 은행법상의 모든 은행은 신탁업을 겸영할 수 있게 되었다.[3)]

나. 관련 법령

신탁에 관한 기본적 법률관계를 규율하는 신탁법은 1961년 제정되어 3차례의 개정이 있었으나 모두 타법의 개정으로 인한 것이므로 2011. 7. 25. 개정되기 전까지 신탁법의 내용이 개정된 적은 한 번도 없다.

신탁을 영업으로 하는 신탁업자의 조직 및 운영을 감독, 규율하는 신탁업법은 1961년 제정되어 시행된 이후, 2007년 자본시장법에 흡수되면서 폐지되었다. 개정 신탁법의 시행에 따라 신탁업을 규율하는 자본시장법 역시 개정이 요구된다.

담보부사채의 발행에 관한 신탁관계를 규율하기 위하여 1962년 담보부사채신탁법이 제정, 시행되었다. 담보부사채신탁이란 회사가 자금조달을 위하여 사채를 발행할 때, 사채의 안전성을 위하여 사채에 담보를 붙여 발행하게 되는데 이러한 담보권을 신탁재산으로 하여 수탁자에게 담보권을 설정해주고 사채권자를 수익자로 하는 신탁을 의미한다.

다. 현행 신탁법의 주요 내용

2011. 7. 25. 개정된 현행 신탁법에서는 ① 신탁의 목적을 신탁재산의 관리 및 처분에 한정하지 않고 신탁재산의 운용, 개발, 담보 그 밖의 목적을 위해서도 신탁을 설정할

1) 이후 1930년경에는 신탁이라는 명칭을 사용한 회사가 약 30개나 난립하였는데, 현재 의미의 신탁업만을 영위한 것이 아니라, 금전대차, 부동산의 위탁매매, 중개 등 다양한 업무를 수행하였다(이재욱 · 이상호, 〈신탁법 해설〉, 30~31면).
2) 이중기, 〈신탁법〉, 33면.
3) 이재욱 · 이상호, 〈신탁법 해설〉, 31~32면.

수 있도록 하고, 소극재산도 신탁재산으로 포함시켜 신탁재산의 범위를 확대하였으며(신탁법 제2조), ② 위탁자 스스로가 수탁자가 되어 신탁을 설정할 수 있는 신탁선언 및 수탁자가 타인에게 신탁재산에 관하여 신탁을 설정하는 재신탁을 허용하였다(신탁법 제3조). ③ 신탁의 공시방법도 등기·등록에 한정하였던 것을 확대하여 수탁자의 분별관리의무 또는 신탁을 공시할 수 있는 장부를 통하여 공시할 수 있도록 하고(신탁법 제4조), ④ 사해신탁의 남용을 방지하기 위하여 사해신탁 취소소송의 요건을 강화하였다(신탁법 제8조). ⑤ 수탁자의 선관주의의무와 함께 충실의무를 규정하고(신탁법 제32조, 제33조), 공동수탁자에게는 연대책임을 인정하여(신탁법 제51조) 수탁자의 의무를 강화하였다. ⑥ 수익자지정신탁(신탁법 제58조), 유언대용신탁(신탁법 제59조), 수익자연속신탁(신탁법 제60조)과 같은 새로운 유형의 신탁을 규정하고, ⑦ 수익자가 다수인 경우 의사결정방법(신탁법 제71조)과, 수익자집회의 소집 및 의결(신탁법 제72조 내지 제74조)에 관하여 구체적인 규정을 마련하였다. 또한 ⑧ 수익증권발행신탁과 유한책임신탁의 수탁자에게는 신탁사채를 발행할 수 있게 하였고(신탁법 제87조), ⑨ 신탁의 합병과 분할(신탁법 제90조 내지 제97조), 합의에 의한 신탁의 종료 및 신탁의 청산(신탁법 제99조 내지 제104조)을 규정하며 이때 청산절차는 유한책임신탁의 청산규정을 준용하는 것으로 하였다. ⑩ 신탁행위로 수탁자가 신탁재산에 속하는 채무에 대하여 신탁재산만으로 책임을 지는 신탁의 형태인 유한책임신탁을 설정할 수 있게 되었다(신탁법 제114조 내지 제139조).

라. 현행 신탁법의 적용 범위

현행 신탁법 부칙(제10924호, 2011. 7. 25.) 제1조는 "이 법은 공포 후 1년이 경과한 날부터 시행한다"고 규정하고, 제2조는 "이 법은 특별한 규정이 있는 경우를 제외하고는 종전의 규정에 따라 생긴 효력에는 영향을 미치지 아니한다"라고 규정하고 있다. 위 규정의 의미와 관련하여 논란이 있을 수 있다. 즉, 현행 신탁법 시행 전 신탁계약이 체결된 경우 이와 관련된 모든 행위에 구 신탁법만이 적용되어야 한다는 취지로 해석해야 되는지, 아니면 계약체결 행위 및 그 효력과 관련해서는 구 신탁법이 적용되지만 현행 신탁법 시행 이후에 발생한 사실에 대해서는 현행 신탁법을 적용해야 된다고 해석할 수도 있을 것이다. 후자의 견해가 보다 타당할 것으로 보인다. 하급심 판결이기는 하나, 현행 신탁법 시행 이후 신탁기간 만료로 신탁이 종료된 경우, 그 종료 이후의 수탁자변경에 따른 권리의무 관계에 있어서는 현행 신탁법이 적용된다고 본 바 있다(서울고등법원 2014. 11. 20. 선고 2014나7003 판결). 한편, 역시 하급심 판결이기는 하나, 사해신탁의 취소를 제한하는 현행 신탁법 제8조 제1항 단서 적용과 관련하여 현행 신탁법이 시행되기 전에 체결된 신탁계약에 대하여 위 현행 신탁법 제8조 제1항 단서를 적용해서는 안 되고 구 신탁법에 따라야 한다고 판결한 바도 있다(서울고등법원 2013. 12. 12. 선고 2012나70885 판결).

Ⅱ

신 탁 법

Ⅱ. 신탁법

제 1 장 총 칙

제 1 조 (목적)

이 법은 신탁에 관한 사법적 법률관계를 규정함을 목적으로 한다.

신탁법은 사법적 법률관계를 규율하는 민법의 특별법으로, 신탁에 관련된 사법적인 법률관계를 규율하는 것을 목적으로 한다. 구 신탁법은 신탁의 목적과 신탁의 정의를 하나의 조문으로 규정하였으나, 현행 신탁법은 통상적인 입법례에 따라 신탁의 목적과 신탁의 정의를 구별하여 별개의 조문으로 정하였다.

제 2 조 (신탁의 정의)

이 법에서 "신탁"이란 신탁을 설정하는 자(이하 "위탁자"라 한다)와 신탁을 인수하는 자(이하 "수탁자"라 한다) 간의 신임관계에 기하여 위탁자가 수탁자에게 특정의 재산(영업이나 저작재산권의 일부를 포함한다)을 이전하거나 담보권의 설정 또는 그 밖의 처분을 하고 수탁자로 하여금 일정한 자(이하 "수익자"라 한다)의 이익 또는 특정의 목적을 위하여 그 재산의 관리, 처분, 운용, 개발 그 밖에 신탁 목적의 달성을 위하여 필요한 행위를 하게 하는 법률관계를 말한다.

1. 의　　의

신탁법상의 신탁이란 신탁을 설정하는 자(위탁자)가 신탁을 인수하는 자(수탁자)와의 신임관계에 기하여 수탁자에게 특정의 재산(신탁재산)을 이전하거나 담보권을 설정하는 등의 처분을 하고, 수탁자로 하여금 그 재산을 일정한 자(수익자)의 이익 또는 특정한 목적을 위하여 관리, 처분, 운용, 개발, 그 밖의 필요한 행위를 하게 하는 법률관계를 의미한다. 구 신탁법은 위탁자가 "특정의 재산권"을 수탁자에게 "이전하거나 기타의 처분"을 하고 수탁자로 하여금 수익자의 이익 또는 특정 목적을 위하여 그 재산권을 "관리, 처분"하게 하는 법률행위를 신탁으로 정의하여, 신탁재산과 신탁재산의 이전방법, 관리방법을 한정하고 있었으나 현행 신탁법은 위탁자와 수탁자와의 계약내용에 따라 신탁제도를 다양하게 활용할 수 있도록 신탁법상 신탁의 개념을 확장하였다.

신탁법상의 신탁은 위탁자가 특정의 재산권을 수탁자에게 이전하거나 기타의 처분을 하고 수탁자로 하여금 수익자의 이익을 위하여 또는 특정의 목적을 위하여 그 재산권을 관리, 처분하게 하는 것이므로 부동산의 신탁에 있어서 수탁자 앞으로 소유권이전등기를 마치게 되면 대내외적으로 소유권이 수탁자에게 완전히 이전되고, 위탁자와의 내부관계에 있어서 소유권이 위탁자에게 유보되어 있는 것은 아니라 할 것이며, 이와 같이 신탁의 효력으로서 신탁재산의 소유권이 수탁자에게 이전되는 결과 수탁자는 대내외적으로 신탁재산에 대한 관리권을 갖는 것이고, 다만 수탁자는 신탁의 목적 범위 내에서 신탁계약에 정하여진 바에 따라 신탁재산을 관리하여야 하는 제한을 부담함에 불과하다.[1] 수탁자가 위탁자와의 신임관계에 기하여 수익자를 위하여 신탁재산의 관리, 처분, 운용, 개발 등 필요한 행위를 한다는 점에서, 민법상의 대리,[2] 임치[3]나 상법상의 위탁매매[4] 등과 유사한 재산관리제도라고 볼 수 있다.[5] 하지만 신탁은 양도담보,[6] 명의신탁,[7]

1) 대법원 2002. 4. 12. 선고 2000다70460 판결.

2) 대리인은 본인을 위하여 법률행위를 한다는 점에서 수익자를 위해 재산권을 관리, 처분하는 수탁자와 유사하나, 대리관계에서 재산권은 본인의 명의라는 점에서 수탁자가 대내외적으로 신탁재산의 명의를 보유하는 신탁과는 다르다.

3) 임치는 수치인이 임치인의 물건을 보관한다는 점에서 신탁과 유사하나, 임치물의 소유권은 수치인에게 이전하지 않고 수치인은 임치물을 처분할 권한이 없다는 점에서 수탁자가 신탁재산의 소유권을 가지며 관리·처분할 수 있는 신탁과는 다르다.

4) 위탁매매인은 위탁물의 소유권을 취득한다는 점(상법 제103조)에서 신탁과 유사하나, 위탁매매는 통상 위탁자의 이익을 위하여 일회성의 위탁사무를 처리하는 관계인 반면, 신탁은 수익자의 이익을 위하여 장기적인 재산의 관리, 처분하는 관계라는 점에서 차이가 있다.

5) 이중기, 〈신탁법〉, 15~17면.

6) 양도담보란 채권담보의 목적으로 채무자의 물건에 대한 소유권을 채권자에게 이전하는 것을 말한다. 양도담보를 담보권설 입장에서 보면, 목적물의 소유권이 채무자에게 있어 채권자는 양도담보권이라는 제한물권을 취득할 뿐이므로 수탁자에게 대내외적으로 소유권이 이전되는 신탁과 다르다.

7) 명의신탁이란 대내적으로 명의신탁자가 소유권을 보유하여 이를 관리·수익하면서 공부상의 소유 명의

예금[1)] 제도와는 구별된다.

2. 종 류

가. 신탁성립의 방법에 따른 분류

신탁의 성립이 당사자의 의사에 따라 이루어지는 경우를 임의신탁이라 하고, 그 중 위탁자와 수탁자의 계약체결에 따라 성립되는 신탁을 계약신탁, 위탁자의 유언에 따라 성립되는 신탁을 유언신탁, 위탁자의 선언에 의하여 성립되는 신탁을 신탁선언이라 한다(신탁법 第3조). 신탁의 성립이 당사자의 의사가 아니라 법률규정에 의하거나 법원에 의하여 이루어지는 경우를 법정신탁이라고 한다(신탁법 제101조 제4항).[2)]

나. 신탁목적에 따른 분류

신탁의 목적이 학술, 종교, 제사, 자선, 기예, 환경 그 밖의 공익을 목적으로 하는 신탁을 공익신탁이라고 하며, 그 외 개인적 이익을 목적으로 하는 신탁을 사익신탁이라고 힌다. 공익신탁은 법무부장관의 인가 및 감독을 받아야 한다(공익신탁法 第3조, 第25조).[3)]

다. 이익주체에 따른 분류[5)]

위탁자가 위탁자[4)] 본인을 신탁의 수익자로 정하여 위탁자와 수익자가 동일한 신탁

만을 명의수탁자 앞으로 해 두는 것을 말한다. 즉, 명의신탁은 대내관계·대외관계가 분리되어 권리가 대외적으로만 수탁자에게 이전되고, 대내적으로는 명의신탁자에게 유보된다. 이 점이 신탁과 다르다.

1) 예금(預金)이란 예금자가 금융기관에 금전의 보관을 위탁하여 금융기관이 예입금의 소유권을 취득하고 예금자에게 이와 같은 금액을 반환할 것을 약정하는 계약이라고 설명할 수 있다. 이러한 예금의 법적 성질은 소비임치에 해당한다고 볼 수 있어, 신탁과는 구별된다.

2) 제101조(신탁종료 후의 신탁재산의 귀속)
④ 신탁이 종료된 경우 신탁재산이 제1항부터 제3항까지의 규정에 따라 귀속될 자에게 이전될 때까지 그 신탁은 존속하는 것으로 본다. 이 경우 신탁재산이 귀속될 자를 수익자로 본다.

3) 공익신탁법 제3조(공익신탁의 인가) ① 공익사업을 목적으로 하는 신탁을 인수하려는 수탁자는 법무부장관의 인가를 받아야 한다.
공익신탁법 제25조(감사 등) ① 법무부장관은 공익신탁의 효율적 감독을 위하여 수탁자에게 업무보고서 제출을 명하거나 회계를 감사하여 그 적정을 유지하고 공익사업을 원활히 수행하도록 지도하여야 한다.

4) 아라이 마고토(新井誠), 〈타익신탁과 자익신탁 사이의 개념적 구분〉, 61~66면에 따르면, 타익신탁과 자익신탁을 분류하는 기준으로 '신탁수익의 수령자'뿐만 아니라 '신탁에서 설정자 지배력의 존재여부'를 들고 있다. 즉, 타익신탁에서 신탁을 설정한 설정자는 기본적으로 신탁설정과 동시에 신탁관계로부터 분리되므로 설정자는 신탁설정의 방법에 의해 신탁운영에 대한 기본적인 지시를 발하고, 운용방법에 대한 일반적 체계를 결정하지만, 설정 후에는 신탁의 구체적인 운용은 원칙적으로 수탁자의 재량에 맡겨지게 되는 반면, 자익신탁에서는 설정자는 설정자 자신의 수익을 위해 재산운영체계를 설정하므로 설정자 겸 수익자와 수탁자 사이의 인간관계는 신탁이 설정된 이후에도 신탁관계의 핵심요소로 작동하고 설정자는 신탁운영에 대한 근본적 지침을 제공한다고 한다. 이러한 관점에서 다양한 신탁의 형태를 구별하고 그 특징을 고려하여야 하며, 신탁법의 개별 조항들 역시 자익신탁, 타익신탁 및 양자에 공통적으로 적용되는 규정으로 분류하여 적용 여부를 판단해야 한다고 한다.

을 자익신탁이라고 하며,[1] 위탁자가 위탁자 이외의 제3자를 수익자로 정하여 위탁자와 수익자가 다른 신탁을 타익신탁이라고 한다. 공익신탁은 신탁의 목적상 통상적으로 타익신탁이므로, 자익신탁과 타익신탁을 나누는 실익은 사익신탁의 경우에 한정될 것이다.

라. 신탁의 영업성 유무에 따른 분류

신탁을 인수하는 자, 즉 수탁자가 영업으로 신탁을 인수하는 경우를 영리신탁[2]이라고 하고, 영리를 목적으로 하지 않는 경우를 비영리신탁이라고 한다.[3] 영리신탁의 경우, 수탁자는 신탁의 인수를 영업으로 하는 상인이 되므로 상법 또는 자본시장법상 신탁업과 관련된 규정의 적용을 받게 된다.[4]

---

1) 대법원 2002. 12. 26. 선고 2002다49484 판결(신탁법상의 신탁을 함에 있어서는 그 위탁자가 당연히 수익권자가 되는 것이 아니고 위탁자와 전혀 별개의 존재인 수익자를 지정하여야만 하는 것이며, 위탁자가 자신을 수익자로 지정하는 경우에도 위탁자와 수익자의 지위는 전혀 별개의 것이라고 보아야 할 것이므로, 특히 담보신탁이 아니라 분양형 토지(개발)신탁의 경우에 신탁계약시에 위탁자인 정리 전 회사가 제3자를 수익자로 지정한 이상, 비록 그 제3자에 대한 채권담보의 목적으로 그렇게 지정하였다 할지라도 그 수익권은 신탁계약에 의하여 원시적으로 그 제3자에게 귀속한다 할 것이지, 위탁자인 정리 전 회사에게 귀속되어야 할 재산권을 그 제3자에게 담보 목적으로 이전하였다고 볼 수는 없는 것이어서, 그 경우 그 수익권은 정리절차개시 당시 회사 재산이라고 볼 수 없다 할 것이고, 따라서 그 제3자가 정리절차에서 그 수익권에 대한 권리를 정리담보권으로 신고하지 아니하였다고 하여 회사정리법 제241조에 의하여 소멸된다고 볼 수는 없다).

2) 상인이 영위하는 영업 중 일부의 영업부문을 포괄적으로 신탁하는 형태의 신탁을 일컫는 '사업신탁'과 혼동우려가 있어, 이 책에서는 수탁자가 영업으로 신탁을 인수하는 경우를 '영리신탁'이라고만 칭하고, 이 책에서 '사업신탁'이라 하면 영업을 신탁재산으로 하는 신탁을 가리킨다. 수탁자가 영업으로 신탁을 인수하는 경우라 함은 수탁자가 이익을 얻을 목적으로 계속적이거나 반복적인 방법으로 신탁행위를 하는 경우를 의미하고, 이때의 수탁자는 자본시장법 제6조, 제8조상의 "금융투자업자" 중 "신탁업자"에 해당하여 금융위원회의 인가를 받아야 신탁업을 영위할 수 있다.

3) 김태진, 〈기업형태로의 신탁〉, 4~5면에 따르면 영리신탁과 비영리신탁의 구별기준으로 ① 수탁자가 신탁보수를 받는다는 의미에서의 유상성으로 구별할 것인지, ② 수익자가 수익권을 유상으로 취득한다는 의미에서의 유상성으로 구별할 것인지, ③ 상행위 측면을 강조하여 상법 제46조 제15호(신탁의 인수)에 따라 영업적 상행위로서 인수한 신탁인지 여부로 구별할 것인지, ④ 주체측면을 강조하여 계속적, 반복적으로 영업으로서의 신탁업무를 제공하고 있는 신탁업자에 의하여 인수된 신탁인지 여부로 구별할 것인지, ⑤ 수익자가 다수 존재하면서 동시에 수익자 사이에 집단성이 인정되는 이른바 집단신탁(collective trust)일 것을 요하는지, ⑥ 신탁이 예컨대 수익증권발행신탁이거나 유한책임신탁인 경우에만 한정할 것인지, ⑦ 신탁의 목적이 영리를 추구하는지 여부로 구별할 것인지, ⑧ 수탁자 또는 신탁의 기능을 중심으로 구별할 것인지 등을 들며, 위 8가지의 요소는 모두 영리신탁의 특징을 각 단면별로 잘 나타내고 있다고 한다. 또한 영리신탁에서 의미하는 '상사(商事)'란 기업과 관련이 있는 개념이고, 법적 구조와는 상관없이 상인적 설비와 방법으로 영리를 목적으로 하여 반복적 거래행위를 하는 경제적 조직체가 기업(내지는 '장사')이므로 기업의 가장 핵심적인 요소는 바로 영리를 목적으로 한다는 점을 들 수 있다고 하며 영리신탁에서의 영리성은 수탁자가 유상의 보수를 받는 경우, 수익자가 수익권을 유상으로 취득하는 경우 모두 충족된다고 하며 이와 같은 영리성을 영리신탁과 비영리신탁의 구별기준으로 삼고 있다.

4) 이중기, 〈신탁법〉, 20~21면은 개인들이 가족이나 친척관계 혹은 친구관계에 있는 자들을 수익시키기 위해 설정하는 개인신탁과 신탁업자가 영리를 목적으로 설정, 운영하는 상업목적신탁으로 구분하고 있다.

마. 수탁자의 행위재량 유무에 따른 분류

신탁행위에 의하여 수탁자에게 신탁재산의 명의가 이전되지만 수탁자가 신탁재산의 처분, 관리에 관하여 재량을 가지지 못하는 신탁을 수동신탁,[1] 그 외의 경우를 능동신탁이라고 한다.

수동신탁의 유효성에 관하여는 ① 수탁자의 신탁재산 관리방법은 재량권 행사를 통한 적극적인 행위를 의미하고, 위탁자가 실질적으로 신탁재산에 대한 권리를 보유하고 있는 것은 탈법행위이며, 특히 자익신탁의 경우에는 위탁자가 신탁재산에 대한 처분권한은 유지하면서 강제집행을 피하기 위하여 수동신탁을 설정할 우려가 있으므로 무효라는 견해[2]와 ② 법에는 신탁재산 관리방법에 대하여 '적극적'이거나 '재량적'일 것을 명시하고 있지는 않고, 수탁자는 신탁재산의 명의인으로서 분별관리 등의 방법으로 신탁재산을 관리·처분하고 있으며, 대외적인 관계에서 공시방법이 없는 이상 통상의 신탁과 차이가 없으므로 유효라는 견해[3]가 대립하고 있다.

수동신탁이 유효한지 여부에 대하여 현행 신탁법상 명시적인 규정은 없다. 그러나 현재 실무상으로는 부동산관리신탁이나 증권투자신탁, 특정금전신탁 등의 분야에서 수탁자가 위탁자 또는 위탁자와 계약을 체결한 투자고문업자 등의 지시에 따라 신탁재산을 관리, 처분하는 형태의 신탁이 이루어지고 있다.

3. 위탁자와 수탁자 사이의 신임관계

신탁은 위탁자와 수탁자 간의 신임관계를 바탕으로 이루어지는데, 현행 신탁법은 '신임관계'가 어떤 의미인지에 관하여 구체적인 규정을 두고 있지는 않다.

다만, 판례는『신탁법 제28조에 의하면, 수탁자는 신탁의 본지에 따라 선량한 관리자의 주의로써 신탁재산을 관리 또는 처분하여야 하고, 이러한 주의의무는 민법상 위임에 있어서 수임인의 주의의무와 같은 개념으로 이해할 수 있으며, 따라서 토지신탁계약의 수탁자는 우선적으로 위탁자의 지시에 따라 사무처리를 하여야 하나, 그 지시에 따라 신탁사업을 추진하는 것이 신탁의 취지에 적합하지 않거나 경제성이 없는 것으로 판단되어 위탁자에게 불이익할 때에는 그러한 내용을 위탁자에게 알려주고 그 지시를 변경하도

1) 법무부, 〈신탁법 해설〉, 14면은 수동신탁의 개념에 수익자가 신탁재산을 관리·처분하고, 수탁자는 단지 이를 용인할 의무만을 부담하는 신탁과 수탁자가 수익자의 지시에 따라 신탁재산을 관리·처분하지만 대외적인 행위는 수탁자 명의로 하는 신탁이 포함된다고 설명되기도 한다.

2) 유재관, 〈신탁법실무〉, 10면; 김진우, 〈신탁재산의 특수성〉, 200면.

3) 이중기, 〈신탁법〉, 247~249면; 최동식, 〈신탁법〉, 110~112면; 임채웅, 〈수동신탁 및 수탁자의 권한제한에 관한 연구〉, 25면.

록 조언할 의무를 진다』고 하며,[1] 수탁자는 위탁자에게 선관주의의무를 부담하고, 이는 민법상 위임에 있어서 수임인의 주의의무와 같은 개념으로 이해할 수 있다는 취지로 판시하고 있다.

민법상 수임인은 위임계약의 목적과 그 사무의 성질에 따라서 가장 합리적으로 위임사무를 처리하여야 할 권리와 의무가 있고, 이를 근거로 위임인과 수임인 간의 일정한 신뢰관계를 인정할 수 있다고 하는데, 마찬가지로 신탁에 있어 수탁자는 신탁의 본지에 따라 선관주의의무를 다하여야 한다는 점에 비추어 보면 수탁자가 위탁자에게 선관주의의무를 부담함을 근거로 위탁자와 수탁자 간의 신임관계를 이해할 수 있을 것으로 보인다.

4. 신탁재산의 이전, 담보권의 설정 또는 기타 처분 등의 법률행위

가. 신탁재산의 범위

신탁제도는 위탁자가 수탁자에게 재산을 이전시키면서 동시에 수탁자에게 신탁 목적에 따라 신탁재산을 관리, 처분하도록 구속하는 법률관계로, 신탁재산이 법률관계의 중심이 된다고 할 수 있다. 따라서 신탁재산은 수탁자로의 이전 및 수탁자의 관리, 처분 등의 집행을 위하여 반드시 특정되어야 한다.

(1) 소극재산의 신탁

구 신탁법은 신탁재산이 될 수 있는 대상을 "특정의 재산권"으로 규정하고 있었기 때문에 채무인 소극재산이 신탁재산에 포함되는지 여부에 대하여 견해의 대립이 있었다.[2] 그러나 적극재산과 소극재산이 결합된 사업신탁이나 상속재산 중 일정비율에 대한 유언신탁을 활성화하기 위하여는 소극재산을 신탁재산으로 인정할 필요가 있기 때문에 현행 신탁법에서는 신탁재산이 될 수 있는 대상을 "특정의 재산(영업이나 저작재산권의 일부를 포함한다)"으로 규정하여 적극재산은 물론, 소극재산도 신탁재산이 될 수 있음을 명시하였다.

소극재산을 신탁하는 경우, 그 신탁행위는 위탁자와 수탁자 사이의 법률행위에 의한 채무인수의 성격을 띠게 되는데, 이때 위탁자와 수탁자 사이의 채무인수의 성격을 ① 면책적 채무인수로 볼 것인지 ② 채권자의 승낙이나 별도의 규정 없이는 일반적 원칙에 따라 병존적 채무인수로 볼 것인지 문제가 된다.

---

1) 대법원 2006. 6. 9. 선고 2004다24557 판결.

2) ① '재산권'은 일반적으로 적극재산만을 의미할 뿐이고 소극재산(채무)은 포함하지 않으므로 소극재산은 신탁재산이 될 수 없다는 견해(이재욱 · 이상호, 〈신탁법 해설〉, 74면)와 ② 입법상 착오에 의한 것이므로 소극재산도 포함한다는 견해(이중기, 〈신탁법〉, 101면)가 대립하였다.

채무인수가 면책적인지 아니면 병존적인지 하는 것은 채무인수계약에 나타난 당사자 의사의 해석에 관한 문제이나,[1] 어느 쪽인지 분명하지 않다면 병존적으로 인수한 것으로 본다.[2] 면책적 채무인수의 경우 인수인은 새로운 채무자로서 종래의 채무자와 동일한 채무를 부담하고 동시에 종래의 채무자는 채무를 면하는데, 이때 채무인수의 효력이 생기기 위해서는 채권자의 승낙이 필요하다(민법 제453조, 제454조). 반면, 병존적 채무인수의 경우 종래의 채무자는 채무로부터 해방되지 않고 인수인과 함께 동일한 채무를 부담하게 되는데, 채무자와 인수인 사이의 계약에 따라 병존적 채무인수가 이루어지는 경우에는 제3자를 위한 계약으로서 채권자의 수익의 의사표시가 요구될 뿐이므로[3] 신탁계약 체결시 명시적인 채권자의 면책적 채무인수의 승낙이 없다면 병존적 채무인수로 판단해야 할 것이다. 다만, 현행 신탁법에서는 유한책임신탁을 도입하였는데, 신탁재산의 범위 내에서 책임을 지는 유한책임신탁의 경우에는 그 성격상 면책적 채무인수로 보아야 할 것이다.

면책적 채무인수의 경우에는 민법 제454조 제1항에 의하여 각 소극재산마다 채권자의 개별적인 승낙이 필요하다.

(2) 사업신탁(Business Trust)

(가) 의 의

상법 제42조의 영업이란 일정한 영업목적에 의하여 조직화된 유기적 일체로서의 기능적 재산을 의미하고, 여기서 말하는 유기적 일체로서의 기능적 재산이란 영업을 구성하는 유형·무형의 재산과 경제적 가치를 갖는 사실관계를 의미하는데,[4] 구 신탁법에서는 신탁재산이 될 수 있는 대상을 "특정의 재산권"으로 규정하고 있었기 때문에 소극재산이 포함된 영업을 신탁으로 포함할 수 있는지 여부가 문제가 되었다.[5]

그러나 현행 신탁법은 신탁재산에 '영업'이 포함됨을 명시하였고 앞서 살펴본 바와 같이 소극재산의 신탁을 인정하는 이상 상인이 영위하는 영업 중 일부의 영업부분만을

---

1) 대법원 1998. 11. 24. 선고 98다33765 판결(채무인수의 효력이 생기기 위하여 채권자의 승낙을 요하는 것은 면책적 채무인수의 경우에 한하고, 채무인수가 면책적인가 중첩적인가 하는 것은 채무인수계약에 나타난 당사자의 의사의 해석에 관한 문제인바 이 사건에서 보면, 피고는 소외 회사의 원고에 대한 채무 중 금 3억 5,000만 원만 인수하고 나머지는 소외 회사가 그대로 부담하기로 하였으며, 이에 따라 피고는 원고에게 금 3억 5,000만 원을 지급받고 이 사건 대지에 설정된 근저당권을 말소하여 달라고 요청하였으며, 원고가 근저당권의 실행으로 경매를 신청하자 소외 회사는 1995. 7. 30. 피고에게 채무인수의 실현이 불가능하다는 이유로 채무인수약정을 파기한다고 통고한 사실을 알 수 있고, 사정이 이와 같다면, 피고와 소외 회사는 소외 회사의 원고에 대한 채무 중 금 3억 5,000만 원을 피고가 인수하고 이에 대한 원고의 승낙을 받아 소외 회사를 면책시킬 의사로 채무인수 약정을 한 것이라고 보인다).

2) 대법원 2002. 9. 24. 선고 2002다36228 판결(채무인수가 면책적인가 중첩적인가 하는 것은 채무인수계약에 나타난 당사자 의사의 해석에 관한 문제이고, 채무인수에 있어서 면책적 인수인지, 중첩적 인수인지가 분명하지 아니한 때에는 이를 중첩적으로 인수한 것으로 볼 것이다).

3) 대법원 1995. 5. 9. 선고 94다47469 판결.

4) 대법원 1998. 4. 14. 선고 96다8826 판결.

5) 사업의 신탁은 불가능하다는 견해로 이재욱 · 이상호, 〈신탁법 해설〉, 75면; 이중기, 〈신탁법〉, 108~109면.

포괄적으로 신탁하는 형태의 신탁, 이른바 '사업신탁'도 가능하다 할 것이다. 이러한 사업신탁은 사업 자체를 신탁하는 것이므로, 사업형 신탁과는 구별된다.[1][2]

(나) 사업신탁의 활용

사업신탁은 상인(회사)이 영위하고 있는 사업 중 일부의 사업부분을 신탁하게 되므로 실제 신탁재산 그 자체가 하나의 회사가 될 수 있다.[3] 그러나 신탁이라는 특성으로 인하여 ① 내부 지배구조에 있어서 기존의 주식회사의 지배구조와는 달리 민법상 조합과 같이 유연하게 설계할 수 있고, ② 회사설립절차를 거치지 않으므로 기업을 조직하는 법적 기반을 신탁으로 하게 되면 당사자들의 합의에 의하여 임의로 기업을 조직할 수 있으며, ③ 신탁재산의 권원을 가지면서 동시에 경영, 관리를 책임지는 수탁자를 통하여 경영집중과 사업의 단일화를 도모할 수 있고, ④ 양도 가능한 수익증권을 발행할 수 있다면 자금조달이 더욱 용이해지며, ⑤ 신탁 자체는 다양한 종류와 형태의 목적을 가질 수 있으므로 여러 기능을 영위하는 신탁 설계가 가능하고, ⑥ 위탁자인 회사가 아니라 수탁자의 이름으로 자산이 관리되므로 프라이버시보호가 가능해진다는 장점이 있다.[4]

나아가 현행 신탁법에서는 신탁설정방식으로서 위탁자 스스로가 수탁자로서 위탁자의 일부 재산을 신탁할 수 있도록 하는 신탁선언을 허용하고(신탁법 제3조), 수익권을 증권화할 수 있는 수익증권발행신탁(동법 제78조 내지 제86조), 수탁자의 책임을 신탁재산으로 제한하는 유한책임신탁제도(동법 제114조 내지 제139조)를 도입함으로써, 회사는 특정 사업부분에 있어서 자기신탁을 설정하고 투자자를 모집하여 자금을 조달하거나, 채산성이 맞지 않는 사업부분을 일정 기간 모회사로부터 분리하여 전문능력이 있는 수탁자에게 신탁을 통해 이전하거나, 상법상 사업의 양도나 회사분할을 위한 신회사설립 등 종래의 회사법상의 방법을 대신하는 새로운 도구로서 영업신탁을 적극 활용할 수 있게 되었다.[5][6]

---

1) 김순석, 〈사업신탁을 활용한 중소기업의 경영권 승계 방안〉, 106~107면. 이 글에서는 사업형 신탁은 위탁자로부터 사업성 있는 재산을 수탁하여 수탁자가 그 재산을 관리, 처분함으로써 수탁자가 사업을 영위하게 되는 신탁이라 할 수 있고, 토지신탁이 전형적인 예라고 설명하고 있다

2) 이 책에서는 사업신탁의 개념을 사업 자체의 신탁만을 의미하는 것으로 한정하였으나, 이와 달리 사업신탁을 사업 자체의 신탁(제1유형), 사업형 신탁(제2유형), 사업회사 소유형 신탁(제3유형)을 포괄하는 개념으로 보는 견해도 있다. 이영경, 〈사업신탁의 법리에 관한 연구〉, 4~10면 참고.

3) 최승재, 〈개정 신탁법상 사업신탁에 대한 소고〉, 269면. 저자는 특별법을 제정하지 않고도, 상법 회사편이나 특별법들이 생각하고 있는 회사라는 것을 다른 법에서 인정하고 있는 제도를 활용하여 그와 같은 효과를 복제하면서, 회사법상 회사를 통하여 달성할 수 있는 제도가 있다면 그 제도는 투자기구로서의 회사로 역할과 기능을 수행할 수 있는데, 개정 신탁법에는 이러한 가능성이 있다고 하면서, 그 대표적인 모습이 '사업신탁'이라고 한다.

4) 김태진, 〈기업형태로의 신탁〉, 20면.

5) 김태진, 〈기업형태로의 신탁〉, 27면.

6) 김순석, 〈사업신탁을 활용한 중소기업의 경영권 승계 방안〉. 저자는 중소기업의 경영승계를 하는 데 있어 사업신탁을 활용할 수 있다고 한다. 즉, 중소기업이 경영승계를 위하여 신설회사를 설립하여 수탁자로 지정한 후, 승계대상 회사의 영업을 신설회사로 이전하고 후계자가 신설회사의 대표자로 취임하여 경

수탁자는 신탁사무처리의무, 선관의무, 충실의무, 공평의무, 신탁재산관리의무 등 일련의 의무를 부담하고 있는데, 사실상 기업경영자로서 파악되는 사업신탁의 수탁자에게도 이러한 의무를 그대로 적용시킬지 여부와 관련해서는 의문의 여지가 있다는 견해도 있다.[1)]

다만 자본시장법상 신탁업자는 영업을 수탁할 수 있는 재산으로 삼을 수 없어, 사업신탁 영위가 불가능하다(자본시장법 제103조 제1항). 사업신탁 제도의 활용의 필요성 등을 고려해 볼 때, 수탁가능한 재산의 범위 확대를 위한 자본시장법의 개정이 필요할 것이다.

(3) 분리신탁

분리신탁이란 넓게는 위탁자의 재산 중 일부를 분리하여 신탁하는 경우, 좁게는 1개의 재산의 일부를 분리하여 신탁하는 경우라고 할 수 있다. 분리신탁을 광의의 의미로 해석하게 된다면 사실상 대다수의 신탁이 분리신탁에 해당하게 되므로 광의의 의미로 해석하는 것은 큰 의미가 없다.

1개의 재산 중 일부를 분리하는 경우는 1필지의 토지의 일부 지분과 같은 양적 분리와 저작권 중 저작재산권이나 저작인격권과 같은 질적 분리로 나눌 수 있다. 1필지의 토지의 일부 지분과 같은 양적 분리의 경우는 지분권자들 사이에서 각자 소유지분의 몫의 차이만 있을 뿐, 재산권의 성격에는 아무런 차이가 없으므로 신탁재산에 포함시키는 것에 아무런 문제가 없다. 그러나 질적 분리의 경우, 1개의 재산을 이루는 권한들이 재산적 가치를 지니지 않고, 원래의 재산으로부터 독립적으로 특정되어 분리, 양도할 수 없는 경우에는 신탁재산이 될 수 없다.

저작권은 복제권, 공연권, 방송권, 전시권, 배포권, 전송권, 2차적 저작물 작성권 등의 저작재산권과 공표권, 성명표시권, 동일성 유지권 등의 저작인격권으로 구성된 복합적인 권리이고, 저작재산권의 일부는 양도도 가능하므로(저작권법 제45조) 저작권을 구성하는 일부 권리에 대하여도 신탁을 설정할 수 있기 때문에 현행 신탁법에서는 명문으로 저작권의 분리신탁을 인정하고 있다.

다만 저작권 중 공표권 등의 저작인격권은 재산권이 아니므로 신탁재산이 될 수 없다.

판례는 구 신탁법하에서도 『신탁법 제3조 제1항의 취지는 등기 또는 등록하여야 할 재산권에 관하여 신탁재산이라는 뜻을 등기 또는 등록하지 않으면 제3자에게 신탁재산임을 주장할 수 없다는 취지에 불과한 것이고, 저작권법 제52조에 따른 저작재산권의 양도등록은 그 양도의 유효요건이 아니라 제3자에 대한 대항요건에 불과하고, 여기서 등록하지 아니하면 제3자에게 대항할 수 없다고 할 때의 '제3자'란 당해 저작재산권의 양도

영수업을 해 나가는 방식을 활용할 수 있다고 한다.

1) 최승재, 〈개정 신탁법상 사업신탁에 대한 소고〉, 293~295면 참조.

에 관하여 양수인의 지위와 양립할 수 없는 법률상 지위를 취득한 경우 등 저작재산권의 양도에 관한 등록의 흠결을 주장함에 정당한 이익을 가지는 제3자에 한하고, 저작재산권을 침해한 사람은 여기서 말하는 제3자에 해당하지 않는다. 따라서 음악저작물의 저작권자로부터 저작권을 신탁적으로 양도받은 사람은 신탁법 및 저작권법상의 등록을 하지 않았더라도 저작권침해자에 대하여 손해배상을 청구할 수 있다』고 판시함으로써 저작권의 신탁을 인정하고 있었다.[1]

분리신탁에 관한 자세한 내용은 Ⅴ. 특수한 유형의 신탁 중 제3절 저작권신탁 부분을 참조.

나. 신탁재산의 양도

신탁은 위탁자의 수탁자에 대한 신탁재산의 이전, 담보권의 설정 또는 기타 처분 등의 법률행위에 의하여 이루어진다. 따라서 신탁재산이 성질상 또는 법률상 이전 또는 담보권의 설정 등의 자유로운 처분이 불가능한 경우에는 신탁재산이 될 수 없다.

(1) 이 전

위탁자가 수탁자에게 신탁재산을 양도하면, 그 신탁재산은 대내외적으로 수탁자의 소유가 된다.[2] 이때 신탁재산의 양도방법은 신탁재산의 종류에 따라 달라지게 된다.

(2) 담보권의 설정

(가) 구 신탁법하에서의 논의

구 신탁법에서는 신탁재산의 '이전, 기타의 처분'만을 규정하였기 때문에 채무자가 수탁자에게 채무자 소유의 재산에 관한 담보권을 신탁재산으로 하여 신탁을 설정하고, 채권자를 수익자로 지정하여 수탁자가 채권자에게 수익권증서를 발행하는 형태[3]의 이른바 '담보권신탁'의 인정여부에 대하여 다음과 같이 견해가 대립하였다.[4]

1) 대법원 2002. 9. 24. 선고 2001다60682 판결.

2) 대법원 1994. 10. 14. 선고 93다62119 판결(신탁법상의 신탁은 대내외적으로 소유권이 수탁자에게 완전히 이전되고, 위탁자와의 내부관계에 있어서 소유권이 위탁자에게 유보되어 있는 것은 아니므로 신탁의 해지 등 신탁종료의 사유가 발생하더라도 수탁자가 신탁재산의 귀속권리자인 수익자나 위탁자 등에게 새로이 목적부동산의 소유권 등 신탁재산을 이전할 의무를 부담하게 될 뿐, 신탁재산이 수익자나 위탁자 등에게 당연히 복귀되거나 승계된다고 할 수 없다).

3) 예를 들면, 채무자(위탁자)가 채무자 소유의 부동산에 대하여 수탁자를 저당권자로 하여 저당권을 설정하고 채권자를 수익권자로 지정하면, 수탁자는 채권자에 대하여 수익증권을 발행하는 경우.

4) 담보권신탁과 담보신탁은 별개의 신탁이다. 담보신탁(담보목적 신탁)은 채무자(위탁자 겸 수익자)가 수탁자에게 자기 소유의 부동산 등을 신탁재산으로 하여 자익신탁을 설정한 후 그 수익권을 채권자에게 담보로 제공하고, 수탁자는 신탁재산을 담보력이 유지되도록 관리하다가 채무이행시에는 신탁재산을 채무자에게 돌려주고, 채무불이행시에는 신탁재산을 처분하여 채권자에게 변제하여 주는 방식의 신탁이나 채무자(위탁자)가 수탁자에게 부동산의 소유권을 이전하면서 채권자를 수익자로 정하는 타익신탁을 설정하

1) 수탁자가 피담보채권의 채권자가 아니면서 담보권만 보유하는 결과가 되어 저당권의 부종성에 반하고, 실무상 부동산관리신탁 중 소유권만 관리하는 을종관리신탁을 이용하는 경우에는 수탁자가 채권자에게 수익권에 대한 질권을 설정하여 줌으로써 담보목적을 달성할 수 있으므로 담보권신탁을 인정할 수 없다.

2) 담보권자인 수탁자는 수익자를 위하여 담보권을 보유하는 것이므로 실질적으로 저당권의 부종성에 반한다 할 수 없고, 수익증권 발행과 연계할 경우 채권자는 담보권을 내용으로 하는 수익권을 용이하게 처분할 수 있는 실익이 있으므로 담보권신탁을 인정해야 한다.

(나) 현행 신탁법의 태도

담보권신탁을 인정한다면, 채권자(수익자)는 담보권의 효력을 유지한 채 별도의 이전등기 없이 수익권을 양도하는 방법으로 간편하게 담보권을 양도할 수 있고, 자산유동화의 수단으로 활용이 용이해지기 때문에 현행 신탁법은 명문으로 신탁재산에 대한 담보권의 설정을 인정하였다.

채권자가 수인인 경우 담보권신탁을 설정하면, 담보권자인 수탁자로 하여금 일원적으로 담보권을 관리하도록 할 수 있으므로 피담보채권이 양도되는 경우에도 담보권 이전에 따른 등기를 경료할 필요가 없고, 계층적인 수익권을 설정하여 담보권의 순위를 사용하지 않고서도 수인인 채권자들 사이의 선·후순위를 설정할 수 있게 된다.[1]

현재는 담보신탁이 많이 활용되고 있지만, 담보권만 제공하거나 수탁받으려는 수요가 있으므로 담보권신탁도 앞으로 나름의 역할을 할 것으로 기대된다.[2] 하지만 아직 그 실례를 찾아보기는 어렵다. 이처럼 담보권신탁이 활용되지 않는 것은 담보신탁이 활성화되어 있어 그 수요가 크지 아니한 결과로 보인다. 다만 담보권신탁은 담보신탁과 달리 신탁재산은 담보권이므로 수탁자 등 담보제공자의 도산절차에 영향을 받는다는 점은 유의할 필요가 있다.[3]

(다) 부종성의 문제

원칙적으로 담보권이 양도되는 경우, 담보권의 피담보채권도 함께 양수인에게 양도

고, 수탁자는 채무자의 채무불이행시에 부동산을 처분하여 채무를 변제하는 유형의 신탁을 의미한다.

1) 안성포, 〈담보권신탁의 기본적 법률관계〉, 123~125면에 따르면, 담보권신탁은 채권자가 복수인 신디케이트론의 경우에 ① 채권자가 복수인 경우 담보권자를 1인으로 설정할 수 있고, ② 채권이 양도되어 채권자가 교체되는 경우에도 담보권자는 변경되지 않고 고정시켜 둘 수 있으며, ③ 신탁의 수익권을 우선·후순위로 계층화함으로써 담보권자체의 순위를 사용하지 않고 채권자 상호간의 우선·후순위구조를 만들 수 있으므로 담보권을 관리하는 방법으로 상당히 유용하다고 한다.

2) 이중기, 〈담보신탁과 담보권신탁〉, 664, 665면.

3) 이중기, 〈담보신탁과 담보권신탁〉, 685~687면; 양진섭, 〈담보권신탁의 도입에 따른 신탁실무의 변화〉, 116~118면.

되어야 한다. 그러나 신탁법상의 담보권신탁은 '담보권' 자체를 신탁재산으로 하여 위탁자가 수탁자에 대하여 담보권을 설정하고, 채권자를 수익자로 정하는 형태를 상정하고 있으므로 담보권자(수탁자)와 채권자(수익자)가 분리되는 문제가 발생할 수 있다. 또한 채권자가 수익권이나 피담보채권을 양도하는 경우 수익권과 피담보채권의 분리가 문제될 수도 있다.

먼저, 담보권신탁의 경우 필연적으로 담보권자(수탁자)와 채권자(수익자)가 분리된다. 이는 입법을 통하여 채권자와 담보권자가 동일해야 한다는 부종성의 원칙의 예외를 인정한 것으로 볼 수 있다. 하지만 수탁자는 수익자를 위하여 담보권을 보유하고 있는 것이고, 담보권의 실행으로 인하여 취득한 금전은 신탁재산으로서 수탁자는 선관주의의무 및 분별관리의무에 따라 신탁사무를 처리하여야 하므로, 결국 담보권의 실행으로 인하여 취득한 금전은 수익자에게 귀속되게 된다는 측면을 고려해보면, 실질적인 측면에서 담보권의 부종성 원칙이 유지되고 있다고 볼 여지도 충분히 있다.

다음, 담보권신탁에서 채권자가 수익권이나 피담보채권을 양도하는 경우 수익권과 피담보채권의 분리되는 현상을 허용할지 논란이 있을 수 있다. 신탁법에서 수익권은 피담보채권과 함께 양도되어야 한다는 규정을 찾아볼 수 없으므로 수익권만 양도되면 피담보채권이 없는 담보권신탁도 가능하다는 견해가 있을 수 있다. 하지만 최소한 실질적인 측면에서 담보권의 부종성 원칙이 유지되어야 한다고 본다면, 수익권과 피담보채권은 분리되지 않고 함께 양도되어야 할 것이다. 따라서 담보권신탁에서의 수익권은 피담보채권과 분리해서 양도할 수 없다는 견해[1)]가 타당할 것으로 보인다.

(라) 피담보채무의 변제 및 담보권소멸

한편, 현행 신탁법은 신탁으로 담보권을 설정할 수 있다고만 정하고 있고 그 이후 담보권의 실행 및 소멸에 관한 규정은 두고 있지 않아, 수탁자가 담보권을 실행한 경우 언제 수익자의 피담보채권이 소멸하는지 여부가 문제가 될 수 있다.

이에 관하여는 수탁자가 담보권을 실행하여 배당을 받은 때에 소멸한다는 견해와, 수익자가 수탁자로부터 배당액 상당을 받은 때에 소멸한다는 견해로 나뉘는데, 담보부사채신탁법은 신탁업자가 사채권자를 위하여 변제받은 금액은 지체 없이 채권액에 따라 각 채권자에게 지급하도록 되어 있고, 사채권자를 알 수 없을 때 또는 사채권자가 변제금을 받기를 거부하거나 받을 수 없을 때에는 공탁하도록 되어 있는 점(담보부사채신탁법 제77조[2)]), 수익자가 모

1) 최수정, 〈담보를 위한 신탁〉, 법조협회, 법조, 2013, 30면. 저자는 담보권신탁에서 피담보채권만 양도하는 것은 부종성에 반하고, 수익권양도는 원칙적으로 허용되지만 수익권만 양도하는 것은 신탁법 제64조 제1항에 의해 그 성질상 양도가 제한되는 것으로 보고 있다.
2) 담보부사채신탁법 제77조(변제금의 지급) ① 신탁업자가 사채권자를 위하여 변제받은 금액은 지체 없이 채권액에 따라 각 사채권자에게 지급하여야 한다.

르는 사이에 위탁자와 수탁자 사이의 합의를 통하여 담보권을 실행하여 채권을 소멸시킬 수 있다고 보면 실제 채권자인 수익자의 지위가 약화될 우려가 있다는 점 등을 고려할 때, 수익자가 수탁자로부터 배당액 상당을 받은 때에 소멸한다고 보는 것이 타당하다.[1)]

5. 신탁재산에 대한 관리, 처분, 운용, 개발 기타 그 밖의 신탁목적의 달성에 필요한 행위

수탁자는 신탁재산에 대하여 관리, 처분, 운용, 개발 기타 그 밖의 신탁목적의 달성을 위하여 필요한 행위를 할 수 있다.

가. 관리, 처분

'관리'는 신탁재산의 임대처럼 권리의 변동, 물리적 변경에까지 이르지 아니하는 한도에서 경제적 용도로 활용하거나 가치를 증가시키는 행위를 의미하고, '처분'은 신탁재산에 속하는 권리의 이전, 제한물권의 설정, 권리의 소멸 등 신탁재산에 관한 권리의 변동을 직접 발생시키는 행위를 의미한다.

나. 운용, 개발

구 신탁법은 신탁재산의 관리방법을 '관리, 처분'하는 경우만으로 규정하고 있어서 수탁자가 신탁재산에 관하여 관리, 처분행위 이외의 다른 행위를 할 수 있는지 여부에 대하여 논란이 있었다. 신탁재산의 대여 등과 같은 일부 법률행위는 '관리, 처분'의 개념에 포함시킬 수 있었지만, 신탁재산의 투자나 계약체결의 경우나 토지를 수탁받아 그 지상에 건물을 신축하는 경우와 같이 신탁재산의 가치를 증가시키는 행위는 전형적인 '관리, 처분'이라고 보기 어렵기 때문이다.

그러나 수탁자는 복잡 다양한 신탁 목적의 달성을 위하여 신탁재산에 관하여 관리, 처분 이외의 다양한 형태의 행위를 해야 할 필요가 있으므로 현행 신탁법은 신탁재산의 관리방법으로 운용, 개발행위를 명시적으로 추가하였다.

'운용'은 수탁자가 금전 등 신탁재산을 대여하거나 신탁재산을 이용하여 부동산, 유가증권 기타 유동성자산을 매입, 투자하는 등의 방법으로 신탁재산을 증가시키는 일련의

---

② 신탁업자가 제1항의 금액을 자기를 위하여 소비하였을 때에는 「민법」 제685조를 준용한다.
③ 사채권자를 알 수 없을 때 또는 사채권자가 변제금을 받기를 거부하거나 받을 수 없을 때에는 신탁업자는 그 사채권자를 위하여 제1항의 금액을 공탁하여야 한다.
④ 신탁업자는 필요하다고 인정하는 경우에는 제23조 제1항에 따라 사채의 총액을 인수한 자에게 제1항과 제3항의 행위를 위임할 수 있다.

1) 안성포, 〈담보권신탁에 관한 소고〉, 114면; 안성포, 〈담보권신탁의 기본적 법률관계〉, 131면.

행위를 의미하며 주로 금전신탁[1]이나 담보신탁[2] 등에서 이용된다. '개발'은 수탁자가 위탁자로부터 토지의 소유권 기타 부동산에 관한 권리를 이전받아 건물을 신축한 후 분양, 임대 등을 하여 발생한 수익을 수익자에게 신탁의 수익으로서 교부하는 일련의 행위를 의미하며 주로 토지신탁[3]에서 이용된다.

다. 그 밖의 신탁목적의 달성을 위하여 필요한 행위

법조문에 명시된 방법 이외에도 수탁자가 신탁 목적의 달성을 위하여 필요하거나, 앞으로 새로운 유형의 신탁에서 필요한 관리방법을 포함할 수 있도록 포괄적으로 규정하였다.

6. 수익자의 이익 또는 특정한 목적

위탁자는 수탁자에게 신탁재산을 위탁하면서, 신탁을 통하여 달성하고자 하는 목적을 설정해야 하고, 수탁자는 그 목적을 달성하기 위하여 신탁재산에 대해 필요한 행위를 할 수 있다.

한편, 신탁의 목적이 일정한 자를 수익시키기 위한 경우를 '수익자신탁'이라 하고, 수익자의 이익을 위한 것이 아니라 특정한 목적을 추구하는 경우를 '목적신탁'이라 한다. 통상적인 신탁은 수익자가 존재하는 '수익자신탁'의 형태이나, 주주에 대한 배당금지급을 목적으로 하는 경우나 퇴직근로자에 대한 연금지급을 목적으로 하는 경우 등은 특정한 수익자가 존재하지 않는 목적신탁이다.

목적신탁의 인정여부에 대하여는 견해가 대립할 수 있으나,[4] 신탁법 제1조 제2항의

1) 판례는 『금전신탁은 신탁행위에 의하여 위탁자로부터 금전을 수탁받은 신탁회사가 이를 대출, 유가증권, 기타 유동성 자산 등에 운용한 후 신탁기간 종료시 수익자에게 금전의 형태로 교부하는 신탁의 일종으로서, 신탁된 금전은 금융기관의 고유재산이 아닌 신탁재산에 속하게 되고 신탁행위 또는 관계 법령에서 정한 바에 따라 자금운용이 이루어져야 하며, 실적배당주의가 적용되어 원칙적으로 원본과 이익이 보장되지 아니할 수 있다는 점 등에서, 예금된 금원이 금융기관의 고유재산에 속하게 되고 예금에 관한 금융기관의 자금운용 방법에 원칙적으로 제한이 없으며 원금 및 약정이율에 따른 이자의 지급이 보장되는 금전의 소비임치계약인 예금과 차이가 있다』고 하였다(대법원 2007. 11. 29. 선고 2005다64552 판결).

2) 담보권신탁과는 별개이다.

3) 유재관, 〈부동산실무〉, 23면. '토지신탁'이란 부동산신탁의 대상인 부동산 중에서 건물과 그 정착물을 제외한 토지만의 신탁으로, 토지의 원형을 그대로 유지하면서 소극적으로 관리·처분하는 형태와 토지의 개발까지 행하는 적극적 방법으로 관리·처분하는 형태의 신탁을 모두 포함한다. 협의의 토지신탁은 후자의 신탁, 즉 토지소유자 등이 수탁자에게 토지를 위탁하고 수탁자는 신탁계약에 따라 해당 토지에 건물을 건설하거나 토지를 용지로 조성하는 등 유효이용가치를 실행한 다음 건물 또는 용지의 임대, 매각 등 부동산사업을 시행하여 그 성과를 토지소유자 등 수익자에게 되돌려주는 형태의 신탁을 의미한다.

4) 법무부, 〈신탁법 해설〉, 12~13면. 목적신탁은 수익자가 없기 때문에 신탁 목적을 계속 추구할 수 있는 한 신탁을 종료시키는 것이 불가능하고, 신탁재산의 처분을 특정 목적으로 제한할 경우 수탁자도 목적 이외에는 신탁재산을 처분을 할 수 없어서 결국 누구도 처분할 수 없는 재산을 만드는 것이므로 공서양속에

명문에 비추어 볼 때, 인정된다고 보아야 할 것이다. 목적신탁의 경우 수익자가 존재하지 않지만 목적달성을 통하여 이익을 받는 자는 있을 수 있다. 또한 신탁이 종료하는 경우 그 재산귀속을 위해 귀속권리자를 둘 수도 있다.

7. 구별 개념 : 명의신탁

가. 명의신탁의 개념

명의신탁이란 대내적으로 명의신탁자가 소유권을 보유하여 이를 관리·수익하면서 공부상의 소유명의만을 명의수탁자 앞으로 해 두는 것, 다시 말하면『당사자 간의 신탁에 관한 채권계약에 기하여 신탁자가 실질적으로는 그의 소유에 속하는 부동산의 등기명의를 실체적인 거래관계 없는 수탁자에게 매매 등의 형식으로 이전하여 두는 것[1)]』을 말한다.

명의신탁은 일제시대 토지 및 임야조사에서 종중 소유의 재산을 종중명의로 사정받을 수 없어서 이를 종중원명의로 사정받은 데에서 시작되었다. 이러한 명의신탁에 관한 이론은 판례에 의하여 정립되었다.[2)]

나. 판례법상의 명의신탁과 신탁법상 신탁행위의 비교

판례법상의 명의신탁에서는 대내외관계가 분리되어 대외적으로만 수탁자에게 권리가 이전하고, 대내적으로는 명의신탁자에게 권리가 유보된다. 즉 수탁자는 대외적으로 진정한 권리자의 지위를 가지지만, 명의신탁자에 대해서는 그렇지 않다는 점에서 신탁법상의 신탁과는 구별된다.

신탁법상의 신탁에서는 대내외관계가 분리되지 않고 신탁재산은 수탁자에게 절대적으로 권리가 이전하여 위탁자의 재산권으로부터 분리될 뿐만 아니라 수탁자의 고유재산으로부터 구별되어 관리되는 독립성을 가진다.[3)] 신탁법에 따라 부동산에 관하여 신탁이 이루어진 경우, 수탁자 앞으로 소유권이전등기를 마치게 되면 대내외적으로 소유권이 수탁자에게 완전히 이전되고, 위탁자와의 내부관계에 있어서 소유권이 위탁자에게 유보되어 있는 것은 아니라 할 것이며, 이와 같이 신탁의 효력으로서 신탁재산의 소유권이 수

반하고, 사해목적으로 남용될 위험이 높으므로 무효라는 견해와 신탁법 제1조 제2항은 "특정의 목적을 위하여" 신탁을 설정할 수 있다고 규정할 뿐 공익목적에 한정하고 있지 않고, 신탁법 제64조에 따라 법원이 후견적 지위에서 종료 기타 필요한 처분을 할 수 있으며, 실제 그 유용성이 있으므로 유효라는 견해가 대립한다.

1) 대법원 1993. 11. 9. 선고 92다31699 판결.
2) 대법원 1963. 9. 19. 선고 63다399 판결.
3) 대법원 2002. 12. 6.자 2002마2754 결정.

탁자에게 이전되는 결과 수탁자는 대내외적으로 신탁재산에 대한 관리권을 갖는 것이고, 다만 수탁자는 신탁의 목적 범위 내에서 신탁계약에 정하여진 바에 따라 신탁재산을 관리하여야 하는 제한을 부담함에 불과하다.[1] 위탁자의 일반채권자뿐 아니라 수탁자의 일반채권자도 신탁재산에 대하여 강제집행을 할 수 없다.[2] 그리고 부동산신탁에서 신탁의 해지 등 신탁종료의 사유가 발생하더라도 수탁자가 신탁재산의 귀속권리자인 수익자나 위탁자 등에게 새로이 목적부동산의 소유권 등 신탁재산을 이전할 의무를 부담하게 될 뿐, 신탁재산이 수익자나 위탁자 등에게 당연히 복귀되거나 승계된다고 할 수 없다.[3]

이렇듯 판례법상의 명의신탁과 신탁법상의 신탁은 완전히 구분되는 제도이다. 신탁법에 따라 신탁이 이루어진 경우, 판례법상의 명의신탁에 관한 법리는 적용될 여지가 없다. 또한 신탁법이 적용되면 부동산실명법도 적용되지 아니한다.

다. 명의신탁에 관한 판례의 태도

(1) 서　　설

부동산실명법이 시행됨에 따라 명의신탁에 관한 기존의 판례가 적용될 여지가 많이 줄어들었지만, 부동산에 관한 명의신탁에 관하여 동법의 적용이 배제되는 경우가 적지 않을 뿐만 아니라 동법에서 규율되지 않은 사항에는 종래의 판례의 취지에 따라 판단되며, 판례가 부동산 외에 주식 또는 공부에 의하여 권리관계가 표시되는 선박이나 자동차 기타 중기 등에 대해서도 명의신탁을 인정하는바, 이에 대해서도 마찬가지이다.

(2) 명의신탁의 성립

(가) 명의신탁의 대상

명의신탁의 대상은 공부에 의하여 소유관계가 표시되는 재화, 즉 등기·등록에 의하여 공시되는 재화에 한한다. 그러한 재화에는 부동산, 주식, 선박, 자동차, 중기나 건설기계 등을 들 수 있다. 동산은 공부상 그 소유관계가 공시될 수 없기 때문에, 그에 대해서는 명의신탁이 성립할 여지가 없다.[4]

(나) 명의신탁약정

명의신탁이 성립하려면 명의신탁자와 명의수탁자 사이에 명의신탁관계의 설정에 관한 합의가 있어야 하는데, 명의신탁약정은 명시적으로 뿐만 아니라 묵시적으로도 행하여질 수 있다.

---

1) 대법원 2002. 4. 12. 선고 2000다70460 판결.
2) 대법원 2004. 10. 15. 선고 2004다31883, 31890 판결.
3) 대법원 1994. 10. 14. 선고 93다62119 판결.
4) 대법원 1994. 10. 11. 선고 94다16175 판결.

(다) 명의신탁등기

명의신탁이 성립하려면 명의신탁관계 설정에 관한 합의 외에 명의수탁자 명의의 등기 내지 등록이 있어야 한다. 다만 명의신탁자가 매도인으로부터 부동산을 매수하면서 자기 명의의 등기를 하지 않은 채 바로 명의수탁자 앞으로 이전등기를 하는 이른바 3자간의 명의신탁에서는 명의신탁자 명의의 등기가 생략될 수는 있으며, 이러한 경우에도 판례는 명의신탁관계가 성립한다고 판시하였다.[1)]

(3) 대내적 관계

판례는 명의신탁계약에 의하여 명의신탁부동산에 관하여 명의수탁자 명의로 소유권이전등기가 경료되었더라도, 명의신탁자와 명의수탁자 사이에서는 명의신탁자가 명의신탁재산에 대한 소유권을 그대로 보유하면서 그것을 관리·수익한다고 판시하였다. 따라서 명의신탁자는 등기 없이도 명의수탁자에 대하여 소유권을 주장할 수 있으며,[2)] 자신의 소유권을 다투는 명의수탁자를 상대로 소유권확인을 구할 수도 있다.[3)] 반면 명의수탁자는 자기 앞으로 등기가 되어 있다고 하여 명의신탁자에 대하여 소유권을 주장할 수 없다.[4)]

(4) 대외적 관계

명의신탁이 성립되면 제3자와의 관계에서 등기명의인인 명의수탁자만이 소유권을 가진다. 따라서 대외적 관계에서 명의수탁자만이 소유권에 기한 물권적 청구권을 가지며, 명의수탁자의 일반채권자는 명의수탁자 명의의 재산에 대하여 강제집행을 할 수 있고, 등기명의인 아닌 명의신탁자는 명의신탁을 이유로 명의수탁자의 일반채권자에 대하여 자기 소유권을 주장할 수 없다.[5)]

명의수탁자로부터 명의신탁부동산을 양수한 제3자는 명의신탁관계에 대한 선·악의를 불문하고 그 소유권을 유효하게 취득한다. 다만 제3자가 명의수탁자에게 매도나 담보의 제공 등을 적극적으로 권유함으로써 명의수탁자의 배신행위에 적극 가담한 경우에, 명의신탁부동산에 관한 명의수탁자와 제3자 사이의 계약은 반사회적 법률행위로 민법 제103조에 따라 무효이고, 이때 제3자와 명의신탁자 사이에서만 상대적으로 효력이 없는 것이라 할 수 없고 제3자와 명의수탁자 사이에서도 무효이다.[6)]

명의신탁자는 명의신탁재산에 대한 불법점유자 내지 불법등기명의자에 대하여 직접

1) 대법원 1991. 5. 28. 선고 91다7200 판결.
2) 대법원 1982. 11. 23. 선고 81다372 판결.
3) 대법원 1977. 10. 11. 선고 77다1316 판결.
4) 대법원 1993. 11. 9. 선고 92다31699 판결.
5) 대법원 1974. 6. 25. 선고 74다423 판결.
6) 대법원 1992. 6. 9. 선고 91다29842 판결.

그 인도 내지 등기말소를 청구할 수 없고, 명의수탁자를 대위하여 그 권리를 행사할 수 있을 뿐이다.[1)]

(5) 명의신탁의 종료

(가) 종료의 원인

명의신탁관계는 명의신탁약정에서 정한 사유에 의하여 종료되지만, 그에 관한 약정이 없으면 명의신탁관계의 목적에 반하지 않는 범위에서 위임에 관한 규정을 준용하여 그 종료 여부를 판단하여야 한다.

한편, 명의신탁의 주된 종료원인은 명의신탁약정의 해지이다. 명의신탁자는 원칙적으로 언제든지 명의신탁계약을 해지하고 명의수탁자에 대하여 명의신탁재산의 반환을 청구할 수 있다.[2)] 명의수탁자도 당사자 사이에 특별한 약정이 없는 한 명의신탁을 해지할 수 있다. 명의신탁의 해지는 원칙적으로 일방적 의사표시로 행하여지는데 묵시적으로도 할 수 있다.[3)]

(나) 청산의무의 발생

명의신탁이 해지되면 당연히 청산의무가 발생하는데, 청산의무의 핵심은 명의수탁자가 명의신탁자에게 소유권을 돌려주는 것이다. 그런데 명의신탁의 해지로 부동산소유권이 당연히 명의신탁자에게 복귀하는지(물권적 효과설), 아니면 명의신탁자 앞으로의 소유권이전등기가 있어야 비로소 소유권이 명의신탁자에게 복귀하는지(채권적 효과설)가 문제된다. 이에 관하여 판례는 앞에서 본 상대적 권리이전설에 따라 대내적 관계와 대외적 관계에 다른 법리를 적용한다.

1) 대내적 관계

판례는 명의신탁이 해지될 경우 명의신탁자와 명의수탁자 사이의 대내적 관계에서 소유권은 명의신탁자에게로 당연히 복귀한다고 보고 있다. 명의신탁자는 등기관계를 실체관계와 부합하도록 하기 위하여 명의수탁자에 대하여 (대내적) 소유권에 기하여 명의수탁자 명의의 등기말소를 청구할 수 있으며, 반드시 소유권이전등기만을 청구할 수 있는 것은 아니다.[4)] 명의신탁자의 명의수탁자에 대한 소유권이전등기청구권은 판례에 따르면 내부적 관계에 기한 것으로서 소유권에 기한 물권적 청구권이므로 소멸시효에 걸리지 않는다고 한다.[5)] 그리고 (대내적) 소유권에 기한 반환청구와 명의신탁 해지를 이유로 한 반

1) 대법원 1979. 9. 25. 선고 77다1079 판결.
2) 대법원 1980. 12. 9. 선고 79다634 판결.
3) 대법원 1975. 12. 23. 선고 75다1466 판결.
4) 대법원 1998. 4. 23. 선고 97다44416 판결.
5) 대법원 1991. 11. 26. 선고 91다34387 판결.

환청구는 청구원인을 달리하는 별개의 소송이다.[1]

2) 대외적 관계

반면 제3자에 대한 대외적 관계에서는 명의신탁자가 명의신탁계약을 해지하더라도 명의수탁자가 여전히 소유자이므로, 소유권이전등기를 경료하지 않는 한 명의신탁자는 제3자에 대하여 소유권을 주장할 수 없다.[2] 따라서 명의수탁자가 명의신탁부동산을 제3자에게 처분하면 그 제3자가 선·악의를 불문하고 완전한 소유권을 취득하고, 명의신탁자는 명의신탁계약의 해지를 이유로 그 제3자에게 대항하지 못한다.[3]

라. 부동산실명법의 주요 내용

(1) 총 설

조세를 포탈하거나 토지에 관한 각종 공법적 규제(예컨대 농지법 제8조에 의한 농지취득자격증명)를 피하기 위하여 부동산 소유자가 부동산을 명의신탁하는 경우가 많아서 폐해가 발생하게 되었다. 그리하여 1995년 부동산실명법이 제정되어 시행되었다. 부동산실명법의 내용을 간단하게 살펴보기로 한다.

(2) 적용범위

부동산실명법이 금지하는 명의신탁약정이란 “부동산에 관한 소유권 기타 물권을 보유한 자 또는 사실상 취득하거나 취득하려고 하는 자가 타인과의 사이에서 대내적으로는 실권리자가 부동산에 관한 물권을 보유하거나 보유하기로 하고 그에 관한 등기는 그 타인의 명의로 하기로 하는 약정”(부동산실명법 제2조 제1호 본문)을 말한다.

그런데 부동산실명법은 적지 않은 예외를 인정하고 있다. ① 양도담보나 가등기담보(동법 제2조 제1호 가목), ② 이른바 상호명의신탁(동법 제2조 제1호 나목), ③ 신탁법 또는 자본시장법에 따른 신탁재산인 사실을 등기한 경우(동법 제2조 제1호 다목), ④ 종중 및 배우자 사이의 명의신탁으로서 조세 포탈, 강제집행의 면탈 또는 법령상 제한의 회피를 목적으로 하지 아니하는 경우(동법 제8조) 등이 부동산실명법이 적용되지 않는 예외에 해당한다.

(3) 실권리자의 등기의무

종래 부동산등기특별조치법 제7조는 일정한 탈법목적의 명의신탁만을 금지하였으나 부동산실명법 제3조 제1항은 목적 여하를 불문하고 명의신탁을 전면적으로 금지하고, 이를 위반한 경우 동법 제5조 내지 제7조에 의하여 과징금, 강제이행금, 벌칙을 부과하고 있다.

1) 대법원 1980. 12. 9. 선고 79다634 판결.
2) 대법원 1982. 11. 23. 선고 81다372 판결.
3) 대법원 1982. 12. 28. 선고 82다카984 판결.

(4) 명의신탁의 효력

(가) 명의신탁약정의 무효

부동산실명법 제4조 제1항은 앞에서 본 적용예외에 해당하지 않는 한, 명의신탁자와 명의수탁자 사이의 명의신탁약정은 무효라고 정하고 있다. 따라서 명의신탁약정에 기하여 명의수탁자 앞으로 소유권이전등기가 경료되었더라도, 그 등기는 원인행위를 결하는 것으로 무효여서 명의수탁자는 부동산의 소유권을 취득하지 못한다.

그런데 이때 부동산실명법 제4조 제1항에 의하여 무효로 되는 것은 명의신탁약정뿐이고, 명의신탁약정에 따라 행하여진 부동산취득의 원인계약, 예컨대 3자 간의 명의신탁에서 전 소유자와 명의신탁자 사이의 매매계약은 무효로 되지 않는다.

(나) 명의신탁등기의 효력

부동산실명법 제4조 제2항은 명의신탁약정에 따라 행하여진 등기로 이루어진 부동산에 관한 물권변동은 무효라고 정하고 있다. 따라서 명의수탁자는 명의신탁자에 대해서뿐만 아니라 제3자에 대하여도 소유권을 주장할 수 없다. 부동산 명의신탁의 유형[1]별로 그 구체적인 효과를 살펴보면 다음과 같다.

1) '양자 간 등기명의신탁'에서 명의수탁자 명의의 등기는 무효이므로, 명의신탁자가 명의신탁부동산에 대한 소유권을 보유한다. 따라서 명의신탁자는 명의수탁자를 상대로 소유권에 기한 방해제거청구권을 행사하여 명의수탁자 명의의 등기를 말소하라고 청구할 수 있다. 이 경우 스스로 명의신탁등기를 한 자가 나중에 자신의 행위가 강행규정인 부동산실명법에 위반되어 무효임을 내세워 물권적 청구권을 행사하더라도 신의칙에 위반되지 않는다.[2] 다만 명의신탁자는 과태료의 부담 등으로 인하여 소유권에 기한 방해제거청구권을 행사하여 명의수탁자 명의의 등기를 말소하기는 사실상 어려울 것이다.

2) '3자 간 등기명의신탁'에서 명의수탁자 명의의 등기는 무효이므로, 부동산의 소유권은 전 소유자에게 그대로 남게 된다. 따라서 전 소유자는 소유권에 기하여 명의수탁자명의 등기의 말소등기를 구하거나 진정명의회복을 원인으로 하여 소유권이전등기를 구할 수

1) 부동산에 대한 명의신탁의 유형으로 명의신탁자가 자기 소유의 부동산을 명의수탁자 앞으로 이전등기하는 경우인 이른바 「양자 간 등기명의신탁」, 명의신탁자가 매도인으로부터 부동산을 매수하면서 자기 명의의 등기를 경료하지 않은 채 바로 명의수탁자 앞으로 이전등기를 하는 경우인 이른바 「3자 간 등기명의신탁」, 부동산을 매수하려는 자(명의신탁자)가 다른 사람(명의수탁자)에게 위탁하여 명의수탁자가 계약당사자로서 전 소유자로부터 부동산을 매수하여 명의수탁자 앞으로 등기를 경료하는 경우인 이른바 「계약명의신탁」 등이 있다.

2) 대법원 2019. 6. 20. 선고 2013다218156 전원합의체 판결(부동산 실권리자명의 등기에 관한 법률 규정의 문언, 내용, 체계와 입법 목적 등을 종합하면, 부동산실명법을 위반하여 무효인 명의신탁약정에 따라 명의수탁자 명의로 등기를 하였다는 이유만으로 그것이 당연히 불법원인급여에 해당한다고 단정할 수는 없다. 이는 농지법에 따른 제한을 회피하고자 명의신탁을 한 경우에도 마찬가지이다).

있다. 그런데 전 소유자와 명의신탁자 사이에 이루어진 부동산 취득의 원인계약은 유효하므로, 전 소유자는 명의신탁자에 대하여 소유권이전등기의무를 부담하고, 따라서 명의신탁자는 전 소유자를 대위하여 명의수탁자를 상대로 무효인 그 명의 등기의 말소를 구하고 아울러 전 소유자를 상대로 소유권이전등기청구를 할 수 있다는 것이 판례의 태도이다.[1)]

3) '계약명의신탁'의 경우 명의신탁자와 명의수탁자의 명의신탁약정은 부동산실명법 제4조 제1항에 의하여 무효이지만, 명의수탁자의 계약상대방인 전 소유자가 명의신탁약정이 있었음을 알지 못하고 명의수탁자 앞으로 이전등기를 경료하여 준 경우에는 부동산실명법 제4조 제2항 단서에 의하여 그 등기는 유효하다. 명의신탁약정의 존재에 대하여 전 소유자가 알았는지 여부는 계약 체결시를 기준으로 판단하여야 한다. 즉 계약상대방인 전 소유자가 계약명의신탁약정의 존재를 알았다면 부동산에 관한 물권변동이 무효로 되지만, 몰랐다면 물권변동이 유효하다.

전 소유자가 선의인 경우에는 명의수탁자는 명의신탁자에 대한 관계에서도 그 부동산에 관한 완전한 소유권을 취득한다.[2)] 이때 명의신탁자는 전 소유자에 대하여 아무런 청구도 하지 못하지만, 명의수탁자를 상대로 부당이득의 반환을 구할 수 있다. 반환하여야 할 부당이득의 대상에 관하여 판례는 부동산실명법 시행 후의 계약명의신탁의 경우에서는 반환대상이 당해 부동산 자체가 아니라 명의수탁자에게 제공한 매수자금이지만,[3)] 부동산실명법 시행 전의 계약명의신탁의 경우에서는 반환대상이 당해 부동산 자체[4)]라고 판시하였다. 다만 판례는 부동산실명법 시행 전의 계약명의신탁의 경우에 명의신탁자가 당해 부동산의 회복을 위해 명의수탁자에 대해 가지는 소유권이전등기청구권은 그 성질상 법률의 규정에 의한 부당이득반환청구권으로서 민법 제162조 제1항에 따라 10년의 기간이 경과하면 시효로 소멸한다고 판시하였다.[5)]

반면 전 소유자가 악의인 경우에는 명의수탁자 명의의 등기는 그 효력을 상실하여 부동산의 소유권은 전 소유자에게 복귀한다. 전 소유자는 명의수탁자에게 원인계약의 무효를 이유로 등기의 말소를 청구할 수 있고, 명의수탁자는 전 소유자에게 지급한 매매대금의 반환을 구할 수 있지만, 명의신탁자는 전 소유자 또는 명의수탁자를 상대로 이전등기를 청구할 수는 없다.

---

1) 대법원 1999. 9. 17. 선고 99다21738 판결; 대법원 2002. 11. 22. 선고 2002다11496 판결.
2) 이 경우 명의수탁자는 타인의 재물을 보관하는 자라고 할 수 없어서 횡령죄가 성립하지 않는다고 한 판례로는 대법원 2010. 11. 11. 선고 2008도7451 판결 등이 있다. 최근 양자 간 등기명의신탁에 대하여 대법원 2021. 2. 21. 선고 2016도18761 전원합의체 판결에서 기존 판례를 변경하여 횡령죄에 해당하지 않는다고 판단하였다.
3) 대법원 2005. 1. 28. 선고 2002다66922 판결.
4) 대법원 2002. 12. 26. 선고 2000다21123 판결.
5) 대법원 2009. 7. 6. 선고 2009다23313 판결.

(다) 제3자에 대한 효력

한편 부동산실명법 제4조 제1항, 제2항에 따른 명의신탁약정의 무효 내지 명의신탁등기의 무효는 제3자에게 대항하지 못한다고 부동산실명법 제4조 제3항에 규정되어 있다. 따라서 제3자는 그의 선·악의를 불문하고 보호된다.

판례는 여기의 제3자는 명의신탁약정의 당사자나 포괄승계인 아닌 자로서 명의수탁자가 물권자임을 기초로 그와의 사이에 직접 새로운 이해관계를 맺은 사람을 의미한다고 한다.[1] 그러면서 판례는 오로지 명의신탁자와 부동산에 관한 물권을 취득하기 위한 계약을 맺고 단지 등기명의만을 명의수탁자로부터 경료받은 것 같은 외관을 갖춘 자는 위 법률조항의 제3자에 해당하지 않으므로, 이러한 자로서는 자신의 등기가 실체관계에 부합하여 유효라고 주장하는 것은 별론으로 하더라도 부동산실명법 제4조 제3항의 규정을 들어 무효인 명의신탁등기에 터잡아 경료된 자신의 등기가 유효하다고 주장할 수 없다고 판시하였다.[2]

명의수탁자로부터 물권을 설정받거나 이전받은 자나 명의신탁부동산에 대한 가등기권리자, 압류채권자와 같이 명의수탁자 명의의 등기를 토대로 그 등기상 이해관계를 가지게 된 자[3] 등이 여기의 제3자에 속한다. 한편 판례는 명의수탁자로부터 명의신탁된 부동산의 소유명의를 받은 사람이 위 부동산실명법 제4조 제3항이 정한 제3자에 해당하지 않으면, 그로부터 새로운 법률원인으로 이해관계를 맺은 자가 등기를 이어받았을지라도 명의수탁자와 직접 이해관계를 맺은 것이 아닌 이상 그 사람을 부동산실명법 제4조 제3항이 정한 제3자로 볼 수는 없다고 판시하였다.[4]

(5) 기존 명의신탁약정에 의한 등기의 실명전환

(가) 부동산실명법 제3조에 의한 실명등기의무는 동법 시행 후에 등기하는 경우에 적용된다. 부동산실명법 제11조, 제12조에 따라 동법 시행 전에 명의신탁약정을 하고 부동산에 관한 물권을 명의수탁자 명의로 등기하거나 하도록 한 명의신탁자는 법 시행일로부터 1년 내에 실명등기를 하여야 하고, 그 기간 내에 실명등기 또는 매각처분 등을 하지 않으면 그 후에는 명의신탁약정은 무효가 되고, 명의신탁약정에 따라 행하여진 등기에 의한 부동산의 물권변동도 무효가 된다.

(나) 부동산실명법이 시행되기 전에는 명의신탁약정 및 명의신탁등기가 유효였지만, 동법이 시행된 후 동법 제11조 소정의 유예기간 내에 실명등기가 경료되지 않은 경우에,

1) 대법원 2009. 3. 12. 선고 2008다36022 판결.
2) 대법원 2004. 8. 30. 선고 2002다48771 판결.
3) 대법원 2009. 3. 12. 선고 2008다36022 판결.
4) 대법원 2005. 11. 10. 선고 2005다34667, 34674 판결.

앞서 살펴본 부동산실명법의 적용예외 사유에 해당하지 않는 한 그 기간의 도과로 명의신탁약정과 명의신탁등기는 모두 무효로 된다. 따라서 명의신탁자는 더 이상 명의신탁 해지를 원인으로 하는 소유권이전등기를 청구할 수 없게 된다.[1)]

제3조 (신탁의 설정)

① 신탁은 다음 각 호의 어느 하나에 해당하는 방법으로 설정할 수 있다. 다만, 수익자가 없는 특정의 목적을 위한 신탁(이하 "목적신탁"이라 한다)은 「공익신탁법」에 따른 공익신탁을 제외하고는 제3호의 방법으로 설정할 수 없다.

1. 위탁자와 수탁자 간의 계약
2. 위탁자의 유언
3. 신탁의 목적, 신탁재산, 수익자(「공익신탁법」에 따른 공익신탁의 경우에는 제67조 제1항의 신탁관리인을 말한다) 등을 특정하고 자신을 수탁자로 정한 위탁자의 선언

② 제1항 제3호에 따른 신탁의 설정은 「공익신탁법」에 따른 공익신탁을 제외하고는 공정증서(公正證書)를 작성하는 방법으로 하여야 하며, 신탁을 해지할 수 있는 권한을 유보(留保)할 수 없다.

③ 위탁자가 집행의 면탈이나 그 밖의 부정한 목적으로 제1항 제3호에 따라 신탁을 설정한 경우 이해관계인은 법원에 신탁의 종료를 청구할 수 있다.

④ 위탁자는 신탁행위로 수탁자나 수익자에게 신탁재산을 지정할 수 있는 권한을 부여하는 방법으로 신탁재산을 특정할 수 있다.

⑤ 수탁자는 신탁행위로 달리 정한 바가 없으면 신탁 목적의 달성을 위하여 필요한 경우에는 수익자의 동의를 받아 타인에게 신탁재산에 대하여 신탁을 설정할 수 있다.

1. 신탁설정행위

위탁자와 수탁자 사이에서 신탁의 법률관계를 창설하는 것을 신탁의 설정이라 하고, 신탁을 설정하기 위한 법률행위를 신탁행위라 할 수 있다. 신탁법은 신탁의 설정방법으로 신탁계약, 유언, 신탁선언을 정하고 있다.

1) 대법원 2007. 6. 14. 선고 2005다5140 판결.

가. 신탁계약

(1) 의 의

위탁자가 생존 중에 수탁자와의 사이에서 신탁재산, 수익자 등 신탁에 관한 사항을 정한 계약에 의하여 신탁을 설정하는 경우이다. 신탁법은 신탁계약의 체결에 관하여 특별한 방식을 규정하고 있지 않으므로 민법상 일반원칙이 적용된다. 아래 유언신탁의 경우와 비교하여 생전신탁이라고도 한다.

민법 제569조에 의하여 타인 권리의 매매계약이 허용되는 것과 같이, 위탁자는 위탁자 본인 소유의 재산뿐만 아니라 타인 소유의 재산에 관하여도 신탁계약을 체결할 수 있다.

(2) 성립시기

신탁계약의 성립시기에 관한 견해의 대립은 신탁계약의 법적 성격을 어떻게 해석하는지 여부에 따른 견해의 대립과 맞물려 있는 것으로 보인다. 즉, 신탁계약을 요물계약으로 보는 경우에는 위탁자와 수탁자 간의 신탁계약의 체결로 인하여 수탁자에게 신탁재산의 처분이 이루어져 신탁이 실체를 갖추어야 성립하나,[1] 신탁계약을 낙성계약으로 보는 경우에는 위탁자와 수탁자 간의 신탁설정의사의 합치로서 신탁계약이 성립하고, 재산권 이전 기타 처분행위를 하였을 때 신탁의 효력이 발생한다.[2][3] 신탁법 제3조 제1항 제1호는 '위탁자와 수탁자 간의 계약'으로 신탁을 설정할 수 있다고 정하고 있으므로, 신탁계약은 위탁자와 수탁자의 신탁설정의 합의만으로 성립된다고 보는 낙성계약설이 타당하다.

(3) 신탁계약의 해지

신탁계약의 해지에 관하여도 민법상의 일반원칙이 적용되므로, 신탁계약의 청약에 대하여 구속력이 인정되어 원칙적으로 철회할 수 없고, 법정해지권뿐만 아니라 해지권 유보 약정을 통한 임의해지권도 인정된다고 할 것이다.

---

1) 이른바 요물계약설. 신탁법 제1조가 '재산권의 이전 기타의 처분'을 신탁의 성립요건으로 규정하고 있는 점, 신탁재산의 독립성, 신탁재산에 대한 강제집행금지 등 신탁의 재산법적 효과를 인정하기 위해서는 단순한 민법상 계약관계와 달리 당사자 간에 재산의 처분이 이루어져 신탁이 실체를 갖추는 것이 필요하다는 점을 근거로 한다. 법무부, 〈신탁법 해설〉, 28면.

2) 이른바 낙성계약설. 위탁자가 신탁목적에 따라 일정한 재산에 대해서 이전이나 그 밖의 처분을 한다는 신청을 하고 이에 대하여 수탁자가 승낙함으로써 성립한다고 한다. 정순섭, 〈신탁의 기본구조에 관한 연구〉, 15면; 임채웅, 〈신탁행위의 연구〉, 114면; 법무부, 〈신탁법 해설〉, 28면 등.

3) 유재관, 〈부동산실무〉, 54~55면에 따르면, 신탁계약의 법적 성격에 관하여 채권계약으로 보는 견해와 물권계약으로 보는 견해의 대립으로 구분한 뒤, 채권계약으로 보는 견해에 요물계약설과 낙성계약설이 포함된다고 한다. 물권계약설에 따르면 우리 민법은 물권변동에 있어 형식주의를 취하고 있기 때문에 신탁을 설정하기 위한 당사자의 합의 외에 그 신탁재산을 수탁자 앞으로 이전하거나 처분하였을 때 신탁계약이 성립하고 효력이 발생한다고 한다.

나. 유언신탁

(1) 의　의

위탁자가 유언으로서 수탁자, 신탁재산, 수익자 등을 정하여 신탁을 설정하는 경우이다. 유언은 민법상 정해진 방식에 의하지 않으면 효력이 발생하지 않으므로, 유언신탁 역시 민법상 정해진 방식(자필증서, 녹음, 공정증서, 비밀증서, 구술증서)에 따라 이루어져야 한다.

신탁설정에는 수탁자, 신탁재산, 신탁의 목적, 수익자 등의 요소가 확정되어야 하므로 유언의 해석으로 위와 같은 중요한 신탁요소를 확정할 수 있어야 한다. 경우에 따라 수탁자가 불분명하거나 수탁자로 지정된 자가 선임을 승낙하지 않거나 하는 등의 이유로 신탁사무를 수행할 수 없는 경우, 수익자 등의 이해관계인은 법원에 새로운 수탁자의 선임을 청구할 수 있다(신탁법 제21조 제3항[1]).

(2) 성립시기

유언은 '유언자가 사망한 때'에 효력이 발생하므로(민법 제1073조 제1항), 유언신탁도 '위탁자가 사망한 때'에 효력이 발생하고, 정지조건이 있는 경우에는 정지조건이 성취된 때에 효력이 발생한다고 보아야 한다.[2]

(3) 철회 및 변경

유언은 유언자가 생존 중에 언제든지 자유롭게 유언의 전부 또는 일부를 철회할 수 있으므로(민법 제1108조), 유언신탁도 위탁자가 사망할 때까지 신탁의 철회 또는 변경이 가능하다고 보아야 한다.

다만, 유언신탁에서의 수익자 변경은 위탁자 본인이 사망으로 인하여 효력이 발생하여 그 이전에는 위탁자가 언제든지 유언의 내용을 변경할 수 있기 때문에 신탁계약에 특별한 정함이 없이도 가능한 것이므로, 신탁의 설정 이후 수익자변경권을 유보하여 수익자를 변경하는 경우(신탁법 제58조)와는 구별된다.[3]

---

1) 제21조(신수탁자의 선임) ① 수탁자의 임무가 종료된 경우 위탁자와 수익자는 합의하여 또는 위탁자가 없으면 수익자 단독으로 신수탁자를 선임할 수 있다. 다만, 신탁행위로 달리 정한 경우에는 그에 따른다.
② 위탁자와 수익자 간에 신수탁자 선임에 대한 합의가 이루어지지 아니한 경우 이해관계인은 법원에 신수탁자의 선임을 청구할 수 있다.
③ 유언에 의하여 수탁자로 지정된 자가 신탁을 인수하지 아니하거나 인수할 수 없는 경우에는 제1항 및 제2항을 준용한다.

2) 유언에 정지조건이 붙은 경우에는, 그 조건이 유언자의 사망 후에 성취되면 그 때부터 유언의 효력이 생긴다(민법 제1073조 제2항).

3) 심인숙, 〈고령화 시대 재산관리수단으로서의 신탁〉, 102면.

다. 신탁선언

(1) 의 의

위탁자가 자기 또는 제3자 소유의 재산 중에서 특정한 재산을 분리하여 그 재산을 자신이 수탁자로서 보유하고 수익자를 위하여 관리, 처분, 운용한다는 것을 선언함으로써 신탁을 설정하는 경우이다.

(2) 신설취지

구 신탁법은 신탁선언을 신탁 설정방법으로 명시하고 있지 않고, 위탁자와 수탁자가 다른 사람임을 전제하고 있으며, 위탁자가 집행면탈을 목적으로 자기 재산을 신탁재산으로 정하여 채권자를 해할 우려가 있고, 신탁선언의 의사표시가 불명확하므로 신탁선언에 의한 신탁설정을 부정하는 견해[1]가 통설적 견해였다.[2]

그러나 신탁선언이 인정되면 ① 특수목적회사(SPC)를 설립하거나 채권자를 변경할 필요가 없이 기업이 스스로 수탁자가 되어 보유 중인 채권 등의 자산을 신탁재산으로 삼아 이를 유동화하여 자금을 조달할 수 있어 기업의 부담이 경감되고, 수탁자에게 지급해야 하는 수수료 등 비용을 절감할 수 있으므로 자산유동화가 용이한 점, ② 기업이 특정사업을 수행함에 있어 자금조달의 방법으로 사업에 필요한 자산을 신탁재산으로 하면서 신탁선언을 이용하는 경우, 기업은 자신의 사업을 계속 진행하면서 그로부터 얻어질 수익권을 판매하여 용이하게 자금을 조달할 수 있고,[3] 기밀의 외부유출 등을 피할 수 있다는 점, ③ 금융기관이 대출채권 등을 유동화하는 경우, 채무자에 대한 정보를 가장 많이 보유하고 있으므로 다른 금융기관을 수탁자로 지정하는 경우보다 더 적절한 신탁재산의 관리가 가능하다는 점, ④ 자녀 및 후손을 위한 신탁을 신탁선언에 의하여 설정하는 경우, 위탁자 스스로 수익자인 자녀 등을 위하여 가장 적합한 방법으로 재산관리를 하면서도 장래 발생할 수 있는 위탁자의 파산 등 경제적인 불확실성으로부터 수익자를 보호할 수 있다는 점[4] 등을 고려하여 현행 신탁법에서는 그 유효성을 명문으로 인정하였다.[5][6]

---

1) 최동식, 〈신탁법〉, 54면; 최수정, 〈일본 신신탁법〉, 16면; 김진우, 〈신탁재산의 특수성〉, 199~200면; 임채웅, 〈신탁행위의 연구〉, 94면; 정순섭, 〈신탁의 기본구조에 관한 연구〉, 15면 등.

2) 이중기, 〈신탁법〉, 34~35면에 따르면, 구 신탁법에 신탁선언행위를 금지하는 규정이 없으므로 신탁선언이 가능하고, 구 신탁법 제1조에서 구분되어 사용되는 '위탁자'와 '수탁자'는 '위탁자 지위'와 '수탁자 지위'를 의미하는 것이지 특정인을 표시한 것은 아니므로 동일인에게 그 지위가 귀속될 수 있으며, 신탁 설정에 의한 실질적인 권리는 수익자에게 이전되는 것이므로 신탁선언에 의한 신탁이 적법하게 성립하였다면 신탁재산을 집행면탈재산이라고 볼 수 없다는 이유로 구 신탁법의 해석으로도 신탁선언에 의한 신탁은 가능하다고 주장한다.

3) 이러한 유용성은 수익증권발행신탁과 결합될 때 극대화될 수 있다(신탁법 제78조 참조).

4) 심인숙, 〈고령화 시대 재산관리수단으로서의 신탁〉, 106~108면에 따르면, 신탁선언에 의한 신탁설정의 경우 신탁재산의 소유명의를 본인이 계속 가지고 있으므로 재산권 이전에 따른 심리적 저항감이 없고 수

(3) 신탁선언의 제한

위탁자가 신탁선언에 의한 신탁을 책임재산면탈 등의 목적으로 악용하는 것을 방지하기 위하여 일정한 제한이 필요하다. 신탁법에서는 설정할 수 있는 신탁의 종류, 목적, 설정방법, 설정 후 신탁의 철회 등에 대하여 일정한 제한을 가하였으나, 신탁선언을 할 수 있는 주체는 특별히 제한하지 않았다.

1) 공익신탁을 제외하고 수익자가 없이 특정의 목적을 위하여 설정하는 목적신탁의 경우에는 신탁선언의 방법으로 설정할 수 없도록 하여 신탁선언의 방법으로 설정할 수 있는 신탁의 종류를 제한하였다(신탁법 제3조 제1항 단서).

목적신탁의 경우, 위탁자인 수탁자는 자신의 재산을 직접 관리하게 되고, 신탁사무를 감독할 다른 이해관계인이 없어서 집행면탈 등의 목적으로 악용할 가능성이 높으므로 신탁선언의 방법으로 설정할 수 없게 한 것이다.

2) 집행면탈 또는 탈세 등의 부정한 목적으로 신탁선언의 방법으로 신탁을 설정한 경우, 신탁재산과 관련된 이해관계인이 법원에 신탁의 종료를 청구할 수 있도록 하여 목적을 제한하였다(신탁법 제3조 제3항).

일반신탁에 비해 신탁감독의 가능성이 상대적으로 약화된 점을 고려한 취지이다.

3) 신탁선언에 의하여 신탁을 설정하는 경우 반드시 공증인법 또는 변호사법에 따른 공정증서를 작성하는 방법으로 설정하여야 하도록 하여 신탁설정방법을 제한하였다(신탁법 제3조 제2항 전단). 이는 공정증서의 작성을 통하여 위탁자의 진정한 신탁설정의사를 확인하고, 신탁선언의 설정 사실 및 내용을 제3자가 쉽게 확인할 수 있도록 하기 위한 것이다. 이 경우 공정증서의 작성은 공증인법 제25조부터 제56조까지의 규정에 따른 절차 및 방법으로 하여야 하고, 신탁의 목적, 신탁재산 등 신탁에 관한 중요한 사항을 기재하여야 한다.

4) 신탁선언에 의한 신탁을 설정하는 경우 위탁자인 수탁자가 해지권을 유보한 채 신탁을 설정할 수는 없도록 하여 신탁의 해지를 제한하였다(신탁법 제3조 제2항 후단).

신탁선언에 의한 신탁에서 해지[1]를 자유롭게 인정하면 불법목적을 달성한 후 언제

탁자 비용도 발생하지 아니하여 수익자를 위하여 가장 적합한 방법으로 재산관리를 할 수 있다는 장점이 있지만, 위탁자이자 수탁자인 본인에게 재산관리기능이 요구되는 상황이 발생하는 경우(본인이 정신적·신체적 제약으로 정상적인 수탁자로서의 직무수행이 어렵게 되거나 사망하는 경우)에는 수탁자의 변경이 요구되므로 수탁자의 변경절차가 진행되는 동안 수익자 보호가 효과적으로 작동할지 의문이 있다고 한다. 또한 신탁선언의 경우에는 신탁행위로도 해지권을 유보할 수 없어 일단 신탁을 설정한 이후에는 수탁자 본인의 재산상황 변화에 따라 신탁을 종료시키고 다시 고유재산으로 되돌리는 것이 불가능하므로 유연한 재산운용에 제약을 받게 될 우려가 있다고 한다.

5) 법무부, 〈신탁법 해설〉, 32면.

6) 최근 신탁선언에 의한 신탁등기와 유언대용신탁등기를 결합하여 신탁등기를 한 사례도 있다고 한다. 노흥순, 〈신탁선언에 의한 유언대용신탁 등기사례〉, 법무사 2017년 12월호 참고.

1) 여기서의 "해지"는 계약법에서 계속적 계약의 해소를 의미하는 '해지'와 달리 단독행위인 신탁선언을 통하여 계속 운영 중인 자기신탁을 중단하고 신탁재산을 원래 위탁자에게 복귀시키는 것을 의미한다.

든지 위탁자 겸 수탁자가 신탁재산을 위탁자의 재산으로 되돌릴 수 있어 남용의 우려가 있고, 신탁선언은 단독행위로서 일단 효력이 발생하면 원칙적으로 해지가 불가능한 것이 원칙이기 때문이다.

5) 위탁자가 자신을 단독 수익자로 정하는 신탁선언에 의한 신탁, 즉 위탁자, 수탁자, 수익자가 모두 동일한 자기신탁은 신탁의 본질에 반함은 물론 신탁법 제36조에 따라 수탁자가 단독 수익자가 될 수 없으므로 설정이 불가능하다.

(4) 성립시기

신탁선언에 의한 신탁의 성립시기에 관하여는 명문의 규정이 없는데, 일본의 신신탁법은 공정증서 등에 의한 경우에는 공정증서 등을 작성한 때에 신탁의 효력이 발생한다고 정하고 있다.[1)]

2. 신탁재산지정권을 유보한 재량신탁

가. 신탁재산지정권을 유보한 재량신탁

통상적으로 위탁자는 신탁행위와 동시에 신탁재산을 특정하게 되는데, 위탁자가 신탁행위시 수탁자나 수익자로 하여금 위탁자의 재산 중 일부를 신탁재산으로 지정할 수 있는 권한, 즉 신탁재산지정권을 부여하는 형태로 신탁재산의 특정이 가능한지 여부에 관하여 논란이 있었다.

그러나 신탁제도의 유연성을 고려할 때 신탁계약으로서 신탁재산지정권을 부여할 수 있고, 가족신탁 등이 활성화될 경우 전문가인 수탁자나 이득을 취할 수익자가 신탁재산을 조사, 결정할 수 있는 형태의 신탁을 이용할 가능성이 높으므로, 신탁법은 명문으로 신탁재산지정권을 부여하는 형태로서 신탁을 설정할 수 있도록 허용하였다(신탁법 제3조 제4항).[2)]

나. 수익자지정권 등을 유보한 재량신탁

신탁법은 위탁자가 신탁행위시 수탁자에게 위탁자가 설정한 기준 또는 수탁자의 자유재량에 따라 수익자를 선정하거나 변경할 수 있도록 하는 형태의 신탁을 허용하고 있다(신탁법 제58조[3)]).

1) 일본 신신탁법 제3조 제3호는 신탁선언에 의하여 신탁을 설정하는 경우 공정증서와 그외 서면 또는 전자적 기록에 의한 방법으로 신탁을 설정하도록 하고 있는데, 제4조 제3항은 위와 같은 방법에 의하여 설정된 신탁은 공정증서 등의 작성으로 인하여 효력이 발생한다고 정하고 있다. 최수정, 〈일본 신신탁법〉, 14~19면 참조.

2) 법무부, 〈신탁법 해설〉, 34면.

3) 제58조(수익자지정권 등) ① 신탁행위로 수익자를 지정하거나 변경할 수 있는 권한(이하 "수익자지정권

3. 재 신 탁

가. 의의 및 취지

재신탁이란 수탁자가 인수한 신탁재산을 스스로 위탁자가 되어 다른 수탁자에게 신탁하여 새로운 신탁을 설정하는 경우이다.

구 신탁법에서는 재신탁의 허용여부에 관하여 명시적인 규정을 두고 있지 않았기 때문에 견해의 대립이 있었고,[1] 법원은 신탁법과 부동산등기법에 근거규정이 없다는 이유로 재신탁등기를 허용하지 않고 있었다.[2] 그러나 수탁자가 신탁재산에 관한 전문가에게 신탁재산의 운용을 맡기는 것이 신탁의 목적 달성에 더 유리할 수 있고, 수탁자가 신탁재산인 금전을 운용하는 방법 중의 하나로 투자신탁의 수익권을 매입한다거나, 재개발사업 시행을 위하여 조합원들로부터 부동산을 인수한 재개발조합이 그 재개발사업의 안정적인 계속을 보장하기 위하여 신탁부동산을 다시 신탁회사에 신탁하는 것을 허용할 필요가 있으므로, 현행 신탁법은 재신탁을 명시적으로 규정하여 허용하였다.

재신탁이 설정되는 경우, 원래의 수탁자는 재신탁의 수익자가 될 수 있는데, 이는 수탁자의 이익향수금지와 구별되는 것이다. 예를 들면, 수탁자는 신탁재산인 금전의 투자위험을 줄이기 위하여 부동산에 투자하는 신탁, 주식에 투자하는 신탁, 국공채에 투자하는 신탁 등으로 분산투자한 후 그로부터 얻은 수익(재신탁으로 인하여 수탁자가 얻는 이익)과 손실을 정산한 신탁수익(원신탁의 수익)을 수익자로 하여금 향수하도록 할 수 있다.

등"이라 한다)을 갖는 자를 정할 수 있다.

② 수익자지정권등을 갖는 자는 수탁자에 대한 의사표시 또는 유언으로 그 권한을 행사할 수 있다.

③ 수익자지정권등이 유언으로 행사되어 수탁자가 그 사실을 알지 못한 경우 이로 인하여 수익자로 된 자는 그 사실로써 수탁자에게 대항하지 못한다.

④ 수익자를 변경하는 권한이 행사되어 수익자가 그 수익권을 상실한 경우 수탁자는 지체 없이 수익권을 상실한 자에게 그 사실을 통지하여야 한다. 다만, 신탁행위로 달리 정한 경우에는 그에 따른다.

⑤ 수익자지정권등은 신탁행위로 달리 정한 바가 없으면 상속되지 아니한다.

1) 자산유동화법 제2조 제1호 라목에서 법률로써 명시적으로 규정하고 있고, 구 신탁법 제1조 제2항의 "재산권을 관리, 처분"하는 방법에 재신탁이 포함되므로 허용된다는 견해와 신탁재산의 처분은 매각 등 일반적인 처분행위를 의미하고, 위탁자가 수탁자의 전문성 등을 신뢰하여 위탁하였는데 이를 다른 수탁자에게 다시 위탁하는 것은 신임관계에 반하므로 허용될 수 없다는 견해가 대립하고 있었다.

2) 등기선례 6-465는 "신탁법 및 부동산등기법에 신탁된 부동산을 재신탁할 수 있다는 규정은 없으므로, 주택조합원과 조합 간의 신탁계약에서 주택조합이 신탁받은 부동산을 부동산신탁회사에 재신탁할 수 있다고 규정하였다 하더라도 그에 따른 재신탁등기는 할 수 없다. 다만, 신탁행위로 정한 바에 의하여 수탁자의 임무가 종료하고 새로운 수탁자가 취임한 경우 및 수탁자가 사임, 자격상실로 임무가 종료되고 새로운 수탁자가 선임된 경우에는 수탁자경질에 기한 소유권이전등기를 할 수는 있을 것이다(등기선례 6-465 수탁자가 신탁부동산을 재신탁할 수 있는지 여부, 1999. 4. 3 제정)"라고 언급하였으나, 현행 신탁법 시행으로 2014. 3. 20. 등기선례 제201403-4호에 의하여 폐지되었음.

나. 구별개념

재신탁은 수탁자가 위탁자 및 수익자와의 관계에서 수탁자로서의 법적 지위를 그대로 유지한다는 점에서 수탁자의 변경(신탁법 제14조, 제16조, 제21조)과 다르고, 수탁자의 신탁사무 자체가 신탁재산을 재신탁하여 그로부터 얻은 수익을 수익자에게 향수토록 하는 것이라는 점에서 수탁자가 스스로 신탁사무를 처리할 수 없을 때 신수탁자의 선임까지 임시적으로 신탁사무를 처리해야 하는 신탁재산관리인(동법 제17조, 제18조)과는 구별된다. 또한 수탁자로부터 재신탁받은 재수탁자는 수탁자로부터 재산권을 이전받아 신탁사무를 처리한다는 점에서 신탁사무의 위임(신탁법 제42조)과도 차이가 있다.

다. 요　　건

수탁자는 ① 신탁목적의 달성을 위하여 필요한 경우에 ② 수익자의 동의를 얻어 재신탁을 설정할 수 있고, 위탁자는 재신탁을 원하지 않는 경우 신탁행위로 이를 금지하는 내용을 정할 수 있다. 이는 수탁자의 재신탁 설정으로 인하여 수탁자가 위탁자와의 신임관계를 위반하지 않게 하기 위함이다.

라. 활용방안

분양사업자가 건축물을 분양하기 위해서는 분양계약서에 신탁계약, 대리사무계약 또는 분양보증계약의 종류 및 신탁업자 또는 분양보증기관의 명칭 등을 포함하여야 하는데(건분법 제6조), 실무상 조합원이 신탁한 금전으로 부동산을 매수하여 소유한 지역주택조합은 조합원이 신탁한 금전으로 신탁업자와의 사이에서 신탁계약 및 대리사무계약을 체결하는데 어려움이 있었으나, 재신탁을 인정함으로써 위 문제를 해결할 수 있게 되었다.

또한 재개발조합원들로부터 부동산을 수탁한 재개발조합이 신탁회사에 신탁부동산을 다시 개발·처분신탁하는 경우, 재개발조합의 채권자들에 의한 강제집행 또는 파산, 재개발조합 집행부의 배임 등으로 인하여 재개발사업이 중단되는 것을 방지할 수도 있으며, 위탁자로부터 금전, 증권, 부동산 등을 종합하여 수탁한 후 다른 신탁업자에게 신탁재산별로 재신탁하여 신탁재산 운용의 전문화를 추구할 수도 있게 되었다.[1]

마. 자본시장법상의 문제

2020. 5. 19. 법률 제17295호로 개정(2021. 5. 20. 시행)되기 전의 구 자본시장법 제42조, 동법 시행령 제45조 및 제47조 제1항 제6호에 따르면 신탁업의 경우 신탁재산의 보

1) 법무부, 〈신탁법 해설〉, 38면.

관·관리업무를 제3자에게 위탁하는 것을 원칙적으로 금지하여, 원신탁의 수탁자가 다른 수탁자와의 사이에서 재신탁을 설정하는 것이 자본시장법상 금지되는 업무위탁에 해당하는지가 문제되었다.

이에 대하여 재신탁의 수탁자는 신탁재산의 소유권을 이전받아 새로운 신탁(재신탁)의 수탁자로서 선관주의의무를 다하여 신탁사무를 처리하는 반면, 자본시장법상 금지되는 업무위탁은 신탁재산의 소유권은 원신탁의 수탁자에게 있으면서 신탁재산의 보관·관리업무만을 제3자가 수행하는 점, 신탁법은 재신탁을 인정하고 있으면서도 동법 제42조에서 신탁사무의 위임을 별도로 정하고 있는 점에 비추어보면 재신탁과 자본시장법상 업무위탁금지는 구별되고, 위 자본시장법상 업무위탁 금지 규정이 재신탁을 명문으로 금지하는 규정으로 볼 수 없다는 견해도 있었으나,[1] 2017. 2. 9.자 금감원 현장건의에 대한 회신 중 "수탁재산관리의 효율성, 전문성을 제고하기 위하여 재신탁을 제한적으로 허용할 계획입니다(2017년 금융위원회 업무보고).", 2017. 3. 14.자 금감원 질의회신 중 "현행 자본시장법령상 신탁업자는 신탁재산의 보관·관리업무, 신탁재산의 운용업무 등 신탁업의 본질적인 업무에 대해서는 이를 재위탁할 수 없도록 규정하고 있습니다(자본시장법 제42조 제1항, 동법 시행령 제45조 제2호 바 목). 따라서 질의하신 바와 같이 원신탁의 수탁자(신탁업자)가 다른 수탁자와의 사이에서 재신탁을 설정하는 것은 현행 자본시장법령상 허용되어 있지 않음을 알려드립니다.", 2018. 10. 19.자 금감원 현장건의에 대한 회신 중 "신탁재산 운용의 전문화를 위해 재산유형별로 전문성을 갖춘 다른 신탁업자에게 재신탁하는 것을 허용하는 방안을 검토하도록 하겠습니다."라는 내용 등에 비추어, 지속적으로 신탁업자의 재신탁 허용 필요성 및 구체적인 방안에 관한 논의가 이루어지면서도, 당시 금융감독기관의 입장은 재신탁을 허용하지 않는 것으로 해석되었다.

그리고 마침내 2020. 5. 19. 법률 제17295호로 개정된 자본시장법(2021. 5. 20. 시행)에서는 업무위탁과 관련된 금융투자업자의 자율성을 제고하기 위하여 금융투자업자가 제3자에게 위탁할 수 있는 범위를 확대함으로써 금융투자업자의 특화·전문화를 유도하기 위하여, 위탁자의 동의를 전제로 재위탁도 원칙적으로 허용하였다.[2]

이에 따라, 원신탁의 수탁자(신탁업자)가 본질적 업무 중 하나인 신탁재산의 보관·관리업무를 위탁하는 재신탁의 경우에도, 그 업무위탁을 받는 자가 업무 수행에 필요한 인가, 즉 신탁업 인가를 받은 자이면 원칙적으로 가능하게 되었다.

---

1) 오영표, 〈新신탁법 시행에 따른 자본시장법상의 법적 쟁점〉, 141~142면.

2) 법률 제17295호 제정·개정이유 중 "…업무위탁과 관련된 금융투자업자의 자율성을 제고하기 위하여 금융투자업자가 제삼자에게 위탁할 수 있는 업무의 범위를 확대하고 위탁자의 동의를 전제로 재위탁을 원칙적으로 허용하여 금융투자업자의 특화·전문화를 유도…"라는 부분 참조.

제 4 조 (신탁의 공시와 대항)

① 등기 또는 등록할 수 있는 재산권에 관하여는 신탁의 등기 또는 등록을 함으로써 그 재산이 신탁재산에 속한 것임을 제3자에게 대항할 수 있다.

② 등기 또는 등록할 수 없는 재산권에 관하여는 다른 재산과 분별하여 관리하는 등의 방법으로 신탁재산임을 표시함으로써 그 재산이 신탁재산에 속한 것임을 제3자에게 대항할 수 있다.

③ 제1항의 재산권에 대한 등기부 또는 등록부가 아직 없을 때에는 그 재산권은 등기 또는 등록할 수 없는 재산권으로 본다.

④ 제2항에 따라 신탁재산임을 표시할 때에는 대통령령으로 정하는 장부에 신탁재산임을 표시하는 방법으로도 할 수 있다.

1. 신탁의 공시

가. 공시의 필요성

신탁재산은 대내외적으로 완전히 수탁자 소유의 재산이므로, 제3자로서는 신탁재산이 수탁자의 고유재산인지 아니면 신탁재산인지 알 수 없게 된다. 그러나 수탁자의 채권자는 신탁 전의 원인으로 발생한 권리 또는 신탁사무의 처리상 발생한 권리에 기한 경우가 아닌 한 신탁재산에 대하여 강제집행을 할 수 없고 수탁자가 파산하여도 신탁재산은 파산재단을 구성하지 않는 등, 신탁재산은 수탁자의 고유재산과는 분리되는 독립성을 가지므로, 거래의 안전과 신탁의 남용방지를 위하여 당해 재산이 신탁재산이라는 사실을 공시할 필요성이 있다.

신탁의 성립(신탁법 제3조), 신탁재산의 관리 등에 의한 새로운 신탁재산의 취득(동법 제27조), 수익자 취소권에 의한 신탁재산의 회복(동법 제75조), 신탁의 변경(동법 제88조), 신탁의 종료(동법 제98조 내지 제100조) 등 신탁재산이나 신탁의 등기사항에 변동이 있는 경우에는 신탁의 공시가 필요하다.

나. 효 력

신탁재산은 공시를 갖추어야 제3자에게 대항할 수 있게 된다. 즉, 신탁의 공시는 신탁의 효력발생요건이 아니라 제3자에 대한 대항요건에 해당한다.

따라서 수탁자는 공시여부와 관계없이 위탁자와의 사이에서 신탁을 설정하는 것만으로 신탁재산에 대한 완전한 권리를 행사할 수 있지만, 신탁의 존재 여부를 다투는 제3자가 있는 경우에는 공시를 갖추어야만 선의인 제3자에 대하여 신탁재산임을 주장할 수 있고, 공시를 갖추지 못한 때에는 다른 방법으로 신탁재산임을 증명하거나 제3자가 신탁재산임을 알고 있다 하더라도 신탁재산임을 주장할 수 없다.

통상적으로 신탁재산의 명의인인 수탁자가 당해 재산이 신탁재산임을 주장하나, 수탁자가 경질되는 경우에는 신탁재산관리인, 수탁자가 파산하는 경우에는 수익자 등도 신탁의 공시사실을 들어 신탁재산임을 주장할 수 있을 것이다.

부동산 신탁의 경우, 신탁원부가 등기기록의 일부가 되는데, 실무상 신탁계약서의 내용이 그대로 신탁원부가 되고 있다. 그 결과 부동산 신탁의 경우 신탁계약서의 모든 내용이 등기를 통해 공시되는 결과가 된다. 이러한 경우 신탁의 대항력을 어느 범위까지 인정해야 하는지와 관련하여 많은 논란이 발생할 수 있다. 즉, 신탁계약서가 공시되어 있는 이상 그 내용 모두에 대하여 대항력을 인정할 수 있다는 견해, 수탁자와 거래하는 신탁채권자들이 거래할 때마다 신탁원부를 확인하여 거래한다는 것은 사실상 기대하기 어렵다는 점을 근거로 신탁원부에 광범위한 대항력을 부여해서는 안 된다는 견해, 해당 거래의 법적 성질에 따라 구체적인 사안별로 신중히 검토할 필요가 있다는 견해, 신탁의 본질과 수탁자의 기본적인 의무 등을 고려하여 대항력 부여 여부를 개별적으로 판단하여야 한다는 견해 등 다양한 견해가 있다.[1)]

대법원은 공동주택의 입주자대표회의가 수탁자를 상대로 신탁부동산에 대한 관리비 지급을 구한 사안에서 신탁계약서에 위탁자가 신탁부동산의 관리비를 부담하도록 규정되어 있는 사실과 신탁등기 신청서에 첨부된 신탁계약서가 신탁원부에 포함되어 등기부에 편철된 사실을 인정한 뒤, 수탁자는 입주자대표회의에 대하여 위탁자가 관리비 납부의무를 부담한다는 점을 대항할 수 있다는 취지로 판단하기도 하였다.[2)] 즉 대법원은 신탁계약서가 공시되어 있는 이상 그 내용 모두에 대하여 대항력을 인정할 수 있다고 보아 대항력의 범위를 넓게 인정하였다.

그런데 대법원은 최근 대법원 2018. 9. 28. 선고 2017다273984 판결[3)]에서 다소 입장을 변경한 것으로 볼 여지를 두기도 하였다.[4)] 위 사안은 위탁자의 구분소유권이 수탁자,

1) 허현, 〈신탁원부와 신탁공시의 대항력〉, 27~28면.
2) 대법원 2012. 5. 9. 선고 2012다13590 판결.
3) 대법원 2018. 9. 28. 선고 2017다273984 판결(집합건물의 소유 및 관리에 관한 법률 제18조의 입법 취지와 공용부분 관리비의 승계 및 신탁의 법리 등에 비추어 보면, 위탁자의 구분소유권에 관하여 신탁을 원인으로 수탁자 앞으로 소유권이전등기가 마쳐졌다가 신탁계약에 따른 신탁재산의 처분으로 제3취득자 앞으로 소유권이전등기가 마쳐지고 신탁등기는 말소됨으로써, 위탁자의 구분소유권이 수탁자, 제3취득자 앞으로 순차로 이전된 경우, 각 구분소유권의 특별승계인들인 수탁자와 제3취득자는 특별한 사정이 없는 한 각 종전 구분소유권자들의 공용부분 체납관리비채무를 중첩적으로 인수한다고 봄이 타당하다. 또한 등기의 일부로 인정되는 신탁원부에 신탁부동산에 대한 관리비 납부의무를 위탁자가 부담한다는 내용이 기재되어 있더라도, 제3취득자는 이와 상관없이 종전 구분소유권자들의 소유기간 동안 발생한 공용부분 체납관리비채무를 인수한다고 보아야 한다).
4) 노혁준, 〈최근 주요 부동산신탁 판례의 검토〉, 92~93면.

제3취득자 앞으로 순차로 이전된 경우 공용부분 체납관리비채무가 문제되었는데, 대법원은 위탁자로 하여금 관리비를 부담하도록 한 신탁계약 조항이 있음에도 불구하고 수탁자에게 공용부분 관리비 채무가 발생한 것으로 판단하였다(이 부분과 관련하여 Ⅴ. 특수한 유형의 신탁 제1절 부동산신탁 3. 부동산신탁의 공시 부분 참고).

다. 소극재산의 공시

등기·등록할 수 있는 신탁재산은 등기·등록을 통하여, 등기·등록할 수 없는 신탁재산은 신탁재산임을 표시함으로써 신탁공시를 하는데, 신탁법상 소극재산을 등기·등록하는 제도는 없고 소극재산을 신탁하여도 위탁자의 채권자가 승낙하지 않는 한 중첩적 채무인수에 해당하여 위탁자가 채무자로 남아 있게 되므로 굳이 신탁재산임을 표시할 필요가 없게 된다. 이에 신탁법은 제2조와 달리 본 조에서 "재산권"을 공시한다고 규정하여 신탁공시의 대상을 적극재산에 한정하는 취지를 명백하게 하였다.

2. 등기, 등록할 수 있는 재산권의 공시

가. 등기, 등록할 수 있는 재산권

부동산, 선박, 건설기계, 자동차 등에 대한 권리, 어업권, 광업권, 특허권, 실용신안권, 의장권, 상표권 등과 같이 등기·등록이 성립요건인 재산권뿐만 아니라 저작권 등과 같이 등기·등록이 대항요건인 재산권도 해당한다.[1)]

나. 공시방법

등기·등록할 수 있는 재산권의 신탁은 재산권을 등기·등록함으로써 공시한다. 신탁의 등기·등록은 권리이전의 등기·등록과 동시에 동일한 신청서에 의하여 신청해야 하고,[2)] 동일한 등기·등록부에 기재되지만, 개념상으로는 별개의 등기·등록으로 취급된다. 신탁의 등기·등록을 권리이전의 등기·등록과 동시에 하도록 정한 이유는 두 개의 등기·

1) 대법원 2006. 7. 13. 선고 2004다10756 판결(신탁법 제3조 제1항의 취지는 등기 또는 등록하여야 할 재산권에 관하여 신탁재산이라는 뜻을 등기 또는 등록하지 않으면 제3자에게 신탁재산임을 주장할 수 없다는 취지에 불과한 것이고, 저작권법 제52조에 따른 저작재산권의 양도등록은 그 양도의 유효요건이 아니라 제3자에 대한 대항요건에 불과하고, 여기서 등록하지 아니하면 제3자에게 대항할 수 없다고 할 때의 '제3자'란 당해 저작재산권의 양도에 관하여 양수인의 지위와 양립할 수 없는 법률상 지위를 취득한 경우 등 저작재산권의 양도에 관한 등록의 흠결을 주장함에 정당한 이익을 가지는 제3자에 한하고, 저작재산권을 침해한 사람은 여기서 말하는 제3자에 해당하지 않는다. 따라서 음악저작물의 저작권자로부터 저작권을 신탁적으로 양도받은 사람은 신탁법 및 저작권법상의 등록을 하지 않았더라도 저작권침해자에 대하여 손해배상을 청구할 수 있다).

2) 부동산등기법 제82조 제1항.

등록이 표리일체의 관계를 이루고 있고, 동일한 등기 내용으로 흡수되어야 할 성질의 것이기 때문이라고 설명될 수 있다고 한다. 즉, 당해 재산권의 귀속과 내용을 널리 알리고자 하는 공시제도의 취지에 비추어 보면, 신탁재산의 경우 권리이전의 등기·등록 외에 신탁등기·등록을 하는 것이 당연하다는 것이다.[1)]

부동산에 대한 신탁등기의 경우 부동산등기법 제81조부터 제87조까지의 규정 및 신탁등기사무처리에 관한 예규, 개정 신탁법에 따른 신탁등기에 관한 업무처리지침에 따라 이루어진다. 위탁자, 수탁자, 수익자 및 신탁관리인의 인적 사항, 신탁의 목적, 신탁재산의 관리방법, 신탁의 종료사유 등이 기재된 신탁원부를 포함한다.[2)]

다. 부동산등기법에 따른 신탁등기

부동산등기법은 현행 신탁법의 시행과 함께 부동산의 신탁등기와 관련하여 많은 변동사항이 있었다.

(1) 신탁원부의 작성방식

구 부동산등기법(2011. 4. 12. 법률 제10580호로 전면 개정되기 전의 것)은 신탁등기의 신청인이 등기사항을 기재한 서면을 신청서에 첨부하면, 그 첨부된 서면을 신탁원부로 보

1) 이연갑, 〈신탁재산의 공시와 강제집행〉, 8면.

2) 부동산등기법 제81조(신탁등기의 등기사항) ① 등기관이 신탁등기를 할 때에는 다음 각 호의 사항을 기록한 신탁원부(信託原簿)를 작성하고, 등기기록에는 제48조에서 규정한 사항 외에 그 신탁원부의 번호를 기록하여야 한다.

1. 위탁자(委託者), 수탁자 및 수익자(受益者)의 성명 및 주소(법인인 경우에는 그 명칭 및 사무소 소재지를 말한다)
2. 수익자를 지정하거나 변경할 수 있는 권한을 갖는 자를 정한 경우에는 그 자의 성명 및 주소(법인인 경우에는 그 명칭 및 사무소 소재지를 말한다)
3. 수익자를 지정하거나 변경할 방법을 정한 경우에는 그 방법
4. 수익권의 발생 또는 소멸에 관한 조건이 있는 경우에는 그 조건
5. 신탁관리인이 선임된 경우에는 신탁관리인의 성명 및 주소(법인인 경우에는 그 명칭 및 사무소 소재지를 말한다)
6. 수익자가 없는 특정의 목적을 위한 신탁인 경우에는 그 뜻
7. 「신탁법」 제3조 제5항에 따라 수탁자가 타인에게 신탁을 설정하는 경우에는 그 뜻
8. 「신탁법」 제59조 제1항에 따른 유언대용신탁인 경우에는 그 뜻
9. 「신탁법」 제60조에 따른 수익자연속신탁인 경우에는 그 뜻
10. 「신탁법」 제78조에 따른 수익증권발행신탁인 경우에는 그 뜻
11. 「공익신탁법」에 따른 공익신탁인 경우에는 그 뜻
12. 「신탁법」 제114조 제1항에 따른 유한책임신탁인 경우에는 그 뜻
13. 신탁의 목적
14. 신탁재산의 관리, 처분, 운용, 개발, 그 밖에 신탁 목적의 달성을 위하여 필요한 방법
15. 신탁종료의 사유
16. 그 밖의 신탁 조항

② 제1항 제5호, 제6호, 제10호 및 제11호의 사항에 관하여 등기를 할 때에는 수익자의 성명 및 주소를 기재하지 아니할 수 있다.

③ 제1항의 신탁원부는 등기기록의 일부로 본다.

고, 등기부의 일부로서 그 기재를 등기로 보았다(구 부동산등기법 제123조, 제124조). 즉, 신탁등기를 신청하는 개인이 작성하여 제출한 서면을 공적인 장부인 등기의 일부로 보았던 것이다.

그러나 현행 신탁법의 시행으로 인하여 개정되어 시행중인 부동산등기법은, 등기관이 직접 등기사항을 기록한 신탁원부를 작성하고, 그 신탁원부를 등기기록의 일부로 본다고 정하고 있어(부동산등기법 제81조), 공적인 장부인 등기의 일부로 보는 신탁원부를 등기관으로 하여금 직접 작성하도록 하였다.

(2) 수탁자의 단독 신청

기존에는 신탁등기에 대하여 수탁자를 등기권리자로 하고 위탁자를 등기의무자로 한다는 공동신청주의를 원칙으로, 예외적으로 수탁자가 단독으로 신청할 수 있게 하였다. 그러나 개정된 부동산등기법에서는 신탁재산에 속하는 부동산의 신탁등기는 수탁자가 단독으로 신청하도록 하고, 수탁자가 타인에게 신탁재산에 대하여 다시 신탁을 설정하는 경우 해당 신탁재산에 속하는 부동산에 관한 권리이전등기에 대해서는 새로운 신탁의 수탁자를 등기권리자로 하고 원래 신탁의 수탁자를 등기의무자로 하며, 해당 부동산의 신탁등기는 새로운 신탁의 수탁자가 단독으로 신청하도록 하였다(부동산등기법 제23조 제7항, 제8항).[1] 또한 수익자나 위탁자는 수탁자를 대위하여 신탁등기를 신청할 수도 있다(부동산등기법 제82조 제2항).[2]

이는 등기의 공동신청주의에서 등기권리자는 신청된 등기가 행하여짐으로써 실체적 권리관계에 있어서 권리의 취득 기타의 이익을 받는 자라는 것이 등기부상 형식적으로 표시되는 자, 등기의무자는 등기가 행하여짐으로써 실체적 권리관계에 있어서 권리의 상실 기타 불이익을 받는 자라는 것이 등기부상 형식적으로 표시되는 자를 가리키는 것인데, 신탁등기에서는 그와 같은 의미에서 등기권리자, 등기의무자가 없고 제3자에 대한 대항요건만의 의미를 가질 뿐이라는 점을 반영한 것으로 보인다.[3]

1) 부동산등기법 제23조(등기신청인)
⑦ 신탁재산에 속하는 부동산의 신탁등기는 수탁자(受託者)가 단독으로 신청한다.
⑧ 수탁자가 「신탁법」 제3조 제5항에 따라 타인에게 신탁재산에 대하여 신탁을 설정하는 경우 해당 신탁재산에 속하는 부동산에 관한 권리이전등기에 대하여는 새로운 신탁의 수탁자를 등기권리자로 하고 원래 신탁의 수탁자를 등기의무자로 한다. 이 경우 해당 신탁재산에 속하는 부동산의 신탁등기는 제7항에 따라 새로운 신탁의 수탁자가 단독으로 신청한다.

2) 부동산등기법 제82조(신탁등기의 신청방법) ① 신탁등기의 신청은 해당 부동산에 관한 권리의 설정등기, 보존등기, 이전등기 또는 변경등기의 신청과 동시에 하여야 한다.
② 수익자나 위탁자는 수탁자를 대위하여 신탁등기를 신청할 수 있다. 이 경우 제1항은 적용하지 아니한다.
③ 제2항에 따른 대위등기의 신청에 관하여는 제28조 제2항을 준용한다.

3) 이연갑, 〈신탁재산의 공시와 강제집행〉, 9면.

3. 등기·등록할 수 없는 재산권의 공시

가. 등기, 등록할 수 없는 재산권

등기·등록 제도가 없는 금전 등의 동산에 대한 재산권 및 통상의 채권(신탁법 제4조 제2항), 등기·등록할 수 있는 재산권 중 해당재산권에 대한 등기·등록부가 아직 편철되지 않은 경우[1](동법 제4조 제3항)에는 신탁재산임을 표시함으로써 제3자에게 대항할 수 있다.

구 신탁법하에서는 등기·등록할 수 없는 재산권에 관하여는 신탁을 공시할 수 있는 방법이 없으므로 제3자에게 대항할 수 없다는 견해가 있으나,[2] 공시방법이 없다는 이유로 신탁법이 인정하는 신탁재산의 독립성을 주장할 수 없다는 것은 신탁의 효력을 부정하는 부당한 결과가 되므로 신탁재산임을 표시·입증할 수 있으면 제3자에게 대항할 수 있다고 해석하는 것이 통설적 견해였다. 수익자 보호와 거래안전을 위해서는 등기·등록할 수 없는 재산권의 경우에도 대항요건을 명시할 필요가 있으므로 현행 신탁법에서는 이를 명시하였다.

나. 공시방법

등기·등록할 수 없는 재산권은 다른 재산과 분별하여 관리하는 등의 방법으로 신탁재산임을 표시함으로써 신탁공시를 한다.

해당 권리 또는 물건의 종류에 따라 제3자가 수탁자의 고유재산과는 별개인 신탁재산임을 인식할 수 있는 방법으로 신탁재산임을 표시하면 된다. 통상적으로 수탁자가 분별관리의무(신탁법 제37조)를 다한 경우라면 제3자는 당해 재산이 수탁자의 고유재산과는 분리된 신탁재산임을 확인할 수 있으므로 신탁재산임이 표시되었다고 볼 수 있다.[3] 신탁재산이 동산 및 유가증권인 경우 '물리적 분별'로 충분하고, 채권인 경우 신탁재산목록 등에의 기재, 별도의 예금계좌 개설 등의 방법으로 분리하여야 하며, 금전, 액체 그 밖의 대체물인 경우 '계산상 분별'을 하여야 할 것이다(신탁법 제37조 제3항).[4)5)]

---

1) 법무부, 〈신탁법 해설〉, 45면에서는 완공 전 건물로서 부동산으로서 실질을 갖추고 있어 동산으로 취급되지 아니하나 등기부가 아직 편철되지 않은 상태를 그 예로 들고 있다.

2) 장형룡, 〈신탁법개론〉, 119~120면; 김정수, 〈부동산신탁과 처분제한의 등기〉, 66면.

3) 한편 분별관리가 공시방법으로 적당하지 않다는 견해도 있다. 이 견해에 따르면 분별관리는 신탁재산을 고유재산 또는 다른 신탁재산과 구별하여 관리하는 것을 가리키는 것으로, 수익자의 이익 보호를 위해 수익자와의 사이의 내부관계에서 요구되는 것이고 신탁재산의 관리상황을 가리키는 용어에 불과한 것이므로, 내부적인 관리상황에 불과한 분별관리에 대하여 공시성을 부여하는 것은 타당하지 않다는 것이다. 다만 분별관리를 단순히 신탁재산을 고유재산 또는 다른 신탁재산과 물리적으로 구별하는 것만을 의미하는 것이 아니고, 나아가 당해 재산권이 신탁재산에 속하는 사실을 표시하는 것까지 포함하는 의미(이른바 신탁재산표시의무)로 이해한다면 불완전하기는 하지만 공시성을 인정할 수 있다고 한다. 이연갑, 〈신탁재산의 공시와 강제집행〉, 16~17면; 이중기, 〈신탁법〉, 314면.

4) 제37조(수탁자의 분별관리의무)

그 밖에도 제3자가 신탁재산임을 인식할 수 있는 방법이면 족하므로 미등기 상태의 완공 전 건물과 같은 경우[1]에는 관습법상의 명인방법 등으로도 신탁재산임을 표시하면 제3자에게 대항할 수 있다.

다. 공적장부의 기재

보존등기부가 편성되지 않은 토지와 건물의 경우 신탁등기를 경료할 수 없는데, 신탁법 시행령에 규정된 공적 장부에 해당 토지와 건물이 신탁재산인 사실을 기재하면 신탁재산의 표시가 이루어졌다고 볼 수 있다(신탁법 제4조 제4항). 위 공적장부에는 신탁법 제79조 제1항의 수익자명부, 건축법상의 건축물대장, 상법상의 주주명부 및 전자주주명부, 도시개발사업, 농업생산기반 정비산업, 주거환경개선사업, 주택재개발사업 및 도시환경정비사업 등 법령에 따른 환지 방식의 사업을 할 때의 환지대장, 체비지대장 등이 포함된다(신탁법 시행령 제2조).

4. 유가증권의 공시

구 신탁법에 따르면 유가증권에 대하여는 증권의 표시, 주권과 사채권에 대하여는 증권 외의 주주명부나 사채원부에의 표시로 공시하도록 되어 있었는데(구 신탁법 제3조 제2항). 이와 관련하여 유가증권의 공시는 위와 같은 방법(증권의 표시 또는 주주명부, 사채원부의 표시)으로 한정되는지 여부에 대하여 견해의 대립이 있었다.[2]

---

③ 제1항 및 제2항의 신탁재산이 금전이나 그 밖의 대체물인 경우에는 그 계산을 명확히 하는 방법으로 분별하여 관리할 수 있다.

5) 법무부, 〈신탁법 해설〉, 49면.

1) 남동현, 〈건축 중인 건물의 부동산 강제집행 가능성〉, 198~202면에서는, 건물의 완성 정도에 따라 ① 공사에 착공하여 기초공사 등을 하고 있는 단계로서 토지로부터 독립된 정착물의 형태를 갖추지 못한 형태의 건물(부합물), ② 공사가 진척되어 건물의 외관을 갖추어 토지와 독립한 정착물로서 설계되어 기초공사의 단계를 넘어 독립된 부동산의 형태를 갖추어 가고 있는 건물(건축 중인 미완성 건물), ③ 공사가 진척되어 건물의 외관을 갖추어 토지와 독립한 정착물로서 사회통념상 완성된 건물(건축 중인 사회통념상 완성된 건물), ④ 독립부동산의 형태를 갖추었을 뿐만 아니라 내부공사, 전기공사 등 건물로서 완전한 형태를 갖춘 경우로서 사용승인 등의 필요한 절차를 받는다면 언제라도 등기할 수 있는 상태의 건물(물리적으로 완성되었으나 행정적으로 미완성된 건물), ⑤ 물리적으로 완성되어 사용승인을 얻어 건축물대장에 등재하였으나 단지 소유권보존등기를 하지 아니한 건물(소유권보존등기만 안된 건물), ⑥ 건물의 실질을 모두 마치고 건물등기부에 등재된 건물(소유권보존등기를 마친 건물)로 나눌 수 있는데, ①, ②의 경우 「민사집행법」상 '부합물'에 해당하여 주된 경매목적물에 포함될 것이고, ⑥의 경우 독립된 부동산으로 취급되며, ⑤의 경우 「민사집행법」 제81조 제1항 제2호 단서에 의하여 입법적으로 해결되었으므로 여기서는 ③, ④의 경우가 문제가 된다고 한다.

2) 유가증권에 대하여도 분별관리 등 신탁재산의 표시 방법을 갖춘 것만으로 대항력을 인정하면 수탁자가 채무 면탈의 목적으로 신탁재산의 표시를 하여 악용할 가능성이 높다는 점, 수시로 대량거래가 이루어지고 있는 예탁증권제도에서도 신탁재산임을 표시하도록 규정하고 있는 점, 일본도 구 신탁법에서 유가증권에 대한 신탁의 공시 규정을 삭제하였으나 회사법 제154조의2와 사채, 주식 등의 대체에 관한 법률 제142조 제1항에서 주주명부나 전자등록부에 신탁재산임을 기재할 것을 대항요건으로 하고 있는 점에 비추어 수탁자의 채권자 보호 및 거래안전을 위하여 개정 신탁법의 공시방법을 유지하되, 주권발행을 하

현행 신탁법에서는 유가증권을 일반 동산과 같이 취급하여 증권의 표시 또는 주주명부, 사채원부에의 표시(구 신탁법 제3조 제2항의 공시방법) 및 그 밖의 신탁재산의 표시 방법으로도 대항할 수 있다.[1)] 이는 금전, 파생상품 등 금융 분야에서 신탁의 유연성을 활용한 대량유통 목적의 신탁을 활성화하고, 구 신탁법에 따르면 민사신탁에서 비금융전문가인 수탁자가 명의개서 등을 하지 않은 경우 신탁재산임을 입증하여도 제3자에게 대항할 수 없어서 수익자가 예기치 못한 손해를 입을 수 있으며, 위탁자가 신탁행위로 신탁법 제3조 제2항의 공시방법을 갖추도록 요구할 수 있다는 점을 반영한 것이다.[2)]

등기·등록할 수 없는 일반 동산은 분별관리의 방법으로 공시할 수 있으므로 유가증권 역시 분별관리의 방법으로 공시할 수 있게 되었는데, 2011. 4. 14. 개정 상법에 따른 증권 전자등록제도[3)]가 도입되면서 그 전자등록부에 등록한 유가증권은 등기·등록할 수 있는 재산권에 해당한다고 보아야 하므로 전자등록부에 신탁재산인 사실을 등록하여 공시할 수 있다.[4)]

지 않은 기업이 다수인 현실을 고려하여 증권에의 기재는 삭제하자는 견해와 구 신탁업법에 따른 금전신탁이나 자본시장법에 따른 투자신탁에서 유가증권을 신탁재산으로 하는 경우, 유가증권의 대량매매가 이루어지므로 증권에 기재하거나 주주명부에 명의개서를 하는 것이 사실상 불가능하고 실무상 생략되고 있는 점, 상법 제337조 제1항에 따르면 주주명부상 명의개서는 주식양도를 할 때 회사에 대한 대항요건에 불과한 것에 비추어 신탁의 공시를 반드시 주주명부로 하도록 강제하는 것은 과도한 규제라는 점, 신탁의 표시가 된 유가증권에 대해서는 거래상대방이 수탁자의 수권범위를 확인하여야 하므로 유통성이 저해된다는 점, 일본의 회사법은 우리나라와 달리 명의개서의 대항력을 제3자에 대하여도 인정하기 때문에 신탁의 기재를 할 필요가 있다는 점 등을 고려하여 동산과 같은 공시방법으로 충분하다는 견해가 대립하고 있었다.

1) 법무부, 〈신탁법 해설〉, 52~53면.

2) 법무부, 〈신탁법 해설〉, 52면.

3) 상법 제65조(유가증권과 준용규정) ① 금전의 지급청구권, 물건 또는 유가증권의 인도청구권이나 사원의 지위를 표시하는 유가증권에 대하여는 다른 법률에 특별한 규정이 없으면 민법 제508조부터 제525조까지의 규정을 적용하는 외에 어음법 제12조 제1항 및 제2항을 준용한다.
② 제1항의 유가증권은 제356조의2 제1항의 전자등록기관의 전자등록부에 등록하여 발행할 수 있다. 이 경우 제356조의2 제2항부터 제4항까지의 규정을 준용한다.
제356조의2(주식의 전자등록) ① 회사는 주권을 발행하는 대신 정관으로 정하는 바에 따라 전자등록기관(유가증권 등의 전자등록 업무를 취급하는 것으로 지정된 기관을 말한다. 이하 같다)의 전자등록부에 주식을 등록할 수 있다.
② 전자등록부에 등록된 주식의 양도나 입질(入質)은 전자등록부에 등록하여야 효력이 발생한다.
③ 전자등록부에 주식을 등록한 자는 그 등록된 주식에 대한 권리를 적법하게 보유한 것으로 추정하며, 이러한 전자등록부를 선의(善意)로, 그리고 중대한 과실 없이 신뢰하고 제2항의 등록에 따라 권리를 취득한 자는 그 권리를 적법하게 취득한다.
④ 전자등록의 절차·방법 및 효과, 전자등록기관의 지정·감독 등 주식의 전자등록 등에 관하여 필요한 사항은 대통령령으로 정한다.
제478조(채권의 발행) ③ 회사는 제1항의 채권(債券)을 발행하는 대신 정관으로 정하는 바에 따라 전자등록기관의 전자등록부에 채권(債權)을 등록할 수 있다. 이 경우 제356조의2 제2항부터 제4항까지의 규정을 준용한다.

4) 상법 시행령 제11조(전자주주명부) ① 법 제352조의2에 따라 회사가 전자주주명부를 작성하는 경우에 회사의 본점 또는 명의개서대리인의 영업소에서 전자주주명부의 내용을 서면으로 인쇄할 수 있으면 법 제396조 제1항에 따라 주주명부를 갖추어 둔 것으로 본다.
② 주주와 회사채권자는 영업시간 내에 언제든지 서면 또는 파일의 형태로 전자주주명부에 기록된 사항의 열람 또는 복사를 청구할 수 있다. 이 경우 회사는 법 제352조의2 제2항에 따라 기재된 다른 주주의

제 5 조 (목적의 제한)

① 선량한 풍속이나 그 밖의 사회질서에 위반하는 사항을 목적으로 하는 신탁은 무효로 한다.

② 목적이 위법하거나 불능인 신탁은 무효로 한다.

③ 신탁의 목적의 일부가 제1항 또는 제2항에 해당하는 경우 그 신탁은 제1항 또는 제2항에 해당하지 아니한 나머지 목적을 위하여 유효하게 성립한다. 다만 제1항 또는 제2항에 해당하는 목적과 그렇지 아니한 목적을 분리하는 것이 불가능하거나 분리할 수 있더라도 제1항 또는 제2항에 해당하지 아니한 나머지 목적만을 위하여 신탁을 유지하는 것이 위탁자의 의사에 명백히 반하는 경우에는 그 전부를 무효로 한다.

1. 신탁의 목적

가. 의 의

신탁의 목적이란 위탁자가 신탁을 설정하여 발생시키려고 하는 효과로서, 신탁은 수탁자에게 완전한 재산권을 이전하는 동시에 신탁의 목적에 의한 제한이라는 구속을 가하는 것을 본질적 특성으로 하는 제도이므로, 신탁의 목적은 해당 신탁의 근본적 성격과 구조를 결정한다. 따라서 신탁의 목적은 신탁 설정시에 확정되어야 하고 선량한 풍속 기타 사회질서에 반하지 않아야 한다. 또한 실현가능한 목적이어야 하며, 적법하고, 사회적 타당성을 가지고 확정할 수 있어야 한다.

다만 공익신탁의 경우에는 법무부장관의 허가, 감독이 있으므로 추상적인 목적을 설정하더라도 무방하다.

신탁재산이 부동산인 경우, 신탁의 목적은 신탁등기의 기재사항이며, 공시된 신탁의 목적에 위반되는 등기신청이 있는 경우, 등기공무원은 해당 등기신청을 반려하여야 한다(부동산등기법 제81조 제1항 제3호).

나. 기 능

수탁자는 신탁의 목적범위 내에서 신탁재산에 관한 관리·처분권을 행사할 수 있고, 신탁의 목적에 반하는 처분행위는 수익자가 취소할 수 있으므로(신탁법 제75조) 신탁의 목적은 수탁자의 신탁재산에 관한 관리·처분권한의 범위를 확정하게 된다(수탁자의 권한범위의 한정).

또한 신탁은 신탁의 목적이 달성되었거나 그 목적의 달성이 불가능한 경우에 종료하

전자우편주소를 열람 또는 복사의 대상에서 제외하는 조치를 하여야 한다.

므로(신탁법 제98조) 신탁의 목적은 신탁의 종료여부를 결정하는 기준이 된다. 또한 신탁행위 당시 예견하지 못한 특별한 사정으로 인하여 신탁재산의 관리방법이 수익자의 이익에 적합하지 않게 된 때에 위탁자나 수익자 등은 그 변경을 법원에 청구할 수 있는데, 관리방법의 변경은 신탁목적의 범위 내에서만 허용된다(신탁의 종료 또는 관리방법 변경의 기준).

2. 신탁목적의 요건

신탁설정행위도 법률행위이므로, 신탁의 목적은 사법상 일반원칙에 따라 확정성, 사회적 타당성, 가능성, 적법성의 요건을 갖추어야 한다.

가. 확 정 성

수탁자는 신탁목적에 따라 신탁재산을 관리 및 처분하여야 하므로 신탁의 목적이 지나치게 추상적이면 신탁 목적의 달성 여부를 판단할 수 없게 된다. 따라서 신탁의 목적은 신탁행위에 의하여 확정되거나 확정될 수 있어야 한다. 만일 신탁의 목적을 확정할 수 없다면 신탁설정행위 자체가 무효가 된다.

나. 사회적 타당성

신탁설정행위 역시 법률행위이므로 사법상 일반원칙에 따라 선량한 풍속 기타 사회질서에 위반하는 사항을 목적으로 할 수 없고, 이를 목적으로 하는 경우 그 신탁설정행위는 무효[1]이며, 이후 추인에 의하여 유효로 될 수 없고 선의의 제3자에게도 대항할 수 있다.

신탁행위에도 민법 제103조의 적용이 가능하나, 신탁이 악용되는 것을 허용하지 않겠다는 취지에서 이를 별도로 규정하여 사법상 일반원칙을 재확인한 것이고, '선량한 풍속 및 기타 사회질서'의 의미 및 유형은 민법의 해석에 따른다.

위탁자는 신탁 목적의 내용 자체가 선량한 풍속이나 그 밖의 사회질서를 위반하는

1) 대법원 1975. 12. 23. 선고 73도3012 판결(외국인토지법 제5조에 의하면 외국인은 토지에 관한 권리를 취득하고자 할 때에는 저당권을 제외하고는 대통령령이 정하는 바에 따라 내무부장관의 허가를 받아야 하고 동 제5조의3의 규정에 의하며는 위 허가를 받지 않는 토지에 관한 권리의 취득행위는 그 효력을 발생하지 못할 뿐만 아니라 그와 같은 행위에 대하여 동법 제13조에 의하면 1년 이하의 징역 또는 100만 원 이하의 벌금에 처하도록 되어 있으며 신탁법 제5조의 규정에 의하면 신탁은 공서양속 또는 강행법규에 위반되는 사실을 목적으로 할 수 없음은 물론이거니와 신탁의 목적이 위법 또는 불능한 경우에는 그 신탁은 무효이며 동법 제6조에 의하면 탈법을 목적으로 하는 신탁이 금지되어 법령에 의하여 일정한 재산권을 향유할 수 없는 자는 수익자로서 그 권리를 가진 자와 동일한 이익을 향유할 수 없게 되어 있는바 이상을 종합하면 저당권을 제외하고는 토지에 관한 권리는 외국인은 대통령령이 정하는 바에 따른 내무부장관의 허가를 받지 않고는 취득할 수도 없고 또 권리자와 동일한 이익을 얻기 위하여 신탁할 수도 없다고 할 것이며 이와 같은 취득행위 또는 신탁행위는 효력이 발생되지 않는다).

경우 원칙적으로 이를 인식할 필요는 없고, 선량한 풍속이나 그 밖의 사회질서에 위반하는지 여부는 원칙적으로 신탁행위 당시를 기준으로 판단한다.

다. 가 능 성

신탁의 목적은 실현이 가능하여야 하고, 실현할 수 없는 목적의 신탁은 무효이다. 이때, 실현가능성은 신탁행위 당시부터 실현이 불가능한 '원시적 불능'에 한정되지만, 불능의 원인은 물리적, 법률적 원인뿐만 아니라 사회관념상의 원인까지 포함된다.

라. 적 법 성

법률행위가 유효하기 위해서는 그 목적이 적법하여야 하고, 강행규정에 위반하는 내용의 법률행위는 위법한 것으로서 무효이므로(민법 제105조), 위법한 목적으로 설정된 신탁도 무효로 정하고 있다.[1)]

여기서 강행규정이라 함은 "법령중의 선량한 풍속 기타 사회질서에 관한 규정"을 말하고(민법 제105조), 당사자의 의사에 의하여 그 규정의 적용을 배제할 수 없다. 한편 강행규정이라 함은 단속규정뿐만 아니라 효력규정까지도 포함하는데, 단속규정은 단순한 행정상의 금지법규로서 단속규정에 위반된 법률행위를 하더라도 행정상의 제재를 받을 뿐, 그 행위의 사법상 효력에는 영향이 없으므로,[2)] 신탁목적의 적법성 조항이 법률행위의 목적의 적법성을 규정하고 있는 민법 제105조의 주의규정에 불과하다면 효력규정을 위반한 신탁과 달리 단속규정을 위반한 신탁은 무효라 보기 어려울 것이다.[3)]

강행규정을 위반한 신탁은 절대적인 무효이기 때문에 추인에 의하여 유효로 될 수 없고 선의의 제3자에 대하여도 대항할 수 있다.[4)]

마. 신탁목적의 일부가 무효인 신탁

신탁의 목적 중 일부가 무효인 경우, 신탁은 나머지 목적만으로 유효하게 성립한다. 그러나 예외적으로 유효한 목적만으로는 신탁이 성립되지 않거나 유효한 목적 부분만으

---

1) 유재관, 〈신탁법실무〉, 60면은 구 신탁법 제5조 제1항과 제2항은 법률행위의 무효사유를 규정한 민법 제103조와 제105조 규정에 대한 주의규정에 불과하다고 한다.

2) 박준서, 〈주석 민법 민법총칙(2)〉, 506면.

3) 법무부, 〈신탁법 해설〉, 59면은 "신탁은 강행규정에 위반되는 내용을 목적으로 설정할 수 없고, 일반 법률행위와 달리 해당 강행규정이 사법상 효과가 부정되는 효력규정인지 단순한 행정상 금지법규인 단속규정인지 여부와 관계없이 무효"라고 하고 있고, 유재관, 〈신탁법실무〉, 60~61면은 "일반 법률행위의 경우 목적이 위법하다고 하여 당연히 무효로 되는 것은 아니지만 신탁의 경우는 (구 신탁법) 제5조 제2항의 규정에 따라 당연무효가 되는 점에서 차이가 있다"고 하여, 민법상 일반 법률행위와는 달리 신탁의 경우에는 단속규정을 위반하는 목적으로 설정되었다면 무효라고 보고 있다.

4) 법무부, 〈신탁법 해설〉, 59면.

로 신탁의 성립을 인정하는 것이 위탁자의 의사에 명백하게 반하는 경우, 그 신탁은 전부가 무효이다. 이는 법률행위의 일부가 무효인 경우의 효과에 대한 일반규정인 민법 제137조에 대한 특별규정이다.

해당 신탁의 목적을 분할할 수 있는지 여부는 신탁 목적의 내용 등 제반사정을 고려하여 법률행위의 해석에 의하여 인정할 수 있을 것이고, 신탁의 전부 무효를 주장하는 자가 신탁목적의 분할 불가능성 또는 위탁자의 의사에 위배된다는 점을 입증하여야 한다.

3. 신탁목적에 반하는 신탁

가. 신탁목적에 반하는 신탁재산의 처분

수탁자가 신탁의 목적에 반하여 신탁재산을 처분한 경우, 수익자는 상대방이나 전득자가 그 법률행위 당시 수탁자의 신탁목적의 위반사실을 알았거나, 중대한 과실로 알지 못하였을 때 신탁재산처분행위를 취소할 수 있다(신탁법 제75조).

또한 수탁자가 신탁재산에 대하여 신탁목적의 달성을 위한 적절한 관리·처분을 하지 못하여 신탁재산에 손해가 생긴 경우 또는 신탁재산이 변경된 경우에 위탁자, 수익자 또는 수탁자가 여럿인 경우의 다른 수탁자는 그 수탁자에게 신탁재산의 원상회복을 청구할 수 있다. 다만 원상회복이 불가능하거나 현저하게 곤란한 경우 또는 원상회복에 과다한 비용이 드는 경우, 그 밖에 원상회복이 적절하지 아니한 특별한 사정이 있는 경우에는 손해배상을 청구할 수도 있다(신탁법 제43조).

나. 신탁목적에 반하는 등기의 신청

수탁자가 신탁부동산을 처분하고 그에 따라 제3자에게 신탁부동산에 관한 소유권이전등기를 경료하기 위하여 그 이전등기를 신청하는 경우, 등기공무원은 그 이전등기신청이 신탁목적에 반하지 아니하는가를 심사하여야 하고, 만일 신탁부동산에 관한 제3자 명의로의 이전등기신청이 신탁목적에 반한다면 그 이전등기신청은 수리하여서는 아니된다.[1)2)]

1) 신탁등기사무처리에 관한 예규(등기예규 제1211호)
5. 신탁등기와 타등기와의 관계
가. 신탁목적에 반하는 등기의 신청
신탁등기가 경료된 부동산에 대하여 수탁자를 등기의무자로 하는 등기의 신청이 있을 경우 등기공무원은 그 등기신청이 신탁목적에 반하지 아니하는가를 심사하여 신탁목적에 반하는 등기신청은 수리하여서는 아니된다.

2) 신탁등기가 경료된 부동산에 대하여 제3자 명의로의 소유권이전등기를 경료하고자 하는 경우, 수탁자가 신탁된 부동산을 제3자에게 처분하여 소유권이전등기를 경료하는 것이 신탁목적에 반하지 않는 경우에는 수탁자를 등기의무자로 하여 제3자 명의로의 소유권이전등기(같은 신청서에 신탁등기의 말소등기를

제 6 조 (소송을 목적으로 하는 신탁의 금지)

수탁자로 하여금 소송행위를 하게 하는 것을 주된 목적으로 하는 신탁은 무효로 한다.

1. 의 의

수탁자에게 소송행위를 시키는 것을 주된 목적으로 하는 이른바 '소송신탁'은 금지된다. 수탁자는 신탁재산의 명의인으로서 신탁재산의 관리권의 일환으로서 소송행위를 할 수 있지만, 수탁자로 하여금 소송행위를 하게 하는 것을 목적으로 신탁을 설정할 수는 없다.

이때 금지되는 '소송행위'는 민사소송법상 소송행위에만 한정되지 않고, 파산신청, 강제집행의 신청, 가사소송법 및 비송사건절차법상의 신청 등도 포함된다.

2. 판단기준

소송행위를 주된 목적으로 설정된 신탁인지 여부는 신탁계약이 체결된 경위 등 제반 사정을 고려하여 판단할 문제이고, 사실상 소송신탁에 해당한다고 하더라도 정당한 이유가 있는 때에는 금지할 필요가 없으므로 '주된 목적'의 해석, 탈법행위에 해당하는지 여부, 반사회질서의 행위인지 여부 등을 고려하여 적용 여부를 개별적으로 결정하여야 한다.[1)2)]

함께 신청하여야 함)를 경료받을 수 있을 것이나, 그와 같은 등기신청이 신탁목적에 반하는 경우에는 그 등기신청은 수리될 수 없을 것이고, 이러한 경우에는 위탁자가 신탁행위에서 정한 바에 따라 신탁을 해지하여 이를 원인으로 하는 위탁자 명의로의 소유권이전등기를 경료받은 후, 위탁자와 제3자 간의 매매계약을 원인으로 하여 제3자 명의로의 소유권이전등기를 신청하여야 할 것이다. 다만, 구체적인 경우에 있어 등기신청이 신탁목적에 반하는지 여부는 등기신청을 받은 등기관이 신탁원부 등을 기초로 개별적으로 판단하여야 할 것이다(등기선례 5-645 신탁재산인 부동산의 처분으로 인한 소유권이전등기절차, 1998. 8. 24. 등기 3402-803 질의회답).

1) 대법원 2006. 6. 27. 선고 2006다463 판결(소송행위를 하게 하는 것을 주목적으로 채권양도 등이 이루어진 경우, 그 채권양도가 신탁법상의 신탁에 해당하지 않는다고 하여도 신탁법 제7조가 유추적용되므로 무효라고 할 것이고, 소송행위를 하게 하는 것이 주목적인지의 여부는 채권양도계약이 체결된 경위와 방식, 양도계약이 이루어진 후 제소에 이르기까지의 시간적 간격, 양도인과 양수인간의 신분관계 등 제반 상황에 비추어 판단하여야 할 것인바 위와 같은 법리는 토지의 점유·사용으로 인한 부당이득반환청구의 소를 제기할 목적으로 그 토지에 관하여 소유권이전등기를 경료한 경우에도 마찬가지로 적용된다 할 것이고, 소송을 주목적으로 신탁한 것인지 여부를 정함에 있어서는 수탁자가 반드시 직접 소송을 수행함을 요하지 아니하고 소송대리인에게 위임하는 경우에도 이를 인정할 수 있다 할 것이다).

2) 대법원 2002. 12. 6. 선고 2000다4210 판결(소송행위를 하게 하는 것을 주목적으로 채권양도 등이 이루어진 경우 그 채권양도가 신탁법상의 신탁에 해당하지 않는다고 하여도 신탁법 제7조가 유추적용되므로 무효라고 할 것이고, 소송행위를 하게 하는 것이 주목적인지의 여부는 채권양도계약이 체결된 경위와 방식, 양도계약이 이루어진 후 제소에 이르기까지의 시간적 간격, 양도인과 양수인간의 신분관계 등 제반 상황에 비추어 판단하여야 할 것이다. 다수의 채권자가 채권자단의 대표에게 자신들의 채권을 양도하고

3. 효 과

소송행위를 주된 목적으로 하는 신탁은 무효이다.[1)2)] 한편, 소송신탁이 무효라고 할 때, 그 원인관계라고 볼 수 있는 채권양도 자체도 무효라고 볼 수 있는지 여부가 문제가 되는데 소송신탁을 금하고 있는 것은 소송행위 자체가 아니라 소송행위를 주목적으로 하는 신탁의 설정을 금지하는 것이므로 채권양도 자체를 분리하여 사회적 타당성 여부를 논할 수는 없다고 할 것이다.[3)]

제7조 (탈법을 목적으로 하는 신탁의 금지)

법령에 따라 일정한 재산권을 향유할 수 없는 자는 수익자로서 그 권리를 가지는 것과 동일한 이익을 누릴 수 없다.

1. 의 의

강행규정의 조문에 직접적으로 위반하지는 않으나 실질적으로는 강행규정의 내용을 실현함으로써 그 적용을 회피하는 것을 목적으로 설정되는 이른바 '탈법신탁'은 허용되지 않는다. 신탁은 신탁재산이 위탁자로부터 수탁자에게 이전되지만, 경제적 이익은 실질적으로 수익자에게 이전되기 때문에 수탁자를 매개로 하여 수익권의 형태로 탈법적으로 수익자가 이익을 얻는 것을 금지하기 위함이다.

그 양도된 채권을 피담보채권으로 한 근저당권을 양수인 명의로 설정받은 경우, 다수 당사자가 권리를 행사하는 불편함을 없애고 채권의 효율적인 회수를 하기 위하여 채권양도를 한 점, 채권양도 및 근저당권설정등기 일자와 근저당권에 기한 임의경매신청 일자 사이의 시간적 간격이 약 2년으로 비교적 길었던 점, 채무자들도 양도인과 양수인 사이의 위와 같은 약정을 용인하고 합의당사자가 되었던 점 등 제반 사정에 비추어 그 채권양도는 소송행위를 하게 하는 것이 주목적이었다고 볼 수 없다).

1) 대법원 1969. 7. 8. 선고 69다362 판결(추심 위임배서는 일반적으로 신탁양도설이 통설이고 기타 자격수여설 또는 당사자의 의사에 따라서 결정지어야 한다는 절충설이 있어서 그 어느 것이나 어음법상의 효력이 있다고 보고 다만 인적항변의 유무가 문제로 되기는 하나 수탁자로 하여금 소송행위를 하게 하는 것을 주목적으로 하는 신탁은 신탁법 제7조의 규정에 의하여 무효가 된다고 할 것이며 이러한 해석은 논지에서 지적하는 바와 같이 신탁법 제2조 또는 어음법 제77조의 규정에 의하여 약속어음에 준용되는 제11조 내지 제20조의 규정과 아무런 저촉됨이 없다).

2) 대법원 2018. 10. 25. 선고 2017다272103 판결(소송행위를 하게 하는 것을 주된 목적으로 채권양도가 이루어진 경우 그 채권양도가 신탁법상의 신탁에 해당하지 않는다고 하여도 신탁법 제6조가 유추적용되므로 이는 무효이다. 소송행위를 하게 하는 것이 주된 목적인지는 채권양도계약이 체결된 경위와 방식, 양도계약이 이루어진 후 제소에 이르기까지의 시간적 간격, 양도인과 양수인의 신분관계 등 제반 상황에 비추어 판단하여야 한다).

3) 유재관, 〈신탁법실무〉, 63~64면.

예를 들면 외국인의 토지소유는 제한을 받는데, 이를 회피할 목적으로 신탁을 이용하여 형식적으로는 대한민국 국민에게 토지를 소유하게 하고 그 수익자를 외국인으로 설정하여 간접적으로 소유권을 갖는 것과 같은 이익을 받도록 하는 것은 사실상 외국인의 토지소유 제한 규정을 무의미하게 하는 것으로서 탈법신탁에 해당하여 무효이다.[1)]

또한 본조는 "법령에 따라 일정한 재산권을 향유할 수 없는 자"는 수익자가 될 수 없다고 정하고 있는바, 수익자의 적격요건을 명시한 규정이기도 하다.

2. 판단기준

탈법신탁에 해당하는지 여부는 당해 강행규정의 취지, 신탁의 목적, 수익권의 내용 등을 종합적으로 고려하여 판단한다.

3. 효　　과

탈법신탁은 강행규정이 금지하고 있는 행위를 사실상 실현하게 하는 것이므로 이는 무효이다.[2)]

제 8 조 (사해신탁)

① 채무자가 채권자를 해함을 알면서 신탁을 설정한 경우 채권자는 수탁자가 선의일지라도 수탁자나 수익자에게 「민법」 제406조 제1항의 취소 및 원상회복을 청구할 수 있다. 다만, 수익자가 수익권을 취득할 당시 채권자를 해함을 알지 못한 경우에는 그러하지 아니하다.

② 제1항 단서의 경우에 여러 명의 수익자 중 일부가 수익권을 취득할 당시 채권자를 해함을 알지 못한 경우에는 악의의 수익자만을 상대로 제1항 본문의 취소 및 원상회복을 청구할 수 있다.

③ 제1항 본문의 경우에 채권자는 선의의 수탁자에게 현존하는 신탁재산의 범위 내에서 원상회복을 청구할 수 있다.

④ 신탁이 취소되어 신탁재산이 원상회복된 경우 위탁자는 취소된 신탁과 관련하여 그 신탁의 수탁자와 거래한 선의의 제3자에 대하여 원상회복된 신탁재산의 한도 내에서 책임을 진다.

1) 유재관, 〈신탁법실무〉, 61면.
2) 대법원 1975. 12. 23. 선고 73도3012 판결.

> ⑤ 채권자는 악의의 수익자에게 그가 취득한 수익권을 위탁자에게 양도할 것을 청구할 수 있다. 이때 「민법」 제406조 제2항을 준용한다.
> ⑥ 제1항의 경우 위탁자와 사해신탁(詐害信託)의 설정을 공모하거나 위탁자에게 사해신탁의 설정을 교사·방조한 수익자 또는 수탁자는 위탁자와 연대하여 이로 인하여 채권자가 받은 손해를 배상할 책임을 진다.

1. 총　　설

가. 사해신탁의 개념

사해신탁이란 위탁자가 자신의 채권자를 해함을 알면서도 신탁제도를 이용하여 자기소유의 재산에 신탁을 설정하는 것을 의미한다. 이러한 신탁이 설정되면, 위탁자의 책임재산이 감소되어 채권의 공동담보에 부족이 생기거나 이미 부족상태에 있는 공동담보가 한층 더 부족하게 됨으로써 위탁자의 채권자의 채권을 완전하게 만족시킬 수 없게 되는데, 이때 채권자를 보호하기 위하여 위탁자의 책임재산을 유지, 보전할 수 있는 권리를 채권자에게 인정한 것이 바로 본조문의 취지라 할 것이다.

나. 민법 제406조 채권자취소권과의 관계

사해신탁은 일반채권자의 보호를 위하여 이미 이루어진 법률행위를 취소하고 그 원상회복을 구하는 제도라는 점에서 그 취지상 민법 제406조의 채권자취소권과 일치하는 측면이 있다. 신탁법은 신탁에서의 '수탁자-수익자'의 지위가 민법상 채권자취소권에서의 '수익자-전득자'의 지위와 형식적 구조상 유사한 측면이 있음을 고려하여 민법 제406조의 채권자취소권의 특별규정을 제정한 것으로 볼 수 있다.[1] 그 결과 본조를 해석함에 있어서 민법상 채권자취소권의 일반 해석론은 그대로 적용될 수 있다. 그러나 채권자취소권이 채무자의 재산권을 목적으로 하는 법률행위 전반에 적용되는 것과 달리, 사해신탁은 채무자의 신탁행위만을 적용대상으로 할 뿐 아니라, 그 요건 및 효과 등에 있어서도 채권자취소권과는 상당한 차이점도 있다.

다. 구 신탁법 종전조문

구 신탁법 제8조는 수탁자와 수익자가 위탁자의 사해행위에 대하여 선의인지 여부를 묻지 않고 사해신탁취소권을 인정하였다.[2] 그 결과 신탁회사는 사해신탁취소로 인하

1) 법무부, 〈신탁법 해설〉, 77면.
2) 구 신탁법 제8조(사해신탁)
① 채무자가 채권자를 해함을 알고 신탁을 설정한 경우에는 채권자는 수탁자가 선의일지라도 민법 제406조

여 예측하지 못한 손해를 입는 등 매우 불안정한 지위에 놓이는 경우가 자주 발생하게 되었고, 투자자 역시 예측할 수 없는 손해를 입게 되어, 자산유동화 구조의 안정적 유지마저도 위협받게 되었다.[1] 또한 종전 규정은 민법상 채권자취소권의 수익자 또는 전득자에 비하여 사해신탁의 수탁자 또는 수익자 보호가 부족하다는 비판도 받아왔다. 이러한 비판을 수용하는 한편, 위탁자의 채권자를 보호하는 원래 취지도 감안하여 본조문과 같이 개정되었다.

라. 사해신탁과 관련한 각국의 입법례

일본 신신탁법 제11조에서는 우리나라 현행 신탁법 제8조와 마찬가지로 사해신탁과 관련하여 규정되어 있다. 구체적인 조문을 보면 제1항은 "위탁자가 채권자를 해함을 알고 신탁을 설정한 경우, 수탁자가 채권자를 해한다는 사실을 알았는지 몰랐는지 여부와 상관없이, 채권자는 수탁자를 피고로 하여 민법(明治 29년 법률 제89호) 제424조 제1항 규정에 의해 취소를 법원에 청구할 수 있다. 단 수익자가 현존하는 경우, 수익자의 전부 또는 일부가 수익자로 지정(신탁행위의 정함에 따라 또는 제89조 제1항에 규정된 수익자지정권 등의 행사에 의해 수익자 또는 변경 후의 수익자로 지정되는 것을 말한다. 이하 동일하다)된 것을 안 때 또는 수익권을 양수받은 때 채권자를 해하는 사실을 알지 못한 경우에는 그러하지 아니하다", 제2항은 "전항의 규정에 의한 청구를 인용하는 판결이 확정된 경우, 신탁재산책임부담채무에 관한 채권을 가진 채권자(위탁자인 경우를 제외한다)가 당해 채권을 취득한 때 채권자를 해하는 사실을 알지 못한 때에는, 위탁자는 당해 채권을 가진 채권자에 대해 당해 신탁재산책임부담채무에 대해 변제할 책임을 진다. 단 동항의 규정에 따른 취소로 인하여 수탁자로부터 위탁자로 이전되는 재산의 가액을 한도로 한다", 제3항은 "전항의 규정을 적용함에 있어, 제49조 제1항(제53조 제2항 그리고 제54조 제4항에서 준용하는 경우를 포함한다)의 규정에 의해 수탁자가 가지는 권리는 금전채권으로 본다", 제4항은 "위탁자가 그 채권자를 해함을 알고 신탁을 설정한 경우, 수익자가 수탁자로부터 신탁재산에 속한 재산의 급부를 받은 때에는 채권자는 수익자를 피고로 하여 민법 제424조 제1항의 규정에 의한 취소를 법원에 청구할 수 있다. 단, 당해 수익자가 수익자로 지정된 사실을 안 때 또는 수익권을 양수받은 때에 채권자를 해함을 알지 못한 경우는 그러하지 아니하다", 제5항은 "위탁자가 그 채권자를 해함을 알고 신탁을 설정한 경우에, 채권자는 수익자를

제1항의 취소 및 원상회복을 청구할 수 있다.

② 전항의 규정에 의한 취소와 원상회복은 수익자가 이미 받은 이익에 영향을 미치지 아니한다. 단, 수익자가 변제기가 도래하지 아니한 채권의 변제를 받은 경우 또는 수익자가 그 이익을 받은 당시에 채권자를 해함을 알았거나 중대한 과실로 이를 알지 못한 경우에는 예외로 한다.

1) 오창석, 〈개정신탁법상 사해신탁제도에 관한 소고〉, 5면.

피고로 하여 그 수익권을 위탁자에 양도할 것을 소구할 수 있다. 이 경우 전항 단서의 규정을 준용한다", 제6항은 "민법 제426조의 규정은 전항의 규정에 따른 청구권에 준용한다", 제7항은 "수익자의 지정 또는 수익권의 양도에 대해서는 제1항 본문, 제4항 본문 또는 제5항 전단 규정의 적용을 부당하게 면하기 위한 목적으로, 채권자를 해함을 알지 못한자(이하 본 항에서 '선의자'라 한다)를 무상(무상과 동일한 유상을 포함한다. 이하 본 항에서 동일하다)으로 수익자로 지정하거나 선의자에게 무상으로 수익권을 양도해서는 안된다" 제8항은 "전항의 규정에 위반되는 수익자의 지정 또는 수익권의 양도에 의해 수익자로 된 자에게, 제1항 단서 및 제4항 단서(제5항 후단에서 준용되는 경우를 포함한다)의 규정은 적용하지 아니한다"라고 규정되어 있다.[1] 이러한 일본 신신탁법은 우리나라의 현행 신탁법에 많은 영향을 준 것으로 보인다. 아래 관련 해당 부분에서 이를 구체적으로 논하도록 하겠다.

한편, 미국표준신탁법전 §505에서 Creditor's Against Settlor를 규정하고 있지만, 이 조항은 사해신탁을 설정한 위탁자에 대한 채권자의 권리를 규정한 것이 아니고, 위탁자에 대한 채권자의 일반적 권리를 규정한 것에 불과하다고 한다. 즉 위탁자가 신탁철회권(revocable trust)을 갖는지 여부에 따라 채권자의 신탁재산에 대한 권리에 대하여 규정한 것이다. 사해신탁의 문제에 대하여 미국표준신탁법전에 사해신탁취소권과 같은 특칙을 두는 것이 아니라, 사해행위에 대한 각 주의 주법의 규제에 맡기고 있는바, 신탁설정시에 설정자가 도산한 상태에 있거나 혹은 신탁설정으로 인해 도산상태에 빠지는 경우에는 각 주의 사기적 양도규정이 적용되며, 도산한 설정자에 대한 신탁설정은 연방파산법상의 편파행위(voidable preference)로서 문제될 수 있다고 한다.[2]

2. 사해신탁의 성립요건

가. 객관적 요건

(1) 피보전채권

(가) 피보전채권의 존재와 종류

사해신탁취소권은 민법상 채권자취소권과 마찬가지로 채권에 부수하는 권리이므로 그 취소권의 전제로서 채권이 존재하여야 함은 당연하다. 사해신탁취소권은 위탁자의 사해신탁행위를 취소하여 위탁자의 재산을 원상회복시킴으로써 모든 채권자를 위하여 위탁자의 책임재산을 보전하는 권리이므로, 피보전권리는 금전채권이나 종류채권이어야 한

1) 최수정, 〈일본 신신탁법〉, 23면.
2) 법무부, 〈신탁법 해설〉, 96면.

다.[1)] 특정채권 그 자체는 위탁자의 책임재산의 보전과는 관계가 없으므로 사해신탁취소권의 피보전권리가 될 수 없다.[2)]

(나) 피보전채권의 성립시기

사해신탁취소권의 피보전채권은 채권자취소권과 마찬가지로 원칙적으로 사해신탁행위 이전에 발생하고 있어야 한다. 위탁자의 채권자는 채권발생 당시에 위탁자의 자력을 신용의 기초로 하는 것이므로 사해신탁행위 당시에 존재하지 않았던 채권은 사해신탁에 의하여 침해된다고 볼 수 없기 때문이다. 채권이 성립되어 있는 이상 그 수액이나 범위까지 확정되어 있을 필요는 없으며, 기한부채권도 사해신탁행위 당시에 기한이 도래하지 않았다고 하더라도 사해신탁취소권을 행사할 수 있다.[3)] 조건부채권도 기한부채권과 동일하게 취급한다고 보는 것이 통설이다.

또한, 엄밀한 의미에서의 채권이 아직 발생한 것은 아닐지라도, ① 사해신탁행위 당시에 이미 채권 성립의 기초가 되는 법률관계가 발생되어 있고, ② 가까운 장래에 그 법률관계에 터잡아 채권이 성립되리라는 점에 대한 고도의 개연성이 있으며, ③ 실제로 가까운 장래에 그 개연성이 현실화되어 채권이 성립된 경우에는 그 채권도 피보전채권이 될 수 있다고 할 것이다.[4)5)] 또한 당사자 사이에 일련의 약정과 그 이행으로 최종적인 법률행위를 한 경우, 일련의 약정과 최종적인 법률행위를 동일한 법률행위로 평가할 수 없다면, 일련의 약정과는 별도로 최종적인 법률행위에 대하여 사해행위의 성립 여부를 판단하여야 하고, 이때 동일한 법률행위로 평가할 수 있는지는 당사자가 같은지 여부, 일련의 약정에서 최종적인 법률행위의 내용이 특정되어 있거나 특정할 수 있는 방법과 기

1) 법무부, 〈신탁법 해설〉, 77면.

2) 대법원 2001. 12. 27. 선고 2001다32236 판결(신탁법 제8조 소정의 사해신탁의 취소는 민법상의 채권자취소권과 마찬가지로 책임재산의 보전을 위한 것이므로 피보전채권은 금전채권이어야 하고, 특정물에 대한 소유권이전등기청구권을 보전하기 위하여 행사하는 것은 허용되지 않는다).

3) 곽윤직, 〈민법주해 채권(2)〉, 811~813면.

4) 대법원 2004. 11. 12. 선고 2004다40955 판결(채무자가 채권자와 신용카드가입계약을 체결하고 신용카드를 발급받았으나 자신의 유일한 부동산을 매도한 후에 비로소 신용카드를 사용하기 시작하여 신용카드대금을 연체하게 된 경우, 그 신용카드대금채권은 사해행위 이후에 발생한 채권에 불과하여 사해행위의 피보전채권이 될 수 없다고 한 사례), 위 판례 사안에서 대법원은 '신용카드가입계약'만을 가르켜 '채권성립의 기초가 되는 법률관계'에 해당되지 않는다는 이유로 사해행위의 피보전채권의 성립을 부정하였지만, 『채권자취소권에 의하여 보호될 수 있는 채권은 원칙적으로 사해행위라고 볼 수 있는 행위가 행하여지기 전에 발생된 것임을 요하지만, 그 사해행위 당시에 이미 채권 성립의 기초가 되는 법률관계가 발생되어 있고, 가까운 장래에 그 법률관계에 터잡아 채권이 성립되리라는 점에 대한 고도의 개연성이 있으며, 실제로 가까운 장래에 그 개연성이 현실화되어 채권이 성립된 경우에는, 그 채권도 채권자취소권의 피보전채권이 될 수 있다』는 법리를 명확하게 판시한 점에 있어 그 의의가 있다고 할 것이다.

5) 실무에서 담보신탁계약 체결 당시 분양계약자들이 잔금을 미납하여 계약해제권이 발생할 수 있는 상태에 있었던 경우, 담보신탁계약 체결 당시 계약해제에 기한 원상회복청구권이 성립되리라는 점에 대한 고도의 개연성이 있다고 평가할 수 있는지 문제된 적이 있다. 이러한 경우 가까운 장래에 채권이 성립되리라는 고도의 개연성이 긍정되어 사해신탁의 피보전채권의 성립을 긍정할 수 있지 않을까 생각된다.

준이 정해져 있는지 여부, 조건 없이 최종적인 법률행위가 예정되어 있는지 여부 등을 종합하여 판단하여야 한다.[1)]

(2) 취소의 목적인 사해신탁행위

(가) 위탁자의 신탁행위

사해신탁취소권을 행사하기 위한 전제로서 사해신탁도 신탁설정의 요건을 갖추어 신탁으로서 일단 성립한 것이어야 한다. 신탁의 성립요건을 갖추지 못해 신탁으로 설정되지 못한 경우, 취소할 수 있는 사해신탁 자체가 존재하지 않게 되므로 취소의 문제도 발생하지 않는다고 할 것이다. 이러한 신탁행위에는 신탁계약뿐 아니라 단독행위인 유언신탁[2)] 및 신탁선언도 해당할 수 있을 것으로 보인다.

(나) 채권자를 해하는 신탁행위

1) 사해성의 의미

채권자를 해한다는 것은 위탁자의 신탁설정행위로 위탁자의 총재산이 감소되어 채권의 공동담보에 부족이 생기거나 이미 부족상태에 있는 공동담보가 한층 더 부족하게 됨으로써 채권자의 채권을 완전하게 만족시킬 수 없는 상태, 즉 채무자의 소극재산이 적극재산보다 많아지거나 그 정도가 심화되는 것을 의미한다.[3)] 따라서 재산감소행위는 적극재산을 감소시키는 행위뿐만 아니라 소극재산을 증가시키는 행위도 포함한다. 또한 단순히 손해발생의 위험이 있다는 것만으로는 부족하고 현실적인 손해가 있어야 한다. 즉, 채권의 공동담보의 부족은 현실적인 것임을 요한다고 할 것이다.

2) 사해성의 판단기준

① 일반적 기준

위탁자의 신탁설정행위에 사해성이 있는지 여부는 위탁자가 채무초과 상태에서 해당 신탁설정행위로 인하여 위탁자 명의의 책임재산 또는 공동담보가 감소되었다는 형식적인

---

1) 대법원 2009. 11. 12. 선고 2009다53437 판결(지방세법 제29조 제1항 제1호에 의하면, 취득세 납세의무는 취득세 과세물건을 취득하는 때에 성립하고, 지방세법 시행령 제73조 제4항에 의하면, 건축허가를 받아 건축하는 건축물에 있어서는 사용승인서 교부일(사용승인서 교부일 이전에 사실상 사용하거나 임시사용승인을 받은 경우에는 그 사실상의 사용일 또는 임시사용승인일)을 취득일로 본다고 규정하고 있는바, 원심이 인정한 사실관계에 의하면, 소외 회사는 이 사건 상가의 신축공사를 완료하고 2004. 8. 13. 사용승인을 받은 사실, 소외 회사는 2004. 9. 10. 이 사건 상가에 대한 취득세 및 농어촌특별세를 신고하고 납부기한을 2004. 9. 12.까지로 하는 고지서를 발급받았으나 소외 회사는 위 취득세 및 농어촌특별세를 납부하지 않은 사실을 알 수 있으므로, 늦어도 소외 회사가 이 사건 상가에 대하여 사용승인을 받은 2004. 8. 13. 당시에는 위 취득세 및 농어촌특별세 채권은 채권자취소권의 피보전채권이 될 수 있다).

2) 유언신탁의 경우 상속인이 소극재산을 상속한 후 채무초과상태에 있는지 여부를 사해성 판단기준으로 삼아야 한다는 점을 유의할 필요가 있다(이중기, 〈신탁법〉, 78~79면). 하지만 상속인이 한정승인을 한 경우라면 상속인의 일반재산까지 고려할 필요가 없을 것이다.

3) 곽윤직, 〈민법주해 채권(2)〉, 819~820면.

측면만을 보아서는 아니되고, 실질적으로 신탁이 책임재산의 감소나 공동담보의 부족을 초래하였는지 여부를 고려하여야 한다.[1] 채권자취소권과 관련된 판례는 『채무자의 재산처분행위가 사해행위가 되기 위해서는 그 행위로 말미암아 채무자의 총재산의 감소가 초래되어 채권의 공동담보에 부족이 생기게 되어야 하는 것, 즉 채무자의 소극재산이 적극재산보다 많아져야 하는 것인바, 채무자가 재산처분행위를 할 당시 그의 적극재산 중 부동산과 채권이 있어 그 재산의 합계가 채권자의 채권액을 초과한다고 하더라도 그 적극재산을 산정함에 있어서는 다른 특별한 사정이 없는 한 실질적으로 재산적 가치가 없어 채권의 공동담보로서의 역할을 할 수 없는 재산은 이를 제외하여야 할 것이고, 그 재산이 채권인 경우에는 그것이 용이하게 변제를 받을 수 있는 확실성이 있는 것인지 여부를 합리적으로 판정하여 그것이 긍정되는 경우에 한하여 적극재산에 포함시켜야 할 것이다』라고 판시한 바도 있다(대법원 2001. 10. 12. 선고 2001다32533 판결). 사해성의 존재 여부는 개별 사안에 따라 판단되어야 하며, 민법상 채권자취소권의 사해성과 동일한 의미이므로 채권자취소권에 대한 논의가 그대로 적용될 수 있다.[2]

한편, 책임재산을 평가할 때에는 실질적으로 재산적 가치가 없는 재산은 적극재산에서 제외하여야 할 것이다.[3] 또한 채권자취소의 대상인 사해행위에 해당하는지를 판단할 때 채무자 소유의 재산이 다른 채권자의 채권에 물상담보로 제공되어 있다면, 물상담보로 제공된 부분은 채무자의 일반 채권자들을 위한 채무자의 책임재산이라고 할 수 없으므로 물상담보에 제공된 재산의 가액에서 다른 채권자가 가지는 피담보채권액을 공제한 잔액만을 채무자의 적극재산으로 평가하여야 한다.[4][5][6]

---

1) 이중기, 〈신탁법〉, 69면; 이우재, 〈개발신탁의 사해행위 판단방법〉, 543면; 임채웅, 〈사해신탁의 연구〉, 23~24면.

2) 법무부, 〈신탁법 해설〉, 79면.

3) 대법원 2001. 10. 12. 선고 2001다32533 판결.

4) 대법원 2012. 1. 12. 선고 2010다64792 판결.

5) 일반채권자의 공동담보에 공하여지는 책임재산의 가치를 산정함에 있어서 체육시설의 회원보증금반환채무를 신탁재산인 부동산의 가액에서 공제할 채무로 볼 수 있는지 여부와 관련하여 최근 논란이 있다. 체육시설의 설치·이용에 관한 법률 제27조에서 경매 등으로 체육시설업의 시설 기준에 따르는 필수시설을 인수한 자의 경우 인수인이 회원보증금반환채무를 승계하도록 하였기 때문이다. 이와 관련하여 제1심은 책임재산의 가치를 산정함에 있어 공제해야 할 채무로 판단하였지만 제2심은 우선변제권 있는 채무가 아니라는 이유로 제1심과는 상반되는 판단을 하였다(서울중앙지방법원 2011. 7. 21. 선고 2010가합37153 판결, 서울고등법원 2012. 2. 24. 선고 2011나64418 판결). 하지만 대법원은 제2심을 파기하고 책임재산의 범위를 산정하는 데 있어 회원보증금반화채무액 부분을 공제해야 된다고 보아 제1심 판결과 동일한 취지로 판단하였다(대법원 2013. 11. 28. 선고 2012다31963 판결).

6) 판례는 『부동산에 대한 매매계약이 사해행위임을 이유로 이를 취소함과 아울러 원상회복으로 가액배상을 명하는 경우, 주택임대차보호법 제3조 제1항이 정한 대항력을 갖추었으나 그전에 이미 선순위 근저당권이 마쳐져 있어 부동산이 경락되는 경우 소멸할 운명에 놓인 임차권의 임차보증금반환채권은, 임대차계약서에서 확정일자를 받아 우선변제권을 가지고 있다거나 주택임대차보호법상의 소액임차인에 해당한다는 등의 특별한 사정이 없는 한 수익자가 배상할 부동산의 가액에서 공제할 것은 아니다』라고 판시하여(대법원 2001. 6. 12. 선고 99다51197, 51203 판결), 경락시 경락인에게 승계되지 아니하고 소멸되는 임대차보증금은 책임재산 산정과 관련하여 부동산 가액에서 공제하지 아니한 바가 있다. 그런데 이를 반대 해석한다면, 경락시 경락인에게 승계되어 소멸되지 아니하는 임대차보증금반환채무는 수익자가 배상할 부동산의 가액에서 공제하여야 한다고 볼 수도 있을 것이다.

② 자익신탁과 타익신탁

자익신탁[1])을 설정한 경우, 위탁자는 신탁설정으로 수익권을 갖게 되므로, 신탁설정으로 인하여 당연히 책임재산이 감소한다고 볼 수 없다. 즉, 현재의 재산을 신탁에 제공하고 신탁으로부터 장래에 수익을 얻으려는 수익권취득 행위를 당연히 사해행위라 할 수는 없을 것이다. 대법원도 채권자들의 피해를 줄이고 채무자 자신의 변제력을 회복하는 최선의 방법이라고 생각하여 부득이하게 신탁계약을 체결한 경우, 사해신탁에 해당되지 않는다고 본 바 있다.[2]) 최근 판례[3])는 『타인에 대하여 채무를 부담하는 사람이 자신이 소유한 재산 전부인 부동산에 관하여 제3자와 신탁계약을 체결하고 그에 따라 위 부동산을 수탁자인 제3자에게 신탁재산으로 이전하는 경우, 사해행위에 해당하는지에 관한 판단 기준』과 관련하여, 『자금난으로 사업을 계속 추진하기 어려운 상황에 처한 채무자가 자금을 융통하여 사업을 계속 추진하는 것이 채무변제력을 갖게 되는 최선의 방법이라고 생각하고 자금을 융통하기 위한 방편으로 신탁계약의 체결에 이르게 된 경우 이를 사해

1) 아라이 마고토(新井誠), 〈타익신탁과 자익신탁 사이의 개념적 구분〉, 62면(수탁자에 의한 재산의 운용과 처분이 설정자 자신을 위한 것이 아니고 수탁자와 설정자가 아닌 수익자를 위해 수행되는 신탁이 "타익신탁"이고, 수탁자에 의한 재산의 운용과 처분이 동일인인 설정자 겸 수익자의 수익을 위한 신탁이 "자익신탁"이다. 타익신탁에서 신탁의 설정자는 기본적으로 신탁설정과 동시에 신탁관계로부터 분리되고, 설정자가 직접 신탁관계에 개입하여 신탁사항에 대해 지배력을 행사하는 상황이 발생하지 않는다. 즉, 설정자는 신탁설정의 방법에 의해 신탁운영에 대한 기본적인 지시를 하고, 운용방법에 대한 일반적 체계를 결정하지만 설정 후에는 신탁의 구체적인 운용은 수탁자의 재량에 맡겨지게 된다. 반면에, 자익신탁에서는 설정자는 설정자 자신의 수익을 위해 재산운영체계를 설정하며, 그 결과 설정자 겸 수익자와 수탁자 사이의 인간관계는 신탁이 설정된 이후에도 신탁관계의 핵심요소로서 작동하고, 이러한 신탁의 내부관계에서 가장 중요한 점은 신탁운영에 대한 근본적 지침을 제공하는 설정자의 의사에 있다).

2) 대법원 2003. 12. 12. 선고 2001다57884 판결(채무자가 토지에 집합건물을 지어 분양하는 사업을 추진하던 중 이미 일부가 분양되었는데도 공정률 45.8%의 상태에서 자금난으로 공사를 계속할 수 없게 되자 건축을 계속 추진하여 건물을 완공하는 것이 이미 분양받은 채권자들을 포함하여 채권자들의 피해를 줄이고 자신도 채무변제력을 회복하는 최선의 방법이라고 생각하고, 사업을 계속하기 위한 방법으로 신탁업법상의 신탁회사와 사이에 신탁계약을 체결한 것으로 자금난으로 공사를 계속할 수 없었던 채무자로서는 최대한의 변제력을 확보하는 최선의 방법이었고 또한 공사를 완공하기 위한 부득이한 조치였다고 판단되므로 사해행위에 해당되지 않는다고 한 사례); 위 판례에 대한 평석으로 이우재, 〈개발신탁의 사해행위 판단방법〉, 527면.

3) 대법원 2011. 5. 23.자 2009마1176 결정(갑 회사가 담보신탁을 통하여 회사의 전 재산인 골프장 부지와 시설에 관한 소유 명의를 을에게 이전한 행위가 사해행위에 해당하는지 문제된 사안에서, 신규 자금의 조달을 통한 골프장 시설 개선을 하지 않고는 영업을 계속할 수 없는 상황에서 골프장 부지 등을 담보신탁의 목적물로 제공하고 이를 통해 융통한 자금으로 영업시설을 개선하여 사업을 계속 추진하는 것이 일반 채권자들에 대하여도 채무변제력을 갖게 되는 최선의 방법이라고 생각하여 신탁계약의 체결에 이르게 되었다고 볼 수 있고, 위탁자인 갑 회사 등이 신탁수익에 대한 수익자일 뿐만 아니라 신탁원본에 대하여도 위 골프장 개선공사 자금을 제공하는 을 등에 대한 대출채무와 신탁에 따른 비용을 정산한 나머지를 돌려받을 수 있는 수익자의 지위에 있어 이러한 수익권을 통한 채권만족의 가능성이 남아 있으며, 특히 채권자의 갑 회사에 대한 대여금채권은 위 회사의 설립목적에 따른 제한으로 신탁계약 전에도 개별적인 지급청구나 이를 위한 강제집행 등 권리행사를 할 수 없도록 정관에 규정되어 있었던 이상 위 신탁으로 집행상 새로운 장애가 발생하였다고 볼 수도 없으므로, 위 신탁계약이 채권자를 해하는 사해행위에 해당한다고 단정하기 어렵다고 한 사례).

행위라고 보기 어려울 뿐만 아니라, 신탁계약상 위탁자가 스스로 수익자가 되는 이른바 자익신탁의 경우 신탁재산은 위탁자의 책임재산에서 제외되지만 다른 한편으로 위탁자는 신탁계약에 따른 수익권을 갖게 되어 위탁자의 채권자가 이에 대하여 강제집행을 할 수 있고, 이러한 수익권은 채무자가 유일한 재산인 부동산을 매각하여 소비하기 쉬운 금전으로 바꾸는 등의 행위와 달리 일반채권자들의 강제집행을 피해 은밀한 방법으로 처분되기 어려우며, 특히 수탁자가 「자본시장과 금융투자업에 관한 법률」에 따라 인가받아 신탁을 영업으로 하는 신탁업자인 경우 공신력 있는 신탁사무의 처리를 기대할 수 있으므로, 위탁자가 사업의 계속을 위하여 자익신탁을 설정한 것이 사해행위에 해당하는지 여부를 판단할 때는 단순히 신탁재산이 위탁자의 책임재산에서 이탈하여 외견상 무자력에 이르게 된다는 측면에만 주목할 것이 아니라, 신탁의 동기와 신탁계약의 내용, 이에 따른 위탁자의 지위, 신탁의 상대방 등을 두루 살펴 신탁의 설정으로 위탁자의 책임재산이나 변제능력에 실질적인 감소가 초래되었는지, 이에 따라 위탁자의 채무면탈이 가능해지거나 수탁자 등 제3자에게 부당한 이익이 귀속되는지, 채권자들의 실효적 강제집행이나 그밖의 채권 만족의 가능성에 새로운 장애가 생겨났는지 여부를 신중히 검토하여 판단하여야 한다』라고 판시한 바가 있다(대법원 2011. 5. 23.자 2009마1176 결정).[1] 한편, 자익신탁은 당연히 담보재산이 줄어드는 것이 아니며, 특히 토지신탁의 설정도 부동산의 처분과 달리 위탁자의 재산을 현금화하는 것이 아니라는 점, 현실적으로 위탁자는 자신의 수익권을 증서로 만들어 이에 대해 질권을 설정하여 담보로 활용하고 있으며, 위탁자의 채권자는 위 수익권에 대하여 강제집행을 하고 있다는 점을 근거로 하여 사해신탁이 아예 성립될 수 없다고 보는 견해도 있다.[2][3]

1) 위 판결과 유사한 논리는 이전 대법원 판결에서도 찾을 수 있다(채무초과 상태에 있는 채무자가 그 소유의 부동산을 채권자 중의 어느 한 사람에게 채권담보로 제공하는 행위는 특별한 사정이 없는 한 다른 채권자들에 대한 관계에서 사해행위에 해당한다. 그러나 자금난으로 사업을 계속 추진하기 어려운 상황에 있는 채무자가 자금을 융통하여 사업을 계속 추진하는 것이 채무 변제력을 갖게 되는 최선의 방법이라 생각하고 자금을 융통하기 위하여 부득이 부동산을 특정 채권자에게 담보로 제공하거나 이를 신탁하고 그로부터 신규자금을 추가로 융통받았다면 특별한 사정이 없는 한 채무자의 담보권 설정이나 신탁행위는 사해행위에 해당하지 않는다. 한편 채무자의 사해의사를 판단함에 있어 사해행위 당시의 사정을 기준으로 하여야 할 것임은 물론이나, 사해행위라고 주장되는 행위 이후 채무자의 변제 노력과 채권자의 태도 등도 사해의사의 유무를 판단함에 있어 다른 사정과 더불어 간접사실로 삼을 수 있다(대법원 2000. 12. 8. 선고 99다31940 판결; 대법원 2001. 5. 8. 선고 2000다50015 판결; 대법원 2003. 12. 12. 선고 2001다57884 판결 등 참조)).

2) 이재욱 · 이상호, 〈신탁법 해설〉, 106~107면.

3) 수익자가 여러 명이 있고 그 중 일부가 위탁자인 경우, 이를 자익신탁이라고 할 수 있을지 의문인데, 이를 자익신탁으로 보는 경우 자익신탁이라는 이유만으로 사해성이 없다고 보기는 어렵다(서울고등법원 2014. 4. 9. 선고 2013나10156 판결은 『이 사건 신탁계약의 경우 위탁자인 갑이 수익권을 갖는 자익신탁에 해당하기는 하나, 갑이 수익권 전부를 향수하는 것이 아니라, 채권자 중의 일부인 피고와 을로 하여금 제1순위 및 제2순위 우선수익권을 취득하게 하고 자신은 그 후순위 수익자에 머물 뿐이므로, 이 사건 신탁계약이 자익신탁이라는 이유만으로 사해행위에 해당하지 않는다고 볼 수 없다』고 판시한 바 있다. 이순동, 〈사해신탁의 취소〉, 192면도 같은 입장으로 보인다).

타익신탁설정은 제3자에게 수익권을 취득시키는 것이므로, 이로 인하여 채무초과 상황이 초래되면, 일응 사해성 요건을 충족하는 것으로 추정된다고 볼 수 있다. 다만 위탁자가 총채권자를 위하여 신탁을 설정하는 행위는 책임재산의 감소에 상당하는 담보권의 증가가 수반되므로 사해성이 없다고 볼 여지가 있다고 한다.[1]

③ 부동산신탁과 사해성의 판단기준

실제 민법상 채권자취소권의 행사는 부동산과 관련된 경우가 많다. 그러나 부동산을 신탁한 사안에 관하여 사해신탁을 폭넓게 인정하는 경우 신탁의 본질에 반하고 거래 안정성을 해하는 부작용이 발생할 수도 있다. 아래에서는 부동산신탁과 관련된 사해신탁취소권이 문제된 사안을 살펴보도록 하겠다.

신탁법에 의하여 공시된 신탁도 사해행위가 될 수가 있지만, 판례는 『공사대금을 지급받지 못한 아파트 공사 수급인이 신축 아파트에 대한 유치권을 포기하는 대신 수분양자들로부터 미납입 분양대금을 직접 지급받기로 하고, 그 담보를 위해 도급인과의 사이에 당해 아파트를 대상으로 수익자를 수급인으로 하는 신탁계약을 체결하고 수급인이 지정하는 자 앞으로 소유권이전등기를 경료하게 한 경우, 수급인의 지위가 유치권을 행사할 수 있는 지위보다 강화된 것이 아니고, 도급인의 일반채권자들 입장에서도 수급인이 유치권을 행사하여 도급인의 분양사업 수행이 불가능해지는 경우와 비교할 때 더 불리해지는 것은 아니므로 위 신탁계약이 사해행위에 해당하지 않는다』라고 판시하기도 하였다(대법원 2001. 7. 27. 선고 2001다13709 판결).

신탁법은 부동산에 대한 관리, 처분신탁을 전제로 하고 있으므로, 이러한 신탁에 대하여 사해신탁의 법리를 적용하여도 특별한 무리가 없지만,[2)3)4)] 부동산신탁 중 토지신

1) 이중기, 〈신탁법〉, 69면.

2) 채무초과상태에 있는 위탁자가 자신의 유일한 재산인 부동산을 관리신탁한 경우, 신탁부동산의 소유권은 위탁자로부터 수탁자에게 이전되고, 위탁자의 채권자들로서는 신탁기간 동안 신탁부동산에 관하여 강제집행 등의 방법으로 채권의 만족을 얻을 수 없게 될 뿐만 아니라, 현재 실무상 이루어지고 있는 을종 부동산관리신탁은 신탁부동산의 소유 명의만을 관리하다가 이를 반환하는 것으로 위 관리신탁으로 인하여 위탁자의 책임재산이 증가되는 경우를 상정하기는 어려우므로 특별한 사정이 없는 한 위 관리신탁은 사해행위에 해당한다는 견해가 있다(진상훈, 〈부동산신탁의 유형별 사해행위 판단방법〉, 321~322면).

3) 채무초과상태에 있는 위탁자가 자신의 유일한 재산인 부동산을 처분신탁한 경우, 신탁부동산의 소유권이 수탁자에게 이전되고 위탁자의 채권자들은 신탁기간 동안 신탁부동산에 관하여 강제집행을 할 수 없게 될 뿐만 아니라, 처분신탁의 수익자를 위탁자로 하게 되면 신탁계약 종료시에 위탁자에 신탁재산의 처분대가가 금전으로 교부될 수 있어, 실질적으로는 위탁자인 채무자가 자신의 유일한 재산인 부동산을 매각하여 소비하기 쉬운 금전으로 바꾸는 경우와 동일하다고 볼 수 있으므로 위 처분신탁은 특별한 사정이 없는 한 사해행위에 해당한다는 견해가 있다(진상훈, 〈부동산신탁의 유형별 사해행위 판단방법〉, 322~323면).

4) 판례는 『부동산 관리신탁에 있어서 채권자의 강제집행을 피하기 위해서 토지를 관리신탁한 후 건물신축공사를 계속한 경우 사해행위가 인정된다』라고 판시한 바 있고(서울중앙지방법원 2005. 3. 17.자 2005카합654 결정), 『부동산 처분신탁의 경우 정당한 변제를 위해서 이루어지고, 실질적인 책임재산 증가를 통

탁이나 담보신탁의 경우에는 관리, 처분신탁과는 구별되는 나름의 특징이 있어, 실무상 사해신탁취소권 인정과 관련하여 여러 문제가 발생하고 있다.[1)]

담보신탁과 관련된 사안은 아니지만 담보설정행위가 채권자취소의 대상이 되기 위한 기준과 관련하여 판례[2)]는 『채무초과 상태에 있는 채무자가 그 소유의 부동산을 채권자 중의 어느 한 사람에게 채권담보로 제공하는 행위는 특별한 사정이 없는 한 다른 채권자들에 대한 관계에서 사해행위에 해당한다고 할 것이나, 자금난으로 사업을 계속 추진하기 어려운 상황에 처한 채무자가 자금을 융통하여 사업을 계속 추진하는 것이 채무 변제력을 갖게 되는 최선의 방법이라고 생각하고 자금을 융통하기 위하여 부득이 부동산을 특정 채권자에게 담보로 제공하고 그로부터 신규자금을 추가로 융통받았다면 특별한 사정이 없는 한 채무자의 담보권 설정행위는 사해행위에 해당하지 않으며, 다만 사업의 계속 추진과는 아무런 관계가 없는 기존 채무를 아울러 피담보채무 범위에 포함시켰다면, 그 부분에 한하여 사해행위에 해당할 여지는 있다』라고 판시한 바가 있다. 이러한 판례의 태도는 담보신탁의 경우에도 그대로 적용될 수 있으며, 대법원 역시 이를 긍정하고 있는 것으로 보인다.[3)] 앞서 언급한 대법원 2011. 5. 23.자 2009마1176 결정도 담보신탁과 관련된 사안이며, 위와 같은 법리를 사해신탁취소의 대상이 되기 위한 기준으로 판시하였다. 하급심이지만 서울중앙지방법원 2012. 3. 22. 선고 2010가합88922 판결은 담보신탁이 사해행위에 해당하는지 여부에 대하여 비교적 구체적인 기준을 제시한 바도 있다.[4)]

하여 채권자들에게 더 큰 이익을 주려는 것이면 사해의사가 부정될 수 있다』라고 판시한 바도 있다(서울고등법원 2004. 7. 15. 선고 2004나4395 판결(확정)).

1) 송현진 · 유동규, 〈조해 신탁법〉, 182~183면.

2) 대법원 2002. 3. 29. 선고 2000다25842 판결(채무초과 상태에서 사업의 계속에 필요한 물품을 공급받기 위한 방법으로 기존 물품대금채무 및 장래 발생할 물품대금채무를 담보하기 위하여 근저당권을 설정하여 준 경우, 근저당권의 피담보채무에 기존 채무를 포함시켰다 하더라도 기존 채무를 위한 담보설정과 물품을 계속 공급받기 위한 담보설정이 불가피하게 동일한 목적하에 하나의 행위로 이루어졌고, 당시의 제반 사정 하에서는 그것이 사업의 계속을 통한 회사의 갱생이라는 목적을 위한 담보제공행위로서 합리적인 범위를 넘은 것이 아니라는 이유로 기존 채무를 위한 담보설정행위 역시 사해행위에 해당하지 않는다고 한 사례).

3) 대법원 2015. 12. 23. 선고 2013다83428 판결(자금난으로 사업을 계속 추진하기 어려운 상황에 처한 채무자가 자금을 융통하여 사업을 계속 추진하는 것이 채무 변제력을 갖게 되는 최선의 방법이라고 생각하고 신규자금을 융통하기 위하여 부득이 부동산을 특정 채권자에게 담보로 제공하고 그로부터 신규자금을 추가로 융통받았다면 특별한 사정이 없는 한 채무자의 담보권 설정행위는 사해행위에 해당하지 아니한다. 이러한 법리는 위 담보권 설정에 갈음하여 신규로 자금을 제공하는 채권자와 사이에 위 채권자 혹은 그가 지정하는 제3자를 수익자로 하는 신탁계약을 체결하고 신탁을 원인으로 소유권이전등기를 하는 경우에도 마찬가지로 적용된다 할 것이고, 이러한 방식의 신탁행위의 사해성 여부는 신탁계약 당시의 채권채무관계를 비롯하여 신탁의 경위 및 목적과 경제적 의미, 신탁을 통하여 제공받은 자금의 사용처, 다른 일반 채권자들에 대한 관계에서 실효적 강제집행이나 그 밖의 채권 만족의 가능성에 새로운 장애가 생겨났는지 여부 등 관련 사정들을 종합적으로 고려하여 합목적적으로 판단하여야 한다).

4) 서울중앙지방법원 2012. 3. 22. 선고 2010가합88922 판결(이 사건과 같은 부동산 담보신탁계약의 경우(위탁자가 채권의 담보를 위하여 그의 채권자에게 신탁부동산으로부터 수익권리금 한도 내에서 우선변

토지신탁과 관련하여 앞서 살펴본 바 있는 대법원 2003. 12. 12. 선고 2001다57884 판결[1])은 매우 중요한 내용을 포함하고 있다. 대법원이 위 판결을 통하여 신탁행위에 관한 사해행위성에 대한 판단방법을 제시하였고, 신탁의 법리가 구체적인 집행절차 내에서 어떻게 작용하는지 여부에 관한 판시도 하였으며, 나아가 민법상 채권자취소권과 신탁법상 사해신탁취소권의 조화로운 해석론을 제시하기도 하였다.[2]) 한편, 대법원 1999. 9. 7. 선고 98다41490 판결은 채무자가 건물이 90%의 공정이 진행된 상태에서 토지 및 건물을 개발신탁한 경우에는 사해신탁으로 판단한 바도 있다.[3])

제를 받을 권리를 부여하고, 위탁자가 피담보채무를 모두 변제한 경우 신탁부동산의 소유권을 회복할 수 있다는 점에서) 그 실질은 부동산에 물적 담보를 설정하는 경우와 동일한 것으로서, 일반 채권자들은 담보신탁계약의 우선수익자로 지정되지 않는 한 당해 부동산에 대한 강제집행을 통해 채권을 회수할 수 없는 반면, 수탁자가 위 부동산을 처분하는 경우 그 처분대금은 신탁비용 및 우선수익자의 채권 등에 우선 충당되고 남은 대금만 위탁자가 정산받게 되어 실질적으로 위탁자의 책임재산이 감소하는 결과가 발생한다. 한편 채무자가 위와 같이 책임재산을 감소시키는 행위를 함으로써 일반채권자들을 위한 공동담보의 부족상태를 유발 또는 심화시킨 경우에 그 행위가 채권자취소의 대상인 사해행위에 해당하는지는, 행위목적물이 채무자의 전체 책임재산 가운데에서 차지하는 비중, 무자력의 정도, 법률행위의 경제적 목적이 갖는 정당성과 그 실현수단인 당해 행위의 상당성, 행위의 의무성 또는 상황의 불가피성, 공동담보의 부족 위험에 대한 당사자의 인식 정도 등 그 행위에 나타난 여러 사정을 종합적으로 고려하여, 그 행위를 궁극적으로 일반채권자를 해하는 행위로 볼 수 있는지에 따라 최종 판단하여야 한다(대법원 2010. 9. 30. 선고 2007다2718 판결 등 참조)).

1) 위 판례는『이처럼 이 사건 신탁으로 인하여 소유권이 수탁자에게 이전되지만, 이 사건 신탁은 신탁법상의 신탁으로서 신탁재산을 소비하기 쉽게 현금화하는 것이 아니고, 부동산등기부의 일부인 신탁원부에 위탁자, 수탁자, 수익자 등과 신탁의 목적, 신탁재산의 관리방법, 신탁종료 사유, 기타 신탁의 조항을 기재하도록 되어 있으므로 결국 신탁에 관한 모든 사항이 공시되어 위탁자의 채권자도 위탁재산의 운용상태를 확인·감시할 수 있고, 심지어 이 사건 신탁이 이루어졌음이 이 사건 공사현장에도 공시되었다. 따라서 위탁자의 채권자들인 원고들로서는 쉽사리 신탁계약의 내용을 알 수 있으므로, 경우에 따라 위탁자 겸 수익자인 채무자가 피고로부터 지급받을 공사대금이나 신탁수익, 또는 신탁종료 후 반환받을 재산을 집행재산으로 삼을 수 있었고, 그 책임재산으로서의 가치는 결코 신탁 전의 신탁재산의 가치보다 적다고 보여지지 않는다. 따라서 원심은 이 사건 신탁계약이 사해행위에 해당하는지 여부에 대한 판단을 하기 위해서 이 사건 건물의 신축공사가 45.8% 정도 진행된 상태에서의 집행가능한 책임재산으로서의 이 사건 토지 및 미완공 건축물의 가치와 채무자가 이 사건 신탁을 통하여 이 사건 토지 위에 이 사건 건물을 완공·분양함으로써 얻을 수 있는 재산적 가치에 대하여 심리하여 이를 비교형량하였어야 할 것이다』라고 판시한 바가 있다.

2) 이우재, 〈개발신탁의 사해행위 판단방법〉, 555면.

3) 판례는 위 사안에서『원심은 위 인정 사실에 이어, 갑은 1995. 12. 8. 그의 유일한 재산인 위 대지와 건물(이하 이 사건 부동산이라 한다)을 신탁하기로 하여 피고와 사이에 '① 신탁의 목적: 토지개발신탁(임대형), ② 신탁재산: 이 사건 부동산(그 당시 위 건물은 약 90%의 공정이 진행된 상태임), ③ 신탁재산의 개발 및 관리방법: 신탁토지에 신탁건물을 건축하며 임대·분양 및 관리에 관한 일체의 업무를 수행함, ④ 신탁 종료의 사유: 신탁기간의 만료, 신탁 목적의 달성 또는 신탁계약의 중도해지, ⑤ 신탁기간: 신탁계약 체결일로부터 5년간, ⑥ 신탁 종료시 신탁재산의 교부: 신탁 종료시 수익자인 갑 또는 그가 지정하는 제3자에게 신탁계산을 거쳐 위 신탁재산 또는 정산금을 지급함'을 내용으로 하는 신탁계약을 체결하고, 같은 해 12. 11. 위 신탁재산에 관하여 신탁을 원인으로 하는 피고 명의의 소유권이전등기를 마친 사실, 위 신탁계약을 체결할 당시 위 신탁재산의 가액은 토지의 경우 금 3,566,984,000원, 건물의 경우 금 4,078,131,000원 합계 금 7,645,115,000원 상당이었고, 위 신탁계약 체결 후 1995. 12. 12.부터 1997. 2. 20.까지 사이에 별지 근저당권목록 기재와 같이 위 신탁재산에 설정된 12개의 근저당권이 말소되었는데 그 피담보채무액의 합계는 금 4,780,000,000원인 사실을 인정한 다음, 그 인정 사실들과 같은 경위로 갑이 원고들에게 위와 같이 채무를 부담하고 있으면서도 이를 변제하지 아니한 채 그의 유일한 재산인 이 사건 부동산에 관하여 피고와 사이에 위와 같은 신탁계약을

한편 대법원 2016. 9. 23. 선고 2015다223480 판결은 대주단의 자금으로 진행되는 건물신축분양사업에서 건물의 전체적인 취득과정을 고려하지 아니한 채 일련의 과정에서 신탁계약을 분리하여 사해행위성을 판단하는 것은 타당하지 아니하다는 법리를 근거로 명하여 사해행위성을 판단하기도 하였다.[1] 그러나 부동산담보신탁계약을 우선수익자의 동의를 받아 해지하고 위탁자 명의로 소유권이전등기를 마친 이후 우선수익자와 대물변제계약을 체결한 것을 사해행위로 판단하기도 하였고,[2] 위탁자가 담보신탁된 부동산을 제3자에게 처분하는 것 역시 사해행위에 해당한다고 판단하기도 하였다.[3]

나. 주관적 요건(사해의 의사 내지 인식)

(1) 위탁자의 사해의사

사해신탁은 위탁자가 신탁행위를 함에 있어 그 채권자를 해함을 알고 하였을 것을 요건으로 한다. 즉, 위탁자는 사해신탁의 설정으로 자신의 공동담보가 한층 더 부족하게 되어 채권자의 채권을 완전하게 만족시킬 수 없게 된다는 사실을 인식하는 것을 의미한다.[4] 이러한 사해의사는 적극적인 의사가 아니라 변제능력이 부족하게 된다는 소극적인 인식으로 충분하며, 일반채권자에 대한 관계에서 있으면 되고 특정채권자를 해한다는 인식이 있어야 하는 것은 아니라고 할 것이다.[5] 민법상 채권자취소권과 관련하여 판례는 채무자가 상대방과 통모한 경우에는 당연히 사해행위가 된다고 하고,[6] 채무자가 유일한

체결하고 피고 명의로 소유권이전등기를 경료하였으니 위 신탁계약은 채권자인 원고들을 해함을 알고서 한 사해행위라고 봄이 상당하다』라고 판시한 바 있다(대법원 1999. 9. 7. 선고 98다41490 판결).

1) 김세용, 〈대주단의 자금으로 진행되는 건물신축분양사업에서 시행사가 대주단 및 시공사와의 일련의 사업약정에 따라 건물을 담보신탁한 것이 사해행위가 되는지 여부〉, 125, 126면(대법원 2010마2066 결정이 들었던 소위 '갱생목적의 신탁행위'법리를 적용하지 아니한 점에 의의가 있다고 한다).

2) 대법원 2018. 4. 12. 선고 2016다223357 판결(갑 주식회사가 을 주식회사에 대한 채무를 담보하기 위해 신탁회사인 병 주식회사와 갑 회사 소유의 아파트에 관하여 우선수익자를 을 회사로 하는 부동산담보신탁계약을 체결하였는데, 그 후 갑 회사가 을 회사의 동의를 받아 신탁계약을 해지하고 갑 회사 명의로 아파트에 관한 소유권이전등기를 마친 다음, 같은 날 을 회사와 대물변제계약을 체결하여 을 회사에 아파트에 관한 소유권이전등기를 마쳐주자, 갑 회사의 채권자인 국가가 대물변제계약이 사해행위에 해당한다며 을 회사를 상대로 사해행위취소를 구한 사안에서, 신탁계약이 해지로 종료하여 신탁계약상 을 회사가 더 이상 우선수익자로서 수익권을 행사할 수 없는데도 대물변제계약이 사해행위에 해당하지 않는다고 판단한 원심판결에 법리오해 등 잘못이 있다고 한 사례).

3) 대법원 2016. 11. 25. 선고 2016다20732 판결(위탁자가 금전채권을 담보하기 위하여 금전채권자를 우선수익자로, 위탁자를 수익자로 하여 위탁자 소유의 부동산을 신탁법에 따라 수탁자에게 이전하면서 채무불이행 시에는 신탁부동산을 처분하여 우선수익자의 채권 변제 등에 충당하고 나머지를 위탁자에게 반환하기로 하는 내용의 담보신탁을 해둔 경우, 신탁부동산에 대하여 위탁자가 가지고 있는 담보신탁계약상의 수익권은 위탁자의 일반채권자들에게 공동담보로 제공되는 책임재산에 해당한다. 위탁자가 위와 같이 담보신탁된 부동산을 당초 예정된 신탁계약의 종료사유가 발생하기 전에 우선수익자 및 수탁자의 동의를 받아 제3자에게 처분하는 등으로 담보신탁계약상의 수익권을 소멸하게 하고, 그로써 위탁자의 소극재산이 적극재산을 초과하게 되거나 채무초과상태가 더 나빠지게 되었다면 위탁자의 처분행위는 위탁자의 일반채권자들을 해하는 행위로서 사해행위에 해당한다).

4) 법무부, 〈신탁법 해설〉, 80면.

5) 법무부, 〈신탁법 해설〉, 80면.

재산인 부동산을 상당하지 아니한 가격으로 매도하거나 무상양도한 경우,[1] 채무초과상태의 채무자가 유일한 재산인 부동산을 특정채권자를 위한 담보로 제공한 경우[2]에는 사해의 의사가 추정된다고 할 것이다.[3]

사해의사의 판단기준시는 사해신탁행위 당시라고 할 것이며, 사해행위가 대리인에 의하여 이루어진 때에는 사해의사의 유무는 대리인을 표준으로 결정하여야 할 것이다. 또한 위탁자의 사해의사는 사해행위 성립을 위한 적극적인 요건의 하나이므로 위탁자의 채권자가 입증하여야 한다는 데에는 이론이 없는 것으로 보인다.

(2) 수탁자 및 수익자의 주관적 요건(사해신탁취소권의 배제요건)

(가) 수탁자의 선의 여부

1) 종전 규정에 대한 논의

구 신탁법 제8조는 수탁자가 사해신탁행위에 대하여 선의인 경우 사해신탁취소권을 인정하였고, 이와 관련하여 학설상 견해의 대립이 있어 왔다. ① 수탁자는 신탁재산의 명의자·관리자에 불과하여 취소가 되더라도 수탁자에게는 실질적인 손해가 발생하지 않는 점, 실무에서 수탁자가 선의인 경우에 취소를 인정하여도 실질적으로 부당한 사안은 거의 없으며 사해성 요건으로도 충분히 제어가 가능했기 때문에 구 신탁법 제8조의 태도가 타당하다는 견해[4]와 ② 사해신탁을 근거로 한 취소소송 및 처분금지가처분으로 수탁자인 신탁회사 등이 불안정한 지위에 놓이게 되고, 부동산신탁의 경우 수탁자는 단순히 수탁수수료만 받고 운용하는 것이 아니라 신탁재산인 부동산에 건물을 신축하는 등 투자를

6) 대법원 1977. 6. 28. 선고 77다105 판결.

1) 대법원 1966. 10. 4. 선고 66다1535 판결; 대법원 1990. 11. 23. 선고 90다카24762 판결.

2) 대법원 1989. 9. 12. 선고 88다카23186 판결.

3) 채무초과 상태에 있는 채무자가 채권자 중 한 사람과 모의하여, 그 채권자의 채권 만족을 목적으로 부동산을 그 채권자에게 매각하는 행위에 대해, 대법원은 매매가격이 상당한 경우에도 다른 채권자를 해하는 사해행위로 보고 있다(대법원 1994. 6. 14. 선고 94다2961 판결 등). 이와 관련하여 처분대금이 적정하면 채무자의 적극재산에는 감소가 없는 것이고, 처분대금을 어떻게 사용하는가는 처분의 상대방이 간섭할 사항은 아니기 때문에, 이러한 신탁설정을 사해행위로서 취소하는 것은 지나치다고 하면서, 특히 적정가격에 의한 재산처분이 사해행위로서 취소될 수 있다면, 재정적 위기에 처한 기업이 재산의 처분 방식으로 재무구조를 개선하고자 하는 노력은 큰 위기에 봉착할 수 있으므로, 명시적으로 사해성 요건에서 적정가격에 의한 재산처분을 배제할 필요가 있다는 견해도 있다(이중기, 〈신탁법〉, 69면).

4) 임채웅, 〈사해신탁의 연구〉, 24~26면; 같은 저자, 〈신탁법연구〉, 143면; 특히 위 〈신탁법연구〉에서 저자는 부동산신탁에 있어서 수탁자가 선의인 경우 취소하는 것은 부당한 면이 있다는 점은 인정하면서 "최근 신탁관계가 문제되는 것은 주로 부동산신탁에 관한 것인데, 대법원판례의 사안을 보더라도 선의인 경우에까지 취소된다는 점에서 비롯되는 부당함은 별로 드러나 보이지 않는다. 물론 이러한 유형의 사건 수가 충분하지 않고 당사자들이 법률규정 자체에 반하는 주장은 잘 하지 않을 것이기 때문에 그러하기도 할 것이나, 사견으로는 부동산신탁의 경우 수탁자의 선의, 악의에 관한 논의에까지 이르기 전에 사해성 검토의 단계에서 먼저 걸러지기 때문에 그러한 것으로 판단된다. 즉, 정상적인 상황에서 이루어진 부동산신탁설정행위는 사해성이 없다고 볼 가능성이 높을 것이고, 수탁자의 선의, 악의는 문제조차 되지 않을 여지가 높을 것이다. 이렇게 본다면, 수탁자의 선의인 경우에도 취소될 수 있게 한 것이 꼭 잘못이고 문제가 있다고 할 수만은 없다고 결론내리지 않을 수 없다"라고 하였다.

하여 그로부터 얻은 수익에서 수입을 얻는 경우도 있으므로 신탁재산으로부터 이익을 얻을 지위에 없다는 이유만으로 신탁의 취소를 허용하는 것은 부당하다는 이유로 구 신탁법의 태도는 부당하다는 견해[1)2)3)]가 대립하였다고 한다.[4)]

신탁법의 개정을 논의할 당시 법무부안[5)]에서는 수탁자가 유상으로 신탁을 인수할 때 선의인 경우에는 사해신탁의 취소를 배제하였다. 수탁자가 신탁 설정에 대해 대가를 지불하거나 투자한 경우 또는 영업 목적의 수탁은행과 같이 신탁의 인수를 통해 보수를 취득하는 경우에는 이러한 신탁 설정의 취소로 인해 수탁자가 이미 받은 신탁보수와 장래에 받을 신탁보수를 상실하게 되고, 선의의 수탁자가 신탁재산 원본을 선의의 수익자에게 모두 양도하여 신탁재산을 보유하고 있지 않음에도 수탁자에 대한 취소권 행사와 원상회복청구권이 가능한 부당한 사안이 발생할 수 있어,[6)] 이를 막고자 하는 취지에서 법무부안이 나왔던 것이다.

그러나 이러한 법무부안에 대하여 신탁에서 신탁행위의 상대방은 수탁자이지만 수탁자는 신탁의 이익을 향수하는 자가 아니라고 할 것이어서 민법 제406조에서 말하는 "이익을 받은 자"에 해당하지 않기 때문에 채무자의 사해행위의 상대방으로서 선의·악의가 문제될 여지가 없으며, 입법례에 비추어 보아도 영미에서 사해신탁은 채권자취소제도에 의하여 취소될 수 있고 목적의 불법성을 이유로 무효로 될 수도 있으나, 수탁자가 선의인지 악의인지에 따라 사해신탁의 취소여부를 달리 보는 입법례는 없다고 하면서, 수익자의 선의 또는 악의를 기준으로 취소 여부를 가리면 충분하다는 취지의 반대견해가 제시되기도 하였다.[7)]

---

1) 특히 부동산신탁의 경우에는 수탁자의 지위가 단순한 수탁수수료만 받고 그 운용의 책임이 종결되는 단순한 관계가 아니라 수탁받은 부동산에 건물을 신축하여 분양하는 복잡한 관계가 형성되며, 그로 인하여 수탁자도 수입을 얻는 구조로 되어 있으므로, 단순히 수탁자가 신탁재산의 지위로부터 이익을 얻을 지위가 없다는 이유만으로 수탁자가 선의임에도 불구하고 신탁이 취소될 수 있다면 불합리하다고 주장하면서 수탁자가 선의인 경우에도 취소될 수 있다는 내용이 삭제되어야 한다는 주장도 있었다(이재욱, 〈부동산신탁 및 부동산뮤추얼펀드 등의 함정〉, 법률신문 2000. 8. 9.자 참조).
2) 이중기, 〈신탁법〉, 76~77면; 최수정, 〈일본 신신탁법〉, 24~25면.
3) 이우재, 〈개발신탁의 사해행위 판단방법〉, 555면에서는 "요건의 완화로 인하여 신탁법상의 신탁행위의 경우에는 사해행위로서의 취소가 쉽게 인정되어 왔고, 이러한 결과는 신탁업법상의 신탁회사의 파산에도 한 원인을 제공한 것으로 보인다"라고 기술되어 있다. 이러한 견해 역시 수탁자의 선의 여부와 관계없이 취소를 인정한 구 신탁법의 태도가 부당하다는 입장으로 보인다.
4) 법무부, 〈신탁법 해설〉, 80~81면.
5) 법무부안 제8조 제1항은 "채무자가 채권자를 해함을 알면서 신탁을 설정한 경우 채권자는 수탁자나 수익자에게 민법 제406조 제1항의 취소 및 원상회복을 청구할 수 있다. 다만 수탁자가 유상으로 신탁을 인수하거나 수익자가 유상으로 수익권을 취득할 당시 채권자를 해함을 알지 못한 경우에는 그러하지 아니하다"라고 규정되어 있었다.
6) 법무부, 〈신탁법 해설〉, 81면.
7) 법무부, 〈신탁법 해설〉, 82면(법원행정처의 견해).

2) 현행 신탁법에서의 수탁자의 선의 여부

개정된 본조문에서는 수탁자는 이익을 향수하는 자가 아니라는 점과 외국의 입법례[1] 등을 참작하여 '수탁자'의 선의 여부를 구분하는 취지의 법무부안을 채택하지 않고 '수탁자'를 고려함이 없이 사해신탁의 취소를 청구할 수 있는 것으로 규정하였다. 다만 본조문 제3항은 위탁자의 채권자가 제1항 본문에 따라 사해신탁취소권을 행사하는 경우 "채권자는 선의의 수탁자에게 현존하는 신탁재산의 범위 내에서 원상회복을 청구할 수 있다"라고 규정하여, 원상회복의 범위를 한정하여, 위탁자의 채권자와 선의 수탁자에 대한 보호의 조화를 기하고 있다고 할 것이다.[2] 이때 '현존하는 신탁재산'의 구체적인 의미는 후술하도록 한다.

(나) 수익자의 선의 여부

1) 종전 규정에 대한 논의

구 신탁법 제8조는 수익자가 사해신탁행위에 대하여 선의인 경우에도 사해신탁취소권을 인정하였다. 이처럼 수익자의 악의 여부를 문제삼지 아니한 것은 수익자가 무상으로 수익권을 취득하는 것을 전제로 하여 규정이 만들어졌기 때문이다.

이와 관련하여, 신탁에 있어서 수익자를 보호할 필요성은 민법상 채권자취소권에서의 선의의 전득자와 다르지 않은 점,[3] 사해신탁취소권에서 수탁자의 선의·악의를 그 요

1) 미국 제2차 Restatement §63은 신탁설정의 목적이 채권자를 해하는 것이면 그 신탁은 무효로 하되, 수익자가 신탁설정 당시 채권자를 해하는 사실을 알지 못하였으면 위탁자의 채권자의 이익을 침해하지 않는 한도에서 수탁자에게 신탁의 이행을 강제할 수 있다고 규정하고 있으며, 일본 신신탁법 제11조 제1항은 "위탁자가 채권자를 해함을 알고 신탁을 설정한 경우, 수탁자가 채권자를 해한다는 사실을 알았는지 몰랐는지와 상관없이, 채권자는 수탁자를 피고로 하여 민법(明治 29년 법률 제89호) 제424조 제1항 규정에 의해 취소를 법원에 청구할 수 있다. 단 수익자가 현존하는 경우, 수익자의 전부 또는 일부가 수익자로 지정(신탁행위의 정함에 따라 또는 제89조 제1항에 규정된 수익자지정권 등의 행사에 의해 수익자 또는 변경 후의 수익자로 지정되는 것을 말한다. 이하 동일하다)된 것을 안 때 또는 수익권을 양수받은 때 채권자를 해하는 사실을 알지 못한 경우에는 그러하지 아니하다"라고 규정하여, 미국 제2차 Restatement 및 일본 신신탁법은 선의 수익자 보호에 초점이 맞추어져 있을 뿐이고 수탁자 선의, 악의를 요건으로 규정하고 있지 아니한 것으로 보인다.

2) 법무부, 〈신탁법 해설〉, 82~83면.

3) 현행 신탁법 제8조 제1항 단서에서는 '수익자'를 규정하고 있다. 채권자취소권의 경우 채무자와 사해행위를 한 상대방으로 피고가 되는 자를 수익자라 하고, 그 수익자로부터 대상물을 넘겨받은 사람을 전득자라고 하는데, 위 신탁법 조항의 수익자는 민법상의 수익자가 아니라, 신탁법상의 수익자로 보아야 할 것이다. 민법상의 수익자는 사해신탁취소권에 있어서의 수탁자라고 할 것이다. 그렇게 본다면 위 조항의 수익자는 채권자취소권에서의 전득자의 지위와 유사해 보인다고 할 수도 있을 것이다. 그렇지만 민법상 채권자취소권에서의 전득행위는 수익자와 전득자 사이의 독립된 법률행위를 의미하지만 신탁법상 신탁수익자는 기본적으로 수탁자와 사이에서 별도의 법률행위를 필요로 하지 않는다고 할 것이다. 또한 민법상 채권자취소권에서의 전득행위는 목적물을 그대로 이전시키거나 목적물 자체의 저당권의 설정과 같이 일부 가치를 파악하는 것인 반면에, 신탁수익자의 지위취득은 원래의 신탁재산과는 직접적인 연관성이 없다(이러한 점을 강조하는 견해로는 임채웅, 〈신탁법연구〉, 145~147면). 따라서 민법상 채권자취소권에 있어서 전득행위와 신탁수익자의 법률관계는 다른 점이 있다는 점도 유념해야 될 것이다.

건으로 하지 않는 취지가 수탁자가 신탁재산에 대하여 고유한 이익을 가지지 않기 때문이라면 신탁의 이익을 향유하는 수익자의 경우는 선의·악의를 요건으로 하여야 한다는 점 등에서 수익자의 주관적 사정도 사해신탁취소권의 요건으로 삼아야 한다는 견해도 있었다고 한다.[1]

신탁법의 개정을 논의할 당시 법무부안은 수익자의 선의·악의라는 주관적 사정을 사해신탁취소권의 요건으로 하면서, 무상으로 수익권을 취득한 자의 경우에는 사해신탁이 취소되어도 사해신탁에 대한 기대만을 상실하는 것으로 이익의 침해가 크지 않으므로 수익자의 선의·악의 여부와 상관없이 사해신탁취소권을 인정하고, 대가를 제공하고 수익권을 취득한 유상수익자 또는 유상수익권을 유상으로 전득한 수익자가 사해신탁에 대하여 선의인 경우에는 예측할 수 없는 손해를 방지하기 위하여 사해신탁취소권을 인정하지 않았다.[2]

그러나, 이러한 법무부안에 대하여 수익자가 수익권의 취득을 위하여 대가를 지급한 경우라 하더라도 그 대가가 신탁재산에 비하여 극히 미약한 경우에도 유상 인수로 보아 취소대상에서 배제하는 것은 타당하지 않으므로, '유상' 여부에 따라 취소 여부를 달리하는 것은 적절하지 않다는 반론도 제기되었다고 한다.[3]

2) 현행 신탁법에서의 수익자의 선의 여부

개정된 본조에서는 법무부안을 수정하여 수익자의 사해신탁에 대한 악의를 취소권 행사의 요건으로 규정하고(신탁법 제8조 제1항 단서), 여러 명의 수익자 중 일부가 수익권을 취득할 당시 채권자를 해함을 알지 못한 경우에는 악의의 수익자만을 상대로 취소권을 행사할 수 있도록 규정하였다(동조 제2항). 결국 현행 신탁법은 수익자의 '유상' 여부에 따라 사해행위 취소의 적용 여부를 달리하는 법무부안을 배척하고 수익자의 선의·악의 여부 등에 의하여 사해신탁 취소 여부를 결정하는 것이 타당하다는 견해를 채택한 것이다. 이때 수익자의 채권자를 해함을 알지 못한 데 있어 과실 여부는 묻지 않는다고 할 것이다.[4]

한편, 현행 신탁법 제8조 제1항 단서는 수탁자에 대한 언급 없이 선의의 수익자에 대하여 사해신탁취소 및 원상회복을 청구할 수 없다는 내용만 있어, 해석상 논란이 있을 수 있다. 즉, 위탁자의 채권자는 위 단서 규정과 상관 없이 수탁자에 대하여는 언제나 사해신탁취소권을 행사할 수 있다고 해석할 수도 있고(제1설), 이와 달리 수익자가 선의이면 수탁자의 선의·악의에 상관 없이 사해신탁취소권을 행사할 수 없다고 해석할 수도

1) 법무부, 〈신탁법 해설〉, 83면. 하지만 위 책에서 이러한 견해가 존재한다고 기재하고 있으나 구체적인 출처를 찾을 수는 없었다.
2) 법무부, 〈신탁법 해설〉, 83면.
3) 법무부, 〈신탁법 해설〉, 84면(서울지방변호사회 의견).
4) 민법 제406조의 수익자 또는 전득자의 선의에 대하여 과실유무는 문제되지 않는다고 보는 것이 통설적 견해로 보인다(곽윤직, 〈민법주해 채권(2)〉, 827면).

있다(제2설). 이와 관련하여 제1설을 취하는 경우 구 신탁법에서 제기되었던 비판의 상당수가 여전히 해소되지 않아 개정의 취지가 무색해진다는 견해[1]가 있으며, 신탁업을 영위하는 신탁업자에 대한 보호조치의 필요성을 고려해 볼 때, 제2설이 타당성이 있어 보인다.

나아가 복수의 수익자들이 있고 일부만 악의인 경우, 수탁자에 대하여 사해신탁취소권을 행사할 수 있는지 논란이 생길 수도 있다. 이와 관련하여 복수의 수익자 중 악의의 일부 수익자에 대하여는 사해신탁취소권이 성립한다고 하더라도 선의의 수익자가 존재하는 이상 선의의 수익자의 이익을 보호할 필요성이 있으므로 수탁자에 대하여 사해신탁취소권을 행사할 수 없다는 견해[2]가 있고, 타당성이 있어 보인다. 다만, 사해신탁취소권의 행사가 불가능하도록 하기 위해 일부러 다수의 수익자들 중에서 선의의 수익자 1인을 포함시키는 경우에도 위 견해가 타당할 수 있을지는 의문이 있다.

3) 입증책임

현행 신탁법 제8조 제1항에 의하여 수익자의 악의가 사해신탁취소권의 성립요건이 되었다. 이 경우 수익자의 선의·악의를 누가 입증해야 되는지에 대하여 명확한 견해는 없는 것으로 보인다. 구 신탁법에서는 이와 관련하여 위탁자의 채권자는 수탁자 및 수익자가 이익을 받은 사실, 수익자의 악의, 중과실[3] 사실을 입증할 책임을 부담한다고 해석하는 견해도 있었다.[4] 하지만 민법상 채권자취소권과 관련하여 통설, 판례는 채무자의 악의가 입증되면 수익자 및 전득자의 악의도 추정되므로 채권자취소권의 행사를 저지하기 위하여는 수익자 또는 전득자 스스로 선의를 입증하여야 한다고 한다.[5] 현행 신탁법의 사해신탁취소권과 민법상 채권자취소권은 유사한 제도이고, 민법의 규정형식과 신탁법의 규정형식이 유사하다는 점에 비추어 볼 때, 채권자취소권에서와 마찬가지로 사해신탁에 있어서도 수익자가 스스로 선의를 입증하여야 한다는 입장이 타당할 것으로 생각된다. 만일 위탁자의 채권자가 수탁자만을 상대로 사해신탁취소권을 행사하는 경우, 수익

1) 김태진, 〈사해신탁취소권에 관한 개정 신탁법의 해석과 재구성〉, 193~195면.
2) 김태진, 〈사해신탁취소권에 관한 개정 신탁법의 해석과 재구성〉, 195~196면.
3) 구 신탁법 제8조 제2항은 중과실도 요건으로 규정하고 있었다. 그러나 현행 신탁법은 과실 여부에 대하여 어떠한 언급도 없다. 현행 신탁법은 선의인 수익자에 대한 사해신탁취소가 아예 불가능한 것으로 규정되어 있으나, 구 신탁법은 수익자의 선, 악의 관계 없이 사해신탁취소를 인정하되, 수익권을 유상으로 취득한 자에 대하여 그 자가 선의 또는 무중과실인 경우 보호하는 규정을 두고 있었을 뿐이다.
4) 임채웅, 〈사해신탁의 연구〉, 44~46면(위 논문에서는 구 신탁법 제8조 규정의 구조는 수익자가 이미 받은 이익에 관해서는 취소가 불가능하게 함으로써 예외를 인정한 다음 다시 그 예외에 대한 예외로서 수익자와 전득자가 선의인 경우를 인정하고 있다고 하면서, 이 경우 '피고가 이미 이익을 받았음'은 청구원인사실로 구성되어야 옳다고 보고 있다. 그 결과 신탁수익자는 이미 받은 이익에 관해서는 취소 및 원상회복을 청구할 수 없는 것인데, 신탁수익자가 악의이거나 중과실로 인한 경우에만 예외적으로 청구할 수 있도록 되어 있으므로, 그 예외를 인정받고자 하는 원고가 주장, 입증해야 한다고 주장하고 있다).
5) 곽윤직, 〈민법주해 채권(2)〉, 827면; 대법원 1989. 2. 28. 선고 87다카1489 판결.

자의 악의가 추정된다면 위탁자의 채권자는 신탁행위의 사해성과 위탁자의 사해의사만 입증하면 사해신탁이 성립할 것이다.[1] 그런데 그 후(수탁자를 상대로 제기된 사해신탁취소 소송의 판결이 확정된 후) 위탁자의 채권자가 수익자를 상대로 취소 및 원상회복을 청구하는 경우, 수익자는 자신의 선의를 주장하여 취소 및 원상회복청구를 부정할 수 있을지는 의문이 있지만 취소의 효력은 상대적이므로 전 소송의 판결의 효력이 수익자와의 관계에 미치지 않는다고 본다면 가능할 것으로 생각된다.[2] 다만, 수익자의 악의가 추정된다는 견해는 수익자가 스스로 선의를 입증하는 것이 매우 곤란하다는 점에 비추어 볼 때, 수익자에게 매우 불리할 수 있다. 현행 신탁법은 선의의 수익자에 대하여 사해신탁취소의 위험으로부터 보호해 주기 위한 입법의도를 가지고 있었다고 볼 수 있는데, 이러한 견해는 위 입법목적과도 조화되지 않는 측면이 있다. 따라서 향후 입증책임과 관련해서는 새로운 입법론을 논의해 볼 필요가 있다고 생각된다.

3. 사해신탁취소권의 행사

가. 행사의 방법

(1) 채권자의 이름으로 재판상 행사

사해신탁취소권은 위탁자에게 인정된 것이 아니라 위탁자의 채권자의 공동담보보전을 위하여 채권자에게 인정된 고유의 권리이므로 채권자가 채권자라는 자격에서 그 자신의 이름으로 행사하는 것이다. 또한 본조문은 명시적으로 "민법 제406조 제1항의 취소 및 원상회복을 청구할 수 있다"라고 규정하여 민법 조항을 준용하고 있어 재판상으로만 행사할 수 있다고 할 것이다.[3] 이때 제기하는 소 중 취소청구부분은 형성의 소의 성질을, 원상회복청구 부분은 이행의 소의 성질을 가지고 있다고 할 것이므로 취소만 구하는 경우 인용되더라도 취소의 판결만 하게 된다. 따라서 신탁재산을 반환받기 위해서는 취소청구와 동시에 또는 순차적으로 원상회복을 청구하여야 한다.

---

1) 이 경우 수탁자는 수익자의 선의를 항변하면 사해신탁의 성립을 막을 수 있을 것이다. 그러나 수탁자로서는 수익자의 선의의 입증이 만만치 아니하므로 적극적으로 수익자에게 소송이 진행되고 있음을 고지하여, 수익자가 소송에 참여할 수 있는 기회를 보장할 필요가 있을 것이다. 이러한 수탁자의 고지의무는 신탁관계에서 수탁자가 부담하는 선관주의의무의 내용으로 볼 여지도 있겠다(신탁법 제32조).

2) 채권자취소소송과 관련하여 수익자(채권자취소권의 수익자를 의미)를 상대로 한 취소소송의 판결의 효력은 전득자에게는 미치지 아니하고(대법원 1984. 11. 24.자 84마619 결정), 전득자를 상대로 한 취소소송의 효력은 채무자 또는 채무자와 수익자 사이의 법률관계에는 영향을 미치지 아니한다고 한다(대법원 1988. 2. 23. 선고 87다카1989 판결).

3) 대법원 1978. 6. 13. 선고 78다404 판결 등.

(2) 취소소송의 당사자

(가) 원　고

사해신탁취소권은 위탁자의 채권자에게 부여된 권리이므로 원칙적으로 그 자가 취소소송의 원고가 된다. 사해신탁취소권도 채권자대위권의 목적으로 행사될 수 있으므로 위탁자의 채권자의 채권자는 대위권의 행사에 의하여 취소소송의 원고로 될 수 있다.

(나) 피　고

1) 종전 규정에 대한 논의

사해신탁취소소송이 제기되는 경우, 그 소송의 상대방, 즉 피고를 누구로 할지 문제가 된다. 이와 관련하여 종전 규정에는 명시적인 규정이 없어 견해가 대립되었다.

① 수탁자에 대한 취소권만 인정하는 견해

수탁자는 신탁재산 원본을 보유하고 있는 반면에 수익자는 신탁재산의 운용수익만을 분배받는다는 점, 수익권의 취득은 별개의 법률행위가 아니라 위탁자와 수탁자 사이의 신탁행위의 효력에 지나지 않는 점, 특정 수익자에 대한 취소는 해당 수익자의 수익만 반환시키게 되므로 수익자 사이의 형평문제를 야기시킬 수 있다는 점 등을 근거로 들면서 수탁자에 대한 사해신탁취소권만을 인정해야 된다는 견해이다.[1)]

② 수익자에 대한 취소권도 인정하는 견해

사해신탁취소권행사에 있어 취소의 소의 피고는 민법의 채권자취소권에 관한 판례이론에 따라 이득반환의 당사자인 수탁자 또는 수익자를 상대로 하여야 한다는 견해이다.[2)]

2) 현행 신탁법에서의 피고적격자

신탁법 제8조 제1항은 “수탁자나 수익자에게 민법 제406조 제1항의 취소 및 원상회복을 청구할 수 있다”라고 규정하여 위탁자의 채권자는 수탁자, 수익자 모두를 피고로 취소 및 원상회복을 구할 수 있음을 명문으로 규정하였다. 신탁의 법률관계는 회사와 같은 단체관계로 획일적 확정이 필요하고, 채권자의 재판청구권을 과도하게 제한하는 것은 부당하다는 점을 고려하여,[3)] 수탁자와 수익자 모두를 피고로 할 수 있다고 규정한 것으로 볼 수 있다. 다만 수탁자와 수익자를 공동피고로 하는 필요적 공동소송형태를 강제하지 아니한 것은 수익자가 다수인 경우 채권자에게 과도한 부담이 될 수 있다는 점을 참작한 것이라고 한다.[4)] 여러 명의 수익자가 있는 경우 그 수익자 중 일부가 수익권을 취

1) 이중기, 〈신탁법〉, 71~72면; 임채웅, 〈사해신탁의 연구〉, 31~36면.
2) 최동식, 〈신탁법〉, 101면.
3) 법무부, 〈신탁법 해설〉, 87면.

득할 당시 채권자를 해함을 알지 못한 경우에는 악의의 수익자만을 상대로 취소 및 원상회복을 구할 수 있다(신탁법 제8조 제2항).

그런데 수익자를 상대로 사해신탁취소권을 행사할 수 있다는 것은 위 조문의 문리적 해석상 당연한 것으로 보일 수는 있으나, 신탁설정의 법률관계에 비추어 볼 때 의문이 있을 수 있다. 수익자는 원상회복의 상대방이 될 수 있으나 신탁설정의 취소의 상대방으로 보기에는 부적절한 면이 있기 때문이다. 신탁은 위탁자와 수탁자 간의 신임관계에 기하여 위탁자가 수탁자에게 특정의 재산을 이전하거나 담보권의 설정 또는 그 밖의 처분을 하는데 중점이 있고, 수익자는 신탁행위의 효과로서 그 지위를 취득하는 등 신탁에 종속되는 자에 불과하다고 볼 수 있으므로, 취소의 상대방이 아니라 원상회복의 상대방이 될 수밖에 없다고 해석하는 견해가 있을 수 있다. 이러한 입장에서는 사해신탁취소권은 수탁자를 상대로 행사해야 하고(취소소송의 피고를 수탁자로 해야 한다), 원상회복청구는 수탁자, 수익자를 상대로 행사할 수 있다고 할 것이다. 이러한 입장의 타당성에 관하여는 추후 진전된 논의가 필요할 것으로 생각된다.

(다) 신탁재산의 전득자와 관련된 논의

사해신탁의 수탁자가 수익자에게 수익을 분배하는 경우와 달리, 수탁자가 수탁자자격에서 상대방과 신탁재산에 대한 거래를 한 경우, 신탁재산을 전득하는 전득자가 발생한다. 이러한 전득자에 대하여 위탁자의 채권자가 취소권을 행사할 수 있는지 여부가 문제될 수 있다. 이와 관련하여 사해신탁의 문제가 아니라 전득자에 대한 채권자취소(민법상 채권자취소권)의 문제로서 처리하는 것이 타당하다는 견해[1]가 있다. 위 견해에 따르면 선의 혹은 악의 수탁자가 악의의 수익자에게 수익을 배당하면서, 동시에 악의의 전득자에게 신탁재산을 처분한 경우에, 위탁자의 채권자는 '수탁자에 대한 사해신탁취소소송'과 '전득자에 대한 민법상 채권자취소소송'이 가능하며, 채권자가 어느 하나를 선택할 수도 있고 채권의 변제에 부족한 경우에는 두 가지 취소소송을 모두 제기할 수도 있다고 할 것이다.[2]

한편, 이와 관련하여 전득자에 대해서는 수탁자에 대해서와 마찬가지로 채권자취소권, 사해신탁취소권 모두가 행사가능할 것이라는 견해[3]도 있는 것으로 보인다.

그러나 위 논의는 구 신탁법 제8조에 대한 것으로 보이고 현행 신탁법은 사해신탁의 상대방을 수탁자와 수익자로 명시하고 있어, 전득자에 대하여 사해신탁취소권을 행사할 수는 없을 것으로 보인다. 따라서 현행 신탁법에서는 전득자에 대한 청구는 민법상 채권

4) 법무부, 〈신탁법 해설〉, 87면.
1) 이중기, 〈신탁법〉, 89면.
2) 이중기, 〈신탁법〉, 91면.
3) 임채웅, 〈신탁법연구〉, 153면.

자취소권으로 해결하는 것이 타당할 것으로 생각된다. 다만 수익자가 선의인 경우, 수탁자의 선의·악의에 상관 없이 사해신탁취소권을 행사할 수 없다는 견해[1]에 따르는 경우, 전득자가 악의이더라도 채권자취소권의 행사를 부정하는 것이 타당할 것으로 생각된다. 사해신탁취소권이 신탁법에 의해 부정되는 마당에 민법상 채권자취소권으로 취소할 수 있다고 보는 것은 부당해 보이기 때문이다. 그러나, 수익자가 선의인 경우에도 수탁자를 상대로 사해신탁취소권을 행사할 수 있다는 견해[2]를 취하고, 수익자가 선의이고 전득자가 악의인 경우, 상대적 무효설을 따르는 한 전득자를 상대로 민법상 채권자취소권 행사가 가능하다고 해석할 여지가 있겠다.

(라) 수익권의 전득자와 관련된 논의

수익자가 수익권을 양도, 증여, 그 밖의 사유에 의한 개별적 승계를 시키는 경우, 수익권의 전득자가 발생할 수 있다. 이러한 수익권의 전득자가 악의인 경우 사해신탁취소권을 행사할 수 있는지 문제될 수 있다. 이와 관련하여 신탁법 제8조 제1항, 제2항은 취소 및 원상회복의 대상이 되는 수익권의 취득이 신탁행위에서의 수익자 지정에 의한 취득인지 아니면 기존의 수익자로부터 수익권을 양도 등의 사유로 승계 취득한 것인지를 구분하지 않고 일괄하여 규정하고 있고, 최초 취득이든 승계 취득이든 취득자가 수익자에 해당하는 것으로 전제하고 있으므로, 수익권의 전득자에 대한 취소는 최초의 수익자를 상대방으로 하는 취소와 동일하게 취급될 수 있다. 그 결과 수익권의 전득자가 악의인 경우 사해신탁취소권의 행사가 가능할 것으로 판단된다는 견해[3]가 있다. 나아가 위 견해에서는 수익권의 양도담보의 경우 수익권의 양도가 일어났으므로 양도담보권자가 신탁법 제8조 제1항, 제2항의 수익자가 된다고 보고 있지만 수익권의 질권자는 수익자에 해당되지 않는다고 판단하고 있다.

하지만, 선의의 수익자 또는 선의의 수익권의 전득자로부터 수익권을 승계받는 경우 그 수익자에 대하여는 선, 악의에 관계 없이 사해신탁취소권을 행사할 수 없다고 보는 견해도 있을 수 있다. 수익자 보호 및 거래 안전을 중시하여, 승계되는 과정에서 선의자의 개재로 인하여 최종 수익자는 깨끗한 수익권을 취득하였다는 이론구성이 가능할 것이다(소위, shelter rule). 그렇지만 수익권의 양도에 있어서 거래의 안전을 강조할 특별한 이유가 없는 것으로 보이므로 악의의 최종수익자를 상대로 취소권을 행사할 수 있다고 보는 것이 더 타당할 것으로 생각된다.

1) 자세한 내용은 본조 2. 나. (2). (나). 2) 신탁법에서의 수익자의 선의 여부 중 제2설 설명 부분 참조.
2) 자세한 내용은 본조 2. 나. (2). (나). 2) 신탁법에서의 수익자의 선의 여부 중 제1설 설명 부분 참조.
3) 한민, 〈사해신탁의 취소와 부인 — 채무자회생법 개정안에 관한 주요 논점을 중심으로 —〉, 13면.

(3) 행사기간(제척기간)

현행 신탁법에서는 사해신탁의 제척기간에 대한 별도의 규정이 없으므로, 민법상 채권자취소권이 규정한 제척기간이 적용된다고 해석함이 상당하다. 즉, 민법 제406조 제2항이 적용되어 위탁자의 채권자는 사해신탁취소의 원인을 안 날로부터 1년, 신탁행위가 있는 날로부터 5년의 제척기간이 적용된다고 할 것이다. 판례(하급심) 역시 『신탁법 제8조는 민법 제406조 제1항에 대한 특칙의 형태로 규정되어 있는바, 제척기간에 대하여 이러한 특칙의 규정이 없는 이상 오히려 민법의 제척기간에 관한 규정이 당연히 적용된다고 해석함이 상당하다』라고 판시한 바도 있다(인천지방법원 2004. 11. 17. 선고 2003가합13044 판결).

나. 사해신탁취소권행사의 범위 및 원상회복의 방법

(1) 사해신탁취소권행사의 범위

사해신탁취소권은 채권자취소권과 마찬가지로 거래의 안전에 미치는 영향이 크므로 취소의 범위를 책임재산의 보전을 위하여 필요하고도 충분한 범위 내로 한정할 필요가 있다. 보전되어야 할 채권액의 범위와 관련하여 채권자취소권은 총채권자에 대한 평등변제를 목적으로 하는 파산법상의 부인권과는 달리, 개별적 강제집행을 전제로 하여 개개의 채권에 대한 책임재산의 보전을 목적으로 하는 것이라는 이유로 다른 채권자가 배당요구를 할 것이 명백하거나 목적물이 불가분인 경우와 같이 특별한 사정이 있는 경우를 제외하고는 원칙적으로 취소채권자의 채권액을 표준으로 하여야 할 것이다.[1] 그러나 목적물이 불가분한 경우에는 자신의 채권액을 초과하여 그 전체에 대하여 취소권을 행사할 수 있다고 할 것이다. 이때 목적물의 불가분성은 반드시 물리적, 법률적인 것이 아니라 사회경제적 단일성과 거래의 실정을 고려하여 결정된다고 할 것이다.

그런데, 사해신탁취소권의 경우, 신탁의 대상이 "특정의 재산(영업이나 저작재산권의 일부를 포함한다)"이므로(신탁법 제2조), 그 취소한 뒤 원상회복되는 대상 역시 단순히 건물 등 하나의 재산권이 아니라 특정성을 갖춘 재산(재화와 자산의 총체)이라고 할 것이다. 예를 들어 신탁재산이 부동산(건물), 채권, 금전 등 여러 종류로 구성된 경우, 위탁자의 채권자의 피담보채권액이 신탁재산 총액에 미치지 못하는 경우, 취소 및 원상회복되는 신탁재산이 무엇인지 의문이 생긴다고 할 것이다. 이와 관련하여 신탁법에는 아무런 규정이 없으므로, 결국 위탁자의 채권자가 선택할 수 있다고 보아야 할 것이며, 다만 가분한 목적물의 일부로 피보전채권의 만족이 가능한 이상, 불가분한 목적물을 선택하여, 취소 및 원상회복을 청구할 수는 없다고 해석하는 것이 형평에 맞을 것으로 생각된다.[2]

1) 곽윤직, 〈민법주해 채권(2)〉, 839~840면.

2) 이러한 해석은 신탁행위의 일부취소가 가능하다는 전제에서이다. 일부취소가 가능하기 위해서는 분할가

다음, 구 신탁법 제2조는 "신탁재산"이 될 수 있는 대상을 "특정의 재산권"이라고 규정하여 적극재산 외에 소극재산도 신탁재산이 될 수 있는지에 대하여 논란이 있었는데, 현행 신탁법 제2조에서는 이를 "특정의 재산"으로 수정하여 소극재산이 포함된다는 것을 분명히 하였다. 그렇다면 현행 신탁법 제8조 제3항의 신탁재산 역시 적극재산뿐 아니라 소극재산도 포함한다고 해석하는 것이 통일성 있는 해석이라고 할 수 있다. 반면에, 취소 및 원상회복되는 대상은 위탁자의 채권자의 강제집행을 위한 것이므로, 신탁법 제2조의 신탁재산 개념과 상관없이 적극재산만 취소 및 원상회복이 가능하다고 해석해 볼 수도 있을 것이다. 이와 관련하여 현재까지 명확한 논의는 없는 것으로 보인다. 그러나 신탁이 사해성이 있는 것으로 평가받아 취소되는 마당에 소극재산의 채권자가 수탁자를 상대로 채권을 행사할 수 있다고 한다면, 사해신탁취소로 인하여 신탁재산 중 소극재산을 담보할 적극재산이 줄어들고 있는 상황에 있는 수탁자에게 가혹하다고 할 것이다. 이러한 수탁자의 가혹함을 고려한다면 소극재산도 취소 및 원상회복된다고 해석할 필요가 있다고 할 것이다. 다만, 이때 수탁자가 신탁받은 소극재산에 대하여 무한책임을 지는지 아니면 신탁재산의 범위에 한하여 책임을 지는지 여부에 따라 위와 같은 수탁자에 있어 가혹한 결과는 어느 정도 완화도 가능할 것으로 보인다. 위탁자 입장에서 보면 사해신탁의 해의가 있는 자이므로 위탁자가 사해신탁취소로 인하여 채무를 부담하게 된다고 하더라도 형평에 반하는 것이 아니며, 나아가 소극재산의 신탁설정을 병존적 채무인수로 해석하는 이상 위탁자에게 특별한 불리함은 없다고 볼 수도 있다. 소극재산의 채권자 입장에서 보면 소극재산이 취소 및 원상회복의 대상이 된다면 수탁자를 상대로 채무이행을 요구할 수 없게 되어 담보가 다소 훼손되는 것으로 보이나 신탁설정으로 인하여 위탁자의 다른 채권자들보다 혜택(병존적 채무인수)을 받은 채권자가 신탁설정에 사해성이 있다고 밝혀져 취소되어 과거 일반채권자들과 같은 지위로 돌아가는 것이어서, 이 또한 용인하지 못할 정도의 불평등이 생긴 것은 아니라고 할 것이다. 이러한 점들을 고려해 볼 때, 소극재산은 사해신탁취소 및 원상회복의 대상에 해당된다고 해석하는 것이 더 타당해 보인다. 한편 위와 같은 입장을 따른다면, 소극재산에 대하여 원상회복을 위한 별도의 조치가 필요한지 의문이 생길 수 있다. 소극재산에 대한 신탁설정에 있어서는 현실적인 재산의 급부가 수반되지 않는다고 할 것이어서 이에 대한 취소를 구하는 것으로 충분할 것으로 보인다.

또한, 신탁설정 이후, 신탁재산에 대하여 수탁자와 거래한 선의의 신탁채권자가 신탁

능성이 인정되고 분할가능한 나머지 부분만으로도 법률행위를 의욕하는 경우에 해당하여야 할 것이다. 신탁의 일부취소를 인정하지 않는다면 신탁 전체를 취소하고 신탁재산 전체를 위탁자에게 원상회복해야 된다고 해석해야 될 것이다.

채권을 가지고 있는 경우도 가정해 볼 수 있다. 이러한 신탁채무는 신탁재산과 밀접한 관련성을 가지고 있다는 점을 강조해 본다면, 신탁재산을 구성하는 소극재산에 해당된다고 보아 사해신탁취소권에 의해 취소 및 원상회복된다고 해석할 여지도 있다. 그러나 위 신탁채무는 신탁설정 이후 발생한 것으로 신탁설정 당시에 존재하지 않았던 것이므로 그 신탁설정이 취소된다고 하더라도 아무런 영향이 없다고 해석하는 것이 타당할 것으로 보인다.

오히려 위와 같이 신탁설정 이후 선의의 신탁채권자에 대한 신탁채무가 발생하거나 수탁자의 비용상환청구권이 발생하는 경우, 이는 "원물반환을 현저하게 곤란하게 하거나 불가능하게 하는 사정"으로 보아 언제나 가액배상을 해야 되고, 이때 신탁채무(소극재산)는 미리 공제되는 것으로 해석하는 것이 타당하다고 할 수 있을 것이다. 신탁설정 이후 수탁자의 비용투입이 있고 신탁재산의 가치가 증가하여 원물반환을 명하는 것이 부당한 경우 가액배상을 명하여야 된다는 견해가 있다.[1)]

위탁자의 채권자의 피보전채권액의 산정시기는 채권자취소권에서의 통설[2)]적 견해를 유추하여 '사해신탁을 설정한 때'를 기준으로 하나, 그 이후 변론종결시까지 발생한 이자 또는 지연손해금은 당연히 포함된다고 할 것이다. 다만 수탁자가 선의인 경우에는 현존하는 신탁재산의 범위 내에서만 원상회복청구권을 행사할 수 있다(신탁법 제8조 제3항). 이때, "현존하는 신탁재산"이 과연 무엇을 의미하는지 논란이 있을 수 있다. 우리 민법은 부당이득과 관련하여 '현존이익'을 재산차액설[3)]이 아닌 구체적 대상설[4)]을 채택하고 있는 이상, 현존하는 신탁재산 역시 구체적 대상설 차원에서 그 개념을 파악하는 것이 타당하다고 할 것이다. 즉, 반환의무의 내용은 1차적으로 수탁자가 구체적으로 취득한 대상 그 자체라고 할 것이다. 선의의 수탁자는 신탁설정 이후 그 대상을 관리, 처분, 운용, 개발, 그 밖에 신탁 목적의 달성을 위하여 필요한 행위를 한 후 그 대상의 객관적 가치를 전액 반환하여야 한다고 하면 가혹한 경우가 있다. 따라서 선의의 수탁자에 대하여는 그 취득한 대상이 그대로 현존하거나 또는 변화 내지 변질된 모습으로 현존하는 경우에만 이를 반환하도록 하는 것이 공평에 부합한다고 할 것이다.

---

1) 이중기, 〈신탁법〉, 80면.
2) 곽윤직, 〈민법주해 채권(2)〉, 840면.
3) 부당이득에 있어서 재산차액설은 선의의 수익자가 반환할 내용으로서의 이득을 결정함에 있어서 수익사실과 인과관계가 있는 수익자의 모든 불이익(손해)을 그 이득으로부터 공제하여야 하며 그 공제 후 남는 이득이 현존이익이라고 한다(곽윤직, 〈민법주해 채권(10)〉, 535면).
4) 구체적 대상설은 부당이득에 있어 '이득'이란 부당이득 여부가 문제되는 과정에서 수익자가 구체적으로 취득한 대상을 말한다고 보는 입장이다. 즉 구체적 대상설에 있어서 부당이득반환의무의 내용은 1차적으로 수익자가 구체적으로 취득한 대상 그 자체이지만 선의수익자는 그 취득이 유효하고 확정적인 것이라고 믿고 취득한 대상을 자기 것처럼 처분 또는 소비하기 쉬우므로 나중에 그 대상의 객관적 가치를 모두 반환하여야 한다는 것은 가혹한 경우가 많다. 그래서 선의수익자에 대하여는 그 취득한 대상이 그대로 현존하거나 또는 변화 내지 변질된 모습으로 현존하는 경우에만 이를 반환하는 것이 공평에 맞다고 보는 입장이다(곽윤직, 〈민법주해 채권(10)〉, 535면).

만일 위탁자가 여러 명이 있고 그들이 공동으로 신탁을 설정하는 경우, 위탁자들 중 한 명의 신탁설정행위에 사해신탁으로서 취소의 원인이 있는 경우 어떻게 처리할지가 문제될 수 있다. 이와 관련하여, 취소원인이 있는 위탁자가 공동설정자에서 제거됨에 그치고 신탁의 설정 자체를 취소할 수 없다는 견해[1]가 있다. 이러한 신탁설정행위는 사단법인 설립과 같은 단체법상의 행위에 해당한다는 것을 그 근거로 삼고 있는 것으로 보인다.[2]

(2) 원상회복의 방법

(가) 원물반환(원칙)

채권자취소권과 마찬가지로 사해신탁의 취소에 따른 원상회복은 원칙적으로 그 목적물 자체의 반환에 의하여야 하고, 그것이 불가능하거나 현저히 곤란한 경우에 한하여 예외적으로 가액반환에 의하여야 할 것이다.

(나) 가액배상

원물반환이 불가능하거나 현저히 곤란한 경우에는 가액반환에 의하는바, 이러한 경우는 ① 목적물이 멸실되거나 금전과 같이 일반재산에 혼입되어 특정성을 상실하는 경우와 같이 사실상 불가능한 경우, ② 저당권부 부동산의 양도 후 저당권의 소멸로 인하여 공평의 관념에서 원상회복이 불가능한 경우 등을 포함한다. 앞에서도 본 바와 같이 신탁을 설정한 이후에 수탁자의 자금투입으로 신탁재산의 가치가 증가한 경우에는 수탁자에게 신탁재산을 그대로 반환하는 것이 부당하고 원래의 가치만큼 가액배상하도록 하여야 한다는 견해[3]와 이와 유사한 하급심 판례[4]도 있다.

특히, 사해신탁 규정은 본래 관리, 처분형 신탁을 전제로 한 것이므로, 이와 다른 토지신탁 중 자익신탁에 있어서는 원상회복의 방법을 달리 보아야 한다는 견해가 있다. 즉, 토지신탁 중 자익신탁의 경우 사해신탁이 성립된다고 단정할 수 없고, 더욱이 신탁재산

1) 이중기, 〈신탁법〉, 77면.
2) 이중기, 〈신탁법〉, 88면.
3) 이중기, 〈신탁법〉, 80면.
4) 판례는 『사해행위의 취소는 거래의 안전에 미치는 영향이 크므로 취소의 범위는 책임재산의 보전을 위한 범위 내로 한정되어야 하는바, 이 사건의 경우 신탁계약체결 당시의 목적 부동산이 대지 및 건축중인 건물이었고 그후 수익자인 피고가 자본을 투하하여 건축공사를 완료함으로써 이 사건 건물은 당초 신탁계약체결 당시와 비교하여 볼 때 그 가치가 크게 증가되었을 뿐 아니라 이 사건 대지의 소유권도 집합건물에 대한 대지권으로 바뀌었고 그 중 상당 부분이 분양되어 선의의 전득자가 생겼으므로 위 목적 부동산 전부를 원래의 상태로 회복시키는 것이 적절하지 아니하므로 위 목적 부동산 자체의 반환에 갈음하여 원고들의 피보전채권액을 한도로 하여 사해행위를 취소하고 그 취소부분에 상당하는 가액배상만을 허용할 수밖에 없다』라고 판시하였으며(부산고등법원 2001. 7. 31. 선고 99나11557 판결), 위 하급심의 상고심은 앞서 본 대법원 2003. 12. 12. 선고 2001다57884 판결이다(대법원은 아예 사해행위가 아니라고 판시하였다).

을 중심으로 하는 수많은 이해관계인들을 생각한다면 제한적으로 해석할 현실적인 필요성이 많다고 할 것이며, 사해신탁이 인정되는 경우에도 그 취소의 범위는 신탁재산 자체의 반환보다는 가액배상을 명하는 것이 타당하다는 입장이다.[1)]

가액배상은 ① 채권자의 피보전채권액, ② 사해신탁의 신탁재산인 목적물의 공동담보가액, ③ 수탁자·수익자가 취득한 이익 중 가장 적은 금액을 한도로 이루어지며, 위 가액은 사실심 변론종결시를 기준으로 산정된다.[2)3)]

---

1) 송현진 · 유동규, 〈조해 신탁법〉, 191~192면(토지신탁의 경우 그 토지의 소유권을 말소한다면 지상 건축물의 처리, 수분양자 등의 다양한 사회적 문제를 야기하게 된다. 또한 무엇보다도 토지신탁의 경우 소유권이전이 되지만 현금화하는 것은 아니며, 신탁원부에는 위탁자, 수탁자, 수익자 등과 신탁의 목적, 신탁재산의 관리방법, 신탁종료의 사유, 기타 신탁의 조항을 기재하도록 되어 있으므로 결국 신탁에 관한 사항이 모두 공시된다. 실무상 위탁자는 수익자로서 신탁사업의 수행으로 인하여 발생하는 수익을 받을 권리가 있게 되며, 수탁자가 그에 따른 수익권증서를 발행한다. 따라서 현실적으로 위탁자는 수익권을 자신의 채권자에게 질권을 설정하여 이를 채무의 담보로 활용하고 있으며 위탁자의 채권자들은 신탁으로 인해 당해 부동산을 강제집행할 수 없다고 하더라도 위 수익권에 대하여 채권가압류, 압류 등 강제집행을 하고 있다고 한다).

2) 대법원 2001. 12. 27. 선고 2001다33734 판결.

3) 구 신탁법의 해석과 관련된 하급심 판결에서, 신탁법 규정 및 채권자취소권의 상대적 무효설 등에 기초하여 수탁자는 악의, 중과실이 아닌 수익자가 받은 이익을 공제한 범위 내에서만 원상회복의무를 부담한다는 취지로 판시한 바도 있다. 즉, 판례는『현행 신탁법(여기서 '현행 신탁법'은 '구 신탁법'을 의미함 — 필자 추가) 제8조 제2항은 사해신탁의 취소와 원상회복은 악의나 중과실 등이 아닌 수익자가 이미 받은 이익에 영향을 미치지 아니한다는 취지로 규정하고 있을 뿐만 아니라, 사해행위의 취소는 취소소송의 당사자 사이에서 상대적으로 취소의 효력이 있는 것으로 당사자 이외의 제3자는 다른 특별한 사정이 없는 이상 취소로 인하여 그 법률관계에 영향을 받지 않는다 할 것이고(대법원 2004. 8. 30. 선고 2004다21923 판결; 대법원 2005. 11. 10. 선고 2004다49532 판결 등 참조), 채권자가 사해행위의 취소와 함께 수익자 또는 전득자로부터 책임재산의 회복을 명하는 사해행위취소의 판결을 받은 경우 그 취소의 효과는 채권자와 수익자 또는 전득자 사이에만 미치므로, 수익자 또는 전득자가 채권자에 대하여 사해행위의 취소로 인한 원상회복 의무를 부담하게 될 뿐, 채무자와 사이에서 그 취소로 인한 법률관계가 형성되거나 취소의 효력이 소급하여 채무자의 책임재산으로 회복되는 것은 아니다(대법원 2001. 5. 29. 선고 99다9011 판결 등 참조). 이러한 법리에 비추어 보건대, 피고(여기서 '피고'는 신탁계약에서 '수탁자 지위'를 가지고 있음 — 필자 추가)가 위 신탁계약 체결 이후 이 사건 부동산을 매각하여 그 매각대금 중 일부를 참가인(여기서 '참가인'은 신탁계약에서 '위탁자 및 수익자 지위'를 가지고 있음 — 필자 추가)의 채권자인 우선수익자에게 대출 원리금의 변제 목적으로 지급한 사실은 앞서 본 바와 같고, 이러한 피고의 변제로 인하여 변제와 동액 범위 내에서 참가인에 대한 채무가 감소하게 되어 피고로서는 그 변제한 액수의 범위 내에서 이미 참가인에게 반환의무를 이행한 것과 다름없다 할 것이므로, 피고의 우선수익자에 대한 위와 같은 채무 변제행위가 실효되어 피고가 이를 반환받았다는 점에 대한 아무런 주장 · 입증도 없는 이상, 위와 같은 변제는 피고와 우선수익자 사이의 준법률행위로서 유효하다 할 것이고 그와 같은 변제의 효력이 참가인과 피고 사이에 체결된 이 사건 신탁계약의 취소로 소급적으로 소멸된다고 볼 수는 없다. 따라서 피고의 원고(여기서 '원고'는 신탁계약에서 '위탁자의 채권자 지위'를 가지고 있음 — 필자 추가)에 대한 가액배상 및 사해행위 취소의 범위를 산정함에 있어 우선수익자가 위와 같은 변제로 받은 이익 역시 위 부동산의 가액에서 공제하여야 할 것인바, 결국 위 부동산의 변론종결시 가액에서 앞서 본 피담보채권액 등뿐만 아니라 우선수익자가 실제 변제받은 위 금액을 공제한 잔액 및 취소채권자인 원고의 채권액의 한도에서 이 사건 신탁계약을 취소하고, 피고는 그 가액을 배상하여야 한다』라고 판시한 바 있다(서울중앙지방법원 2012. 3. 22. 선고 2010가합88922 판결).

4. 사해신탁취소권행사의 효과

사해신탁취소권행사의 효과는 사해신탁취소권의 본질을 무엇으로 보는가에 따라 다를 수 있다. 민법상 채권자취소권에서도 마찬가지 논의가 있는데, 통설과 판례가 상대적 무효설을 취하여 채권자취소권에서 취소는 절대적인 취소가 아니라 악의의 수익자 또는 전득자에 대한 관계에서만 상대적으로 취소하는 것이고, 그 취소의 효과는 채무자에게 미치지 아니하므로 채무자와 수익자 사이의 법률관계에도 아무런 영향이 없는 것으로 보고 있다.[1]

그런데 사해신탁취소권의 본질을 민법상 채권자취소권에서와 달리 볼 여지가 없다고 본다면, 사해신탁에 대한 취소는 수탁자 또는 악의의 수익자 사이에서만 상대적으로 신탁행위를 취소하는 것이고, 그 효과는 위탁자에게 미치지 아니한다고 할 것이다. 따라서 위탁자의 채권자의 사해신탁의 취소 및 원상회복청구에 의하여 위탁자에게로 회복된 재산은 위탁자의 채권자 및 다른 채권자에 대한 관계에서 위탁자의 책임재산으로 취급될 뿐 위탁자가 직접 그 재산에 대하여 어떤 권리를 취득하는 것은 아니라고 할 것이다.[2]

사해신탁의 취소 및 원상회복은 모든 위탁자의 채권자를 위하여 효력이 있다(민법 제407조). 따라서 위탁자의 채권자(취소권을 행사한 채권자)는 위탁자의 책임재산으로 회복된 재산으로부터 우선변제를 받을 수 없고, 위탁자에 대한 채무명의에 기하여 그 재산에 강제집행을 하여 변제를 받아야 함이 원칙이고, 다른 채권자들(취소권을 행사하지 아니한 위탁자의 채권자)은 그 강제집행절차에게 배당요구 등을 통하여 위탁자의 채권자(취소권을 행사한 채권자)와의 평등분배를 받게 된다.

5. 선의의 신탁채권자 보호

사해신탁의 수탁자와 거래한 신탁채권자는 사해신탁이 취소되어 신탁재산이 원상회복되면 예측할 수 없는 손해를 입을 수 있으므로, 현행 신탁법에서는 선의인 신탁채권자를 보호하기 위하여 위탁자로 하여금 신탁채권에 대한 이행책임을 인정하는 취지의 규정을 신설하였다(신탁법 제8조 제4항).[3] 일부만 취소되어 반환되는 경우에도 위탁자로 하여금 신탁채무 전부에 대하여 이행책임을 인정하면 신탁채권자에게 사해신탁 취소 전보다 취소 후에 더 많은 책임재산을 인정해주는 것이 되어 부당하며, 위탁자 소유의 재산 전체가 신탁채권

---

1) 곽윤직, 〈민법주해 채권(2)〉, 846면.
2) 상대적 무효설의 결론이지만, 신탁법 제8조 제4항과는 조화되지 않는 면이 있다. 신탁법 제8조 제4항은 위탁자에 대하여 원상회복된 신탁재산의 한도에서 이행책임을 부담시키고 있는바, 이는 신탁재산이 위탁자에게 귀속함을 전제로 한 것으로 볼 수 있다. 이 부분은 추후 논의가 필요할 것으로 생각된다.
3) 법무부, 〈신탁법 해설〉, 90면.

자를 위한 배타적인 책임재산이 되는 것이 아니므로 위탁자의 채권자와 함께 해당 재산으로부터 변제받을 수 있도록 하기 위하여 신탁법에서는 위탁자의 이행책임의 범위를 "원상회복된 신탁재산의 한도 내"로 제한한 것이라고 한다.[1]

그런데 여기서 "책임", "이행책임"이 과연 무엇을 의미하는지 불명확하다. 위탁자가 신탁채무에 대하여 채무를 부담하게 된다는 의미(즉, 새롭게 수탁자와 함께 채무자가 된다는 취지)로 볼 수도 있고, 아니면, 단순히 물상보증인이나 저당부동산의 제3취득자처럼 책임만 부담하고 채무를 부담하는 것이 아니며 신탁채무는 수탁자만 부담한다는 의미로 볼 수도 있겠다. 추후 논의가 필요하겠지만 본조는 "원상회복된 신탁재산의 한도 내"라고 규정하고 있어, 마치 물상보증인이나 저당부동산의 제3취득자가 제공한 재산의 한도 내에서 책임을 지는 것과 비슷하므로, 후자의 견해가 더 타당해 보인다.

또한 본조는 '신탁이 취소되어 신탁재산이 원상회복된 경우' 위탁자가 책임을 부담한다고 규정하고 있어, 책임의 발생시점이 신탁취소시인지, 원상회복시인지 논란이 있을 수 있다. 이와 같은 경우에는 '신탁취소시'보다 늦게 도래하는 '신탁재산의 원상회복시'에 위탁자의 책임이 발생하는 것으로 보는 것이 합리적인 해석이라고 생각된다.[2]

이때, 선의의 신탁채권자의 권리행사 방법에 대하여 사해신탁취소권에 준하는 것으로 보아 소송으로만 청구할 수 있는 것으로 보는 견해[3]와 소송상, 소송 외의 방법으로 모두 가능하다는 견해[4]가 있을 수 있다.

나아가, 선의의 수탁자가 신탁사무 처리에 관하여 자신의 고유재산에서 필요한 비용을 투입한 후 사해신탁취소권이 행사되는 경우, 선의의 수탁자의 이러한 비용상환청구권을 어떠한 방법으로 보호할지도 문제될 수 있겠다. 사해신탁에 있어 선의인 수탁자가 신탁사무를 처리하면서 들인 비용을 사해신탁취소권 행사로 인하여 보전받지 못한다면 수탁자에게 가혹하다고 할 것이기 때문이다. 이 경우 가액배상만 인정된다고 보고 반환 전 신탁재산에서 미리 공제된다고 해석할 수도 있겠지만 만일 원물반환이 인정된다고 하면 수탁자의 이러한 채권을 어떻게 보호할지 의문이 있다. 위 신탁법 제8조 제4항을 이 경우 유추적용하는 방안도 고려해 볼 수 있으나, '제3자'라는 법규정에 수탁자가 포함된다고 해석하기 어려워 문제가 있다. 이 점에 대해서는 앞으로 많은 논의가 필요할 것으로 생각된다.

만일 위탁자에게 원상회복된 신탁재산에 대하여 위 선의의 신탁채권자뿐만 아니라 위탁자의 다른 채권자도 권리를 행사함으로 인하여 선의의 신탁채권자가 변제받을 수 있

1) 법무부, 〈신탁법 해설〉, 90~91면.
2) 김태진, 〈사해신탁취소권에 관한 개정 신탁법의 해석과 재구성〉, 208면.
3) 법무부, 〈신탁법 해설〉, 91면.
4) 오창석, 〈개정신탁법상 사해신탁제도에 관한 소고〉, 19면.

는 몫을 위탁자의 다른 채권자들이 변제받은 경우, 선의의 신탁채권자는 원상회복된 신탁재산의 한도 내에서 위탁자의 다른 재산으로부터 부족분 채권액을 변제받을 수 있는지 문제될 수 있다. 이 점과 관련하여 신탁재산의 가액 한도 내에서는 다른 재산으로부터 위 부족분 채권액을 변제받을 수 있다고 보는 긍정설과 선의의 신탁채권자는 위탁자의 다른 재산으로부터 위 부족분 채권액을 변제받을 수 없다고 보는 부정설로 견해가 나뉠 수 있다고 한다.[1] 일본의 경우 원상회복된 신탁재산에 대하여는 선의의 신탁채권자와 위탁자의 다른 채권자들이 채권금액 비율로 안분 변제받을 수 있고, 선의의 신탁채권자는 위탁자의 다른 재산에 대하여는 권리를 행사할 수 없다고 보는 것이 현재까지 지배적 견해라고 한다. 그러나 이러한 일본에서 취하는 '부정설'은 선의인 신탁채권자 보호에 너무나 미흡하므로 타당하지 못하다는 견해[2]가 있다.

6. 악의의 수익자에 대한 수익권양도청구권

위탁자의 채권자는 사해신탁의 경우 악의의 수익자에 대하여 취득한 수익권을 위탁자에게 양도할 것을 청구할 수 있다(신탁법 제8조 제5항). 이러한 양도청구권은 상법 제17조 제2항 영업주의 상업사용인에 대한 개입권 관련 규정 등(상법 제89조, 제198조, 제269조, 제397조, 제567조)에서 인정되는 양도청구권의 예를 따른 것으로 보인다.

악의의 수익자를 상대로 신탁법 제8조 제1항, 제2항에 의해 신탁설정의 취소 및 원상회복을 청구할 수 있다. 이때 원상회복되는 것을 수익자가 이미 받은 수익(과거 기발생된 수익)에 대해서만 취소 및 원상회복을 구할 수 있다고 해석하는 경우,[3] 신탁법 제8조 제5항의 수익권양도청구권은 악의의 수익자가 장래에 받을 이익에 관하여 그 수익권을 위탁자에게 양도하도록 하는 데에 그 의의가 있다고 할 것이다. 하지만 사해신탁취소권에서 원상회복되는 대상을 위 견해처럼 이미 받은 수익으로 한정해서 해석하는 것이 타당한지 의문스럽다. 위 조항의 입법취지에 대해서는 좀 더 진전된 논의가 필요할 것으로 생각된다.

한편 수익권양도청구권을 행사하기 위해 반드시 사해신탁을 취소하는 것이 전제되어야 하는지 논란이 있을 수 있는데, 이와 관련하여 수익권양도청구권은 현행 신탁법이 인정한 특별한 청구권이므로 수익권양도청구권만 단독으로 행사할 수 있다는 견해[4]가 있다. 다만 사해신탁취소권을 먼저 행사하는 경우, 신탁계약이 취소되므로 수익권 자체

1) 한민, 〈사해신탁의 취소와 부인 — 채무자회생법 개정안에 관한 주요 논점을 중심으로 —〉, 14, 15면.
2) 한민, 〈사해신탁의 취소와 부인 — 채무자회생법 개정안에 관한 주요 논점을 중심으로 —〉, 15면.
3) 한민, 〈사해신탁의 취소와 부인 — 채무자회생법 개정안에 관한 주요 논점을 중심으로 —〉, 10면.
4) 김태진, 〈사해신탁취소권에 관한 개정 신탁법의 해석과 재구성〉, 204면.

도 소멸한다고 보아 이 경우에는 수익권양도청구권을 행사할 수 없다고 해석하는 것이 타당할 것으로 생각된다.

또한 위 조항은 일본 신신탁법 제11조 제5항과 유사한 조항으로 보인다. 수익권이 신탁설정에 의해 처분된 재산의 가치가 화체된 것이라고 하는 점에 비추어 볼 때, 수익권의 양도청구는 실질적으로는 채권자취소권(민법 제408조)과 동일한 기능을 갖는 것으로 보인다.[1] 따라서 위 수익권양도청구권을 행사하기 위해서는 채권자취소권의 성립요건을 모두 구비해야 될 것이다. 즉 피보전채권이 금전채권이고, 사해행위 이전에 성립한 것이며, 위탁자가 무자력상태에서 사해의 의사를 가지고 재산권을 목적으로 하는 법률행위를 하여야 한다. 이러한 요건이 충족되었을 때 수익권양도청구권을 행사할 수 있으며 채권의 금액이 악의의 수익자가 갖는 한 개의 수익권의 가액에 미치지 못하는 경우에도 채권자는 당해 한 개의 수익권을 위탁자에게 양도할 것을 청구할 수 있다고 할 것이다. 만약 악의의 수익자가 수익권을 다른 선의의 수익자에게 양도한 경우에는 채권자는 당해 악의의 수익자에 대해 가액배상을 청구할 수 있다고 하겠다. 또한 본조문은 민법 제406조 제2항을 준용하므로, 위탁자의 채권자의 양도청구권은 제척기간의 제한을 받는다.

7. 사해신탁의 억제를 위한 손해배상책임

사해신탁의 설정을 억제하기 위하여, 위탁자와 사해신탁의 설정을 공모, 교사 또는 방조한 수익자 또는 수탁자는 위탁자의 채권자에 대하여 위탁자와 연대하여 손해를 배상할 책임을 부담한다(신탁법 제8조 제6항). 손해배상의 책임범위는 위탁자의 채권자가 사해신탁설정으로 입은 손해 중 신탁법 제8조 제1항에 따라 신탁재산을 원상회복하여 집행하여 받은 이익을 제외한 부분으로 해석된다.[2] 그런데 과연 사해신탁설정으로 인한 손해 중 신탁법 제8조 제1항으로 보전받지 못한 부분이 있을지 의문이다. 오히려 위 조항은 수익자 또는 수탁자가 위탁자와 연대하여 손해배상책임을 지도록 하여 위탁자의 채권자를 두텁게 보호해 주는 데 그 의의가 있다고 볼 수도 있겠다.

8. 사해신탁취소권과 다른 유사 제도와 비교

가. 수익자의 취소권과의 관계

신탁법 제75조 제1항에서는 “수탁자가 신탁의 목적을 위반하여 신탁재산에 관한 법

1) 최수정, 〈일본 신신탁법〉, 27면.
2) 법무부, 〈신탁법 해설〉, 91면.

률행위를 한 경우 수익자는 상대방이나 전득자가 그 법률행위 당시 수탁자의 신탁목적의 위반 사실을 알았거나 중대한 과실로 알지 못하였을 때에만 그 법률행위를 취소할 수 있다"라고 규정하고 있다. 위 수익자의 취소권은 수탁자가 신탁의 목적에 위반하여 처분한 때 수익자는 상대방 또는 전득자에 대하여 그 처분을 취소할 수 있는 제도라고 할 것이다. 이러한 수익자의 취소권 역시 타인의 행위를 취소할 수 있는 제도라는 점에서 사해신탁취소권과 공통점이 있다. 하지만 수익자의 취소권은 반드시 소로써 청구할 필요가 없다는 점, 수익자가 취소권을 행사하면 수탁자와 상대방 간의 법률행위가 소급하여 무효로 되고 수탁자는 상대방에 대하여 목적물반환을 청구해야 할 직무를 담당하게 된다는 점(만일 수탁자가 이를 게을리 할 경우에는 수익자가 채권자대위권을 행사하여 반환을 청구할 수 있다고 할 것이다) 등에 차이가 있다.[1]

나. 신탁선언의 목적의 제한과의 관계

신탁법 제3조 제1항 제3호는 신탁의 목적, 신탁재산, 수익자 등을 특정하고 자신을 수탁자로 정한 위탁자의 선언으로 신탁을 설정할 수 있도록 규정하여 신탁의 선언제도를 도입하였다. 한편 신탁법 제3조 제3항에서 신탁선언에 의한 신탁에서 집행면탈 또는 탈세 등의 부정한 목적으로 신탁을 설정한 경우, 신탁재산과 관련된 이해관계인이 법원에 신탁의 종료를 청구할 수 있도록 규정하였다. 신탁제도를 집행면탈 등 부정한 목적으로 이용했다는 점에 있어서 신탁법 제3조 제3항은 사해신탁취소권과 유사점이 있다고 할 것이지만 취소가 아니라 신탁이 종료된다는 점에 있어 사해신탁취소권과는 구별된다고 할 것이다.

다. 도산절차에서의 신탁행위의 부인과의 관계

신탁법상의 사해신탁취소권과 채무자회생법상 신탁행위의 부인은 채무자가 채권자를 해하는 내용이나 방법으로 신탁을 설정한 경우, 신탁행위를 취소 또는 부인하고 일탈된 재산을 원상회복시킨다는 점에서 공통점이 있다.[2] 그러나 사해신탁취소권은 채무초과 상태에서 책임재산을 감소시킴으로써 채권자를 해하는 사해행위를 규율하는 반면에 채무자회생법에서 신탁행위의 부인은 사해행위, 편파행위, 무상행위 등에 해당하는 행위를 규율하고 있다는 점에 차이가 있다고 할 것이다. 한편 민법상의 사해행위취소 소송이나 사해신탁취소소송이 회생절차 또는 파산절차 개시 전에 제기되어 계속되고 있는 경우, 회생절차나 파산절차개시에 의해 위 소송절차는 모두 중단되고(채무자회생법 제113조 제1항) 관리인이

---

1) 오창석, 〈개정신탁법상 사해신탁제도에 관한 소고〉, 23면.
2) 한민, 〈사해신탁의 취소와 부인 — 채무자회생법 개정안에 관한 주요 논점을 중심으로 —〉, 6면.

나 파산관재인 또는 상대방은 그 소송절차를 수계할 수 있다(동조 제2항). 소송을 수계한 관리인이나 파산관재인은 청구취지를 선택에 따라 사해신탁취소에서 부인권으로 변경할 수도 있을 것으로 보인다. 따라서 회생절차 또는 파산절차 개시 이후에는 채권자는 사해행위취소 소송이나 사해신탁취소 소송을 제기할 수 없고 관리인 또는 파산관재인의 부인권 행사에 의존해야 한다. 즉, 위탁자에 대하여 도산절차가 개시되는 경우, 신탁행위의 부인은 사해신탁취소권 제도를 대체, 보완하는 기능을 한다는 점에 있어서 두 제도는 서로 밀접한 연관성을 갖는다고 할 것이다.[1)]

신탁법이 개정됨에 따라 채무자회생법(2013. 5. 28. 법률 제11828호로 개정된 것) 역시 신탁행위의 부인에 관한 특칙 규정(채무자회생법 제113조의2, 제406조의2)을 신설하였다.[2)]

1) 한민, 〈사해신탁의 취소와 부인 — 채무자회생법 개정안에 관한 주요 논점을 중심으로 —〉, 7면.

2) 채무자회생법 제113조의2(신탁행위의 부인에 관한 특칙)

① 채무자가 「신탁법」에 따라 위탁자로서 한 신탁행위를 부인할 때에는 수탁자, 수익자 또는 그 전득자를 상대방으로 한다.

② 신탁행위가 제100조 제1항 제1호, 제2호 또는 제3호의 행위에 해당하여 수탁자를 상대방으로 하여 신탁행위를 부인할 때에는 같은 조 제1항 제1호 단서, 제2호 단서 또는 제3호 단서를 적용하지 아니한다.

③ 신탁행위가 제100조 제1항 제1호 또는 제2호의 행위에 해당하여 수익자를 상대방으로 하여 신탁행위를 부인하는 경우 같은 조 제1항 제1호 단서 또는 제2호 단서를 적용할 때에는 "이로 인하여 이익을 받은 자"를 부인의 상대방인 수익자로 본다.

④ 관리인은 수익자(수익권의 전득자가 있는 경우에는 그 전득자를 말한다) 전부에 대하여 부인의 원인이 있을 때에만 수탁자에게 신탁재산의 원상회복을 청구할 수 있다. 이 경우 부인의 원인이 있음을 알지 못한 수탁자에게는 현존하는 신탁재산의 범위에서 원상회복을 청구할 수 있다.

⑤ 관리인은 수익권 취득 당시 부인의 원인이 있음을 알고 있는 수익자(전득자가 있는 경우 전득자를 포함한다)에게 그가 취득한 수익권을 채무자의 재산으로 반환할 것을 청구할 수 있다.

⑥ 채무자가 위탁자로서 한 신탁행위가 부인되어 신탁재산이 원상회복된 경우 그 신탁과 관련하여 수탁자와 거래한 선의의 제3자는 그로 인하여 생긴 채권을 원상회복된 신탁재산의 한도에서 공익채권자로서 행사할 수 있다.

제406조의2(신탁행위의 부인에 관한 특칙)

위탁자인 채무자에 대하여 파산이 선고된 경우 해당 채무자가 「신탁법」에 따라 한 신탁행위의 부인에 관하여는 제113조의2를 준용한다. 이 경우 "제100조 제1항"은 "제391조"로, "채무자의 재산"은 "파산재단"으로, "공익채권자"는 "재단채권자"로 각각 본다.

제 2 장 신탁관계인

제9조 (위탁자의 권리)

① 신탁행위로 위탁자의 전부 또는 일부가 이 법에 따른 위탁자의 권리의 전부 또는 일부를 갖지 아니한다는 뜻을 정할 수 있다.

② 제1항에도 불구하고 목적 신탁의 경우에는 신탁행위로 이 법에 따른 위탁자의 권리를 제한할 수 없다.

1. 서 설

가. 위탁자의 의의

위탁자란 신탁재산의 소유자로서 신탁을 설정하고 수탁자에게 특정한 목적에 따라 재산의 관리 또는 처분을 하도록 재산권을 이전 기타 처분하는 자를 말한다. 즉, 위탁자는 신탁계약, 유언신탁, 신탁선언 등 신탁행위의 당사자로서(신탁행위 당사자로서의 지위), 스스로 재산을 신탁재산으로서 출연함과 아울러(신탁재산 출연자로서의 지위), 신탁행위를 통하여 당해 신탁의 목적 설정을 하게 된다(신탁목적 설정자로서의 지위).[1)]

위탁자는 신탁의 설정단계에서는 신탁목적 기타 신탁의 운영방침을 확정하고 신탁행위의 당사자로서 주도적인 역할을 담당하나, 신탁이 설정된 후에는 신탁재산을 독자적으로 관리하는 수탁자가 존재하게 되고 신탁재산의 실질적 향유자인 수익자가 생기기 때문에, 위탁자는 신탁의 운영 혹은 수익에 관여할 수 없고, 신탁행위에서 자신을 수탁자나 수익자로 정하지 않는 한 신탁 관계의 주된 당사자는 아니다.[2)]

그러나 위탁자는 신탁재산의 출연자로서 신탁 목적 달성에 이해관계를 갖고 있는 자이므로 신탁법은 위탁자에게 신탁에 대한 감독권으로서 여러 가지 권리를 인정하고 있다. 또한 위탁자는 신탁행위 당사자로서의 지위에서 신탁행위의 무효를 주장하거나 신탁

1) 최동식, 〈신탁법〉, 159면.

2) 대법원 2007. 5. 31. 선고 2007다13312 판결(신탁계약상 수익자는 신탁이익을 향수할 권리를 포함하여 신탁법상의 여러 가지 권리, 의무를 갖게 되므로, 이러한 지위에 있게 되는 수익자를 정하는 것은 위탁자와 수탁자 간의 신탁계약 내용의 중요한 요소에 해당하는 것이어서, 수익자의 변경에는 계약 당사자인 위탁자와 수탁자의 합의가 있어야 하고, 미리 신탁계약에서 위탁자에게 일방적인 변경권을 부여하는 취지의 특약을 하지 않은 한 수탁자의 동의 없이 위탁자가 일방적으로 수익자를 변경할 수는 없다).

행위를 취소할 수 있으며, 신탁재산의 출연자로서의 지위에 기하여 일정한 경우 신탁재산의 귀속권리자가 될 수 있다(상세는 본조 2. 위탁자의 권리의 내용 부분 참조).

나. 위탁 능력

신탁법상 위탁자 자격에 대한 특별한 제한은 없으므로, 민법의 일반규정에 따른다.

자연인의 경우 누구나 위탁자가 될 수 있으나, 법률행위인 신탁설정에 필요한 행위능력은 있어야 하므로, 미성년자, 피성년후견인, 피한정후견인[1] 등 행위능력이 제한된 경우에는 법정대리인이 대리하거나 그의 동의를 얻어 신탁을 설정할 수 있다(민법 제5조, 제10조, 제13조). 유언신탁의 경우에는 유언 당시에 유언능력이 있으면 족하다(동법 제1061조).[2]

위탁자가 법인인 경우에는 정관에 의하여 정해진 목적의 범위 내에서만 신탁행위를 할 수 있다. 또한 그 원인관계에 대하여도 법인의 목적에 따른 제한을 받는 경우가 있는데, 예컨대, 영업 양도 등을 위한 타익신탁의 경우 상법에 따라 주주총회의 특별결의가 필요할 수 있다.[3]

다. 위탁자의 권리에 관한 입법례

일본 신신탁법에서는 신탁행위에서 위탁자의 신탁법상 권리의 전부 또는 일부를 제한할 수 있고(일본 신신탁법 제145조 제1항), 반면 수익자가 가진 신탁법상의 일정한 권한을 위탁자에게도 유보할 수 있음을 규정함으로써(동법 제145조 제2항 내지 제5항), 신탁행위에 의하여 신탁법과 달리 위탁자의 권리의 범위를 조정(제한 또는 확대)할 수 있음을 명시하고 있다.[4]

라. 위탁자의 권리 제한에 관한 규정의 신설

구 신탁법에서는 명문의 규정은 없었으나 해석상 위탁자의 권리는 제한이 가능한 것으로 해석되고 있었다. 현행 신탁법에서는 제9조를 신설하여 위탁자의 권리에 대한 제한이 가능함을 명시하여 신탁제도의 유연성을 확보하는 한편, 목적신탁의 적절한 감독을 강화하였다.[5]

한편 현행 신탁법에서도 신탁법상 위탁자의 권리로 명시되지 않은 권리를 위탁자에게 유보할 수 있는지에 관하여는 일본 신신탁법과 달리 명문의 규정을 두고 있지 않으

---

1) 개정 민법(2011. 3. 7. 법률 제10429호로 개정되어 2013. 7. 1.부터 시행된 것)은 종래의 금치산·한정치산제도를 폐지하고, 성년후견제도를 도입하였다. 성년후견제도의 후견은 크게 법정후견으로서 '성년후견', '한정후견', '특정후견'이 있고, 임의후견으로서 후견계약에 의한 후견이 인정된다.

2) 만 17세에 달한 자는 유언능력이 있고(민법 제1061조), 피성년후견인도 그 능력이 회복된 때에는 유언을 할 수 있으므로(민법 제1063조), 제한능력자라도 유언에 의한 신탁의 설정을 할 수 있다.

3) 법률연구회, 〈신 부동산 신탁법 실무〉, 56면; 이재욱·이상호, 〈신탁법 해설〉, 122면.

4) 최수정, 〈일본 신신탁법〉, 160면.

5) 송현진·유동규, 〈조해 신탁법〉, 195면.

나, 후술하는 바와 같이 이는 해석상 허용되는 것으로 본다.

2. 위탁자의 권리의 내용

가. 위탁자의 지위에 따른 권리

(1) 신탁행위 당사자로서의 지위

위탁자는 계약신탁에서는 신탁계약의 일방당사자이고, 유언신탁 또는 신탁선언에서는 단독행위인 유언의 작성자 또는 선언자로서,[1] 신탁설정을 위한 법률행위를 하는 당사자이다.[2] 위탁자는 신탁행위의 당사자로서 신탁행위의 무효를 주장하거나 신탁행위를 취소할 수 있다.

(2) 신탁재산 출연자로서의 지위

신탁의 설정에 있어서는 위탁자의 특정의 재산(신탁재산)의 이전 기타의 처분이 필요하다. 위탁자는 신탁재산의 출연자로서 아래와 같은 경우 신탁 종료시 신탁재산은 위탁자에게 귀속된다.

① 수익자와 잔여재산의 귀속권리자로 지정된 자가 잔여재산에 대한 권리를 포기한 경우(신탁법 제101조 제2항)

② 신탁선언에 의한 신탁 설정이 위탁자의 집행면탈 기타 부정한 목적으로 설정되었음을 이유로 법원에 의하여 종료된 경우(동법 제101조 제3항)

(3) 신탁목적 설정자로서의 지위

위탁자는 신탁설정자로서 수탁자에 대하여 수탁자에게 이전 기타 처분한 신탁재산을 신탁의 목적(본지)에 따라서 운용해야 할 기준이나 지침을 지시한다. 위탁자는 신탁목적 설정자로서 아래와 같은 권리를 통해 신탁에 대한 감독을 할 수 있다.

① 수탁자 사임에 대한 동의권(신탁법 제14조 제1항)

② 수탁자의 해임에 대한 동의권 및 해임청구권(동법 제16조 제1항 및 제3항)

③ 신수탁자의 선임에 대한 동의권 및 선임청구권(동법 제21조 제1항 내지 제3항)

---

1) 유재관, 〈신탁법실무〉, 138~139면; 이재욱 · 이상호, 〈신탁법 해설〉, 123~125면.

2) 신탁법 제3조(신탁의 설정) ① 신탁은 다음 각 호의 어느 하나에 해당하는 방법으로 설정할 수 있다. 다만, 수익자가 없는 특정의 목적을 위한 신탁(이하 "목적신탁"이라 한다)은 「공익신탁법」에 따른 공익신탁을 제외하고는 제3호의 방법으로 설정할 수 없다.
1. 위탁자와 수탁자 간의 계약
2. 위탁자의 유언
3. 신탁의 목적, 신탁재산, 수익자(「공익신탁법」에 따른 공익신탁의 경우에는 제67조 제1항의 신탁관리인을 말한다) 등을 특정하고 자신을 수탁자로 정한 위탁자의 선언

④ 신탁재산의 강제집행 등에 대한 이의권(동법 제22조 제2항 및 제3항)
⑤ 서류의 열람·복사권 및 신탁사무의 처리·계산에 관한 설명요구권(동법 제40조 제1항)
⑥ 수탁자의 신탁위반행위에 대한 원상회복등청구권(동법 제43조)
⑦ 수탁자의 보수 변경청구권(동법 제47조 제3항)
⑧ 신탁의 변경에 대한 동의권 및 변경청구권(동법 제88조 제1항 및 제3항)
⑨ 신탁의 합병 또는 분할에 대한 승인권(동법 제91조 제2항 및 제95조 제2항)
⑩ 신탁의 종료에 대한 동의권, 종료청구권(동법 제99조 제1항, 제2항 및 제100조)

나. 위탁자의 권리 유보

신탁법상 위탁자의 권리로 명시되지 않은 권리를 위탁자에게 유보할 수 있는지에 관하여는 신탁법상 명문의 규정이 없다. 그러나 위탁자가 신탁행위의 당사자인 이상, 위탁자가 신탁에 관한 각종의 권리를 스스로 보유하고자 하는 경우 이를 부정할 합리적인 이유는 없다. 따라서 위탁자는 신탁법이 부여한 신탁에 대한 감독권을 행사할 수 있음은 물론, 신탁행위로서 일정한 신탁운영권, 예컨대 이행청구권, 신탁자산의 운용지시 또는 동의권, 수익자 변경권, 신탁재산인 주식의 의결권 행사, 신탁철회권 등을 자신에게 유보할 수 있다.[1)]

실무에서 특정금전신탁에 있어서 투자, 운용지시권을 위탁자와의 위임계약에 따라 투자고문업자가 행사하고 있는 경우에도 투자고문업자는 위탁자와의 위임계약에 따라 지시권을 행사하는 것이고, 위탁자는 위임계약을 해지하고 다른 투자고문업자에게 지시권의 행사를 위임할 수 있으므로 결국 지시권은 위탁자에게 유보되어 있는 것으로 볼 수 있다.[2)]

다. 위탁자의 권리 제한

(1) 신탁행위에 의한 위탁자의 권리 제한

신탁행위로 위탁자의 전부 또는 일부가 신탁법에 따른 위탁자의 권리의 전부 또는 일부를 갖지 아니한다는 뜻을 정할 수 있다(신탁법 제9조 제1항). 이는 현행 신탁법에서 신설된 규정으로서, 위탁자의 권리에 대한 규정은 원칙적으로 임의규정에 해당하므로, 신탁의 본질에 반하지 않는 한 신탁행위로 위탁자의 권리를 제한할 수 있음을 명시한 것이다.

위탁자의 신탁에 대한 감독권은 수익자가 미성년자인 경우와 같이 수익자 본인에 의한 감독이 불가능한 경우에는 신탁감독에 도움이 될 수 있으나, 위탁자가 실질적인 감독

1) 유재관, 〈신탁법실무〉, 139면; 이재욱 · 이상호, 〈신탁법 해설〉, 125면.
2) 최동식, 〈신탁법〉, 161면.

능력을 갖추지 못한 경우, 혹은 유언신탁에 있어서 위탁자가 사망한 경우 등에는 위탁자의 감독권은 효용성이 크지 않다. 또한 영미법과 비교할 경우에도 신탁법상 위탁자에게 인정하는 감독권의 범위가 지나치게 넓으며, 기본적으로 수탁자와 수익자가 상호간에 각종 권리와 의무를 부담하는 체계에서는 위탁자에게 중복적으로 권리와 의무를 부담시킬 필요는 없고, 위탁자가 신탁의 운용에 일일이 개입하는 것은 바람직하지 않으며, 오히려 법률관계를 복잡하게 만들고 신탁사무 처리의 지연을 초래할 수 있다.[1] 나아가 위탁자의 재산출연이 수반되는 신탁설정의 경우, 특히 유언신탁의 경우, 위탁자의 상속인의 이익은 수익자의 이익과 충돌하므로 위탁자의 상속인에게 신탁감독권의 적절한 행사를 기대하기 곤란하다는 점이 지적되어 왔다.[2] 그러므로 가능한 한 위탁자 및 위탁자의 상속인의 신탁감독권한을 좁게 해석하고, 감독권한을 인정하는 경우에도 수익자와의 관계에서 이익충돌이 생기는 경우 수익자의 권리를 우선하는 해석을 할 필요가 있다.[3]

따라서 위탁자가 자신이 가진 신탁법상의 권한을 포기하고자 할 때에도 이를 금지할 필요는 없을 뿐 아니라, 위와 같이 위탁자의 감독권의 효용성을 기대하기 어렵거나 수익자와의 이익충돌 등 위탁자의 적절한 감독권 행사를 기대하기 어려울 경우에는, 신탁행위에서 위탁자의 권리의 전부 또는 일부를 제한하는 것이 바람직할 것이다. 다만 현행 신탁법에서 원칙적으로 유언신탁의 경우 위탁자의 상속인은 위탁자의 지위를 승계하지 않는다는 규정을 신설하였으므로(신탁법 제10조 제3항 본문), 위탁자의 상속인과 수익자 사이의 이해관계 상반의 문제가 다소 해소되었다고 할 수 있으나, 신탁행위로 위탁자 권리의 상속에 관하여 특별히 정한 경우에는 그 상속인에게 상속될 수 있으므로(동항 단서), 이러한 경우에는 위탁자의 상속인과 수익자 사이의 이해상반을 고려하여 위탁자의 신탁감독권한 등을 제한할 필요성이 있다 할 것이다.

(2) 목적신탁의 예외

다만, 목적신탁의 경우에는 신탁행위로 신탁법에 따른 위탁자의 권리를 제한할 수 없다(신탁법 제9조 제2항). 목적신탁의 경우 위탁자는 수탁자의 감독자로서 중요한 지위에 있기 때문에 위탁자의 권리를 제한하는 것은 바람직하지 않다는 고려에서, 목적신탁에서의 위탁자의 권리는 신탁행위로도 제한할 수 없도록 한 것이다.[4]

---

1) 최수정, 〈일본 신신탁법〉, 157면.
2) 이중기, 〈신탁법〉, 606면. 다만 현행 신탁법 제10조 제3항에서는 유언신탁의 경우 원칙적으로 상속성을 부정하는 규정을 신설하였다(상세는 제10조 위탁자 지위의 이전 3. 부분 참조).
3) 이중기, 〈신탁법〉, 605면.
4) 법무부, 〈신탁법 해설〉, 101면.

3. 위탁자의 권리의 성질

가. 대위행사 가능성

(1) 신탁에 대한 감독권의 대위행사

신탁에 대한 감독권은 행사상의 일신전속성이 있고,[1] 그 권한 행사에 의해 직접 위탁자에게 경제적 이익이 생기는 것도 아니어서 채권자대위의 요건 중 '채권을 보전하기 위하여'의 요건을 충족시키기 어려우므로(민법 제404조), 위탁자의 채권자는 위탁자의 신탁에 대한 감독권을 대위행사할 수 없다고 해석되고 있다.[2][3]

(2) 신탁에 대한 운영권의 대위행사

신탁행위로서 일정한 신탁에 대한 운영권을 위탁자에게 유보한 경우 이를 위탁자의 채권자가 대위행사할 수 있는지 여부에 관하여는 견해가 대립된다. 긍정설은 운용지시권, 신탁철회권, 수익자변경권 등은 일신전속적인 권리가 아니므로 위탁자의 채권자가 대위행사할 수 있다는 견해이나,[4] 부정설에서는 위탁자의 권리는 신탁에 대한 감독권이 중심이 되고 위탁자 자신은 그 권한 행사에 의하여 경제적 이익을 받는 지위에 있지 않다는 점에서 신탁법상의 권리이거나 신탁행위로 위탁자에게 유보된 권리이거나 모두 행사상의 일신전속적인 성질을 갖고 있기 때문에 대위행사가 불가능하다고 해석하고 있다.[5]

(3) 신탁 해지권의 대위행사

위탁자가 신탁의 이익을 전부 누리는 경우 신탁종료시 잔여재산에 대하여 위탁자에게도 귀속권(신탁법 제101조 제2항)이 인정되어서 경제적 이익이 있다고 볼 수 있으므로, 위탁자가 신탁의 이익을 전부 누리는 경우의 신탁해지권(동법 제99조 제2항)은 대위행사가 가능하다고 해석된다.[6] 다만 이 신탁해지권은 수익자지위를 겸한 자익신탁의 위탁자에게만 인정되는 권리이고, 신탁이익의 전부를 향수하지 않는 위탁자에게는 이러한 권리가 없기 때문에, 위탁자 고유의 권리가 아니라 위탁자가 겸하는 수익자의 지위에서 인정되는 것으로 보아야 하며, 따라서 엄밀하게는 수익자의 채권자에 의한 대위행사로 보아야 하고, 위탁자의 채

---

1) 다만 위탁자가 그 권리의 행사를 제3자에게 위임하는 것은 가능하다.
2) 이처럼 위탁자의 권리가 대위행사될 수 없다는 주요 논거는 위탁자의 권리가 행사상 또는 귀속상 일신전속권이라는 점에 있으나, 현행 신탁법에서 위탁자의 지위 이전을 명시적으로 인정한 이상(개정 신탁법 제10조) 이러한 논거가 다소 약화된 측면이 있으므로, 이러한 논거만으로 대위행사가 불가능하다고 해석할 근거가 될 수 있는지 의문이 있다.
3) 이중기, 〈신탁법〉, 606~607면; 최동식, 〈신탁법〉, 162면.
4) 이중기, 〈신탁법〉, 163~166면.
5) 최동식, 〈신탁법〉, 162면; 송현진 · 유동규, 〈조해 신탁법〉, 196면.
6) 이중기, 〈신탁법〉, 607면; 최동식, 〈신탁법〉, 162면.

권자에 의한 대위행사로 보기 어렵다.

나. 이전 가능성

자세한 내용은 아래 제10조 위탁자 지위의 이전 부분 참조.

4. 위탁자의 의무

가. 위탁자의 의무 일반

위탁자의 의무는 신탁행위의 내용에 의해 구체적으로 결정된다. 위탁자의 기본적인 의무는 신탁 설정시의 출연의무이나, 그 이외에도 신탁행위의 내용에 따라 추가출연의무, 신탁등기의무 등 일정한 의무를 부담할 수 있다.

예컨대 생전신탁의 경우 위탁자가 신탁 설정 후 추가적인 출연을 약속할 수 있는데, 이때에는 신탁 설정 후 일정 기간에 추가출연의무가 발생한다.

또한 노후된 아파트의 입주민들이 재건축에 동의하여 재건축조합에 조합원으로서 가입함과 동시에 재건축조합에 자신들 소유의 대지지분 및 구분소유 아파트를 재건축사업 목적의 달성을 위하여 신탁하기로 한 경우에는 조합원인 입주민은 위탁자의 지위에서 조합에게 신탁약정을 원인으로 한 소유권이전등기절차를 각 이행할 의무를 부담한다.[1]

---

1) 대법원 1998. 4. 24. 선고 97다58644 판결(주택건설촉진법시행령(1994. 7. 30. 대통령령 제14349호로 개정되기 전의 것) 제34조의2 제2호는 재건축조합이 주택건설사업등록업자와 공동으로 주택을 건설하고자 하는 경우에 주택용 대지의 소유권을 확보할 것을 사업계획승인신청의 요건으로 규정하고 있고, 한편 이 사건에서 용산구청장의 원고 조합에 대한 주택건설사업계획승인서(갑 제7호증)의 사업승인조건 중 주택과 소관 부분 제1항에 의하면, 원고 조합은 착공 전까지 재건축할 건물의 대지 소유권을 취득할 것을 조건으로 사업계획승인을 받은 것으로 보이는바, 위 시행령 및 사업승인조건의 내용에 비추어 보면, 원고 조합 정관 제5조에 정해진 조합원이 소유한 사업시행지구 내의 토지지분 등을 조합에 제공할 의무는 조합의 재건축사업의 원활한 수행을 위하여 신탁 목적으로 조합원 소유의 토지를 조합에 이전할 의무를 포함하고 있는 것이라고 할 것이므로, 조합원인 피고들은 원고 조합에게 각 소유 대지 지분에 관하여 신탁을 원인으로 한 소유권이전등기절차를 이행할 의무가 있다 할 것이다. 원심이 원고 조합의 정관 규정 내용만을 근거로 바로 피고들에게 신탁등기의무가 있다고 인정한 것은 미흡한 점은 있으나 결론에 있어서는 정당하다고 할 것이다. 한편 신탁법 제55조에 의하면, 신탁행위로 정한 종료사유가 발생한 때 또는 신탁의 목적을 달성하였거나 달성할 수 없게 된 때에는 신탁은 종료하는바, 재건축을 위하여 대지를 신탁하는 경우에는 재건축사업이 종료되는 것이 그 목적달성이라고 할 것이고, 또한 신탁행위에 의하여 재건축이 종료될 때까지 조합 앞으로 신탁해 놓기로 하는 특별한 합의가 있다고 볼 수 있으므로, 위탁자인 조합원은 재건축이 종료될 때까지 대지에 관한 신탁의 종료를 주장할 수 없다고 할 것인데, 재건축에서는 각 조합원에게 분양된 건물 및 대지지분이 확정되고 조합원들이 부담하여야 할 건축비용을 납입하거나 또는 청산금을 지급받으며 조합원 앞으로 소유권보존등기 또는 소유권이전등기가 경료됨으로써 재건축이 종료된다고 볼 수 있고 이 때에 비로소 대지에 대하여 신탁관계가 종료되는 것으로 보아야 할 것이다. 따라서 재건축한 아파트에 대하여 임시사용승인을 받았다거나 90% 이상의 조합원이 입주를 마쳤다는 사정만으로 재건축이 종료되었다고 볼 수 없으므로 피고들의 신탁등기의무가 소멸되었다고 할 수 없다).

나. 신탁등기의무

신탁등기의 신청과 관련하여서는 아래와 같은 경우가 특히 문제될 수 있다.

(1) 부동산이 수개인 경우

동일한 위탁자 및 수탁자가 수개의 부동산에 대하여 같은 신탁목적으로 신탁계약을 체결하였을 때 한 개의 신청서에 의하여 신탁등기를 신청할 수 있는가 하는 문제가 있다. 부동산이 수개인 경우에는 하나의 신청서로써 신탁의 등기를 하는 것을 허용하되, 신탁원부가 될 서면을 부동산별로 제출하도록 하면 될 것이다.[1)]

(2) 위탁자가 수인인 경우

위탁자가 다르면 원칙적으로 등기원인이 다른 것으로 되므로 동일 신청서에 의하여 신청할 수는 없다.

그러나 신탁법상 공동수탁자와 달리 복수의 위탁자(공동위탁자)에 관한 규정이 없지만, 어떤 목적을 위해 다수의 위탁자가 공동으로 1개의 신탁행위를 하는 것은 당연히 인정된다. 다만 공동이 아닌 다수위탁자의 신탁재산을 합동하여 운용하는 것은 '합동운용'으로서 공동위탁이라 할 수 없다.

위탁자가 수인이고 동일 부동산에 관하여 신탁조항(신탁목적)이 동일한 경우로서 동일한 신청서로 신탁의 등기를 한 경우 그 신탁등기 후에 어느 한 위탁자에 대한 신탁조항이 변경된 때에는 신탁원부의 기재방법으로 "위탁자 ○○○에 대하여 신탁목적 변경"이라는 식으로 기재하면 될 것이다.[2)]

다. 보수지급의무

한편 우리 신탁법은 영미법의 무상(無償)신탁주의 원칙을 채용한 결과 신탁은 특별한 합의가 없는 한 원칙적으로 무상이지만, 당사자 사이에 보수를 지급하기로 하는 특약이 있는 경우에는 유상계약이 되어 수탁자가 보수를 받을 수 있고, 다만 신탁을 영업으로 하는 수탁자의 경우에는 신탁행위에 정함이 없어도 보수를 받을 수 있다(신탁법 제47조 제1항). 그런데 수탁자의 보수에 관하여는 신탁행위로 달리 정한 사항이 없는 한 신탁법 제46조 제4항이 준용되므로(신탁법 제47조 제4항), 신탁행위에서 수탁자의 보수를 위탁자가 부담하기로 정하지 않은 한 일차적으로 신탁재산에서 부담하고, 이차적으로 수익자가 부담한다(자세한 내용은 아래 제47조 보수청구권 중 3. 행사방법 부분 참조).

---

1) 법률연구회, 〈신 부동산 신탁법 실무〉, 57면.
2) 법률연구회, 〈신 부동산 신탁법 실무〉, 57면.

제10조 (위탁자 지위의 이전)

① 위탁자의 지위는 신탁행위로 정한 방법에 따라 제3자에게 이전할 수 있다.

② 제1항에 따른 이전 방법이 정하여지지 아니한 경우 위탁자의 지위는 수탁자와 수익자의 동의를 받아 제3자에게 이전할 수 있다. 이 경우 위탁자가 여럿일 때에는 다른 위탁자의 동의도 받아야 한다.

③ 제3조 제1항 제2호에 따라 신탁이 설정된 경우 위탁자의 상속인은 위탁자의 지위를 승계하지 아니한다. 다만, 신탁행위로 달리 정한 경우에는 그에 따른다.

1. 서 설

가. 위탁자의 지위

위탁자는 신탁의 설정단계에서는 신탁행위의 당사자로서 주도적인 역할을 담당하나, 신탁이 설정된 후에는 신탁행위에서 자신을 수탁자나 수익자로 정하지 않는 한 신탁 관계의 주된 당사자는 아니다. 그러나 위탁자는 신탁행위의 당사자이고 신탁재산의 출연자이며, 신탁목적 설정자로서의 지위를 가지고, 그에 따라 신탁과 관련한 일정한 권리가 인정되고 있다(자세한 내용은 위 제9조 위탁자의 권리 중 2. 위탁자의 권리의 내용 부분 참조).

나. 위탁자 지위의 승계가능성에 관한 입법례

일본 신신탁법에서는 위탁자 지위의 이전에 관한 규정을 신설하여, 위탁자의 지위는 수탁자 및 수익자의 동의를 얻어 또는 신탁행위에서 정한 방법에 따라 제3자에게 이전할 수 있고(일본 신신탁법 제146조 제1항), 유언신탁의 경우에는 위탁자의 상속인은 위탁자의 지위를 원칙적으로 승계하지 않으며(동법 제147조), 위탁자의 사망시에 수익권을 취득하는 취지의 정함이 있는 신탁 등에서는 그 신탁의 수익자가 현존하지 않거나 수익자가 권리를 가지고 있지 않을 때에는 위탁자가 그 권리를 가지게 된다(동법 제148조)고 규정하였다.[1)]

다. 위탁자 지위의 승계에 관한 규정의 신설

구 신탁법에서는 위탁자 지위의 양도, 상속 기타 이전이 가능한지 여부에 대하여 명문의 규정이 없어 해석론상 대립이 있었던바, 실무상 부동산 담보신탁에서 시행사의 파산시 수분양자의 보호, 투자신탁 등에서의 수익증권 양도 등 위탁자의 지위 이전을 법률상 명문으로 인정할 필요성이 대두되었다. 이에 현행 신탁법에서는 위탁자 지위의 이전을 허용하는 규정을 신설함으로써 이해관계인을 보호하고 신탁의 활성화를 도모하였다.

1) 최수정, 〈일본 신신탁법〉, 160면.

2. 위탁자 지위의 양도

가. 위탁자 지위의 양도가능성

(1) 구 신탁법상 견해의 대립

(가) 부 정 설

위탁자의 지위는 신탁재산의 귀속권과 같은 재산적 가치를 지닌 것도 있지만 그 구성요소의 대부분은 일신전속적 권리의 성격이 강하므로 원칙적으로 신탁에 있어서 위탁자의 지위의 양도를 인정할 수 없고, 특히 타익신탁의 경우 위탁자의 지위에는 경제적 가치가 없다는 이유로 위탁자 지위를 양도할 수 없다는 견해이다.[1] 다만 이 견해에서도 예외적으로 비개성적인 자익신탁의 위탁자의 지위와 증권투자신탁의 위탁자의 지위에 관해서는 양도가 가능하다고 해석한다. 비개성적인 자익신탁의 경우에는 위탁자에게 인정된 여러 권리는 자익신탁에 관한 한 거의 수익권에 흡수되고 위탁자에게 남아 있는 것은 계약당사자의 지위 정도인데 계약당사자의 지위는 일반적으로 양도가능하기 때문이고, 한편으로 자익신탁에서는 수익자가 수익권을 양도한 경우에는 위탁자의 지위도 일체로 양도하는 것이 통상 수익권을 양도하는 자의 의사로 볼 수 있으므로 양도계약의 해석으로서 위탁자의 지위도 일체로 양도되었다고 볼 수 있기 때문이다. 증권투자신탁의 경우에는 위탁회사의 영업양도를 인정할 수 있는 이상, 위탁자의 지위의 양도도 인정할 수 있다고 해석한다.[2]

부정설에 의하면 자익신탁의 경우 수익권이 양도되는 때에도 위탁자의 지위는 당연히 수반하여 이전되는 것이 아니고 위탁자와 수익자의 지위가 각자 귀속되며, 타익신탁의 형태로 된다.[3]

(나) 긍 정 설

위탁자는 사정에 따라 수탁자 및 수익자와의 합의를 통하여 신탁계약을 변경하거나 보충할 수 있는 지위에 있으므로, 다른 이해관계인의 동의가 있는 경우 위탁자 지위 이전을 부정할 필요가 없는 점, 위탁자는 신탁 종료시의 법정귀속권리자이며, 타익신탁에 있어서도 위탁자는 수익자와 제3자를 위한 계약관계에서 인정되는 대가관계를 가지는 등 경제적 이해관계가 있는 점 등을 이유로 위탁자 지위의 양도를 인정하는 견해이다.[4]

1) 최동식, 〈신탁법〉, 166~167면.
2) 최동식, 〈신탁법〉, 166~167면.
3) 이재욱 · 이상호, 〈신탁법 해설〉, 126면.
4) 최수정, 〈일본 신신탁법〉, 161면.

(2) 현행 신탁법의 태도

현행 신탁법에서는 이해관계인을 보호하고 신탁의 활성화를 도모하기 위하여 위탁자 지위의 이전을 허용하는 규정을 신설하였다. 이러한 개정은 실무상 위탁자 지위의 양도가 허용되면, 담보신탁에서 위탁자가 변제자력 부족으로 지급불능 상태인 경우 새로운 위탁자로부터 채권만족을 얻을 수 있어서 채권자 보호가 용이하고, 자본시장법상 부동산펀드 등 투자신탁에서 위탁자인 회사를 변경할 필요가 있으며, 자산유동화 목적으로 설정된 자익신탁 형태의 투자신탁에서 수익증권을 유통할 때 위탁자 겸 수익자의 지위를 동시에 이전하지 못하여 위탁자와 수익자가 분리되는 문제점을 해결할 수 있는 등[1]의 실무상 필요성 및 그에 따른 요청으로 인한 것으로 볼 수 있다.

나. 위탁자 지위 양도의 방법

(1) 신탁행위에 정함이 있는 경우

위탁자 지위의 이전이 허용되는 이상 위탁자가 신탁행위로 자신의 지위를 이전하는 것은 당연히 허용된다. 신탁행위로 위탁자의 지위 이전 방법을 정한 경우에는, 위탁자의 지위는 신탁행위로 정한 방법에 따라 제3자에게 이전할 수 있다(신탁법 제10조 제1항).

(2) 신탁행위에 정함이 없는 경우

신탁행위에 위탁자 지위 이전 방법에 대하여 정함이 없는 경우에는, 신탁의 내부인인 수탁자와 수익자의 동의가 있는 때에 한하여 위탁자 지위를 이전할 수 있다(신탁법 제10조 제2항 제1문).

다만 신탁행위에 위탁자 지위 이전 방법에 대하여 정함이 없고 위탁자가 2인 이상인 경우에는, 다른 위탁자가 예견할 수 없었던 손해를 입는 것을 방지하고 신탁에 의한 법률관계의 획일적 처리를 도모하기 위하여, 수탁자 및 수익자의 동의뿐 아니라 다른 위탁자의 동의도 받아야 한다(신탁법 제10조 제2항 제2문). 예를 들어, 개발예정토지의 지분을 공유하고 있는 수인이 함께 토지 전체를 신탁하고 스스로 사업시행자가 되어 개발사업을 시행하는 경우, 위탁자 중 1인의 지위 이전은 다른 위탁자의 이해관계에 직접적인 영향을 미치게 되므로 다른 위탁자의 이익을 보호하기 위해 위탁자 지위 이전에 대한 동의권을 유보할 필요가 있기 때문이다.[2]

(3) 위탁자 지위 양도의 등기

구 신탁법하에서 「신탁등기사무처리에 관한 예규」는 "위탁자 자체를 변경하는 등기는 이를 신청할 수 없다"고 규정하고, 대법원도 등기선례에 관한 질의회답에서 위탁자

1) 송현진 · 유동규, 〈조해 신탁법〉, 201면.
2) 송현진 · 유동규, 〈조해 신탁법〉, 202면.

변경등기가 허용되지 않는다는 취지를 명시하여, 위탁자 변경등기는 허용되지 않고 있었다.

그러나 현행 신탁법에서 위탁자의 지위 이전을 명시적으로 인정함에 따라, 2012. 6. 29. 제정된 등기예규 제1472호 「개정 신탁법(법률 제10924호, 2011. 7. 25. 공포, 2012. 7. 26. 시행)에 따른 신탁등기에 관한 업무처리지침」을 거쳐, 2013. 8. 23. 개정된 등기예규 제1501호(2013. 8. 29. 시행) 신탁등기사무처리에 관한 예규에서는 위탁자 지위 이전을 원인으로 한 변경등기의 절차를 규정하였다.

즉, 개정된 현행 신탁법 제10조에 따라 위탁자의 지위 이전이 있는 경우에는 수탁자가 신탁원부 기록의 변경등기를 신청하여야 하는데(신탁등기사무처리에 관한 예규 4. 가. (3) (가)), 이 경우 등기원인은 '위탁자 지위 이전'으로 하고(동예규 4. 가. (3) (나)), 위탁자의 지위 이전이 신탁행위로 정한 방법에 의한 것인 때에는 이를 증명하는 정보(인감증명 포함)를 첨부정보로서 등기소에 제공하여야 하며, 위탁자의 지위 이전이 신탁행위로 그 방법이 정하여지지 아니한 경우에는 수탁자와 수익자의 동의가 있음을 증명하는 정보(인감증명 포함)를 첨부정보로서 제출하여야 하고, 이 경우 위탁자가 여럿일 때에는 다른 위탁자의 동의를 증명하는 정보(인감증명 포함)도 함께 제출하여야 한다(동예규 4. 가. (3) (다)).

3. 위탁자 지위의 상속

가. 구 신탁법상 견해의 대립

구 신탁법하에서는 위탁자가 가지는 권리에 관하여 위탁자의 상속인에게 동일한 권리를 인정하는 개별 규정이 있었고(구 신탁법 제34조 제2항, 제36조, 제38조, 제56조 등), 위탁자의 지위 상속에 관한 명문의 규정은 없었는바, 위탁자 지위의 상속 여부에 관하여 견해가 대립되었다.

(1) 부 정 설

위탁자의 신탁감독권은 원칙적으로 상속되지 않고, 다만 신탁법에서 개별적으로 위탁자의 상속인에게도 신탁감독권을 인정한 경우에만 상속인이 권리를 행사할 수 있다는 것이다. 위탁자의 신탁감독권은 행사상의 일신전속성이 있을 뿐만 아니라 귀속상으로도 일신전속성이 있고, 위탁자의 상속인과 수익자는 이해가 상반되는 경우가 많을 것이어서 위탁자의 상속인에게 적절한 감독적 권리의 행사를 기대할 수 없으며, 위탁자의 지위가 다수인에게 상속되거나 수차례의 상속이 행해지는 경우 법률관계가 극히 복잡해질 우려가 있다는 점을 근거로 한다.[1)]

---

1) 이중기, 〈신탁법〉, 607면; 최동식, 〈신탁법〉, 163면. 이러한 입장에서는 구 신탁법에서 위탁자가 가지는 권리에 관하여는 그 상속인도 권리행사를 할 수 있다고 규정되어 있는 권리들(구 신탁법 제34조 제2항, 제36조, 제38조, 제56조 등)은 위탁자의 상속인에게도 권리행사를 인정하는 것이 적당한 경우에 개별적

다만 신탁행위로서 일정한 권한을 위탁자에게 유보한 경우 그 유보된 권한의 상속 여부에 관하여는 설정자의 의사를 존중하여 신탁행위에서 정해진 바 또는 신탁행위의 해석에 의해서 결정해야 한다고 해석하였다.[1]

(2) 긍 정 설

위탁자의 지위는 상속에 의하여 상속인에게 승계되는 것이 원칙이라고 보는 견해이다.[2] 위탁자의 지위가 일신전속적이라고 단언하기는 어렵고, 상속인이 수익자에게 불이익을 줄 위험에 대해서도 신탁행위로써 위탁자의 권능을 제한하는 등의 사전 조치가 가능하다는 점, 포괄승계라는 점에서 동일한 병합의 경우에는 승계가 인정되는 점, 다수의 상속인이나 수차례의 상속에서의 문제는 통상의 계약상 지위의 상속에서도 발생하는 현상이므로 신탁에 한정되는 문제가 아니라는 점을 근거로 한다.[3]

다만 이러한 경우에도 수탁자의 사임을 승낙할 수 있는 권리(구 신탁법 제13조)와 위탁자가 신탁행위에서 특히 자기를 위해 유보한 권리 등은 상속에 의하여 승계되지 않는다고 해석하였다.[4]

나. 현행 신탁법의 태도

(1) 원칙(유언신탁 이외의 신탁)

현행 신탁법에서는 위탁자 지위의 상속과 관련하여, 유언신탁이 설정된 경우 위탁자의 지위가 원칙적으로 상속에 의하여 승계되지 않는다는 규정(신탁법 제10조 제3항)만을 신설하였다.

따라서 현행 신탁법상 원칙적으로 상속에 의한 위탁자의 지위의 승계가 인정되는 것인지 여부에 관하여는 논란이 있을 수 있으나, 현행 신탁법 제10조 제3항의 반대해석에 의하면 유언신탁을 제외한 신탁에서는 상속인이 원칙적으로 위탁자의 지위를 승계할 수 있다고 해석되는 점, 구 신탁법에서 위탁자뿐 아니라 위탁자의 상속인도 권리행사를 할 수 있다고 명시한 권리들의 경우(구 신탁법 제34조 제2항, 제36조, 제38조, 제56조 등) 현행 신탁법에서는 '위탁자의 상속인'을 그 권리행사 주체에서 삭제한 점, 동일한 체계로 규정한 일본 신신탁법 제147조의 규정은 유언신탁 이외의 신탁에서는 위탁자 지위의 상속성이 인정된다는 취지로 해석되는

으로 위탁자의 상속인에게도 권리를 부여한 제한적 규정으로 보았다. 따라서 예컨대 수탁자의 사임에 관하여 위탁자에게는 동의권이 인정되어 있지만, 그 상속인은 명시되어 있지 않으므로(구 신탁법 제13조) 상속인에게 동의권은 없다고 해석되고, 따라서 위탁자가 사망한 경우에는 수탁자는 수익자의 동의만으로 사임할 수 있다고 해석하였다.

1) 예컨대 운용지시권이 위탁자에게 유보되어 있는 경우에는 위탁자가 사망하면 상속인에게 승계된다고 보는 것이 위탁자의 의사에 합치된다고 본다.
2) 유재관, 〈신탁법실무〉, 144면.
3) 최수정, 〈일본 신신탁법〉, 162면.
4) 이재욱 · 이상호, 〈신탁법 해설〉, 126면.

점[1] 등을 고려할 때, 유언신탁 이외의 신탁에서는 위탁자 지위의 상속성이 인정된다는 취지로 해석하는 것이 타당하다고 본다.

(2) 유언신탁

유언신탁이 설정된 경우(신탁법 제3조 제1항 제2호) 위탁자의 상속인은 원칙적으로 위탁자의 지위를 승계하지 아니한다(동법 제10조 제3항 본문).[2] 유언신탁의 경우 위탁자의 의사는 상속인을 배제하고 수익자에게 실질적인 수익을 귀속시키고자 하는 것이기 때문에 위탁자의 상속인은 신탁재산의 실질적 소유자인 수익자와 이해관계가 상반되고, 따라서 유언신탁의 경우 위탁자의 상속인은 원칙적으로 위탁자의 권리를 승계받을 수 없도록 한 것이다.

다만 이 규정은 임의규정이므로 위탁자가 신탁행위로 위탁자 권리의 상속에 대하여 특별히 정한 경우에는 그 상속인에게 상속될 수 있다(신탁법 제10조 제3항 단서).

제11조 (수탁능력)

미성년자, 금치산자, 한정치산자[3] 및 파산선고를 받은 자는 수탁자가 될 수 없다.

1. 수탁능력

수탁자는 신탁을 대표하여 수익자를 위하여 신탁재산을 관리하는 자이다.[4] 수탁자의 신탁사무에서는 법률행위가 중요한 부분을 차지한다. 수탁자의 직무권한 내에는 신탁재산에 대한 관리행위와 처분행위, 소송수행행위가 모두 포함된다.[5] 따라서 수탁자는 신탁재산을 이전받을 수 있는 권리능력뿐만 아니라 행위능력도 있어야 한다.[6] 그리고 수탁자는 신탁재산을 관리하고, 운용할 의무가 있으며, 이를 위반한 경우 그에 상응하는 책임을 부담하여야 한다. 결국 수탁자는 민법상 행위무능력자(제한능력자)이면 안 된다. 따라서 행위무능력자(제한능력자)는 법정대리인의 동의가 있어도 수탁자가 될 수 없으며, 민법상 추인이나 최고의 규정도 적용되지 않는다.[7]

---

1) 최수정, 〈일본 신신탁법〉, 162면.
2) 다만 위탁자의 상속인은 신탁 청산에 있어서 잔여재산의 법정 귀속권리자가 될 수 있다(신탁법 제101조 제2항).
3) 2011. 3. 7. 민법 개정을 통하여 한정치산은 "성년후견"으로, 금치산은 "한정후견개시"로 각 개정되었다. 그러나 신탁법은 아직까지 민법에 맞춰서 개정되지 않았다.
4) 최동식, 〈신탁법〉, 172면; 이중기, 〈신탁법〉, 251면.
5) 최동식, 〈신탁법〉, 172면; 이중기, 〈신탁법〉, 251면.
6) 이중기, 〈신탁법〉, 137면.
7) 이재욱 · 이상호, 〈신탁법 해설〉, 131~132면.

파산자는 재산적 무능력자로서 재산상 신뢰가 없는 자이므로 신탁의 수탁자가 될 수 없다. 이에 대하여 파산선고를 받은 자라고 하더라도 파산자가 파산재단에 속하지 않는 재산의 관리처분권까지 상실하는 것은 아니고, 파산자가 자연인인 경우에는 행위능력이 제한되는 것은 아니며 법인인 경우에도 파산절차 중에는 청산법인으로 존속하므로 파산자에게 수탁자로서의 의무이행을 기대하는 것이 무리는 아니라고 할 수 있으며,[1] 또한 파산하였다는 사실 하나로 신뢰를 잃었다고 하는 것은 극히 징계적일 뿐만 아니라 위탁자는 파산자인 수탁자를 해임하거나 법원에 해임을 청구할 권한이 있으므로 파산자를 수탁자로 정한 신탁행위를 절대적 무효로 볼 필요는 없다는 입법론[2]이 있다. 하지만 파산자는 재산관리의 적격성이 부정된 자이므로 파산자를 수익자를 위하여 재산을 관리하는 자로 두는 것은 적절하지 않고 파산자가 실제로 대외적인 거래행위를 하는 것은 곤란하다.[3] 수탁자는 신탁채권에 대하여 고유재산으로 무한책임을 진다고 해석되고, 수탁자의 의무위반행위로 인한 수익자의 손해를 전보할 경제적 능력이 있어야 하며, 경제적 능력이 부족하여 파산선고를 받은 자에게 신탁재산 관리 및 수익자의 수익권 보장을 기대하기 어렵다는 점 등을 고려하여 구 신탁법 제10조에서는 행위무능력자(제한능력자) 외에 파산선고를 받은 자를 수탁능력이 없는 자로 규정하였다. 현행 신탁법 제11조에서도 여전히 파산자를 수탁무능력자로 규정하고 있으며, 그렇게 보는 것이 타당하다.[4]

2. 신탁법 개정 과정에서의 논의 — 회생절차개시결정 및 개인회생절차개시결정을 받은 자

신탁법 개정과정에서 신임관계에 기반을 둔 신탁의 본질과 수익자의 보호를 위하여 채무자회생법상 회생절차 및 개인회생절차가 진행 중인 자를 수탁능력이 없는 자로 추가 규정하자는 입법론이 있었다. 그러나 채무자회생법상 회생절차 및 개인회생절차를 진행 중인 자는 파산자와는 달리 일정한 범위 내에서 관리처분권을 가지고 있고, 경제능력을 회복하기 위한 법적 보호를 받고 있어 파산자와 동일하게 볼 수 없다. 따라서 채무자회생법상 회생절차 및 개인회생절차를 진행 중인 자는 파산자와 달리 현행 신탁법 제11조에서 수탁능력이 없는 자로 규정하지 아니하였다.

1) 최동식, 〈신탁법〉, 313면; 이중기, 〈신탁법〉, 621면.
2) 최수정, 〈일본 신신탁법〉, 57~58면; 송현진 · 유동규, 〈조해 신탁법〉, 204면 및 211면.
3) 최동식, 〈신탁법〉, 313면; 이중기, 〈신탁법〉, 622면.
4) 송현진 · 유동규, 〈조해 신탁법〉, 204면.

第12조 (수탁자의 임무종료)

① 다음 각 호의 어느 하나에 해당하는 경우 수탁자의 임무는 종료된다.

1. 수탁자가 사망한 경우
2. 수탁자가 금치산선고 또는 한정치산선고를 받은 경우
3. 수탁자가 파산선고를 받은 경우
4. 법인인 수탁자가 합병 외의 사유로 해산한 경우

② 제1항 제1호, 제2호 또는 제4호에 따라 수탁자의 임무가 종료된 경우 수탁자의 상속인, 법정대리인 또는 청산인은 즉시 수익자에게 그 사실을 통지하여야 한다.

③ 제1항 제3호에 따라 수탁자의 임무가 종료된 경우 수탁자는 다음 각 호의 구분에 따라 해당 사실을 통지하여야 한다.

1. 수익자에게 수탁자의 임무가 종료된 사실
2. 파산관재인에게 신탁재산에 관한 사항

④ 제1항 제1호, 제2호 또는 제4호에 따라 수탁자의 임무가 종료된 경우 수탁자의 상속인, 법정대리인 또는 청산인은 신수탁자(新受託者)나 신탁재산관리인이 신탁사무를 처리할 수 있을 때까지 신탁재산을 보관하고 신탁사무 인계에 필요한 행위를 하여야 하며, 즉시 수익자에게 그 사실을 통지하여야 한다.

⑤ 수탁자인 법인이 합병하는 경우 합병으로 설립된 법인이나 합병 후 존속하는 법인은 계속 수탁자로서의 권리·의무를 가진다. 수탁자인 법인이 분할하는 경우 분할에 의하여 수탁자로 정하여진 법인도 또한 같다.

1. 수탁자 임무의 종료 사유

가. 수탁자의 사망

수탁자가 사망하면 수탁자로서의 신탁사무는 종료하게 되고 신탁재산의 소유권은 상속인에게 상속된다. 하지만 신탁재산은 상속재산으로부터 독립적으로 존재하게 되고(신탁법 제23조), 수탁자의 상속인이 수탁자 지위를 승계하는 것은 아니다.[1] 신임관계에 기초한 수탁자의 지위는 일신전속적인 성격을 갖기 때문이다.[2] 따라서 이 경우 수탁자의 상속인은 신탁재산을 보관, 신탁사무 인계에 필요한 행위를 함에 그치고 수탁자로서 적극적인 운용의무를 부담하지 않는다(신탁법 제12조 제4항, 구 신탁법 제11조 제2항).[3] 수탁자의 상속인은 신수탁자가 선임되면 신수탁자에게 신탁사무의 인계와 동시에 신탁재산을 양도하여야 한다.

1) 최동식, 〈신탁법〉, 312면; 이중기, 〈신탁법〉, 619면.
2) 이중기, 〈신탁법〉, 255면.
3) 이중기, 〈신탁법〉, 621면; 송현진·유동규, 〈조해 신탁법〉, 209면.

그러나 수탁자가 수인인 경우에, 수탁자들 중 1인의 사망으로 수탁자들의 전체 신탁사무가 종료하는 것은 아니다.[1] 신탁재산은 다른 수탁자에게 귀속하게 되고, 잔존수탁자가 신탁사무를 계속하게 된다(신탁법 제50조 제2항).

수탁자가 신탁재산의 관리 혹은 처분에 관한 것을 유언으로 남긴 경우, 상속인이 이에 구속되는지 여부에 관하여 수탁자 사망 후 신수탁자에 대한 신탁재산의 인도시까지 수익자를 위한 법원의 감독이 필요하므로 법원은 신수탁자의 선임권을 비롯한 신탁재산에 대한 고유한 감독권한을 가지지만 유언을 통한 합리적 지시를 반대할 이유는 없으므로 사실상 상속인을 구속할 수 있다는 견해[2]가 있다. 그러나 수탁자의 상속인에 대한 유언의 구속력을 인정한다고 하더라도 그 범위는 신탁법상 신탁재산의 보관 및 신탁사무 인계에 필요한 행위의 범위 내로 제한될 것이고, 법원이 신탁재산에 대한 고유한 감독권한을 가진다는 점에 비추어 볼 때에 수탁자가 유언을 통하여 상속인에게 신탁재산의 관리 혹은 처분에 관하여 구체적인 지시를 할 수 없다고 봄이 타당할 것이다.

나. 수탁자의 금치산 또는 한정치산선고

수탁자는 신탁재산의 관리·처분을 위하여 법률행위를 하여야 하므로 수탁자는 행위능력 및 권리능력을 갖추고 있어야 한다(신탁법 제11조). 그러나 수탁자가 금치산자나 한정치산자가 되는 경우 재산관리능력을 상실하므로 그 임무는 종료된다. 수탁자의 상태가 금치산, 한정치산인 것으로는 부족하고, 가정법원의 해당 선고가 있어야 한다.[3]

다. 수탁자의 파산선고

수탁자가 사망한 경우와 달리 수탁자가 파산선고를 받은 경우에는 파산자는 파산재단에 속하지 않는 재산의 관리처분권까지 상실하는 것은 아니고, 수탁자 및 위탁자는 수탁자를 해임하거나 법원에 해임을 청구할 권한이 있으며 파산선고를 받은 수탁자가 자연인이면 행위능력이 일부 제한됨에 그치고, 법인이면 청산법인으로 존재하고 신탁사무를 그대로 처리할 수도 있으므로 사망한 경우와 달리 수탁자가 파산선고를 받은 것만으로 수탁자의 임무가 자동 종료된다고 보기 어렵다는 견해가 있고, 일본 신신탁법은 이를 반영하여 파산자를 수탁부적격자에서 제외하기도 하였다.[4] 그러나 파산자는 타인의 재산

1) 이중기, 〈신탁법〉, 629면.
2) 이중기, 〈신탁법〉, 621면.
3) 개정 민법(2011. 3. 7. 법률 제10429호로 개정되어 2013. 7. 1. 시행된 것) 제9조, 제12조에 따르면 성년후견개시 및 한정후견개시에는 가정법원의 심판이 필요하다.
4) 최수정, 〈일본 신신탁법〉, 57~58면; 송현진 · 유동규, 〈조해 신탁법〉, 204면 및 211면.

을 관리할 적격성이 부정된다고 보아야 하고, 따라서 파산자가 신탁을 위해 적극적인 대외적 거래행위를 하는 것은 곤란하며, 구 신탁법 제10조 및 현행 신탁법 제11조에서 파산선고를 받은 자의 수탁능력을 부정하고 있고 이와 동일한 취지로 구 신탁법 제11조 및 현행 신탁법 제12조에서 수탁자가 파산선고를 받은 경우를 수탁자의 임무종료사유로 규정하고 있어[1] 현행 신탁법하에서도 위 견해는 타당하다고 할 수 없다.

수탁자가 파산하는 경우 신탁법 제18조에 따라 법원은 파산선고와 동시에 신탁재산관리인을 선임하여야 한다.

라. 수탁자 법인의 해산

법인은 해산에 의하여 법인격 자체가 바로 소멸하는 것은 아니지만, 청산절차에 들어가 청산의 목적범위 내에서만 권리능력이 인정되고 청산절차가 종료되면 법인격도 소멸하게 된다. 청산의 목적범위에 신탁재산의 관리가 포함된다고 보기 어렵기 때문에 수탁자인 법인이 해산되는 경우는 수탁자의 임무종료사유가 된다.

그러나 합병의 경우 소멸회사의 권리·의무는 존속회사 혹은 신설회사가 포괄적으로 승계하므로, 수탁자인 법인이 합병하여 소멸하는 경우라 하더라도 존속회사 혹은 신설회사에 수탁자의 지위도 승계되어 임무종료 사유로 볼 수는 없다.[2] 현행 신탁법 제12조 제1항은 법인인 수탁자가 합병으로 해산하는 경우를 임무종료사유에서 배제하였고, 동조 제5항은 합병의 경우 합병 후의 존속회사 혹은 신설회사가 수탁자의 권리·의무를 승계하는 것으로 하였다. 자본시장법 제116조에서도 합병시 권리·의무의 승계를 명시하고 있다. 다만 이는 임의규정으로 신탁행위로서 합병시 수탁자의 임무가 종료하는 것으로 정하는 것도 가능하다 할 것이다.

---

1) 이와 관련하여 판례는『원고와 피고 사이의 이 사건 소송절차는 원심판결 정본이 피고의 소송대리인에게 송달된 2006. 2. 22. 중단되었는데(민사소송법 제236조, 제238조), 수탁자의 자격으로 이 사건 소송의 당사자가 되어 있는 피고는 신탁법 제11조 제1항에 따라 파산으로 인하여 수탁자로서의 임무가 종료되어 소송절차까지 중단된 이상 상고를 제기할 권한이 없다. 또한, 민사소송법 제236조에 따르면 수탁자가 그 자격으로 당사자가 되어 있는 소송이 계속되던 도중에 수탁자의 임무가 종료되는 경우 소송절차는 새로운 수탁자가 수계하도록 되어 있으므로 피고의 파산관재인은 이 사건 소송을 수계할 적격이 없다고 할 것이어서(신탁법 제11조 제2항, 제1항에 의하면 수탁자가 파산선고를 받아 임무가 종료된 경우 새로운 수탁자가 신탁사무를 처리할 수 있게 될 때까지 파산관재인이 신탁재산을 보관하고 신탁사무인계에 필요한 행위를 하여야 한다고 규정되어 있기는 하나, 이로써 파산관재인에게 신탁재산에 대한 소송수행권을 포함한 관리처분권을 부여한 것으로는 볼 수 없다) 피고의 파산관재인의 상고 역시 아무런 효력이 없다고 할 것이다』라고 판시하여 파산시 수탁자로서의 임무가 종료됨을 분명히 하고 있다(대법원 2008. 9. 11. 선고 2006다19788 판결; 대법원 2008. 9. 11.자 2006마272 결정 등).

2) 최동식, 〈신탁법〉, 313면; 이중기, 〈신탁법〉, 622면.

마. 수탁자의 회생절차개시결정 및 개인회생절차개시결정

구 신탁법에서는 회생절차개시결정이나 개인회생절차개시결정의 경우 수탁자의 임무가 자동 종료되는지 여부에 대한 규정을 두고 있지 아니하였다. 따라서 구 신탁법 제22조의 규정을 유추 적용하여 신탁재산은 회생절차가 개시된 수탁자의 재산을 구성하지 않으나, 수탁자의 임무가 당연히 종료되는 것은 아니라고 해석하는 견해[1]가 있었다.

이에 반하여 회생절차나 개인회생절차가 개시되었다는 것은 수탁자로서 선관주의의무를 다할 수 있는지에 대해 의문이 발생하였음을 의미하고, 회생절차에 있는 자로서 회생채권자의 이해관계를 증진시켜야 하는 지위와 수탁자로서 수익자 등 신탁의 이해관계인을 위해 행동해야 하는 지위 간에 이해가 충돌하게 될 우려가 있어 임무종료 사유로 인정하여 규정하자는 입법론이 있었다. 그러나 채무자회생법상 회생절차 및 개인회생절차를 진행 중인 자는 파산자와는 달리 일정한 범위 내에서 관리처분권을 가지고 있고, 경제능력을 회복하기 위한 법적 보호를 받고 있으며, 신탁무능력자에서도 배제하고 있어 파산자와 동일하게 볼 수 없다는 점, 그러한 자에게 신탁재산의 관리를 계속 맡길 것인지 여부는 위탁자가 결정할 문제라는 점 등을 고려하여 수탁자의 임무종료사유로 규정하지 아니하였다.

2. 수탁자의 상속인 등의 통지의무

가. 수탁자의 상속인 등의 통지의무

수탁자가 사망한 경우에는 수탁자의 상속인(신탁법 제12조 제1항 제1호)이, 수탁자가 금치산선고 혹은 한정치산선고를 받은 경우에는 수탁자의 법정대리인(동항 제2호)이, 법인인 수탁자가 해산한 경우에는 수탁자의 청산인(동항 제4호)이 수탁자의 임무 종료사실을 수익자에게 통지할 의무를 부담한다.

나. 전수탁자의 통지의무

수탁자가 파산선고를 받아 임무가 종료된 경우에는 전(前)수탁자(신탁법 제12조 제3항)가 수탁자의 임무가 종료된 사실을 수익자(동항 제1호)에게, 신탁재산에 관한 사항을 파산관재인(동항 제2호)에게 통지할 의무를 부담한다. 여기에서 신탁재산에 관한 사항이란 신탁이 설정된 재산의 내용, 고유재산과의 구별을 의미하는 것이다.

---

1) 이중기, 〈신탁법〉, 178면 및 180면; 임채웅, 〈수탁자가 파산한 경우의 신탁법률관계 연구〉, 140~143면.

3. 수탁자의 상속인 등의 신탁재산관리

가. 상속인, 법정대리인, 청산인의 신탁재산관리

수탁자의 임무가 종료된 경우 신수탁자 혹은 신탁재산관리인이 선임될 때까지 신탁재산이 보호될 필요가 있다. 따라서 수탁자의 임무가 종료된 경우 수탁자의 상속인, 법정대리인 또는 청산인은 신수탁자나 신탁재산관리인이 신탁사무를 처리할 수 있을 때까지 신탁재산을 보관하고 신탁사무 인계에 필요한 행위를 하여야 한다. 또한 즉시 수익자에게 그 사실을 통지하여야 한다(신탁법 제12조 제4항).

단 수탁자가 파산한 경우에는 파산관재인이 존재하게 되는데 이와 같은 파산관재인은 파산채권자를 위해 권한을 행사할 의무가 있으므로 수탁자로서의 지위와 이해가 충돌하여 수탁자의 충실의무를 이행할 것을 기대하기 어려우므로 임시적인 신탁재산관리도 맡기기 어렵다.[1] 따라서 수탁자가 파산한 경우에는 신탁법 제18조에서 파산선고를 하는 법원이 직권으로 파산선고와 동시에 신탁재산관리인을 선임하도록 규정하고 있다.

나. 신탁재산관리의 내용

수탁자의 임무가 종료됨으로써 신탁재산관리를 임시적으로 맡은 자들은 수탁자 지위를 승계하는 것은 아니므로 신탁재산 보전을 위해 필요한 범위 내에서만 관리권한을 가지는 것에 그친다.

이러한 신탁재산관리에 신탁재산에 대한 소송수행권을 포함한 관리처분권이 부여되는지 여부가 문제된다. 판례는 『수탁자가 파산선고를 받아 임무가 종료되고 새로운 수탁자가 선임되지 아니한 경우 신탁법 제11조에 따라 파산관재인이 그 업무의 일환으로 법원의 감독하에 신탁재산 정리업무를 처리하고 있으므로 수계적격이 있다는 소송수계신청인의 주장에 대하여, 신탁법 제11조 제2항, 제1항에 수탁자가 파산선고를 받아 임무가 종료된 경우 새로운 수탁자가 신탁사무를 처리할 수 있게 될 때까지 파산관재인이 신탁재산을 보관하고 신탁사무인계에 필요한 행위를 하여야 한다고 규정되어 있기는 하나, 민사소송법 제236조[2]에 수탁자의 임무가 종료된 경우 계속 중인 소송이 중단되고 새로운 수탁자가 소송절차를 수계하여야 한다고 명시되어 있는 점에 비추어 보면, 위 신탁법 제11조의 규정은 파산관재인에게 신탁재산에 대한 임시적인 관리의무만을 부담시킨 것일 뿐 그로써 신탁재산에 대한 소송수행권을 포함한 관리처분권을 부여한 것으로는 볼

---

1) 이중기, 〈신탁법〉, 178~179면.

2) 민사소송법 제236조(수탁자의 임무가 끝남으로 말미암은 중단) 신탁으로 말미암은 수탁자의 위탁임무가 끝난 때에 소송절차는 중단된다. 이 경우 새로운 수탁자가 소송절차를 수계하여야 한다.

수 없으므로 위 규정만으로 소송수계신청인에게 수계적격이 있다고 볼 수 없다』고 판시하여(대법원 2008. 9. 11.자 2006마272 결정) 소송계속 중 수탁자가 파산선고를 받아 임무가 종료되고 새로운 수탁자가 선임되지 아니한 경우 구 신탁법 제11조에 따라 신탁재산 정리업무를 처리하고 있는 파산관재인에게 수계적격이 인정되지 아니한다고 판단하였다.[1] 위 대법원 판결은 파산관재인의 신탁재산 관리업무 범위에 신탁재산에 대한 소송수행권을 포함한 관리처분권이 포함되지 아니한다는 취지로 볼 수 있다.

구 신탁법상 파산관재인 이외의 임시적 신탁재산관리를 담당하는 자(상속인, 법정대리인 또는 청산인)의 경우에는 신탁재산 관리업무 범위에 관하여 판시한 판결은 없었으나 위 대법원 판결이 구 신탁법하에서 임시적 신탁재산관리인의 하나였던 파산관재인의 신탁재산 관리업무 범위에 관하여 판단하였다는 점에서, 현행 신탁법상 임시적 신탁재산 관리업무를 담당하는 상속인, 법정대리인 또는 청산인의 경우에도 그대로 적용될 수 있다고 판단된다. 따라서 수탁자의 임무가 종료됨으로써 신탁재산관리를 임시적으로 맡은 자들의 신탁재산 관리업무 범위에는 신탁재산에 대한 소송수행권을 포함한 관리처분권은 포함되지 아니한다고 봄이 타당하다.

다만, 현행 신탁법상 파산관재인은 임시적 신탁재산 관리업무를 맡을 수 없고(신탁법 제12조 제4항), 파산선고를 하는 법원이 파산선고와 동시에 직권으로 신탁재산관리인을 선임하여야 하는바(신탁법 제18조) 파산관재인에게는 위 대법원 결정의 취지가 유지되기는 어렵다.

다만, 신탁이 종료된 이후에 신탁재산에 관한 비용 등을 수익자 및 위탁자에게 청구하였음에도 이를 지급받지 못한 경우에는 신탁재산을 처분하여 그 대금으로 신탁재산에 관한 비용 등의 변제에 충당할 수 있도록 자조매각권을 수탁자에게 부여한 경우, 구 신탁법하에서 판례는 『파산자가 파산선고 시에 가진 모든 재산은 파산재단을 구성하고 그 파산재단을 관리 및 처분할 권리는 파산관재인에게 속하므로 파산관재인은 파산선고를 받은 수탁자의 포괄승계인과 같은 지위에 있고, 비록 신탁재산은 파산재단에 속하지 아니하지만, 신탁재산에 관한 약정 자조매각권과 비용상환청구권은 파산재단에 속한다는 이유에서 파산관재인이 파산선고 당시 수탁자가 가지고 있던 약정 자조매각권을 행사하여 신탁된 토지를 매각하고 그 대금으로 비용상환청구권의 변제에 충당할 수 있다(대법원 2013. 10. 31. 선고 2012다110859 판결)』라고 판시하기도 하였다.

4. 수탁자 법인의 합병, 분할시 수탁자 지위의 승계

구 신탁법 제11조 제2항 2문은 합병 후의 회사가 수탁자의 지위를 승계하는 것이 아

1) 이와 동일한 취지로 대법원 2008. 9. 11. 선고 2006다19788 판결.

념을 전제로 합병 후의 회사에 신탁재산의 보관과 사무인계에 필요한 사무처리 권한만을 주고 있었다. 다만 이와 같은 구 신탁법하에서도 학설은 수탁자 법인이 합병하는 경우, 신설법인 또는 존속법인은 기존 법인의 권리·의무를 포괄적으로 승계하므로 수탁자의 지위도 승계하는 것으로 보고 있었다.[1] 이에 현행 신탁법 제12조 제5항은 "수탁자인 법인이 합병하는 경우 합병으로 설립된 법인이나 합병 후 존속하는 법인은 계속 수탁자로서의 권리·의무를 가진다"고 규정하여 수탁자 법인의 합병의 경우 신설, 존속법인이 수탁자의 지위를 승계하도록 하였다.

수탁자 법인이 분할하는 경우에, 분할계획서 또는 분할합병계획서에 따라 수탁자의 지위를 승계받기로 정한 법인이 그 권리·의무를 승계한다. 다만, 분할 전 신탁과 관련하여 발생한 채무는 상법 제530조의9 제1항에 따라 분할된 법인이 연대하여 부담하는 것이 원칙이다.

제13조 (신탁행위로 정한 수탁자의 임무 종료)

① 신탁행위로 정한 수탁자의 임무 종료 사유가 발생하거나 수탁자가 신탁행위로 정한 특정한 자격을 상실한 경우 수탁자의 임무는 종료된다.

② 제1항에 따라 임무가 종료된 수탁자는 즉시 수익자에게 그 사실을 통지하여야 한다.

1. 수탁자의 자격요건

신탁관계는 수탁자로 하여금 충실의무자로서 수익자를 보호할 권리와 의무를 부과하면서 신탁재산을 관리·운용하게 하는 관계이다. 따라서 신탁재산을 관리·운용하는 데 필요한 일정한 자격요건 혹은 수익자를 돌보는 데 필요한 자격요건을 요구할 수 있다.[2]

가. 선임시 수탁자가 자격요건을 갖추지 못한 경우

위탁자에 의하여 수탁자로 선임된 자가 신탁행위로 미리 정하고 있는 자격요건을 갖추지 못한 경우 그 자가 수탁자로 취임할 수 있는지 여부에 관하여 자격요건의 미달은 취임거절과 같고 따라서 취임할 수 없다는 견해와 자격요건은 수탁자의 행위요건이므로 자격요건을 갖추지 못한 것이 그 자체로 의무위반 및 권한행사 저지사유는 되지만 수탁

1) 최동식, 〈신탁법〉, 313면; 이중기, 〈신탁법〉, 622면.
2) 이중기, 〈신탁법〉, 137면; 송현진 · 유동규, 〈조해 신탁법〉, 217면.

자로 취임 자체에는 지장이 없다는 견해가 있다.[1)]

후자의 견해에 따르면 일단 수탁자로 취임한 후 자격요건을 충족시키면 그 때로부터 수탁자로서 행위할 수 있다[2)]고 볼 수 있으나, 자격요건을 갖추지 못하여 수탁자로서 행위할 수 없는 자가 수탁자로 취임한 경우 자격요건을 갖추는 동안 업무수행에 관하여 공백이 발생할 수밖에 없고, 이는 신탁재산보호를 위하여 허용할 수 없다. 따라서 수탁자의 취임과 행위요건을 분리하는 것은 지극히 형식적인 해석으로 받아들이기 힘들다.

결국 신탁법 법문의 해석에 충실하게 선임시 수탁자가 자격요건을 갖추지 못한 경우에는 수탁자의 임무가 즉시 종료되어야 하고, 수탁자로 행위할 수 없으므로 수탁자로 취임할 수도 없다고 보아야 할 것이다.

나. 선임후 수탁자가 자격요건을 상실한 경우

수탁자는 선임시뿐만 아니라 선임 후에도 신탁행위에서 정하고 있는 자격요건을 계속 충족하고 있어야 하고, 이를 이후에 상실한 경우 수탁자의 임무는 종료한다.

2. 수탁자의 임무종료 사유

신탁행위로 수탁자의 임무종료 사유를 정할 수 있고, 또한 특정한 자격을 수탁자에게 요구할 수 있다. 임무종료 사유가 발생하거나 수탁자가 특정한 자격을 상실한 경우 수탁자의 임무는 종료된다.

3. 전수탁자의 통지의무

임무가 종료된 수탁자는 즉시 수익자에게 임무종료 사실을 알려야 한다. 구 신탁법하에서는 전수탁자의 선량한 관리자의 주의의무 및 구 신탁법 제11조 제2항의 임시적 관리자의 지위에서 발생하는 의무와의 형평성에 비추어 해석상 인정되었던 것[3)]을 현행 신탁법에서는 수익자 등의 보호를 위하여 명시적으로 규정하였다.

제14조 (수탁자의 사임에 의한 임무 종료)

① 수탁자는 신탁행위로 달리 정한 바가 없으면 수익자와 위탁자의 승낙 없이 사임할

1) 이중기, 〈신탁법〉, 138면.
2) 이중기, 〈신탁법〉, 138면.
3) 송현진 · 유동규, 〈조해 신탁법〉, 218면.

수 없다.
② 제1항에도 불구하고 수탁자는 정당한 이유가 있는 경우 법원의 허가를 받아 사임할 수 있다.
③ 사임한 수탁자는 즉시 수익자에게 그 사실을 통지하여야 한다.

1. 수탁자의 사임

가. 수탁자의 사임 제한

민법상 위임은 유상이든 무상이든 상관없이 각 당사자가 언제든지 해지할 수 있고, 위임자뿐만 아니라 수임자도 상대방에게 생긴 손해를 배상하면 언제든지 자유롭게 해지할 수 있는 것(민법 제689조)과 달리 수탁자는 신탁을 승낙한 이후 자신의 선택으로 자유롭게 신탁상 의무로부터 벗어날 수 없으며, 수익자의 보호를 고려하여 수탁자의 사임은 제한된다. 위임계약의 당사자는 대등한 지위에 있는 경우가 많지만, 신탁은 수익자가 스스로 재산관리를 할 능력·지식·경험이 불충분한 경우에 재산관리능력을 가진 수탁자에게 재산을 신탁함으로써 수익자를 보호하는 제도이기 때문이다.[1] 따라서 수탁자의 사임을 제한하기 위한 가장 큰 고려요소는 수익자의 보호이다.

나. 신탁행위로 정한 사임

위탁자가 신탁행위로 사임의 방법, 절차 등을 규정하면 수탁자는 그 범위 내에서 자유로이 사임할 수 있다. 그러나 영리신탁 계약과 같은 계속적 계약관계의 경우에는 신탁행위로 정한 사임이라고 하더라도 계속적 계약의 해소에 관한 원칙이 유추적용될 수 있어 상당한 이유가 없음에도 일방적으로 사임하는 것은 제한될 수 있다.[2]

다. 승낙에 의한 사임

수탁자는 위탁자 및 수익자의 승낙을 얻으면 당연히 사임할 수 있으며 법원의 허가도 필요없다. 수익자가 다수일 경우에는 전원의 승낙이 필요하다.[3] 따라서 수익자가 다수인 집단적 신탁에서는 이 방법에 의한 사임은 거의 불가능하다. 이러한 사태에 대처하기 위하여 수익자의 다수결로 수익자의 의사를 결정할 수 있는 수익자 집회의 제도를 도입하자는 입법론[4]이 있고 현행 신탁법은 필요한 경우 신탁행위로 수익자 집회를 통한

1) 최동식, 〈신탁법〉, 314면; 이중기, 〈신탁법〉, 623면.
2) 최동식, 〈신탁법〉, 314~315면; 이중기, 〈신탁법〉, 623면.
3) 최동식, 〈신탁법〉, 314면; 이중기, 〈신탁법〉, 625면.
4) 최동식, 〈신탁법〉, 314면; 이중기, 〈신탁법〉, 625면.

의사결정을 할 수 있도록 하였다(신탁법 제71조).

수탁자의 사임에는 위탁자의 승낙까지 요구되므로, 위탁자가 사망한 경우에는 위탁자의 상속인에게 승낙을 얻어야 할 것이다. 다만, 그 신탁이 유언신탁이라면 위탁자의 지위가 상속되지 아니하므로(신탁법 제10조 제3항) 위탁자의 상속인의 승낙을 받을 필요가 없다.[1)]

라. 법원의 허가에 의한 사임

수탁자는 정당한 이유가 있는 경우에는 법원에 사임허가를 신청하고,[2)] 법원의 허가를 받아 사임할 수 있다. 법원은 정당한 이유가 있는지 여부를 판단하여야 할 것이나, 사임의 의사만으로 당연히 사임을 승낙할 정당한 이유가 되는 것은 아니다.[3)] 사임의 정당한 이유가 있다고 하더라도 법원은 사임을 허가할 것인지에 관한 재량을 가진다.[4)] 따라서 정당한 이유가 있다고 인정되는 경우에도 그 시점에서의 사임이 수익자에게 불리할 경우 등 법원이 사임의 허락이 부적절하다고 판단하면, 법원은 수탁자의 사임을 거절할 수 있다.[5)] 반대로 법원은 수탁자의 사임이 충분한 이유가 있다고 판단하는 경우, 수익자 전부 혹은 일부가 사임에 반대할 때에도 사임을 승낙할 수 있다.[6)] 사임은 법원이 사임신청을 허가하여야 효력이 발생한다.

수탁자는 법원에 사임허가를 신청한 이후 법원이 사임에 관하여 허가하기에 앞서 언제든지 사임신청을 철회하고 수탁자로서 계속 의무수행을 할 수 있다.[7)]

2. 사임수탁자의 통지의무

사임한 수탁자는 수익자에게 그 사실을 통지하여야 한다. 구 신탁법하에서는 전수탁자의 선량한 관리자의 주의의무 또는 구 신탁법 제14조의 임시적 관리자 지위에서 발생하는 의무와의 형평성에 비추어 해석상 인정되던 것을 현행 신탁법에서는 수익자 등의 보호를 위하여 명시적으로 규정하였다. 수익자와 위탁자의 승낙을 얻어 사임하는 경우 이미 수탁자에게 사임 승낙을 한 수익자는 수탁자의 사임사실을 알고 있을 것이므로 승

1) 다만, 유언신탁의 경우에도 위탁자가 신탁행위로 위탁자 권리의 상속에 관하여 특별하게 정함이 있는 때에는 그에 따르도록 하고 있으므로(신탁법 제10조 제3항), 상속에 관한 특별한 정함이 있는 경우에는 상속인의 승낙이 필요할 것이다.
2) 비송사건절차법 제39조는 신탁법 제14조 제2항에 의한 사건은 수탁자의 주소지의 지방법원 관할로 하고 있다.
3) 이중기, 〈신탁법〉, 624면.
4) 이중기, 〈신탁법〉, 624면.
5) 이중기, 〈신탁법〉, 624면.
6) 이중기, 〈신탁법〉, 624면.
7) 이중기, 〈신탁법〉, 625면.

낙요청으로 통지의무의 이행을 갈음한 것으로 볼 수 있다.[1)]

> **第15条 (임무가 종료된 수탁자의 지위)**
> 제13조 제1항 또는 제14조 제1항에 따라 임무가 종료된 수탁자는 신수탁자나 신탁재산관리인이 신탁사무를 처리할 수 있을 때까지 수탁자의 권리·의무를 가진다.

1. 수탁자의 관리 계속

신탁이 지속되던 중 수탁자의 임무가 종료된 경우에 신탁재산에 대하여 예측하지 못하는 손해가 발생될 위험이 높다. 이러한 수탁자의 공백으로 인한 손해발생을 막기 위하여 수탁자의 임무가 종료되었음에도 불구하고 일정한 범위 내에서 수탁자의 의무 이행을 강제할 필요가 있다. 신탁법은 수탁자의 임무종료의 원인에 따라 임시적인 신탁관리의 방법을 정하고 있다.

가. 수탁자의 사망 등이 원인인 경우

수탁자의 사망 등 신탁법 제12조에서 정한 사유로 수탁자의 임무가 종료한 경우에는 동법 제12조에서 정한 바와 같이 수탁자의 상속인, 법정대리인 또는 청산인은 신수탁자나 신탁재산관리인이 신탁사무를 처리할 수 있을 때까지 필요한 행위를 한다(신탁법 제12조 제4항).

나. 신탁법 제13조 제1항 또는 신탁법 제14조 제1항이 원인인 경우

신탁법 제13조 제1항 또는 동법 제14조 제1항에 따라 수탁자의 임무가 종료한 경우에는 전수탁자가 신수탁자나 신탁재산관리인이 선임될 때까지 수탁자의 지위를 유지한다(신탁법 제15조).

2. 법원의 허가를 얻어 사임하거나 법원에 의하여 해임된 경우

수탁자가 법원의 허가를 얻어 사임하거나, 법원이 위탁자나 수익자의 청구로 수탁자를 임무 위반으로 해임한 경우에는 법원은 사임허가결정 및 해임결정과 동시에 신탁재산관리인 선임결정을 직권으로 할 것이고(신탁법 제18조 제1항), 전수탁자가 신탁재산의 관리를 할 수

1) 송현진·유동규, 〈조해 신탁법〉, 223면.

없는 사정이 있거나, 전수탁자로 하여금 관리하게 하는 것이 적당치 아니한 사정이 있는 경우이므로 이 경우에는 별도로 전수탁자에게 수탁인으로서의 지위를 유지하도록 할 필요가 없다.[1] 다만 임무위반이 아닌 사유로 법원이 수탁자를 해임한 경우 혹은 위탁자와 수익자가 합의로 수탁자를 해임한 경우, 해임된 수탁자는 신수탁자나 신탁재산관리인이 신탁사무를 처리할 수 있을 때까지 필요한 행위를 한다(신탁법 제16조 제5항).

3. 관리의 범위

신탁법 제12조 제4항의 임시적 신탁재산관리인과는 달리 동법 제15조의 전수탁자는 여전히 수탁자의 지위를 유지하고 수탁자와 동일한 권리·의무가 인정되므로 신탁사무의 범위는 소극적인 보관에 한정되지 않는다는 견해[2]가 있다.

그러나 임무가 종료된 수탁자에게 소극적인 보관을 넘어 적극적인 행위까지 허용하는 것은 문제의 여지가 있다. 판례가 사임한 이사의 직무수행권과 관련하여 『사임한 이사에게 직무수행권한을 인정하는 것은 그 사임한 이사가 아니고서는 법인이 정상적인 활동을 중단할 수밖에 없는 급박한 사정이 있는 경우에 한정된다』고 판시하였다는 점(대법원 2003. 1. 10. 선고 2001다1171 판결)에 비추어 볼 때에 임무가 종료된 수탁자의 임무범위도 소극적인 보관에 한정된다고 봄이 타당하다.

위탁자 등 이해관계인은 법원에 신탁재산관리인의 선임이나 그 밖의 필요한 처분을 청구할 수 있으며(신탁법 제17조 제1항), 위탁자와 수익자는 합의하여 또는 위탁자가 없는 경우 수익자 단독으로 신수탁자를 선임하여(동법 제21조) 수탁자의 사임으로 인한 공백을 메워야 할 것이다.

제16조 (수탁자의 해임에 의한 임무 종료)

① 위탁자와 수익자는 합의하여 또는 위탁자가 없으면 수익자 단독으로 언제든지 수탁자를 해임할 수 있다. 다만, 신탁행위로 달리 정한 경우에는 그에 따른다.

② 정당한 이유 없이 수탁자에게 불리한 시기에 제1항에 따라 수탁자를 해임한 자는 그 손해를 배상하여야 한다.

③ 수탁자가 그 임무에 위반된 행위를 하거나 그 밖에 중요한 사유가 있는 경우 위탁자나 수익자는 법원에 수탁자의 해임을 청구할 수 있다.

④ 제3항의 청구에 의하여 해임된 수탁자는 즉시 수익자에게 그 사실을 통지하여야 한다.

1) 최동식, 〈신탁법〉, 316면.
2) 송현진 · 유동규, 〈조해 신탁법〉, 225~226면.

> ⑤ 해임된 수탁자는 신수탁자나 신탁재산관리인이 신탁사무를 처리할 수 있을 때까지 신탁재산을 보관하고 신탁사무 인계에 필요한 행위를 하여야 한다. 다만, 임무 위반으로 해임된 수탁자는 그러하지 아니하다.

1. 합의에 의한 수탁자 해임

가. 의 의

구 신탁법에서는 일정한 사유가 있는 경우에 한하여 위탁자 등은 법원을 통하여 수탁자를 해임할 수 있도록 하였으나, 이는 사인 간의 계약관계에서 비롯된 수탁자의 지위를 법원 결정에 의해서만 변경시킬 수 있도록 한다는 점에서 사적자치에 반할 소지가 있다는 지적을 받아왔다. 이에 현행 신탁법에서는 위탁자와 수익자의 합의만으로도 수탁자를 해임할 수 있도록 하였다. 참고로 민법 제689조에서도 위임계약의 각 당사자는 언제든지 위임계약을 해지할 수 있다고 정하고 있다.

수탁자를 통하여 신탁목적을 달성하려는 위탁자, 신탁재산의 실질적 소유자인 수익자는 기존 신탁계약을 해제하고 새로 신탁계약을 체결하는 방법보다 이미 형성되어 있는 신탁계약에 따른 법률관계를 그대로 유지한 상태에서 수탁자를 변경할 수 있다는 점에서 신탁의 유연성을 보다 확보할 수 있다.[1)]

한편 신탁법에서는 신탁행위로 달리 정하고 있지 않은 이상 수탁자 해임의 시기 및 해임 사유에 대하여 제한을 두고 있지 않다.

나. 해임제한의 특약

위탁자는 수탁자를 선택할 수 있는데, 수탁자가 신탁재산에 대하여 적극적 처분·투자행위를 하여 신탁재산이 변형되어 있는 경우 정산이 어렵고, 해임제한에 대하여 아무런 규정을 두지 않으면 위 해임권이 강행규정으로 해석될 가능성도 있으므로, 신탁법에서는 신탁행위에 의하여 합의해임을 제한하는 특약이 가능하도록 하였다.

다. 손해배상책임

(1) 의 의

민법상의 위임계약은 그것이 유상계약이든 무상계약이든 당사자 쌍방의 특별한 대

---

1) 최수정, 〈일본 신신탁법〉, 101면.

인적 신뢰관계를 기초로 하는 위임계약의 본질상 각 당사자는 언제든지 이를 해지할 수 있고 그로 말미암아 상대방이 손해를 입는 일이 있어도 그것을 배상할 의무를 부담하지 않는 것이 원칙이며, 다만 상대방이 불리한 시기에 해지한 때에는 그 해지가 부득이한 사유에 의한 것이 아닌 한 그로 인한 손해를 배상하여야 한다(민법 제689조, 대법원 1991. 4. 9. 선고 90다18968 판결 등). 합의해임의 자유를 무제한적으로 허용할 경우 신탁재산에 대한 명의인인 수탁자가 불측의 손해를 입을 우려가 있으므로, 신탁법은 민법상 위임계약에서의 해지와 마찬가지로, 수탁자에게 불리한 시기에 해임한 경우에는 위탁자와 수익자에게 손해배상책임을 인정하고 있고, 합의해임시 위와 같은 손해배상은 위탁자, 수익자가 연대하여 책임을 부담한다(신탁법 제16조 제2항).[1)]

(2) '수탁자에게 불리한 시기'

'신탁재산의 사무처리 자체와 관련하여' 수탁자에게 경제적·실질적으로 불리한 시기를 의미하는데, 구체적으로 '수탁자에게 불리한 시기'가 언제인지는 위임계약의 경우를 참고할 수 있다. 위임계약의 해지에서 문제되는 '상대방에게 불리한 시기'라 함은 주로 위임인에게 불리한 시기가 문제되는데, 수임인으로부터 해지당하였으나 위임인이 지체없이 타인에게 그 사무처리를 위임하는 것이 곤란한 경우, 위임인이 위임관계가 계속될 것을 예정하여 다른 수익을 얻을 기회를 포기하였는데 수임인이 이를 해지하여 위임인이 수익획득의 기회를 잃은 경우 등을 예로 들 수 있다. 반면 위임인이 해지를 함으로써 수임인이 곤란하게 되는 경우는 많지 않지만, 제3자에 대하여 명도소송 중인 가옥의 매각을 위탁받은 중개인이 위임인의 소송에 협력하면서 매각이 가능하게 되리라고 기대하였는데 위 소송이 화해에 의하여 종료되어 제3자가 곧 가옥에서 퇴거할 것이 분명해진 시기에 위임인이 위임계약을 해지한 경우에는 그 해지가 수임인에게 불리한 시기에 행해졌다고 인정될 수 있다.[2)]

(3) 고의 · 과실의 유무

신탁법 제16조 제3항의 조항에 따른 손해배상책임은 채무불이행을 원인으로 하는 것이 아니다. 따라서 수탁자에게 불리하다는 사정을 위탁자, 수익자가 알아야 한다거나 또는 그 사정을 알지 못하는 것에 대하여 과실이 있어야 할 필요는 없다.[3)]

(4) '정당한 이유'의 유무

민법 제689조에서는 '부득이한 사유'라고 표현하고 있는데, 위탁자와 수익자가 합의

1) 법무부, 〈신탁법 해설〉, 143면.
2) 곽윤직, 〈민법주해 채권(8)〉, 599면.
3) 곽윤직, 〈민법주해 채권(8)〉, 600면.

하여 수탁자를 해임함에 있어 정당한 이유가 있는 때에는 수탁자에 대하여 손해배상책임을 부담하지 않으므로, 수탁자의 손해배상청구에 대하여 위탁자와 수익자가 수탁자를 해임한 '정당한 이유'가 있음을 입증해야 할 것이다.

여기서 '정당한 이유'라 함은 일일이 특정할 수 없는 것이고 사안별로 그 당부를 살펴야 할 것이다.

2. 법원의 결정에 의한 수탁자해임

가. 해임청구권자

신탁법 제16조 제3항에서는 위탁자 또는 수익자가 법원에 수탁자해임을 청구할 수 있다고 명시하고 있다. 위탁자는 수탁자를 선임하여 수탁자와의 사이에 신임관계가 존재한다고 할 수 있고, 수익자는 신탁재산에 대한 실질적 소유자이므로, 위탁자, 수익자는 각각 해임청구권을 가진다. 이때 위탁자와 수익자 사이에 합의가 없더라도 해임청구가 가능하고, 수익자가 다수인 경우에는 그 중 1인의 수익자가 수탁자해임 청구를 할 수 있다.[1]

구 신탁법에서는 명문으로 위탁자의 상속인에 대하여 해임청구권을 인정하였으나, 현행 신탁법에서는 위탁자의 상속인을 정하고 있지 않으므로, 위탁자의 상속인은 해임청구를 할 수 없는지 여부가 문제된다.

구 신탁법에서는 위탁자가 가지는 각각의 권리에 대하여 위탁자의 상속인에게 동일한 권리를 인정하는 개별규정을 두었던 반면, 현행 신탁법에서는 위탁자의 상속인이 위탁자의 지위를 승계하는 포괄규정을 두었으므로(신탁법 제10조 제3항의 반대해석)[2] 신탁법 제16조 제3항의 '위탁자'에는 위탁자의 지위를 승계한 위탁자의 상속인이 포함된다고 새겨야 할 것이다. 다만, 유언신탁의 경우에는 위탁자의 상속인이 위탁자의 권리를 승계할 수 없으므로(신탁법 제10조 제3항 본문) 유언신탁에 있어 위탁자의 상속인에게는 수탁자에 대한 해임청구권이 인정되지 않는바, 결국 신탁법 제16조 제3항에 따라 수탁자에 대한 해임청구권을 가지는 위탁자의 상속인은 유언신탁이 아닌 신탁의 위탁자의 상속인이 된다.

나. 해임사유

신탁법 제16조 제1항에 의한 수탁자 해임과는 달리, 동조 제3항에 따른 수탁자 해임을 하기 위해서는 수탁자가 '그 임무에 위반된 행위를 하거나 그 밖에 중요한 사유가 있는 경우'가 인정되어야 한다. 여기서 임무위반행위 자체로 인하여 바로 해임청구가 가능한

1) 이중기, 〈신탁법〉, 627면.
2) 이에 관한 자세한 내용은 제2장 신탁관계인 제10조 중 3. 위탁자 지위의 상속 부분을 참조.

것은 아니고, 그러한 임무위반행위로 인하여 수탁자가 신탁재산을 관리하는 것이 수익자의 이익에 중대한 위협이 되어 부적당하다고 판단되는 경우에 해임사유로 인정된다.[1)]

이와 관련하여 판례는 『신탁법 제15조, 제55조의 규정을 종합하여 보면, 신탁의 목적을 달성할 수 없을 때에는 신탁이 절대적으로 종료하나, 그 목적의 달성이 가능하지만 단지 수탁자의 배임행위 등으로 인하여 신뢰관계가 무너진 경우에는, 위탁자 등의 청구에 따라 법원이 수탁자를 해임하거나 또는 위탁자가 수탁자에 대하여 손해배상 등을 청구할 수 있을 뿐, 이행불능을 원인으로 하여 신탁계약을 해지할 수는 없다』라고 판시한 바 있다(대법원 2002. 3. 26. 선고 2000다25989 판결, 대법원 2002. 9. 10. 선고 2002다9189 판결, 대법원 2006. 1. 13. 선고 2004다61419 판결).

수탁자에 대한 유죄판결의 확정, 수탁자의 자격상실, 이민, 공동수탁자 간의 협조 불능, 수탁자와 수익자 간의 심각한 불화 등은 해임사유로 인정될 수 있지만, 신탁재산과 고유재산의 혼화, 수익자의 이익과 상충되는 이익의 취득, 신탁재산의 손실 발생 등 손해배상으로 해결이 가능한 경우라면 해임사유로 삼기에 부족하고, 단순한 판단의 실수, 선의의 신탁 위반도 해임사유로 인정되기 어렵다.[2)]

다. 절 차

위탁자 또는 수익자가 수탁자 주소지의 지방법원에 수탁자의 해임을 청구한다. 수탁자가 수인이라면 그 중 1인의 주소지를 관할하는 지방법원에 해임을 청구한다(비송사건절차법 제39조 제1항).

3. 수탁자해임에 따른 후속업무처리

가. 전수탁자의 통지의무

구 신탁법에서는 전수탁자의 통지의무를 전수탁자가 부담하는 선관주의의무 내지 임시적 관리자로서의 의무에서 비롯된 것으로 해석하였으나, 현행 신탁법에서는 이를 전수탁자의 법률상 의무로서 명시하였다.

나. 전수탁자의 임시적 신탁재산 관리

해임된 수탁자는 신탁재산의 '보관', 즉 신탁재산의 현상유지만을 할 수 있고, 나아가 신탁재산의 처분·운용 등 적극적 재산관리는 할 수 없다. 아울러 전수탁자는 신수탁자나 신탁재산관리인이 수탁자로서 신탁사무를 할 수 있도록 등기·등록할 수 있는 재산권의 명의 이전 등 신탁사무 인계에 필요한 행위를 하여야 한다.

---

1) 법무부, 〈신탁법 해설〉, 145면.
2) 이중기, 〈신탁법〉, 627면.

그러나 수탁자가 임무위반으로 해임된 경우 법원은 필수적으로 신탁재산관리인을 선임하여야 하므로(신탁법 제18조 제1항 제3호), 전수탁자에게 신탁재산을 보관할 임시적 수탁자의 지위를 인정할 필요가 없다. 따라서 이러한 경우 전수탁자의 위와 같은 보관의무, 인계의무는 인정되지 않는다.

제17조 (신탁재산관리인 선임 등의 처분)

① 수탁자의 임무가 종료되거나 수탁자와 수익자 간의 이해가 상반되어 수탁자가 신탁사무를 수행하는 것이 적절하지 아니한 경우 법원은 이해관계인의 청구에 의하여 신탁재산관리인의 선임이나 그 밖의 필요한 처분을 명할 수 있다. 다른 수탁자가 있는 경우에도 또한 같다.

② 제1항에 따라 신탁재산관리인을 선임하는 경우 법원은 신탁재산관리인이 법원의 허가를 받아야 하는 사항을 정할 수 있다.

③ 제1항에 따라 선임된 신탁재산관리인은 즉시 수익자에게 그 사실을 통지하여야 한다.

④ 신탁재산관리인은 선임된 목적범위 내에서 수탁자와 동일한 권리·의무가 있다. 다만, 제2항에 따라 법원의 허가를 받아야 하는 사항에 대하여는 그러하지 아니하다.

⑤ 제1항에 따라 신탁재산관리인이 선임된 경우 신탁재산에 관한 소송에서는 신탁재산관리인이 당사자가 된다.

⑥ 법원은 제1항에 따라 선임한 신탁재산관리인에게 필요한 경우 신탁재산에서 적당한 보수를 줄 수 있다.

1. 신탁재산관리인의 선임

가. 선임 사유

(1) 수탁자의 임무 종료

수탁자가 사임하거나 해임되어 임무가 종료된 경우뿐만 아니라, 수탁자의 수탁능력 상실, 자격상실 또는 신탁행위에서 정한 사유의 발생으로 수탁자의 임무가 종료된 경우 신탁재산을 보호할 관리주체가 필요하다. 그런데 수탁자의 상속인 등은 수익자 등 이해관계인과 이해관계가 충돌하는 지위에 있으므로, 위 조항에서는 법원이 이해관계인의 청구에 의하여 전수탁자를 대신하여 신탁재산을 관리할 '신탁재산관리인'을 선임할 수 있도록 규정하고 있다.

(2) 수탁자의 이익 충돌

수탁자와 수익자 사이에서 이익이 서로 충돌하는 경우 수탁자에게 충실의무를 다하여 신탁재산을 관리할 것을 기대할 수 없다. 신탁법에서는 이러한 경우 수탁자를 대신하여 신탁사무를 수행할 신탁재산관리인을 선임할 수 있도록 선임사유를 신설하였다.

판례는 『수탁자와 수익자 간의 이해가 상반되어 수탁자가 신탁사무를 수행하는 것이 적절하지 아니한 경우라 함은, 행위의 객관적 성질상 수탁자와 수익자 사이에 이해의 대립이 생길 우려가 있어 수탁자가 신탁사무를 수행하는 것이 적절하지 아니한 경우를 의미하고, 수탁자의 의도나 그 행위의 결과 실제로 이해의 대립이 생겼는지 여부는 묻지 아니한다.』고 판시하였다(대법원 2018. 9. 28. 선고 2014다79303 판결).

나아가 위 대법원 판결은 『수탁자는 수익자의 이익을 위하여 신탁사무를 처리해야 하는 충실의무를 부담할 뿐이므로, 수익자 아닌 이해관계인, 예를 들어 신탁채권자나 위탁자 등과의 관계에서 이해의 대립이 생길 우려가 있는지 여부는 신탁법 제17조 제1항의 이해상반을 판단할 때에 고려할 사항이 아니다.』라고 판시하여, 본 조문에서의 이익의 충돌은 수탁자와 수익자 사이로 제한된다는 점을 분명히 하였다.

한편 이익이 충돌하는 수탁자는 그 충돌 범위 내에서만 수탁자로서의 권한행사가 제한되는 것이고, 수탁자가 해임되지 않는 한 임무가 종료되는 것은 아니다. 그리고 이익충돌 상태가 해소되어 신탁재산관리인의 임무가 종료되면 수탁자는 그 임무에 대한 권한을 다시 회복한다.

(3) 수탁자가 복수인 경우

수탁자가 2인 이상인 경우 그 중 1인의 임무가 종료하여도 신탁재산 관리에 공백이 발생하는 것이 아니므로, 수탁자가 2인 이상인 경우에는 신탁재산관리인을 선임할 필요가 없다는 견해도 있다. 그러나 여러 수탁자가 각기 다른 신탁업무를 수행하는 등 업무가 구별되어 있다면, 일부 수탁자의 임무가 종료된다 하여 다른 수탁자가 그 임무를 대신하여 처리할 수 없는 상황이 발생할 수 있으므로, 수탁자가 복수인 경우에도 신탁재산관리인 선임이 가능하도록 하였다.[1)]

나. 선임방법

구 신탁법은 이해관계인의 신청과는 상관없이 법원이 '직권으로' 신탁재산관리인을 선임하도록 정하고 있었다. 그런데 신탁재산관리인 선임이 필요한지에 대하여는 수익자 등 이해관계인이 보다 잘 알고 있으므로, 현행 신탁법 제17조는 이러한 이해관계인에게

---

1) 최수정, 〈일본 신신탁법〉, 113면.

법원에 대한 신탁재산관리인 선임청구권을 인정하고 법원이 이해관계인의 청구에 따라 신탁재산관리인을 선임할 수 있도록 규정하면서, 이와 별도로 신탁법 제18조에서는 이해관계인의 청구 없이 법원이 직권으로 신탁재산관리인을 선임하여야 하는 경우를 규정하였다.

한편 법원은 신탁재산관리인의 권한을 제한할 필요가 있는 경우에는 해당 행위를 함에 있어 법원의 허가를 받도록 정할 수 있다.

다. 선임통지

법원이 신탁재산관리인을 선임한 경우 그 선임된 신탁재산관리인은 수익자 보호를 위하여, 자신이 선임된 사실을 수익자에게 즉시 통지하여야 한다.

2. 신탁재산관리인의 권한

가. 수탁자와 동일한 권리·의무

신탁재산관리인은 기존 수탁자를 대신하여 그 신탁업무를 수행하는 것이므로, 신탁재산에 대한 보존행위 등 소극적 행위뿐만 아니라 처분 등 적극적 행위를 할 수 있다. 그래서 신탁재산관리인은 원칙적으로 수탁자와 동일한 지위를 가진다.

나. 제 한

(1) 신탁재산관리인은 선임사유가 종료할 때까지 한시적으로 선임된 자이므로, 그 권한범위는 선임의 목적범위 내로 한정된다. 가령 이익충돌을 이유로 선임된 신탁재산관리인은 해당 수탁자의 권한 또는 해당 신탁사무의 수행에 대해서만 권한을 갖는다.

판례도 『선임된 신탁재산관리인은 선임된 목적범위 내인 '수탁자와 수익자 간의 이해가 상반되어 수탁자가 신탁사무를 수행하는 것이 적절하지 아니한 경우'에 한하여 수탁자와 동일한 권리·의무가 있고, 그 외의 사항에 관하여는 수탁자가 여전히 신탁재산에 대한 권리와 의무의 귀속주체로서 신탁법 제31조에 따른 권한을 가진다』라고 판시하였다(대법원 2018. 9. 28. 선고 2014다79303 판결).

(2) 법원은 신탁재산관리인을 선임할 때 개별 사정에 따라 법원의 허가가 필요한 신탁재산관리인의 신탁사무를 미리 정할 수 있다(신탁법 제17조 제4항 후단). 여기서 법원이 허가사항으로 정한 신탁사무에 대하여 신탁재산관리인이 허가를 받지 않고 수행한 경우 신탁사무로 한 해당 행위의 법률효과가 문제될 수 있다.[1] 특히 거래보호의 관점에서 선의의 제3자에

1) 참고로 일본 신신탁법 제66조 제5항에는, 법원의 허가를 받지 않은 신탁재산관리자의 권한 외 행위의

대하여도 효력을 부인할 수 있는지 문제된다.

이 점에 대하여는 논의의 여지가 있지만, 민법 제25조에 따라 법원이 선임한 부재자 재산관리인이 법원의 허가 없이 부재자 소유 부동산을 매각한 것과 관련하여 법원은 위 초과행위의 효력을 원칙적으로 부정하면서도 다만 사후적인 법원 허가를 통하여 기존의 처분행위를 추인할 수 있다고 판시한 바 있다(대법원 2002. 1. 11. 선고 2001다41971 판결, 대법원 1982. 9. 14. 선고 80다3063 판결). 상대방이 선의의 제3자라 하여 허가 없이 한 신탁재산관리인의 행위의 효력을 인정한다면 신탁재산관리인을 선임함에 있어 일부 신탁사무를 법원허가사항으로 정한 취지에 반할 소지가 있고 위 규정이 잠탈될 우려가 있으므로, 위와 같은 판결 취지를 고려하여 법원허가 없이 한 행위의 효력을 판단하는 것이 타당할 것이다.

다. 당사자적격

민사소송법 제236조는 수탁자의 임무가 종료한 때 소송절차가 중단되고 신수탁자에게 소송절차가 승계되는 것으로 정하고 있다. 그런데 신탁재산관리인이 선임되는 경우 신탁재산에 관한 소송에서 신탁재산관리인이 전수탁자가 당사자였던 소송을 승계할 법적 근거가 없어 기존에는 신수탁자가 선임될 때까지 소송이 중단되었다.[1] 이에 신탁법 제17호 제5항은 신탁재산에 관한 소송에 대하여 신탁재산관리인에게 당사자적격을 명시적으로 인정하였다.

라. 신탁재산관리인의 보수

신탁재산관리인은 수탁자를 대신하여 임시적으로 신탁사무를 처리하는 자로서 무보수 원칙이 적용되는 것으로 해석되지만, 보수가 없을 경우 신탁재산관리인이 되려는 자가 없을 것이므로, 법원은 신탁재산관리인에게 신탁재산에서 적당한 보수를 지급하는 결정을 할 수 있다(신탁법 제17조 제6조).

제18조 (필수적 신탁재산관리인의 선임)

① 법원은 다음 각 호의 어느 하나에 해당하는 경우로서 신수탁자가 선임되지 아니하거나 다른 수탁자가 존재하지 아니할 때에는 신탁재산을 보관하고 신탁사무 인계에 필요한 행위를 하여야 할 신탁재산관리인을 선임한다.

1. 수탁자가 사망하여 「민법」 제1053조 제1항에 따라 상속재산관리인이 선임되는

효력은 무효이고 선의의 제3자에게 대항할 수 없다고 규정되어 있다.

1) 임채웅, 〈신탁법연구〉, 337면.

경우
2. 수탁자가 파산선고를 받은 경우
3. 수탁자가 법원의 허가를 받아 사임하거나 임무 위반으로 법원에 의하여 해임된 경우

② 법원은 제1항 각 호의 어느 하나에 해당하여 수탁자에 대하여 상속재산관리인의 선임결정, 파산선고, 수탁자의 사임허가결정 또는 해임결정을 하는 경우 그 결정과 동시에 신탁재산관리인을 선임하여야 한다.

③ 선임된 신탁재산관리인의 통지의무, 당사자 적격 및 보수에 관하여는 제17조 제3항, 제5항 및 제6항을 준용한다.

1. 의　　의

신탁재산을 관리하는 수탁자가 임무를 종료한 경우 법원이 특정한 종료사유와 밀접한 관련이 있는 경우에는 임무종료 사실을 용이하게 파악할 수 있으므로, 수익자 보호를 강화하기 위하여 신탁재산관리인 선임을 강제할 필요가 있다. 따라서 신탁법 제17조에서는 이해관계인의 청구에 의하여 법원이 신탁재산관리인을 선임하도록 규정하면서도, 신탁법 제18조에서는 이해관계인의 청구를 기다리지 않고 법원이 직권으로 신탁재산관리인을 선임할 수 있도록 필수적 신탁재산관리인의 선임에 관한 규정을 신설하였다.

2. 선임사유

가. 수탁자가 사망하였으나 상속인의 존부가 분명하지 아니하여 상속재산관리인을 선임하는 경우

수탁자가 사망하였으나 상속인의 존부가 분명하지 아니한 경우 법원은 이해관계인 등의 청구에 따라 수탁자의 상속재산에 대하여 상속재산관리인을 선임하여야 한다(민법 제1053조). 그런데 상속재산관리인은 수탁자의 상속인을 위하여 활동하는 자이므로, 수익자와 이해가 충돌하는 지위에 있어 충실의무에 따라 신탁재산을 관리할 것을 기대하기 어렵다. 이에 신탁법은 법원이 상속재산관리인을 선임할 때 신탁재산을 관리할 신탁재산관리인을 선임하도록 강제하고 있다(신탁법 제18조 제1항 제1호).

나. 수탁자가 파산선고를 받은 경우

수탁자가 파산선고를 받은 경우 파산관재인은 파산채권자의 이익을 위하여 활동하

는 자이므로, 파산관재인에게 수탁자를 위하여 신탁재산을 관리할 것을 기대하기 어렵다. 이에 신탁법은 법원이 수탁자에 대하여 파산선고를 할 때 이와 동시에 신탁재산관리인을 선임하도록 하였다(신탁법 제18조 제1항 제2호).

다. 수탁자에 대한 사임허가결정 또는 해임결정이 내려진 경우

수탁자가 위탁자와 수익자의 승낙을 얻어 사임하였다면 신수탁자가 선임될 때까지 전수탁자가 신탁재산을 계속 관리하는 것이 타당하다. 그러나 수탁자가 건강의 악화 등 정당한 사유가 있어서 법원의 승인을 얻어 사임하거나 임무위반으로 해임된 경우에는 전수탁자에게 신탁재산을 계속 관리하도록 하는 것이 바람직하지 않다. 신탁법에서는 신탁재산의 관리 공백을 방지하기 위하여 법원이 사임허가결정 또는 해임결정을 할 때 이와 동시에 신탁재산관리인을 선임하도록 하였다(신탁법 제18조 제1항 제3호).

3. 선임방법

신탁법 제17조에 따라 신탁재산관리인을 선임하는 경우와는 달리 신탁법 제18조 제1항 각 호의 경우에는 법원이 각 호의 선고 또는 결정을 하면서 신탁재산의 관리 공백을 충분히 예상할 수 있다. 따라서 이러한 경우에 이해관계인의 신탁재산관리인 선임청구권을 별도로 인정할 필요 없이, 법원이 상속재산관리인 선임결정 등을 하면서 이와 동시에 직권으로 신탁재산관리인을 선임하도록 하였다.

4. 필수적 신탁재산관리인의 권한 등

가. 신탁법 제17조에 따른 신탁재산관리인과의 비교

신탁법 제17조에 따른 신탁재산관리인은 기존 수탁자를 대신하여 그 신탁업무를 수행하고, 신탁재산에 대한 보존행위 등 소극적 행위뿐만 아니라 처분 등 적극적 행위를 할 수 있다. 그래서 신탁재산관리인은 원칙적으로 수탁자와 동일한 지위를 가진다. 그러나 신탁법 제18조에 따른 신탁재산관리인의 경우 신수탁자가 선임될 때까지 임시적 보관자의 성격이 강하므로 신탁재산의 보관 업무, 현상유지를 위한 소극적 관리권한만 인정되고, 이를 위하여 신탁법 제18조 제3항에서는 제17조 중 제4항을 준용하지 않았다.

나. 선임의 통지의무, 당사자적격 또는 보수

필수적 신탁재산관리인도 신탁재산관리인 중 한 종류이므로, 신탁법 제17조에 따른 신탁재산관리인과 같이 선임 통지의무를 부담하고, 신탁재산에 관한 소송에서 당사자적격을 가지며, 법원 결정에 따라 보수를 지급받는다(신탁법 제18조 제3항).

> **제19조 (신탁재산관리인의 임무 종료)**
> ① 신수탁자가 선임되거나 더 이상 수탁자와 수익자 간의 이해가 상반되지 아니하는 경우 신탁재산관리인의 임무는 종료된다.
> ② 신탁재산관리인은 법원의 허가를 받아 사임할 수 있다.
> ③ 법원은 이해관계인의 청구에 의하여 신탁재산관리인을 해임할 수 있다.
> ④ 법원은 제2항 또는 제3항의 결정을 함과 동시에 새로운 신탁재산관리인을 선임하여야 한다.

1. 신탁재산관리인 임무의 당연 종료

가. 신수탁자의 선임

신수탁자가 선임된 경우 신탁재산관리인과 신수탁자의 권한에 대하여, ① 신수탁자가 실제 신탁사무를 개시할 때까지는 신탁재산관리인의 권한도 공존하되 신수탁자의 권한이 우선하는 것으로 규정하자는 견해, ② 신수탁자와 신탁재산관리인의 관계를 일종의 대리관계로 보자는 견해도 있었다.[1] 그러나 신탁재산관리인은 신탁재산의 보존을 위해 임시로 선임된 자이므로, 신탁법은 신수탁자가 선임된 이상 신탁재산관리인의 임무가 당연종료되는 것으로 정하였다.

나. 수탁자와 수익자 간의 이해가 더 이상 상반되지 아니한 경우

수탁자와 수익자 사이의 이해상반 상황이 해소되면 더 이상 수탁자의 권한을 제한할 필요가 없다. 따라서 위와 같은 사유가 발생하면 신탁재산관리인의 임무는 당연종료되고, 종전 수탁자는 그 지위를 회복하여 계속 신탁사무를 수행한다.

2. 신탁재산관리인의 변경

가. 신탁재산관리인의 사임

수익자 보호 측면에서 수탁자는 원칙적으로 사임이 제한되는 것이므로, 신탁재산관리

1) 법무부, 〈신탁법 해설〉, 165~166면.

인 역시 신탁재산과 수익자 보호를 위하여 법원의 허가를 얻은 경우에만 사임할 수 있다.

나. 신탁재산관리인의 해임

신탁재산관리인은 법원에 의하여 선임된 자이므로, 임무위반 등 해임사유가 발생하면 법원은 수익자 등 이해관계인의 청구에 의하여 신탁재산관리인을 해임할 수 있다.

다. 새로운 신탁재산관리인의 선임

신탁재산관리인은 신탁재산 관리상태의 공백을 막기 위하여 선임되었으므로, 법원은 그 사임허가결정 내지 해임결정을 할 때에는 새로운 신탁재산관리인을 선임하여야 한다.

제20조 (신탁재산관리인의 공고, 등기 또는 등록)

① 법원은 다음 각 호의 어느 하나에 해당하는 경우 그 취지를 공고하고, 등기 또는 등록된 신탁재산에 대하여 직권으로 지체 없이 그 취지의 등기 또는 등록을 촉탁하여야 한다.

1. 제17조 제1항에 따라 신탁재산관리인을 선임하거나 그 밖의 필요한 처분을 명한 경우
2. 제18조 제1항에 따라 신탁재산관리인을 선임한 경우
3. 제19조 제2항에 따라 신탁재산관리인의 사임결정을 한 경우
4. 제19조 제3항에 따라 신탁재산관리인의 해임결정을 한 경우

② 제19조 제1항에 따라 신탁재산관리인의 임무가 종료된 경우 법원은 신수탁자 또는 이해가 상반되지 아니하게 된 수탁자의 신청에 의하여 제1항에 따른 등기 또는 등록의 말소를 촉탁하여야 한다.

③ 신탁재산관리인이나 수탁자는 고의나 과실로 제1항 또는 제2항에 따른 등기 또는 등록이 사실과 다르게 된 경우 그 등기 또는 등록과 다른 사실로써 선의의 제3자에게 대항하지 못한다.

1. 신탁재산관리인 선임 등의 공고 및 등기·등록

가. 의 의

신탁재산관리인은 신탁재산의 명의인은 아니지만 신탁을 대표하여 신탁재산에 관한

대외적 행위를 할 권한을 가진다. 따라서 신탁재산과 거래하는 상대방을 보호하기 위하여 그러한 신탁재산관리인의 권한에 대하여 공고 및 공시 제도를 갖출 필요가 있다.

나. 선임 등의 공고 및 등기 등 촉탁

법원은 신탁재산관리인을 선임하는 경우(신탁법 제17조 제1항, 제18조 제1항), 신탁재산관리인에 대한 사임허가결정(동법 제19조 제2항) 및 해임결정(동법 제19조 제3항) 기타 필요한 처분을 할 경우(동법 제17조 제1항)에는 지체 없이 그 사실을 공고하여야 한다.

만약 신탁재산 중 등기·등록하여야 하는 재산이 있을 경우 법원은 신탁재산관리인의 변경에 대한 등기·등록의 촉탁신청을 하여야 한다.

한편 신탁재산관리인의 임무가 종료된 경우에도 신탁재산의 거래 상대방을 보호할 필요성은 동일한 것이므로, 신탁재산관리인의 임무가 종료된 경우 법원은 신수탁자 또는 이해가 상반되지 아니하게 된 수탁자의 신청에 의하여 신탁재산관리인 선임등기·등록의 말소를 촉탁하여야 한다(신탁법 제19조 제1항, 제20조 제2항).

2. 부실등기·등록에 따른 책임

만약 신탁재산관리인 선임 등에 따른 등기·등록이 제대로 이루어지지 않고, 이러한 부실등기·등록에 대하여 신탁재산관리인, 수탁자에게 고의 또는 과실의 귀책사유가 있다면, 신탁재산관리인, 수탁자는 그 사실을 모르는 선의의 제3자에 대하여 대항할 수 없다.

제21조 (신수탁자의 선임)

① 수탁자의 임무가 종료된 경우 위탁자와 수익자는 합의하여 또는 위탁자가 없으면 수익자 단독으로 신수탁자를 선임할 수 있다. 다만, 신탁행위로 달리 정한 경우에는 그에 따른다.

② 위탁자와 수익자 간에 신수탁자 선임에 대한 합의가 이루어지지 아니한 경우 이해관계인은 법원에 신수탁자의 선임을 청구할 수 있다.

③ 유언에 의하여 수탁자로 지정된 자가 신탁을 인수하지 아니하거나 인수할 수 없는 경우에는 제1항 및 제2항을 준용한다.

④ 법원은 제2항(제3항에 따라 준용되는 경우를 포함한다)에 따라 선임한 수탁자에게 필요한 경우 신탁재산에서 적당한 보수를 줄 수 있다.

1. 신수탁자의 선임

가. 위탁자 및 수익자의 합의에 따른 선임

위탁자는 신탁을 설정한 자이고, 수익자는 신탁재산의 실질적 소유자이므로, 신수탁자의 선임에 대하여는 이들의 의사를 최대한 존중할 필요가 있고, 법원은 그 후견적 지위를 축소할 필요가 있다. 그리고 위탁자가 사망 등으로 인하여 존재하지 않는 때에는 수익자 단독으로 신수탁자를 선임할 수 있다. 다만 위와 같은 합의에 의한 신수탁자 선임에 대하여는 신탁행위로서 달리 정할 수 있다.

나. 법원에 의한 선임

(1) 선임청구권자

위탁자와 수익자 간에 신수탁자 선임에 대한 합의가 이루어지지 않을 경우 신탁에 이익을 갖는 이해관계인은 법원에 신수탁자의 선임을 청구할 수 있다.

(2) 법원의 선임결정

신탁법 제21조 제2항 및 제4항에 따른 신수탁자 선임청구에 따른 결정은 전수탁자 주소지의 지방법원이 관할하되, 만약 전수탁자가 수인인 경우에는 그 중 1인 주소지의 지방법원의 관할로 한다(비송사건절차법 제39조 제2항, 제3항). 이때 이해관계자는 신수탁자 선임에 대한 의견을 제시할 수 있으나, 법원이 이에 구속되는 것은 아니다.[1]

(3) 신수탁자의 승낙

신수탁자로 선임된 자는 신탁재산을 귀속받고 그 의무를 부담하는 것이므로, 신수탁자 선임에 있어서는 신수탁자의 승낙이 필요하다. 이러한 승낙 또는 거부의 의사표시 방법에는 제한이 있는 것은 아니어서 명시적 또는 묵시적인 방법으로도 가능하지만, 일단 선임 승낙을 한 후로는 신탁법 제14조에서 정한 사임 요건을 갖추지 않는 한 신탁 인수를 거절할 수 없다.

다. 유언신탁에서의 신수탁자 선임

유언신탁에서 수탁자로 지정된 자가 신탁을 인수하지 않거나 인수할 수 없는 경우에는 신탁법 제21조 제1항 및 제2항에 따라 신수탁자를 선임할 수 있다. 법원이 이러한

---

1) 한편 구 신탁법 제64조에 따라 법원은 이해관계인의 청구가 없더라도 법원의 고유한 감독권한으로서 직권으로 신수탁자를 선임할 수 있다는 견해가 있는데(이중기, 〈신탁법〉, 631면), 구 신탁법 제64조가 현행 신탁법 제105조로 변경되면서 그 내용에는 기존과 차이가 없어 위와 같은 견해는 그대로 유지되는 것으로 보인다.

선임청구가 없더라도 감독권한에 기하여 직권으로 신수탁자를 선임할 수 있다는 견해도 있다.[1] 본항에 따른 선임결정은 유언자의 최후 주소지의 지방법원 관할로 한다(비송사건절차법 제39조 제4항).

2. 신수탁자의 보수

수탁자에 대하여는 무보수가 원칙이지만, 수탁자에 대한 보수가 없을 경우 신수탁자 선임이 어려울 수 있으므로, 법원은 신수탁자를 선임할 때 신탁재산에서 적당한 보수를 지급하도록 하는 결정을 할 수 있다.

비송사건절차법은 법원의 이러한 보수결정에 대한 불복을 명시적으로 허용하고 있다(비송사건절차법 제44조의6, 제44조의2).

1) 이중기, 〈신탁법〉, 129면.

제 3 장 신탁재산

제22조 (강제집행 등의 금지)

① 신탁재산에 대해서는 강제집행, 담보권 실행 등을 위한 경매, 보전처분(이하 "강제집행 등"이라 한다) 또는 국세 등 체납처분을 할 수 없다. 다만, 신탁 전의 원인으로 발생한 권리 또는 신탁사무의 처리상 발생한 권리에 기한 경우에는 그러하지 아니하다.

② 위탁자, 수익자나 수탁자는 제1항을 위반한 강제집행 등에 대하여 이의를 제기할 수 있다. 이 경우 「민사집행법」 제48조를 준용한다.

③ 위탁자, 수익자나 수탁자는 제1항을 위반한 국세 등 체납처분에 대하여 이의를 제기할 수 있다. 이 경우 국세 등 체납처분에 대한 불복절차를 준용한다.

1. 총　　설

가. 신탁재산의 독립성

신탁재산은 형식적으로 수탁자의 명의로 귀속되어 있지만, 독자적인 신탁 목적의 달성을 위한 관리제도라는 본질상 위탁자와 수탁자 모두로부터 독립되어 있는 재산으로 취급되어야 하는데, 이러한 신탁재산의 독립성과 관련하여 어느 정도까지 신탁재산에 대한 강제집행을 허용할 것인지가 문제된다.

나. 구 신탁법 종전조문

구 신탁법 제21조에는 신탁재산에 대하여 강제집행 또는 경매 이외에 '① 가압류·가처분 등 보전처분, ② 국세 등 체납처분'이 가능한지 여부에 대한 규정이 없어 이것이 가능한지에 대한 논란이 있어 왔다. 또한 구 신탁법은 위탁자의 상속인에게도 위법한 강제집행 등에 대한 이의신청권을 부여하여, 위탁자의 상속인에게 너무 광범위한 권한을 주었다는 비판을 받아왔다. 현행 신탁법은 이러한 비판을 입법적으로 해결하였다.

다. 사해신탁과의 관계

어떠한 재산이 신탁재산으로 편입될 경우, 본 조와 같이 원칙적으로 강제집행을 금지하는 효력이 발생하므로, 신탁계약이 강제집행 면탈의 목적으로 악용될 우려가 있다. 이와 같은 악용을 막기 위하여 현행 신탁법은 사해신탁의 취소(현행 신탁법 제8조)에 대한 규정을 두고 있다.

라. 신탁재산의 독립성과 관련한 판례

판례는 『신탁재산의 소유관계, 신탁재산의 독립성, 신탁등기의 대항력, 관련 구 신탁법 규정들의 취지 등에 비추어 보면, 부동산에 대한 점유취득시효가 완성될 당시 그 부동산이 구 신탁법상의 신탁계약에 따라 수탁자 명의로 소유권이전등기와 신탁등기가 되어 있더라도 수탁자가 신탁재산에 대하여 대내외적인 소유권을 가지는 이상 점유자가 수탁자에 대하여 취득시효 완성을 주장하여 소유권이전등기청구권을 행사할 수 있을 것이지만, 이를 등기하지 아니하고 있는 사이에 부동산이 제3자에게 처분되어 그 명의로 소유권이전등기가 마쳐짐으로써 점유자가 그 제3자에 대하여 취득시효 완성을 주장할 수 없게 되었다면 그 제3자가 다시 별개의 신탁계약에 의하여 동일한 수탁자 명의로 소유권이전등기와 신탁등기를 마침으로써 부동산의 소유권이 취득시효 완성 당시의 소유자인 그 수탁자에게 회복되는 결과가 되었더라도 그 수탁자는 특별한 사정이 없는 한 취득시효 완성 후의 새로운 이해관계인에 해당하므로 점유자는 그에 대하여도 취득시효 완성을 주장할 수 없다고 할 것이다. 이 경우 점유자가 수탁자의 원래 신탁재산에 속하던 부동산에 관하여 점유취득시효 완성을 원인으로 하는 소유권이전등기청구권을 가지고 있었다고 하여 수탁자가 별개의 신탁계약에 따라 수탁한 다른 신탁재산에 속하는 부동산에 대하여도 소유권이전등기청구권을 행사할 수 있다고 보는 것은 위와 같이 신탁재산을 수탁자의 고유재산이나 다른 신탁재산으로부터 분리하여 보호하려는 신탁재산 독립의 원칙의 취지에 반하기 때문이다』라고 판시한 바가 있다(대법원 2016. 2. 18. 선고 2014다61814 판결).[1)]

---

1) 이 사건 토지가 피고들의 각 해당 점유 부분에 대한 점유취득시효 완성 당시에는 소외인으로부터 원고에게 신탁되어 있었던 이상 피고들이 당시 소유자인 원고에 대하여 시효취득을 주장하여 소유권이전등기청구권을 행사할 수 있었지만, 이를 등기하지 아니하는 사이에 이 사건 토지가 제3자인 이 사건 저축은행들에게 처분되어 그들 명의로 소유권이전등기가 마쳐짐으로써 피고들이 이 사건 저축은행들에게는 시효취득을 주장할 수 없게 되었고, 그 후 이 사건 저축은행들이 다시 별개의 신탁계약에 의하여 원고에게 소유권이전등기와 신탁등기를 마침으로써 이 사건 토지가 원래의 신탁재산과 다른 신탁재산에 속하게 된 이상 외형상으로 취득시효 완성 당시의 소유자인 원고에게 소유권이 회복되는 결과가 되었더라도 피고들은 새로운 신탁재산에 속하는 이 사건 토지에 관하여 원고를 상대로 시효취득의 효과를 주장할 수 없다.

2. 신탁재산에 대한 강제집행 등의 금지

가. 강제집행으로부터의 배제

(1) 의 의

신탁법상의 신탁재산은 수탁자의 고유재산 및 위탁자의 재산으로부터 구별되어 독립적인 특성을 지니므로, 원칙적으로 수탁자 및 위탁자에 대한 강제집행으로부터 배제된다(현행 신탁법 제22조 제1항 본문).

(2) 수탁자의 일반채권자들의 강제집행으로부터의 배제

현행 신탁법 제22조 제1항 본문에 의하여 수탁자의 일반채권자들은 신탁재산에 대하여 권리를 주장할 수 없다. 판례 역시 『신탁법상의 신탁재산은 위탁자의 재산권으로부터 분리될 뿐만 아니라 수탁자의 고유재산으로부터 구별되어 관리되는 독립성을 갖게 되는 것이며(대법원 1987. 5. 12. 선고 86다545, 86다카2876 판결), 그 독립성에 의하여 수탁자 고유의 이해관계로부터 분리되므로 수탁자의 일반채권자의 공동담보로 되는 것은 아니다. 따라서 경매목적물이 정리회사의 고유재산이 아니라 신탁재산이라면 회사정리법 제67조에 따른 경매절차의 금지 내지 중지조항이 적용될 것은 아니다』라고 판시한 바가 있다(대법원 2002. 12. 6.자 2002마2754 결정).

(3) 위탁자의 일반채권자들의 강제집행으로부터의 배제

위탁자의 일반채권자들이 신탁재산에 대하여 강제집행 등을 할 수 있는지에 관하여, 수탁자는 신탁재산이 위탁자의 재산임을 전제로 수익자를 위하여 일정한 목적에 구속되는 제한을 받는 재산을 이전받는다고 하며, ① 신탁제도가 집행면탈의 수단으로서 악용되는 것을 방지할 필요가 있는 점, ② 위탁자와 수익자가 동일한 자익신탁은 신탁재산이 위탁자에게 귀속되므로 강제집행을 인정하여도 논리적 모순이 없다는 점을 들며 위탁자의 채권자는 신탁재산에 대하여 강제집행 등을 할 수 있다고 주장하는 견해가 있다.[1)]

그러나 ① 신탁의 설정으로 인하여 신탁재산이 수탁자에게 이전되면 그 재산은 대내외적으로 수탁자의 소유인 점, ② 자익신탁에서 위탁자와 수익자의 지위는 별개이고 실제에서 신탁등기가 되어 있는 부동산에 대하여 자익신탁이라는 사정만으로 강제집행하는 것은 불가능한 점 등을 고려하면 '위탁자의 채권자'도 현행 신탁법 제22조 제1항에 따라 신탁재산에 대하여 당연히 강제집행 등을 할 수 없다고 보아야 한다.[2)] 판례 역시 『신탁재산은 수탁자의 고유재산으로부터 구별되어 관리될 뿐만 아니라, 위탁자의 재산권으로부터도 분리되어 신탁법 제21조 제1항 단서의 예외의 경우에만 강제집행이 허용될

1) 법무부, 〈신탁법 해설〉, 173면.
2) 오영준, 〈신탁재산의 독립성〉, 859면.

뿐인 것이다』라고 판시하여 위탁자의 일반채권자들로부터의 강제집행이 불가능하다고 하고 있다(대법원 1987. 5. 12. 선고 86다545, 86다카2876 판결).

나. 위법한 강제집행 등에 대한 이의 방법

(1) 제3자 이의의 소

(가) 제3자 이의의 소의 제기

위탁자, 수익자, 수탁자는 현행 신탁법 제22조 제1항을 위반한 강제집행 등에 대하여 민사집행법 제48조[1]를 준용하여 이의를 제기할 수 있다(현행 신탁법 제22조 제3항). 신탁재산과 고유재산이 부합 또는 혼화로 인해 식별불능으로 된 공유재산에 대해 수탁자의 일반채권자가 강제집행을 한 경우에도, 위탁자, 수익자, 수탁자는 공유물임을 입증하여 제3자 이의의 소를 제기할 수 있다.[2]

다만, 신탁은 공시하여야 제3자에게 대항할 수 있으므로, 강제집행 이전에 공시가 갖추어져야 제3자 이의의 소를 제기할 수 있다.[3] 등기·등록할 수 있는 재산권은 등기·등록함으로써 공시하고, 등기·등록제도가 없는 금전과 같은 동산에 대한 재산권 및 통상의 채권 내지 등기·등록할 수 있는 재산권 중 해당 재산권에 대한 등기·등록부가 아직 편철되지 않은 경우에는 신탁재산임을 표시함으로써 공시한다(현행 신탁법 제4조). 이때 신탁재산임을 표시한다는 것은 제3자가 수탁자의 고유재산과는 별개인 신탁재산임을 인식할 수 있는 방법으로 신탁재산임을 표시(분별관리)한다는 의미이므로, 동산의 경우 물건의 특정에 의해 신탁재산임을 증명하면 되고, 금전의 경우에는 장부상 신탁재산의 계산이 명확하게 되어 있으면 특정된 것으로 본다.[4]

(나) 제3자이의의 소를 제기하지 아니하여 집행이 이루어진 경우

현행 신탁법 제4조에 의하여 공시방법을 갖춘 경우 수익자는 경락인에 대하여 반환청구를 할 수 있다고 보아야 한다.[5]

구 신탁법 제4조는 '등기 또는 등록하여야 할 재산권'과 '유가증권'에 관한 공시방법

1) 민사집행법 제48조(제3자이의의 소)
① 제3자가 강제집행의 목적물에 대하여 소유권이 있다고 주장하거나 목적물의 양도나 인도를 막을 수 있는 권리가 있다고 주장하는 때에는 채권자를 상대로 그 강제집행에 대한 이의의 소를 제기할 수 있다. 다만, 채무자가 그 이의를 다투는 때에는 채무자를 공동피고로 할 수 있다.
② 제1항의 소는 집행법원이 관할한다. 다만, 소송물이 단독판사의 관할에 속하지 아니할 때에는 집행법원이 있는 곳을 관할하는 지방법원의 합의부가 이를 관할한다.
③ 강제집행의 정지와 이미 실시한 집행처분의 취소에 대하여는 제46조 및 제47조의 규정을 준용한다 다만, 집행처분을 취소할 때에는 담보를 제공하게 하지 아니할 수 있다.

2) 이중기, 〈신탁법〉, 170면.

3) 송현진 · 유동규, 〈조해 신탁법〉, 264면.

4) 이중기, 〈신탁법〉, 171면.

5) 임채웅, 〈신탁법연구 2〉, 209~210면; 이중기, 〈신탁법〉, 172면.

만을 정하고 있었고, 동산이나 채권과 같은 등기·등록방법이 없는 재산권의 공시방법을 정하고 있지 않았기 때문에 공시방법이 갖추어지지 아니한 신탁재산이 집행된 경우 그 해결방법에 대한 견해의 대립이 있었다.[1] 그러나 현행 신탁법 제4조는 등기·등록할 수 있는 재산권(현행 신탁법 제4조 제1항), 등기·등록할 수 없는 재산권(동조 제2항), 등기·등록할 수 있는 재산권이나 등기·등록부가 편철되지 아니한 재산권(동조 제3항)에 대한 공시방법을 정하고 있으므로 현행 신탁법 하에서는 공시방법이 갖추어지지 아니한 재산이 집행된 경우에 대한 논의의 실익은 없을 것으로 보인다.

(2) 국세 등 체납처분에 대한 이의

위탁자, 수익자, 수탁자는 현행 신탁법 제22조 제1항을 위반한 국세 등 체납처분에 대하여 이의를 제기할 수 있다(현행 신탁법 제22조 제3항). 국세징수법에 따른 국세 등 체납처분이 잘못된 경우 그로 인하여 권리 또는 이익의 침해를 당한 자는 국세기본법 제7장 제1절~제3절(제55조~제81조), 지방세기본법 제8장(제117조~127조), 감사원법 제43조~제48조, 관세법 제119조~제132조, 행정소송법에 따른 이의신청, 심사청구, 행정소송 등의 구제수단을 이용할 수 있다.

판례는 조세채권자가 위탁자의 체납으로 인하여 발생한 조세채권을 근거로 신탁재산에 대하여 한 압류명령은 무효라고 판시한 바 있다.[2]

다. 배당이의의 소 관련

판례는『신탁재산에 대한 강제집행 또는 경매에서 최고가매수인에 대한 매각허가결

---

1) 이중기, 〈신탁법〉, 172면에서는 '경락인이 선의취득할 것이므로 수익자는 수탁자의 일반채권자가 취득한 부당이득에 대하여 부당이득반환청구만을 할 수 있다'고 하였다. 반면 임채웅, 〈신탁법연구 2〉, 210~213면에서는 공시방법이 있으나 공시하지 아니한 재산과 공시방법이 마련되지 않은 재산을 나눈 후, ① 전자의 경우는 '경락인뿐만 아니라 채권자도 제3자가 되므로 부당이득을 청구할 여지가 없다'고 하였고, ② 후자의 경우에는 수탁자의 일반채권자가 강제집행을 하였다면 수탁자가 제3자 이의의 소를 제기할 수 있었음에도 불구하고 제기하지 아니한 것이므로 채권자를 포함한 제3자가 보호되어야 하는바 부당이득반환청구권이 인정되지 아니하지만, 위탁자의 일반채권자가 신탁 전의 원인으로 발생한 권리로 강제집행을 하였다면 위탁자의 채권자가 수탁자의 재산에 대하여 집행을 한 것이 되는바, 수탁자가 채권자를 상대로 부당이득반환청구를 할 수 있다고 하였다.

2) 대법원 2012. 4. 13. 선고 2011두11006 판결(신탁법에 의한 신탁재산은 대내외적으로 소유권이 수탁자에게 완전히 귀속되고 위탁자와의 내부관계에 있어서 그 소유권이 위탁자에게 유보되어 있는 것이 아닌 점(대법원 2002. 4. 12. 선고 2000다70460 판결, 대법원 2008. 3. 13. 선고 2007다54276 판결 등 참조), 신탁법 제21조 제1항은 신탁의 목적을 원활하게 달성하기 위하여 신탁재산의 독립성을 보장하는 데 그 입법취지가 있는 점 등을 종합적으로 고려하면, 신탁법 제21조 제1항 단서에서 예외적으로 신탁재산에 대하여 강제집행 또는 경매를 할 수 있다고 규정한 '신탁사무의 처리상 발생한 권리'에는 수탁자를 채무자로 하는 것만이 포함되며, 위탁자를 채무자로 하는 것은 여기에 포함되지 않는다고 할 것이다. 같은 취지에서 원심이 이 사건 처분에 관계된 취득세, 등록세, 재산세 채권은 위탁자인 주식회사 ○○○○○○(이하 '소외 회사'라 한다)에 대한 채권으로서 신탁법 제21조 제1항 단서에서 말하는 '신탁사무의 처리상 발생한 권리'에 해당한다고 할 수 없다는 이유로 소외 회사에 대한 조세 채권에 기하여 원고 소유의 신탁재산을 압류한 이 사건 처분은 무효라고 판단한 조치는 정당하고, 거기에 상고이유에서 주장하는 바와 같이 신탁법 제21조 제1항 단서에 관한 법리를 오해하는 등의 위법이 없다).

정이 확정되고 매각대금에 대한 배당절차가 진행되는 경우, 특별한 사정이 없는 한 '신탁 전의 원인으로 발생한 권리' 또는 '신탁사무의 처리상 발생한 권리'에 해당하는 채권을 가진 채권자가 아니라면 배당을 받을 수 없다. 따라서 채무자는 배당금을 수령할 권리가 없는 채권자에게 배당이 이루어지는 것을 저지하기 위하여 배당절차에서 '신탁 전의 원인으로 발생한 권리' 또는 '신탁사무의 처리상 발생한 권리'에 해당하지 아니함을 주장하여 그 배당액에 대하여 이의하고, 나아가 채권자를 상대로 배당이의소송을 제기할 수 있다』고 판시하며, 『원고가 피고의 채권이 '신탁사무의 처리상 발생한 권리'에 해당하지 아니함을 주장하는 경우에는 피고에게 그 채권이 신탁사무의 처리상 발생하였다는 사실을 증명할 책임이 있다』고 판시한 바가 있다(대법원 2018. 2. 28. 선고 2013다63950 판결).

3. 신탁재산에 대한 강제집행 등이 예외적으로 가능한 경우

신탁 전의 원인으로 발생한 권리 또는 신탁사무의 처리상 발생한 권리에 기한 경우에는 신탁재산에 대한 강제집행 등이 예외적으로 가능하다(현행 신탁법 제22조 제1항 단서).

가. 신탁 전의 원인으로 발생한 권리

(1) 의의 및 범위

이는 신탁 전에 이미 신탁재산 그 자체를 목적으로 하여 발생한 권리를 의미하는 것으로 신탁 전에 위탁자에 관하여 생긴 모든 채권이 포함되는 것은 아니고, 신탁재산에 대하여 신탁 전에 이미 저당권 설정, 압류, 가압류, 가처분 등 권리가 공시되어 존재하는 경우 또는 이러한 권리가 있는 재산권을 신탁재산으로 취득하는 경우와 같이 신탁재산 그 자체를 목적으로 하는 권리가 발생하였을 경우를 말한다.[1] 일반채권자가 신탁 전에 신탁재산에 대하여 압류·가압류를 한 경우에는 처분금지효에 의하여 압류·가압류의 범위 내에서는 신탁에 의한 권리이전으로 대항할 수 없으므로, 해당 채권이 신탁재산 자체를 목적으로 하는 채권이 아니더라도 본압류로의 이행 또는 강제집행이 가능하다고 보아야 한다.

'신탁 전'의 의미는 신탁 행위 전이란 뜻이 아니고 '개별적인 신탁재산에 관하여 신탁의 법률관계가 성립하기 전'으로 넓게 해석하여야 한다.[2] 예를 들어 수탁자가 신탁재산을 관리하던 중 저당권이 설정된 부동산을 신탁재산으로 취득한 경우에도 저당권의 실행을 인정하여야 할 것이다.[3] 따라서 처음부터 저당권을 설정한 부동산을 신탁했을 때

1) 유재관, 〈신탁법실무〉, 121면; 이재욱 · 이상호, 〈신탁법 해설〉, 82면.
2) 법무부, 〈신탁법 해설〉, 174면.
3) 송현진 · 유동규, 〈조해 신탁법〉, 256~258면; 홍유석, 〈신탁재산의 법적성격에 관한 채권설과 독립설〉, 397

에는 그 저당권을 실행하기 위한 경매를 제한할 수 없다.[1)]

판례는 『신탁법상의 신탁재산은 수탁자의 고유재산으로부터 구별되어 관리될 뿐만 아니라 위탁자의 재산권으로부터도 분리되어 독립성을 갖게 되는 것이고, 위 신탁재산은 신탁법 제21조 제1항 본문의 규정에 따라 원칙적으로 강제집행이나 경매가 금지되어 있으며 다만 그 단서의 규정에 따라 신탁 전의 원인으로 발생한 권리 또는 신탁사무 처리상 발생한 권리에 기한 경우에만 예외적으로 강제집행이 허용되는데, 여기에서 위 신탁 전의 원인으로 발생한 권리라 함은 신탁 전에 이미 신탁부동산에 저당권이 설정된 경우 등 신탁재산 그 자체를 목적으로 하는 채권이 발생되었을 때를 의미하는 것이고 신탁 전에 위탁자에 관하여 생긴 모든 채권이 이에 포함된다고 할 수 없다』라고 판시한 바가 있다(대법원 1987. 5. 12. 선고 86다545, 86다카2876 판결). 또한 판례는 『이 사건 가처분의 피보전권리(신탁종료에 기한 신탁부동산반환청구권)는 이 사건 신탁관계의 성립을 전제로 신탁계약에서 정한 신탁종료사유의 발생에 따라 신탁관계가 적법하게 해소될 경우 위탁자가 수탁자로부터 반환받게 되는 신탁부동산의 소유권이전등기청구권이라 할 것이어서, 이 사건 신탁계약에 기한 신탁관계의 성립·유지 및 신탁사무의 처리와 모순관계에 있지 아니하다. 따라서 이 사건 가처분은 신탁계약상 수익자나 수탁자의 권리 혹은 신탁부동산의 독립성을 침해하는 내용의 신탁법 제21조 제1항 본문에서 정한 신탁부동산 자체에 대한 강제집행의 사전 조치로서의 보전처분에는 해당하지 아니한다』라고 판시한 바가 있다(대법원 2008. 10. 27.자 2007마380 결정).[2)]

(2) 당 해 세

당해세의 경우 해당 납세의무자에 대한 징세과정에서는 우선적 효력을 가지지만, 압류되기 전에 대상재산에 대한 소유권자가 변경되었을 경우까지도 그 효력이 유지되는 것은 아니다. 판례[3)] 역시 같은 입장이다.

(3) 위탁자가 신탁재산의 소유자로서 부담하게 된 손해배상책임

민법 제758조의 공작물 소유자의 책임에 따른 채권이 신탁 전 채권에 해당된다고 보는 견해[4)]가 있으나, 위 채권은 그 채권 자체가 목적물에 대한 것이 아니며, 일단 발생한

면; 오영준, 〈신탁재산의 독립성〉, 867면.

1) 법률연구회, 〈신 부동산 신탁법 실무〉, 103면.

2) 신탁종료에 기한 신탁부동산 반환청구권을 피보전권리로 하는 처분금지가처분이 신탁부동산 자체에 대한 강제집행의 사전 조치로서의 보전처분에 해당하는지 여부에 대한 사안이다.

3) 대법원 1996. 10. 15. 선고 96다17424 판결(신탁법 제21조 제1항은 신탁재산에 대하여 신탁 전의 원인으로 발생한 권리 또는 신탁사무의 처리상 발생한 권리에 기한 경우에만 강제집행 또는 경매를 허용하고 있는바, 신탁대상 재산이 신탁자에게 상속됨으로써 부과된 국세라 하더라도 신탁법상의 신탁이 이루어지기 전에 압류를 하지 아니한 이상, 그 조세채권이 신탁법 제21조 제1항 소정의 '신탁 전의 원인으로 발생한 권리'에 해당된다고 볼 수 없다).

4) 유재관, 〈신탁법실무〉, 177면.

이상 공작물소유자의 재산 전체에 의하여 책임을 지게 되는 채권이기 때문에 신탁 전 채권으로 볼 수 없다.[1]

(4) 기판력의 주관적 범위가 확장되는 경우

특정물의 인도청구권을 갖는 채권자가 채무자(위탁자)를 상대로 하여 가처분을 함이 없이 특정물의 인도를 청구하는 소를 제기하였고 결과적으로 승소하여 집행권원을 얻게 되었으나 그 변론종결 뒤 압류 전에 신탁행위에 의하여 권리자가 수탁자로 바뀐 경우[2]에는 기판력이 확장되어 승계집행문을 받을 수 있다고 보는 것이 타당하다.[3]

(5) 신탁 이후 신탁재산에 대하여 위탁자를 납세의무자로 하여 재산세가 부과된 경우

구 지방세법(2014. 1. 1. 법률 제12153호로 개정되기 전의 것) 제107조 제2항 제5호는 신탁법에 따라 수탁자 명의로 등기·등록된 신탁재산의 경우에는 '위탁자'를 납세의무자로 정하고 있었다. 판례는 이에 대하여 『구 지방세법(2014. 1. 1. 법률 제12153호로 개정되기 전의 것) 제107조 제2항 제5호는 신탁법에 따라 수탁자 명의로 등기·등록된 신탁재산에 대하여는 수탁자가 아닌 위탁자를 재산세의 납세의무자로 규정하고 있고, 신탁법 제22조 제1항은 신탁재산에 대하여 신탁 전의 원인으로 발생한 권리 또는 신탁사무의 처리상 발생한 권리에 기한 경우에만 강제집행, 담보권 실행 등을 위한 경매, 보전처분 또는 국세 등 체납처분을 허용하고 있다. 그런데 위탁자가 수탁자에게 부동산의 소유권을 이전함으로써 당사자 사이에 신탁법에 의한 신탁관계가 설정되는 경우 신탁재산은 대내외적으로 소유권이 수탁자에게 완전히 이전되어 신탁 후에는 더 이상 위탁자의 재산으로 볼 수 없을 뿐 아니라, 신탁 이후에 신탁재산에 대하여 위탁자를 납세의무자로 하여 부과된 재산세는 신탁법 제22조 제1항 소정의 '신탁 전의 원인으로 발생한 권리'에 해당된다고 볼 수 없고, 이러한 재산세는 같은 항이 규정한 '신탁사무의 처리상 발생한 권리'에도 포함되지 않으므로, 그 조세채권에 기하여는 수탁자 명의의 신탁재산에 대하여 압류하거나 그 신탁재산에 대한 집행법원의 경매절차에서 배당을 받을 수 없다』라고 판시하여(대법원 2017. 8. 29. 선고 2016다224961 판결), 위탁자에 대한 조세채권에 기해서는 수탁자 소유의 신탁재산을 압류하거나 그 신탁재산에 대한 집행법원의 경매절차에서 배당을 받을 수 없다는 입장을 취하고 있었다.

이에 대하여 신탁재산의 경우 법률상 소유자는 수탁자이나 재산세 납세의무자는 위탁자로 되어 있어, 납세의무자가 재산세를 체납하더라도 다른 재산이 없는 경우 신탁재

1) 임채웅, 〈신탁법연구 2〉, 203~204면.
2) 위탁자에 대한 일반채권자가 집행권원도 갖추지 아니한 경우에는 당연히 신탁 전 채권자가 될 수 없으며, 집행권원을 갖춘 후 압류를 하였다면 당연히 신탁 전 채권자가 된다. 또한 일반채권자의 경우에는 채무자의 재산이 타인에게 양도되었다고 하여 승계집행을 할 수 있는 것이 아니다. 따라서 위 항목에서 살펴보고자 하는 것은 금전채권 외의 채권자와 관련하여 기판력의 주관적 범위가 확장되는 경우이다.
3) 임채웅, 〈신탁법연구 2〉, 205~206면.

산에 대하여 체납처분을 할 수 없어 탈세의 목적으로 신탁제도가 악용된다는 문제점이 제기되었고, 이에 지방세법은 2014. 1. 1. 신탁법에 따라 수탁자 명의로 등기·등록된 신탁재산의 경우, 위탁자별로 구분된 재산에 대해서는 그 '수탁자'가 납세의무자인 것으로 개정되었다.

그러나 이러한 개정으로 인하여 수탁자는 수탁자의 고유재산에 대한 체납이 없는 경우에도 위탁자가 종합부동산세를 내지 않으면 체납자가 되고, 수탁자의 체납정보가 신용정보회사 등에 제공되거나 고액·상습체납자 명단에 포함되는 등 수탁자가 과도한 납세협력비용을 부담하게 되는 문제점이 발생하였다. 또한 위탁자가 종합부동산세의 누진과세를 회피하려는 목적으로 여러 명의 수탁자에게 재산을 나누어 신탁하는 문제점도 발생하였다.

이에 신탁재산에 대한 종합부동산세의 납세의무자를 수탁자에서 위탁자로 환원하는 한편 신탁재산에 대한 종합부동산세가 체납된 경우에는 신탁재산의 법적 소유자가 위탁자가 아님에도 불구하고 그 신탁재산으로써 징수할 수 있도록 하는 특례를 마련함으로써, 위탁자가 탈세 또는 조세회피를 목적으로 신탁제도를 악용하는 것을 방지하되 수탁자에게 부당한 납세협력비용이 발생하지 않도록 하려는 것을 내용으로 하는 종합부동산세법 일부개정법률안이 2020. 6. 16. 발의되어, 2020. 12. 2. 국회 본회의에서 가결되었다.[1)]

나. 신탁사무의 처리상 발생한 권리

(1) 의의 및 범위

이는 수탁자가 신탁재탁의 관리 또는 처분 등으로 신탁사무를 처리하는 과정에서 제3자가 취득한 신탁채권을 의미한다. 이에 기하여 수익권에 기한 강제집행 등이 허용되며, 신탁재산 수리에 사용된 보존비용에 기한 채권, 신탁재산에 관한 조세·공과금채권, 신탁목적의 수행을 위하여 적법하게 차용한 경우 상대방의 채권, 신탁재산을 관리 또는 처분하는 과정에서 발생한 부당이득반환채권, 신탁재산에 속하는 토지공작물의 하자 등으로

---

1) 제7조(납세의무자) ② 「신탁법」 제2조에 따른 수탁자(이하 "수탁자"라 한다)의 명의로 등기 또는 등록된 신탁재산으로서 주택(이하 "신탁주택"이라 한다)의 경우에는 제1항에도 불구하고 같은 조에 따른 위탁자(「주택법」 제2조 제11호 가목에 따른 지역주택조합 및 같은 호 나목에 따른 직장주택조합이 조합원이 납부한 금전으로 매수하여 소유하고 있는 신탁주택의 경우에는 해당 지역주택조합 및 직장주택조합을 말한다. 이하 "위탁자"라 한다)가 종합부동산세를 납부할 의무가 있다. 이 경우 위탁자가 신탁주택을 소유한 것으로 본다.

제7조의2(신탁주택 관련 수탁자의 물적납세의무) 신탁주택의 위탁자가 다음 각 호의 어느 하나에 해당하는 종합부동산세 또는 강제징수비(이하 "종합부동산세등"이라 한다)를 체납한 경우로서 그 위탁자의 다른 재산에 대하여 강제징수를 하여도 징수할 금액에 미치지 못할 때에는 해당 신탁주택의 수탁자는 그 신탁주택으로써 위탁자의 종합부동산세등을 납부할 의무가 있다.

1. 신탁 설정일 이후에 「국세기본법」 제35조 제2항에 따른 법정기일이 도래하는 종합부동산세로서 해당 신탁주택과 관련하여 발생한 것
2. 제1호의 금액에 대한 강제징수 과정에서 발생한 강제징수비

부터 발생한 피해자의 손해배상청구권, 수익자의 급부청구권, 수탁자가 분양계약상 입점 지연에 따른 지체상금을 지급할 의무,[1] 수탁자와 분양계약을 체결한 수분양자의 분양계약 해제로 인한 매매대금 반환채권,[2] 신탁목적수행을 위하여 신탁 후에 설정된 근저당권 또는 차입금채권 등이 포함된다.[3]

판례는 『신탁법 제21조 제1항 단서에서 예외적으로 신탁재산에 대하여 강제집행 또는 경매를 할 수 있다고 규정한 신탁사무의 처리상 발생한 권리에는 수탁자를 채무자로 하는 것만이 포함되며, 위탁자를 채무자로 하는 것은 여기에 포함되지 않는다고 할 것이다… 이 사건 처분에 관계된 취득세, 등록세, 재산세 채권은 위탁자에 대한 채권으로서 신탁법 제21조 제1항 단서에서 말하는 신탁사무의 처리상 발생한 권리에 해당한다고 할 수 없다』라고 판시한 바가 있다(대법원 2012. 4. 13. 선고 2011두11006 판결).

(2) 수탁자가 신탁재산의 관리사무 중 불법행위를 하여 발생한 피해자의 손해배상청구권

수탁자가 신탁재산의 관리사무 중 불법행위를 하여 발생한 피해자의 손해배상청구권이 '신탁사무의 처리상 발생한 권리'에 해당하는지 여부에 관하여 ① 위탁자와 수탁자 사이의 신뢰를 고려할 때 신탁재산에 대하여 강제집행할 수 있는 권리는 신탁사무의 적법한 처리과정에서 발생한 채무에 한하고, 위탁자가 신탁계약을 하면서 불법행위를 요구한 것은 아니며, 수탁자 지위의 독립성을 고려할 때 수탁자의 불법행위는 그 자체로 권한 밖의 행위이므로, 수탁자의 불법행위에 대하여 신탁재산으로 책임을 부담하는 것은 부당하다고 주장하는 부정설과 ② 법인도 대표자의 불법행위에 대하여 책임을 부담하는 점을 고려할 때 신탁사무와 관련된 불법행위에 대해서는 수탁자도 책임이 있는 것으로 보아야 하고, 위험부담의 관점에서도 수탁자의 신탁재산 관리사무와 관련하여 발생한 위험은 관리사무로 이익을 얻는 신탁재산이 부담하는 것이 타당하므로 피해자는 신탁재산에 대하여 강제집행할 수 있다고 주장하는 긍정설이 대립한다.[4] 미국 표준신탁법전[5]과 일본 신신탁법은 긍정설의 입장을 취하고 있다.[6]

---

1) 대법원 2004. 10. 15. 선고 2004다31883 판결.
2) 대법원 2014. 10. 21.자 2014마1238 결정. 위 결정은 『신탁사무의 처리상 발생한 채권을 가지고 있는 채권자는 수탁자가 그 후 파산하였다 하더라도 신탁재산에 대하여는 강제집행을 할 수 있다』라고 설시하였다.
3) 오영준, 〈신탁재산의 독립성〉, 868면; 유재관, 〈신탁법실무〉, 123면.
4) 이중기, 〈신탁법〉, 176~177면; 최동식, 〈신탁법〉, 296~297면; 오영준, 〈신탁재산의 독립성〉, 868~869면.
5) § 1010. Limitation On Personal Liability Of Trustee
(c) A claim based on a contract entered into by a trustee in the trustee's fiduciary capacity, on an obligation arising from ownership or control of trust property, or on a tort committed in the course of administering a trust, may be asserted in a judicial proceeding against the trustee in the trustee's fiduciary capacity, whether or not the trustee is personally liable for the claim.
6) 오영준, 〈신탁재산의 독립성〉, 868~869면.

판례는 『분양형 토지신탁계약에서 수탁자가 허위·과장 분양광고를 하여 수분양자인 채권자가 정신적 손해를 입었다며 위자료를 청구한 사안에서, 수탁자의 통상적인 사업과 정상의 행위로 인하여 수분양자인 신청인들에게 손해가 발생한 경우로서 그것이 비록 위자료청구권이라 할지라도 신탁법 제21조 제1항 단서 소정의 '신탁사무의 처리상 발생한 채권'으로 보아야 한다』라고 판시하여 긍정설의 입장이다(대법원 2007. 6. 1. 선고 2005다5843 판결).

긍정설에 따를 경우 수익자의 이익을 과도하게 침해하는 부당한 결과가 발생한다. 따라서 수탁자가 신탁사무처리 과정에서 불법행위를 저질렀을 경우에는 수탁자의 고유재산에서 책임을 부담하도록 하는 부정설이 타당하다.

(3) 수탁자의 권한 외의 행위로 인하여 취득한 채권

이는 신탁사무의 처리상 발생한 권리라고 보기 어려우므로, 신탁재산에 대한 강제집행을 할 수 없으며, 수탁자의 개인책임이 된다. 다만 거래의 상대방이 수탁자의 이러한 행위를 권한 내 행위로 신뢰하였다면 민법상 표현대리 규정을 유추적용할 여지가 있을 것이나, 이러한 경우에도 신탁공시를 통하여 그 권한이 없음이 공시된 경우에는 과실이 없음이 인정되기 곤란하다.[1]

(4) 수탁자가 신탁사무를 처리하는 과정에서 부담한 채무와 그 책임의 범위

판례는 『신탁사무의 처리상 발생한 채권을 가지고 있는 채권자는 수탁자의 일반채권자와 달리 신탁재산에 대하여도 강제집행을 할 수 있는데, 한편 수탁자의 이행책임이 신탁재산의 한도 내로 제한되는 것은 신탁행위로 인하여 수익자에 대하여 부담하는 채무에 한정되는 것이므로, 수탁자가 수익자 이외의 제3자 중 신탁재산에 대하여 강제집행을 할 수 있는 채권자에 대하여 부담하는 채무에 관한 이행책임은 신탁재산의 한도 내로 제한되는 것이 아니라 수탁자의 고유재산에 대하여도 미치는 것으로 보아야 한다』라고 판시한 바가 있다(대법원 2004. 10. 15. 선고 2004다31883 판결).

다. 신탁채권을 취득한 상대방의 권리 행사

수탁자가 신탁재산과 관련하여 한 대외적인 행위로 인하여 신탁채권을 취득한 상대방은 신탁재산 및 고유재산에 대하여 권리를 행사할 수 있으므로, 신탁채권자가 수탁자에게 책임을 추궁할 때 신탁재산과 고유재산을 구분할 필요가 없다. 실무상으로도 수탁자에 대해 파산이 선고되지 않는 한 신탁채권자는 수탁자에 대한 일반 이행의 소를 제기하면서 청구취지상 이를 구분할 필요가 없다. 판결선고시에도 주문에서 구별되지 않으며, 고유채권자가 수탁자에게 제기한 소에서의 주문과 동일한 주문이 선고된다.[2]

1) 송현진 · 유동규, 〈조해 신탁법〉, 262~263면.
2) 임채웅, 〈신탁법연구 2〉, 189면.

4. 위탁자의 채권자 보호문제

위탁자에 대하여 신탁 전의 원인으로 발생한 권리에는 해당하지 않는 채권을 가지고 있는 일반채권자의 경우에는 신탁재산에 대하여 강제집행을 할 수는 없으나, ① 신탁등기가 경료된 부동산에 대하여 위탁자가 수익자인 경우(자익신탁)에는 위탁자가 수탁자로부터 받을 수익권에 대하여 가압류를 할 수 있을 것이며, ② 그 신탁이 채권자를 해함을 알고 설정한 사해신탁에 해당하는 경우에는 소송을 통하여 신탁을 취소하고 당해 신탁재산의 소유명의를 위탁자에게 원상회복한 다음에 강제집행이 가능하며, ③ 사해신탁취소소송의 보전처분으로서 신탁부동산에 대한 처분금지가처분을 신청할 수 있을 것이다. 그리고 ④ 위탁자를 채무자로, 수탁자를 제3채무자로 하여 신탁해지를 원인으로 하는 소유권이전등기청구권에 대해 가압류를 할 수 있다.[1)]

> **제23조 (수탁자의 사망 등과 신탁재산)**
> 신탁재산은 수탁자의 상속재산에 속하지 아니하며, 수탁자의 이혼에 따른 재산분할의 대상이 되지 아니한다.

1. 총 설

현행 신탁법 제23조는 수탁자의 상속개시에 따라 상속재산이 되는 것은 수탁자의 고유재산에 한한다는 취지의 종전 조문에 더하여 수탁자가 이혼하면서 재산분할을 하는 경우 재산분할의 대상이 되지 아니한다는 규정을 신설함으로써 신탁재산의 독립성을 명확히 하였다.

2. 신탁재산은 상속재산에 속하지 아니함

수탁자는 본래 신탁재산의 관리자에 불과하고, 신탁재산을 개인적으로 이용하여 그 경제적 이익을 향수할 수 있는 지위에 있지 아니하다. 수탁자의 상속인이 승계하는 것은 어디까지나 수탁자 본래의 재산인 고유재산에 한하므로 신탁재산이 상속재산으로부터 배제되는 것은 신탁의 본질상 당연한 것이다.[2)] 즉 신탁재산은 수탁자의 고유재산과 구

1) 유재관, 〈신탁법실무〉, 127면.
2) 오영준, 〈신탁재산의 독립성〉, 866면.

별되는 독립성을 지니고 있으며, 피상속인인 수탁자와 위탁자 사이에는 신임관계가 존재한다. 따라서 신탁재산은 수탁자의 상속재산에 속하지 아니하고, 상속채권자의 추급권으로부터 보호된다.[1] 또한 동조는 수탁자의 사망이 그 임무의 종료사유가 되고 그 상속인에게 승계되지 않는다는 것과도 관련이 있다.

신탁재산이 수탁자의 상속재산에 속하지 아니한다는 것을 주장하기 위하여는 현행 신탁법 제4조의 공시방법을 갖추어야 하는 재산권이면 그 공시방법을 갖추어야 할 것이지만 일반적으로 수탁자의 상속인은 제3자의 범위에 들어가지 아니하므로 상속인에게는 공시방법을 갖추지 않더라도 대항할 수 있다고 할 것이다.[2]

3. 신탁재산은 재산분할의 대상이 되지 아니함

수탁자가 이혼을 하면서 민법 제839조의2[3]상의 재산분할청구를 받더라도, 신탁재산의 독립성에 따라 신탁재산은 재산분할의 대상이 되지 아니한다.

제24조 (수탁자의 파산 등과 신탁재산)
신탁재산은 수탁자의 파산재단, 회생절차의 관리인이 관리 및 처분 권한을 갖고 있는 채무자의 재산이나 개인회생재단을 구성하지 아니한다.

1. 수탁자의 도산위험으로부터 격리

수탁자의 일반채권자로부터의 신탁재산에 대한 강제집행을 금지한 현행 신탁법 제22조와 같은 취지이다. 신탁법상의 신탁재산은 위탁자의 재산 및 수탁자의 고유재산으로부터 분리되어 관리되는 독립성을 가지고 있으므로, 위탁자는 물론 수탁자의 일반채권자들의 강제집행으로부터 배제된다. 여기서의 신탁재산은 공시되어 수탁자의 일반채권자에게 대항할 수 있는 신탁재산임을 전제로 한다. 왜냐하면 공시 또는 특정이 되지 않으면

1) 김진우, 〈신탁재산의 특수성〉, 218면.
2) 최동식, 〈신탁법〉, 142면; 김성필, 〈신탁재산의 법률관계〉, 204면; 김진우, 〈신탁재산의 특수성〉, 218면.
3) 민법 제839조의2(재산분할청구권)
① 협의상 이혼한 자의 일방은 다른 일방에 대하여 재산분할을 청구할 수 있다.
② 제1항의 재산분할에 관하여 협의가 되지 아니하거나 협의할 수 없는 때에는 가정법원은 당사자의 청구에 의하여 당사자 쌍방의 협력으로 이룩한 재산의 액수 기타 사정을 참작하여 분할의 액수와 방법을 정한다.
③ 제1항의 재산분할청구권은 이혼한 날부터 2년을 경과한 때에는 소멸한다.

수탁자의 파산관재인 등에게 신탁재산이라는 것을 대항할 수 없기 때문이다.[1]

구 신탁법 제22조는 신탁재산의 파산재단 구성여부만을 규정하여, 수탁자에게 채무자회생법상의 회생절차 또는 개인회생절차가 개시된 경우에는 신탁재산이 고유재산으로부터 격리되는지에 대한 논란이 있었으나,[2] 현행 신탁법에서는 회생절차 또는 개인회생절차의 경우도 명확히 정하였다.

2. 수탁자의 파산과 회생

가. 도산격리(Insolvency Protection)

신탁재산은 수탁자가 파산하거나 수탁자에 대한 회생절차가 진행되는 경우 수탁자의 파산재단, 회생절차의 관리인이 관리 및 처분 권한을 갖고 있는 채무자의 재산이나 개인회생재단에 속하지 아니하고, 수탁자의 도산위험으로부터 격리된다.

판례는 『수탁자가 파산한 경우에 신탁재산은 수탁자의 고유재산이 된 것을 제외하고는 파산재단을 구성하지 않는 것이지만, 신탁사무의 처리상 발생한 채권을 가진 채권자는 파산선고 당시의 채권 전액에 관하여 파산재단에 대하여 파산채권자로서 권리를 행사할 수 있다』라고 판시한 바가 있다(대법원 2004. 10. 15. 선고 2004다31883, 31890 판결[3]).

나. 파산의 경우

수탁자가 채무이행불능 등의 사유로 법원으로부터 파산선고를 받은 경우, 수탁자는 수탁능력을 상실하여 신탁임무가 종료된다(현행 신탁법 제12조 제1항 제4호). 수탁자의 임무가 종료되면 수탁자의 상속인, 법정대리인 또는 청산인은 신수탁자나 신탁재산관리인이 신탁사무를 처리할 수 있을 때까지 신탁재산을 보관하고 신탁사무 인계에 필요한 행위를 하여야 한다(현행 신탁법 제12조 제4항).

그러나 수탁자가 파산한 경우에는 파산관재인이 존재하고, 파산관재인은 파산채권자를 위해 권한을 행사할 의무가 있으므로 파산관재인으로서의 지위와 수탁자로서의 지위와 충돌할 우려가 있어 신탁재산관리를 맡기기 어렵다. 따라서 수탁자가 파산하는 경우에는 파산선고를 하는 법원이 직권으로 파산선고와 동시에 신탁재산관리인을 선임하게 된다(현행 신탁법 제18조).

한편 판례는 『수탁자의 파산관재인이 신탁재산에 관한 채무에 관하여 시효중단의 효력이 있는 승인을 할 수는 없다』고 판시하였고, 『제3자가 전수탁자에 대한 파산절차에

1) 이중기, 〈신탁법〉, 178면.
2) 법무부, 〈신탁법 해설〉, 189면.
3) 대법원 2005. 5. 27. 선고 2005다5454 판결; 대법원 2006. 11. 23. 선고 2004다3925 판결도 같은 취지이다.

참가하더라도 그에 따른 시효중단의 효력은 신수탁자에게 미치지 않는데, 이러한 법리는 신수탁자가 선임되기 전에 제3자가 전수탁자에 대한 파산절차에 참가하여 소멸시효의 중단사유가 생긴 경우에도 마찬가지로 적용된다』고 판시한 바가 있다(대법원 2018. 2. 28. 선고 2013다63950 판결).

다. 회생절차개시의 경우

회생절차에 대한 규정이 없던 구 신탁법의 경우에도 파산의 경우를 유추적용하여 회생절차가 개시될 경우 수탁자의 고유재산에 포함되지 않는 것으로 해석하였다.[1] 현행 신탁법 제24조에서는 채무자회생법의 개정 현행에 맞추어 회생절차 및 개인회생절차의 경우를 명시적으로 규정하였다.

第25条 (상계 금지)

① 신탁재산에 속하는 채권과 신탁재산에 속하지 아니하는 채무는 상계(相計)하지 못한다. 다만, 양 채권 · 채무가 동일한 재산에 속하지 아니함에 대하여 제3자가 선의이며 과실이 없을 때에는 그러하지 아니하다.

② 신탁재산에 속하는 채무에 대한 책임이 신탁재산만으로 한정되는 경우에는 신탁재산에 속하지 아니하는 채권과 신탁재산에 속하는 채무는 상계하지 못한다. 다만, 양 채권 · 채무가 동일한 재산에 속하지 아니함에 대하여 제3자가 선의이며 과실이 없을 때에는 그러하지 아니하다.

1. 총　　설

가. 상계 금지의 의의 및 취지

상계란 채권자와 채무자가 서로 동종의 채권·채무를 가지는 경우에 그 채권과 채무를 대등액에 있어서 소멸하게 하는 일방적 의사표시이다. 신탁재산에 속하는 채권과 수탁자의 채무는 외관상 모두 동일한 수탁자의 명의로 되어 있으므로 마치 상계가 가능한 것처럼 보이나, 신탁재산은 수탁자의 고유재산 또는 수탁자가 관리하는 다른 신탁의 신탁재산과 독립된 것이어서 대립되는 채권·채무라 할 수 없어서 상계적상을 갖추었다고 할 수 없고(실질적 법주체설에 따른 설명), 수탁자 등의 충실의무(현행 신탁법 제33조)를 위반하는 것이므로(채권설에 따른 설명)[2] 신탁재산을 대상으로 한 상계는 원칙적으로 금지된다.[3]

1) 이중기, 〈신탁법〉, 178면.

2) 채권설은 수익권의 성질을 채권으로 파악하는 입장으로, 신탁의 설정과 동시에 재산권은 수탁자에게 완전

판례 역시 『'신탁재산에 속하는 채권과 신탁재산에 속하지 아니하는 채무와는 상계하지 못한다'고 규정한 취지는 수탁자가 신탁의 수탁자로서 상대방에 대하여 갖고 있는 채권은 상대방이 수탁자 개인에 대하여 갖고 있는 반대채권과 법형식상으로는 상계 가능한 대립관계에 있는 것처럼 보이지만, 이 경우 수탁자에 의한 상계를 허용하게 되면 수탁자 고유의 채무를 신탁재산으로 소멸시켜 수탁자가 신탁재산으로부터 이익을 향수하는 결과를 초래하므로, 이를 금지함으로써 신탁재산의 감소를 방지하고 수익자를 보호하기 위함이다』라고 판시한 바가 있다(대법원 2007. 9. 20. 선고 2005다48956 판결).

나. 선의·무과실의 제3자 보호

다만 상계가 금지될 경우, 수탁자와 거래한 선의·무과실의 제3자는 불측의 피해를 입을 우려가 있으므로, 제3자를 보호하는 규정을 신설하였다.

다. 유한책임신탁에서의 상계

유한책임신탁(현행 신탁법 제11장)과 같이 수탁자가 신탁재산만으로 이행할 책임을 부담하는 경우에는, 일반 신탁과 달리 신탁재산에 속하는 채무를 대상으로 한 상계도 금지하였다. 다만 수탁자와 거래한 선의·무과실의 제3자가 받을 수 있는 불측의 피해를 막기 위하여 제3자를 보호하는 규정을 두었다.

라. 신탁관계에서의 상계

신탁관계에서 문제될 수 있는 상계의 구조를 그림으로 살펴보면, 다음과 같다.[1]

하게 귀속하고 수탁자는 수익자를 위하여 그 재산을 신탁목적에 따라 관리 또는 처분할 의무를 부담하며, 수익자는 수탁자에 대하여 단순히 채권을 갖고 있음에 지나지 않는다는 견해이다. 실질적 법주체설은 채권설을 비판하면서 등장한 학설로서 수탁자는 신탁재산에 대한 기관으로서의 명의 및 관리권을 가지고 수익자는 '수탁자에 대한 채권' 및 '신탁재산에 대한 물권적 권리'를 갖고 있다고 보는 입장이다. 오영준, 〈신탁재산의 독립성〉, 852~859면, 876~877면. 판례는 채권설을 취하고 있다(대법원 2002. 4. 12. 선고 2000다70460 판결(부동산의 신탁에 있어서 수탁자 앞으로 소유권이전등기를 마치게 되면 대내외적으로 소유권이 수탁자에게 완전히 이전되고, 위탁자와의 내부관계에 있어서 소유권이 위탁자에게 유보되어 있는 것은 아니라 할 것이며, 이와 같이 신탁의 효력으로서 신탁재산의 소유권이 수탁자에게 이전되는 결과 수탁자는 대내외적으로 신탁재산에 대한 관리권을 갖는 것이고, 다만, 수탁자는 신탁의 목적 범위 내에서 신탁계약에 정하여진 바에 따라 신탁재산을 관리하여야 하는 제한을 부담함에 불과하다), 대법원 1991. 8. 13. 선고 91다12608 판결(부동산의 신탁에 있어서 신탁자의 위탁에 의하여 수탁자 앞으로 그 소유권이전등기를 경료하게 되면 대내외적으로 소유권이 수탁자에게 완전히 이전되고, 신탁기간의 만료 등 신탁종료의 사유가 발생하더라도, 수탁자가 수익자나 위탁자에게 목적부동산의 소유권을 이전할 의무를 부담하게 됨에 불과할 뿐, 당연히 목적부동산의 소유권이 수익자나 위탁자에게 복귀된다고 볼 수는 없는 것)).

3) 이중기, 〈신탁법〉, 213~214면; 최동식, 〈신탁법〉, 119면; 임채웅, 〈신탁법연구〉, 223면, 230~232면; 최수정, 〈신탁법상의 상계〉, 119~120면, 137~139면.

1) 임채웅, 〈신탁과 상계의 연구〉, 224면.

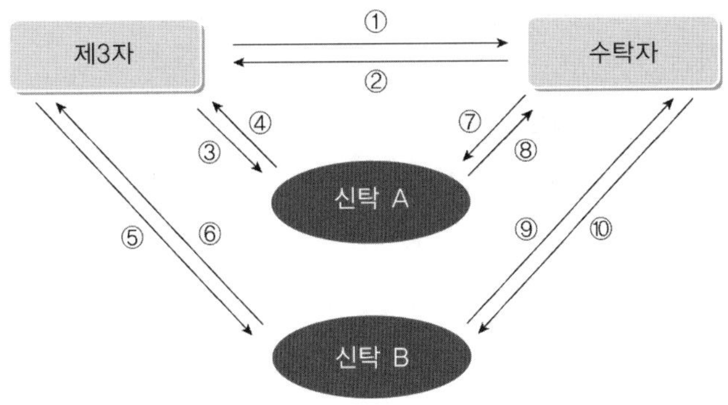

2. 신탁재산에 속하는 채권과 신탁재산에 속하지 않는 채무

가. 신탁재산에 속하는 채권과 신탁재산에 속하지 않는 채무의 의미

(1) "신탁재산에 속하는 채권"이란 신탁재산의 관리처분에 의해 발생된 채권, 신탁재산의 멸실·훼손에 의해 발생한 채권, 기타의 사유에 의해 수탁자가 얻은 채권(수용보상금채권 등)[1] 등이 해당된다. 위 그림에서 신탁A의 제3자에 대한 채권(④채권) 또는 신탁B의 제3자에 대한 채권(⑥채권)을 의미한다.

(2) "신탁재산에 속하지 않는 채무"는 신탁재산으로 부담하지 않는 채무를 말하는데 구체적으로는 수탁자 개인의 채무, 수탁자 명의의 다른 신탁재산에 속하는 채무 등이 해당된다.[2] 위 그림에서 신탁A를 기준으로 하면 수탁자의 제3자에 대한 채무(①채무) 또는 신탁B의 신탁재산에 속하는 제3자에 대한 채무(⑤채무)를 의미한다.

나. 상계 금지의 원칙

현행 신탁법에는 의사표시의 주체가 명시되어 있지 아니하나, 수탁자에 의한 상계뿐만 아니라 제3자에 의한 상계도 금지된다고 보아야 한다. 수탁자에 의한 상계의 경우 수탁자의 이익향수금지 원칙(현행 신탁법 제36조)에 반하고, 제3자에 의한 상계의 경우 공평의무(현행 신탁법 제35조)에 반하기 때문이다.[3] 또한 신탁재산의 독립성을 인정하는 관점에서 보더라도 제3자에 의한 상계를 금지한다고 보아야 한다.[4]

1) 최동식, 〈신탁법〉, 119면; 최수정, 〈신탁법상의 상계〉, 120면.
2) 유재관, 〈신탁법실무〉, 116면; 최동식, 〈신탁법〉, 119면; 최수정, 〈신탁법상의 상계〉, 120~121면; 이중기, 〈신탁법〉, 214~215면; 김진우, 〈신탁재산의 특수성〉, 213면.
3) 이중기, 〈신탁법〉, 215면.
4) 최동식, 〈신탁법〉 122면.

다. 예외적 허용

(1) 제3자의 선의 · 무과실의 경우

신탁재산도 수탁자 명의의 재산이므로 제3자가 수탁자와의 거래에서 발생한 채권의 귀속상태를 오인하고 상계한 경우, 제3자가 수탁자와의 관계에서 발생한 채권·채무가 신탁재산에 속하는 것인지 아니면 수탁자 개인에게 속하는 것인지 알기 어렵고, 수탁자가 거래시에 일일이 신탁재산 여부를 명시하지 않으며 이를 강제하기도 어려우므로, 표현법리를 유추적용하여 제3자의 상계에 대한 기대를 보호하여야 할 필요가 있다.[1] 이에 제3자가 선의·무과실인 경우에는 신탁재산에 속하는 채권과 신탁재산에 속하지 않는 채무의 상계를 허용하고 있다(현행 신탁법 제25조 제1항 단서).

(2) 상계계약의 허용 여부

상계 관련 규정은 강행규정이므로 이에 반하는 상계는 무효라는 견해[2]와 수익자의 이익에 반하는 행위 금지조항(현행 신탁법 제34조)이나 공평의무조항(현행 신탁법 제35조) 등도 일정한 예외를 인정하고 있고, 신탁재산의 독립성은 신탁재산을 보호하여 위탁자의 의사에 상응하여 수익자의 이익을 도모하는 것이 목적이므로 신탁행위로 허용하거나 수익자가 승인한 경우에는 예외를 인정할 필요가 있다는 점에서 임의규정이므로 상계계약이 가능하다는 견해[3]가 있다. 수익자의 이익을 고려한다면 임의규정이라고 보는 견해가 타당하다.

3. 신탁재산에 속하지 않는 채권과 신탁재산에 속하는 채무의 상계

가. 신탁재산에 속하는 채무에 대한 책임이 신탁재산으로 한정되지 않는 경우

수탁자의 이행청구에 대하여 제3자가 신탁채권을 자동채권으로 상계하는 경우, 위 그림에서 예를 들면, 수탁자가 제3자에 대한 채권(②채권)을 행사하였을 때 제3자가 신탁채권(③채권 또는 ⑤채권)으로 상계하는 경우이다. 이에 대하여는 신탁재산과 수탁자의 고유재산은 전혀 별개이고 신탁재산에는 독립성이 있으며, 상계를 인정할 경우 수탁자에게 불리하므로 상계할 수 없다는 견해가 있다(다만 이 견해도 신탁사무의 처리로 인하여 발생하는 채무와 신탁재산이 당연히 부담하여야 할 채무에 대해서는 수탁자도 제3자에 대해 연대적 책임을 지므로 상계가 가능하다고 한다).[4]

---

1) 이중기, 〈신탁법〉, 216~217면; 최동식, 〈신탁법〉, 122~123면; 최수정, 〈신탁법상의 상계〉, 140면.
2) 김진우, 〈신탁재산의 특수성〉, 213~214면; 김성필, 〈신탁재산의 법률관계〉, 205면.
3) 이중기, 〈신탁법〉, 218~219면; 최동식, 〈신탁법〉, 123~125면; 최수정, 〈신탁법상의 상계〉, 139~140면.
4) 김성필, 〈신탁재산의 법률관계〉, 205면; 유재관, 〈신탁법실무〉, 117면.

그러나 신탁재산에 속하지 않는 채권과 신탁재산에 속하는 채무 사이의 상계를 허용하더라도 실질적으로 수탁자가 자신의 재산(채권)으로 신탁재산의 채무를 변제하는 것이기 때문에 신탁재산에는 아무런 손해가 없고, 상대방의 입장에서 보더라도 자신의 신탁재산에 대한 매매대금채권이 반드시 신탁재산으로부터 변제되어야 한다고 고집할 이유가 없다.[1] 나아가 현행 신탁법 제25조 제2항은 "신탁재산에 속하는 채무에 대한 책임이 신탁재산만으로 한정되는 경우" 상계하지 못한다고 정하고 있으므로, 반대해석상 신탁재산에 속하는 채무에 대한 책임이 신탁재산만으로 한정되지 않는 경우에는 신탁재산에 속하지 않는 채권과 신탁재산에 속하는 채무 사이의 상계가 허용될 것이다.

나. 신탁재산에 속하는 채무에 대한 책임이 신탁재산으로 한정되는 경우

(1) 제3자에 의한 상계

(가) 원칙적 금지

유한책임신탁의 경우, 상계를 인정하게 되면 수탁자의 고유재산에 대한 집행을 제한하는 취지가 무색해지므로 상계가 허용되지 않는다(현행 신탁법 제25조 제2항 본문). 이에 더하여 수탁자의 책임이 신탁재산에 한정될 경우에도 상계가 허용되지 아니한다고 하여 마치 책임한정특약을 한 경우에도 상계가 허용되지 아니한다는 취지의 견해[2]도 있는 것으로 보이나, 책임한정특약을 한 경우까지 상계를 허용하지 아니한다면 당사자의 특약에 의하여 제3자의 이익이 심하게 침해되는 결과가 초래될 수 있으므로 이 경우에는 상계를 허용하여야 될 것이다.

(나) 예외적 허용

양 채권·채무가 동일한 재산에 속하지 아니함에 대하여 제3자가 선의이며 과실이 없을 때에는 상계가 허용된다(현행 신탁법 제25조 제2항 단서). 이 규정을 임의규정으로 보면 상계계약이나 신탁행위상 특약으로 상계를 허용한 경우에도 상계는 허용된다.

(2) 수탁자에 의한 상계

수탁자가 신탁재산만으로 유한책임을 부담함에도 불구하고 자신의 제3자에 대한 채권을 자동채권으로 하여 신탁채무에 대하여 상계한 경우, 신탁재산이나 수익자는 상계로 소멸하는 채권과 대등액의 범위에서 채무를 면하게 되어 불리하지 않고, 수탁자 자신이 사실상 유한책임을 포기하는 불이익을 인정하겠다는 의사이므로, 이 유형의 상계는 허용된다.[3]

1) 오영준, 〈신탁재산의 독립성〉, 880~881면.
2) 최수정, 〈일본 신신탁법〉, 45~46면.
3) 최수정, 〈신탁법상의 상계〉, 142~143면. 대법원 2003. 1. 10. 선고 2002다12741 판결.

4. 신탁재산에 속하는 채권과 수탁자의 신탁재산에 속하는 채무와의 상계

현행 신탁법 제25조의 해석상 신탁재산에 속하는 채권과 수탁자의 신탁재산에 속하는 채무와의 상계는 가능하다.

5. 수익자와 수탁자 간의 상계

수익자가 수익채권을 자동채권(⑧채권 또는 ⑨채권)으로 하여 수탁자의 수익자에 대한 채권(⑦채권 또는 ⑩채권)과 상계하는 경우 또는 반대의 경우 이를 허용할 수 있을지에 대하여 견해의 대립이 있었으나, 현행 신탁법에서 수탁자는 현행 신탁법 제38조에 따라 수익자에 대하여 유한책임을 부담한다는 점에서 유한책임신탁 등과 동일한 구조이므로 제2항의 적용대상에 포함된다. 따라서 수탁자의 상계는 신탁재산이나 수익자에게 불이익이 없으므로 허용되나, 수익자의 상계를 허용하는 것은 위 유한책임규정의 취지를 몰각시키는 것이므로 허용되지 않는다.[1)]

판례도 증권투자신탁의 투자신탁운용사가 수익자에 대한 사채권을 수익증권의 환매대금채권(수익채권)과 상계한 사안에서 『수탁자 개인이 수익자에 대하여 갖는 고유의 채권을 자동채권으로 하여 수익자가 신탁종료시 수탁자에 대하여 갖는 원본반환채권 내지 수익채권 등과 상계하는 것은, 우선 신탁법 제20조가 금지하는 상계의 유형에 해당하지 아니할 뿐만 아니라 위와 같은 상계로 인하여 신탁재산의 감소가 초래되거나 초래될 위험이 전혀 없는 점, 수익자는 상계로 소멸하는 원본반환채권 등과 대등액의 범위 내에서 자신의 채무를 면하는 경제적 이익을 향수하게 되는 점, 신탁법 제42조 자체가 수탁자에게 자기의 고유재산으로 일단 신탁재산에 속하는 채무를 변제한 다음 그 비용을 신탁의 이익이 귀속하는 신탁재산 또는 수익자로부터 보상받을 수 있는 권리를 인정하고 있는 점, 수탁자가 수익자와의 거래로 생긴 채권 등을 자동채권으로 하여 수익자의 수탁자에 대한 원본반환채권 등과 상계할 것을 기대하는 것이 거래통념상 법적으로 보호받을 가치가 없는 비합리적인 기대라고 볼 수 없는 점 등에 비추어 볼 때, 수탁자의 위와 같은 상계는 수익자의 반대채권과의 상계를 통한 채권회수를 둘러싸고 신탁재산에 속하는 채권과 수탁자 고유의 채권이 경합하는 관계에 있어 이익상반행위에 해당한다거나 일반 민법상의 권리남용에 해당한다는 등의 특별한 사정이 없는 한 적법·유효한 것으로서 허용된다』라고 판시하여 이러한 수탁자의 상계는 이익상반행위 또는 민법상 권리남용에 해당하지 않는다고 보았다(대법원 2007. 9. 20. 선고 2005다48956 판결).

1) 최수정, 〈일본 신신탁법〉, 46면; 최수정, 〈신탁법상의 상계〉, 142면.

제26조 (신탁재산에 대한 혼동의 특칙)

다음 각 호의 경우 혼동(混同)으로 인하여 권리가 소멸하지 아니한다.

1. 동일한 물건에 대한 소유권과 그 밖의 물권이 각각 신탁재산과 고유재산 또는 서로 다른 신탁재산에 귀속하는 경우
2. 소유권 이외의 물권과 이를 목적으로 하는 권리가 각각 신탁재산과 고유재산 또는 서로 다른 신탁재산에 귀속하는 경우
3. 신탁재산에 대한 채무가 수탁자에게 귀속하거나 수탁자에 대한 채권이 신탁재산에 귀속하는 경우

1. 총 설

신탁재산은 수탁자 명의로 된 재산이나, 수탁자의 고유재산과 독립하여 존재하고 그 경제적 이익은 실질적으로 수익자에게 귀속되는 것이므로, 외관상 두 개의 권리가 수탁자에게 귀속되어 혼동이 발생하더라도 일부가 신탁재산에 포함된 경우에는 실제로 동일인에게 귀속되는 것이 아니어서 해당 권리는 소멸되지 않는다.

구 신탁법은 혼동이 발생하는 경우를 제한적으로 규정하고 있으며 법문도 명확하지 않아 해석에 어려움이 있으므로, 현행 신탁법은 이와 같은 비판을 수용하여 혼동에 관한 조문을 위와 같이 개정하고, 신탁재산의 독립성을 명확히 하였다.

2. 의 의

민법에 의하면 혼동이란 서로 대립하는 두 개의 법률상의 지위 또는 자격이 동일인에게 귀속하는 것으로, 양 지위를 모두 존속시키는 것은 무의미하므로 어느 한 지위를 다른 지위에 흡수시켜 소멸하는 것이 원칙이다(민법 제191조).[1] 또한 채권의 경우 채권과 채무가 동일한 주체에 귀속한 때에는 채권과 채무의 존속을 인정하는 것이 통상 경제적으로 의미가 없으므로 권리의무관계를 간소화하기 위하여 채권은 소멸하는 것으로 본다(민법 제507조).[2]

1) 민법 제191조(혼동으로 인한 물권의 소멸) ① 동일한 물건에 대한 소유권과 다른 물권이 동일한 사람에게 귀속한 때에는 다른 물권은 소멸한다. 그러나 그 물권이 제3자의 권리의 목적이 된 때에는 소멸하지 아니한다.
② 전항의 규정은 소유권 이외의 물권과 그를 목적으로 하는 다른 권리가 동일한 사람에게 귀속한 경우에 준용한다.
③ 점유권에 관하여는 전 2항의 규정을 적용하지 아니한다.

2) 민법 제507조(혼동의 요건, 효과) 채권과 채무가 동일한 주체에 귀속한 때에는 채권은 소멸한다. 그러나

3. 신탁재산의 불혼동

가. 유 형

(1) 소유권과 제한물권의 혼동

동일한 물건에 대한 소유권과 그 밖의 물권이 각각 신탁재산과 고유재산 또는 서로 다른 신탁재산에 귀속하는 경우, 그 밖의 물권은 혼동으로 소멸하지 않는다(현행 신탁법 제26조 제1호).

그러나 특정 대지에 대한 소유권이 신탁재산이고 수탁자가 그 위에 개인적으로 지상권을 설정하려고 하는 경우에는, 신탁재산에 관한 권리(토지에 대한 지상권)를 고유재산으로 귀속시키는 행위에 해당하여 이익상반행위로서 금지되므로(현행 신탁법 제34조 제1항 제1호) 해당 권리를 취득할 수 없는 경우가 되어 혼동의 문제가 발생하지 않는다. 또한 수탁자는 상속 등과 같이 수탁자의 의사에 기하지 아니한 경우에는 신탁재산에 관한 권리를 포괄적으로 승계할 수 있으므로(현행 신탁법 제34조 제3항), 수탁자가 신탁재산에 관한 권리를 상속하는 경우에도 혼동의 문제는 발생하지 않는다.[1)]

(2) 제한물권과 그 제한물권을 목적으로 하는 다른 권리의 혼동

물권은 점유권과 본권으로 나뉘고, 본권은 소유권과 제한물권으로 나뉘므로, '소유권 이외의 물권'이라 하면 점유권도 포함된다. 그러나 민법상 혼동으로 인하여 소멸하는 물권에는 점유권이 포함되지 아니하므로(민법 제191조 제3항) 현행 신탁법 제26조 제2호의 '소유권 외의 물권'은 제한물권만을 의미한다고 보아야 한다.[2)]

예를 들어 저당권과 그 저당권을 목적으로 하는 질권, 지상권과 그 지상권을 목적으로 하는 저당권 등과 같이 제한물권과 그 제한물권을 목적으로 하는 다른 권리(역시 제한물권에 해당함)가 하나는 고유재산에, 다른 하나는 신탁재산에 속하거나 그 반대의 경우에는 제한물권을 목적으로 하는 다른 권리도 소멸하지 않는다(현행 신탁법 제26조 제2호). 또한 수탁자가 복수의 신탁을 관리하고 있는 경우 제한물권과 그 제한물권을 목적으로 하는 다른 권리가 다른 종류의 신탁재산에 포함된 때에도 제한물권을 목적으로 하는 다른 권리는 소멸하지 않는다.[3)]

(3) 채권과 채무의 혼동

수탁자가 신탁재산에 대하여 채무를 부담하거나 채권을 취득한 경우, 채권과 채무가 신탁의 법리상 실질적으로 모두 수탁자에게 귀속되는 것은 아니고, 그 경제적 이익이 수

그 채권이 제3자의 권리의 목적인 때에는 그러하지 아니하다.

1) 김성필, 〈신탁재산의 법률관계〉, 206~207면.
2) 유재관, 〈신탁법실무〉, 129면.
3) 송현진 · 유동규, 〈조해 신탁법〉, 282면.

익자 및 신탁재산에 여전히 존속하므로, 신탁재산상 수탁자에 대한 채권 또는 수탁자의 신탁재산에 대한 채권은 소멸하지 않는다(현행 신탁법 제26조 제3호). 한편 수탁자가 신탁재산에 대한 채권을 취득하거나 수탁자에 대한 채무가 신탁재산에 속하게 되는 것은 현행 신탁법 제34조에 따라 수탁자의 이익상반행위 금지의무에 반하여 금지되나, 예외적으로 허용되는 경우 현행 신탁법 제34조 제2항, 제3항, 제26조 제3호에 따라 혼동으로 소멸되지 않을 것이다.[1)]

나. 대항요건

수익자, 수탁자 등은 신탁재산에 대하여 현행 신탁법 제4조에 따른 공시방법을 갖추어야 제3자에게 신탁재산의 불혼동을 대항할 수 있다.[2)] 그렇지 아니하면 신탁재산이 공시되지 아니하였으므로 이후에 수탁자로부터 소유권을 양수한 자에 대하여 소유권 외의 권리가 신탁재산이라는 주장을 할 수 없다.[3)]

> **제27조 (신탁재산의 범위)**
> 신탁재산의 관리, 처분, 운용, 개발, 멸실, 훼손 그 밖의 사유로 수탁자가 얻은 재산은 신탁재산에 속한다.

1. 총설 — 민법상 물상대위와의 차이점

담보물권의 물상대위(민법 제342조, 제370조)에는 물건의 취득 방법이 담보물의 멸실, 훼손, 공용징수로 한정되어 있고, 담보권설정자가 받은 금전 기타 물건에 대한 지급 또는 인도 전에 압류하여야만 그 효력이 있는 반면, 신탁법의 경우에는 취득 방법에 제한이 없고, 압류 없이도 물상대위의 효력이 발생한다. 또한 민법상 물상대위는 대위물의 압류 후 환가처분을 전제하고 있으나, 신탁의 경우 대위물이 신탁재산을 구성하고 그 상태로 신탁이 계속된다.

이와 같이 신탁법상의 물상대위는 민법상 물상대위와는 그 성격이 다르고[4)] 신탁에 대한 증여와 같이 수탁자가 무상으로 권리를 취득하는 경우에는 기존 신탁재산의 대위물

1) 송현진 · 유동규, 〈조해 신탁법〉, 282면.
2) 최동식, 〈신탁법〉, 142면; 김성필, 〈신탁재산의 법률관계〉, 207면; 김진우, 〈신탁재산의 특수성〉, 217면.
3) 송현진 · 유동규, 〈조해 신탁법〉, 283면.
4) 최동식, 〈신탁법〉, 147~148면; 유재관, 〈신탁법실무〉, 129면.

이 아니어서 이 조항이 적용되지 않는 것으로 오해할 소지도 있으므로,[1] 현행 신탁법은 표제를 "물상대위"에서 "신탁재산의 범위"로 수정하였다.

2. 의 의

수탁자의 관리·처분·개발 및 운용 등의 관리사무에 의하여 신탁재산에 양적·질적 변화가 발생하거나 수탁자 또는 제3자의 불법행위에 의하여 신탁재산이 멸실·훼손되어 손해배상청구권[2]이 발생하는 등 수탁자가 신탁재산과 관련하여 새로운 재산을 취득한 경우, 이로 인하여 수탁자가 얻은 재산은 신탁재산으로부터 이탈하지 않고 신탁재산에 포함된다. 물상대위는 담보목적물이 멸실 또는 훼손될 경우 그 목적물에 갈음하는 금전 기타 물건 등의 교환가치에 대한 것이므로, 담보권의 효력이 그 교환가치에 미치기 위해서는 그 교환가치와 신탁목적물 사이에 특정성과 동일성이 인정되어야 하므로,[3] 신탁목적물과 수탁자가 새롭게 얻은 재산과의 사이에 동일성을 요구하는 것은 사실상 물상대위 범위를 제한하는 효과를 가져 오게 된다.

3. 적용범위

가. 물상대위의 범위와 그 예

민법상 물상대위(민법 제342조, 제355조, 제370조)에 의한 대위물의 범위는 대상재산의 변형물에 한정되

1) 이중기, 〈신탁법〉, 167면.

2) 최동식, 〈신탁법〉, 151면은, 신탁재산 자체가 멸실·훼손되지 않고 제3자의 불법행위로 신탁재산의 소유자가 향유할 수 있었던 이익을 상실하여 경제적 손실을 입은 경우에는 이 규정을 적용하여 '신탁재산의 관리'에 수반되어 발생한 것이라고 보아 신탁재산에 귀속되는 것으로 해석하여야 한다고 한다.

3) 송현진·유동규, 〈조해 신탁법〉, 285면; 판례는『물상대위는 담보목적물이 멸실 또는 훼손될 경우 그 목적물에 갈음하는 금전 기타 물건 등의 교환가치에 대한 것이므로, 담보권의 효력이 그 교환가치에 미치기 위해서는 그 교환가치와 신탁목적물 사이에 특정성과 동일성이 인정되어야 할 것인바, 비록 앞서 본 바와 같이 원고 등의 우선수익자와 수탁자인 피고 등이 이 사건 건물 중 8, 9층의 멸실 후 신축을 예상한 상태에서, 일단 이 사건 건물 중 멸실되기 전의 8, 9층 부분도 신탁목적물로 포함한 다음 그 부분에 대하여 수익권증서를 발행하고, 나중에 8, 9층이 신축되면, 피고는 소외 1 주식회사와 사이에 새로운 신탁계약을 체결하고, 그 후 원고는 피고로부터 새로운 수익권증서를 발행받는 것을 전제로 하고 있었다고 하더라도, 8, 9층의 멸실로 인하여 그 부분에 관한 원고의 우선수익권은 소멸되었다고 할 것이고, 또한 소외 1 주식회사와 소외 2 주식회사 사이에 체결된 매매계약의 목적물 중 이 사건 건물 8, 9층은 멸실된 후 새로이 신축된 것인 이상, 그 부분에 대해 소외 1 주식회사와 피고 사이에 새로운 신탁계약이 체결되고, 피고 앞으로 신탁을 원인으로 하여 신탁등기가 된 다음, 그에 대해 원고 등을 우선수익자로 하는 새로운 수익권증서가 발행되고, 신탁원부에 의해 그 담보목적과 피담보채권 등 담보수익권에 관하여 공시되지 아니하였다면, 신축된 8, 9층에 관한 매매대금을 멸실 전의 8, 9층 부분에 관한 우선수익자의 물상대위의 효력이 미치는 특정성과 동일성이 인정되는 교환가치라고 보기 어렵다고 할 것이다』라고 판시하며, 멸실 전 기존 8, 9층에 대한 우선수익권이 그 이후 신축된 8, 9층에 관한 매매대금에 물상대위의 효력이 미친다고 할 수 없다고 하였던바(서울고등법원 2008. 1. 25. 선고 2005다69542 판결), 사실상 물상대위범위가 제한되게 되었다.

나, 신탁의 경우 '대위물'뿐만 아니라 신탁행위에 의해 수탁자의 명의로 이전되고 신탁의 관리·처분 등으로 얻은 재산(적극재산·소극재산인지 여부는 불문)이 그 적용대상이 된다.[1]

(1) 신탁재산의 관리로 인하여 얻은 재산

천연과실, 법정과실, 임료, 지료, 제3자가 법률상 원인 없이 건물을 점유함으로 인하여 취득하게 되는 임료 상당의 부당이득반환청구권 등이 이에 속한다.

(2) 신탁재산의 처분으로 인하여 취득한 재산

수탁자가 신탁재산의 매각·처분에 의하여 얻은 물건·금전·유가증권 또는 신탁재산인 금전으로 다른 재산권을 취득한 경우 그 재산권, 금전채권과 그에 부수되는 담보권 등, 신탁사무의 처리로 신탁행위에 의해 정해진 재산의 종류 이외의 재산을 취득하는 경우 또는 신탁의 본지에 반하여 재산을 취득한 경우에는 수탁자가 신탁의무를 위반한 것이 되지만 그 행위의 결과로 수탁자가 취득한 재산, 수탁자가 신탁재산의 처분에 따라 매수인으로서 거래징수한 부가가치세 상당액[2] 등이 이에 속한다.

(3) 신탁재산의 멸실·훼손으로 취득한 재산

손해배상채권, 보험금청구권, 보상금 등이 이에 속한다.

(4) 기타 사유로 얻은 재산

수탁자가 신탁재산의 관리사무를 적절히 하지 못하여 신탁재산에 손해가 발생하거나 수탁자의 의무에 반하여 신탁재산을 처분한 경우의 수탁자에 대한 원상회복청구권 또는 손해배상청구권(현행 신탁법 제43조)을 행사하여 회복한 재산, 신탁재산의 처분을 수익자가 취소하여 회복한 재산, 신탁재산의 개발을 위하여 차용한 금전채무 등이 이에 속한다.

나. 신탁해지로 소유권이전등기가 경료되기 전까지의 제3자에 대한 신탁재산 점유로 인한 부당이득반환청구권을 위탁자 또는 그 상속인이 당연히 행사할 수 있는지 여부

판례는『갑 소유의 건물이 을에게 신탁된 것이라면 신탁등기가 된 때부터 신탁이 해지되어 갑의 상속인 병 명의로 이전등기가 될 때까지는 건물의 소유권은 대내외적으로 을에게 완전히 귀속되었다 할 것이고, 따라서 그 동안에 정이 법률상 원인 없이 건물을 점유함으로 인하여 부담하게 되는 임료 상당의 부당이득반환채무에 대한 청구권은 을이 갖는 것이고, 그 후 신탁이 해지되었다 하더라도 이미 발생한 부당이득반환청구채권은

1) 최동식, 〈신탁법〉, 146면; 김진우, 〈신탁재산의 특수성〉, 212~213면; 오영준, 〈신탁재산의 독립성〉, 902면; 유재관, 〈신탁법실무〉, 111~112면.
2) 대법원 2003. 4. 25. 선고 99다59290 판결.

을이 신탁재산의 관리로 얻은 재산으로서 신탁재산에 속하는 것이므로(현행 신탁법 제19조) 당연히 위탁자 갑의 상속인인 병에게 승계된다고는 할 수 없고, 수탁자인 을로서는 신탁계약의 본래 목적에 따라 잔여신탁재산으로서 이를 귀속권리자인 병에게 양도하여 대항요건을 갖추는 등의 이전절차를 취하여야 할 의무를 부담하는 데 지나지 아니하므로 을이 이러한 이전절차를 밟지 아니하였다면 병이 정에 대하여 그 부당이득반환청구채권을 행사할 수 없다』(대법원 1994. 10. 14. 선고 93다62119 판결)라고 하여 신탁해지로 소유권이전등기가 경료되기 전까지 제3자에 대한 신탁재산 점유로 인하여 이미 발생한 부당이득반환청구권은 신탁재산에 해당한다고 판시한 바가 있다.

다. 분양형 토지신탁계약에서 신축중인 건물도 신탁재산에 포함되는지 여부

판례는『토지 소유자가 부동산신탁회사에게 토지를 신탁하고 부동산신탁회사가 그 토지상에 건물을 신축하여 이를 분양한 후 그 수입으로 투입비용을 회수하고 수익자에게 수익을 교부하는 내용의 분양형 토지신탁계약에서, 토지와 신축 건물을 신탁재산으로 정하여 분양하되 건물 신축을 위한 차용금채무도 신탁재산에 포함시키기로 약정하였으나 건물을 신축하는 도중에 신탁계약이 해지된 경우, 완공 전 건물의 소유권 귀속에 관하여 특별한 정함이 없는 한 신축중인 건물도 신탁재산에 포함되는 것으로 보아야 할 것이고, 따라서 신탁이 종료하면 수탁자는 신탁법 제59조 또는 제60조에 의하여 신축중인 건물에 관한 권리를 수익자 또는 위탁자나 그 상속인에게 귀속시켜야 한다』고 하여 토지와 신축 건물을 신탁재산으로 정하여 분양하되 건물 신축을 위한 차용금채무도 신탁재산에 포함시키기로 약정한 분양형 토지신탁계약에서는 별다른 약정이 없는 한 신축중인 건물도 신탁재산에 포함된다고 판시한 바가 있다(대법원 2007. 9. 7. 선고 2005다9685 판결).

라. 부가가치세 환급청구권이 신탁재산에 포함되는지 여부

판례는『신탁법 제19조는 '신탁재산의 관리·처분·멸실·훼손 기타의 사유로 수탁자가 얻은 재산은 신탁재산에 속한다'고 규정하고 있는바, 부가가치세 환급청구권은 일정한 과세기간 동안에 매입세액이 매출세액을 초과하는 경우 사업자에게 그 차액에 상당하는 세액의 환급청구가 인정되는 권리로서, 신탁법상의 신탁에 있어서 신탁재산의 개발·관리·처분 등의 거래에 대한 부가가치세 납부의무자 및 환급청구권의 귀속권자는 사업자인 위탁자이고, 비록 공급하는 자에게 지급한 매입세액 상당액을 수탁자가 신탁재산에 속한 자금으로 지급하였다고 하더라도 그와 같은 이유만으로 부가가치세 환급청구권이 바로 신탁재산의 개발·관리·처분 등으로 수탁자가 얻은 재산이라고 할 수는 없으므로, 이와 같은 경우에 국가에 대하여 가지는 부가가치세 환급청구권은 위 법조 소정의 신탁재산에 속한다고 할 수 없다』라고 하여 부가가치세 환급청구권은 위 조항상의 신탁재산에 해당하지 아니한다고 판시한 바가 있다(대법원 2003. 4. 25. 선고 2000다33034 판결).

마. 매수인으로부터 거래징수한 부가가치세가 신탁재산에 속하는지 여부

판례는 『신탁계약에 따라 신탁재산을 처분하여 수탁자가 얻은 매매대금은 신탁재산에 속하는 것이고(신탁법 제19조), 한편 재화의 공급에 따라 사업자가 공급받는 자로부터 받은 부가가치세액 상당의 금원은 부가가치세 납부의무 이행을 위하여 일시 보관하는 것이 아니라 매매대금과 일체로 되어 사업자의 소유로 귀속되는 것으로서 사업자는 일정한 과세기간 종료 후에 그 기간 동안 발생한 매출세액과 매입세액 여하에 따라 매출세액의 징수 여부에 관계없이 자신의 책임하에 부가가치세 납부의무를 이행하는 것이므로, 수탁자가 신탁재산의 처분에 따라 매수인으로부터 거래징수한 부가가치세 상당액은 매매대금의 일부로서 신탁재산에 속한다고 보아야 할 것이고, 수탁자가 거래징수한 부가가치세 상당액을 재화의 공급가액과 별도로 부채과목인 예수금계정으로 회계처리한다고 하여 달리 볼 것이 아니다』라고 하여 매수인으로부터 거래징수한 부가가치세 상당액은 매매대금의 일부로서 신탁재산에 속한다고 보아야 한다고 판시한 바가 있다(대법원 2003. 4. 25. 선고 99다59290 판결).

바. 개발사업을 시행하여 토지가액의 증가로 나타나는 개발이익이 신탁재산에 포함되는지 여부

판례는 『토지 소유자인 사업시행자가 부동산신탁회사에 토지를 신탁하고 부동산신탁회사가 수탁자로서 사업시행자의 지위를 승계하여 신탁된 토지 상에서 개발사업을 시행한 경우에 그 토지가액의 증가로 나타나는 개발이익은 당해 개발토지의 소유자이자 사업시행자인 수탁자에게 실질적으로 귀속된다고 봄이 타당하고, 수탁자를 개발부담금의 납부의무자로 보아야 한다』고 판시한 바가 있다(대법원 2014. 8. 28. 선고 2013두14696 판결).

4. 효 과

신탁재산의 형태가 변하더라도 당초부터 신탁재산에 속하는 것은 물론 수탁자가 신탁재산의 권리주체라는 지위에서 얻게 되는 모든 재산이 신탁재산이 된다. 판례는 『신탁법 제19조는 '신탁재산의 관리·처분·멸실·훼손 기타의 사유로 수탁자가 얻은 재산은 신탁재산에 속한다'고 규정하고 있는바, 이는 신탁재산의 형태가 변하더라도 당초 신탁재산에 속하는 것은 물론 수탁자가 신탁재산의 권리주체라는 지위에서 얻게 되는 모든 재산도 신탁재산이 된다는 것을 밝힌 것이고, 이 규정에 따라 수탁자가 신탁재산의 관리를 적절히 하지 못하여 신탁재산이 멸실·훼손되는 등의 손해가 발생한 때에 수탁자가 부담하는 손해배상금이 직접 신탁재산에 귀속된다고 하더라도, 그 멸실·훼손된 재산이 물상대위에 의하여 수탁자에게 귀속되는 것이라고는 할 수 없다』라고 판시한 바가 있다(대법원 2007. 10. 12. 선고 2006다42566 판결).

한편 수탁자가 신탁의 목적을 위반하여 신탁재산을 제3자에게 처분한 경우 수익자는 수탁자의 행위를 취소하고 신탁재산을 제3자로부터 반환받을 수 있지만(현행 신탁법 제75조), 수익자는 수탁자의 처분행위를 추인하고 이 규정에 의하여 처분 결과 얻은 재산이 신탁재산에 포함된다고 주장할 수 있다(선택적 권리).[1]

5. 공시의 필요 여부

수탁자가 수탁자와 수익자 사이에서 새로 얻은 재산을 신탁재산으로 주장할 때 그 재산권이 등기나 등록 등 공시방법을 갖추어야 한다는 견해가 있으나,[2] 현행 신탁법 제4조의 신탁의 공시방법을 갖출 필요가 없다는 견해가 유력하다.[3] 다만 수탁자가 제3자에 대하여 신탁재산임을 주장하기 위해서는 반드시 공시방법을 갖추어야 한다.

6. 관련 문제－위탁자가 수탁자에게 금전을 신탁하고 수탁자가 신탁약정에 따라 부동산을 취득하는 경우 그 부동산이 신탁재산에 속하는지, 이 경우 취득세 부과대상이 되는지

이에 대하여 판례는『취득세를 부과하지 아니하는 경우의 하나를 규정하고 있는 지방세법 제110조 제1항 제3호는 1991. 12. 14. 개정되면서 '위탁자로부터 수탁자에게 신탁재산(취득세의 과세대상이 되는 재산을 말한다. 이하 이 조에서 같다)을 이전하는 경우의 취득'이라고 하여 괄호 부분을 신설하였고, 제4호는 종전대로 '신탁의 종료 또는 해제로 인하여 수탁자로부터 신탁재산을 위탁자 또는 상속인에게 이전하는 경우의 취득'을 각 규정하고 있었는바(위 각 규정은 그 후 1994. 12. 22. 다시 개정된 바 있다), 위탁자가 수탁자에게 금전을 신탁하고 수탁자가 신탁약정에 따라 부동산을 취득하는 경우 그 부동산도 역시 신탁법 제19조의 규정에 의하여 신탁재산에 속한다고는 할 수 있으나, 그 취득은 위탁자로부터 수탁자에게 신탁재산이 "이전"되는 경우가 아니므로, 위 제3호가 정하는 비과세

1) 최동식, 〈신탁법〉, 149면.
2) 김성필, 〈신탁재산의 법률관계〉, 208면.
3) 최동식, 〈신탁법〉, 148면.

대상이 될 수 없는 것이다』라고 판시한 바가 있다(대법원 1996. 6. 11. 선고 94다34968 판결).

제28조 (신탁재산의 첨부)

신탁재산과 고유재산 또는 서로 다른 신탁재산에 속한 물건 간의 부합(附合), 혼화(混和) 또는 가공(加工)에 관하여는 각각 다른 소유자에게 속하는 것으로 보아 「민법」 제256조부터 제261조까지의 규정을 준용한다. 다만, 가공자가 악의인 경우에는 가공으로 인한 가액의 증가가 원재료의 가액보다 많을 때에도 법원은 가공으로 인하여 생긴 물건을 원재료 소유자에게 귀속시킬 수 있다.

1. 총 설

신탁재산과 고유재산, 서로 다른 신탁재산은 모두 같은 수탁자 명의로 되어 있지만, 실질적으로는 그 귀속주체가 다르다. 그리하여 현행 신탁법은 수탁자의 소유로 되어 있는 각 신탁재산을 각각 다른 소유자(위탁자 또는 수익자)의 소유물로써 보아 민법의 규정을 준용하도록 하였다.

한편 신탁재산과 고유재산뿐만 아니라, 서로 다른 신탁재산 사이에 각각 속한 물건 사이에서도 첨부가 일어날 수 있다. 그러나 구 신탁법에는 이에 대한 규정이 없어 분쟁의 소지가 있었으므로, 현행 신탁법은 서로 다른 신탁재산에 각각 속한 물건의 경우에 관하여도 규정을 두었다.

2. 신탁재산의 부합

가. 부동산에의 부합

(1) 의 의

부동산에 동산이 부합한 경우 부동산의 소유자가 부합한 동산의 소유권을 취득하므로, 신탁재산이 부동산인 경우 부합한 동산은 신탁재산에 포함되며, 신탁재산 사이에 발생한 경우 부동산이 속한 신탁의 신탁재산에 귀속된다(민법 제256조[1]).

---

1) 민법 제256조(부동산에의 부합) 부동산의 소유자는 그 부동산에 부합한 물건의 소유권을 취득한다. 그러나 타인의 권원에 의하여 부속된 것은 그러하지 아니하다.

(2) 요 건

부합되는 물건, 즉 부합의 주물은 부동산이어야 하며, 대부분의 학설은 부합하는 물건이 동산에 한정되어야 한다고 보나,[1] 판례에 의하면 이에 부합하는 물건은 부동산도 포함된다는 입장이다.[2]

부합으로 인하여 소유권 변동이 있기 위해서는 부합된 물건이 사회경제상 부동산 그 자체로 보이게 되는 정도가 되어야 한다. 판례는 『부합이라 함은 훼손하지 아니하면 분리할 수 없거나 분리에 과다한 비용을 요하는 경우는 물론, 분리하게 되면 경제적 가치를 심히 감손하는 경우도 포함한다』고 한다(대법원 1962. 1. 13. 선고 4294민상445 판결).

(3) 효 과

(가) 원 칙

부합된 동산에 관한 소유권은 부동산의 소유자가 원시취득하는 것이 원칙이다. 부합한 동산의 소유권을 취득한 부동산 소유자는 부당이득을 본 것이므로 동산 소유자에 대하여 이득을 보상하여야 한다.

(나) 예 외

"타인의 권원에 의하여 부속된" 물건에 대하여는 권원을 갖고 있는 타인(물건을 부속시킨 자)이 계속 소유권을 보유하는바, 신탁재산에도 동일한 예외가 적용된다(민법 제256조 단서). 권원이란 지상권, 전세권, 임차권처럼 타인의 부동산에 지상물을 정착시킬 권능을 내용으로 하는 부동산이용권을 의미한다.[3]

나. 동산 간의 부합

신탁재산과 고유재산 또는 서로 다른 신탁재산에 속한 여러 개의 동산이 부합으로 인하여 "훼손하지 아니하면 분리할 수 없거나 또는 분리에 과다한 비용을 요할 경우", 주종의 구별이 가능하면 주된 동산이 속한 재산에 귀속되고, 주종의 구별이 불가능하면 부합 당시의 가액 비율로 신탁재산과 고유재산 또는 서로 다른 신탁재산 간의 공유로 본다(민법 제257조[4]).

1) 김용담, 〈주석 민법 물권법(1)〉, 851면.
2) 대법원 1991. 4. 12. 선고 90다11967 판결.
3) 대법원 1989. 7. 1. 선고 88다카9067 판결.
4) 민법 제257조(동산간의 부합) 동산과 동산이 부합하여 훼손하지 아니하면 분리할 수 없거나 그 분리에 과다한 비용을 요할 경우에는 그 합성물의 소유권은 주된 동산의 소유자에게 속한다. 부합한 동산의 주종을 구별할 수 없는 때에는 동산의 소유자는 부합당시의 가액의 비율로 합성물을 공유한다.

3. 신탁재산의 혼화

소유자를 달리하는 동산과 동산이 융합하여 쉽게 식별할 수 없게 된 때에는 동산 간의 부합에 관한 규정을 준용하며, 이를 혼화라고 한다. 혼화는 본질적으로 동산 부합의 일종이므로, 그 성립기준 역시 민법 제257조의 부합의 성립기준에 준하는 것으로 보아야 할 것이다.[1] 여러 물건들이 동일한 장소에서 혼장되어 있고 소유권의 귀속관계를 식별할 수 없게 된 경우도 식별할 수 없는 경우에 해당한다.[2]

혼화가 이루어질 경우의 효과는 동산 간의 부합의 경우와 같다(민법 제257조[3]). 즉 혼화한 물건 사이에 주종의 식별이 있을 때에는 주된 물건의 소유자가 혼화물의 소유권을 취득하고 주종의 구별이 불가능할 때에는 각 물건의 소유자는 혼화할 당시의 가액의 비율로 혼화물을 공유한다. 혼화로 인하여 손해를 받은 자는 혼화물의 소유물을 취득한 자에게 부당이득에 관한 규정에 의하여 보상을 청구할 수 있다.[4]

4. 신탁재산의 가공

가. 원칙 – 원재료의 소유자에게 귀속

‘가공’이란 타인의 동산에 인간의 노동을 가하여 본래의 재료와는 동일성을 상실한 새로운 물건을 만드는 것이다. 수선의 경우에는 새로운 물건이 만들어지는 것이 아니므로 가공에 해당하지 않는다. ‘재료주의’ 입법례에 따라 가공이 일어난 경우 원재료가 속한 고유재산 또는 신탁재산에 귀속되는 것으로 본다(민법 제259조[5] 제1항 본문).

나. 예외 – 가공자에게 귀속

가공으로 인한 가액의 증가가 원재료의 가액보다 현저하게 많은 경우에는 이를 가공한 자인 수탁자 또는 제3자의 소유가 된다(민법 제259조 제1항 단서). 이 경우에는 소유권은 자동적으로 이전되며 인도를 요하지 않고, 가공자의 소유권은 원시취득이므로 그 물건 위의 다른 권리는 소멸한다. 가공자가 원료의 일부를 제공하였을 때는 그 가액은 가공으로 인한 가액의 증가액에 가산한다.[6]

---

1) 김용담, 〈주석 민법 물권법(1)〉, 862면.
2) 이중기, 〈신탁법〉, 190면.
3) 민법 제258조(혼화) 전조의 규정은 동산과 동산이 혼화하여 식별할 수 없는 경우에 준용한다.
4) 김용담, 〈주석 민법 물권법(1)〉, 862면.
5) 민법 제259조(가공) ① 타인의 동산에 가공한 때에는 그 물건의 소유권은 원재료의 소유자에게 속한다. 그러나 가공으로 인한 가액의 증가가 원재료의 가액보다 현저히 다액인 때에는 가공자의 소유로 한다.
② 가공자가 재료의 일부를 제공하였을 때에는 그 가액은 전항의 증가액에 가산한다.
6) 김용담, 〈주석 민법 물권법(1)〉, 867면.

그러나 가공자인 수탁자나 제3자가 악의인 경우, 즉 해당 원재료가 신탁재산에 속하는 사실을 안 경우에는 법원의 결정으로 새로운 물건을 원재료가 속한 신탁재산에 귀속시킬 수 있다(현행 신탁법 제28조 단서). 수탁자는 분별관리의무(현행 신탁법 제37조)를 부담하므로 신탁재산을 가공하는 경우 악의의 가공으로 추정된다.[1]

5. 첨부시 제3자의 권리

첨부에 관한 규정에 의하여 물건의 소유권이 소멸한 때에는 그 물건 위에 존재하던 제3자의 권리는 소멸하나, 그로 인하여 손해를 받은 자는 부당이득에 관한 규정에 의하여 보상을 청구할 수 있으므로(민법 제260조, 제261조[2]), 첨부로 인하여 신탁재산이 소멸되면 신탁재산의 소멸로 인한 수탁자의 부당이득반환청구권이 신탁재산이 되고(현행 신탁법 제27조), 수익자의 수익권은 물상대위로 인하여 새롭게 신탁재산이 된 부당이득반환청구권에 대하여 존속한다.[3]

첨부에 의하여 소멸한 물건의 소유자가 합성물, 혼화물 또는 가공물의 단독소유자가 된 때에는 소멸한 물건 위에 존재하던 제3자의 권리는 법률상 당연히 그 첨부물 위에 존재하게 되고, 소멸한 물건의 소유자가 첨부물의 공유자가 된 때에는 제3자의 권리는 그 공유지분 위에 존속한다. 따라서 단독소유권이 신탁재산에 귀속되는 경우 수익자의 수익권은 새로운 물건에 대하여 효력을 가지고, 신탁재산 간의 공유가 되면 수익자의 수익권도 그 공유지분에 대하여 효력을 가진다.[4]

6. 공시의 불요

첨부에 따라 생긴 권리변동관계를 제3자에게 주장하기 위하여 공시방법을 갖추어야 하는지에 관하여 첨부의 규정은 법률에 의한 것이고 첨부에 따른 손실도 법률의 규정에 따라 보상하므로 공시방법을 갖추지 아니하여도 무방하다는 견해가 있다.[5] 그러나 공시

---

1) 이중기, 〈신탁법〉, 192면.
2) 第260条(첨부의 효과) ① 전 4조의 규정에 의하여 동산의 소유권이 소멸한 때에는 그 동산을 목적으로 한 다른 권리도 소멸한다.
② 동산의 소유자가 합성물, 혼화물 또는 가공물의 단독소유자가 된 때에는 전항의 권리는 합성물, 혼화물 또는 가공물에 존속하고 그 공유자가 된 때에는 그 지분에 존속한다.
第261条(첨부로 인한 구상권) 전 5조의 경우에 손해를 받은 자는 부당이득에 관한 규정에 의하여 보상을 청구할 수 있다.
3) 법무부, 〈신탁법 해설〉, 221면.
4) 김용담, 〈주석 민법 물권법(1)〉, 868~869면.
5) 유재관, 〈신탁법실무〉, 131면.

가 물권변동의 효력요건인 민법과 달리, 신탁법은 신탁재산을 공시하지 아니하면 제3자에게 대항할 수 없다고 하여 공시를 제3자에 대한 대항요건으로 보고 있으므로(현행 신탁법 제4조) 첨부에 따라 생긴 권리변동관계를 제3자에게 대항하기 위해서는 신탁재산에 대한 공시방법을 갖추어야 한다고 볼 것이다.

제29조 (신탁재산의 귀속 추정) [신설]

① 신탁재산과 고유재산 간에 귀속관계를 구분할 수 없는 경우 그 재산은 신탁재산에 속한 것으로 추정한다.

② 서로 다른 신탁재산 간에 귀속관계를 구분할 수 없는 경우 그 재산은 각 신탁재산 간에 균등하게 귀속된 것으로 추정한다.

1. 총 설

신탁재산과 고유재산 또는 신탁재산 간에 속한 재산들이 외형적으로는 구별 가능하더라도, 모두 동일한 수탁자의 명의에 속하여 있으므로, 실질적인 귀속관계를 쉽게 구분할 수 없는 경우가 발생한다. 이와 같은 경우를 해결하기 위하여 위 조항을 신설하였다.

2. 신탁재산과 고유재산 간의 귀속관계 구분

신탁재산과 고유재산 간에 귀속관계를 구분할 수 없는 경우, 그 재산은 신탁재산에 속하는 것으로 추정된다(현행 신탁법 제29조 제1항). 위 추정은 '법률상의 추정'이므로 사실상 입증책임이 전환되어 수익자 등은 재산 중 일부가 신탁재산이라는 사실을 입증하면 되고, 수탁자는 섞여진 재산 중 자신의 고유재산을 구분하여 존재한다는 사실을 적극적으로 입증(본증)해야 한다.[1)]

신탁재산의 추정규정은 수탁자가 재산을 혼합하여 잠재적 이익을 실현하기 위한 시도를 사전에 방지하고, 재산의 관리능력이 인정되어 선임된 수탁자가 신탁재산을 신탁을 위해 관리하였다면 수탁자가 얻는 이익은 당연히 신탁의 이익이 되었을 것이므로 수탁자가 의무위반으로 신탁재산을 사용해 취득한 이익은 당연히 신탁재산에 귀속되어야 한다

1) 송현진 · 유동규, 〈조해 신탁법〉, 300면.

는 점을 근거로 한다.[1)]

수익자 등 수탁자 이외의 사람은 신탁재산의 이익을 입증하기 어렵다는 점, 수탁자는 신탁재산을 이용하여 이득을 공유하는 결과 신탁이익의 향수금지원칙(현행 신탁법 제36조)에 위배된다는 점 등을 고려하여 귀속관계 구분이 불분명한 전체 재산의 신탁재산 귀속을 추정하도록 규정하였다.[2)]

3. 신탁재산 간에 속한 재산의 귀속관계 구분

신탁 간에는 동일한 법적 지위가 인정되므로, 신탁재산 간에 귀속관계를 구분할 수 없는 경우에는 주종에 상관없이 그 재산들이 각 신탁재산에 공동으로 귀속되는 것으로 추정한다(현행 신탁법 제29조 제2항). 따라서 각 신탁재산의 혼합시 가액비율 등에 따라 지분이 균등하지 아니한 경우에는 이를 주장하는 자가 적극적으로 입증하여야 한다.[3)]

第30條 (점유하자의 승계)

수탁자는 신탁재산의 점유에 관하여 위탁자의 점유의 하자를 승계한다.

1. 총　　설

신탁재산에는 독립성이 있지만, 하자 있는 물건을 점유하는 위탁자가 신탁재산을 선의의 수탁자에게 이전하여 선의점유의 보호를 받으려는 등 점유의 하자를 부당하게 소멸시키고 양수인의 취득을 방해할 우려가 있으므로, 이를 방지하기 위하여 위탁자의 점유의 하자가 그대로 수탁자에게 승계되도록 하는 위 규정을 두었다.[4)] 한편 종전 조항인 제2항은 주의적 규정으로서, 오히려 적용대상을 한정하는 것으로 오해될 여지가 있으므로 현행 신탁법에서는 삭제되었다.

신탁이 설정되어 신탁재산이 위탁자로부터 수탁자에게 이전될 때 수탁자에게는 민법 제199조[5)]에 따른 점유승계의 선택권이 인정되지 않는다.[6)]

---

1) 이중기, 〈신탁법〉, 542~544면.
2) 송현진 · 유동규, 〈조해 신탁법〉, 300면.
3) 송현진 · 유동규, 〈조해 신탁법〉, 300면.
4) 최동식, 〈신탁법〉, 152면.
5) 민법 제199조(점유의 승계의 주장과 그 효과) ① 점유자의 승계인은 자기의 점유만을 주장하거나 자기의 점유와 전점유자의 점유를 아울러 주장할 수 있다.

2. 신탁재산의 점유에 관하여

가. 자익신탁과 타익신탁의 경우

이에 대하여는 ① 하자 있는 물건의 점유자인 위탁자가 신탁제도를 남용하는 것을 저지하기 위한 규정이므로 자익신탁의 유형에 한정되고, 타익신탁의 경우 제3자인 수익자의 보호를 위하여 위탁자로부터의 독립성이 관철되어야 하므로 위탁자가 수익자와 통모하거나 실질적으로 자익신탁과 동일시할 수 있는 경우에 한정된다는 견해[1]와 ② 자익신탁과 타익신탁을 구별할 필요가 없다는 견해[2]가 대립한다. 하자 있는 물건의 점유자인 위탁자가 신탁제도를 남용하는 것을 저지하기 위한 것이라는 점을 볼 때, ①설이 타당하다고 할 것이다.

나. 준점유의 포함여부

점유에는 준점유(물건이 아닌 권리 특히 재산권을 사실상 점유하는 것)가 포함된다.[3]

3. 위탁자의 점유의 하자를 승계

가. 점유의 하자

'점유의 하자'란 선의·무과실·평온·공연·계속점유 중 어느 하나의 요건이 흠결되는 것을 의미한다. 한편 신탁에서 수탁자는 타인을 위하여 점유를 하게 되므로, 수탁자의 점유는 '타주점유'에 해당한다.[4]

권리의 하자에 관하여도 승계를 인정할 것인지에 대하여는 명문의 규정이 없으나, 자익신탁의 경우에는 권리 하자 승계를 인정하여 수탁자에 대하여도 하자에 대한 주장을 할 수 있다는 것이 학설의 견해이다.[5]

나. 하자의 승계

민법상 점유의 승계인은 자기의 점유의 승계만을 주장하거나 전점유자의 점유를 합하여 주장할 수 있지만(민법 제199조), 위 조항에 의하여 수탁자는 언제나 위탁자의 점유를 승계

---

② 전점유자의 점유를 아울러 주장하는 경우에는 그 하자도 계승한다.

6) 최동식, 〈신탁법〉, 153면.

1) 이중기, 〈신탁법〉, 160면; 최동식, 〈신탁법〉, 152면.

2) 법무부, 〈신탁법 해설〉, 228면.

3) 유재관, 〈신탁법실무〉, 133면.

4) 최동식, 〈신탁법〉, 153면.

5) 유재관, 〈신탁법실무〉, 134면.

하고 그 하자 역시 승계한다. 신탁재산은 수탁자로부터 독립되어 있고 위탁자 이상으로 보호받을 수 없기 때문이다.[1] 신탁행위 당시에 신탁재산에 관하여 존재하는 위탁자의 무권리, 항변권 및 취소권의 부착, 변제에 의한 소멸 등의 권리의 하자도 승계된다.

다. 하자를 승계하는 효과

위탁자의 점유가 선의·무과실·평온·공연·계속점유가 아닐 때, 즉 악의·과실·강폭·은비(隱秘)·불계속 점유 중 어느 하나에 해당하는 경우 위 하자가 수탁자의 점유에도 그대로 승계된다. 따라서 수탁자는 위탁자가 악의인 경우 민법 제101조 제1항[2]에 따라 과실취득권을 취득할 수 없고, 동법 제249조[3]에 따라 선의취득도 할 수 없다.

무기명 또는 지시식의 유가증권인 경우 점유를 상실한 자는 취득자의 악의 또는 중과실을 증명하지 못하는 경우 도품이나 유실품이라도 반환을 청구할 수 없으나(어음법 제16조 제2항,[4] 수표법 제21조[5]), 그 유가증권이 신탁재산인 경우에는 수탁자가 선의 또는 단순한 과실로 인수하였어도 점유를 상실한 자로부터 반환을 청구받게 된다.[6]

나아가 권리의 하자도 승계되는 것으로 해석되므로 거래의 안전을 보호하기 위하여 법률이 특별하게 인정한 표현법리, 공신의 원칙, 유가증권에서의 항변절단 등도 인정되지 않는다.[7]

1) 유재관, 〈신탁법실무〉, 133면.
2) 민법 제101조(천연과실, 법정과실) ① 물건의 용법에 의하여 수취하는 산출물은 천연과실이다.
3) 민법 제249조(선의취득) 평온, 공연하게 동산을 양수한 자가 선의이며 과실없이 그 동산을 점유한 경우에는 양도인이 정당한 소유자가 아닌 때에도 즉시 그 동산의 소유권을 취득한다.
4) 어음법 제16조(배서의 자격수여적 효력, 어음의 선의취득)
② 사유의 여하를 불문하고 환어음의 점유를 잃은 자가 있는 경우에 그 어음의 소지인이 전항의 규정에 의하여 그 권리를 증명한 때에는 그 어음을 반환할 의무가 없다. 그러나 소지인이 악의 또는 중대한 과실로 인하여 어음을 취득한 때에는 그러하지 아니하다.
5) 수표법 제21조(수표의 선의취득) 사유의 여하를 불문하고 수표의 점유를 잃은 자가 있는 경우에 그 수표의 소지인은 그 수표가 소지인출급식인 때 또는 배서로 양도할 수 있는 수표의 소지인이 제19조의 규정에 의하여 그 권리를 증명한 때에는 그 수표를 반환할 의무가 없다. 그러나 소지인이 악의 또는 중대한 과실로 인하여 수표를 취득한 때에는 그러하지 아니하다.
6) 최동식, 〈신탁법〉, 154면.
7) 최동식, 〈신탁법〉, 154면.

제 4 장 수탁자의 권리·의무

제31조 (수탁자의 권한)

수탁자는 신탁재산에 대한 권리와 의무의 귀속주체로서 신탁재산의 관리, 처분 등을 하고 신탁 목적의 달성을 위하여 필요한 모든 행위를 할 권한이 있다. 다만, 신탁행위로 이를 제한할 수 있다.

1. 총 설

가. 수탁자의 권한

수탁자는 신탁재산의 명의인으로서 신탁재산에 관한 권리·의무의 귀속주체가 된다. 신탁의 효력으로 신탁재산의 소유권이 수탁자에게 이전되는 결과 수탁자는 대내외적으로 신탁재산에 관한 관리권을 갖는 것이고, 다만 신탁의 목적 범위 내에서 신탁계약에 정하여진 바에 따라 신탁재산을 관리하여야 하는 제한을 부담함에 불과하다.[1] 즉, 신탁재산에 관하여는 수탁자만이 배타적인 처분·관리권을 갖는다.

수탁자는 신탁의 목적 달성을 위하여 신탁재산을 관리·처분하는 권한[2]을 가지는데 이는 신탁재산을 기초로 하는 광의의 관리·처분권[3]이며, 신탁 목적 등에 의해 명시적 혹은 묵시적으로 제한되지 않는 한 수탁자는 신탁을 위해 행위할 모든 권한을 가진다.[4] 수탁자가 신탁재산에 관하여 가지는 관리·처분권은 단순한 관리 또는 처분에 국한되지 아니하고, 신탁 목적의 달성에 필요하거나, 신탁행위에 의하여 인정된다면 신탁재산에 관한 사실행위, 법률행위, 소송행위, 새로운 권리의 취득, 의무의 설정 또는 기존의 권리의 행사, 처분, 의무의 이행까지를 모두 포함하는 광범위한 개념[5]이다. 이러한 관리·처분권은 신탁행위에 의하여 정하여지거나, 법령에 따라 인정된 것과 같이 명시적으로 수

1) 이와 관련하여 판례는『신탁의 효력으로서 신탁재산의 소유권이 수탁자에게 이전되는 결과 수탁자는 대내외적으로 신탁재산에 대한 관리권을 갖는 것이고, 다만 수탁자는 신탁의 목적 범위 내에서 신탁계약에 정하여진 바에 따라 신탁재산을 관리하여야 하는 제한을 부담함에 불과하다』고 판시하였다(대법원 2002. 4. 12. 선고 2000다70460 판결).
2) 이중기, 〈신탁법〉, 251면.
3) 최동식, 〈신탁법〉, 172면; 이중기, 〈신탁법〉, 251면.
4) 이중기, 〈신탁법〉, 252면.
5) 최동식, 〈신탁법〉, 172면.

권될 수도 있고, 신탁 목적 달성에 필요하거나 적절하고, 신탁행위·법령 또는 감독관청의 명령에 의하여 금지되지 아니하는 행위와 같이 묵시적으로 수권될 수도 있다.

나. 권한의 제한

수탁자의 권한은 신탁행위로 제한될 수 있다. 그러나 신탁법의 취지나 신탁의 본질에 반하는 제한은 허용되지 않는다. 판례는 『법조항에 의한 관리방법의 변경을 하는 경우에도 신탁법의 취지나 신탁의 본질에 반하는 내용의 변경을 할 수는 없다고 할 것』이라고 판시하고 있다(대법원 2003. 1. 27.자 2000마2997 결정).

신탁법의 취지나 신탁의 본질에 반하는 제한이 어떤 것인지 명확하지는 않으나, 과거 판례는 『신탁법상의 신탁은 위탁자가 수탁자에게 특정의 재산권을 이전하거나 신탁의 처분을 하여 수탁자로 하여금 신탁 목적을 위하여 그 재산권을 관리·처분하게 하는 것이어서(신탁법 제1조 제2항), 신탁의 효력으로서 신탁재산의 소유권이 수탁자에게 이전되는 결과 수탁자는 대내외적으로 신탁재산에 대한 관리권을 갖는 것이고, 다만 수탁자는 신탁의 목적 범위 내에서 신탁계약에 정하여진 바에 따라 신탁재산을 관리하여야 하는 제한을 부담함에 불과하므로(대법원 2002. 4. 12. 선고 2000다70460 판결), 신탁재산에 관하여는 수탁자만이 배타적인 처분·관리권을 갖는다고 할 것이고, 수탁자의 처분·관리권을 공동행사하거나 수탁자가 단독으로 처분·관리할 수 없도록 실질적인 제한을 가하는 것은 신탁법의 취지나 신탁의 본질에 반한다고 할 것이다』라고 판시하여 '수탁자의 처분·관리권의 공동행사', '수탁자의 단독 처분·관리권 배제'가 신탁법의 취지나 신탁의 본질에 반하여 허용되지 않는 수탁자의 권한 제한이라고 판단하고 있었던 것으로 해석된다(대법원 2003. 1. 27.자 2000마2997 결정).

신탁행위에 의하여 수탁자에게 신탁재산의 명의가 이전되지만 수탁자가 신탁재산의 처분·관리에 관하여 재량을 가지지 못하는 신탁을 수동신탁[1]이라고 한다. 이러한 수동신탁의 유효성에 관하여 ① 수탁자의 신탁재산 관리는 재량권 행사를 통한 적극적인 행위를 의미하고, 위탁자가 실질적으로 신탁재산에 관한 권리를 보유하고 있는 것은 탈법행위이며, 특히 자익신탁의 경우에는 위탁자가 신탁재산에 관한 처분권한은 유지하면서 강제집행을 피하기 위하여 수동신탁을 설정할 우려가 있으므로 무효라는 견해[2]와 ② 법에는 신탁재산 관리방법에 대하여 '적극적'이거나 '재량적'일 것을 명시하고 있지는 않고, 수탁자는 신탁재산의 명의인으로서 분별관리 등의 방법으로 신탁재산을 관리·처분

1) 수탁자가 신탁재산의 명의자이기는 하지만, 수탁자가 전혀 의무를 지지 않거나 신탁재산을 수익자를 위해 관리·처분할 재량이 없는 경우를 말한다. 이중기, 〈신탁법〉, 제244면. 견해에 따라서는 수익자가 신탁재산을 관리·처분하고, 수탁자는 단지 이를 용인할 의무만을 부담하는 신탁과 수탁자가 수익자의 지시에 따라 신탁재산을 관리·처분하지만 대외적인 행위는 수탁자 명의로 하는 신탁이 포함된다고 하기도 한다. 송현진·유동규, 〈조해 신탁법〉, 6면.

2) 유재관, 〈신탁법실무〉, 10면; 김진우, 〈신탁재산의 특수성〉, 200면.

하고 있으며, 대외적인 관계에서 공시방법이 없는 이상 통상의 신탁과 차이가 없으므로 유효라는 견해[1)]가 대립하고 있다. 이러한 수동신탁이 유효한지 여부에 대하여 개정 신탁법상 명시적인 규정이 없지만 신탁재산 관리방법에 관하여 반드시 적극적이거나 재량적일 것을 명시하고 있지 않고, 수탁자는 신탁재산의 명의인으로서 분별관리 등의 방법으로 관리·처분 등을 할 수 있으며, 대외적인 관계에서 공시방법이 없는 이상 통상의 신탁과 차이가 없고, 현재 실무상으로는 부동산관리신탁이나 증권투자신탁, 특정금전신탁 등의 분야에서 수탁자가 위탁자 또는 위탁자와 계약을 체결한 투자고문업자 등의 지시에 따라 신탁재산을 관리·처분하는 형태의 신탁이 이루어지고 있다는 점에서 이를 허용하지 아니하는 듯한 위의 판례가 유지될지는 의문이다.

다. 권한을 넘는 행위의 효력

수탁자가 신탁행위로 제한된 권한을 넘는 행위를 하거나 그 권한 범위 내에서 하였으나 수익자가 아닌 수탁자 또는 제3자의 이익을 위하여 한 경우 그 효력에 관해서는 규정이 없으므로 견해가 대립될 수 있는바, 이와 관련하여 이사의 대표권 제한에 관한 법리, 법인의 정관에 정한 목적범위 외의 행위에 관한 법리, 권한을 넘은 표현대리 또는 배임적 대리행위의 법리 등의 준용이 고려될 수 있을 것이다. 수탁자가 원칙적으로 대외적으로 신탁재산에 관한 법률행위를 할 완전한 권리를 가지는 자이고 그가 신탁행위에서 정한 범위를 넘어서 행위하였다고 하더라도 이는 내부적 제한에 불과하며, 대법원은 『신탁법 제1조 제2항의 취지에 의하면 신탁법에 의한 신탁재산은 대내외적으로 소유권이 수탁자에게 완전히 귀속되고 위탁자와 내부관계에서 그 소유권이 위탁자에게 유보되어 있는 것이 아니다』[2)]라고 보고 있고, 명의신탁의 경우 원칙적으로 『명의신탁자는 신탁재산을 유효하게 제3자에게 처분할 수 있고 제3자가 명의신탁사실을 알았다 하여도 그의 소유권취득에 영향이 없다』[3)]는 입장인 점 등을 고려하면, 상대방이 신탁행위에 의한 제한을 알았던 경우에도 그 행위는 유효하다고 하는 견해[4)]가 설득력이 있다. 이 경우 수익자의 보호는 신탁법 제43조(수탁자의 원상회복의무 등), 제75조(신탁위반 법률행위의 취소), 제77조(수탁자에 대한 유지청구권) 등에 의하여 도모하여야 할 것이다.

1) 이중기, 〈신탁법〉, 247~249면; 최동식, 〈신탁법〉, 110~112면; 임채웅, 〈수동신탁 및 수탁자의 권한제한에 관한 연구〉, 25면, 전원도, 〈신탁법상 수탁자의 책임에 대한 고찰〉, 180~181면.
2) 대법원 2012. 4. 12. 선고 2010두4612 판결.
3) 대법원 1992. 6. 9. 선고 91다29842 판결.
4) 이연갑, 〈개정 신탁법상 수탁자의 권한과 의무, 책임〉, 9~10면.

제32조 (수탁자의 선관의무)

수탁자는 선량한 관리자의 주의로 신탁사무를 처리하여야 한다. 다만, 신탁행위로 달리 정한 경우에는 그에 따른다.

1. 총 설

수탁자는 선량한 관리자의 주의로 신탁사무를 처리하여야 한다. 수탁자가 신탁재산의 명의자로서 신탁재산에 관하여 완전한 소유권을 가지는 점에서 신탁은 민법상 위임, 도급, 대리 등과 구별된다. 그러나 수탁자가 신탁재산의 명의자가 된다고 하여 수탁자가 자신의 이익을 위하여 그 재산을 임의로 처분할 수 있는 것은 아니며, 신탁재산의 관리·처분은 수익자의 이익을 위하여 행하여져야 하고, 신임관계를 기초로 하는 위탁자가 설정한 신탁 목적의 구속을 받는 것이므로 타인의 재산의 관리처분에 관하여 기울여야 하는 주의의무가 요구되는 것이다.[1)]

선량한 관리자의 주의란 민법 제681조의 수임인에게 요구되는 것과 같이 타인의 재산에 관한 관리를 하는 자에게 일반적으로 요구되는 사법상의 의무이고, 관리자의 개인적, 구체적인 능력의 차이가 아니라 거래상 일반적으로 평균인에게 요구되는 정도의 주의의무로, 그 자가 종사하는 직업, 그가 속한 사회적 지위 등에 따라 보통 일반적으로 요구되는 주의를 의미하는 것이다.[2)]

이와 관련하여 무상수탁자를 전제로 하는 신탁에서 평균적 수탁자가 신탁사무의 처리에 있어 베풀어야 할 주의가 '타인의 재산'에 대한 주의라고 한다면, 누구도 수탁자가 되지 아니할 것이라는 점, 일회적 사무를 전제로 하는 위임과 달리 신탁은 장기간 존속하는 관계라는 점 등에 비추어 볼 때에 수탁자의 주의는 자기재산과 동일한 주의로 충분하다는 견해[3)]가 있다. 그리고 이 견해는 수탁자에게 더 높은 주의기준, "신탁자산을 다룸에 있어, '타인의 재산을 다루는' 합리적인 자가 준수해야 할 기준을 준수하도록" 요구

1) 최동식, 〈신탁법〉, 181면. 판례는 『신탁법 제28조에 의하면, 수탁자는 신탁의 본지에 따라 선량한 관리자의 주의로써 신탁재산을 관리 또는 처분하여야 하고, 이러한 주의의무는 민법상 위임에 있어서 수임인의 주의의무와 같은 개념으로 이해할 수 있으며, 따라서 토지신탁계약의 수탁자는 우선적으로 위탁자의 지시에 따라 사무처리를 하여야 하나, 그 지시에 따라 신탁사업을 추진하는 것이 신탁의 취지에 적합하지 않거나 경제성이 없는 것으로 판단되어 위탁자에게 불이익할 때에는 그러한 내용을 위탁자에게 알려주고 그 지시를 변경하도록 조언할 의무를 진다』고 판시하였다(대법원 2006. 6. 9. 선고 2004다24557 판결).

2) 최동식, 〈신탁법〉, 181면; 곽윤직, 〈채권총론〉, 44면; 문형배, 〈토지신탁상 수탁자의 손해배상의무와 보상청구권〉, 155면.

3) 이중기, 〈신탁법〉, 271면.

한다면, 결국 수탁자는 통상적인 주의를 기울이는 것으로는 부족하고, 타인을 위해 행위하는 전문가가 베풀어야 할 주의를 베풀어야 한다거나 은행 및 신탁회사와 같은 전문수탁자 혹은 법인수탁자는 자연인보다 더 높은 수준의 주의의무를 져야 한다고 주장한다.[1] 신탁업자가 자신의 일에 베푸는 주의는 실제 보유하는 전문지식과 판단을 사용하는 것이기 때문에 높은 수준이 될 수밖에 없고, 따라서 신탁사무에 대해 베푸는 주의의무도 저절로 높아지게 되며 또한 자신이 특별한 능력을 갖고 있다는 것을 표시하면서 신탁을 인수하는 것이기 때문에, 그들이 제공하겠다는 서비스는 '타인의 사무를 관리하는 자'로서 합리적으로 제공해야 할 수준이 된다는 것이다.[2] 또 다른 견해로, 신탁법에서는 위임과 달리 소유권이 이전하는 점, 수탁자는 당사자가 아닌 제3자인 수익자와 수탁자 사이의 신뢰관계에 기초하고 민법상의 위임계약이 체결되는 것이 아닌 점, 영미 신탁법에서는 수탁자의 선관주의의무를 신탁법에서 별도로 규정하는 선관주의의무로 보고 신탁의 취지에 맞게 그 의무의 내용을 도출하고 있는데 현행 신탁법은 영미 신탁법의 영향을 많이 받은 점 등을 고려할 때, 민법상 수임인의 선관주의의무와 수탁자의 선관주의의무는 구분되는 의무이고, 민법상 수임인의 선관주의의무의 입법취지에서 특별법으로 선관주의의무보다 중한 주의의무를 가할 수 있음을 예정하고 있는 점과 수탁자는 수임인과 달리 보다 넓은 재량권을 행사할 수 있는 점을 감안하면 수탁자의 선관주의의무는 보다 중한 주의의무로 해석된다는 견해가 있다.[3][4]

그러나 민법 제681조와 신탁법 제32조 모두 "선량한 관리자의 주의"라고 규정하고 있고, 민법상 수임인의 선관주의의무는 추상적 경과실을 의미하는 것으로 고정된 기준이 아니라, 수임인이 종사하는 직업, 속한 사회적 지위 등에 따라 보통 일반적으로 요구되는 주의를 의미하는 것으로서 수탁자의 전문성을 고려하여도 명문 규정이 없는 이상 수탁자의 선관주의의무를 특별히 민법상 수임인의 선관주의의무보다 중한 의무로 해석할 이유는 없고, 실질적인 차이를 가져올 수 있는 내용도 아니다.[5]

---

1) 이중기, 〈신탁법〉, 271~272면.
2) 이중기, 〈신탁법〉, 272면.
3) 윤태영, 〈신탁수탁자의 선관주의의무〉, 533, 543~544면, 이연갑, 〈위임과 신탁〉, 29면
4) 전원도, 〈신탁법상 수탁자의 책임에 대한 고찰〉, 186~187, 191~192면. 이 글에서는 수탁자의 선관주의의무를 민법상 수임인의 주의의무와 같은 개념으로 보고 있으나, 주의의무의 수준에 대해서는 일반인에게 주어지는 통상적인 주의의무를 넘어 전문가적인 주의의무를 진다고 한다. 그러나 민법 제681조의 '선량한 관리자의 주의'는 거래상 일반적으로 평균인에게 요구되는 정도의 주의의무이므로, 이 견해 또한 수탁자의 선관주의의무를 민법상 수임인의 선관주의의무와는 구분되는 보다 중한 주의의무로 보는 것으로 생각된다.
5) 판례는 『구 증권투자신탁업법(1998. 9. 16. 법률 제5558호로 개정되기 전의 것) 제17조 제1항은 위탁회사는 선량한 관리자로서 신탁재산을 관리할 책임을 지며, 수익자의 이익을 보호하여야 한다고 규정하고 있는바, 구체적으로 특정한 시점에서 투자 종목 및 비율을 어떻게 정하여야 하는지는 관계 법령과 투자신탁 약관의 내용, 신탁재산의 운용목표와 방법, 그 시점에서의 시장 상황 및 전망 등 제반 사정을 종합적으로 감안하여 판단하여야 할 것이나, 위탁회사가 가능한 범위 내에서 수집된 정보를 바탕으로 신탁재산

2. 적용범위

선관주의의무를 지는 자는 신탁재산에서 보수를 받는 유상의 수탁자뿐만 아니라 보수를 받지 않는 무상의 수탁자까지도 포함된다. 무상수치인의 경우 임치물에 대하여 민법 제695조에서 '자기의 재산과 동일한 주의'로 보관하도록 규정하고 있으나, 수탁자는 신뢰를 받은 타인의 재산을 관리하는 자이므로 무상의 수탁자에게도 타인의 재산을 관리하는 자에게 요구되는 동일한 주의가 적용된다. 이러한 선관주의의무는 수탁자가 신탁사무로 하는 모든 행위에 적용된다.

3. 선관주의의무의 경감

사적자치의 원칙에 따라 수탁자의 의무와 책임을 설정하는 것은 위탁자의 권한으로 수탁자의 선량한 관리자의 주의의무는 신탁행위로 제한되거나 면제될 수 있다. 예를 들면, 수탁자는 고의·중과실인 경우에만 신탁의무위반에 관한 책임을 부담하기로 신탁행위에서 정할 수 있다.

다만, 신탁행위로 선관주의의무를 경감, 면제할 수 있다고 하더라도 공서양속이나 신의칙의 적용[1]에 의하여 그러한 책임제한의 효력이 부정되거나 제한되는 경우가 있을 수 있다. 고의나 중과실의 경우에도 책임을 부담하지 않는다는 것은 민법 제103조에 비추어 선량한 풍속 기타 사회질서에 위반한 것으로 무효로 해석될 가능성이 높을 것이다.[2] 미국 표준신탁법전은 고의(bad faith)나 중과실(reckless)에 의한 위반에 대한 면책합

의 최상의 이익에 합치된다는 믿음을 가지고 신중하게 신탁재산의 운용에 관한 지시를 하였다면 위 법 규정에서 말하는 선량한 관리자로서의 책임을 다한 것이라고 할 것이고, 설사 그 예측이 빗나가 신탁재산에 손실이 발생하였다고 하더라도 그것만으로는 투자신탁 운용단계에서의 선량한 관리자로서의 주의의무를 위반한 것이라고는 할 수 없다』고 판시하였고(대법원 2003. 7. 11. 선고 2001다11802 판결), 『특정금전신탁은 위탁자가 신탁재산의 운용방법을 특정하는 금전신탁으로서, 수탁자는 위탁자가 지정한 방법대로 자산을 운용하여야 하고, 그러한 운용의 결과 수익률의 변동에 따른 위험은 수탁자인 신탁업자가 신탁재산에 대하여 선량한 관리자로서의 주의의무를 다하지 아니하였다는 등의 특별한 사정이 없는 한 수익자가 부담하여야 한다. 이러한 특정금전신탁의 특성에 비추어 보면, 특정금전신탁의 신탁업자가 위탁자가 지시한 바에 따라 가능한 범위 내에서 수집된 정보를 바탕으로 신탁재산의 최상의 이익에 합치된다는 믿음을 가지고 신중하게 신탁재산을 관리·운용하였다면 신탁업자는 위 법 규정에 따른 선관주의의무를 다하였다고 할 것이고, 설사 그 예측이 빗나가 신탁재산에 손실이 발생하였다고 하더라도 그것만으로 선관주의의무를 위반한 것이라고 할 수 없다』라고 판시하였다(대법원 2019. 7. 11. 선고 2016다224626 판결).

1) 최동식, 〈신탁법〉, 188면; 이중기, 〈신탁법〉, 275면. 민법 제103조(반사회질서의 법률행위) 선량한 풍속 기타 사회질서에 위반한 사항을 내용으로 하는 법률행위는 무효로 한다.

2) 약관의 규제에 관한 법률 제7조 제1호는 약관의 내용 중 '사업자, 이행 보조자 또는 피고용자의 고의 또는 중대한 과실로 인한 법률상의 책임을 배제하는 조항'을 무효로 하므로, 약관에 의해 이루어 질 경우 명백히 무효로 해석된다.

의를 허용하지 않고 있다.[1)]

결론적으로, 신탁법 제32조 단서조항 내용, 판례의 경향 등을 종합해 볼 때, 수탁자에게 경과실이 있는 경우에는 면책되는 내용을 신탁행위로 정하는 것은 허용되는 것으로 판단된다.

한편, 자본시장법은 금융투자상품에 관한 전문성 구비 여부, 소유자산 규모, 투자에 따른 위험감수능력 등을 기준으로 전문투자자와 일반투자자를 구분하고 있기 때문에, 수익자가 전문투자자인지 일반투자자인지에 따라 수탁자의 선관주의의무 위반 등의 차이가 있는지가 문제되었던 사안에서, 판례는 『신탁업자의 영업행위 규칙을 다루고 있는 자본시장법 제102조에서는 공통 영업행위 규칙에서의 적합성 원칙 등과 달리, 금융투자업자로서의 신탁업자가 부담하는 선관주의의무 및 충실의무에 관하여 수익자가 전문투자자인지 일반투자자인지 구별하지 않고, 신탁업자는 수익자에 대하여 선량한 관리자의 주의로써 신탁재산을 운용하여야 하고 수익자의 이익을 보호하기 위하여 해당 업무를 충실하게 수행하여야 한다고만 규정하고 있다. 따라서 특정금전신탁의 신탁업자가 계약 체결 이후 투자자의 재산을 관리·운용하는 단계에서 수익자에 대하여 부담하는 선관주의의무 및 충실의무의 정도는 수익자가 전문투자자인지 여부에 따라 달라진다고 보기 어렵다』라고 판시하였다(대법원 2019. 7. 11. 선고 2016다224626 판결).

4. 선관주의의무 위반의 효과

수탁자가 선관주의의무를 위반하여 신탁사무를 수행하여 신탁재산에 손해가 발생하거나 신탁재산이 변경된 경우, 수익자 등은 신탁법 제43조 제1항 및 제2항에 따라 원상회복청구나 손해배상청구를 할 수 있고, 민법상 채무불이행에도 해당한다.

선관주의의무 위반의 효과로 신탁법 제75조의 취소권이 인정되는지의 문제가 있다. 신탁의 목적은 신탁의 근본적 성격 혹은 성질을 결정하는 것이므로, 수탁자의 신탁재산에 관한 관리·처분권한의 범위를 확정한다. 그러나 수탁자의 선관주의의무는 수탁자의 권한범위 자체를 제한하는 것은 아니므로, 선관주의의무를 위반하였다고 하여 바로 신탁의 목적에 반하는 행위로 볼 수는 없다. 만약 신탁재산의 처분권을 가지는 수탁자가 부당하게 저가로 신탁재산을 처분하는 경우, 수탁자에게 처분권한은 있으므로 이러한 수탁자의 행위는 신탁의 목적에 반하는 행위는 아니지만, 선관주의의무에 위반하는 행위로

1) §1008. Exculpation Of Trustee
(a) A term of a trust relieving a trustee of liability for breach of trust is unenforceable to the extent that it:
(1) relieves the trustee of liability for breach of trust committed in bad faith or with reckless indifference to the purposes of the trust or the interests of the beneficiaries;

볼 수 있다. 이러한 행위에 대하여 신탁법 제75조의 취소권이 인정될 수는 없다. 결국 수탁자의 행위가 권한의 객관적 범위를 일탈한 권한 외의 행위라고 할 수는 없고, 단지 선관주의의무 위반이 있었음에 지나지 않을 경우 취소권의 대상으로 보기는 어렵다. 그렇지만 선관주의의무 위반의 정도가 중대하여 신탁의 목적을 위반하였다고 볼 수 있을 정도에 이른다면 취소권의 대상이 될 수 있을 것이다.

5. 신중한 투자자의 원칙

미국에서 오래전부터 수탁자의 주의의무와 충실의무에 관한 법리가 발전하였고, 이러한 수탁자의 주의의무 및 충실의무의 법리는 '신중한 투자자의 원칙'이라는 법리로 체계화되고 있다. 이러한 법리는 수탁자의 자산운용에 관한 의무에 관하여 수탁자의 투자재량을 넓히는 방향으로 발전되어 왔다. 최초 수탁자의 주의의무 및 충실의무는 투자자로서의 수탁자가 투자할 수 있는 대상이 법원의 판결에 의하여 인정된 투자대상에 한정된다는 '법원 리스트의 원칙(legal list rule)'으로 한정되었다.

이후 1830년 메사추세스주 최고법원의 Harvard College v. Amory 판결에서 "투기가 아닌 자기자산의 일상적인 운용과 관련하여 신중하고 분별력이 있으며 지성을 갖춘 사람이 어떻게 투자된 원금의 안정성뿐만이 아니라 예상되는 수익도 고려하면서 자기자신의 직무를 관리하는가를 보고 수탁자는 그것에 따라야 한다"고 판시하였다. 미국에서 1959년 완성된 제2차 Restatement는 합리적 일반인의 주의의무를 정한 §176 이외에 §227 이하에서 투자에 관하여 상세히 규정하게 되었다.[1] 가장 핵심적인 §227[2]는 "신탁조항 또는 법률에 별도의 정함이 없는 경우에는, 사려있는(신중한) 자가 재산을 보전하고, 나아가 거기에서 상시 얻을 수 있는 수입 및 그 수액에 관하여 배려하면서, 자신의 재산에 관하여 할 만한 투자만을 한다"고 규정하였다. 이것이 사려깊은(신중한) 일반인 원칙이다(prudent man rule). 이 기준은 과거 수탁자에게 투자대상을 상세하게 열거하고 있는 법원 리스트 원칙과 비교할 때에 경제상황의 변화에 따라 유연하게 대응하는 것을 인정하는 유연한 기준이고, 분산투자의무를 정한 §228와 함께 투자의 실상을 배려한 것이

---

1) 최동식, 〈신탁법〉, 185면; 이중기, 〈신탁법〉, 329~330면.

2) §227. Investments Which a Trustee Can Properly Make

In making investments of trust funds the trustee is under a duty to the beneficiary –

1. In the absence of provisions in the terms of the trust or of a statute otherwise providing, to make such investments and only such investments as a prudent man would make of his own property having in view the preservation of the estate and the amount and regularity of the income to be derived;
2. in the absence of provisions in the terms of the trust, to conform to the statutes, if any, governing investments by trustees;
3. to conform to the terms of the trust, except as stated in §165~168.

었다.[1] 하지만 이러한 원칙에 관하여 거대화된 펀드를 포트폴리오(portfolio)이론[2]에 따라 운용하는 현재의 투자실무에 비추어 볼 때 개개의 투자대상마다 개별적으로 평가하는 것은 적합하지 않는다는 비판[3]이 있었다.

이러한 비판에 따라 1992년 제3차 Restatement에서 채용된 신중한 투자자의 원칙(prudent investor rule[4])은 개개의 투자 자체에 대한 적부를 판단하는 것이 아니라, 개개의 투자는 신탁재산 전체로서 포트폴리오의 일부로 자리잡아 전체적으로 건전한 투자라면 좋다는 생각을 기초로 하고 있다. 투자 중 고위험, 고수익의 투자물건이 포함되어 있다고 하더라도 안전한 투자물건과 조합되어 있어 전체적으로 건전한 투자라고 판단되면 좋다는 것이다.[5] 이러한 신중한 투자자의 원칙은 미국 표준신탁법전의 Article 9 Uniform Prudent Investor Act에 그대로 반영되었는데, 위 법의 서문은 투자판단시 수탁자가 따라야 하는 기준에 관하여,[6] ① 어느 투자가 신중의무의 기준에 반하고 있는지 여부를 판단

1) 최동식, 〈신탁법〉, 185면; 이중기, 〈신탁법〉, 329~330면.

2) portfolio란 투자론에서는 하나의 자산에 투자하지 않고, 주식 · 채권 · 부동산 등 둘 이상의 자산에 분산투자할 경우 그 투자대상을 총칭하는 개념이다. 따라서 넓은 의미로는 자산의 조합을 말하며 좁은 의미로는 주식 · 회사채 등 금융자산의 조합을 말한다.

3) 최동식, 〈신탁법〉, 185면; 이중기, 〈신탁법〉, 329~330면.

4) §227. General Standard of Prudent Investment
The trustee is under a duty to the beneficiaries to invest and manage the funds of the trust as a prudent investor would, in light of the purposes, terms, distribution requirements, and other circumstances of the trust.
a. This standard requires the exercise of reasonable care, skill, and caution, and is to be applied to investments not in isolation but in the context of the trust portfolio and as a part of an overall investment strategy, which should incorporate risk and return objectives reasonably suitable to the trust.
b. In making and implementing investment decisions, the trustee has a duty to diversity the investments of the trust unless, under the circumstances, it is prudent not to do so.
c. In addition, the trustee must:
1. conform to fundamental fiduciary duties of loyalty (§170) and impartiality (§183);
2. act with prudence in deciding whether and how to delegate authority and in the selection and supervision of agents (§171); and
3. incur only costs that are reasonable in amount and appropriate to the investment responsibilities of the trusteeship (§188).
d. The trustee's duties under this Section are subject to the rule of §228, dealing primarily with contrary investment provisions of a trust or statute.

5) 최동식, 〈신탁법〉, 186~187면.

6) Objectives of the Act. UPIA makes five fundamental alterations in the former criteria for prudent investing. All are to be found in the Restatement of Trusts 3d: Prudent Investor Rule.
(1) The standard of prudence is applied to any investment as part of the total portfolio, rather than to individual investments. In the trust setting the term "portfolio" embraces all the trust's assets. UPIA §2(b).
(2) The tradeoff in all investing between risk and return is identified as the fiduciary's central consideration. UPIA §2(b).
(3) All categoric restrictions on types of investments have been abrogated; the trustee can invest in anything that plays an appropriate role in achieving the risk/return objectives of the trust and that meets the other requirements of prudent investing. UPIA §2(e).
(4) The long familiar requirement that fiduciaries diversify their investments has been integrated into the

하는 경우에는, 그 투자만을 개별적으로 판단할 것이 아니라 그 투자가 전체 포트폴리오의 일부라는 점을 고려하여 판단하여야 하고, ② 모든 투자에 있어서 위험과 수익 사이의 상충관계는 수탁자의 중심적 고려요소로 인정되며, ③ 일정 종류의 투자는 무조건 금지된다는 원칙은 폐지하고, ④ 지금까지 인정되어 온 분산투자의무가 신중투자의 개념 내에 통합한다는 등의 원칙을 밝히고 있다.[1] 구체적으로 주의의무에 관하여 수탁자에게 신탁자산을 투자, 운용함에 있어 주의, 기술능력, 배려를 이행할 것을 요구하고, 의무이행여부의 판단기준은 '객관적 기준'에 따라 판단된다고 규정하며,[2] 각 투자대상 별로 수익과 위험을 측정하고 고려하여 투자대상을 여러 가지로 결합하여 포트폴리오를 구성함으로써 위험의 일부를 제거할 수 있다는 이론의 발전에 따라 분산투자의무를 규정하고 있다. 이러한 분산투자의무는 개별적 투자가 아닌 전체 포트폴리오의 맥락에서 당해 투자가 주의의무를 위반하였는지 여부를 평가하도록 하고 있다.[3]

이와 같은 신중한 투자자의 원칙이 신탁법에서 명문으로 채택되지는 아니하였으나, 신탁법 제41조와 같이 수탁자에게 강제된 투자대상이 정해져 있는 경우 외에는 수탁자가 투자행위 등을 함에 있어 일응의 지침이 된다. 판례는 투자신탁회사가 투자신탁 운용단계에서 부담하는 선관주의의무의 내용과 관련하여『구 증권투자신탁법(1998. 9. 16. 법률 제5558호로 개정되기 전의 것) 제17조 제1항은 위탁회사는 선량한 관리자로서 신탁재산을 관리할 책임을 지며, 수익자의 이익을 보호하여야 한다고 규정하고 있는바, 구체적으로 특정한 시점에서 투자 종목 및 비율을 어떻게 정하여야 하는지는 관계 법령과 투자신탁 약관의 내용, 신탁재산의 운용목표와 방법, 그 시점에서의 시장 상황 및 전망 등 제반 사정을 종합적으로 감안하여 판단하여야 할 것이나, 위탁회사가 가능한 범위 내에서 수집된 정보를 바탕으로 신탁재산의 최상의 이익에 합치된다는 믿음을 가지고 신중하게 신탁재산의 운용에 관한 지시를 하였다면 위 법 규정에서 말하는 선량한 관리자로서의 책임을 다한 것이라고 할 것이고, 설사 그 예측이 빗나가 신탁재산에 손실이 발생하였다고 하더라도 그것만으로는 투자신탁 운용단계에서의 선량한 관리자로서의 주의의무를 위반한 것이라고는 할 수 없다』고 판시하고 있는데, 이것이 미국 표준신탁법전의 Article 9 Uniform Prudent Investor Act에서 말하는 분산투자의무의 법리를 그대로 인정하고 판단하였다고 보기는 어렵다(대법원 2003. 7. 11. 선고 2001다11802 판결).

definition of prudent investing. UPIA §3.

(5) The much criticized former rule of trust law forbidding the trustee to delegate investment and management functions has been reversed. Delegation is now permitted, subject to safeguards. UPIA §9.

1) 최동식, 〈신탁법〉, 185~188면.

2) 미국 표준신탁법전의 Article 9 Uniform Prudent Investor Act §2(a).

3) 미국 표준신탁법전의 Article 9 Uniform Prudent Investor Act §2(b).

제33조 (충실의무)
수탁자는 수익자의 이익을 위하여 신탁사무를 처리하여야 한다.

1. 총　설

충실의무란 수탁자는 오로지 수익자의 이익을 위하여서 행동하여야 한다는 의무를 말한다.[1] 영미의 신탁법에서는 이를 fiduciary duty 혹은 duty of loyalty 등이라 부른다. 충실의무에 관하여 영미의 신탁법에서는 수탁자와 수익자 사이의 특별한 신임관계, 즉 신인관계에서 당연히 인정되는 의무로 이해되고 있다. 특별한 신임을 준 사람에 대하여 신임을 받은 사람이 부담하는 의무의 총체를 신인의무라고 하고, 신인의무 중 가장 핵심적인 것이 충실의무라고 설명한다.[2] 일본의 경우 이를 구 신탁법 당시 명문으로 규정하지는 아니하였으나, 충실의무를 수탁자의 일반적 의무로 인정하고 있었으며 그 근거로 신인관계를 근거로 하거나, 구 신탁법 제22조, 혹은 제4조나 제9조를 근거로 하는 등 다수의 견해가 전개되고 있었다. 최근 신신탁법 제30조를 통하여 "수탁자는 수익자를 위하여 충실하게 신탁사무의 처리 그 밖의 행위를 하여야 한다"고 규정하여 충실의무의 일반원칙을 선언하게 되었다.

구 신탁법에서는 충실의무를 수탁자의 일반적인 의무로 명시적으로 규정하고 있지는 아니하였으나, 동법 제31조에서 수탁자와 신탁재산 사이의 거래를 금지하는 조문, 동법 제29조에서 신탁재산으로부터 신탁이익의 향유를 금지하는 조문을 두고 있었던 점에서 넓게 수탁자의 충실의무를 인정하고 있었다고 보았다.[3] 판례도 『수탁자의 충실의무는 수탁자가 신탁목적에 따라 신탁재산을 관리하여야 하고 신탁재산의 이익을 최대한 도모하여야 할 의무로서, 신탁법상 이에 관한 명문의 규정이 있는 것은 아니지만, 일반적으로 수탁자의 신탁재산에 관한 권리취득을 제한하고 있는 신탁법 제31조를 근거로 인정되고 있다』고 판시함으로써 구 신탁법 당시 충실의무에 관한 명문의 규정이 없음에도 불구하고 수탁자의 일반적인 의무로 충실의무를 인정하였다(대법원 2005. 12. 22. 선고 2003다55059 판결).

---

1) 최동식, 〈신탁법〉, 206면; 이중기, 〈신탁법〉, 276면.
2) 이연갑, 〈수탁자의 보상청구권과 충실의무〉, 294~295면.
3) 최동식, 〈신탁법〉, 206면; 이중기, 〈신탁법〉, 276면; 이근영, 〈신탁법상 수익자의 수익권의 의의와 수익권 포기〉, 190~191면.

2. 현행 신탁법에서의 명문화

구 신탁법에서 충실의무에 관한 명문의 규정은 없었다. 그러나 구 신탁법 제31조 및 제29조를 기초로 하여 판례[1] 및 학설로 수탁자의 충실의무가 인정되고 있었는데, 현행 신탁법은 이를 제33조로 명문화하였다. 이 규정은 추상적인 충실의무를 선언하는 규정으로, 구체적인 충실의무는 수탁자가 신탁재산과 고유재산 또는 서로 다른 신탁재산 간에 권리를 설정하는 등의 이익에 반하는 행위의 금지의무(신탁법 제34조), 수탁자가 관리하는 신탁 간의 공평의무(동법 제35조), 수탁자가 신탁재산에서 이익을 취득하는 행위의 금지의무(동법 제36조) 등을 통하여 명문화되었다. 이와 같이 명문화된 규정 외에도 충실의무는 학설, 판례 등의 해석론을 통하여 신탁정보의 비밀유지의무, 수탁자의 자기정보 사용의무 등으로 구체화될 것이다.

3. 충실의무의 성격

신탁법 제33조는 충실의무를 추상적으로 선언하는 규정 내지 단순한 훈시규정은 아니며, 개별적인 상황에서 수탁자가 충실의무를 위반하는 경우 이 규정이 적용되어 수탁자는 신탁법 제43조에 따른 책임을 부담하게 된다.

한편, 구 신탁법 제31조로부터 도출되던 충실의무가 일체의 예외가 허용되지 않는지, 수익자의 승낙이나 신탁행위에 의한 면책이 허용되는지 논의[2]와 함께 충실의무가 조문의 유무에 관계없이 긍정되고, 구 신탁법 제31조가 충실의무를 구체화한 것임을 전제로, 적절한 정보제공에 기한 승낙에 의하여 충실의무가 배제될 가능성을 일반적으로 인정하는 견해[3]가 있다. 위탁자는 수탁자에게 신탁사무를 위탁할 때 수탁자의 충실의무를 기대하지 아니하고 위탁할 수도 있다는 점 등을 고려하여 신탁행위로 수탁자의 충실의무를 경감하도록 정할 수 있도록 함이 타당하고, 수탁자로부터의 충실한 정보제공을 통하여 수익자들이 해당 행위에 대하여 개별적인 승인을 한 경우에는 수탁자의 충실의무 위반행위도 허용된다고 봄이 타당하다.[4]

---

1) 대법원 2005. 12. 22. 선고 2003다55059 판결.
2) 최동식, 〈신탁법〉, 214면.
3) 최동식, 〈신탁법〉, 214면.
4) 이중기, 〈신탁법〉, 297~300면; 안성포, 〈신탁법상 수탁자의 충실의무에 관한 고찰〉, 91면.

4. 충실의무 위반의 효과

구 신탁법 제31조 및 제29조에 기초한 충실의무의 위반에 대하여 충실의무위반에 해당하는 수탁자의 행위는 무효이고, 따라서 수익자는 별도로 취소권을 행사할 필요가 없고, 수탁자에 대하여 신탁재산의 회복을 청구할 수 있으며, 이와 동시에 그로 인한 신탁재산의 손해가 발생한 경우에는 수탁자는 그 손해의 배상이나 신탁재산의 회복에 대한 책임을 부담하게 될 것이라는 견해[1]와 충실의무 위반행위는 무효이며, 해당 행위가 구 신탁법 제38조와 제52조의 요건을 충족한 경우에는 수익자 등은 해당 권리도 행사할 수 있다는 견해[2]가 있었다. 현행 신탁법에서도 충실의무를 위반한 행위의 효력이 무효인지 취소인지에 대하여 명문의 규정은 두지 아니하였다. 결국 충실의무 위반행위의 효력에 대하여는 기존 학설과 판례의 해석론에 맡겨두고 있는 것으로 보인다.

현행 신탁법은 수익자가 신탁재산에 손해가 발생하거나 신탁재산의 변경이 발생한 경우 수탁자에 대하여 원상회복청구 또는 손해배상청구를 할 수 있고(신탁법 제43조 제1항 및 제2항), 손해가 발생하지 않은 경우에는 이득반환청구를 할 수 있도록 함(동조 제3항)과 동시에 신탁사무로서 한 법률행위가 충실의무를 중대하게 위반하여 신탁목적을 위반하였다고 판단되는 경우에는 수익자는 제3자나 그 전득자가 수탁자의 위반사실을 알거나 중대한 과실로 알지 못한 때에 해당 법률행위를 취소할 수 있도록 규정하고 있다(동법 제75조 제1항). 만약 개별적인 수탁자의 행위가 충실의무가 구체화된 규정들(신탁법 제34조, 제35조 및 제36조)의 위반에 해당하는 경우에 수익자 등은 해당 조항의 효과에 따라 각각의 구제수단을 선택할 수 있을 것이다.

> **제34조 (이익상반행위의 금지)**
>
> ① 수탁자는 누구의 명의로도 다음 각 호의 행위를 하지 못한다.
>
> 1. 신탁재산을 고유재산으로 하거나 신탁재산에 관한 권리를 고유재산에 귀속시키는 행위
> 2. 고유재산을 신탁재산으로 하거나 고유재산에 관한 권리를 신탁재산에 귀속시키는 행위
> 3. 여러 개의 신탁을 인수한 경우 하나의 신탁재산 또는 그에 관한 권리를 다른 신탁의 신탁재산에 귀속시키는 행위
> 4. 제3자의 신탁재산에 대한 행위에서 제3자를 대리하는 행위
> 5. 그 밖에 수익자의 이익에 반하는 행위

1) 최동식, 〈신탁법〉, 217면.
2) 안성포, 〈신탁법상 수탁자의 충실의무에 관한 고찰〉, 64면.

② 제1항에도 불구하고 수탁자는 다음 각 호의 어느 하나에 해당하는 경우 제1항 각 호의 행위를 할 수 있다. 다만, 제3호의 경우 수탁자는 법원에 허가를 신청함과 동시에 수익자에게 그 사실을 통지하여야 한다.
1. 신탁행위로 허용한 경우
2. 수익자에게 그 행위에 관련된 사실을 고지하고 수익자의 승인을 받은 경우
3. 법원의 허가를 받은 경우
③ 제1항에도 불구하고 수탁자는 상속 등 수탁자의 의사에 기하지 아니한 경우에는 신탁재산에 관한 권리를 포괄적으로 승계할 수 있다. 이 경우 해당 재산의 혼동에 관하여는 제26조를 준용한다.

1. 충실의무의 구체화로서의 이익상반행위의 금지

가. 구 신탁법상 이익상반행위의 금지

구 신탁법 제31조는 수탁자는 신탁재산을 고유재산으로 하거나 혹은 신탁재산에 관하여 권리를 취득하지 못하도록 규정하고 있었는데, 이는 수탁자와 신탁재산 사이의 단순한 자기거래뿐만 아니라, 수탁자가 신탁과 이익충돌을 일으키는 다른 유형의 거래 혹은 상황에도 유추적용되고, 수탁자가 신탁을 관리하는 동안 자신의 이익이나 제3자의 이익이 수익자의 이익과 충돌되지 않도록 하여야 한다는 '신탁과의 이익충돌의 회피의무'로 넓게 이해된다.[1)]

판례도『수탁자가 자신의 고유재산인 비용상환청구권에 관하여 근질권을 설정한 행위는 신탁재산이나 수익자의 이익과 수탁자의 이익이 상반되는 행위가 아니어서 수탁자로서의 충실의무에 위반된 행위라고 할 수 없다』라고 판시함으로써(대법원 2005. 12. 22. 선고 2003다55059 판결), 이익상반행위가 충실의무 위반행위이고 이익충돌회피의무가 구체적 충실의무의 한 유형임을 명시적으로 선언하고 있다.

나. 이익상반행위의 유형의 구체화

현행 신탁법은 구 신탁법에서 수탁자의 권리취득을 제한한 규정보다 구체적으로 수익자의 이익에 반하는 수탁자의 행위를 원칙적으로 금지하며, 객관적으로 이익에 반하는 행위가 존재하였다면 수탁자의 의도 또는 귀책사유의 유무나 수익자에게 이익이 되었는지 여부에 상관없이 수탁자는 이 조항을 위반한 책임을 부담하게끔 규정하고, 동시에 이

1) 최동식, 〈신탁법〉, 208면; 이중기, 〈신탁법〉, 281면.

익상반행위 유형을 구체화하고 있다.

다. 수익자의 이익과 수탁자의 이익의 충돌

수익자의 이익과 수탁자의 이익이 충돌하는 경우 수탁자는 수익자의 이익을 희생하여 자신의 이익을 도모할 유인이 있으므로, 이러한 이익충돌을 회피할 의무는 충실의무의 가장 핵심적인 부분이다.[1] 이는 소위 '자기거래'와 그 이외의 이익상반행위가 있을 수 있고, 이미 구 신탁법 제31조에서 직접적인 자기거래를 금지함으로써 충실의무의 기초가 되고 있었다.[2]

이러한 직접적 자기거래에는 ① 신탁재산을 고유재산으로 하거나, ② 수탁자의 고유재산을 신탁재산이 취득하거나, ③ 수탁자가 신탁재산에 대한 권리를 취득하는 경우 등이 있을 수 있고, 미국 제2차 Restatement는, §170[3]에서 위 모두가 충실의무에 저촉되는 행위로서 동일한 규제를 받도록 규정하고 있다.[4] 이와 관련하여 구 신탁법 제31조에서도 위 ①, ③은 명문으로 금지하고 있었다. ②에 대하여도 당연히 구 신탁법 제31조를 유추적용하여야 한다는 견해가 유력하였다.[5]

현행 신탁법 제34조 제1항 제1호에서 신탁재산을 고유재산으로 하거나 신탁재산에 관한 권리를 고유재산에 귀속시키는 행위를 금지하고 있으며, 동항 제2호에서 고유재산을 신탁재산으로 하거나 고유재산에 관한 권리를 신탁재산에 귀속시키는 행위를 금지하고 있다. 현행 신탁법 제34조 제1항 제2호의 금지는 구 신탁법에서는 명문의 규정이 없었으나, 굳이 개정 신탁법 제34조 제1항 제1호의 행위와 구별할 수 없기 때문에 구 신탁법을 유추적용하여야 한다는 견해가 유력하였는데,[6] 현행 신탁법에서 이를 반영하여 명문으로 규정하기에 이르렀다.

현행 신탁법 제34조 제1항 제1호 및 제2호의 금지는 수탁자가 신탁재산에 대한 거래의 상대방이 되는 직접적 자기거래만이 이에 해당된다.

---

1) 최동식, 〈신탁법〉, 208~211면; 이중기, 〈신탁법〉, 284면.
2) 이중기, 〈신탁법〉, 284면.
3) §170. Duty of Loyalty
   (1) The trustee is under a duty to the beneficiary to administer the trust solely in the interest of the beneficiary
   (2) The trustee in dealing with the beneficiary on the trustee's own account is under a duty to the beneficiary to deal fairly with him and to communicate to him all material facts in connection with the transaction which the trustee knows or should know.
4) 최동식, 〈신탁법〉, 208면; 이중기, 〈신탁법〉, 284~286면.
5) 최동식, 〈신탁법〉, 208면.
6) 최동식, 〈신탁법〉, 209면; 이중기, 〈신탁법〉, 285면.

라. 수익자의 이익과 다른 수익자의 이익이 충돌하는 경우

동일한 수탁자가 지배하는 복수의 신탁 간의 거래는 민법 제124조의 쌍방대리에 가까운 것이라는 점에서 복수의 다른 신탁에서 수익자 간의 이익상반의 문제는 당연히 충실의무의 문제이다.[1] 따라서 수탁자가 복수의 신탁을 수탁하고 있는 경우, 수탁자가 일방의 이익을 우선하면 타방의 수익자에 대한 관계에서 충실의무 위반이 된다. 그러나 구 신탁법 제31조에서는 명문의 규정에서 이를 금지하지 아니하였고, 이와 같이 신탁 간의 이익이 충돌하는 경우 수탁자가 충실의무나 공평의무를 위반한 것으로 해석하였다. 하지만 일반적으로 1개 신탁에서 복수의 수익자 사이에 수익자를 공평하게 취급하는 것을 공평의무라고 부르고, 충실의무와는 구별하여 논의하고 있었다.[2]

현행 신탁법 제34조 제1항 제3호는 수탁자가 여러 개의 신탁을 인수한 경우 하나의 신탁재산 또는 그에 관한 권리를 다른 신탁의 신탁재산에 귀속시키는 행위를 금지하고 있다. 이는 신탁 간의 이익이 충돌하는 경우를 명시적으로 이익상반행위로서 금지하는 것이다.

마. 수익자의 이익과 제3자의 이익이 충돌하는 경우

수탁자는 신탁의 이익을 위해 행위하여야 하기 때문에 신탁의 이익을 희생하고 제3자의 이익을 도모하는 것은 이익충돌회피의무 위반이 된다.[3] 다만 이 경우에 수익자의 이익과 제3자의 이익이 대립되는 것만으로는 부족하고 수익자의 이익이 희생되거나, 귀책사유가 필요하다. 수탁자가 신탁재산을 위하여 제3자와 거래하는 경우에 항상 수익자와 제3자의 이익이 추상적으로 대립되기 때문에 그러한 이유만으로 제3자와의 거래를 모두 충실의무에 위반한다고 볼 수 없기 때문이다.[4] 따라서 수익자의 이익을 희생하여 제3자의 이익을 도모한다는 사정이 있어야 비로소 충실의무 위반이 된다.[5]

현행 신탁법 제34조 제1항 제4호는 제3자와 신탁재산의 거래에서 수탁자가 상대방 당사자(제3자)를 대리하는 것은 민법 제124조의 쌍방대리와 유사하므로 신탁재산에 대한 정보를 갖고 있는 수탁자가 충실의무를 위배하여 신탁에 불리한 거래를 할 가능성도 있으므로 이를 명문으로 금지하게 되었다.

---

1) 최동식, 〈신탁법〉, 211~212면.
2) 최동식, 〈신탁법〉, 211면.
3) 최동식, 〈신탁법〉, 214면; 이중기, 〈신탁법〉, 287면.
4) 이중기, 〈신탁법〉, 288면.
5) 최동식, 〈신탁법〉, 214면.

바. 그 밖에 수익자의 이익에 반하는 경우

구 신탁법은 일반적으로 수익자의 이익에 반하는 경우를 금지하지 아니하였으나, 수익자와 수탁자 간의 이익, 신탁 간의 이익 또는 수익자와 제3자의 이익이 충돌하는 경우는 매우 다양하여 이를 모두 명문으로 규정하는 것은 어렵다. 따라서 현행 신탁법은 구체적으로 규정된 행위 외의 이익상반행위도 원칙적으로 금지됨을 명시하기 위하여 동법 제34조 제1항 제5호에 포괄규정을 두기에 이르렀다.

수탁자 개인의 채무에 대하여 신탁재산을 담보로 제공하는 행위와 같이 간접적인 자기거래, 경업행위 혹은 유용행위와 같은 행위 등이 이에 속하는 행위이다.

2. 예외적 허용

가. 신탁행위로 허용한 경우

신탁법의 이익상반행위금지는 임의규정으로 신탁행위로 다르게 정할 수 있다. 신탁행위로 허용하는 경우 이익상반행위를 할 수 있도록 하였다.

나. 수익자의 승인을 얻은 경우

수익자는 신탁의 실질적인 이익주체이므로 수익자의 개별적인 동의가 있으면 이익상반행위를 할 수 있도록 하였다.

다. 법원의 허가를 받은 경우

신탁행위로 정하지 않거나, 수익자의 승인이 없더라도 법원의 허가를 받은 경우에는 이익상반행위가 허용된다. 구 신탁법 제31조 단서는 신탁재산의 고유재산화만 예외적으로 허용하는 듯 하였으나, 굳이 신탁재산의 고유재산화만 예외적으로 허용할 필요는 없다고 판단되어 현행 신탁법은 그와 같은 예외기준은 삭제하고 신탁재산의 고유재산화 혹은 고유재산에 대한 신탁재산화 등 역시 이익상반행위가 허용되도록 하였다.

또한 구 신탁법은 동법 제31조 단서에서 수익자에게 이익이 되는 것이 명백하거나 기타 정당한 이유가 있는 경우에 한하여 법원의 허가가 가능하도록 하였으나, 법원이 이익상반행위를 허가함에 있어 이를 당연히 고려할 것이므로 현행 신탁법은 굳이 법원의 허가에까지 이익상반행위의 허용범위를 좁게 할 필요가 없어 이를 삭제하였다.

3. 이익상반행위금지 규정의 성격 및 그 위반의 효과

구 신탁법 제31조의 성격에 대하여 구 신탁법 제31조의 규정은 충실의무의 구체화인 동시에 일체의 예외를 인정하지 아니하는 강행규정이라는 견해(제1설)와, 임의규정으로서 수익자의 승낙이나 신탁행위에 의한 면책이 일반적으로 인정된다는 견해(제2설), 이와 함께 구 신탁법 제31조의 문언을 한정해석하여 신탁재산에 관한 물권을 취득하는 것은 금지되나, 채권은 허용된다는 견해(제3설), 명문의 규정에 있어서 그 금지의 효과는 절대적이지만 규정되지 아니한 행위는 임의규정으로 허용될 수 있다는 견해(제4설) 등이 있었다.[1] 이에 통설과 판례는 구 신탁법 제31조는 강행규정이므로 이를 위반한 행위는 무효라고 해석해왔으며,[2] 구 신탁법 제31조에서 명문으로 금지하고 있는 행위 이외의 행위에 대하여는 무효는 아니되, 취소의 대상이 된다고 보았다.[3]

현행 신탁법은 구 신탁법 제31조의 규정을 보다 구체화하였으나, 별도로 현행 신탁법 제34조에 위반한 행위에 대한 효력을 규정하지는 아니하였고, 다만 수익자 등의 반환청구권만을 명시적으로 규정함에 그쳤다(신탁법 제43조 제3항). 결국 이익상반행위 금지 위반행위의 효력은 기존 학설·판례에 의하여 결정될 것으로 보인다. 판례는 구 신탁법 당시 명문으로 금지한 행위위반의 효력을 무효로 판단하였으며(대법원 2009. 1. 30. 선고 2006다62461 판결 등) 현행 신탁법도 규정의 형식 등 체계에 변화가 없었다는 점, 이익상반행위 금지위반은 수탁자의 의무 중 중대한 의무위반에 해당하므로 강행 규정으로 해석하는 것이 타당하다는 점, 예외적으로 신탁행위, 법원의 허가 등을 통하여 허용되고 있다는 점을 감안하였을 때에 현행 신탁법에서 규정한 이익상반행위 금지규정을 위반한 행위의 효력은 무효라고 판단함이 타당하다.[4]

---

1) 최동식, 〈신탁법〉, 214~216면.

2) 판례는 『신탁법 제31조 제1항 본문에 의하면, 특별한 사정이 없는 한 누구의 명의로 하든지 신탁재산을 고유재산으로 하거나 이에 관하여 권리를 취득하지 못할 뿐만 아니라 고유재산을 신탁재산이 취득하도록 하는 것도 허용되지 아니하고, 위 규정을 위반하여 이루어진 거래는 무효이다. 한편, 금전신탁 이외의 신탁에 있어서 수탁자가 신탁회사인 경우에는, 신탁업법 제12조 제1항이, "단, 수익자에게 이익이 되는 것이 명백하거나 기타 정당한 이유가 있는 경우에는 법원의 허가를 얻어 신탁재산을 고유재산으로 할 수 있다"고 규정하고 있는 신탁법 제31조 제1항 단서마저 그 적용을 배제하여 매우 엄격한 규제가 이루어지고 있음에 비추어 볼 때, 신탁회사가 행한 신탁재산과 고유재산 간의 거래가 수익자에게 이익이 된다는 사정만으로는 그와 같은 거래를 유효하다고 볼 수는 없다』라고 판시하였다(대법원 2009. 1. 30. 선고 2006다62461 판결). 임채웅, 〈신탁법상 수탁자의 자조매각권 및 비용상환청구권에 관한 연구〉, 391면; 이중기, 〈신탁법〉, 289면.

3) 이중기, 〈신탁법〉, 289면. 이와 함께 구 신탁법 제31조가 직접 금지하고 있지 아니한 이익상반행위의 경우는, 신탁당사자의 통상의 의사를 기초로 하는 일반적인 충실의무를 근거로 금지되는 것으로 보아야 하지만, 신탁행위를 통하여 혹은 수익자의 동의로 허용하여야 하고, 그 위반행위가 무효로 되는 것은 아니라는 견해가 있다(최동식, 〈신탁법〉, 217면).

4) 이에 대해 구 신탁법과 달리 현행 신탁법 제34조 제2항은 이익상반행위 금지에 대해 당사자의 의사에 의한 허용가능성을 명시하기 때문에 더 이상 제34조를 강행규정이라고 해석하기는 어려우며, 제34조 제1

수익자는 손해가 발생하거나 신탁재산의 변경이 발생한 경우에는 수탁자에게 원상회복청구 또는 손해배상청구(신탁법 제43조 제1항 및 제2항)를 할 수 있으며, 손해가 발생하지 아니한 경우에는 이익반환청구를 할 수 있고(동조 제3항), 수익자가 신탁사무로서 한 법률행위가 충실의무를 중대하게 위반하여 신탁 목적에 위반된다고 판단되는 경우에는 수익자는 제3자나 그 전득자가 수탁자의 규정위반 사실을 알았거나 중대한 과실로 알지 못한 때에 해당 법률행위를 취소할 수 있다(동법 제75조 제1항).

第35條 (공평의무) [신설]

수익자가 여럿인 경우 수탁자는 각 수익자를 위하여 공평하게 신탁사무를 처리하여야 한다. 다만, 신탁행위로 달리 정한 경우에는 그에 따른다.

1. 공평의무의 의의

1개의 신탁에 복수의 수익자가 있는 경우에 이러한 수익자들을 공평하게 취급하여야 하는 의무를 말한다.[1] 동종의 수익자가 있는 신탁에서의 복수의 동종의 수익자 사이뿐만 아니라, 수익수익자와 원본수익자 같은 이종의 수익자가 있는 신탁에서의 수익수익자, 원본수익자 사이에도 수탁자의 공평의무는 존재한다.[2]

공평의무는 구 신탁법상 명문의 규정이 없었다. 그러나 공평의무는 신탁설정자가 신탁사무를 수탁자에게 위탁하면서 통상 기대하는 의무이고, 각각의 신탁이 승인하여 수탁자가 수개의 신탁을 인수한 경우에도 각각의 신탁설정자가 수탁자에게 자신의 신탁사무를 공정히 처리할 것으로 기대하는 의무로, 설정자가 별단의 정함을 하지 않는 한 신탁행위에 의해 묵시적으로 추정된다고 볼 수 있다고 하는 견해[3]가 있었다.[4] 즉, '수익자 간의 이익충돌'이나 '신탁 간의 이익충돌'을 해결하기 위해 추정되는 일반적인 충실의무

항은 이익상반이 발생할 수 있는 행위유형을 구체적으로 적시하고, 특히 동항 제5호는 그 밖에 수익자의 이익에 반하는 행위를 포괄적으로 금지하였으므로, 이익상반행위의 효력을 종래와 같이 규정의 성질이나 유형의 명시 여부를 기준으로 판단할 수는 없다는 반론이 있다(최수정, 〈신탁법〉, 342면).

1) 최동식, 〈신탁법〉, 221면; 이중기, 〈신탁법〉, 301면.
2) 최동식, 〈신탁법〉, 221면.
3) 이중기, 〈신탁법〉, 302면. 이와 달리 구 신탁법 제28조의 선관주의의무에 포함되어 있다고 보는 견해가 있다(최동식, 〈신탁법〉, 223면).
4) 이와 함께 구 신탁법에서 근거를 두지 아니하였으나, 굳이 조문상 근거를 든다면 구 신탁법 제28조의 선관주의의무에 포함되어 있다는 견해가 있다(최동식, 〈신탁법〉, 223면).

의 한 형태로 생각될 수 있다고 하였다.[1)] 현행 신탁법에서는 새로이 명문의 규정을 두어 공평의무를 규정하였다.

2. 공평의무의 내용

가. 공평의무의 명문화

구 신탁법은 수탁자의 공평의무에 대하여 명문의 규정을 두고 있지 아니하였으나, 현행 신탁법 제35조는 수탁자로 하여금 공평의무를 부담하도록 규정하였다.

나. 수익자 간의 공평

신탁행위로 달리 정한 바가 없으면 수탁자는 여럿인 수익자에 대하여 공평하게 신탁사무를 처리하여야 한다.[2)] 신탁행위로 설정자의 의사가 명확하게 일부 수익자를 우대하고자 한다면 수탁자는 그 기본방침에 따르면 된다.[3)] 그러하지 않다면 수탁자는 공평하게 신탁사무를 처리하여야 하고 그 내용으로 수익자들의 수익권의 내용을 공평하게 정하여야 하고 신탁사무를 수행하면서 어느 수익자에게만 유리하지 않도록 신탁재산을 운용하여야 한다.[4)]

다. 신탁 간의 공평

위탁자가 신탁행위로 신탁 간의 우선순위를 정하고 있거나, 합동운용시 신탁 사이의 수익비율 등을 정하고 있지 않은 한, 수탁자는 모든 신탁을 공평하게 취급하여야 한다.[5)] 즉, 수탁자가 신탁과 다른 신탁 사이에 거래를 할 때 거래조건을 공평하게 하여야 하고, 수탁자의 관리하에 있는 신탁들이 합동으로 제3자와 거래할 때에도 거래의 효과가 신탁 사이에 공평하게 분배되도록 하여야 한다.[6)]

라. 공평의무의 변경

공평의무는 수익자를 보호하기 위한 것이므로 위탁자가 일부 수익자를 우대할 의사가 있음이 분명하다면 그에 따라야 하는 것이 우선되고, 수탁자가 이에 따르는 것은 공평의무의 위반이 아니다.[7)] 구체적으로 특정수익자를 우선할 것을 위탁자가 지정할 수

1) 이중기, 〈신탁법〉, 302면.
2) 이중기, 〈신탁법〉, 304면.
3) 이중기, 〈신탁법〉, 304면.
4) 이중기, 〈신탁법〉, 304~305면.
5) 이중기, 〈신탁법〉, 306면.
6) 이중기, 〈신탁법〉, 306면.
7) 이중기, 〈신탁법〉, 302면.

있다.[1)] 또한 수탁자에게 재량권을 부여하여 일반적으로 수탁자가 공평의무에 따라 행동할 필요가 없다고 할 수도 있다.[2)] 다만, 위탁자가 일부 수익자를 우선하도록 원칙을 세운 경우에도 이를 감안하더라도 공평하지 아니하게 수탁자가 행위한 경우, 혹은 수탁자에게 재량권이 부여되어 있다고 하더라도 그 남용으로 선관주의의무 위반에 이른 경우에는 공평의무 위반이 될 수 있다.[3)]

3. 의무위반의 효과

불이익을 받은 수익자는 신탁재산에 손해나 변경이 발생한 경우에는 수탁자에 대하여 원상회복청구나 손해배상청구를 할 수 있고(신탁법 제43조 제1항 및 제2항), 손해가 발생하지 않았더라도 수탁자에게 이득반환청구를 할 수 있다(동조 제3항). 또한 수탁자의 법률행위가 공평의무를 위반하고 그것이 신탁 목적을 위반하는 정도에 이르렀다고 판단되는 경우에는 타방 수익자가 당시에 수탁자의 규정 위반사실을 알았거나 중대한 과실로 알지 못한 때에 해당 법률행위를 취소할 수 있다(신탁법 제75조 제1항).

이러한 구제수단과 함께[4)] 수탁자가 공평의무위반 행위를 함으로써 수익의 분배과정에서 일부 수익자가 본래 향유하여야 하는 수익보다 더 많은 수익을 향유하는 등 결과적으로 초과급부를 받은 경우 유리한 취급을 받은 수익자가 그 재산상 이득을 불리한 취급을 받은 수익자에게 반환할 의무를 부담하는지 여부가 문제될 수 있다. 공평하지 아니한 방법으로 다른 수익자에 비하여 유리한 급부를 받은 수익자는 그 재산상 이득이 법률상 원인을 결여하는 것으로서 정의와 공평의 이념에 근거하여 불리한 취급을 받은 수익자에게 직접 그 이득을 반환할 의무를 부담한다고 보는 것이 타당하다.[5)] 다만 유리한 취급을 받은 수익자의 반환의무를 인정하되, 그가 선의이고 중과실이 없는 경우 원상회복의무를 지지 않는다는 견해[6)]가 있으나, 선의의 수익자라고 하더라도 받은 이익의 현존이익 범

1) 최동식, 〈신탁법〉, 225면; 이중기, 〈신탁법〉, 303면.
2) 최동식, 〈신탁법〉, 226면; 이중기, 〈신탁법〉, 303면.
3) 이중기, 〈신탁법〉, 303면.
4) 불공평한 수익을 얻은 수익자로부터 원상회복을 받지 못한 경우 보충적으로 수탁자의 손해배상의무가 생긴다고 본다; 이중기, 〈신탁법〉, 306~307면.
5) 최동식, 〈신탁법〉, 226면; 이중기, 〈신탁법〉, 306면.
6) 이중기, 〈신탁법〉, 306~307면, 558면. 판례는 『부당이득제도는 이득자의 재산상 이득이 법률상 원인을 결여하는 경우에 공평 · 정의의 이념에 근거하여 이득자에게 그 반환의무를 부담시키는 것인바, 채무자가 피해자로부터 횡령한 금전을 그대로 채권자에 대한 채무변제에 사용하는 경우 피해자의 손실과 채권자의 이득 사이에 인과관계가 있음이 명백하고, 한편 채무자가 횡령한 금전으로 자신의 채권자에 대한 채무를 변제하는 경우 채권자가 그 변제를 수령함에 있어 악의 또는 중대한 과실이 있는 경우에는 채권자의 금전 취득은 피해자에 대한 관계에 있어서 법률상 원인을 결여한 것으로 봄이 상당하나, 채권자가 그 변제를 수령함에 있어 단순히 과실이 있는 경우에는 그 변제는 유효하고 채권자의 금전 취득이 피해자에 대한 관계에 있어서 법률상 원인을 결여한 것이라고 할 수 없다』고 판시하였다(대법원 2003. 6. 13.

위 내에서 부당이득의 반환책임을 부담한다는 점(민법 제748조 제1항)을 감안하여 볼 때에 부당이득 반환의무가 있는 이상 수익자가 선의일지라도 초과지급받은 급부액[1]을 반환할 책임이 있다고 보는 것[2]이 타당하다.

第36조 (수탁자의 이익향수금지)

수탁자는 누구의 명의로도 신탁의 이익을 누리지 못한다. 다만, 수탁자가 공동수익자의 1인인 경우에는 그렇지 아니하다.

1. 수탁자의 이익향수금지원칙

수탁자는 신탁과 이익충돌을 회피하여야 하는 의무뿐만 아니라, 신탁의 이익을 향수하는 것도 금지된다. 영미의 신탁법상 no profit rule에 해당한다.[3] 충실의무에 ① 이익상반행위금지(No conflict rule)와 ② 이익취득금지(No profit rule)가 포함되어 있다는 견해가 있다.[4]

수탁자의 이익향수금지는 수탁자가 수익자의 이익을 위해서만 행동하여야 한다는 충실의무의 하나라고 할 수 있고, 충실의무에서 금지하고 있는 유형 중 수탁자의 이익향수금지도 그에 포함된다고 할 것이다. 이익충돌회피의무는 사전적으로 수탁자로 하여금 이익충돌적 지위에 들어가지 못하게 함으로써 신탁관리를 증진시키기 위한 것이다.[5]

2. 위반요건

가. 명의에 상관없음

신탁법은 수탁자로 하여금 누구의 명의로도 신탁의 이익을 누리는 것을 금지하기 때문에 ① 신탁으로부터 직접적으로 이익을 얻는 것뿐만 아니라, ② 간접적으로 이익을 얻는 것도 모두 금지된다.[6]

선고 2003다8862 판결).

1) 부당이득으로 취득한 금전은 그 소비여부를 불문하고 현존하는 것으로 추정되기 때문이다(대법원 1996. 12. 10. 선고 96다32881 판결).
2) 최동식, 〈신탁법〉, 228~229면.
3) 이중기, 〈신탁법〉, 290면.
4) 최동식, 〈신탁법〉, 207면.
5) 이중기, 〈신탁법〉, 290면; 이중기, 〈신탁에서의 이익향유금지의 원칙과 이익반환책임〉, 197~199면.
6) 이중기, 〈신탁법〉, 290면; 이중기, 〈신탁에서의 이익향유금지의 원칙과 이익반환책임〉, 217~219면.

나. 신탁의 이익

수탁자의 취득이 금지되는 이익에는 신탁의 주된 급부인 수익권뿐만 아니라 부수적인 이익도 포함되고, 적극적인 재산의 증가뿐만 아니라 책임의 면제와 같은 재산의 감소를 면하는 경우도 포함된다. 법률행위에 한정되는 것이 아니라 이사 선임과 같은 고용관계의 설정이나 혹은 고객 증가와 같은 사실관계도 포함된다.[1]

다. 신탁이익향수의 유형

(1) 신탁으로부터의 이익취득

수탁자 혹은 제3자가 신탁과 관련하여 신탁재산 혹은 신탁정보로부터 이익을 취득하는 경우이다.[2] 예를 들어, 수탁자가 신탁재산 혹은 신탁사무와 관련해 취득한 정보를 이용하여 이익을 취득하는 경우, 수탁자가 신탁이 보유하는 주식의 의결권을 사용하여 자신 혹은 지인을 주식발행회사의 임원으로 선임하는 경우 등을 들 수 있다.[3]

판례는 신탁으로부터 수탁자가 이익을 얻는 것과 관련하여 『신탁회사인 피고는 각 신탁사업에 필요한 자금을 사업별로 조달하는 방식을 취하지 않고 신탁사업 전체를 기준으로 소요 예상자금을 미리 차입하여 고유계정에 보관하고 있다가 자금을 필요로 하는 개별 신탁사업의 신탁계정으로 대여하는 방법을 취하고 있는데, 고유계정에서 신탁계정으로 자금을 대여할 때에는 차입금리에 연 1.5% 내지 5%의 금리를 가산하고 있음을 알 수 있다. 앞에서 본 법리에 비추어 살펴보면, 위와 같은 이자부 소비대차 거래는 신탁법 제31조 제1항에 위반된 거래로서 무효라고 할 것이다. 다만, 피고는 고유계정에서 신탁계정으로 대여한 무효의 대여금채권을 근거로 비용보상청구권을 주장하는 것이라기보다는 신탁사무의 처리를 위하여 외부 금융기관 등으로부터 차입한 신탁 관련 차입금채무를 피고가 부담·변제하거나 그 차입금을 가지고 신탁사무의 처리 등에 사용하였음을 근거로 하여 비용보상청구권을 주장하는 것으로 선해할 수 있으므로, 원심으로서는 이 점을 명확히 할 필요가 있다고 할 것이고, 위와 같이 볼 수 있는 경우 피고가 원고에게 갖는 비용보상청구권의 범위를 산정함에 있어서는 위와 같이 피고가 원고에게 대여하면서 가산한 이자는 제외하여야 할 것이다』라고 판시하여(대법원 2009. 1. 30. 선고 2006다62461 판결), 고유재산으로부터 신탁재산으로의 차입을 무효로 보면서도, 다만 외부 금융기관으로부터 차입한 신탁 관련 차입금 채무의 이자 상당에 대하여는 비용상환청구권의 주장으

---

1) 이중기, 〈신탁법〉, 556~557면; 이중기, 〈신탁에서의 이익향유금지의 원칙과 이익반환책임〉, 216면.
2) 이중기, 〈신탁법〉, 291면.
3) 이중기, 〈신탁법〉, 291면.

로 선해하여 인정하였다. 그러나 수탁자가 외부 금융기관으로부터 차입한 신탁 관련 차입금 채무의 이자에 가산한 이자는 비용상환청구권의 범위에서 제외되는 것으로,[1] 초과한 부분은 수탁자의 이익향수금지원칙에 위반한 것으로 보았다고 하여야 할 것이다.[2]

(2) 제3자로부터의 이익취득

수탁자 혹은 제3자가 신탁으로 인해 간접적으로 이익을 취득하는 경우이다.[3] 예를 들어 수탁자가 신탁의 영업을 영위하는 과정에서 신탁의 거래상대방으로부터 개인적으로 선물 기타 부수적인 이익을 취득하는 경우, 수탁자가 신탁의 거래대가로 제3자로부터 이익을 향수하는 경우 등을 들 수 있다.[4] 이러한 이익은 수탁자의 고유재산에 귀속시켜야 하지만 신탁재산에 미치는 영향에 대하여 일정한 감독이 필요하기 때문에 금지대상에 포함시킨다.[5]

(3) 수익자로부터의 이익취득

수탁자는 수익자의 성격과 재정상태에 대한 정보를 가지고 있으므로 그러한 수익자와 거래함으로써 이익을 취득할 기회가 생긴다. 따라서 수탁자가 수익자와 거래를 통하여 이익을 취득하는 것을 금지한다. 예를 들어 수탁자가 수익자로부터 수익권을 양수하는 경우, 사채발행의 수탁회사가 수익자의 수익권을 구매하는 것이 한 예이다.[6]

라. 예 외

수탁자가 공동수익자 중 1인인 경우에는 신탁의 이익을 누릴 수 있다. 수탁자가 공동수익자 중 1인인 경우에는 신탁을 남용할 가능성이 많지 않고 수탁자가 위반행위를 하더라도 타 수익자가 그 이행을 강제하거나 감독할 수 있기 때문이다.[7] 여기에서 공동수익자 중 1인이라는 것은 같은 종류의 수익권을 가진 수익자가 더 있다는 의미뿐만 아니

1) 오창석, 〈부동산신탁 관련 현안 쟁점에 대한 검토〉, 75~77면.
2) 다만 현재 자본시장법 제105조에서는 신탁업자는 일정한 경우 신탁의 계산으로 신탁업자의 고유재산으로부터 금전을 차입할 수 있다고 명시적으로 허용하고 있다. 이와 관련하여 판례는 『자본시장법이 시행되기 전에 체결된 신탁계약과 그에 부수한 사업약정에서 차입의 규모와 이율 등의 조건을 정하여 두고 그에 따라 필요한 때 자금을 신탁회사의 고유계정에서 신탁계정으로 이체한 경우에는, 신탁계약과 사업약정에 의하여 금전소비대차계약이 체결되고 그 이행으로 자금이 이전된 것으로 봄이 상당하므로, 새로 신탁계약을 체결하는 등의 특별한 사정이 없는 한 위 법률의 시행 전에 체결된 금전소비대차가 유효하게 된다고 볼 수 없다』고 판시하기도 하였다(대법원 2017. 7. 11. 선고 2017다8395 판결).
3) 이중기, 〈신탁법〉, 291면; 안성포, 〈신탁법상 수탁자의 충실의무에 관한 고찰〉, 108면.
4) 이중기, 〈신탁법〉, 291면.
5) 안성포, 〈신탁법상 수탁자의 충실의무에 관한 고찰〉, 108면.
6) 이중기, 〈신탁법〉, 292면.
7) 송현진 · 유동규, 〈조해 신탁법〉, 335면.

라 종류와 내용, 수익권 취득시기 등이 다른 수익권을 가진 수익자가 더 있는 경우도 포함된다.[1)]

3. 이익향수금지원칙 위반의 효과

수탁자가 이익향수금지원칙을 위반하여 신탁재산에 손해가 발생하거나 신탁재산의 변경이 발생한 경우에는 수탁자에게 원상회복 또는 손해배상의무가 있으며(신탁법 제43조 제1항 및 제2항), 신탁재산에 손해가 생기지 아니하였다고 하더라도 수탁자는 그로 인하여 수탁자나 제3자가 얻은 이득 전부를 신탁재산에 반환하여야 한다(동조 제3항). 수탁자가 신탁사무로서 한 법률행위가 이익향수금지원칙을 중대하게 위반하여 신탁 목적에 위반한다고 판단되는 경우에는 수익자는 제3자나 그 전득자가 수탁자의 의무 위반 사실을 알았거나 중대한 과실로 알지 못한 때에는 해당 법률행위를 취소할 수 있다(동법 제75조 제1항).

수탁자가 신탁을 통해 취득할 수 있는 이익의 종류가 다양하고, 또 취득하는 과정도 다양하므로 직접적인 이익유발행위를 무효로 하는 경우 권리관계가 복잡해질 우려가 있기 때문에 구 신탁법에 직접적 자기거래와 같이 무효[2)]로 해석할 명문의 규정이 존재하지 않았다. 현행 신탁법에서도 이익향수금지원칙을 위반한 행위의 효력에 대하여 명시적으로 규정하고 있지 않다. 따라서 이익향수행위는 금지되지만, 그 위반행위의 효력이 부정되는 것은 아니며 수탁자의 신탁위반을 구성할 뿐이다.

4. 신탁선언으로 단독수익자인 자익신탁의 설정금지

위탁자가 신탁선언으로 자신을 단독수익자 겸 단독수탁자로 정하는 형태의 자기신탁을 허용할 것인지 여부가 문제된다. 구 신탁법 제1조 제2항 및 제2조에서 정한 바와 같이 위탁자와 수탁자가 동일한 신탁선언은 인정될 수 없다고 하는 것이 일반적이다.[3)] 그러나 금융회사인 신탁회사가 비용절감 등의 목적으로 신탁회사 내부에 합동운용을 위한 신탁펀드를 만드는 경우 신탁재산에 대하여 신탁선언으로 재신탁을 설정할 필요가 있는 점, 일본도 신탁법 개정을 통하여 수탁자가 단독수익자인 자기신탁을 원칙적으로 허

---

1) 송현진 · 유동규, 〈조해 신탁법〉, 335면.

2) 판례는 『신탁법 제31조 제1항 본문에 의하면, 특별한 사정이 없는 한 누구의 명의로 하든지 신탁재산을 고유재산으로 하거나 이에 관하여 권리를 취득하지 못할 뿐만 아니라 고유재산을 신탁재산이 취득하도록 하는 것도 허용되지 아니하고, 위 규정을 위반하여 이루어진 거래는 무효이다』라고 판시하였다(대법원 2009. 1. 30. 선고 2006다62461 판결). 임채웅, 〈신탁법상 수탁자의 자조매각권 및 비용상환청구권에 관한 연구〉, 391면.

3) 최동식, 〈신탁법〉, 54면.

용하게 되었다는 점 등을 이유로 하여 이를 허용하자는 견해가 있었다. 그러나 신탁선언을 허용하는 경우 ① 자기의 재산을 목적재산으로 함으로써 채권자를 해할 위험이 있다는 점, ② 법률관계가 불명확해진다는 점, ③ 의무이행이 불완전하여지기 쉽다는 점 등의 근거로 신탁선언을 허용하지 않아야 한다는 견해가[1] 타당하다. 필요성이 있는 영리신탁의 경우, 예를 들어 은행이 자신이 갖고 있는 대출채권을 유동화할 때 다른 은행에 신탁하는 것보다 자신이 수탁자가 되는 것이 유리할 수 있는 경우[2]에는 이를 규율하는 법으로 허용하면 족하다는 점 등을 고려하여 현행 신탁법에서는 이를 허용하지 않는 것으로 하였다.

第37條 (수탁자의 분별관리의무)

① 수탁자는 신탁재산을 수탁자의 고유재산과 분별하여 관리하고 신탁재산임을 표시하여야 한다.

② 여러 개의 신탁을 인수한 수탁자는 각 신탁재산을 분별하여 관리하고 서로 다른 신탁재산임을 표시하여야 한다.

③ 제1항 및 제2항의 신탁재산이 금전이나 그 밖의 대체물인 경우에는 그 계산을 명확히 하는 방법으로 분별하여 관리할 수 있다.

1. 분별관리의무의 의의

수탁자의 분별관리의무는 수탁자가 신탁재산을 수탁자의 개인재산과 분리하고, 신탁재산을 다른 신탁재산으로부터도 구별관리하여야 할 의무이다.[3] 구체적으로 ① 신탁재산은 수탁자의 개인재산으로부터 분리하여야 하고, ② 수탁자가 복수의 신탁을 수탁하고 있는 경우에 어떤 신탁재산을 다른 신탁재산과 혼재하여 관리하면 안되며, ③ 특정한 신탁재산이라는 취지의 표시를 하는 것이다.[4]

분별관리의무는 신탁재산을 구분관리해야 할 의무뿐만 아니라, 신탁재산의 표시가 가능한 것은 신탁재산의 표시까지 해야 한다는 신탁재산표시의무도 포함되는 것으로 해석된다.[5]

1) 최동식, 〈신탁법〉, 54면.
2) 이중기, 〈신탁법〉, 36면.
3) 이중기, 〈신탁법〉, 314면.
4) 최동식, 〈신탁법〉, 191면.
5) 최동식, 〈신탁법〉, 191면; 이중기, 〈신탁법〉, 314면. 다만 이와 같이 구별하여 관리한다는 의미가 신탁재

2. 분별관리의무의 근거

신탁재산을 수탁자의 개인재산 혹은 다른 신탁재산으로부터 분리하고, 나아가 신탁재산의 표시가 가능한 경우 신탁재산임을 표시하면, 다음과 같이 수탁자의 신탁관리나 수익자 이익의 보호에 유익하다.

가. 신탁재산의 특정성 확보

신탁재산은 수탁자 명의의 재산이 되기는 하지만 수탁자 개인의 재산과 구별되어 신탁목적에 따라 관리, 운용되어야 할 독립한 재산이다.[1] 따라서 수탁자가 신탁재산을 분별관리하거나 신탁표시를 하면 수탁자가 도산하거나 사망한 경우, 수익자가 신탁재산임을 증명하여 신탁재산을 특정하고 추급하며 수탁자의 일반채권자로부터 신탁재산을 환취하는데 용이하다.[2] 만약 신탁재산이 분별관리되지 않아 수탁자 고유재산과 혼장된 상태에 있으면, 수익자가 수탁자의 채권자의 강제집행에 대하여 이의해도 당해 재산이 신탁재산인 것을 증명하기 어렵기 때문에 수익자가 자신의 이익을 지킬 수 없는 사태가 생길 염려가 있다.[3]

나. 충실의무위반 방지

신탁은 권능(관리)과 재산(소유)의 분리로, 이러한 관계에서 재산보유자가 권능보유자, 즉 수탁자가 지위를 남용하거나 다른 신탁재산과 사이에서 불공평하게 취급함으로써 신탁재산에 손실을 가하는 것을 방지할 필요가 있다.[4] 수탁자가 신탁재산을 분별관리하거나 신탁표시를 하면, 수탁자가 신탁원본과 수입의 기록을 유지하고 수탁자로서의 의무를 이행함에 있어 도움이 되며, 수탁자의 충실의무 위반에 대한 방벽 기능을 할 수 있다.[5]

산 자체가 수탁자와 구별되는 별개의 법인격을 가진다는 것까지 의미하는 것은 아니다; 판례는 『신탁재산 독립의 원칙은 신탁재산의 감소 방지와 수익자의 보호 등을 위하여 수탁자의 고유재산과 신탁재산은 분별하여 관리하여야 하고 양자는 별개 독립의 것으로 취급하여야 한다는 것을 의미함에 그칠 뿐, 신탁재산 자체가 그 소유자 내지 명의자인 수탁자와 구별되는 별개의 법인격을 가진다는 것까지 의미하는 것은 아니므로, 수탁자가 수익자에 대하여 갖는 고유의 채권을 자동채권으로 하여 수익자가 신탁종료시 수탁자에 대하여 갖는 원본반환채권 등과 상계하는 것이 신탁관계에 신탁재산 독립의 원칙이 적용된다는 이유만으로 신탁법상 금지된 것이라고 할 수는 없다』라고 판시하였다(대법원 2007. 9. 20. 선고 2005다48956 판결).

1) 최동식, 〈신탁법〉, 191~192면; 이중기, 〈신탁법〉, 315~316면.
2) 최동식, 〈신탁법〉, 191~192면; 이중기, 〈신탁법〉, 315~316면.
3) 최동식, 〈신탁법〉, 191~192면; 이중기, 〈신탁법〉, 315~316면.
4) 최동식, 〈신탁법〉, 191~192면; 이중기, 〈신탁법〉, 315~316면.
5) 최동식, 〈신탁법〉, 191~192면; 이중기, 〈신탁법〉, 315~316면.

다. 선의취득저지

분별관리가 이루어지면 수탁자가 신탁재산을 제3자에게 양도하더라도 제3자의 선의취득이 어렵게 된다.[1] 신탁재산이 동산인 경우 그 동산에 신탁재산이라는 취지의 표시가 있으면 양수인에게 과실이 인정될 가능성이 높게 되고, 따라서 제3자가 선의취득하는 것이 어렵게 된다.[2]

3. 분별관리의 방법

분별관리는 기본적으로 수탁자가 신탁재산을 다른 재산으로부터 물리적으로 분리하여 관리하는 것이다.

가. 토지, 건물

토지나 건물을 분별관리한다는 것은 수탁자가 자신의 토지나 건물 혹은 다른 신탁에 속한 토지나 건물을 물리적으로 분리해 관리한다는 것을 의미하며, 이와 같은 부대체물의 경우 특정성확보라는 점에서 특별한 문제는 없다. 다만, 신탁재산의 공시가 가능하면 공시까지 해야 하고, 토지나 건물의 경우 신탁공시를 할 수 있으므로 분별관리의무로서 공시를 갖추는 것까지 요구된다. 즉, 토지나 건물의 경우 단순한 물리적 분별관리뿐만 아니라 신탁재산의 공시까지 해야 한다.[3]

나. 금전이나 그 밖의 대체물

계산을 명확히 하는 방법으로 분별하여 관리할 수 있다. 따라서, 금전이나 종류물 그 밖의 대체물은 신탁재산과 고유재산을 물리적으로 구별하지 않아도 된다. 즉 창고나 금고에 혼장임치하더라도 그 계산을 명확히 할 수 있으면 분별관리되는 것으로, 수탁자는 금전이나 그 밖의 대체물의 경우에는 혼장임치를 해도 무방하고, 계산을 명확히 하는 한 자신의 분별관리의무를 다한 것이 된다.

또 수탁자가 수개의 신탁을 인수한 경우, 신탁재산이 금전이나 그 밖의 대체물인 때에도 혼장임치를 하고 각 신탁재산 사이의 계산을 명확히 하면 수탁자는 자신의 분별관리의무를 다한 것이 된다.[4]

1) 최동식, 〈신탁법〉, 191~192면; 이중기, 〈신탁법〉, 315~316면.
2) 최동식, 〈신탁법〉, 191~192면; 이중기, 〈신탁법〉, 315~316면.
3) 최동식, 〈신탁법〉, 192면; 이중기, 〈신탁법〉, 316~317면.
4) 이중기, 〈수탁자의 분별관리의무, 신탁재산의 귀속추정, 신탁의 공시〉, 279면.

다. 불대체물인 동산

동산이 대체물이라면, 계산을 명확히 하는 방법으로 분별하여 관리하는 것으로 족하나, 불대체물이라면 수탁자가 물리적으로 분리하여 보관하고 신탁의 표시를 하지 아니하면 안 될 것이다. 동산에 대해 정해진 공시방법은 없으나, "이 물건은 신탁재산임"이라는 안내를 붙이는 등의 제3자가 신탁재산임을 인식할 수 있도록 가능한 범위에서 공시를 해야할 것이다.

라. 유가증권

유가증권을 분별관리한다는 것은 수탁자가 자신의 유가증권 및 다른 신탁의 유가증권으로부터 물리적으로 분리해 관리하는 것이므로, 수탁자는 물리적으로 분리해 관리하면 된다. 또한 공시수단이 갖추어질 수 있는 경우에는 증권에 신탁재산인 사실을 표시하여야 하고, 주권과 사채권의 경우에는 주주명부와 사채원부에도 신탁재산인 사실을 기재하여야 분별관리의무를 위반하지 아니하는 것이 된다.[1] 그 밖에 유가증권에 관하여 분별관리의 정도나 방법을 특약으로 정하는 것도 가능하다. 증권보관대체기구를 이용하여 주식 매매를 하는 경우 현물의 주권은 증권보관대체기구가 보관하게 되므로 신탁재산마다 물리적 분별은 이루어지지 않는다. 이러한 기구를 이용한다는 것에 관한 합의가 신탁당사자 간에 있으면 이러한 관리가 가능하다.[2]

마. 채 권

신탁재산이 채권인 경우 채권은 무체물이므로 물리적으로 분별관리할 수 없다. 그러나 분별관리의무는 채권에도 적용되는 것이므로 신탁의 표시가 가능한 경우에는 표시의무가 발생한다. 따라서 수탁자는 적어도 신탁재산목록 및 자산에 관한 장부에 해당 채권이 신탁재산에 속한 것임을 분명히 하고, 채권을 채무명의인별로 또 채무의 날짜 및 종류별로 기록하여 분별관리할 필요가 있다.[3]

4. 선관주의의무와의 구별

분별관리의무에 요구되는 관리는 분별을 위하여 필요한 관리이므로, 신탁재산의 보전을 위한 일반적인 관리와는 구별되어야 한다. 신탁재산이 멸실, 훼손되지 아니하도록

1) 최동식, 〈신탁법〉, 193~194면; 이중기, 〈신탁법〉, 317면.
2) 최동식, 〈신탁법〉, 194면; 이중기, 〈신탁법〉, 318면.
3) 최동식, 〈신탁법〉, 194면; 이중기, 〈신탁법〉, 318~319면.

하는 관리는 선관주의의무의 문제이다.[1] 예를 들어 신탁재산인 채권의 시효가 진행되고 있을 때에 그 진행을 중단시킬 의무 및 신탁재산이 특허와 같은 권리인 경우 제3자에 의한 권리침해를 발견하고 경고 또는 소송을 준비할 의무 등은 일반적인 관리의 문제이다.[2] 다만, 분별관리가 충실의무 위반이나 선관주의의무 위반을 방지하기 위한 예방적인 의무라는 측면을 강조한다면, 분별관리의무와 선관주의의무 사이의 경계를 명확히 하는 것은 곤란하게 된다.

5. 신탁행위에 의한 분별관리의무의 변경

분별관리규정이 강행규정인지 여부에 관하여 분별관리의무는 수익자보호를 위한 의무임을 이유로 임의규정이라고 해석하여야 한다는 견해[3]와 분별관리의무를 두 가지로 나누어 ① 신탁재산의 본질에 속하는 특정성, 독립성의 확보에 필요한 최소한의 한도에서는 강행규정이나, ② 충실의무 위반에 대한 방벽이라는 관점에서 분별관리의무는 수탁자의 고유재산에 대한 관계에 관하여는 강행규정, 다른 신탁재산과의 관계에 관하여는 임의규정이라는 견해[4]가 대립하고 있다.

수탁자의 고유재산으로부터의 분별은 보다 엄격하게 요구되는 것이기는 하지만 공공의 이익을 위한 것이 아니라 수익자의 이익을 위하여 수탁자에게 과해지는 의무[5]이므로 일체의 특약을 허용하지 아니한다고 볼 필요는 없고, 일정한 범위에서는 분별관리를 완화하거나 배제할 수 있다고 보는 것이 타당하다. 또한 신탁재산 간 분별에 있어서도 물리적인 분별을 배제하고 신탁재산을 한데 모아 관리하는 것이 효율성 측면에서 합리적일 수 있어서 신탁행위 또는 수익자의 동의 등 특약으로 일정한 범위에서 분별관리를 완화하거나 배제함은 유효하다고 보아야 할 것이다.

6. 분별관리의무 위반의 효과

분별관리의무 위반으로 인해 신탁재산에 손실이 있거나 변경이 있는 경우, 수탁자는 신탁재산에 생긴 손실의 전보 혹은 신탁재산의 원상회복을 할 의무가 있으며(신탁법 제43조 제1항 및 제2항), 신탁재산에 손해가 생기지 아니하였다고 하더라도 수탁자는 그로 인하여 수탁자

1) 이중기, 〈신탁법〉, 314~315면.
2) 이중기, 〈신탁법〉, 315면.
3) 최동식, 〈신탁법〉, 196~198면 및 200~201면; 이중기, 〈신탁법〉, 320~321면.
4) 최동식, 〈신탁법〉, 196면.
5) 이중기, 〈신탁법〉, 321면.

나 제3자가 얻은 이득 전부를 신탁재산에 반환하여야 한다(동조 제3항).

이 경우에 "신탁재산의 손실이 생긴 때에는 수탁자는 분별하여 관리하였더라도 손실이 생겼을 것이라는 것을 증명하지 아니하면 책임을 면할 수 없다"고 규정(신탁법 제44조)하고 있어 이 책임은 무과실책임이라고 할 수 있다. 따라서 수탁자는 단지 과실이 없었다는 것을 증명하였다고 하여 면책되지 않고, 분별관리의무 위반과 손해 사이에 인과관계가 없었다는 것을 증명하여야 비로소 면책될 수 있다.

분별관리의무가 특약으로 완화된 경우라고 하더라도 분별관리의무 위반의 무과실책임으로서의 성격은 변경된다고 볼 수 없다. 따라서 특약으로 완화된 분별관리의무를 위반한 경우 수탁자는 완화된 분별관리의무에 따라 분별하여 관리하였더라도 손실이 생겼을 것이라는 것을 증명하지 아니하면 책임을 면할 수 없다. 결국 분별관리의무가 완화된다고 하더라도 분별관리의무 위반 책임의 정도는 완화된다고 볼 수 없다.

분별관리의무를 배제한 경우, 분별관리의무 위반이 발생할 수 없으므로 그로 인하여 손해가 발생하여도 수탁자는 책임을 부담하지 않는 것이 원칙이다. 다만 분별관리의무를 배제한 경우, 그로 인하여 신탁재산에 손해가 생길 위험이 높아지기 때문에 손해가 생기지 않도록 주의할 의무는 가중된다고 보아야 할 것[1]이고, 수탁자에게 분별관리의무 위반이 없다 하더라도 선관주의의무 위반이 있다고 판단되면 이를 이유로 하는 책임을 부담한다고 봄이 타당하다.

제38조 (유한책임)

수탁자는 신탁행위로 인하여 수익자에게 부담하는 채무에 대해서는 신탁재산만으로 책임을 진다.

1. 수익자에 대한 급부의무

수탁자는 신탁행위가 정하는 바에 따라 신탁재산에서 수익자에게 일정한 급부를 할 의무를 부담한다.[2] 즉, 설정자는 신탁행위로 수익자가 수령할 수 있는 수익권에 대해 규정하는데, 수탁자는 설정자가 규정한 내용에 따라 신탁재산으로부터 수익자에게 급부를 제공하는 것이다.

1) 최동식, 〈신탁법〉, 205면; 이중기, 〈신탁법〉, 323면.
2) 최동식, 〈신탁법〉, 248면.

2. 급부의무의 내용

신탁재산을 수익자에게 급부하는 의무는 수익자의 측면에서 보면 수익권의 본체이고, 수탁자가 수익자에게 어떤 급부를 하는가는 신탁행위에 의하여 정해진다.[1] 신탁행위에서 정해진 바에 따라 수탁자가 신탁재산으로부터 수익자에게 일정한 급부를 할 의무는 수익자에게 구체적인 채권을 발생시킨다는 점에서 신탁재산에 대한 관리의무와 다르며, 신탁이라는 것 때문에 생기는 특별한 문제는 별로 없고 계약상의 급부의무와 같다.[2]

가. 급부의무에 대한 무과실책임 여부

수탁자는 수익의 급부의무 위반에 관하여 무과실책임을 지는가에 대하여 수탁자의 수익자에 대한 급부의무 위반에 무과실책임을 규정한 신탁법 규정은 없다.[3] 따라서 수탁자는 선량한 관리자로서의 주의로 수익자에 대한 급부의무를 이행하면 충분하다.

나. 급부의무의 발생시기

수익자는 신탁설정시부터 수익권을 가지나, 구체적인 급부청구권은 신탁행위로 정한 이행기가 도래한 경우에 발생한다.[4] 만약 설정자가 수익의 금액에 대하여는 신탁행위로 정했지만, 지급의 시기에 대하여 지시하지 않은 경우, 수탁자는 매월, 반기별 혹은 기타 상당한 주기별로 급부를 지급할 수 있고, 그 때에 지급의무가 발생한다.[5]

다. 급부지급의 방법

신탁행위로 정해진 경우 그에 따르는 것이 원칙이다.[6] 수탁자의 현금지급이 강제되는 경우, 수탁자는 동일한 가치의 신탁재산을 인도함으로써 급부의무를 이행할 수 없다.[7]

라. 초과급부의 반환 여부

수탁자가 착오로 수익자가 받아야 하는 것보다 많은 급부를 지급한 경우, 수탁자가 신탁위반으로 제3자에게 이득을 취득시키는 경우와 유사한 상황[8]인 것으로 판단되므로

1) 최동식, 〈신탁법〉, 248면.
2) 최동식, 〈신탁법〉, 248~249면; 이중기, 〈신탁법〉, 376면.
3) 이중기, 〈신탁법〉, 377면.
4) 이중기, 〈신탁법〉, 376~377면.
5) 이중기, 〈신탁법〉, 377면.
6) 이중기, 〈신탁법〉, 377면.
7) 이중기, 〈신탁법〉, 377면.
8) 이중기, 〈신탁법〉, 383면.

수탁자는 수익자에게 초과지급분의 반환을 부당이득반환으로 청구할 수 있다. 수탁자는 원칙적으로 수익자로부터 초과급부를 회수할 수 있다고 할 것이나, 수익자는 그 급부를 자신의 것으로 알고 소비할 수 있으므로 부당이득의 문제[1]로서 수령자의 선의, 악의에 따라 반환범위가 결정된다고 보아야 할 것이다.

3. 물적 유한책임

수탁자의 수익자에 대한 급부의무는 계약상의 급부의무와 같다.[2] 따라서 신탁재산 관리·운용상의 의무와 비교할 때 수탁자의 급부의무에 관하여 신탁이라는 것으로 인한 문제는 특별하게 발생하지 않는다.[3] 그러나 수탁자가 급부의무를 부담한다고 하더라도 그 실질은 신탁재산을 분배 또는 급부하는 의무이므로 수탁자는 신탁재산의 범위 내에서 급부의무를 부담하는 데 지나지 않는다.[4] 따라서 급부할 신탁재산이 감소한 경우 그 감소에 대해 수탁자가 신탁의무를 위반하지 않았다면 수탁자는 감소된 신탁재산의 범위 내에서만 급부의무를 진다. 즉, 수탁자는 급부의무에 관하여 물적 유한책임을 부담한다.[5]

그러나 수탁자에게 신탁의무 위반이 있으면 수탁자는 개인적으로 손해배상책임을 진다.[6] 신탁재산이 감소한 것이 수탁자의 신탁의무 위반에 기인한 경우에는 수탁자는 신탁재산의 결손을 보충하여야 한다. 수탁자가 급부의무의 이행을 지체한 경우 지연손해금은 수탁자의 고유재산에서 책임을 져야 한다.[7]

4. 원본보전 등의 특약

수탁자는 신탁재산의 범위 내에서 급부의무를 지는 것이므로 신탁재산의 운용결과 신탁원본 혹은 신탁수입이 감소한다고 하더라도(신탁의무 위반이 없는 한) 수탁자가 그 손해를 보충할 의무는 없고, 수익자가 받을 급부는 감소하게 된다.[8] 그러나 신탁재산이 감소한 경우에도 수탁자가 일정한 급부를 약속하는 것은 가능하다.[9] 수탁자는 원본 혹은 수익보전의 위험을 예측해 그 비용을 수탁자보수에 미리 반영할 수 있으므로, 이러한

1) 최동식, 〈신탁법〉, 249면; 이중기, 〈신탁법〉, 383면.
2) 최동식, 〈신탁법〉, 248면.
3) 최동식, 〈신탁법〉, 248면.
4) 최동식, 〈신탁법〉, 248~249면.
5) 최동식, 〈신탁법〉, 248~249면; 이중기, 〈신탁법〉, 382면.
6) 최동식, 〈신탁법〉, 249면.
7) 최동식, 〈신탁법〉, 249면.
8) 최동식, 〈신탁법〉, 249~250면; 이중기, 〈신탁법〉, 382면.
9) 최동식, 〈신탁법〉, 250면; 이중기, 〈신탁법〉, 382면.

원본 혹은 수익보전특약을 체결하는 것이 수탁자에게 불리한 것은 아니기 때문이다.[1)]

그러나 예를 들어 수탁자가 펀드수익증권의 수익률 약정을 하는 경우와 같이 수탁자의 보전특약이 소위 투자상품에 대한 투자와 관련하여 행해진 경우, 자기판단과 책임을 전제로 하는 투자상품의 속성상 이러한 원본 혹은 수익보전특약은 자본시장법 제55조에서 정한 바에 따라 무효로 된다.[2)]

제39조 (장부 등 서류의 작성 · 보존 및 비치의무)

① 수탁자는 신탁사무와 관련된 장부 및 그 밖의 서류를 갖추어 두고 각 신탁에 관하여 그 사무의 처리와 계산을 명백히 하여야 한다.

② 수탁자는 신탁을 인수한 때와 매년 1회 일정한 시기에 각 신탁의 재산목록을 작성하여야 한다. 다만, 재산목록의 작성 시기에 관하여 신탁행위로 달리 정한 경우에는 그에 따른다.

③ 수탁자는 제1항 및 제2항의 장부, 재산목록 및 그 밖의 서류를 대통령령으로 정하는 기간 동안 보존하여야 한다.

④ 제3항에 따라 장부, 재산목록 및 그 밖의 서류를 보존하는 경우 그 보존방법과 그 밖에 필요한 사항은 대통령령으로 정한다.

---

1) 이중기, 〈신탁법〉, 382면.

2) 이중기, 〈신탁법〉, 382~383면. 판례는『증권회사 직원이 과거 자신의 잘못으로 고객의 계좌에 발생한 손해를 보전하여 주기 위한 방법으로 고객에게 향후 증권거래 계좌 운용에서 일정한 최소한의 수익을 보장할 것을 약정한 것은 공정한 증권거래질서의 확보를 위하여 구 증권거래법(2000. 1. 21. 법률 제6176호로 개정되기 전의 것) 제52조 제1호 및 제3호에서 금지하고 있는 것에 해당하여 무효라고 할 것이고, 손실보전약정이 유효함을 전제로 일정기간동안 법적 조치 등을 취하지 않기로 하는 약정도 당연히 무효로 된다』라고 판시하고 있다(대법원 1998. 10. 27. 선고 97다47989 판결, 대법원 2003. 1. 24. 선고 2001다2129 판결). 또한 특정금전신탁에 관하여 판례는『특정금전신탁은 위탁자가 지정한 운용방법에 따른 자산운용에 의하여 그 수익률이 변동함으로써 항상 위험이 따르고, 그 위험은 신탁회사가 신탁재산에 대하여 선량한 관리자로서의 주의의무를 다하지 아니하였다는 등의 특별한 사정이 없는 한 수익자가 부담하여야 하므로, 그 신탁재산의 운용 결과에 대한 손익은 모두 수익자에게 귀속되는 자기책임주의와 실적배당주의를 그 본질로 하고, 만일 지정된 운영방법에 따른 자산운용에 의하여 손실이 발생하였음에도 불구하고 원본의 보전이나 일정한 이익이 보족된다면, 수익자는 항상 지정된 운용방법에 따른 자산운용에 수반하는 위험은 회피하고 이익만을 취득하게 되어 위와 같은 자기책임주의 및 실적배당주의에 반하는 것은 물론 개별 수익보장을 위하여 신탁회사의 고유재산이나 영업이익에서 손실을 보전하는 것을 강요하게 되므로 신탁회사의 재정을 불실하게 만들고 다른 거래 상대방을 불이익하게 한다. 따라서 특정금전신탁에 관한 원본 보전이나 이익 보족의 약정은 모두 특정금전신탁의 본질과 기능에 반하고 건전한 신탁거래질서를 해치는 것으로서 강행법규인 구 신탁업법(1998. 1. 13. 법률 제5502호로 개정되기 전의 것) 제11조의 규정에 반하여 무효이다』라고 판시하였다(대법원 2007. 11. 29. 선고 2005다64552 판결).

1. 수탁자의 장부 등 작성, 보존 및 비치의무

신탁재산의 운용과 통제는 수탁자에 의해 좌우되고, 수익자는 직접 신탁사무의 내용을 알지 못한다.[1] 그러나 수익자는 신탁재산의 실질적 소유자로서 신탁수익의 전부 혹은 일부를 받을 권리가 있으므로 수탁자는 수익자에 대해 신탁에 관한 정보를 제공할 필요가 있다.[2] 따라서 수탁자는 신탁사무의 전반을 서면으로 기록하고, 그 과정에서 수탁자가 취득하게 된 모든 관련서류도 보유하고 있어야 한다.[3] 이러한 원칙으로부터 수탁자의 신탁서류의 작성, 보존 및 비치의무가 발생한다.[4] 이러한 의무는 수탁자가 신탁정보의 활용의무 혹은 수익자에 대한 정보제공의무를 이행하기 위한 전제가 되는 것이므로, 신탁정보에 관한 다른 의무의 기초가 되는 의무이고, 선관주의의무에서 파생된다고 볼 수 있다.[5]

2. 의무의 이행방법

가. 신탁 관련 서류 및 재산목록의 작성의무

수탁자는 신탁사무의 처리와 재산을 명확히 하여 신탁사무와 관련된 장부 및 그 밖의 서류를 작성하여야 하고, 신탁장부 중 재산목록은 신탁을 인수한 때와 매년 일정한 시기에 작성하여야 한다(신탁법 제39조 제1항 및 제2항). 수탁자가 작성하는 재산목록과 신탁장부와의 관계가 문제될 수 있는데, 재산목록은 수탁자가 신탁의 계산에 관해 작성하는 신탁장부의 하나인 것이 보통이지만 반드시 일치하지는 않는다.[6]

신탁사무와 관련된 장부는 대차대조표, 손익계산서 등 신탁의 재산과 회계에 관한 장부를 의미하고, 그 밖의 관련된 서류는 신탁장부와 재산목록의 작성근거가 되는 계산서, 수입 및 지출의 내역에 관한 서류를 말한다.[7]

수탁자가 이러한 재산목록 혹은 신탁장부를 작성함에 있어 어느 정도까지 자세히 하여야 하는지와 관련하여 문제된 신탁과 동종의 신탁을 인수하는 수탁자가 통상 작성하는 정도로 상세하게 장부를 작성하여야 할 것이며, 일반적으로 승인된 회계원칙을 따라야 한다.[8]

1) 이중기, 〈신탁법〉, 359면.
2) 이중기, 〈신탁법〉, 359면.
3) 이중기, 〈신탁법〉, 359면.
4) 이중기, 〈신탁법〉, 359면.
5) 이중기, 〈신탁법〉, 359면.
6) 이중기, 〈신탁법〉, 360면.
7) 최동식, 〈신탁법〉, 231면; 이중기, 〈신탁법〉, 359면.
8) 이중기, 〈신탁법〉, 360~361면.

따라서 신탁장부는 수탁자가 신탁사무를 처리함에 있어 필요한 경우 언제든지 참고할 수 있을 정도로 상세하여야 할 것이다. 이와 같은 수준에 미치지 못하는 경우 선관주의의무 위반이 문제될 여지가 있다.[1)] 다만, 민사신탁의 경우와 같이 수탁자가 회계에 관하여 비전문가인 경우가 있을 수 있다. 이 경우에도 신탁사무와 관련된 장부 및 그 밖의 서류를 작성할 의무가 면제되지는 않지만 대차대조표, 손익계산서 등 회계장부의 형태로 작성될 필요까지는 없다고 할 것이다.[2)]

재산목록의 작성시기는 신탁을 인수한 때와 매년 1회 일정한 시기이지만, 신탁행위로 달리 정할 수 있다. 재산목록은 정보제공의무의 기초가 되는 것이므로 그 작성 자체를 면제하는 것은 허용되지 않는다.

나. 신탁 관련 서류의 비치, 보관의무

구 신탁법에서는 신탁장부의 비치의무 및 재산목록의 작성의무만을 규정하고 있었는데, 이해관계자 등의 열람청구권은 신탁장부 등의 작성·비치의무에 대응하는 것으로[3)] 그 비치의무도 인정된다고 본다.

현행 신탁법에서는 수익자의 정보수령에 대한 권리를 보장하고, 신탁재산에 관한 계산과 분별을 명확히 하여 관련 분쟁의 발생을 방지하기 위하여 신탁장부, 재산목록을 포함한 신탁과 관련된 서류의 보존의무를 규정하고, 다만 신탁이 종료한 후에는 비치의무가 아닌 보관의무를 부담하도록 하여 수탁자의 의무를 경감시켜 주는 취지의 규정을 두었다(신탁법 제39조 제1항, 제3항 및 제4항).[4)]

현행 신탁법 시행령 제3조는 신탁 관련 서류의 보관기간에 관하여 신탁의 재산목록과 그 부속 명세서, 재무제표와 그 부속명세서 및 신탁재산의 운용내역서의 경우에는 해당 신탁이 종료된 때로부터 10년, 그 외의 서류의 경우 해당 신탁이 종료된 때로부터 5년이라고 규정하고 있다(신탁법 시행령 제3조 제1항). 이와 함께 보존방법에 대하여 수탁자의 사무소·영업소 또는 유한책임신탁의 주된 사무소에서 비치·보관하되 마이크로필름의 형태 혹은 전산정보처리조직에 의하여 보존할 수 있다고 규정하고 있다(신탁법 시행령 제3조 제2항).

1) 이중기, 〈신탁법〉, 361면.
2) 송현진 · 유동규, 〈조해 신탁법〉, 351면.
3) 이중기, 〈신탁법〉, 363면.
4) 송현진 · 유동규, 〈조해 신탁법〉, 351~352면.

제40조 (서류의 열람 등)

① 위탁자나 수익자는 수탁자나 신탁재산관리인에게 신탁사무의 처리와 계산에 관한 장부 및 그 밖의 서류의 열람 또는 복사를 청구하거나 신탁사무의 처리와 계산에 관하여 설명을 요구할 수 있다.

② 위탁자와 수익자를 제외한 이해관계인은 수탁자나 신탁재산관리인에게 신탁의 재산목록 등 신탁사무의 계산에 관한 장부 및 그 밖의 서류의 열람 또는 복사를 청구할 수 있다.

1. 서류열람에 대한 권리 및 설명청구권

수탁자에 대한 감독의 권능 중 하나로 위탁자 및 수익자에게 신탁 관련 서류의 열람청구 및 신탁사무의 처리 등에 관한 설명을 청구할 권리가 인정된다.[1] 이러한 열람청구권 등은 앞서 살펴본 신탁관련 서류의 작성 및 비치의무와 대응하는 것이다.[2] 구 신탁법 제34조에서는 위탁자, 그 상속인 및 수익자에게 그와 같은 권리를 인정하였으나, 현행 신탁법 제40조에서는 위탁자 및 수익자에게 그 권리를 인정하고 위탁자의 상속인은 그 권리자에서 제외하였다. 일반적으로 수익자와 이해관계를 달리하는 자[3]이기 때문인 것으로 보인다. 그러나 위탁자의 상속인이 위탁자의 지위를 상속하는 경우에는 위탁자로서 해당 권리를 행사할 수 있다고 보아야 하며, 유언신탁이 아닌 경우 혹은 신탁행위로 달리 정한 경우에는 위탁자 지위가 상속되므로 위탁자의 상속인은 해당 권리를 행사할 수 있다고 할 것이다.[4]

---

1) 이중기, 〈신탁법〉, 363면. 판례는『신탁법 제34조에서 정하고 있는 신탁사무에 관한 서류의 열람청구권 등은 신탁계약상 각종 권리의무의 귀속주체 혹은 이해관계인에게 신탁사무의 처리에 관한 감독권을 보장해 주어 정당한 권리의 확보 및 의무부담의 적정을 도모하기 위한 것으로, 특히 수익자의 이러한 감독권의 행사는 신탁계약의 목적인 수익권의 본질에 속하는 것이어서 합리적 이유 없이 이를 제한할 수 없다. 반면 '신탁업법'은 신탁을 업으로 영위하는 신탁회사의 건전한 경영과 수익자의 보호를 목적으로 그 인가와 업무·회계·감독 등을 규율하는 법률로서, 신탁업법 제17조의10에서 신탁재산에 관한 장부·서류의 열람 또는 등·초본의 교부청구권을 위 법률에 정한 일정한 방법으로 수익자에게 보장하는 한편, 신탁업법 제43조 제1항에서 이를 어기는 신탁회사에 대해 과태료를 부과하도록 규정하고 있는데, 이는 특히 신탁회사에 대하여 신탁재산에 관한 특정 장부·서류의 열람 등에 관한 규율준수의 실효성을 확보하여 신탁업법의 입법 목적을 달성하기 위한 것이다. 그렇다면 이와 같이 그 입법의 취지와 목적을 달리하는 '신탁업법'의 단속적·규제적 규정을 들어 '신탁법'이 규율하는 사법적인 신탁관계의 본질에서 비롯되는 수익자 등의 신탁사무에 관한 감독권을 제한하는 근거로 삼을 수는 없다』와 같이 판단하고 있다(대법원 2008. 9. 25.자 2006마459 결정).

2) 이중기, 〈신탁법〉, 363면.

3) 송현진·유동규, 〈조해 신탁법〉, 354면.

4) 유언신탁에서 위탁자가 사망한 경우, 위탁자의 지위는 위탁자의 상속인에게 상속되지 아니한다(신탁법 제10조 제3항).

가. 서류열람청구권의 일반적 제약

주주의 장부열람청구권과 달리 신탁법은 열람청구를 거부할 수 있는 규정이 없다. 다만 입법론으로 내재적 제약으로서 부당한 목적에 의한 서류열람청구를 제한할 수 있는 것으로 하여야 한다는 견해[1]가 있다. 미국 표준신탁법전 §813(a)는 정보제공의무와 보고의무에 관하여 "수탁자는 적격수익자에게 신탁의 운영에 관한 정보 및 적격수익자들이 그들의 이익을 보호하는 데 필요한 중요한 사실에 관한 정보를 합리적으로 제공하여야 한다. 당해 상황에서 불합리한 것이 아닌 한, 수탁자는 신탁의 운영과 관련된 수익자의 정보제공요구에 대하여 신속하게 답하여야 한다"고 규정하고 있다.

나. 수탁자의 비밀준수의무와의 관계

수탁자가 신탁재산의 운용과 관련하여 제3자에 대하여 비밀준수의무를 부담하는 경우 위탁자 등의 서류열람청구 및 설명청구권과 충돌[2]이 생길 수 있다. 예를 들어 수탁자인 은행이 신탁재산인 금전으로 대출하는 경우, 수탁자는 고객인 차주로부터 대출심사를 위해 일정한 고객정보를 수령하게 되고, 이러한 신용정보와 관련하여 차주에게 비밀유지의무를 진다. 따라서 수익자가 수탁자인 은행에게 신탁재산인 자금의 운영정보의 열람, 설명을 구하는 경우 수탁자인 은행은 고객인 차주에 대한 비밀유지의무를 지면서 동시에 수익자에 대해 열람, 설명의무를 지는 등 의무충돌에 빠지게 된다. 이와 같이 충돌상황이 발생하는 경우에는 신탁행위로 미리 일정 부분의 정보 등에 대하여는 열람 및 설명청구의 대상이 되지 아니하도록 방지하는 등의 조치가 사전적으로 검토되어야 할 것이다.

2. 위탁자, 수익자의 열람·복사청구권 및 설명요구권

신탁법 제39조의 수탁자의 서류 작성·보존 및 비치의무에 대응하는 권리로, 위탁자는 신탁을 설정한 자로서 수탁자에 대한 감독권을 가지고 있고, 수익자도 신탁재산의 실질적인 소유자로서 공익권인 수탁자에 대한 감독권을 가지고 있으므로 신탁에 관련된 정보를 제공받을 권리가 인정된다.[3] 구 신탁법 제34조에서는 열람·복사 및 설명요구의 주체로 위탁자의 상속인도 인정하였으나, 위탁자의 상속인은 수익자와 이해관계가 대립되는 자이므로 수익자와 동등한 권리를 인정할 수 없어 현행 신탁법 제39조에서는 그 주체

1) 최동식, 〈신탁법〉, 236면.
2) 최동식, 〈신탁법〉, 237면; 이중기, 〈신탁법〉, 365~366면.
3) 송현진 · 유동규, 〈조해 신탁법〉, 354면.

에서 제외하였다. 그러나 위탁자의 상속인이 위탁자의 지위를 상속하는 경우에는 위탁자로서 해당 권리를 행사할 수 있다고 보아야 하며, 유언신탁이 아닌 경우 혹은 신탁행위로 달리 정한 경우에는 위탁자 지위가 상속되므로 위탁자의 상속인은 해당 권리를 행사할 수 있다.

열람·복사청구권의 대상이 되는 서류와 관련하여 구 신탁법은 제34조 제1항에서 "전조의 서류", 동조 제2항에서 "신탁사무의 처리에 관한 서류"라고 규정하고 있어 신탁장부, 재산목록 등 신탁의 계산과 관련된 장부가 포함되는지 해석상 대립이 있었다.[1] 현행 신탁법 제40조에서는 열람·복사청구권의 대상이 되는 서류를 신탁사무의 처리와 계산에 관한 장부 및 그 밖의 서류라고 규정하여 현행 신탁법 제39조에서 수탁자가 부담하고 있는 장부 등 서류 작성·보존 및 비치의무의 대상인 서류와 일치되도록 하였다.[2]

3. 이해관계인의 열람 및 복사청구권

위탁자와 수익자를 제외한 신탁과 관련된 이해관계인에게는 위탁자와 수익자의 열람·복사 및 설명청구권과 다른 별도의 열람 및 복사청구권만이 인정된다. 이해관계인은 신탁채권자나 신탁재산의 관리가 수인의 공동수탁자 사이에 분할된 경우 다른 공동수탁자 등이 될 것이다.[3] 구 신탁법 제34조 제1항은 이해관계인에게 "전조의 서류"에 대한 열람청구권을, 동조 제2항에서 위탁자 등에게 신탁사무의 처리에 관한 서류의 열람, 설명청구권을 인정하여 열람청구 부분에 있어서 이해관계인에게 오히려 더 넓은 범위의 열람청구권이 인정된다는 오해가 있을 수 있었다.[4] 따라서 현행 신탁법 제40조에서는 이해관계인은 신탁사무의 처리에 관한 서류를 제외한 신탁계산에 관한 서류에 대하여만 열람·복사를 청구할 수 있도록 제한하였다.[5]

이해관계인은 위탁자나 수익자와 같이 신탁의 내부인이라고 할 수 없으므로 자신의 이익을 보호하기 위한 조치를 취하는데 필요한 한도에서만 열람 및 복사가 허용된다. 즉, 신탁채권자의 경우 자신의 채권보존에 필요한 한도에서 장부를 열람할 수 있으나, 다른 사무의 처리에 관한 장부는 열람할 수 없다.[6]

1) 이중기, 〈신탁법〉, 364면.
2) 송현진 · 유동규, 〈조해 신탁법〉, 354면.
3) 이중기, 〈신탁법〉, 364면.
4) 이중기, 〈신탁법〉, 363~364면.
5) 송현진 · 유동규, 〈조해 신탁법〉, 355면.
6) 이중기, 〈신탁법〉, 364면.

4. 신탁업자의 장부·서류의 열람 및 공시 등

신탁법 제40조 제1항의 열람청구, 설명청구권은 주식회사의 주주에게 인정되는 것과 거의 동일하다(상법 제466조). 이에 근거하여 자본시장법도 수익자가 신탁업자에게 신탁재산에 관한 장부·서류의 열람 및 등본 또는 초본의 교부를 청구할 수 있도록 하고 있다(자본시장법 제113조). 다만 수익자가 열람 및 등본 또는 초본의 교부를 청구할 수 있는 장부·서류의 범위를 분명히 하기 위하여 신탁사무의 처리와 계산에 관한 장부라고 규정하고 있는 신탁법과 달리 시행령에서 이를 일일이 열거하고 있다. 수익자가 열람이나 등본 또는 초본의 교부를 청구할 수 있는 장부·서류는 ① 신탁재산 명세서, ② 재무제표 및 그 부속명세서, ③ 신탁재산 운용내역서이며(자본시장법 시행령 제115조 제2항), 이는 사실상 신탁법에서 수익자가 요구할 수 있는 장부 및 그 밖의 서류와 일치한다.

다만 신탁법과 달리 자본시장법은 수익자의 열람 청구 등을 거절할 수 있는 사유를 규정하고 있다. ① 신탁재산의 운용내역 등이 포함된 장부·서류를 제공함으로써 제공받은 자가 그 정보를 거래 또는 업무에 이용하거나 타인에게 제공할 경우, ② 장부·서류를 제공함으로써 다른 수익자에게 손해를 입힐 경우, ③ 신탁계약이 해지된 신탁재산에 관한 장부·서류로서 보존기한이 지나는 등의 사유로 제공요청에 응하는 것이 불가능한 경우(자본시장법 시행령 제115조 제1항)와 같이 정당한 사유가 있는 경우 신탁업자는 수익자의 장부·서류의 열람 등 청구를 거절할 수 있다. 신탁업자가 아닌 수탁자의 경우 신탁법에서는 수익자의 열람 등 청구를 거절할 수 있다는 명시적 조항은 없으나, 수익자의 열람 등 청구권이 절대적 권리가 아닌 한 자본시장법상 위 규정을 유추하여 정당한 사유가 있는 경우 이를 거절할 수 있다고 봄이 타당하다.

제41조 (금전의 관리방법)

신탁재산에 속하는 금전의 관리는 신탁행위로 달리 정한 바가 없으면 다음 각 호의 방법으로 하여야 한다.

1. 국채, 지방채 및 특별법에 따라 설립된 법인의 사채의 응모·인수 또는 매입
2. 국채 그 밖에 제1호의 유가증권을 담보로 하는 대부
3. 은행예금 또는 우체국예금

1. 금전의 관리방법

신탁재산인 금전은 일정한 방식으로 수입을 창출할 수 있도록 관리·운용되어야 한다. 금전의 관리방법은 신탁설정시 신탁행위로도 정할 수 있지만, 실무상 그 관리방법에 관하여 구체적으로 정하지 아니하고 수탁자의 재량에 맡기는 경우가 많다. 그러나 금전은 그 성질상 유용하기 쉽고 또한 운용면에서 위험성이 따르기 때문에 신탁재산을 보호하기 위하여 수탁자의 금전 운용방법에 대한 일정한 제한을 가할 필요가 대두된다.

가. 금전신탁의 종류에 따른 재량의 범위

금전을 신탁재산으로 하는 금전신탁은 수탁자의 운영권한의 재량 정도에 따라 다음과 같이 나눌 수 있다.[1)]

(1) 운용방법을 위탁자가 특정하는 특정금전신탁의 경우 위탁자가 구체적으로 어디에 투자할 것인가를 결정하여 수탁자에게 지시한다. 위탁자로부터 권한을 부여받은 투자고문업자가 지시하는 특정금전신탁, 투신위탁회사가 지시하는 증권투자신탁 등이 그 예이다.

(2) 운용방법을 위탁자가 지정하는 지정금전신탁의 경우 위탁자가 신탁재산을 주식에 운영하라고 하든가 사채에 운용하라고 하는 것과 같이 일정한 범위를 지정하고, 그 지정된 범위 내에서 수탁자는 재량권을 가진다. 합동운용금전신탁 등이 그 예이다.

(3) 운용방법이 무지정된 금전신탁은 운용방법에 관하여 특정도, 지정도 안한 것으로 수탁자가 자유로이 재량권을 발휘하여 신탁재산을 운용할 수 있을 것이다. 그러나 그 관리방법에 관하여는 신탁법 제41조에 따라 일정한 범위 내에서 제한이 있다고 본다.

나. 신탁법 제41조의 금전관리방법

신탁법 제41조는 신탁행위로 달리 정하지 아니한 경우의 금전인 신탁재산의 운용방법을 ① 국채, 지방채 및 특별법에 따라 설립된 법인의 사채의 응모·인수 또는 매입, ② 국채나 그 밖에 ①의 유가증권을 담보로 하는 대부, ③ 은행예금 또는 우체국 예금으로 제한하고 있다. 신탁법 제41조 제1호에서의 사채는 산업은행 등과 같이 특별법에 따라 설립된 안정성 있는 회사의 사채만을 의미한다.

---

1) 자본시장법은 신탁업자가 수탁할 수 있는 신탁재산을 일정한 범위의 재산으로 한정하면서(동법 제103조), 그 중 금전을 수탁하여 신탁기간 종료시 수익자에게 금전으로 교부하는 신탁을 금전신탁이라 하고, 금전신탁은 운용방법의 지정여부에 따라 ① 위탁자가 신탁재산인 금전의 운용방법을 지정하는 특정금전신탁과 ② 위탁자가 신탁재산인 금전의 운용방법을 지정하지 아니하는 불특정금전신탁으로 구분하고 있다(동법 시행령 제103조).

2. 수입창출의무의 존부

제2차 Restatement는 §181에서 신탁재산을 생산적으로 관리·운용할 의무를 수탁자에게 부과하고 있어, 수입창출의무는 신탁재산의 관리·운용에 있어 선관주의의무가 구체화된 것으로 볼 수 있다. 우리나라에서 이러한 수입창출의무가 인정되는지 여부가 문제될 수 있으나, 신탁법은 이를 명문으로 인정하고 있지는 않다. 다만, 신탁재산의 관리·운영에 있어서의 선관주의의무의 구체화로 판단되므로, 만약 불합리한 투자해태로 인하여 얻을 수 있는 이자수입 상실의 경우 수탁자의 선관주의의무 위반으로 인한 책임이 문제될 수 있다.

3. 신중한 투자자의 원칙의 인정여부

구 신탁법과 같이 현행 신탁법상 투자대상을 한정적으로 열거하는 것은 현대적인 포트폴리오 이론과 어울리지 않는다는 등의 이유로 구 신탁법 제35조를 삭제하고 신중한 투자자의 원칙을 도입하자는 견해[1]가 있었다. 그러나 신탁법은 신탁에 관한 일반법으로 영리신탁 외에 민사신탁을 염두에 두지 않을 수 없고, 민사신탁에서 개인이 수탁자인 경우 신탁업자, 금융기관과 달리 포트폴리오 룰이나 안전장치가 없기 때문에 신탁재산 원본을 잠식할 우려가 있고, 적극적인 투자·운용이 필요한 경우 신탁행위로 달리 정할 수 있는 제반 사정 등을 고려하여,[2] 현행 신탁법은 신중한 투자자의 원칙을 도입하지 않고 구 신탁법과 같이 금전의 관리방법을 한정하는 것에 그쳤다.

제42조 (신탁사무의 위임)

① 수탁자는 정당한 사유가 있으면 수익자의 동의를 받아 타인으로 하여금 자기를 갈음하여 신탁사무를 처리하게 할 수 있다. 다만, 신탁행위로 달리 정한 경우에는 그에 따른다.

② 제1항 본문의 경우 수탁자는 그 선임·감독에 관하여만 책임을 진다. 신탁행위로 타인으로 하여금 신탁사무를 처리하게 한 경우에도 또한 같다.

③ 수탁자를 갈음하여 신탁사무를 처리하는 자는 수탁자와 동일한 책임을 진다.

---

1) 이중기, 〈신탁제도의 개선에 관한 용역〉, 97~98면.
2) 송현진·유동규, 〈조해 신탁법〉, 363면.

1. 의 의

수탁자는 위탁자로부터 신뢰를 받아 신탁사무를 처리하는 것이므로 수탁자 자신이 신탁사무를 스스로 처리하여야 하는 것이 원칙이며, 위탁자는 수탁자가 스스로 사무처리를 행할 것이라고 기대하면서 사무를 위탁하고, 수탁자 역시 위탁자의 기대를 배제하지 않는 한 그러한 기대를 감수하여야 한다. 이것을 자기집행의무[1]라고 한다. 영미법에서는 타인으로 하여금 대리하게 하여서는 안된다는 의미에서, 'duty of not delegate'라 부르고 있다. 자기집행의무의 근거는 수탁자가 적절하게 사무처리를 하여 줄 것이라고 신뢰받아 업무를 부탁받았다는 신인관계(fiduciary relationship)이다.[2]

2. 자기집행의무의 유지 및 완화 여부

신탁사무의 내용이 고도화, 복잡화, 전문화되고 있는 상황에서 수탁자가 단독으로 신탁사무를 처리하는 것이 곤란하거나 부적당한 경우가 증가하고 있다. 이와 같은 상황에서 전문적인 제3자에게 신탁사무를 위임하는 편이 적절한 경우가 많다. 따라서 이와 같은 상황을 고려하여 보았을 때에 수탁자의 자기집행의무를 완화할 필요가 있다. 미국에서도 전통적으로는 수탁자의 자기집행의무를 중시하는 견해를 취해왔으나, 1992년에 나온 제3차 Restatement §171[3]에서 그것을 완화하는 방향으로 전환하여 2000년에 채택된 미국 표준신탁법전 §807[4]에서는 수탁자는 원칙적으로 신탁사무를 타인에게 위탁할 수 있다는 입장을 채용하기에 이르렀다.[5]

---

1) 최동식, 〈신탁법〉, 238면.

2) 최동식, 〈신탁법〉, 238~239면.

3) §171. Duty Not To Delegate
The trustee is under a duty to the beneficiary not to delegate to others the doing of acts which the trustee can resonably be required personally to perform.

4) §807. Delegation By Trustee
(a) A trustee may delegate duties and powers that a prudent trustee of comparable skills could properly delegate under the circumstances. The trustee shall exercise reasonable care, skill, and caution in:
(1) selecting an agent;
(2) establishing the scope and terms of the delegation, consistent with the purposes and terms of the turst; and
(3) periodically reviewing the agent's actions in order to monitor the agent's performance and compliance tiwh the terms of the delegation.
(b) In performing a delegated funciion, and agent owes a duty to the trust to exercise reasonable care to comply with the terms of the delegation.
(c) A trustee who complies with subsection (a) is not liable to the beneficiaries or to the turst for an action of the agent to whom the function was delegated.
(d) By accepting a delegation of powers or duties from the trustee of a trust that is subject to the law of this State, an agent submits to the jurisdicion of the courts of this State.

5) 최동식, 〈신탁법〉, 239~240면; 이중기, 〈신탁법〉, 342면.

구 신탁법 제37조에서는 "수탁자는 신탁행위에 특별한 정함이 있는 경우를 제외하고는 정당한 사유가 있는 때에 한하여 수익자의 동의를 얻어 타인으로 하여금 자기에 갈음하여 신탁사무를 처리하게 할 수 있다"고 규정하여 원칙적인 자기집행의무를 규정하고, 예외적인 경우에만 수익자의 동의로 수탁자에 갈음하여 신탁사무를 처리할 수 있도록 하였다. 이와 같은 원칙적인 자기집행의무를 현행 신탁법 제42조에서도 그대로 유지하고, 다만 '정당한 사유가 있으면 수익자의 동의를 받아' 처리할 수 있는 경우와 별도로 '신탁행위로 달리 정한 경우에는 그에 따른다'고 정함으로써 신탁행위로 자기집행의무를 면제내지는 완화할 수 있는 근거를 규정하였다.

이와 같은 개정은 신탁법 규정을 가능한 한 임의규정으로 해석하여 신탁관계자의 합의에 의하여 자유로운 발전의 길을 여는 것이 중요하다는 입장에서 신탁관계자 사이의 합의에 의하여 자기집행의무도 완화할 수 있는 근거를 두게 된 것이다.

3. 자기집행의무의 범위

종래 학설은 ① 원칙상 수탁자에 의한 자기집행이 요구되고, 신탁행위의 정함(수익자의 동의)이 있는 경우 또는 부득이한 사정이 있는 경우에만 타인사용이 인정되는 경우와, ② 신탁행위로 허용되어 있지 않아도 타인의 사용이 당연히 인정되는 경우를 구별하여 왔다. 또한 신탁행위에 의한 승낙 없이 타인을 이용할 수 있는 경우로는 법인수탁자가 그 직원을 사용하는 경우, 독립성이 높은 타인을 사용하는 경우에도 수탁자가 이들을 '보조자로서', '자기의 책임하에 사용한다'면 무방하다고 보아 왔다.[1]

따라서 자기집행의무의 예외가 되는 위임이 허용되는 자와 자기집행의무에서 면제가 되는 이행보조자의 구별이 필요하였고, 이와 관련하여 ① 대리권설, ② 독립판단설, ③ 본체, 수단구분설, ④ 기본적 판단권한설 등이 대립하여 왔다.[2] 그러나 결국 이행보조자 사용의 문제는 수탁자를 대신하여 신탁재산을 관리한 자의 도산 등에 의하여 신탁재산에 생기는 위험을 누가 부담할 것인가 하는 위험의 배분의 문제이므로, 이 점에 입각하여 자기집행의무의 범위를 정리할 수 있다.[3]

(1) 수탁자가 타인을 사용하지 아니하면 신탁사무를 처리할 수 없는 경우에 이러한 전문가가 처리하는 일은 신탁사무와 관련되어 있지만 신탁사무 자체는 아니다. 이러한 관련업무는 어떠한 목적의 신탁에 있어서도 수탁자 이외의 자가 처리하는 것이 예정되어 있고, 그 의미에서는 정형적으로 수탁자 자신이 처리하여야 할 사무에서 제외되는 것이

1) 최동식, 〈신탁법〉, 240~241면.
2) 최동식, 〈신탁법〉, 241면.
3) 최동식, 〈신탁법〉, 241~243면.

다. 이 경우 자유롭게 이러한 전문가 등을 사용할 수 있다.[1)]

(2) 위의 경우를 제외하면 모두 자기집행의무의 대상이 되지만, ① 수탁자의 종업원 등 수탁자 자신과 동일시하여도 좋은 경우, ② 신탁행위로 타인사용을 허용하는 경우, ③ 신탁법에서 허용하는 경우에는 타인 사용이 가능하다고 하여야 할 것이다.[2)]

현행 신탁법 제42조 제1항에서 신탁사무의 위임을 허용하는 경우는 다음과 같다.

가. 수익자의 동의

수탁자는 정당한 사유가 있으면 수익자의 동의를 얻어 타인으로 하여금 자기를 갈음하여 신탁사무를 처리하게 할 수 있다(신탁법 제42조 제1항 본문). 정당한 사유가 있는 경우란 객관적으로 신탁목적의 달성이나 수익자를 위하여 신탁사무의 위임이 필요하고 적절한 때를 의미하는 것이다.[3)] 다만 이 경우에도 당사자 간의 신뢰관계를 파괴하는 정도에까지 이르지 아니하는 경우에 한한다.[4)] 정형적이고 대량·신속한 사무처리가 요청되는 몰개성적인 영업신탁의 경우에는 위탁자의 신뢰도 수탁자 본인이 사무처리를 수행하는 것에 향하여 있는 것이 아니라, 사무처리가 원활하고 효율적으로 수행되는 것에 향하여져 있는 것이므로 신탁행위의 객관적인 목적에 부합하는 보다 적절한 집행자에게의 재위탁은 당사자 간의 신뢰관계를 파괴하는 것으로 보이지 않는다.[5)]

나. 신탁행위

자기집행의무는 위탁자의 신뢰에 부응하여 수익자를 보호하기 위한 것이므로 임의규정에 해당하여, 위탁자가 신탁행위로 위임을 허용한 경우에는 수탁자는 그에 따라 신탁사무를 위임할 수 있다(신탁법 제42조 제1항 단서).[6)]

다. 그 외의 경우

전문적인 사무와 같이 수탁자가 스스로 처리할 수 없는 전문분야의 일은 수탁자 이외의 자가 처리하는 것이 예정되어 있으므로 신탁행위로 별도로 허용하지 아니하였거나 신탁자가 명시적으로 동의의 의사를 표시하지 아니하였다고 하더라도 위임이 가능하다고 보인다.[7)]

---

1) 최동식, 〈신탁법〉, 243면; 이중기, 〈신탁법〉, 344면.
2) 최동식, 〈신탁법〉, 243~244면.
3) 송현진 · 유동규, 〈조해 신탁법〉, 367면.
4) 최동식, 〈신탁법〉, 242~243면.
5) 최동식, 〈신탁법〉, 242~243면.
6) 송현진 · 유동규, 〈조해 신탁법〉, 367면.
7) 최동식, 〈신탁법〉, 243면; 이중기, 〈신탁법〉, 344면.

예탁결제원으로의 예탁이 강제되는 상장증권이 신탁재산인 경우 그 보유와 관리는 수탁자가 아닌 예탁결제원이 하는 것과 같이 관련 법령에 따라 신탁재산의 외부위탁이 강제된 경우에는 신탁행위로 허용하지 않아도 관련 법령에 따라 위임이 허용된다.[1)]

4. 수탁자의 책임

수탁자가 타인을 사용하지 아니하면 신탁사무를 처리할 수 없는 경우에는 그 사무는 자기집행의무의 대상이 아니므로 수탁자의 책임은 선관주의의무의 문제로 해결될 것이다.[2)] 수탁자에게 감독상 의무는 없으나, 선임에 관한 책임은 있다. 그 외 자기집행의무의 대상인 경우에는 수탁자와 동일시 할 수 있는 자를 사용한 경우 이는 수탁자 자신의 행위와 동일하므로 수탁자는 그 자의 선임, 감독에 관한 책임뿐만 아니라 수탁자에게 선임, 감독에 관한 책임이 없다고 하더라도 그 자에게 과실이 있다면 수탁자도 당연히 책임을 부담한다.[3)] 신탁행위로 허용된 경우에는 그 책임도 당사자간 합의로 결정된다고 보아야 한다.[4)] 이와 관련하여 신탁법 제42조 제2항에서는 신탁행위로 타인으로 하여금 신탁사무를 처리하게 한 경우에도 수탁자는 그 선임, 감독에 관하여만 책임을 진다고 규정하고는 있으나 이는 당사자의 통상의 의사를 추측하였기 때문임에 지나지 아니하고, 별도로 신탁행위로 정할 수 있다고 할 것이다.[5)] 신탁법 제42조 제1항 본문에 의하여 신탁사무의 위임이 허용된 경우에는 당연히 동조 제2항 본문에 따라 수탁자는 그 자의 선임과 감독에 관하여만 책임을 지며, 수탁자는 선량한 관리자의 주의로써 수임인을 선임, 관리하여야 하므로 선임할 때에는 수임인의 능력 등에 대한 상당한 조사를 하여야 하고, 선임 후에도 적절한 지시를 하고 위임된 신탁사무의 이행을 감시, 감독하여야 한다.[6)]

5. 대행인과 신탁재산, 수익자와의 관계

수탁자를 갈음하여 신탁사무를 처리하는 자는 수탁자와 같이 신탁사무를 처리하므로 선관주의의무, 충실의무, 분별관리의무 등 신탁상 의무를 부담한다.[7)] 구 신탁법 제37조 제3항에서는 수탁자에 갈음하여 신탁사무를 처리하는 자는 수탁자와 동일한 책임을 진다고

1) 이중기, 〈신탁법〉, 344면.
2) 최동식, 〈신탁법〉, 245면.
3) 최동식, 〈신탁법〉, 245면; 이중기, 〈신탁법〉, 347면.
4) 최동식, 〈신탁법〉, 245면. 이에 대하여 일반적으로 선임·감독에 대한 책임을 진다는 견해도 있다(이중기, 〈신탁법〉, 346면).
5) 최동식, 〈신탁법〉, 245면.
6) 이중기, 〈신탁법〉, 347면.
7) 최동식, 〈신탁법〉, 247면; 이중기, 〈신탁법〉, 349면.

규정하고 있었고 현행 신탁법 제42조 제3항에서도 동일하게 규정하고 있다. 이는 수탁자를 갈음하여 신탁사무를 처리하는 자와 위탁자, 수익자 사이에 직접적인 신탁에 따른 관계는 없으나 수탁자를 갈음하여 신탁사무를 처리하는 자에게 의무위반이 있으면 수탁자와 동일하게 위탁자, 수익자 등에 대하여 신탁에 따른 직접 책임을 부담한다는 의미이다.

또한 수탁자를 갈음하여 신탁사무를 처리하는 자는 수탁자와의 관계에 따라 수탁자에 대하여 별도로 책임을 지며, 제3자에 대한 관계에서 수탁자와 동일하게 고유재산으로도 책임을 부담한다.

신탁법 제42조 제3항의 책임은 법률이 대행인의 위탁자나 수익자에 대한 직접 책임을 정한 것이므로 수탁자와 수임인 간에 대행인이 위탁자, 수익자에 대한 관계에서 직접 책임을 면제하는 특약을 하더라도 이로써 위탁자, 수익자에 대하여 대항할 수 없다고 할 것이다.[1] 그러나 신탁행위로 수탁자와 대행인 간에 특약을 허용하거나 수익자가 위탁자나 수익자에게 대행인이 직접 책임을 부담하지 않는 내용의 특약이나 대행인의 의무를 경감하는 특약을 부가하는 것은 유효할 것이다.[2]

> **제43조 (수탁자의 원상회복의무)**
> ① 수탁자가 그 의무를 위반하여 신탁재산에 손해가 생긴 경우 위탁자, 수익자 또는 수탁자가 여럿인 경우의 다른 수탁자는 그 수탁자에게 신탁재산의 원상회복을 청구할 수 있다. 다만, 원상회복이 불가능하거나 현저하게 곤란한 경우, 원상회복에 과다한 비용이 드는 경우, 그 밖에 원상회복이 적절하지 아니한 특별한 사정이 있는 경우에는 손해배상을 청구할 수 있다.
> ② 수탁자가 그 의무를 위반하여 신탁재산이 변경된 경우에도 제1항과 같다.
> ③ 수탁자가 제33조부터 제37조까지의 규정에서 정한 의무를 위반한 경우에는 신탁재산에 손해가 생기지 아니하였더라도 수탁자는 그로 인하여 수탁자나 제3자가 얻은 이득 전부를 신탁재산에 반환하여야 한다.

1. 수탁자의 책임의 성질

구 신탁법 제38조는 "수탁자가 관리를 적절히 하지 못하여 신탁재산의 멸실, 감소

1) 최동식, 〈신탁법〉, 248면. 유사하게 수탁자와 대행인 사이에 선임계약을 통하여 법정책임을 배제하고자 하여도 수익자에 대한 효과를 인정하지 않는다는 견해도 있다(이중기, 〈신탁법〉, 350면).
2) 최동식, 〈신탁법〉, 248면; 이중기, 〈신탁법〉, 350면.

기타의 손해를 발생하게 한 경우 또는 신탁의 본지에 위반하여 신탁재산을 처분한 때에는 위탁자, 그 상속인, 수익자 및 다른 수탁자는 그 수탁자에 대하여 손해배상 또는 신탁재산의 회복을 청구할 수 있다"고 규정하여 수탁자의 '관리의 부적절로 인한 신탁재산의 손해' 혹은 '신탁의 본지에 위반한 신탁재산의 처분'의 경우에 수탁자의 손해배상 또는 원상회복책임을 규정하였다. 이와 같은 수탁자의 책임의 성질에 대하여 ① 수탁자의 의무를 위반한 측면과 신탁재산에 대한 침해라는 측면을 감안하여 채무불이행책임인 동시에 불법행위책임이라는 설과 ② 민법, 신탁법을 포함하는 통일적인 이론으로 손해배상에 관한 이론을 추구하는 입장으로서의 통일론적 책임설, ③ 신탁법에서 규정한 수탁자의 책임은 신탁재산의 복구를 인정하고, 고도의 신인관계에 기반을 두고 있다는 점에서 채무불이행이나 불법행위책임과는 체계를 달리하는 신탁특유의 책임이라는 제3의 민사책임설이 대립하고 있었다.[1)]

구 신탁법 제38조를 두고 수탁자의 책임의 성질이 어떠한지 견해 대립이 있었으나, 신탁조항에 정하여진 의무이든, 신탁법상 규정된 법정의무이든 간에 의무위반에 의하여 신탁재산에 손해가 발생한 경우 책임이 발생하며, 손해배상책임의 경우 수탁자가 신탁재산에 가한 손해를 전보하는 것이 목적이라는 점에서 채무불이행책임이나 불법행위책임에 해당하고, 원상회복책임은 신탁재산에 발생한 변경상태의 원상회복을 목적으로 하는 신탁법상 특수한 법정책임에 해당하는 것으로 해석하는 것이 타당하다.[2)]

2. 책임추급의 주체

구 신탁법 제38조는 수탁자에 대하여 손해배상 혹은 원상회복의 책임을 추급할 수 있는 주체로 위탁자, 그 상속인, 수익자 및 다른 수탁자라고 규정함으로써 복수의 관계자가 책임을 추급할 수 있게 되었고, 그로 인해서 각자의 이해관계가 일치하지 아니하는 경우의 문제가 발생할 수 있다. 이에 원칙적으로 열거된 자 모두가 단독으로 책임추급을 할 수 있되, 결국 위탁자의 책임추급이 불합리한 경우에는 위탁자의 권한을 배제하는 것이 타당하다는 견해[3)]가 있었다.

그러나 현행 신탁법 제43조 역시 수탁자에 대하여 책임을 추급할 수 있는 자들을 복수로 위탁자,[4)] 수익자 또는 다른 수탁자라고 규정하였고,[5)] 이러한 자들은 구 신탁법과

1) 최동식, 〈신탁법〉, 255~257면.

2) 이와 관련하여 구 신탁법 제38조가 책임추급의 방법으로 단순한 손해배상뿐만 아니라 신탁재산의 복구까지 인정하고 있고, 하나의 견해로 이를 설명하는 것은 신탁특유의 책임설이 타당하고 보는 견해도 있다(최동식, 〈신탁법〉, 257면).

3) 최동식, 〈신탁법〉, 264면.

4) 위탁자가 손해배상의 주체가 되는 자가 되는지 여부에 대하여 이에 대하여 신탁에 실질적 이해관계를

동일하게 단독으로 수탁자에게 책임을 추급할 수 있다고 보아야 할 것이다. 왜냐하면 책임요건이 충족되어 있음에도 책임추급을 하지 않는 것은 수탁자를 면책하는 것과 같은데, 면책은 권리자 전원의 동의가 있어야 비로소 가능하기 때문이다. 수익자가 수인인 경우에 신탁행위로 정한 공동의 의사결정방법에 따라 수익자 권리의 행사 여부를 결정할 수 있으나, 현행 신탁법 제43조에 따른 권리는 각 수익자가 단독으로 행사할 수 있다.

그러나 책임을 추급하는 수익자 간의 견해가 대립되는 경우, 위탁자 또는 다른 수탁자의 의견이 수익자와 다른 경우에 관하여 현행 신탁법도 구체적인 규정을 두고 있지 않고, 위탁자와 수탁자는 신탁재산의 실질적인 소유자라고 할 수 있는 수익자의 동의를 얻어야 하고, 수익자의 의사가 우선한다고 해석하는 견해[1]가 있다. 또한 손해배상에 관하여 청구를 원하지 않는 자에게 손해를 야기하지 않으므로 수익자의 의사에 반하는 책임추급권을 인정할 수 있지만, 원상회복에 관하여는 변경된 상태를 선호하는 자가 있을 수 있으므로 신탁재산의 실질적 소유자인 수익자의 의사가 우선한다고 보는 견해[2]도 있다. 그러나 이러한 견해들은 현행 신탁법이 명문의 규정으로 위탁자와 수익자를 모두 대등하게 추급권자로 취급하고 있으며, 손해배상과 원상회복의 추급권자 역시 구분하고 있지 않다는 점에서 타당하다고 할 수 없다. 결국 명문의 규정에 따라 위탁자와 수익자는 개별적으로 책임추급권을 행사할 수 있다고 보는 것이 타당하다. 다만 의견충돌을 방지하기 위해서 위탁자가 미리 신탁행위로 그 우선순위를 결정하는 것이 적절하다.

3. 책임을 부담하는 자

책임을 부담하는 자는 신탁위반을 한 수탁자이다. 복수의 수탁자가 있을 때 수탁자들 중 1인이 신탁위반을 한 경우에는 공동수탁자 전원이 연대하여 책임을 부담하여야 한다는 것이 구 신탁법의 입장이었으나(구 신탁법 제46조),[3] 현행 신탁법 제51조 제2항에서 수탁자

가지지 아니하므로 의문이라는 견해가 있다(이중기, 〈신탁법〉, 519면). 그러나 위탁자는 수탁자에 대한 감독권한을 가지고 있으며, 신탁의 종료시 잔여재산의 귀속권리자가 될 수도 있으므로(신탁법 제101조 제2항 및 제3항) 신탁의 존속 및 신탁재산과 이해관계를 가지고 있다고 할 것이다. 따라서 책임추급권자에 포함시키는 것이 타당하다.

5) 구 신탁법에서 위탁자의 상속인이 책임 추급의 주체들 중 하나로 규정되어 있었으나, 위탁자의 상속인은 수익자나 수탁자와 신임관계가 있다고 할 수 없고, 수익자와 이해관계가 상충하는 자이므로 현행 신탁법상 책임추급권자에서 제외된 것이다. 그러나 위탁자의 상속인이 위탁자의 지위를 상속하는 경우에는 위탁자로서 해당 권리를 행사할 수 있다고 보아야 하며, 유언신탁이 아닌 경우 혹은 신탁행위로 달리 정한 경우에는 위탁자 지위가 상속되므로 위탁자의 상속인은 해당 권리를 행사할 수 있다고 할 것이다. 이와 아울러 현행 신탁법 제67조 제1항에 따라 선임된 신탁관리인은 수익자가 없는 목적신탁에서 수익자와 동등한 지위에 있으므로 동법 제43조상의 청구권자로 볼 수 있다.

1) 최동식, 〈신탁법〉, 265면; 송현진·유동규, 〈조해 신탁법〉, 373면.
2) 이중기, 〈신탁법〉, 520면, 533면.
3) 최동식, 〈신탁법〉, 266면.

중 일부가 수탁자의 의무를 위반하여 발생한 책임에 대하여 대내적 관계에서 부담하는 과실책임이므로, 그 의무를 위반한 수탁자만이 책임을 지도록 변경하였다. 따라서 다른 공동수탁자의 의무위반에 관여하지 않은 수탁자는 그 의무위반행위로 인한 책임을 부담하지 않는 것이 원칙이나, 다른 수탁자의 의무위반행위를 예방하거나 시정하기 위하여 합리적인 주의를 다하지 아니한 경우에는 그렇지 아니하다(신탁법 제51조 제2항 단서).

법인인 수탁자가 신탁을 위반하였을 때에는 법인 자신이 책임을 지는 것은 물론 그 신탁위반행위에 관여한 이사나 이에 준하는 사람도 연대하여 그 책임을 져야 한다(신탁법 제45조).

4. 책임의 요건

가. 수탁자의 의무위반행위

수탁자의 어떤 의무위반이 책임을 발생하게 하는지에 대하여 구 신탁법 제38조는 '관리의 부적절'과 '신탁의 본지위반'에 한정하고 있는 것으로 보이지만 의무위반의 종류를 한정하고 있다고 해석할 수 없다는 견해[1]와 구 신탁법 제38조는 문언 그대로 신탁위반행위의 두 가지 유형화를 시도하여서 관리행위에 관한 의무위반행위인 관리의 부적절과 처분행위에 관한 의무위반행위인 신탁의 본지에 반하는 처분 두 가지 유형으로 나눌 수 있다는 견해[2]가 있었지만, 신탁조항에서 정한 의무이거나 신탁법상 규정된 의무이거나에 상관없이 의무위반에 의해 신탁재산에 손해를 야기할 수 있는 의무는 전부 손해배상책임을 야기한다고 봄이 타당하므로[3] 전자가 타당하다. 현행 신탁법은 제43조에서 수탁자의 의무위반행위만을 규정하고 있는데, 여기에서 말하는 의무위반행위 역시 의무위반의 종류를 한정하고 있지 않다.

나. 수탁자의 고의·과실

의무위반에 관하여 수탁자의 고의나 과실이 없을 때에는 채무불이행의 일반적인 손해배상책임과 같이 수탁자의 책임이 발생하지 않는다.[4] 수탁자의 고의·과실의 필요성과 관련하여 분별관리의무 위반에 따른 손해배상에 관한 신탁법 제44조(구 신탁법 제39조)의 의미를 고

1) 이중기, 〈신탁법〉, 516면.
2) 최동식, 〈신탁법〉, 258면.
3) 최동식, 〈신탁법〉, 258면; 이중기, 〈신탁법〉, 518면.
4) 최동식, 〈신탁법〉, 258면; 이중기, 〈신탁법〉, 523~524면. 이와 관련하여 판례는 『신탁법 제15조, 제55조의 규정을 종합하여 보면, 신탁의 목적을 달성할 수 없을 때에는 신탁이 절대적으로 종료하나, 그 목적의 달성이 가능하지만 단지 수탁자의 배임행위 등으로 인하여 신뢰관계가 무너진 경우에는, 위탁자 등의 청구에 따라 법원이 수탁자를 해임하거나 또는 위탁자가 수탁자에 대하여 손해배상 등을 청구할 수 있을 뿐, 이행불능을 원인으로 하여 신탁계약을 해지할 수는 없다』고 판시하였다(대법원 2002. 3. 26. 선고 2000다25989 판결).

려할 필요가 있다. 일반적으로 현행 신탁법 제44조(구 신탁법 제39조)는 분별관리의무 위반에 관한 무과실책임을 규정하고 있다고 해석되지만, 여기서의 무과실책임의 의미는 손해발생에 관하여 수탁자에게 과실이 없더라도 분별관리의무 위반이 있고 그것과 손해발생의 사이에 인과관계가 있는 이상 손해배상의 책임을 면할 수 없다는 것을 의미한다. 분별관리의무 위반이라고 할 수 있는 상황이 있었다는 것이 전제되고 있으므로 어떠한 이유로 애초에 분별관리가 될 수 없었다는 점에 관하여 수탁자에게 과실이 없었던 경우, 즉 분별관리의무 위반이 수탁자의 과실 때문에 야기된 것이 아닌 경우에까지 책임이 있다고 보는 것은 타당하지 아니하므로 다른 의무위반의 경우와 같이 의무위반 자체에 관하여는 과실이 필요하다.[1)]

다. 신탁재산의 손해 또는 변경의 발생

수탁자의 의무위반행위로 재산상 손해 또는 변경이 발생한 경우에만 수탁자의 책임(원상회복 또는 손해배상)이 발생한다. 손해란 민법상 해석론에 따라 가해행위가 없었더라면 존재하였을 가정적 재산상태와 가해행위가 행하여진 현재의 재산상태의 차이를 의미하며, 변경이란 예를 들어 부동산을 소비하기 쉬운 금전으로 변경하는 경우와 같이 신탁재산의 형태가 달라지는 것과 같은 경우를 의미한다.

구 신탁법에서는 손해가 발생하지 아니한 경우 수익자 등에게 원상회복청구권이 인정되는지 여부에 관하여 원상회복청구권은 손해의 발생을 요구하지 않으며, 구 신탁법 제38조는 법적 성격이 다른 두 청구권의 요건을 병렬적으로 규정한 잘못이 있다는 견해가 있었다.[2)] 수탁자의 행위로 신탁재산에 경제적 손해가 발생하지 않은 경우에도 위탁자가 예정한 신탁목적의 달성이 어려워질 수 있고, 신탁재산의 형태를 유지하기 원하는 수익자의 의사에 반할 수 있으므로 신탁법 제43조에서는 신탁재산의 변경이 발생한 경우에도 수익자 등에게 원상회복청구권을 인정하였다.[3)] 따라서 신탁재산의 손해가 수탁자의 원상회복책임의 요건은 아니다.

라. 수탁자의 고의·과실있는 의무위반행위와 신탁재산의 손해 또는 변경과의 인과관계 존재

수탁자의 의무위반행위와 신탁재산의 손해 또는 변경 사이에는 인과관계가 존재하여야 하며, 여기에서의 인과관계는 민법상 상당인과관계로 보아야 한다.

---

1) 최동식, 〈신탁법〉, 259면; 이중기, 〈신탁법〉, 524면.
2) 이중기, 〈신탁법〉, 531~532면.
3) 송현진·유동규, 〈조해 신탁법〉, 376면.

5. 책임의 내용

가. 원상회복 및 손해배상

책임의 중요 내용은 손실의 전보 또는 신탁재산의 복구이다. 손실의 전보는 금전에 의한 배상이고, 신탁재산의 복구는 현물에 의한 원상복구라고 해석되고 있다. 그럼에도 이러한 배상은 수익자에게 교부되는 것이 아니라 신탁재산에 편입되는 특징을 가지고 있다.[1] 수탁자의 손해배상의무는 기본적으로 일반적인 채무불이행책임이나 불법행위책임에 따른 손해배상의무와 다르지 않다. 일반적인 손해배상책임에서 원상복구의무는 명예훼손 등 예외적인 경우에 규정되어 있으나, 신탁법 제43조는 신탁재산을 원래 상태로 되돌려 신탁이 계속 운영되도록 하는 것이 모든 수익자의 권리 보호와 신탁 목적의 달성을 위한 가장 적절한 수단이기 때문에 원칙적인 구제수단으로 인정하였다.[2]

이러한 원상회복의 의미는 첫째, 수탁자의 신탁위반으로 인한 신탁재산의 손해가 종류물로서 대체가 가능한 경우 수탁자는 동종의 대체물을 구하거나 당해 물건을 재매입하는 등의 방법으로 신탁재산을 회복시킬 수 있으며, 둘째, 특정물인 경우 대체가 불가능하므로 당해 물건을 재매입하거나 처분행위를 취소하여 회복시킬 수 있을 것이고, 셋째, 채권적 거래를 통하여 신탁재산이 변경된 경우에는 거래를 취소하거나 원상회복을 통한 반대거래를 통하여 회복시킨다는 것이다.[3] 원상회복에 따른 비용은 비난가능성이 있는 수탁자가 전부 부담하여야 한다.[4]

보충적으로 ① 신탁재산이 멸실, 훼손되었으나 수선을 할 수 없어서 원상회복이 불가능하거나 현저히 곤란한 경우, ② 신탁재산의 수리비가 막대하거나 재매입 또는 동종의 대체물의 가격이 큰 폭으로 인상되어 원상회복에 과다한 비용이 드는 경우, ③ 그 밖에 원상회복이 상당하지 않은 특별한 사정이 있는 경우(신탁법 제43조 제1항 단서)에는 수익자 등은 원상회복 대신에 손해배상청구권을 행사할 수 있다.[5]

손해액은 수탁자가 적절히 의무를 이행하였다면 혹은 수탁자의 불법행위가 발생하지 않았다면 신탁이 상실하지 않았을 금액이 될 것이다. 수익자가 신탁재산에 대한 손해액을 산정할 때 발생하는 한 가지 문제는 수익권의 종류가 복수인 경우이다. 이 경우 원본계정과 수익계정의 손해를 구분하여 산정하되, 청구권자는 어떠한 손해이든지 신탁에 대한 손해 전부에 관하여 배상청구할 수 있다고 할 것이다.[6]

---

1) 최동식, 〈신탁법〉, 260면.
2) 최동식, 〈신탁법〉, 260면; 이중기, 〈신탁법〉, 528면.
3) 이중기, 〈신탁법〉, 534~535면.
4) 이중기, 〈신탁법〉, 535~536면.
5) 송현진 · 유동규, 〈조해 신탁법〉, 377면.
6) 이중기, 〈신탁법〉, 521면.

나. 이득반환책임

신탁법의 구제방법이 통상의 손해배상과 다른 점은 전보 또는 복구가 이루어지는 것은 수익자에 대해서가 아니라 신탁재산이라는 점, 금전배상이 원칙이 아니라 원상회복이 원칙이라는 점이다. 이에 더하여 구 신탁법 제38조의 규정을 근거로 신탁위반의 손해배상에 이익반환책임이 인정되는지 여부가 문제된다.[1)]

신탁위반에 대한 손해배상 등의 구제수단은 기본적으로 민법 일반의 문제로 이익반환책임을 인정할 수 있다면 구 신탁법 제38조의 해석으로도 이익반환책임을 인정하는 것을 생각할 수 있다. 이에 관하여 채권자와 신인관계에 있는 채무자의 채무불이행에 관하여는 그것이 배신적인 불이행인 경우에는 이익반환형의 손해배상을 인정하자는 논의와 함께 준사무관리로서 수탁자가 신탁재산에 속하는 재산을 무단으로 사용하여 얻은 이익을 내놓게 하자는 견해도 있다. 또한 부당이득으로 신탁재산정보를 부당하게 이용하여 얻은 이익은 부당한 이득이므로 수탁자는 이것을 보유할 수 없고 이를 신탁재산에 반환하지 아니하면 안된다는 견해가 있다.[2)] 그 외 수탁자가 충실의무를 위반하여 이익을 취득하고자 시도하는 것을 사전에 억지하기 위한 정책적 필요성에서 신탁과 관련된 모든 이득은 수탁자의 의무위반 여부를 불문하고 신탁재산에 반환되어야 한다거나 수탁자가 충실의무 위반으로 취득한 이익은 신탁을 위해 사용하였더라면 당연히 신탁의 이익이 되었을 것임을 전제로 이익의 명의가 무엇이었는지에 상관없이 당연히 신탁재산이 된다는 견해도 있다. 하지만 이러한 견해들은 구 신탁법에서 명문의 규정으로 이익반환책임을 인정하지 아니함으로써 책임의 성질, 반환의 범위 등 그 해석이 어렵고 실무상 인정여부에 논란이 있었다.[3)]

현행 신탁법은 제43조 제3항의 규정을 통하여 충실의무는 수탁자나 제3자가 수익자의 이익에 반하여 부당하게 이익을 취득하는 것을 예방하고 방지하기 위하여 인정되는 것으로, 수탁자의 충실의무 위반행위를 방지하기 위하여 수탁자나 제3자가 취득한 이득을 반환하는 것이 필요하고, 분별관리의무는 수탁자의 선관주의의무, 충실의무 모두에 근거한 것이고, 악의의 제3자가 이익을 취득하는 행위 등에 대하여 반환을 인정할 필요가 있으므로 이익반환책임을 명문으로 인정하여 민법이론적 해결보다는 입법적으로 이를 해결하기에 이르렀다.[4)] 따라서, 수익자 등은 신탁재산에 손해 또는 변경이 발생한 사실을 입증할 필요가 없이 수탁자의 충실의무 또는 분별관리의무 등의 위반 사실만 입증

1) 최동식, 〈신탁법〉, 262~263면; 이중기, 〈신탁법〉, 537~539면.
2) 최동식, 〈신탁법〉, 262~263면; 이중기, 〈신탁법〉, 542~546면.
3) 최동식, 〈신탁법〉, 263~264면; 이중기, 〈신탁법〉, 542~546면; 송현진 · 유동규, 〈조해 신탁법〉, 382~383면.
4) 송현진 · 유동규, 〈조해 신탁법〉, 383~384면.

하면 수탁자로부터 이득을 반환받을 수 있다. 또한 본 규정에 따른 이득반환책임은 손해배상이나 부당이득과 달리 반환 범위가 손해에 한정되지 않으며, 손해배상과 달리 수탁자의 귀책사유를 묻지 않는다.[1)]

현행 신탁법 제43조 제3항에서 규정하고 있는 이익반환책임이 발생하기 위해서는 수탁자가 수탁자의 충실의무에 관한 규정인 충실의무(신탁법 제33조), 이익상반행위금지(동법 제34조), 공평의무(동법 제35조), 수탁자의 이익향수금지(동법 제36조) 또는 분별관리의무(동법 제37조)를 위반하여야 한다. 현행 신탁법에서 새로이 규정한 충실의무에 대한 추상적인 규정인 동법 제33조를 위반한 경우도 명문으로 규정하고 있으므로 이익반환책임의 발생근거는 해석상 넓게 인정된다고 할 것이다.[2)] 또한 수탁자 또는 제3자가 신탁재산에 관련된 이익을 취득하여야 하며, 여기의 이익에는 부수적인 이익뿐만 아니라 적극적 재산의 증가, 책임의 면제와 같은 경우도 포함된다고 할 것이다.[3)] 수익자 등 이익반환청구권을 행사할 수 있는 자는 신탁재산에 손해 또는 변경이 발생한 사실을 입증할 필요 없이 수탁자의 의무위반 사실만을 입증하면 수탁자로부터 이익을 반환받을 수 있다고 할 것이다.

제3자가 이익을 취득한 경우 충실의무 위반 사실에 대하여 악의인 제3자 또는 신탁재산으로부터 직접 취득한 제3자에게는 이득반환책임을 인정하자는 견해가 있었으나, 수탁자의 충실의무 위반행위를 방지하기 위하여 그에 대한 불이익 규정을 둔 것이라는 점, 제3자가 형성한 법률관계를 기초로 새로운 법률관계가 형성된 때에는 구상관계가 복잡하게 될 수 있다는 점, 제3자가 선의 등으로 부당하지 않게 취득한 이득 전부를 반환하도록 하는 것은 사법상 법리로 설명하기 어려운 점 등을 고려하여 수탁자로 하여금 제3자가 얻은 이익까지 반환하도록 규정하였다.[4)] 결국 수탁자는 귀책사유 여부에 상관없이 의무위반이 있는 경우 수탁자나 제3자가 취득한 이득 전부를 반환하여야 한다.[5)] 다만 이후 수탁자가 제3자의 이득을 반환한 경우 구상권 등 수탁자와 해당 제3자 간의 법률관계의 해소가 필요할 것이다.

1) 이연갑, 〈개정 신탁법상 수탁자의 권한과 의무, 책임〉, 16면.
2) 송현진 · 유동규, 〈조해 신탁법〉, 383면.
3) 송현진 · 유동규, 〈조해 신탁법〉, 385면.
4) 송현진 · 유동규, 〈조해 신탁법〉, 383~384면.
5) 송현진 · 유동규, 〈조해 신탁법〉, 384면.

제44조 (분별관리의무 위반에 관한 특례)

수탁자가 제37조에 따른 분별관리의무를 위반하여 신탁재산에 손실이 생긴 경우 수탁자는 분별하여 관리하였더라도 손실이 생겼으리라는 것을 증명하지 아니하면 그 책임을 면하지 못한다.

1. 분별관리의무 위반의 효과

분별관리의무는 수탁자가 신탁재산을 수탁자의 개인재산과 분리하고, 다른 신탁의 신탁재산으로부터도 구별관리하여야 할 의무이다.[1] 이와 같은 분별관리의무를 위반하여 수익자에게 손해가 발생하거나 신탁재산의 변경이 발생한 경우 그 손해를 배상(신탁재산의 복구)할 의무가 있음은 당연하다.

2. 분별관리의무 위반의 특례

분별관리의무는 신탁재산을 고유재산과 분리하여 관리하는 신탁제도의 가장 기본적이고 중요한 의무이므로 책임을 가중하여 수탁자가 분별관리의무 위반시 자신의 의무위반행위가 없었더라도 신탁재산에 손실이 발생하였을 것이라는 점을 입증하지 아니하는 한 천재지변 등 불가항력이 있다고 하더라도 원상회복의무 또는 손해배상의무를 부담하여야 한다. 분별관리가 이루어지지 아니함으로써 생긴 손해는 전부 수탁자에게 부담시키고자 하는 취지이다. 분별관리의무 위반에 따른 책임은 무과실책임이지만, 분별관리의무 위반과 손해 사이에 인과관계가 없었다는 점에 대한 증명은 있어야 한다.[2]

제45조 (수탁법인의 이사의 책임)

수탁자인 법인이 제43조 및 제44조에 따라 책임을 지는 경우 그 책임의 원인이 된 의무위반행위에 관여한 이사와 그에 준하는 자는 법인과 연대하여 책임을 진다.

1) 최동식, 〈신탁법〉, 191면; 이중기, 〈신탁법〉, 314면.
2) 최동식, 〈신탁법〉, 205면; 이중기, 〈신탁법〉, 322~323면.

1. 수탁법인의 이사의 책임

수익자 보호를 강화하기 위하여 수탁자가 법인인 경우, 법인의 목적범위 내의 행위라 하더라도 그 행위가 수탁자로서의 의무를 위반한 때에는 손해배상책임을 인정하기 위하여 민법 제35조의 규정과 유사하게 법인의 이사도 책임을 부담하도록 규정하고 있다.

2. 책임의 주체 및 연대책임

가. 책임의 주체

책임을 부담하는 자는 이사 및 이에 준하는 자로서, 적극적인 의사표시와 소극적인 의사표시 및 행동을 한 이사나 이에 준하는 자를 말한다.[1] 구체적으로 수탁자 회사의 대표이사 등 실제 업무를 담당하는 이사, 상법 제401조의2 제1항에 따른 업무집행지시자(제1호), 무권대행자(제2호), 표현이사(제3호) 등이 이에 해당한다.

위 책임의 주체가 신탁사무에 대한 결정권을 일임받아 의무위반행위를 하거나 의무위반행위를 결정하는 이사회의 결의에 찬성하는 등 의무위반행위에 관여한 경우에만 책임이 발생한다.[2]

나. 연대책임

수탁자인 법인이 개정 신탁법 제43조에 따라 수탁자의 의무를 위반하여 원상회복책임, 손해배상책임 또는 이득반환책임 등을 부담하여야 하며, 수탁자인 법인에는 신탁을 영업으로 하는 법인뿐만 아니라 신탁을 영업으로 하지 않는 일반법인도 포함된다.

이사와 이에 준하는 자는 요건을 모두 갖춘 경우 법인과 연대하여 책임을 부담하며, 이때의 연대책임은 부진정연대책임을 의미한다.[3]

第46조 (비용상환청구권)

① 수탁자는 신탁사무의 처리에 관하여 필요한 비용을 신탁재산에서 지출할 수 있다.

② 수탁자가 신탁사무의 처리에 관하여 필요한 비용을 고유재산에서 지출한 경우에는 지출한 비용과 지출한 날 이후의 이자를 신탁재산에서 상환(償還)받을 수 있다.

③ 수탁자가 신탁사무의 처리를 위하여 자기의 과실 없이 채무를 부담하거나 손해를

1) 송현진 · 유동규, 〈조해 신탁법〉, 389면.
2) 송현진 · 유동규, 〈조해 신탁법〉, 389면.
3) 송현진 · 유동규, 〈조해 신탁법〉, 389면.

입은 경우에도 제1항 및 제2항과 같다.
④ 수탁자는 신탁재산이 신탁사무의 처리에 관하여 필요한 비용을 충당하기에 부족하게 될 우려가 있을 때에는 수익자에게 그가 얻은 이익의 범위에서 그 비용을 청구하거나 그에 상당하는 담보의 제공을 요구할 수 있다. 다만, 수익자가 특정되어 있지 아니하거나 존재하지 아니하는 경우 또는 수익자가 수익권을 포기한 경우에는 그러하지 아니하다.
⑤ 수탁자가 신탁사무의 처리를 위하여 자기의 과실 없이 입은 손해를 전보(塡補)하기에 신탁재산이 부족할 때에도 제4항과 같다.
⑥ 제1항부터 제5항까지의 규정에서 정한 사항에 대하여 신탁행위로 달리 정한 사항이 있으면 그에 따른다.

1. 의　의

신탁재산에 관한 조세, 공과 기타 신탁사무를 처리하기 위한 비용은 신탁재산의 명의자이자 관리자인 수탁자가 제3자에 대하여 부담하게 된다. 이 경우 수탁자는 위와 같은 채무를 신탁재산으로 변제하거나 자신의 고유재산으로 변제할 수도 있다. 다만 신탁사무가 정당하게 행해진 한 위와 같은 비용은 실질적으로 신탁재산의 채무이기 때문에, 만약 수탁자가 자신의 고유재산으로써 이를 변제하였다면 신탁재산으로부터 보상받을 수 있어야 한다.

이를 위하여 구 신탁법 제42조에서는 수탁자가 신탁사무의 처리에 있어서 정당하게 부담하게 되는 비용 또는 과실 없이 입게 된 손해에 관하여 신탁재산 또는 수익자에 대하여 보상을 청구할 수 있도록 하고 있었다. 현행 신탁법에서는 이러한 비용상환청구권의 인정범위, 행사방법, 수익자에 대한 비용상환청구권의 성격 등을 보다 구체적으로 규정하였다.

2. 비용상환청구권의 내용

가. 비용상환청구권의 성질

수탁자의 비용상환청구권의 성질에 대하여는 ① 본래 신탁재산으로 지출해야 할 채무를 수탁자가 대신 지급한 후 신탁재산으로부터 구상할 권리를 부여한 것이라는 견해, ② 수탁자가 직접 신탁재산으로부터 그 비용 등을 공제할 수 있는 권리를 부여한 것이라는 견해, ③ 신탁계약 계속 중에는 형성권이지만 신탁종료된 후에는 구상권이 된다는 견해가 있다.

수탁자의 신탁재산에 대한 비용상환청구권은 수탁자가 개인적으로 갖는 권리로서 독립성을 인정할 수 있으므로, 양도가 가능하고 권리질의 목적이 될 수 있다. 다만 비용상환청구권을 행사하는 방법 중 하나인 자조매각권은 수탁자가 신탁재산의 명의인으로서 관리처분권을 가지는 데에 근거한 것이므로, 수탁자가 신탁재산에 대하여 가지는 비용상환청구권에 관한 질권자라고 하더라도 신탁재산에 대하여 자조매각권을 직접 행사할 수는 없다.

판례 역시 『수탁자가 신탁법(구 신탁법) 제42조 제1항에 의하여 신탁재산에 대하여 행사하는 소위 자조매각권은 수탁자가 신탁재산의 명의인으로서 관리처분권을 가지는 데에 근거한 것이고, 수탁자가 자조매각권을 행사함에 있어서는 신탁재산의 관리인으로서 신탁의 목적에 따라 신탁재산을 처분하여야 하는 제한이 따르는 것이므로 개인으로서의 수탁자가 신탁재산에 대하여 가지는 비용상환청구권에 관한 질권자라고 하더라도 신탁재산에 대하여 자조매각권을 직접 행사할 수는 없다』라고 판시한 바 있다(대법원 2005. 12. 22. 선고 2003다55059 판결).

나. 대 상

(1) 비 용

비용상환청구의 대상이 되는 비용은 신탁사무의 처리에 필요한 비용, 즉 수탁자가 선량한 관리자의 주의를 갖고 필요하다고 판단하여 지출한 비용을 의미하는 것으로서, 여기에는 필요비, 유익비가 포함된다.

신탁사무의 처리에 필요한 비용인지 여부는 달리 신탁계약에서 구체적으로 정하고 있지 않는 한, 결국 수탁자가 선량한 관리자의 주의를 다하여 과실 없이 지출한 비용인지 여부로 판단해야 할 것이다.

판례는 『수탁자가 신탁의 본지에 따라 신탁사업을 수행하면서 정당하게 지출하거나 부담한 신탁비용 등에 관하여는 신탁자에게 보상을 청구할 수 있는 것이지만, 수탁자가 선량한 관리자의 주의를 위반하여 신탁비용을 지출한 경우에는 이러한 과실로 인하여 확대된 비용은 신탁비용의 지출 또는 부담에 정당한 사유가 없는 경우에 해당하여 수탁자는 비용상환청구를 할 수 없다』고 전제하면서, 토지개발신탁의 경우 『장기간에 걸쳐 사업이 진행되고 부동산 경기를 예측한다는 것이 쉽지 않은 일이어서 경우에 따라 대규모의 손실이 발생할 수 있는 것인데, 수탁자가 부동산신탁을 업으로 하는 전문가로서 보수를 지급받기로 한 후 전문지식에 기초한 재량을 갖고 신탁사업을 수행하다가 당사자들이 예측하지 못한 경제상황의 변화로 신탁사업의 목적을 달성하지 못한 채 신탁계약이 중도에 종료되고, 이로 인하여 위탁자는 막대한 신탁비용채무를 부담하는 손실을 입게 된 사정이 인정된다면, 신탁비용의 지출 또는 부담에서의 수탁자의 과실과 함께 이러한 사정까지도 고려하여 신의칙과 손해의 분담이라는 관점에서 상당하다고 인정되는 한도로 수탁자의 비용상환청구권의 행사를 제한할 수 있다』고 판시한 바 있다(대법원 2006. 6. 9. 선고 2004다24557 판결, 대법원 2008. 3. 27. 선고 2006다7532, 7549 판결, 대법원 2016. 3. 10. 선고 2012다25616 판결).

(2) 이 자

수탁자는 신탁법 제46조 제1항에 따른 비용의 원금 외에 그 비용을 지출한 날 이후부터 실제 상환을 받을 때까지 발생한 이자에 대하여도 상환을 구할 권리를 가진다.

(3) 채무부담 또는 손해

신탁법에서는 수탁자가 신탁사무 처리에 따라 부담하는 채무의 내용에 대하여는 명시하고 있지 않으나, 신탁사무 처리로 인하여 발생하게 된 채무라면 그 채무가 계약상 발생한 채무, 불법행위로 인한 채무, 조세채무라도 원칙적으로 모두 그 대상이 될 수 있다. 다만 수탁자의 채무부담은 수탁자의 과실로 인하여 발생한 것이 아니어야 하므로, 수탁자의 선관주의의무 위반 내지 과실 등 귀책사유로 인하여 발생한 채무에 대하여는 비용상환청구권이 발생하지 않는다.

수탁자가 신탁사무 처리로 인하여 입은 손해에 대하여도 비용상환청구권을 행사할 수 있다.

한편 위와 같이 채무, 손해 발생을 이유로 수탁자가 비용상환청구권을 행사함에 있어서는 그 채무, 손해의 이자도 함께 구할 수 있다.

(4) 관련 판례

판례는『신탁계약서에서 신탁재산에 속하는 금전으로 차입금 및 그 이자의 상환, 신탁사무 처리상 수탁자의 과실 없이 받은 손해, 기타 신탁사무처리를 위한 제비용 및 수탁자의 대금지급을 충당하기에 부족한 경우에는 수익자에게 청구하고, 그래도 부족한 경우에는 수탁자가 상당하다고 인정하는 방법 및 가액으로 신탁재산의 일부 또는 전부를 매각하여 그 지급에 충당할 수 있다』고 정한 경우,『이는 수탁자가 신탁이 존속하는 동안이나 신탁이 종료한 후에 신탁재산에 관한 비용 등을 수익자에게 청구하였음에도 수익자가 이를 지급하지 않을 경우에는 수탁자가 신탁재산을 처분하여 그 대금으로 신탁재산에 관한 비용 등의 변제에 충당할 수 있게 함으로써 신탁재산에 관한 비용 등의 회수에 편의를 도모하기 위함에 그 목적이 있으므로, 위와 같은 비용이 신탁기간 중의 신탁사무 또는 신탁종료 후의 잔존 신탁사무의 처리 내지 종결을 위하여 선량한 관리자의 주의로써 정당하게 지출 내지 부담한 것이라고 인정되는 한 그것이 신탁종료 전에 발생한 것인지 혹은 신탁종료 후에 발생한 것인지 여부에 관계없이 귀속권리자로 지정된 수익자에게 그 비용의 보상을 청구할 수 있다』고 판시한 바가 있다(대법원 2009. 1. 30. 선고 2006다62461 판결).

다. 행사방법

(1) 자조매각권

수탁자는 비용상환청구의 방법으로서 자신이 신탁재산에 대하여 가지는 자조매각권을 행사할 수 있는데, 이는 수탁자가 신탁재산의 명의인으로서 관리처분권을 가지는 데에 근거한 것이다.

자조매각권은 수탁자가 신탁재산을 임의매각하여 그 매각대금으로 비용상환을 받을 수 있는 권리를 의미하는데, 만약 신탁재산이 금전이라면 별도의 현금화절차가 필요하지 않으므로 수탁자는 신탁재산이 있는 신탁계정에서 수탁자의 고유계정으로 이전하는 방식으로 자조매각권을 행사할 수 있고, 이는 자기거래금지의 예외가 된다. 한편 신탁재산이 금전 이외의 재산이라면 임의매각, 강제집행의 방법[1]을 통하여 현금화한 다음 비용상환을 받아야 할 것이다. 수탁자가 신탁재산으로부터 대물변제를 받을 수 있는지에 대하여는 신탁법 제48조 부분에서 후술한다.

그리고 신탁사무 처리를 위하여 수탁자가 지출한 비용 중 신탁재산의 보존, 개량을 위하여 지출한 필요비, 유익비에 대하여는 수탁자는 일반채권자에 우선하여 변제받을 권리가 있다(신탁법 제48조 제1항).

(2) 공동수탁자가 있는 경우

공동수탁자는 신탁사무의 처리에 관하여 제3자에게 부담한 채무에 대하여 연대하여 변제할 책임이 있다(신탁법 제51조 제1항). 따라서 제3자에 대하여 채무를 변제한 수탁자는 다른 공동수탁자에 대하여 각 부담부분에 관한 구상권을 행사할 수 있다(민법 제425조).

(3) 사전구상권의 인정 여부

민법 제687조는 위임사무의 처리에 비용을 요하는 때에는 위임인이 수임인의 청구에 의하여 이를 선급하도록 함으로써 수임인의 비용선급청구권을 인정하고 있다. 이러한 민법 규정을 근거로 위임사무와 비슷한 신탁사무에 있어서도 수탁자에게 사전구상권을 인정하자는 견해가 있다. 그러나 사전구상권을 인정하게 되면 수탁자는 언제나 사전구상권만을 행사할 수 있고 이는 수탁자의 충실의무에 반할 소지가 있으므로, 신탁법은 수탁자가 신탁사무의 처리에 관하여 필요한 비용을 고유재산에서 지출한 경우에만 구상권을 행사할 수 있도록 함으로써, 원칙적으로 사전구상권에 대하여는 인정하지 않았다.[2]

---

1) 대법원 2003. 5. 16. 선고 2003다11134 판결.
2) 법무부, 〈신탁법 해설〉, 381면.

(4) 관련 판례

판례는『구 신탁법 제63조, 제50조 제2항에서는 신탁이 종료되면 수탁자는 신탁사무의 최종의 계산을 하여야 할 당연한 의무가 있다는 것과 그 계산을 수익자가 승인한 때에는 수탁자의 수익자에 대한 책임이 면제되어 수익자가 수탁자에 대하여 최종 계산의 내용과 다른 내용을 주장하여 최종 계산에 따른 것 이외의 권리의 이전이나 금전의 지급, 그 밖의 재산상의 책임을 물을 수 없다는 법리를 선언하고 있는 것이므로, 이를 신탁이 종료한 경우에 수탁자가 비용 또는 보수를 청구하기 위한 요건을 규정하고 있는 것으로 볼 수는 없다』고 판시한 바 있다(대법원 2007. 9. 7. 선고 2005다9685 판결).

3. 수익자에 대한 비용상환청구권 행사

가. 의 의

수익자는 신탁재산의 이익을 향유하는 자이므로 수탁자가 신탁사무의 처리로 인하여 부담한 채무 또는 이를 위하여 필요한 비용이 신탁재산만으로 충당하기 어려운 경우 수익자도 일정한 책임을 부담할 필요가 있다.

그래서 신탁법에서는 수탁자가 수익자에 대하여 비용상환청구권을 행사할 수 있도록 정하면서도, 다만 수탁자가 신탁재산으로부터 비용상환을 받지 못하거나 받지 못할 우려가 있는 경우에 한정하여 그 권리를 행사할 수 있도록 함으로써 수탁자의 수익자에 대한 위 권리를 보충적인 것으로 정하였다.

나. 요 건

(1) 비용, 손해의 발생

수탁자는 신탁사무의 처리에 관하여 필요한 비용을 지출하거나 또는 신탁사무의 처리를 위하여 자기의 과실없이 손해를 입어야 한다. 신탁법 제46조 제1항 내지 제3항에서는 비용상환청구권의 범위에 채무부담을 포함시키고 있으나, 수익자에 대한 비용상환청구권에 있어서는 채무부담이 명시되어 있지 않다. 이는 수익자에 대한 비용상환청구권이 보충적이라는 점을 감안하여 실제로 금전 등의 지출이 발생하지 않은 채무부담에 대하여는 비용상환청구권을 인정하지 않은 것이다.

(2) 신탁재산이 비용 등을 충당하기에 부족하거나 부족할 우려가 있을 것

신탁법에서는 수익자에 대한 비용상환청구권의 행사요건으로서 신탁재산이 비용 등을 충당하기에 부족할 우려가 있을 것을 명시하고 있는데, 이는 수익자에 대한 비용상환

청구권이 보충적인 권리라는 사정을 반영한 것이다.

다. 상환의 범위

수익자에 대하여 비용상환청구권을 행사할 수 있도록 한 것은 수익자가 신탁재산의 원본이나 이익을 향유한다는 것에서 비롯되었다. 그러므로 수익자에 대한 비용상환청구의 범위는 수익자가 이익을 얻은 범위 내에서 허용하여야 할 것이고, 이를 넘어서는 비용 등에 대하여는 수익자에게 상환의무가 없다.

라. 행사방법

(1) 원 칙

수탁자는 수익자를 상대로 비용, 손해의 지급을 청구하거나 또는 그에 상당하는 담보의 제공을 요구할 수 있다. 담보제공에 특별한 제한을 두고 있는 것은 아니므로, 인적 담보, 물적 담보가 모두 허용된다.

(2) 공동수익자의 경우

공동수탁자는 신탁사무의 처리에 관하여 제3자에게 부담한 채무에 대하여 연대하여 변제할 책임이 있으나, 개정 신탁법상 공동수익자의 채무부담에 대하여는 별다른 규정이 없다. 그러나 신탁법 제46조 제4항은 수탁자는 수익자에게 그가 얻은 이익의 범위에서 비용청구를 할 수 있도록 정하고 있으므로, 수탁자가 공동수익자를 상대로 비용상환청구를 하면 수익자들은 각자 자신이 얻은 이익의 범위 내에서 상환의무를 부담할 것이다.

(3) 상환의무의 배제

수익자가 특정되어 있지 아니하거나 존재하지 아니하는 경우에는 수탁자는 비용상환청구권을 행사할 수 없다.

수익자는 자신이 얻은 이익 범위 내에서 상환의무를 부담하는 것이므로, 수익자가 존재하는 경우라도 수익권을 포기한 경우에는 상환의무를 부담하지 않는다. 다만 판례는 『구 신탁법 제51조 제3항이 수익권의 포기를 인정하는 취지는, 수익자는 구 신탁법 제42조 제2항에 따라 비용상환의무를 지게 되므로 수익자가 자기의 의사에 반하여 수익권을 취득할 것을 강제당하지 않도록 하기 위한 데에 있다. 따라서 신탁계약상 위탁자가 스스로 수익자가 되는 이른바 자익신탁의 경우, 위탁자 겸 수익자는 스스로 신탁관계를 형성하고 신탁설정 단계에서 스스로를 수익자로 지정함으로써 그로부터 이익을 수취하려는 자이므로, 그 신탁의 결과 발생하는 이익뿐만 아니라 손실도 부담하도록 해야 하고, 수익권 포기를 통해 비용상환의무를 면하도록 할 필요가 없다. 그러므로 자익신탁에서 위탁자 겸 수익자는 수익권을 포기하더라도 이미 발생한 비용상환의무를 면할 수 없다고 봄이 타당하다』고 판시하였다(대법원 2016. 3. 10. 선고 2012다25616 판결).

4. 예 외

비용상환청구권에 대한 위 규정들은 임의규정이고 이에 대하여는 신탁행위로 달리 정할 수 있다.

한편 신탁법 제85조 제7항은 수익증권발행신탁의 경우 동법 제46조 제4항부터 제6항까지를 적용하지 않는다고 정하고 있고, 수익증권발행신탁의 수익자는 수익증권 취득의 대가에 대한 책임만 부담하는 것을 기대할 뿐이므로, 이러한 수익자에 대한 비용상환청구권은 인정되지 않는다.

5. 비용상환청구권의 대위행사

가. 신탁채권자의 대위권 행사

신탁채권자는 신탁재산에 대하여 직접적인 강제집행권을 행사할 수 있지만, 수탁자의 비용상환청구권은 우선변제권이 인정되므로 신탁채권자가 이를 대위행사할 경우 직접 강제집행권을 행사하는 것에 비하여 그 순위가 우선된다는 효과가 있다. 아울러 신탁채권자는 수익자에 대하여도 위와 같은 대위행사를 할 수 있다.[1)]

다만 신탁재산에 대한 비용상환청구권을 대위행사하는 것은 수탁자의 채권자적 지위만을 대위행사하는 것이므로, 수탁자가 관리·처분권자로서 가지는 신탁재산에 대한 자조매각권까지 대위행사할 수는 없다.[2)]

나. 일반채권자의 대위권 행사

일반채권자가 수탁자의 비용상환청구권을 대위행사할 경우 일반채권자가 신탁재산에 대한 접근을 불허하는 신탁법 취지에 반하고, 나아가 우선변제권 있는 비용상환청구권을 대위함으로써 다른 신탁채권자보다 우선변제받게 되는 결과를 초래할 수 있다. 그러나 수탁자의 비용상환청구권이 수탁자의 일신전속적인 권리라고 보기 어렵고 달리 일반채권자의 대위행사를 불허하는 규정이 없으며, 채권자대위행사로 인해 취득한 금원은 일단 수탁자에게 귀속되어 모든 채권자의 공동담보가 되는 것이므로, 일반채권자의 비용

1) 이중기, 〈신탁법〉, 416~419면.
2) 대법원 2005. 12. 22. 선고 2003다55059 판결.

상환청구권 대위행사도 가능하다 할 것이다.[1)]

다. 대위권 행사의 한계

채권자는 수탁자의 채권자적 지위만을 대위행사하는 것이므로, 수탁자가 관리·처분권자로서 가지는 신탁재산에 대한 임의매각권능까지 대위할 수는 없다. 이 경우 채권자는 민사집행법 절차에 의하여 비용상환청구권을 대위행사하여야 할 것이다.

한편 비용상환청구권은 수탁자가 신탁에 대한 손실보상의무, 복구의무를 선이행하지 않으면 행사할 수 없고, 이는 채권자가 비용상환청구권을 대위행사함에 있어서도 동일하게 적용된다.

제47조 (보수청구권)

① 수탁자는 신탁행위에 정함이 있는 경우에만 보수를 받을 수 있다. 다만, 신탁을 영업으로 하는 수탁자의 경우에는 신탁행위에 정함이 없는 경우에도 보수를 받을 수 있다.
② 보수의 금액 또는 산정방법을 정하지 아니한 경우 수탁자는 신탁사무의 성질과 내용에 비추어 적당한 금액의 보수를 지급받을 수 있다.
③ 제1항의 보수가 사정의 변경으로 신탁사무의 성질 및 내용에 비추어 적당하지 아니하게 된 경우 법원은 위탁자, 수익자 또는 수탁자의 청구에 의하여 수탁자의 보수를 증액하거나 감액할 수 있다.
④ 수탁자의 보수에 관하여는 제46조 제4항을 준용한다. 다만, 신탁행위로 달리 정한 사항이 있으면 그에 따른다.

1. 수탁자의 보수청구권

가. 무보수 원칙

민법 제686조에서 수임인은 특별한 약정이 없으면 위임인에 대하여 보수를 청구할 수 없도록 하고 있고, 신탁법은 영리신탁이 아닌 일반신탁의 경우도 상정하고 있으며, 보수에 대하여는 당사자 사이에 별도로 정할 수도 있다. 구 신탁법에서도 이러한 점을 감안하여 수탁자의 보수를 무보수 원칙으로 하였고, 현행 신탁법도 이러한 원칙을 그대로 유지하였다.

물론 신탁행위로 보수 지급을 정하였다면 수탁자로서는 보수청구권을 가진다 할 것

1) 이중기, 〈신탁법〉, 418면; 최동식, 〈신탁법〉, 287~289면.

이고, 신탁을 영업으로 하는 수탁자에 대하여는 위와 같은 보수약정에 대한 신탁행위가 없더라도 보수청구권을 인정하고 있다.

나. 신탁재산이전의무와의 관계

구 신탁법하에서 판례는 『위탁자 또는 수익자가 부담하는 신탁비용 및 신탁보수지급의무와 신탁종료시에 수탁자가 신탁재산의 귀속권리자인 수익자나 위탁자 등에 대하여 부담하는 신탁재산을 이전할 의무는 모두 신탁관계에서 발생된 채무들일 뿐 아니라, 또한 수탁자가 신탁종료 전에는 신탁법 제42조 제1항, 제43조에 의하여 비용 및 보수청구권에 관하여 신탁재산을 매각하여 그 매각대금으로 다른 권리자에 우선하여 변제에 충당할 수 있고, 신탁종료 후에 신탁재산이 수익자 등에게 귀속한 후라도 신탁법 제62조, 제49조에 의하여 비용보상청구권 또는 보수청구권에 기하여 신탁재산에 대하여 강제집행을 하거나 경매를 할 수 있고 이를 위하여 신탁재산을 유치할 수 있는 점에 비추어, 신탁비용 및 신탁보수 지급의무는 적어도 신탁관계를 청산하는 신탁재산의 반환시까지는 변제됨이 형평에 맞는다는 점을 참작하여 보면, 위탁자 또는 수익자가 부담하는 신탁비용 및 신탁보수 지급의무와 신탁종료시에 수탁자가 신탁재산의 귀속권리자인 수익자나 위탁자 등에 대하여 부담하는 신탁재산을 이전할 의무는 이행상 견련관계에 있다고 인정되고, 따라서 양자는 동시이행의 관계에 있다고 해석함이 공평의 관념 및 신의칙에 부합한다』라고 판시함으로써, 신탁비용 및 신탁보수 지급의무와 신탁재산이전의무가 동시이행관계에 있다고 보았다(대법원 2006. 6. 9. 선고 2004다24557 판결).

그런데 현행 신탁법은 비용상환청구권과는 달리 보수청구권의 우선변제효를 인정하지 않고(신탁법 제48조 제1항), 신탁종료시 보수청구권에 기한 신탁재산에 대한 유치권을 인정하지 않는 것(동법 제102조, 제54조 제2항)으로 하였다. 그러나 여전히 보수청구권에 기한 자조매각이 허용되고, 신탁관계 청산시 신탁보수가 지급됨이 형평에 부합한다는 점을 감안하면, 위와 같은 동시이행관계에 대한 판시취지는 현행 신탁법에서도 여전히 적용될 것으로 보인다.

2. 보수의 산정

보수의 금액 또는 산정방법을 신탁행위로 정한 경우에는 그에 따르면 될 것이지만, 만약 이를 정하지 않았거나 또는 정하였음에도 불구하고 사정변경이 생길 경우 보수의 증액 또는 감액이 가능한지가 문제된다.

가. 보수의 금액 또는 산정방법을 정하지 않은 경우

신탁법은 신탁사무의 성질과 내용에 비추어 수탁자는 적당한 금액의 보수를 지급받을 수 있다고 정하고 있다. '적당한 금액의 보수'란 수탁자의 업무 내용, 신탁사무의 성질, 수탁자의 업무로 인한 이익 등을 종합적으로 고려하고 여기에 거래관행 등을 반영하여야 할 것이고, 구체적인 보수 금액은 각각의 사안별로 당사자의 합의 또는 판결에 따라 결정될 것이다.

나. 보수의 변경

신탁행위 이후 사정변경으로 인하여 당초 신탁행위로 정한 보수를 지급하는 것이 적당하지 않을 경우 위탁자, 수탁자, 수익자는 법원에 그 보수의 증감을 구하는 청구를 할 수 있다. 구 신탁법에서는 제17조 제4항, 제64조를 근거로 법원에 위와 같은 보수 증감을 청구할 수 있는 것으로 해석하였으나, 현행 신탁법에서는 이를 명문으로 규정하였다.

다. 공동수탁자 등의 경우

신탁약관에 보수가 정해져 있으나 수탁자가 수인인 경우 별다른 약정이 없는 한 공동수탁자들 전체가 약정된 보수를 받고, 그 보수액은 각 수탁자가 행한 사무비율에 따라 분배된다. 한편 보수가 일정한 기간을 기준으로 정해져 있는데 그 사이 수탁자의 지위 승계가 있다면, 별다른 약정이 없는 한 이들 수탁자는 각자 행한 사무비율에 따라 보수를 분배받는다.[1]

3. 행사방법

가. 상환의 범위

수탁자 보수는 일차적으로 신탁재산에서 부담하고, 이차적으로 수익자가 부담한다(신탁법 제47조 제4항, 제46조 제4항). 다만 신탁재산에서 보수를 지급하는 경우 자기거래금지 원칙에 해당할 소지가 있으나 위 보수는 신탁재산을 관리하는 데 소요되는 비용으로 볼 수 있으므로 자기거래금지 원칙의 예외가 될 것이다.[2]

한편 현행 신탁법 제47조 제4항에서는 수탁자의 보수에 관하여 동법 제46조 제4항을 준용하고 있으므로, 수익자는 자신이 얻은 이익의 범위 내에서 수탁자에 대한 보수지

1) 이중기, 〈신탁법〉, 405~406면.
2) 이중기, 〈신탁법〉, 406면.

급의무를 부담한다.

나. 행사방법

(1) 수탁자는 수익자에게 보수의 지급을 직접 청구하거나 또는 그에 상당하는 담보의 제공을 요구할 수 있다.

(2) 수탁자는 자조매각권을 행사하여 신탁재산을 매각하여 그 대금으로 보수지급에 충당할 수 있으나(신탁법 제48조 제2항), 비용상환청구권과 달리 우선변제권은 없다(동법 제48조 제1항). 그리고 수탁자의 임무가 종료된 후에는 수탁자는 자조매각권은 행사할 수 없고, 이때에는 수익자 등을 상대로 보수지급을 청구할 수 있을 뿐이다.

다. 수익자의 보수지급의무의 배제

수익자가 특정되어 있지 아니하거나 존재하지 아니하는 경우 수탁자는 보수청구권을 행사할 수 없고, 만약 수익자가 존재하는 경우라도 그 수익자가 수익권을 포기한 경우 보수지급의무를 부담하지 않는다.

한편 신탁법 제85조 제7항은 수익증권발행신탁의 경우 동법 제47조 제4항을 적용하지 않는다고 규정하고 있으므로, 위와 같은 신탁의 수익자에 대한 보수청구권은 인정되지 않는다.

第48條 (비용상환청구권의 우선변제권 등)

① 수탁자는 신탁재산에 대한 민사집행절차 또는 「국세징수법」에 따른 공매절차에서 수익자나 그 밖의 채권자보다 우선하여 신탁의 목적에 따라 신탁재산의 보존, 개량을 위하여 지출한 필요비 또는 유익비(有益費)의 우선변제를 받을 권리가 있다.

② 수탁자는 신탁재산을 매각하여 제46조에 따른 비용상환청구권 또는 제47조에 따른 보수청구권에 기한 채권의 변제에 충당할 수 있다. 다만, 그 신탁재산의 매각으로 신탁의 목적을 달성할 수 없게 되거나 그 밖의 상당한 이유가 있는 경우에는 그러하지 아니하다.

1. 비용상환청구권의 우선변제권

가. 의 의

수탁자는 신탁재산에 대하여 소유권을 가지고 있으므로, 이에 대하여 당연히 우선변제권을 갖는다고 볼 수는 없지만, 수탁자의 비용상환을 보장받기 위하여 신탁재산에 대한 우선변제권을 인정할 필요가 있다.

한편 구 신탁법 제43조는 구 신탁법 제42조를 준용함으로써 수탁자의 보수청구권에 대하여도 비용상환청구권과 마찬가지로 우선변제권을 인정하였다. 그러나 수탁자의 보수는 수탁업무 이행에 따른 보수, 신탁영업상 이익에 불과하므로 이를 타 채권자에 비하여 우선하여 신탁재산으로부터 변제받도록 할 필요가 없다는 비판이 있었고,[1] 다른 나라에서도 보수청구권의 우선변제권을 인정하지 않고 있어, 현행 신탁법에서는 보수청구권의 우선변제권 내용을 삭제하였다.[2]

나. 행사방법

(1) 필요비 또는 유익비상환청구권의 성립

수탁자의 비용상환청구권은 신탁사무의 처리에 관하여 필요한 비용을 그 대상으로 삼고 있지만, 우선변제권은 그 중에서도 신탁재산의 객관적 가치 증대에 기여하여 공익적인 성격을 갖고 있다고 할 수 있는 필요비(신탁재산 보존의 경우), 유익비(신탁재산 개량의 경우)의 상환청구권에 대해서만 인정하였다. 민법에서는 점유물 등을 보존하기 위하여 지출한 금액 등을 필요비, 이를 개량하기 위하여 지출한 금액 등을 유익비라고 정의하고 있고(민법 제203조, 제367조), 이를 신탁법에서 달리 볼 이유는 없으므로, 민법에서의 필요비, 유익비에 대한 해석은 신탁법에도 그대로 적용될 것이다.

(2) 신탁재산에 대한 민사집행절차 또는 공매절차

민사집행법 등에서는 소유자가 자신 명의의 재산에 대하여 경매를 신청하거나 집행권원을 취득할 수 없고, 판례도 『수탁자가 재임 중에는 신탁재산의 관리인이 수탁자 자신이어서 신탁재산에 대하여 비용상환청구권 강제집행과 같은 방법으로 행사할 수는 없고…』라고 판시하고 있다(대법원 2005. 12. 22. 선고 2003다55059 판결). 따라서 수탁자는 다른 신탁채권자가 신청한 집행절차, 공매절차에서 우선변제권을 행사할 수 있을 뿐이다.

다만 대법원 2003. 5. 16. 선고 2003다11134 판결은 『원심은, (중략) 신탁법 제21조 제1항은 신탁재산의 독립성을 유지하기 위하여 수탁자 내지는 위탁자의 채권자가 신탁재산에 강제집행을 하지 못하도록 하는 것이고, 같은 법 제42조는 오히려 수탁자의 비용 및 손실보상청구권을 확보하여 주기 위하여 수탁자에게 다른 채권자들보다 우선권을 인정하

---

1) 최동식, 〈신탁법〉, 291면; 이중기, 〈신탁법〉, 406면.

2) 그러나 이에 대하여, 자본시장법상 신탁업자는 신탁업을 통하여 보수를 수취하는 것을 회사의 설립목적으로 하는 금융기관이고, 우선변제권을 보장하더라도 신탁의 채권자에게 불측의 손해를 유발하지 않는다는 점을 이유로 자본시장법상 신탁업자의 보수청구권에 대하여는 우선변제권을 허용해야 한다는 견해가 있다(오영표, 〈新신탁법 시행에 따른 자본시장법상의 법적 쟁점〉, 144면).

는 취지일 뿐, 수탁자의 비용이나 손실을 보상받음에 있어 반드시 강제집행의 방법만을 사용하도록 강제하는 규정이 아니라는 이유로 이를 배척하였는바, 원심판결 이유를 관계 법령의 규정 내용에 비추어 살펴보면 원심의 판단은 정당한 것으로 수긍이 되고…』라고 판시하여, 비용상환청구권을 강제집행의 방법으로도 행사가능하다는 취지로 판시하고 있다.

다. 우선변제권의 내용

(1) '수익자나 그 밖의 채권자'의 범위

수익자는 신탁재산에 대한 직접적인 권리가 없고 수익채권은 신탁채권보다 후순위이므로(신탁법 제62조), 수탁자는 수익자에 우선하여 비용을 우선변제받을 수 있다. 그리고 신탁 전의 원인으로 발생한 권리를 갖는 자라고 하더라도 우선특권이나 담보권이 없는 경우 또는 수탁자의 비용상환청구권보다 후에 발생한 후순위담보권자는 여기에서 말하는 '그 밖의 채권자'에 해당하므로, 수탁자는 이들보다 우선하여 비용을 상환받는다. 다만 수탁자에 대한 채권자는 신탁재산에 대하여 집행을 할 수 없으므로, 위 조항에서 말하는 '채권자'에 당연히 포함되지 않는다.

한편 신탁설정 이후 신탁재산에 저당권이 설정된 경우 이러한 저당권은 수탁자가 설정하는 것이므로 수탁자는 위 저당권자에 대하여 우선권을 주장할 수 없다는 견해가 있다.[1] 그런데 수탁자의 비용상환청구권 중 우선변제권이 인정되는 것은 신탁재산의 보존, 개량에 소요된 필요비, 유익비에 한정되는 것이고 이는 신탁보수와는 달리 신탁재산의 모든 이해관계인에 대한 공익비의 성격을 갖고 있으므로, 신탁재산에 설정된 저당권보다 우선하는 것이 타당할 것으로 보인다.[2]

(2) 우선변제의 효력

비용상환청구권이 가지는 우선변제의 효력에 대하여는 민법상 저당권, 질권과 같은 담보물권과 동일한 순위의 우선변제권을 가진다는 견해, 일반채권자보다는 우선하나 다른 담보권자의 권리보다는 후순위라는 견해, 수탁자의 비용상환청구권을 민법 제367조에서 정한 제3취득자의 비용상환청구권의 경우[3]와 동일하게 보아 집행비용 이외의 모든

---

1) 이중기, 〈신탁법〉, 398면.

2) 김용담, 〈주석 민법 물권법(4)〉, 243면(민법 제367조에 따른 제3취득자의 비용상환청구권이 집행비용 외의 다른 모든 우선특권에 앞선다고 해석하여야 할 것이다).

3) 대법원 2004. 10. 15. 선고 2004다36604 판결(민법 제367조가 저당물의 제3취득자가 그 부동산에 관한 필요비 또는 유익비를 지출한 때에는 저당물의 경매대가에서 우선상환을 받을 수 있다고 규정한 취지는 저당권설정자가 아닌 제3취득자가 저당물에 관한 필요비 또는 유익비를 지출하여 저당물의 가치가 유지·증가된 경우, 매각대금 중 그로 인한 부분은 일종의 공익비용과 같이 보아 제3취득자가 경매대가에서 우선상환을 받을 수 있도록 한 것이므로 저당물에 관한 지상권, 전세권을 취득한 자만이 아니고 소유권을 취득한 자도 민법 제367조 소정의 제3취득자에 해당한다).

권리에 대하여 우선한다는 견해가 있다.[1)]

2. 자조매각권

가. 의 의

수탁자는 신탁재산을 임의매각하여 자신의 비용, 보수 등에 충당할 수 있고, 이러한 수탁자의 권리를 자조매각권이라 한다. 자조매각권을 허용할 경우 신탁재산이 부실해질 수 있으므로 법원의 허가가 전제되어야 한다는 견해도 있으나, 법원 허가를 자조매각의 요건으로 삼을 경우 적시 매각이 이루어지지 못하여 신탁재산이 감소할 수 있고, 기타 신탁의 유연화라는 개정 목적에 반한다는 점을 고려하여 신탁법은 법원 허가를 자조매각의 요건으로 삼지 않았다.

한편 자조매각권은 법령에 의하여 당연히 인정되는 것이지만, 이러한 자조매각에 관한 규정은 강행규정이 아니므로, 당사자 사이에서 자조매각과 관련한 약정을 체결한 경우에는 그에 따라 처분할 수 있다.[2)]

나. 행사방법

(1) 신탁재산이 금전일 경우

자조매각은 신탁재산을 현금화하기 위한 하나의 방법이므로, 신탁재산이 금전일 경우에는 별도로 민사집행절차 등을 거칠 필요 없이 신탁계정에서 수탁자의 고유계정으로 이전하는 절차를 거치면 된다.

(2) 신탁재산이 금전 이외의 재산인 경우

수탁자의 비용, 보수는 신탁재산에서 부담하여야 하는 것이고, 수탁자는 신탁재산의 명의인으로서 관리처분권을 가지는 것이므로, 수탁자는 신탁재산의 관리인으로서 신탁의 목적에 따라 신탁재산을 처분할 수 있고, 그 대금으로 비용, 보수 변제에 충당할 수 있다.[3)]

위와 같은 임의매각 이외에 수탁자가 비용, 보수 변제에 충당하기 위하여 대물변제할 수 있는지가 문제된다. 이에 대하여는 대물변제가 수익자에게 불리하지 않는 한 이를 허용하여야 한다는 견해(제1설),[4)] 적정 평가가 가능한지 문제될 수 있으므로 원칙적으로

1) 법무부, 〈신탁법 해설〉, 409~410면.

2) 판례는 당사자 사이의 약정에 의한 자조매각권에 대하여 그 효력을 인정한 원심 판단을 그대로 유지한 바 있다(대법원 2009. 1. 30. 선고 2006다62461 판결).

3) 대법원 2003. 5. 16. 선고 2003다11134 판결; 대법원 2005. 12. 22. 선고 2003다55059 판결. 대법원 2013. 10. 31. 선고 2012다110859 판결은 파산선고를 받은 수탁자의 파산관재인도 약정 자조매각권을 행사하여 신탁된 토지를 매각하고 그 대금으로 비용상환청구권의 변제에 충당할 수 있다고 하였다.

4) 이중기, 〈신탁법〉, 396면.

허용되지 않는다는 견해(제2설)[1]가 있다. 다만 어느 경우이든지 간에 수탁자는 신탁재산의 관리인으로서 신탁의 목적에 따라 신탁재산을 처분하여야 하는 제한이 있고, 이를 위반하면 손해배상책임을 부담하여야 할 것이다.[2]

(3) 대위행사의 허용 여부

대법원 2005. 12. 22. 선고 2003다55059 판결은 수탁자의 자조매각권에 대하여 『수탁자가 신탁재산의 명의인으로서 관리처분권을 가지는 데에 근거한 것이고, 수탁자가 자조매각권을 행사함에 있어서는 신탁재산의 관리인으로서 신탁의 목적에 따라 신탁재산을 처분하여야 하는 제한이 따르는 것이므로 개인으로서의 수탁자가 신탁재산에 대하여 가지는 비용상환청구권에 관한 질권자라고 하더라도 신탁재산에 대하여 자조매각권을 직접 행사할 수는 없다』라고 판시하고 있다.

위 대법원 판결에서는 대위행사가 가능한 것인지에 대하여는 명시적으로 언급하고 있지 않으나, 자조매각권이 관리처분권에 근거한 것이고 수탁자 지위에 따른 일신전속적인 권리라고 본다면, 수탁자의 채권자적 지위를 대위하는 채권자가 수탁자의 자조매각권을 대위행사하는 것은 허용되기 어려울 것이다.[3]

다. 제 한

수탁자가 신탁재산을 매각하여 신탁 목적을 달성할 수 없게 된다면, 위탁자의 취지와 달리 신탁이 종료될 수 있다(신탁법 제98조 제1호). 따라서 수탁자가 비용상환청구권 또는 보수청구권을 행사하고자 자조매각할 경우 신탁 목적을 달성할 수 없다는 사정이 인정된다면, 이러한 자조매각권의 행사는 허용될 수 없다.

한편 수탁자가 신탁종료 후 비용보상 등을 받기 위하여 신탁재산에 대하여 자조매각권을 행사할 수 있다 하더라도 신탁재산의 귀속권리자로 지정된 자의 소유권이전등기청구권이 부존재하거나 소멸한다고 할 수는 없으므로, 귀속권리자는 수탁자가 자조매각권을 행사하여 신탁재산을 처분하기 전에 수탁자에게 비용 등을 지급하고 그 이전등기의 절차를 구할 수 있다(대법원 2009. 1. 30. 선고 2006다62461 판결). 아울러 수탁자가 신탁종료 후 비용보상 등을 받기 위하여 신탁재산에 대하여 자조매각권을 행사할 수 있는 경우, 신탁재산의 귀속권리자로 지정된 수익자는 수탁자에 대하여 비용보상의무 등을 아직 이행하지 아니한 상태라 하더라도, 신탁재산에 대한 소유권이전등기청구권을 보전하기 위하여 그 신탁재산에 대하여 처분금지가처분을 신청할 피보전권리가 있다고 할 것이고, 나아가 수탁자가 채무변제를

---

1) 최동식, 〈신탁법〉, 285면; 이연갑, 〈수탁자의 보상청구권과 충실의무〉, 283면.
2) 임채웅, 〈신탁법연구〉, 270면.
3) 임채웅, 〈신탁법연구〉, 275면.

받고서도 신탁재산을 처분하는 것을 방지할 필요가 있는 경우 등에는 그러한 목적을 달성하기 위하여 필요한 범위 내에서 그 보전의 필요성도 인정할 수 있다(대법원 2009. 1. 30. 선고 2006다60991 판결[1]; 대법원 2009. 6. 11. 선고 2008다64966 판결).

제49조 (권리행사요건)

수탁자는 제43조 및 제44조에 따른 원상회복의무 등을 이행한 후가 아니면 제46조 또는 제47조에 따른 권리를 행사할 수 없다.

위 규정은 수탁자가 신탁법 제46조, 제47조에서 정한 비용상환청구권, 보수청구권에 따른 권리를 행사함에 있어서는 미리 수탁자가 신탁계약상 의무위반, 분별관리의무위반에 따라 부담하는 원상회복의무 등을 선이행하도록 함으로써, 수탁자의 선관의무, 충실의무 및 분별관리의무의 이행을 강조하고 신탁재산 및 수익자 보호를 강화하고 있다.

다만 신탁이 종료한 경우에는 위탁자 또는 수익자의 수탁자에 대한 보수 또는 비용 상환의무와 수탁자의 수익자에 대한 신탁재산의 이전의무는 특별한 사정이 없는 한 동시이행의 관계에 있다.[2] 따라서 위 규정에 따른 선이행의무는 신탁계약이 목적 달성에 이르거나 중도에 해지되지 아니한 채 그대로 유지되는 동안에 수탁자가 비용 또는 손해의 보상이나 보수를 청구하기 위한 요건이고, 신탁이 종료한 경우에까지 적용되는 것은 아니다.[3]

제50조 (공동수탁자)

① 수탁자가 여럿인 경우 신탁재산은 수탁자들의 합유(合有)로 한다.

② 제1항의 경우 수탁자 중 1인의 임무가 종료하면 신탁재산은 당연히 다른 수탁자에게 귀속된다.

③ 제1항의 경우 신탁행위로 달리 정한 바가 없으면 신탁사무의 처리는 수탁자가 공동으로 하여야 한다. 다만, 보존행위는 각자 할 수 있다.

④ 수탁자가 여럿인 경우 수탁자 1인에 대한 의사표시는 다른 수탁자에게도 효력이

1) 다만 위 판결에서는 『신탁재산에 대한 자조매각권이 있는 수탁자가 신탁재산의 귀속권리자로 지정된 수익자의 비용보상의무 등의 범위에 관하여 다투고 있으나, 그러한 사정만으로 수탁자가 수익자로부터 신탁 관련 채무를 전액 변제받고서도 신탁재산을 부당히 처분할 염려 등이 있어 이를 가처분으로 금지시켜야 할 보전의 필요성이 있다고 단정하기 어렵다』고 판시하였다.

2) 대법원 2008. 3. 27. 선고 2006다7532, 7549 판결; 대법원 2006. 6. 9. 선고 2004다24557 판결.

3) 대법원 2007. 9. 7. 선고 2005다9685 판결; 대법원 2011. 6. 10. 선고 2011다18482 판결.

있다.
⑤ 수탁자가 여럿인 경우 신탁행위로 다른 수탁자의 업무집행을 대리할 업무집행수탁자를 정할 수 있다.

1. 공동수탁자의 의의

가. 의 의

위탁자는 신탁사무를 수행할 수탁자의 선임을 그 임의적인 의사에 따라 정할 수 있다. 위탁자는 하나의 신탁을 설정함에 있어서도 여러 수탁자를 선임할 수 있고, 이렇게 선임된 여러 수탁자를 공동수탁자라 한다.

공동수탁자를 선임할 경우 위탁자는 각 수탁자에 대하여 동일한 권한을 부여하거나 또는 각기 다른 권한을 부여할 수 있다.[1)]

나. 필 요 성

수탁자 1인이 신탁사무를 전적으로 처리하는 경우 불성실하게 신탁사무를 수행함으로써 위탁자, 수익자에게 위험이 발생할 수 있으므로, 공동수탁자를 선임함으로써 서로 간의 견제와 균형을 통하여 위와 같은 위험을 방지할 수 있다.[2)]

나아가 단순한 신탁사무의 경우와는 달리 복잡하고 난이도 있는 신탁사무의 경우에는 수탁자 1인만으로 이를 모두 수행하는 데에 한계가 있고 효율성이 떨어질 우려가 있으므로, 각 신탁사무의 성격에 맞춰 전문성 있는 수탁자를 선정함으로써 신탁사무의 효율을 높일 수도 있다.

2. 공동수탁자의 재산관계

가. 합 유

구 신탁법에서도 공동수탁자의 신탁재산에 대한 소유형태를 합유로 정하고 있었고, 이는 현행 신탁법에서도 마찬가지이다.

다만 신탁행위로써 공동수탁자의 소유관계를 신탁재산별로 단독소유로 정할 수 있는지 문제되는데, 이에 대하여는 수탁자의 전문성에 따라 신탁재산별로 각각의 수탁자가 신탁재산을 개별적으로 소유하도록 달리 정하는 것도 허용하여야 할 현실적 필요가 있으

1) 이중기, 〈신탁법〉, 422면.
2) 이중기, 〈신탁법〉, 422~423면.

므로 본 규정을 신탁재산에 대하여 공동수탁자의 존재를 공시한 경우에만 적용되는 임의 규정으로 보는 견해(제1설),[1] 신탁행위에 의해 신탁재산별로 단독소유하는 것으로 정하더라도 현행의 등기제도로는 단독소유만을 표시할 수 있고, 그 경우 각 신탁재산별로 단독수탁자가 설정된 신탁과 차이가 없으므로, 신탁에서 공동수탁자를 정한 경우에는 신탁재산 전부를 합유하는 것으로 보아야 한다는 견해(제2설[2])가 있다.

나. 내 용

(1) 합유지분의 부존재

합유지분은 조합관계에서 생기는 각 조합원로서의 권리·의무를 의미하는데, 수탁자는 신탁재산을 관리하고 수익자에게 급부를 제공하는 재산관리자에 지나지 않는다. 따라서 공동수탁자에게는 민법상 합유자와 같은 고유의 이익이 있다고 보기 어려워 합유지분이라는 개념이 존재하지 않는다.[3]

공동수탁자가 신탁재산에 대하여 지분을 갖는 형태로 신탁재산을 인수한 경우에도 이는 고유한 의미의 합유지분에 해당하는 것이 아니고, 공동수탁자 전원의 동의가 있는 경우에도 그 지분을 처분하는 것은 허용되지 않는다. 이는 민법 제273조 제1항과 다르다.[4]

(2) 신탁재산분할청구권의 부존재

공동수탁자 중 1인이 신탁재산의 분할을 청구할 수 없고, 이는 민법 제273조 제2항에서도 동일하게 정하고 있다. 수탁자 상호간의 견제와 균형을 도모하기 위하여 공동수탁자 제도가 도입된 것이라는 점을 감안한 것이다.

(3) 공동수탁자 중 1인의 임무종료

공동수탁자 중 1인의 임무가 종료한 경우(신탁법 제12조) 합유재산에 대한 권리는 잔존 공동수탁자에게 귀속된다. 한편 수탁자가 사망할 경우 신탁재산은 수탁자의 상속재산에 속하지 아니하므로(신탁법 제23조), 그 신탁재산에 대한 권리는 나머지 공동수탁자에게 귀속된다.

다만 법인인 수탁자가 합병으로 소멸한 경우에는 존속회사가 수탁자의 지위를 승계한다.

(4) 신탁종료시 재산분배청구권의 부존재

신탁종료시 신탁재산은 신탁법 제101조에서 정하는 것처럼 수익자, 귀속권리자, 위탁

1) 이중기, 〈신탁법〉, 425~428면.
2) 법무부, 〈신탁법 해설〉, 423~424면.
3) 법무부, 〈신탁법 해설〉, 424면.
4) 이중기, 〈신탁법〉, 425면.

자 등에게 귀속된다. 공동수탁자의 신탁재산에 대한 합유는 수익권을 근거로 하는 것이 아니므로, 신탁이 종료하더라도 공동수탁자에게는 재산분배청구권이 인정되지 않는다.

3. 공동수탁자의 신탁사무

가. 원 칙

민법 제272조에서는 합유물의 처분, 변경시 합유자 전원의 동의를 얻도록 하고 있다. 이와 마찬가지로 공동수탁자 역시 신탁재산의 관리·처분·운용 등 신탁사무의 처리를 함에 있어 공동으로 하여야 한다.

공동수탁자는 대외적인 행위를 함에 있어 공동수탁자 전원의 명의로 하여야 하므로, 일부 공동수탁자에 의한 공동대표행위는 허용되지 않고, 신탁과 관련된 소송도 고유필요적 공동소송 방식으로 진행된다.[1)]

공동수탁자는 대내적으로 의사결정을 함에 있어 달리 다수결 등에 의한 방식으로 의사결정을 하도록 신탁행위에서 정하고 있지 않는 한 만장일치 방식으로 의사결정을 해야 하는 것이 원칙이다.

나. 예 외

(1) 신탁행위

위탁자 등은 신탁행위로 공동수탁자 중 일부 또는 1인이 신탁사무를 처리할 수 있도록 정할 수 있다. 공동수탁자 제도는 신탁재산별로 각각 전문성을 갖는 수탁자가 그 업무를 처리할 수 있도록 한다는 취지를 가지고 있으므로, 신탁행위로서 신탁업무를 전원 합의가 아닌 방식에 의하여 처리할 수 있도록 정할 수 있다.

(2) 보존행위

보존행위는 신탁재산의 멸실·훼손을 방지하고 그 현상을 유지하기 위하여 하는 사실적·법률적 행위를 의미한다. 구 신탁법하에서는 민법 제272조 단서를 감안하여 공동수탁자 중 1인의 보존행위를 인정하는 것으로 해석되었으나,[2)] 현행 신탁법은 이를 명문으로 규정하였다.

다. 의사표시의 효력

공동수탁은 다수의 수탁자들이 공동으로 신탁사무를 처리하는 것이고 이러한 공동

1) 최동식, 〈신탁법〉, 308면.
2) 이중기, 〈신탁법〉, 433면.

사무의 원칙이 제3자에게까지 효력이 있는 것은 아니므로, 제3자가 공동수탁자 중 1인에게만 의사표시를 하더라도 이는 나머지 공동수탁자에 대하여도 효력이 있다.[1)]

라. 업무집행수탁자

대외적인 신탁업무를 수행함에 있어 각 업무마다 수탁자들 전원이 공동으로 추진할 경우 이는 시간적인 측면이나 비용적인 측면에서 비효율적일 수 있으므로, 신탁행위로서 공동수탁자 중 1인을 업무집행수탁자로 정할 수 있다. 민법 제706조 이하에서는 조합의 업무집행자 선임, 업무집행자의 업무집행 대리권 추정 규정을 마련하고 있는데, 업무집행수탁자 역시 조합의 업무집행자와 유사한 법적 지위를 갖는 자로서 다른 공동수탁자에 대한 대리권(신탁법 제50조 제5항)이 인정되어 공동수탁자 명의로 신탁사무를 수행할 수 있다.

4. 공동으로 하지 않은 신탁사무의 효력

공동수탁자 전원의 명의로 하지 않은 신탁사무행위는 효력이 없으므로 신탁재산을 구속하지 않는다. 다만 사후적으로 다른 공동수탁자 전원의 추인이 있다면 그 효력을 인정해야 한다는 견해도 있다.[2)]

한편 신탁사무 행위를 한 수탁자는 다른 공동수탁자가 제3자에 대하여 그 행위로 인한 책임을 지는지 여부와 상관없이 제3자에 대하여 책임을 부담한다.[3)] 공동수탁자의 행위로 인한 책임에 관한 자세한 내용은 신탁법 제51조 부분을 참조.

제51조 (공동수탁자의 연대책임)

① 수탁자가 여럿인 경우 수탁자들은 신탁사무의 처리에 관하여 제3자에게 부담한 채무에 대하여 연대하여 변제할 책임이 있다.

② 수탁자가 여럿인 경우 그 중 일부가 수탁자로서의 의무를 위반하여 부담한 채무에 대하여 그 행위에 관여하지 아니한 다른 수탁자는 책임이 없다. 다만, 다른 수탁자의 의무위반행위를 저지하기 위하여 합리적인 조치를 취하지 아니한 경우에는 그러하지 아니하다.

1) 최동식, 〈신탁법〉, 308면.
2) 이중기, 〈신탁법〉, 431~432면.
3) 이중기, 〈신탁법〉, 432면.

1. 공동수탁자의 제3자에 대한 책임

가. 원 칙

공동수탁자는 전원의 명의로써 대외적인 거래행위를 하므로, 공동수탁자가 신탁사무 처리로 인해 제3자에게 부담하는 계약상 채무 등은 연대하여 책임을 진다. 공동수탁자 제도는 원래 수익자를 보호하고 신중하고 효율적인 신탁사무 처리를 위하여 도입되었으나, 그러한 공동사무의 부수적 결과로서 신탁재산과 거래하는 제3자에 대하여도 연대책임을 부담하게 된다.[1)]

나. 불법행위

공동수탁자 중 일부가 신탁사무 처리와 관련하여 제3자에게 불법행위를 한 경우 그 손해 역시 연대하여 배상하여야 하는지 문제될 수 있다. 공동수탁자의 공동사무처리의 요청은 수익자를 보호하기 위한 것이지 제3자를 보호하기 위한 것이 아니고 과실책임의 원칙상 위 불법행위에 관여한 바가 없는 공동수탁자는 그 불법행위를 한 공동수탁자와 연대하여 손해를 배상할 책임이 없다.[2)]

2. 의무위반으로 인한 책임

공동수탁자 중 일부가 수탁자의 의무를 위반하여 발생한 원상회복책임, 손해배상책임 또는 이익반환책임은 대내적 관계에서 부담하는 과실책임이므로,[3)] 그 의무를 위반한 수탁자만 책임을 진다. 구 신탁법하에서도 공동수탁자 중 일부가 의무위반행위를 하였을 때 이에 관여하지 않은 공동수탁자의 책임은 면제된다고 해석되었는데, 현행 신탁법은 이를 명문으로 규정하였다.

만약 신탁사무 처리를 위한 공동수탁자들 간의 회의에서 적극적으로 반대의견을 개진하는 등 다른 공동수탁자의 의무위반행위에 관여하지 않은 수탁자는 그 의무위반행위로 인한 책임을 부담하지 않는다(신탁법 제51조 제2항 본문). 다만 공동수탁자의 의사결정을 다수결 방식에 따르기로 신탁행위로 정한 경우 다수의견에 동의하지 않은 공동수탁자가 그 결정된 사항으로 인한 책임을 부담하는지 문제될 수 있다.

한편 의무위반행위에 관여하지 않은 공동수탁자라 하더라도 그러한 의무위반행위를

---

1) 이중기, 〈신탁법〉, 436면; 최동식, 〈신탁법〉, 310~311면.
2) 이중기, 〈신탁법〉, 436~437면; 최동식, 〈신탁법〉, 310면.
3) 이중기, 〈신탁법〉, 526면.

저지하기 위하여 합리적인 조치를 취하지 않는 경우에는 그 스스로 감독의무를 위반한 것으로 볼 수 있으므로, 이 경우 위 공동수탁자는 의무위반행위로 인한 연대책임을 부담할 것이다(신탁법 제51조 제2항 단서).

> **제52조 (신수탁자 등의 원상회복청구권 등)**
> 신수탁자나 신탁재산관리인도 제43조에 따른 권리를 행사할 수 있다.

수탁자가 그 의무를 위반하여 신탁재산에 손해가 발생하거나 또는 신탁재산이 변경된 경우 수탁자는 이에 대한 원상회복의무를 부담한다(신탁법 제43조).

수탁자가 원상회복의무를 부담하는 경우 신탁법 제43조에서는 위탁자, 수익자, 공동수탁자 중 다른 수탁자가 위 수탁자를 상대로 원상회복청구를 할 수 있도록 정하고 있다. 수탁자가 변경된 경우 신수탁자도 마찬가지이다. 그런데 신탁재산관리인은 수탁자의 임무종료 등으로 인한 신탁재산에 대한 관리 공백을 막기 위하여 수탁자 대신 신탁재산을 관리하는 자이므로, 개정 신탁법에서는 신수탁자 외에 신탁재산관리인도 원상회복청구를 할 수 있도록 하였다.

> **제53조 (신수탁자의 의무의 승계)**
> ① 수탁자가 변경된 경우 신수탁자는 전수탁자(前受託者)가 신탁행위로 인하여 수익자에게 부담하는 채무를 승계한다. 수탁자가 여럿인 경우 일부의 수탁자가 변경된 경우에도 또한 같다.
> ② 신탁사무의 처리에 관하여 발생한 채권은 신탁재산의 한도 내에서 신수탁자에게도 행사할 수 있다.
> ③ 제22조 제1항 단서에 따른 신탁재산에 대한 강제집행등의 절차 또는 국세 등 체납처분의 절차는 신수탁자에 대하여 속행(續行)할 수 있다.

1. 수탁자 변경시 전수탁자의 권리

수탁자가 변경될 경우 전수탁자가 신탁행위에 의하여 갖게 된 권리가 신수탁자에게 승계되는지 여부와 관련하여, 신수탁자는 전수탁자의 업무를 포괄승계하므로 전수탁자의 모든 권리를 당연히 승계하는 것으로 규정해야 한다는 견해도 있다.

그러나 전수탁자 명의의 권리 중 보수청구권 및 비용상환청구권은 전수탁자가 고유재산으로 취득한 권리여서 이를 승계의 대상으로 삼을 수는 없는 반면 그 밖의 권리는 신탁재산에 속하는 것이어서 당연히 신수탁자의 명의로 변경되어야 한다. 이에 현행 신탁법은 구 신탁법과 마찬가지로 신수탁자가 전수탁자의 수익자에 대한 채무만 승계하는 것으로 규정하였다.

2. 수탁자 변경시 전수탁자의 채무

가. 수탁자 변경시 수익자에 대한 채무

수탁자가 신탁행위에 의하여 수익자에게 부담하는 채무는 신탁재산만으로 부담하여야 하는 채무이다. 따라서 수탁자가 변경되는 경우 그 채무는 신수탁자에게 승계되고 전수탁자는 수익자에 대한 급부의무가 면제된다.[1] 한편 공동수탁자 중 1인의 임무가 종료된 경우 그 수탁자가 수익자에게 부담하는 채무는 다른 공동수탁자에게 승계된다.

나. 수탁자 변경시 신탁재산에 대한 채무

전수탁자가 수탁자의 의무를 위반하여 발생한 원상회복책임 등(신탁법 제43조)은 전수탁자의 과실로 발생한 '개인적'인 채무이므로, 신수탁자에게 이전되지 않고 전수탁자가 계속 부담한다.[2]

다. 수탁자 변경시 제3자에 대한 채무

수탁자의 신탁사무 처리에 의하여 제3자가 취득한 신탁채권에 대하여, 수탁자는 신탁재산을 책임재산으로 부담하는 책임 이외에 자신의 명의로 신탁사무를 처리하였기 때문에 자신의 고유재산을 책임재산으로 하는 개인적 담보책임을 부담한다.

수탁자의 제3자에 대한 채무 중 수탁자의 지위에서 신탁재산을 책임재산으로 하여 부담하는 신탁채무는 신수탁자에게 승계된다.[3] 판례도 『신탁행위의 정함에 따라 전수탁자가 임무를 종료하고 신수탁자가 선임됨으로써 수탁자가 변경된 경우에도 신수탁자는

---

1) 이중기, 〈신탁법〉, 633면; 최동식, 〈신탁법〉, 317면.

2) 이중기, 〈신탁법〉, 634면; 최동식, 〈신탁법〉, 317면.

3) 대법원 2006. 3. 9. 선고 2004다57694 판결도 『전수탁자와 제3자가 체결한 특정 계약관계는 그대로 제3자와 전수탁자 사이에서 존속하고 제3자가 이를 신수탁자에게 주장할 수 없는 것으로 약정하는 것은 강행법규위반으로서 효력이 없다』고 판시하였는데, 이는 전수탁자가 체결한 계약도 신수탁자에게 이전된다는 취지이다.

신탁법 제26조, 제48조 등이 정하는 수탁자 경질의 법리에 따라 수탁자의 지위를 포괄적으로 승계하게 되고, 이때 제3자는 수탁자의 경질 이전에 이미 발생한 채권에 관하여 계약의 당사자인 전수탁자에게 이를 행사할 수 있음은 물론, 신탁법 제48조 제3항에 의하여 신탁재산의 한도 내에서 신수탁자에 대하여도 행사할 수 있다』고 판시한 바 있다(대법원 2007. 6. 1. 선고 2005다5812, 5829, 5836 판결; 대법원 2010. 2. 25. 선고 2009다83797 판결).

한편 채무의 명의자로서 자신의 고유재산을 책임재산으로 하는 채무인 경우에는 전수탁자의 개인적인 책임이고, 승계를 인정하지 않아도 신탁채권의 책임재산의 범위가 달라지는 것은 아니므로 전수탁자가 부담한다. 전수탁자의 개인적인 채무도 신수탁자에게 승계된다고 보면, 수탁자 변경시 전수탁자의 신탁재산 양도의무를 규정한 구 신탁법 제26조 제1항의 해석론, 채무인수시 채권자의 승낙을 요건으로 한 민법 제454조 제1항과 충돌하고, 책임재산의 범위가 신수탁자의 고유재산에까지 확장되어 제3자를 수익자에 비하여 과도하게 보호하는 결과가 되기 때문이다. 그래서 현행 신탁법도 종전과 마찬가지로 전수탁자의 개인적 채무의 승계를 인정하지 않는다.

3. 신탁재산에 대한 강제집행 등의 속행

신탁법 제22조 제1항 단서에 따라 신탁 전의 원인으로 발생한 권리 또는 신탁사무의 처리상 발생한 권리에 기하여 신탁재산에 대하여 한 강제집행 등은 신수탁자에게 속행된다.

한편 구 신탁법 제48조 제3항에서 수탁자가 경질된 경우 신탁사무의 처리에 관하여 생긴 채권을 신탁재산의 한도 내에서 신수탁자에 대하여도 행사할 수 있게 한 것은 신수탁자가 전수탁자의 채무를 승계하되 신탁재산의 한도 내에서 책임을 부담하도록 한 취지이므로, 그 경우 채권자의 신수탁자에 대한 이행판결 주문에는 신수탁자의 고유재산에 대한 강제집행을 할 수 없도록 집행력을 제한하기 위하여 신탁재산의 한도에서 지급을 명하는 취지를 명시하여야 한다(대법원 2010. 2. 25. 선고 2009다83797 판결).

제54조 (전수탁자의 우선변제권 등)

① 전수탁자의 비용상환청구권에 관하여는 제48조 제1항 및 제49조를 준용한다.

② 전수탁자는 제46조의 청구권에 기한 채권을 변제받을 때까지 신탁재산을 유치(留置)할 수 있다.

1. 의 의

구 신탁법에서는 전수탁자의 비용상환청구권에 대하여 강제집행권과 경매신청권을 인정하고 있었다.

그러나 강제집행권의 경우 집행권원 없이 강제집행을 할 수 있는지가 불분명하고, 만약 집행권원이 필요없다고 한다면 이는 민사집행법 제도에 반할 소지가 있다. 반면 집행권원이 필요하다고 본다면 구 신탁법은 무익한 규정에 지나지 않으므로, 현행 신탁법에서는 전수탁자의 비용상환청구권에 기한 강제집행권을 인정하지 않았다.

한편 경매신청권의 경우 담보권 실행 등을 위한 경매를 신청하기 위해서는 '담보권의 존재를 증명하는 서면'을 제출하여야 한다(민사집행법 제264조 제1항). 그러나 비용상환청구권을 법정담보권으로 볼 수 있는지가 불분명하고, 현행 신탁법상 수탁자에 대하여도 비용상환청구권에 기한 경매신청권을 인정하지 않고 있는 점을 고려하여, 현행 신탁법에서는 전수탁자에 대하여도 경매신청권을 인정하지 않았다.

2. 전수탁자의 우선변제권

가. 의 의

수탁자는 신탁법 제46조에 따라 비용상환청구권이 인정되고, 그 권리행사를 위하여 신탁법 제48조에서는 우선변제권, 자조매각권을 인정하고 있다. 그런데 수탁자가 변경되었으나 아직 전수탁자가 비용상환청구권에 따른 변제를 받지 못한 경우 이에 대한 보호방안이 필요하다.

나. 우선변제권

신탁법은 수탁자의 비용상환청구권에 대하여 우선변제권을 인정하고 있다. 그런데 위 우선변제권은 현재 수탁자의 지위에 있기 때문에 인정되는 것이라기보다는 원래 신탁재산에서 지출하였어야 할 비용을 부담한 수탁자가 신탁재산으로부터 위 비용 등을 구상받을 수 있을 것이라는 정당한 기대를 보호하기 위한 권리이다. 이러한 권리의 성격상 수탁자의 임무종료라는 사정으로 인하여 그 권리를 부인하는 것은 수탁자에게 불측의 손해를 입힐 수 있기 때문에, 신탁법에서는 전수탁자의 비용상환청구권에 대하여도 우선변제권을 인정하였다. 그리고 전수탁자의 비용상환청구권은 현재 신탁재산을 관리 중인 수탁자의 비용상환청구권과 동일한 순위의 우선변제권능을 가진다.

한편 신탁법상 수탁자의 비용상환청구권을 행사하기 위하여 우선변제권 외에 자조매각권을 인정하고 있다. 이 중 자조매각권은 수탁자가 신탁재산의 명의인으로서 관리처분권을 가지는 데서 기인하는 것이므로, 비용상환청구권을 가진 수탁자라 하더라도 그 수탁자 지위를 상실하는 이상 자조매각권이 인정되지 않는다.

신탁법 제54조는 전수탁자의 보수청구권에 대하여는 아무런 언급이 없으나, 수탁자의 우선변제권능이 인정되지 않는 이상(신탁法 제48조 제1항) 전수탁자의 보수청구권 역시 우선변제권능이 인정될 수 없을 것이다.

다. 전수탁자의 유치권

수탁자 변경시 전수탁자가 아직 비용상환청구권에 따른 변제를 받지 못한 경우 전수탁자는 그 변제를 받을 때까지 자신이 점유 중인 신탁재산을 신수탁자에게 이전하는 것을 거부함으로써 유치권을 행사할 수 있다.

이는 민법에 따라 인정되는 민사유치권에 대한 특칙으로서, 전수탁자는 비용상환청구권을 가지고 있어야 하고, 전수탁자가 신탁재산에 속하는 개별 재산을 점유하여야 한다. 한편 민법 제320조 제1항에 기한 유치권에서는 '그 물건이나 유가증권에 관하여 생긴 채권'이라고 정하고 있어 유치권자의 채권과 유치물 사이에 견련성을 요구하고 있으나, 신탁법 제54조 제2항은 이러한 견련성을 요구하고 있지 않다.

이러한 전수탁자의 유치권의 효력에 대하여는, 전수탁자의 유치권이 민사유치권에 대한 특칙이므로 민사유치권에 인정되는 경매신청권, 간이변제충당권 등이 인정된다는 견해, 비용상환청구권에 기한 구상이 끝날 때까지 신탁재산의 인도를 거절할 수 있는 권한만을 부여하였을 뿐이라는 견해가 있다.[1] 그런데 위 유치권에 기한 전수탁자의 경매신청권, 간이변제충당권을 인정하게 되면, 전수탁자의 비용상환청구권에 기한 경매신청권, 자조매각권을 인정하지 않는 신탁법의 취지에 반할 소지가 있고 간이변제충당으로 인하여 현재 계속되고 있는 신탁계약이 종료될 수 있으므로, 후자의 견해가 타당할 것으로 보인다. 그러나 이에 대해서는 수탁자의 자조매각권은 비록 우선변제적 효력은 없다고 하더라도 현행법에서 여전히 인정되고 있으며, 경매권의 경우에도 수탁자의 지위와 달리 전수탁자는 신탁채권자로서 경매를 할 수 있으며, 유치권에 기한 경매에서는 우선변제적 효력 또한 인정되지 않기 때문에 적절치 않다는 반론도 있다.[2]

1) 법무부, 〈신탁법 해설〉, 451면.
2) 최수정, 〈신탁법〉, 432면.

제55조 (사무의 인계)

① 수탁자가 변경된 경우 전수탁자와 그 밖의 관계자는 신탁사무의 계산을 하고, 수익자의 입회하에 신수탁자에게 사무를 인계하여야 한다.

② 수익자가 제1항의 계산을 승인한 경우에는 전수탁자나 그 밖의 관계자의 수익자에 대한 인계에 관한 책임은 면제된 것으로 본다. 다만, 부정행위가 있었던 경우에는 그러하지 아니하다.

1. 의무자의 범위

전수탁자 및 임시적인 신탁사무처리자로서 신탁사무를 인계하여야 하는 수탁자의 상속인, 법정대리인 또는 청산인이 신탁사무의 계산 및 인계의무를 부담한다.

구 신탁법은 사무의 인계 의무자를 '신, 구수탁자와 기타 관계자'로 규정하고 있어서 신수탁자에게도 신탁사무의 계산 및 인계의무가 있는 것으로 해석될 여지가 있었다. 그런데 신탁사무를 수행하지 않았던 신수탁자에게 위와 같은 의무를 인정하는 것은 이론적으로 성립하기 어려우므로, 현행 신탁법에서는 위 '의무자'의 범위에서 신수탁자 부분을 삭제하였다.

2. 신탁사무의 계산의무

전수탁자 등은 신수탁자가 선임되어 신탁사무를 처리할 수 있을 때를 기준으로 재무제표 등을 작성하여 신탁재산의 재산상태와 손익을 인식·평가하고, 신수탁자가 그 내용을 알 수 있도록 서류 작성 등의 방법으로 명시하여야 한다.

한편 전수탁자는 임무가 종료된 자이고 그 밖의 자는 임시적 사무처리자에 불과하므로, 신탁재산의 이익 또는 손실을 처리하기 위한 의사결정은 신수탁자가 한다.

3. 신탁사무의 인계의무

가. 의 의

전수탁자 등은 신수탁자에게 신탁사무의 내용 등을 명시하여 신수탁자가 신탁사무를 이어받아 수행할 수 있도록 해야 한다. 이를 위하여 신탁의 등기·등록이 필요한 신탁재산에 대하여는 그 명의를 신수탁자의 명의로 변경하도록 협조하여야 하고, 신탁재산 및 장부 등 신탁서류 등을 이전하여야 한다.

나. 수익자의 입회

수익자가 신탁사무의 인계에 입회할 필요가 있는지에 대하여, 입회하여야 할 '사무의 인계'의 의미가 불분명하고 수익자의 승인만 있으면 충분하므로, 수익자의 입회가 필요하지 않다는 견해도 있다. 그러나 수익자는 위 조항을 통하여 신탁사무의 인계를 감독할 권한을 갖게 되는데 달리 이를 삭제할 이유는 없으므로, 현행 신탁법도 종전과 마찬가지로 인계절차시 수익자의 입회를 요구하고 있다. 만약 전수탁자가 수익자의 입회를 거부하거나 인계를 태만히 할 경우 수익자는 소로써 이를 강제할 수 있다.[1)]

다. 인계책임의 면제

(1) '승인'의 의미

수익자는 신탁재산의 실질적 소유자로서 신탁재산의 이익과 손해에 대하여 직접적인 이해관계를 갖고 있다. 따라서 그러한 수익자가 전수탁자의 신탁계산을 승인하였다면, 이는 전수탁자에게 신탁사무 수행 내용에 대하여 더 이상 책임을 묻지 않겠다는 의사를 표시한 것으로 보아, 전수탁자의 인계에 관한 책임은 면제된다. 그리고 수익자를 대신한 신탁관리인이 위 승인을 하더라도, 수익자가 승인을 한 것과 동일한 효력이 있다.

(2) 면제되는 책임의 범위

신탁법상 '인계에 관한 책임'은 사무 인계 시점까지 발생한 전수탁자의 신탁사무 처리에 관한 책임을 모두 포함한다.[2)]

(3) 면책되는 주체의 범위

구 신탁법에서는 면책되는 주체를 '전수탁자'로 한정하였다. 그러나 신탁사무의 계산 및 인계의무는 현행 신탁법 제12조 제4항에 따른 수탁자의 상속인 등에게도 있으므로, 현행 신탁법에서는 이를 반영하여 면책되는 주체를 '전수탁자나 그 밖의 관계자'로 변경하였다.

(4) 인계책임 면제의 예외

전수탁자가 신탁재산에 대하여 손해 등을 가하는 부정행위를 하는 경우에까지 인계책임을 면책하는 것은 부당하므로 그 예외를 인정한 것이다.

---

1) 최동식, 〈신탁법〉, 318면.
2) 대법원 2003. 1. 10. 선고 2002다50415 판결(수탁자가 한 신탁사무의 최종 계산을 승인한 신탁자는 수탁자에 대하여 최종 계산의 내용과 다른 내용을 주장하여 최종 계산에 따른 것 외의 권리의 이전이나 금전의 지급 그 밖의 재산상의 책임을 물을 수 없다).

여기서 부정행위라 함은 상법 제450조 단서에서 정한 '부정행위'와 동일한 의미로서, 형사상 범죄행위 외에도 수익자와 위탁자의 신뢰를 깨는 비윤리적 행위까지 포함하고,[1] 신탁사무 인계에 관한 부정행위뿐만 아니라 사무인계 시점까지 수탁자의 불법행위나 의무위반행위로서 수익자에게 공개되지 않은 것을 모두 포함한다.

4. 수탁자가 비용상환 등을 청구하기 전 인계의무 등을 이행하여야 하는지

현행 신탁법 제55조 제2항은 구 신탁법 제63조, 제50조 제2항과 마찬가지로, 신탁이 종료되면 수탁자는 신탁사무의 최종의 계산을 하여야 할 당연한 의무가 있다는 것과 그 계산을 수익자가 승인한 때에는 수탁자의 수익자에 대한 책임이 면제되어 수익자가 수탁자에 대하여 최종 계산의 내용과 다른 내용을 주장하며 최종 계산에 따른 것 이외의 권리의 이전이나 금전의 지급, 그 밖의 재산상의 책임을 물을 수 없다는 법리를 선언하고 있다. 따라서 이를 신탁이 종료한 경우에 수탁자가 비용 또는 보수를 청구하기 위한 요건을 규정하고 있는 것으로 볼 수는 없다(대법원 2007. 9. 7. 선고 2005다9685 판결).

1) 김건식 외 3인, 〈주석 상법 회사법(4)〉, 90면.

제 5 장 수익자의 권리·의무

제 1 절 수익권의 취득과 포기

제56조 (수익권의 취득)

① 신탁행위로 정한 바에 따라 수익자로 지정된 자(제58조 제1항 및 제2항에 따라 수익자로 지정된 자를 포함한다)는 당연히 수익권을 취득한다. 다만, 신탁행위로 달리 정한 경우에는 그에 따른다.

② 수탁자는 지체 없이 제1항에 따라 수익자로 지정된 자에게 그 사실을 통지하여야 한다. 다만, 수익권에 부담이 있는 경우를 제외하고는 신탁행위로 통지시기를 달리 정할 수 있다.

1. 수익자의 의의

신탁에서의 수익자는 신탁의 이익을 향수하는 주체로서, 신탁재산 혹은 수탁자에 대한 이익 혹은 권리를 갖는 존재가 되고, 이러한 이익 혹은 권리의 향유자로서 신탁대표자인 수탁자가 신탁상 의무를 잘 이행하고 있는지를 감독할 감독적 권능까지 갖게 되는 것이다. 또 신탁의 지배구조에서 정점에 있는 수익자는 이익 혹은 권리를 가질 뿐만 아니라, 일정한 경우 수탁자에 대해 비용상환의무(신탁법 제46조) 및 보수지급의무(동법 제47조)를 부담함으로써 수탁자의 활동으로 인해 발생하는 비용의 부담에 대해서도 의무를 지게 된다. 이러한 점은 회사의 채무에 대해 보충적 책임을 지는 인적회사의 사원의 지위와 유사하다.[1]

2. 수익권의 의의 및 내용

가. 수익권의 의의

수익권은 수익자가 가지는 신탁재산 및 수탁자에 대한 각종 권리의 총체를 의미

1) 이중기, 〈신탁법〉, 446면; 김태진, 〈신탁수익권과 강제집행 — 수익권에 대한 압류의 효력범위에 관한 고찰〉, 415면.

한다.[1)]

나. 수익권의 내용

(1) 자익권(협의의 수익권)

수익자가 신탁재산 또는 수탁자에 대하여 기대하는 개인적인 편익과 관련된 권리로, 통상 신탁재산으로부터 급부를 받을 수급권을 의미한다.[2)] 신탁존속 중의 급부청구권뿐만 아니라 신탁종료 후의 잔여재산에 대한 수익권(신탁법 제101조)도 포함한다.[3)] 신탁원본의 인도를 구할 수 있는 권리(원본수익권) 및 신탁원본으로부터 발생하는 수익의 지급을 구할 수 있는 권리(수익수익권)로 구분하기도 한다.[4)] 자익권은 급부를 수령할 지위를 나타내는 '추상적 자익권'과 이미 발생한 구체적 급부청구권인 '구체적 자익권'으로 구별할 수도 있는데, 후자를 '수익채권'이라고 한다.[5)] 신탁법에서는 '수익채권'을 '수익자가 수탁자에게 신탁재산에 속한 재산의 인도와 그 밖에 신탁재산에 기한 급부를 요구하는 청구권'이라고 규정하고 있다(신탁법 제62조).

(2) 공익권(광의의 수익권)

공익권은 ① 수탁자 감독권과 신탁재산 보전권으로 이루어진 신탁의 감독권과 ② 신탁운영의 참가권으로 구성된다.[6)]

수탁자 감독권은 수탁자가 부과된 신탁사무를 적법하게 잘 처리하고 있는지 여부를 감시하는 권리로, 신탁의무 이행청구권, 수탁자에 대한 유지청구권(신탁법 제77조 제1항), 설명요구권 및 서류의 열람 등 청구권(동법 제40조), 해임권 및 해임청구권(동법 제16조), 신수탁자 선임권(동법 제21조), 수탁자 임무종료 또는 사임시 통지수령권(동법 제12조 제2항, 제13조 제2항, 제14조 제4항), 신탁종료시 계산 승인권(동법 제103조 제1항) 등이 있다.[7)]

신탁재산의 보전권은 신탁재산을 상실위험으로부터 보전하기 위한 권리로, 신탁재산

1) 최동식, 〈신탁법〉, 321면; 이연갑, 〈신탁법상 수익자의 지위〉, 917면; 이계정, 〈신탁의 수익권의 성질에 관한 연구〉, 105~106면; 김태진, 〈신탁수익권과 강제집행—수익권에 대한 압류의 효력범위에 관한 고찰〉, 412면. 반면 수익권을 수익자의 지위에서 가지는 권리와 의무의 총체로 이해하는 견해로는 최수정, 〈개정 신탁법상의 수익권〉, 142면; 문기주, 〈개정 신탁법상 수익권 양도 시 수익자의무의 이전 여부 및 범위에 관한 고찰—수익자의 수탁자에 대한 비용상환 및 보수지급 의무를 중심으로〉, 85면 참조. 하급심에서도 "수익권의 포기는 수익채권의 포기가 아니라 수익자 지위의 포기이고"라고 하여 수익권을 수익자 지위로 이해하고 있는 것이 있다(서울고등법원 2012. 2. 2. 선고 2010나84835 판결).
2) 이중기, 〈신탁법〉, 450면.
3) 이근영, 〈신탁수익권의 소멸시효〉, 309~313면.
4) 이계정, 〈신탁의 수익권의 성질에 관한 연구〉, 106면. 김태진, 〈신탁수익권과 강제집행—수익권에 대한 압류의 효력범위에 관한 고찰〉, 417~418면.
5) 이중기, 〈신탁법〉, 450면; 최동식, 〈신탁법〉, 321면; 이근영, 〈신탁수익권의 소멸시효〉, 309면.
6) 이중기, 〈신탁법〉, 451~452면; 이근영, 〈신탁수익권의 소멸시효〉, 315면.
7) 법무부, 〈신탁법 해설〉, 462면.

에 대한 강제집행의 이의권(신탁법 제22조), 신탁재산에 대한 원상회복청구권(동법 제43조 제1항), 이익반환청구권(동법 제43조 제3항) 등이 포함된다.[1)]

신탁운영의 참가권은 신탁재산의 실질적 소유자인 수익자가 신탁에 관한 중요한 사항을 직접 결정해야 한다는 취지에서 인정되는 권리로, 신탁위반 법률행위에 대한 취소여부(신탁법 제75조 제1항), 신탁의 변경(동법 제88조 제3항), 신탁의 종료(동법 제99조) 등이 포함된다.[2)]

3. 수익권의 법적 성질

가. 논의의 실익

수익권의 법적 성질에 대한 논의는, 수탁자나 제3자에 대한 수익자의 권리의 범위 및 효력에 대한 법적 근거를 설명하고, 신탁의 기본구조에 대한 논의와 연관하여 신탁법의 제반 규정을 일관성 있게 이해하기 위한 전제가 된다.[3)]

나. 일본에서의 견해의 대립[4)]

(1) 채 권 설

수탁자에게 재산권이 이전되면 신탁재산에 관한 권리는 수탁자에게 완전히 귀속되나 신탁재산을 수익자의 이익을 위하여 관리하여야 하는 채권적 구속을 받는 것이고, 수익자는 단지 수탁자에게 신탁재산으로부터 일정한 수익을 지급하도록 청구하거나 신탁종료시 신탁재산의 반환을 청구할 수 있는 채권인 수익권을 가질 뿐이며, 신탁재산에 관한 물권적 성질의 권리는 신탁법에 따라 인정된 특별법상의 권리라는 견해이다.[5)] 이 견해는 대륙법 체계에 맞게 신탁법을 해석할 수 있는 장점이 있고, 일본에서 통설로 평가받고 있다.

(2) 실질적 법주체성설(물적 권리설)

일본의 시노미야 교수가 주장한 견해로서, 신탁재산의 실질적인 소유자는 수익자이고, 수탁자는 관리권이라는 권능 또는 자격을 가지는 데 불과하지만, 법형식상으로 수익

1) 법무부, 〈신탁법 해설〉, 462면.
2) 법무부, 〈신탁법 해설〉, 462면. 신탁운영의 참가권으로 설명되는 권리들을 신탁재산 보전권의 일부로 설명하는 견해로는 이계정, 〈신탁의 수익권의 성질에 관한 연구〉, 107면 참조.
3) 이하 최동식, 〈신탁법〉, 55~60면; 김성필, 〈신탁재산의 법률관계〉, 198~202면; 김정수, 〈부동산신탁과 처분제한의 등기〉, 67~69면; 안성포, 〈신탁의 기본구조와 그 법리〉, 755~769면; 오영준, 〈신탁재산의 독립성〉, 852~859면; 이연갑, 〈신탁법상 수익자의 지위〉, 925~939면; 정순섭, 〈신탁의 기본구조에 관한 연구〉, 10~14면; 이계정, 〈신탁의 기본 법리에 관한 연구 — 본질과 독립재산성〉, 89~106면.
4) 위 내용은 법무부, 〈신탁법 해설〉, 463~466면에 소개된 것으로, 이 책에서는 대부분 일본에서의 견해대립을 소개한 것으로 보인다.
5) 이중기, 〈신탁법〉, 450면; 법무부, 〈신탁법 해설〉, 444~445면.

자를 신탁재산의 소유자로 보는 것이 불가능하므로, 신탁재산은 신탁의 당사자 어느 쪽으로부터도 독립한 실질적인 법주체성을 갖고 있으며, 수탁자는 단지 신탁 목적에 따라 신탁재산을 관리하며 수익자는 물적 상관관계에 따라 신탁재산에 대한 물적 권리를 갖는다는 견해이다.[1)]

(3) **제한적 권리이전설**(상대적 권리이전설)

일본의 이와타 아라타가 주장한 견해로서, 수탁자는 신탁재산에 대하여 완전한 권리가 아니라 신탁 목적에 따라 제한된 권리를 이전받는 것으로, 각 신탁에 있어서 당사자의 의사해석 및 실제 거래상 필요에 따라 수탁자와 수익자의 권리관계가 정해진다는 견해이다.[2)]

(4) **수물권설**

일본의 오사카다니 키미오가 주장한 견해로서, 수탁자는 대외적으로는 소유자와 동일한 권리주체성을 갖는다고 보고, 수익자는 수탁자의 신탁위반행위로 신탁재산을 취득한 제3자가 선의이고 유상인 경우에는 신탁으로서 대항할 수 없으므로, 수익권은 물권이 아니라 신탁재산에 대한 간접지배권인 '수물권'이라는 특수한 채권에 해당한다고 보는 견해이다.[3)]

(5) **병존설**(부동산신탁·금전신탁 분리설)

일본의 타나카 미노루가 주장한 견해로서, 수익권에는 채권적 요소와 물권적 요소가 병존하고 어느 하나로만 보는 것은 불가능하므로, 수익권을 신탁재산의 내용에 따른 기능적 분해라는 관점에서 보는 견해로, 부동산신탁의 경우에는 신탁재산의 수탁자에 대한 귀속 정도가 약하기 때문에 수익자의 권리를 물적 권리로 보아야 하고(실질적 법주체성설), 금전신탁의 경우에는 귀속 정도가 강하기 때문에 채권으로 보아야 한다(채권설)는 견해이다.[4)]

다. 우리나라에서의 견해의 대립

수익권이 채권이라는 사실은 인정하나 여기서 채권이라는 것은 신탁재산의 법률상 소유권이 아니라는 소극적 의미에 불과한 것이라고 설명하는 견해,[5)] 수익권에는 채권과 물권의 성질이 함께 포함되어 있으므로, 채권설을 기본으로 하면서 물권적 요소도 함께

1) 법무부, 〈신탁법 해설〉, 445면.
2) 법무부, 〈신탁법 해설〉, 446면.
3) 이중기, 〈신탁법〉, 448면; 법무부, 〈신탁법 해설〉, 446면.
4) 법무부, 〈신탁법 해설〉, 446~447면.
5) 이연갑, 〈신탁법상 수익자의 지위〉, 937～939면.

입법화한 것으로 보아야 한다는 견해,[1] 수익권은 채권인 수익채권을 중심으로 하는 권리와 의무의 총체이며, 수익자는 신탁재산에 대한 물권자는 아니지만 수익권 보호를 위한 신탁법 규정에 따라 단순한 채권자 이상의 보호를 받는다는 점을 감안하여 이해해야 하고 단편적으로 채권이나 물권, 또는 막연히 특수한 권리로 분류해서는 안 된다는 견해,[2] 신탁은 수탁자의 인격을 차용하여 수익자를 수익하게 하는 단체적 법률관계이고, 수익자의 지위는 회사에서의 사원의 지위와 유사한 사원권적 성질을 지닌다고 할 수 있으므로, 수익권 역시 이러한 사원권과 유사한 것으로 보아야 한다는 견해,[3] 형평법상의 소유권이라는 개념으로 수익권을 보호해 온 영미의 전통이 우리 신탁법에서는 변형된 형태로 도입되었다는 전제에서, 수익권은 물권 그 자체는 아니지만 물권적 보호를 받는 물권화된 채권으로 규정할 수 있다는 견해,[4] 영미법계의 제도의 수용인 이상 부동산신탁에서의 수익권을 물권으로 이해해야 한다는 견해[5] 등 다양한 견해가 있다.

라. 판례의 태도

판례는『부동산의 신탁에 있어서 수탁자 앞으로 소유권이전등기를 마치게 되면 대내외적으로 소유권이 수탁자에게 완전히 이전되고, 위탁자와의 내부관계에 있어서 소유권이 위탁자에게 유보되어 있는 것은 아니라 할 것이다. 이와 같이 신탁의 효력으로서 신탁재산의 소유권이 수탁자에게 이전되는 결과 수탁자는 대내외적으로 신탁재산에 대한 관리권을 갖는 것이고, 다만, 수탁자는 신탁의 목적 범위 내에서 신탁계약에 정하여진 바에 따라 신탁재산을 관리하여야 하는 제한을 부담함에 불과하다고 할 것이다』라고 판시하는 한편(대법원 2002. 4. 12. 선고 2000다70460 판결), 『부동산의 신탁에 있어서 신탁자의 위탁에 의하여 수탁자 앞으로 그 소유권이전등기를 경료하게 되면 대내외적으로 소유권이 수탁자에게 완전히 이전되고, 신탁기간의 만료 등 신탁종료의 사유가 발생하더라도, 수탁자가 수익자나 위탁자에게 목적부동산의 소유권을 이전할 의무를 부담하게 됨에 불과할 뿐, 당연히 목적부동산의 소유권이 수익자나 위탁자에게 복귀된다고 볼 수는 없다』고 판시하였는바(대법원 1991. 8. 13. 선고 91다12608 판결), 그 논지에 비추어 채권설의 입장에 서 있는 것으로 보인다.

다만 부가가치세와 관련된 판례에서 기존 대법원은『신탁재산의 관리·처분 등으로 발생한 이익과 비용은 최종적으로 위탁자에게 귀속하게 되어 실질적으로는 위탁자의 계산에 의한 것이라고 할 것이므로, 신탁법에 의한 신탁 역시 부가가치세법 제6조 제5항

1) 정순섭, 앞의 논문, 14면.
2) 최수정, 〈신탁법〉, 116, 117면.
3) 이중기, 〈신탁법〉, 448면.
4) 이계정, 〈신탁의 기본 법리에 관한 연구 — 본질과 독립재산성〉, 122면.
5) 류창호, 〈신탁에서의 물권법정주의에 관한 연구 — 영미법계와 대륙법계의 소유권을 중심으로〉, 86면.

소정의 위탁매매와 같이 '자기(수탁자) 명의로 타인(위탁자)의 계산에 의하여' 재화 또는 용역을 공급하거나 또는 공급받는 등의 신탁업무를 처리하고 그 보수를 받는 것이어서, 신탁재산의 관리·처분 등 신탁업무를 처리함에 있어서의 사업자 및 이에 따른 부가가치세 납세의무자는 원칙적으로 위탁자라고 봄이 상당하다』는 입장이었으나(대법원 2003. 4. 25. 선고 99다59290 판결),[1] 이후 전원합의체판결로써 『수탁자가 위탁자로부터 이전받은 신탁재산을 관리·처분하면서 재화를 공급하는 경우 수탁자 자신이 신탁재산에 대한 권리와 의무의 귀속주체로서 계약당사자가 되어 신탁업무를 처리한 것이므로, 이때의 부가가치세 납세의무자는 재화의 공급이라는 거래행위를 통하여 재화를 사용·소비할 수 있는 권한을 거래상대방에게 이전한 수탁자로 보아야 하고, 그 신탁재산의 관리·처분 등으로 발생한 이익과 비용이 거래상대방과 직접적인 법률관계를 형성한 바 없는 위탁자나 수익자에게 최종적으로 귀속된다는 사정만으로 달리 볼 것은 아니다』라고 입장을 변경하였다(대법원 2017. 5. 18. 선고 2012두22485 전원합의체 판결).[2]

나아가 판례는 부동산담보신탁의 수익권과 관련하여서도, 수익권의 내용은 신탁법과 신탁계약의 해석에 따라야 하며 담보물권의 법리가 바로 유추적용되는 것이 아니라는 입장에서,[3] 타익신탁형 부동산담보신탁의 경우에 도산절연성을 인정하고,[4] 피담보채권이

1) 다만 이는 신탁관계에서 위탁자를 소유권자로 보는 것은 아니고 조세법상 실질과세의 원칙을 반영한 판결에 불과한 것으로 해석되었다.

2) 이러한 전원합의체 판결에도 불구하고 정부는 2017. 12. 부가가치세법 개정을 통하여 '신탁재산을 수탁자의 명의로 매매할 때에는 위탁자가 직접 재화를 공급하는 것으로 본다'(부가가치세법 제10조 제8항), '위탁자로부터 수탁자에게 신탁재산을 이전하는 경우는 재화의 공급으로 보지 아니한다'(동법 제10조 제9항 제4호 가목)는 규정 등을 신설함으로써, 위탁자를 부가가치세의 납세의무자로 보던 종래의 원칙을 입법적인 방법을 통하여 견지하였다.

3) 정소민, 〈담보신탁의 법리에 관한 비판적 고찰〉, 99면.

4) 대법원은 『신탁법상의 신탁은 위탁자가 특정의 재산권을 수탁자에게 이전하거나 기타의 처분을 하고 수탁자로 하여금 수익자의 이익을 위하여 또는 특정의 목적을 위하여 그 재산권을 관리, 처분하게 하는 법률관계를 말하므로, 신탁자(위탁자)가 어음거래약정상의 채무에 대한 담보를 위하여 자기 소유의 부동산에 대하여 수탁자와 담보신탁용 부동산관리·처분신탁계약을 체결하고 채권자에게 신탁원본 우선수익권을 부여하고서, 수탁자 앞으로 신탁을 원인으로 한 소유권이전등기를 경료하였다면, 위탁자의 신탁에 의하여 신탁부동산의 소유권은 수탁자에게 귀속되었다고 할 것이고, 그 후 신탁자(위탁자)에 대한 회사정리절차가 개시된 경우 채권자가 가지는 신탁부동산에 대한 수익권은 회사정리법 제240조 제2항에서 말하는 '정리회사 이외의 자가 정리채권자 또는 정리담보권자를 위하여 제공한 담보'에 해당하여 정리계획이 여기에 영향을 미칠 수 없다고 할 것이므로 채권자가 정리채권 신고기간 내에 신고를 하지 아니함으로써 정리계획에 변제의 대상으로 규정되지 않았다 하더라도, 이로써 실권되는 권리는 채권자가 신탁자(위탁자)에 대하여 가지는 정리채권 또는 정리담보권에 한하고, 수탁자에 대하여 가지는 신탁부동산에 관한 수익권에는 아무런 영향이 없다고 할 것이다』라고 판시하였고(대법원 2001. 7. 13. 선고 2001다9267 판결), 『신탁법상의 신탁을 함에 있어서는 그 위탁자가 당연히 수익권자가 되는 것이 아니고 위탁자와 전혀 별개의 존재인 수익자를 지정하여야만 하는 것이며, 위탁자가 자신을 수익자로 지정하는 경우에도 위탁자와 수익자의 지위는 전혀 별개의 것이라고 보아야 할 것이므로, 특히 담보신탁이 아니라 분양형 토지(개발)신탁의 경우에 신탁계약시에 위탁자인 정리 전 회사가 제3자를 수익자로 지정한 이상, 비록 그 제3자에 대한 채권담보의 목적으로 그렇게 지정하였다 할지라도 그 수익권은 신탁계약에 의하여 원시적으로 그 제3자에게 귀속한다 할 것이지, 위탁자인 정리 전 회사에게 귀속되어야 할 재산권을 그 제3자에게 담보 목적으로 이전하였다고 볼 수는 없는 것이어서, 그 경우 그 수익권은 정리절차개시 당시 회사 재산이라고 볼 수 없다 할 것이고, 따라서 그 제3자가 정리절차에서 그 수익권에 대한 권리

양도되어도 우선수익권이 수반하여 이전하지 않으며,[1] 담보신탁의 후순위 수익권자에는 공동저당에 관한 민법 제368조가 적용되지 않는다고 판시하고 있다.[2]

마. 검 토

우리나라와 일본에서는 신탁법을 제정하면서 이를 민법체계에 속하는 하나의 특별법으로 제정하면서 민법원리에 충실하게 채권적인 구성을 전제로 하였고, 이는 수익권을 형평법상의 권리(equitable right)에 기인한 대물적 권리로 인정하고 있는 영미법상의 신탁법 체계와는 구분되는 점이다.

따라서 우리나라 신탁법 체계에서는 수익권의 법적 성질을 채권설에 기초하여 파악하여야 하며, 신탁재산에 관한 물권적 성질의 권리는 신탁법에 따라 인정된 특별법상의 권리로 파악하는 것이 타당하다고 판단된다.

를 정리담보권으로 신고하지 아니하였다고 하여 회사정리법 제241조에 의하여 소멸된다고 볼 수는 없다』라고 판시하였다(대법원 2002. 12. 26. 선고 2002다49484 판결). 같은 취지의 판시로 대법원 2017. 11. 23. 선고 2015다47327 판결; 대법원 2004. 7. 22. 선고 2002다46058 판결; 대법원 2003. 5. 30. 선고 2003다18685 판결 등 참조.

1) 대법원은 토지구획정리사업의 시행인가를 받은 갑 토지구획정리조합이 사업비를 조달하기 위하여 시행사인 을 주식회사와 금전 차용계약 및 추가차용계약을 체결하고, 을 회사 및 시공사인 병 주식회사와 위 대여금채권과 관련하여 합의서 및 추가합의서를 작성한 다음, 위 합의서 및 추가합의서에 따라 두 차례에 걸쳐 신탁회사인 정 주식회사와 위 사업의 일부 체비지에 관하여 부동산담보신탁계약을 체결하여 을 회사를 우선수익자로 하는 우선수익권증서를 발급받아 주었고, 을 회사는 위 담보신탁계약의 위탁자인 갑 조합과 수탁자인 정 회사의 동의를 받아 우선수익권에 병 회사를 1순위 질권자로 하는 질권을 설정하였는데, 무가 을 회사에 대한 채권을 청구채권으로 하여 을 회사의 갑 조합에 대한 대여금 등 채권 중 청구채권 금액에 이르기까지의 금액을 압류 및 전부하는 전부명령을 받아 그 전부명령이 확정된 사안에서, 『합의서 및 추가합의서와 위 담보신탁계약, 우선수익권에 대한 질권 설정계약의 내용 및 위 각 계약의 체결 경위와 위 담보신탁계약의 특약사항의 규정 내용, 위탁자와 수탁자가 우선수익권에 대한 질권 설정계약에 동의한 사실관계 등에 비추어 보면, 위 담보신탁계약의 당사자들과 병 회사는 위탁자가 대출원리금을 전액 상환하지 아니할 경우 우선수익권에 대한 질권자인 병 회사가 대여금채권의 귀속 주체와 상관없이 우선수익권을 행사할 수 있는 것으로 약정하였다고 봄이 타당하고, 우선수익권은 경제적으로 금전채권에 대한 담보로 기능할 뿐 금전채권과는 독립한 신탁계약상의 별개의 권리이므로, 을 회사의 갑 조합에 대한 대여금채권이 전부명령에 따라 전부채권자인 무에게 전부되었다고 하더라도 그러한 사정만으로 담보신탁계약에 따른 을 회사의 우선수익권이 대여금채권의 전부에 수반하여 전부채권자에게 이전되었다고 볼 수 없고, 대여금채권과 우선수익권의 귀속주체가 달라졌다고 하여 곧바로 을 회사의 우선수익권이나 이를 목적으로 한 병 회사의 권리질권이 소멸한다고 볼 수도 없다』고 판시하였다(대법원 2017. 6. 22. 선고 2014다225809 전원합의체 판결).

2) 대법원은 『채무자 소유의 수개의 부동산에 관하여 채권자들을 선순위 또는 후순위 우선수익자로 한 담보신탁계약이 체결되어 있는 경우, 당사자 사이의 약정 등 특별한 사정이 없는 한, 선순위 우선수익자가 어느 부동산의 처분대금에서 자신의 채권을 회수함에 있어 각 부동산에 존재하는 후순위 우선수익자들 사이의 형평까지 고려하여야 할 제약을 받는다고 볼 근거는 없다』고 판시하면서, 『채무자 소유의 수개 부동산에 관하여 공동저당권이 설정된 경우 적용되는 민법 제368조의 법리가 이 사건과 같은 담보신탁의 경우에도 유추적용된다고 보기는 어렵다』고 본 원심의 판단을 긍정하였다(대법원 2013. 6. 27. 선고 2012다79347 판결).

4. 수익권의 취득시기

가. 원 칙

구 신탁법은 수익자가 수익권을 취득하기 위해서는 신탁이익을 향유한다는 의사가 필요함을 전제로 하되 이를 법률상 추정하는 방식을 취하였고, 부담부 수익권의 경우에는 수익자가 권리의 취득 이외에 부담을 지게 되므로 수익권 취득 자체를 수익자의 신탁이익 향수의 의사표시에 따르도록 규정하고 있었다.[1)2)] 그러나 추정주의에 따르면 신탁의 가장 중요한 이해관계인인 수익자가 수익권을 취득하는 시기가 불명확해지는 문제점이 있었고, 부담부 수익권의 경우에도 이를 달리 취급할 특별한 필요가 없을 뿐 아니라 오히려 수익권 취득시기가 부담의 존재에 따라 달라져 법률관계가 복잡해진다는 문제점이 지적되었다. 이에 현행 신탁법은 부담이 없는 수익권과 부담부 수익권을 구분하지 아니하고 원칙적으로 별도의 의사표시 없이 당연히 수익권을 취득하는 것으로 규정하였다.

신탁행위에 의하여 수익자로 지정된 자는 별도의 수익의 의사표시 없이 수익권이 발생한 시점(신탁행위의 효력 발생 시점)에 당연히 수익권을 취득한다. 따라서 수익권 취득시기가 명확하게 되고, 수익권 취득의 조기 확정으로 인하여 위탁자와 수탁자는 수익자의 동의 없이 수익권을 변경·소멸시킬 수 없다.[3)]

부담부 수익권(신탁의 법률관계 밖에서 위탁자가 수익자로 하여금 위탁자나 제3자에 대하여 일정한 의무를 부담하게 한 수익권을 의미한다. 부담은 수익권의 내용을 이루는 것이 아니고 부담부 수익권의 부여가 부담의 이행을 정지조건으로 하거나 부담의 불이행을 해제조건으로 하는 조건부 수익권의 부여가 아니므로, 수익자가 부담을 이행하는지 여부는 신탁법률관계 자체에는 아무런 영향이 없으며, 수익자는 수익권을 상실하는 것이 아니다)의 경우 수익권을 향수하지 아니하고

---

1) 구 신탁법 제51조(수익자의 이익향수)
① 신탁행위에 의하여 수익자로 지정된 자는 신탁이익의 향수를 승낙한 것으로 추정하여 신탁이익을 향수한다. 단, 신탁행위에 특별한 정함이 있는 경우에는 그 정함에 의한다.
② 수익권이 부담 있는 경우에는 수익자로 지정된 자의 신탁이익향수의 의사표시가 있어야 한다.

2) 판례는 구 신탁법 하에서 수익권의 취득시기와 관련하여, 『보증사채의 모집 또는 매출에 관한 제도의 취지와 사채원리금 지급대행사무를 금융기관의 업무로 하는 취지 및 사채원리금 지급대행 계약의 내용 등을 종합하여 보면, 사채원리금 지급대행계약은 사채권자에게 그 원리금을 지급하기 위하여 발행회사가 사채원리금 지급자금을 은행에게 인도하고 은행은 이를 인도받아 보관·관리하면서 사채권자에게 그 사채원리금을 지급하는 것을 목적으로 하는 것으로서 신탁계약으로서의 성질을 가지고, 그렇다면 발행회사가 은행에게 인도하는 사채원리금 지급자금은 신탁재산에 해당하고 수익자인 사채권자의 이익 향수(享受)의 의사는 추정되는 것이므로, 은행은 발행회사로부터 인도받은 사채원리금 지급자금을 그 신탁의 본지에 따라 관리할 의무가 있고, 은행이 사채권자의 이익과 관계없이 발행회사의 청구만에 의하여 위 사채원리금을 반환하거나 그 지급자금의 반환채권을 수동채권으로 하여 자신의 발행회사에 대한 채권과 상계하는 것은 신탁의 법리상 허용되지 아니한다』라고 판시한 바 있다(대법원 2002. 7. 26. 선고 2000다17070 판결).

3) 법무부, 〈신탁법 해설〉, 449면.

자 하는 수익자는 수익권을 포기할 수 있으므로, 부담부 수익권의 경우에도 부담이 없는 수익권과 구분하지 아니하고 별도의 의사표시 없이 당연히 수익권을 취득하게 된다.

나. 예　　외

수익권의 취득시기를 위와 같이 정하더라도 신탁의 유연성을 최대한 보장하기 위해 이를 임의규정화함으로써 당사자의 구체적 필요에 따라 신탁행위로 달리 정할 수 있도록 하였다. 따라서 신탁행위에 의하여 수익권 취득의 의사표시를 요구한다는 취지를 정하거나, 수익권 취득에 조건이나 기한을 붙일 수도 있다.[1)]

5. 수탁자의 통지의무

가. 원칙 – 즉시 통지의무

수탁자는 수익자로 지정된 자에 대하여 지체 없이 그 사실을 통지할 의무가 있다. 수탁자의 통지의무는 수익자가 수익자로 지정된 사실을 사실상 알고 있는지 여부와 무관하게 수탁자에게 부과된 의무이다.[2)]

나. 예외 – 통지시기의 변경

(1) 통상의 수익권

당사자의 필요에 따라 수익자로 지정된 자에게 통지할 시기를 달리 정할 수 있도록 하기 위해 신탁행위에 의하여 수탁자의 통지의무 시기를 조정할 수 있는 예외를 인정하였다. 예를 들면 아버지가 미성년자인 아들을 수익자로 지정하면서 신탁행위로 아들이 성년이 될 때까지는 이를 알리지 말도록 하는 것이 허용된다.[3)]

(2) 부담부 수익권

그러나 수익권에 부담이 있는 경우에도 수익자로 지정된 사실을 수익자가 알지 못하면 빠른 시일 내에 수익권 포기 의사를 결정할 수 없는 문제점이 발생하므로, 부담부 수익권의 경우에는 수익자 보호를 위하여 신탁행위로도 통지시기를 지체할 수 없도록 규정하고 있다.[4)]

1) 법무부, 〈신탁법 해설〉, 451면.
2) 이중기, 〈신탁법〉, 452면; 법무부, 〈신탁법 해설〉, 452면.
3) 법무부, 〈신탁법 해설〉, 452면.
4) 이중기, 〈신탁법〉, 453면; 법무부, 〈신탁법 해설〉, 453면.

第57条 (수익권의 포기)

① 수익자는 수탁자에게 수익권을 포기하는 취지의 의사표시를 할 수 있다.

② 수익자가 제1항에 따른 포기의 의사표시를 한 경우에는 처음부터 수익권을 가지지 아니하였던 것으로 본다. 다만, 제3자의 권리를 해치지 못한다.

1. 수익권의 포기

가. 규정의 취지

수익자로 지정된 자는 당연히 수익권을 취득하는 것으로 규정하되, 자기 의사에 반하여 수익권을 취득할 것을 강제당하지 아니하도록 하기 위하여 수익권을 포기할 수 있도록 규정하였으며, 포기할 수 있는 권한은 신탁행위로도 제한할 수 없다(신탁법 제61조 제5호).

나. 수익권 포기의 주체

수익자는 원칙적으로 수익권의 내용, 수익권 포기의 기한 등의 제한 없이 수익권을 포기할 수 있다.

'자익신탁'이란 위탁자가 수익자의 지위를 겸하는 신탁을 말하고, '타익신탁'이란 수익자가 위탁자 이외의 제3자인 신탁을 말한다.

구 신탁법 하에서, 자익신탁의 경우 위탁자는 적극적으로 수익권의 취득을 의욕하여 신탁을 설정하였으므로 수익권의 포기에 관한 규정이 적용될 여지가 없다는 견해(제1설)[1]와, 자익신탁의 경우에도 수익권의 포기가 가능하다는 견해(제2설)[2]가 대립하였다. 그리고 이에 관하여 민법상 소유권의 포기나 공유지분의 포기도 인정되는 터에 수익권 포기를 제한할 근거가 없다는 점, 위탁자가 스스로 수익자가 되는 경우나 제3자가 수익자가 되는 경우나 구별할 합리적인 근거가 없다는 점 등에 비추어, 자익신탁에서도 수익자의 수익권 포기를 인정함이 타당하다고 본다. 구 신탁법 하의 판결인 서울고등법원 2012. 2. 2. 선고 2010나84835 판결은 자익신탁의 경우 수익권 포기를 부정하는 것은 결론적으로 위탁자로 하여금 신탁재산 이상의 비용을 부담시키는 결과를 초래하여 수탁자의 위탁자에 대한 비용상환청구권을 규정하고 있지 않은 취지에도 반하는 점 등에 비추어 볼 때, 수익자는 당해 신탁계약이 자익신탁인지 타익신탁인지에 관계없이 수익자로서

1) 최수정, 〈수탁자의 보상청구권〉, 15면; 이중기, 〈신탁수익권의 포기 등에 관한 의견서〉, 3~4면.
2) 이연갑, 〈의견서〉, 10~11면; 이근영, 〈신탁수익자의 보상청구권에 관한 소고〉, 263면; 최동식, 〈신탁법〉, 290면.

의 권리를 포기할 수 있다고 판시하였으며, 위 판결의 상고심인 대법원 2016. 3. 10. 선고 2012다25616 판결도 수익권 포기 자체를 부정하지는 않았다.[1]

이에 따라 신탁법의 개정 당시 신탁행위의 당사자인 위탁자가 수익자인 경우에는 신탁의 설정 등의 단계에서 자기의 의사로 수익권을 취득한 자이므로 다시 이를 포기할 기회를 부여할 합리적인 근거가 없기 때문에 수익권을 포기할 수 있는 수익자의 범위에서 제외하는 방안이 논의되었으나,[2] 최종 개정 결과 이는 반영되지 아니하였다.[3][4]

다. 수익권 포기의 방법

수익권의 포기는 수익자로 지정된 자가 수탁자에 대하여 수익권을 포기한다는 의사표시를 하는 방법으로 할 수 있으며, 2인 이상의 수익자가 있는 경우에는 각 수익자가 개별적으로 수익권 포기 여부를 따로 결정할 수 있다(신탁법 제71조 제1항 단서, 제61조 제5호). 수익자의 수익권 포기로 더 이상 수익자를 특정할 수 없고, 신탁의 변경이 가능하지 않은 경우라면 수익자가 없어 신탁의 당연종료 사유가 된다(신탁법 제98조 제1호).[5]

2. 수익권 포기의 효과

가. 원칙 – 수익권 포기의 소급효

수익자에게 수익권의 취득을 강제할 수 없으므로, 수익자가 수익권 포기의 의사표시

---

1) 위 서울고등법원 2012. 2. 2. 선고 2010나84835 판결은 수익권 포기시 원칙적으로 소급효가 인정되므로 이미 발생한 비용의 상환의무도 소멸하되, 예외적으로 기존에 발생한 법률효과를 번복하여 법적 안정성 등을 침해하거나 수익권의 포기가 신의칙이나 금반언의 원칙 등에 반하는 특별한 사정이 있는 경우에는 수익권 포기의 소급효가 제한될 수 있다고 보았다(사안의 경우에는 이러한 예외에 해당한다고 보아 수익권 포기의 소급효가 인정되지 않는다고 판단하면서, 다만 신의칙과 손해의 분담이라는 관점에서 상당하다고 인정되는 한도로 수탁자의 비용상환청구권의 행사를 제한하였다). 반면, 상고심에서는 『구 신탁법 제51조 제3항이 수익권의 포기를 인정하는 취지는, 수익자는 구 신탁법 제42조 제2항에 따라 비용상환의무를 지게 되므로 수익자가 자기의 의사에 반하여 수익권을 취득할 것을 강제당하지 않도록 하기 위한 데에 있다. 따라서 신탁계약상 위탁자가 스스로 수익자가 되는 이른바 자익신탁의 경우, 위탁자 겸 수익자는 스스로 신탁관계를 형성하고 신탁설정 단계에서 스스로를 수익자로 지정함으로써 그로부터 이익을 수취하려는 자이므로, 신탁의 결과 발생하는 이익뿐만 아니라 손실도 부담하도록 해야 하고, 수익권 포기를 통해 비용상환의무를 면하도록 할 필요가 없다. 그러므로 자익신탁에서 위탁자 겸 수익자는 수익권을 포기하더라도 이미 발생한 비용상환의무를 면할 수 없다』(대법원 2016. 3. 10. 선고 2012다25616 판결)고 판시하여 자익신탁의 경우 수익권 포기의 소급효를 인정하지 아니하였으나, 자익신탁의 수익권 포기 자체를 부정한 것은 아닌 것으로 보인다.

2) 법무부, 〈신탁법 해설〉, 457면.

3) 오창석, 〈부동산신탁 관련 현안 쟁점에 대한 검토〉, 96~97면.

4) 반대로, 현행 신탁법 제57조 제1항의 해석론으로도 수익권 포기의 주체는 타익신탁에서의 수익자로 제한 해석하여야 한다는 견해로는 문기주, 〈개정 신탁법상 수익자의 지위에 관한 연구 — 수익권의 양도와 포기를 중심으로〉, 78면.

5) 법무부, 〈신탁법 해설〉, 457면.

를 한 경우에는 처음부터 수익권을 갖지 않았던 것으로 본다(신탁법 제57조 제2항). 수익권 포기의 기간에는 제한이 없고, 수익권의 포기에 소급효가 인정되는 결과, 수익권을 포기한 자는 그 이전에 수익권에 기하여 받은 이득을 민법에 따라 부당이득으로 반환하여야 한다.[1)]

구 신탁법 하에서 수익권 포기의 소급효와 관련하여, 수익자가 수익권 포기 이전에 신탁이익을 향수한 경우에도 수익권 포기에 의하여 이미 발생한 보상의무가 소급적으로 소멸한다는 견해, 이미 발생한 신탁채무와의 관계에서는 보상의무를 면할 수 없지만 장래 발생할 책임은 면한다고 하는 견해, 타익신탁의 경우에 한하여 수익자의 수익권 포기로 과거의 채무에 대하여도 면책된다는 견해가 대립하였는데,[2)] 현행 신탁법에서는 명문으로 수익권 포기의 소급효를 인정하여 견해의 대립을 해결하였다.[3)]

나. 예외 – 수익권 포기의 소급효 제한

소급효를 무한정 인정할 경우 수익권이 포기되지 않은 동안 이루어진 거래관계의 안정을 해할 우려가 있다. 따라서 소급효 원칙에 대한 예외를 인정하여 수익권의 포기로 인하여 제3자의 이익을 해할 수는 없도록 하여, 수익권 포기의 의사표시 이전에 이해관계를 갖게 된 제3자를 보호하고 있다(신탁법 제57조 제2항 단서).[4)] 수익자의 수익채권에 대해 압류·전부명령을 받은 제3자 등이 이에 포함될 것이다. 다만 이 규정에 의하여 보호되는 제3자의 범위에 수탁자가 포함되는지 여부에 관하여 견해 대립이 있다.[5)]

다. 비용 등의 상환책임의 면제

수익자가 수익권을 포기한 경우에는 수익자의 수탁자에 대한 비용 등의 상환책임이

---

1) 법무부, 〈신탁법 해설〉, 458면.

2) 이근영, 〈신탁수익자의 보상청구권에 관한 소고〉, 261~263면.

3) 다만 현행 신탁법에서도 수익자가 수익권을 포기한 경우 수익자의 상환의무가 면제되는 비용의 범위가 명확하게 규정되어 있지 않으므로, 면제되는 비용의 범위에 이미 발생한 비용 뿐 아니라 장래 발생할 비용도 포함되는지 여부, 자익신탁과 타익신탁을 동일하게 해석할 것인지 여부, 수익권 포기의 소급효가 제한되는 제3자의 범위에 수탁자가 포함되는지 여부 등의 해석과 관련하여 위 문제에 관한 논란의 여지가 있다(남궁주현·고동원, 〈신탁 수익자의 수익권 포기와 수탁자의 수익자에 대한 비용상환청구권 소멸 여부 — 대법원 2016. 3. 10. 선고 2012다25616 판결을 중심으로〉, 18면 이하). 현행 신탁법의 해석상으로도 자익신탁에 있어서는 위탁자겸 수익자는 수익권의 포기를 통하여 신탁계약상 부담하는 비용상환의무를 회피하기 보다는 신탁계약의 해지를 통하여 수탁자와의 법률관계를 종국적으로 해소하는 것이 타당하기 때문에 수익권 포기에 따른 비용상환의무의 면제는 타익신탁에 대해서만 적용된다고 해석하는 견해로는 남궁주현·고동원, 〈신탁 수익자의 수익권 포기와 수탁자의 수익자에 대한 비용상환청구권 소멸 여부 — 대법원 2016. 3. 10. 선고 2012다25616 판결을 중심으로〉, 24~25면.

4) 최동식, 〈신탁법〉, 296면; 법무부, 〈신탁법 해설〉, 458~459면.

5) 수탁자는 위 조항에서 말하는 제3자에 해당하지 않는다는 견해로는 최수정, 〈개정 신탁법상의 수익권〉, 158면, 남궁주현·고동원, 〈신탁 수익자의 수익권 포기와 수탁자의 수익자에 대한 비용상환청구권 소멸 여부 — 대법원 2016. 3. 10. 선고 2012다25616 판결을 중심으로〉, 27면 참조. 수탁자도 제3자에 포함된다는 견해로는 신영수·윤소연, 〈부동산신탁의 쟁점〉, 64면 참조.

면제된다(신탁법 제46조 제4항 단서).[1)]

3. 신탁종료 후의 수익권 포기 가부 문제

신탁종료 후에 수익권을 포기할 수 있는지 여부와 관련하여, 신탁종료 후에는 수익자의 포기권도 소멸한다는 견해(제1설)[2)]와 신탁종료 후에도 수익자의 수익권 포기가 제한되지 않는다는 견해(제2설)[3)]가 대립한다.

그러나 신탁법은 수익권 포기에 관하여 별도의 기간제한을 두고 있지 않고 수익자의 포기권이 신탁의 종료로 소멸한다는 규정도 없는 점, 신탁종료 후에도 수익자에 대하여 신탁종료 전에 발생한 비용 또는 손해의 보상을 구할 수 있다면 이를 포기하여 그 보상책임을 면하는 것도 허용되어야 형평에 부합한다는 점 등에 비추어, 신탁종료 후에도 수익자의 수익권 포기를 인정함이 타당하다.[4)] 구 신탁법 하의 판결인 대법원 2016. 3. 10. 선고 2012다25616 판결은 신탁종료 후에도 수익권 포기가 가능하다고 판시하였다.

第58조 (수익자지정권 등) [신설]

① 신탁행위로 수익자를 지정하거나 변경할 수 있는 권한(이하 "수익자지정권 등"이라 한다)을 갖는 자를 정할 수 있다.

② 수익자지정권 등을 갖는 자는 수탁자에 대한 의사표시 또는 유언으로 그 권한을 행사할 수 있다.

③ 수익자지정권 등이 유언으로 행사되어 수탁자가 그 사실을 알지 못한 경우 이로 인하여 수익자로 된 자는 그 사실로써 수탁자에게 대항하지 못한다.

④ 수익자를 변경하는 권한이 행사되어 수익자가 그 수익권을 상실한 경우 수탁자는 지체 없이 수익권을 상실한 자에게 그 사실을 통지하여야 한다. 다만, 신탁행위로 달리 정한 경우에는 그에 따른다.

⑤ 수익자지정권 등은 신탁행위로 달리 정한 바가 없으면 상속되지 아니한다.

---

1) 법무부, 〈신탁법 해설〉, 459면.
2) 이중기, 〈신탁수익권의 포기 등에 관한 의견서〉, 9~10면.
3) 이연갑, 〈의견서〉, 15~16면; 최동식, 〈신탁법〉, 405~406면.
4) 오창석, 〈부동산신탁 관련 현안 쟁점에 대한 검토〉, 98~99면.

1. 수익자지정권 등의 유보

가. 수익자지정권 등의 유보 필요성

신탁 설정 당시 수익자를 특정하여야 하나 수익자를 당장 확정할 수 없거나 신탁 설정 후 사정변화에 대응하여 수익자를 특정하여야 할 경우가 발생할 수 있으며, 신탁 설정 후 사정변경에 의해 수익자를 교체할 필요성이 있는 경우도 발생할 수 있는바, 이에 수익자지정권 등의 유보가 필요하다.

나. 수익자지정권 등의 유보

위탁자는 신탁행위로 수익자지정권을 유보할 수 있다. 신탁 설정 당시에 수익자를 지정하지 아니하고 신탁행위로 이를 지정할 권한('수익자지정권')을 가진 자만을 정하여 두는 방법으로 신탁을 설정할 수도 있으며, 신탁 설정 당시에 지정한 수익자를 변경할 권한('수익자변경권')을 가진 자를 정하여 두는 신탁을 설정할 수도 있다. 수익자지정권 또는 수익자변경권을 갖는 자의 범위에는 제한이 없으므로 신탁행위로 자유로이 정할 수 있다.[1)]

판례는『신탁계약상 수익자는 신탁이익을 향수할 권리를 포함하여 신탁법상의 여러 가지 권리, 의무를 갖게 되므로, 이러한 지위에 있게 되는 수익자를 정하는 것은 위탁자와 수탁자 간의 신탁계약 내용의 중요한 요소에 해당하는 것이어서, 수익자의 변경에는 계약 당사자인 위탁자와 수탁자의 합의가 있어야 하고, 미리 신탁계약에서 위탁자에게 일방적인 변경권을 부여하는 취지의 특약을 하지 않은 한 수탁자의 동의 없이 위탁자가 일방적으로 수익자를 변경할 수는 없다』고 판시한 바 있다(대법원 2007. 5. 31. 선고 2007다13312 판결).

2. 수익자지정권 등의 행사방법

수익자지정권 등은 지정권자가 수탁자에 대한 의사표시로 행사할 수 있다. 수탁자는 수익자에게 지체 없이 수익자로 지정된 사실을 통지하여야 하므로, 수익자지정권이 행사된 경우에는 수탁자가 의사표시를 수령한 후 지체 없이 수익자에게 통지하여야 한다. 수익자지정권 등은 유언의 방식으로도 행사할 수 있다.[2)]

1) 법무부, 〈신탁법 해설〉, 461면.
2) 이중기, 〈신탁법〉, 443면; 법무부, 〈신탁법 해설〉, 462면.

3. 유언에 의한 수익자 지정과 수탁자에 대한 대항

유언에 의하여 수익자지정권 등이 행사된 경우 그 효력은 유언의 효력발생시기(수익자지정권 등을 갖는 자의 사망 시기)와 일치한다. 그 시점에 수익자로 지정 또는 변경된 자는 당연히 수익권을 취득한다(신탁법 제56조 제1항).[1)]

한편 유언에 의하여 수익자지정권 등이 행사된 경우 수탁자를 보호하기 위하여 수익자지정권 등의 행사로 수익자가 된 자는 선의의 수탁자에게 대항하지 못하도록 규정하고 있다.

4. 수탁자의 통지의무

수익자변경권은 형성권으로서 변경권이 행사되면 수익자로 지정된 자는 별도의 의사표시 없이도 당연히 수익권을 취득하고 반사적으로 종전의 수익자는 수익권을 상실하게 된다. 이 경우 수익권을 상실하게 된 자가 그 사실을 알지 못하고 수익권을 자신이 보유한다고 전제하여 거래관계를 지속함으로써 입을 수 있는 손해나 거래불안정을 막기 위해, 신탁법은 수탁자에게 수익권을 상실한 자에 대하여 지체 없이 그가 수익권을 상실하였다는 사실을 통지할 의무를 부과하고 있다. 다만 신탁행위로 달리 정한 경우에는 예외가 인정된다.

5. 수익자지정권 등의 상속 금지

수익자지정권 등은 수탁자 등 해당자의 특별한 능력을 신뢰하여 부여한 것으로 일신전속적 권리인바, 수익자지정권 등을 갖는 자가 사망한 경우, 수익자지정권 등은 상속되지 아니하고 소멸하는 것이 원칙이다.

수익자지정권자가 수익자를 지정하지 아니하고 사망한 때에는 수익자가 지정되지 아니하는 것으로 확정되므로, 신탁 목적의 달성이 불가능하다는 이유로 해당 신탁이 종료된다(신탁법 제98조 제1호). 수익자변경권자가 변경권을 행사하지 아니하고 사망한 때에는 기존에 수익자로 지정되어 있던 자가 확정적으로 수익권을 갖게 된다.

다만 수익자지정권 등이 절대적으로 상속할 수 없는 권리에 해당하는 것은 아니어서 이 규정이 강행규정이라고 볼 수 없으므로, 위탁자 및 수탁자가 신탁행위로 수익자지정권 등의 상속을 허용한 경우에는 예외적으로 상속이 가능할 것이다.[2)]

1) 법무부, 〈신탁법 해설〉, 463면.
2) 이중기, 〈신탁법〉, 444면; 법무부, 〈신탁법 해설〉, 464~465면.

제59조 (유언대용신탁) [신설]

① 다음 각 호의 어느 하나에 해당하는 신탁의 경우에는 위탁자가 수익자를 변경할 권리를 갖는다. 다만, 신탁행위로 달리 정한 경우에는 그에 따른다.

1. 수익자가 될 자로 지정된 자가 위탁자의 사망 시에 수익권을 취득하는 신탁
2. 수익자가 위탁자의 사망 이후에 신탁재산에 기한 급부를 받는 신탁

② 제1항 제2호의 수익자는 위탁자가 사망할 때까지 수익자로서의 권리를 행사하지 못한다. 다만, 신탁행위로 달리 정한 경우에는 그에 따른다.

1. 유언대용신탁

가. 유언대용신탁의 의의

위탁자가 자신이 사망한 때에 수익자에게 수익권을 귀속시키거나 위탁자가 사망한 때부터 수익자가 신탁이익을 취득할 수 있는 수익권을 부여하는 형태의 신탁을 유언대용신탁이라 하며, 위탁자가 자신의 의사표시로 생전에 사망 후 상속재산의 귀속을 정한다는 점에서 민법상 유증과 동일한 효과를 낼 수 있다.[1]

나. 유언대용신탁의 종류

(1) 유언대용의 생전신탁

위탁자의 사망 시점에 사후수익자가 수익권을 취득하는 취지의 정함이 있는 신탁으로(제1호 유형), 위탁자의 생전에는 수익자가 따로 있고(위탁자일 수도 있다) 사후수익자는 위탁자의 사망시에 비로소 수익자가 된다.[2] 실무에서는 수탁자를 사후수익자로 지정함으로써 사인증여를 대체하는 방안으로 주목되기도 하나, 부동산등기선례 제201808-4호는 수탁자가 공동수익자 중 1인인 경우를 제외하고 신탁의 이익을 누리는 것을 금지하고 있는 신탁법 제36조를 근거로 하여 수탁자와 사후수익자를 동일인으로 하는 유언대용신탁을 허용하지 않으므로, 사후수익자를 수탁자 단독으로 지정하여 등기하는 것은 불가능하다.[3]

---

1) 이중기, 〈신탁법〉, 50면.
2) 법무부, 〈신탁법 해설〉, 468면.
3) 부동산등기선례 제201808-4호 수탁자와 사후수익자를 동일인으로 하는 유언대용신탁이 가능한지 여부(소극) : "위탁자가 수익자의 지위를 겸하는 자익신탁은 일반적으로 허용되므로, 유언대용신탁의 경우에도 위탁자가 생전수익자의 지위를 겸하는 것은 가능하다(신탁법 제3조 제1항 참조). 그러나 신탁법은 수탁자가 공동수익자 중 1인인 경우를 제외하고는 수탁자로 하여금 신탁의 이익을 누리는 것을 금지하고 있는 바(신탁법 제36조), 유언대용신탁에서 생전수익자와 사후수익자가 별도로 존재하는 경우라도 위탁자

유언신탁(신탁법 제3조 제1항 제2호)의 경우에도 수익자로 지정된 자가 위탁자의 사망시에 수익권을 취득하는데 이 경우에는 신탁 자체가 위탁자의 사망시에 효력을 발생하는 것인데 반하여, 유언대용신탁의 경우에는 신탁은 위탁자의 생전에 이미 효력이 발생하여 존재하는 생전신탁이라는 점에서 차이가 있다.

(2) 위탁자 사망 후 수익채권이 발생하는 생전신탁

위탁자의 사망 이후에 사후수익자가 신탁재산에 관한 급부를 받는 취지의 정함이 있는 신탁으로(제2호 유형), 생전신탁이라는 점에서는 제1호 유형과 마찬가지이나, 위탁자의 생전부터 달리 수익자가 있는 것은 아니고 사후수익자가 유일한 수익자이지만 신탁재산에 관한 급부청구권은 위탁자의 사망 이후에만 행사할 수 있다. 급부청구권의 행사가 가능한 시점은 위탁자의 사망 시점 또는 그 이후의 일정시점으로 정할 수 있다.[1]

다. 유언대용신탁에서 수익자의 변경

유언대용신탁의 경우, 위탁자는 사망하기 전까지 언제든지 수익자로 지정된 자('사후수익자')를 변경할 권리를 가진다. 이는 신탁행위로 특별히 정한 경우에만 위탁자에게 수익자변경권이 인정되는 일반원칙에 대한 예외이다. 이러한 위탁자의 수익자변경권을 배제하려면 신탁행위로 특별히 정하여야 한다.[2]

라. 유언대용신탁과 상속법

유언대용신탁은 사실상 유언과 동일한 효과를 발생시키므로 상속법 특히 유류분과의 충돌가능성 문제가 제기된다.[3]

신탁계약의 경우 피상속인의 재산이 신탁재산으로서 수탁자에게 이전되었다는 사실만으로 곧 유류분권의 침해가 있다고 할 것인지는 문제이다. 이 경우 신탁재산은 유류분 산정의 기초가 되는 '피상속인이 상속개시시에 있어서 가진 재산'(민법 제1113조 제1항)에 포함되지 않는데, 신탁재산은 이미 위탁자는 물론 수탁자의 고유재산과도 구분되는 독립성을 갖기

의 사망을 기준으로 생전수익자와 사후수익자가 시간적으로 분리되는 결과 생전수익자와 사후수익자가 동시에 공동수익자로서 권리행사를 할 수는 없으므로(신탁법 제59조), 위탁자의 사망 이후에 수탁자만이 단독 사후수익자가 되는 신탁은 신탁법 제36조를 위반하게 되는 것이어서 생전수익자를 위탁자와 동일인으로 하고, 사후수익자를 수탁자와 동일인으로 하는 신탁등기는 신청할 수 없다."(2018. 08. 17. 부동산등기과-1881 질의회답).

1) 이중기, 〈신탁법〉, 52면; 법무부, 〈신탁법 해설〉, 469면.
2) 법무부, 〈신탁법 해설〉, 469면.
3) 민법상 상속인인 유류분권리자는 상속분 중 일정비율에 해당하는 유류분에 미치지 못하는 부분에 대하여는 그 반환을 청구할 수 있는 권리가 있다. 그런데 위탁자가 유언신탁을 설정함으로써 위탁자의 유산의 전부 또는 일부가 신탁재산으로 수탁자에게 이전되고 거기서 발생하는 이익이 수익자에게 귀속되는 과정에서 유류분권리자의 상속분이 유류분에 미치지 못하게 되는 결과가 초래될 수 있다.

때문이다. 하지만 신탁재산을 위탁자인 피상속인의 적극재산이 아니라고 해서 유류분산정기초액에서 항상 배제하게 되면, 유류분권리자에게 상속재산의 일정비율을 확보해 주고자 하는 법제도는 그 실효성을 잃게 된다. 민법 제1113조 제1항 및 제1114조가 피상속인의 적극재산에 일정한 증여재산의 가액을 가산하는 것도 바로 그러한 이유에서이다. 그리고 동일한 맥락에서 학설은 민법 제1114조에서 정한 증여를 본래적인 의미의 증여계약뿐만 아니라 모든 무상처분을 포함하는 의미로 새기고, 상당하지 않은 대가로 행한 유상행위나 법인설립을 위한 출연행위, 무상의 채무면제도 이에 포함시킨다. 그렇다면 신탁계약에 의해서 수탁자에게 이전된 신탁재산도 민법 제1114조에 따른 일정한 범위에서 유류분산정의 기초액에 산입하는 것이 타당하다.[1)2)] 이와 달리 유언신탁은 일종의 유증에 해당하는 것으로서, 신탁계약의 경우에서와 같은 포섭과정을 거치지 않더라도 신탁재산은 유류분산정 기초액에 포함된다.[3)]

한편 유류분을 산정함에 있어 유류분권리자가 수익자로 지정되어 일정한 재산적 이익을 분여받았다면 그 부분은 특별수익액으로서 공제되어야 한다. 이때 유류분권리자의 수익권은 감정인의 평가에 의해 그 가격이 정해진다. 한편 유류분권리자가 수탁자로 지정된 경우에는 비록 자신의 이름으로 피상속인의 재산을 취득하더라도 수탁자는 수익할 수 있는 권능이 없기 때문에 유류분산정시 고려되지 않는다.[4)]

---

1) 같은 취지로 이근영, 〈신탁법상 재산승계제도와 상속〉, 224면; 이화연, 〈재산승계 수단으로서의 신탁과 상속 — 신탁의 재산승계수단으로서의 활용가능성과 유류분 반환의 문제를 중심으로〉, 495~497면 등. 반면 유언대용신탁에 있어서 신탁재산은 유류분 산정의 기초재산에 포함되지 않는다는 견해(김상훈, 〈유언대용신탁을 활용한 가업승계〉, 17~20면; 김순석, 〈신탁을 활용한 중소기업의 경영권 승계 방안에 관한 연구 — 유언대용신탁 및 수익자연속신탁의 활용을 중심으로〉, 394면), 유언대용신탁의 신탁재산은 상속개시시 피상속인(위탁자)이 가진 재산으로서 유류분 산정의 기초재산에 포함된다는 견해(정소민, 〈신탁을 통한 재산승계와 유류분반환청구권〉, 218면), 유언대용신탁의 신탁재산이 아니라 수익권의 가액이 유류분 산정의 기초재산에 포함되어야 한다는 견해(엄복현, 〈신탁제도와 유류분반환청구권과의 관계〉, 168~177면; 임채웅, 〈신탁과 유류분에 관한 연구〉, 132면; 최준규, 〈유류분과 신탁〉, 1133~1141면; 이계정, 〈신탁의 기본 법리에 관한 연구 — 본질과 독립재산성〉, 276~277면) 등이 제시되고 있다.

2) 한편 유류분반환청구의 상대방에 관하여도 수익자를 상대로 반환청구를 하여야 한다는 견해(엄복현, 〈신탁제도와 유류분반환청구권과의 관계〉, 177면; 임채웅, 〈신탁과 유류분에 관한 연구〉, 139면; 최준규, 〈유류분과 신탁〉, 1153면; 이계정, 〈신탁의 기본 법리에 관한 연구 — 본질과 독립재산성〉, 277면), 수탁자를 상대로 하여야 한다는 견해(이근영, 〈신탁법상 재산승계제도와 상속〉, 226면; 이화연, 〈재산승계 수단으로서의 신탁과 상속 — 신탁의 재산승계수단으로서의 활용가능성과 유류분 반환의 문제를 중심으로〉, 504면), 원칙적으로 수익자를 상대로 하되 수익자가 존재하지 않거나 확정할 수 없는 등의 특수한 사정이 있는 경우 수탁자를 상대로도 가능하다는 견해(정소민, 〈신탁을 통한 재산승계와 유류분반환청구권〉, 231면) 등이 대립하고 있다. 또한 유류분반환청구의 대상에 관하여는 수익권의 지분 이전청구를 하여야 한다는 견해(엄복현, 〈신탁제도와 유류분반환청구권과의 관계〉, 177면; 이계정, 〈신탁의 기본 법리에 관한 연구 — 본질과 독립재산성〉, 279면; 임채웅, 〈신탁과 유류분에 관한 연구〉, 138면; 최준규, 〈유류분과 신탁〉, 1134면), 수익자를 상대로 하는 경우에는 수익권이 대상이 되나, 수탁자를 상대로 하는 경우에는 신탁재산의 원물반환 또는 가액반환을 청구하여야 한다는 견해(정소민, 〈신탁을 통한 재산승계와 유류분반환청구권〉, 231면) 등이 제시되고 있다.

3) 최수정, 〈상속수단으로서의 신탁〉, 595~596면.

4) 최수정, 〈상속수단으로서의 신탁〉, 596~597면.

2. 유언대용신탁에서 수익자로서 권리행사의 제한

가. 위탁자 생존 중 수익자의 권리행사 제한

유언대용신탁 중 위탁자 사망 후 수익채권이 발생하는 유형의 신탁(제2호)에서는 신탁행위로 달리 정하지 아니하는 한, 사후수익자는 위탁자의 생존 중에는 수익자로서의 권리를 갖지 아니한다. 수익자로 지정된 자는 별도의 의사표시 없이도 당연히 수익권을 취득하므로(신탁법 제56조 제1항) 수익자로서의 모든 권리를 행사할 수 있는 것이 원칙이나, 제1항 제2호 유형 신탁의 경우 사후수익자는 위탁자의 생존 중에는 신탁으로부터 급부를 받을 권리는 물론 신탁에 대한 각종 감시·감독권도 없다(제1항 제1호 유형 신탁에서는 수익자로 지정된 자가 위탁자 사망시까지 수익권을 취득하지 못하므로 이러한 문제가 발생하지 아니한다).[1)]

또한 위탁자는 사후수익자의 동의를 받지 아니하고 신탁을 종료시키거나 신탁계약을 변경할 수 있다. 신탁행위로 이와 달리 정하는 것은 가능하다.

나. 유언대용신탁과 신탁에 대한 감독

유언대용신탁에서 위탁자의 생존 중에는 사후수익자에게 수익자로서의 일체의 권리를 인정하지 아니한 결과, 수익자가 수행하던 신탁에 대한 감시·감독권을 행사할 자가 없게 되는 문제점이 있을 수 있다. 그러나 수익자의 감독권 등은 대부분 위탁자도 함께 보유하고 있어 위탁자의 감독권 행사로도 충분히 신탁에 대한 감독을 할 수 있다고 생각된다.[2)]

第60조 (수익자연속신탁) [신설]

신탁행위로 수익자가 사망한 경우 그 수익자가 갖는 수익권이 소멸하고 타인이 새로 수익권을 취득하도록 하는 뜻을 정할 수 있다. 이 경우 수익자의 사망에 의하여 차례로 타인이 수익권을 취득하는 경우를 포함한다.

1. 수익자연속신탁의 개념과 유효성

수익자는 반드시 신탁 설정시에 특정되어 있거나 현존할 필요가 있는 것은 아니므

1) 법무부, 〈신탁법 해설〉, 470면.
2) 법무부, 〈신탁법 해설〉, 471면.

로, 수인의 수익자가 순차적으로 연속하는 형태의 신탁도 허용된다. 우리나라에는 영미 신탁법과 같은 영구불확정금지의 원칙(rule against perpetuities)[1]이 없고, 위탁자가 생전에는 자신을 수익자로 하되 자신의 사후에는 부인을 수익자로, 부인의 사후에는 다시 자녀를 연속하여 수익자로 하는 유형의 신탁을 허용할 필요성이 있으므로, 수익자연속신탁에 관한 학설상 논란을 입법적으로 해결하기 위해 수익자연속신탁이 가능하다는 명시적 규정을 신설하였다.[2]

2. 수익자연속신탁의 존속기간 제한 등

가. 수익자연속신탁의 존속기간 제한

신탁법은 신탁이 회사 제도와 유사한 기능을 갖는 점, 우리나라의 민법 등에 소유권의 기한을 제한하는 규정이나 법리가 없어서 일반 사법의 법리와 충돌할 가능성이 있는 점에 비추어 존속기간에 제한을 두지 아니하였다.[3]

하지만 지나치게 오랫동안 신탁재산이 위탁자 의사의 구속을 받는다거나 수익권이 미확정인 채로 있게 되는 경우 발생하는 문제점은 신탁기간에 대한 별도의 제한을 정하고 있지 않은 우리 법체계에서도 마찬가지로 지적된다. 따라서 위에서 살펴본 영구불확정금지의 원칙의 근거들은 우리 법체계에서도 설득력을 가진다. 즉 신탁상 수익자의 연속이나 수익권의 귀속이 불확정적인 형태로 지나치게 오랜 기간 지속되는 경우 당해 신탁은 무효라고 할 것이며, 그 근거는 선량한 풍속 기타 사회질서(신탁법 제5조 제1항)에서 찾을 수 있을 것이다. 이때 지나치게 오랜 기간이 어느 정도인지는 그 효력을 부인하는 근거에 비추어 당해 신탁의 구체적인 사정들을 고려해서 개별적으로 판단하는 방법도 있겠지만,[4] 법적 안정성을 위하여 일률적으로 그 기간을 정하여 두는 것이 타당해 보인다.

나. 수익자연속신탁에서 수익자가 더 이상 존재하지 않는 경우

수익자연속신탁에서 수익자가 더 이상 존재하지 않는 경우 잔여재산의 귀속문제를 어떻게 처리하여야 하는지가 문제될 수 있는데, 이는 위탁자 사망 후 수익자의 부존재로 신탁이 종료되는 경우 신탁재산을 누구에게 귀속시키는지 여부를 정하는 것이 신탁의 본질에 부합하느냐의 문제이나, 신탁 종료시 귀속권리자에 관한 일반규정에 따라 처리하여

---

1) 신탁설정시 생존자들 중에서 명시적 혹은 묵시적으로 특정된 자의 사후로부터 영구불확정기간인 21년 내에 귀속될 것이 명백하지 않은 미확정의 장래권을 무효로 만드는 영미신탁법의 원칙을 뜻한다(최수정, 〈상속수단으로서의 신탁〉, 586면).
2) 법무부, 〈신탁법 해설〉, 473~474면.
3) 법무부, 〈신탁법 해설〉, 474~475면.
4) 최수정, 〈상속수단으로서의 신탁〉, 585~587면.

야 할 것이다.[1)]

다. 수익자연속신탁과 유류분 제도

수익자연속신탁에서는 시간적으로 수익권이 나누어져 있으므로 유류분 산정의 시점과 액수를 규정화하는 것이 어려운바, 현행 신탁법은 유언대용신탁과 마찬가지로 별도의 규정을 두지 아니하였기 때문에 이에 관하여 학설의 대립 여지가 있다.[2)]

제 2 절 수익권의 행사

제61조 (수익권의 제한 금지) [신설]

다음 각 호에 해당하는 수익자의 권리는 신탁행위로도 제한할 수 없다.

1. 이 법에 따라 법원에 청구할 수 있는 권리
2. 제22조 제2항 또는 제3항에 따라 강제집행 등 또는 국세 등 체납처분에 대하여 이의를 제기할 수 있는 권리
3. 제40조 제1항에 따라 장부 등의 열람 또는 복사를 청구할 수 있는 권리
4. 제43조 및 제45조에 따라 원상회복 또는 손해배상 등을 청구할 수 있는 권리
5. 제57조 제1항에 따라 수익권을 포기할 수 있는 권리
6. 제75조 제1항에 따라 신탁위반의 법률행위를 취소할 수 있는 권리
7. 제77조에 따라 유지를 청구할 수 있는 권리
8. 제89조, 제91조 제3항 및 제95조 제3항에 따라 수익권의 매수를 청구할 수 있는 권리
9. 그 밖에 신탁의 본질에 비추어 수익자 보호를 위하여 필요하다고 대통령령으로 정하는 권리

1. 신탁법의 취지

구 신탁법에는 법률에 규정된 수익자의 권리를 신탁행위로 제한할 수 있는지 여부에 관한 명시적인 규정이 없었는바, 현행 신탁법에서는 신탁의 기본구조에 반하는 행위나

1) 법무부, 〈신탁법 해설〉, 475면.
2) 최수정, 〈상속수단으로서의 신탁〉, 582~583면; 법무부, 〈신탁법 해설〉, 476면.

신탁의 계속성, 건전성과 관련된 권리 등은 신탁행위로도 제한할 수 없도록 하여 수익자를 보호하는 태도를 취하고 있다. 즉 현행 신탁법은 일단 가능한 범위 내에서 수익자의 본질적 권리에 관한 해당 조문을 모두 찾아 열거하되, 일반규정을 함께 두어 개별적인 사정에 대처할 수 있도록 하는 방안을 채택하였다.

2. 강행규정성

신탁행위로도 제한할 수 없는 수익자의 권리로 열거된 사항에 대하여 신탁행위로 법률과 다른 내용을 정하면 이는 무효이다.[1]

3. 구체적 유형

가. 법원에 대한 신청권

(1) 수탁자의 지위에 관한 신청권한

수익자를 위하여 신탁재산을 관리하는 등 신탁사무를 처리할 의무가 있는 수탁자의 선임·해임 등에 관하여 중립적 기관인 법원의 개입을 요청하는 권리로서, 수탁자의 해임신청권(신탁법 제16조 제3항), 신수탁자의 선임신청권(동법 제21조 제1항), 수탁자의 보수변경신청권(동법 제47조 제3항) 등이 있다.[2]

(2) 신탁재산관리인의 지위에 관한 신청권한

신탁재산관리인은 수탁자를 대신하여 임시적으로 신탁사무를 처리하는 자로서 수익자 등이 수탁자에 준하는 감독을 할 필요가 있는바, 신탁재산관리인의 선임 및 그 밖의 처분신청권(신탁법 제17조 제1항), 신탁재산관리인의 해임신청권(동법 제19조 제3항) 등이 있다.[3]

(3) 신탁의 존속 여부에 관한 신청권한

신탁의 변경 또는 종료는 신탁의 계속, 신탁의 목적 달성 등과 관련된 중요한 문제로 원칙적으로 신탁의 당사자 간 합의로 이루어져야 하나, 합의가 이루어지지 않은 때에는 중립적 기관인 법원의 판단으로 결정하겠다는 취지의 규정으로서, 신탁의 변경신청권(신탁법 제88조 제3항), 신탁의 종료명령신청권(동법 제100조) 등이 있다.[4]

---

1) 법무부, 〈신탁법 해설〉, 480면.
2) 법무부, 〈신탁법 해설〉, 480면.
3) 이중기, 〈신탁법〉, 472면; 법무부, 〈신탁법 해설〉, 480면.
4) 법무부, 〈신탁법 해설〉, 480~481면.

(4) 그 밖의 신청권

반대수익자의 수익권매수신청시 수익권의 매수가액 결정신청권(신탁법 제89조 제4항)은 신탁의 변경 등의 경우에 반대하는 수익자를 보호하고 신속한 절차처리를 위해서 필요하므로 신탁행위로도 제한할 수 없는 것이 타당하다.[1]

법원의 감독 신청권(신탁법 제105조 제2항)의 경우, 법원이 후견적 지위에서 수탁자의 사무수행 등 신탁을 감독할 수 있도록 허용한 규정으로, 수탁자의 권한남용 등으로부터 신탁재산과 수익자를 보호하기 위한 최후적 수단이므로 제한할 수 없도록 하여야 한다.[2]

나. 강제집행 등에 대한 이의제기권

신탁재산과 고유재산 간의 분리라는 신탁제도의 본질적 특성에 기하여 인정되는 권리로, 위탁자는 신탁 설정 후에는 신탁재산의 상태를 알기 어렵고 수탁자는 채권자와의 관계를 고려하여 소극적일 수 있으므로, 신탁재산을 수탁자의 채권자로부터 보호하여 수익권을 유지하기 위하여 반드시 필요한바, 제한을 허용할 수 없다.[3]

다. 수익권 중 공익권에 기한 권리

신탁재산 장부 등의 열람·복사청구권(제3호), 의무를 위반한 수탁자에 대한 원상회복 등 청구권(제4호), 신탁 목적을 위반한 수탁자에 대한 법률행위 취소권(제6호), 수탁자의 위반행위에 대한 유지청구권(제7호)이 여기에 해당한다. 수탁자의 신탁사무를 감독하고 수탁자의 일탈을 방지하여 신탁재산과 수익권을 보호하기 위한 권리로서, 수탁자 감독과 신탁재산 유지라는 수익권 중 공익권의 본질적인 권리에 해당하므로 제한할 수 없다.[4]

라. 수익권의 포기권

수익자가 수익자로서의 의무 또는 부담부 수익권의 부담을 부담하지 않기 위하여 수익권을 포기하는 것은 사적 자치의 원리상 수익자에게 당연히 인정되는 권리로, 신탁법에 따르면 수익자는 수익권을 당연히 취득하게 되어 있으므로, 포기권에 대한 제한을 허용하면 수익자가 자신의 의사와 상관없이 위 의무나 부담을 부담하게 되어 사적 자치의 원리에 반하는바, 수익권의 포기권은 제한할 수 없는 권리로 규정하였다.[5]

1) 법무부, 〈신탁법 해설〉, 481면.
2) 법무부, 〈신탁법 해설〉, 481면.
3) 법무부, 〈신탁법 해설〉, 481면.
4) 법무부, 〈신탁법 해설〉, 482면.
5) 이중기, 〈신탁법〉, 474면; 법무부, 〈신탁법 해설〉, 482면.

마. 반대수익자의 수익권매수청구권

신탁의 변경, 합병 또는 분할에 대하여 반대하는 수익자가 신탁관계로부터 탈퇴할 기회를 보장하는 권리로, 자신이 반대하는 신탁에 대한 중대한 결정사항으로 인한 위험부담을 반대수익자가 일방적으로 지는 것은 부당하므로 제한할 수 없는 권리에 해당한다.[1)]

바. 그 밖의 수익자의 권리

신탁의 본질에 비추어 수익자 보호에 필요한 권리는 제한할 수 없어야 하는바, 경제사정, 신탁의 활용정도 등 제반 상황을 고려하여 필요한 사항을 대통령령으로 정하도록 하였다.[2)] 그러나 현재 이에 관한 신탁법 시행령 규정은 없는 상태이다.

第62條 (수익채권과 신탁채권의 관계) [신설]
신탁채권은 수익자가 수탁자에게 신탁재산에 속한 재산의 인도와 그 밖에 신탁재산에 기한 급부를 요구하는 청구권(이하 "수익채권"이라 한다)보다 우선한다.

1. 수익채권과 신탁채권의 개념

가. 수익채권

수익자는 그 지위에 기하여 수탁자에게 신탁재산에 속한 재산의 인도와 그 밖에 신탁재산에 관한 급부를 요구할 수 있는 권리가 있는데, 그 중 이미 발생하여 구체화된 것을 '수익채권'이라고 한다.[3)]

나. 신탁채권

수익채권 외에 신탁재산에 관하여 발생한 신탁관계인 및 제3자의 채권으로서, 신탁 전의 원인으로 발생한 권리, 수탁자의 신탁사무 처리로 인하여 발생한 권리(신탁법 제22조 제1항 단서), 반대수익자의 수익권매수청구권(동법 제89조, 제91조 제3항, 제95조 제3항), 신탁의 목적을 위반한 수탁자의 법률행위 중 취소될 수 없거나 취소되지 않은 행위로 발생한 권리(동법 제75조), 수탁자의 신탁사무 처리로 인하여 발생한 불법행위에 기한 권리 등이 포함된다.[4)]

1) 법무부, 〈신탁법 해설〉, 482면.
2) 법무부, 〈신탁법 해설〉, 482면.
3) 법무부, 〈신탁법 해설〉, 485면.
4) 법무부, 〈신탁법 해설〉, 485~486면.

2. 수익채권과 신탁채권의 우열

신탁채권이 강제집행절차 등에서 수익채권보다 우선한다. 수익자는 신탁재산의 분배를 받는 지위에 있고 수탁자가 행한 신탁사무 처리는 신탁재산의 가치를 유지·증가하기 위한 것이라는 점, 수익자에 대한 신탁재산의 분배에 관하여는 엄격한 법적 규제가 존재하지 않는다는 점, 수익채권은 회사법상 주주의 잔여재산분배청구권과 유사한 것이라는 점 등에 비추어 볼 때 수익채권은 신탁사무 처리에 기하여 발생한 신탁채권에 열후한 것이라고 보는 것이 공평하다.[1)]

3. 강행규정성

이 규정을 임의규정으로 해석하여 신탁행위로 수익채권을 신탁채권보다 우선하는 것으로 정하면 신탁과 거래한 제3자가 예측할 수 없는 손해를 입을 우려가 있으므로 이 규정은 강행규정으로 보아야 한다. 다만, 신탁채권자가 개별행위시에 자신의 신탁채권보다 수익채권을 우선하는 개별약정에 동의하는 경우에는 예외이다.[2)]

4. 신탁재산의 파산에 관한 특칙

신탁채권과 수익채권 간의 우열관계가 극명하게 드러나는 경우는 신탁재산의 파산시일 것인바, 이에 관한 자세한 내용은 신탁파산 부분을 참조.

5. 관련 문제 — 수익채권과 신탁채권 사이의 상계

위탁자와 수탁자가 수 개의 개발사업을 위하여 수 개의 토지신탁계약을 체결하고 사업을 진행하였는데, 甲(갑) 신탁에 관한 수탁자의 위탁자에 대한 비용상환청구권과 乙(을) 신탁에 관한 위탁자의 수탁자에 대한 수익금지급채권을 상계할 수 있는지가 문제된 사안에서, 대법원은 위와 같은 상계를 긍정하였다.[3)]

1) 이중기, 〈신탁법〉, 478면; 법무부, 〈신탁법 해설〉, 486면.
2) 법무부, 〈신탁법 해설〉, 486면.
3) 대법원 2016. 3. 10. 선고 2012다25616 판결. 이 판결의 사안을 보다 상세히 설명하면, 1996. 12. 27. A(위탁자)는 신탁업자인 B(수탁자)에게 甲 토지를 신탁하고, B는 위 토지에 근린생활시설 및 오피스텔을 건축해 분양하여 그 분양대금에서 건축공사와 분양에 소요된 제반비용 및 신탁보수를 공제한 나머지 금액을 A에게 지급하기로 하는 분양형 토지신탁계약을 체결하고, 수익자는 A 자신으로 지정하였는데, 甲(갑) 신탁사업 결과 수익 없이 391억 원의 적자가 발생하였다. 2000. 12. 29. A는 B에게 乙(을) 토지를

신탁법 제25조 제1항 본문은 "신탁재산에 속하는 채권과 신탁재산에 속하지 아니하는 채무와는 상계하지 못한다"고 규정하고, 신탁법 제37조 제1항은 "수탁자는 신탁재산을 수탁자의 고유재산과 분별하여 관리하고 신탁재산임을 표시하여야 한다"고 규정하고 있다. 신탁법 제25조 제1항 본문의 '신탁재산에 속하는 채권'이라 함은 신탁재산 그 자체에 포함되는 채권을 의미하고, 수탁자의 비용상환청구권은 수익자에 대한 일반채권에 해당할 뿐 신탁재산에 속하는 채권이 아니다. 따라서 乙(을) 신탁에서 발생한 위탁자의 수익금채권과 甲(갑) 신탁에서 발생한 수탁자의 비용상환청구권을 상계하는 것은 두 개의 독립된 신탁사업에서 발생한 개별적인 채권을 서로 상계하는 경우로, 신탁법 제25조 제1항이 금지하는 상계 또는 신탁재산독립의 원칙 및 신탁법 제37조 제1항에 반하는 상계에 해당하지 아니하여, 위와 같은 상계는 가능하다고 보아야 할 것이다.[1)]

제63조 (수익채권의 소멸시효) [신설]

① 수익채권의 소멸시효는 채권의 예에 따른다.

② 제1항에도 불구하고 수익채권의 소멸시효는 수익자가 수익자로 된 사실을 알게 된 때부터 진행한다.

③ 제1항에도 불구하고 신탁이 종료한 때부터 6개월 내에는 수익채권의 소멸시효가 완성되지 아니한다.

신탁하고, B는 위 토지에 아파트를 건축해 분양한 후 수익을 정산하기로 하는 분양형 토지신탁계약을 체결하고, 수익자는 A 자신으로 지정하였는데, 乙(을) 신탁사업 결과 2,328억 원의 수익이 발생하였고, B는 A에게 그 중 1,937억 원을 지급하였다. 2007. 2. 2. B는 A에게, A의 B에 대한 나머지 391억 원의 수익금지급채권에 대해서는 B의 A에 대한 甲 신탁사업의 비용상환청구권과 상계한다고 통지하였다.

위 사안에서 대법원은 B의 위와 같은 상계가 가능하다는 전제하에, 다만 신의칙과 손해의 분담이라는 관점에서 수탁자의 비용상환청구권의 행사를 60%로 제한하였다(『토지개발신탁에서는 장기간에 걸쳐 사업이 진행되고 부동산 경기를 예측한다는 것이 쉽지 않은 일이어서 경우에 따라 대규모의 손실이 발생할 수 있는 것인데, 수탁자가 부동산신탁을 업으로 하는 전문가로서 보수를 지급받기로 한 후 전문지식에 기초한 재량을 갖고 신탁사업을 수행하다가 당사자들이 예측하지 못한 경제상황의 변화로 신탁사업의 목적을 달성하지 못한 채 신탁계약이 종료되고, 이로 인하여 위탁자 또는 수익자가 막대한 신탁비용상환의무를 부담하게 된 사정이 인정된다면, 이러한 사정을 고려하여 신의칙과 손해의 분담이라는 관점에서 상당하다고 인정되는 한도로 수탁자의 비용상환청구권의 행사를 제한할 수 있다(대법원 2008. 3. 27. 선고 2006다7532, 7549 판결 참조). 원심은, 수탁자인 피고는 부동산신탁을 업으로 하는 전문가로서 원고로부터 보수를 지급받기로 한 후 전문지식에 기초한 재량을 가지고 신탁사업을 수행한 점, 선행 신탁계약에 따른 신탁사업은 이른바 IMF 외환위기로 인하여 신탁기간이 종료된 후에도 미분양 물량이 남아 있었고, 이를 공매 처분한 결과 약 391억 원의 손실이 발생한 점, 피고는 선행 신탁계약에 따른 신탁보수로 약 25억 원을 사실상 지급받은 점 등의 사정을 고려하여 신의칙 및 손해의 공평분담이라는 취지에서 피고의 비용상환청구권 행사를 60%로 제한함이 상당하다고 판단하였다. 앞에서 본 법리와 기록에 의하여 살펴보면, 원심의 위와 같은 판단은 정당하다. 거기에 비용상환청구권 행사의 제한에 관하여 필요한 심리를 다하지 아니하거나 신의칙 및 공평의 원칙에 관한 법리를 오해한 위법이 없다』).

1) 오창석, 〈부동산신탁 관련 현안 쟁점에 대한 검토〉, 93~96면.

1. 수익채권의 소멸시효

가. 수익권의 소멸시효 인정 여부

신탁법은 수익권 자체에 대한 소멸시효 규정은 두지 않았고, 수익권과 그 일부분을 구성하는 수익채권을 구분하여 취급하고 있다. 수익채권은 수탁자에 대한 채권적 청구권의 성질이 강한 점, 신탁존속 중에 소멸시효에 걸리지 아니하면 수탁자에게 과도한 업무부담이 될 수 있는 점 등을 고려하여 신탁법에서는 수익채권에 대하여 소멸시효가 적용됨을 명시하고, 채권과 그 밖의 권리를 준별하고 있는 현행 사법체계에 비추어 수익채권의 소멸시효는 다른 법령에 규정된 '채권'에 관한 소멸시효 규정에서 정한 바에 따르도록 하였다.[1)]

나. 소멸시효기간

수익채권은 수탁자에 대한 채권적 청구권의 일종으로 보는 이상 민법 등 관련 법률에서 정한 채권에 대한 시효기간이 적용되는 것으로 규정하였다. 민사신탁의 경우 수익채권의 시효기간은 일반적으로 10년(민법 제162조 제1항), 상사신탁의 경우 수익채권의 시효기간은 일반적으로 5년(상법 제64조)이 될 것이다.[2)]

다. 소멸시효에 대한 민법 규정 적용

신탁법에 달리 규정이 없는 한 민법상 채권의 소멸시효에 관한 모든 규정이 수익채권에 적용되는바, 시효의 중단·포기·효과 등 시효에 관한 다른 규정도 모두 적용된다.[3)]

2. 소멸시효의 기산점

수익채권의 소멸시효는 원칙적으로 수익채권이 성립한 때로부터 진행하나 예외적으로 수익자가 자신이 수익자로 지정된 것을 알 때까지는 진행하지 아니한다. 신탁행위에 의하여 수익자로 지정된 자는 별도의 의사표시 없이 당연히 수익권을 취득하므로(신탁법 제56조 제1항 본문) 수익자가 수익자로 지정된 사실을 알지 못하는 경우도 발생할 수 있다.

그런데, 통상의 소멸시효 기산점에 관한 판례의 해석에 따를 경우 권리의 존재나 권리행사 가능성을 알지 못하였다는 사유는 소멸시효의 진행을 방해하지 아니하므로, 수익

1) 법무부, 〈신탁법 해설〉, 488~489면.
2) 이중기, 〈신탁법〉, 485면; 법무부, 〈신탁법 해설〉, 490면.
3) 법무부, 〈신탁법 해설〉, 490면.

자로 지정된 자가 그 사실을 알지 못하는 사이에도 소멸시효가 진행하게 된다. 이러한 불합리한 점을 시정하기 위하여 수익자로 지정된 것을 안 때 비로소 수익채권의 소멸시효가 진행하는 것으로 규정하였다.

한편, 신탁관리인은 수익자가 없거나, 수익자가 제한능력자인 경우 등에 선임되는데, 신탁관리인이 선임된 경우는 통상 수익자가 사실상, 법률상으로 정상적인 권리행사가 어려운 상황이므로, 신탁관리인 제도가 형해화되지 아니하려면 소멸시효에서 수익자로 지정된 것을 알았는지 여부는 신탁관리인을 기준으로 판단함이 타당하고, 결국 신탁관리인의 선임 시점이 소멸시효의 기산점이 될 것이다.

이와 같이 수익채권의 소멸시효 진행을 수익자의 주관적 사정에 맡기는 경우 소멸시효 자체가 진행되지 아니하여 수탁자가 지나치게 오랜 기간 동안 채무에 구속될 수 있으므로 제척기간을 두어야 한다는 견해도 있으나, 수익자를 두텁게 보호하기 위해 제척기간을 두지 않았다.[1]

3. 수익채권과 시효정지

수탁자는 수익자를 위한 충실의무를 지고 있는 자임에도 수익채권의 소멸시효가 완성될 때까지 수익자에게 수령을 최고하는 등의 아무런 조치를 취하지 않고 있다가 소멸시효의 이익을 주장하는 것은 신탁의 본질에 부합하지 않는 측면이 있다. 따라서 신탁법은 수탁자가 충실의무를 부담하는 신탁의 특성을 반영하여 수익채권은 수탁자의 충실의무가 해소된 것으로 볼 수 있는 때까지는 소멸시효가 완성하지 아니하는 것으로 하였다. 즉 수탁자는 수익자에 대하여 충실의무를 부담하므로 신탁이 종료하고 6개월이 경과할 때까지는 시효가 정지되도록 하여 수익자는 신탁의 종료시로부터 6개월의 경과 이전까지는 언제든지 수익채권을 행사할 수 있도록 하였다(신탁법 제63조 제3항).[2][3]

1) 법무부, 〈신탁법 해설〉, 490~491면.
2) 법무부, 〈신탁법 해설〉, 491~492면.
3) 한편, 소멸시효 완성과 수탁자의 충실의무 간의 충돌을 피하기 위한 방안으로는 수탁자가 소멸시효 기간 경과 후 수익자에게 수익채권의 존재와 내용 등을 통지하도록 하고, 통지에도 불구하고 수익채권의 이행청구를 받지 아니한 경우에만 소멸시효 완성을 주장할 수 있도록 하는 방안도 고려될 수 있을 것이나, 우리 민법상 소멸시효 완성의 효과에 관하여는 시효 완성시 당연히 권리가 소멸한다고 해석하는 것이 통설·판례의 입장이고(절대적 소멸설), 소멸시효 완성 전의 통지는 채무승인(민법 제168조 제3항), 소멸시효 완성 후의 통지는 시효이익의 포기로 해석되어 결국 수탁자가 소멸시효를 주장할 수 없는 논리적 문제점이 있으므로 신탁법에서는 이를 채택하지 아니하였다(법무부, 〈신탁법 해설〉, 512면).

제 3 절 수익권의 양도

제64조 (수익권의 양도성) [신설]

① 수익자는 수익권을 양도할 수 있다. 다만, 수익권의 성질이 양도를 허용하지 아니하는 경우에는 그러하지 아니하다.

② 제1항에도 불구하고 수익권의 양도에 대하여 신탁행위로 달리 정한 경우에는 그에 따른다. 다만, 그 정함으로써 선의의 제3자에게 대항하지 못한다.

1. 총 설

수익권의 양도는 신탁의 유연화를 위해서 필요할 뿐만 아니라 수익권에 관련된 거래당사자의 이해관계를 조정하는 데에도 중요한 내용임에도 구 신탁법에는 수익권의 양도와 관련된 규정이 없었다. 구 신탁법 시대의 학설은 수익권 양도의 법률관계를 지명채권의 양도에 준하는 것으로 파악하고 있었는데, 현행 신탁법은 이를 입법적으로 수용하여 수익권 양도와 관련한 법률관계를 명확히 하고자 하였다.

2. 수익권의 양도

가. 원칙 – 수익권 양도 자유의 원칙

수익권의 성질상 허용되지 아니하는 경우를 제외하고, 수익자는 수익권을 누구에게나 자유롭게 양도할 수 있다. 수익권은 지명채권에 유사한 성질을 갖는 권리로 해석되고 있었으므로(통설, 채권설) 그 양도에 있어서도 지명채권에 있어서와 마찬가지로 원칙적으로 양도성이 있는 것으로 규정하였는바(신탁법 제64조 제1항 본문), 수익자는 수탁자나 위탁자의 승낙이 없이도 자유로이 그가 갖는 수익권을 양도할 수 있다. 다만, 수익권의 일부를 양적으로 분할하여 양도하여 결과적으로 신탁의 변경에 해당하는 경우라면 신탁의 변경에 관한 절차를 따라야 양도가 가능하다고 보아야 할 것이다.[1)]

1) 법무부, 〈신탁법 해설〉, 495면.

나. 예 외

(1) 채권의 성질이 양도를 허용하지 않는 경우

수익권은 원칙적으로 양도할 수 있으나, 지명채권에서와 마찬가지로 수익권이 일신전속적인 권리인 경우 등에는 그 성질상 수익권의 양도가 허용되지 아니한다. 여기서 일신전속성이란 '귀속상의 일신전속성'을 의미하는 것으로, 수익자의 부양을 목적으로 하는 부양신탁의 수익권, 특정인의 생존 중에만 지급하기로 정한 수익권, 무상수익권으로서 수익자 변경을 허용하지 않는 수익권 등은 그 성질이 고도로 인격적이기 때문에 이전할 수 없다.[1] 부동산 담보신탁에서 수익자가 자신이 수익권에 대해 양도 또는 질권설정을 하기 위해서는 수익권에 대한 양도 또는 질권설정의 대항요건 뿐만 아니라 수익권으로 담보되는 채권의 양도 또는 질권설정 행위에 대한 대항요건까지 갖추어야만 담보신탁의 수익권에 대한 양도 또는 질권설정으로 해석될 수 있다는 견해가 있다.[2]

(2) 신탁행위

수익자는 수탁자나 위탁자의 승낙 없이도 자유로이 수익권을 양도할 수 있으나, 신탁행위로 수익권의 양도를 금지하거나 제한을 둘 수도 있다. 양도를 제한하는 방법으로는 수익권 양도시 신탁관계자 전원의 동의를 요하게 하거나, 수탁자의 동의 및 다른 수익자의 동의를 요하도록 하는 것 등이 있을 수 있다. 자세한 내용은 아래 3. 수익권의 양도와 선의의 제3자 부분 참조.

다. 수익권 양도시 수익자 의무의 이전 여부

(1) 비용 등 상환의무의 이전

수익자는 수탁자에 대하여 보충적으로 비용 등의 상환의무를 지는데, 수익권 양도시 기왕에 발생한 비용 등의 상환의무도 양도에 수반하여 양수인에게 당연히 이전되는지의 문제이다.

일응 변제기가 도래한 구체적인 비용 등의 상환채무 등은 양도인의 개인채무이지 수익권의 내용을 구성하지는 않는 것으로 보아야 할 것이므로, 기왕의 채무는 특약이 없는 한 양도인이 부담할 것이고, 장래채무는 수익권의 이전에 수반하여 양수인에게 이전하는 것으로 보아야 한다는 견해가 있다.[3] 이와 같이 해석할 경우 수익권의 양도는 장래에 향

1) 이중기, 〈신탁법〉, 493면; 법무부, 〈신탁법 해설〉, 495면.
2) 한상곤, 〈부동산 담보신탁의 수익권에 관한 고찰〉, 26면.
3) 이중기, 〈신탁법〉, 494~496면; 법무부, 〈신탁법 해설〉, 496면. 반면, 수익권 양도를 권리와 의무의 총체로서의 수익자지위의 양도로 보는 전제에서, 양수인은 별도의 정함이 없는 한 장래의 채무 뿐만 아니라 기발생한 채무도 승계한다고 보는 견해로는 최수정, 〈개정 신탁법상의 수익권〉, 142면.

해서는 사실상 수익자의 지위 양도와 같은 의미를 갖게 된다. 한편, 수익권 양도는 원칙적으로 권리만을 이전하는 것으로 보면서도, 양수인은 수익권을 양수받은 시점부터 수익권에 기한 이익을 받으므로 양수시부터 신탁법 제46조 제4항과 제47조 제4항에 의하여 비용상환 등의 의무가 양수인에게 법정이전된다고 보아, 특약이 없는 한 기존에 발생한 채무는 양도인이, 수익권 양도시부터는 양수인이 부담한다고 해석하는 견해도 있다.[1)]

이는 개별 사안에서 수익권 양도계약의 목적과 내용, 양도당사자의 관계 등 구체적인 사실관계를 고려하여 권리로서 수익권을 양도하는 것인지, 권리와 의무의 총체로서 수익자 지위를 이전하는 것인지를 당사자의 의사해석을 통하여 구별해야 할 문제로 보인다.[2)] 수익자 지위의 포괄적 이전으로 해석될 경우에는 양수인이 장래채무 뿐 아니라 기왕에 발생한 상환의무도 이전받는 것으로 보는 것이 타당하다.[3)]

(2) 복수 수익자의 경우

한편 수익권 양도시 수익자로서 갖는 수탁자에 대한 비용 및 보수상환의무 등도 장래를 향하여 이전된다고 보는 경우, 수익자가 여럿이면 수익자 간의 관계가 문제된다. 즉 여러 수익자 간의 의무를 연대채무로 볼 것인지, 의무분담비율은 어떻게 산정할 것인지 등이 문제될 수 있으나, 이에 관한 판례는 아직 없으며 해석에 맡겨져 있는 상태이다.[4)]

3. 수익권의 양도와 선의의 제3자

수익권 양도 자유에 관한 규정은 임의규정이다. 따라서 지명채권에서와 마찬가지로 수익권 양도 자유의 원칙에 대한 예외로서 신탁행위로 수익권의 양도를 금지하거나 일정한 제한을 가할 수 있다. 즉 일신전속적이지 않으면서도 성질상 양도가 허용되지 않는 경우에는 제1항 단서에 대해서도 신탁행위로 제한이 가능하다. 그러나 거래안전을 위해 이러한 금지 또는 제한으로 선의의 제3자에게 대항할 수 없다고 보아야 할 것이다

---

1) 이근영, 〈신탁수익권의 양도에 관한 고찰〉, 256면.

2) 실무상 신탁계약의 내용에서 수익권 양도시 수탁자의 동의를 받도록 하고, 수익권은 신탁재산에서 각종 비용을 공제하고 남는 잔존 수익 범위 내에서 수익을 향유할 수 있는 권리로 정하고 있는 경우가 많은 바, 이와 같은 경우에는 (수익권의 양수인으로 하여금 오로지 이익만을 향수하도록 할 특별한 사정 등이 없는 한) 수익권을 양도하는 당사자의 의사는 권리만이 아니라 수익자 지위 자체를 이전하기로 하는 의사로 해석될 여지가 많다.

3) 대법원 2011. 6. 23. 선고 2007다63089 전원합의체 판결(계약당사자 중 일방이 상대방 및 제3자와 3면계약을 체결하거나 상대방의 승낙을 얻어 계약상 당사자로서의 지위를 포괄적으로 제3자에게 이전하는 경우 이를 양수한 제3자는 양도인의 계약상 지위를 승계함으로써 종래 계약에서 이미 발생한 채권·채무도 모두 이전받게 된다).

4) 법무부, 〈신탁법 해설〉, 496면.

(민법 제449조 제2항 단서 참조).[1] 다만 이러한 수익권 양도제한의 특약이 신탁등기의 일부로 인정되는 신탁원부에 기재되어 있는 경우에는, 신탁법 제3조에 따라 제3자에게 대항할 수 있다고 해석되거나,[2] 양도제한 특약의 존재를 알지 못함에 중대한 과실이 있다고 보아, 선의의 제3자에게 대항할 수 있다고 본다.

제65조 (수익권 양도의 대항요건과 수탁자의 항변) [신설]

① 수익권의 양도는 다음 각 호의 어느 하나에 해당하는 경우에만 수탁자와 제3자에게 대항할 수 있다.

1. 양도인이 수탁자에게 통지한 경우
2. 수탁자가 승낙한 경우

② 제1항 각 호의 통지 및 승낙은 확정일자가 있는 증서로 하지 아니하면 수탁자 외의 제3자에게 대항할 수 없다.

③ 수탁자는 제1항 각 호의 통지 또는 승낙이 있는 때까지 양도인에 대하여 발생한 사유로 양수인에게 대항할 수 있다.

④ 수탁자가 이의를 보류하지 아니하고 제1항 제2호의 승낙을 한 경우에는 양도인에게 대항할 수 있는 사유로써 양수인에게 대항하지 못한다. 다만, 수탁자가 채무를 소멸하게 하기 위하여 양도인에게 급여한 것이 있으면 이를 회수할 수 있고, 양도인에 대하여 부담한 채무가 있으면 그 성립되지 아니함을 주장할 수 있다.

---

1) 이중기, 〈신탁법〉, 497면; 법무부, 〈신탁법 해설〉, 496~497면.

2) 대법원 2012. 5. 9. 선고 2012다13590 판결(신탁법 제3조는 "등기 또는 등록하여야 할 재산에 관하여는 신탁은 그 등기 또는 등록을 함으로써 제3자에게 대항할 수 있다."고 규정하고, 구 부동산등기법(2011. 4. 12. 법률 제10580호로 전문개정되기 전의 것) 제123조, 제124조는 신탁의 등기를 신청하는 경우에는 ① 위탁자, 수탁자 및 수익자 등의 성명, 주소 ② 신탁의 목적 ③ 신탁재산의 관리방법 ④ 신탁종료사유 ⑤ 기타 신탁의 조항을 기재한 서면을 그 신청서에 첨부하도록 하고 있고 그 서면을 신탁원부로 보며 다시 신탁원부를 등기부의 일부로 보고 그 기재를 등기로 본다고 규정하고 있다. 따라서 위의 규정에 따라 등기의 일부로 인정되는 신탁원부에 신탁부동산에 대한 관리비 납부의무를 위탁자가 부담한다는 내용이 기재되어 있다면 수탁자는 이로써 제3자에게 대항할 수 있다).
서울고등법원 2014. 8. 21. 선고 2013나59298 판결(신탁법은 신탁재산의 독립성을 제3자에게도 대항할 수 있도록 신탁재산의 공시에 관한 독자적인 규정을 두고 있다. 신탁법 제3조는 "등기 또는 등록하여야 할 재산에 관하여는 신탁은 그 등기 또는 등록을 함으로써 제3자에게 대항할 수 있다."고 규정하고, 구 부동산등기법(2011. 4. 12. 법률 제10580호로 전문개정되기 전의 것, 이하 '부동산등기법'이라고만 한다) 제123조, 제124조는 신탁의 등기를 신청하는 경우에는 ① 위탁자, 수탁자 및 수익자 등의 성명, 주소 ② 신탁의 목적 ③ 신탁재산의 관리방법 ④ 신탁종료사유 ⑤ 기타 신탁의 조항을 기재한 서면을 그 신청서에 첨부하도록 하고 있고 그 서면을 신탁원부로 보며 다시 신탁원부를 등기부의 일부로 보고 그 기재를 등기로 본다고 규정하고 있다. 따라서 신탁계약의 내용이 신탁등기의 일부로 인정되는 신탁원부에 기재된 경우 이를 제3자에게 대항할 수 있다(대법원 2004. 4. 16. 선고 2002다12512 판결, 대법원 2011. 9. 8. 선고 2010다15158 판결, 대법원 2012. 5. 9. 선고 2012다13590 판결 등 참조). 여기서 '제3자'는 위탁자, 수익자, 수탁자 및 그 포괄승계인을 제외한 자를 가리키고, 제3자의 선의와 악의를 불문한다고 보아야 한다).

1. 수익권 양도의 대항요건

가. 수탁자 및 제3자에 대한 공통의 대항요건

민법상 지명채권 양도의 대항요건과 마찬가지로, 수익권의 양도는 양도인이 수탁자에게 통지를 하거나 수탁자가 승낙을 하지 않으면 수탁자 및 제3자에게 대항할 수 없다. 참고로 현행 신탁법은 양수인의 수익권 양도 통지 권한을 규정하고 있지 않지만, 구 신탁법 하에서 판례는 양수인이 양도인의 사자 또는 대리인으로서 채권양도통지를 할 수 있다는 태도를 취하고 있다.[1)]

나. 제3자에 대한 대항요건

수익권 양도의 통지나 승낙은 확정일자 있는 증서로 하지 아니하면 수탁자 외의 제3자에게 대항할 수 없다. 수탁자는 수익자에 대하여 충실의무를 부담하는 자이고 신탁의 당사자이므로 확정일자 있는 증서에 의한 통지를 대항요건으로 하지 아니한다.[2)]

2. 수탁자의 항변

민법과 마찬가지로 수탁자에 대한 대항요건인 수익권 양도의 통지나 승낙이 있기 전까지 양도인에 대하여 생긴 사유에 대하여서는 수탁자는 양수인에게 대항할 수 있다.

3. 이의를 보류하지 않은 승낙

민법상 지명채권 양도의 경우와 마찬가지로, 수탁자가 이의를 보류하지 아니한 승낙을 한 경우에는 양도인에게 대항할 수 있는 사유로써 양수인에게 대항하지 못한다. 그러나 수탁자가 채무를 소멸하게 하기 위하여 양도인에게 급여한 것이 있으면 이를 회수할 수 있고 양도인에 대하여 부담한 채무가 있으면 그 성립되지 아니함을 주장할 수 있다.

第66조 (수익권에 대한 질권) [신설]

① 수익자는 수익권을 질권의 목적으로 할 수 있다. 다만, 수익권의 성질이 질권의 설

1) 대법원 2004. 2. 13. 선고 2003다43490 판결.
2) 법무부, 〈신탁법 해설〉, 502면.

정을 허용하지 아니하는 경우에는 그러하지 아니하다.
② 제1항에도 불구하고 수익권을 목적으로 하는 질권의 설정에 대하여 신탁행위로 달리 정한 경우에는 그에 따른다. 다만, 그 정함으로써 선의의 제3자에게 대항하지 못한다.
③ 수익권을 목적으로 하는 질권의 설정에 관하여는 수익권 양도의 대항요건과 수탁자의 항변사유에 관한 제65조를 준용한다. 이 경우 제65조 중 "양도인"은 "수익자"로, "양수인"은 "질권자"로 보고, 같은 조 제1항 중 "수익권의 양수 사실"은 "수익권에 대하여 질권이 설정된 사실"로 본다.
④ 수익권을 목적으로 하는 질권은 그 수익권에 기한 수익채권과 이 법 또는 신탁행위에 따라 그 수익권을 갈음하여 수익자가 받을 금전이나 그 밖의 재산에도 존재한다.
⑤ 수익권의 질권자는 직접 수탁자로부터 금전을 지급받아 다른 채권자에 우선하여 자기 채권의 변제에 충당할 수 있다.
⑥ 질권자의 채권이 변제기에 이르지 아니한 경우 질권자는 수탁자에게 그 변제금액의 공탁을 청구할 수 있다. 이 경우 질권은 그 공탁금에 존재한다.

1. 신설 취지

구 신탁법에는 수익권에 대한 담보권 설정에 관한 근거 규정이 없었지만, 구 신탁법 하의 실무에서는 수익권의 재산권적 성질을 인정하여 수익자의 채권자가 수익권에 대하여 질권을 설정하고 있었다. 이에 현행 신탁법은 수익권을 목적으로 하는 질권 설정에 관련한 규정을 신설하고, 질권의 효력에 관한 명시적 규정을 신설하였다.

2. 수익권에 대한 질권 설정

수익권 양도의 경우와 마찬가지로 원칙적으로 수익권에 대하여 담보권 설정이 가능하다. 즉 수익자는 수탁자나 위탁자의 승낙이 없이도 자유로이 그가 갖는 수익권에 대하여 질권을 설정할 수 있다. 신탁재산인 부동산의 수익을 통해 나오는 이익을 내용으로 하는 수익권에 대해 질권 설정을 인정하면, 부동산의 사용·수익을 목적으로 하는 권리에 대한 질권설정을 금지하고 있는 민법 제345조 단서[1)]에 반한다는 지적이 있을 수 있으나, 수익권은 수탁자에 대한 채권으로 신탁재산이 부동산이라는 것은 우연한 사정에 불과하므로 민법 규정에 반하지 않는 것으로 보는 것이 통설[2)]의 태도이다.

1) 민법 제345조(권리질권의 목적) 질권은 재산권을 그 목적으로 할 수 있다. 그러나 부동산의 사용, 수익을 목적으로 하는 권리는 그러하지 아니하다.
2) 김종서 · 장희순, 〈부동산개발신탁사업에 있어 신탁수익권증서의 활용을 통한 자금조달방안에 관한 연구〉, 72면.

다만 수익권 양도의 경우와 마찬가지로 수익권의 성질상 허용되지 아니하는 경우에는 수익권을 목적으로 한 질권을 설정할 수 없다.[1)]

3. 질권 설정 규정의 임의규정성

수익권에 대한 질권 설정의 자유에 관한 규정은 임의규정이다. 수익권 양도의 경우와 마찬가지로 수익권에 대한 질권 설정 자유의 원칙에 대한 예외로서 신탁행위로 질권 설정을 금지하거나 일정한 제한을 가할 수 있다.[2)]

다만 수익권 양도의 경우와 마찬가지로 수익권에 대한 질권 설정의 금지 또는 제한 약정으로 선의의 제3자에게 대항할 수 없다.

4. 질권 설정의 대항요건

수익권을 목적으로 하는 질권 설정의 대항요건 및 수탁자의 항변에 관하여 수익권의 양도에 관한 규정을 준용한다. 즉, 수익권을 목적으로 하는 질권 설정은 수익자 또는 질권자가 수탁자에게 통지하거나 수탁자가 승낙을 하지 않으면 수탁자 기타 제3자에게 대항할 수 없다.[3)]

5. 물상대위성

수익권을 목적으로 하는 질권의 효력이 미치는 범위는, 질권의 목적이 된 해당 수익권의 수익자가 수익채권에 기하여 수탁자로부터 신탁재산에 관한 급부로서 받는 금전뿐만 아니라, 수익권 취득 청구, 신탁의 변경에 따른 수익권의 합병·분할, 그 밖의 수익권에 갈음하여 받을 금전이나 그 밖의 재산 등을 포함하나, 이는 신탁법 제27조 소정의 신탁재산의 범위보다는 좁은 것으로 파악된다.[4)]

질권의 물상대위가 인정되기 위하여 민법상 질권과 같이 별도의 압류절차가 필요한지 여부에 관하여, 상법[5)]에 별도의 규정이 없고, 해석상으로는 등록질은 압류가 불필요하나 약식질은 압류가 필요하다고 보는 것이 다수설인 점, 신탁법에 주식의 등록질에 상

1) 법무부, 〈신탁법 해설〉, 507면.
2) 이중기, 〈신탁법〉, 514면; 법무부, 〈신탁법 해설〉, 508면.
3) 법무부, 〈신탁법 해설〉, 508면.
4) 법무부, 〈신탁법 해설〉, 508~509면.
5) 상법 제339조(질권의 물상대위) 주식의 소각, 병합, 분할 또는 전환이 있는 때에는 이로 인하여 종전의 주주가 받을 금전이나 주식에 대하여도 종전의 주식을 목적으로 한 질권을 행사할 수 있다.

응하는 질권을 별도로 인정하지 않은 점 등을 고려할 때, 실무상으로는 별도의 압류절차를 하여 두는 것이 안전할 것으로 판단된다.

6. 질권의 우선변제권

질권자는 직접 수탁자로부터 금전을 수령하여 수익자의 채권자보다 우선적으로 자기 채권의 변제에 충당할 수 있다. 만약 피담보채권의 변제기가 아직 도래하지 않았다면 위 금전에 상당하는 금액을 공탁하게 하고 그 위에 질권을 계속 가질 수 있다. 수익권의 질권자는 수익권의 내용 이상의 권리를 취득할 수 없으므로, 수탁자의 비용상환청구권(신탁법 第48조 第1항), 신탁채권(동법 第62조)은 질권자의 권리에 우선한다.[1)]

제 4 절 신탁관리인

第67조 (신탁관리인의 선임)

① 수익자가 특정되어 있지 아니하거나 존재하지 아니하는 경우 법원은 위탁자나 그 밖의 이해관계인의 청구에 의하여 또는 직권으로 신탁관리인을 선임할 수 있다. 다만, 신탁행위로 신탁관리인을 지정한 경우에는 그에 따른다.

② 수익자가 미성년자, 한정치산자 또는 금치산자이거나 그 밖의 사유로 수탁자에 대한 감독을 적절히 할 수 없는 경우 법원은 이해관계인의 청구에 의하여 또는 직권으로 신탁관리인을 선임할 수 있다. 다만, 신탁행위로 달리 정한 경우에는 그에 따른다.

③ 수익자가 여럿인 경우 수익자는 제71조의 방법에 따른 의사결정으로 신탁관리인을 선임할 수 있다. 수익권의 내용이 다른 여러 종류의 수익권이 있고 같은 종류의 수익권을 가진 수익자(이하 "종류수익자"라 한다)가 여럿인 경우에도 또한 같다.

④ 법원은 제1항 또는 제2항에 따라 선임한 신탁관리인에게 필요한 경우 신탁재산에서 적당한 보수를 줄 수 있다.

1. 수탁자 감독을 위한 신탁관리인

가. 인정취지

수익자는 신탁재산의 실질적 소유자로서 신탁재산의 명의인인 수탁자의 신탁사무

1) 법무부, 〈신탁법 해설〉, 509면.

처리를 감독할 권한이 있는 자이나, 수익자가 신탁 설정시에 반드시 특정되어 있거나 존재할 것을 요하지 않는바, 이 경우에 수익자와 신탁재산을 위하여 수익자를 대신하여 수탁자를 감독할 사람이 필요하므로 신탁관리인을 선임할 수 있도록 허용하였다.[1]

나. 선임요건

(1) 수익자가 특정되어 있지 않은 경우

수익자가 불특정 다수인 경우로, 구성원이 수시로 변동하는 일정한 지역 또는 단체의 구성원을 수익자로 정한 신탁, 기업연금신탁 등과 같이 장래 새로운 수익자가 등장하는 신탁 또는 합동운용금전신탁이나 증권투자신탁과 같은 집단신탁 등이 이에 해당된다.[2]

(2) 수익자가 존재하지 않는 경우

(가) 수익자가 아직 존재하지 않는 신탁

성립 전의 법인이나 장래 출생할 자녀 등 존재하지 않는 자를 수익자로 정한 신탁, 위탁자가 수익자지정권을 수탁자 등에게 부여한 신탁, 수익자의 자격요건에 기한 등을 설정한 신탁 등이 이에 해당된다.[3]

(나) 목적신탁 및 공익신탁

목적신탁에는 개념본질상 신탁의 수익자로서 수탁자를 감독하고 신탁을 집행할 자가 존재하지 않고, 공익신탁의 경우 주무관청의 감독은 있으나 수탁자에 대한 일상적인 감독을 기대하기 어려우므로, 공익목적 또는 사익목적인지에 관계없이 신탁관리인 선임을 강제할 필요가 있다.

다. 선임방법

법원은 예상되는 수익의 대상자 등 이해관계인이 선임청구를 한 경우 또는 직권으로 비송사건절차법에 따라 신탁관리인을 선임결정하여야 하고, 선임결정에 대하여는 불복할 수 없다.

목적신탁의 경우 수익자가 존재할 수 없고, 그 밖의 신탁의 경우에도 수익자가 신탁의 설정시에 존재하거나 특정되지 않으므로, 신탁이 설정된 처음부터 신탁관리인을 선임하여야 하고, 법원은 이해관계인의 선임청구가 없는 경우 직권으로 선임하여야 한다.[4]

다만, 공익신탁의 경우 법원이 아니라 법무부장관이 신탁관리인을 선임한다(공익신탁법 제27조).

---

1) 법무부, 〈신탁법 해설〉, 512면.
2) 이중기, 〈신탁법〉, 486면; 최동식, 〈신탁법〉, 351~352면.
3) 이중기, 〈신탁법〉, 485~486면; 최동식, 〈신탁법〉, 351~352면.
4) 이중기, 〈신탁법〉, 489~490면; 이중기, 〈신탁제도의 개선에 관한 용역〉, 182~183면.

신탁재산이 부동산인 경우 법원은 신탁관리인 선임결정을 할 때 지체 없이 신탁원부에 신탁관리인을 기재할 것을 등기소에 촉탁하여야 하고, 공익신탁의 경우 법무부장관이 신탁관리인을 선임한 경우에도 동일하다(부동산등기법 第85조).

2. 수익자 보호를 위한 신탁관리인

가. 인정취지

수익자가 존재하더라도 수익자가 제한능력자이거나 그 밖의 사유로 수탁자에게 적절한 감독권 행사를 기대하기 어려운 경우 수익자를 보호하기 위하여 신탁관리인을 선임할 필요가 있다.[1)]

나. 선임방법

법원은 수익자나 그의 법정대리인 등 이해관계인의 선임청구 또는 직권으로 선임결정을 할 수 있다. 법원의 선임결정절차와 그 등기에 대해서는 제1항의 신탁관리인과 동일하다.[2)]

3. 다수의 수익자를 위한 신탁관리인

가. 인정취지

수익자가 특정되어 있고 행위능력자인 경우 수탁자에 대한 감독기능을 수행할 수 있으므로 원칙적으로 신탁관리인을 선임할 필요가 없으나, 집단신탁 등 수익자가 다수인 신탁의 경우 수익자가 전원일치로 권한을 행사하여야 하는데 의견 일치가 어려워 권리를 행사할 수 없는 상태가 발생할 가능성이 있는바, 다수 수익자의 이익을 위하여 의사결정을 용이하게 할 수 있도록 신탁법은 신탁관리인 선임을 허용한다.[3)]

나. 선임방법

수익자 각자는 수탁자를 감독할 능력이 있지만 수탁자 감독과 관련된 의사결정의 편의를 위하여 선임하는 것이어서 선임을 강제하거나 법원이 선임에 관여할 필요가 없으므로, 수익자들의 의사결정에 의해서 선임하도록 하였다. 즉 신탁법 제71조 이하에 규정된

---

1) 이중기, 〈신탁법〉, 489면; 최동식, 〈신탁법〉, 358면.
2) 법무부, 〈신탁법 해설〉, 514면.
3) 법무부, 〈신탁법 해설〉, 514~515면.

여럿인 수익자의 의사결정방법에 따라 수익자 전원의 동의, 신탁행위에서 정한 의결정족수 또는 수익자집회의 결의에 의하여 신탁관리인을 선임하여야 한다.[1)]

내용이 다른 여러 종류의 수익권이 있고 종류수익자가 다수인 경우 다수의 종류수익자를 대신하여 의사결정을 할 신탁관리인을 선임할 수 있도록 규정하였다(동조 제3항 후단).

4. 신탁행위에 따른 신탁관리인

위탁자 등이 신탁설립시 신탁행위로 수익자를 대신하여 수탁자를 감독할 신탁관리인을 선임할 수 있도록 규정한 경우, 신탁행위에서 정한 방법에 따라 신탁관리인을 선임할 수 있다.

5. 신탁관리인의 보수

법원의 신탁관리인 선임이 용이하도록 법원은 신수탁자를 선임하는 경우와 마찬가지로 신탁관리인을 선임할 때 신탁재산에서 적당한 보수를 지급하는 결정을 할 수 있다.

제68조 (신탁관리인의 권한)

① 신탁관리인은 수익자의 이익이나 목적신탁의 목적 달성을 위하여 자기의 명의로 수익자의 권리에 관한 재판상 또는 재판 외의 모든 행위를 할 권한이 있다. 다만, 신탁관리인의 선임을 수탁자에게 통지하지 아니한 경우에는 수탁자에게 대항하지 못한다.

② 신탁관리인은 신탁에 관하여 수익자와 동일한 지위를 가지는 것으로 본다.

③ 제67조 제1항에 따라 선임된 신탁관리인이 여럿인 경우 신탁행위로 달리 정한 바가 없으면 공동으로 사무를 처리한다.

④ 신탁관리인이 개별 수익자를 위하여 제67조 제2항에 따라 각각 선임된 경우에는 각 신탁관리인은 해당 수익자를 위하여 단독으로 사무를 처리한다. 이 경우 개별 수익자를 위하여 선임된 여럿의 신탁관리인들은 해당 수익자를 위하여 공동으로 사무를 처리한다.

⑤ 제67조 제3항 전단에 따라 선임된 신탁관리인이 여럿인 경우에는 선임 시 달리 정하지 아니하면 공동으로 사무를 처리한다.

⑥ 제67조 제3항 후단에 따라 선임된 신탁관리인은 자신을 선임한 종류수익자만을 위

1) 법무부, 〈신탁법 해설〉, 515면.

하여 단독으로 사무를 처리한다. 이 경우 하나의 종류수익자를 위하여 선임된 여럿의 신탁관리인들은 그 종류수익자를 위하여 공동으로 사무를 처리한다.
⑦ 제67조 제3항에 따라 신탁관리인을 선임한 경우에도 수익자는 제71조의 방법에 따른 의사결정으로 사무를 처리할 수 있다.

1. 신탁관리인의 권한

가. 신탁관리인의 권한

신탁관리인은 신탁에 관하여 수익자와 동일한 지위를 가지고(신탁법 제68조 제2항), 자기의 명의로 수익자의 권리에 관한 재판상 또는 재판 외의 모든 행위를 할 권한을 갖고 있으므로(동조 제1항 본문) 서류의 열람 등 청구권(동법 제40조), 수탁자의 신탁위반행위에 대한 취소권 또는 유지청구권(동법 제75조, 제77조) 등 수익자의 수익권 중 공익권에 속하는 권리의 대부분을 행사할 수 있다.

그러나 수익자의 권한 전부를 대신 행사할 수 있는 것은 아니고, 신탁재산에서 급부를 수령할 권한(신탁법 제56조), 신탁의 종료명령 청구권(동법 제100조) 또는 신탁 종료시 신탁재산의 귀속권한(동법 제101조 제1항) 등은 행사할 수 없다.[1)]

신탁관리인은 수익자나 신탁의 목적을 위하여 재판상 행위로서 수탁자를 상대로 수탁자의 의무 위반에 대한 원상회복 또는 손해배상소송(신탁법 제43조)이나 수익자취소권의 행사로 인한 소송(동법 제75조)을 할 수 있는데, 이는 민사소송법의 이론상 '법정소송담당'에 해당하여 허용된다.[2)]

나. 신탁관리인의 의무

신탁법은 신탁관리인의 권한에 대해서만 규정하였지만, 신탁관리인은 특정되거나 존재하게 될 수익자와 위임과 유사한 관계에 있다고 해석되며,[3)] 비송사건절차법에 따라 법원이 선임한 신탁관리인에게는 수임인의 의무에 대한 민법 제681조, 제684조, 제685조 및 제688조[4)]가 준용된다. 제5항의 신탁관리인 및 신탁행위에 의하여 선임된 신탁관리인

1) 법무부, 〈신탁법 해설〉, 520~521면.
2) 현행 신탁법 제67조 제2항 및 제3항과 같이 구 신탁법 제18조가 인정하는 형태 이외의 신탁관리인에게 재판상 행위를 허용하면 '임의적 소송담당'의 형태로서 민사소송법 제87조 등에 반하므로 신탁관리인의 명의로 재판상 행위를 할 수 없다고 보았다(이중기, 〈신탁법〉, 492~493면; 최동식, 〈신탁법〉, 358면).
3) 이중기, 〈신탁법〉, 493면; 최동식, 〈신탁법〉, 355면.
4) 민법 제681조(수임인의 선관의무) 수임인은 위임의 본지에 따라 선량한 관리자의 주의로써 위임사무를 처리하여야 한다.
민법 제684조(수임인의 취득물 등의 인도, 이전의무) ① 수임인은 위임사무의 처리로 인하여 받은 금전 기타의 물건 및 그 수취한 과실을 위임인에게 인도하여야 한다.

에 대하여도 수임인의 의무규정을 유추적용할 수 있을 것이다.[1)]

다. 신탁관리인의 통지의무

수탁자에게 신탁관리인의 선임사실을 통지하지 않으면 등기·등록의 대상이 아닌 재산으로 이루어진 신탁의 경우나 선임등기를 경료하지 않은 경우 수탁자는 신탁관리인의 선임사실을 알기 어려우므로, 수탁자에 대한 감독권 행사의 대항요건으로서 신탁관리인의 통지의무를 규정하였다.[2)]

2. 복수의 신탁관리인의 신탁사무

가. 수탁자 감독을 위한 신탁관리인의 경우

수익자가 특정되지 않거나 존재하지 않는 신탁을 위하여 선임된 신탁관리인이 2인 이상인 경우, 신탁관리인들은 수익자 전체나 목적신탁의 달성을 위하여 선임된 자이므로, 사무를 '공동으로' 처리하는 것이 원칙이다.

이와 같이 공동사무의 처리가 원칙이나, 신탁제도의 유연성을 고려할 때 신탁행위에 특약이 있는 때에는 '단독사무의 처리'가 가능하며, 이는 제3항부터 제5항까지의 규정에 대해서도 동일하다. 제3항과 제5항의 경우 신탁행위로 달리 정할 수 있음을 명문으로 규정하지 않았으나, 달리 취급할 이유가 없으므로 해석상 당연히 인정될 것이다.[3)]

나. 수익자 보호를 위한 신탁관리인의 경우

수탁자에 대한 감독능력을 상실한 제한능력자 등을 위하여 선임되는 신탁관리인은 개별 수익자를 위하여 선임되는 것이므로 단독으로 사무를 처리하는 것이 기본 원칙이다 (신탁법 제68조 제4항 전단).

---

② 수임인이 위임인을 위하여 자기의 명의로 취득한 권리는 위임인에게 이전하여야 한다.
민법 제685조(수임인의 금전소비의 책임) 수임인이 위임인에게 인도할 금전 또는 위임인의 이익을 위하여 사용할 금전을 자기를 위하여 소비한 때에는 소비한 날 이후의 이자를 지급하여야 하며 그 외의 손해가 있으면 배상하여야 한다.
민법 제688조(수임인의 비용상환청구권등) ① 수임인이 위임사무의 처리에 관하여 필요비를 지출한 때에는 위임인에 대하여 지출한 날 이후의 이자를 청구할 수 있다.
② 수임인이 위임사무의 처리에 필요한 채무를 부담한 때에는 위임인에게 자기에 갈음하여 이를 변제하게 할 수 있고 그 채무가 변제기에 있지 아니한 때에는 상당한 담보를 제공하게 할 수 있다.
③ 수임인이 위임사무의 처리를 위하여 과실없이 손해를 받은 때에는 위임인에 대하여 그 배상을 청구할 수 있다.

1) 법무부, 〈신탁법 해설〉, 521면.
2) 법무부, 〈신탁법 해설〉, 522면.
3) 법무부, 〈신탁법 해설〉, 523면.

다만 각 개별 수익자를 위하여 복수의 신탁관리인이 선임된 경우에는 해당 수익자를 위한 신탁사무의 처리라는 공동의 목표를 가진 관계이므로 사무를 '공동으로' 처리하도록 예외를 규정하였다.

다. 복수의 수익자를 위한 신탁관리인의 경우

수익자가 2인 이상인 경우에 수익자 간의 의사결정방식을 간이화하기 위하여 선임된 신탁관리인으로서 수익자 전체를 위하여 권한을 행사하는 자이므로, 사무를 '공동으로' 처리하는 것을 원칙으로 정하였다.

라. 복수의 종류수익자를 위하여 선임된 신탁관리인의 경우

복수의 종류수익자를 위하여 선임된 신탁관리인의 경우 해당 종류수익자를 위하여 권한을 행사하는 자이므로 사무를 단독으로 처리하는 것이 원칙이다(신탁법 제68조 제6항 전단).

그러나 같은 종류의 종류수익자를 위하여 복수의 신탁관리인이 선임된 경우 공동의 목표를 위하여 사무를 처리하는 자이므로, '공동으로' 사무를 처리하도록 규정하였다(신탁법 제68조 제6항 후단).

3. 신탁관리인과 수익자의 권한 경합

가. 복수의 수익자를 위한 신탁관리인의 경우

신탁법 제67조 제3항의 신탁관리인은 수익자가 복수인 경우에 의사결정방식을 간이화하기 위하여 선임된 자로서, 수익자는 여전히 감독능력을 가지고 있고, 그 법적 성격이 민법상의 대리인과 유사한데 본인은 대리인을 선임한 때에도 직접 권한을 행사할 수 있으며, 권한 행사의 결과는 결국 수익자에게 귀속되는 것이어서 수익자 의사를 존중하는 것이 사적자치의 원리에 부합하므로, 수익자의 의사가 신탁관리인보다 우선하도록 규정하였다. 복수의 수익자는 신탁법 제71조에 따라 의사결정을 하면 될 것으로 보인다.[1)]

나. 신탁관리인의 임무가 종료되는 경우

신탁관리인의 선임사유가 해소된 경우 수익자와의 경합을 방지하기 위하여, 신탁관리인의 임무가 당연 종료한다(신탁법 제70조 제1항 및 제2항).

---

1) 법무부, 〈신탁법 해설〉, 523면.

다. 수익자 보호를 위한 신탁관리인의 경우

신탁법 제67조 제2항에 따라 수탁자 감독능력이 부족한 수익자를 보호하기 위하여 신탁관리인이 선임된 것이므로 신탁관리인의 권한이 수익자의 권한에 우선한다.[1)]

제69조 (신탁관리인의 임무 종료) [신설]

① 제67조 제1항에 따라 선임된 신탁관리인은 수익자가 특정되거나 존재하게 되면 임무가 종료된다.

② 제67조 제2항에 따라 선임된 신탁관리인은 다음 각 호의 어느 하나에 해당하는 경우 임무가 종료된다.

1. 미성년자인 수익자가 성년에 도달한 경우
2. 수익자가 한정치산선고·금치산선고의 취소심판을 받은 경우
3. 그 밖에 수익자가 수탁자에 대한 감독능력을 회복한 경우

③ 제1항 또는 제2항에 따라 신탁관리인의 임무가 종료된 경우 수익자 또는 신탁관리인은 수탁자에게 신탁관리인의 임무 종료 사실을 통지하지 아니하면 수탁자에게 대항하지 못한다.

1. 수탁자 감독을 위한 신탁관리인의 경우

신탁법 제67조 제1항에 따라 수익자가 특정되지 않거나 존재하지 않는 수익자신탁에서 신탁관리인이 선임된 후 수익자가 특정되거나 존재할 때 수탁자 감독을 위한 신탁관리인이 필요하지 않고, 신탁관리인과 수익자 간 권한의 경합 문제가 발생할 수 있으므로, 신탁관리인의 임무가 당연 종료하는 것으로 규정하였다.

2. 수익자 보호를 위한 신탁관리인의 경우

수익자가 제한능력자이거나 그 밖에 수탁자 감독을 기대하기 어려운 사정이 있는 경우에 선임된 신탁관리인의 경우에도 수익자가 성인이 되거나 한정후견개시 심판 또는 성년후견개시 심판의 취소심판을 받는 등 수탁자에 대한 감독능력을 회복하게 되면 신탁관

1) 법무부, 〈신탁법 해설〉, 524면.

리인의 도움을 받지 않아도 되고, 제1항과 마찬가지로 신탁관리인과 수익자 간 권한의 경합이 발생할 수 있으므로 신탁관리인의 임무가 당연 종료하는 것으로 규정하였다.

3. 신탁관리인 임무 종료의 통지의무

제1항과 제2항에 따라 신탁관리인의 임무가 종료한 경우, 수탁자에 대한 감독능력을 회복한 수익자 또는 임무가 종료한 신탁관리인은 수탁자에게 신탁관리인의 임무 종료 사실을 통지하여야 한다. 통지의무를 이행하지 않을 경우 수익자 또는 신탁관리인은 수탁자에게 임무 종료한 신탁관리인의 권한 행사로 인한 결과에 대하여 효력이 없음을 주장할 수 없다.[1]

第70조 (신탁관리인의 사임 또는 해임에 의한 임무 종료) [신설]

① 신탁관리인은 선임 시에 달리 정하지 아니하면 신탁관리인을 선임한 법원 또는 수익자의 승낙 없이 사임하지 못한다.

② 제1항에도 불구하고 신탁관리인은 정당한 이유가 있는 경우 법원의 허가를 받아 사임할 수 있다.

③ 사임한 신탁관리인의 통지의무 및 계속적 사무의 관리에 관하여는 제14조 제3항 및 제15조를 준용한다.

④ 신탁관리인을 선임한 법원 또는 수익자는 언제든지 그 신탁관리인을 해임할 수 있다. 다만, 수익자가 정당한 이유 없이 신탁관리인에게 불리한 시기에 해임한 경우 수익자는 그 손해를 배상하여야 한다.

⑤ 해임된 신탁관리인의 통지의무 및 계속적 사무의 관리에 관하여는 제16조 제4항 및 제5항을 준용한다.

⑥ 법원은 신탁관리인의 사임허가결정이나 임무 위반을 이유로 해임결정을 함과 동시에 새로운 신탁관리인을 선임하여야 한다. 이 경우 새로 선임된 신탁관리인은 즉시 수익자에게 그 사실을 통지하여야 한다.

⑦ 제1항, 제2항, 제4항 및 제6항의 경우 수익자, 신탁관리인, 그 밖의 이해관계인은 기존 신탁관리인의 사임 또는 해임, 새로운 신탁관리인의 선임 사실을 수탁자에게 통지하지 아니하면 그 사실로써 수탁자에게 대항하지 못한다.

1) 법무부, 〈신탁법 해설〉, 528면.

1. 신탁관리인의 사임

가. 사임사유

(1) 사임제한의 원칙

신탁관리인은 수익자 또는 신탁의 목적을 위하여 수탁자에 대한 감독 목적으로 선임된 자이므로, 수탁자와 같이 원칙적으로 자유롭게 사임할 수 없다.

(2) 예외적 허용 사유

① 신탁행위 또는 신탁관리인 선임시 사임에 관하여 정한 경우(제1항), ② 해당 신탁관리인을 선임한 법원 또는 수익자가 승낙한 경우(제1항), ③ 법원의 허가(승낙)를 받은 경우(제2항)에는 예외적으로 사임이 가능하다.

수익자가 선임한 신탁관리인은 제2항에 따라 법원이 사임을 허용한 경우 사임할 수 있으나, 법원이 선임한 신탁관리인은 수익자의 승낙이 있더라도 사임할 수 없다.[1]

나. 사임한 신탁관리인의 통지의무

제1항과 제2항에 따라 사임한 신탁관리인은 신탁법 제14조 제3항이 준용되어 즉시 사임사실을 수익자에게 통지하여야 한다. 수익자의 승낙을 얻어 사임하는 경우 수익자는 이미 수탁자의 사임사실을 알고 있을 것이므로 사임승낙의 요청으로 이 조항에 따른 통지를 갈음한 것으로 볼 수 있다.[2]

다. 사임한 신탁관리인의 사무 계속

수익자 보호를 위한 신탁관리인의 임무 공백을 방지하기 위하여 신탁법 제15조를 준용하여 사임한 신탁관리인은 새로운 신탁관리인이 선임될 때까지 신탁관리인으로서 임무를 계속하도록 규정하였다.

사임한 신탁관리인의 권한 범위는 신탁법 제68조 제1항에 따라 "자기의 명의로 수익자의 권리에 관한 재판상 또는 재판 외의 모든 행위를 할 권한"에 미칠 것이다.[3]

2. 신탁관리인의 해임

가. 해임권자

신탁법 제67조 제1항, 제3항에 따라 법원이 선임한 신탁관리인의 경우 선임결정을

1) 법무부, 〈신탁법 해설〉, 532면.
2) 법무부, 〈신탁법 해설〉, 533면.
3) 법무부, 〈신탁법 해설〉, 533면.

한 법원이, 같은 조 제4항에 따라 복수의 수익자가 선임한 신탁관리인의 경우 수익자가 해임권자이다. 수익자는 '수탁자'의 경우(신탁법 제16조 제3항)와 달리 법원에 대한 해임신청권은 인정되지 않는다.[1)]

나. 해임사유

법원이 해임하는 경우, 법원은 신탁에 대한 감독권을 갖는 후견적 지위에 있으므로, 해임의 사유 및 시기에 대한 제한규정은 필요성이 인정되지 않으므로 별도로 규정하지 않았다.

신탁법 제68조 제3항에 따라 복수의 수익자에 의하여 선임된 신탁관리인은 수익자의 의사결정을 대리하는 대리인과 유사한 지위에 있는 자이므로, 선임한 수익자에게 위임과 같은 해임의 자유가 인정되므로 해임의 사유 및 시기에 대한 제한이 없다.

다만 해임의 자유에 대한 제한으로, 위임계약과 같이 신탁관리인에게 불리한 시기에 해임한 경우, 수익자는 신탁관리인의 임무 위반, 질병, 사망 등 정당한 이유가 없는 한 신탁관리인에 대한 손해배상책임을 부담한다(제4항 단서). 수익자가 복수인 경우 민법상 연대채무에 해당할 것이다.[2)]

다. 해임된 신탁관리인의 통지의무

제4항에 따라 신탁관리인이 해임된 경우, 수익자가 그 사실을 알지 못한 경우 예측할 수 없는 손해를 입을 수 있으므로, 신탁법은 제16조 제4항을 준용하여 신탁관리인에게 즉시 통지할 의무를 인정하였다.

라. 해임된 신탁관리인의 신탁사무 계속

신탁관리인이 해임된 경우에도 신탁법은 업무 공백을 방지할 목적으로 신탁법 제16조 제5항을 준용하고 있는바, 해임된 해당 신탁관리인은 새로운 신탁관리인이 선임될 때까지 신탁관리인의 업무 인계에 필요한 행위를 하여야 한다.

법원이 해임한 경우에는 동시에 새로운 신탁관리인을 선임하여야 하므로(제6항), 해임된 신탁관리인에게 임시적으로 사무를 처리할 수 있는 권한을 인정할 필요가 없다.[3)]

1) 법무부, 〈신탁법 해설〉, 533면.
2) 법무부, 〈신탁법 해설〉, 534면.
3) 법무부, 〈신탁법 해설〉, 534면.

3. 법원의 새로운 신탁관리인 선임

가. 새로운 신탁관리인의 선임 강제

법원이 제1항과 제2항에 따라 사임허가결정을 하거나 제4항에 따라 해임결정을 하는 경우, 신탁법은 신탁관리인의 사임 또는 해임에 따르는 업무 공백을 막기 위하여 법원이 신탁관리인 선임결정을 동시에 하도록 강제하였다. 법원의 선임결정에 대하여는 불복할 수 없다(비송사건절차법 제44조의9 제2항).[1)]

나. 새로운 신탁관리인의 통지의무

신탁법은 수익자의 보호를 위하여 제6항 전단에 따라 신탁관리인이 변경되는 경우 새로 선임된 신탁관리인에게 선임사실의 통지의무를 부여하였다.

4. 수익자 등의 수탁자에 대한 통지의무

신탁관리인의 사임, 해임 및 변경이 있는 경우 수탁자는 그 사실을 알기 어려우므로, 신탁관리인과 수익자가 변경 등의 사실을 수탁자에게 통지하지 않는 한 그 변경 등의 사실을 주장할 수 없도록 대항요건으로 규정하였다. 목적신탁의 경우 수익자가 없기 때문에 수탁자에 대한 통지의무는 신·구 신탁관리인을 포함한 '이해관계자'가 부담할 것이다.[2)]

제 5 절 수익자가 여럿인 경우 의사결정

제71조 (수익자가 여럿인 경우 의사결정 방법) [신설]

① 수익자가 여럿인 신탁에서 수익자의 의사는 수익자 전원의 동의로 결정한다. 다만, 제61조 각 호의 권리는 각 수익자가 개별적으로 행사할 수 있다.

② 신탁행위로 수익자집회를 두기로 정한 경우에는 제72조부터 제74조까지의 규정에 따른다.

③ 제1항 본문 및 제2항에도 불구하고 신탁행위로 달리 정한 경우에는 그에 따른다.

---

1) 법무부, 〈신탁법 해설〉, 535면.
2) 법무부, 〈신탁법 해설〉, 535면.

1. 총 설

구 신탁법은 주로 수익자가 1인인 경우를 상정하고 있었으나 신탁 실무에 있어서는 우선수익권자와 열후수익권자 등 다수의 수익자가 존재하는 경우가 흔한 것이 사실이다. 2006. 12.에 전면 개정된 일본 신신탁법은, 이러한 현실과의 괴리 극복을 위해 신탁법 규정을 정비하여야 한다는 실무의 요청을 반영하여 다수 수익자의 의사결정 방법에 관한 규정을 신설하였고, 우리의 현행 신탁법 역시 이와 유사한 취지의 규정을 신설하게 되었다.

개정 과정에서는 권리행사의 자유, 수익권의 본질적 권리의 침해 방지를 위해 수익자가 여럿인 경우라도 권리행사를 단독으로 할 수 있도록 하되, 법률관계가 복잡해지거나 수익자 간의 의사통일이 반드시 필요한 경우에는 예외적으로 전원일치로 의사결정을 하도록 강제하여야 한다는 견해가 있었으나, 원래 하나였던 수익권이 우연한 사정에 의해 수인에게 귀속된 것이고, 수탁자나 신탁재산에 대한 관계에서 통일된 의사를 표시하여야 하는 것이 신탁관계의 성질에 부합하므로 하나의 신탁에 2인 이상의 수익자가 있는 경우 수익자 전원의 의사합치를 필요로 하는 것을 원칙으로 하였다.[1]

이에 따르면 수익자의 의사는 수익자 전원의 동의로 결정하는 것을 원칙으로 하나(신탁법 제71조 제1항 본문), 제61조 각 호의 권리는 각 수익자가 개별적으로 행사할 수 있고(동항 단서), 신탁행위로 전원의 동의가 아닌 다수결 등의 다른 방법을 채택할 수도 있으며(동조 제3항), 그 의사결정을 수익자집회를 두어 하기로 정한 경우에는 수익자집회의 소집, 의결권, 결의 등에 관한 제72조부터 제74조까지의 규정에 따르나(동조 제2항), 이 경우에도 신탁행위로 제72조부터 제74조까지의 규정과 달리 그 내용을 정할 수 있다(동조 제3항).

2. 다수 수익자의 의사결정 방식

다수 수익자의 의사결정 방식은 전원일치에 의하는 것이 원칙이다(신탁법 제71조 제1항 본문). 일본 신신탁법이 다수 수익자의 의사결정 방법에 관한 명시적인 규정을 두기 전에, 일본의 학설 중 일부는 이에 단체법리를 끌어들여 다수결의 원칙을 적용하기도 하였는데,[2] 일본 신신탁법과 신탁법은 전원동의의 원칙을 분명히 하였다.

다만 신탁법 제61조 각 호의 권리는 각 수익자가 개별적으로 행사할 수 있다(동법 제71조 제1항 단서). 신탁법 제61조 각 호의 권리는 신탁행위로도 제한할 수 없는 강행규정의 성격을 띠고 있으므로, 이를 각 수익자가 개별적으로 행사할 수 있도록 하는 것이 타당하기

1) 법무부, 〈신탁법 해설〉, 540면.
2) 최수정, 〈일본 신신탁법〉, 143면.

때문이다.

① 수익채권과 같은 자익채권, ② 공익채권 중에서도 그 성질상 반드시 공동의 권리행사가 필요하지 아니한 권리 등은 각 수익자가 개별적으로 행사할 수 있다.[1] 또한 ③ 법원의 판단을 거치는 경우에는 그 절차가 명확하기 때문에 각자의 행사를 허용할 수 있고,[2] ④ 신탁재산의 보전을 목적으로 하는 공익권은 누가 행사하더라도 신탁재산의 보전 목적을 달성할 수 있으므로 단독행사가 가능하다.[3] 구체적으로 신탁법 제61조 제1호의 권리(법원에 대한 각종 신청권), 동조 제2호의 권리(강제집행 등에 대한 이의제기권)는 위 ③에, 동조 제3호의 권리(신탁재산 장부 등의 열람·복사청구권)는 위 ②에, 동조 제4호의 권리(의무를 위반한 수탁자에 대한 원상회복청구권, 손해배상청구권 등), 동조 제6호의 권리(신탁위반의 법률행위에 대한 취소권), 동조 제7호의 권리(수탁자의 위반행위에 대한 유지청구권)는 위 ④에, 동조 제5호의 권리(수익권의 포기권), 동조 제8호의 권리(반대수익자의 수익권매수청구권)는 위 ①에 각 해당할 것이다.

신탁법 제61조 제6호의 수익자취소권(동법 제75조 제1항)과 동법 제61조 제7호의 유지청구권(동법 제77조)은 반드시 소로써 행사할 수 있는 것이 아니고 재판 외의 방법으로도 행사할 수 있으므로, 위 ④에 해당한다고 분류하는 것이 보다 타당해 보인다.

구 신탁법의 해석에 대해서는, 구 신탁법상 아무런 규정이 없으므로 민법 제408조 이하에 따라 원칙적으로 분할채권관계로 보아야 하므로, 수익권의 행사 특히 신탁부동산에 대한 공매요청도 공동우선수익자 중 1인이 단독으로 행사할 수 있다고 보는 견해가 있으나,[4] 신탁법의 입장과 반대되고 실무적으로도 많은 경우 신탁계약에서 수익권의 공동행사를 규정하고 있다는 점과도 배치되는 견해로 보인다.

한편 위탁자가 동일한 채권자를 위하여 수개의 담보신탁계약상의 우선수익권을 담보로 제공하였는데 각 담보신탁계약상 후순위 우선수익자가 상이한 경우에 대하여, 구 신탁법 하의 판결이나 채무자 소유의 수개 부동산에 관하여 공동저당권이 설정된 경우 적용되는 민법 제368조의 법리는 부동산 담보신탁의 경우에도 유추적용된다고 볼 수 없으므로, 특별한 약정이 없는 이상 선순위 우선수익자가 어느 부동산의 처분대금에서 자신의 채권을 회수함에 있어 각 부동산에 존재하는 후순위 우선수익자들 사이의 형평까지 고려하여야 할 제약을 받는다고 볼 수 없다는 대법원 2013. 6. 27. 선고 2012다79347 판결이 있다.

1) 이중기, 〈신탁법〉, 466면.
2) 최수정, 〈일본 신신탁법〉, 142~143면; 이중기, 〈신탁법〉, 466면.
3) 이중기, 〈신탁법〉, 467면.
4) 오상민, 〈부동산 담보신탁에서 공동우선수익자의 공매요청권에 대한 검토〉, 138면 이하.

3. 신탁행위에 의한 제한

수익자 전원 동의의 원칙은 임의규정이므로 신탁행위로 달리 정할 수 있다(신탁법 제71조 제3항). 즉 수익자집회에서의 다수결, 일정 요건을 충족하는 통지, 그 밖에 다른 방법으로 수익자의 의사를 결정하도록 할 수 있고, 사안별로 의사결정방법을 달리 정할 수도 있다.[1][2]

4. 수익자집회 제도

신탁행위로 다수 수익자의 의사결정 방법으로 수익자집회를 둘 수 있다. 수익자집회를 두기로 한 경우에도 그 소집, 운영 및 결의의 방법 등에 관하여 신탁행위로 자유로이 정할 수 있고, 이에 관한 별도의 정함이 없는 경우에만 신탁법 제72조 내지 제74조가 보충적으로 적용된다(소위 default rule, 신탁법 제71조 제2항, 제3항).

한편 일본 신신탁법을 평가하면서 수익자집회제도를 통해 신탁의 유연한 운영도 기대할 수 있지만, 다른 한편으로는 수익자집회와 관련하여 발생하는 업무부담이나 비용도 적지 않을 것이고, 이러한 관점에서 수익자집회제도를 다시금 평가할 필요가 있다는 견해가 있다.[3] 일단 2006. 12.부터 수익자집회에 관한 규정을 새로이 두어 온 일본의 경우 현재 수익자집회의 활용도가 어느 정도 되는지, 그 운용의 실태가 어떠한지, 수익자집회로 인하여 발생하는 업무부담이나 비용이 어느 정도인지 등에 대한 면밀한 분석과 평가가 선행되어야 할 필요가 있는 것으로 보인다.

第72조 (수익자집회의 소집) [신설]

① 수익자집회는 필요가 있을 때 수시로 개최할 수 있다.

② 수익자집회는 수탁자가 소집한다.

③ 수익자는 수탁자에게 수익자집회의 목적사항과 소집이유를 적은 서면 또는 전자문서로 수익자집회의 소집을 청구할 수 있다.

1) 법무부, 〈신탁법 해설〉, 541면.

2) 신탁법상 규정된 수익권의 행사요건은 수익자의 보호를 위해 규정된 것이기 때문에, 수익자 전원이 원하는 경우, 수익권의 행사요건을 더 가중하거나 완화할 수 있다. 회사법에 규정된 주주권의 행사요건이 강행법규라고 해석되기 때문에, 수익권 사원권설에 의하면, 비슷한 성질을 갖는 수익권의 행사요건에 대해서도 강행법규라고 해석해야 할 필요성이 있다. 하지만, 신탁은 설정자가 무상처분으로서 수익자를 수익하게 하는 제도이기 때문에, 설정자에게 수익권 설계에 대한 재량권이 허용되어야 한다. 따라서 회사관계에서 주주권행사요건을 강행법규로 보더라도, 신탁관계에서는 수익권행사요건은 설정자에 의해 혹은 수익자 전원의 동의로 변경할 수 있다고 생각된다(이중기, 〈신탁법〉, 467면).

3) 최수정, 〈일본 신신탁법〉, 147면.

> ④ 제3항의 청구를 받은 후 수탁자가 지체 없이 수익자집회의 소집절차를 밟지 아니하는 경우 수익자집회의 소집을 청구한 수익자는 법원의 허가를 받아 수익자집회를 소집할 수 있다.
> ⑤ 수익자집회를 소집하는 자(이하 "소집자"라 한다)는 집회일 2주 전에 알고 있는 수익자 및 수탁자에게 서면이나 전자문서(다만, 수익자의 경우 전자문서로 통지를 받는 것에 동의한 자만 해당한다)로 회의의 일시 · 장소 및 목적사항을 통지하여야 한다.
> ⑥ 소집자는 의결권 행사에 참고할 수 있도록 수익자에게 대통령령으로 정하는 서류를 서면이나 전자문서(전자문서로 제공받는 것에 동의한 수익자의 경우만 해당한다)로 제공하여야 한다.

1. 총　　설

신탁행위로 다수 수익자의 의사결정 방법으로 수익자집회를 둘 수 있는데(신탁법 제71조 제2항), 이는 '자본시장법'상의 수익자총회(자본시장법 제190조, 동법 시행령 제220조, 제221조, 동법 시행규칙 제20조), 상법상의 주주총회(상법 제361조 내지 381조) 내지 사채권자집회(상법 제490조 내지 제491조)를 본 딴 구조이다. 다만 '자본시장법'상의 수익자총회와 상법상의 주주총회는 필요적 기관이라는 점에서 신탁법상의 수익자집회와 구별된다(자본시장법 제190조 제1항 참조).

신탁법 제72조 내지 제74조는 수익자집회의 소집, 운영 및 의결 방법 등에 대하여 별도의 정함이 없는 경우에 적용되는데(동법 제71조 제3항), 이를 통하여 다수 당사자의 이해관계가 달린 수익자집회를 투명하게 관리, 운영할 수 있게 된다.

2. 수익자집회의 소집 및 소집권자

수익자집회는 필요할 때 수시로 개최할 수 있다(신탁법 제72조 제1항). 또한 수익자집회의 운용은 신탁사무의 일부로 볼 수 있으므로, 수탁자가 원칙적으로 수익자집회를 소집할 권한을 가진다(신탁법 제72조 제2항).[1]

3. 수익자의 수익자집회 소집에 대한 권리

수익자집회의 결의사항이 수탁자의 이해와 상충되어 수탁자가 수익자집회 소집의무

1) 법무부, 〈신탁법 해설〉, 544면.

를 해태할 가능성이 있다. 이에 신탁법은 '자본시장법'상의 소수수익권자의 소집청구권(자본시장법 제190조 제3, 4항, 상법 제363조 제1, 2항), 상법상의 소수주주의 소집청구권(상법 제363조), 상법상의 사채총액 10분의 1 이상에 해당하는 사채를 가진 사채권자의 소집청구권(상법 제491조 제2, 3항, 제363조 제2항)과 유사한 취지로 수익자의 수익자집회 소집청구권을 규정하였다. 이 경우 소집청구를 하는 수익자는 수익자집회의 목적사항과 소집이유를 기재한 서면 또는 전자문서를 제출하여야 한다(신탁법 제72조 제3항).

수익자가 위와 같은 청구를 하였음에도 불구하고 수탁자가 수익자집회의 소집절차를 밟지 아니하는 경우 수익자집회의 소집을 청구한 수익자는 법원의 허가를 받아 수익자집회를 소집할 수 있다(신탁법 제72조 제4항). 이는 2006. 12.에 전면 개정된 일본 신신탁법이, 수익자가 수익자집회 소집청구를 한 이후 지체 없이 소집절차가 행해지지 않은 경우로서 신탁재산에 현저한 손해를 발생시킬 우려가 있는 때, 또는 수익자의 수익자집회 소집청구가 있은 날로부터 8주 이내의 날을 수익자집회일로 하는 수익자집회의 소집통지가 발송되지 않은 경우로서 신탁재산에 현저한 손해를 발생시킬 우려가 있는 때, 위 청구권자인 수익자가 직접 수익자집회를 소집할 수 있도록 한 것과 구별된다(2006. 12. 일본 신신탁법 제107조 제2항).

일본 신신탁법은 신탁재산에 현저한 손해를 발생시킬 우려가 있는 때를 수익자가 직접 수익자집회를 소집할 수 있는 요건으로 규정하고 있으나, 신탁재산에 현저한 손해를 발생시킬 우려가 있는 때에 해당하는지와 관련하여 다툼이 있을 수 있고, 수익자의 수익자집회의 소집 요건을 위와 같이 엄격한 요건으로 제한하여야 할 필요성이 크다고 할 수도 없으므로, 법원의 종합적인 판단을 통하여 허가를 받도록 한 신탁법의 태도가 보다 바람직한 것으로 보인다. 또한 '자본시장법'이나 상법상의 유사 제도와의 균형에 비추어 보더라도 그러하다 할 것이다. 다만 허가의 요건과 관련한 일응의 기준이 실무를 통하여 정립될 필요성은 있을 것이다.

수익자집회 소집청구권 및 법원에 대한 소집허가청구권은 수익권 행사에 필요한 본질적 권리에 해당하므로, 신탁행위로도 제한할 수 없는 단독수익권으로 보아야 할 것이다.[1]

4. 수익자집회의 소집절차

수익자집회를 소집하는 자(수탁자 또는 수탁자가 지체 없이 소집하지 아니하는 경우 법원의 허가를 받은 수익자)는 수익자집회의 2주 전까지 알고 있는 수익자 및 수탁자에게 회의의 일시·장소 및 목적사항을 서면으로 통지하여야 한다. 다만, 전자문서로 통지를 받는 것에 동의한 수익자에 대하여는 전자문서로 소집통지를 할 수 있다(신탁법 제72조 제5항).

1) 법무부, 〈신탁법 해설〉, 545면.

5. 서류의 제공

수익자집회를 소집하는 자는 대통령령으로 정하는 바에 따라 의결권 행사에 참고할 서류를 서면 또는 전자문서(전자문서로 제공받는 것을 동의한 수익자에 한함)로 제공하여야 한다(신탁법 제72조 제6항). 신탁법 시행령 제4조는 수익자집회에서 ① 수탁자, 신탁재산관리인 또는 신탁관리인을 선임하려는 경우(동조 제1호), ② 수탁자, 신탁재산관리인 또는 신탁관리인을 해임하려는 경우(동조 제2호), ③ 신탁사무에 관한 계산을 승인하려는 경우(동조 제3호), ④ 신탁을 변경하려는 경우(동조 제4호), ⑤ 신탁을 합병하려는 경우(동조 제5호), ⑥ 신탁을 분할하거나 신탁을 분할합병하려는 경우(동조 제6호), ⑦ 합의하여 신탁을 종료하려는 경우(동조 제7호) 각 수익자에게 제공하여야 할 서류들을 구체적으로 열거하면서, ⑧ 위에서 열거한 사항 외의 사항에 관한 안건을 목적으로 하려는 경우에는 해당 안건의 내용과 제안 이유에 대한 설명을 적은 서류를 제공하여야 한다는 일반 규정을 두었다(동조 제8호).

第73條 (수익자집회의 의결권 등) [신설]

① 수익자는 수익자집회에서 다음 각 호의 구분에 따른 의결권을 갖는다.

1. 각 수익권의 내용이 동일한 경우: 수익권의 수
2. 각 수익권의 내용이 동일하지 아니한 경우: 수익자집회의 소집이 결정된 때의 수익권 가액

② 수익권이 그 수익권에 관한 신탁의 신탁재산에 속한 경우 수탁자는 그 수익권에 대하여 의결권을 행사하지 못한다.

③ 수익자는 수익자집회에 출석하지 아니하고 서면이나 전자문서(소집자가 전자문서로 행사하는 것을 승낙한 경우만 해당한다)로 의결권을 행사할 수 있다. 이 경우 수익자 확인절차 등 전자문서에 의한 의결권행사의 절차와 그 밖에 필요한 사항은 대통령령으로 정한다.

④ 수익자가 둘 이상의 의결권을 가지고 있을 때에는 이를 통일하지 아니하고 행사할 수 있다. 이 경우 수익자집회일 3일 전에 소집자에게 서면 또는 전자문서로 그 뜻과 이유를 통지하여야 한다.

⑤ 의결권을 통일하지 아니하고 행사하는 수익자가 타인을 위하여 수익권을 가지고 있는 경우가 아니면 소집자는 수익자의 의결권 불통일행사를 거부할 수 있다.

⑥ 수익자는 대리인으로 하여금 의결권을 행사하게 할 수 있다. 이 경우 해당 수익자나 대리인은 대리권을 증명하는 서면을 소집자에게 제출하여야 한다.

⑦ 수탁자는 수익자집회에 출석하거나 서면으로 의견을 진술할 수 있고, 수익자집회

는 필요하다고 인정하는 경우 수익자집회의 결의로 수탁자에게 출석을 요구할 수 있다.
⑧ 수익자집회의 의장은 수익자 중에서 수익자집회의 결의로 선임한다.

1. 총 설

수익자집회의 의결권 산정 방법, 의결권의 행사방법, 수탁자의 의결권 행사 여부, 의장의 선임 방법 등에 관하여 구체적으로 규정하고 있다. 신탁행위로 별도의 정함이 없는 경우에 적용되는 규정으로(신탁법 제71조 제3항), 수익자집회의 투명한 운영을 도모하는 데 그 목적이 있다.

2. 의결권의 산정 방법

수익권의 내용이 동일한지 여부를 기준으로, 수익권의 내용이 동일한 경우에는 수익권의 수에 따라 의결권을 행사하고(신탁법 제73조 제1항 제1호), 수익권의 내용이 다른 경우 수익자집회의 소집이 결정된 때의 수익권 가액에 따라 의결권을 행사하도록 하였다(동항 제2호). 다만 수익권의 내용이 동일한지 여부, 수익권의 개수 및 수익권의 가액을 판단하는 기준은 어떻게 되는지 등에 대한 해석을 둘러싸고 논란이 예상된다.

이에 대하여 수익권의 개수는 수익권이 어떻게 분할되어 있는가의 문제이므로 그 판단은 신탁행위 해석의 문제로 귀착되고, 신탁행위에서 명확히 수익권의 개수를 정하고 있는 경우에는 그에 따르되, 신탁행위로 수익권의 개수를 명확히 정하지 아니한 경우에는 해석상 수익권이 수익자별로 분할되어 있으면 수익자별로 1개씩의 수익권을 갖는다고 해석되는 경우가 많을 것이며, 수익권의 취급을 균일한 단위로 행하고 있는 경우에는 해당 단위를 1개의 수익권으로 볼 수 있을 것이라는 견해[1]가 있다. 또한 위 견해에 따르면 가액의 산정은 공평타당한 방법에 의하여야 하고, 가액산정의 방법에 합의가 이루어지지 않으면 법원에 산정을 청구할 수밖에 없을 것이라고 한다.[2]

실제로 신탁행위를 통하여 의결권의 내용을 미리 구체적으로 정하여 두는 것이 이와 같은 해석상의 논란을 막을 수 있는 방법인 것으로 보인다.

1) 법무부, 〈신탁법 해설〉, 553~554면.
2) 법무부, 〈신탁법 해설〉, 553~554면.

3. 자기수익권의 의결권 제한

수익권이 신탁재산에 속하게 되면 그 수익권은 의결권이 없다(신탁법 제73조 제2항). 신탁의 변경, 합병 또는 분할의 경우 수익자가 갖는 수익권매수청구권을 행사하면(신탁법 제89조, 제91조 제3항 및 제95조 제3항) 수탁자는 신탁재산으로 이를 취득할 책임을 지게 되고, 수탁자가 그 책임을 이행하여 신탁재산으로 수익권을 취득하면 원칙적으로 수익권은 소멸한다(동법 제89조 제8항 본문). 그러나 신탁행위 등으로 이 경우 수익권이 소멸하지 아니하는 것으로 정한 경우에는 신탁재산에 속한 수익권이 존재하게 되는데(신탁법 제89조 제8항 단서), 이러한 수익권에 대하여는 상법상 자기주식에 대한 의결권 배제 조항과 마찬가지로 수탁자는 의결권을 갖지 못한다.[1]

4. 의결권의 행사방법

수익자는 수익자집회에 출석하지 아니하고 서면 또는 전자문서로 의결권을 행사할 수 있다(신탁법 제73조 제3항). 다만 전자문서에 의한 의결권 행사는 소집자가 승낙하는 경우에만 가능하도록 하였다. 수익자 확인절차 등 전자문서에 의한 의결권행사의 절차와 그 밖에 필요한 사항은 대통령령으로 정하도록 하고 있는바, 신탁법 시행령 제5조[2]가 이를 규정하고 있다.

5. 의결권의 불통일 행사

주주총회에서의 의결권행사와 마찬가지로(상법 제368조의2) 복수의 의결권을 갖는 수익자는 그 의결권을 불통일하여 행사할 수 있다(신탁법 제73조 제4항 전단). 이 경우 수익자는 수익자집회일 3일 전까지 수익자집회의 소집자에 대하여 불통일 행사의 취지와 이유를 서면 또는 전자문서

1) 법무부, 〈신탁법 해설〉, 554면.

2) 신탁법 시행령 제5조(전자문서에 의한 의결권의 행사) ① 법 제73조 제3항에 따라 수익자가 전자문서로 의결권을 행사(이하 "전자투표"라 한다)하는 경우 수익자의 확인과 의결권의 행사는 「전자서명법」 제2조 제2호에 따른 전자서명(서명자의 실지명의를 확인할 수 있는 것으로 한정한다)을 통하여 하여야 한다.
② 수익자의 전자투표를 승낙한 수익자집회 소집자(이하 "소집자"라 한다)는 소집의 통지나 공고에 다음 각 호의 사항을 적어야 한다.
1. 전자투표를 할 인터넷 주소
2. 전자투표를 할 기간(전자투표의 종료일은 수익자집회 전날까지로 한다)
3. 그 밖에 수익자의 전자투표에 필요한 기술적인 사항
③ 전자투표를 한 수익자는 해당 수익권에 대하여 그 의결권 행사를 철회하거나 변경하지 못한다.
④ 소집자는 전자투표의 효율성 및 공정성을 확보하기 위하여 전자투표를 관리하는 기관을 지정하여 수익자 확인절차 등 의결권 행사절차의 운영을 위탁할 수 있다.
⑤ 소집자, 제4항에 따라 지정된 전자투표를 관리하는 기관 및 전자투표의 운영을 담당하는 자는 수익자집회에서의 개표 시까지 전자투표의 결과를 누설하거나 직무상 목적 외에 사용해서는 아니 된다.

로 통지하여야 한다(신탁법 제73조 제4항 후단). 이러한 통지를 받은 소집자는 불통일 행사를 허용하지 아니할 수 있으나, 수익자가 타인을 위하여 수익권을 가지고 있는 경우에는 불통일 행사를 허용하여야 한다(신탁법 제73조 제5항). 타인을 위하여 수익권을 갖는 자에 대하여는 그 타인의 의사를 존중하여 의결권을 행사하는 것을 인정할 필요성이 있기 때문이다.[1]

6. 의결권의 대리행사

통상의 법률행위와 마찬가지로 수익자는 대리인을 선임하여 의결권을 대리행사할 수 있으나, 이 경우 해당 수익자 또는 대리인은 주식회사의 주주총회와 같이(상법 제368조 제3항) 대리권을 증명하는 서면을 소집자에게 제출하여야 한다(신탁법 제73조 제6항).

7. 수탁자의 의견진술권 및 출석의무

수탁자는 수익자집회에 출석하거나 서면으로 의견을 진술할 수 있으며, 수익자집회의 결의로 필요하다고 인정하는 경우 수익자집회는 그 결의로 수탁자의 출석을 요구할 수 있다(신탁법 제73조 제7항).

8. 수익자집회 의장의 선임방법

수익자집회의 의장은 수익자 중에서 수익자집회의 결의로 선임한다(신탁법 제73조 제8항). 그 결의의 요건을 별도로 규정하고 있지 아니하므로, 이에는 신탁법 제74조 제1항에 따라 의결권의 과반수에 해당하는 수익자의 출석과 출석한 수익자의 의결권의 과반수로써 하여야 할 것이다. 이 규정은 임의규정이므로 신탁행위로 달리 정할 수 있는데, 예를 들어 의장의 자격 요건으로 수익자일 것을 요구하지 아니할 수 있고, 수익자집회의 결의에 의하여 선임하지 아니하고 직접 의장을 지정하거나 달리 선출할 방법을 정할 수도 있다.[2]

신탁법은 의장의 권한에 대하여는 별도로 규정을 두고 있지 않지만, 상법상 주주총회의 의장에 대한 규정을 유추적용하여 의장은 수익자집회의 질서를 유지하고 의사를 정리할 수 있으며(상법 제366조의2 제2항), 고의로 의사진행을 방해하기 위한 발언·행동을 하는 등 현저히 질서를 문란하게 하는 자에 대하여 그 발언의 정지 또는 퇴장을 명할 수 있다(동법 제366조의2 제3항)고 보아야 한다. 질서유지권 중 퇴장명령권은 해당 수익자의 의사결정권을 완

1) 법무부, 〈신탁법 해설〉, 555면.
2) 법무부, 〈신탁법 해설〉, 556면.

전히 박탈하는 것으로 명문의 규정이 없고, 회의의 일반원칙에 부합한다고 보기 어려우므로 유추적용할 수 없다고 봄이 상당하다는 견해[1]가 있으나, 퇴장명령권만을 따로 떼내어 유추적용할 수 없다고 보는 것은 문제가 있고, 위 견해에 의한다면 상법의 규정 역시 주주의 의사결정권을 완전히 박탈하는 것으로 회의의 일반원칙에 부합한다고 보기 어렵다는 결론에 이르게 되므로 쉽게 동의할 수 없다.

제74조 (수익자집회의 결의) [신설]

① 수익자집회의 결의는 행사할 수 있는 의결권의 과반수에 해당하는 수익자가 출석하고 출석한 수익자의 의결권의 과반수로써 하여야 한다.

② 제1항에도 불구하고 다음 각 호의 사항에 관한 수익자집회의 결의는 의결권의 과반수에 해당하는 수익자가 출석하고 출석한 수익자의 의결권의 3분의 2 이상으로써 하여야 한다.

1. 제16조 제1항에 따른 수탁자 해임의 합의
2. 제88조 제1항에 따른 신탁의 변경 중 신탁목적의 변경, 수익채권 내용의 변경, 그 밖에 중요한 신탁의 변경의 합의
3. 제91조 제2항 및 제95조 제2항에 따른 신탁의 합병·분할·분할합병계획서의 승인
4. 제99조 제1항에 따른 신탁의 종료 합의
5. 제103조 제1항에 따른 신탁의 종료 시 계산의 승인

③ 수익자집회의 소집자는 의사의 경과에 관한 주요한 내용과 그 결과를 적은 의사록을 작성하고 기명날인 또는 서명하여야 한다.

④ 수익자집회의 결의는 해당 신탁의 모든 수익자에 대하여 효력이 있다.

⑤ 수익자집회와 관련하여 필요한 비용을 지출한 자는 수탁자에게 상환을 청구할 수 있다. 이 경우 수탁자는 신탁재산만으로 책임을 진다.

1. 총 설

수익자집회의 결의 방법, 의사록 작성, 수익자집회 결의의 효력, 수익자집회의 비용처리 등에 관하여 규정하고 있다.

---

1) 법무부, 〈신탁법 해설〉, 556면.

2. 수익자집회의 정족수

수익자집회의 원칙적인 결의는 의결권을 행사할 수 있는 수익자 의결권의 과반수 출석, 출석 의결권의 과반수 찬성에 의한 '보통결의'로 하여야 한다(신탁법 제74조 제1항).[1)]

수익자의 이해에 중대한 영향을 미칠만하거나 수익권의 본질적 내용에 관한 사항에 대하여는 보통결의의 정족수보다 가중된 결의요건이 필요하므로, 의결권의 과반수 출석, 출석 의결권의 3분의 2 이상 찬성에 의한 '특별결의'로 하여야 한다(신탁법 제74조 제2항). 일본의 신 신탁법과 같이 결의사항에 따라 결의요건을 차등화하지 않고, 한 종류의 특별결의 요건만을 규정하고 있다.[2)]

수탁자의 해임 합의(신탁법 제16조 제1항), 신탁의 중요한 변경(동법 제88조 제1항), 합병 또는 분할의 승인(동법 제91조 제2항, 제95조 제2항), 신탁종료의 합의(동법 제99조 제1항), 신탁의 종료시 최종계산의 승인(동법 제103조 제1항)과 같이 신탁의 운영에 중대한 영향을 미치는 경우에 한정하여 특별결의가 요구된다(동법 제74조 제2항 제1호 내지 제5호).

3. 의사록의 작성의무

수익자집회의 소집자는 의사의 경과 요령과 그 결과를 기재한 의사록을 작성하고 기명날인 또는 서명하여야 한다(신탁법 제74조 제3항).

4. 수익자집회 결의의 효력

신탁법 제74조 제1항 및 제2항의 결의 방법에 따라 다수결로 승인된 수익자집회의 결의는 결의에 반대한 수익자 및 수익자집회에 참석하지 아니한 수익자를 포함한 모든 수익자에 대하여 효력이 있다(신탁법 제74조 제4항). 반대한 수익자는 수익권매수청구권이 인정되는 범위에서 보호될 수 있다(신탁법 제89조, 제91조 제3항, 제95조 제3항 참조).[3)]

5. 수익자집회의 소요비용

수익자집회에 소요되는 비용은 해당 신탁을 위한 공익비용이라고 볼 수 있으므로 신탁재산에서 부담한다. 수익자집회에 관하여 필요한 비용을 지출한 자는 수탁자에게 상환

1) 법무부, 〈신탁법 해설〉, 562면.
2) 법무부, 〈신탁법 해설〉, 562면.
3) 법무부, 〈신탁법 해설〉, 563면.

을 청구할 수 있고 이러한 청구를 받은 수탁자의 이행책임은 신탁재산에 속한 재산 범위 내로 한정된다(신탁법 제74조 제5항).

6. 관련 논의

가. 수익자집회 결의의 하자

신탁법은 주주총회의 효력을 다툴 수 있도록 한 상법상의 규정들(상법 제376조, 제380조)과 같은 별도의 규정을 두고 있지 않고, 자본시장법 제190조 제10항과 같이 상법상의 위 규정을 준용하고 있지도 않다. 결국 수익자집회의 결의에 하자가 있을 경우 이를 어떠한 방식으로 다툴 것인지 문제되는바, 형성의 소의 성질을 가진다고 해석되는 상법상의 취소청구권을 근거 규정도 없이 인정하기는 어려울 것으로 보이고, 상법상의 이사회 결의의 효력을 다투는 것과 마찬가지로 일반 민법상의 법리에 따라 이해관계에 있는 자가 무효확인을 구하는 방법으로 다툴 수밖에 없을 것으로 보인다.

나. 종류수익권집회의 인정 여부

종류주주총회(상법 제435조)와 같은 취지로 종류수익권집회를 두어야 하는지가 문제되나, 수익권의 내용은 신탁행위로 정하는 바에 따라 매우 다양할 수 있어 종류수익권의 범위를 사전에 확정하기 어렵고,[1] 수익권의 본질적 권리에 대하여는 애초 수익자집회의 결의로 제한할 수 없으므로(신탁법 제71조 제1항 단서) 상법상의 주주총회에 비하여 종류수익권집회를 인정하여야 할 실익이 크지 않다. 다만 수익자집회에 관한 규정은 임의규정이므로, 복수의 종류수익권을 정하는 신탁의 경우 신탁행위로 별도로 종류수익권집회를 채택할 수 있음은 물론이다.

다. 수익권에 질권을 설정한 경우 질권설정자의 의결권 행사 등에 제한이 있는지 여부

수익자집회에서의 의결사항 등은 질권의 목적인 수익권의 담보가치에 중대한 영향을 미칠 수 있고, 질권설정계약상 수익자가 부담하는 담보제공, 유지의무(민법 제362조, 제388조) 내지 질권자의 이익을 해하는 변경의 금지(동법 제352조) 등에 비추어 질권의 효력이 미치는 범위를 개별적으로 판단하여야 하며, 그로 인하여 질권자의 이익을 해하게 되는 경우에는 질권자의 동의가 있어야 한다거나, 질권설정계약상 수익권의 담보가치를 유지하기 위하여 일정한 제한을 두는 것은 신탁법 제61조에도 불구하고 원칙적으로 유효하다는 견해가 있다.[2]

---

1) 법무부, 〈신탁법 해설〉, 564면.
2) 최수정, 〈개정 신탁법상의 수익권〉, 151~152면.

제6절 수익자의 취소권 및 유지청구권

> **第75条 (신탁위반 법률행위의 취소)**
>
> ① 수탁자가 신탁의 목적을 위반하여 신탁재산에 관한 법률행위를 한 경우 수익자는 상대방이나 전득자(轉得者)가 그 법률행위 당시 수탁자의 신탁목적의 위반 사실을 알았거나 중대한 과실로 알지 못하였을 때에만 그 법률행위를 취소할 수 있다.
>
> ② 수익자가 여럿인 경우 그 1인이 제1항에 따라 한 취소는 다른 수익자를 위해서도 효력이 있다.

1. 총 설

수탁자가 그 의무를 위반하여 신탁재산을 처분한 경우, 수익자는 수탁자에 대해 신탁재산에 가해진 손해의 배상 혹은 신탁재산의 원상회복을 청구할 수 있고(신탁법 제43조 제1, 2항), 신탁재산에 손해가 생기지 아니하였더라도 수탁자나 제3자가 얻은 이익 전부를 신탁재산에 반환할 것을 청구할 수 있다(동조 제3항). 이와는 별도로 신탁법은 수탁자의 상대방 또는 전득자가 그 법률행위 당시 수탁자의 신탁목적의 위반 사실을 알았거나 중대한 과실로 알지 못하였을 때에는 그 법률행위를 취소할 수 있도록 하고 있다(신탁법 제75조). 이러한 구제수단은 수탁자의 신탁위반 처분행위를 취소한 후 처분물에 대해 물권적인 반환청구를 할 수 있게 한다는 점에 그 특징이 있다. 이러한 특징은 신탁위반행위를 한 수탁자에 대한 손해배상청구, 원상회복청구와 구별되고, 제3이득자에 대한 이득반환청구와는 유사성이 있다.[1)]

구 신탁법 제52조는 신탁의 공시를 한 신탁재산과 공시방법이 규정되지 아니한 신탁재산을 나누어 취소의 요건을 달리 정하고 있었는데, 이는 신탁의 공시로 인하여 제3자의 악의가 의제된다고 보았기 때문이다. 하지만 신탁의 공시가 되었다고 해서 수탁자와 법률행위를 맺은 제3자의 악의를 의제하는 것이 과연 타당한지, 제3자의 악의를 의제할 수 있는 신탁의 공시의 범위를 어디까지로 볼 것인지[2)] 등과 관련하여 논란이 있어 왔다.[3)] 특히 신탁의 공시가 되어 있다고 하더라도 수탁자의 행위가 신탁의 본지를 위반한 것인지

1) 이중기, 〈신탁법〉, 569면.
2) 구체적으로 신탁공시의 범위를 신탁재산의 표시로 족하다고 볼 것인가, 권한범위의 공시로 한정할 것인가가 구체적 신탁의 내용에 따라 문제되었다. 이에 대하여는 이중기, 〈신탁법〉, 575~577면.
3) 이중기, 〈신탁법〉, 574~577면.

여부는 공시내용으로부터 분명하게 알 수 없는 점, 신탁의 본지는 수탁자의 의무이행의 기준이 되는데 그 의무의 범위와 신탁의 본지의 범위가 반드시 일치하는 것은 아니어서 그 의미가 불분명하다는 점, 자금의 차입행위 등 신탁재산의 처분에 해당하지 않는 경우에도 취소의 대상으로 할 필요가 있다는 점 등 주로 거래상대방 보호의 관점에서 많은 비판이 있어 왔다.[1)]

이에 현행 신탁법은 수익자취소권의 적용범위 및 요건을 간명하고 분명하게 하였다.

2. 채권자취소권과의 구별

수익자취소권은 상대방 혹은 전득자에 대한 취소라는 점에서 채권자취소권과 동일한 형식을 가지고 있지만, 수익자취소권은 대리인 또는 회사 이사의 의무위반행위에 대한 본인 또는 주주의 취소권과 실질적 유사성을 보인다는 점에서 채권자취소권과 구별된다. 즉 수탁자의 신탁위반 처분행위에 대한 수익자취소권은 대리인의 의무위반행위 또는 이사의 의무위반행위에 대해 본인 또는 주주가 직접 나서서 본인 또는 회사의 이익을 보호하는 것과 유사한 것이므로 채무자의 사해행위에 대하여 채권자가 소극적으로 나설 수 있는 것보다 훨씬 강하고 또 적극적인 권리여야 한다. 이러한 점에서 수익자취소권은 채권자취소권과 비교할 때 수탁자의 의무위반성 및 의무위반의 객관성이 두드러지게 된다.[2)]

즉 수익자취소권에 있어서는 수탁자가 신탁의 목적을 위반한 법률행위를 하였는지 여부만이 문제될 뿐 채무자의 무자력 요건 등이 별도로 요구되지 않는다. 또한 수탁자의 의무위반의 객관성만이 문제되고 채권자취소권과 같은 사해성이나 채무자의 사해의사를 그 요건으로 하지 않는다. 또한 취소권 행사에 있어서 피보전채권을 한도로 하는 제한이 없는 점도 수익자취소권의 특징이고, 재판 외에서도 행사할 수 있다는 점도 다르다.[3)]

3. 성립요건

가. 객관적 요건 ①: 신탁 목적의 위반

(1) 규정의 취지

구 신탁법 제52조는 객관적 요건으로 신탁의 본지에 위반하여 신탁재산을 처분할 것을 요구하고 있는데, 신탁의 본지는 구 신탁법 제28조, 제38조, 제72조에서도 사용되고

1) 법무부, 〈신탁법 해설〉, 568~569면.
2) 이중기, 〈신탁법〉, 570~571면.
3) 최수정, 〈수익자취소권 재고〉, 189~190면.

있고 각각의 의미와 용법이 모두 달라서 그 의미가 불분명하였다.[1)]

현행 신탁법은 수탁자의 의무나 수탁자의 권한을 기준으로 정할 경우 그 위반행위의 범위, 특히 선관의무 위반행위가 포함되는지 여부에 대하여 견해의 대립이 발생할 수 있고, 취소권을 부여하는 취지에 비추어 결국 그 판단기준은 신탁의 목적에 반하는 것인지 여부가 될 것이므로, 신탁의 목적을 취소권 행사의 객관적 요건으로 규정하였다(신탁법 제75조 제1항).[2)]

(2) '신탁의 목적을 위반한 행위'의 의미

법률이나 신탁행위에 의해 수탁자에게 부여된 의무를 위반하거나 수여된 권한을 초과하는 행위를 하여 신탁이 달성하고자 하는 목적에 반하는 결과에 이른 것을 의미한다.[3)] 본조의 "신탁의 목적"에 위반하였는지 여부를 판단할 때, 부동산등기법상 신탁원부에 기재하도록 되어 있는 "신탁의 목적"을 참조할 수 있지만, 엄격히 그 목적에 한정할 것은 아니고 그 목적의 달성에 직접 또는 간접적으로 관련이 있는 법률행위라면 이를 신탁의 목적에 반한다고 섣불리 판단할 것은 아니라고 보는 견해도 있다.[4)] 또한 수익자신탁에서 수익자의 이익은 가장 중요한 신탁목적이므로, 수탁자의 행위가 신탁목적 위반인지 여부를 판단함에 있어서 수익자의 이익은 중요한 기준이 될 것이나, 다수의 수익자가 존재하고 그 수익권의 구조가 상이한 경우 수익자 사이에 이해가 상충할 수 있으므로, 신탁목적 위반 여부를 판단함에 있어 수익자의 이익을 기준으로 할 때에는 신탁을 설정한 위탁자의 의사 내지 신탁상의 정함, 수익권의 구조나 수익자 전체의 궁극적인 이익상황 등 제반사정이 고려되어야 할 것이다.[5)]

구체적으로 ① 신탁재산을 고유재산으로 하거나 신탁재산에 관한 권리를 고유재산에 귀속시키는 행위, 또는 고유재산을 신탁재산으로 하거나 고유재산에 관한 권리를 신탁재산에 귀속시키는 행위(신탁법 제34조 제1항의 이익상반행위 중 제1, 2호)는 구 신탁법 제31조가 규정하고 있었던 직접적 자기거래에 해당한다고 볼 것인데, 구 신탁법 제31조에 관한 통설과 판례에 따르면 이러한 행위는 무효이므로,[6)] 이러한 태도를 현행 신탁법 하에서도 그대로 따르면[7)] 별도

1) 법무부, 〈신탁법 해설〉, 570면.
2) 법무부, 〈신탁법 해설〉, 570면.
3) 법무부, 〈신탁법 해설〉, 570~571면.
4) 이연갑, 〈신탁법상 수익자 보호의 법리〉, 208면.
5) 최수정, 〈수익자취소권 재고〉, 186면.
6) 대법원 2009. 1. 30. 선고 2006다62461 판결(신탁법 제31조 제1항 본문에 의하면, 특별한 사정이 없는 한 누구의 명의로 하든지 신탁재산을 고유재산으로 하거나 이에 관하여 권리를 취득하지 못할 뿐만 아니라 고유재산을 신탁재산이 취득하도록 하는 것도 허용되지 아니하고, 위 규정을 위반하여 이루어진 거래는 무효이다. 한편, 금전신탁 이외의 신탁에 있어서 수탁자가 신탁회사인 경우에는, 신탁업법 제12조 제1항이, "단, 수익자에게 이익이 되는 것이 명백하거나 기타 정당한 이유가 있는 경우에는 법원의 허가를 얻어 신탁재산을 고유재산으로 할 수 있다"고 규정하고 있는 신탁법 제31조 제1항 단서마저 그 적용을 배제하여 매우 엄격한 규제가 이루어지고 있음에 비추어 볼 때, 신탁회사가 행한 신탁재산과 고유재산 간의 거래가 수익자에게 이익이 된다는 사정만으로는 그와 같은 거래를 유효하다고 볼 수는 없다); 임채

로 수익자취소권을 행사할 실익이 없다. ② 반면 현행 신탁법 제34조 제1항 제1, 2호를 제외한 나머지 각 호의 이익상반행위나, 이익상반행위로 명시적으로 규정되지 아니하였지만 신탁재산의 이익을 희생시켜 수익자의 이익을 도모하는 행위에 대하여는 그 법률효과가 분명하지 아니하고, 이를 무효라고 할 수는 없다는 견해[1)]도 존재하므로, 이에 대하여는 수익자취소권을 행사할 실익이 있다. ③ 또한 수탁자의 선관의무는 수탁자의 권한범위 자체를 제한하는 것은 아니므로 선관의무 위반행위는 수익자취소권의 대상에서 제외된다고 해석되나,[2)] 그 의무 위반의 정도가 중대하여 신탁의 목적을 달성하기 어려운 상태에 이르렀다면 신탁 목적의 위반행위에 포함된다고 보아 수익자취소권의 대상이 된다고 보아야 할 것이다.[3)]

나. 객관적 요건 ②: 신탁재산에 관한 법률행위

(1) 처분 외 법률행위의 포함

구 신탁법은 취소권의 대상을 신탁재산의 처분행위로 한정하고 있어서 채무부담행위, 차입행위 등과 같은 처분 외 법률행위의 경우 취소권의 대상이 되는지 논란이 있어 왔다.[4)] 현행 신탁법은 신탁 목적을 위반한 결과 등에서 처분행위와 비처분행위를 달리 구분할 필요가 없다는 인식 아래 비처분행위도 포함하기 위하여 '신탁재산에 관한 법률행위'로 규정하였다(신탁법 제75조 제1항).

(2) 법률행위로 한정

구 신탁법 하에서는 수익자취소권의 대상이 되는 행위가 법률행위(물권행위, 채권양도, 채무면제 등)에 한정되는지 아니면 사실적 행위(소비나 손괴 등)도 포함하는지와 관련하여 논란이 있어 왔다.[5)] 현행 신탁법은 취소란 유효하게 성립한 법률행위의 효력을 소급적으로 무효로 만드는 것이므로 사실행위에는 적용할 수 없고, 소송행위를 취소할 수 있도

웅, 〈신탁법상 수탁자의 자조매각권 및 비용상환청구권에 관한 연구〉, 391면.

7) 현행 신탁법 제34조는 구 신탁법 제31조의 규정을 보다 구체화하였으나, 별도로 현행 신탁법 제34조에 위반한 행위에 대한 효력을 규정하지는 아니하였고, 다만 수익자 등의 반환청구권만을 명시적으로 규정함에 그쳤다(현행 신탁법 제43조 제3항). 결국 이익상반행위 금지 위반 행위의 효력은 기존 학설·판례에 의하여 결정될 것으로 보인다. 구 신탁법에서 명문으로 금지한 행위 위반의 효력을 판례는 무효로 판단하였으며(대법원 2009. 1. 30. 선고 2006다62461 판결) 현행 신탁법의 규정 형식 등 체계에 변화가 없었다는 점, 이익상반행위 금지 위반은 수탁자의 의무 중 중대한 의무위반에 해당하므로 이를 금지하는 규정은 강행 규정으로 해석하는 것이 타당하다는 점, 이러한 행위는 예외적으로만 법원의 허가 등을 통하여 허용되고 있다는 점 등을 감안하였을 때에 현행 신탁법에서 규정한 이익상반행위 금지규정을 위반한 행위의 효력 역시 무효라고 판단함이 타당한 것으로 보인다.

1) 이중기, 〈신탁법〉, 572~573면.
2) 이중기, 〈신탁법〉, 573면.
3) 법무부, 〈신탁법 해설〉, 571면.
4) 이중기, 〈신탁법〉, 573~574면; 법무부, 〈신탁법 해설〉, 571면.
5) 이중기, 〈신탁법〉, 574면.

록 하는 것은 이 규정의 취지를 넘어서 소송법상 법리에도 위반된다는 판단 아래,[1] 취소의 대상이 되는 행위를 법률행위로 한정하였다(신탁법 제75조 제1항). 준법률행위의 경우에도 신탁재산의 감소를 초래하는 수탁자의 행위를 방지할 필요가 있는 것은 마찬가지라는 이유로 본조의 유추적용을 긍정하는 견해도 있다.[2]

다. 주관적 요건: 상대방이나 전득자의 고의 또는 중과실

(1) 취소요건의 일원화

앞서 밝힌 바와 같이 구 신탁법은 신탁의 공시가 되어 있으면 상대방의 악의가 의제된다는 전제에서 공시된 신탁과 공시되지 않은 신탁을 구분하여 수익자취소권의 요건을 이원적으로 규정하고 있었으나, 이에 대한 많은 비판이 제기되었고, 결국 현행 신탁법은 공시된 신탁이거나 공시되지 아니한 신탁이거나를 불문하고 그 주관적 요건을 "상대방이나 전득자가 그 법률행위 당시에 수탁자의 신탁 목적 위반 사실을 알았거나 중대한 과실로 알지 못한 경우"로 일원화하였다(신탁법 제75조 제1항). 다만 당해 신탁이 공시되었다는 사실이 상대방이나 전득자의 악의나 중과실을 증명할 수 있는 하나의 자료로서 여전히 기능할 수는 있을 것이다. 한편 문언상 상대방'이나' 전득자라고 규정하고 있으므로, 상대방이 선의·무중과실이나 전득자가 악의 또는 중과실인 경우, 즉 취소표시의 상대방에 대하여만 주관적 요건이 구비되는 경우에도 취소가 가능하다고 해석될 여지가 있으나,[3] 거래안전을 위하여 그와 같이 해석해서는 안 되고, 구 신탁법과 마찬가지로 쌍방이 모두 악의 또는 중과실이어야 한다는 견해도 있다.[4]

(2) 신탁위반 사실에 대한 고의·중과실

(가) 고의·중과실의 의미

신탁위반 사실에 대한 고의·중과실의 의미와 관련하여, ① 신탁재산에 관한 법률행위의 상대방의 경우에는 ㉠ 법률행위로 얻은 적극재산·소극재산이 신탁재산에 귀속하는 사실, ㉡ 그 법률행위가 신탁 목적에 위반한다는 사실을 알았거나 중대한 과실로 알지 못하였다는 것을 의미하고, 전득자의 경우에는 ㉠ 법률행위로 얻은 적극재산·소극재산이 신탁재산에 귀속하는 사실, ㉡ 자신이 거래한 상대방이 수탁자가 신탁 목적을 위반한 법률행위로 신탁재산을 취득하였다는 사실을 알았거나 중대한 과실로 알지 못하였다는 것을 의미한다는 견해[5]와 ② 상대방이든 전득자이든 신탁의 존재에 관한 인식 여부만 문

1) 법무부, 〈신탁법 해설〉, 571면.
2) 이연갑, 〈신탁법상 수익자 보호의 법리〉, 208면.
3) 최수정, 〈수익자취소권 재고〉, 193면.
4) 이연갑, 〈신탁법상 수익자 보호의 법리〉, 211~212면.
5) 이중기, 〈신탁법〉, 580면; 최동식, 〈신탁법〉, 272~273면.

제되고 그 처분이 신탁 목적에 위반되는 사실까지 인식할 필요가 없다는 견해[1]가 대립한다. 하지만 법문이 수탁자의 신탁목적의 위반 사실을 알았거나 중대한 과실로 알지 못하였을 때를 그 요건으로 하고 있으므로 전자의 견해가 타당한 것으로 보인다.

이때 중대한 과실이란 객관적 주의의무를 부담하는 의무자가 그의 직업, 사회적 지위, 행위의 종류, 목적 등에 비추어 해당 행위에 일반적으로 요구되는 주의를 현저하게 결여한 것을 의미하는바,[2] 예를 들어 수탁자가 신탁재산의 매도가격을 시가에 비하여 현저하게 낮은 가격에 판매하는 경우 등에 인정될 수 있다.[3]

(나) 고의 · 중과실의 시기

상대방이나 전득자는 그 법률행위 당시에 고의나 중과실이 있었을 것이 인정되어야 한다.

(다) 증명책임

신탁재산의 처분권자인 수탁자의 신탁재산에 관한 법률행위는 원칙적으로 유효하고 예외적으로 취소되는 것인데, 상대방이나 전득자로 하여금 거래 당시에 선의였고 중과실이 없었다는 점을 증명하라고 하는 것은 신탁재산에 관한 거래를 지나치게 제한할 여지가 있으므로, 수익자가 상대방이나 전득자의 고의·중과실에 대한 증명책임을 부담한다고 보아야 할 것이다.[4]

4. 행사방법

가. 취소권자

신탁법 제43조에 따른 원상회복청구권 등과 달리 수익자취소권은 수익자만이 행사할 수 있다(신탁법 제75조 제1항). 신탁재산에 발생한 손해 등을 보전하는 것은 당연히 이루어져야 하므로 원상회복청구권의 경우 이해관계를 가지는 모든 자에게 이를 인정하는 것이 타당한 것으로 볼 수도 있지만, 수익자취소권의 경우 수익자 이외의 이해관계인은 신탁 목적을 위반한 법률행위를 추인하여 그 대가를 신탁재산에 귀속시키는 것과 이를 취소하여 신탁재산을 회수하는 것 중 어느 것이 유리한지를 판단하기 어려우므로, 신탁에 관하여 가장 큰 이해관계를 갖고 있는 수익자만의 판단에 의하도록 하고 있는 것이다.[5]

한편 수익자가 수인인 경우에도 개별수익자는 단독으로 취소권을 행사할 수 있고,

---

1) 김진우, 〈공익신탁법리와 법정책적 제언 — 공익재단법인제도와의 비교를 통하여〉, 103면; 임채웅, 〈사해신탁의 연구〉, 47면.
2) 대법원 2000. 5. 12. 선고 2000다12259 판결 등.
3) 법무부, 〈신탁법 해설〉, 573면.
4) 이중기, 〈신탁법〉, 579면; 이연갑, 〈신탁법상 수익자의 지위〉, 955면; 임채웅, 〈사해신탁의 연구〉, 47면.
5) 이중기, 〈신탁법〉, 582면; 최동식, 〈신탁법〉, 268면.

이 권리는 제한할 수 없다(신탁법 제71조 제1항 단서, 제61조 제6호).

나. 취소권의 상대방

취소권의 상대방에 대하여는 ① 수탁자라는 설, ② 수탁자 및 수탁자의 상대방[1]이라는 설, ③ 수탁자의 상대방 또는 전득자라는 설이 대립하고 있는데, 수탁자 및 수탁자의 상대방이라고 하는 위 ②설이 학설상 다수설이다.[2]

다. 취소권의 행사 방식

수익자취소권은 수익자가 자신의 명의로 행사하여야 하고, 신탁재산을 빨리 회복할 필요가 있으므로 사해행위취소권과 달리 반드시 재판상 행사할 필요는 없고 재판 외에서도 행사할 수 있다고 본다.[3]

라. 원상회복청구권 등과의 경합

신탁법 제43조에 따른 원상회복청구권 등과 수익자취소권 중 어느 것을 먼저 행사하여야 하는지 문제되나, 어느 권리를 먼저 행사하여야 한다고 해석할 법적 근거가 없으므로, 수익자가 재량에 따라 결정할 문제라고 보는 것이 타당하다.[4]

5. 취소권 행사의 효과

가. 법률행위의 취소

수익자가 취소권을 행사할 때까지 수탁자의 법률행위는 유효하고, 취소권을 행사하면 법률행위는 소급적으로 무효가 된다. 신탁이라는 단체관계의 획일적 확정을 위하여 취소의 효과는 사해행위취소의 효과와는 달리 상대적인 것이 아니라 신탁의 관여자 전체에 대하여 그 효과가 미치는 절대적인 것이라고 보아야 할 것이다(신탁법 제75조 제2항 참조).[5]

나. 신탁재산의 반환

(1) 신탁재산의 반환 방법

신탁법은 신탁재산의 반환에 대하여 명시적으로 규정하고 있지 않아서 신탁재산의

1) 수탁자와 법률행위를 한 상대방을 말한다.
2) 이중기, 〈신탁법〉, 584면; 최동식, 〈신탁법〉, 274~275면; 임채웅, 〈사해신탁의 연구〉, 47면.
3) 이중기, 〈신탁법〉, 584면; 최동식, 〈신탁법〉, 268면; 이연갑, 〈신탁법상 수익자의 지위〉, 954면; 임채웅, 〈사해신탁의 연구〉, 48면.
4) 이연갑, 〈신탁법상 수익자의 지위〉, 953면.
5) 이중기, 〈신탁법〉, 584~585면; 이연갑, 〈신탁법상 수익자의 지위〉, 955면.

반환 방법에 대하여 구 신탁법에 대한 해석론과 마찬가지로 다음과 같은 견해의 대립이 있을 수 있다.

즉 수익자취소권은 신탁재산의 실질적 소유자인 수익자가 자기재산인 신탁재산을 회복하는 제도이고, 위반행위를 한 수탁자가 적극적으로 반환청구를 행사할 가능성이 낮으므로 수익자가 직접 상대방이나 전득자에게 행사할 수 있다고 보는 견해[1]와, 취소권이 행사되면 신탁재산이나 그 대위물은 수탁자에게 물권적으로 복귀하는 것이므로 신탁재산 등의 반환청구는 수탁자의 직무이며, 수익자는 수익권에 기하여 반환청구권을 대위행사할 수 있을 뿐이라는 견해[2]가 있다. 전자의 견해는 사해행위취소권의 일반적 법리와 일관성을 유지하고자 하는 견해인 것으로 보이고, 후자의 견해는 신탁의 특수성을 강조하는 견해인 것으로 보인다. 다만 어느 경우에나 신탁재산 등이 금전이더라도 수익자가 이를 직접 수령할 수 없고, 반드시 신탁재산에 반환시켜야 한다.[3]

(2) 반환청구의 상대방

상대방과 전득자가 모두 악의인 경우, 수익자는 취소요건을 갖춘 상대방 또는 전득자를 상대로 반환청구를 선택적으로 행사할 수 있다.[4]

(3) 반환청구의 범위

수익자는 수익권의 범위와 관계없이 거래된 전체 신탁재산에 대하여 반환청구를 할 수 있다.[5] 신탁재산이 연속적으로 처분되어 반환받을 수 없는 경우(선의취득, 엄폐물이론 등)에는 신탁법 제27조(구 신탁법 제19조)를 유추적용하여 그 대위물에 대하여도 반환청구를 할 수 있다고 보는 견해가 있다.[6]

제76조 (취소권의 제척기간)

제75조 제1항에 따른 취소권은 수익자가 취소의 원인이 있음을 안 날부터 3개월, 법률행위가 있은 날부터 1년 내에 행사하여야 한다.

1) 이중기, 〈신탁법〉, 585면.
2) 최동식, 〈신탁법〉, 275~276면; 이연갑, 〈신탁법상 수익자의 지위〉, 954~955면; 임채웅, 〈사해신탁의 연구〉, 48면.
3) 이중기, 〈신탁법〉, 587면; 최동식, 〈신탁법〉, 276면; 이연갑, 〈신탁법상 수익자의 지위〉, 955면.
4) 이중기, 〈신탁법〉, 586면.
5) 이중기, 〈신탁법〉, 586~587면; 이연갑, 〈신탁법상 수익자의 지위〉, 955면.
6) 이연갑, 〈신탁법상 수익자의 지위〉, 955면.

신탁법은 취소권의 행사기간을 확장하고 있다.

행사기간의 성격에 대하여 일본의 신신탁법과 달리 구 신탁법이나 현행 신탁법은 모두 제척기간이라고 명시하고 있다. 구 신탁법의 제척기간(수익자 또는 신탁관리인이 취소의 원인이 있음을 안 때로부터 1월, 처분한 때로부터 1년)에 대하여는 신탁의 본지에 반하는지 여부를 수익자 또는 신탁관리인이 쉽게 알 수 없음에도 불구하고 지나치게 단기간이라는 입법론적 비판이 있어 왔고, 현행 신탁법은 이러한 비판을 받아 들여 취소권의 행사기간을 수익자가 취소의 원인을 안 날로부터 3개월, 법률행위가 있은 날부터 1년으로 규정하였다(신탁법 제76조).[1]

제77조 (수탁자에 대한 유지청구권) [신설]

① 수탁자가 법령 또는 신탁행위로 정한 사항을 위반하거나 위반할 우려가 있고 해당 행위로 신탁재산에 회복할 수 없는 손해가 발생할 우려가 있는 경우 수익자는 그 수탁자에게 그 행위를 유지(留止)할 것을 청구할 수 있다.

② 수익자가 여럿인 신탁에서 수탁자가 법령 또는 신탁행위로 정한 사항을 위반하거나 위반할 우려가 있고 해당 행위로 일부 수익자에게 회복할 수 없는 손해가 발생할 우려가 있는 경우에도 제1항과 같다.

1. 총 설

수탁자의 신탁위반행위에 대한 구제수단으로는 원상회복청구권이나 손해배상청구권(신탁법 제43조), 수익자취소권(동법 제75조) 등이 있으나, 이러한 제도들은 모두 사후적인 구제수단이다. 이러한 이유로 구 신탁법 하에서의 학설은, 수탁자의 자력이 충분하지 못하거나 법률행위의 상대방 또는 전득자가 선의·무중과실인 경우에는 위와 같은 사후적 구제수단의 실효성이 없는 점,[2] 신탁의 경우 수익자는 신탁행위에 의하여 발생한 권리를 취득하므로 수익자와 수탁자는 직접적인 법적 관계를 가지는 점 등을 근거로 수탁자에 대한 감독권능에 기하여 수탁자에게 신탁위반행위에 대한 금지청구를 할 수 있다고 해석하고 있었다.[3]

이에 현행 신탁법은 종전에 해석론상 인정되어 왔던 신탁위반행위 금지청구권의 법

1) 법무부, 〈신탁법 해설〉, 579면.
2) 최수정, 〈일본 신신탁법〉, 96면.
3) 이중기, 〈신탁법〉, 514면; 최동식, 〈신탁법〉, 327~328면; 이근영, 〈신탁법상 수익자의 수익권의 의의와 수익권 포기〉, 190~192면, 195면; 이중기, 〈신탁제도 개선에 관한 용역〉, 198면.

적 근거를 마련하기 위하여 상법 제402조(유지청구권)를 참고하여 수탁자에게 위반행위를 중지할 것을 청구할 수 있도록 하였다(신탁법 제77조 제1항). 즉 신탁재산의 일실을 방지하고 수익자의 권리를 보다 강하게 보호하기 위하여 수탁자의 임무 위반행위에 대한 사전적인 구제수단으로서 유지청구권을 도입한 것이다. 하지만 유지청구권을 지나치게 폭넓게 허용한다면 오히려 원활한 신탁사무의 처리를 저해하고 신탁 목적의 달성을 방해할 수도 있으므로 현행 신탁법은 요건을 엄격히 정하여 유지청구권을 인정하였다.[1)]

2. 성립요건

가. 법령 또는 신탁행위를 위반하였거나 위반할 우려가 있는 행위

수탁자가 신탁 등 관계법령이나 신탁행위에서 정한 의무 등을 위반하거나 위반할 우려가 있을 것이 요구되는데(신탁법 제77조 제1항), 선관의무 위반행위(신탁법 제32조)도 유지의 대상에 포함될 수 있다.

나. 회복할 수 없는 손해발생의 우려

신탁재산에 손해가 발생할 가능성이 낮은 때에도 금지청구권을 폭넓게 허용한다면 오히려 원활한 신탁사무의 처리를 저해하고 신탁의 목적 달성을 방해할 수도 있으므로, 신탁재산에 회복할 수 없는 손해가 발생할 우려가 있는 경우에 한정하여 유지청구권을 허용하는 것이 타당하다(신탁법 제77조 제1항).[2)] 회복할 수 없는 손해에 해당하는지 여부는 사회통념에 따라 판단할 문제로,[3)] 법률적으로 회복할 수 없는 경우뿐만 아니라 회복을 위한 비용 및 절차 등으로 보아 회복이 곤란하거나 상당한 시일을 요구하는 경우에도 유지청구권이 인정될 수 있을 것이다.[4)]

신탁법 제77조 제1항의 권리는 신탁재산에 손해가 발생할 우려가 있는 것을 그 요건으로 하고 있는데 반하여 동조 제2항의 권리는 수익자에게 손해가 발생할 우려가 있는 것을 그 요건으로 하고 있다. 다만 신탁재산에 손해가 발생할 우려가 있는 경우 수익자에게도 손해가 발생할 우려가 높을 것이다.

신탁법 제77조 제2항의 경우 손해가 수익자 전부에 대하여 발생할 필요는 없으며, 그 중 일부에 대해서만 발생하는 경우에도 그 손해가 회복할 수 없는 손해에 해당한다면 해당 수익자는 유지청구권을 행사할 수 있다.

1) 법무부, 〈신탁법 해설〉, 581면.
2) 최수정, 〈일본 신신탁법〉, 96~97면; 이근영, 〈신탁법상 수익자의 수익권의 의의와 수익권 포기〉, 195면.
3) 이철송, 〈회사법강의(제19판)〉, 678면.
4) 정동윤 외 5인, 〈주석 상법 회사법(3)〉, 301면; 이철송, 〈회사법강의(제19판)〉, 678면.

3. 행사방법

수익자가 수인인 경우에도 개별수익자는 단독으로 유지청구권을 행사할 수 있으며(신탁법 제77조 제2항), 이 권리는 제한할 수 없다(신탁법 제71조 제1항 단서, 제61조 제7호). 유지청구권은 반드시 소로써 행사할 필요는 없고 재판 외에서 청구할 수도 있다.[1)]

제 7 절 수익증권

제78조 (수익증권의 발행) [신설]

① 신탁행위로 수익권을 표시하는 수익증권을 발행하는 뜻을 정할 수 있다. 이 경우 각 수익권의 내용이 동일하지 아니할 때에는 특정 내용의 수익권에 대하여 수익증권을 발행하지 아니한다는 뜻을 정할 수 있다.

② 제1항의 정함이 있는 신탁(이하 "수익증권발행신탁"이라 한다)의 수탁자는 신탁행위로 정한 바에 따라 지체 없이 해당 수익권에 관한 수익증권을 발행하여야 한다.

③ 수익증권은 기명식(記名式) 또는 무기명식(無記名式)으로 한다. 다만, 담보권을 신탁재산으로 하여 설정된 신탁의 경우에는 기명식으로만 하여야 한다.

④ 신탁행위로 달리 정한 바가 없으면 수익증권이 발행된 수익권의 수익자는 수탁자에게 기명수익증권을 무기명식으로 하거나 무기명수익증권을 기명식으로 할 것을 청구할 수 있다.

⑤ 수익증권에는 다음 각 호의 사항과 번호를 적고 수탁자(수탁자가 법인인 경우에는 그 대표자를 말한다)가 기명날인 또는 서명하여야 한다.

1. 수익증권발행신탁의 수익증권이라는 뜻
2. 위탁자 및 수탁자의 성명 또는 명칭 및 주소
3. 기명수익증권의 경우에는 해당 수익자의 성명 또는 명칭
4. 각 수익권에 관한 수익채권의 내용 및 그 밖의 다른 수익권의 내용
5. 제46조 제6항 및 제47조 제4항에 따라 수익자의 수탁자에 대한 보수지급의무 또는 비용 등의 상환의무 및 손해배상의무에 관하여 신탁행위의 정함이 있는 경우에는 그 뜻 및 내용
6. 수익자의 권리행사에 관하여 신탁행위의 정함(신탁관리인에 관한 사항을 포함한다)이 있는 경우에는 그 뜻 및 내용

1) 이철송, 〈회사법강의(제19판)〉, 678면; 법무부, 〈신탁법 해설〉, 583면.

7. 제114조 제1항에 따른 유한책임신탁인 경우에는 그 뜻 및 신탁의 명칭
8. 제87조에 따라 신탁사채 발행에 관하여 신탁행위의 정함이 있는 경우에는 그 뜻 및 내용
9. 그 밖에 수익권에 관한 중요한 사항으로서 대통령령으로 정하는 사항

⑥ 수탁자는 신탁행위로 정한 바에 따라 수익증권을 발행하는 대신 전자등록기관(유가증권 등의 전자등록 업무를 취급하는 것으로 지정된 기관을 말한다)의 전자등록부에 수익증권을 등록할 수 있다. 이 경우 전자등록의 절차 · 방법 및 효과, 전자등록기관의 지정 · 감독 등 수익증권의 전자등록 등에 관하여 필요한 사항은 따로 법률로 정한다.

⑦ 제88조 제1항에도 불구하고 수익증권발행신탁에서 수익증권발행신탁이 아닌 신탁으로, 수익증권발행신탁이 아닌 신탁에서 수익증권발행신탁으로 변경할 수 없다.

1. 총　　설

과거에는 은행의 불특정금전신탁, 투자신탁, 유동화증권(ABS)신탁 등과 같이 특별법에 정함이 있는 경우에 한해 수익증권의 발행이 허용되었다(신탁업법 제17조의2 내지 제17조의4, 자본시장법 제110조, 제189조, 간접투자자산운용업법 제47조 내지 제50조, 자산유동화에 관한 법률 제32조). 이에 특별법상의 규정이 없는 경우에도 수익권의 양도성을 전제로 하여 수익권을 증권화하여 유동화하는 것이 가능한가와 관련하여 학설의 다툼이 있어 왔다.[1]

신탁법은 수익권의 양도성 증대와 거래비용 감소의 필요성은 몇몇 영리신탁에만 제한된 것이 아니므로 신탁에서 수익증권의 발행을 일반적으로 허용할 필요성이 있다고 보고, 수익증권의 법적 근거를 명확히 하여 부동산개발신탁 등에서 자산유동화 수단으로 널리 활용될 수 있도록 수익증권에 관한 일반적 규정을 마련하였다.[2][3]

수익권의 유가증권화에 관한 규정은 상법상 주권 및 사채권에 관한 규정을 기본모델로 하고 있다. 수익권의 성질이 유가증권 중에서 지급증권(어음·수표)이나 상품증권(선하증권·창고증권 등)보다는 자본증권(주식·사채)과 가장 유사하기 때문이다.[4]

1) 유재관, 〈신탁법실무〉, 199~200면 참조.
2) 김종서 · 장희순, 〈부동산개발신탁사업에 있어 신탁수익권증서의 활용을 통한 자금조달방안에 관한 연구〉, 81면.
3) 현행 신탁법 제78조 이하에서 규율하는 '수익증권'은 강학상 유가증권, 즉 재산권(수익권)이 화체된 증서로서 그 증서에 의하여 재산권의 유통이 이루어지는 성질의 것을 말하므로, 수익권의 전전 유통을 전제로 하지 않고 단순히 수익권을 표시하기 위하여 발행되어 강학상 유가증권이 아니라 증거증권에 불과한 '수익권증서'와는 구별된다. 한편, 자본시장법상으로는 관리신탁의 수익권을 제외하고는 신탁의 수익권이 표시된 것을 모두 수익증권으로 정의하므로(자본시장법 제3조, 제4조) 강학상 유가증권 해당 여부를 묻지 않고 자본시장법의 규율 대상이 될 수 있다는 견해도 있다(김은집 외 2인, 〈수익증권발행신탁 관련 자본시장법상 제 문제〉, 220~221면).
4) 법무부, 〈신탁법 해설〉, 588면.

이를 통하여 위탁자는 수익권의 유가증권화를 통해 대규모 자금을 미리 융통할 수 있어 자금조달을 원활하게 할 수 있고, 수탁자의 수익권 관리비용이 절감되며, 수익자는 수익권의 유통성이 증대됨으로 인하여 투자자금을 조기에 회수할 수도 있다.[1)2)] 또한 주식에 유사한 기명식의 수익증권과 사채에 유사한 무기명식의 수익증권 양자가 이용가능함에 따라 신탁의 유연성도 한층 높아질 수 있다.[3)]

2. 수익증권의 발행, 일부 발행

가. 신탁행위에 의한 수익증권의 발행

신탁의 수익권을 증권화하여 수익증권으로 발행할 것인지 여부는 신탁행위로 정하여야 한다(신탁법 제78조 제1항 전단). 따라서 수탁자가 재량껏 발행 여부를 결정할 수는 없으나, 신탁행위로 정하기만 하면 수익증권 발행을 위한 별도의 요건을 정할 필요가 없이 수익증권을 발행할 수 있다.[4)] 일본 신신탁법의 개정 과정에서는 신탁행위 외에 별도의 요건이나 제한이 필요한 것은 아닌지가 문제되었으나, 수익증권의 발행을 별도의 요건이나 제한 없이 인정함으로써 수익권의 원활한 유통을 도모할 수 있고, 이로써 신탁설정자인 위탁자의 의도도 충분히 달성될 수 있으며, 증권의 소지인은 권리자로 추정되어 용이하게 권리를 행사할 수 있을 것이므로, 결국 수익권의 유가증권화는 통상 위탁자와 수익자의 이익에 기여할 것이라는 판단 아래 별도의 요건이나 제한을 부가하지 않았다고 한다.[5)]

신탁법 제78조 제1항은 수익증권을 발행하는 수탁자의 자격에 관하여도 아무런 제한을 두고 있지 않다.

다만 수익증권의 발행 여부를 신탁행위가 아닌 수탁자의 재량으로 결정할 수는 없고, 신탁변경을 통하여서도 수익증권발행신탁을 수익증권발행신탁이 아닌 신탁으로 또는 수익증권발행신탁이 아닌 신탁을 수익증권발행신탁으로 만들 수는 없다(신탁법 제78조 제7항). 이를 신탁의 안정성에 대한 배려 또는 법적 안정성의 관점으로 설명하는 견해가 있다.[6)]

---

1) 법무부, 〈신탁법 해설〉, 594면.
2) 한편 이러한 수익증권발행신탁이 자본시장법상의 집합투자와 개념적으로는 구분되는 것으로 보이나, 두 제도 모두 집합투자업자 또는 수탁자(신탁업자)가 일정한 재산을 운용하여 그 수익을 투자자 또는 수익자에게 배분한다는 점에서 상당 부분 공통되어 실제 운영 과정에서는 두 제도가 유사한 형태로 운영될 가능성을 배제할 수 없어, 수익증권발행신탁이 집합투자에 대한 규제 회피 수단으로 이용될 가능성을 우려하면서, 이에 대한 방안 마련을 촉구하는 것으로는 김은집 외 2인, 〈수익증권발행신탁 관련 자본시장법상 제 문제〉, 223~225면 참조.
3) 최수정, 〈일본 신신탁법〉, 203면.
4) 법무부, 〈신탁법 해설〉, 589면.
5) 최수정, 〈일본 신신탁법〉, 203면.
6) 최수정, 〈일본 신신탁법〉, 204면.

나. 일부 수익권에 대한 수익증권의 미발행

각 수익권의 내용이 균등하지 아니한 경우, 즉 수종의 수익권이 존재하는 신탁의 경우에는 일부 종류의 수익권에 대하여서는 수익증권을 발행하지 아니할 수도 있다(신탁법 제78조 제1항 후단). 이러한 경우도 모두 '수익증권발행신탁'에 해당하므로 강행규정인 "제7절 수익증권"의 규정 전체의 적용을 받게 된다.[1)]

3. 수익증권의 즉시 발행의무

수익증권발행신탁의 경우, 수탁자는 신탁행위에서 정한 바에 따라 지체 없이 수익증권을 발행하여야 한다(신탁법 제78조 제2항). 수익증권발행신탁에서 수익증권이 발행되지 아니하면 수익권자는 그 수익권을 양도할 수 없는 불이익을 입게 되므로(신탁법 제81조 제1항), 수탁자에 대하여 지체 없이 수익증권을 발행할 의무를 부과하였다.[2)]

4. 수익증권의 형식

주권이나 사채권 등의 경우와 마찬가지로 수익증권을 기명식으로 할 것인지 아니면 무기명식으로 할 것인지를 신탁행위로 자유로이 정할 수 있다(신탁법 제78조 제3항 본문). 신탁법 제78조 제3항 단서와 관련하여, 담보권을 신탁재산으로 하여 설정된 담보권신탁의 경우 담보권자와 채권자가 실질적으로 분리되지 않도록 수익권 양도를 제한할 필요가 있는데, 담보권신탁의 경우에도 수익증권을 무기명식으로 발행하는 것을 허용한다면, 그 수익권을 양도함에 있어 기명수익증권의 양도의 경우에 적용되는 대항요건에 관한 규정(동법 제81조 제2항)의 적용을 받지 않게 되어, 담보권자와 채권자가 분리될 가능성이 있으므로, 신탁법은 담보권신탁에서 발행되는 수익증권은 무기명식으로 발행할 수 없도록 규정한 것이다.[3)]

일단 수익증권이 발행된 이후에는 수익자는 수탁자에 대한 청구로 기명식으로 할 것인지, 아니면 무기명식으로 할 것인지 선택할 수 있다(신탁법 제78조 제4항). 그러나 수익증권 관리의 편의성 등을 위해 신탁행위로 이러한 전환을 금지하는 것은 가능할 것이다.[4)]

---

1) 법무부, 〈신탁법 해설〉, 589면.
2) 법무부, 〈신탁법 해설〉, 589면.
3) 법무부, 〈신탁법 해설〉, 590면.
4) 법무부, 〈신탁법 해설〉, 590면.

5. 수익증권의 기재사항

상법상의 주권이나 사채권, 자본시장법상의 수익증권 등 다른 유가증권의 경우와 마찬가지로, 수익자 보호를 위하여 신탁의 수익권에 관한 중요사항을 수익증권에 기재하고 수탁자가 기명날인 또는 서명하여야 한다(요식증권성, 신탁법 제78조 제5항).

신탁법 제78조 제5항 제9호의 위임에 따라 신탁법 시행령 제6조는 수익증권의 기재사항을 열거하고 있다.[1)]

6. 수익증권의 전자등록

수익증권은 전자등록의 방식으로도 발행할 수 있다. 신탁행위로 전자등록을 인정하는 경우 수탁자는 수익증권을 발행하는 대신에 전자등록부에 등록할 수 있다(신탁법 제78조 제6항 전단).

신탁법은 수익증권을 전자등록의 방식으로 발행할 수 있도록 근거규정을 두되, 수익증권의 전자등록에 관한 상세한 사항은 유가증권의 전자등록에 관한 특별법에서 정하는 바에 따르도록 하여 전자등록 제도의 통일적 관리를 기하도록 하고 있다(신탁법 제78조 제6항 후단).[2)]

제79조 (수익자명부) [신설]

① 수익증권발행신탁의 수탁자는 지체 없이 수익자명부를 작성하고 다음 각 호의 사항을 적어야 한다.

1. 각 수익권에 관한 수익채권의 내용과 그 밖의 수익권의 내용
2. 각 수익권에 관한 수익증권의 번호 및 발행일
3. 각 수익권에 관한 수익증권이 기명식인지 무기명식인지의 구별
4. 기명수익증권의 경우에는 해당 수익자의 성명 또는 명칭 및 주소
5. 무기명수익증권의 경우에는 수익증권의 수

---

1) 신탁법 시행령 제6조(수익증권의 기재사항) 법 제78조 제5항 제9호에서 "대통령령으로 정하는 사항"이란 다음 각 호의 사항을 말한다.
   1. 신탁기간의 정함이 있는 경우에는 그 기간
   2. 법 제47조 제1항에 따라 수탁자에게 보수를 지급하는 경우에는 수탁자 보수의 계산방법, 지급방법 및 지급시기
   3. 기명수익증권을 발행한 경우로서 수익권에 대한 양도의 제한이 있을 때에는 그 취지 및 내용
   4. 법 제101조 제1항에 따라 신탁이 종료되었을 때에 잔여재산수익자 또는 귀속권리자를 정한 경우에는 그 성명 또는 명칭
   5. 유한책임신탁인 경우에는 신탁사무처리지

2) 법무부, 〈신탁법 해설〉, 591면.

6. 기명수익증권의 수익자의 각 수익권 취득일
7. 그 밖에 대통령령으로 정하는 사항

② 수익증권발행신탁의 수탁자가 수익자나 질권자에게 하는 통지 또는 최고(催告)는 수익자명부에 적혀 있는 주소나 그 자로부터 수탁자에게 통지된 주소로 하면 된다. 다만, 무기명수익증권의 수익자나 그 질권자에게는 다음 각 호의 방법 모두를 이행하여 통지하거나 최고하여야 한다.

1. 「신문 등의 진흥에 관한 법률」에 따른 일반일간신문 중 전국을 보급지역으로 하는 신문(이하 "일반일간신문"이라 한다)에의 공고(수탁자가 법인인 경우에는 그 법인의 공고방법에 따른 공고를 말한다)
2. 수탁자가 알고 있는 자에 대한 개별적인 통지 또는 최고

③ 제2항 본문에 따른 통지 또는 최고는 보통 그 도달할 시기에 도달한 것으로 본다.

④ 수익증권발행신탁의 수탁자는 신탁행위로 정한 바에 따라 수익자명부관리인을 정하여 수익자명부의 작성, 비치 및 그 밖에 수익자명부에 관한 사무를 위탁할 수 있다.

⑤ 수익증권발행신탁의 수탁자는 수익자명부를 그 주된 사무소(제4항의 수익자명부관리인이 있는 경우에는 그 사무소를 말한다)에 갖추어 두어야 한다.

⑥ 수익증권발행신탁의 위탁자, 수익자 또는 그 밖의 이해관계인은 영업시간 내에 언제든지 수익자명부의 열람 또는 복사를 청구할 수 있다. 이 경우 수탁자나 수익자명부관리인은 정당한 사유가 없다면 청구에 따라야 한다.

1. 총 설

수익증권발행신탁의 경우 수익권이 증권화되어 유통성이 높아지므로 수익자의 수가 많아지고 그 변동가능성도 높아지게 되는바, 이러한 다수의 변동가능한 수익자 간의 법률관계를 획일적으로 원활하게 처리하기 위하여 수익자명부 제도를 도입하였다.[1)]

2. 수익자명부의 작성

수익증권발행신탁의 수탁자는 지체 없이 수익자명부를 작성하고 법정 사항을 기재하여야 한다(신탁법 제79조 제1항).

수익자명부에 기재하여야 할 법정사항에는 수익권과 수익증권에 관한 내용이 공통적으로 포함되고, 당해 수익증권이 기명식인지 무기명식인지를 기재하여야 하나(신탁법 제79조 제1항 제3호), 무기명수익증권의 경우에는 수익자의 성명과 주소 등을 기재할 수 없으므로 수익

1) 법무부, 〈신탁법 해설〉, 596면.

증권의 수만을 기재한다(동항 제4, 5호, 상법상의 주주명부에 관한 규정인 상법 제352조 제1, 2항 참조).

신탁법 시행령 제7조는 신탁법 제79조 제1항 제7호의 위임에 따라 수익자명부의 기재사항을 규정하고 있다.[1)]

3. 수익자명부의 효력

신탁법 제79조 제2항은 상법상의 주주명부의 효력과 마찬가지로(상법 제353조 제1항), 수탁자에게 면책적 효력을 부여한 것이다.

기명수익증권의 경우 수익증권발행신탁의 수탁자가 수익자나 질권자에게 하는 통지 또는 최고(催告)는 수익자명부에 적혀 있는 주소나 그 자로부터 수탁자에게 통지된 주소로 하면 된다(신탁법 제79조 제2항 본문).

무기명수익증권의 경우 수익자명부에 수익자의 성명 및 주소가 기재되지 아니하므로 제2항 본문의 방법에 의한 통지 등은 할 수 없고, '신문 등의 진흥에 관한 법률'에 따른 일반일간신문[2)] 중 전국을 보급지역으로 하는 신문에 공고하여야 한다. 이 경우 수탁

---

1) 신탁법 시행령 제7조(수익자명부의 기재사항) 법 제79조 제1항 제7호에서 "대통령령으로 정하는 사항"이란 다음 각 호의 사항을 말한다.
   1. 위탁자의 성명 또는 명칭 및 주소
   2. 수탁자의 성명 또는 명칭 및 주소
   3. 법 제17조 제1항 및 제18조 제1항 · 제2항에 따라 신탁재산관리인을 선임한 경우에는 그 성명 또는 명칭 및 주소
   4. 법 제67조 제1항부터 제3항까지의 규정에 따라 신탁관리인을 선임한 경우에는 그 성명 또는 명칭 및 주소
   5. 법 제78조 제1항 후단에 따라 특정 내용의 수익권에 대하여 수익증권을 발행하지 아니한다는 뜻을 정한 경우에는 그 내용
   6. 법 제79조 제4항에 따라 수익자명부관리인을 정한 경우에는 그 성명 또는 명칭 및 주소
   7. 법 제80조 제1항 단서에 따라 수익증권의 불소지 신고를 허용하지 아니하기로 정한 경우에는 그 취지
   8. 기명수익증권을 발행한 경우 수익권에 대한 양도의 제한이 있을 때에는 그 취지 및 내용
   9. 법 제83조 제3항에 따라 질권이 설정된 경우에는 질권자의 성명 또는 명칭 및 주소와 질권의 목적인 수익권
   10. 수익권에 대하여 신탁이 설정된 경우에는 신탁재산이라는 뜻
   11. 유한책임신탁인 경우에는 그 뜻과 신탁의 명칭

2) 신문 등의 진흥에 관한 법률 제2조(정의) 이 법에서 사용하는 용어의 정의는 다음과 같다.
   1. "신문"이란 정치 · 경제 · 사회 · 문화 · 산업 · 과학 · 종교 · 교육 · 체육 등 전체 분야 또는 특정 분야에 관한 보도 · 논평 · 여론 및 정보 등을 전파하기 위하여 같은 명칭으로 월 2회 이상 발행하는 간행물로서 다음 각 목의 것을 말한다.
      가. 일반일간신문: 정치 · 경제 · 사회 · 문화 등에 관한 보도 · 논평 및 여론 등을 전파하기 위하여 매일 발행하는 간행물
      나. 특수일간신문: 산업 · 과학 · 종교 · 교육 또는 체육 등 특정 분야(정치를 제외한다)에 국한된 사항의 보도 · 논평 및 여론 등을 전파하기 위하여 매일 발행하는 간행물
      다. 일반주간신문: 정치 · 경제 · 사회 · 문화 등에 관한 보도 · 논평 및 여론 등을 전파하기 위하여 매주 1회 발행하는 간행물(주 2회 또는 월 2회 이상 발행하는 것을 포함한다)
      라. 특수주간신문: 산업 · 과학 · 종교 · 교육 또는 체육 등 특정 분야(정치를 제외한다)에 국한된 사항의 보도 · 논평 및 여론 등을 전파하기 위하여 매주 1회 발행하는 간행물(주 2회 또는 월 2회 이상

자가 법인인 경우에는 해당 법인이 법령이나 정관 등에 의하여 정한 공고방법에 따라야 하고(신탁법 제79조 제2항 단서 제1호), 수탁자가 알고 있는 수익자 또는 질권자에 대하여는 개별적으로 통지 또는 최고하여야 한다(동항 단서 제2호).

4. 통지 등의 도달시기

수탁자가 기명수익증권의 수익자 또는 질권자에게 수익자명부에 기재된 주소로 통지 등을 한 때에는 그러한 통지 등이 통상적으로 도달하는 때에 도달한 것으로 간주하여 법률관계가 복잡해지는 것을 방지할 수 있도록 하였다(신탁법 제79조 제3항).[1)]

5. 수익자명부관리인의 선임

수탁자는 직접 수익자명부를 작성·관리하여야 하나 수익자명부관리인을 따로 둘 수도 있다. 신탁행위로 정한 경우에는 비용절감 등을 위하여 수탁자는 수익자명부관리인을 선임하여 관련 사무를 위탁할 수 있다(신탁법 제79조 제4항). 이는 상법상 주주명부에 대한 명의개서대리인과 유사한 제도이다(상법 제337조2) 제2항).[3)]

6. 수익자명부의 비치의무

수익증권발행신탁의 수탁자는 수익자명부를 그 주된 사무소에 비치하여야 하고, 수익자명부관리인이 선임되어 있는 경우에는 그 사무소에 비치하여야 한다(신탁법 제79조 제5항).

7. 수익자명부의 열람·복사청구권

수익증권발행신탁의 위탁자, 수익자 기타 이해관계인은 영업시간 내에 언제든지 수익자명부의 열람·복사를 청구할 수 있다(신탁법 제79조 제6항 전단). 이때 이해관계인의 범위가 문제되는 바, 신탁법 제40조 제2항은 이해관계인이 수탁자나 신탁재산관리인에게 신탁의 재산목록

발행하는 것을 포함한다)

1) 법무부, 〈신탁법 해설〉, 598면.

2) 상법 제337조(주식의 이전의 대항요건) ① 주식의 이전은 취득자의 성명과 주소를 주주명부에 기재하지 아니하면 회사에 대항하지 못한다.
② 회사는 정관이 정하는 바에 의하여 명의개서대리인을 둘 수 있다. 이 경우 명의개서대리인이 취득자의 성명과 주소를 주주명부의 복본에 기재한 때에는 제1항의 명의개서가 있는 것으로 본다.

3) 법무부, 〈신탁법 해설〉, 599면.

등 신탁사무의 계산에 관한 장부 및 그 밖의 서류의 열람 또는 복사를 청구할 수 있는 권리를 인정하고 있고, 이는 구 신탁법 제34조 제2항이 규정하고 있었던 이해관계인의 열람청구권을 보다 구체적으로 명확히 한 것이라고 할 것인데, 학설은 구 신탁법 제34조 제2항의 이해관계인의 의미를 신탁채권자나 다른 공동수탁자 등으로 해석하고 있었으므로,[1] 신탁법 제79조 제6항 전단이 수익자명부의 열람·복사를 청구할 수 있다고 규정하고 있는 이해관계인의 범위 역시 이와 유사하게 해석할 수 있을 것이다. 수익자명부의 기재는 추정력을 갖고, 대항요건이 되기 때문에(신탁법 제81조 제2항 참조) 권리관계 확인을 위해서는 이해관계인들의 열람·복사청구권을 인정하여야 한다. 수탁자 또는 수익자명부관리인은 정당한 사유가 없는 한 수익자명부의 열람·복사청구를 거부할 수 없다(신탁법 제79조 제6항 후단).

제80조 (수익증권의 불소지) [신설]

① 수익권에 대하여 기명수익증권을 발행하기로 한 경우 해당 수익자는 그 기명수익증권에 대하여 증권을 소지하지 아니하겠다는 뜻을 수탁자에게 신고할 수 있다. 다만, 신탁행위로 달리 정한 경우에는 그에 따른다.

② 제1항의 신고가 있는 경우 수탁자는 지체 없이 수익증권을 발행하지 아니한다는 뜻을 수익자명부에 적고, 수익자에게 그 사실을 통지하여야 한다. 이 경우 수탁자는 수익증권을 발행할 수 없다.

③ 제1항의 경우 이미 발행된 수익증권이 있으면 수탁자에게 제출하여야 하고, 수탁자에게 제출된 수익증권은 제2항의 기재를 한 때에 무효가 된다.

④ 제1항의 신고를 한 수익자라도 언제든지 수탁자에게 수익증권의 발행을 청구할 수 있다.

1. 총 설

수익증권 분실 등의 위험을 고려하여 수익증권의 소지를 원하지 아니하는 수익자를 위하여 주권 불소지 제도(상법 제358조의2)와 유사한 취지로 수익증권의 불소지 제도를 도입하였다. 수익자의 수익증권 관리의 편의성을 도모하기 위함이다.

2. 수익증권 불소지 신고

수익증권발행신탁의 수익자는 수탁자에게 그가 갖는 수익권을 표시하는 수익증권의

1) 이중기, 〈신탁법〉, 364면.

소지를 원하지 아니한다는 취지의 신고를 할 수 있다(신탁법 제80조 제1항 본문). "수익증권을 발행하기로 한 경우"에 불소지 신고가 가능하므로 수익증권 불소지 신고는 수익증권의 발행 전후를 불문하고 가능하다. 그러나 무기명수익증권의 경우에는 수익자명부로 수익자를 확인할 수 없고 수익자 확인에 수익증권의 존재가 필수적이므로 수익증권 불소지 제도가 적용되지 않는다고 보아야 한다.[1] 신탁행위로 수익증권 불소지 제도를 채택하지 아니할 수도 있다(신탁법 제80조 제1항 단서).

3. 수익증권 불소지 신고의 효과

기명수익증권의 수익자로부터 수익증권 불소지 신고를 받은 수탁자는 수익증권을 발행할 수 없다. 또한 지체 없이 수익증권을 발행하지 아니한다는 취지를 수익자명부에 기재하고 그 사실을 수익자에게 통지하여야 한다(신탁법 제80조 제2항). 이미 발행된 수익증권이 있는 경우 수익자는 불소지 신고를 하면서 이를 수탁자에게 제출하여야 한다. 수탁자에게 제출된 수익증권은 수탁자가 수익자명부에 수익증권불발행의 기재를 한 때에 무효가 된다(신탁법 제80조 제3항). 일단 수익증권의 불소지 신고를 한 수익자라도 장래 언제든지 수탁자에게 수익증권의 발행을 청구할 수 있다(신탁법 제80조 제4항). 수익증권의 불소지 신고를 한 수익자가 다시 수익증권 발행을 청구하면 수탁자는 지체 없이 수익증권을 발행하여야 하고, 수익증권을 발행하지 아니하기로 한 수익자명부의 기재사항을 삭제하여야 할 것이다.[2]

第81조 (수익증권발행신탁 수익권의 양도) [신설]

① 수익증권발행신탁의 경우 수익권을 표시하는 수익증권을 발행하는 정함이 있는 수익권을 양도할 때에는 해당 수익권을 표시하는 수익증권을 교부하여야 한다.

② 기명수익증권으로 표시되는 수익권의 이전은 취득자의 성명과 주소를 수익자명부에 적지 아니하면 수탁자에게 대항하지 못한다.

③ 제78조 제1항 후단에 따라 특정 수익권에 대하여 수익증권을 발행하지 아니한다는 뜻을 정한 수익증권발행신탁의 경우 해당 수익권의 이전은 취득자의 성명과 주소를 수익자명부에 적지 아니하면 수탁자 및 제3자에게 대항하지 못한다.

④ 수익증권발행신탁에서 수익권을 표시하는 수익증권을 발행하는 정함이 있는 수익권의 경우 수익증권의 발행 전에 한 수익권의 양도는 수탁자에 대하여 효력이 없다. 다만, 수익증권을 발행하여야 하는 날부터 6개월이 경과한 경우에는 그러하지 아니하다.

1) 법무부, 〈신탁법 해설〉, 605면.
2) 법무부, 〈신탁법 해설〉, 605면.

1. 총 설

수익증권발행신탁에서 수익권의 양도 방법 및 대항요건에 관한 규정이다. 수익증권발행신탁에서 수익권의 양도는 수익증권의 교부로 하고, 대항요건은 수익자명부의 명의개서로 갖추도록 하였다.

2. 수익증권으로 표시된 수익권의 양도 방법

신탁행위로 수익권을 표시하는 수익증권을 발행하는 것으로 정한 수익증권발행신탁의 경우(신탁법 제78조 제1, 2항) 해당 수익권의 양도는 수익증권의 교부에 의하여야 한다(동법 제81조 제1항). 수익증권발행신탁이 아닌 다른 신탁의 경우 수익권의 성질이 양도를 허용하지 아니하거나 신탁행위로 양도를 제한한 경우가 아니면 양도인과 양수인의 합의만으로 수익권을 양도할 수 있으나(신탁법 제64조 제1, 2항), 수익증권을 발행하는 것으로 정한 수익증권발행신탁의 경우 양도인과 양수인의 합의 외에도 수익증권의 교부가 없으면 수익권 양도의 효력 자체가 발생하지 아니하는 것이다. 기명수익증권이든 무기명수익증권이든 마찬가지이다.

수종의 수익권이 존재하는 경우 신탁행위로 일부에 대하여서만 수익증권을 발행하는 경우(신탁법 제78조 제1항 후단), 수익증권을 발행하지 아니하기로 한 종류의 수익권에는 수익증권 자체가 존재하지 아니하므로 동법 제81조 제1항이 적용될 수 없고, 동법 제64조 제1항 본문에 따라 양도인과 양수인의 합의만으로 수익권을 양도할 수 있다고 할 것이다.

3. 기명수익증권으로 표시된 수익권 이전의 대항요건

기명수익증권으로 표시된 수익권의 양도 또는 그 밖의 이전은 수익자명부에 명의개서하여야 수탁자에게 대항할 수 있다(신탁법 제81조 제2항).

명의개서를 청구함에는 수익증권을 수탁자에게 제시하여야 할 것이고, 양수 사실을 통지한 것만으로는 명의개서를 청구한 것으로 보기 어렵다.[1]

이전은 양도뿐만 아니라 포괄승계, 법정승계 등을 모두 포함하는 개념이므로, 상속 등의 이유로 수익증권을 소유하게 된 경우에도 수탁자에게 대항하려면 명의개서를 하여

1) 이철송, 〈회사법강의(제19판)〉, 294면; 대법원 1995. 7. 28. 선고 94다25735 판결(기명주식을 취득한 자가 회사에 대하여 주주로서의 자격을 인정받기 위하여는 주주명부에 그 취득자의 성명과 주소를 기재하여야 하고, 취득자가 그 명의개서를 청구할 때에는 특별한 사정이 없는 한 회사에게 그 취득한 주권을 제시하여야 하므로, 주식을 증여받은 자가 회사에 그 양수한 내용만 통지하였다면 그 통지 사실만 가지고는 회사에 명의개서를 요구한 것으로 보기 어렵다).

야 한다.[1)]

여기에 수익권양도의 일반적 대항요건에 관한 규정인 신탁법 제65조가 여전히 적용되는 것인지 문제되나, 수익증권의 제시를 통하여 수익자명부에 취득자의 성명과 주소가 기재되었다면 수탁자에 대한 통지 또는 수탁자의 승낙 역시 이루어진 것이라고 볼 수 있으므로, 기명수익증권으로 표시된 수익권의 이전에 있어서 동법 제65조 중 수탁자에 대한 대항요건과 관련한 규정은 크게 의미를 가질 수 없을 것으로 보이고, 제3자와의 관계에서도 수익증권의 점유자는 실질적 권리 승계 사실을 입증하지 아니하더라도 적법한 권리자로 추정되므로(동법 제82조 제1항), 수익증권의 점유 외에 확정일자 있는 증서에 의한 수탁자에 대한 통지 또는 수탁자의 승낙을 제3자에 대한 대항요건으로 별도로 요구할 것은 아니다.

한편 무기명수익증권의 경우 무기명수익증권을 가진 자는 명의개서가 없더라도 그 점유만으로 수탁자는 물론이고 제3자에게도 대항할 수 있다고 보아야 할 것이다(신탁법 제85조 제1항 참조).

4. 수종의 수익권 중 수익증권을 발행하지 아니하는 수익권의 양도

수종의 수익권 중 일부에 대하여 수익증권을 발행하지 아니하는 경우, 수익증권이 발행되지 아니한 종류수익권의 이전은 명의개서를 하여야 수탁자 및 제3자에게 대항할 수 있다(신탁법 제81조 제3항).

즉 수익증권발행신탁에서 수익증권을 발행하지 아니하는 수익권의 경우, 양도인과 양수인의 합의만으로 그 수익권의 양도가 가능하나, 이 경우에도 수익권 양도에 관한 일반적 대항요건 규정을 적용하여 수탁자에 대한 통지나 수탁자의 승낙만으로 수탁자에게 대항할 수 있고 확정일자 있는 수탁자에 대한 통지나 수탁자의 승낙만으로 제3자에게 대항할 수 있도록 하면(신탁법 제65조 제1, 2항), 수익증권발행신탁에서 기명수익증권이 발행된 경우 수익자명부를 통하여 수탁자에게 대항하도록 한 것과 균형이 맞지 않고 자칫 법률관계가 복잡해질 우려가 있으므로, 수익증권발행신탁에서 수익증권이 발행되지 아니한 종류의 수익권에 대하여도 수익증권이 발행된 종류의 수익권과 마찬가지로 명의개서를 그 대항요건으로 한 것으로 풀이된다.[2)]

---

1) 법무부, 〈신탁법 해설〉, 609면.
2) 법무부, 〈신탁법 해설〉, 610면.

5. 수익증권 발행 전 수익권 양도의 효력

신탁행위로 수익증권을 발행하기로 한 신탁에 있어서 수익증권을 발행하기 이전에는 신탁법 제81조 제1항에 따라 교부하여야 할 수익증권이 없으므로 당사자 간의 수익권 양도계약은 수탁자에 대하여 효력이 없으나(신탁법 제81조 제4항 본문), 수익증권 발행 전의 양도도 당사자 간에 채권적 효력은 있다.[1)]

그러나 수탁자가 부당하게 수익증권의 발행을 지체하면 수익권을 양수한 새로운 수익자는 수익권을 행사할 수 없는 손해를 입게 되므로 수탁자가 수익증권의 발행을 해태할 경우 수익자를 보호할 필요가 있다.[2)] 따라서 신탁행위에 따라 수탁자가 수익증권을 발행하여야 하는 날로부터 6개월이 경과하여도 수익증권을 발행하지 아니하고 있으면, 수익권 양도는 수탁자에 대한 관계에서도 유효하다(신탁법 제81조 제4항 단서, 상법 제335조 제3항 참조). 이 경우 수익증권이 발행되지 아니하였으므로 수익권의 양도는 수익권 양도 및 대항요건에 관한 일반원칙(신탁법 제64조, 제65조)에 따라야 할 것이다.

제82조 (수익증권의 권리추정력 및 선의취득) [신설]

① 수익증권의 점유자는 적법한 소지인으로 추정한다.

② 수익증권에 관하여는 「수표법」 제21조를 준용한다.

1. 총　　설

수익증권발행신탁의 수익증권의 점유자에 대하여 자격수여적 효력을 인정하고 그에 대한 선의취득을 인정하여 그 유통성을 강화하는 데 본조의 목적이 있다.

2. 수익증권 점유의 자격수여적 효력

수익증권의 점유자는 그 적법한 소지인으로 추정된다(신탁법 제82조 제1항). 따라서 실질적 권리를 주장·증명함이 없이 수탁자에 대하여 명의개서 청구를 할 수 있다.

1) 이철송, 〈회사법강의(제19판)〉, 319면.

2) 이러한 연유로 신탁법 제78조 제2항은 수탁자로 하여금 '지체 없이' 수익증권을 발행하도록 하고 있다.

3. 수익증권의 선의취득

수익증권은 유가증권이라는 점에서 주권과 유사하므로, 수익증권에 대한 선의취득에 대하여는 주권의 경우과 마찬가지로(상법 제359조) 수표법 제21조[1])를 준용한다(신탁법 제82조 제2항). 선의취득의 요건이나 그 인정 범위 등에 대해서는 주권의 선의취득에 관한 판례와 학설의 일반적 태도를 따르게 될 것이다.

> **第83조 (수익증권발행신탁 수익권에 대한 질권) [신설]**
>
> ① 수익증권발행신탁의 경우 수익권을 질권의 목적으로 할 때에는 그 수익권을 표시하는 수익증권을 질권자에게 교부하여야 한다.
>
> ② 제1항에 따라 수익증권을 교부받은 질권자는 계속하여 수익증권을 점유하지 아니하면 그 질권으로써 수탁자 및 제3자에게 대항하지 못한다.
>
> ③ 제78조 제1항 후단에 따라 특정 수익권에 대하여 수익증권을 발행하지 아니한다는 뜻을 정한 수익증권발행신탁의 경우 해당 수익권에 대한 질권은 그 질권자의 성명과 주소를 수익자명부에 적지 아니하면 수탁자 및 제3자에게 대항하지 못한다.
>
> ④ 수익증권발행신탁에서 수익권을 표시하는 수익증권을 발행하는 정함이 있는 수익권의 경우 수익증권 발행 전에 한 수익권에 대한 질권의 설정은 수탁자에 대하여 효력이 없다. 다만, 수익증권을 발행하여야 하는 날부터 6개월이 경과한 경우에는 그러하지 아니하다.

1. 총　　설

수익증권발행신탁의 경우 수익증권으로 표시된 수익권에 대한 질권 설정 방법 및 대항요건에 대한 규정이다. 질권 설정은 증권을 교부하는 방법으로 하고, 질권자는 증권을 계속하여 점유하여야 수탁자 및 제3자에게 대항할 수 있다.

2. 수익증권으로 표시된 수익권에 대한 질권 설정

수익증권발행신탁의 경우 수익증권으로 표시된 수익권에 대한 질권의 설정은 수익

1) 수표법 제21조(수표의 선의취득) 사유의 여하를 불문하고 수표의 점유를 잃은 자가 있는 경우에 그 수표의 소지인은 그 수표가 소지인출급식인 때 또는 배서로 양도할 수 있는 수표의 소지인이 제19조의 규정에 의하여 그 권리를 증명한 때에는 그 수표를 반환할 의무가 없다. 그러나 소지인이 악의 또는 중대한 과실로 인하여 수표를 취득한 때에는 그러하지 아니하다.

증권의 교부에 의한다(신탁법 제83조 제1항). 질권설정자·질권자 간에 수익권에 대한 질권 설정에 관한 합의 외에 수익증권의 교부가 없으면 질권 설정의 효력은 발생하지 아니한다. 수익증권으로 표시된 수익권에 대한 질권 설정에는 수익권을 목적으로 하는 질권 설정의 대항요건 등에 관한 일반규정(신탁법 제66조)은 적용되지 아니한다. 수종의 수익권이 존재하는 경우 신탁행위로 일부에 대하여서만 수익증권을 발행하는 경우(동법 제78조 제1항 후단), 수익증권이 발행되지 아니한 수익권에 대하여는 제1항이 적용되지 아니하고, 당사자 간의 합의만으로 질권이 설정되며 대항요건은 동법 제83조 제3항에 따른다.[1]

3. 수익증권으로 표시된 수익권에 대한 질권의 대항요건

수익증권으로 표시된 수익권에 대한 질권은 계속 점유하여야 수탁자 및 제3자에게 대항할 수 있다(신탁법 제83조 제2항). 수익증권으로 표시된 수익권 양도의 경우(신탁법 제81조 제2항)와 달리 수익증권이 기명식인가 무기명식인가에 따른 구별은 없다.

상법은 기명주식에 대한 등록질(상법 제340조[2]) 규정을 마련하고 있는데, 비록 주주명부에의 등록은 대항요건은 아니나, 약식질과 달리 등록질에 대해서는 별도의 압류절차가 필요없고, 주식배당금 등에까지 당연히 물상대위를 할 수 있어서 물상대위의 범위 및 압류필요 여부에서 차이가 있다.[3]

현행 신탁법의 개정 과정에서도 수익증권에 대한 등록질 제도를 도입할 것인지 여부에 대한 논의가 되었으나, 물상대위의 범위에 대하여는 신탁법 제66조 제4항이 이미 포괄적으로 정하고 있어서 약식질과 등록질 간의 차이가 없고, 압류의 필요 여부에 대하여는 어차피 상법상의 등록질과 관련하여서도 해석상 여러 가지 견해가 있으며, 상법상의 등록질이 실무상 거의 사용되지 아니한다는 점 등을 근거로 등록질 제도는 도입되지 아니하였다.[4]

1) 법무부, 〈신탁법 해설〉, 615면.
2) 상법 제340조(주식의 등록질) ① 주식을 질권의 목적으로 한 경우에 회사가 질권설정자의 청구에 따라 그 성명과 주소를 주주명부에 덧붙여쓰고 그 성명을 주권에 적은 경우에는 질권자는 회사로부터 이익배당, 잔여재산의 분배 또는 제339조에 따른 금전의 지급을 받아 다른 채권자에 우선하여 자기채권의 변제에 충당할 수 있다.
② 민법 제353조 제3항의 규정은 전항의 경우에 준용한다.
③ 제1항의 질권자는 회사에 대하여 전조의 주식에 대한 주권의 교부를 청구할 수 있다.
3) 법무부, 〈신탁법 해설〉, 616면.
4) 법무부, 〈신탁법 해설〉, 616면.

4. 수익증권이 발행되지 아니한 수익권의 질권 설정

수종의 수익권 중 일부에 대하여서는 수익증권을 발행하지 아니하는 경우 당해 수익권에 대한 질권 설정은 수익자명부에 기재하여야 수탁자 및 제3자에게 대항할 수 있다(신탁법 第83조 제3항). 따라서 수익권을 목적으로 하는 질권 설정의 대항요건 등에 관한 일반규정(신탁법 第66조)은 적용되지 아니한다.[1)]

5. 수익증권 발행 전의 질권 설정

수익증권을 발행하기로 신탁행위로 정하여 놓은 신탁에 있어서 수익증권을 발행하기 이전에는 신탁법 제83조 제1항에 따라 교부하여야 할 수익증권이 없으므로 수익권에 대한 질권 설정은 수탁자에 대하여 효력이 없다(신탁법 제83조 제4항 본문).

그러나 신탁행위에 따라 수탁자가 수익증권을 발행하여야 하는 날로부터 6개월이 경과하여도 수익증권을 발행하지 아니하고 있으면, 당사자 간의 합의만으로 질권이 설정된다(신탁법 제83조 제4항 단서). 다만 대항요건과 관련하여 질권자는 신탁법 제66조에 따른 의사표시만으로 대항요건을 갖출 수 있다고 볼 것인지,[2)] 아니면 수종의 수익권 중 일부에 대하여 수익증권이 발행되지 아니한 경우 수익자 명부의 기재를 통하여 대항요건을 갖추도록 한 신탁법 제83조 제3항을 유추적용하여 수익자명부에 기재가 되어야 대항요건을 갖출 수 있다고 볼 것인지 명확하지 아니하다.

第84조 (기준일) [신설]

① 수익증권발행신탁의 수탁자는 기명수익증권에 대한 수익자로서 일정한 권리를 행사할 자를 정하기 위하여 일정한 날(이하 "기준일"이라 한다)에 수익자명부에 적혀 있는 수익자를 그 권리를 행사할 수익자로 볼 수 있다.

② 기준일은 수익자로서 권리를 행사할 날에 앞선 3개월 내의 날로 정하여야 한다.

③ 기준일을 정한 수탁자는 그 날의 2주 전에 이를 일반일간신문에 공고하여야 한다. 다만, 수탁자가 법인인 경우에는 그 법인의 공고방법에 따른다.

④ 신탁행위로 달리 정한 경우에는 제1항부터 제3항까지의 규정을 적용하지 아니한다.

---

1) 법무부, 〈신탁법 해설〉, 616면.
2) 법무부, 〈신탁법 해설〉, 616~617면.

1. 총 설

수익증권이 유통됨에 따라 수익자명부상 수익자가 수시로 변동되므로, 수익권을 행사할 자를 시기적으로 특정할 필요가 있다. 수익권을 행사할 자를 시기적으로 특정하기 위한 기술적 방법으로서 상법상 주식에 대한 기준일 제도(상법 제354조)와 유사하게 일정한 날 수익자명부에 수익자로 등재된 자를 그 이후의 변동에도 불구하고 수익권을 행사할 자로 확정하는 기준일 제도를 도입하였다(신탁법 제84조 제1항). 수익증권발행신탁의 수탁자는 기명식 수익증권에 대한 수익자로서 일정한 권리를 행사할 자를 정하기 위하여 기준일을 정하고 그 날 수익자명부에 등재된 자를 권리자로 취급할 수 있다. 즉 수익증권의 유통시에도 수익자를 특정 시점으로 고정시킬 수 있어 수탁자의 업무 편의를 도모할 수 있게 된다.[1)]

2. 기명수익증권에 대한 기준일

무기명수익증권의 경우에는 수익자명부에 수익자 등의 성명이 기재되지 아니하므로 기준일 제도는 당연히 적용되지 아니한다. 질권자에 대해서도 기준일 제도를 인정할 것인지가 논의될 수 있으나 등록질을 인정하지 않는 이상 큰 실익이 없다.[2)]

신탁행위로 기준일 제도를 이용하지 아니할 수도 있다(신탁법 제84조 제4항).

신탁법은 기준일 제도만으로도 충분히 수익자의 확정과 업무편의를 도모할 수 있다는 판단 아래 상법상의 주주명부 폐쇄 제도(상법 제354조)와 같은 수익자명부 폐쇄 제도는 별도로 도입하지 아니하였다.[3)]

3. 기준일의 정함

기준일은 행사할 날에 앞선 3개월 이내의 날로 정하여야 한다(신탁법 제84조 제2항). 기준일과 행사일이 너무 벌어지지 않도록 하여 실제 수익자와 수익자명부상 수익자의 괴리가 지나치게 발생하지 아니하도록 하기 위함이다.[4)]

---

1) 법무부, 〈신탁법 해설〉, 619~620면, 622면.
2) 법무부, 〈신탁법 해설〉, 620면.
3) 법무부, 〈신탁법 해설〉, 620면.
4) 법무부, 〈신탁법 해설〉, 620면.

4. 기준일의 공고

해당 기준일부터 2주 전에 일반일간신문에 공고하여야 하나(신탁법 제84조 제3항 본문), 수탁자가 법인인 경우에는 법인의 공고방법에 따라야 한다(동항 단서).

제85조 (수익증권 발행 시 권리행사 등) [신설]

① 무기명수익증권을 가진 자는 그 수익증권을 제시하지 아니하면 수탁자 및 제3자에게 수익자의 권리를 행사하지 못한다.

② 수익증권발행신탁의 수익권을 여러 명이 공유하는 경우 공유자는 그 수익권에 대하여 권리(수탁자로부터 통지 또는 최고를 받을 권한을 포함한다)를 행사할 1인을 정하여 수탁자에게 통지하여야 한다.

③ 제2항의 통지가 없는 경우 공유자는 수탁자가 동의하지 아니하면 해당 수익권에 대한 권리를 행사할 수 없고, 공유자에 대한 수탁자의 통지나 최고는 공유자 중 1인에게 하면 된다.

④ 수익증권발행신탁의 수익자가 여럿인 경우 수익자의 의사결정(제61조 각 호에 따른 권리의 행사에 관한 사항은 제외한다)은 제72조부터 제74조까지의 규정에 따른 수익자집회에서 결정한다. 다만, 신탁행위로 달리 정한 경우에는 그에 따른다.

⑤ 수익증권발행신탁의 경우 위탁자는 다음 각 호의 권리를 행사할 수 없다.

1. 제16조 제1항 및 제21조 제1항에 따른 해임권 또는 선임권
2. 제16조 제3항, 제67조 제1항, 제88조 제3항 및 제100조에 따른 청구권
3. 제40조 제1항에 따른 열람·복사청구권 또는 설명요구권
4. 제79조 제6항에 따른 열람 또는 복사청구권

⑥ 제71조 제1항 단서에도 불구하고 수익증권발행신탁의 경우 신탁행위로 다음 각 호의 어느 하나에 해당하는 뜻을 정할 수 있다.

1. 다음 각 목의 권리의 전부 또는 일부에 대하여 총수익자 의결권의 100분의 3(신탁행위로 100분의 3보다 낮은 비율을 정한 경우에는 그 비율을 말한다) 이상 비율의 수익권을 가진 수익자만 해당 권리를 행사할 수 있다는 뜻
   가. 제40조 제1항에 따른 열람·복사청구권 또는 설명요구권
   나. 제75조 제1항에 따른 취소권
   다. 제88조 제3항에 따른 신탁의 변경청구권
   라. 제100조에 따른 신탁의 종료명령청구권
2. 6개월(신탁행위로 이보다 짧은 기간을 정한 경우에는 그 기간을 말한다) 전부터

계속하여 수익권을 가진 수익자만 제77조 제1항에 따른 유지청구권을 행사할 수 있다는 뜻

⑦ 수익증권발행신탁의 경우 제46조 제4항부터 제6항까지 및 제47조 제4항을 적용하지 아니한다. 다만, 신탁행위로 달리 정한 경우에는 그에 따른다.

1. 총 설

수익권이 증권화된 수익증권발행신탁은 일반 신탁과 다른 특성을 가지므로 그 특성을 반영하여 수익자의 권리행사에 관하여 일반 규정에 대한 특례를 인정할 필요가 있다. 수익증권발행신탁에서 수익자의 권리행사 방법에 관해 구체적인 규정을 둠으로써 법률관계를 명백히 하고, 수탁자의 업무 편의를 도모하고자 하였다.[1)]

2. 무기명수익증권 소지자의 권리 행사

무기명수익증권 소지자는 수익자명부로 자신이 권리자임을 주장할 수 없으므로, 수익증권 점유의 자격수여적 효력을 전제로 하여(신탁법 제82조 제1항) 수익자로서 권리를 행사하려면 수탁자 및 그 이외의 자에게 수익증권을 제시하여야 한다(신탁법 제85조 제1항).

3. 수익증권 공유자의 권리 행사

수익증권발행신탁의 수익권이 2인 이상의 자의 공유에 속하는 경우 기본적으로 민법상의 공유에 관한 규정이 준용될 수 있을 것이다(수익권의 준공유, 민법 제278조). 그러나 수탁자가 수인의 공유자를 개별적으로 상대하는 것은 번잡하고, 공유자 간에 의사가 다를 경우 특정한 공유자의 의사에만 따를 수도 없는 것이므로, 상법상 주식의 공유에 관한 경우(상법 제333조)와 유사하게 특례를 규정하고 있다. 즉 수탁자의 동의가 없는 한 공유자 중 1인을 대표로 정하여야만 수익자로서의 권리를 행사할 수 있다(신탁법 제85조 제2항).[2)]

수탁자가 수익자에게 하는 통지 또는 최고에 있어서도 공유자 대표 1인에게만 하면 되고, 만약 수탁자가 공유자 대표를 통지받지 못한 경우에는 수탁자는 공유자 중 아무나 1인에게 통지하는 것으로 면책된다(신탁법 제85조 제3항).

1) 법무부, 〈신탁법 해설〉, 624면, 631면.
2) 법무부, 〈신탁법 해설〉, 625면.

4. 수익증권발행신탁에서 수익자집회

수익증권발행신탁은 다수의 수익자를 예정하고 있으므로 원칙적으로 수익자집회를 통해 의사결정을 하도록 하고 있다(신탁법 제85조 제4항 본문). 다만 신탁행위로 수익자집회를 배제하거나 수익자집회에 관한 신탁법 제72조 내지 제74조의 규정과 달리 수익자집회의 내용을 정할 수 있다(신탁법 제85조 제4항 단서). 즉 수익자집회의 임의규정성에 대하여는 수익증권발행신탁의 경우와 다른 신탁의 경우가 다르지 않으나, 신탁법 제71조 제2, 3항이 수익자집회를 두기로 별도로 정하지 아니하는 한 수익자집회는 없는 것을 원칙으로 규정하고 있는 데 반하여, 신탁법 제85조 제4항은 수익증권발행신탁의 경우 별다른 정함이 없으면 수익자집회를 통하여 의사결정을 하고 별도의 정함으로 수익자집회를 배제할 수 있도록 하고 있다는 점에서 양자는 원칙과 예외가 바뀐 것이다.

5. 위탁자의 권리행사 제한 특례

수익권의 증권화는 위탁자와 수익자 사이의 인적 유대관계가 약해진다는 것을 의미하는데 이 경우에까지 일반적으로 인정되는 위탁자의 모든 권리를 인정하게 되면 법률관계가 번잡해질 우려가 있으므로, 위탁자에게 인정되는 권리 중 일부에 대하여 위탁자는 그 권리를 행사하지 못하고 수익자만이 권리를 행사할 수 있는 것으로 하였다(신탁법 제85조 제5항).

즉 수익증권발행신탁의 경우 위탁자는 수탁자의 해임에 대한 동의권 및 해임청구권(신탁법 제16조 제1항, 제3항), 신수탁자의 선임에 대한 동의권 및 선임청구권(동법 제2조 제1항), 신탁관리인의 선임청구권(동법 제67조 제1항), 신탁변경청구권(동법 제88조 제3항), 신탁종료명령청구권(동법 제100조) 등 신탁의 변경·종료 또는 수탁자 등 신탁관계인의 지위와 관련된 권리를 행사할 수 없다(동법 제85조 제5항 제1호, 제2호).

또한 수익권이 증권화되어 전전유통되는 경우 위탁자는 신탁의 내부적 법률관계와 직접적인 이해관계가 없음에도 불구하고 위탁자의 과도한 권리 행사로 수탁자의 업무 부담이 가중될 가능성이 있으므로 이를 방지할 필요가 있다.

즉 수익증권발행신탁의 경우 위탁자는 신탁서류의 열람·복사청구권 및 설명요구권(신탁법 제40조 제1항)과 수익자명부의 열람·복사청구권(동법 제79조 제6항)도 행사할 수 없다(동법 제85조 제5항 제3호, 제4호).

6. 수익자의 단독권 행사에 대한 특례

신탁법 제61조 각 호에 열거한 권리는 각 수익자가 개별적으로 행사할 수 있으나(동법 제71조 제1항 단서), 수익권이 증권화되어 다수의 수익자가 존재하게 될 가능성이 높은 수익증권발행신탁의 경우에도 위 규정을 그대로 적용하게 되면 신탁사무의 원활한 수행이 어렵고 다른 수익자의 이익이 침해될 우려가 있다. 따라서 상법상 소수주주권에 대응하는 개념으로, 일정한 권리에 대하여는 단독권이 아니라 일정비율(3% 또는 그보다 낮은 비율) 이상의 수익권을 가진 수익자 또는 일정기간(6개월 또는 그보다 단기간) 계속하여 수익권을 가진 수익자에 한하여 그 권리를 행사할 수 있도록 신탁행위로 정할 수 있게 하였다(신탁법 제85조 제6항).[1]

신탁행위로 3% 또는 그보다 낮은 비율 이상의 수익자만 신탁서류의 열람·복사청구권 또는 설명요구권(신탁법 제40조 제1항), 수익자취소권(동법 제75조 제1항), 신탁변경청구권(동법 제88조 제3항), 신탁종료명령청구권(동법 제100조)을 행사할 수 있도록 정할 수 있다. 다만 3%를 초과하는 비율로 그 요건을 가중할 수는 없다.

신탁행위로 6개월 또는 그보다 단기간 이상 수익권을 보유한 수익자만 유지청구권(신탁법 제77조 제1항)을 행사할 수 있도록 정할 수 있다. 다만 6개월을 초과하는 기간으로 그 요건을 가중할 수는 없다. 신탁법 제77조 제1항의 유지청구권은 상법상 이사의 위법행위에 대한 주주 등의 유지청구권(상법 제402조)에서 연원한 것으로, 이는 대표소송과 유사한 소수주주권(발행주식 총수의 1%)의 일종으로 볼 수 있으며, 상장회사의 경우 6개월 전부터 계속하여 발행주식 총수의 0.5% 이상에 해당하는 주식을 보유한 경우에 한하여 유지청구권을 행사할 수 있는데(상법 제542조의6 제5항), 신탁법도 이에 준하여 신탁행위를 통하여 수익권을 일정 기간 동안 계속 보유할 것을 유지청구권의 요건으로 정할 수 있도록 한 것이다. 이에 반하여 신탁법 제77조 제2항의 유지청구권은 개별 수익자 자신에게 손해가 발생할 우려가 있는 경우에 인정되는 권리로, 성질상 당연히 단독권이므로 별도의 요건을 부가하는 것을 허용하지 않았다.[2]

7. 수익자에 대한 비용상환청구권 등에 대한 특례

신탁법 제46조 제4항부터 제6항까지의 규정 및 동법 제47조 제4항에 따라 수탁자는 수익자에게 비용상환청구권 및 보수청구권을 행사할 수 있으나, 증권의 소지자는 증권의 범위에서만 한정된 책임을 지는 것으로 기대할 것이므로 수익증권발행신탁의 경우에는 원칙적으로 수탁자의 비용상환청구권이나 보수청구권은 인정되지 아니한다(신탁법 제85조 제7항 본문). 그러나 신탁행위로 달리 정할 수는 있다(신탁법 제85조 제7항 단서). 만약 신탁행위로 수익자에게 비용상환의무 등을 부담시키기로 정하는 경우에는 수익증권에 그 내용을 기재하여야 할 것이다(신탁법 제78조 제5항 제5호).[3]

1) 법무부, 〈신탁법 해설〉, 628면.
2) 법무부, 〈신탁법 해설〉, 628~629면.
3) 법무부, 〈신탁법 해설〉, 629면; 최수정, 〈개정 신탁법상의 수익권〉, 156면.

第86條 (수익증권의 상실) [신설]

① 수익증권은 공시최고(公示催告)의 절차를 거쳐 무효로 할 수 있다.

② 수익증권을 상실한 자는 제권판결(除權判決)을 받지 아니하면 수탁자에게 수익증권의 재발행을 청구하지 못한다.

1. 총 설

수익증권을 상실한 수익자를 구제하는 한편 상실된 수익증권을 둘러싸고 새로운 법률관계가 창설되는 것을 예방하기 위한 절차를 마련하였다.[1] 주권의 제권판결 및 재발행과 관련한 상법 제360조에 상응하는 규정이다.

2. 공시최고절차에 의한 수익증권의 실효

멸실·상실된 수익증권은 공시최고절차에 따라 무효로 할 수 있다(신탁법 제86조 제1항). 공시최고절차는 민사소송법 제492조 이하의 공시최고절차에 관한 규정에 따른다. 공시최고기간 내에 권리신고가 없을 때에는 제권판결을 하고 제권판결에 의하여 수익증권은 효력을 상실한다.[2]

3. 수익증권의 재발행

수익증권을 상실한 자는 제권판결을 얻지 아니하면 수탁자에 대하여 수익증권의 재발행을 청구할 수 없다(신탁법 제86조 제2항).

1) 법무부, 〈신탁법 해설〉, 632~633면.
2) 법무부, 〈신탁법 해설〉, 632면.

제 6 장 신탁사채

제87조 (신탁사채) [신설]

① 다음 각 호의 요건을 모두 충족하는 경우 신탁행위로 수탁자가 신탁을 위하여 사채(社債)를 발행할 수 있도록 정할 수 있다.

1. 수익증권발행신탁일 것
2. 제114조 제1항에 따른 유한책임신탁일 것
3. 수탁자가 「상법」상 주식회사나 그 밖의 법률에 따라 사채를 발행할 수 있는 자일 것

② 제1항에 따라 사채를 발행하는 수탁자는 사채청약서, 채권(債券) 및 사채원부에 다음 각 호의 사항을 적어야 한다.

1. 해당 사채가 신탁을 위하여 발행되는 것이라는 뜻
2. 제1호의 신탁을 특정하는 데에 필요한 사항
3. 해당 사채에 대하여는 신탁재산만으로 이행책임을 진다는 뜻

③ 사채 총액 한도에 관하여는 대통령령으로 정한다.

④ 제1항에 따른 사채의 발행에 관하여 이 법에서 달리 정하지 아니하는 사항에 대하여는 「상법」 제396조 및 제3편 제4장 제8절(「상법」 제469조는 제외한다)을 준용한다.

1. 총 설

수익증권발행신탁이자 유한책임신탁의 경우 회사채에 유사한 채권(債券) 발행을 허용함으로써 신탁의 대규모 자금조달을 가능하게 하고자 하였다. 다만 그 남용을 방지하고 사채권자를 보호하기 위하여 제한적으로 이를 허용하였다.[1)]

1) 신탁사채를 도입할 것인지에 대하여, ① 신탁은 회사법상의 법인과 같이 대규모 자금조달을 목적으로 하는 제도가 아니고, ② 법인에 비하여 제도적 기반이 갖추어지지 않은 신탁제도에서 사채의 발행을 허용할 경우 사채권자의 이익을 적절히 보호하기 어려우며, ③ 신탁사채가 인정될 경우 신탁채권이 수익자의 수익채권에 우선한다는 제약을 피하면서 수익자에게 신탁채권자와 동일한 법적 지위를 부여하기 위한 수단으로 악용될 소지가 있어 도입을 반대하는 견해가 있었으나(법원행정처) 신탁을 통한 대규모 자금조달의 필요성, 회사법에서 신탁사채를 도입한 일본의 입법례 등을 고려하여, 최종적으로 도입하기로 입법되었다.

2. 신탁사채의 발행

가. 필 요 성

영리신탁의 경우 신탁재산을 근거로 하여 대규모 사업을 진행할 여지가 있는데, 이때 자금조달을 위탁자 혹은 수탁자의 자력과 신용에만 전적으로 의존하게 되면 대규모 사업 자체가 불가능할 수 있다. 또한 수익권이 equity의 속성을 갖는다는 측면에서 주식에 유사한 것이라면, debt의 속성을 갖는 회사채와 유사한 채권 발행을 허용하여 신탁의 대규모 자금조달을 가능하게 할 필요가 있다(신탁법 제87조 제1항).[1)]

나. 신탁사채의 발행요건

(1) 수익증권발행신탁일 것

수익증권을 발행할 정도의 신탁은 그 규모가 큰 경우가 보통이고, 대규모 자금 조달의 현실적 수요가 존재할 가능성이 있으므로 수익증권발행신탁에만 사채발행을 허용하였다(신탁법 제87조 제1항 제1호).[2)]

(2) 유한책임신탁일 것

사채를 수탁자의 고유재산으로까지 변제하게 하면 사채발행이 사실상 불가능해질 것이므로 유한책임신탁으로 사채발행을 제한하였다(신탁법 제87조 제1항 제2호). 유한책임신탁으로 적격을 제한함으로써, 투자자 측면에서도 고유재산이 책임재산이 되지 않는다는 점에 대한 혼동의 소지를 원천봉쇄하여 투자자 보호에 충실을 꾀하고자 하였다.[3)]

(3) 수탁자가 주식회사 등 다른 법률에 의하여 사채(社債)를 발행할 수 있는 자일 것

법률에 의해 사채발행이 가능한 회사만이 사채발행을 할 수 있도록 제한하였다(신탁법 제87조 제1항 제3호).

(4) 신탁행위로 신탁사채의 발행을 허용할 것

위 요건을 모두 충족하는 경우라고 하더라도 사채발행이 신탁행위를 통하여 허용된 경우에만 사채(社債)를 발행할 수 있다(신탁법 제87조 제1항). 즉 신탁행위에 의한 수권 없이 수탁자가 임의적으로 사채를 발행하는 것은 허용되지 아니한다. 이는 상법상 주식회사의 사채발행이 이사회 결의만으로 가능한 것보다(상법 제469조 제1항) 그 요건을 엄격하게 제한하여 남용을 방지하고자 함이다. 신탁행위로 신탁사채 발행을 허용한 경우에는 수익증권에 그 내용을

1) 법무부, 〈신탁법 해설〉, 638면.
2) 법무부, 〈신탁법 해설〉, 638면.
3) 법무부, 〈신탁법 해설〉, 638면.

명시하여야 한다(신탁법 제78조 제4항 제8호).[1)]

3. 사채발행의 한도

사채발행한도를 정할 것인지에 대하여 당초 법무부에서 마련한 개정안에서는 ① 2011. 4. 14. 법률 제10600호로 개정된 상법(회사편, 시행일 2012. 4. 15.)에서 사채발행의 한도를 폐지[2)]하였다는 점, ② 유한책임신탁에만 사채가 발행되므로 사채권자는 신탁재산의 범위를 고려하여 사채를 인수할 것이라는 점, ③ 신탁재산에는 독립성이 인정되는 점 등을 고려할 때 사채발행의 한도를 두지 않기로 하였으나, 이에 대하여 신탁사채는 유한책임신탁의 경우에만 발행할 수 있어서 수탁자인 법인이 법인의 도산 위험을 고려하지 않은 채 사채를 발행할 가능성이 있으므로 남용의 우려가 있다는 주장이 제기되어, 현행 신탁법에서는 사채발행한도를 설정하되, 그 한도는 시행령에서 규율하기로 하였다(신탁법 제87조 제3항). 신탁법 시행령 제8조는 사채총액의 한도를 최종의 대차대조표에 의하여 유한책임신탁에 현존하는 순자산액의 4배로 하되, 최종의 대차대조표가 없는 경우에는 사채의 발행 시점에 유한책임신탁에 현존하는 순자산액의 4배로 한다고 규정하였다.

4. 신탁사채의 발행 방법

원칙적으로 상법상 주식회사의 사채발행에 관한 규정을 준용한다(신탁법 제87조 제4항). 즉 사채원부를 본점 또는 명의개서대리인의 영업소에 비치하도록 하고(상법 제396조), 투자자의 혼란을 막기 위하여 상법 제474조 제2항의 사채청약서, 상법 제478조 제2항의 채권(債券), 상법 제488조의 사채원부 등에 신탁사채임을 명시하도록 하였다(신탁법 제87조 제2항, 제4항).

수탁자의 고유재산은 책임재산이 되지 아니하므로 수탁자의 이사회의 통제를 받을 사항이 아니고, 신탁행위에 정하여진 바에 따른 통제만을 받게 되므로, 이사회가 사채를 발행하도록 한 상법 제469조의 준용을 배제하였다.[3)]

1) 법무부, 〈신탁법 해설〉, 639면.
2) 상법 제470조가 삭제되었다.
3) 자산유동화에 관한 법률 제31조 역시 유동화전문회사로 하여금 자산유동화계획에 따라 사채를 발행할 수 있도록 하면서, 상법 제3편 제4장 제8절의 규정을 준용하되 상법 제469조의 준용을 마찬가지로 배제하고 있다.

제 7 장 신탁의 변경

1. 신탁변경의 개념

신탁의 변경이란 신탁이 계속되고 있는 중에 기존 신탁의 목적, 신탁재산의 관리방법, 수익자에 대한 신탁재산의 급부내용, 신탁의 합병과 분할 등 신탁내용에 관하여 사후적으로 변경을 행하는 것을 의미한다.

신탁은 장기간 존속하기 때문에 위탁자가 장래의 변화를 대비하여 신탁을 설계한 경우에도 경제 환경의 변화에 따라 신탁을 변경할 필요가 발생하는데, 그러한 경우에 신탁이 유연하고 신속하게 적응할 수 없다면 위탁자가 의도하는 목적 달성이 불가능할 뿐 아니라 수익자의 이익에 도움이 된다고 할 수 없으며, 신의칙 및 공평의 원칙에 반하는 결과가 된다. 특히 장기간 존속하는 퇴직연금신탁, 부동산 가격의 변화와 같은 환경 변화의 영향을 많이 받는 토지신탁 등 사업성이 강한 신탁에서 신탁을 변경할 필요성이 많이 나타난다.[1)]

신탁변경은 누가 신탁변경을 주도하는가에 따라 ① 신탁당사자들의 주도에 의한 변경과 ② 법원의 승인에 의한 변경으로 나눌 수 있다. 그리고 변경되는 대상이 무엇인가에 따라 ① 신탁목적·내용의 변경, ② 관리방법의 변경, ③ 신탁당사자의 변경(수탁자의 변경, 수익자의 변경 등), ④ 신탁의 합병·분할 등이 있다. 신탁의 종료도 변경의 일종으로 본다면 광의의 신탁의 변경에는 위와 같은 협의의 변경과 종료가 있게 된다. 한편, 신탁이 처음부터 무효로 되거나 취소할 수 있는 경우, 혹은 후발적으로 무효로 되는 경우도 신탁의 변경의 한 형태로 보는 견해[2)]도 있다.

여기서는 신탁당사자의 변경 및 신탁의 종료를 제외한 나머지 신탁변경에 대해서 다루도록 한다. 신탁당사자의 변경은 앞서 각 신탁당사자의 권리·의무에 관한 설명 중 해당 부분을 참조하고, 신탁의 종료는 다음 장에서 다룬다.

2. 구 신탁법 종전조문

구 신탁법은 제36조의 '법원에 의한 신탁재산 관리방법의 변경' 외에 신탁의 변경에

1) 이중기, 〈신탁법〉, 639면; 최동식, 〈신탁법〉, 363~364면.
2) 이중기, 〈신탁법〉, 639면.

관한 규정을 두고 있지 않아서, 신탁당사자의 합의만으로 신탁을 변경할 수 있는지 여부, 신탁재산의 관리 방법 이외의 신탁 내용의 변경, 신탁 목적의 변경이 가능한지 여부 등에 대하여 해석론상 대립이 있었다.

이에 현행 신탁법에서는 신탁의 사후적 변경에 관한 임의규정을 마련하여 신탁의 사후적 변경을 유연하게 할 수 있도록 함과 동시에 수익자의 이익을 적절히 확보하고자 합의에 반대하는 수익자의 수익권매수청구권에 관한 규정을 신설하였다.

제88조 (신탁당사자의 합의 등에 의한 신탁변경)

① 신탁은 위탁자, 수탁자 및 수익자의 합의로 변경할 수 있다. 다만, 신탁행위로 달리 정한 경우에는 그에 따른다.

② 제1항에 따른 신탁의 변경은 제3자의 정당한 이익을 해치지 못한다.

③ 신탁행위 당시에 예견하지 못한 특별한 사정이 발생한 경우 위탁자, 수익자 또는 수탁자는 신탁의 변경을 법원에 청구할 수 있다.

④ 목적신탁에서 수익자의 이익을 위한 신탁으로, 수익자의 이익을 위한 신탁에서 목적신탁으로 변경할 수 없다.

1. 합의에 의한 신탁의 변경

가. 당사자 전원 합의에 의한 신탁의 변경

(1) 원 칙

신탁은 위탁자, 수탁자 및 수익자의 합의로 변경할 수 있다(본조 제1항 본문). 신탁설정자는 일단 신탁이 설정되고 나면 신탁행위시 신탁조항에서 철회권을 유보하지 않는 한, 신탁 설정 후에는 신탁의 변경을 할 수 없다.[1] 이는 수익자나 수탁자도 마찬가지이다. 그러나 신탁조항에 변경권을 유보하지 않았더라도 설정자, 수탁자 및 수익자 전부가 합의한 경우에는 반대당사자가 없을 뿐만 아니라, 그 합의를 존중하여야 할 것이므로 신탁의 변경이 허용된다.

구 신탁법 제36조는 위탁자 등이 법원의 허가를 받아 신탁재산의 관리방법을 변경할 수 있는 것으로만 규정하고 있어 위탁자, 수익자 및 수탁자가 합의로 신탁을 변경할

1) 따라서 설정자가 철회권을 유보하지 않은 경우, 배우자를 위한 신탁을 설정한 후에 이혼하게 되어도 이를 이유로 신탁을 종료시켜 재산을 찾아올 수 없다. 이중기, 〈신탁법〉, 641면.

수 있는지가 불분명하였으나, 학설은 앞서 본 이유에서 신탁의 직접적인 이해당사자인 위탁자, 수익자 및 수탁자가 합의한 경우에는 변경이 가능한 것으로 해석하였다.[1]

현행 신탁법은 신탁과 직접 관련된 위탁자, 수익자 및 수탁자가 변경에 대하여 합의한 이상 신탁의 목적에도 반할 우려가 없고, 신탁사무를 집행하는 데 문제가 없는 점, 당사자 간의 합의를 존중할 필요가 있다는 점, 법원, 위탁자, 수탁자 및 수익자 간의 변경권의 분배에 관하여 균형적인 사고를 이용하여 규제의 유연화를 도모하고 있는 입법경향 등을 고려하여 합의에 의한 변경에 관한 법적 근거를 마련한 것이다.

(2) 성립요건

신탁법은 3당사자 간의 합의가 있다면 특별한 사유가 없더라도 신탁의 변경을 인정하고 있다. 본조에서 합의 방법에 관한 별도의 제한을 두고 있지 않으므로 반드시 서면의 방법으로 합의를 하여야 한다고 볼 수는 없으나, 신탁설정 자체가 정해진 방식에 의할 것이 요구되는 경우(예컨대, 유언신탁)에는 신탁의 변경 합의 역시 그와 같은 방식에 의하여 효력이 발생한다고 볼 수 있을 것이며, 제4조와의 관계상 공시의 대상인 신탁사항을 변경하는 합의의 경우에는 그와 같은 변경내용이 공시되지 않는 한 제3자에게 대항할 수 없다고 보아야 할 것이다. 수익자가 다수인 경우 변경의 합의에 대한 의사표시는 제71조부터 제74조까지의 규정에 따라 정할 수 있는데, 수익자집회의 방법을 선택한 경우 신탁 목적의 변경, 수익채권 내용의 변경 또는 그 밖에 중요한 신탁의 변경은 특별결의에 의하여야 한다(제74조 제2항 제2호).

(3) 신탁변경의 제한

(가) 신탁행위

합의를 이루기 위하여 필요 이상의 시간과 비용이 소요되면 신탁의 유연성을 해칠 수 있으므로, 신탁행위로 특정 사항 또는 신탁에 관한 모든 내용에 대하여 위탁자, 수탁자 및 수익자 전원이 합의할 필요가 없이 위탁자와 수익자, 수탁자와 수익자 등 3당사자 중 2당사자의 합의 또는 수탁자나 수익자가 단독으로 신탁을 변경할 수 있도록 정할 수 있다. 다만, 특정된 자에게 유보된 변경권이 지나치게 광범위하면 수익자가 예상 외의 불이익을 받을 가능성이 있으므로 결국은 수익자로부터 경원시되어 사용되지 아니할 것이다.[2] 한편, 신탁행위로 수탁자에게 단독변경권을 인정하였다고 하더라도 신탁 목적에 위반되는 변경권의 행사는 선관의무(제32조)에 위배될 여지가 있다. 이 경우 수탁자에게 단독변경권이 유보되어 있는 이상 수탁자가 신탁 목적에 위반되게 그 변경권을 행사하였다고

1) 이중기, 〈신탁법〉, 642면; 최동식, 〈신탁법〉, 370~371면; 윤경, 〈신탁재산관리방법 변경의 요건과 그 한계〉, 24면.
2) 최동식, 〈신탁법〉, 366면.

하더라도 그 변경권 행사의 효력 자체를 당연 무효로 보기는 어렵고(다만, 제75조의 요건을 충족하는 경우에는 수익자가 해당 법률행위를 취소할 수는 있을 것이다), 수익자 등이 수탁자의 선관의무위반을 이유로 신탁법 제43조 제1항 및 제2항(수탁자의 원상회복의무)[1]에 따라 수탁자에게 원상회복청구나 손해배상청구는 할 수 있을 것이다.

(나) 목적신탁

수익자신탁과 목적신탁은 그 설정방법이나 관리감독 관계가 다르므로 양자 간에 서로 다른 형태로 변경하는 것은 허용되지 않는다(자세한 내용은 아래 3. 목적신탁과 수익자신탁 간의 변경 제한 부분 참조).

(다) 수익증권발행신탁

수익증권발행신탁과 수익증권발행신탁이 아닌 신탁 간에 서로 다른 형태로 변경하는 것을 허용하면 수익증권발행을 둘러싼 법률관계가 복잡해져 거래안전을 해할 우려가 있으므로 이와 같은 변경은 허용되지 않는다(신탁법 제78조 제7항).[2]

나. 변경의 대상

(1) 원　　칙

구 신탁법은 제36조에서 '신탁재산의 관리방법'의 변경만을 규정하였으나, 학설은 위 규정은 신탁의 개별 당사자가 법원에 변경청구를 할 수 있는 사유일 뿐이며, 위탁자, 수탁자 및 수익자의 합의가 있는 경우에는 신탁 목적도 변경할 수 있다고 해석하였다.[3]

현행 신탁법도 변경의 대상에 대하여 특별히 규정하고 있지 않으나, 제74조 제2항 제2호에서 특별결의로 정할 변경의 합의대상에 '신탁 목적의 변경' 등을 정하고 있는 점을 고려할 때, 신탁의 목적 등 신탁의 내용에 대해서는 제한 없이 전부 변경할 수 있다는 취지이다.[4]

(2) 예　　외

신탁 변경 조항도 임의규정이므로 신탁행위로 변경할 수 없는 사항을 정하는 것도 허용된다.[5]

---

1) 자세한 내용은 제4장 수탁자의 권리 · 의무 중 제43조 부분 참조.
2) 이에 관한 자세한 내용은 제5장 수익자의 권리 · 의무 제7절 수익증권 중 제78조 부분 참조.
3) 이중기, 〈신탁법〉, 643~644면; 최동식, 〈신탁법〉, 369~370면.
4) 법무부, 〈신탁법 해설〉, 677면. 다만 신탁의 본질에 반하는 신탁변경, 즉 최초 설정시 충족하고 있던 신탁으로서의 개념적 필수 요소가 상실되는 신탁변경은 허용되지 않는다는 견해로 노혁준, 〈신탁변경, 수탁자변경과 신탁합병 및 분할〉, 73면 참조.
5) 법무부, 〈신탁법 해설〉, 677면.

다. 변경의 효과

신탁이 변경되면 수익자를 비롯한 신탁채권자, 수탁자, 귀속권리자 등 많은 이해관계인이 영향을 받으므로 기존의 이해관계인을 보호할 필요가 있다. 이에 신탁법은 신탁의 변경으로 신탁채권자 등 제3자의 이익을 해할 수 없도록 규정하였고(신탁법 제88조 제2항), 신탁의 변경에 대하여 반대한 수익자에게 수익권매수청구권을 인정하였다(신탁법 제89조).

2. 법원에 의한 신탁의 변경

가. 내 용

신탁행위 당시에 신탁당사자가 예견하지 못한 특별한 사정이 발생한 경우 위탁자, 수익자 또는 수탁자는 신탁의 변경을 법원에 청구할 수 있다(신탁법 제88조 제3항).

수탁자의 보수 등과 같이 신탁의 3당사자 중 어느 한 당사자와 이해관계가 있는 사항에 관한 변경의 합의는 이루어지기 어렵고, 필요 이상의 비용과 시간이 소요될 수도 있으므로, 이와 같은 경우에 대비하여 구 신탁법 제36조와 같이 법원의 결정에 의하여 신탁을 변경할 수 있도록 한 것이다.

나. 변경청구권자

위탁자, 수익자 또는 수탁자는 신탁의 변경을 법원에 청구할 수 있다. 구 신탁법 제36조 제1항에서는 위탁자의 상속인도 변경청구권자에 포함시켰으나, 현행 신탁법 제10조 제3항의 반대해석상 유언신탁이 아닌 신탁에서 위탁자의 상속인은 위탁자의 지위를 상속한다고 보아야 할 것이므로, 현행 신탁법에서는 위탁자의 상속인을 별도로 규정하지는 아니하였다. 반면 현행 신탁법에서 위탁자의 상속인을 별도로 규정하지 아니한 것은 위탁자의 상속인이 수익자 및 신탁재산과 이해관계를 달리할 수 있으므로 위탁자의 상속인을 신탁변경과정에서 배제할 의도였다고 보고, 위탁자 사망 시에는 법원의 결정에 의한 종료절차를 밟도록 하는 현행 신탁법 제99조 제1항 단서와 같은 조항이 없는 이상 위탁자가 사망한 경우에는 수탁자와 수익자의 합의만으로 신탁변경이 가능하다는 견해도 있다.[1)]

다. 변경의 대상

구 신탁법 제36조는 '신탁재산의 관리 방법'의 변경만 허용하였는데, 신탁법의 취지

1) 노혁준, 〈신탁변경, 수탁자변경과 신탁합병 및 분할〉, 72면.

나 신탁의 본질에 반하지 않는 범위 내에서 이루어져야 하므로, 수익권의 내용에 영향을 미치지 아니하는 정도의 변경만 허용되는 것으로 해석되었다.[1] 예를 들어, 위탁자가 수탁자의 신탁재산에 관한 권한을 공동으로 행사하거나 수탁자가 단독으로 관리·처분할 수 없도록 실질적인 제한을 가하는 것도 (구 신탁법 제1조 제2항에 규정된) 신탁의 취지나 신탁의 본질에 반하는 것으로서 허용되지 않는다는 대법원 결정이 있었다.[2] 그러나 현행 신탁법 제2조는 신탁의 정의를 구 신탁법 제1조 제2항보다 폭넓게 규정하고 있으므로, 위 판결이 현행 신탁법에서도 유지되기는 어려울 것으로 보인다.

또한 신탁법은 법원의 결정에 의한 신탁 변경의 경우에도 변경대상을 별도로 규정하지 않고 있으므로, '신탁재산의 관리 방법'에 한정되는 것이 아니라 신탁과 관련된 내용 전부에 대하여 법원에 변경청구를 할 수 있다. 다만, 신탁 목적의 변경과 같이 중요한 신탁 변경의 경우에도 변경청구가 허용될 것인지에 대하여는 해석론에 따르도록 하고 별도로 규정하지 아니하였다고 한다.[3]

라. 변경요건

(1) 신탁법의 규정

구 신탁법 제36조는 특별한 사정 외의 '수익자의 이익에 적합할 것'도 변경의 요건으로 규정하였으나, 현행 신탁법은 변경 방법이 수익자의 이익에 적합한지 여부는 법원에서 당연히 판단할 내용이고, 오히려 이를 변경요건으로 정한 경우 수익자의 이익에 적

---

1) 이중기, 〈신탁법〉, 652~653면; 최동식, 〈신탁법〉, 367~369면; 윤경, 〈신탁재산관리방법 변경의 요건과 그 한계〉, 25면.

2) 대법원 2003. 1. 27.자 2000마2997 결정([1] 신탁법 제36조 제1항은 신탁행위 당시에 예견하지 못한 특별한 사정으로 신탁재산의 관리방법이 수익자의 이익에 적합하지 아니하게 된 때에는 위탁자, 그 상속인, 수익자 또는 수탁자는 그 변경을 법원에 청구할 수 있다고 규정하고 있는바, 이는 위와 같은 사정변경이 있는 경우에 원래의 관리방법대로의 구속력을 인정하는 것은 신의칙 및 공평의 원칙에 반하는 결과가 되기 때문에 법원의 재판에 의한 관리방법의 변경을 인정한 것으로서, 정해진 관리방법 자체가 적합하지 아니하게 된 것이 아니라 수탁자가 정해진 관리방법에 위반하여 재산을 관리한 결과 수익자의 이익이 침해되거나 침해될 우려가 생긴 것에 불과한 경우는 여기서 말하는 '예견하지 못한 특별한 사정'에 해당한다고 할 수 없다.
[2] 신탁법 제36조 제1항에 의한 관리방법의 변경을 하는 경우에도 신탁법의 취지나 신탁의 본질에 반하는 내용의 변경을 할 수는 없다고 할 것인데, 신탁법상의 신탁은 위탁자가 수탁자에게 특정의 재산권을 이전하거나 기타의 처분을 하여 수탁자로 하여금 신탁 목적을 위하여 그 재산권을 관리·처분하게 하는 것이어서(신탁법 제1조 제2항), 신탁의 효력으로서 신탁재산의 소유권이 수탁자에게 이전되는 결과 수탁자는 대내외적으로 신탁재산에 대한 관리권을 갖는 것이고, 다만 수탁자는 신탁의 목적 범위 내에서 신탁계약에 정하여진 바에 따라 신탁재산을 관리하여야 하는 제한을 부담함에 불과하므로, 신탁재산에 관하여는 수탁자만이 배타적인 처분·관리권을 갖는다고 할 것이고, 위탁자가 수탁자의 신탁재산에 대한 처분·관리권을 공동행사하거나 수탁자가 단독으로 처분·관리를 할 수 없도록 실질적인 제한을 가하는 것은 신탁법의 취지나 신탁의 본질에 반하는 것이므로 법원은 이러한 내용의 관리방법 변경을 할 수는 없다).

3) 법무부, 〈신탁법 해설〉, 678면.

합함이 명백한 경우에만 변경청구를 할 수 있는 것으로 오해될 여지도 있으므로 이를 요건에서 제외하였다.

(2) '예견하지 못한 특별한 사정'의 의미

사정변경의 원칙을 반영한 법문으로, 신탁을 설정할 때 당사자의 귀책사유 없이 예견하지 못했던 사정 변경이 생겨 신탁의 기존 내용을 준수하면 신탁재산에 중대하고 회복하기 어려운 사정이 발생한 것을 의미한다.[1)]

이 경우의 '사정'은 당사자 개인에게 발생한 주관적 사정과 신탁재산에 관하여 발생한 객관적 사정을 모두 포함한다.[2)]

예견하지 못한 주체가 누구인지 가리지 않으므로 위탁자나 수탁자 중 어느 일방이면 족하며 반드시 양자일 필요도 없다.[3)]

정해진 관리방법 자체가 적합하지 아니하게 된 것이 아니라 수탁자가 정해진 관리방법에 위반하여 재산을 관리한 결과, 수익자의 이익이 침해되거나 침해를 당할 우려가 생긴 것에 불과한 경우는 여기서 말하는 '예견하지 못한 특별한 사정'에 해당한다고 볼 수 없다.[4)]

마. 변경절차

법원에 대한 신탁 변경의 청구는 비송사건절차법에 따른다(비송사건절차법 제39조에 따라 위 사건은 수탁자의 주소지의 지방법원의 관할로 하고, 수탁자 또는 전수탁자가 수인일 때에는 그 중 1인의 주소지로 하며, 동법 제44조의14에 따라 법원의 결정에 대하여 위탁자, 수탁자 또는 수익자가 즉시항고를 할 수 있고, 이 경우 즉시항고는 집행정지의 효력이 있다).

3. 목적신탁과 수익자신탁 간의 변경 제한

목적신탁에서 수익자의 이익을 위한 신탁으로, 수익자의 이익을 위한 신탁에서 목적신탁으로 변경할 수 없다(신탁법 제88조 제4항). 이는 목적신탁과 수익자신탁 간에 서로 다른 형태의 신탁으로 변경하도록 허용하면, 채권자의 집행을 면탈하기 위하여 악용될 우려가 있고, 양자는 그 설정방법이나 관리·감독관계가 다르며, 해당 신탁의 목적과 본질에 반하는 것이기 때문이다.[5)]

1) 윤경, 〈신탁재산관리방법 변경의 요건과 그 한계〉, 25면.
2) 윤경, 〈신탁재산관리방법 변경의 요건과 그 한계〉, 25면.
3) 윤경, 〈신탁재산관리방법 변경의 요건과 그 한계〉, 25면.
4) 대법원 2003. 1. 27.자 2000마2997 결정; 이중기, 〈신탁법〉, 652면; 윤경, 〈신탁재산관리방법 변경의 요건과 그 한계〉, 25면.

제89조 (반대수익자의 수익권매수청구권) [신설]

① 다음 각 호의 어느 하나에 해당하는 사항에 관한 변경에 반대하는 수익자는 신탁변경이 있은 날부터 20일 내에 수탁자에게 수익권의 매수를 서면으로 청구할 수 있다.

1. 신탁의 목적
2. 수익채권의 내용
3. 신탁행위로 수익권매수청구권을 인정한 사항

② 수탁자는 제1항의 청구를 받은 날부터 2개월 내에 매수한 수익권의 대금을 지급하여야 한다.

③ 제2항에 따른 수익권의 매수가액은 수탁자와 수익자 간의 협의로 결정한다.

④ 제1항의 청구를 받은 날부터 30일 내에 제3항에 따른 협의가 이루어지지 아니한 경우 수탁자나 수익권의 매수를 청구한 수익자는 법원에 매수가액의 결정을 청구할 수 있다.

⑤ 법원이 제4항에 따라 수익권의 매수가액을 결정하는 경우에는 신탁의 재산상태나 그 밖의 사정을 고려하여 공정한 가액으로 산정하여야 한다.

⑥ 수탁자는 법원이 결정한 매수가액에 대한 이자를 제2항의 기간만료일 다음 날부터 지급하여야 한다.

⑦ 수탁자는 수익권매수청구에 대한 채무의 경우 신탁재산만으로 책임을 진다. 다만, 신탁행위 또는 신탁변경의 합의로 달리 정한 경우에는 그에 따른다.

⑧ 제1항의 청구에 의하여 수탁자가 수익권을 취득한 경우 그 수익권은 소멸한다. 다만, 신탁행위 또는 신탁변경의 합의로 달리 정한 경우에는 그에 따른다.

1. 의 의

가. 도입배경

1인의 수익자를 예정하고 있던 구 신탁법과는 달리 현행 신탁법에서는 복수수익자의 다수결에 의한 의사결정을 허용하고 있어 신탁의 변경, 합병, 분할 등에서 신탁의 내용이 자신의 의사에 반하더라도 그 신탁행위의 정함에 구속될 수밖에 없는 수익자가 발생하게 된다(현행 신탁법은 제71조 이하에서 수익자가 2인 이상인 신탁에서 수익자의 의사결정방법에 관한 규정을 신설하였는데, 이에 따르면 원칙적으로 신탁행위에 다른 정함이 없는 한 수익자의 의사결정은 전원일치에 의하고, 수익자집회를 두는 경우에는 다수결에 따라 의사결정을 하도록 정하고 있다. 복수수익자의 구체적인 의사결정방법에 관한 구체적인 내용은 제5장 수익자의 권

5) 법무부, 〈신탁법 해설〉, 680면.

리·의무 제5절 수익자가 여럿인 경우 의사결정 중 제71조 부분을 참조).

신탁의 변경, 합병 또는 분할의 경우 신탁재산에 변동을 가져와 수익권의 내용에 중대한 영향을 미칠 수 있으므로, 신탁법은 소수 수익자가 자신의 의사에 반하는 결정에 따른 위험과 다수 수익자의 횡포로부터 보호받을 수 있도록 수익권을 매도하여 신탁에서 이탈할 수 있도록 본조와 같은 '반대수익자의 수익매수권'을 규정하였다(제89조, 제91조 제3항 및 제95조 제3항). 비영리신탁보다는 영리신탁에서 많이 이용될 것으로 예상된다.[1)]

나. 적용범위의 문제점

본조는 복수의 수익자 중 신탁의 변경에 반대하는 소수수익자를 보호하기 위하여 신설된 것으로서, 일설은 본조 자체에는 복수수익자의 의사결정 과정에서 신탁의 변경에 반대하는 소수수익자에 한하여 수익권매수청구권을 인정한다고 명시되어 있지 아니하므로, 단독수익자가 신탁의 합병에 반대하는 경우에도 본조가 적용될 것인지에 대한 의문이 있다고 주장하나, 단독수익자가 신탁의 합병에 반대하는 경우 단독수익자의 의사에 따라야 할 것이므로, 이 경우에도 본조가 적용된다고 볼 수는 없다.

2. 행사절차

가. 반대수익자의 매수청구

신탁의 목적, 수익채권의 내용 또는 신탁행위에서 수익권매수청구권을 인정한 사항의 변경합의에 반대하는 수익자는 그 합의가 있은 날로부터 20일 내에 수탁자에게 서면으로 수익권의 매수를 청구하여야 한다.

당초 현행 신탁법으로 개정 당시 수익권매수청구권의 인정범위를 신탁 변경의 경우 모두 인정하자는 견해가 있었으나, 신탁조항의 문언 변경과 같은 경미한 사항의 변경시까지 모두 매수청구권을 인정할 경우 신탁의 변경을 자유롭게 이용할 수 없게 되고, 그와 같은 경우에 반대수익자는 수익권을 포기하면 되므로, 현행 신탁법은 신탁 목적의 변경과 같은 중요한 변경에 한정하여 매수청구권을 인정하고 있다.[2)]

나. 수탁자의 매수

수익자가 수익권매수청구권을 행사하는 경우에 수탁자는 협의 또는 다른 방법에 의하여 반드시 매수청구를 받은 날로부터 2개월 이내에 가격을 확정하여 수익자에게 지급

1) 법무부, 〈신탁법 해설〉, 688~689면.
2) 법무부, 〈신탁법 해설〉, 689면.

하여야 한다.

상법 제374조의2는 “2월 이내에 그 주식을 매수하여야 한다”로 규정하고 있으나, 이러한 표현은 회사가 별도로 매수의 의사표시(승낙)를 하여야만 주식매수가 성립하고, 그 승낙을 주식매수의 서면청구를 받은 날로부터 각기 2월 이내에 하면 되는 것으로 오인할 여지가 있으므로 신탁법은 “대금을 지급하여야 한다”로 규정하였다(신탁법 제89조 제2항). 이는 수탁자에게 매수의무를 강하게 부담시키려는 취지이다.[1] 따라서 반대수익자가 본조 제1항에 따라 수탁자에게 서면으로 수익권의 매수를 청구하면 수탁자의 승낙을 요하지 않고 그 즉시 수탁자와 반대수익자 사이에 수익권매매계약이 체결된다고 보아야 한다.

만일 수탁자가 2월이 넘도록 가격결정을 미루거나 그 지급을 아니하는 때에는 수탁자는 2월이 경과한 시점부터 지연이자를 부담하여야 한다(신탁법 제89조 제6항).

다. 매수가격의 결정 절차

(1) 협 의

수익권의 매수가격은 원칙적으로 수탁자와 해당 수익자 간의 협의에 의하여 결정한다. 다만 제4항과의 관계에 비추어 협의기간은 30일이 될 것이다. 이 경우의 협의는 반대수익자가 집단을 이루어 하는 것이 아니라, 각 수익자가 수탁자와 개별적으로 협의를 하는 것이다.[2]

(2) 법원의 결정

매수청구일로부터 30일 내에 매수가격에 대한 합의가 이루어지지 않은 경우 수탁자나 해당 수익자는 법원에 매수가액의 결정을 청구할 수 있고(신탁법 제89조 제4항), 법원은 신탁의 재산상태 등 제반사정을 고려하여 공정한 가액을 산정하여야 한다(동조 제5항). 법원의 결정으로 매수가액을 결정한 경우 수탁자는 수익자로부터 매수청구를 받은 날로부터 2월이 경과한 시점부터 소급하여 지연이자를 지급하여야 한다(신탁법 제89조 제6항).

라. 수익권매수청구의 효과

(1) 수탁자의 유한책임

수익권매수청구권은 신탁채권이어서(신탁법 제62조) 이에 대한 채무는 원래 신탁재산에 귀속되어야 할 것이므로, 수탁자는 신탁재산을 한도로 유한책임을 부담하고, 고유재산으로 책임을 부담하지 않는다(신탁법 제89조 제7항 본문). 다만 신탁행위로 사전에 달리 정하거나 신탁 변경의 합의시 개인적 책임도 부담하기로 정한 경우에는 그에 따른다(신탁법 제89조 제7항 단서).

1) 법무부, 〈신탁법 해설〉, 689면.
2) 법무부, 〈신탁법 해설〉, 690면.

(2) 수익권의 소멸

수익권매수청구에 기하여 수탁자가 수익권을 취득한 경우에는 자기재산을 취득한 것이므로 취득한 수익권은 원칙적으로 소멸하나(신탁법 제89조 제8항 본문), 신탁행위 또는 신탁 변경의 합의로 소멸하지 않은 것으로 정한 때(동조 제8항 단서)에는 신탁재산에 수익채권의 형태로 존재한다.

제90조 (신탁의 합병) [신설]

수탁자가 동일한 여러 개의 신탁은 1개의 신탁으로 할 수 있다.

1. 신탁 합병의 개념

합병이란 현재 상법상 회사에 한하여 인정되는 것으로서 둘 이상의 회사가 단체법·조직법상의 특별한 계약에 의하여 하나의 회사로 합동하는 것을 의미한다. 신탁의 경우 그 자체가 법인이나 단체가 아니므로 상법상의 합병제도를 이용할 수 없으나, 둘 이상의 신탁을 하나의 신탁으로 통합하여 운영할 필요성은 회사의 경우와 동일하다.

예를 들면, 회사(수탁자)의 합병 등에 의해 따로따로 있었던 연금신탁을 하나로 통합하여 운용하는 등 신탁의 투자효율을 높이기 위해 복수의 신탁재산을 통합하는 경우에 신탁의 합병이 상당히 유용하다.

이와 같이 실무상 신탁재산의 운용에 있어서 규모의 경제 실현 등 현실적·경제적인 필요성에 따라 수탁자는 복수의 신탁을 하나의 신탁으로 통합하여 운영할 필요가 있었으나, 구 신탁법에는 신탁의 합병에 대한 근거규정이 없었는바, 현행 신탁법은 신탁의 합병에 대한 규정을 마련하여 합병절차를 명확히 하고, 관계당사자의 이해를 적절히 조정하는 절차를 신설하였다.

신탁의 합병이란 동일한 수탁자가 관리하는 복수의 신탁을 하나의 신탁으로 만드는 것을 의미한다. 별도의 수탁자가 관리하는 신탁을 1개의 신탁으로 하는 것도 생각할 수 있지만, 이것은 수탁자가 변경되어 동일한 수탁자가 되었기 때문에 1개의 신탁이 되는 것이라고 보면 된다.[1)]

본조는 신탁의 합병에 관한 정의규정이자 법적 근거로서, "수탁자가 동일한 여러 개의 신탁은 1개의 신탁으로 할 수 있다"라고 규정하여, 수탁자가 동일한 신탁 간의 합병만 신탁의 합병으로 인정하고 있다. 신탁이 수탁자의 인격을 차용하여 나타나는 관계라는

1) 최동식, 〈신탁법〉, 373면.

점에서 '수탁자가 동일한 것'을 신탁 합병의 전제조건으로 둔 것으로 보인다. 따라서 수탁자가 다른 신탁을 합병하기 위해서는, 어느 경우이든 먼저 수탁자의 인격을 통일시켜야 하므로, ① 수탁자 교체를 통하여 수탁자를 통일시킨 다음 신탁 합병의 절차를 거치거나, ② 수탁자 통일 및 신탁의 합병을 동시에 진행하는 내용으로 신탁의 변경 절차를 거쳐야 한다.[1)]

2. 신탁 합병의 필요성

수탁자의 수익자에 대한 통지 등 신탁사무 처리의 편의성, 신탁재산의 관리와 운용에 있어서 규모의 경제 실현, 수탁자의 보수와 세금의 절감 등을 위해 신탁 합병의 현실적·경제적 필요성이 있다.[2)] 예컨대, 투자신탁의 경우, 개별 투자신탁의 펀드금액이 감소해 효율적인 운용이 어렵게 된 수개의 투자신탁을 합병해 하나의 펀드로 구성하면 운용면에 있어서 규모의 경제를 이룰 수 있다. 또한 기업연금신탁에 있어서는 사업자가 합병한 경우 그때까지 각각 존재하던 기업연금신탁도 합병을 통하여 효율적인 운용이 가능할 것이다.[3)] 그리고 규모의 경제는 기업연금신탁 등의 상사신탁뿐만 아니라 가족신탁 등의 민사신탁에서도 필요하다.[4)]

신탁 간의 신탁재산이 동일한 경우 합동운용[5)]으로 달성할 수 있는 효과와 크게 차이가 없으나, 신탁재산의 종류가 다르거나 처분의 용이성이 다른 경우에 운용방법의 융통성이라는 측면에서도 신탁의 합병은 유용하다.[6)] 즉, 甲신탁의 재산은 환가처분하기 어려운 재산으로, 乙신탁의 재산은 환가처분하기 쉬운 재산으로 구성되어 있는 때에, 합병 후에는 오로지 환가처분하기 쉬운 乙신탁의 재산만을 매매하여 그 수익을 각 수익자에게 분배하는 것이 가능하나 단순한 합동운용으로는 이를 실현하기 어렵다.[7)]

3. 합병의 유형

신탁법은 '흡수합병'의 유형만 인정한다. 즉, 상법상 회사의 합병에는 대상 회사 중

1) 이중기, 〈신탁법〉, 656면.
2) 이중기, 〈신탁법〉, 656~657면.
3) 유재관, 〈신탁법실무 — 이론 · 등기 · 강제집행 · 비송절차 —〉, 220면.
4) 영국과 미국에서는 기업연금신탁이나 REIT(부동산투자신탁)에서 신탁의 합병이 많이 이용되며, 특히 미국은 Estate Planning에서 널리 활용되고 있다. 법무부, 〈신탁법 해설〉, 695면.
5) 합동운용의 경우 복수의 신탁이 운용시에만 함께 운용되는 것이라는 점에서 신탁의 합병과 다르다. 법무부 〈신탁법 해설〉, 695면.
6) 이중기, 〈신탁법〉, 656~657면; 최동식, 〈신탁법〉, 373~374면.
7) 최동식, 〈신탁법〉, 374면.

한 회사만이 존속하고 다른 회사는 소멸하는 흡수합병과 대상 회사가 모두 소멸하고 동시에 새로운 회사를 설립하는 신설합병을 구분하여 인정하고 있는데, 신탁의 경우에는 흡수합병만을 인정하고 있는 것이다.[1][2] 이에 대하여 신탁도 회사의 합병에서 말하는 신설합병과 같은 형태로 합병할 수 있으나, 수탁자의 관리편의상 기존의 큰 신탁의 관리를 계속하는 것이 신설신탁의 관리를 새로 시작하는 것보다 편리하므로 신설합병을 할 유인이 별로 없다는 견해도 있다.[3]

이와 같이 신탁법은 수탁자가 관리하는 하나의 신탁이 다른 신탁의 신탁재산을 흡수하는 방법의 합병만을 허용하고 있으나, 흡수합병으로도 합병 후의 신탁은 동일한 수탁자가 관리하는 새로운 신탁을 만드는 것과 사실상 같은 정도의 효과를 가질 수 있다.[4]

제91조 (신탁의 합병계획서) [신설]

① 신탁을 합병하려는 경우 수탁자는 다음 각 호의 사항을 적은 합병계획서를 작성하여야 한다.

1. 신탁합병의 취지
2. 신탁합병 후의 신탁행위의 내용
3. 신탁행위로 정한 수익권의 내용에 변경이 있는 경우에는 그 내용 및 변경이유
4. 신탁합병 시 수익자에게 금전과 그 밖의 재산을 교부하는 경우에는 그 재산의 내용과 가액
5. 신탁합병의 효력발생일
6. 그 밖에 대통령령으로 정하는 사항

② 수탁자는 각 신탁별로 위탁자와 수익자로부터 제1항의 합병계획서의 승인을 받아야 한다. 다만, 신탁행위로 달리 정한 경우에는 그에 따른다.

1) 반면, 일본 신신탁법은 신설합병의 형태만을 인정한다고 한다. 법무부, 〈신탁법 해설〉, 696면.

2) 신탁이 합병하는 경우 수익자의 권리가 어떻게 되는가를 보자. 예를 들어, 신탁재산의 가치가 300인 신탁 甲(수익자 A, B, C)이, 신탁재산의 가치가 150인 신탁 乙(수익자 D, E, F)을 흡수합병하는 경우를 생각하여 본다. 합병 전 甲신탁의 수익자 A, B, C는 각자 대등하여 그 수익권의 가치는 신탁재산 甲에 대하여 각 100이다. 乙 신탁에서는 수익자 D, E, F의 신탁재산에 대한 수익권이 각 50이다. 이것이 甲·乙의 합병에 의해, 신탁재산은 '300+150'으로 되고, 이에 대하여 수익자 A, B, C는 각 100, 수익자 D, E, F는 각 50의 가치가 있는 수익권을 갖는다. 이러한 합병의 경우에, 수익자의 입장에서는 甲, 乙 어느 쪽의 신탁이 존속하고 어느 쪽이 소멸했는가는 중요하지 않다. 甲, 乙 어느 신탁에서 보아도 신탁재산이 증가하고, 수익자도 증가하는 현상이 생기기 때문이다. 하지만, 신탁을 관리하는 수탁자의 입장에서는 관리편의상 큰 신탁을 중심으로 통일할 필요가 생긴다. 하지만, 작은 신탁이 구조조정신탁 등의 이유로 세제상 특혜를 누리는 경우, 합병 후 신탁이 그 특혜를 계속 누리기 위해 작은 신탁이 재산규모가 큰 신탁을 흡수합병할 수 있다. 이중기, 〈신탁법〉, 659면; 최동식, 〈신탁법〉, 373~374면.

3) 이중기, 〈신탁법〉, 659면.

4) 법무부, 〈신탁법 해설〉, 696면.

③ 제1항의 합병계획서를 승인하지 아니하는 수익자는 합병계획서의 승인이 있은 날부터 20일 내에 수탁자에게 수익권의 매수를 서면으로 청구할 수 있다. 이 경우 제89조 제2항부터 제8항까지의 규정을 준용한다.

1. 의 의

가. 규정의 취지

신탁의 합병은 수탁자의 전략적인 의사결정에 의해 시작될 것이므로, 합병절차의 하나로서 위탁자나 수익자 등도 합병에 관한 내용을 알 수 있도록 합병에 관한 대강, 기본조건을 담은 합병계획서의 작성의무를 수탁자에게 부여할 필요가 있는바, 이에 본조는 수탁자에게 합병계획서의 작성의무를 부여함과 동시에 합병계획서가 신탁관계인들의 합의를 도출해내는 기초자료가 된다는 점에서 그 내용을 법정하고 있다.

나. 구 신탁법 시행 당시의 논의

구 신탁법은 합병의 절차에 관한 규정을 두지 않고 있었다. 이에 학설은 신탁증서에 합병절차에 관한 특별한 정함이 있는 경우에는 설정자의 의사를 존중하여 그대로 따르면 되지만, 합병의 절차에 관하여 특별한 정함이 없는 경우에는 '신탁의 변경' 절차를 거치는 것이 타당하다는 입장이었다.[1] 즉, 합병에 의하여 수익권의 가치에 변동이 없는 경우에도 수익자의 수가 증가하거나 신탁사무의 처리방법 등의 변경이 수반되게 되므로, 신탁변경에 관한 일반적인 절차를 준수할 필요가 있는바, 결국 수익자, 위탁자 및 수탁자의 동의가 필요하다는 것이다.[2]

그러나 신탁법은 제91조, 제92조에서 신탁의 합병에 관한 절차를 구체적으로 규정하고 있으므로 보다 명확하고 효율적인 방법으로 신탁의 합병을 진행할 수 있게 되었다.

2. 수탁자의 합병계획서 작성의무

가. 내 용

합병을 주도하는 수탁자는 합병에 관한 사항을 기재한 합병계획서를 서면으로 작성하여야 한다(신탁법 제91조 제1항). 신탁의 합병은 위탁자나 수익자의 지위에 중대한 영향을 미치기

1) 유재관, 〈신탁법실무 — 이론 · 등기 · 강제집행 · 비송절차 —〉, 220면; 이중기, 〈신탁법〉, 658면.
2) 유재관, 〈신탁법실무 — 이론 · 등기 · 강제집행 · 비송절차 —〉, 220면.

때문에 위탁자 및 수익자의 승인을 받을 필요가 있기 때문이다(신탁법 제91조 제2항).

나. 합병계획서의 법정기재사항

합병계획서에는 다음의 사항을 기재하여야 하며, 이는 절대적 기재사항이다.

(1) 신탁 합병의 취지

(2) 신탁 합병 후의 신탁행위의 내용

수탁자는 신탁 간에 신탁행위로 특별히 정한 사항이 달라 합병 후 신탁의 목적에 맞도록 신탁행위의 일부를 변경하여야 하는 경우 이를 명시하여야 한다.

(3) 수익권 내용의 변경시 변경내용 및 변경이유

신탁 간의 차이로 인한 계약의 기술적 곤란함 등의 이유로 수익자의 수익권이 변동된 경우, 합병 후 신탁에서의 수익권과 합병 전 신탁에서의 수익권을 비교하여 수익자가 어떠한 이익이나 손실을 받게 되는지 명확하게 기재하여 수익자가 합병의 승인 여부를 결정하는 데 참고할 수 있도록 한다.

(4) 합병시 수익자에게 교부할 재산의 내용 및 가액

신탁의 합병비율을 조정하기 위하여 수익권의 내용을 바꾸는 방법 외에 수익자에게 상법상 합병교부금과 유사하게 재산을 교부하는 방법을 택할 경우, 합병 후 신탁의 재산 상태를 예상하고 정당한 대가를 지급받을 수 있는지 여부 등을 알 수 있도록 교부할 재산의 내용과 가액을 명시하여야 한다.

(5) 합병의 효력발생일

언제 신탁 합병을 실시하는지 여부에 따라 수익권의 내용 등도 바뀔 수 있으므로 이를 명시할 필요가 있다.

(6) 그 밖에 대통령령으로 정해진 사항

1. 합병할 각 신탁의 위탁자의 성명 또는 명칭 및 주소
2. 합병할 각 신탁의 수탁자의 성명 또는 명칭 및 주소
3. 합병할 각 신탁의 신탁행위의 내용 및 설정일
4. 합병할 각 신탁의 신탁재산의 목록 및 내용
5. 합병할 각 신탁이 유한책임신탁인 경우에는 그 명칭 및 신탁사무처리지

3. 신탁관계인의 합병에 대한 승인

수탁자는 각 신탁별로 위탁자와 수익자로부터 제1항의 합병계획서의 승인을 받아야 한다. 다만, 신탁행위로 달리 정한 경우에는 그에 따른다(신탁법 제91조 제2항). 즉, 신탁의 합병은 그로 인하여 위탁자가 의도한 신탁 목적의 달성 여부가 달라질 수 있고, 수익권의 내용에 필연적으로 직·간접적인 변경을 가져오는 등 신탁관계인(위탁자와 수익자)의 법적 지위에 큰 영향을 미치게 되므로, 수탁자는 반드시 이들의 승인을 받아야 한다(수익자를 위하여 선임된 신탁관리인도 포함된다고 보아야 한다).[1] 따라서 위탁자 또는 수익자의 승인이 없으면 합병의 효력은 발생하지 않는다고 할 것이다(위탁자의 경우 수익자와는 달리 법에서 복수위탁자의 의사결정에 관한 규정을 두고 있지 아니하므로, 신탁행위에서 달리 정하지 않는 한 원칙적으로 각 위탁자는 개별적으로 권리를 행사할 수 있고(신탁법 제9조), 따라서 복수위탁자는 전원일치의 방법으로 합병 승인에 관한 의사를 결정하여야 한다고 해석할 수 있을 것이다).

수탁자가 합병계획서를 작성하고, 위탁자와 수익자는 이에 대한 승인여부를 결정한다는 점에서, 신탁 합병의 주체는 수탁자이고 위탁자와 수익자는 포함되지 않는다고 할 것이다.[2]

4. 반대수익자의 수익권매수청구권

합병계획서를 승인하지 아니하는 수익자는 합병계획서의 승인이 있은 날부터 20일 내에 수탁자에게 수익권의 매수를 서면으로 청구할 수 있다. 이 경우 제89조 제2항부터 제8항까지의 규정을 준용한다(신탁법 제91조 제3항). 신탁이 변경되는 경우와 동일하게 반대수익자에게 수익권매수청구권을 인정한 것으로서, 그 신설 취지는 '복수의 수익자를 전제로 그 중 합병에 반대하는 소수수익자의 보호'를 위한 것이라고 보아야 할 것이다.

제92조 (합병계획서의 공고 및 채권자보호) [신설]

① 수탁자는 신탁의 합병계획서의 승인을 받은 날부터 2주 내에 다음 각 호의 사항을 일반일간신문에 공고하고(수탁자가 법인인 경우에는 해당 법인의 공고방법에 따른다) 알고 있는 신탁재산의 채권자에게는 개별적으로 이를 최고하여야 한다. 제2호의 경우 일정한 기간은 1개월 이상이어야 한다.

1) 법무부, 〈신탁법 해설〉, 700면.
2) 법무부, 〈신탁법 해설〉, 701면.

1. 합병계획서
2. 채권자가 일정한 기간 내에 이의를 제출할 수 있다는 취지
3. 그 밖에 대통령령으로 정하는 사항

② 채권자가 제1항의 기간 내에 이의를 제출하지 아니한 경우에는 합병을 승인한 것으로 본다.

③ 이의를 제출한 채권자가 있는 경우 수탁자는 그 채권자에게 변제하거나 적당한 담보를 제공하거나 이를 목적으로 하여 적당한 담보를 신탁회사에 신탁하여야 한다. 다만, 신탁의 합병으로 채권자를 해칠 우려가 없는 경우에는 그러하지 아니하다.

1. 의　　의

가. 규정의 취지

신탁채권자의 입장에서 볼 때 신탁의 합병은 채권의 담보가 되는 신탁재산의 변동을 초래하여 채권의 변제가능성에 영향을 미치므로, 신탁재산의 종류 여하에 관계없이 신탁채권자는 신탁의 외부인임에도 불구하고 보호할 필요성이 있다.[1)] 이에 본조는 상법 제232조를 참조하여 채권자보호절차를 합병 절차의 하나로 강제하고 있다.

나. 구 신탁법 시행 당시의 논의

구 신탁법은 본조와 같은 명시적인 채권자보호절차 규정을 두지 않고 있었다. 이에 학설은 원칙적으로 신탁의 합병은 채권자의 동의 없이 가능하며, 채무초과에 있는 신탁과의 합병으로 인하여 신탁의 채권자가 불이익을 받게 되는 경우에는 신탁의 채권자가 사해행위취소권에 기하여 수탁자의 합병을 취소할 수 있다고 해석하였다. 즉, 합병된 일방의 신탁의 재무상황이 나쁜 경우에는 다른 신탁의 채권자로서는 합병에 의하여 채권회수가 곤란하여질 가능성이 있지만, 어느 쪽 신탁도 채무초과에 이르지 아니한다면 계산상으로는 채권자를 해하는 것이 되지는 아니하며,[2)] 신탁에서는 수탁자가 무한책임을 부담하므로[3)] 수탁자에게 자력이 있다면 합병에 의하여 채권자가 피해를 입는 경우는 적다

1) 법무부, 〈신탁법 해설〉, 705면.
2) 그렇기 때문에, 신탁채권자로서는 합병이라는 사건 자체를 기한의 상실사유로 규정함으로써 미리 신탁에 대한 통제수단을 확보하여야 한다는 견해도 있다. 이중기, 〈신탁법〉, 660면.
3) 대법원 2004. 10. 15. 선고 2004다31883 판결(신탁사무의 처리상 발생한 채권을 가지고 있는 채권자는 수탁자의 일반채권자와 달리 신탁재산에 대하여도 강제집행을 할 수 있는데(신탁법 제21조 제1항), 한편 수탁자의 이행책임이 신탁재산의 한도 내로 제한되는 것은 신탁행위로 인하여 수익자에 대하여 부담하는 채무에 한정되는 것이므로(신탁법 제32조), 수탁자가 수익자 이외의 제3자 중 신탁재산에 대하여 강제집행을 할 수 있는 채권자(신탁법 제21조 제1항)에 대하여 부담하는 채무에 관한 이행책임은 신탁재

고 할 것인바,[1] 신탁의 합병은 채권자의 동의 없이도 할 수 있다는 것이다. 다만, 채무초과에 이른 신탁의 합병은 보통은 다른 신탁의 수익자가 합병에 동의하지 아니할 것이므로 발생할 여지가 없겠지만, 만일 그와 같은 합병이 이루어진 경우에는 불이익을 받은 채권자(합병에 의하여 전체가 채무초과가 된 경우)는 사해행위취소권에 의하여 합병을 취소할 수 있다고 보아야 한다는 것이다.[2] 이것만으로는 채권자보호절차로서 다소 약한 측면이 없지 않았는데, 현행 신탁법은 채권자보호절차를 명시적으로 규정함으로써 이를 보완하였다.

2. 수탁자의 합병계획서 등의 공고 및 개별최고 의무

가. 내 용

수탁자는 신탁의 합병계획서의 승인을 받은 날부터 2주 내에 합병에 관한 일정한 사항을 일반일간신문에 공고하고(수탁자가 법인인 경우에는 해당 법인의 공고방법에 따른다) 알고 있는 신탁재산의 채권자에게는 개별적으로 이를 최고하여야 한다(신탁법 제92조 제1항 전단).

나. 공고 및 개별최고의 대상

수탁자는 다음의 사항을 공고 및 개별 최고하여야 한다.

(1) 합병계획서(제1호)

(2) 채권자가 일정한 기간 내에 이의를 제출할 수 있다는 취지(제2호)
이 경우 '일정한 기간'은 1개월 이상이어야 한다(제1항 후단).

(3) 그 밖에 대통령령으로 정하는 사항(제3호)
이는 합병 후 신탁채무의 이행계획을 말한다(시행령 제10조).

다. 공고 및 개별최고의 방법

공고는 신탁법의 다른 규정과 마찬가지로 일반일간신문 또는 수탁자 회사가 정한 방법으로 위탁자와 수익자가 합병계획서를 승인한 날부터 2주일 내에 하여야 한다.

산의 한도 내로 제한되는 것이 아니라 수탁자의 고유재산에 대하여도 미치는 것으로 보아야 한다).

1) 다만, 수탁자는 책임재산을 신탁재산으로 한정하는 특약을 체결할 수 있고, 이러한 특약이 있는 경우 수탁자에 대한 권리는 의미가 없다는 견해도 있다. 이중기, 〈신탁법〉, 660면.

2) 유재관, 〈신탁법실무 — 이론 · 등기 · 강제집행 · 비송절차 —〉, 220면; 이중기, 〈신탁법〉, 660면; 최동식, 〈신탁법〉, 375면.

최고는 합병계획서의 승인을 받은 날부터 2주일 내에 채권자에게 도달할 것을 요하는 것은 아니고, 2주일 내에 채권자에게 최고를 발송함으로 족하다.[1)]

라. 채권자의 범위

본조는 수탁자가 알고 있는 채권자에 대하여는 개별적으로 최고하여야 한다고 규정하고 있으나, '알고 있는 채권자'의 범위에 관하여는 명확히 규정하고 있지 않다. 일반적으로 알고 있는 채권자란 채권자가 누구인가 및 그 채권이 어떠한 원인에 기한 채권인가가 대체로 수탁자에게 알려져 있는 경우의 채권자를 말한다고 볼 수 있다. 수탁자가 채권의 존재를 소송상 다투고 있는 경우에도 소송자료 기타의 사정을 조사한 이상 수탁자가 알고 있는 채권자로 인정될 수 있다. 그러나 채권이 객관적으로 존재하더라도 최고하여야 할 2주일 내에 실제로 수탁자에 알려져 있지 않는 한, 반드시 수탁자가 알고 있는 채권자라고 할 수는 없다. 합병계획서의 승인이 있은 후 최고할 때까지의 사이에 채권자가 된 자는 의문이 있으나 실제상 합병의 사실을 알고 채권을 취득한 것으로 보아도 좋은 경우가 보통일 것이므로 본조의 '알고 있는 채권'에 포함될 수 없다고 보는 것이 상당할 것이다.[2)]

본조는 널리 '알고 있는 채권자'라고만 규정하여 그 채권의 범위에 관하여는 특별히 한정하고 있지 않다. 비금전채권의 채권자는 원칙적으로 최고의 상대방인 채권자에 포함되지 않는다고 본다. 왜냐하면 채권자가 이의를 제출한 경우에 채무의 성질상 본조 제3항에 따른 즉시 변제하는 것이 불가능하고, 채무불이행의 경우에 부담하여야 할 손해배상액의 예측이 곤란하기 때문에 역시 본조 제3항에 따른 상당한 담보 또는 상당한 재산의 신탁이란 어느 정도의 것인가를 판단하는 구체적 기준을 세우는 것이 불가능하기 때문이다. 그러나 비금전채권자라도 그 채무불이행의 경우의 손해배상액이 예정되어 있고, 변제를 확보하기 위하여 제공하여야 할 담보의 액이 명확하게 정해질 수 있는 채권의 채권자에 대하여는 최고를 하여야 할 것이다. 입법론적으로는 최고제도를 존치하는 한 최고를 요하는 채권자의 범위를 명확히 하는 것이 필요하다고 할 것이다.[3)]

3. 신탁채권자의 이의제출

가. 내 용

신탁채권자는 1개월 이상으로서 수탁자가 정한 기간 내에 이의를 제출할 수 있다.

1) 정동윤 외 5인, 〈주석 상법 회사법(1)〉, 284면.
2) 정동윤 외 5인, 〈주석 상법 회사법(1)〉, 285면.
3) 정동윤 외 5인, 〈주석 상법 회사법(1)〉, 285~286면.

신탁법은 이의제출의 방법에 관하여는 특별한 제한을 두고 있지 않고 있으므로 구두 또는 서면으로 할 수 있다.

나. 이의불제출의 효과

신탁채권자가 1개월 이상으로 정한 기간 내에 합병에 대한 이의를 제출하지 않은 경우 합병을 승인한 것으로 본다(신탁법 제92조 제2항). 따라서 이 경우 신탁채권자는 더 이상 합병의 효력에 대하여 다툴 수 없게 된다.

하지만 본조 제1항에서 최고를 받아야 할 신탁채권자에 해당함에도 최고를 받지 못한 자는 이의의 제출기간 내에 이의를 제출하지 않았다고 하더라도 합병을 승인한 것으로 보지 않으며, 설령 위 신탁채권자가 공고를 통하여 합병절차가 진행 중이라는 것을 알았다고 하더라도 이의제출권을 포기한 것으로 볼 수 없다.[1)]

다. 이의제출의 효과

(1) 원 칙

이의를 제출한 신탁채권자가 있는 경우 수탁자는 ① 해당 신탁채권자에게 변제하거나 ② 해당 신탁채권자에게 적당한 담보를 제공하거나 ③ 변제의 담보를 목적으로 하여 적당한 재산을 신탁회사에 신탁하여야 한다.

(가) 변 제

이의의 제출이 있은 때 변제기가 도래한 채권에 대하여는 당연히 변제하여야 한다. 그러나 변제기가 도래하지 않은 채권자에 대하여는 적당한 담보를 제공하거나 재산을 신탁하는 것으로 족하다. 그러나 후자의 경우에도 수탁자가 기한의 이익을 포기하여 변제하는 것은 상관이 없다고 볼 것이다.[2)]

(나) 적당한 담보 또는 적당한 재산의 신탁

변제기가 도래하지 않은 채권에 관하여 제공할 수 있는 담보의 범위에 관하여는 특별한 정함이 없다. 저당권·질권을 설정하는 것이 보통이겠지만, 양도담보 등도 가능하다고 본다. 수탁자가 제공하는 적법하고 적당한 담보를 신탁채권자가 거절하는 경우, 당해 신탁채권자는 합병을 승인하지 않은 채권자에 해당하지 않는다고 해석하여야 할 것이다.[3)]

수탁자는 이의를 제출한 신탁채권자에 대하여 변제·담보의 제공 외에 적당한 재산을 신탁할 수도 있다. 재산의 신탁은 신탁법 제92조 제3항 본문에 따라 신탁회

---

1) 정동윤 외 5인, 〈주석 상법 회사법(1)〉, 287면.
2) 정동윤 외 5인, 〈주석 상법 회사법(1)〉, 288면.
3) 정동윤 외 5인, 〈주석 상법 회사법(1)〉, 288면.

사[1]에 하여야 하는바, 신탁할 수 있는 재산은 금전이 보통일 것이나, 유가증권·동산 등도 가능하다고 봄이 상당하다.[2]

담보로서 제공하거나 신탁하는 재산은 '적당한' 재산이어야 한다. 담보의 제공 또는 재산의 신탁은 신탁채권자에게 변제하는 대신에 제공되는 것이기 때문에 적당한 담보 또는 적당한 재산은 그 채권을 변제하기에 족한 재산을 의미하는 것으로 볼 수 있다.[3]

(2) 예 외

'신탁의 합병으로 신탁채권자를 해칠 우려가 없는 경우'에는 신탁채권자가 이의를 제출하여도 수탁자는 변제, 담보제공 또는 담보목적의 신탁을 하지 않아도 된다(신탁법 제92조 제3항 단서).

상법 제232조에는 본조 제3항 단서와 같은 규정이 없다. 상법 규정과 같이 단서규정을 두지 않으면 해석상 채권자의 이의제기 여부가 오로지 신탁채권자의 재량에 맡겨지게 되는바, 신탁의 합병에 적지 않은 부담을 줄 것이고, 결국 제도 본래의 기능을 약화시킬 수 있으므로, 신탁채권자의 재량권을 합리적으로 제한하기 위하여 단서규정을 둔 것이다.[4]

제93조 (합병의 효과) [신설]

합병 전의 신탁재산에 속한 권리 · 의무는 합병 후의 신탁재산에 존속한다.

1. 의 의

신탁이 합병되면 종전 신탁의 권리의무 관계에 변화가 생기므로 본조는 합병의 효과를 명시함으로써 합병의 법적 성질을 명백히 한 결과 관련 법적 분쟁을 방지하도록 하였다. 본조는 "합병 전의 신탁재산에 속한 권리·의무는 합병 후의 신탁재산에 존속한다"라고 규정하고 있는데, 앞서 설명한 바와 같이 신탁은 상법상의 회사 합병과는 달리 흡수합병만 인정하고 있기 때문에 합병의 효과에 대하여 본조와 같이 규정한 것이다. 즉, 본

1) 동 조항은 상법 제232조 제3항을 참조하여 입법된 것이므로(법무부, 〈신탁법 해설〉, 707면), 동조의 신탁회사는 합병과 무관한 제3의 신탁회사를 의미하는 것으로 보인다.
2) 정동윤 외 5인, 〈주석 상법 회사법(1)〉, 288면.
3) 정동윤 외 5인, 〈주석 상법 회사법(1)〉, 288~289면.
4) 법무부, 〈신탁법 해설〉, 707면.

조에서 말하는 '합병 전의 신탁재산'은 합병으로 소멸되는 신탁을, '합병 후의 신탁재산'은 합병 후 존속하는 신탁을 의미한다.

2. 합병의 효과

가. 신탁재산에 속하는 권리·의무의 포괄적 이전

신탁이 합병된 경우, 회사의 합병과 마찬가지로 종전 신탁의 권리·의무는 포괄적으로 새로운 신탁에 이전된다. 이 경우 승계는 법률상 당연히 이루어지는 것이므로 개개의 권리·의무에 관하여 개별적으로 이전할 필요가 없으며, 이 점이 상법상의 영업양도의 경우와 다르다.[1] 포괄승계의 대상이 되는 것은 합병 전의 신탁, 즉 합병으로 인하여 소멸하는 신탁의 신탁재산에 속하는 일체의 권리·의무, 즉 적극재산과 소극재산의 총체이다. 수익권의 내용이 각기 다른 신탁이 합병된 경우, 수익권의 내용이 변경되어 하나의 수익권으로 통일될 수도 있고, 종류가 다른 수익권이 병존하는 형태가 될 수도 있다.[2]

소멸하는 신탁에 있어서 합병은 당연한 신탁종료사유가 된다(신탁법 제98조 제2호).

나. 승계한 권리를 처분하기 위한 대항요건

신탁합병의 효과는 포괄승계이므로 각각의 적극재산에 대하여 개별적으로 이전행위를 할 필요가 없고, 별도의 채무인수절차를 거칠 필요도 없다. 그러나 승계한 권리를 처분하기 위해서는 등기, 등록 등 공시방법을 갖추어야 하며(민법 제187조 단서), 권리의 종류에 따라 제3자에게 대항하기 위해서는 대항요건을 갖추어야 할 경우가 있다.[3] 예컨대, 합병된 신탁재산에 타회사가 발행한 기명주식이 있는 경우, 그 타회사에 대항하기 위하여는 명의개서를 하여야 한다(상법 제337조 제1항).

3. 합병의 무효를 다투는 절차

회사의 합병의 경우에는 상법 제236조[4]와 같은 특별한 소로써만 합병의 효력을 다투도록 규정하고 있다. 반면, 신탁의 합병의 경우에는 상법 제236조와 같은 규정을 따로 두고 있지 않다. 이에 대하여 현행 신탁법 개정 당시, 신탁의 합병은 회사의 합병과 같이

1) 정동윤 외 5인, 〈주석 상법 회사법(1)〉, 294면.
2) 노혁준, 〈신탁변경, 수탁자변경과 신탁합병 및 분할〉, 81면.
3) 이철송, 〈회사법강의 제14판〉, 107면.
4) 상법 제236조(합병무효의 소의 제기) ① 회사의 합병의 무효는 각 회사의 사원, 청산인, 파산관재인 또는 합병을 승인하지 아니한 회사채권자에 한하여 소만으로 이를 주장할 수 있다.
② 전항의 소는 제233조의 등기가 있은 날로부터 6월내에 제기하여야 한다.

단체법 또는 조직법상의 행위이므로 법률관계의 안정을 위하여 상법 제236조와 같은 특별한 소로써만 그 효력을 다투도록 규정할 필요가 있다는 견해가 있었으나, 현행 신탁법은 법인격이 없는 신탁에 회사와 같은 정도의 단체성을 인정하기 어렵고, 일반 민사소송절차로도 충분히 해결이 가능하다는 이유에서 별도의 규정을 신설하지 않았다.[1)]

> **제94조 (신탁의 분할 및 분할합병) [신설]**
>
> ① 신탁재산 중 일부를 분할하여 수탁자가 동일한 새로운 신탁의 신탁재산으로 할 수 있다.
>
> ② 신탁재산 중 일부를 분할하여 수탁자가 동일한 다른 신탁과 합병(이하 "분할합병"이라 한다)할 수 있다.

1. 신탁 분할의 개념

분할이란 현재 상법상 회사에 한하여 인정되는 것으로서 하나의 영업을 둘 이상으로 분리하고 분리된 영업재산을 자본으로 하여 회사를 신설하거나 다른 회사와 합병시키는 조직법적 행위를 말한다.[2)] 신탁의 경우 그 자체가 법인이나 단체가 아니므로 상법상의 분할제도를 이용할 수 없으나, 하나의 신탁을 둘 이상의 신탁으로 분리하여 운영할 필요성은 여전히 존재한다.

다만, 일반적으로 신탁분할의 필요는 합병만큼은 크지 않다고 보고 있다. 하지만 미국에서는 가족신탁에서 신탁의 분할이 행하여지고 있다고 한다. 예를 들면, 당초에는 자식들 전원을 위하여 1개의 신탁을 설정하였지만, 특히 신탁의 이익을 각각의 자식들의 필요도에 따라 수탁자가 변경할 수 있는 재량권을 수탁자에게 부여하고 있고, 그 재량권의 행사에 의하여 신탁을 분할하는 경우가 있다고 한다. 또 신탁재산의 규모가 일정액 이하일 때에 조세상 우대하는 경우에는 신탁재산의 규모가 커져서 세금우대를 받을 수 없게 되는 것을 피하기 위하여 신탁의 분할이 이루어지는 경우가 있다고 한다.[3)]

합병보다 필요성이 다소 떨어진다고 하더라도 실무상 하나의 신탁을 복수의 신탁으로 분할하여 운영할 필요가 있었음에도 불구하고, 구 신탁법에는 신탁의 분할에 대한 명

1) 법무부, 〈신탁법 해설〉, 711면.
2) 이철송, 〈회사법강의 제14판〉, 866면.
3) 유재관, 〈신탁법실무 — 이론 · 등기 · 강제집행 · 비송절차 —〉, 221면; 이중기, 〈신탁법〉, 661면; 최동식, 〈신탁법〉, 376면.

문규정이 없어서 그 절차나 효과 등이 명확하지 않았다(구 신탁법 시행 당시에는 합병과 마찬가지로 신탁의 분할도 일종의 신탁 변경으로 이해되었다). 이에 현행 신탁법은 신탁의 분할에 대한 규정을 마련하여 분할절차를 명확히 하고, 관계당사자의 이해를 적절히 조정하는 절차를 신설하였다.

신탁의 분할이란 신탁의 합병과 반대로 수탁자가 자신이 관리하는 하나의 신탁을 2개 이상으로 나누어 새로운 신탁을 설정하거나 기존의 다른 신탁과 합병하여 별도의 신탁으로 운영하는 것을 의미한다. 즉, 기존에 하나의 신탁에 속했던 신탁재산을 분할해서 별개의 신탁의 명의로 신탁재산을 관리·운용하는 것이다.[1]

2. 신탁 분할의 필요성

신탁의 분할은 수익자 간에 신탁에 관한 의견이 충돌하는 경우, 수익자의 수익권에 대한 수요모델이 달라지는 경우 등에 각 수익자의 수요를 최대한 충족시키기 위하여 필요하다.[2]

3. 신탁 분할의 성질

수탁자가 자신이 관리하는 신탁을 두 개 이상으로 나누어 새로운 신탁을 설정하는 것이 신탁의 분할이므로, 잔존하는 신탁의 입장에서는 '신탁의 변경'이 되고 새로 설립되는 신탁의 입장에서는 '신탁의 설립'이 있게 된다. 신탁재산은 수탁자의 인격을 차용하고 있기는 하지만 그 자체의 법인격은 없기 때문에, 신탁의 분할로 인해 어떤 인격이 새로 생기지는 않고, 수탁자의 인격을 차용하는 신탁의 수가 증가하는 것뿐이다. 그런 의미에서 신탁의 분할은 회사의 분할과 다르다.

신탁의 분할 후 새로 설립된 신탁에 대해 새로운 수탁자가 임명되는 경우에는 수탁자의 교체라는 절차가 추가된다고 할 것이다.[3]

---

1) 유재관, 〈신탁법실무 — 이론 · 등기 · 강제집행 · 비송절차 —〉, 221면; 이중기, 〈신탁법〉, 660면.
2) 법무부, 〈신탁법 해설〉, 713~714면.
3) 이중기, 〈신탁법〉, 661면.

4. 신탁 분할의 유형

가. 총 설

상법이 규정하고 있는 회사분할의 형태는 상법 제530조의2 제1항이 규정하는 '단순분할', 동조 제2항이 규정하는 '(흡수)분할합병', 동법 제530조의6 제2항이 규정하는 '신설분할합병' 및 동법 제530조의12가 규정하는 '물적분할'의 네 가지로 나눌 수 있고, 그 밖에 강학상으로는 분할회사가 소멸하느냐 여부에 따라 소멸분할(완전분할·전부분할)과 존속분할(불완전분할)로 구분할 수 있고, 분할대가로서의 승계회사의 주식이 분할회사의 주주에게 배정되느냐 분할회사 자신에게 배정되느냐에 따라 인적분할과 물적분할로 구분하기도 하는바, 회사분할의 방식을 매우 다양하게 설계할 수 있다(다만, 상법은 분할출자를 받는 승계회사가 분할로 인하여 신설된 회사이냐 아니면 종전부터 존재하는 기존의 회사이냐, 다시 말해 단순분할이냐 분할합병이냐에 더 중요성을 두면서 그 규율을 상당히 달리 하고 있다. 물적분할에 대해서는 그 성질에 반하지 않는 한 분할과 분할합병에 관한 규정을 준용하고 있다).[1)]

그러나 신탁에서는 지나치게 복잡한 유형의 분할 형태를 인정할 실익이 적고, 기존 신탁의 수익자를 보호하기 위하여 상법과 달리 그 방식을 제한할 필요가 있는바, 신탁법은 '단순분할'과 '분할합병'의 형태만 인정하고 있다.

나. 허용되는 분할의 유형

(1) 단순분할

신탁의 신탁재산 중 일부를 분할하여 수탁자를 같이 하는 새로운 신탁의 신탁재산을 만드는 것으로, 분할 후에는 분할된 신탁(존속신탁)과 분할 후 새로운 신탁(신설신탁)이 존재하게 된다.

예를 들어, 수익자인 미성년의 형제가 장래에 사업을 시작할 때 자금으로 사용하기 위하여 위탁자가 신탁을 설정하였는데, 위탁자가 사망한 후 형제가 성인이 되었을 때 사이가 나빠져 하나의 신탁으로 운영하는 것이 어렵다고 판단되는 경우 등에 분할신탁을 이용할 수 있을 것이다.

(2) 분할합병

하나의 신탁의 신탁재산 중 일부를 분할하여 수탁자를 같이 하는 다른 신탁의 신탁재산과 합치는 것으로 분할 후에는 분할된 신탁과 분할합병된 신탁이 존재하게 된다.

예를 들어, 일방의 연금신탁을 분할하고 타방의 연금신탁과 합병하는 경우 등에 이

---

1) 김건식 외 3인, 〈주석 상법 회사법(4)〉, 573면.

용할 수 있을 것이다.

제95조 (신탁의 분할계획서 및 분할합병계획서) [신설]

① 제94조에 따라 신탁을 분할하거나 분할합병하려는 경우 수탁자는 다음 각 호의 사항을 적은 분할계획서 또는 분할합병계획서를 작성하여야 한다.

1. 신탁을 분할하거나 분할합병한다는 취지
2. 분할하거나 분할합병한 후의 신탁행위의 내용
3. 신탁행위로 정한 수익권의 내용에 변경이 있는 경우에는 그 내용 및 변경이유
4. 분할하거나 분할합병할 때 수익자에게 금전과 그 밖의 재산을 교부하는 경우에는 그 재산의 내용과 가액
5. 분할 또는 분할합병의 효력발생일
6. 분할되는 신탁재산 및 신탁채무의 내용과 그 가액
7. 제123조에 따라 유한책임신탁의 채무를 승계하는 분할 후 신설신탁 또는 분할합병신탁이 있는 경우 그러한 취지와 특정된 채무의 내용
8. 그 밖에 대통령령으로 정하는 사항

② 수탁자는 각 신탁별로 위탁자와 수익자로부터 제1항의 분할계획서 또는 분할합병계획서의 승인을 받아야 한다. 다만, 신탁행위로 달리 정한 경우에는 그에 따른다.

③ 제1항의 분할계획서 또는 분할합병계획서를 승인하지 아니한 수익자는 분할계획서 또는 분할합병계획서의 승인이 있은 날부터 20일 내에 수탁자에게 수익권의 매수를 서면으로 청구할 수 있다. 이 경우 제89조 제2항부터 제8항까지의 규정을 준용한다.

1. 의 의

가. 규정의 취지

신탁의 분할은 합병과 마찬가지로 수탁자의 전략적인 의사결정에 의해 시작될 것이므로, 분할절차의 하나로서 위탁자나 수익자 등도 분할에 관한 내용을 알 수 있도록 분할에 관한 대강, 기본조건을 담은 분할계획서의 작성의무를 수탁자에게 부여할 필요가 있다. 이에 본조는 수탁자에게 분할계획서의 작성의무를 부여함과 동시에 분할계획서가 신탁관계인들의 합의를 도출해내는 기초자료가 된다는 점에서 그 내용을 법정하고 있다.

나. 구 신탁법 시행 당시의 논의

구 신탁법은 분할의 절차에 관한 규정을 두지 않고 있었다. 이에 학설은 신탁증서에 분할절차에 관한 특별한 정함이 있는 경우에는 설정자의 의사를 존중하여 그대로 따르면 되지만, 분할의 절차에 관하여 특별한 정함이 없는 경우에는 '신탁의 변경' 절차에 따라 수익자, 위탁자 및 수탁자의 합의로 이루어져야 한다는 입장이었다.[1)]

그러나 현행 신탁법은 제95조, 제96조에서 신탁의 분할에 관한 절차를 구체적으로 규정하고 있으므로 보다 명확하고 효율적인 방법으로 신탁의 분할을 진행할 수 있게 되었다. 즉, 현행 신탁법은 수탁자가 분할의 주체가 되고 위탁자와 수익자가 이를 승인하는 방법으로 분할을 진행하는 것으로 규정하고 있다.

2. 수탁자의 분할계획서 및 분할합병계획서 작성의무

가. 내　　용

분할을 주도하는 수탁자는 분할에 관한 사항을 기재한 분할계획서 및 분할합병계획서를 서면으로 작성하여야 한다(신탁법 제95조 제1항). 신탁의 분할은 신탁재산이 감소되는 것이어서 위탁자나 수익자의 지위에 중대한 영향을 미치기 때문에 위탁자 및 수익자의 승인을 받을 필요가 있기 때문이다(신탁법 제95조 제2항).

나. 분할계획서 및 분할합병계획서의 법정기재사항

분할계획서 및 분할합병계획서에는 다음의 사항을 기재하여야 하며, 이는 절대적 기재사항이다.

(1) 분할 또는 분할합병의 취지

(2) 분할 또는 분할합병 후의 신탁행위의 내용

수탁자는 신탁의 분할 후 각 신탁의 목적에 맞도록 신탁행위의 일부를 변경하여야 하는 경우 이를 명시하여야 한다.

(3) 수익권 내용의 변경시 변경내용 및 변경이유

분할에 따른 신탁재산 및 신탁사무의 변경으로 수익자의 수익권이 변동된 경우, 분할 후 신탁에서의 수익권과 분할 전 신탁에서의 수익권을 비교하여 수익자가 어떠한 이

1) 유재관, 〈신탁법실무 ─ 이론·등기·강제집행·비송절차 ─〉, 221면; 이중기, 〈신탁법〉, 662면.

익이나 손실을 받게 되는지 명확하게 기재하여 수익자가 분할의 승인 여부를 결정하는데 참고할 수 있도록 한다.

(4) 분할 또는 분할합병시 수익자에게 교부할 재산의 내용 및 가액

신탁의 분할을 위하여 수익권의 내용을 바꾸는 방법 외에 수익자에게 상법상 분할교부금에 해당하는 재산을 교부하는 방법을 택할 경우, 분할 후 신탁의 재산상태를 예상할 수 있도록 교부할 재산의 내용과 가액을 명시하여야 한다.

(5) 분할 또는 분할합병의 효력발생일

언제 신탁 분할을 실시하는지 여부에 따라 수익권의 내용 등도 바뀔 수 있어 수익자의 이익에 중대한 영향을 미칠 수 있으므로 이를 명시할 필요가 있다.

(6) 분할되는 신탁재산 및 신탁채무의 내용 및 가액

합병의 경우 합병이 되는 신탁의 모든 채무를 합병하는 신탁이 포괄승계하나, 분할의 경우 분할 전 신탁에 관한 채무가 분할 후의 어느 신탁에 귀속되는지 여부는 당연히 결정되는 것은 아니므로, 분할 후 신설신탁 또는 분할합병신탁은 분할된 신탁의 신탁재산의 채무를 인수하는 과정이 필요한바, 각 신탁에 인수될 해당 채무의 내용 및 가액 등을 명시하여야 한다.

(7) 유한책임신탁의 경우 신탁채무의 분할취지 및 내용

분할된 신탁이 유한책임신탁인 경우 해당 신탁채무는 유한책임신탁의 성질을 그대로 유지하므로, 분할 후 신설신탁 또는 분할합병신탁이 승계하는 채무가 있는 경우 그러한 취지 및 해당 채무의 내용을 기재하여야 한다.

(8) 그 밖에 대통령령으로 정해진 사항

1. 분할된 신탁과 분할 후 신설신탁 또는 분할합병신탁의 위탁자의 성명 또는 명칭 및 주소
2. 분할된 신탁과 분할 후 신설신탁 또는 분할합병신탁의 수탁자의 성명 또는 명칭 및 주소
3. 분할된 신탁과 분할 후 신설신탁 또는 분할합병신탁이 유한책임신탁인 경우에는 그 명칭 및 신탁사무처리지

3. 신탁관계인의 분할 및 분할합병에 대한 승인

수탁자는 각 신탁별로 위탁자와 수익자로부터 분할계획서 및 분할합병계획서의 승인을 받아야 한다. 다만, 신탁행위로 달리 정한 경우에는 그에 따른다(신탁법 제95조 제2항). 즉, 신탁의 분할은 그로 인하여 위탁자가 의도한 신탁 목적의 달성 여부가 달라질 수 있고, 수익권의 내용에 필연적으로 직·간접적인 변경을 가져오는 등 신탁관계인(위탁자와 수익자)의 법적 지위에 큰 영향을 미치게 되므로, 수탁자는 반드시 이들의 승인을 받아야 한다(수익자를 위하여 선임된 신탁관리인도 포함된다고 보아야 한다).[1]

4. 반대수익자의 수익권매수청구권

분할계획서 및 분할합병계획서를 승인하지 아니하는 수익자는 분할계획서 및 분할합병계획서의 승인이 있은 날부터 20일 내에 수탁자에게 수익권의 매수를 서면으로 청구할 수 있다. 이 경우 제89조 제2항부터 제8항까지의 규정을 준용한다(신탁법 제95조 제3항). 신탁이 변경되는 경우와 동일하게 반대수익자에게 수익권매수청구권을 인정한 것으로서, 신설 취지 또한 '복수의 수익자를 전제로 그 중 분할 및 분할합병에 반대하는 소수수익자의 보호'를 위한 것이라고 보아야 할 것이다.

第96조 (분할계획서 등의 공고 및 채권자보호) [신설]

① 수탁자는 신탁의 분할계획서 또는 분할합병계획서의 승인을 받은 날부터 2주 내에 다음 각 호의 사항을 일반일간신문에 공고하고(수탁자가 법인인 경우에는 그 법인의 공고방법에 따른다) 알고 있는 신탁재산의 채권자에게는 개별적으로 최고하여야 한다. 제2호의 경우 일정한 기간은 1개월 이상이어야 한다.

1. 분할계획서 또는 분할합병계획서
2. 채권자가 일정한 기간 내에 이의를 제출할 수 있다는 취지
3. 그 밖에 대통령령으로 정하는 사항

② 채권자가 제1항의 기간 내에 이의를 제출하지 아니한 경우에는 신탁의 분할 또는 분할합병을 승인한 것으로 본다.

③ 이의를 제출한 채권자가 있는 경우 수탁자는 그 채권자에게 변제하거나 적당한 담보를 제공하거나 이를 목적으로 하여 적당한 담보를 신탁회사에 신탁하여야 한다. 다만, 신탁을 분할하거나 분할합병하는 것이 채권자를 해칠 우려가 없는 경우에는 그러하지 아니하다.

1) 법무부, 〈신탁법 해설〉, 720면.

1. 의 의

신탁의 합병과 마찬가지로, 신탁채권자의 입장에서 볼 때 신탁의 분할은 채권의 담보가 되는 신탁재산의 변동을 초래하여 채권의 변제가능성에 영향을 미치므로, 신탁재산의 종류 여하에 관계없이 신탁채권자는 신탁의 외부인임에도 불구하고 보호할 필요성이 있다.[1] 이에 본조는 채권자보호절차를 분할 절차의 하나로 강제하고 있다. 본조는 신탁의 합병에서의 채권자보호절차를 규정한 신탁법 제92조와 그 내용이 동일하므로 기본적으로 신탁법 제92조에 기재한 내용들이 본조에서도 그대로 적용된다.

2. 수탁자의 분할계획서 등의 공고 및 개별최고 의무

가. 내 용

수탁자는 신탁의 분할계획서 또는 분할합병계획서의 승인을 받은 날부터 2주 내에 분할 및 분할합병에 관한 일정한 사항을 일반일간신문에 공고하고(수탁자가 법인인 경우에는 해당 법인의 공고방법에 따른다) 알고 있는 신탁재산의 채권자에게는 개별적으로 이를 최고하여야 한다(신탁법 제96조 제1항 전단).

나. 공고 및 개별최고의 대상

수탁자는 다음의 사항을 공고 및 개별최고하여야 한다.

(1) 분할계획서 또는 분할합병계획서

(2) 채권자가 일정한 기간 내에 이의를 제출할 수 있다는 취지

이 경우 '일정한 기간'은 1개월 이상이어야 한다(신탁법 제96조 제1항 후단).

(3) 그 밖에 대통령령으로 정하는 사항

분할 또는 분할합병 후 신탁채무의 이행 계획

3. 신탁채권자의 이의제출

가. 내 용

신탁채권자는 1개월 이상으로서 수탁자가 정한 기간 내에 이의를 제출할 수 있다.

---

1) 법무부, 〈신탁법 해설〉, 727면.

나. 이의불제출의 효과

신탁채권자가 1개월 이상으로 정한 기간 내에 분할 또는 분할합병에 대한 이의를 제출하지 않은 경우 분할 또는 분할합병을 승인한 것으로 본다(신탁법 제96조 제2항).

다. 이의제출의 효과

(1) 원 칙

이의를 제출한 신탁채권자가 있는 경우 수탁자는 ① 해당 신탁채권자에게 변제하거나 ② 해당 신탁채권자에게 적당한 담보를 제공하거나 ③ 변제의 담보를 목적으로 하여 적당한 재산을 신탁회사[1)]에 신탁하여야 한다.

(2) 예 외

'신탁의 분할 또는 분할합병으로 신탁채권자를 해칠 우려가 없는 경우'에는 신탁채권자가 이의를 제출하여도 수탁자는 변제, 담보제공 또는 담보목적의 신탁을 하지 않아도 된다(신탁법 제96조 제3항 단서).

제97조 (분할의 효과) [신설]

① 제94조에 따라 분할되는 신탁재산에 속한 권리 · 의무는 분할계획서 또는 분할합병계획서가 정하는 바에 따라 분할 후 신설신탁 또는 분할합병신탁에 존속한다.

② 수탁자는 분할하는 신탁재산의 채권자에게 분할된 신탁과 분할 후의 신설신탁 또는 분할합병신탁의 신탁재산으로 변제할 책임이 있다.

1. 의 의

가. 규정의 취지

신탁이 분할되면 종전 신탁의 권리·의무 관계에 변화가 생기므로 분할의 법적 성질을 명백히 하고, 특히 신탁의 분할로 분할 전 신탁의 채권자가 신탁재산의 감소로 인한 불이익을 입지 않도록 본조에서 분할의 효과를 명시함으로써 관련 법적 분쟁을 방지하도록 하였다.

---

1) 신탁법 제92조에서 살펴본 바와 마찬가지로, 동조의 신탁회사는 분할과 무관한 제3의 신탁회사를 의미하는 것으로 보인다.

나. 구 신탁법 시행 당시의 논의

구 신탁법은 분할하는 신탁재산의 채권자에 대한 보호에 관하여 본조 제2항과 같은 명시적인 채권자보호 규정을 두지 않고 있었다. 이에 학설은 ① 일단, 신탁재산에 대한 권리와 관련하여서는, 기존 신탁의 채권자는 신설된 신탁에 대하여 '신탁 전의 원인으로 인해 생긴 권리'(구 신탁법 제21조)를 갖는 것으로 볼 수 있으므로, 분할 후의 신설 신탁재산에 대해 신탁설정 전의 채권에 기한 강제집행이 가능하다는 입장이었다.[1] 즉, 구 신탁법 제21조에서 말하는 '신탁 전의 원인으로 발생한 권리'라 함은, 일반적으로 그 신탁재산이 된 재산에 관하여 담보권 등의 물적인 권리를 가지는 것을 의미한다고 해석되고 있지만, 신탁채권자가 분할 전의 신탁재산에 대하여 가지는 권리는 일종의 담보적인 권리라고도 말할 수 있으므로, 분할에 의하여 신설된 신탁 하에서 분할 전의 신탁채권자는 위 제21조의 권리를 행사할 수 있다고 보는 것이 가능하다는 것이다.[2] 그리고 각각의 신탁이 분할 전의 신탁채권자에 대하여 지는 책임은 연대책임이므로 분할 후 어느 신탁이 신탁채권자에 대해 변제한 경우에는 신탁재산 간의 구상권이 발생한다고 보았다.[3] ② 다음으로, 수탁자에 대한 권리와 관련하여서는, 분할된 신탁의 수탁자가 분할 전의 수탁자와 동일한 경우 신탁채권자의 수탁자에 대한 권리는 변동이 없으므로 특별한 문제는 없으나, 분할 전후의 수탁자가 다른 경우에는 앞서 본 바와 같이 신설된 신탁의 신탁재산은 기존 채권자의 권리에 대하여 책임을 지고, 또 기존 수탁자도 기존의 신탁관계로 인한 개인적 책임을 계속 부담하지만, 분할 후 신탁의 신수탁자는 신탁설정 전의 채권에 대하여 개인적인 책임을 부담하지 아니하므로, 구수탁자의 채무를 인수(중첩적 채무인수)하지 아니하는 한 기존 수탁자의 책임이 신수탁자에게 이전되지는 않는다는 입장이었다.[4]

이에 현행 신탁법에서는 제97조 제2항을 통하여 '신탁의 분할 시 신탁채권자 보호'에 관한 종전 학설의 논의를 법문화함으로써 채권자보호를 강조하고 있다.

1) 이중기, 〈신탁법〉, 663면; 최동식, 〈신탁법〉, 377면; 유재관, 〈신탁법실무 — 이론 · 등기 · 강제집행 · 비송절차 —〉, 221면.
2) 최동식, 〈신탁법〉, 377면.
3) 이중기, 〈신탁법〉, 663면; 최동식, 〈신탁법〉, 377면; 유재관, 〈신탁법실무 — 이론 · 등기 · 강제집행 · 비송절차 —〉, 221면.
4) 이중기, 〈신탁법〉, 663면; 최동식, 〈신탁법〉, 377면; 유재관, 〈신탁법실무 — 이론 · 등기 · 강제집행 · 비송절차 —〉, 221면.

2. 분할의 효과

가. 권리·의무의 포괄적 승계

신탁이 분할 또는 분할합병된 경우, 분할계획서 내지 분할합병계획서에 특정된 분할된 신탁의 권리·의무가 분할 후 신설신탁 또는 분할합병신탁에게 포괄적으로 승계된다. 다만, 신탁의 분할에 의한 권리·의무의 포괄승계는 분할계획서 내지 분할합병계획서에 기재된 한도 내에서 '부분적으로' 이루어진다는 점에서 신탁의 합병과 차이가 난다.[1]

신탁분할로 인한 재산의 이전은 '법률상 규정'에 따른 이전에 해당하므로(민법 제187조), 분할된 신탁의 신탁재산은 별도의 이전행위나 공시방법을 필요로 하지 않는다. 다만, 신탁합병의 경우와 마찬가지로 승계한 권리를 처분하기 위해서는 공시방법을 갖추어야 할 것이며, 권리의 종류에 따라 제3자에게 대항하기 위해서는 대항요건을 갖추어야 할 것이다.

나. 분할 전 신탁채권자의 책임재산

수탁자는 분할하는 신탁재산의 채권자에게 분할된 신탁과 분할 후의 신설신탁 또는 분할합병신탁의 신탁재산으로 변제할 책임이 있다. 즉, 분할된 신탁에 대한 신탁채권은 신탁의 분할로 인하여 신탁 간의 채무승계가 어떻게 이루어지는지 여부와 상관없이 분할 후 존속하는 관련 신탁의 재산 전부를 책임재산으로 하는 것이다. 이는 분할 전 신탁에 대한 신탁채권자가 분할로 인하여 책임재산이 감소되는 불이익을 입지 않게 하려는 취지에서 신설된 것으로서,[2] 구 신탁법 당시의 '신탁의 분할 시 신탁채권자 보호'에 관한 학설의 논의를 법문화한 것이다.

---

1) 김건식 외 3인, 〈주석 상법 회사법(4)〉, 655면.
2) 법무부, 〈신탁법 해설〉, 731면.

제 8 장 신탁의 종료

第98조 (신탁의 종료사유)

신탁은 다음 각 호의 어느 하나에 해당하는 경우 종료한다.

1. 신탁의 목적을 달성하였거나 달성할 수 없게 된 경우
2. 신탁이 합병된 경우
3. 제138조에 따라 유한책임신탁에서 신탁재산에 대한 파산선고가 있은 경우
4. 수탁자의 임무가 종료된 후 신수탁자가 취임하지 아니한 상태가 1년간 계속된 경우
5. 목적신탁에서 신탁관리인이 취임하지 아니한 상태가 1년간 계속된 경우
6. 신탁행위로 정한 종료사유가 발생한 경우

1. 개 요

본조는 구 신탁법상 인정되는 신탁의 당연종료 사유 외에 실무상, 논리상 당연히 인정되는 종료사유를 추가하여, 신탁의 종료 인정 여부와 관련하여 발생할 법적 분쟁을 사전에 방지하도록 하고 있다.[1]

2. 신탁종료의 의의

신탁의 종료란 "특정의 신탁 및 그 수탁자를 비롯한 신탁당사자들의 신탁관계가 더 이상 계속되지 않는 것"을 말하는바, 신탁법은 ① 법정종료사유의 발생으로 인한 종료(신탁법 제98조), ② 합의에 의한 종료(동법 제99조) 및 ③ 법원의 명령에 의한 종료(동법 제100조)를 인정하고 있다.[2] 이러한 신탁종료의 효력은 신탁의 해제와 달리 어디까지나 장래를 향하여만 미치고 소급하지 아니하므로, 가사 부동산신탁에서 수탁자 명의의 소유권이전등기를 말소하는 방법으로 부동산의 소유권을 위탁자에게 복귀시킨 경우에도, 위탁자는 이전의 소유권을 회복하는 것이 아니라 수탁자로부터 다시 소유권을 승계취득한 것으로 보아야 한다.[3]

1) 법무부, 〈신탁법 해설〉, 735면.
2) 법무부, 〈신탁법 해설〉, 736면.
3) 대법원 2006. 9. 22. 선고 2004다50235 판결.

3. 신탁의 당연종료

신탁은 다음의 어느 하나에 해당하는 경우 종료된다.

가. 신탁 목적의 달성 또는 달성불능

(1) 규정의 취지

구 신탁법 제55조 후단에서도 인정하고 있던 사유로 신탁을 계속하는 것이 무의미하므로 당연종료사유에 해당한다. 한편, 신탁 목적의 달성 및 달성불능은 동전의 양면과 같은 관계에 있어서 엄격히 구분하는 것이 곤란한 경우가 많은데, 예를 들어 유아들의 주거를 제공하기 위해 가옥이 신탁되었는데 아이들이 성장하여 그 주거에서 더 이상 같이 살지 않는 경우, 앞으로는 유아들에게 주거를 제공할 수 없게 되므로 신탁의 목적은 달성할 수 없게 되나, 이는 동시에 유아들이 성장할 때까지 주거를 제공한다는 신탁의 목적이 달성된 것으로도 볼 수 있다.[1)]

(2) '신탁 목적의 달성'의 의미

신탁 목적의 달성이란 문언 그대로 신탁계약에서 정한 목적이 당초 취지에 따라 객관적으로 이루어지는 것을 의미하고, 예를 들어 대학의 학비지급을 목적으로 하는 신탁에서 수익자가 대학을 졸업한 경우, 특정 부동산처분을 목적으로 하는 신탁에서 해당 부동산의 처분이 완료된 경우 등에 신탁 목적이 달성되었다고 볼 수 있다.[2)]

(3) '신탁 목적의 달성불능'의 의미

'신탁의 목적 달성이 객관적으로 불가능하게 된 경우'를 의미하는 것으로, ① 신탁행위의 효력발생 후에 무효원인이 발생한 경우, ② 신탁재산이나 수익권이 불가항력적 사유로 소멸한 경우, ③ 부양신탁 등에서 수익권의 일신전속적 귀속자인 수익자가 사망한 경우, ④ 수익자(수익자가 복수인 경우 수익자 전원)가 수익권을 포기하는 경우, ⑤ 단독수익자의 지위와 단독수탁자의 지위가 동일인에게 귀속한 경우 등에 목적 달성의 불능이 인정된다.[3)]

따라서 신탁 목적의 달성이 객관적으로 가능하다면, 수탁자가 의무를 위반하여 이행불능인 경우 등에도 수탁자의 해임이나 수탁자에 대한 손해배상 등을 청구할 수 있을 뿐, 민법상의 채무불이행의 일반원칙에 따라 이행불능을 원인으로 하여 신탁계약을 해지하는 등의 방법으로 신탁을 종료할 수는 없다.[4)]

---

1) 이중기, 〈신탁법〉, 672면.
2) 최동식, 〈신탁법〉, 383면.
3) 법무부, 〈신탁법 해설〉, 737면.

나. 신탁의 합병

신탁법에서 명문으로 신탁의 합병을 인정하는 것에 대응한 것으로 합병되는 신탁의 입장에서 볼 때 신탁은 합병으로 인해 종료된다(이에 관한 자세한 내용은 신탁법 제90조 이하 참조).

다. 유한책임신탁에서 신탁재산에 대한 파산선고

신탁법 제138조는 유한책임신탁의 신탁재산에 대해서도 별도의 파산절차가 가능하도록 규정하고 있는바, 유한책임신탁에서 신탁재산이 지급불능이나 채무초과상태에 있게 되면 신탁을 존속시키더라도 수익자에게 이익이 되지 않고, 파산절차가 개시되면 신탁재산은 파산관재인에 의하여 환가되어 파산배당의 기초가 되므로, 신탁재산에 대한 파산절차가 개시되면 신탁이 당연히 종료하는 것으로 정하고 있다.[1)]

라. 수탁자 지위의 공백이 1년 이상인 경우

수탁자의 부재 상태가 장기간 계속되어 신탁재산의 가치가 감소할 수 있고, 신탁재산의 임시적 관리자인 신탁재산관리자의 지위가 장기간 지속되는 것은 바람직하지 아니하다는 취지에서 전수탁자의 임무가 종료한 후 1년 내에 신수탁자가 취임하지 않거나 취임할 수 없는 경우에는 신탁이 종료하는 것으로 규정하고 있다. 본 조항에 의한 신탁의 종료를 방지하기 위하여, 신탁행위에서 수탁자의 부재 상태가 발생하는 경우 새로운 수탁자를 지정하도록 하거나, 처음부터 수탁자를 복수로 지정하여 수탁자 지위의 공백을 예방할 수 있을 것이다.[2)]

마. 목적신탁에서 신탁관리인의 공백이 1년 이상인 경우

목적신탁의 경우 법원이 신탁관리인을 선임하도록 하고 있는바(신탁법 제68조 제1항), 신탁관리인의 임무가 종료한 후 1년 내에 어떠한 사유로든 새로운 신탁관리인이 선임되지 않으면, 제4호 수탁자의 임무가 종료된 후 신수탁자가 취임하지 아니한 상태가 1년간 계속된 경우와 같은 이유로 신탁이 종료하는 것으로 정하고 있다.

바. 신탁행위에서 정한 종료사유

법률에 의한 신탁종료의 사유 외에도 신탁행위로 종료사유를 미리 정한 경우에는 그

4) 대법원 2002. 3. 26. 선고 2000다25989 판결; 서울고등법원 2004. 12. 28. 선고 2003나57217 판결.
1) 최수정, 〈일본 신신탁법〉, 188면.
2) 최수정, 〈일본 신신탁법〉, 186~187면.

사유가 발생한 때 신탁이 종료한다. 대표적인 종료사유는 '신탁기간'으로서 정기·부정기로 정한 존속기간에 도달한 경우 신탁은 종료한다.[1] 또한 본인의 사망으로 관계가 종료하는 대리와 달리 신탁기간을 신탁설정자의 생애로 한 것이 아닌 경우, 위탁자, 수탁자 또는 수익자가 사망한 경우 원칙적으로 신탁은 자동적으로 종료되는 것은 아니다. 따라서 수탁자가 사망한다고 하여도 법원이 승계수탁자를 임명하면 신탁은 종료되지 아니하나, 다만 사망한 수탁자를 유일한 수탁자로 한정하는 등 신탁설정자가 수탁자의 지위를 전속적으로 제한한 경우와 같이 신탁계약에서 위탁자, 수탁자 또는 수익자의 사망을 종료사유로 정한 경우에는 신탁이 종료한다.[2]

제99조 (합의에 의한 신탁의 종료)

① 위탁자와 수익자는 합의하여 언제든지 신탁을 종료할 수 있다. 다만, 위탁자가 존재하지 아니하는 경우에는 그러하지 아니하다.

② 위탁자가 신탁이익의 전부를 누리는 신탁은 위탁자나 그 상속인이 언제든지 종료할 수 있다.

③ 위탁자, 수익자 또는 위탁자의 상속인이 정당한 이유 없이 수탁자에게 불리한 시기에 신탁을 종료한 경우 위탁자, 수익자 또는 위탁자의 상속인은 그 손해를 배상하여야 한다.

④ 제1항부터 제3항까지의 규정에도 불구하고 신탁행위로 달리 정한 경우에는 그에 따른다.

1. 개 요

구 신탁법 제56조는 위탁자가 수익권 전부를 가지는 자익신탁의 경우에 위탁자나 그 상속인에게 신탁의 해지권을 부여하고 있고, 학설은 이 규정을 유추적용하여 위탁자와 수익자 간의 합의가 있는 경우에도 신탁을 해지할 수 있는 것으로 해석하고 있는바, 본조는 합의에 의한 신탁의 종료를 명시적으로 인정하여 신탁의 유연성을 강화하는 동시에 수탁자 보호를 위한 손해배상책임 규정을 명시하여 신탁의 종료와 관련된 법적 분쟁을 사전예방하도록 하고 있다.[3]

1) 이중기, 〈신탁법〉, 670면.
2) 이중기, 〈신탁법〉, 671면.
3) 법무부, 〈신탁법 해설〉, 743, 752면.

한편 구 신탁법은 "신탁의 해지"라는 용어를 사용하고 있으나 이때 '해지'는 민법 등에 따른 '계약의 해지'가 아니라 '신탁을 종료시키는 행위'로 해석되었는데,[1] 현행 신탁법은 용어로 인한 오해의 여지를 줄이고자 이를 '종료'로 명시하였는바, 이는 일본의 신신탁법과 동일하다.[2]

2. 위탁자와 수익자의 합의에 의한 신탁 종료

가. 규정의 취지

원래 의도한 신탁의 목적이 달성되지 않았더라도 신탁의 존속 여부 및 신탁재산의 분배에 관하여 이익을 갖고 있는 위탁자 및 수익자가 신탁의 종료에 대하여 합의한 경우, 위탁자는 신탁에 대한 자신의 의사를 변경한 것이고, 실질적 소유권자인 수익자의 이익에도 반하지 않으므로 신탁의 종료를 허용하는 것이 타당하다. 구 신탁법의 경우 위탁자 및 수익자가 전부 신탁의 종료에 동의하면 실질적으로 위탁자와 수익자가 동일한 것과 마찬가지이므로 구 신탁법 제56조를 유추적용하여 신탁의 종료가 가능한 것으로 해석되었는바,[3] 현행 신탁법은 학설의 일치된 견해를 수용하여 명문으로 이를 인정하였다.

나. 합의의 방법

(1) 복수수익자의 경우

수익자가 여럿인 경우 신탁행위로 달리 정하지 않는 한 원칙적으로 수익자 전원이 신탁의 종료에 동의하여야 하고, 수익자 중 일부가 행위무능력자인 경우에는 법정대리인의 동의가 필요하다. 또한 신탁행위로 수익자집회를 두기로 정한 경우에는 의결권 있는 수익자의 과반수 출석, 출석 수익자 의결권의 3분의 2 이상 찬성으로 하는 특별결의로 하여야 한다(신탁법 제74조 제2항 제4호).

(2) 수익자 중에 불특정 다수의 수익자나 장래의 미확정 수익자가 있는 경우

수익자 중에 불특정 다수의 수익자나 장래의 미확정 수익자가 있는 투자신탁 등의 경우 신탁행위로 달리 정하지 않는 한 합의에 의한 신탁의 종료는 불가능할 것이고, 법원에 신탁의 종료를 청구해야 한다(신탁법 제100조).

1) 최동식, 〈신탁법〉, 390면.
2) 최수정, 〈일본 신신탁법〉, 184면.
3) 이중기, 〈신탁법〉, 676면; 최동식, 〈신탁법〉, 389면.

다. 위탁자가 없는 경우

위탁자가 사망하여 존재하지 않는 경우, 위탁자의 상속인이 있으면 수익자와 그 상속인 간의 합의로, 위탁자의 상속인이 없으면 수익자의 의사표시로 신탁의 종료를 허용하자는 견해[1]가 있었으나, 신탁법 제10조 제3항의 반대해석상 유언신탁이 아닌 신탁에서 위탁자의 상속인은 위탁자의 지위를 상속한다고 보아야 할 것이므로, 유언신탁이 아닌 신탁에서 위탁자가 사망하여도 상속인이 있다면 위탁자가 없는 경우에 해당하지 아니한다고 보아야 할 것이고, 위탁자가 없는 때 수익자의 의사만으로 신탁의 종료를 허용할 경우, 예를 들어 위탁자가 가족들에게 신탁재산에서 이자수익권만 부여한 신탁에서 수익자인 가족들이 위탁자의 사망 후 신탁재산을 즉시 전부 수익하기 위하여 신탁을 종료시키는 경우와 같이 위탁자의 의사와 달리 신탁이 운영될 위험이 있다. 이러한 취지에서 신탁법에서는 위탁자가 존재하지 않는 경우 합의에 의한 신탁의 종료를 허용하지 않고, 신탁법 제100조에 따라 법원에 신탁의 종료를 신청하도록 정하였다.

라. 수탁자의 동의권 인정 여부

수탁자도 신탁재산에 대한 보수청구권 등 신탁의 종료에 대하여 이해관계를 갖고 있고, 신탁재산을 장기간 운용·개발하려는 경우 예기치 못한 손해를 입을 수 있으므로 수탁자에게도 동의권을 부여하여야 한다는 견해가 있었으나, 신탁에서 수탁자는 오직 수익자를 위해서 신탁재산을 관리하는 자이고, 수탁자는 신탁계약의 당사자로서 신탁계약에 합의해지의 특약을 포함시킬 수 있으며, 수탁자의 손해에 대한 손해배상청구권을 인정하고 있으므로(신탁법 제99조 제3항), 신탁법에서는 수탁자에게 신탁종료의 합의에 대한 동의권을 인정하지 아니하였다.[2] 다만, 신탁행위로 수탁자에게 신탁의 종료에 대한 동의권을 인정하는 것은 가능하다(신탁법 제99조 제4항).

마. 수익자 전원의 합의에 의한 종료의 인정 여부

신탁이 설정되면 위탁자는 배후로 물러나고 수익자를 중심으로 신탁관계를 파악하여야 하므로 수익자 전원의 합의가 있으면 위탁자의 의사에 반하더라도 신탁을 종료할 수 있다는 견해도 있었으나,[3] 다항에서 설명한 바와 같이 위탁자의 의사에 반하여 신탁을 운영하는 것은 신탁의 본질에 반하므로 신탁법에서는 이를 허용하지 아니하였다.

---

1) 이중기, 〈신탁법〉, 677면.
2) 이중기, 〈신탁법〉, 677~678면.
3) 영국 판례의 입장(Saunders v. Vautier, (1841) 4 Beav 115)(법무부, 〈신탁법 해설〉, 746면에서 재인용).

3. 위탁자 등의 종료권 행사

가. 규정의 취지

위탁자가 수익권을 전부 갖는 것으로 정한 자익신탁과 타익신탁의 수익권을 위탁자가 양도받아 단독수익자가 된 후발적 자익신탁의 경우, 신탁설정자인 위탁자와 신탁의 이익향수주체인 수익자가 일치하므로 위탁자 겸 수익자의 의사를 존중하여 의사표시로써 신탁을 종료시킬 수 있도록 규정하였다.[1] 대표적인 자익신탁의 예로는 재건축조합의 조합원들이 재건축을 목적으로 재건축조합을 설립하여 대지 등에 관한 공유지분을 재건축조합에게 신탁하는 경우인데, 이때 조합원들은 신탁계약에서 달리 정하는 등의 특별한 사정이 없는 한 언제든지 신탁계약을 종료시킬 수 있다.[2] 예를 들어 "위탁자 겸 수익자는 재건축사업 승인 이전까지는 수탁자와 합의에 의하여, 사업계획승인 이후에는 관계 법령의 허용 범위 내에서 본 신탁계약을 해지 또는 변경할 수 있다"고 약정한 경우 이는 임의해지권을 제한하기 위한 약정으로 해석되므로, 위 약정 중 '관계 법령'에는 위 신탁법 규정은 포함되지 아니한다.[3]

위탁자 겸 수익자 이외의 다른 수익자가 있는 경우에는 그의 이익을 무시할 수 없으므로, 위탁자가 수익권 전부를 갖고 있는 자익신탁(위탁자가 여럿인 경우 수익권이 복수의 위탁자에게 전부 귀속하는 경우 포함)의 경우에만 허용된다.

나. 종료의 방법

종료권의 주체는 신탁의 설정자인 동시에 유일한 수익자인 위탁자 외에 위탁자의 상속인도 포함된다. 신탁법 제10조 제3항의 반대해석상 유언신탁이 아닌 신탁에서 위탁자의 상속인은 위탁자의 지위를 상속한다고 보아야 할 것이므로(본서 해당부분 참조), 동 조항은 당연한 내용을 규정한 것이라 할 것이다.

다. 종료의 사유

종료사유에는 아무런 제한이 없다. 이것이 본 조항에 의한 종료의 특징이다.[4]

---

1) 이중기, 〈신탁법〉, 676면.
2) 대법원 2003. 8. 19. 선고 2001다47467 판결; 대법원 2007. 10. 11. 선고 2007다43894 판결; 대법원 2009. 3. 26. 선고 2008다30048 판결.
3) 대법원 2009. 3. 26. 선고 2008다30048 판결.
4) 최동식, 〈신탁법〉, 386면.

4. 수탁자에 대한 손해배상

신탁은 수익자를 위하여 신탁재산을 관리하는 제도이므로 수탁자는 위에서 보는 바와 같이 합의에 의한 신탁종료 또는 위탁자 등의 의사표시에 의한 신탁종료를 거부할 수 없다. 다만 수탁자의 이익을 보호하기 위하여 수탁자의 해임(신탁법 제16조 제2항), 위임계약 해지(민법 제689조 제2항)의 경우와 마찬가지로 위탁자, 수익자 및 위탁자의 상속인에게 손해배상책임을 인정하였다(손해배상책임의 성립요건에 관한 자세한 내용은 제2장 신탁관계인 제16조 부분 참조).

5. 신탁행위에 의한 예외 인정

이 규정은 임의규정이므로 신탁행위로 달리 정할 수 있다. 따라서 신탁의 종료권에 대하여 ① 종료요건을 완화하거나 가중하는 특약, ② 신탁의 일부종료를 인정하는 특약, ③ 위탁자가 아닌 수익자 등에게 종료권한을 유보하는 특약 등이 가능할 것이고,[1] 특정 조건이 성취되면 우선수익자가 신탁의 일부를 종료하는 것에 대하여 동의하는 것을 내용으로 하는 특약이나,[2] 자익신탁에서 위탁자의 종료권한을 제한(수탁자의 동의 등을 요건으로 추가)하는 것을 내용으로 하는 특약[3] 등이 가능하다. 다만 여기서 단순히 수탁자가 위탁자로부터 신탁보수를 지급받기로 약정하였다는 사정만으로 자익신탁에서 위탁자의 종료권한을 제한하는 내용의 특약이 체결되었다고 볼 수는 없다.[4]

第100조 (법원의 명령에 의한 신탁의 종료)

신탁행위 당시에 예측하지 못한 특별한 사정으로 신탁을 종료하는 것이 수익자의 이익에 적합함이 명백한 경우에는 위탁자, 수탁자 또는 수익자는 법원에 신탁의 종료를 청구할 수 있다.

---

1) 이중기, 〈신탁법〉, 681~682면.
2) 대법원 2010. 12. 9. 선고 2009다81289 판결.
3) 대법원 2009. 3. 26. 선고 2008다30048 판결.
4) 대법원 2007. 9. 7. 선고 2005다9685 판결.

1. 개 요

구 신탁법 제57조에 대하여는 적용대상이 되는 신탁의 범위가 모호하고, 해지권의 주체인 이해관계인의 의미가 모호하다는 등의 비판이 있었다. 현행 신탁법은 신탁 종료 신청의 신청권자 및 요건을 명확히 하여 관련 법적 분쟁을 방지하고, 신탁의 외부인이 자신의 이익을 위하여 악의적으로 신탁관계를 해체하려는 시도로부터 신탁과 신탁의 관계인을 보호할 수 있게 되었다.[1)]

즉, 신탁법 제100조는 당사자 간에 합의가 이루어지지 않았으나 신탁 목적의 달성보다 수익자 등의 이익이 우선하여 신탁의 종료에 정당성이 있다고 인정되는 경우에는 중립적 기관인 법원으로 하여금 신탁의 종료를 명할 수 있도록 하였다.[2)] 신탁법 제99조가 위탁자의 합의를 요하는 것의 예외라고 하겠다.

2. 적용대상

구 신탁법 제57조 소정의 "수익자가 신탁이익의 전부를 향수하는 경우"와 관련하여, 신탁재산이 위탁자의 통제를 벗어나 제3자인 수익자의 보호가 우선시되는 타익신탁에만 적용된다고 주장하는 견해와 타익신탁뿐만 아니라 자익신탁에 대하여도 적용되는 것으로 해석하는 견해[3)]가 대립하였으나, 현행 신탁법은 적용대상에 대한 제한적 문구를 따로 규정하지 아니하였으므로, 모든 신탁이 적용대상임을 명시적으로 밝혔다고 해석하여야 할 것이다.

3. 신청권자

구 신탁법은 법원의 해지명령 신청권자를 "수익자 또는 이해관계인"으로 규정하는데, '이해관계인'에는 수익자의 채권자, 보증인, 물상보증인, 위탁자의 채권자도 포함된다고 해석된다. 그런데 이들은 신탁의 외부인으로서 이들로 하여금 신탁의 존속 여부를 결정하도록 하는 것은 옳지 않으며, 사해신탁 등 이해관계인을 보호하는 제도로도 충분히 보호될 수 있으므로 이들도 신청권자에 포함시키는 것은 지나친 간섭이 되므로, 이들을 신청권자에서 제외하여야 한다는 것이 학계의 일반적인 입장이었는바,[4)5)] 이에 현행 신

1) 법무부, 〈신탁법 해설〉, 757면.
2) 법무부, 〈신탁법 해설〉, 753면.
3) 최동식, 〈신탁법〉, 391면.
4) 이중기, 〈신탁법〉, 680~681면; 최동식, 〈신탁법〉, 392~393면.

탁법은 신청권자를 신탁의 당사자인 위탁자, 수탁자 또는 수익자로 한정하여 규정하였다.

4. 신청요건

구 신탁법은 채무를 완제할 수 없을 때 또는 기타 정당한 사유가 있는 때에 신탁의 종료신청을 할 수 있도록 규정하고 있어서 '기타 정당한 사유가 있는 때'의 경우에는 매우 엄격하게 해석하여야 한다는 견해가 있었다.[1] 이에 현행 신탁법에서는 신청요건인 구 신탁법상 '정당한 이유'의 의미를 명백히 하기 위하여, '신탁의 변경(신탁법 제88조 제3항)'에 준하여 문구를 법문으로 정하였다.

신탁을 설정할 때 당사자의 귀책사유 없이 예견하지 못했던 사정의 변경으로 신탁목적의 달성을 위하여 신탁을 계속하는 것이 신탁재산의 실질적 소유자인 수익자에게 이익이 되지 않는 경우라고 규정하여 주관적 사정 및 객관적 사정의 변경 모두가 포함되도록 하였다. 다만, 신탁당사자들의 의사에 반하여 신탁관계 그 자체를 종료하는 것은 예외적으로 허용되어야 하는 것이므로 '신탁의 변경'과 달리 '수익자의 이익에 적합함이 명백한 경우'에만 종료신청을 할 수 있도록 규정하였다.[2]

5. 관할법원

비송사건절차법 제39조 제1항에 따라 위 사건은 수탁자의 주소지의 지방법원의 관할로 하고, 수탁자 또는 전수탁자가 수인일 때에는 그중 1인의 주소지로 한다.

제101조 (신탁종료 후의 신탁재산의 귀속)

① 제98조 제1호, 제4호부터 제6호까지, 제99조 또는 제100조에 따라 신탁이 종료된

5) 그러나 판례는 대법원 1999. 1. 18.자 97마1002 결정에서 『사해신탁을 규정한 신탁법 제8조나 사해행위의 취소에 대하여 규정한 국세징수법 제30조는 납세자가 탈세를 목적으로 신탁행위를 한 경우에 이를 취소시켜 신탁재산을 신탁자 앞으로 원상회복시키기 위한 제도를 규정한 것으로서, 위 각 규정들은 신탁법 제57조의 규정에 의한 신탁해지명령제도와는 그 제도적 취지와 요건을 달리하는 것이므로, 이 사건 청구(신탁해지명령신청)가 받아들여질 경우 위 신탁법 제8조나 같은 법 제21조 제1항 또는 국세징수법 제30조의 각 규정취지가 무의미하게 된다(고 볼 수는 없으므로), 원심이 수익자에 대한 국세채권자인 나라가 신탁법 제57조의 규정에 의한 이해관계인으로서 이 사건 청구(신탁해지명령신청)를 할 수 있다고 판단한 (원심결정은 정당하다)』라고 판시하여 수익자의 채권자도 제57조에 따른 신탁해지명령을 신청할 수 있는 것으로 보고 있었다.

1) 이중기, 〈신탁법〉, 679면.

2) 법무부, 〈신탁법 해설〉, 755면.

경우 신탁재산은 수익자(잔여재산수익자를 정한 경우에는 그 잔여재산수익자를 말한다)에게 귀속한다. 다만, 신탁행위로 신탁재산의 잔여재산이 귀속될 자(이하 "귀속권리자"라 한다)를 정한 경우에는 그 귀속권리자에게 귀속한다.

② 수익자와 귀속권리자로 지정된 자가 신탁의 잔여재산에 대한 권리를 포기한 경우 잔여재산은 위탁자와 그 상속인에게 귀속한다.

③ 제3조 제3항에 따라 신탁이 종료된 경우 신탁재산은 위탁자에게 귀속한다.

④ 신탁이 종료된 경우 신탁재산이 제1항부터 제3항까지의 규정에 따라 귀속될 자에게 이전될 때까지 그 신탁은 존속하는 것으로 본다. 이 경우 신탁재산이 귀속될 자를 수익자로 본다.

⑤ 제1항 및 제2항에 따라 잔여재산의 귀속이 정해지지 아니하는 경우 잔여재산은 국가에 귀속된다.

1. 개　　요

신탁이 종료한 경우 신탁재산의 귀속권리자에 대하여 구 신탁법은 해지된 때와 종료된 때를 분리하여 규정하고 있어, 수익권을 유상취득한 수익자가 있는 경우 등에서 해지신청 여부에 따라 수익자의 지위가 크게 달라진다는 점에서 비판이 있어 왔는바, 현행 신탁법은 신탁이 종료된 경우에 통일적으로 재산관계를 규율하고, 이와 더불어 수익자와 귀속권리자가 신탁의 잔여재산에 대한 권리를 포기한 경우나 수익자와 귀속권리자를 정할 수 없는 경우의 처리방법에 대하여 명시적으로 규정함으로써, 종전의 해석론상 문제를 해결하고, 관련 법적 분쟁을 예방하도록 하고 있다.[1]

2. 신탁 종료시의 절차

유한책임신탁의 경우 종료시 반드시 청산절차에 따르도록 규정하였으나, 그 외의 신탁의 경우 청산절차를 선택적으로 거치도록 규정하여(신탁법 제104조) 청산절차를 선택하지 않은 경우 신탁의 계산 및 종료 절차를 거쳐야 한다(동법 제101조 내지 제103조).[2] 이러한 신탁 종료의 과정을 개관하면 ① 신탁의 종료원인이 발생하면(신탁법 제98조 내지 제100조), ② 수탁자는 그때까지의 신탁사무를 중지하고 채무의 변제, 비용상환청구 등 신탁사무의 종결준비를 하여야 하고, ③ 신탁사무의 최종계산을 하고 수익자에게 보고하여 승인을 받아야 하며(동법 제103조), ④ 신탁의

1) 법무부, 〈신탁법 해설〉, 759, 774면.
2) 법무부, 〈신탁법 해설〉, 759면.

잔여재산이 있는 경우 수익자 등에게 귀속시켜야 한다(동법 제101조).[1]

3. 원칙 — 수익자에게 신탁재산 귀속

가. 규정의 취지

구 신탁법은 신탁의 당연종료사유가 발생하여 신탁이 종료한 경우에는 귀속권리자가 정해진 때에는 귀속권리자에게, 정해지지 않은 때에는 위탁자측에게 신탁재산이 귀속되고(구 신탁법 제60조), 신탁이 해지된 경우에는 수익자에게 귀속되는 것으로(동법 제59조) 규정하고 있었다. 이러한 구 신탁법 제60조에 대하여 수익자가 수익권을 유상으로 취득하였거나 수익권의 내용이 신탁재산의 원본까지 수익할 수 있는 취지의 것인 경우에는 수익자의 권리를 보호하여야 하므로 위탁자에게 잔여재산이 다시 귀속되도록 하는 것은 부당한 점, 영미신탁법도 원칙적으로 원본수익자를 잔여재산의 권리자로 보고 있는 점 등을 고려할 때 구 신탁법 제60조의 태도는 타당하지 않으며, 한정적으로 적용하여야 한다는 비판이 있었다.[2]

신탁이 설정된 후에는 신탁재산의 실질적·경제적 소유권은 수익자에게 이전되는 것이므로 현행 신탁법에서는 신탁종료시 신탁의 잔여재산은 원칙적으로 수익자에게 귀속되는 것으로 정하였고, 신탁이 종료되어도 기존의 신탁이 연장되는 것으로 보아 수탁자의 지위는 유지되나, 다만 그 권한이 계산 등 종결사무에 한정되는 것으로 해석하여야 할 것이다.[3]

나. 잔여재산수익자

잔여재산수익자를 별도로 정한 경우에는 신탁의 잔여재산은 해당자에게만 귀속한다.

잔여재산수익자는 수익자로서 수익권의 공익권(신탁법 제56조)을 행사할 수 있다는 점에서 원신탁 존속 중에는 신탁의 외부인 중 신탁의 잔여재산에 대한 권리만 가지고 있고 수탁자에 대한 감독기능 등 공익권을 행사할 수 없는 귀속권리자와 구별된다.[4] 이러한 잔여재산수익자라는 개념은 현행 신탁법에서 새로 규정된 것으로서 구 신탁법상 단순한 귀속권리자는 수탁자에 대한 감독기능이 없어 원신탁의 수탁자가 신탁재산을 낭비하는 경우에도 이를 시정할 수 없었다는 문제가 지적[5]되었던 것을 극복하기 위한 것으로 보인다.

1) 이중기, 〈신탁법〉, 686면.
2) 이중기, 〈신탁법〉, 704~705면.
3) 법무부, 〈신탁법 해설〉, 761면.
4) 이중기, 〈신탁법〉, 700면.
5) 이중기, 〈신탁법〉, 700~701면.

4. 예 외

가. 귀속권리자의 지정

(1) '귀속권리자'의 의미

'귀속권리자'란 민법 제80조 법인해산시 잔여재산귀속규정에서 차용한 개념으로 신탁이 존속 중인 때에는 수익권을 행사할 수 없지만 신탁이 종료한 때에 신탁의 잔여재산이 자신에게 귀속하는 내용의 기대권을 갖는 자를 의미한다.[1] 수탁자의 신탁이익향유 금지 원칙상 수탁자가 귀속권리자가 될 수 있는지 여부가 문제될 수 있으나, 신탁이 종료된 이상 더 이상 수탁자의 신탁이익향유 금지 원칙이 적용될 수 없다는 견해[2]가 타당한 것으로 보인다.

(2) 귀속권리자의 지정

위탁자 등 신탁설정자는 신탁 종료시 잔여재산에 대한 권리는 부여하되, 신탁존속 중에는 수익자로서 신탁사무 등에 관여할 수 없도록 하기 위하여 신탁행위로 귀속권리자를 정할 수 있다. 이때 귀속권리자로 기존의 수익자를 지정하는 것도 가능하고 위탁자나 제3자를 지정할 수도 있다.[3]

귀속권리자의 지정형태에 대하여는 제한이 없으므로, 종료원인과 관계없이 귀속권리자를 정할 수 있고, 종료원인별로 다른 귀속권리자를 정하거나, 특정 종료원인에 대해서만 귀속권리자를 정하는 것도 가능하다.[4]

(3) 귀속권리자를 위한 신탁의 설정

(가) 의의 및 법적 성격

현행 신탁법도 구 신탁법과 마찬가지로 신탁행위로 귀속권리자를 정한 경우, 신탁이 종료한 때부터 신탁재산이 귀속권리자에게 이전될 때까지 귀속권리자를 수익자로 보는 신탁이 설정되는 것으로 규정하였다.

귀속권리자를 위한 신탁은 신탁행위로 설정된 것이 아니라 법률규정에 의하여 설정된 법정신탁에 해당한다.[5]

(나) 법률관계

귀속권리자는 수익자로 의제되므로 신탁종료사유가 발생한 이후에는 수익권 중 공

1) 이중기, 〈신탁법〉, 698~699면.
2) 이중기, 〈신탁법〉, 706면.
3) 이중기, 〈신탁법〉, 703면.
4) 이중기, 〈신탁법〉, 702~703면.
5) 이중기, 〈신탁법〉, 684면.

익권도 행사할 수 있고[1] 법정신탁에서 발생한 비용 등에 대하여 책임도 부담한다. 이와 관련하여 판례는 『신탁법 제61조 본문은 "신탁이 종료한 경우에 신탁재산이 그 귀속권리자에게 이전할 때까지는 신탁은 존속하는 것으로 간주한다"고 규정하고 있는바, 이는 신탁이 종료하여도 그 잔여재산을 귀속권리자에게 완전히 이전시킬 때까지 상당한 시일이 걸리므로, 귀속권리자의 권리를 보호하고 신탁의 나머지 업무를 마치도록 하기 위한 것에 불과하고, 특히 귀속권리자가 위탁자 또는 그 상속인일 때에는 수탁자는 위탁자 또는 그 상속인이나 이들이 지시하는 자에게 남은 재산을 이전하거나 대항요건 등을 갖추도록 하는 직무권한만 갖는다 할 것이므로, 위 법조항에서 존속하는 것으로 간주되는 신탁은 그 목적에 한정하는 법정신탁이라 할 것이고, 따라서 그 신탁 목적 달성에 필요한 비용만 그 법정신탁 기간 중의 비용으로 귀속권리자가 상환하여야 한다 하겠는데, 원래의 신탁기간 중에 발생한 비용의 대출이자 등 금융비용은 신탁법 제61조에 의하여 존속하는 것으로 간주되는 법정신탁의 목적 달성에 필요한 비용이라고 볼 수는 없다』라고 판시하였다(대법원 2002. 3. 26. 선고 2000다25989 판결). 따라서 이러한 판례의 태도에 의하면 원래의 신탁기간 중에 발생한 비용은 원신탁의 수익자가 부담하여야 할 것이다.

수탁자는 신탁의 종결사무로 권한이 한정되나, 원래 신탁에서 발생한 수탁자의 고유재산에 속하는 권리·의무는 여전히 존속한다.

나. 수익자 및 귀속권리자의 잔여재산에 대한 권리 포기

수익자와 귀속권리자가 잔여재산에 대한 권리에 따르는 의무를 피하기 위하여 위 권리를 포기하는 경우 잔여재산의 귀속에 관하여, 귀속권리자가 포기하는 경우에는 위탁자에게, 수익자가 포기하는 경우에는 수탁자에게 귀속된다고 보는 견해도 있으나,[2] 수탁자는 원칙적으로 신탁재산에 대한 직접적인 권한을 갖고 있지 않으므로 후자의 경우에는 위탁자의 의사에 반하므로, 신탁법에서는 신탁설정자인 위탁자 또는 위탁자가 사망한 경우 위탁자의 상속인에게 귀속되는 것으로 규정하였다.

이 경우에도 신탁법 제101조 제4항에 따라 신탁의 잔여재산을 신탁재산으로, 위탁자 또는 그 상속인을 수익자로 하는 법정신탁인 복귀신탁(resulting trust)이 설정된다.[3]

다. 귀속권리자 불명의 잔여재산

신탁의 잔여재산을 귀속시킬 수익자 등이 없는 경우, 수탁자는 신탁재산에 대하여

1) 최동식, 〈신탁법〉, 402면.
2) 이중기, 〈신탁법〉, 711면.
3) 이중기, 〈신탁법〉, 686면.

수익권을 갖고 있지는 못하나 명의권과 관리권을 갖고 있어서 권리자가 없는 재산으로 볼 수 없으므로 수탁자에게 귀속시켜야 한다는 견해가 있으나,[1] 수탁자는 신탁재산의 관리자에 불과한 자로 권리자라고 볼 수 없고, 수탁자에게 귀속시키는 것은 위탁자의 의사에 반하는 것이므로 신탁법은 권리자가 없는 상속재산(민법 제1058조)과 같이 국고에 귀속되는 것으로 규정한다. 이때 국고귀속의 절차에 대하여는 민법 제1053조 이하를 유추적용하여야 할 것으로 보인다.

5. '귀속'의 의미

신탁법 제101조 제1항 및 제2항은 수익자 등에게 신탁의 잔여재산이 "귀속한다"고 규정하고 있는데, 이는 해당자들에게 잔여재산이 물권적으로 귀속하는 것이 아니라 신탁의 잔여재산에 대한 수익권이 생기는 것에 불과하고, 신탁의 최종계산을 한 후 잔여재산을 귀속권리자에게 이전할 때 잔여재산에 속한 권리도 이전하는 것으로 해석하여야 한다(채권적 귀속설).[2] 이는 만일 물권적 귀속을 의미한다고 해석하면 특별한 의사표시가 없음에도 물권변동이 발생하여 그 시기가 불명확하게 될 우려가 있고, 법정신탁을 인정한 제4항의 취지에 반하기 때문이다.[3] 따라서 잔여재산이 부동산인 경우 소유권이전등기가 이루어져야 하고,[4] 동산인 경우 인도를 하여야 하며, 채권인 경우 양도 및 대항요건을 갖추어야 한다. 이러한 원칙은 부동산의 소유권이전등기가 대항요건이었던 구 민법 적용시기에 신탁기간이 만료된 경우나, 수탁자 명의의 등기가 마쳐진 등기부가 멸실되어 그 회복등기기간이 경과하였더라도 마찬가지이고,[5] 신탁기간 중 법률상 원인 없이 신탁목적물을 점유한 자에 대하여 수탁자가 가지게 되는 부당이득반환청구권도 역시 마찬가지로 양도 및 대항요건을 갖추어야 이전하게 된다.[6]

6. 위법한 목적으로 한 신탁선언의 종료 효과

신탁선언에 의하여 설정된 자기신탁이 집행면탈 등 위법한 목적으로 설정되어 법원

1) 이중기, 〈신탁법〉, 705~706면.
2) 이중기, 〈신탁법〉, 707면.
3) 최동식, 〈신탁법〉, 404면.
4) 판례도 신탁재산에 대한 소유권이 수탁자에게 있음을 전제로 『신탁종료를 원인으로 한 소유권이전등기청구권을 갖는 수익자가 점유한 신탁재산에 대하여 수탁자는 신탁재산에 대한 처분권을 행사하기 위하여 신탁재산을 점유하고 있는 수익자에 대해 그 인도를 구할 수 있다(대법원 2005. 4. 15. 선고 2003다47621 판결)』고 판시하였다.
5) 대법원 1991. 8. 13. 선고 91다12608 판결.
6) 대법원 1994. 10. 14. 선고 93다62119 판결.

의 결정으로써 취소된 경우, 해당 신탁의 재산은 신탁설정자인 위탁자에게 귀속되어 위탁자의 책임재산이 됨을 명시적으로 규정하였다.[1)]

> **제102조 (준용규정)**
> 신탁의 종료로 인하여 신탁재산이 수익자나 그 밖의 자에게 귀속한 경우에는 제53조 제3항 및 제54조를 준용한다.

1. 신탁채권자의 권리

가. 총 설

유한책임신탁을 제외한 신탁에서 청산절차가 강제되는 것이 아니므로 신탁채무가 반드시 변제되는 것은 아니고, 신탁채무에는 토양오염 피해자에 대한 불법행위에 기한 손해배상책임 등과 같이 신탁 계속 중에 발생하였지만 신탁 종료 후 표면화되는 채무도 있는바, 신탁 종료의 절차 중 변제되지 않은 신탁채무가 어떻게 되는지 여부가 문제된다.[2)]

나. 신탁재산에 대한 권리

신탁의 존속 중 신탁재산에 대하여 강제집행, 보전처분, 경매 또는 국세 등 체납처분의 절차를 개시한 경우에는 잔여재산에 대해서도 계속 그 절차를 진행할 수 있으며, 별도로 수익자, 귀속권리자 등에 대한 집행권원을 취득할 필요는 없다(신탁법 제102조, 제53조 제3항). 그러나 강제집행 등을 개시하지 않은 경우에는 수익자, 귀속권리자 등에 대하여 집행권원을 취득할 수 없으므로 잔여 신탁재산에 대한 강제집행 등은 불가능하다.[3)]

또한 신탁에서 청산절차는 강제되지 않고, 수익자, 귀속권리자 등은 법률상 원인 없이 잔여재산을 취득하는 것이 아니므로 신탁재산에 대해서 채권을 가지게 된 신탁채권자는 수익자, 귀속권리자 등에게 부당이득반환청구를 할 수도 없다.[4)]

다. 수탁자에 대한 권리

수탁자는 신탁채권자에 대하여 개인적 무한책임을 부담하므로, 신탁채권자는 신탁의

1) 법무부, 〈신탁법 해설〉, 765면.
2) 이중기, 〈신탁법〉, 712면.
3) 이중기, 〈신탁법〉, 713면.
4) 이중기, 〈신탁법〉, 714면.

종료 여부와 상관없이 수탁자에게 권리행사를 할 수 있다.

2. 수탁자의 권리

가. 신탁재산에 대한 권리

수탁자는 수탁자의 지위에서 신탁재산에 대하여 비용상환청구권을 취득하는데, 신탁이 종료할 때까지 그 구상이 이루어지지 않은 경우 신탁재산에 대하여 우선변제권 및 유치권(신탁법 제54조)을 행사할 수 있다.

나. 수익자 등에 대한 권리

수탁자는 귀속권리자에 대하여는 신탁이 종료된 후의 신탁사무에 의하여 발생한 권리만을 행사할 수 있다.[1)]

수익자에 대한 비용상환청구권 규정(신탁법 제46조 제4항 및 제5항)은 준용되는 것으로 규정되어 있지 않으나, 종래 학설은 신탁이 종료된 경우에 수탁자는 종전의 수익자에게 여전히 비용상환청구권을 행사할 수 있는 것으로 해석[2)]하고 있었다.

신탁종료 후에 신탁재산이 수익자 등에게 귀속한 후라도 수탁자는 여전히 위탁자나 수익자에 대한 비용상환청구권에 기하여 신탁재산에 대하여 강제집행을 하거나 경매를 할 수 있으며 이를 위하여 신탁재산을 유치할 수 있는 점에 비추어(신탁법 제54조), 신탁비용 및 신탁보수 지급의무는 적어도 신탁관계를 청산하는 신탁재산의 반환시까지는 변제됨이 형평에 맞는다는 점에서, 위탁자 또는 수익자가 부담하는 신탁비용 및 신탁보수 지급의무와 신탁종료시에 수탁자가 신탁재산의 귀속권리자인 수익자나 위탁자 등에 대하여 부담하는 신탁재산을 이전할 의무는 이행상 견련관계에 있다고 보는 것이 합리적이다. 따라서 양자는 특별한 사정이 없는 한 동시이행의 관계에 있다고 해석된다.[3)]

제103조 (신탁종료에 의한 계산)

① 신탁이 종료한 경우 수탁자는 지체 없이 신탁사무에 관한 최종의 계산을 하고, 수익자 및 귀속권리자의 승인을 받아야 한다.

② 수익자와 귀속권리자가 제1항의 계산을 승인한 경우 수탁자의 수익자와 귀속권리

1) 이중기, 〈신탁법〉, 711면.
2) 이중기, 〈신탁법〉, 712면.
3) 대법원 2006. 6. 9. 선고 2004다24557 판결; 대법원 2008. 3. 27. 선고 2006다7532, 7549 판결 등 참조.

자에 대한 책임은 면제된 것으로 본다. 다만, 수탁자의 직무수행에 부정행위가 있었던 경우에는 그러하지 아니하다.
③ 수익자와 귀속권리자가 수탁자로부터 제1항의 계산승인을 요구받은 때부터 1개월 내에 이의를 제기하지 아니한 경우 수익자와 귀속권리자는 제1항의 계산을 승인한 것으로 본다.

1. 개　　요

귀속권리자는 신탁사무에 관한 최종의 계산과 밀접한 이해관계가 있음에도 구 신탁법상 최종의 계산을 승인할 권한이 없으므로 귀속권리자의 권한을 강화할 필요가 있는 반면, 현행 신탁법은 수익자 등이 신탁의 최종계산에 대한 승인을 지체할 경우, 신탁의 잔여재산 인도절차가 지체되어 가치하락 등의 손해가 발생할 수 있으므로 승인간주 규정을 두어, 잔여재산의 귀속과 관련된 거래안전을 보호하고 관련 분쟁을 방지하도록 하였다.[1)]

2. 신탁사무의 종결과 최종계산

가. 신탁사무의 종결

신탁행위로 달리 정하거나 변경하지 않으면 기존의 수탁자가 신탁의 종료를 위한 법정신탁에서도 수탁자의 지위를 유지한다. 수탁자는 신탁 종료시 수익자, 귀속권리자 등에게 잔여재산을 이전할 때까지 신탁의 사무를 종결하고 최종계산을 하기 위하여 필요한 범위 내에서 신탁재산에 대한 처분, 관리 등의 권한을 갖게 된다. 구체적인 권한 범위는 신탁행위의 정함 및 해당 신탁의 취지 등을 고려하여 결정될 것이나, 사법관계·공법관계이든 불문하며, 통상 채권의 추심, 신탁채권자에 대한 변제, 수익자에 대한 수익채권의 변제 등이 포함될 것이다. 따라서 새롭게 적극적인 투자 등을 하는 것은 권한을 넘은 행위로 신탁 목적을 위반한 처분으로 취소의 대상이 되나(신탁법 제75조), 신탁채무 변제를 위한 환가처분 등은 권한 내의 행위로 인정된다.[2)]

1) 법무부, 〈신탁법 해설〉, 779, 785면.
2) 이중기, 〈신탁법〉, 686~687면.

나. 신탁의 최종계산

(1) 의 의

수탁자는 신탁재산에 속한 채권의 추심, 신탁채무의 변제, 비용 등의 상환 등을 종료한 후 신탁의 최종계산을 하여 수익자 및 귀속권리자의 승인을 받아야 하는데, 구체적으로는 잔여재산의 현황 및 수입과 지출의 계산을 명확히 하여야 한다.[1]

(2) 최종계산의 시점

통상 최종계산의 시점은 수익자가 잔여재산의 귀속권리자인 경우에는 기존 신탁의 종료시 한 번만 최종계산을 하면 되나, 제3자나 위탁자 등이 귀속권리자인 경우에는 기존 신탁의 종료 시점을 기준으로 신탁 종료 전에 발생한 비용을 반영하여 일단 한 번 계산하고 법정신탁의 종료시에 다시 최종계산을 하여야 한다.[2]

(3) 승인권자

구 신탁법 제63조는 '수익자'만을 최종계산의 승인권자로 규정하고 있으나, 신탁행위로 귀속권리자를 정한 경우에는 신탁종료를 기준으로 신탁재산으로부터 수익하는 자가 달라지고 비용 등의 구상의무를 부담하는 자도 달라지므로,[3] 현행 신탁법에서는 수익자뿐만 아니라 귀속권리자도 승인권자에 포함하였다.

3. 최종계산 승인의 효과

가. 원칙 – 최종계산에 관한 책임 면제

수익자와 귀속권리자가 승인한 경우 수탁자의 수익자 등에 대한 '최종계산에 관한 책임'이 면제된다.[4] 이때 책임이 면제되는 범위는 승인의 전제가 된 사실에 한정되므로, 승인 후에 수탁자의 의무위반이 밝혀지는 등 다른 사실이 확인된 경우에는 수탁자의 책임은 면제되지 않는다.[5] 이와 같이 최종계산 승인의 주된 효과는 수탁자의 책임을 면제하는 것이므로, 수탁자가 수익자나 위탁자에 대하여 비용 또는 보수를 청구하기 위하여 최종계산에 대한 승인을 받아야 하는 것은 아니다.[6]

1) 이중기, 〈신탁법〉, 697면.
2) 이중기, 〈신탁법〉, 696~697면.
3) 이중기, 〈신탁법〉, 697면.
4) 이중기, 〈신탁법〉, 697면.
5) 이중기, 〈신탁법〉, 697~698면.
6) 대법원 2007. 9. 7. 선고 2005다9685 판결.

나. 예외 – 부정행위

수탁자가 신탁재산에 대하여 손해 등을 가하는 부정행위를 하는 경우에까지 인계책임을 면책하는 것은 부당하므로 예외를 정하였다. 본조의 "부정행위"는 신탁법 제55조 제2항 단서의 부정행위와 동일한 의미로 범죄행위뿐만 아니라 수익자와 위탁자의 신뢰를 깨는 고도의 비윤리적 행위까지 포함하고, 최종계산에 관한 부정행위뿐만 아니라 최종계산시점까지 수탁자의 불법행위나 의무위반행위로서 수익자에게 공개되지 않은 것까지 모두 포함하는 의미로 해석하여야 할 것이다.

4. 수익자 등의 승인의 지체

수익자 등이 상당한 이유 없이 최종계산에 대한 승인을 해주지 않아 잔여재산의 인도절차가 지체되는 경우를 대비하여 신탁법은 미국의 표준신탁법전 및 일본의 신신탁법의 입법례에 따라 수탁자가 계산의 승인을 요청한 뒤 1개월 내에 이의를 제기하지 않으면 승인한 것으로 간주한다. 다만 수탁자가 수익자 등에게 이의권이 있다는 사실 및 1개월 이내에 이의를 제기하지 않으면 이의권을 상실한다는 것을 통지할 의무가 해석상 인정된다.[1)]

제104조 (신탁의 청산) [신설]

신탁행위 또는 위탁자와 수익자의 합의로 청산절차에 따라 신탁을 종료하기로 한 경우의 청산절차에 관하여는 제132조 제2항, 제133조 제1항부터 제6항까지 및 제134조부터 제137조까지의 규정을 준용한다.

1. 총　　설

신탁의 단체적 성질을 고려하면 유한책임신탁 외의 신탁에서도 신탁채권자의 주도로 조기에 공평한 변제를 받을 수 있도록 청산절차를 선택할 수 있도록 하여, 신탁채권자 등 신탁과 관련된 이해관계인 보호를 강화하였다.[2)]

1) 법무부, 〈신탁법 해설〉, 782면.
2) 법무부, 〈신탁법 해설〉, 786~787면.

2. 신탁 종료시 신탁의 청산절차 강제 여부

신탁도 단체적 법률관계이므로 관련된 이해관계자의 보호를 위하여 「민법」상 또는 「상법」상의 법인과 같이 반드시 청산절차를 거치도록 하자는 견해가 있었으나, 유한책임신탁 외의 신탁의 경우 수탁자가 신탁채권에 대하여 개인적 무한책임을 부담하기 때문에 기존의 계산절차만으로도 신탁채권자 보호에 큰 문제가 없으므로, 신탁법에서는 유한책임신탁의 경우에만 청산절차를 강제하고 일반 신탁의 경우에는 신탁행위 또는 위탁자와 수익자의 합의로 청산절차를 선택한 경우에만 청산절차를 거치도록 규정하였다.[1)]

1) 법무부, 〈신탁법 해설〉, 786면.

제 9 장 신탁의 감독

제105조 (법원의 감독)

① 신탁사무는 법원이 감독한다. 다만, 신탁의 인수를 업으로 하는 경우는 그러하지 아니하다.

② 법원은 이해관계인의 청구에 의하여 또는 직권으로 신탁사무 처리의 검사, 검사인의 선임, 그 밖에 필요한 처분을 명할 수 있다.

본조는 법원이 신탁에 대하여 감독할 수 있는 권한이 있다는 일반조항으로서, 일본의 신신탁법과 같이 당사자 간의 사적자치 영역인 신탁에 법원이 관여할 분명한 이유가 없고, 법원으로서는 신탁의 존재 여부조차 알기 어려워 실질적인 감독권을 행사할 수도 없기 때문에 삭제하는 것이 바람직하다는 견해가 있었으나, 법 전체에 걸쳐 법원이 후견적 지위에서 직권으로 권한을 행사할 수 있도록 규정하고 있으며, 비영리신탁의 경우에는 법원의 감독권이 필요한 경우도 발생할 수 있으므로 선언적 의미에서라도 법원의 감독권한 규정을 존치시키기로 하였다.[1)]

1) 법무부, 〈신탁법 해설〉, 789~790면.

제10장 공익신탁

제106조	삭제〈2014. 3. 18.〉
제107조	〃
제108조	〃
제109조	〃
제110조	〃
제111조	〃
제112조	〃
제113조	〃

2014. 3. 18. 공익신탁법이 제정되고, 1년이 지난 2015. 3. 18.부터 시행되면서 본장이 삭제되었다. 공익신탁에 관한 상세한 내용은 'Ⅲ. 공익신탁' 부분을 참조.

제11장 유한책임신탁

제 1 절 유한책임신탁의 설정

第114조 (유한책임신탁의 설정) [신설]

① 신탁행위로 수탁자가 신탁재산에 속하는 채무에 대하여 신탁재산만으로 책임지는 신탁(이하 "유한책임신탁"이라 한다)을 설정할 수 있다. 이 경우 제126조에 따라 유한책임신탁의 등기를 하여야 그 효력이 발생한다.

② 유한책임신탁을 설정하려는 경우에는 신탁행위로 다음 각 호의 사항을 정하여야 한다.

1. 유한책임신탁의 목적
2. 유한책임신탁의 명칭
3. 위탁자 및 수탁자의 성명 또는 명칭 및 주소
4. 유한책임신탁의 신탁사무를 처리하는 주된 사무소(이하 "신탁사무처리지"라 한다)
5. 신탁재산의 관리 또는 처분 등의 방법
6. 그 밖에 필요한 사항으로서 대통령령[1)]으로 정하는 사항

1. 유한책임신탁의 의의

신탁법리상 신탁재산은 독립성이 있어 수탁자의 고유재산과는 구별된다고 하더라도, 신탁재산 자체는 법인격이 인정되지 않기 때문에 신탁재산이 권리, 의무의 주체가 될 수는 없으며, 신탁사무의 처리상 행해지는 대외적인 거래의 권리, 의무의 주체는 수탁자가 된다.[2)] 이와 같이 신탁은 수탁자를 통해 나타나게 되는데 민법은 수탁자의 명의만을 인식하고 있고, 수탁자 명의를 고유명의와 신탁명의로 구별하여 인식하고 있지 않기 때문에 수탁자가 신탁사무를 처리하는 과정에서 제3자와 거래를 하게 되면 수탁자는 신탁재산을 책임재산으로 하여 변제책임을 부담할 뿐만 아니라 제3자에 대하여 자신의 고유재

1) 신탁법 시행령 제13조(유한책임신탁의 신탁행위로 정할 사항) 법 제114조 제2항 제6호에서 "대통령령으로 정하는 사항"이란 신탁의 사업연도를 말한다.
2) 김태진, 〈유한책임신탁에 대한 검토와 신탁법 개정을 위한 시사점〉, 298면.

산으로도 변제책임을 부담하는 무한책임을 지는 것이 원칙이다.[1] 무한책임이 원칙이므로 신탁사무의 처리상 발생한 채권을 가지고 있는 채권자는 수탁자의 일반채권자와는 달리 신탁재산에 대하여도 강제집행을 할 수 있고, 그 이행책임이 수탁자의 고유재산에도 미치게 된다.[2]

이와 달리 유한책임신탁이란 수탁자가 해당 신탁에 관하여 발생한 신탁채무에 대하여 수탁자의 지위에서 신탁재산만으로 변제책임을 부담할 뿐, 수탁자의 고유재산으로는 변제책임을 부담하지 않는 신탁을 의미한다.[3]

2. 유한책임신탁 도입의 필요성

수탁자의 책임을 유한책임으로 하는 경우 신탁채권자의 이익을 해할 수 있고, 기존에는 거래상대방이 수탁자의 신용을 고려하여 거래가 이루어졌던 경우도 있었던 점을 감안하여 유한책임신탁 제도에서는 수탁자의 신용을 더 이상 이용할 수 없게 되므로 오히려 신탁제도의 이용이 저해될 우려가 있으며, 유한책임신탁을 이용하지 않고 개별 약정에 의한 책임재산 한정특약을 이용할 수 있으므로 사실상 유한책임신탁제도는 유명무실하다는 점에서 반대하는 견해가 있었다.[4]

그러나 최근의 신탁에서는 수탁자의 신용보다는 신탁 자산의 가치가 더 중요한 경우가 있고, 수탁자가 신탁재산의 운용과 관련하여 과거에 비해 거액의 대외적 책임을 부담하는 경우가 증가하여 수탁자가 신탁의 인수를 꺼리게 되는 요인이 되는 등 수탁자 개인의 무한책임을 한정할 필요성이 있고 사업 운영의 위험성을 고려할 때 원본인 신탁재산의 손실뿐만 아니라 신탁재산을 초과하는 손실이 발생할 수 있는바, 영리신탁이 소위 "사업형 신탁"의 형태로 활성화되기 위해서는 책임재산의 범위를 신탁재산만으로 제한하는 유한책임신탁의 형태를 도입할 필요가 있다는 점(수탁자 책임 제한의 필요), 법률상의

---

1) 이중기, 〈신탁법〉, 386~387면.

2) 대법원 2004. 10. 15. 선고 2004다31883, 31890 판결(신탁사무의 처리상 발생한 채권을 가지고 있는 채권자는 수탁자의 일반채권자와 달리 신탁재산에 대하여도 강제집행을 할 수 있는데(신탁법 제21조 제1항), 한편 수탁자의 이행책임이 신탁재산의 한도 내로 제한되는 것은 신탁행위로 인하여 수익자에 대하여 부담하는 채무에 한정되는 것이므로(신탁법 제32조), 수탁자가 수익자 이외의 제3자 중 신탁재산에 대하여 강제집행을 할 수 있는 채권자(신탁법 제21조 제1항)에 대하여 부담하는 채무에 관한 이행책임은 신탁재산의 한도 내로 제한되는 것이 아니라 수탁자의 고유재산에 대하여도 미치는 것으로 보아야 한다).

3) 법무부, 〈신탁법 해설〉, 823면.

4) 대한변호사협회는 현행 신탁법의 입법과정에서 ① 상사신탁이 아닌 민사신탁의 경우에까지 유한책임신탁을 허용할 필요가 있는지 의문이고, ② 제도 도입의 목적은 기존의 회사 제도를 통하여 달성하는 것이 가능한데 유한책임신탁이라는 예외적인 제도를 확대하는 것은 바람직하지 않으며, ③ 책임재산한정특약에 의하여도 등기·등록 등을 제3자에 대한 대항요건으로 규정함으로써 거래의 안전을 도모할 수 있을 것이라는 등의 이유로 유한책임신탁 제도의 도입을 반대하는 의견을 제출하였다.

근거는 없지만, 실무상으로 수탁자와 제3자 사이의 특약에 의하여 수탁자가 신탁사무 수행으로 인한 개인적 책임에서 벗어나기 위해 그 책임을 신탁재산으로 한정하는 특약이 체결되는 예가 있고, 이러한 특약은 구 신탁법의 해석상 허용되는 것이라 보고 있으나 유한책임신탁 제도가 도입되면 신탁사무의 처리를 위하여 행한 거래에 대해 일일이 거래 상대방과 개별적인 약정을 체결하지 않더라도 거래 안전과 신속을 위하여 일률적으로 수탁자의 책임이 제한되어 거래 상대방의 보호와 거래 안전에 유리할 것으로 예상된다는 점(책임재산 한정특약의 한계) 및 수탁자는 신탁재산을 이용하여 자기의 이익을 도모하는 것이 아니라 신탁재산에 대한 고유의 이해관계를 가지고 있지도 않기 때문에, 수탁자의 일반채권자가 수탁자 명의로 되어 있는 신탁재산에 대해 강제집행을 할 수 없는 것과 형평을 맞추기 위해 신탁채권자가 수탁자의 고유재산에 대해 강제집행을 할 수 없다고 하더라도 신탁채권자의 이익을 과도하게 해하는 것이 아니며, 당사자 간의 특약과는 달리 유한책임신탁 제도는 별도의 채권자보호절차, 수익자에 대한 배당 등에 관한 규제가 있으므로 채권자 보호에 유리하다는 점(신탁채권자의 보호강화)이 도입의 필요성으로 제기되었다.[1)]

3. 외국의 입법례

가. 영 국

영국에서도 다른 특약이 없는 한 수탁자가 신탁거래의 상대방에 대하여 수탁자의 고유재산으로 무한책임을 지는 것이 원칙이나, 수탁자가 특약으로 신탁거래상 책임을 한정하는 경우 그 약정의 효력을 인정하고 있다.[2)] 영국법에 의하면 당사자들의 의사를 존중하여 구체적인 정황에 따라 책임제한 여부를 인정하는데, 영리신탁의 경우 "구상할 수 있는 신탁재산이 있는 경우에만 신탁채권자에 대한 책임을 진다"는 내용의 책임한정특약을 규정하는 것이 일반적이다.[3)]

나. 미 국

미국의 표준신탁법전은 명문으로 "계약에서 달리 정한 경우를 제외하고, 수탁자는 계약에서 수탁자의 자격을 표시하면, 신탁의 운영에 있어서 수탁자의 자격으로 적절하게 체결된 계약에 관하여 개인적인 책임을 부담하지 않는다"는 점을 선언하고 있다

1) 법무부, 〈신탁법 해설〉, 824~826면.
2) 이중기, 〈신탁채권자에 대한 수탁자의 책임의 범위 — 책임재산한정특약의 효력과 신탁의 도산절차상 처리를 중심으로 —〉, 503면.
3) 법무부, 〈신탁법 해설〉, 826면.

(표준신탁법전 § 1010 (a)).[1] 따라서 미국에서의 수탁자의 계약책임은 자신이 체결하는 거래가 신탁사업에 관한 것이라는 사실 또는 수탁자의 자격을 표시하면 신탁재산으로 한정되는 것이 원칙이 되었고, 영국에서와 같이 책임한정의 특약을 체결할 필요가 없다.[2]

다. 일　본

일본 역시 수탁자의 책임은 원칙적으로 무한책임이지만, 우리와 마찬가지로 책임한정특약의 유효성을 인정함으로써 신탁의 무한책임원칙을 수정하는 방법을 이용하여 왔으나, 2006년 12월 8일 신탁법을 전면 개정하면서 한정책임신탁 제도를 도입하게 되었다.[3]

4. 유한책임신탁 제도 도입의 입법방향에 대한 논의

기존에 투자신탁의 경우는 유한책임신탁임을 규정한 자본시장법 제80조[4]의 규정이 있으나, 그 외의 신탁, 즉 부동산신탁이나 퇴직연금신탁 등에 관하여는 명문의 규정이 없었다.

구체적인 입법방향에 대해서 미국 표준신탁법전과 같이 수탁자의 지위를 현명함으로써 계약에 대하여 수탁자가 개인적인 책임에서 벗어나게 하는 것으로 입법하는 방안도 논의가 되었으나, 거래의 안전 및 거래 상대방 보호를 위하여 유한책임신탁인지 여부가 등기제도를 통해 외부로 공시되도록 함으로써 거래 당사자가 등기부를 열람하는 방법으로 책임재산의 범위를 사전에 확인하도록 하는 일본의 입법례를 참조하였다. 다만, 일본은 "한정책임신탁"이라는 용어를 사용하였으나, 현행 신탁법은 수탁사무 처리로 인해 발

---

1) 미국표준신탁법전 §1010. Limitation of Personal Liability of Trustee
(a) Except as otherwise provided in the contract, a trustee is not personally liable on a contract properly entered into in the trustee's fiduciary capacity in the course of administering the trust if the trustee in the contract disclosed the fiduciary capacity.

2) 이중기, 〈신탁채권자에 대한 수탁자의 책임의 범위 — 책임재산한정특약의 효력과 신탁의 도산절차상 처리를 중심으로 —〉, 503면.

3) 김태진, 〈유한책임신탁에 대한 검토와 신탁법 개정을 위한 시사점〉, 307면.

4) 자본시장법 제80조(자산운용의 지시 및 실행) ① 투자신탁의 집합투자업자는 투자신탁재산을 운용함에 있어서 그 투자신탁재산을 보관·관리하는 신탁업자에 대하여 대통령령으로 정하는 방법에 따라 투자신탁재산별로 투자대상자산의 취득·처분 등에 관하여 필요한 지시를 하여야 하며, 그 신탁업자는 집합투자업자의 지시에 따라 투자대상자산의 취득·처분 등을 하여야 한다. 다만, 집합투자업자는 투자신탁재산의 효율적 운용을 위하여 불가피한 경우로서 대통령령으로 정하는 경우에는 자신의 명의로 직접 투자대상자산의 취득·처분 등을 할 수 있다.
② 투자신탁의 집합투자업자(그 투자신탁재산을 보관·관리하는 신탁업자를 포함한다. 이하 이 항에서 같다)는 제1항에 따라 투자대상자산의 취득·처분 등을 한 경우 그 투자신탁재산으로 그 이행 책임을 부담한다. 다만, 그 집합투자업자가 제64조 제1항에 따라 손해배상책임을 지는 경우에는 그러하지 아니하다.

생한 채무에 대한 책임재산이 수탁자의 고유재산으로 무한히 확장되지 않는다는 의미에서 "유한책임신탁"이라는 용어를 사용하기로 하고, 현행 신탁법 제114조 이하에서 규정하게 되었다.[1]

5. 유한책임신탁의 효력발생요건

가. 유한책임신탁등기의 성립요건화

유한책임신탁의 경우 수탁자는 해당 신탁에 관하여 발생한 신탁채무에 대하여 수탁자의 지위에서 신탁재산만으로 변제책임을 부담한다. 이 경우 유한책임신탁이라는 사실을 알지 못하는 신탁채권자는 불측의 손해를 입게 될 위험성이 상존하게 되기 때문에 유한책임신탁의 거래안전이나 제3자를 거래에 유인하기 위해서는 이러한 불측의 손해를 회피할 수 있는 수단이 필요하였는바,[2] 유한책임신탁은 등기하여야 비로소 그 효력이 발생하는 것으로 규정하였다. 일반신탁은 등기가 대항요건인 데 비하여, 유한책임신탁은 효력발생요건이므로 이러한 차등이 타당한지에 대해 논의가 있으나, 유한책임신탁이 처음 도입되는 것이므로 제3자 보호를 위해서 유한책임신탁에서는 그 등기를 효력발생요건으로 하였다.[3] 만약 유한책임신탁등기를 하지 아니하고 당사자 사이의 약정으로 책임한정특약을 하는 경우에는 유한책임신탁으로는 성립하지 않지만 당사자 사이에서는 책임한정신탁으로서는 유효한 것으로 볼 수 있다.

나. 설정의 방법

유한책임신탁은 "신탁행위"로 설정하게 되는데, "신탁행위"라 함은 위탁자와 수탁자 간의 계약, 위탁자의 유언 그 밖의 서면(전자적 기록에 의한 경우도 포함)에 의한 의사표시에 의한 경우를 모두 포함하며, 반드시 신탁 설정시의 신탁행위에 한정되지 않으므로 신탁행위의 변경에 의하여 사후적으로 유한책임신탁으로 변경하는 것도 허용된다.[4] 다만, 원래 유한책임신탁이 아니었으나 사후적으로 유한책임신탁으로 변경된 경우 기존의 신탁채권자에 대한 관계가 문제가 될 수 있는데, 기존의 신탁에 관한 채권자의 정당한 이익을 침해하여서는 아니 되므로 기존의 신탁채권자에 대하여는 여전히 수탁자가 무한책임을 부담하여야 한다는 견해가 있다.[5]

---

1) 법무부, 〈신탁법 해설〉, 827~828면.
2) 최수정, 〈일본 신신탁법〉, 212면.
3) 법무부, 〈신탁법 해설〉, 828면.
4) 법무부, 〈신탁법 해설〉, 829면.
5) 김태진, 〈유한책임신탁에 대한 검토와 신탁법 개정을 위한 시사점〉, 316면.

6. 유한책임신탁의 요건사항(제2항)

유한책임신탁을 설정하는 경우 신탁행위로 아래와 같은 제2항 각호의 사항을 정하여야 한다.[1] 그리고 유한책임신탁은 등기하여야 효력을 발생하는바, 제2항 각호의 사항 중 제1호부터 제4호까지의 사항(제3호의 위탁자는 제외)은 유한책임신탁등기시 필수적 등기사항이다(신탁법 제126조 제1항 참조).

(1) 유한책임신탁의 목적

"목적"은 어느 정도 구체적인 것이어야 하나, 다소 개괄적인 내용이더라도 신탁 설정시에 일정한 목적을 정하였다고 인정할 수 있을 정도면 충분하다고 할 것이다.

(2) 유한책임신탁의 명칭

"명칭"은 특정한 신탁임을 제3자가 알 수 있을 정도로 구체적이어야 하는데 이와 관련해서는 현행 신탁법 제115조에서 별도의 규정을 두고 있다.

(3) 위탁자 및 수탁자의 성명 또는 명칭 및 주소

(4) 유한책임신탁의 신탁사무를 처리하는 주된 사무소

(5) 신탁재산의 관리 또는 처분 등의 방법

"관리 또는 처분 등의 방법"은 수탁자의 권한 범위와 향후 신탁재산이 어떻게 운용될 것인지를 알 수 있는 정도로 특정되어야 할 것이다.

(6) 그 밖에 필요한 사항으로서 대통령령으로 정하는 사항

신탁법 시행령에는 이에 해당하는 것으로 "신탁의 사업연도"라고 정하였으며, 이는 회사의 회계연도에 대응하는 개념이라고 할 것이다.[2]

제115조 (유한책임신탁의 명칭) [신설]

① 유한책임신탁의 명칭에는 "유한책임신탁"이라는 문자를 사용하여야 한다.

② 유한책임신탁이 아닌 신탁은 명칭에 유한책임신탁 및 그 밖에 이와 유사한 문자를 사용하지 못한다.

③ 누구든지 부정한 목적으로 다른 유한책임신탁으로 오인할 수 있는 명칭을 사용하

1) 법무부, 〈신탁법 해설〉, 829~830면.
2) 일본 신탁법 시행규칙 제24조 참조.

지 못한다.
④ 제3항을 위반하여 명칭을 사용한 자가 있는 경우 그로 인하여 이익이 침해되거나 침해될 우려가 있는 유한책임신탁의 수탁자는 그 명칭 사용의 정지 또는 예방을 청구할 수 있다.

1. 총　　설

유한책임신탁의 경우 수탁자는 해당 신탁에 관하여 발생한 신탁채무에 대하여 수탁자의 지위에서 신탁재산만으로 변제책임을 부담한다. 이 경우 유한책임신탁이라는 사실을 알지 못하는 신탁채권자는 불측의 손해를 입게 될 위험성이 상존한다. 따라서 거래안전 및 제3자의 권리보호를 위해서는 일반 신탁과 달리 신탁재산만이 책임재산이 된다는 취지가 유한책임신탁의 명칭에서부터 드러나도록 할 필요성이 크다. 또한 유한책임신탁이 아님에도 유한책임신탁처럼 일반에게 오인되지 않도록 명확히 규정할 필요가 있다.[1) 예를 들면, 『광장 유한책임신탁』과 같이 명칭에서 '유한책임신탁'임을 표시하여야 한다.

2. 유한책임신탁의 명칭

책임재산이 신탁재산으로 한정되므로 거래의 안전을 위하여 신탁의 명칭에서 유한책임신탁임을 반드시 표시하도록 의무화하여 제3자가 유한책임신탁임을 인지하고 거래를 할 수 있도록 하였다. 상법 제19조[2)]가 회사종류의 표시를 강제함으로써 거래상대방으로 하여금 법률관계의 대강을 예상하고 거래할 수 있도록 하는 취지와 같다.[3)]

3. 유한책임신탁 명칭사용금지

유한책임신탁이 아니면서 유한책임신탁으로 오인될 수 있는 것을 방지하기 위한 것으로서, 유한책임신탁으로 오인될 수 있는 문자의 사용을 금지하도록 하였다. 규정의 취지상 반드시 동일한 문구가 아니더라도 전체 취지상 책임이 제한되는 의미로 해석될 수 있는 명칭을 사용하거나 이를 상호로 사용하는 것도 금지의 대상이 된다.[4)] 상법 제20

1) 법무부, 〈신탁법 해설〉, 832면.
2) 상법 제19조(회사의 상호) 회사의 상호에는 그 종류에 따라 합명회사, 합자회사, 유한책임회사, 주식회사 또는 유한회사의 문자를 사용하여야 한다.
3) 정동윤 외 2인, 〈주석 상법 총칙(1)〉, 161~162면.
4) 법무부, 〈신탁법 해설〉, 833면.

조[1])가 개인기업이 회사기업과 같은 외관을 만들어 냄으로써 그 규모에 대한 공중의 오인을 유발하지 못하도록 하기 위하여 회사상호의 부당사용을 금지하는 취지와 같다.[2])

4. 주관적 요건

유한책임신탁의 경우 부정한 목적으로 타인이 쌓은 신용과 사회적 지명도를 악용하여 마치 다른 유한책임신탁으로 오인하도록 하여 거래상의 손실을 줄 수 있는 부작용을 방지하기 위한 것이다.[3]) 현행 신탁법 제115조 제2항의 요건에 추가하여 “부정한 목적”이라는 주관적 요건이 필요하다.

위 조항은 상법 제23조[4]) 제1항에서 주체를 오인시킬 상호의 사용을 금지하고 있는 것과 같은 취지라고 할 것이다. “부정한 목적”이라는 것은 불법행위에 있어서의 고의와 같은 개념은 아니고 타인의 유한책임신탁에 포함된 명칭을 자기의 유한책임신탁에 사용함으로써 자기의 영업을 타인의 영업으로 오인시켜 그 명칭의 주체가 가진 신용이나 명성을 자기의 영업에 이용하려는 의도를 가리키는 것이라고 할 것이다.[5])

유한책임신탁에 있어서의 “부정한 목적”의 판단은 상법 제23조의 해석과 관련한 판례의 태도가 일응의 기준이 될 수 있을 것인바, 판례는 부정한 목적의 유무를 판단함에 있어서 영업의 종류, 영업의 방법과 기간 등을 종합적으로 고려하고 있다.[6])

---

1) 상법 제20조(회사상호의 부정사용의 금지) 회사가 아니면 상호에 회사임을 표시하는 문자를 사용하지 못한다. 회사의 영업을 양수한 경우에도 같다.
2) 정동윤 외 2인, 〈주석 상법 총칙(1)〉, 163면.
3) 법무부, 〈신탁법 해설〉, 833면.
4) 상법 제23조(주체를 오인시킬 상호의 사용금지) ① 누구든지 부정한 목적으로 타인의 영업으로 오인할 수 있는 상호를 사용하지 못한다.
② 제1항의 규정에 위반하여 상호를 사용하는 자가 있는 경우에 이로 인하여 손해를 받을 염려가 있는 자 또는 상호를 등기한 자는 그 폐지를 청구할 수 있다.
③ 제2항의 규정은 손해배상의 청구에 영향을 미치지 아니한다.
④ 동일한 특별시·광역시·시·군에서 동종영업으로 타인이 등기한 상호를 사용하는 자는 부정한 목적으로 사용하는 것으로 추정한다.
5) 정동윤 외 2, 〈주석 상법 총칙(1)〉, 176면.
6) 대법원 2002. 2. 26. 선고 2001다73789 판결(상법 제23조 제1항은 누구든지 부정한 목적으로 타인의 영업으로 오인할 수 있는 상호를 사용하지 못한다고 규정하고 있는바, 타인의 영업으로 오인할 수 있는 상호는 그 타인의 영업과 동종 영업에 사용되는 상호만을 한정하는 것은 아니라고 할 것이나, 어떤 상호가 일반 수요자들로 하여금 영업주체를 오인·혼동시킬 염려가 있는 것인지를 판단함에 있어서는, 양 상호 전체를 비교 관찰하여 각 영업의 성질이나 내용, 영업방법, 수요자층 등에서 서로 밀접한 관련을 가지고 있는 경우로서 일반 수요자들이 양 업무의 주체가 서로 관련이 있는 것으로 생각하거나 또는 그 타인의 상호가 현저하게 널리 알려져 있어 일반 수요자들로부터 기업의 명성으로 인하여 절대적인 신뢰를 획득한 경우에 해당하는지 여부를 종합적으로 고려하여야 한다).

5. 구제방법

현행 신탁법 제115조 제3항은 유한책임신탁 명칭의 부정한 사용의 구제방법으로서 부정사용으로 인하여 이익이 침해되거나 침해될 우려가 있는 유한책임신탁의 수탁자가 그 침해의 정지 및 예방을 구할 수 있도록 하였다.

상법 제23조 제2항과 같은 취지의 조항이라고 할 것이다. 그런데 상법 제23조 제2항에서는 상호를 등기하지 아니한 자는 손해를 받을 염려를 증명하여야 하지만, 상호를 등기한 자는 손해를 받을 염려의 증명과 무관하게 그 폐지를 청구할 수 있도록 규정하고 있는 반면, 현행 신탁법 규정은 유한책임신탁의 명칭이 등기사항임에도 불구하고 상법 제23조 제2항과 달리 부정사용으로 인하여 이익이 침해되거나 침해될 우려가 있음을 증명하여야만 그 침해의 정지 및 예방을 구할 수 있도록 하고 있다는 점에서 차이가 있다.

제116조 (명시 · 교부의무) [신설]

① 수탁자는 거래상대방에게 유한책임신탁이라는 뜻을 명시하고 그 내용을 서면으로 교부하여야 한다.

② 수탁자가 제1항을 위반한 경우 거래상대방은 그 법률행위를 한 날부터 3개월 내에 이를 취소할 수 있다.

1. 총 설

유한책임신탁과 거래하는 제3자는 등기부를 확인하여 해당 신탁에 관하여 발생한 신탁채무에 대한 수탁자의 책임이 신탁재산에 한정된다는 것을 알 수 있을 것이지만, 수탁자와 거래하는 제3자의 보호를 강화하기 위하여 수탁자에게 서면으로 유한책임신탁임을 명시하도록 하는 의무를 부과하였다.

2. 명시 · 교부의무

일본의 신신탁법에는 명시의 방법을 제한하고 있지 않아서 서면에 의하지 않는 방법으로도 명시의무를 이행한 것으로 볼 수 있으나, 신탁채권자보호를 강화하고 향후 분쟁

에 대비한 증거자료로 삼도록 하기 위하여 서면교부의무를 부과한 것이다.[1)]

3. 명시·교부의무 위반의 효과

수탁자가 명시·서면교부의무를 위반한 경우에 거래상대방은 법률행위를 한 날로부터 3개월 이내에 취소권을 행사할 수 있다.[2)]

일본의 신신탁법 제219조는 수탁자가 한정책임신탁임을 상대방에게 명시하지 아니하면 수탁자가 당해 거래 상대방에 대하여 한정책임신탁임을 주장할 수 없다고 하여 명시의무 위반의 책임을 수탁자에게 지움으로써 거래 상대방을 강하게 보호하고 있다. 일본의 신신탁법과 같이 명시의무를 위반한 수탁자가 거래 상대방에게 유한책임신탁임을 주장할 수 없다고 규정하는 것이 거래 상대방의 보호 강화라는 명시·교부의무의 입법취지에 부합한다고 볼 여지가 있다. 그러나 일본의 한정책임신탁도 우리의 유한책임신탁과 동일하게 등기함으로써 그 효력이 발생하게 되는데, 한정책임신탁의 수탁자로서 하는 거래임을 명시하지 않고 제3자와 거래한 경우 제3자에 대해서 한정책임신탁임을 주장할 수 없다는 식으로 규정하는 것은 한정책임신탁 등기의 창설적 효력과도 배치되는 것으로 모순이라는 점에서 우리 현행 신탁법은 상법 제638조의3[3)]에 따른 보험계약상 보험자의 명시의무 위반의 경우를 참조하여 그 거래상대방으로 하여금 당해 거래를 취소할 수 있도록 취소권을 부여하는 방안을 채택하게 되었다.[4)]

제117조 (회계서류 작성의무) [신설]

① 유한책임신탁의 경우 수탁자는 다음 각 호의 서류를 작성하여야 한다.

1. 대차대조표
2. 손익계산서
3. 이익잉여금처분계산서나 결손금처리계산서

---

1) 법무부, 〈신탁법 해설〉, 835면.
2) 이에 대해서 거래상대방의 주관적인 사정을 기준으로 하여 거래상대방이 유한책임신탁이 아닌 것으로 알고 거래를 하였다가 유한책임신탁임을 알게 된 날로부터 취소권 행사기간이 기산되어야 한다는 의견이 있을 수 있으나, 유한책임신탁이 공시되는 점에 비추어 거래관계의 조속한 확정을 위해 법률행위를 한 날로부터 기간이 개시되도록 하는 것이 더 합리적이라 할 것이다.
3) 상법 제683조의3(보험약관의 교부·명시의무) ① 보험자는 보험계약을 체결할 때에 보험계약자에게 보험약관을 교부하고 그 약관의 중요한 내용을 알려주어야 한다.
② 보험자가 제1항의 규정에 위반한 때에는 보험계약자는 보험계약이 성립한 날부터 1월내에 그 계약을 취소할 수 있다.
4) 법무부, 〈신탁법 해설〉, 837면.

4. 그 밖에 대통령령으로 정하는 회계서류
② 다음 각 호의 요건을 모두 갖춘 유한책임신탁은 「주식회사의 외부감사에 관한 법률」의 예에 따라 감사를 받아야 한다.
1. 수익증권발행신탁일 것
2. 직전 사업연도 말의 신탁재산의 자산 총액 또는 부채규모가 대통령령으로 정하는 기준 이상일 것[1)]

1. 총 설

유한책임신탁은 신탁채무에 대한 수탁자의 책임이 신탁재산에 한정되므로 일반 신탁보다 신탁채권자 및 수익자에 대한 변제 자력을 명확히 산정할 필요가 있고, 또 변제를 위하여 일정 수준으로 순자산을 유지하여야 할 것이므로 신탁재산에 대한 적절한 외부 평가가 이루어져야 한다. 따라서 유한책임신탁의 수탁자에게 일반신탁보다 엄격한 회계서류작성의무를 부과할 필요가 있다.[2)]

2. 회계서류작성의무

유한책임신탁의 경우 수탁자와 거래하는 제3자의 입장에서는 책임재산이 되는 신탁재산의 가치를 정확하게 평가하는 것이 중요하므로 수탁자에게 강화된 회계서류작성의무를 부과하였다. 이 규정은 일반신탁에서도 회계서류를 작성하도록 한 현행 신탁법 제39조의 특칙이다. 구체적인 회계서류의 범위는 상법 제447조를 참조하였고, 대차대조표, 손익계산서, 이익잉여금처분계산서나 결손금처리계산서 이외의 회계서류에 대해서는 신탁법 시행령에서 정할 수 있게 하였다.[3)] 신탁법 시행령 제14조에서는 자본변동표, 신탁의 재산목록과 그 부속명세서, 수익증권을 발행하는 경우에는 수익증권기준가격 계산서를 열거하고 있다.

---

1) 신탁법 시행령 제14조(유한책임신탁의 회계서류 등)
② 법 제117조 제2항 제2호에서 "대통령령으로 정하는 기준 이상"이란 다음 각 호의 어느 하나에 해당하는 경우를 말한다.
1. 자산총액이 100억원 이상인 경우
2. 부채총액이 70억원 이상이고 자산총액이 70억원 이상인 경우
2) 법무부, 〈신탁법 해설〉, 838면.
3) 법무부, 〈신탁법 해설〉, 839면.

3. 회계감사수감의무

수익증권발행신탁으로서 신탁재산의 규모가 일정한 수준 이상(자산총액 100억 원 이상인 경우 또는 부채총액이 70억 원 이상이고 자산총액이 70억 원 이상인 경우)인 경우에는 현행 신탁법 제117조 제1항의 회계서류작성의무에 더하여 외감법에서 정한 회계감사의 예에 따라 독립한 외부감사인으로부터 회계감사까지 받도록 하였다.

수익증권발행신탁이라 함은 신탁행위에 근거하여 신탁의 수익권을 증권화하여 수익증권으로 발행된 신탁을 말하는 것인바(현행 신탁법 제78조 참조), 위와 같은 증권의 발행은 권리의 유통을 도모하기 위한 것으로 당해 신탁의 수익자의 개성은 희박하고 수익자에 의한 수탁자의 감독도 기대하기 어려움이 있음을 고려하여 외부감사인으로 하여금 회계감사를 실시하도록 한 것이다.[1]

제118조 (수탁자의 제3자에 대한 책임) [신설]

① 유한책임신탁의 수탁자가 다음 각 호의 어느 하나에 해당하는 행위를 한 경우 그 수탁자는 유한책임신탁임에도 불구하고 제3자에게 그로 인하여 입은 손해를 배상할 책임이 있다. 다만, 제3호 및 제4호의 경우 수탁자가 주의를 게을리하지 아니하였음을 증명하였을 때에는 그러하지 아니하다.

1. 고의 또는 중대한 과실로 그 임무를 게을리한 경우
2. 고의 또는 과실로 위법행위를 한 경우
3. 대차대조표 등 회계서류에 기재 또는 기록하여야 할 중요한 사항에 관한 사실과 다른 기재 또는 기록을 한 경우
4. 사실과 다른 등기 또는 공고를 한 경우

② 제1항에 따라 제3자에게 손해를 배상할 책임이 있는 수탁자가 여럿인 경우 연대하여 그 책임을 진다.

1. 총　설

유한책임신탁의 수탁자는 자신의 고유재산으로는 신탁채권자에게 책임을 지지 않지만, 일정한 경우에는 수탁자가 그 고유재산으로 책임을 부담시킬 필요가 있다. 수탁자의

1) 최수정, 〈일본 신신탁법〉, 220면.

경우에 수익자에 대한 의무에 추가하여 유한책임신탁의 재무상황이 악화된 경우에 신탁재산에 속하는 채무에 관한 신탁채권자에 대해서도 선관주의의무를 부담한다고 봄이 상당하므로 이에 관한 명문의 규정이 필요하여 신설되었다.[1] 상법의 회사법 편의 이사의 제3자의 책임에 관한 내용과 취지가 유사하다.

2. 제3자에 대한 책임의 내용

가. 제3자에 대한 법정책임

본조에 의한 책임은 유한책임신탁의 채권자를 보호하기 위하여 정한 법정책임으로서 동조 제1항 제2호의 불법행위책임과 경합하여 성립할 수 있다. 여기서의 고의 또는 중과실은 제3자에 대한 가해행위와 관련된 것이 아니라 신탁행위에서 정한 의무위반, 선관주의의무위반, 충실의무위반 등의 경우와 같이 신탁사무 처리에 있어서 수탁자가 그 임무를 해태한 것이 고의 또는 중과실에 의한 것이어야 한다는 것이다.

나. 제3자에 대한 불법행위책임

이 조항에 의한 책임은 수탁자가 신탁사무의 처리과정에서 제3자에게 불법행위를 한 경우 발생하는 책임(이른바 "거래행위적 불법행위")을 규정한 것으로서, 수탁자의 고의 또는 과실을 주관적 요건으로 하고 있다. 반면 토양오염책임이나 공작물 등의 소유자책임 등 수탁자의 고의 또는 과실을 요건으로 하지 않는 무과실 책임의 경우에는 수탁자의 고의 또는 과실이 없는 한 수탁자의 고유재산으로는 책임을 부담하지 않고 신탁재산만으로 책임을 지게 될 것이므로 이 조항의 적용대상이 아니다.[2] 반면 미국 표준신탁법전 § 1010. (b)[3]에서는 유한책임신탁의 경우 수탁자의 귀책사유를 요건으로 하여 이러한 특수불법행위책임을 인정하고 있다.

현행 신탁법 제118조 제1항 제1호의 경우는 사무처리를 제대로 하지 않는 데에 대한 고의·중과실이 있는 행위로 인한 책임이고, 동항 제2호의 경우는 일반 불법행위에 대한 수탁자의 책임이므로 양자는 구별된다. 제1호의 임무해태행위가 항상 위법행위가 되는 것은 아니므로 제1호와 제2호는 적용범위를 달리 한다고 할 것이다.

---

1) 법무부, 〈신탁법 해설〉, 801면.
2) 법무부, 〈신탁법 해설〉, 801면.
3) 미국표준신탁법전 § 1010. Limitation of Personal Liability of Trustee
(b) A trustee is personally liable for torts committed in the course of administering a trust, or for obligations arising from ownership or control of trust property, including liability for violation of environmental law, only if the trustee is personally at fault.

다. 허위기재, 허위등기 등으로 인한 법정책임

유한책임신탁에서는 회계서류의 기재 내용이나 등기 또는 공고사항은 거래상대방인 제3자뿐만 아니라 거래안전의 관점에서 매우 중요한 사항들이므로 이러한 회계서류 등에 허위기재하거나 허위 등기, 허위 공고를 하게 되면 거래의 안전을 해할 우려가 있으므로, 이를 방지하기 위하여 현행 신탁법 제118조 제1항 제3호 및 동항 제4호의 경우에 수탁자는 제3자에 대하여 법정손해배상책임을 부담하도록 하였다. 현행 신탁법 제118조 제1항 제3호 및 제4호의 경우 수탁자가 주의를 게을리하지 아니하였음을 증명하였을 때에는 손해배상책임을 부담하지 않도록 하였다(동항 단서 규정 참조).

3. 수인의 수탁자 간의 연대책임

현행 신탁법 제118조 제1항의 책임을 부담할 수탁자가 여럿 있는 경우 이들은 연대책임을 부담하도록 규정하였다(동조 제2항). 이러한 연대책임의 성격상 수탁자별로 부담부분이 있을 수 없기 때문에 부진정연대채무라고 보아야 할 것이다.

제119조 (고유재산에 대한 강제집행 등의 금지) [신설]

① 유한책임신탁의 경우 신탁채권에 기하여 수탁자의 고유재산에 대하여 강제집행등이나 국세 등 체납처분을 할 수 없다. 다만, 제118조에 따른 수탁자의 손해배상채무에 대해서는 그러하지 아니하다.

② 수탁자는 제1항을 위반한 강제집행등에 대하여 이의를 제기할 수 있다. 이 경우 「민사집행법」 제48조를 준용한다.

③ 수탁자는 제1항을 위반한 국세 등 체납처분에 대하여 이의를 제기할 수 있다. 이 경우 국세 등 체납처분에 대한 불복절차를 준용한다.

1. 총 설

유한책임신탁의 경우 해당 신탁에 관하여 발생한 신탁채무에 대한 수탁자의 책임은 신탁재산에 한정된다. 이러한 취지를 강제집행 등에 관하여 규정한 것이다.

2. 유한책임신탁에서의 강제집행

유한책임신탁에서는 책임재산이 신탁재산에 한정되므로, 신탁채권자는 신탁채권을 가지고 수탁자의 고유재산에 대해서 강제집행, 보전처분, 국세 등 체납처분을 할 수가 없음은 당연한 귀결이다. 그러나 유한책임신탁의 경우에도 수탁자가 제3자에 대하여 고유재산으로 손해를 배상할 책임을 부담하는 경우를 현행 신탁법 제118조에서 규정하고 있는바 이러한 경우에는 그 책임의 범위가 신탁재산에 한정되는 것이 아니므로 손해를 입은 제3자는 수탁자의 고유재산에 대한 강제집행 등을 할 수가 있음을 규정한 것이다.

3. 강제집행 등에 대한 이의

강제집행 등이 현행 신탁법 제119조 제1항에 위반한 경우에는 수탁자가 이의를 제기할 수 있는데, 민사집행법 제48조(제3자이의의 소)의 절차에 따르게 된다.

4. 국세 등 체납처분에 대한 불복절차

현행 신탁법 제119조 제1항을 위반한 체납처분에 대해 수탁자가 이의를 제기할 수 있는 절차를 규정하였다. 구체적으로는 국세 등 체납처분에 대한 불복절차에 따르면 된다.

第120조 (수익자에 대한 급부의 제한) [신설]

① 유한책임신탁의 수탁자는 수익자에게 신탁재산에서 급부가 가능한 한도를 초과하여 급부할 수 없다.

② 제1항에 따른 급부가 가능한 한도는 순자산액의 한도 내에서 대통령령으로 정하는 방법에 따라 산정한다.[1)]

1) 신탁법 시행령 제15조(유한책임신탁의 수익자에 대한 급부가 가능한 한도) ① 법 제120조 제2항에 따른 급부가 가능한 한도는 급부를 할 날이 속하는 사업연도의 직전 사업연도 말일의 순자산액에서 신탁행위로 정한 유보액과 급부를 할 날이 속하는 사업연도에 이미 급부한 신탁의 가액을 공제한 금액을 말한다. ② 제1항을 적용할 때 유한책임신탁의 수익권이 그 유한책임신탁의 신탁재산에 속하게 된 경우에는 그 수익권은 해당 유한책임신탁의 순자산으로 계산하지 아니한다.

1. 총 설

유한책임신탁의 경우 신탁재산만이 신탁채권자를 위한 책임재산이 되므로 신탁채권자 보호를 위하여 수익자에 대한 급부를 일정 한도 내에서만 허용할 필요가 있다.[1)]

2. 수익자에 대한 급부의 제한

일반 신탁의 경우에는 신탁 종료 전의 수익자에게 신탁재산으로부터 지급되는 재산을 제한하지 못하는 것이 원칙이나 유한책임신탁의 경우 신탁재산이 신탁채권자에 대한 유일한 책임재산이므로 수익자에 대한 급부가 과도할 경우에는 신탁채권자를 해할 우려가 발생한다. 따라서 수익자에 대한 신탁재산의 지급은 채권자 보호를 위하여 그 급부가 가능한 한도를 초과하여 지급할 수 없도록 하여 신탁채권자를 위한 책임재산을 보전하도록 하였다.

수익자에 대한 급부는 신탁재산 자체를 분배하는 것에 한정되는 것이 아니라, 신탁재산을 토대로 하여 발생한 수익권을 재매입하는 것도 포함한다고 해석된다.[2)]

수익자에게 지급할 수 있는 급부가 가능한 한도는 순자산액의 한도 내에서 대통령령으로 정하는 방법(급부를 할 날이 속하는 사업연도의 직전 사업연도 말일의 순자산액에서 신탁행위로 정한 유보액과 급부를 할 날이 속하는 사업연도에 이미 급부한 신탁의 가액을 공제한 금액)에 의하여 산정하도록 하였다. 주식회사의 주주에 대한 이익배당의 경우에는 총자산에서 부채를 공제한 잔액인 순자산액을 배당가능이익의 기초로 하고 있는데, 이는 채권자를 위한 책임재산이 확보된 후에만 배당이 가능하다는 취지이다. 유한책임신탁에서도 주식회사의 경우와 마찬가지로 총자산에서 부채를 공제한 잔액인 순자산액을 급부가 가능한 한도를 산정하는 데 있어 기초로 삼아야 하는 것이다.

제121조 (초과급부에 대한 전보책임) [신설]

① 수탁자가 수익자에게 제120조 제1항의 급부가 가능한 한도를 초과하여 급부한 경우 수탁자와 이를 받은 수익자는 연대하여 초과된 부분을 신탁재산에 전보할 책임이 있다. 다만, 수탁자가 주의를 게을리하지 아니하였음을 증명한 경우에는 그러하지 아니하다.

② 제1항의 초과부분을 전보한 수탁자는 선의의 수익자에게 구상권을 행사할 수 없다.

1) 김태진, 〈유한책임신탁에 대한 검토와 신탁법 개정을 위한 시사점〉, 319면.
2) 법무부, 〈신탁법 해설〉, 853~854면.

1. 총　설

현행 신탁법 제120조에서 유한책임신탁의 신탁채권자 보호를 위하여 수탁자는 급부 가능 한도 내에서만 수익자에게 급부할 수 있음을 규정하고 있는데, 이 규정에 위반하여 수탁자가 급부가 가능한 한도를 초과하여 급부한 경우에는 수탁자는 급부를 제공받은 수익자와 연대하여 초과된 부분을 신탁재산에 전보할 책임을 부담함을 규정하는 것이 본조의 취지이다.

2. 초과급부에 대한 전보책임

현행 신탁법 제120조 제1항을 위반하여 급부가 가능한 한도를 초과하여 급부한 경우에 신탁채권자는 수탁자 또는 수익자에 대하여 초과급부된 것을 신탁재산으로 반환할 것을 청구할 수 있다. 다만, 수탁자의 선관의무, 충실의무와의 관계에 비추어 수탁자가 그 직무를 수행함에 있어서 주의를 다하였음을 증명한 경우에는 책임을 면할 수 있게 하였다.

수탁자와 수익자의 전보책임은 부진정연대채무의 관계에 있으나, 각 수익자는 실제 수령한 급부를 한도로 부진정연대책임을 진다고 할 것이다.[1] 이 경우 선의의 수익자의 경우에도 초과급부에 대한 전보책임을 부담시킬 수 있는지와 관련하여 주식회사의 배당가능이익이 없음에도 불구하고 이루어진 위법배당의 효과 및 반환청구에 대한 논의를 참고할 수 있을 것이다. 선의의 주주가 반환의무를 부담하는지에 대해 상법상 위법배당은 당연무효이고 주주의 선, 악의 여부를 불문하고 반환청구할 수 있다는 것이 통설의 입장인데 이에 따라 유한책임신탁의 경우에도 선의의 수익자도 전보책임을 부담하는 것으로 규정하게 되었다.[2]

가. 전보책임의 범위(일부 반환의 경우)

수탁자가 급부가 가능한 한도를 초과하여 지급된 급부 중 일부를 반환하는 경우에는 수익자는 전체 급부액 중 실제 수령한 급부액의 비율만큼 의무가 소멸하는 반면, 수익자가 일부를 반환한 경우에는 수탁자는 그 이행된 금액만큼 의무가 소멸된다고 보아야 할 것이다.[3]

---

1) 법무부, 〈신탁법 해설〉, 856면.
2) 김태진, 〈유한책임신탁에 대한 검토와 신탁법 개정을 위한 시사점〉, 319~320면.
3) 법무부, 〈신탁법 해설〉, 856면.

나. 반환범위

위법하게 지급된 급부 중 수탁자 또는 수익자가 반환하여야 할 급부의 범위와 관련하여서 위법배당이 당연무효라는 점을 이유로 위법하게 지급된 현물 또는 금액을 전부 반환하여야 한다는 견해가 있었으나,[1] 법 개정시 논의한 결과 수익자가 어차피 받을 수 있는 급부까지도 전보하도록 하는 것은 번거롭고 불합리하므로 유한책임신탁에서는 급부가 가능한 한도를 초과하여 지급된 액수에 대해서만 반환하도록 하였다.[2] 수익자에 대한 지급이 현물로 된 경우에도 초과 부분에 대하여만 반환의무를 부담하게 되므로 수탁자 또는 수익자는 현물이 가분인 경우에는 초과되는 부분을 현물로 반환하여야 할 것이나 현물이 불가분인 경우에는 현물을 반환하는 것이 아니라 초과되는 부분을 금전적으로 평가한 금액을 반환하여야 할 것이다.

다. 반환의 상대방

수탁자 또는 수익자가 초과 부분을 반환하는 경우 반환의 상대방은 형식상으로는 수탁자이나, 이것은 당연히 신탁재산에 귀속하게 되는 것이라고 보아야 한다.

3. 선의의 수익자에 대한 구상금지

부진정연대채무의 관계에서도 부진정연대채무자 중 1인이 자기의 부담 부분 이상을 변제하여 공동의 면책을 얻게 하였을 때는 다른 채무자에게 구상권을 행사할 수 있다.[3] 따라서 현행 신탁법 제121조 제1항에 따라 전보의무를 이행한 수탁자도 수익자에게 그 부담 부분의 비율에 따라 구상권을 행사할 수 있다. 다만, 수익자가 지급받을 당시 선의인 경우에도 구상을 허용하는 것은 수익자에게 가혹하므로, 수탁자가 선의의 수익자에 대하여 구상권을 행사하는 것은 허용되지 않는다. 이에 따르면 선의의 수익자인 경우 채권자에 대한 책임은 부담하나, 수탁자와의 관계에서는 책임을 부담하지 않는다고 할 것이다.[4]

---

1) 김태진, 〈유한책임신탁에 대한 검토와 신탁법 개정을 위한 시사점〉, 320면.
2) 법무부, 〈신탁법 해설〉, 856면.
3) 대법원 2006. 1. 27. 선고 2005다19378 판결(부진정연대채무의 관계에 있는 복수의 책임주체 내부관계에 있어서는 형평의 원칙상 일정한 부담 부분이 있을 수 있고, 그 부담 부분은 각자의 고의 및 과실의 정도에 따라 정하여지는 것으로서 부진정연대채무자 중 1인이 자기의 부담 부분 이상을 변제하여 공동의 면책을 얻게 하였을 때에는 다른 부진정연대채무자에게 그 부담 부분의 비율에 따라 구상권을 행사할 수 있다).
4) 법무부, 〈신탁법 해설〉, 857면.

제122조 (합병의 효과에 대한 특칙) [신설]

유한책임신탁에 속하는 채무에 대해서는 합병 후에도 합병 후 신탁의 신탁재산만으로 책임을 진다.

1. 총　　설

유한책임신탁은 신탁채권자에 대한 책임재산이 신탁재산에 한정되므로 유한책임신탁이 합병한 경우 유한책임신탁의 신탁채권자에 대한 채무의 승계에 대해서 본조와 같은 특칙이 필요하다.[1]

2. 합병의 효과

유한책임신탁에 속하는 채무가 유한책임신탁이 합병되었다는 이유로 신탁재산 외에 수탁자의 고유재산까지 책임재산으로 하는 채무로 변경되는 것은 부당하므로 유한책임신탁에 속하는 채무는 합병 후에도 유한책임이라는 성질이 변하지 않는다는 취지이다.[2]

제123조 (분할의 효과에 대한 특칙) [신설]

유한책임신탁에 속하는 채무에 대하여 분할 후의 신설신탁 또는 분할합병신탁에 이전하는 것으로 정한 경우 그 채무에 대해서는 분할 후의 신설신탁 또는 분할합병신탁의 신탁재산만으로 책임을 진다.

1. 총　　설

유한책임신탁은 신탁채권자에 대한 책임신탁이 신탁재산에 한정되므로 유한책임신탁이 분할된 경우 유한책임신탁의 신탁채권자에 대한 채무의 승계에 관해서는 일반 신탁과 달리 규정하는 본조와 같은 특칙이 필요하다.[3]

1) 법무부, 〈신탁법 해설〉, 860면.
2) 법무부, 〈신탁법 해설〉, 860면.
3) 법무부, 〈신탁법 해설〉, 862면.

2. 분할의 효과

유한책임신탁에 속하는 채무가 유한책임신탁이 분할되었다는 이유로 신탁재산 외에 수탁자의 고유재산까지 책임재산으로 하는 채무로 변경되는 것은 부당하므로 유한책임신탁에 속하는 채무는 분할 후에도 분할된 신탁의 신탁재산만으로 책임을 지도록 하였다. 즉, 유한책임신탁이 분할된다고 하더라도 유한책임신탁이 속한 채무에 대하여는 유한책임이라는 성질이 변하지 않는다는 취지이다. 상법 제530조의9 제1항에 의하여 회사분할시 분할 또는 분할합병으로 인하여 설립되는 회사 또는 존속하는 회사가 분할 또는 분할합병 전의 회사 채무에 관하여 연대하여 변제할 책임이 있다는 것과 마찬가지로 분할된 신탁과 분할 후의 신설신탁 또는 분할합병신탁은 분할 전 신탁과 관련하여 발생한 채무에 대해서 연대하여 변제할 책임이 있다.[1] 수탁자 법인이 분할하는 경우에, 분할계획서 또는 분할합병계획서에 따라 수탁자의 지위를 승계받기로 정한 법인이 그 권리·의무를 승계한다.

제 2 절 유한책임신탁의 등기

제124조 (관할등기소) [신설]

① 유한책임신탁의 등기에 관한 사무는 신탁사무처리지를 관할하는 지방법원, 그 지원 또는 등기소를 관할 등기소로 한다.

② 등기소는 유한책임신탁등기부를 편성하여 관리한다.

1. 총　　설

유한책임신탁의 등기와 관련하여 등기 실무를 위하여 그 관할등기소 및 등기부의 편성 규정을 두었다.

2. 관할등기소

유한책임신탁의 등기는 그 신탁사무처리지를 관할하는 지방법원, 지원 또는 등기소

1) 법무부, 〈신탁법 해설〉, 862~863면.

를 관할 등기소로 하여야 한다.

3. 등기부편성

유한책임신탁은 신탁별로 등기부를 편성하여야 한다.

第125조 (등기의 신청) [신설]

① 등기는 법령에 다른 규정이 있는 경우를 제외하고는 수탁자의 신청 또는 관공서의 촉탁이 없으면 하지 못한다.

② 제17조 제1항 및 제18조 제1항에 따라 신탁재산관리인이 선임되면 법령에 다른 규정이 있는 경우를 제외하고는 신탁재산관리인이 등기를 신청하여야 한다.

1. 등기신청의 방법

법령에 다른 규정이 있는 경우를 제외하고는 유한책임신탁의 등기는 수탁자가 신청하도록 하고, 관공서의 촉탁이 있는 경우에도 등기가 가능하도록 하였다.

2. 신탁재산관리인의 등기

수탁자를 대신하는 신탁재산관리인이 선임된 경우에는 선임된 업무 범위 내에서 신탁재산관리인이 수탁자의 권한을 행사하므로 법령에 다른 규정이 있는 경우를 제외하고는 신탁재산관리인이 등기를 신청하여야 한다.

第126조 (유한책임신탁등기) [신설]

① 유한책임신탁등기는 다음 각 호의 사항을 등기하여야 한다.

1. 유한책임신탁의 목적
2. 유한책임신탁의 명칭
3. 수탁자의 성명 또는 명칭 및 주소
4. 신탁재산관리인이 있는 경우 신탁재산관리인의 성명 또는 명칭 및 주소

5. 신탁사무처리지
6. 그 밖에 대통령령으로 정하는 사항

② 제1항의 등기는 유한책임신탁을 설정한 때부터 2주 내에 하여야 한다.

③ 유한책임신탁의 등기를 신청하기 위한 서면(전자문서를 포함한다. 이하 "신청서"라 한다)에는 다음 각 호의 서면을 첨부하여야 한다.

1. 유한책임신탁을 설정한 신탁행위를 증명하는 서면
2. 수탁자가 법인인 경우에는 그 법인의 「상업등기법」 제15조에 따른 등기사항증명서
3. 제117조 제2항에 따라 외부의 감사인을 두어야 하는 경우에는 그 선임 및 취임승낙을 증명하는 서면
4. 제3호의 감사인이 법인인 경우에는 그 법인의 「상업등기법」 제15조에 따른 등기사항증명서

1. 총　　설

유한책임신탁의 경우 등기가 효력발생요건이므로 등기시 필수적으로 등기하여야 할 사항을 정할 필요가 있다.

2. 유한책임신탁의 등기사항

유한책임신탁은 등기를 성립요건으로 하고 있으므로 일정 사항에 대해 등기의무를 부과하였다. 유한책임신탁의 등기사항은 유한책임신탁의 설정시 정하여야 하는 사항과 같으나, 위탁자 및 수익자의 이름 등 빈번하게 변동될 수 있는 사항에 대해서는 등기의무를 부과하지 아니하였다.[1] 제1호 내지 제5호 이외에 대통령령으로 "신탁행위로 정한 종료사유가 있는 경우 그 종료사유"를 등기하도록 하였다.

3. 등기시기

유한책임신탁등기는 회사의 설립등기에 준하여 설정 후 2주 이내에 하여야 한다.

1) 법무부, 〈신탁법 해설〉, 869면.

4. 등기시 첨부서면

등기 신청시 등기사항을 증명하기 위한 서면(유한책임신탁을 설정한 신탁행위를 증명하는 서면과 수탁자가 법인인 경우 상업등기법에 의한 등기사항증명서)을 첨부하도록 하였다. 수익증권발행의 유한책임신탁 중 일정 규모 이상의 경우는 채권자 보호를 위하여 반드시 공인회계사 자격을 가진 외부감사인을 두도록 정하고 있으므로 그러한 외부감사인이 필요한 유한책임신탁인 경우는 그에 관한 선임 및 취임승낙서 등을 첨부하여야 한다.[1)]

제127조 (유한책임신탁의 변경등기) [신설]

① 제126조 제1항 각 호의 사항(제5호는 제외한다)에 변경이 있는 경우에는 2주 내에 변경등기를 하여야 한다.

② 신탁사무처리지에 변경이 있는 경우에는 2주 내에 종전 신탁사무처리지에서는 변경등기를 하고 새로운 신탁사무처리지에서는 제126조 제1항 각 호의 사항을 등기하여야 한다. 다만, 같은 등기소의 관할구역 내에서 신탁사무처리지를 변경한 경우에는 신탁사무처리지의 변경등기만 하면 된다.

③ 제126조 제1항 각 호의 사항의 변경은 제1항 또는 제2항에 따라 등기하지 아니하면 선의의 제3자에게 대항하지 못한다. 등기한 후라도 제3자가 정당한 사유로 이를 알지 못한 경우에도 또한 같다.

④ 제1항 또는 제2항에 따라 변경등기를 신청할 때에는 신청서에 해당 등기사항의 변경을 증명하는 서면을 첨부하여야 한다.

1. 변경등기의 의무

등기된 사항에 변경이 있는 경우 2주 내에 변경사항을 등기하도록 한다.

2. 사무처리지의 변경등기

사무처리지가 변경된 경우, 동일한 등기소 관할구역 내에서의 변경이 있는 경우라면 변경등기만 하면 되지만, 관할구역이 다른 경우에는 종전 사무처리지에서는 변경등기를 하고, 새로운 사무처리지에서는 다시 제1항의 등기를 하여야 한다.

1) 법무부, 〈신탁법 해설〉, 869~870면.

3. 변경등기의 대항력

창설적 등기를 제외한 나머지 사항(변경등기사항)에 대해서는 상업등기의 대항력에 준하여 등기한 경우가 아니면 선의의 제3자에 대항하지 못하도록 규정하였다. 이는 등기가 되기 전에는 외관주의에 따라 거래안전을 위하여 제3자를 보호하고 등기 후에는 제3자의 악의를 의제하여 유한책임신탁 제도의 취지를 확보하고자 한 것이다. 상업등기와 마찬가지로 등기한 후에 제3자가 정당한 사유로 인하여 이를 알지 못한 경우에는 그 제3자에게 대항할 수 없도록 하였다.

4. 변경등기의 첨부서면

유한책임신탁의 변경등기신청서에는 그 등기사항의 변경을 증명하는 서면을 첨부하여야 한다.

제128조 (유한책임신탁의 종료등기) [신설]

① 유한책임신탁이 종료되거나 제114조 제1항의 취지를 폐지하는 변경이 있는 경우에는 2주 내에 종료등기를 하여야 한다.

② 제1항에 따라 유한책임신탁의 종료등기를 신청할 때에는 신청서에 종료사유의 발생을 증명하는 서면을 첨부하여야 한다.

1. 유한책임신탁 종료의 등기

신탁이 기간 만료, 목적 소멸 등의 사유로 종료되거나 기타 유한책임신탁에 관하여 신탁행위로 정한 유한책임에 관한 내용을 폐지하기로 신탁이 변경된 경우에는 신탁의 종료등기를 2주 내에 하여야 한다.

2. 종료등기의 첨부서면

유한책임신탁의 종료등기 신청서에는 그 사유의 발생을 증명하는 서면을 첨부하여야 한다.

제129조 (유한책임신탁의 합병등기 또는 분할등기) [신설]

유한책임신탁이 합병하거나 분할한 후에도 유한책임신탁을 유지하는 경우 그 등기에 관하여는 제126조부터 제128조까지의 규정을 준용한다.

1. 총 설

유한책임신탁이 합병, 분할되었으나 유한책임신탁으로 유지되는 경우 설정, 변경, 종료에 관하여 유한책임신탁 등기의 규정을 준용할 필요가 있다.

2. 합병·분할등기

유한책임신탁의 합병과 분할시 적용될 등기절차에 관해서는 유한책임신탁의 설정등기, 변경등기, 종료등기에 관한 규정을 준용한다. 즉, 합병 또는 분할되기 전의 신탁에 대해서는 종료등기나 변경등기가 이루어져야 하며, 합병 또는 분할로 신설된 신탁에 대해서는 설정등기가 이루어져야 한다.

제130조 (부실의 등기) [신설]

수탁자는 고의나 과실로 유한책임신탁의 등기가 사실과 다르게 된 경우 그 등기와 다른 사실로 선의의 제3자에게 대항하지 못한다.

1. 총 설

유한책임신탁등기를 믿고 거래한 제3자의 보호를 위하여 수탁자의 고의 또는 과실에 의한 부실등기의 효력을 제한할 필요가 있다.

2. 부실의 등기 효력

유한책임신탁의 등기는 상업등기에 준하여 등기되는 것으로, 상업등기에 공신력이 인정되지 않음으로 인하여 등기된 사실이 사실과 부합하지 않는 경우 이를 신뢰한 제3자를 보호하기 위하여 상법 제39조(부실의 등기)의 규정을 참조하여 등기효력에 관하여 규정하였다.[1)]

제131조 (등기절차 및 사무) [신설]
이 장에 규정된 등기의 등기절차 및 사무에 관하여는 이 법 및 다른 법령에서 규정한 것을 제외하고 「상업등기법」의 예에 따른다.

1. 총 설

유한책임신탁의 등기와 관련하여 구체적인 절차에 대하여 상업등기법을 준용할 필요가 있다.

2. 등기 절차에 관한 규정

유한책임신탁은 회사와 유사한 기능을 갖고 있으므로, 유한책임신탁의 등기는 상업등기의 예에 준하여 처리하는 것이 타당하다. 유한책임신탁의 등기에 관해 신탁법에서 정하지 않은 등기절차, 사무에 관한 사항은 상업등기법의 적용을 받도록 하였는데, 이에 따라 등기관, 등기부편성, 등기절차 등은 모두 상업등기법의 예에 따르며, 특히 상호의 등기, 주식회사의 등기에 관한 사항도 신탁법에 규정된 내용과 저촉되지 않는 한 필요한 범위에서 적용이 된다고 할 것이다.[2)]

3. 유한책임신탁등기규칙의 주요 내용

① 유한책임신탁등기의 양식을 규정함(유한책임신탁 등기규칙 제2조, 별지 제1호)

② 수탁자·신탁재산관리인·청산수탁자를 등기할 때에는 성명 또는 명칭 및 주소뿐만 아니라 주민등록번호 또는 법인등록번호도 기록하도록 하고, 주민등록번호가 없는 재외국민 또는 외국인인 경우에는 주민등록번호를 대신하여 그 생년월일을 등기하도록 함

1) 법무부, 〈신탁법 해설〉, 878면.
2) 법무부, 〈신탁법 해설〉, 880면.

(동규칙 제3조)

③ 신탁사무처리지의 변경등기의 경우 신탁사무처리지를 변경한 뜻, 그 연월일을 등기기록의 개설사유 및 연월일란에 기록함(동규칙 제4조)

④ 신수탁자 또는 신청산수탁자의 취임등기를 하는 때에는 신탁재산관리인에 관한 등기를 말소하는 표시를 하도록 함(동규칙 제5조)

⑤ 유한책임신탁의 종료등기를 하는 때에는 수탁자에 관한 등기를 말소하는 표시를 하도록 함(제6조)

⑥ 등기기록을 폐쇄하여야 하는 경우를 규정함(동규칙 제7조)

⑦ 유한책임신탁등기에 관하여 이 규칙에 특별한 규정이 있는 경우와 「상업등기규칙」 제14조 제1항, 제33조, 제43조부터 제50조까지, 제63조, 제67조부터 제71조까지의 규정 등을 제외하고는 성질에 반하지 아니하는 한 「상업등기규칙」을 준용하도록 함(동규칙 제8조)

제 3 절 유한책임신탁의 청산

제132조 (유한책임신탁의 청산) [신설]

① 유한책임신탁이 종료한 경우에는 신탁을 청산하여야 한다. 다만, 제98조 제2호 및 제3호의 사유로 종료한 경우에는 그러하지 아니하다.

② 제1항에 따른 청산이 완료될 때까지 유한책임신탁은 청산의 목적범위 내에서 존속하는 것으로 본다.

1. 총 설

유한책임신탁의 경우 신탁채권에 대한 책임재산의 범위가 신탁재산에 한정되므로 유한책임이 종료한 때에는 별도의 청산절차를 반드시 거칠 필요가 있다.[1)]

---

1) 김태진, 〈유한책임신탁에 대한 검토와 신탁법 개정을 위한 시사점〉, 321면.

2. 청산의 개시 원인

가. 청산절차의 의무

유한책임신탁의 경우 수탁자는 신탁채무에 대하여 신탁재산으로 변제할 책임만 부담할 뿐 고유재산으로 변제할 것은 아니기 때문에, 신탁이 종료한 때에는 신탁채권자 등 이해관계인을 보호하고 관련된 법률관계를 명확하게 하기 위해 상법상 회사에 준하는 청산절차를 거치도록 의무화하였다.

나. 청산의 개시원인

현행 신탁법 제99조부터 제100조의 규정에 따라 신탁의 당연종료사유의 발생, 위탁자와 수익자 간의 합의, 법원의 종료명령 등의 사유로 유한책임신탁이 종료하게 되면 반드시 청산절차를 거쳐야 한다.

다만, 신탁합병의 경우(현행 신탁법 제98조 제2호) 합병되는 신탁의 모든 권리·의무가 합병신탁에 포괄승계되므로 별도의 청산절차는 필요하지 않다. 파산의 경우(현행 신탁법 제98조 제3호)에는 채무자회생법에 따라서 파산절차를 진행할 것이므로 별도의 청산절차는 필요하지 않을 것이다.

다. 청산절차에 관한 규정의 법적 성격

청산에 관한 규정은 제3자의 이해관계에 중대한 영향을 미치는 것으로서 강행규정이라고 할 것이다. 신탁의 청산에 관한 판례는 아니지만 판례는 『청산절차에 관한 규정은 모두 제3자의 이해관계에 중대한 영향을 미치는 것으로서 강행규정이므로, 해산한 법인이 잔여재산의 귀속자에 관한 정관 규정에 반하여 잔여재산을 달리 처분할 경우 그 처분행위는 청산법인의 목적범위 외의 행위로서 특단의 사정이 없는 한 무효이다』라고 판시한 바 있다(대법원 2000. 12. 8. 선고 98두5279 판결 등).

3. 청산 중의 신탁

가. 규정의 취지

신탁이 종료하는 경우 수탁자에게는 신탁의 목적 수행을 위한 관리, 처분 등을 중지하고 신탁재산을 수익자나 귀속권리자에게 조기에 인도할 의무가 발생하고 직무 내용에 변화가 발생한다. 그러나 수탁자가 관련된 법률관계를 처리할 수 있도록 수탁자 또는 수익자의 권리·의무 등에 관하여 신탁행위로서 정하는 것은 종전과 동일한 효력이 있다고 보는 것이 타당하므로, 법에서는 신탁이 그 종료 후에도 청산을 완료하기까지는 여전히 존속하는 것으로 규정한 것이다.

나. 청산 중 신탁의 법적 성격

수탁자 또는 수익자의 권리·의무에 관한 신탁행위의 정함은 종전과 마찬가지로 효력을 갖는다는 의미에서 이 규정에 따른 청산 중인 신탁의 성격을 "기존 신탁의 연장"으로 보는 설이 유력하다.[1)]

구 신탁법 제61조 본문은 "신탁이 종료한 경우에 신탁재산이 그 귀속권리자에게 이전할 때까지는 신탁은 존속하는 것으로 간주한다"고 규정하고 있었고, 위 규정에서 존속하는 것으로 간주되는 신탁은 그 목적에 한정하는 법정신탁으로 보았던바(대법원 2002. 3. 26. 선고 2000다25989 판결), 기존 신탁이 청산의 목적 범위 내에서 연장되는 법정신탁으로 해석될 수 있을 것이다.[2)]

다. 청산 중 신탁의 존속기간

청산수탁자는 신탁재산에 속하는 채무를 변제하고 잔여재산을 인도한 후 최종계산을 보고할 때까지 청산수탁자로서의 의무를 부담하여야 하므로, 현행 신탁법은 청산 중의 신탁의 존속기간에 대하여 "청산이 완료할 때"까지로 명시하였다. 상법[3)]과 민법[4)]에도 유사한 취지의 규정을 두고 있다.

제133조 (청산수탁자) [신설]

① 유한책임신탁이 종료된 경우에는 신탁행위로 달리 정한 바가 없으면 종료 당시의 수탁자 또는 신탁재산관리인이 청산인(이하 "청산수탁자"라 한다)이 된다. 다만, 제3조 제3항에 따라 유한책임신탁이 종료된 경우에는 법원이 수익자, 신탁채권자 또는 검사의 청구에 의하거나 직권으로 해당 신탁의 청산을 위하여 청산수탁자를 선임하여야 한다.

② 제1항 단서에 따라 청산수탁자가 선임된 경우 전수탁자의 임무는 종료한다.

③ 제1항 단서에 따라 선임된 청산수탁자에 대한 보수에 관하여는 제21조 제4항을 준용한다.

---

1) 최수정, 〈일본 신신탁법〉, 190면.

2) 구 신탁법 제61조에 관하여 판례는 『그 신탁재산이 귀속권리자에게 이전할 때까지 그 신탁이 그대로 존속하는 것으로 보는 법정신탁으로, 신탁행위에서 그 귀속권리자를 정하고 있을 때에는 본래 신탁의 연장으로 볼 수 있고, 귀속권리자가 위탁자 또는 그 상속인일 때에는 당사자의 의견을 추정하거나, 형평의 원칙에 따라 위탁자에게 남은 재산의 복귀를 목적으로 하는 이른바 복귀신탁에 해당한다』고 판시한 바 있다(서울고등법원 2006. 8. 16. 선고 2005나58269 판결).

3) 상법 제245조(청산중의 회사) 회사는 해산된 후에도 청산의 목적범위내에서 존속하는 것으로 본다.

4) 민법 제81조(청산법인) 해산한 법인은 청산의 목적범위 내에서만 권리가 있고 의무를 부담한다.

④ 청산수탁자는 다음 각 호의 직무를 수행한다.
1. 현존사무의 종결
2. 신탁재산에 속한 채권의 추심 및 신탁채권에 대한 변제
3. 수익채권(잔여재산의 급부를 내용으로 한 것은 제외한다)에 대한 변제
4. 잔여재산의 급부
5. 재산의 환가처분

⑤ 청산수탁자는 제4항 제2호 및 제3호의 채무를 변제하지 아니하면 제4항 제4호의 직무를 수행할 수 없다.

⑥ 청산수탁자는 제4항 각 호의 직무를 수행하기 위하여 필요한 모든 행위를 할 수 있다. 다만, 신탁행위로 달리 정한 경우에는 그에 따른다.

⑦ 청산수탁자는 청산수탁자가 된 때부터 2주 내에 청산수탁자의 성명 또는 명칭 및 주소를 등기하여야 한다.

1. 총 설

신탁행위로 청산수탁자를 정하지 않은 경우를 대비하여 청산수탁자의 선임에 관한 기본 규칙을 정할 필요가 있으며, 청산수탁자의 직무의 내용과 권한에 대하여 법률에 명문으로 규정하여 거래의 안전을 도모할 수 있다.

2. 청산수탁자의 결정

청산수탁자란 청산 중인 신탁의 수탁자로서, 청산 중 신탁의 법적 성격을 기존 신탁의 연장으로 보기 때문에 원칙적으로 기존 신탁의 수탁자 또는 수탁자를 대신하는 신탁재산관리인이 청산수탁자가 된다. 신탁행위로 특정인을 청산수탁자로 미리 지정하는 등 약정으로 달리 정한 경우에는 그러하지 않다.

입법과정에서 수탁자가 없고 신탁행위로 청산수탁자를 정하지도 아니한 경우에 이해관계인이 청구하면 법원이 청산수탁자를 선임할 수 있도록 하자는 주장이 있었으나, 현행 신탁법에서는 수탁자가 없는 경우를 대비하여 신탁재산관리인제도를 강화하였으므로 실제 업무의 공백이 발생하는 것을 산정하기 어려워 법원에 의한 청산수탁자 선임규정을 두지 않는 것으로 하되 신탁 종료시 신탁재산관리인이 있는 경우에 신탁재산관리인이 청산수탁자가 되도록 하였다.

3. 법원의 청산수탁자 선임

현행 신탁법 제3조 제3항에서는 집행면탈 또는 탈세 등의 부정한 목적으로 신탁선언에 의해 신탁을 설정한 경우에는 신탁재산과 관련된 이해관계인이 법원에 신탁의 종료를 청구할 수 있는데, 이와 같이 법원의 재판을 통하여 신탁이 종료되는 경우에는 종료 당시의 수탁자 또는 신탁재산관리인이 청산수탁자가 되는 것은 부적절하므로 이러한 경우에만 예외적으로 법원이 청산수탁자를 선임하는 것으로 규정하였다.

4. 청산수탁자의 직무와 권한

가. 현존사무의 종결

현존사무의 종결이란 신탁의 종료 당시에 아직 종료하지 않은 신탁사무를 완료하는 것으로서, 필요한 경우 새로운 법률행위를 할 수도 있으며, 신탁과 관련된 소송의 수행도 포함된다.[1] 상법상 청산인의 직무권한 중 현존사무의 종결에는 "필요한 사무원의 신규채용, 퇴직금의 지급, 공로자에 대한 위로금의 증여 등"을 포함한다고 해석하고 있는데 이를 참고할 수 있을 것이다.

나. 신탁재산에 속한 채권의 회수 및 신탁채무의 변제

회수란 '채권의 추심'으로 신탁재산에 속한 채권에 관하여 채무자로부터 채무의 이행을 받는 것을 의미하고, 채무자가 누구인지는 관계없으나 변제기가 도래하여야 한다.

다. 수익채권에 대한 채무의 변제

신탁이 종료한 때까지 미지급된 수익채권이 있는 경우 청산수탁자는 해당 수익자에게 수익권의 내용에 따라 급부하여야 한다. 다만 신탁채권이 수익채권에 우선하므로(현행 신탁법 제62조), 청산수탁자는 제4항 제2호에 따라 신탁채권에 대한 변제를 완료한 후에 수익채권의 급부를 하여야 한다.

라. 잔여재산의 급부

청산수탁자가 신탁재산으로 채무를 전부 변제한 후에도 잔여재산이 남는 경우에 잔여재산을 귀속권리자에게 급부하는 것을 의미한다. 청산절차는 신탁재산에서 신탁채무와 수익채권에 대한 채무를 변제하고 그 잔여재산을 수익자, 귀속권리자 등에게 급부하는

1) 정동윤 · 양명조, 〈주석 상법 회사법(1)〉, 335면.

절차로서 위 채무들을 변제하지 않으면 수익자, 귀속권리자 등의 잔여재산 귀속에 대한 권리의 정확한 내용을 확정할 수 없으므로, 청산수탁자는 제4항 제2호 및 제3호의 채무를 먼저 변제한 후에 잔여재산의 급부를 할 수 있다.

마. 재산의 환가처분

청산수탁자는 채무의 변제 등 청산의 목적에 적합하도록 신탁재산을 금전으로 바꾸는 처분행위를 할 수 있으며, 처분의 방법에는 제한이 없다.

바. 청산수탁자의 권한

청산수탁자는 제4항 각 호에 규정된 청산사무를 수행하기 위하여 필요한 재판상 또는 재판 외의 모든 행위를 할 권한이 인정되는바, 재산의 관리만을 목적으로 하는 관리신탁의 경우에도 청산절차에서는 채무의 변제를 위하여 신탁재산을 처분할 수 있다고 보아야 할 것이다.[1] 다만 신탁행위로 청산수탁자의 권한을 제한할 수 있다.

5. 청산수탁자의 등기

청산수탁자는 일체의 청산사무를 처리하는 자로서 청산수탁자의 성명, 명칭 및 주소를 대외적으로 공시하는 것이 이해관계인의 보호를 위하여 매우 중요하다. 청산수탁자는 청산수탁자가 된 후 2주 내에 반드시 등기를 하여야 한다.

제134조 (채권자의 보호) [신설]

① 청산수탁자는 취임한 후 지체 없이 신탁채권자에게 일정한 기간 내에 그 채권을 신고할 것과 그 기간 내에 신고하지 아니하면 청산에서 제외된다는 뜻을 일반일간신문에 공고하는 방법(수탁자가 법인인 경우에는 그 법인의 공고방법을 말한다)으로 최고하여야 한다. 이 경우 그 기간은 2개월 이상이어야 한다.

② 청산수탁자는 그가 알고 있는 채권자에게는 개별적으로 그 채권의 신고를 최고하여야 하며, 그 채권자가 신고하지 아니한 경우에도 청산에서 제외하지 못한다.

1) 최수정, 〈일본 신신탁법〉, 191면.

1. 총 설

청산절차에서 신탁채무의 변제는 가장 핵심적인 것이므로 변제의 사전절차로서 신탁채권자를 확인하기 위해 신탁채권자들의 채권신고에 대하여 규정할 필요가 있다. 상법 제535조[1])의 규정 취지와 같다.

2. 채권신고의 공고

청산수탁자는 청산수탁자가 된 때에 지체없이 신탁채권자에게 ① 신탁채권을 2개월 이상의 일정한 기간 내에 신고할 것과 ② 위 기간 내 신고하지 않으면 청산에서 제외된다는 것을 공고로써 최고하여야 한다. 신고하여야 하는 채권은 금전채권이든 그 밖의 채권이든 종류는 상관이 없다고 할 것이나, 이 규정과 유사한 상법 제535조 제1항의 신고대상 채권에 대하여 하급심 판결에서는 소유권이전등기청구권은 이에 해당하지 않는다고 판시한 바 있다.[2]) 그러나 이 규정에 위와 같은 채권이 포함되는지 여부에 대해서는 판례 및 학설의 해석에 맡기기로 하고 명확한 규정을 두지는 아니하였다.[3]) 하급심판결의 취지가 청산인이 알고 있는 채권자라서 청산절차에서 제외할 수 없다고 보았는바, 신고대상 범위에 대해서 일반적으로 통용되는 판시라고는 보기 어렵다.

3. 채권신고의 개별최고

청산수탁자는 알고 있는 채권자에 대해여는 개별적으로 공고할 내용과 동일한 내용으로 최고를 하여야 한다. 개별최고의 대상인 채권자는 채권의 신고를 하지 않더라도 청산절차에서 배제되지 않는다.

---

1) 상법 제535조(회사채권자에의 최고) ① 청산인은 취임한 날로부터 2월내에 회사채권자에 대하여 일정한 기간 내에 그 채권을 신고할 것과 그 기간내에 신고하지 아니하면 청산에서 제외될 뜻을 2회이상 공고로써 최고하여야 한다. 그러나 그 기간은 2월이상이어야 한다.
② 청산인은 알고 있는 채권자에 대하여는 각별로 그 채권의 신고를 최고하여야 하며 그 채권자가 신고하지 아니한 경우에도 이를 청산에서 제외하지 못한다.

2) 서울고등법원 1981. 3. 19. 선고 80나4140 판결(회사가 해산 전에 그 소유인 부동산을 타에 매도하고 이에 관한 소유권이전등기절차를 매수인 명의로 경료하여 주지 않은 채 해산된 경우에 있어서, 위 매수인의 회사에 대한 소유권이전등기청구권은 상법 제535조에서 말하는 회사채권자가 신고하여야 할 채권에는 포함되지 않는다고 봄이 회사의 해산 및 청산에 관한 상법상의 제규정의 취지에 비추어 상당하다고 할 것이고, 더욱이 위와 같은 경우에는 동 부동산의 매수인은 청산인이 알고 있는 채권자라고 할 것이므로 그 채권의 신고가 없었다고 하여 이를 청산에서 제외할 수는 없다).

3) 법무부, 〈신탁법 해설〉, 895~896면.

제135조 (채권신고기간 내의 변제) [신설]

① 청산수탁자는 제134조 제1항의 신고기간 내에는 신탁채권자에게 변제하지 못한다. 다만, 변제의 지연으로 인한 손해배상의 책임을 면하지 못한다.

② 청산수탁자는 제1항에도 불구하고 소액의 채권, 담보가 있는 신탁채권, 그 밖에 변제로 인하여 다른 채권자를 해칠 우려가 없는 채권의 경우 법원의 허가를 얻어 변제할 수 있다.

③ 제2항에 따른 허가신청을 각하하는 재판에는 반드시 이유를 붙여야 한다.

④ 변제를 허가하는 재판에 대해서는 불복할 수 없다.

1. 총 설

채권자들에 대한 공평한 변제를 위하여 상법 제536조[1]와 같은 변제절차가 필요하다.

2. 신고기간 내의 변제금지와 손해배상

신고기간이 만료된 후 모든 채권자들에게 공평한 변제를 하기 위해서 신고기간 내에는 원칙적으로 임의변제를 할 수 없다.[2] 채권신고를 한 신탁채권자는 물론 청산수탁자가 개별적으로 알고 있는 채권자에 대해서도 마찬가지이다. 변제기가 도래하였음에도 불구하고 신고기간 동안 변제를 받지 못하는 채권의 불이익을 보상하기 위하여 신고기간 내에 변제기가 도래한 채권자에 대해서는 청산수탁자는 지연손해배상책임을 부담한다.

3. 소액채권 등의 예외

신고기간 내라고 하더라도 소액채권, 담보부 채권 등 변제로 인하여 다른 채권자의 이익을 해칠 우려가 없는 채권의 경우 법원의 허가를 얻어 청산수탁자가 변제할 수 있다. 담보부 채권은 우선변제 효력이 있기 때문에 인정된 것으로 그 범위는 유치권, 질권,

1) 상법 제536조(채권신고기간내의 변제) ① 청산인은 전조 제1항의 신고기간내에는 채권자에 대하여 변제를 하지 못한다. 그러나 회사는 그 변제의 지연으로 인한 손해배상의 책임을 면하지 못한다.
② 청산인은 전항의 규정에 불구하고 소액의 채권, 담보있는 채권 기타 변제로 인하여 다른 채권자를 해할 염려가 없는 채권에 대하여는 법원의 허가를 얻어 이를 변제할 수 있다.

2) 법무부, 〈신탁법 해설〉, 899~900면.

저당권, 가등기담보권 등 물적 담보가 붙은 것에 한정된다.[1] 법원은 변제허가결정을 할 때 반드시 결정이유를 붙여야 하고, 허가결정에 대해서 다른 채권자들이 불복할 수는 없다.

제136조 (청산절차에서 채무의 변제) [신설]

① 청산수탁자는 변제기에 이르지 아니한 신탁채권에 대해서도 변제할 수 있다.

② 제1항에 따라 신탁채권에 대한 변제를 하는 경우 이자 없는 채권에 대해서는 변제기에 이르기까지의 법정이자를 가산하여 그 채권액이 될 금액을 변제하여야 한다.

③ 이자 있는 채권으로서 그 이율이 법정이율에 이르지 못하는 경우에는 제2항을 준용한다.

④ 제1항의 경우 조건부채권, 존속기간이 불확정한 채권, 그 밖에 가액이 불확정한 채권에 대해서는 법원이 선임한 감정인의 평가에 따라 변제하여야 한다.

1. 총 설

신속한 청산의 종결을 위하여 청산수탁자의 조기 변제를 규정하였다.

2. 변제기 전 신탁채무의 변제

신탁채무가 변제기에 이르지 아니한 경우에도 청산수탁자는 청산사무의 편의를 위하여 필요한 때에 변제기 전의 신탁채무를 변제할 수 있다. 신탁채권자가 기한의 이익을 가지는 경우에는 채권자의 이익을 해할 소지가 있지만 청산사무의 조기종결을 위하여 부득이하게 법률로써 허용한 것이다.[2]

3. 변제기 전의 채권의 평가

무이자 채권의 경우 청산수탁자는 변제기에 이르기까지의 법정이자를 가산하여 그 채권액에 달할 금액을 변제하여야 한다. 이는 채권액에서 변제시부터 변제기까지의 법정이자를 공제하는 것을 의미하며, 그 변제액은 호프만식 계산법에 따른다.[3]

1) 김건식 외 3, 〈주석 상법 회사법(4)〉, 682면.
2) 법무부, 〈신탁법 해설〉, 903~904면.
3) 정동윤 · 양명조, 〈주석 상법 회사법(1)〉, 347면.

약정이율이 법정이율에 달하지 못하는 이자부 채권의 경우 제2항과 같이 변제시부터 변제기까지 법정이율로 계산한 중간이자를 원본에서 공제하면 된다. 약정이율이 법정이율보다 높을 때에는 명문의 규정이 없지만, 동일한 취지의 상법 제259조[1]의 해석상 원본액에 변제시까지의 약정이자를 가산하여 변제하면 되고 채권자의 이익을 해하는 경우에는 손해를 배상하여야 한다는 견해가 있다.[2]

4. 가액이 불확정한 채권

조건부 채권, 존속기간의 불확정한 채권 등 가액이 아직 정해지지 않은 채권에 대해서는 법원이 선임한 감정인의 평가에 따라 변제를 하여야 하고, 이때 감정인 선임비용은 비송사건절차법 제124조를 유추하여 신탁재산으로 부담하여야 한다는 견해가 있다.[3]

제137조 (제외된 채권자에 대한 변제) [신설]

청산 중인 유한책임신탁의 신탁채권자가 제134조 제1항의 신고기간 내에 그 채권을 신고하지 아니한 경우에는 그 채권은 청산에서 제외된다. 이 경우 청산에서 제외된 채권자는 분배되지 아니한 잔여재산에 대해서만 변제를 청구할 수 있다.

1. 총 설

신고기간 내에 채권신고를 하지 않은 신탁채권자의 경우 청산절차에서는 배제하되, 신탁채권은 수익채권보다 우선하므로 채권자의 지위에서 분배하고 남은 잔여재산에 대해서는 변제를 청구할 수 있도록 규정하였다.

1) 상법 제259조(채무의 변제) ① 청산인은 변제기에 이르지 아니한 회사채무에 대하여도 이를 변제할 수 있다.
② 전항의 경우에 이자없는 채권에 관하여는 변제기에 이르기까지의 법정이자를 가산하여 그 채권액에 달할 금액을 변제하여야 한다.
③ 전항의 규정은 이자있는 채권으로서 그 이율이 법정이율에 달하지 못하는 것에 이를 준용한다.
④ 제1항의 경우에는 조건부채권, 존속기간이 불확정한 채권 기타 가액이 불확정한 채권에 대하여는 법원이 선임한 감정인의 평가에 의하여 변제하여야 한다.

2) 정동윤 · 양명조, 〈주석 상법 회사법(1)〉, 347~348면.

3) 법무부, 〈신탁법 해설〉, 904면.

2. 제외된 채권자에 대한 변제

신고기간 내에 채권신고를 하지 않았고 청산수탁자가 개별적으로 알지 못하는 신탁채권자의 경우, 청산절차에서 변제를 받을 수 없고, 청산절차 후 남은 신탁의 잔여재산에 대해서만 변제를 청구할 수 있다. 분배되지 않은 잔여재산이 전혀 없거나 제외된 신탁채권의 전액을 변제하기에 부족한 때에는 신탁채권자는 전부 또는 일부의 변제를 받을 수 없고 파산절차에서 배당을 받게 될 것이다.

3. 개정 당시의 논의

복수의 수익자 중 일부에게만 급여가 이루어진 경우에는 다른 수익자에게도 그와 동일한 비율로 잔여재산이 분배되어야 하므로, 다른 수익자에게 분배되어야 할 잔여재산분은 이 조항의 "분배되지 아니한 잔여재산"에서는 공제되어야 할 것인데, 이와 같은 규정을 상법 제537조[1] 제2항과 같이 명문으로 규정할 것인지 논의가 있었다. 현행 신탁법 제134조 및 제135조의 해석으로도 위와 같은 결론이 도출되므로 따로 명문의 규정은 두지 않기로 하였다.[2]

제138조 (청산 중의 파산신청) [신설]

청산 중인 유한책임신탁의 신탁재산이 그 채무를 모두 변제하기에 부족한 것이 분명하게 된 경우 청산수탁자는 즉시 신탁재산에 대하여 파산신청을 하여야 한다.

1. 총　　설

청산절차 진행 중에 적극적으로 신탁채무를 완제할 수 없음이 분명하게 된 경우, 각 신탁채권자는 그 신탁채권의 전액에 대한 변제를 받을 수 없게 되므로, 파산절차를 통하여 각 신탁채권자가 공평하게 변제를 받을 수 있도록 파산절차로 이행하여야 할 의무를

1) 상법 제537조(제외된 채권자에 대한 변제) ① 청산에서 제외된 채권자는 분배되지 아니한 잔여재산에 대하여서만 변제를 청구할 수 있다.
② 일부의 주주에 대하여 재산의 분배를 한 경우에는 그와 동일한 비율로 다른 주주에게 분배할 재산은 전항의 잔여재산에서 공제한다.

2) 법무부, 〈신탁법 해설〉, 908면.

청산수탁자에게 부과한 것이다.

2. 청산 중 파산신청 의무

청산수탁자는 청산 중 신탁의 소극재산이 적극재산을 초과하여 파산원인이 있는 경우 즉시 신탁재산에 대한 파산신청을 하여야 할 의무를 부담한다. 파산신청을 게을리한 때에는 과태료를 부과받고(현행 신탁법 제146조 제1항 제28호), 청산수탁자가 귀책사유로 파산신청을 지체한 경우에는 손해배상책임을 부담한다고 보아야 할 것이다.

청산 중인 유한책임신탁의 신탁재산이 그 채무를 완제하기에 부족한 것이 분명한 때, 즉 채무초과상태인 경우에 유한책임신탁의 파산을 신청하여야 할 것이다.

3. 채무자회생 및 파산에 관한 법률

정부는 현행 신탁법에 따라 설정된 유한책임신탁에 속하는 재산에 대한 파산제도의 도입에 따라 파산사건의 재판관할, 신탁행위의 부인, 환취권 등에 관한 규정을 신설하고자 2012. 8. 20. 채무자회생 및 파산에 관한 법률 개정안을 국회에 제출하였고 2013. 5. 28. 개정되었다.

개정법의 주요내용은 아래와 같다.

가. 재판관할(채무자회생법 제3조)

「신탁법」에 따라 설정된 유한책임신탁에 속하는 재산(이하 “유한책임신탁재산”이라 한다)에 관한 파산사건은 원칙적으로 수탁자의 보통재판적 소재지를 관할하는 지방법원본원의 관할에 전속하도록 하되, 그에 따른 관할법원이 없는 경우에는 유한책임신탁재산의 소재지를 관할하는 지방법원본원의 관할에 전속하도록 함.

나. 신탁행위의 부인(동법 제113조의2 및 제406조의2 신설)

(1) 채무자가 「신탁법」에 따라 위탁자로서 한 신탁행위를 부인할 때에는 수탁자, 수익자 또는 전득자를 상대방으로 하도록 함.

(2) 관리인은 수익자 전부에 대하여 부인의 원인이 있을 때에만 수탁자에게 신탁재산의 원상회복을 청구할 수 있도록 하고, 이 경우 부인의 원인이 있음을 알지 못한 수탁자에게는 현존하는 신탁재산의 범위에서 원상회복을 청구할 수 있도록 하며, 수익권 취득 당시 부인의 원인이 있음을 알고 있는 수익자나 전득자에게 그가 취득한 수익권을 채

무자의 재산으로 반환청구할 수 있도록 함.

(3) 채무자에 대하여 파산이 선고된 경우 해당 채무자가 「신탁법」에 따라 한 신탁행위의 부인에 관하여는 회생절차에서의 신탁행위의 부인에 관한 규정을 준용하도록 함.

다. 파산신청권자(동법 제578조의3 신설)

유한책임신탁재산에 대한 파산신청은 신탁채권자, 수익자, 수탁자, 신탁재산관리인 또는 청산수탁자가 할 수 있도록 하고, 신탁이 종료된 후 잔여재산의 이전이 종료될 때까지는 파산신청을 할 수 있도록 함.

라. 파산원인(동법 제578조의4 신설)

유한책임신탁재산으로 지급을 할 수 없거나 신탁채권자 또는 수익자에 대한 채무를 완제할 수 없는 경우 법원은 신청에 의하여 결정으로 파산을 선고하도록 하고, 수탁자가 신탁채권자 또는 수익자에 대하여 지급을 정지한 경우에는 유한책임신탁재산으로 지급을 할 수 없는 것으로 추정하도록 함.

마. 파산선고를 받은 신탁의 수탁자 등의 구인(동법 제578조의6 신설)

(1) 유한책임신탁재산에 대한 파산선고를 한 경우 법원은 필요하다고 인정할 때에는 수탁자 또는 신탁재산관리인, 수탁자의 법정대리인, 수탁자의 지배인, 법인인 수탁자의 이사를 구인하도록 명할 수 있도록 함.

(2) 법원은 파산선고 전이라도 이해관계인의 신청에 의하거나 직권으로 수탁자 또는 신탁재산관리인, 수탁자의 법정대리인, 수탁자의 지배인, 법인인 수탁자의 이사를 구인하도록 명할 수 있도록 함.

바. 보전처분(동법 제578조의8 및 제578조의9 신설)

(1) 법원은 파산선고 전이라도 이해관계인의 신청에 의하거나 직권으로 유한책임신탁재산에 관하여 가압류, 가처분, 그 밖에 필요한 보전처분을 명할 수 있도록 함.

(2) 법원은 유한책임신탁재산에 대하여 파산선고가 있는 경우 필요하다고 인정할 때에는 파산관재인의 신청에 의하거나 직권으로 수탁자, 전수탁자(前受託者), 신탁재산관리인, 검사인 또는 청산수탁자의 책임에 기한 손해배상청구권을 보전하기 위하여 수탁자 등의 재산에 대한 보전처분을 할 수 있도록 함.

사. 파산관재인(동법 제578조의11 신설)

유한책임신탁재산에 대하여 파산선고가 있는 경우 「신탁법」에 따른 신탁위반 법률행위의 취소, 수탁자에 대한 유지청구 등의 권한은 파산관재인만이 행사할 수 있도록 함.

아. 파산재단(동법 제578조의12 신설)

유한책임신탁재산에 대하여 파산선고가 있는 경우 유한책임신탁재산에 속하는 모든 재산은 파산재단이 되도록 함.

자. 신탁재산 파산시 파산채권의 순위(동법 제578조의16 신설)

(1) 유한책임신탁재산에 대하여 파산선고가 있는 경우 신탁채권은 「신탁법」에 따른 수익채권보다 우선하도록 함.

(2) 수탁자 또는 신탁재산관리인과 채권자(수익자를 포함한다)가 유한책임신탁재산의 파산절차에서 다른 채권보다 후순위로 하기로 정한 채권은 그 정한 바에 따라 다른 채권보다 후순위로 하도록 함.

차. 벌칙의 신설(동법 제650조 제2항 및 제651조 제2항 신설, 제653조 및 제658조)

유한책임신탁재산에 대한 파산의 경우 수탁자 또는 신탁재산관리인, 수탁자의 법정대리인, 수탁자의 지배인, 법인인 수탁자의 이사를 사기파산죄, 과태파산죄, 구인불응죄, 설명의무위반죄로 처벌할 수 있도록 함.

제139조 (청산종결의 등기) [신설]
유한책임신탁의 청산이 종결된 경우 청산수탁자는 제103조에 따라 최종의 계산을 하여 수익자 및 귀속권리자의 승인을 받아야 하며, 승인을 받은 때부터 2주 내에 종결의 등기를 하여야 한다.

1. 총　　설

유한책임신탁의 청산으로 관련된 재산상 법률관계가 종료되므로 이를 공시하는 제도가 필요하다.

2. 청산종결

가. 청산종결의 등기

유한책임신탁의 청산이 종결되면, 청산수탁자는 현행 신탁법 제103조에 따라 최종의 계산을 한 후 수익자 등의 승인을 받아야 하며, 승인을 받은 때부터 2주 이내에 청산종결의 등기를 하여야 할 의무가 있고, 등기의무를 해태한 경우 과태료를 부과받게 된다.

나. "청산이 종결한 때"의 의미

청산이 종결한 때란 청산수탁자가 그의 직무인 현존사무의 종결, 신탁재산에 속하는 채권의 추심, 신탁채무의 변제 그리고 잔여재산의 인도 등을 완료한 것을 의미한다.

다. 청산종결등기의 효력

유한책임신탁이 청산종결의 등기에 의하여 즉시 소멸하는 것이 아니라 청산의 목적 범위 내에서 여전히 존속하고, 사실상 종결하는 때 비로소 소멸되므로 청산종결등기는 창설적 효력은 없다고 할 것이다.

제12장 벌　　칙

제140조 (신탁사채권자집회의 대표자 등의 특별배임죄) [신설]

신탁사채권자집회의 대표자 또는 그 결의를 집행하는 사람이 그 임무에 위배한 행위로써 재산상의 이익을 취하거나 제3자로 하여금 이를 취득하게 하여 신탁사채권자에게 손해를 가한 경우에는 7년 이하의 징역 또는 2천만 원 이하의 벌금에 처한다.

신탁법이 개정되면서 신탁사채 제도(현행 신탁법 제87조)가 도입되게 되었다. 신탁관계는 사적자치에 맡겨야 할 영역이라 할 것이므로, 원칙적으로 형벌규정을 두지 아니한다. 그러나 신탁사채권자집회의 대표자 등의 특별배임행위에 대하여는 신탁사채 발행에 관하여 준용되는 상법[1]과 균형을 맞추기 위해 별도의 처벌규정을 두게 되었다.[2] 상법 제623조는 "사채권자집회의 대표자 또는 그 결의를 집행하는 자가 그 임무에 위배한 행위로써 재산상의 이익을 취하거나 제3자로 하여금 이를 취득하게 하여 사채권자에게 손해를 가한 때에는 7년 이하의 징역 또는 2천만 원 이하의 벌금에 처한다"라고 규정되어 있다.

본조에서 '임무에 위배'하는 행위(배임행위)가 있는가는 그 사무의 성질과 내용 및 행위시의 상황 등을 구체적으로 검토하여 신의성실의 원칙에 따라 판단하여야 할 것이다.[3] 배임행위는 그것이 권한의 남용이든 법률상의 의무위반이든 묻지 아니하며, 법률행위뿐만 아니라 사실행위도 포함한다.

본조에서 '손해를 가한 경우(재산상의 손해)'란 신탁사채권자의 전체재산가치의 감소, 즉 총체적으로 신탁사채권자의 재산상태에 손실을 가하는 경우를 말하며, 배임행위와 재산상의 손해 사이에는 인과관계가 있어야 한다. 기존 재산의 감소이든, 장래에 취득할 이익의 상실이든 묻지 않으며, 재산가치의 감소가 있는가 여부는 경제적 관점에서 판단한다고 한다.[4] 한편, 재산상의 손해는 반드시 현실적으로 손해를 가한 경우뿐만 아니라 가치의 감소라고 볼 수 있는 재산상의 위험이 발생한 경우도 포함한다고 할 것이다.

본조에서 '재산상의 이익'이란 모든 재산적 가치의 증가를 의미하며, 적극적 이익이

1) 현행 신탁법 제87조 제4항은 "제1항에 따른 사채의 발행에 관하여 이 법에서 달리 정하지 아니하는 사항에 대하여는 상법 제396조 및 제3편 제4장 제8절(상법 제469조는 제외한다)을 준용한다"라고 규정되어 있다.
2) 법무부, 〈신탁법 해설〉, 928면.
3) 이재상, 〈형법각론〉, 422면.
4) 이재상, 〈형법각론〉, 425면.

든, 소극적 이익이든 묻지 않는다고 할 것이다. 다만 재산상의 이익에 한정되며, 사회적 지위 또는 신분상의 이익은 이에 해당되지 않는다.[1)]

한편, 본조는 고의범이므로 객관적 구성요건요소에 대한 고의가 있어야 한다. 즉 행위자는 신탁사채권자집회의 대표자로서의 임무 또는 그 결의를 집행하는 자로서의 임무를 위배하는 행위를 하여 자기 또는 제3자가 재산상의 이익을 취득하고, 신탁사채권자에게 손해를 가한다는 인식과 의사가 있어야 한다.

형법 제355조 제2항 배임죄의 형량이 5년 이하의 징역 또는 1,500만 원 이하의 벌금으로 규정되어 있어, 본조문은 형법상 배임죄에 대한 특별규정으로 생각된다.

제141조 (특별배임죄의 미수) [신설]

제140조의 미수범은 처벌한다.

형법 제355조 제2항 배임죄도 미수범을 처벌하고 있고(형법 제359조), 상법 제623조 사채권자집회의 대표자등의 특별배임죄 역시 미수범을 처벌하고 있으므로(상법 제624조), 그 연장선에서 현행 신탁법 역시 신탁사채권자집회의 대표자 등의 특별배임죄에 대하여 미수범을 처벌하는 것으로 규정하였다.

제142조 (부실문서행사죄) [신설]

① 수익증권을 발행하는 자가 수익증권을 발행하거나 신탁사채의 모집의 위탁을 받은 자가 신탁사채를 모집할 때 중요한 사항에 관하여 부실한 기재가 있는 수익증권 또는 사채청약서, 수익증권 또는 신탁사채의 모집에 관한 광고, 그 밖의 문서를 행사한 경우에는 5년 이하의 징역 또는 1천 500만원 이하의 벌금에 처한다.

② 수익증권 또는 신탁사채를 매출하는 자가 그 매출에 관한 문서로서 중요한 사항에 관하여 부실한 기재가 있는 것을 행사한 경우에도 제1항과 같다.

본조는 신탁사채 발행에 관하여 준용되는 상법과 균형을 맞추기 위해 별도의 처벌규정을 두게 된 것이라고 한다. 상법 제627조는 제1항에서는 "제622조 제1항에 게기한 자,

1) 이재상, 〈형법각론〉, 426~427면.

외국회사의 대표자, 주식 또는 사채의 모집의 위탁을 받은 자가 주식 또는 사채를 모집함에 있어서 중요한 사항에 관하여 부실한 기재가 있는 주식청약서, 사채청약서, 사업계획서, 주식 또는 사채의 모집에 관한 광고 기타의 문서를 행사한 때에는 5년 이하의 징역 또는 1천 500만원 이하의 벌금에 처한다"라고, 제2항에서는 "주식 또는 사채를 매출하는 자가 그 매출에 관한 문서로서 중요한 사항에 관하여 부실한 기재가 있는 것을 행사한 때에도 제1항과 같다"라고 규정되어 있으며, 이러한 상법 규정을 참작하여 본조문이 제정된 것으로 보인다.

한편, 형법에서는 사문서가 위조, 변조되거나, 자격모용에 의한 사문서작성죄에 의하여 작성된 사문서 또는 의사 등에 의하여 작성된 허위진단서 등을 행사하는 경우 처벌하는 규정이 있다(형법 제234조). 그러나 '중요한 사항에 있어서 부실기재된 문서'를 행사하는 경우 처벌하는 규정은 없다. 즉, 본조문은 형법으로 처벌이 불가능한 행위에 대하여 별도의 처벌 규정을 둔 점에 그 의의가 있다고 할 것이다.[1] 그러나 자본시장법에는 이러한 행위에 대하여 별도의 처벌규정을 두지 않고 있다.

본조에서 '행사'란 '중요한 사항에 있어서 부실기재된 문서'를 진정한 문서로 사용하는 것, 즉 법적 거래에 있어서 문서의 기능적 이용을 말한다. 이때 사용한다는 것은 문서를 인식할 수 있는 상태에 두는 것을 의미한다.[2] 본조문은 미수범에 대한 별도의 규정은 없으므로 미수행위는 처벌되지 않는다고 할 것이다.

제143조 (권리행사방해 등에 관한 증뢰 · 수뢰죄) [신설]

① 신탁사채권자집회에서의 발언 또는 의결권의 행사에 관하여 부정한 청탁을 받고 재산상의 이익을 수수(收受), 요구 또는 약속한 사람은 1년 이하의 징역 또는 1천만 원 이하의 벌금에 처한다.

② 제1항의 이익을 약속, 공여 또는 공여의 의사를 표시한 사람도 제1항과 같다.

본조는 신탁사채권자집회에서의 발언 또는 의결권행사에 관하여 부정한 청탁을 받고 재산상의 이익을 수수한 경우 처벌규정을 둔 것이다. 본조 역시 상법 제631조 제1항 제1호(제631조(권리행사방해등에 관한 증수뢰죄) ① 다음의 사항에 관하여 부정한 청탁을 받고 재산상의 이익을 수수, 요구 또는 약속한 자는 1년 이하의 징역 또는 300만 원 이하의 벌금에 처

1) 법무부, 〈신탁법 해설〉, 924면.
2) 이재상, 〈형법각론〉, 604면.

한다. 1. 창립총회, 사원총회, 주주총회 또는 사채권자집회에서의 발언 또는 의결권의 행사) 및 동조 제2항(② 제1항의 이익을 약속, 공여 또는 공여의 의사를 표시한 자도 제1항과 같다)을 참작하여 규정한 것으로 보인다.

본조문에서 '부정한 청탁'은 배임이 되는 내용의 부정한 청탁을 말하는 것이 아니라, 사회상규 또는 신의성실의 원칙에 반하는 것을 내용으로 하는 청탁이면 족하다고 해석된다.[1)] 본조문 제2항의 죄는 제1항의 죄와 필요적 공범관계에 있다.

입법의 미비로 보이나 미수범의 처벌 규정이 없으므로, 미수범은 처벌되지 않는다고 할 것이다. 한편 수익자집회에서의 발언 또는 의결권행사에 관하여 부정한 청탁을 받고 재산상의 이익을 수수한 경우 등에 대해서도 처벌규정을 두어야 할지 문제가 되는데, 현행 신탁법은 수익자집회에는 주주총회와 같은 정도의 단체성이 인정되지 아니하고, 형법으로도 처벌 가능하므로 신탁사채권자집회와 달리 따로 처벌규정을 두지 아니하였다고 한다.[2)]

제144조 (징역과 벌금의 병과) [신설]

제140조부터 제143조까지의 징역과 벌금은 병과할 수 있다.

신탁사채권자집회의 대표자 등의 특별배임죄, 특별배임죄의 미수, 부실문서행사죄, 권리행사방해 등에 관한 증수뢰죄에 대하여 법원은 징역과 벌금을 병과할 수도 있는 법적 근거를 마련하였다. 즉 법원은 위 죄에 해당하는 행위자에 대하여 징역형 또는 벌금형을 선택하거나 징역형과 벌금형을 병과하는 것을 선택할 수도 있다고 하겠다.

제145조 (몰수 · 추징) [신설]

제143조 제1항의 경우 법인이 수수한 이익은 몰수한다. 그 전부 또는 일부를 몰수하기 불가능한 경우에는 그 가액을 추징한다. 그 전부 또는 일부를 몰수하기 불가능한 경우에는 그 가액을 추징한다.

1) 이재상, 〈형법각론〉, 435면.
2) 법무부, 〈신탁법 해설〉, 924면.

본조문은 현행 신탁법 제143조 제1항이 규정한 권리행사방해 등에 관한 증뢰죄와 관련하여 법인이 수수한 이익에 대하여 몰수할 수 있고, 몰수가 불가능한 경우 가액을 추징할 수 있도록 규정하였다. 본조문은 상법 제633조("제630조 제1항 또는 제631조 제1항의 경우에는 범인이 수수한 이익은 이를 몰수한다. 그 전부 또는 일부를 몰수하기 불능한 때에는 그 가액을 추징한다")를 참작한 규정이다.

제146조 (과태료) [신설]

① 다음 각 호의 어느 하나에 해당하는 자 또는 그 대표자에게는 500만원 이하의 과태료를 부과한다.

1. 제12조 제2항·제3항 및 제13조 제2항을 위반하여 수익자에게 임무 종료 사실을 통지하지 아니한 수탁자, 수탁자의 상속인, 법정대리인 또는 청산인
2. 제12조 제3항을 위반하여 파산관재인에게 신탁재산에 관한 사항을 통지하지 아니한 수탁자
3. 제12조 제4항을 위반하여 수익자에게 신탁재산의 보관 및 신탁사무 인계에 관한 사실을 통지하지 아니한 수탁자의 상속인, 법정대리인 또는 청산인
4. 제14조 제3항을 위반하여 수익자에게 사임한 사실을 통지하지 아니한 수탁자
5. 제16조 제4항을 위반하여 수익자에게 해임된 사실을 통지하지 아니한 수탁자
6. 제17조 제3항 및 제18조 제3항을 위반하여 수익자에게 선임된 사실을 통지하지 아니한 신탁재산관리인
7. 제34조 제2항 단서를 위반하여 수익자에게 법원의 허가를 신청한 사실을 통지하지 아니한 수탁자
8. 제39조에 따른 장부, 재산목록, 그 밖의 서류의 작성·보존 및 비치의무를 게을리한 수탁자
9. 이 법을 위반하여 정당한 사유 없이 장부 등 서류, 수익자명부, 신탁사채권자집회 의사록 또는 재무제표 등의 열람·복사를 거부한 수탁자, 수익자명부관리인 또는 신탁사채를 발행한 자
10. 제40조 제1항에 따른 설명요구를 정당한 사유 없이 거부한 수탁자
11. 제78조 제2항을 위반하여 정당한 사유 없이 수익증권 발행을 지체한 수탁자
12. 제78조 제5항 또는 제87조 제2항을 위반하여 수익증권 또는 채권에 적어야 할 사항을 적지 아니하거나 부실한 기재를 한 수탁자
13. 이 법에 따른 수익자명부 또는 신탁사채권자집회 의사록을 작성하지 아니하거나 이를 갖추어 두지 아니한 수익증권발행신탁의 수탁자, 수익자명부관리인 또는 신

탁사채를 발행한 자
14. 제79조 제5항을 위반하여 수익자명부를 갖추어 두지 아니한 수탁자
15. 제80조 제2항을 위반하여 수익자에게 신고를 받은 사실을 통지하지 아니한 수탁자
16. 제81조 제2항에 따른 수익자명부에 기명수익증권으로 표시된 수익권을 취득한 자의 성명과 주소의 기재를 거부한 수탁자
17. 제87조 제2항을 위반하여 사채청약서를 작성하지 아니하거나 이에 적어야 할 사항을 적지 아니하거나 또는 부실한 기재를 한 수탁자
18. 수익자명부 · 신탁사채원부 또는 그 복본, 이 법에 따라 작성하여야 하는 신탁사채권자집회 의사록, 재산목록, 대차대조표, 손익계산서, 이익잉여금처분계산서, 결손금처리계산서, 그 밖의 회계서류에 적어야 할 사항을 적지 아니하거나 또는 부실한 기재를 한 수탁자
19. 제87조 제4항에서 준용하는 「상법」 제396조 제1항을 위반하여 신탁사채원부를 갖추어 두지 아니한 수탁자
20. 제87조 제4항에서 준용하는 「상법」 제478조 제1항을 위반하여 사채전액의 납입이 완료하지 아니한 채 사채를 발행한 수탁자 또는 사채모집의 위탁을 받은 회사
21. 제87조 제4항에서 준용하는 「상법」 제484조 제2항을 위반하여 사채의 변제를 받고 지체 없이 그 뜻을 공고하지 아니한 사채모집의 위탁을 받은 회사
22. 제87조 제4항에서 준용하는 「상법」 제499조를 위반하여 사채권자집회의 결의에 대하여 인가 또는 불인가의 결정이 있다는 사실을 지체 없이 공고하지 아니한 수탁자
23. 사채권자집회에 부실한 보고를 하거나 사실을 은폐한 수탁자 또는 사채모집의 위탁을 받은 회사
24. 제92조 제1항을 위반하여 합병에 대한 이의를 제출할 수 있다는 사실을 공고하지 아니한 수탁자
25. 제92조 또는 제96조를 위반하여 신탁을 합병하거나 분할하거나 분할합병한 경우 수탁자
26. 이 법에 따른 유한책임신탁의 설정, 변경, 종결 또는 청산의 등기를 게을리한 수탁자
27. 제133조 제5항을 위반하여(제104조에 따라 준용되는 경우를 포함한다) 잔여재산을 급부한 청산수탁자
28. 제138조를 위반하여 파산신청을 게을리한 청산수탁자

② 제115조 제1항을 위반하여 유한책임신탁의 명칭 중에 유한책임신탁이라는 문자를 사용하지 않은 자에게는 300만원 이하의 과태료를 부과한다.

③ 다음 각 호의 어느 하나에 해당하는 자에게는 100만원 이하의 과태료를 부과한다.
1. 제115조 제2항을 위반하여 유한책임신탁 및 그 밖에 이와 유사한 명칭을 사용한 자

2. 제115조 제3항을 위반하여 다른 유한책임신탁으로 오인할 수 있는 명칭을 사용한 자
④ 제1항부터 제3항까지의 규정에 따른 과태료(제1항 제26호에 따른 과태료는 제외한다)는 대통령령으로 정하는 바에 따라 법무부장관이 부과 · 징수한다.

본조는 관련 당사자의 이해관계에 밀접한 영향을 미칠 수 있는 절차 규정 등을 위반한 행위에 대해서는 의무규정의 실효성을 확보하기 위하여 과태료를 부과한 것이다.[1] 본조의 과태료 관련 규정 체계는 상법 제635조를 따른 것으로 보인다. 다만, 수익권취득사실의 통지(신탁법 제56조 제2항), 수익자변경으로 인해 수익권을 상실한 자에 대한 통지(동법 제58조 제4항), 기준일 공고(동법 제84조 제3항) 등 의무규정 자체가 임의규정으로 규정되어 있어 벌칙 등을 부과하기에 적절하지 아니하다고 보아 과태료 부과대상에서 제외하였다.[2] 또한 수익자가 예외적으로 법원의 허가를 얻어 수익자집회를 소집하면서 수탁자에게 관련 사실을 통지하지 아니한 경우에 대해서는, 통지의무가 인정된다고 하더라도 수익자에게 선관주의의무를 인정하기 어렵고 법원의 허가가 개입된 점에 비추어 과태료 부과대상에서 제외하였다.[3]

본조 제4항에서 과태료의 구제적인 부과절차 등은 대통령령에 따른다고 규정하고 있으며, 신탁법 시행령은 개정되었지만 이와 관련하여 자세하고 구체적인 규정까지는 마련되지 아니한 것으로 보인다. 신탁법 시행령 제17조[4]에서는 과태료의 부과기준만 간략히 규정하고 있을 뿐이다. 참고로 상법상 과태료 징수절차는 상법 제637조의2, 동법 시행령 제44조에서 규정하고 있다. 위 규정에 따르면 법무부장관은 해당 위반행위를 조사·확인한 후 위반사실, 과태료 금액, 이의제기방법, 이의제기기간 등을 구체적으로 밝혀 과태료를 낼 것을 과태료 처분 대상자에게 서면으로 통지한다. 과태료 처분 대상자가 이에 불복하는 경우에는 과태료 부과처분을 고지받은 날로부터 60일 이내에 법무부장관에게 이의를 제기할 수 있으며, 이러한 이의제기가 있으면 법무부장관은 관할법원에 이를 통보하여 관할법원은 과태료 재판을 하게 된다. 한편 과태료를 내지 않는 경우에는 국세체납처분의 예에 따라 징수한다고 규정하고 있다.

1) 법무부, 〈신탁법 해설〉, 924면.
2) 법무부, 〈신탁법 해설〉, 924면.
3) 법무부, 〈신탁법 해설〉, 924면.
4) "법무부장관은 법 제146조에 따른 과태료의 금액을 정하는 경우 해당 위반행위의 동기와 그 결과, 위반기간 및 위반 정도 등을 고려하여야 한다."

第147条 (외부의 감사인 등의 의무위반행위) [신설]

제117조 제2항에 따라 외부의 감사인을 선임한 경우 감사인 등의 의무위반행위에 대한 벌칙 및 과태료에 관하여는 「주식회사의 외부감사에 관한 법률」을 준용한다. 이 경우 "회사"는 "신탁"으로 본다.

현행 신탁법 제117조 제2항은 일정한 규모의 유한책임신탁은 외감법에 따라 외부의 감사인을 선임하여 회계감사를 받도록 규정하고 있다. 이에 따라 선임된 감사인은 외감법의 규정에 따라 감사를 하게 되므로 위 법률에 따른 의무도 부담한다고 보아야 할 것이다. 그 결과 유한책임신탁을 감사하는 외부 감사인의 의무위반행위에 대하여 외감법을 준용하여 벌칙 및 과태료를 부과할 필요가 있어, 본조문이 제정된 것이다. 다만, 외감법의 "회사"는 현행 신탁법 취지에 맞게 "신탁"으로 대체하여 적용된다고 한다.[1)]

1) 법무부, 〈신탁법 해설〉, 925면.

Ⅲ

공 익 신 탁

Ⅲ. 공익신탁

제 1 장 총　　칙

공익신탁법 제1조 (목적)

이 법은 공익을 목적으로 하는 신탁의 설정·운영 및 감독 등에 관하여 신탁법에 대한 특례를 정함으로써 신탁을 이용한 공익사업을 쉽고 편리하게 할 수 있도록 하여 공익의 증진에 이바지하는 것을 목적으로 한다.

현행 신탁법 제106조 (공익신탁) — 공익신탁법 제정으로 삭제됨

학술, 종교, 제사, 자선, 기예, 환경, 그 밖에 공익을 목적으로 하는 신탁은 공익신탁으로 한다.

1. 공익신탁법 일반

현행 신탁법 제106조 이하에서 신탁의 목적이 학술, 종교, 제사, 자선, 기예, 환경 기타 공익적 목적인 신탁을 공익신탁으로 규정하고 있던 것을 2014. 3. 18. 법률 제12420호로 공익신탁법이라는 특례법을 제정하여 규율하게 되었다. 공익신탁법은 2015. 3. 19.부터 시행되었으며, 공익신탁법에 따라 2015. 7. 22. “광복 70주년 나라사랑공익신탁”, “한비야의 세계시민학교공익신탁”, “난치성 질환 어린이 치료를 위한 공익신탁”, “상처받은 아이 보듬는 법무가족 파랑새 공익신탁”, “법무부 천사 공익신탁” 등이 1호 공익신탁으로 설정되었다. 공익신탁의 주무관청인 법무부는 공익신탁 공시시스템 홈페이지(www.trust.go.kr)를 운영하여, 공익신탁의 공시서류를 열람할 수 있도록 하고 있다(현재 총 31개 공익신탁이 운영 중임). 공익신탁법 제정 이전에도 금융기관을 통하여, 즉 금융기관을

수탁자로 해서 설정될 수 있었으며, 금융기관에 의한 공익신탁상품으로서 하나은행의 "행복나눔신탁"이 존재하고 있었다.

순번	신탁명	수탁자	인가일
1	법무부 천사 공익신탁	하나은행	2015. 7. 22.
2	난치성 질환 어린이치료를 위한 공익신탁	하나은행	2015. 7. 22.
3	한비야의 세계시민학교 공익신탁	하나은행	2015. 7. 22
4	광복 70주년 나라사랑 공익신탁	하나은행	2015. 7. 22.
5	상처받은 아이 보듬는 법무가족 파랑새 공익신탁	하나은행	2015. 7. 22
6	하나 이웃사랑나눔사랑 공익신탁	하나은행	2015. 9. 18.
7	하나 체육진흥 공익신탁	하나은행	2015. 9. 18.
8	신동방장학 공익신탁	하나은행	2015. 9. 18.
9	하나 꿈나무육영 공익신탁	하나은행	2015. 9. 18.
10	청년희망펀드 공익신탁	하나은행	2015. 9. 21.
11	사회복지공동모금회 통일기금 공익신탁	하나은행	2015. 11. 20.
12	이승철의 희망 리앤차드 공익신탁	하나은행	2015. 12. 1.
13	혁신사업가 기금 공익신탁	하나은행	2015. 12. 22.
14	암의 예방·진료 및 연구 등을 위한 공익신탁	하나은행	2016. 2. 12.
15	코리아 아이스하키 사랑 공익신탁	하나은행	2016. 2. 12.
16	허구연의 야구사랑 공익신탁	하나은행	2016. 4. 14.
17	범죄피해자 지원 스마일 공익신탁	하나은행	2016. 4. 14.
18	학교생활 지원 공익신탁	하나은행	2016. 5. 31.
19	어린이 희망 공익신탁	하나은행	2016. 7. 27.
20	유안타증권 장애아동 디딤돌 공익신탁	유안타증권	2017. 5. 18.
21	한부모가족 일생활균형 지원 공익신탁	부산은행	2017. 5. 29.
22	발달장애인 취업지원 공익신탁	하나은행	2017. 6. 26.
23	이상현의 장애청소년 문화체육활동을 위한 공익신탁	하나은행	2017. 7. 20.
24	KB 만천하 공익신탁	국민은행	2017. 9. 12.
25	산업재해 피해자지원 공익신탁	하나은행	2018. 1. 8.
26	KB 맑은하늘 공익신탁	국민은행	2018. 12. 16.
27	KB The맑은하늘 공익신탁	국민은행	2020. 2. 27.
28	KB 맑은바다 공익신탁	국민은행	2020. 6. 18.
29	KB 은평愛 생활SOC공익신탁	국민은행	2020. 7. 9.
30	KB 창원愛 생활SOC공익신탁	국민은행	2020. 7. 9.
31	KB 순천愛 생활SOC공익신탁	국민은행	2020. 7. 9.

공익신탁법은 ① 공익신탁을 종전 '허가제'에서 '인가제'로 전환하고, ② 공익신탁에 공시, 외부감사 등 제도를 도입하며, ③ 관리·감독기관을 법무부로 일원화하는 것을 주

요 내용으로 하고 있다.

2. 공익신탁법 제정 배경[1)]

종래에는 공익법인을 설립하거나 일반적인 기부를 하는 것이 공익활동이나 기부를 하려는 사람들이 취하는 일반적인 방법이었다. 그러나 공익신탁은 공익법인의 설립이나 일반적인 기부와 다른 장점이 있는데, 공익법인의 설립과 비교하여 본다면, 공익법인은 허가를 받고 등기를 하여야 하기 때문에 설립절차가 다소 복잡하고 새로운 조직을 갖추어 운영해야 하므로 상대적으로 많은 비용과 시간이 소요되나, 공익신탁은 신탁계약을 체결한 후 주무관청의 허가[2)]를 받으면 되었으므로 절차가 간편하고, 별도의 조직을 만들 필요가 없기 때문에 상대적으로 적은 비용과 시간이 소요된다. 또한 일반적인 기부의 경우에는 모집하는 사람이 파산해버리면 모집된 기부금품이 파산재단에 포함되어 모집자의 채권자들에게 분배될 위험에 처하게 되고, 모집목적이 광범위한 경우에는 기부한 사람의 뜻과는 달리 사용될 가능성이 있으나, 공익신탁은 신탁이기 때문에 수탁자의 고유재산과는 별도로 관리되고, 수탁자가 파산되더라도 직접적인 영향을 받지 아니한다. 그리고 신탁계약으로 구체적인 목적을 정할 수 있기 때문에 위탁자의 의사가 끝까지 관철될 수 있는 장점이 있다. 따라서 공익활동이나 기부의 수단으로서 공익신탁을 활용할 여지는 충분히 있었으나, 공익신탁 제도에 대한 인식부족과 경제현실에 부합하지 않는 공익신탁 관련 규정[3)]으로 인해 공익신탁법이 제정되기 전까지 설정된 공익신탁 상품이 1건에 불과하였다. 이에 민간 차원에서 편리하게 공익활동을 할 수 있도록 공익신탁 제도를 개선함으로써 기부 문화 활성화의 법적 기반을 구축하기 위해 공익신탁법이 제정되기에 이르렀다.

3. 공익신탁의 의의

공익신탁은 공익사업을 목적으로 하는 신탁법에 따른 신탁으로서 법무부장관의 인가를 받은 신탁을 의미한다. 한편 신탁법상 신탁이란 신탁을 설정하는 자와 신탁을 인수하는 자 간의 신임관계에 기하여 위탁자가 수탁자에게 특정의 재산을 이전하거나 담보권의 설정 또는 그 밖의 처분을 하고 수탁자로 하여금 일정한 자의 이익 또는 특정의 목적

1) 법무부 발간 선진상사법률연구 제70호, 입법자료 – 공익신탁법의 주요 내용.
2) 공익신탁법 제정으로 현재는 법무부장관의 인가를 받으면 된다.
3) 신탁법상 공익신탁 관련 규정은 1961년 제정된 이후 개정된 바 없었다.

을 위하여 그 재산의 관리, 처분, 운용, 개발, 그 밖에 신탁 목적의 달성을 위하여 필요한 행위를 하게 하는 법률관계를 말하는 것으로 정의하고 있다.

결국 공익신탁이란 위탁자와 수탁자 간의 신임관계에 기하여 위탁자가 수탁자에게 특정의 재산을 이전 또는 그 밖의 처분을 하고, 수탁자로 하여금 공익신탁법 제2조 제1호의 공익사업을 목적으로 그 재산의 관리, 처분, 운용, 개발 내지 그 밖에 필요한 행위를 하게 하는 법률관계로서 법무부장관의 인가를 받은 것으로 정의할 수 있겠다.

4. 공익신탁에 대한 세제혜택

공익신탁에 대한 세제혜택으로는 기부자의 소득공제(손금 처리)와 단체의 소득공제(증여세 면제)로 구성될 수 있는데, 상속세 및 증여세법 제17조(공익신탁재산에 대한 상속세 과세가액 불산입), 제52조(공익신탁재산에 대한 증여세 과세가액 불산입)의 규정을 두고 있고, 법인세법 제51조(비과세소득)에서 공익신탁의 신탁재산에서 생기는 소득에 대하여 법인세를 과세하지 않도록 하고 있다.

5. 공익신탁의 구분[1)]

공익신탁은 여러 기준에 따라 구분할 수 있을 것이나, 다음과 같이 구분하는 것도 의미가 있을 것이다.

가. 공익신탁법 적용에 따른 구분

(1) 협의의 공익신탁 : 공익신탁법에 따라 법무부장관의 인가를 얻은 신탁

(2) 광의의 공익신탁 : 협의의 공익신탁을 포함하여 널리 공익을 목적으로 하는 신탁

나. 설정형태에 따른 구분

(1) 금융상품형 공익신탁 : 신탁업자가 금융상품형태로 준비하고 스스로 수탁자가 되는 공익신탁

(2) 일반형 공익신탁 : 그 외의 공익신탁

설정형태에 따른 구분의 의미는 이 두 가지가 다소 다른 법리의 운영이 필요할 것으로 보이기 때문이다. 금융상품형 공익신탁은 금융상품의 일종이기 때문에 금융당국의 규제도 받아야 할 것으로 보인다.

---

1) 임채웅, 〈공익법인연구〉, 326면 이하 참조.

공익신탁법 제2조 (정의)

이 법에서 사용하는 용어의 뜻은 다음과 같다.

1. "공익사업"이란 다음 각 목의 사업을 말한다.
   가. 학문 · 과학기술 · 문화 · 예술의 증진을 목적으로 하는 사업
   나. 장애인 · 노인, 재정이나 건강 문제로 생활이 어려운 사람의 지원 또는 복지 증진을 목적으로 하는 사업
   다. 아동 · 청소년의 건전한 육성을 목적으로 하는 사업
   라. 근로자의 고용 촉진 및 생활 향상을 목적으로 하는 사업
   마. 사고 · 재해 또는 범죄 예방을 목적으로 하거나 이로 인한 피해자 지원을 목적으로 하는 사업
   바. 수용자 교육과 교화(敎化)를 목적으로 하는 사업
   사. 교육 · 스포츠 등을 통한 심신의 건전한 발달 및 풍부한 인성 함양을 목적으로 하는 사업
   아. 인종 · 성별, 그 밖의 사유로 인한 부당한 차별 및 편견 예방과 평등사회의 증진을 목적으로 하는 사업
   자. 사상 · 양심 · 종교 · 표현의 자유 증진 및 옹호를 목적으로 하는 사업
   차. 남북통일, 평화구축, 국제 상호이해 증진 또는 개발도상국에 대한 경제협력을 목적으로 하는 사업
   카. 환경 보호와 정비를 목적으로 하거나 공중 위생 또는 안전의 증진을 목적으로 하는 사업
   타. 지역사회의 건전한 발전을 목적으로 하는 사업
   파. 공정하고 자유로운 경제활동이나 소비자의 이익 증진을 목적으로 하는 사업
   하. 그 밖에 공익 증진을 목적으로 하는 사업으로서 대통령령으로 정하는 사업
2. "공익신탁"이란 공익사업을 목적으로 하는 「신탁법」에 따른 신탁으로서 제3조에 따라 법무부장관의 인가를 받은 신탁을 말한다.
3. "수익사업"이란 공익신탁의 수탁자(受託者)가 신탁재산의 계산으로 신탁의 목적 달성을 위하여 필요한 범위에서 수행하는 공익사업 외의 사업을 말한다.
4. "보수등"이란 보수, 상여금, 각종 수당, 급여 등 어떠한 명칭으로든지 업무 수행의 대가로 지급되는 재산상 이익을 말한다.

현행 신탁법 제106조 (공익신탁) – 공익신탁법 제정으로 삭제됨

학술, 종교, 제사, 자선, 기예, 환경, 그 밖에 공익을 목적으로 하는 신탁은 공익신탁으로 한다.

1. 공익사업의 정의

공익신탁법 제2조 제1호는 공익사업을 열거하고 있으며, "그 밖에 공익 증진을 목적으로 하는 사업으로서 대통령령으로 정하는 사업"에 관하여 공익신탁법 시행령에서는 ① 국토의 합리적 이용, 정비 또는 보전을 목적으로 하는 사업, ② 국민생활에 필수적인 재화나 용역의 안정적 공급을 목적으로 하는 사업, ③ 법 제2조 제1호 가목부터 파목까지의 사업 또는 제1호, 제2호의 사업에 준하는 것으로서 공익 증진을 목적으로 하는 사업을 의미하는 것으로 정하고 있다. 공익신탁법의 공익사업에 대한 정의는 공익법인의 설립·운영에 관한 법률[1]의 정의보다 훨씬 넓게 되어 있다. 이러한 입법태도는 공익신탁에 비하여 공익법인의 설립을 훨씬 더 억제하려는 것으로 볼 수 있으며, 공익신탁에 비하여 공익법인의 경우 더 규모가 크고 사회적 영향력이 큰 점을 고려한 것으로 생각된다. 다만 입법론적으로는 공익사업의 활성화를 위해서는 공익법인의 경우에도 공익신탁법과 같이 공익의 범위를 넓게 인정하는 것이 타당할 것이다.

2. 대표적인 공익사업

현행 신탁법에서는 "학술, 종교, 제사, 자선, 기예, 환경, 그 밖에 공익을 목적으로 하는 신탁"을 공익신탁으로 하여 공익신탁의 목적 사업 내용을 매우 포괄적으로 규정하였으나, 공익신탁법에서는 매우 구체적으로 열거하되 포괄적인 규정을 두어 시대와 상황에 유연하게 대응할 수 있도록 하였다. 공익신탁법에 따라 공익목적사업으로 인정되는 사업으로는 제2조 제1호의 규정 사업 외에도 장학, 탈북자지원, 범죄피해자지원, 근로자 생활향상, 지역 사회 발전, 소비자 권익 증진, 환경보호 등 일반적으로 공익성이 있다고 생각되는 사업이라면 모두 해당할 수 있을 것이다.

---

1) 공익법인의 설립·운영에 관한 법률 제2조에서는 "이 법은 재단법인이나 사단법인으로서 사회 일반의 이익에 이바지하기 위하여 학자금, 장학금 또는 연구비의 보조나 지급, 학술, 자선에 관한 사업을 목적으로 하는 법인(이하 "공익법인"이라 한다)에 대하여 적용한다"라고 정하고 있으며,
시행령 제2조에서 ①「공익법인의 설립·운영에 관한 법률」(이하 "법"이라 한다) 제2조에서 "사회일반의 이익에 공여하기 위하여 학자금·장학금 또는 연구비의 보조나 지급, 학술·자선에 관한 사업을 목적으로 하는 법인"이라 함은 다음의 사업을 목적으로 하는 법인을 말한다.
1. 학자금·장학금 기타 명칭에 관계없이 학생등의 장학을 목적으로 금전을 지급하거나 지원하는 사업·금전에 갈음한 물건·용역 또는 시설을 설치·운영 또는 제공하거나 지원하는 사업을 포함한다.
2. 연구비·연구조성비·장려금 기타 명칭에 관계없이 학문·과학기술의 연구·조사·개발·보급을 목적으로 금전을 지급하거나 지원하는 사업·금전에 갈음한 물건·용역 또는 시설을 제공하는 사업을 포함한다.
3. 학문 또는 과학기술의 연구·조사·개발·보급을 목적으로 하는 사업 및 이들 사업을 지원하는 도서관·박물관·과학관 기타 이와 유사한 시설을 설치·운영하는 사업
4. 불행·재해 기타 사정으로 자활할 수 없는 자를 돕기 위한 모든 자선사업
5. 제1호 내지 제4호에 해당하는 사업의 유공자에 대한 시상을 행하는 사업
② 제1항의 법인에는 제1항 각호의 사업과 그 이외의 사업을 함께 수행하는 법인을 포함한다.

제 2 장 공익신탁의 인가 요건과 절차

공익신탁법 제3조 (공익신탁의 인가)

① 공익사업을 목적으로 하는 신탁을 인수하려는 수탁자는 법무부장관의 인가를 받아야 한다.

② 제1항에 따른 인가를 받으려는 자는 대통령령으로 정하는바에 따라 인가신청서를 법무부장관에게 제출하여야 한다.

공익신탁법 제4조 (인가 요건)

법무부장관은 제3조 제2항에 따른 신청이 다음 각 호의 요건을 모두 갖춘 경우에는 공익신탁의 인가를 하여야 한다.

1. 해당 신탁이 「신탁법」에 따른 신탁으로서 공익사업 수행을 주된 목적으로 할 것
2. 신탁의 명칭에 "공익신탁"의 글자를 사용할 것
3. 수탁자가 다음 각 목의 어느 하나에 해당하지 아니할 것
   가. 「신탁법」 제11조에 따른 수탁자 결격사유에 해당하는 자
   나. 제22조에 따라 인가가 취소된 공익신탁의 수탁자 또는 신탁관리인(信託管理人) 중에서 그 취소사유의 발생에 직접 또는 이에 상응하는 책임이 있는 자로서 그 취소처분이 있었던 날부터 5년이 지나지 아니한 자
   다. 「신탁법」, 「상법」 제622조부터 제624조까지, 제624조의 2, 제625조, 제630조, 제631조, 「자본시장과 금융투자업에 관한 법률」 제444조 제8호(제108조를 위반한 경우만 해당한다), 제445조 제16호, 「형법」 제38장부터 제40장(가중처벌하는 경우를 포함한다)까지 또는 「조세범 처벌법」에 따라 벌금 이상의 형을 선고받고 그 집행이 끝나거나(집행이 끝난 것으로 보는 경우를 포함한다) 면제된 날부터 5년이 지나지 아니한 자
   라. 금고 이상의 형을 선고받고 그 집행이 끝나거나(집행이 끝난 것으로 보는 경우를 포함한다) 면제된 날부터 3년이 지나지 아니한 자
4. 수탁자 상호간에 대통령령으로 정하는 특수한 관계에 있는 자가 수탁자 총수의 5분의 1을 초과하지 아니할 것
5. 신탁관리인 상호간에 대통령령으로 정하는 특수한 관계에 있는 자가 신탁관리인 총수의 5분의 1을 초과하지 아니할 것
6. 신탁관리인과 수탁자가 대통령령으로 정하는 특수한 관계에 있지 아니할 것
7. 공익사업을 원활하게 수행할 수 있는 신탁재산을 보유할 것

8. 사업계획서 및 신탁행위로 정한 사항이 다음 각 목에 위반되지 아니할 것
   가. 위탁자(委託者), 수탁자, 신탁관리인, 사용인, 그 밖에 대통령령으로 정하는 신탁 관계자 및 그의 특수관계인에게 이익을 제공하지 아니할 것
   나. 특정 개인이나 단체에 기부하거나 그 밖의 이익을 제공하는 것을 사업내용으로 하지 아니할 것. 다만, 다른 공익신탁이나 「공익법인의 설립·운영에 관한 법률」에 따른 공익법인(이하 "공익신탁등"이라 한다)에 이익을 제공하는 경우로서 해당 공익신탁의 공익사업을 수행하기 위하여 필요한 경우에는 그러하지 아니하다.
   다. 투기적 거래, 고리(高利) 대부 등 선량한 풍속, 그 밖에 사회질서를 해칠 우려가 없을 것
   라. 수익사업으로 인하여 공익사업을 수행하는 데 지장을 초래하지 아니할 것
   마. 신탁재산의 운용에 관한 사항이 제11조를 위반하지 아니할 것
   바. 운용소득의 사용에 관한 사항이 제12조를 위반하지 아니할 것
   사. 그 밖에 이 법과 다른 법령을 위반하는 사항이 없을 것
9. 신탁행위로 다음 각 목의 사항을 정할 것
   가. 제22조 제1항에 따라 공익신탁 인가가 취소되거나 「신탁법」에 따른 사유로 공익신탁이 종료한 경우 남은 재산을 유사 공익사업을 목적으로 하는 다른 공익신탁등이나 국가 또는 지방자치단체에 증여한다는 취지
   나. 공익사업을 수행하기 위한 필수적인 재산이 있는 경우에는 그 사실 및 처분 제한에 관한 사항
   다. 수탁자 및 신탁관리인에게 보수등을 지급하는 경우 그 지급기준에 관한 사항
10. 사업을 시행하기 위하여 법령상 필요한 인가·허가 등을 받았을 것
11. 해당 신탁재산 및 수탁자에 대하여 「국세징수법」에 따른 체납처분이 있었던 경우에는 체납처분이 종결된 날부터 3년이 지났을 것

공익신탁법 제5조 (인가 절차)

① 법무부장관은 제3조 제2항에 따른 인가신청을 받으면 3개월 이내에 인가 여부를 결정하고, 신청인에게 그 결과와 이유를 지체 없이 문서로 알려야 한다.

② 제1항에서 규정한 사항 외에 공익신탁 인가의 심사 방법·절차 등에 관하여 필요한 사항은 대통령령으로 정한다.

공익신탁법 제6조 (인가 조건)

① 법무부장관은 제5조에 따라 인가를 할 때에 공익사업 수행에 필요한 조건을 붙일 수 있다.

② 인가에 조건이 붙은 경우 공익신탁의 수탁자는 사정 변경이나 그 밖에 정당한 사

유가 있으면 법무부장관에게 조건의 취소 또는 변경을 신청할 수 있다. 이 경우 법무부장관은 2개월 이내에 조건의 취소 또는 변경 여부를 결정하고, 신청인에게 그 결과를 지체 없이 문서로 알려야 한다.

현행 신탁법 제107조 (공익신탁의 허가) — 공익신탁법 제정으로 삭제됨
수탁자는 공익신탁을 인수하는 경우 주무관청의 허가를 받아야 한다.
현행 신탁법 제108조 (감독) — 공익신탁법 제정으로 삭제됨
공익신탁은 주무관청이 감독한다.

1. 공익신탁의 성립

종래 현행 신탁법은 공익신탁에 주무관청의 허가를 요하도록 하고 있었는데, 허가제는 기준이 추상적이고 허가 여부의 결정에 행정관청의 재량 범위가 넓어서 일반 국민으로서는 그 기준을 미리 알기 어려워 공익신탁의 이용에 어려움을 느낄 수 있었다. 공익신탁법은 인가제를 선택하여, 공익신탁 인가신청을 하는 경우 그 신청이 법령의 구체적인 기준을 충족하면 반드시 인가를 하도록 하였다.

공익신탁을 인수하려는 수탁자는 주무관청인 법무부장관의 인가를 받아야 한다. 현행 신탁법에서는 "주무관청의 허가"를 받도록 한 것을 공익신탁법에서는 "법무부장관의 인가"를 받도록 명확하게 하였다. 공익신탁법에서 공익신탁의 관리·감독의 효율성과 전문성을 높이기 위하여 관리감독권을 법무부장관의 권한으로 일원화하고, 공익신탁의 설정을 인가제로 전환하였다.

위탁자와 수탁자 사이의 신탁설정만으로는 신탁이 성립하지 않고, 수탁자가 법무부장관의 인가를 받아야 신탁이 성립하여 그 효력이 발생하게 된다. 민법상 비영리사단법인의 설립시 당해 법인이 목적으로 하는 사업을 주관하는 행정관청의 허가를 얻어야 하므로(민법 제32조), 공익신탁법의 제정 이전에는 공익신탁을 인수하려는 수탁자가 허가를 받아야 하는 주무관청은 당해 공익신탁의 목적분야를 주관하는 행정관청을 의미한다고 해석하고 있었는데, 공익신탁법에서는 법무부장관으로 명확하게 일원화 하였다.

한편 유언신탁의 경우, 유언자의 사망에 의하여 신탁이 성립하여 효력이 발생하게 되는데, 이때 비로소 위탁자의 취지에 따라 수탁자가 주무관청의 허가를 받게 되는바, 수탁자에게로의 신탁재산의 귀속이 문제가 된다. 유언에 의한 재단법인의 설립시 출연재산은 유언의 효력이 발생한 때로부터 재단법인에 귀속된다는 점(민법 제48조)에 비추어보면, 유언

신탁으로 공익신탁을 설정하는 경우 법무부장관의 인가를 받은 때 신탁이 성립한다 하더라도, 신탁재산은 유언의 효력발생시(위탁자 사망시)로 소급하여 수탁자에게 이전된다고 보아야 할 것이다.[1)]

2. 법무부장관의 인가(인가신청서 기재사항 및 필요서류)

공익신탁의 수탁자는 법무부장관으로부터 인가를 받아야 하는데, 이는 공익신탁의 경우 위탁자가 다수인 경우가 많은데 이들 각자에게 허가를 받게 하는 것은 절차를 번잡하게 만들고 공익신탁의 활용에 장애요인이 될 수 있으므로 수탁자로 하여금 인가신청을 하도록 한 것이다.[2)]

공익신탁법 시행령 제3조에서는 공익신탁의 인가신청에 관한 절차 및 필요서류에 대해서 정하고 있는데 그 내용은 아래와 같다.

공익신탁법 시행령 제3조(공익신탁의 인가 신청)

① 법 제3조 제1항에 따라 공익신탁 인가를 받으려는 자는 다음 각 호의 사항을 기재한 인가 신청서를 법무부장관에게 제출하여야 한다. 다만, 제4호의 사항은 신청 당시 위탁자의 전부 또는 일부와 신탁계약을 체결하지 아니한 경우에는 아직 신탁계약을 체결하지 아니한 위탁자에 대하여 기재하지 아니할 수 있다.

1. 신청인의 성명·주민등록번호·주소(법인인 경우에는 명칭, 법인등록번호, 주된 사무소의 소재지, 대표자의 성명·주소)
2. 공익신탁의 명칭·신탁사무처리지(공익신탁의 신탁사무를 처리하는 주된 사무소를 말하며, 신탁사무처리지가 별도로 있지 아니한 경우에는 수탁자의 주소를 말한다. 이하 같다)·목적사업·수익사업
3. 수탁자의 성명·주민등록번호·주소(법인인 경우에는 명칭, 법인등록번호, 주된 사무소의 소재지, 대표자의 성명·주소)
4. 위탁자의 성명·주민등록번호·주소(법인인 경우에는 명칭, 법인등록번호, 주된 사무소의 소재지, 대표자의 성명·주소)
5. 신탁관리인의 성명·주민등록번호·주소(법인인 경우에는 명칭, 법인등록번호, 주된 사무소의 소재지, 대표자의 성명·주소)
6. 신청 당시 신탁재산의 총액 및 신탁재산의 한도를 정한 경우에는 그 한도
7. 수탁자 상호간, 신탁관리인 상호간 및 수탁자와 신탁관리인 간에 제4조의 특수한 관계가 있는지에 대한 확인

1) 유재관, 〈신탁법실무〉, 252면.
2) 김진우, 〈공익신탁법리와 법정책적 제언〉, 90면.

8. 제3자로부터 금품을 기부받아 신탁재산에 포함시킬 것을 예정하고 있는 경우에는 기부의 취지 및 한도

② 제1항에 따른 인가 신청서에는 다음 각 호의 서류를 첨부하여야 한다.

1. 수탁자의 경력(법인인 경우에는 정관과 최근 3년간의 사업활동)을 기재한 서류
2. 수탁자의 범죄경력자료 및 후견 관련 등기사항 부존재 증명서
3. 신탁재산에 관한 조세납부·체납 관련 서류 및 수탁자의 조세납부·체납 관련 서류
4. 신탁계약서(신청 당시 위탁자의 전부 또는 일부와 신탁계약을 체결하지 아니한 경우에는 향후 그와 신탁계약을 체결할 때 포함될 주요 내용이 기재되어 있는 문서를 포함한다)
5. 신탁재산의 종류·수량·금액 및 권리관계를 명확하게 기재한 재산목록(신청 당시 위탁자의 전부 또는 일부와 신탁계약을 체결하지 아니한 경우, 신탁계약을 체결한 위탁자로부터 추가로 위탁받을 재산이 있는 경우 또는 제3자로부터 금품을 기부받아 신탁재산에 포함시킬 것을 예정하고 있는 경우에는 향후 위탁이나 기부를 받을 기간, 신탁재산이나 기부받을 금품의 종류 및 총액을 기재하여야 한다)
6. 부동산·예금·유가증권 등 신탁재산에 관한 등기소·금융회사 등의 증명서(신청 당시 위탁받은 신탁재산만 해당한다)
7. 사업개시예정일 및 사업개시 이후 2사업연도분(사업기간이 2년 미만인 경우에는 그 사업기간에 해당하는 분을 말한다)의 사업계획서 및 수입·지출 예산서
8. 신탁관리인의 경력(법인인 경우에는 정관과 최근 3년간의 사업활동)을 기재한 서류 및 선임승낙서
9. 공익신탁의 운영, 기부 또는 이익을 제공받을 대상의 지정 등을 위하여 공익신탁의 운영에 관한 위원회를 구성하는 경우에는 구성원의 성명·주소·경력
10. 제3자로부터 금품을 기부받아 신탁재산에 포함시킬 것을 예정하고 있는 경우에는 기부금품 모집·사용 계획서
11. 다른 법령에 따라 허가·인가·지정·등록·신고 또는 협의 등의 처분이 필요한 경우 그 처분서 사본

3. 인가 절차

법무부장관은 인가신청을 받으면 3개월 이내에 인가 여부를 결정하고, 신청인에게 그 결과와 이유를 지체없이 문서로 알려야 한다. 공익신탁 인가의 심사방법, 절차 등에 관하여 필요한 사항은 공익신탁법 시행령 제5조에서 상세히 정하고 있는데, 법무부장관이 제출된 인가신청서와 그 첨부서류만으로는 인가 여부를 결정하기 어려운 경우에는 인가를 신청한 자에게 보완 또는 소명을 요구할 수 있다.

4. 인가 조건

법무부장관은 공익신탁을 인가할 때에 공익사업 수행에 필요한 조건을 붙일 수 있고, 인가에 조건이 붙은 경우 공익신탁의 수탁자는 사정 변경이나 그 밖에 정당한 사유가 있으면 법무부장관에게 조건의 취소 또는 변경을 신청할 수 있다. 이 경우 법무부장관은 2개월 이내에 조건의 취소 또는 변경 여부를 결정하고, 신청인에게 그 결과를 지체 없이 문서로 알려야 한다.

5. 인가 조건으로서 사업 및 신탁행위의 제한

공익신탁은 위탁자, 수탁자, 신탁관리인, 사용인, 신탁재산관리인 및 이들의 채권자에게 이익을 제공할 수 없으며, 특정 개인이나 단체에 기부하거나 그 밖의 이익을 제공하는 것을 사업내용으로 할 수 없고, 투기적 거래, 고리 대부 등 선량한 풍속, 그 밖에 사회질서를 해칠 우려가 없어야 한다. 공익신탁을 이용하여 조세를 회피하면서 재산을 증식한 후 공익신탁을 종료시키고 신탁재산을 회수하는 사례를 방지할 필요가 있으므로, 공익신탁이 종료된 경우에는 남은 신탁재산을 유사 공익사업을 목적으로 하는 다른 공익신탁·공익법인이나 국가 또는 지방자치단체에 증여한다는 취지를 신탁행위로써 명확히 하여야 한다. 또한 공익신탁의 수탁자와 신탁관리인은 보수를 받지 않는 것이 원칙이지만, 보수 등을 지급받는 경우에는 신탁행위로 그 기준을 정하도록 하고, 인가단계에서 법무부의 점검을 거치도록 하여 수탁자 또는 신탁관리인이 임의로 보수 등의 명목으로 신탁재산을 취득하는 것을 방지하고 있다.

6. 공익신탁의 투명성 확보

공익신탁은 목적신탁이므로, 수익자신탁과 달리 원칙적으로 신탁계약 당시 신탁재산에 대하여 권리를 가지면서 수탁자의 업무수행을 감시, 감독할 유인을 갖는 구체적인 수익자가 존재하지 않는다. 따라서 공익신탁을 적절하게 감시, 감독할 시스템이 필요한데, 공익신탁법은 신탁관리인 선정을 의무화하고, 자산총액 100억 원 이상의 대규모 공익신탁의 경우 외부감사를 받도록 하여 투명성을 확보하고자 하였다.

공익신탁법 제7조 (변경인가)

① 수탁자는 제5조에 따라 인가받은 사항 중에서 다음 각 호의 사항을 변경하려면 법무부장관의 인가를 받아야 한다.

1. 공익사업의 종류 또는 내용
2. 수익사업의 종류 또는 내용
3. 제4조 제9호에 따라 신탁행위로 정한 사항
4. 수탁자 또는 신탁관리인
5. 공익사업 수행에 필요한 재원 조달 방법
6. 유한책임신탁으로의 변경

② 제1항에 따른 변경인가를 받으려는 수탁자는 변경인가 신청서를 법무부장관에게 제출하여야 한다.

③ 제2항에 따른 변경인가 신청서의 기재사항 및 첨부서류 등 변경인가 신청에 관한 사항과 변경인가 심사의 방법·절차 등에 관하여 필요한 사항은 대통령령으로 정한다.

공익신탁법 제8조 (변경신고)

① 수탁자는 제5조에 따라 인가받은 사항 중에서 공익신탁의 명칭 등 대통령령으로 정하는 사항이 변경된 경우에는 그 사유가 발생한 날부터 14일 이내에 변경된 사항을 법무부장관에게 신고하여야 한다.

② 제1항에 따른 신고를 하려는 공익신탁의 수탁자는 변경된 사항 및 이유를 기재한 변경신고서를 법무부장관에게 제출하여야 한다.

현행 신탁법 제109조 (공익신탁의 변경) — 공익신탁법 제정으로 삭제됨

① 신탁행위 당시 예견하지 못한 특별한 사정이 발생한 경우 주무관청은 공익신탁의 본래 취지에 반하지 아니한 범위에서 신탁내용의 변경을 명할 수 있다.

② 공익신탁의 경우 신탁의 변경(제1항에 따른 변경은 제외한다), 신탁의 합병, 또는 분할을 하려는 때에는 수탁자는 주무관청의 허가를 받아야 한다.

③ 공익신탁에 관하여는 제88조를 적용하지 아니한다.

1. 공익신탁의 변경 일반

일반적으로 신탁은 제3자의 정당한 이익을 해하지 않는 범위 내에서 위탁자, 수탁자 및 수익자의 합의로서, 신탁행위에서 정한 신탁의 목적, 신탁재산의 관리방법, 수익자에 대한 신탁재산의 급부내용, 신탁의 합병과 분할 등 신탁의 내용에 관하여 변경할 수 있

다(현행 신탁법 제88조 제1항, 제2항).

신탁은 장기간 존속하기 때문에 위탁자가 장래의 변화를 대비하여 신탁을 설계한 경우에도 경제환경의 변화에 따라 신탁을 변경할 필요가 발생하는데, 그러한 경우에 신탁이 유연하고 신속하게 적응할 수 없다면 위탁자가 의도하는 목적 달성이 불가능할 뿐 아니라 수익자의 이익에 도움이 된다고 할 수 없으므로 신탁의 변경을 인정하는 것이다.

그러나 공익신탁의 경우에는 그 목적의 공익성에 비추어 당사자가 편의대로 변경하는 것을 인정할 수는 없으므로 법무부장관의 인가를 받도록 하고 있는 것이다.

2. 수탁자의 판단에 따른 변경

공익신탁에 관하여는 현행 신탁법 제88조를 적용하지 않아, 공익신탁의 내용을 변경할 수 있는 주체를 누구로 볼 것인지 문제가 된다. 그러나 공익신탁법 제7조에서 공익신탁의 변경을 하려는 때에는 "수탁자"로 하여금 법무부장관의 인가를 받도록 정하고 있으므로, 수탁자가 공익신탁의 내용을 변경할 수 있는 주체가 된다고 보아야 할 것이다.

이 때 공익신탁을 관리, 운영하는 수탁자는 법무부장관의 인가를 받아 신탁의 내용을 변경하거나 합병 또는 분할하여야 한다.

3. 변경인가

수탁자는 법무부장관으로부터 인가받은 사항 중 ① 공익사업의 종류 또는 내용, ② 수익사업의 종류 또는 내용, ③ 신탁행위로 공익신탁 인가가 취소되거나 공익신탁이 종료한 경우 남은 재산을 유사 공익사업을 목적으로 다른 공익신탁 등이나 국가 또는 지방자치단체에 증여한다는 취지를 정한 경우(공익사업을 수행하기 위한 필수적인 재산이 있는 경우에는 그 사실 및 처분제한에 관한 사항, 수탁자 및 신탁관리인에게 보수 등을 지급하는 경우 그 지급기준에 관한 사항), ④ 수탁자 또는 신탁관리인, ⑤ 공익사업 수행에 필요한 재원 조달 방법, ⑥ 유한책임신탁으로의 변경을 하려면 법무부장관의 인가를 받아야 한다.

변경인가 절차에 관하여는 공익신탁법 시행령 제6조에서 자세히 정하고 있는데, 그 내용은 다음과 같다.

공익신탁법 시행령 제6조(변경인가 절차)

① 법 제7조 제1항에 따라 변경인가를 받으려는 수탁자는 다음 각 호의 사항을 기재한 변경인가 신청서를 법무부장관에게 제출하여야 한다.

1. 법 제7조 제1항 각 호의 사항 중 변경하려는 사항
2. 변경하려는 이유

② 제1항에 따른 변경인가 신청서에는 다음 각 호의 구분에 따른 서류를 첨부하여야 한다.

1. 신탁계약이 변경되는 경우: 변경되는 신탁계약서(신탁계약서에 변경취지가 이미 포함되어 있는 경우에는 기존 신탁계약서로 대체할 수 있다)
2. 법 제7조 제1항 제1호 또는 제2호의 사항을 변경하는 경우: 변경되는 사업의 개시예정일 및 변경사업 개시 이후 2사업연도분(사업기간이 2년 미만인 경우에는 그 사업기간에 해당하는 분을 말한다)의 사업계획서 및 수입·지출 예산서
3. 법 제7조 제1항 제4호의 사항을 변경하는 경우: 다음 각 목의 서류
   가. 수탁자 또는 신탁관리인의 성명·주민등록번호·주소·경력(법인인 경우에는 명칭·법인등록번호, 주된 사무소의 소재지, 대표자의 성명·주소, 정관 및 최근 3년간의 사업활동)을 기재한 서류
   나. 수탁자의 범죄경력자료, 후견 관련 등기사항 부존재 증명서 및 조세납부·체납 관련 서류(수탁자가 변경되는 경우만 해당한다)
   다. 수탁자 상호간, 신탁관리인 상호간 및 수탁자와 신탁관리인 간에 제4조의 특수한 관계가 있지 아니하다는 사실을 확인하는 확인서
4. 법 제7조 제1항 제5호의 사항을 변경하는 경우: 다음 각 목의 서류
   가. 변경되는 재원 조달 방법을 소명하는 서류
   나. 기부금품과 관련하여 재원 조달 방법을 변경하는 경우 기부금품모집·사용 계획서
5. 법 제7조 제1항 제6호에 따라 유한책임신탁으로 변경하는 경우: 「신탁법」 제114조 및 제115조 제1항에 따른 사항을 소명하는 서류
6. 다른 법령에 따라 허가·인가·지정·등록·신고 또는 협의 등의 처분이 필요한 경우: 그 처분서 사본

4. 변경신고

수탁자는 법무부장관으로부터 인가받은 사항 중 공익신탁의 명칭, 위탁자, 수탁자 또는 신탁관리인의 성명 또는 주소(법인인 경우에는 명칭 또는 주된 사무소의 소재지), 유한책임신탁의 신탁사무를 처리하는 주된 사무소 중 어느 하나가 변경된 경우에 그 사유가 발생한 날로부터 14일 이내에 변경된 사항을 법무부장관에게 신고하여야 한다. 변경신고를 하지 아니한 수탁자에게는 500만 원 이하의 과태료가 부과된다(공익신탁법 제33조 제2항 제1호).

공익신탁법 제9조 (공익신탁의 명칭 및 등기)

① 공익신탁이 아닌 신탁은 그 명칭 또는 상호에 "공익신탁"이나 그 밖에 공익신탁으로 오인될 우려가 있는 글자를 사용해서는 아니 된다.

② 어느 누구도 부정한 목적을 가지고 다른 공익신탁으로 오인될 우려가 있는 명칭 또는 상호를 사용해서는 아니 된다.

③ 법무부장관은 유한책임신탁에 대하여 공익신탁의 인가를 하는 경우에는 지체 없이 관할 등기소에 인가에 따른 변경등기를 촉탁하여야 한다.

공익신탁법 제10조 (공익신탁의 공시)

① 법무부장관은 공익신탁에 관한 다음 각 호의 사항을 공시하여야 한다.

1. 해당 공익신탁의 인가 및 그 취소에 관한 사항
2. 제6조에 따른 인가 조건에 관한 사항
3. 제7조 및 제8조에 따른 변경인가 및 변경신고에 관한 사항
4. 제16조에 따른 사업계획서 및 사업보고서
5. 공익신탁이 종료된 경우 그 사실
6. 제20조에 따른 합병인가에 관한 사항
7. 제24조에 따라 남은 재산이 처분된 경우 그 사실

② 제1항에 따른 공시의 세부 내용 및 방법은 법무부장관이 정한다.

1. 공익신탁의 명칭 사용

공익신탁이 아닌 신탁은 그 명칭 또는 상호에 "공익신탁"이나 공익신탁으로 오인될 우려가 있는 글자를 사용할 수 없다. 이는 현행 신탁법 제115조에서 유한책임신탁이 아닌 신탁이 그 명칭에 유한책임신탁 및 그 밖에 이와 유사한 문자를 사용하지 못하게 하고, 누구든지 부정한 목적으로 다른 유한책임신탁으로 오인할 수 있는 명칭을 사용하지 못하게 규정한 취지와 같다.

2. 공익신탁의 등기

법무부장관은 유한책임신탁에 대하여 공익신탁의 인가를 하는 경우 지체 없이 관할 등기소에 인가에 따른 변경등기를 촉탁하여야 한다.

3. 공익신탁 공시

법무부장관은 공익신탁의 인가 등 관련 사항을 공시하여야 하고, 공시의 세부 내용 및 방법을 정하도록 되어 있는데, 현재 “공익신탁의 공시에 관한 고시”가 제정되어 있고, 공익신탁 전자공시시스템의 인터넷 홈페이지(www.trust.go.kr)를 통해서 정보를 확인할 수 있도록 하고 있다.

제 3 장 공익신탁의 운영

공익신탁법 제11조 (신탁재산의 운용)

① 공익신탁의 신탁재산 중 금전은 「신탁법」 제41조 각 호의 방법으로만 운용하여야 한다.

② 수탁자는 금전(「신탁법」 제41조 각 호에 규정된 재산을 포함한다)이 아닌 신탁재산을 신탁행위 외의 방법으로 취득해서는 아니 된다.

③ 수탁자는 누구의 명의로도 「신탁법」 제34조 제1항 각 호의 행위를 해서는 아니 된다. 다만, 신탁행위로 달리 정하거나 법무부장관의 승인을 받은 경우에는 그러하지 아니하다.

④ 수탁자는 신탁재산을 공익사업 및 수익사업(이하 이 조에서 "공익사업등"이라 한다) 외의 용도로 사용해서는 아니 된다.

⑤ 수탁자는 신탁재산을 수탁받은 날부터 3년 이내에 공익사업등에 사용하여야 한다. 다만, 공익사업등에 사용하는 데 장기간이 걸리는 등 부득이한 사유가 있는 경우에는 대통령령으로 정하는 바에 따라 법무부장관의 승인을 받아 그 기간을 연장할 수 있다.

⑥ 수탁자는 공익사업 수행을 위하여 필수적인 재산을 매도, 증여, 임대, 교환, 용도변경 또는 담보로 제공하거나 대통령령으로 정하는 금액 이상을 장기 차입하려면 법무부장관의 승인을 받아야 한다.

⑦ 수탁자는 「신탁법」 제78조 및 제87조에도 불구하고 수익증권 및 신탁사채를 발행할 수 없다.

공익신탁법 제12조 (운용소득의 사용)

① 수탁자는 신탁재산의 운용소득 중 100분의 70 이상을 공익사업에 사용하여야 한다.

② 제1항에 따른 운용소득 산정방법은 대통령령으로 정한다.

공익신탁법 제13조 (수탁자 등의 보수)

수탁자와 신탁관리인은 신탁사무 수행에 필요한 경비 외에 보수등을 지급받지 못한다. 다만, 신탁행위로 달리 정한 경우에는 그러하지 아니하다.

공익신탁법 제14조 (신탁사무의 위임)

① 수탁자는 다음 각 호의 어느 하나에 해당하는 신탁사무를 수탁자 외의 자에게 위임할 수 있다. 다만, 신탁행위로 달리 정한 경우에는 그러하지 아니하다.

1. 전문 지식이 필요한 신탁재산의 관리·운용과 관련된 사무
2. 모금활동과 관련된 사무
3. 타인에게 위임하지 아니하면 목적을 달성하기 어려운 신탁사무 또는 이와 유사한 사무로서 대통령령으로 정하는 사무

② 수탁자는 제1항에 따라 신탁사무를 위임받은 자에게 보수등을 지급할 수 있다. 이 경우 유사한 사무에 종사하는 자의 보수등과 해당 공익신탁의 재정상황, 그 밖의 사정을 고려하여 적정한 금액으로 보수등을 정하여야 한다.

③ 제1항의 경우 수탁자는 그 선임·감독에 관한 책임만을 진다.

공익신탁법 제15조 (회계의 구분)

공익신탁의 회계는 공익사업 수행에 따른 회계와 수익사업 수행에 따른 회계로 구분한다.

공익신탁법 제16조 (사업계획서 등의 제출)

① 수탁자는 매 사업연도 개시일 1개월 전까지 해당 사업연도의 사업계획서와 그 밖에 대통령령으로 정하는 서류를 작성하여 법무부장관에게 제출하여야 한다.

② 수탁자는 매 사업연도가 끝난 후 2개월 이내에 해당 사업연도의 사업보고서와 그 밖에 대통령령으로 정하는 서류를 작성하여 법무부장관에게 제출하여야 한다.

공익신탁법 제17조 (신탁재산의 외부감사)

수탁자는 직전 사업연도 말의 신탁재산의 자산총액이 대통령령으로 정하는 기준 이상인 경우에는 「주식회사의 외부감사에 관한 법률」에 따른 감사를 받아야 한다.

공익신탁법 제18조 (신탁관리인 등의 권한과 의무)

① 신탁관리인은 업무를 수행할 때 수탁자와 제14조에 따라 신탁사무를 위임받은 자(이하 이 절에서 "수탁자등"이라 한다)의 부정행위, 법령이나 신탁행위로 정한 사항을 위반한 사실을 발견하면 지체 없이 법무부장관에게 보고하고, 수탁자등에 대한 손해배상청구 등 필요한 조치를 하여야 한다.

② 신탁관리인은 수탁자등이 법령 또는 신탁행위로 정한 사항을 위반하거나 위반할 우려가 있고 해당 행위로 인하여 공익신탁에 회복할 수 없는 손해가 발생할 우려가 있는 경우에는 그 수탁자등에 대하여 그 행위를 유지(留止)할 것을 법원에 청구할 수 있다.

③ 수탁자는 제7조 제2항에 따른 변경인가 신청서, 제8조 제2항에 따른 변경신고서, 제16조에 따른 사업계획서 및 사업보고서, 제20조 제3항에 따른 합병인가 신청서를 제출하기 전에 신탁관리인에게 알려야 한다.

④ 신탁관리인은 수탁자에게 제3항에 따른 신청서 등과 관계 서류의 열람 또는 복사를 청구할 수 있고, 신탁사무 처리에 관한 설명을 요청할 수 있다.

공익신탁법 제19조 (신탁관리인에 대한 보고)

① 제17조에 따른 감사인은 그 직무를 수행할 때 수탁자등의 부정행위, 법령이나 신탁행위로 정한 사항을 위반한 사실을 발견하면 지체 없이 신탁관리인에게 보고하여야 한다.

② 신탁관리인은 그 업무를 수행하기 위하여 필요한 경우 제1항에 따른 감사인에게 감사에 관한 보고를 요청할 수 있다.

현행 신탁법 제111조 (검사 · 보고) ─ 공익신탁법 제정으로 삭제됨

① 주무관청은 필요한 경우 언제든지 공익신탁 사무 처리의 검사, 재산의 공탁, 그 밖에 필요한 처분을 명할 수 있다.

② 수탁자는 매년 1회 일정한 시기에 신탁사무와 재산의 상황을 주무관청에 보고하여야 한다.

1. 신탁재산의 운용

일반적으로 신탁재산의 운용 방법으로 신탁재산인 금전 등을 대여하거나, 이를 이용하여 부동산, 유가증권 기타 유동성자산을 매입·투자하는 등의 방법으로 신탁재산을 증가시키는 것을 생각해 볼 수 있으나, 공익신탁의 재산으로서 고리의 이자를 받거나 부동산 투기 또는 고위험의 투자상품을 매입하는 것은 공익사업을 이유로 세제 등 여러 혜택을 부여한 취지나 일반인의 법감정에 맞지 않고 신탁재산의 부실화를 초래할 위험이 있다. 이러한 위험을 방지하기 위해 공익신탁법에서는 공익신탁의 신탁재산 중 금전은 ① 국채, 지방채 및 특별법에 따라 설립된 법인의 사채의 응모·인수 또는 매입, ② 국채나 그 밖에 제1호의 유가증권을 담보로 하는 대부, ③ 은행예금 또는 우체국예금의 방법으로만 운용하여야 하고, 수탁자는 금전이 아닌 신탁재산을 신탁행위 외의 방법으로 취득할 수 없도록 규정하였다.

2. 수탁자의 의무

수탁자는 신탁행위로 달리 정하거나 법무부장관의 승인을 받은 경우를 제외하고는 누구의 명의로도 이익에 반하는 행위(현행 신탁법 제34조 제1항 각호의 행위)를 할 수 없다.

수탁자는 신탁재산을 공익사업 및 수익사업 외의 용도로 사용해서는 아니 된다.

수탁자는 신탁재산을 수탁받은 날로부터 3년 이내에 공익사업 및 수익사업에 사용하여야 하고, 부득이한 사유가 있는 경우에 법무부장관에게 기간연장승인신청서, 기간연장이 필요한 사유를 소명할 수 있는 서류를 제출하여 사전 승인을 받아 그 기간을 연장할 수 있다(공익신탁법 시행령 제8조). 이는 수탁자가 신탁재산을 쌓아두고서 공익사업을 이행하지 않는 것을 방지하여 공익사업을 활성화하기 위한 규정이다.

수탁자는 공익사업 수행을 위하여 필수적인 재산을 매도, 증여, 임대, 교환, 용도 변경 또는 담보로 제공하거나 대통령령으로 정하는 금액(현재 공익신탁법 시행령에서는 차입하려는 금액을 포함한 장기차입금의 총액이 신탁재산 총액에서 차입 당시의 부채 총액을 공제한 금액의 100분의 5에 해당하는 금액) 이상을 장기 차입하려면 법무부장관의 승인을 받아야 한다.

공익신탁의 수탁자는 수익증권 및 신탁사채를 발행할 수 없다. 공익신탁의 설정 취지에 부합하도록 일반 신탁에서 수익증권 및 신탁사채를 발행할 수 있도록 한 것을 공익신탁에서는 금지하고 있다.

3. 운용소득의 사용

수탁자는 신탁재산의 운용소득 중 100분의 70 이상을 공익사업에 사용하여야 한다. 운용소득의 산정방법은 '상속세 및 증여세법 시행령' 제38조 제5항을 준용한다(공익신탁법 시행령 제9조).

4. 수탁자, 신탁관리인에 대한 보수

수탁자 및 신탁관리인은 신탁행위로 달리 정한 경우 이외에는 신탁사무의 수행에 필요한 경비 외의 보수 등을 지급받지 못한다.

5. 신탁사무의 위임

수탁자는 전문 지식이 필요한 경우, 모금활동과 관련된 사무, 타인에게 위임하지 아니하면 목적을 달성하기 어려운 신탁사무, 공익사업에 따라 기부 또는 이익을 제공받을 대상에게 기부금품을 지급하거나 이익을 제공하는 사무, 그 밖에 타인에게 위임하지 아니하면 목적을 달성하기 어려운 신탁사무로서 위임에 관하여 법무부장관의 승인을 받은 사무를 수탁자 이외의 자에게 위임할 수 있다. 다만, 신탁행위로 위임을 금지한 경우에는 그러하지 아니하다. 수탁자가 신탁사무를 위임한 경우에는 그 선임·감독에 관한 책임만 부담한다.

6. 회계의 구분

공익신탁의 회계는 공익사업 수행에 따른 회계와 수익사업 수행에 따른 회계로 구분한다.

7. 사업계획서의 제출

수탁자는 매 사업연도 개시일 1개월 전까지 해당 사업연도의 사업계획서, 추정대차대조표 및 그 부속명세서, 추정손익계산서 및 그 부속명세서를 작성하여 법무부장관에게 제출하여야 하고, 매 사업연도가 끝난 후 2개월 이내에 해당 사업연도의 사업보고서, 대차대조표 및 그 부속명세서, 손익계산서 및 그 부속명세서, 외부감사인의 감사보고서(외부감사 대상인 경우에 한정), 신탁재산 운용명세서, 신탁재산 사용점검표, 공익사업 세부명세서, 기부금품 사용명세서를 작성하여 법무부장관에게 제출하여야 한다(공익신탁법 시행령 제11조).

8. 신탁재산의 외부감사

수탁자는 직전 사업연도 말의 신탁재산의 자산총액이 100억 원 이상인 경우에 주식회사의 외부감사에 관한 법률에 따른 감사를 받아야 한다.

9. 수탁자에 대한 통제 — 신탁관리인

신탁관리인은 업무를 수행할 때 수탁자와 수탁자로부터 신탁사무를 위임받은 자의 부정행위, 법령이나 신탁행위로 정한 사항을 위반한 사실을 발견하면 지체 없이 법무부장관에게 보고하고, 수탁자 등에 대한 손해배상청구 등 필요한 조치를 하여야 한다.

신탁관리인은 수탁자 등이 법령 또는 신탁행위로 정한 사항을 위반하거나 위반할 우려가 있고 해당 행위로 인하여 공익신탁에 회복할 수 없는 손해가 발생할 우려가 있는 경우에는 그 수탁자 등에 대하여 그 행위를 유지할 것을 법원에 청구할 수 있다. 이는 신탁법 제77조의 수탁자에 대한 유지청구권을 규정한 취지와 동일하다.

수탁자는 공익신탁에 대한 변경인가신청서, 변경신고서, 사업계획서 및 사업보고서, 합병인가신청서를 제출하기 전에 신탁관리인에게 알려야 한다.

신탁관리인은 수탁자에게 관계 서류의 열람 또는 복사를 청구할 수 있고, 신탁사무 처리에 관한 설명을 요청할 수 있다.

신탁재산의 외부감사인은 그 직무를 수행할 때 수탁자등의 부정행위, 법령이나 신탁행위로 정한 사항을 위반한 사실을 발견하면 지체없이 신탁관리인에게 알려야 한다. 신탁관리인은 그 업무를 수행하기 위하여 필요한 경우 신탁재산의 외부감사인에게 감사에 관한 보고를 요청할 수 있다.

제 4 장 공익신탁의 합병 및 종료

공익신탁법 제20조 (합병인가)

① 공익신탁은 다음 각 호의 방법에 따라 공익신탁으로 합병할 수 있다.

1. 공익신탁과 공익신탁 간의 합병
2. 공익신탁과 공익신탁이 아닌 신탁 간의 합병

② 제1항에 따른 합병은 법무부장관의 인가를 받아야 한다.

③ 제2항에 따른 인가를 받으려는 수탁자는 합병인가 신청서를 법무부장관에게 제출하여야 한다.

④ 제3항에 따른 합병인가 신청서의 기재사항 및 첨부서류 등 합병인가 신청에 관한 사항과 합병인가 심사의 방법·절차 등에 관하여 필요한 사항은 대통령령으로 정한다.

⑤ 법무부장관은 제2항에 따라 합병인가를 받은 공익신탁이 유한책임신탁인 경우 지체 없이 관할 등기소에 합병의 등기를 촉탁하여야 한다.

공익신탁법 제21조 (공익신탁의 분할 제한)

「신탁법」 제94조에도 불구하고 공익신탁은 분할 또는 분할합병할 수 없다.

공익신탁법 제22조 (공익신탁 인가의 취소)

① 법무부장관은 공익신탁이 다음 각 호의 어느 하나에 해당하면 공익신탁의 인가를 취소할 수 있다.

1. 제4조 각 호의 요건을 갖추지 못하게 된 경우
2. 거짓이나 그 밖의 부정한 방법으로 인가 또는 승인을 받은 경우
3. 수탁자로부터 제3조 제1항에 따른 공익신탁 인가의 취소 신청이 있는 경우
4. 제6조 제1항에 따른 인가 조건을 위반한 경우
5. 제11조를 위반하여 신탁재산을 운용한 경우
6. 제12조를 위반하여 운용소득을 사용한 경우
7. 제15조에 따른 회계 구분을 하지 아니하거나 거짓으로 한 경우
8. 그 밖에 다른 법령을 위반하여 사업을 하거나 사업에 관한 행정기관의 처분에 따르지 아니한 경우

② 법무부장관은 제1항에 따라 인가를 취소하기 전에 시정 또는 보완을 요청할 수 있다.

③ 법무부장관은 제1항에 따라 인가를 취소하려면 청문을 하여야 한다.

④ 제1항에 따라 공익신탁의 인가가 취소되면 그 공익신탁은 종료하며, 그 공익신탁이 유한책임신탁인 경우에는 「신탁법」에 따라 청산하여야 한다.

⑤ 법무부장관은 제1항에 따라 취소한 공익신탁이 유한책임신탁인 경우에는 지체 없이 관할 등기소에 해당 신탁의 명칭에서 "공익"의 문자를 삭제하는 취지의 변경등기를 촉탁하여야 한다.

공익신탁법 제23조 (공익신탁의 종료)

수탁자는 「신탁법」에 따른 신탁의 종료사유가 발생한 경우 지체 없이 그 사실을 법무부장관에게 신고하고, 신탁사무에 관한 최종 계산을 한 후 법무부장관의 승인을 받아야 한다.

② 유한책임신탁인 공익신탁의 청산이 종결된 경우에 최종 계산의 승인에 관하여는 제1항을 준용한다.

③ 법무부장관은 제2항에 따라 최종 계산의 승인을 한 경우에는 지체 없이 관할 등기소에 청산종결의 등기를 촉탁하여야 한다.

공익신탁법 제24조 (귀속권리자와 보관수탁관리인)

① 제22조 제1항에 따라 공익신탁의 인가가 취소되거나 제23조에 따라 공익신탁이 종료된 경우 제4조 제9호 가목에 따라 정한 다른 공익신탁등이나 국가 또는 지방자치단체를 「신탁법」에 따른 귀속권리자로 본다.

② 제1항에 따른 귀속권리자를 정할 수 없거나 해당 귀속권리자가 없는 경우에는 법무부장관은 신탁재산을 유사한 목적의 공익신탁등에 증여하거나 무상 대부하여야 한다.

③ 법무부장관은 제2항의 경우 보관수탁관리인을 선임하여 신탁재산을 증여하거나 무상 대부하게 할 수 있다. 이 경우 보관수탁관리인의 선임 방법 및 자격, 그 밖에 필요한 사항은 대통령령으로 정한다.

④ 제1항에 따라 신탁재산을 귀속받은 국가 또는 지방자치단체는 신탁재산을 공익사업에 사용하거나 유사한 목적을 가진 공익신탁등에 증여 또는 무상 대부하여야 한다.

현행 신탁법 제113조 (공익신탁의 계속) — 공익신탁법 제정으로 삭제됨

공익신탁이 종료되는 경우 신탁재산의 귀속권리자가 없을 때에는 주무관청은 그 신탁의 본래 취지에 따라 유사한 목적을 위하여 신탁을 계속시킬 수 있다.

1. 공익신탁의 합병

공익신탁과 공익신탁 간의 합병, 공익신탁과 공익신탁이 아닌 신탁 간의 합병을 통

해 공익신탁으로 합병할 수 있다. 공익신탁의 합병에 관해서 법무부장관의 인가를 받아야 하는데, 합병인가 신청서에는 ① 합병할 각 신탁의 명칭(명칭이 있는 경우만 해당한다) 및 신탁사무처리지와 합병 후 신탁의 명칭 및 신탁사무처리지, ② 합병할 각 신탁 및 합병 후 신탁의 공익사업 등의 내용(합병으로 인하여 변경이 있는 경우에는 그 내용 및 변경 이유를 함께 기재하여야 한다), ③ 합병할 각 신탁 및 합병 후 신탁의 수탁자의 성명·주민등록번호·주소(법인인 경우에는 명칭, 법인등록번호, 주된 사무소의 소재지, 대표자의 성명·주소), ④ 합병할 각 신탁의 위탁자의 성명·주민등록번호·주소(법인인 경우에는 명칭, 법인등록번호, 주된 사무소의 소재지, 대표자의 성명·주소), ⑤ 합병할 각 신탁 및 합병 후 신탁의 신탁관리인의 성명·주민등록번호·주소(법인인 경우에는 명칭, 법인등록번호, 주된 사무소의 소재지, 대표자의 성명·주소), ⑥ 합병할 각 신탁 및 합병 후 신탁의 신탁재산 총액 및 한도, ⑦ 신탁합병의 이유 및 합병계약일 등의 사항이 기재되어야 한다. 그리고 합병인가 신청서에는 ① 신탁합병계약서, ② 합병할 각 신탁의 신탁계약서 및 재산목록, ③ 합병 후 신탁의 재산목록, ④ 부동산·예금·유가증권 등 신탁재산에 관한 등기소·금융회사 등의 증명서, ⑤ 합병 후 신탁의 사업개시예정일 및 사업개시 이후 2사업연도분(사업기간이 2년 미만인 경우에는 그 사업기간에 해당하는 분을 말한다)의 사업계획서 및 수입·지출 예산서(다만, 합병으로 인한 신탁재산의 변동가액이 기존 신탁재산의 100분의 10을 초과하지 아니하는 경우는 제외), ⑥ 수탁자 상호간, 신탁관리인 상호간 및 수탁자와 신탁관리인 간에 제4조의 특수한 관계가 있지 아니하다는 사실을 확인하는 확인서, ⑦ 합병 후 신탁에서 제3자로부터 금품을 기부받아 신탁재산에 포함시킬 것을 예정하고 있는 경우에는 기부금품 모집·사용 계획서를 첨부하여야 한다(공익신탁법 시행령 제13조).

2. 공익신탁의 분할 금지

현행 신탁법 제94조는 일정한 경우에 신탁의 분할, 분할합병을 인정하고 있으나, 공익신탁법 제21조에서는 공익신탁의 분할 또는 분할합병을 금지하고 있다.

3. 공익신탁의 인가취소

법무부장관은 공익신탁법 제22조 제1항 각호의 사유 발생시 공익신탁의 인가를 취소할 수 있다. 공익신탁의 인가가 취소되면 그 공익신탁은 종료하고, 만약 공익신탁이 유한책임신탁일 경우에 현행 신탁법에 따라 청산절차를 거쳐야 한다. 법무부장관의 공익신탁 인가 취소 절차에는 청문을 거쳐야 하며, 인가취소를 하기 전에 시정 또는 보완을 요청할 수 있다.

4. 공익신탁의 종료

수탁자는 신탁의 종료사유가 발생한 경우 지체 없이 그 사실을 법무부장관에게 신고하고, 신탁사무에 관한 최종계산을 한 후 법무부장관의 승인을 받아 공익신탁을 종료한다. 다만 공익신탁의 목적은 불특정다수를 위한 공공적 이익이라는 점에 비추어 위탁자의 해지로 인한 신탁의 종료는 인정될 수 없다는 견해가 있다.[1)]

수탁자가 공익신탁 종료에 관한 절차를 게을리하였을 경우에 500만 원 이하의 과태료가 부과될 수 있다(공익신탁법 제33조 제2항 제6호).

5. 귀속권리자와 보관수탁관리인

공익신탁의 인가가 취소되거나 공익신탁이 종료한 경우에 다른 공익신탁 등이나 국가 또는 지방자치단체를 신탁법에 따른 귀속권리자로 간주한다. 귀속권리자를 정할 수 없거나 해당 귀속권리자가 없는 경우에 법무부장관은 신탁재산을 유사한 목적의 공익신탁 등에 증여하거나 무상 대부하여야 한다. 이 경우 법무부장관은 보관수탁관리인을 선임하여야 하고, 보관수탁관리인의 선임방법 및 자격, 기타 필요한 사항은 공익신탁법 시행령 제14조에서 정하고 있다.

한편 공익법인의 설립·운영에 관한 법률 제13조에서는 잔여재산의 귀속에 관하여 국가나 지방자치단체에 귀속되도록 하고, 국가나 지방자치단체에 귀속된 재산은 공익사업에 사용하거나 이를 유사한 목적을 가진 공익법인에 증여하거나 무상대부하도록 규정하고 있다. 이와 같이 공익법인에 관해서는 바로 다른 공익법인에게 잔여재산이 귀속될 수 없고, 일단 국가나 지방자치단체에 귀속된 다음 공익사업에 사용하거나 유사한 목적을 가진 공익법인에게 증여하거나 무상대부하도록 되어 있는데, 공익신탁법의 규정은 곧바로 다른 공익신탁 등에 잔여재산을 귀속시킬 수도 있도록 하고 있는바, 공익을 위한다는 취지를 고려한다면 공익법인의 설립·운영에 관한 법률 제13조의 규정을 공익신탁법의 내용에 따라서 개정할 필요가 있다고 하겠다.

---

1) 유재관, 〈신탁법실무〉, 257면.

제 5 장 공익신탁의 감독

공익신탁법 제25조 (감사 등)

① 법무부장관은 공익신탁의 효율적 감독을 위하여 수탁자에게 업무보고서 제출을 명하거나 회계를 감사하여 그 적정을 유지하고 공익사업을 원활히 수행하도록 지도하여야 한다.

② 법무부장관은 제1항에 따른 감사를 할 때 수탁자에게 관계 서류·장부, 그 밖의 참고자료 제출을 명하거나 소속 공무원으로 하여금 공익신탁의 사무 및 재산상황을 검사하게 할 수 있다.

공익신탁법 제26조 (자료제출 등의 요청)

법무부장관은 공익신탁의 인가 및 그 취소, 시정 요청 등 이 법에 따른 권한의 행사를 위하여 관계 행정기관, 지방자치단체 및 「공공기관의 운영에 관한 법률」에 따른 공공기관에 필요한 자료 제출 등을 요청할 수 있다. 이 경우 법무부장관은 공익신탁의 인가 및 취소, 감독 등 업무 수행을 위하여 필요한 때에는 「개인정보 보호법」 제24조에 따른 고유식별정보를 처리할 수 있다.

공익신탁법 제27조 (신탁법상의 권한)

① 「신탁법」에 따른 법원의 권한은 다음 각 호의 권한을 제외하고는 법무부장관에게 속한다.

1. 「신탁법」 제3조 제3항 또는 제100조에 따라 신탁을 종료할 권한
2. 「신탁법」 제18조 제1항 제1호 또는 제2호에 따라 신탁재산관리인을 선임할 권한
3. 「신탁법」 제18조 제1항 제1호 또는 제2호에 따라 선임한 신탁재산관리인에 대한 권한 중 다음 각 목의 어느 하나에 해당하는 권한
   가. 「신탁법」 제19조 제2항에 따라 신탁재산관리인의 사임을 허가할 권한
   나. 「신탁법」 제19조 제3항에 따라 신탁재산관리인을 해임할 권한
   다. 「신탁법」 제19조 제4항에 따라 새로운 신탁재산관리인을 선임할 권한
   라. 「신탁법」 제20조 제1항 및 제2항에 따라 신탁재산관리인의 선임 등에 대하여 공고하거나 등기·등록 또는 그 등기·등록의 말소를 촉탁할 권한
4. 「신탁법」 제28조 단서에 따라 가공으로 인하여 생긴 물건의 귀속을 결정할 권한
5. 「신탁법」 제135조 제2항에 따라 변제를 허가할 권한
6. 「신탁법」 제136조 제4항에 따라 감정인을 선임할 권한

② 법무부장관은 다음 각 호의 권한을 직권으로도 행사할 수 있다.

1. 수탁자가 그 임무에 위배되는 행위를 하거나 그 밖의 중요한 사유가 있는 경우 수탁자를 해임할 권한
2. 수탁자의 임무가 종료된 경우 신수탁자를 선임할 권한

현행 신탁법 제112조 (주무관청의 권한) — 공익신탁법 제정으로 삭제됨

① 공익신탁의 경우 이 법에 따른 법원의 권한은 다음 각 호를 제외하고는 주무관청에 속한다.

1. 제3조 제3항 또는 제100조에 따라 신탁을 종료할 권한
2. 제18조 제1항 제1호 또는 제2호에 따라 필수적 신탁재산관리인을 선임할 권한
3. 제18조 제1항 제1호 또는 제2호에 따라 선임한 신탁재산관리인에 대하여 다음 각 목 중 어느 하나에 해당하는 권한
   가. 제19조 제2항에 따라 신탁재산관리인의 사임을 허가할 권한
   나. 제19조 제3항에 따라 신탁재산관리인을 해임할 권한
   다. 제19조 제4항에 따라 새로운 신탁재산관리인을 선임할 권한
   라. 제20조 제1항 및 제2항에 따라 신탁재산관리인의 선임 등에 대하여 공고하거나 그 등기 또는 등록을 촉탁할 권한 및 등기 또는 등록의 말소를 촉탁할 권한
4. 제28조 단서에 따라 가공으로 인하여 생긴 물건의 귀속을 결정할 권한
5. 제135조 제2항에 따라 변제허가결정의 권한
6. 제136조 제4항에 따라 감정인선임결정의 권한

② 주무관청은 다음 각 호 중 어느 하나에 해당하는 권한을 직권으로 행사할 수 있다.

1. 수탁자가 그 임무에 위반된 행위를 하거나 그 밖에 중요한 사유가 있는 경우 수탁자를 해임할 권한
2. 수탁자의 임무가 종료된 경우 신수탁자를 선임할 권한

1. 법무부장관의 감사

법무부장관은 공익신탁의 효율적 감독을 위하여 수탁자에게 업무보고서 제출을 명하거나 회계를 감사하여 그 적정을 유지하고 공익사업을 원활히 수행하도록 지도하여야 한다. 법무부장관은 감사를 할 때 수탁자에게 관계 서류 장부, 그 밖의 참고자료 제출을 명하거나 소속 공무원으로 하여금 공익신탁의 사무 및 재산상황을 검사하게 할 수 있다.

2. 법무부장관의 자료 제출 요청

법무부장관은 공익신탁의 인가 및 그 취소, 시정 요청 등 공익신탁법에 따른 권한의 행사를 위하여 관계행정기관, 지방자치단체, 공공기관에 필요한 자료 제출 등을 요청할 수 있으며, 업무수행을 위하여 필요한 때에 개인정보보호법에 따른 고유식별정보를 처리할 수 있다.

3. 신탁법상의 법원의 권한을 법무부장관에게 이전

신탁법에 따른 법원의 권한 중 주요한 내용을 제외하고는 공익신탁의 주무관청인 법무부장관이 권한을 행사하도록 하였다.

제 6 장 보　　칙

공익신탁법 제28조 (조세감면 등)

공익신탁에 출연하거나 기부한 재산에 대한 상속세 · 증여세 · 소득세 · 법인세 및 지방세는 「조세특례제한법」 및 「지방세특례제한법」에서 정하는 바에 따라 감면할 수 있다.

공익신탁법 제29조 (신탁법의 준용)

공익신탁에 관하여는 이 법에서 규정한 사항을 제외하고는 그 성질에 반하지 아니하는 범위에서 「신탁법」의 규정을 준용한다.

벌칙

공익신탁법 제30조 (벌칙)

다음 각 호의 어느 하나에 해당하는 자(제14조 제1항에 따라 위임을 받은 자를 포함한다. 이하 이 장에서 같다)는 3년 이하의 징역 또는 5천만원 이하의 벌금에 처한다.

1. 제11조 제3항을 위반하여 「신탁법」 제34조 제1항 제1호부터 제4호까지의 행위를 한 자
2. 제11조 제4항을 위반하여 신탁재산을 사용한 자
3. 제11조 제6항을 위반하여 필수적인 재산을 매도, 증여, 임대, 교환, 용도 변경 또는 담보로 제공하거나 장기 차입한 자

공익신탁법 제31조 (벌칙)

다음 각 호의 어느 하나에 해당하는 자는 1년 이하의 징역 또는 3천만원 이하의 벌금에 처한다.

1. 제11조 제1항을 위반하여 금전을 운용한 자
2. 제11조 제7항을 위반하여 수익증권 또는 신탁사채를 발행한 자
3. 제12조 제1항을 위반하여 운용소득을 사용한 자

공익신탁법 제32조 (양벌규정)

법인의 대표자나 법인 또는 개인의 대리인 · 사용인 그 밖의 종업원이 그 법인 또는 개인의 업무에 관하여 제30조 또는 제31조에 따른 위반행위를 한 때에는 행위자를 벌하는 외에 그 법인 또는 개인에 대하여도 각 해당 조의 벌금형을 과한다. 다만, 법인 또는 개인이 그 위반행위를 방지하기 위하여 해당 업무에 관하여 상당한 주의와 감독을 게을리하지 아니한 경우에는 그러하지 아니하다.

공익신탁법 제33조 (과태료)

① 다음 각 호의 어느 하나에 해당하는 자에게는 1천만원 이하의 과태료를 부과한다.

1. 제9조 제1항을 위반하여 "공익신탁"이나 그 밖에 공익신탁으로 오인될 우려가 있는 명칭 또는 상호를 사용한 자
2. 제9조 제2항을 위반하여 부정한 목적을 가지고 다른 공익신탁으로 오인될 우려가 있는 명칭 또는 상호를 사용한 자
3. 제17조에 따른 감사를 거부·방해 또는 기피한 자

② 다음 각 호의 어느 하나에 해당하는 자에게는 500만원 이하의 과태료를 부과한다.

1. 제8조를 위반하여 변경신고를 하지 아니한 수탁자
2. 제11조 제2항을 위반하여 신탁재산을 취득한 수탁자
3. 제11조 제5항을 위반하여 신탁재산을 기간 내에 공익사업등에 사용하지 아니한 수탁자
4. 제16조를 위반하여 사업계획서, 사업보고서, 그 밖의 서류를 제출하지 아니한 수탁자
5. 제18조 제4항에 따른 열람·복사의 청구나 설명 요청을 정당한 이유 없이 거부한 수탁자
6. 제23조 제1항 및 제2항을 위반하여 신고를 하지 아니하거나 승인을 받지 아니한 수탁자 또는 청산인

③ 제1항 및 제2항에 따른 과태료는 대통령령으로 정하는 바에 따라 법무부장관이 부과·징수한다.

공익신탁법 제34조 (외부의 감사인의 의무위반행위)

제17조에 따라 외부의 감사인을 선임한 경우 감사인의 의무위반행위에 대한 벌칙 및 과태료에 관하여는 「주식회사의 외부감사에 관한 법률」을 준용한다. 이 경우 "주식회사" 또는 "회사"는 "신탁"으로 본다.

Ⅳ

자본시장법상의 신탁

Ⅳ. 자본시장법상의 신탁

제 1 장 자본시장법상 신탁에 관한 규정

자본시장법 제6조 (금융투자업)

① 이 법에서 "금융투자업"이란 이익을 얻을 목적으로 계속적이거나 반복적인 방법으로 행하는 행위로서 다음 각 호의 어느 하나에 해당하는 업(業)을 말한다.

(1~5. 생략)

6. 신탁업

⑨ 이 법에서 "신탁업"이란 신탁을 영업으로 하는 것을 말한다.

자본시장법 제7조 (금융투자업의 적용배제) (①~④항 생략)

⑤ 「담보부사채신탁법」에 따른 담보부사채에 관한 신탁업, 「저작권법」에 따른 저작권신탁관리업의 경우에는 신탁업으로 보지 아니한다.

자본시장법 제8조 (금융투자업자)

① 이 법에서 "금융투자업자"란 제6조 제1항 각 호의 금융투자업에 대하여 금융위원회의 인가를 받거나 금융위원회에 등록하여 이를 영위하는 자를 말한다.

(②~⑥항 중략)

⑦ 이 법에서 "신탁업자"란 금융투자업자 중 신탁업을 영위하는 자를 말한다.

자본시장법 제9조 (그 밖의 용어의 정의)

(①~㉓항 생략)

㉔ 이 법에서 "신탁"이란 「신탁법」 제2조의 신탁을 말한다.

자본시장법 제12조 (금융투자업의 인가)

① 금융투자업을 영위하려는 자는 다음 각 호의 사항을 구성요소로 하여 대통령령으로 정하는 업무 단위(이하 "인가업무 단위"라 한다)의 전부나 일부를 선택하여 금융위원회로부터 하나의 금융투자업인가를 받아야 한다.

자본시장법 시행령 제15조 (인가업무 단위 등)

① 법 제12조 제1항 각 호 외의 부분에서 "대통령령으로 정하는 업무 단위"란 별표 1과 같다.

자본시장법 시행령 별표 1 인가업무 단위 및 최저자기자본 (제15조 제1항 및 제16조 제3항 관련) (단위 : 억원) (신탁업 이외 단위 생략)

인가업무단위	금융투자업의 종류	금융투자상품의 범위	투자자의 유형	최저자기자본
4-1-1	신탁업	법 제103조 제1항 제1호부터 제7호까지의 규정에 따른 신탁재산	일반투자자 및 전문투자자	250
4-1-2	신탁업	법 제103조 제1항 제1호부터 제7호까지의 규정에 따른 신탁재산	전문투자자	125
4-11-1	신탁업	법 제103조 제1항 제1호에 따른 신탁재산	일반투자자 및 전문투자자	130
4-11-2	신탁업	법 제103조 제1항 제1호에 따른 신탁재산	전문투자자	65
4-12-1	신탁업	법 제103조 제1항 제2호부터 제7호까지의 규정에 따른 신탁재산	일반투자자 및 전문투자자	120
4-12-2	신탁업	법 제103조 제1항 제2호부터 제7호까지의 규정에 따른 신탁재산	전문투자자	60
4-121-1	신탁업	법 제103조 제1항 제4호부터 제6호까지의 규정에 따른 신탁재산	일반투자자 및 전문투자자	100
4-121-2	신탁업	법 제103조 제1항 제4호부터 제6호까지의 규정에 따른 신탁재산	전문투자자	50

자본시장법 제38조 (상호) (①~⑥항 생략)

⑦ 신탁업자가 아닌 자는 그 상호 중에 "신탁"이라는 문자 또는 이와 같은 의미를 가지는 외국어문자로서 대통령령으로 정하는 문자를 사용하여서는 아니 된다.

자본시장법 시행령 제42조 (상호의 제한) (①~⑥항 생략)

⑦ 법 제38조 제7항 본문 및 단서에서 "대통령령으로 정하는 문자"란 각각 trust(그 한글표기 문자를 포함한다)를 말한다.

1. 신탁업의 개념

자본시장법이 2007. 8. 3. 법률 제8635호로 제정되어 2009. 2. 4.부터 시행되면서 그 부칙 제2조 제4호에 따라 종래 신탁업자를 규율하던 「신탁업법」은 폐지되고, 자본시장법에서 신탁업자에 대하여도 함께 규정하고 있다.

자본시장법은, '신탁업'이란 신탁을 영업으로 하는 것을 말하며(자본시장법 제6조 제9항), '신탁업자'란 금융위원회의 인가를 받아 신탁업을 영위하는 자를 말한다고 정의하고 있다(동법 제8조 제7항, 제12조). 여기서 '신탁을 영업으로 하는 것'의 개념에 대하여는 구체적으로 규정되어있지 않으므로 일반적인 의미로 판단할 수밖에 없다.

판례는『어느 행위가 상법 제46조 소정의 기본적 상행위에 해당하기 위하여는 영업으로 같은 조 각호 소정의 행위를 하는 경우이어야 하고, 여기서 영업으로 한다고 함은 영리를 목적으로 동종의 행위를 계속 반복적으로 하는 것을 의미하는바, 구 대한광업진흥공사법(1986. 5. 12. 법률 제3834호로 전문 개정되기 전의 것)의 제반 규정에 비추어 볼 때 대한광업진흥공사가 광업자금을 광산업자에게 융자하여 주고 소정의 금리에 따른 이자 및 연체이자를 지급받는다고 하더라도, 이와 같은 대금행위는 동법 제1조 소정의 목적인 민영광산의 육성 및 합리적인 개발을 지원하기 위하여 하는 사업이지 이를 '영리를 목적'으로 하는 행위라고 보기는 어렵다』라고 판시한 점에 비추어 볼 때(대법원 1994. 4. 29. 선고 93다54842 판결), 영업으로 한다는 것은 영리의 목적으로 동종의 행위를 반복적으로 하는 것을 의미하는 것으로 해석된다.

이에 더하여 헌법재판소 2007. 3. 29. 선고 2003헌바15 결정 등 수개의 헌법재판소 결정에서『'영리의 목적'이란 널리 경제적인 이익을 취득할 목적을 의미한다고 할 것이고, "업으로"의 의미는 행위자가 그 행위를 일회적으로 함에 그치는 것이 아니라 영업으로 반복, 계속할 의사로써 하는 것을 의미한다고 할 것이다』라고 판시하고 있다.

이를 종합하여 볼 때, 신탁을 영업으로 한다는 것은 수탁자가 신탁을 영리의 목적을 가지고 동종의 행위를 계속, 반복할 의사로써 하는 것을 의미하고, 그 중 '영리의 목적'은 영업상 이익 또는 편익을 위하여 하는 경우로 폭넓게 해석되며, '반복적'의 의미는 그러한 의사가 있는 경우에는 단 1회의 행위라도 해당하는 것으로 해석될 수 있다.[1)]

따라서 수탁자가 신탁보수를 받는 경우에는 '영리성'[2)]을 인정할 수 있을 것이고(신탁법 제47조 제1항 단서 참조),[3)] 특정 수탁자가 수탁행위를 1회만 수행한 경우라도 동종의 행위를 계속, 반복할 의사가 인정되는 경우에는 '계속성 내지 반복성'을 인정할 수 있을 것이다.

---

1) 대법원은 각종 인허가를 받지 아니한 자의 영업행위에 대한 인허가 위반 사례에서,『계속적으로 반복할 의사로 그 사무를 하면 단 한 번의 행위도 업(業)으로 한 행위에 해당한다』고 일관되게 판시하고 있다(대법원 2003. 6. 13. 선고 2003도935 판결, 대법원 1989. 1. 10. 선고 88도1896 판결 등 다수).

2) 김태진, 〈기업형태로서의 신탁〉, 124면에서는, 영리신탁에서의 영리성은 '수탁자가 유상의 보수'를 받는 경우와 수익자가 '수익권을 유상으로 취득'하는 경우 모두 충족된다고 한다. 한편, 금융투자업의 요건인 영리성은 반드시 이익을 추구하는 것에 국한되지 않고 수지균형을 유지하는 것도 포함하는 의미로 넓게 해석해야 한다는 견해(김건식 · 정순섭, 〈자본시장법〉, 66면)도 있다.

3) 신탁법 제47조(보수청구권) ① 수탁자는 신탁행위에 정함이 있는 경우에만 보수를 받을 수 있다. 다만, 신탁을 영업으로 하는 수탁자의 경우에는 신탁행위에 정함이 없는 경우에도 보수를 받을 수 있다.

다만, 다양하고 새로운 신탁제도의 도입 및 활성화를 유도할 필요성의 측면에서 본다면, 예컨대 새로운 신탁제도를 자금조달수단 등에 이용하려는 모든 일반 기업에 대해 신탁을 영업으로 하는 것으로 보아 신탁업자로서의 규제를 받게 하는 것은 과도한 면이 없지 않다.

이와 관련하여 구 증권거래법위반죄(무허가 영업행위)의 성립여부와 관련하여 대법원 2002. 6. 11. 선고 2000도357 판결은 『증권거래법에서 증권업을 허가제로 하고 있는 이유는 일반 투자자를 보호하고 국민경제의 발전에 기여하기 위하여 증권업자의 인적, 물적, 재산적 요건을 심사하고 재무건전성과 건전한 영업질서의 준수 여부를 감독하기 위한 것인바, 증권업에 해당하는지 여부를 판단하기 위하여는 영리의 목적과 동종의 행위를 반복하는지 여부 외에 위 영업형태에 따라 증권발행 여부, 판매단에 참가하거나 증권인수 여부, 주문에 응하기 위하여 증권의 재고를 유지하는지 여부, 상대방의 청약을 유인하는지 여부, 스스로 매매업자나 시장조성자로 광고하는지 여부, 부수적으로 투자자문을 제공하는지 여부, 타인의 돈이나 증권을 취급하거나 타인을 위하여 증권거래를 수행하는지 여부, 지속적인 고객을 확보하는지 여부, 타인을 위하여 거래에 참가하는지 여부 등의 제반 사정을 종합적으로 고려하여 판단하여야 한다』고 판시하였다.[1)]

신탁업에 대하여 진입규제, 업자규제 및 행위규제를 부과시키는 이유는 신탁업과 관련된 당사자의 보호의 필요성이 높기 때문이라는 점을 고려하여, 신탁업자에 해당하는지 여부를 판단함에 있어서는 단순히 영리의 목적과 동종의 행위를 반복하는지 여부 이외에, 영업형태에 따라 여러 가지 사항을 종합하여 개별·구체적으로 판단하여야 할 것이다.

특히 신탁법에서 자기신탁이 도입되면서, 일반 기업이 자기신탁을 통하여 수회 자금조달을 하려는 경우 이것이 영리의 목적으로 동종의 행위를 반복하는 경우로서 자본시장법상 인가를 요하는 신탁업에 해당하는지 여부에 관하여, 개념적인 접근보다는 규제의 필요성 측면에서 접근하여, 신탁보수를 받는 것을 전제로 다수의 참여자가 관여하게 되는 공모형 수익증권 발행신탁, 공모형 신탁사채 발행신탁, 사업신탁의 경우에는 1회의 신탁행위를 하더라도 원칙적으로 신탁업으로 규율하는 것이 바람직하고, 일반 기업이 자

1) 위 판결은 이러한 판단 하에 『유가증권의 매매영업에 있어서는 영리목적으로 불특정 일반고객을 상대로 하는 반복적인 영업행위가 그 요건이라 할 것이고 유가증권의 인수영업에 있어서는 유가증권의 발행회사와 인수회사와의 관계상 일반고객을 상대로 할 수 없어 영리목적으로 인적 물적시설을 갖추고 시장조성자로서 반복적인 인수행위가 있으면 "인수업"에 해당한다고 보아야 할 것인데, 피고인 1이 실제 발행회사로부터 회사채를 직접 인수하였음에도 형식상 증권회사나 종합금융회사가 위 회사채를 인수한 것처럼 외형을 갖추고 영리목적으로 19회에 걸쳐 합계 금 5,460억 원 상당의 회사채를 인수하고 회사채를 최종적으로 매입하여 줄 일반 고객들인 투자신탁회사들과 직접 접촉하여 형식상 증권회사를 통하여 위 회사채를 다시 투자신탁회사에 매도한 일련의 과정에 비추어 피고인 1은 공소외 1 주식회사나 공소외 2 주식회사를 운영하면서 사실상 회사채 인수업무 및 매매업무를 하였다고 판단하여 피고인 1에 대한 이 사건 공소사실을 유죄로 인정한 것은 정당하다』고 판시하였다.

금조달을 목적으로 자기신탁형 수익증권 발행신탁을 수차례 설정하는 경우에도 신탁보수를 받으면서 수익증권을 공모형으로 발행하는 경우에는 관련 투자자보호의 필요성이 많다는 점에서 신탁업으로 규율함이 바람직하다거나,[1] 혹은, 계속적인 고객관계의 존재 여부로 특정 신탁행위를 신탁“업”으로 볼 수 있느냐를 가름하여야 한다는 견해가 있다.[2]

다만, 신탁재산과 고유재산을 구분할 수 있는 능력이 부족한 일반 기업이 제한 없이 신탁설정 및 수익증권, 신탁사채 발행 등을 행함으로써 수익자 보호를 위한 규제가 필요한 경우가 있을 수 있다.

2. 신탁법과 자본시장법의 관계

자본시장법이 일정한 경우 신탁법을 적용하거나 적용을 배제하는 규정을 두고 있다는 점,[3] 신탁법은 신탁에 관한 사법적 법률관계를 규정함을 그 목적으로 하고 있는 반면 자본시장법은 신탁을 영업으로 하는 신탁업자와 투자자간의 법률관계 및 투자자 보호를 위한 각종 행정규제(신탁업자의 조직과 운영에 대한 감독)를 정함을 그 목적으로 하고 있다는 점 등을 종합적으로 고려해 보면 신탁법과 자본시장법은 일반법과 특별법의 관계에 있다고 봄이 타당하다. 따라서 신탁을 영업으로 할 경우에는 자본시장법이 특별법으로 우선적용되고 자본시장법에서 준용하는 규정이 있거나 자본시장법이 규율하지 아니한 부분은 신탁법이 적용된다고 할 것이다.[4]

다만, 신탁법은 2012. 7. 26.부터 전면 개정 법률의 시행을 통해 신탁의 허용범위를 크게 넓혔음에도 불구하고,[5] 자본시장법은 이에 따른 개정안이 마련되지 않고 있다. 신

1) 오영표, 〈新신탁법 시행에 따른 자본시장법상의 법적 쟁점〉, 22면; 신영수 · 윤소연, 〈부동산신탁의 쟁점〉, 56면에서는, 기업이 특정한 하나의 사업 부문에 대하여 자기신탁을 설정하는 경우뿐 아니라 다수의 사업 부문에 대하여 각각 다른 자기신탁을 설정하더라도, 수수료를 받지 않고 수탁업무를 수행하는 경우에는 ‘영업으로 하는 경우’가 아니므로 자본시장법상 인가를 요하는 신탁업이 아니라고 보는 것이 타당하고, 비공식적으로 확인한 바에 따르면 금융감독원의 담당자도 동일한 견해를 가지고 있었다고 한다.

2) 성희활, 〈신탁법과 자본시장법의 바람직한 관계 설정에 대한 연구〉, 649~652면.

3) 신탁법을 적용한 규정으로는 신탁의 정의를 규정한 제9조 제24항, 신탁업자의 합병을 규정한 제116조 제2항이 있고, 신탁법의 적용을 배제한 규정으로는 투자매매업자 또는 투자중개업자가 신탁업을 영위하는 경우 신탁법 제3조 제1항에 불구하고 자기계약을 할 수 있도록 한 제74조 제2항 후문, 신탁재산과 고유재산의 구분의 예외적용을 배제한 제104조 제1항과 수익증권의 매수를 규정한 제111조가 있다. 참고로, 신탁법 제3조 제1항 제3호에서는 “신탁의 목적, 신탁재산, 수익자 등을 특정하고 자신을 수탁자로 정한 위탁자의 선언”으로 신탁의 설정이 가능하도록 규정하고 있는데(다만 공익신탁을 제외하고는 공정증서를 작성하는 방법으로 하여야 하며, 신탁을 해지할 수 있는 권한을 유보 할 수 없음), 2012. 3. 26. 금융위원회 공고 제2012-61호로 입법예고된 자본시장법 일부개정법률안에서는 은행, 보험회사 등 겸영금융투자업자인 신탁업자의 경우 일반 민사신탁과 달리 별도 금융감독을 받고 있으므로 신탁법 제3조 제2항에 따른 공정증서 작성의무를 면제하는 규정을 두었으나 아직까지 도입되지 아니하고 있다.

4) 오영표, 〈新신탁법 시행에 따른 자본시장법상의 법적 쟁점〉, 20면; 안수현, 〈신탁의 금융투자상품화에 따른 투자자 보호문제〉, 7면.

5) 김재희, 〈개정 신탁법에 따른 부동산 신탁제도의 발전 방안에 대한 연구 : 상사신탁에 도입 가능한 제도

탁법이 다양하고 새로운 신탁제도를 도입함으로써 다양한 신탁상품의 출현을 유도하고 일반 기업에 대하여 신탁을 통한 자금조달수단을 제공한다는 취지임을 고려하여, 새로운 신탁제도 및 다양한 신탁상품에 대하여도 자본시장법상 신탁업자에 관한 규정이 탄력적으로 규율될 수 있도록 입법적 노력이 필요할 것이다.

또한, 그동안 신탁법이 오랜 기간 개정되지 아니함에 따라, 예컨대 수탁자의 충실의무, 고유재산과 신탁재산 간의 거래 금지 규정과 같이 신탁법이 포함하여야 할 신탁의 기본적인 법률관계에 관한 다수의 규정들이 구 신탁업법에 규정되어 있다가, 자본시장법에 그대로 흡수되었다.

3. 자본시장법상 신탁업에 관한 적용의 배제

담보부사채신탁법에 따른 담보부사채에 관한 신탁업, 저작권법에 따른 저작권신탁관리업의 경우에는 자본시장법상의 신탁업으로 보지 아니한다(자본시장법 제7조 제5항).

담보부사채에 관한 신탁업을 하려는 자는 담보부사채신탁법에 따라 금융위원회에 등록하여야 하고, 이러한 등록을 할 수 있는 자는 자본시장법상 신탁업자 또는 은행법에 따른 은행으로 한정된다(담보부사채신탁법 제5조).

저작권법상 저작재산권자, 배타적발행권자, 출판권자, 저작인접권자 또는 데이터베이스제작자의 권리를 가진 자를 위하여 그 권리를 신탁받아 이를 지속적으로 관리하는 업을 '저작권신탁관리업'으로 정의하고 있으며(저작권법 제2조 제24호), 저작권신탁관리업을 하고자 하는 자는 문화체육관광부장관의 허가를 받아야 하며, 그 허가 요건으로는 저작물등에 관한 권리자로 구성된 단체일 것, 영리를 목적으로 하지 아니할 것 등을 규정하고 있다(동법 제105조 제1항, 제2항).

또한, 「기술의 이전 및 사업화 촉진에 관한 법률」에서는 기술보유자로부터 기술과 그 사용에 관한 권리('기술 등')를 신탁받아 기술등의 설정·이전, 기술료의 징수·분배, 기술의 추가개발 및 기술자산유동화 등 대통령령으로 정하는 관리업무를 수행하는 업을 '기술신탁관리업'으로 정의하고(기술의 이전 및 사업화 촉진에 관한 법률 제2조), 산업통상자원부장관의 허가를 받아야 하는 것으로 규정하고 있다(동법 제35조의2 제1항). 기술신탁관리업에 대하여는, 기술신탁관리업의 영업행위에 관하여 자본시장법상 신탁업자의 영업행위에 관한 일부규정을 제외하고는 자본시장법을 적용하지 아니한다(동법 제4조 제2항). 현재는 위 법상 영리를 목적으로 하는 법인·기관 또는 단체인 경우 기술신탁관리업의 허가를 받을 수 없다고 정하고 있으나(동법 제35조의2 제2항 제1호), 영리법인의 기술신탁관리업 참여 필요성 및 개정방안에 관한 논의가 이루어

와 상품을 중심으로〉.

지고 있다.[1)]

4. 투자신탁에 관한 신탁법의 적용

투자신탁은 집합투자업자인 위탁자가 신탁업자에게 신탁한 재산을 신탁업자로 하여금 그 집합투자업자의 지시에 따라 투자·운용하게 하는 신탁형태의 집합투자기구이고(자본시장법 제9조 제18항 제1호), 여기에서 '신탁'이란 신탁법 제2조의 신탁을 말한다(동조 제24항). 즉, 자본시장법은 투자신탁이 신탁법에 의한 신탁제도를 기반으로 한 집합투자기구이고, 집합투자업자와 신탁업자 간의 법률관계가 신탁법상의 신탁임을 분명히 하였다.[2)] 따라서 투자신탁에 있

1) 이성상, 〈영리법인의 기술신탁관리업 참여방안 연구〉; 조인성, 〈한국지식재산연구원; 기술신탁의 경제적 효용 분석을 통한 제도 개선 방안〉.

2) 구 증권투자신탁업법 및 구 간투법상 투자신탁의 법적 성격에 관해서는 단순신탁설, 이중신탁설(법적 신탁관계설), 실질신탁설, 조직계약설 등으로 학설이 나뉘지만, 적어도 국내 학설상 위탁회사(자본시장법상 집합투자업자)와 수탁회사(자본시장법상 신탁업자) 간의 법률관계는 신탁법상 신탁이고, 신탁업자가 보관, 관리하는 투자신탁재산은 신탁법에 의하여 보호되는 신탁재산이라는 점에 대해서는 이견이 없었으며, 이 점은 대법원 판례에 의하여 확인되었다(한국증권법학회, 〈자본시장법 [주석서Ⅱ]〉, 23면). 즉, 대법원은『증권투자신탁업법에 따른 투자신탁에 의하여 위탁회사가 투자자(수익자)들로부터 모은 자금 등을 신탁하여 수탁회사가 보관하고 있는 신탁재산은 신탁법 및 증권투자신탁업법의 법리에 의하여 대외적으로 수탁회사가 그 소유자가 되며, 따라서 신탁재산에 속한 채권을 자동채권으로 하는 상계권 역시 수탁회사가 행사하여야 하는 것이고, 이 경우 수동채권은 수탁회사가 부담하는 채무이어야 하되, 이와 같은 상계는 신탁법 및 증권투자신탁업법의 관계 규정에 의한 제한을 받는다고 할 것이다. 증권투자신탁업법의 관계 규정에 따라 위탁회사는 선량한 관리자로서 신탁재산을 관리, 운용할 책임이 있으나, 같은 법 제25조 제1항 단서에 의하여 의결권 외의 권리는 수탁회사를 통하여 이를 행사하도록 되어 있으므로, 상계권에 관해서도 위탁회사가 수탁회사에게 지시하여 수탁회사로 하여금 일정한 내용으로 상계권을 행사하게 할 수는 있을 것이나, 스스로 신탁재산에 속한 채권에 관하여 상계권을 행사할 수는 없다』(대법원 2002. 11. 22. 선고 2001다49241 판결)라거나,『증권투자신탁계약에 따른 신탁재산의 대외적 소유명의자는 수탁회사이고 위탁회사는 내부적인 의사결정자일 뿐 그에 따른 대외적 법률행위는 수탁회사를 통하여 하여야 하므로, 위탁회사 자신이 신탁재산에 관한 법률행위의 주체가 되거나 이행책임을 부담할 수 없다』(대법원 2003. 4. 8. 선고 2001다38593 판결)라고 판시하여, 위탁회사와 자산보관자 사이의 관계에 관하여 신탁법 및 증권투자신탁업법의 법리에 의한 신탁으로서 신탁법 및 증권투자신탁업법의 관계규정에 의한 제한을 받는다는 점을 선언하고 있다(법령제정 실무작업반, 〈간접투자(펀드) 해설〉, 23면).

한편, 투자자와 집합투자업자 사이의 관계에 관하여는 위와 같은 투자신탁의 법적 성격에 관한 학설대립에 따라 다르게 파악하고 있는데, 신탁적 성격을 가진 위임으로 볼 것인지 아니면 정면으로 신탁계약을 인정할 것인지 견해가 갈리고 있다(김건식 · 정순섭, 〈자본시장법〉, 640면). 기존 다수의 견해는 투자자와 집합투자업자 사이의 관계에서도 법적 신탁관계가 성립하는 것으로 보고, 따라서 투자신탁을 집합투자업자와 신탁업자의 관계뿐 아니라 투자자와 집합투자업자 사이에서도 신탁관계가 성립하는 이중적인 신탁구조로 파악하고 있다(김건식 · 정순섭, 〈자본시장법〉, 640면; 임채웅, 〈신탁법연구〉, 197면; 박근용, 〈신탁법 개정에 따른 자본시장법상 투자신탁의 신탁관계에 관한 고찰〉, 916면). 반면 이에 대하여 다양한 입장에서 비판하는 견해도 제시되고 있다(박삼철, 〈투자신탁해설〉, 182면; 이중기, 〈투자신탁의 법적 성질과 당사자들의 지위〉, 185~191면; 박삼철 · 이중기, 〈'제도'로서의 투자신탁법제의 기본구조와 발전전략〉, 543~544면). 투자자와 집합투자업자 사이의 관계에 관하여 대법원이 어떤 입장을 취하고 있는지에 관하여도 해석이 대립되는바, 위 대법원 2002. 11. 22. 선고 2001다49241 판결이 위탁회사의 투자신탁상 지위와 관련하여『증권투자신탁업법의 관계 규정에 따라 위탁회사는 선량한 관리자로서 신탁재산을 관리, 운용할 책임이 있다』고 판시함으로써 위탁회사가 신탁상 수탁자의 지위를 갖지 않는다는 점을 소극적으로 밝혔다고 해석하는 견해가 있는가 하면(이중기, 〈투자신탁의 법적 성질과 당사자들의 지위〉, 195

어서 자본시장법은 신탁법의 특별법인 관계에 있으므로, 집합투자업자와 신탁업자 간의 법률관계에 있어서 자본시장법에 규정되지 않은 사항에 대해서는 신탁법이 적용된다.[1)]

제2장 이하에서는 신탁업자와 관련한 자본시장법 규정 중, 특히 자본시장법 제3조 소정의 '금융투자상품'에서 제외되는 신탁, 동법 제102조 내지 제117조의2 소정의 신탁업자의 영업행위 규칙에 관하여 살펴본다.[2)]

면), 대법원 2007. 9. 6. 선고 2004다53197 판결에서 『위탁회사는 …(중략)… 수탁회사와 함께 증권투자신탁계약을 체결함으로써 수탁회사와 공동으로 증권투자신탁을 설정』하는 것으로서 『투자자를 배려하고 보호하여야 할 주의의무가 있다』고 판시한 것은, 대법원이 위탁회사와 투자자 간에 직접적인 신탁관계를 인정한 것이라고 해석하는 견해가 있다(김건식 · 정순섭, 〈자본시장법〉, 640면). 그러나 후자의 견해에 의하더라도 위탁회사에게 (i) 투자신탁계획을 설정하는 자이며, (ii) 투자신탁계획에서 신탁수탁자의 운용기능을 대신 수행하는 자로서, (iii) 투자신탁계획의 투자재산에 대한 관리, 처분권한을 보유하는 자이므로, 신탁재산의 수탁자에 준하는 이른바 '준수탁자'로서의 충실의무와 책임이 준용될 수 있다고 한다(박삼철 · 이중기, 〈'제도'로서의 투자신탁법제의 기본구조와 발전전략〉, 568~569면).

1) 한국증권법학회, 〈자본시장법 [주석서Ⅱ]〉, 23면.

2) 자본시장법 제2편 제4장 제1절 소정의 '공통 영업행위 규칙'(제37조 내지 제65조)은 원칙적으로 신탁업자를 비롯한 모든 금융투자업자들에게 공통적으로 적용되는 규정으로서 신탁업자에게도 적용되나, 이에 대한 설명은 생략하기로 한다. 또한 자본시장법 제5편에서는 집합투자기구에 관하여 규정하고 있으나, 이 부분에 대한 설명은 본 주석서에서 다루지 않는다.

제 2 장 금융투자상품에서 제외되는 신탁

자본시장법 제3조 (금융투자상품)

① 이 법에서 "금융투자상품"이란 이익을 얻거나 손실을 회피할 목적으로 현재 또는 장래의 특정(特定) 시점에 금전, 그 밖의 재산적 가치가 있는 것(이하 "금전등"이라 한다)을 지급하기로 약정함으로써 취득하는 권리로서, 그 권리를 취득하기 위하여 지급하였거나 지급하여야 할 금전등의 총액(판매수수료 등 대통령령으로 정하는 금액을 제외한다)이 그 권리로부터 회수하였거나 회수할 수 있는 금전등의 총액(해지수수료 등 대통령령으로 정하는 금액을 포함한다)을 초과하게 될 위험(이하 "투자성"이라 한다)이 있는 것을 말한다. 다만, 다음 각 호의 어느 하나에 해당하는 것을 제외한다.

(1. 생략)

2. 「신탁법」 제78조 제1항에 따른 수익증권발행신탁이 아닌 신탁으로서 다음 각 목의 어느 하나에 해당하는 신탁(제103조 제1항 제1호의 재산을 신탁받는 경우는 제외하고 수탁자가 「신탁법」 제46조부터 제48조까지의 규정에 따라 처분 권한을 행사하는 경우는 포함한다. 이하 "관리형신탁"이라 한다)의 수익권
   가. 위탁자(신탁계약에 따라 처분권한을 가지고 있는 수익자를 포함한다)의 지시에 따라서만 신탁재산의 처분이 이루어지는 신탁
   나. 신탁계약에 따라 신탁재산에 대하여 보존행위 또는 그 신탁재산의 성질을 변경하지 아니하는 범위에서 이용・개량 행위만을 하는 신탁

자본시장법에서는 이익을 얻거나 손실을 회피할 목적으로 현재 또는 장래의 특정 시점에 금전 등을 지급하기로 약정함으로써 취득하는 권리로서 투자성이 있는 것을 '금융투자상품'이라고 정의하되, 다만 수익증권발행신탁이 아닌 금전 외의 재산에 대한 신탁으로서, 위탁자 또는 수익자의 지시에 따라서만 신탁재산의 처분이 이루어지는 신탁 또는 신탁계약에 따라 신탁재산에 대하여 보존행위 또는 그 신탁재산의 성질을 변경하지 아니하는 범위에서 이용·개량 행위만을 하는 신탁을 '관리형신탁'이라 하여, 이러한 관리형신탁의 수익권을 금융투자상품에서 제외하고 있다(자본시장법 제3조 제1항 단서 제2호).[1] 수탁자에게 신탁재

1) 이로 인하여 배제되는 규정으로는 제46조(적합성의 원칙 등), 제46조의2(적정성의 원칙 등), 제47조(설명의무), 제48조(손해배상책임), 제49조(부당권유의 금지), 제50조(투자권유준칙), 제51조(투자권유대행인의 등록 등), 제52조(투자권유대행인의 금지행위 등), 제53조(검사 및 조치), 제57조(투자광고) 등.

산의 처분권한이 부여되지 않고 관리권한만 부여된다면, 수탁자의 자산운용이라는 요소가 매우 제한적인 까닭에 위탁자(수익권 소지자)의 입장에서 볼 때 투자로서의 성격이 크다고 보기 어려울 것이므로, 이러한 점을 고려하여 관리형신탁을 정책적으로 금융투자상품에서 제외하였다고 한다.[1)]

2013. 5. 28. 법률 제11845호로 개정되기 전의 자본시장법 제3조 제1항 제2호에서는 수탁자에게 신탁재산의 처분 권한(신탁법 제46조부터 제48조까지의 규정에 따른 처분 권한을 제외)이 부여되지 아니한 신탁(이하 "관리신탁"이라 한다)의 수익권을 금융투자상품에서 제외한다고 규정하고 있었는바, 개정 전 자본시장법의 위와 같은 '관리신탁'에 대한 개념 정의는 이전에 신탁업계에서 사용되던 용어와 다른 의미로 보여 혼선이 우려되었다. 신탁법상 신탁은 대내외적으로 소유권이 수탁자에게 완전히 이전되고, 다만 수탁자는 신탁의 목적 범위 내에서 신탁계약에 정하여진 바에 따른 제한을 부담함에 불과하므로, 수탁자는 신탁재산에 대한 완전한 관리·처분 '권한'을 보유하게 된다. 다만 위탁자의 지시 또는 동의 없이 전적으로 수탁자 자율의사에 따라 신탁재산을 처분할 권리가 있는 '적극적 관리·처분권한'(수탁자가 이러한 권한을 보유한 처분신탁을 '갑종 처분신탁', 관리신탁을 '갑종 관리신탁'이라 한다)과 위탁자의 지시 또는 동의가 있는 경우에만 수탁자가 신탁재산을 처분할 수 있는 '소극적 관리·처분권한'(수탁자가 이러한 권한을 보유한 처분신탁을 '을종 처분신탁', 관리신탁을 '을종 관리신탁'이라 한다)으로 나누어지는 것이다. 을종 처분신탁의 경우에는 명목상으로는 수탁자에게 처분권한이 부여되어 있다 하더라도 처분권한이 위탁자에 의해서 통제되기 때문에 실질적으로는 수탁자에게 처분권한을 행사하는 재량이 부여되어 있다고 볼 수 없다. 한편 갑종 관리신탁 역시 수탁자의 자산운용이라는 요소가 제한적이고 수익자의 보호 필요성이 없다고 단정할 수 없다. 위 규정의 문언 그대로 금융투자상품이 아닌 신탁을 정의할 경우, 위탁자가 운용방법을 지정하는 특정금전신탁도 관리신탁으로 포섭되어 금융투자상품의 범위에서 제외되는 상황이 발생하게 된다. 따라서 본서에서는, 개정 전 자본시장법상 금융투자상품에서 제외되는 '관리신탁'이란 수탁자에게 소극적 관리·처분권한이 있는 신탁을 가리키는 것으로 해석함이 타당하고, 입법론적으로는 금융투자상품에서 제외할 신탁의 개념을 보다 명확히 정의할 필요가 있다는 점을 지적하였다. 2013. 5. 28. 법률 제11845호로 개정된 자본시장법에서는 위와 같은 혼선 우려를 방지하기 위하여 제3조 제1항 제2호를 위와 같이 개정하여 금융투자상품에서 제외할 '관리형신탁'의 개념을 보다 명확히 정의한 것으로 보인다.[2)]

---

1) 한국증권법학회, 〈자본시장법 [주석서 I]〉, 17면.
2) 금융위원회 2011. 7. 27. 공고 제2011-119호 자본시장법 일부개정법률(안) 입법예고 참조.

제 3 장 신탁업자의 영업행위 규칙

자본시장법 제102조 (선관의무 및 충실의무)

① 신탁업자는 수익자에 대하여 선량한 관리자의 주의로써 신탁재산을 운용하여야 한다.

② 신탁업자는 수익자의 이익을 보호하기 위하여 해당 업무를 충실하게 수행하여야 한다.

본조는 신탁업자에게 선량한 관리자의 주의의무(선관주의의무)와 충실의무를 명문화하고 있다. 그러나 선관주의의무와 충실의무의 의미나 내용에 대해 별도로 정의하고 있지는 않으므로, 일반적인 해석에 기초하여 판단할 수밖에 없다. 그런데 신탁업자는 신탁사무관리의 전문가로서 여러 부서에 많은 근로자와 물적시설을 보유하고 신탁의 인수를 영업으로 하는 자들이므로, 그렇지 않은 일반적인 수탁자에 비해 보다 고도의 주의의무를 부담한다고 해석된다.[1)]

또한 본조는 신탁행위에 의한 책임의 가중·경감 여부와 상관없는 행정규범이므로, 신탁업자가 영업으로 수탁자가 된 경우에는, 수탁자의 의무 경감을 허용하고 있는 신탁법 규정에도 불구하고, 신탁업자로서의 의무 경감은 허용되지 않는 것으로 해석해야 한다는 견해가 있다.[2)]

자본시장법 제103조 (신탁재산의 제한 등)

① 신탁업자는 다음 각 호의 재산 외의 재산을 수탁할 수 없다.

1. 금전
2. 증권

1) 일반적으로 선량한 관리자의 주의의무는 수임인의 직업 · 지위 · 지식 등에 있어서 일반적으로 요구되는 평균인의 주의의무를 가리키는 점에서는 추상적이나, 각 구체적 경우에서는 거래의 통념에 좇아 상당하다고 인정되는 사람이 가져야 할 주의의 정도이다. 즉, 추상적인 일반인이 아니라, 구체적 상황에 있는 행위자로서의 주의의무를 말하고, 위임계약의 신뢰관계에서 특히 기대되는 성실한 수임인이 갖는 주의의 무라고 해석된다(곽윤직, 〈민법주해 채권(8)〉, 536면).

2) 한국증권법학회, 〈자본시장법 [주석서 I]〉, 435면.

3. 금전채권
4. 동산
5. 부동산
6. 지상권, 전세권, 부동산임차권, 부동산소유권 이전등기청구권, 그 밖의 부동산 관련 권리
7. 무체재산권(지식재산권을 포함한다)

② 신탁업자는 하나의 신탁계약에 의하여 위탁자로부터 제1항 각 호의 재산 중 둘 이상의 재산을 종합하여 수탁할 수 있다.

③ 제1항 각 호의 재산의 신탁 및 제2항의 종합재산신탁의 수탁과 관련한 신탁의 종류, 손실의 보전 또는 이익의 보장, 그 밖의 신탁거래조건 등에 관하여 필요한 사항은 대통령령으로 정한다.

④ 신탁업자는 부동산개발사업을 목적으로 하는 신탁계약을 체결한 경우에는 그 신탁계약에 의한 부동산개발사업별로 제1항 제1호의 재산을 대통령령으로 정하는 사업비의 100분의 15 이내에서 수탁할 수 있다.

자본시장법 제446조 (벌칙)

다음 각 호의 어느 하나에 해당하는 자는 1년 이하의 징역 또는 3천만원 이하의 벌금에 처한다.

(1~17의2. 생략)

18. 제103조 제1항 또는 제4항을 위반하여 재산을 수탁한 자

(19. 이하 생략)

자본시장법 시행령 제103조 (신탁의 종류)

법 제103조 제3항에 따라 금전신탁은 다음 각 호와 같이 구분한다.

1. 위탁자가 신탁재산인 금전의 운용방법을 지정하는 금전신탁(이하 “특정금전신탁”이라 한다)
2. 위탁자가 신탁재산인 금전의 운용방법을 지정하지 아니하는 금전신탁(이하 “불특정금전신탁”이라 한다)

자본시장법 시행령 제104조 (신탁업무의 방법 등)

① 신탁업자는 수탁한 재산에 대하여 손실의 보전이나 이익의 보장을 하여서는 아니 된다. 다만, 연금이나 퇴직금의 지급을 목적으로 하는 신탁으로서 금융위원회가 정하여 고시하는 경우에는 손실의 보전이나 이익의 보장을 할 수 있다.

② 신탁업자는 제1항 단서에 따라 손실의 보전이나 이익의 보장을 한 신탁재산의 운용실적이 신탁계약으로 정한 것에 미달하는 경우에는 특별유보금(손실의 보전이나 이익의 보장 계약이 있는 신탁의 보전 또는 보장을 위하여 적립하는 금액을 말한다), 신탁보수, 고유재산의 순으로 충당하여야 한다.

③ 신탁업자는 신탁계약기간이 끝난 경우에는 제1항 단서에 따라 손실의 보전이나 이익의 보장을 한 경우를 제외하고는 신탁재산의 운용실적에 따라 반환하여야 한다.

④ 신탁업자는 위탁자가 신탁계약기간이 종료되기 전에 신탁계약을 해지하는 경우에는 제3항에 따른 신탁재산의 운용실적에서 신탁계약에서 정하고 있는 중도해지수수료를 빼고 반환하여야 한다. 다만, 금융위원회가 정하여 고시하는 사유에 해당하는 경우에는 이를 빼지 아니한다.

⑤ 신탁업자는 신탁계약이 정하는 바에 따라 신탁보수를 받을 수 있다.

⑥ 신탁업자는 특정금전신탁 계약을 체결(갱신을 포함한다. 이하 이 항에서 같다)하거나 제1호에서 정한 금전의 운용방법을 변경할 때에는 다음 각 호의 구분에 따른 사항을 준수하여야 한다. 다만, 수익자 보호 및 건전한 거래질서를 해칠 우려가 없는 경우로서 계약의 특성 등을 고려하여 금융위원회가 정하여 고시하는 특정금전신탁의 경우는 제외한다.

1. 계약을 체결할 때: 위탁자로 하여금 신탁재산인 금전의 운용방법으로서 운용대상의 종류·비중·위험도, 그 밖에 위탁자가 지정하는 내용을 계약서에 자필로 적도록 할 것
2. 제1호에서 정한 금전의 운용방법을 변경할 때: 위탁자로 하여금 그 변경내용을 계약서에 자필로 적도록 하거나 다음 각 목의 어느 하나에 해당하는 방법으로 확인받도록 할 것. 다만, 운용대상의 위험도를 변경하는 경우에는 그 변경내용을 계약서에 자필로 적도록 하여야 한다.
   가. 서명(「전자서명법」 제2조 제2호에 따른 전자서명을 포함한다)
   나. 기명날인
   다. 녹취

⑦ 법 제103조 제4항에서 "대통령령으로 정하는 사업비"란 공사비, 광고비, 분양비 등 부동산개발사업에 드는 모든 비용에서 부동산 자체의 취득가액과 등기비용, 그 밖에 부동산 취득에 관련된 부대비용을 제외한 금액을 말한다.

금융투자업규정 제4-81조 (업무의 종류·방법의 변경)

① 신탁업자는 영 제371조 제3항 제13호에 따라 신탁업에 관한 업무의 종류 또는 방법을 변경한 경우에는 그 이유와 변경한 내용을 기재한 서류를 첨부하여 변경일부터 2주 이내에 금융감독원장에게 보고하여야 한다.

② 금융위원회는 제1항에 따라 보고받은 내용이 신탁에 관한 법령이나 건전한 신탁거래질서에 반한다고 인정되는 경우에는 금융감독원장의 건의에 따라 당해 신탁업자에 대하여 그 내용의 변경을 요구할 수 있다.

③ 제1항에 따른 보고의 서식 및 작성방법 등에 관하여 필요한 사항은 금융감독원장이 정한다.

금융투자업규정 제4-82조 (신탁업무의 방법 등)

① 〈삭제 2016. 6. 28.〉

[삭제전 규정] 영 제104조 제1항 단서에서 "금융위원회가 정하여 고시하는 경우"란 다음 각 호의 신탁에 대하여 손실의 보전을 하는 경우를 말한다.

1. 신노후생활연금신탁(노후생활연금신탁을 포함)
2. 연금신탁(신개인연금신탁 및 개인연금신탁을 포함)
3. 퇴직일시금신탁

② 영 제104조 제4항 단서에서 "금융위원회가 정하여 고시하는 사유"란 다음 각 호의 어느 하나에 해당하는 경우를 말한다.

1. 「조세특례제한법」, 그 밖의 조세관계법령에서 소득세 납부의무가 면제되는 신탁으로서 중도해지하는 경우에도 세제혜택이 부여되는 일정한 사유의 발생으로 신탁계약을 해지하는 경우
2. 신탁업자가 합병하거나 경영합리화 등을 위해 영업점을 통·폐합 또는 이전함에 따라 수익자가 거래불편 등을 이유로 신탁계약을 중도해지하는 경우
3. 제4-93조 제1호의 불건전 영업행위를 시정하기 위하여 신탁계약을 중도해지하는 경우

③ 영 제104조 제6항 각 호 외의 부분 단서에서 "금융위원회가 정하여 고시하는 특정금전신탁의 경우"란 다음 각 호의 어느 하나에 해당하는 경우를 말한다. 〈신설 2014. 9.18., 개정 2020.3.30.〉

1. 「근로자퇴직급여 보장법」에 따라 신탁재산으로 퇴직연금 적립금을 운용하는 경우 〈신설 2020.3.30.〉
2. 영상통화로 법 제47조에 따른 설명의무를 이행하는 경우로서 다음 각 목 중 어느 하나에 해당하는 경우 〈신설 2020.3.30.〉

가. 특정금전신탁 계약을 체결하는 경우 : 위탁자로 하여금 신탁재산인 금전의 운용방법으로서 운용대상의 종류·비중·위험도, 그 밖에 위탁자가 지정하는 내용을 전자적 방식을 통해 계약서에 직접 적도록 하는 경우

나. 가목에서 정한 금전의 운용방법을 변경할 때 : 위탁자로 하여금 그 변경내용을 계약서에 전자적 방식을 통해 직접 적도록 하거나, 영 제104조 제6항 제2호 각 목의 어느 하나에 해당하는 방법으로 확인받는 경우. 다만, 운용대상의 위험도를 변경하는 경우에는 그 변경내용을 전자적 방식을 통해 직접 적도록 하는 경우로 제한한다.

본조에 의하여 신탁업자가 수탁 가능한 재산의 종류는 금전, 증권, 금전채권, 동산, 부동산, 지상권, 전세권, 부동산임차권, 부동산소유권 이전청구권, 그 밖의 부동산 관련 권리, 무체재산권(지식재산권을 포함)으로 제한되고, 부동산개발사업을 목적으로 하는 신탁계약을 체결한 신탁업자는 그 신탁계약에 의한 부동산개발사업별로 사업비(공사비, 광고비, 분양비 등 부동산개발사업에 드는 모든 비용에서 부동산 자체의 취득가액과 등기비용, 그 밖에 부동산 취득에 관련된 부대비용을 제외한 금액, 자본시장법 시행령 제104조 제7항)의 100분의 15 이내에서 금전을 수탁할 수 있다. 이를 위반하여 재산을 수탁하면 1년 이하의 징역 또는 3천만원 이하의 벌금에 처해진다(자본시장법 제446조 제18호).

1. 신탁재산에 따른 신탁의 분류

신탁업자의 신탁은 수탁받은 재산에 따라 금전신탁, 재산신탁과 종합재산신탁으로 구분된다.

금전신탁은 신탁행위에 의하여 위탁자로부터 금전을 수탁받은 신탁회사가 이를 대출, 유가증권, 기타 유동성 자산 등에 운용한 후 신탁기간 종료시 수익자에게 금전의 형태로 교부하는 신탁의 일종으로서, 신탁된 금전은 금융기관의 고유재산이 아닌 신탁재산에 속하게 되고 신탁행위 또는 관계 법령에서 정한 바에 따라 자금운용이 이루어져야 하며, 실적배당주의가 적용되어 원칙적으로 원본과 이익이 보장되지 아니할 수 있다는 점 등에서, 예금된 금원이 금융기관의 고유재산에 속하게 되고 예금에 관한 금융기관의 자금운용 방법에 원칙적으로 제한이 없으며 원금 및 약정이율에 따른 이자의 지급이 보장되는 금전의 소비임치계약인 예금과 차이가 있다(대법원 2007. 11. 29. 선고 2005다64552 판결). 금전신탁은 위탁자가 운용방법을 지정하는지 여부에 따라 다시 특정금전신탁과 불특정금전신탁으로 구분된다(자본시장법 시행령 제103조).[1)]

재산신탁은 크게 증권신탁, 금전채권신탁, 동산신탁 및 부동산신탁 등으로 구분된다. 그 중 동산신탁의 경우, 등기·등록 등 공시할 수 있는 동산에 한하여만 수탁할 수 있다는 견해가 있으나,[2)] 구 신탁법 하에서도 신탁재산임을 표시·입증할 수 있으면 제3자에게 대항할 수 있다고 해석하는 것이 통설적 견해였다. 신탁법 제4조 제2항에서는 등기·

---

1) 대법원 2007. 11. 29. 선고 2005다64552 판결(특정금전신탁은 위탁자가 신탁재산의 운용방법을 특정하는 금전신탁으로서 수탁자는 위탁자가 지정한 방법대로 자산을 운용하여야 하고 다른 신탁상품과는 합동운용할 수 없으며 원본 보전과 이익 보족이 금지되어 있는 반면, 불특정금전신탁은 위탁자가 신탁재산의 운용방법을 특정하지 않고 수탁자에게 일임하는 금전신탁으로서 수탁자는 관계 법령에서 정하고 있는 방법과 대상의 제한 범위 내에서 자유롭게 자산운용을 하고 다른 신탁상품과도 합동운용할 수 있으며 관계 법령이 정하는 바에 따라 원본 보전과 이익 보족이 허용된다는 점 등에서 특정금전신탁과 차이가 있다).

2) 한국증권법학회, 〈자본시장법 [주석서 I]〉, 442면.

등록할 수 없는 재산권의 경우에도 수익자 보호와 거래안전을 위해 대항요건을 명시하였고(제4조 신탁의 공시와 대항 부분 참조), 2012. 6. 11.부터 시행된 「동산·채권 등의 담보에 관한 법률」에 의하면 법인 또는 상호등기를 한 사람이 동산을 담보로 제공하는 경우에는 담보등기부에 등기할 수 있는 점 등을 감안하면, 자본시장법에서 등기·등록할 수 없는 동산의 신탁을 특별히 제한하고 있지 아니한 이상, 신탁업자라 하여 동산신탁 범위를 등기·등록 등 공시할 수 있는 동산으로 한정하여 해석할 이유는 없을 것이다.

부동산신탁에 관한 자세한 내용은 Ⅴ. 특수한 유형의 신탁 부분 참조.

한편 종합재산신탁은 위와 같은 여러 유형의 재산을 함께 수탁받아 관리·운용할 수 있는 신탁제도이다(자본시장법 제103조 제2항). 금전의 수탁비율이 100분의 40 이하인 종합재산신탁의 경우에는 재산신탁 내의 소액신탁자금 운용의 효율성을 도모하기 위해 공동운용[1]이 허용되고(자본시장법 시행령 제6조 제4항 제2호 가목), 이러한 종합재산신탁은 집합투자로 보지 아니한다(자본시장법 제6조 제5항 단서).

2. 손실의 보전 또는 이익의 보장 금지 등

본조 제3항은 손실의 보전 또는 이익의 보장, 그 밖의 신탁거래조건 등에 관하여 필요한 사항은 대통령령으로 정하도록 하고, 시행령 제104조에서 그 구체적 내용을 규정하고 있다. 신탁업자가 수탁한 재산에 대하여 손실 보전이나 이익을 보장하는 것은 원칙적으로 금지되고, 그러한 손실 보전이나 이익 보장의 약정은 무효이며,[2] 따라서 신탁업자는 신탁계약기간이 종료된 경우 신탁업자는 신탁재산의 운용실적에 따라 반환하여야 한다(자본시장법 시행령 제104조 제1항 본문, 제3항). 또한 신탁계약기간이 종료되기 전에 신탁계약을 해지하는 경우에는 제3항에 따른 신탁재산의 운용실적에서 신탁계약에서 정하고 있는 중도해지수수료를 빼고 반환하여야 한다(동조 제4항 본문). 다만, ① 조세특례제한법, 그 밖의 조세관계법령에서 소득세 납부의무가 면제되는 신탁으로서 중도해지하는 경우에도 세제혜택이 부여되는 일정

1) 투자목적이 같은 계좌별 신탁자금을 모아서 공동운용한 후 투자성과를 배분하는 이른바 공동운용기금(CIF, Collective Investment Fund)을 말한다(한국증권법학회, 〈자본시장법 [주석서Ⅰ]〉, 445면).

2) 대법원 2007. 11. 29. 선고 2005다64552 판결(특정금전신탁은 위탁자가 지정한 운용방법에 따른 자산운용에 의하여 그 수익률이 변동함으로써 항상 위험이 따르고, 그 위험은 신탁회사가 신탁재산에 대하여 선량한 관리자로서의 주의의무를 다하지 아니하였다는 등의 특별한 사정이 없는 한 수익자가 부담하여야 하므로, 그 신탁재산의 운용 결과에 대한 손익은 모두 수익자에게 귀속되는 자기책임주의와 실적배당주의를 그 본질로 하고, 만일 지정된 운영방법에 따른 자산운용에 의하여 손실이 발생하였음에도 불구하고 원본의 보전이나 일정한 이익이 보족된다면, 수익자는 항상 지정된 운용방법에 따른 자산운용에 수반하는 위험은 회피하고 이익만을 취득하게 되어 위와 같은 자기책임주의 및 실적배당주의에 반하는 것은 물론 개별 수익보장을 위하여 신탁회사의 고유재산이나 영업이익에서 손실을 보전하는 것을 강요하게 되므로 신탁회사의 재정을 불실하게 만들고 다른 거래 상대방을 불이익하게 한다. 따라서 특정금전신탁에 관한 원본 보전이나 이익 보족의 약정은 모두 특정금전신탁의 본질과 기능에 반하고 건전한 신탁거래질서를 해치는 것으로서 강행법규인 구 신탁업법(1998. 1. 13. 법률 제5502호로 개정되기 전의 것) 제11조의 규정에 반하여 무효이다).

한 사유의 발생으로 신탁계약을 해지하는 경우, ② 신탁업자가 합병하거나 경영합리화 등을 위해 영업점을 통·폐합 또는 이전함에 따라 수익자가 거래불편 등을 이유로 신탁계약을 중도해지하는 경우, ③ 신탁대출, 증권의 매입 등 신탁자금의 운용과 관련하여 신탁, 예·적금, 집합투자증권, 보험 등 고유부문 취급 금융상품 판매 또는 가입을 강요함으로써 차주 등의 자금사용을 제한하거나 금융비용을 가중시키는 불건전 영업행위를 시정하기 위하여 신탁계약을 중도해지하는 경우에는 중도상환수수료를 빼지 아니한다(자본시장법 시행령 제104조 제4항 단서, 금융투자업규정 제4-82조 제2항).

한편 금융투자업규정에서는 연금이나 퇴직금의 지급을 목적으로 하는 신탁으로서 신노후생활연금신탁(노후생활연금신탁을 포함), 연금신탁(신개인연금신탁 및 개인연금신탁을 포함), 퇴직일시금신탁에 대하여는 손실의 보전을 할 수 있도록 하는 규정을 두고 있었으나 2016. 6. 28. 삭제되었고, 현재는 손실의 보전이나 이익의 보장을 할 수 있는 경우에 관한 금융위원회 고시 규정을 두고 있지 아니하다(자본시장법 시행령 제104조 제1항 단서, 금융투자업규정 제4-82조 제1항). 근로자퇴직급여 보장법상 퇴직연금제도를 설정한 사용자 또는 가입자는 자산관리업무의 수행을 내용으로 하는 계약을 퇴직연금사업자와 체결하여야 하고(근로자퇴직급여 보장법 제29조 제1항), 그 계약의 방법은 근로자 또는 가입자를 피보험자 또는 수익자로 하는 보험계약 또는 신탁계약으로 하여야 한다(동조 제2항). 운용관리업무를 수행하는 퇴직연금사업자는 계약체결시 가입자 또는 사용자의 손실의 전부 또는 일부를 부담하거나 부담할 것을 약속하는 행위를 하여서는 아니 된다(동법 제33조 제4항 제1호).

위와 같이 손실의 보전을 보장한 신탁재산의 운용실적이 신탁계약으로 정한 것에 미달하는 경우 신탁업자는 손실의 보전이나 이익의 보장 계약이 있는 신탁의 보전 또는 보장을 위하여 적립하는 금액(특별유보금), 신탁보수, 고유재산의 순으로 충당하여야 한다(자본시장법 시행령 제104조 제2항).

3. 신탁가능 재산의 범위에 대한 유연성 필요

자본시장법에 따르면 신탁업자가 수탁할 수 있는 재산은 열거된 재산으로 한정되며 이에 근거하여 신탁업 인가단위가 결정된다. 이와 같이 신탁업자가 수탁할 수 있는 신탁재산을 제한하는 것은 구 신탁업법이 1922년 일본의 신탁업법을 그대로 받아들인 데서 기인한다고 한다.[1)]

신탁업자가 투기성·위험성이 있는 신탁을 인수하는 경우 신탁업자의 재무건전성을 위태롭게 할 수 있고, 그 결과는 수익자에게 돌아오게 되므로, 신탁업자의 재무건전성 및

1) 한국증권법학회, 〈자본시장법 [주석서 I]〉 442면.

수익자 보호를 위하여 사전예방적 관점에서 신탁재산을 제한하였던 취지는 이해할 수 있다. 그러나 신탁법상 수탁재산의 범위에는 제한이 없음에도 불구하고 자본시장법이 이와 같이 신탁재산의 범위를 법상 열거된 재산으로 한정한 결과, 새로운 신탁업 수요에 대한 유연한 대응이 어렵다. 비록 산업구조의 변화 등에 의해 특허권 등의 지식재산권과 같은 새로운 재산권에 대한 신탁의 필요성 내지 중요성에 대한 인식으로 2005년 구 신탁업법의 개정에서 신탁가능재산에 무체재산권을 포함시켰으나, 아직 소극재산(채무)과 담보권은 신탁가능 재산에 포함되지 않고 있으며 여전히 '탄소배출권', '보험계약' 등과 같이 새로운 유형의 재산의 경우 법상 열거된 재산에 포함될 수 있는지 여부조차도 불투명한 상황이다. 이에 관한 자세한 내용은 Ⅴ. 제2절 탄소배출권 신탁 부분 참조.

따라서 신탁가능 재산의 범위를 현재처럼 자본시장법에 확정적으로 규정하기보다는 법에는 예시규정만 두고 구체적인 범위는 시행령에 위임하는 것이 바람직하다고 본다.[1] 나아가 신탁업의 인가단위 역시 수정할 필요가 있다.

4. 토지신탁의 금전 수탁 제한의 문제점

토지신탁이란 신탁의 인수시에 신탁재산으로 토지 등을 수탁하고 신탁계약에 따라 토지 등에 건물, 택지, 공장용지 등의 유효시설을 조성하여 처분·임대 등 부동산 사업을 시행하고 그 성과를 수익자에게 교부하여 주는 신탁을 말한다('금융투자회사의 영업 및 업무에 관한 규정' 제2-65조 제6항). 부동산신탁 중 토지신탁(개발신탁)을 인수한 신탁업자는 그 신탁계약에 의한 부동산개발사업별로 사업비의 100분의 15 이내에서 금전을 수탁할 수 있다(자본시장법 제103조 제4항).

토지신탁은 사업비 조달의무를 누가 부담하는지에 따라, 사업비 조달의무를 위탁자가 부담하는 '관리형 토지신탁'과 사업비 조달의무를 수탁자가 부담하는 '차입형 토지신탁'[2]으로 구별된다('금융투자회사의 영업 및 업무에 관한 규정' 별표 15). 종래 IMF 이전에는 차입형 토지신탁이 주로 이루어졌으나, 신탁회사의 과도한 리스크 부담으로 인하여 신탁사업 중 하나의 부실화가 곧 신탁회사의 파산으로 이어져 결국 한국부동산신탁 및 대한부동산신탁이 파산하는 결과를 낳았다. IMF 이후에는 프로젝트 파이낸스 시장이 발달함에 따라 부동산신탁은 주로 담보신탁 위주로 발전하였으며(Ⅴ. 제1절 부동산신탁 부분 참조),[3] 그나마 이루어지고 있는

1) 같은 취지로 오영표, 〈新신탁법 시행에 따른 자본시장법상의 법적 쟁점〉, 27면; 한국증권법학회, 〈자본시장법 [주석서Ⅰ]〉, 440면.

2) 부동산신탁업자는 부동산신탁사업을 영위함에 있어서 부동산신탁재산으로 자금을 차입하는 경우에는 해당 사업 소요자금의 100분의 100이내(다만 자본시장법 제103조 제4항에 따라 금전을 수탁한 경우에는 그 수탁금액과 자금차입 금액을 합산한 금액이 사업 소요자금의 100분의 100 이내여야 함)에서 자금을 차입할 수 있다(금융투자업규정 제4-86조).

3) 오창석, 〈개정 신탁법이 신탁실무에 미치는 영향〉, 54면.

토지신탁은 대부분이 관리형 토지신탁의 형태로 이루어지고 있고, 차입형 토지신탁의 경우에도 신탁계약상 차입한도를 정하고 그 한도를 초과한 사업비에 대해서는 위탁자에게 조달책임을 부담하도록 함으로써 신탁회사의 리스크[1)]를 제한함이 보통이다.

실무상으로는 위탁자가 조달한 자금을 자금관리 대리사무계약에 따라 관리 및 집행하는 형태로 발달하였는바, 판례는 신탁계약과 자금관리 대리사무계약을 그 계약 체결의 목적이나 규율내용이 전혀 다른 별개의 계약으로 보고, 수탁자가 자금관리 대리사무계약에 따라 관리하는 자금은 신탁재산이 아닌 위탁자의 재산이라고 보고 있다.[2)]

참고로 2013. 5. 28. 법률 제11845호로 개정된 자본시장법에서는 관리형신탁에 관한 특례로서, 동산, 부동산, 부동산 관련 권리 중 어느 하나에 규정된 재산만을 수탁받는 신탁업자가, 「신탁법」 제78조 제1항에 따른 수익증권발행신탁이 아닌 신탁으로서, 위탁자(신탁계약에 따라 처분권한을 가지고 있는 수익자를 포함한다)의 지시에 따라서만 신탁재산의 처분이 이루어지는 신탁 또는 신탁계약에 따라 신탁재산에 대하여 보존행위 또는 그 신탁재산의 성질을 변경하지 아니하는 범위에서 이용·개량 행위만을 하는 관리형신탁계약(수탁자가 「신탁법」 제46조부터 제48조까지의 규정에 따라 처분 권한을 행사하는 경우는 포함)을 체결하는 경우 그 신탁재산에 수반되는 금전채권을 수탁할 수 있도록 하는 규정을 신설하였다(자본시장법 제117조의2). 그러나 토지신탁은 차입형이건 혹은 관리형이건 신탁재산의 성질 변경이 전제되어 위 규정에서 언급하는 관리형신탁에 해당하지 아니하므로, 토지신탁에는 위와 같은 관리형신탁에 관한 특례규정이 그대로 적용되지 아니한다.

5. 신탁업자의 보수청구권

신탁업자는 신탁계약이 정하는 바에 따라 신탁보수를 받을 수 있다(자본시장법 시행령 제104조 제5항). 그런데 신탁법에 의하면, 신탁을 영업으로 하는 수탁자의 경우 신탁행위에 정함이 없는 경우에도 보수를 받을 수 있고(신탁법 제47조 제1항 단서), 보수의 금액 또는 산정방법을 정하지 아니한 경

1) 차입형 토지신탁의 경우 신탁회사는 자신이 조달한 사업비채무에 대하여 고유재산에 대하여도 책임을 부담한다(대법원 2004. 10. 15. 선고 2004다31883 판결(신탁사무의 처리상 발생한 채권을 가지고 있는 채권자는 수탁자의 일반채권자와 달리 신탁재산에 대하여도 강제집행을 할 수 있는데, 한편 수탁자의 이행책임이 신탁재산의 한도 내로 제한되는 것은 신탁행위로 인하여 수익자에 대하여 부담하는 채무에 한정되는 것이므로, 수탁자가 수익자 이외의 제3자 중 신탁재산에 대하여 강제집행을 할 수 있는 채권자에 대하여 부담하는 채무에 관한 이행책임은 신탁재산의 한도 내로 제한되는 것이 아니라 수탁자의 고유재산에 대하여도 미치는 것으로 보아야 한다)). 한편, 토지신탁 실무상 신탁회사가 사업비를 조달하면서 신탁부동산을 담보로 제공하는 예는 찾아보기 어려운데, 이는 위탁자에게 토지대금을 대출한 채권자가 우선수익권 내지 수익권에 대한 질권을 보유하는 것이 대부분이므로 이러한 채권자의 이해관계 및 사업부지에 대한 담보권 설정시 인허가 등의 어려움 등에 기인한 것으로 보인다.

2) 대법원 2014. 12. 11. 선고 2013다82388 판결; 대법원 2014. 12. 11. 선고 2013다71784 판결; 대법원 2015. 1. 15. 선고 2013다26838 판결 등.

우 수탁자는 신탁사무의 성질과 내용에 비추어 적당한 금액의 보수를 지급받을 수 있다(동조 제2항). 신탁업자는 신탁계약서에 보수에 관한 사항을 기재하여야 하므로(자본시장법 제109조 제8호) 신탁계약에서 보수의 정함이 없는 경우는 생각하기 어려우나, 문언상으로만 놓고 보면 신탁계약에서 신탁보수에 관해 정하지 아니한 경우 자본시장법과 신탁법의 규정이 정면으로 배치된다고 볼 수 있는바, 신탁법의 규정 취지에 맞게 자본시장법 시행령을 개정할 필요가 있다.

6. 특정금전신탁의 운용방법 지정

다수의 금융회사들이 특정금전신탁을 취급하면서 금전의 운용방법을 포괄적으로 지정받거나 사실상 스스로 지정하는 관행, 예를 들어 ① 운용지시서를 백지로 위임하거나, 구두계약 후 나중에 서명을 받거나, ② 운용방법을 "주식", "채권" 등과 같이 포괄적으로 지정받거나, ③ 신탁업자가 사전에 운용지시 세부내용을 인쇄하여 배부하는 사례 등이 지속되었는데, 위탁자(고객)가 신탁재산인 금전의 운용방법을 특정하고 신탁업자는 이에 따라 신탁재산을 운용하는 방식인 특정금전신탁 본연의 취지에 맞지 않는다는 지적이 있었고, 손실발생시 신탁업자와 투자자간 분쟁의 원인이 되기도 하였다.[1)]

이러한 문제를 개선하기 위하여 2014. 8. 12. 대통령령 제25553호로 자본시장법 시행령 제104조 제6항이 신설되었다. 특정금전신탁이 본연의 취지대로 운용되고 금융회사의 탈법적 영업행위를 차단하기 위한 목적으로, 신탁업자가 특정금전신탁을 취급하는 경우 반드시 고객(위탁자)이 금전의 운용대상의 종류와 종목, 비중, 위험도 등을 위탁자의 자필로 계약서에 명확히 기재[2)]하도록 의무화하였다.[3)]

다만, 위와 같은 규정은 공포일로부터 3개월이 경과한 날(2014. 11. 12.) 이후 특정금전신탁 계약을 체결(갱신을 포함한다)하는 경우부터 적용되므로(대통령령 제25553호 〈2014. 8. 12.〉 부칙 제1조 및 제2조), 그 이전에 신탁업자가 특정금전신탁 계약을 체결 내지 변경하면서 위탁자로부터 위 사항들에 관하여 자필 기재를 받지 아니하였다 하더라도 이러한 과거의 행위가 소급하여 위법하게 되는 것은 아니다. 그러나 위 규정 시행 전의 특정금전신탁에 관하여, 법원은 신탁업자가 신탁재산인 금전의 구체적인 운용방법을 미리 정하여 놓고 고객에게 계약 체결을 권유하

1) 2013. 11. 26.자 금융감독원 보도자료 별첨 〈특정금전신탁 제도 및 영업관행 개선〉, 5면.
2) 예시) ① ○○기계 보통주 50%이내, ○○조선 50%이내, 위험도 2등급(적극투자형)
② 물가연동국고채 물가0150-2106(11-4), 비중 100%, 위험도 5등급(안정형)
3) 2013. 11. 26.자 금융감독원 보도자료 별첨 〈특정금전신탁 제도 및 영업관행 개선〉, 6면; 2014. 11. 11.자 금융감독원 보도자료, 3면. 그러나 안수현, 〈신탁의 금융투자상품화에 따른 투자자 보호문제〉, 43면에서는 이러한 방식에 의하더라도 금융회사가 먼저 이미 만들어진 상품군 안에서 투자자에게 정보를 제공하게 된다는 점에서, 여전히 투자자보호를 담보하기에 한계가 있음을 지적하고 있다. 유사한 취지로, 김은집, 〈투자일임, 금전신탁, 집합투자의 구분과 투자자보호〉.

는 등 실질적으로 투자를 권유하였다고 볼 수 있는 경우 신탁업자에게 설명의무 및 고객보호의무에 근거하여 손해배상 책임을 인정하였다.[1)]

또한, 금융투자협회는 2013. 12. 3. 먼저 '특정금전신탁 업무처리 모범규준'을 제정하여 신탁업자가 특정금전신탁의 업무처리시 필요한 구체적인 기준을 정하고, 2013. 12. 4. 부터 최초로 체결(기존 계약의 변경 또는 갱신 포함)되는 신탁계약부터는 위 규준을 적용하도록 하였다.[2)]

자본시장법 제104조 (신탁재산과 고유재산의 구분)

① 「신탁법」 제34조 제2항은 신탁업자에게는 적용하지 아니한다.

② 신탁업자는 다음 각 호의 어느 하나에 해당하는 경우 신탁계약이 정하는 바에 따라 신탁재산을 고유재산으로 취득할 수 있다.

1. 신탁행위에 따라 수익자에 대하여 부담하는 채무를 이행하기 위하여 필요한 경우[금전신탁재산의 운용으로 취득한 자산이 거래소시장(다자간 매매체결회사에서의 거래를 포함한다) 또는 이와 유사한 시장으로서 해외에 있는 시장에서 시세(제176조 제2항 제1호의 시세를 말한다)가 있는 경우에 한한다]
2. 신탁계약의 해지, 그 밖에 수익자 보호를 위하여 불가피한 경우로서 대통령령으로 정하는 경우(제103조 제3항에 따라 손실이 보전되거나 이익이 보장되는 신탁계약에 한한다)

자본시장법 제445조 (벌칙)

다음 각 호의 어느 하나에 해당하는 자는 3년 이하의 징역 또는 1억 원 이하의 벌금

1) 대법원 2015. 4. 23. 선고 2013다17674 판결; 대법원 2015. 9. 10. 선고 2013다6872 판결; 대법원 2018. 6. 15. 선고 2016다212272 판결(특정금전신탁은 위탁자가 신탁재산인 금전의 운용방법을 지정하는 금전신탁으로서 신탁회사는 위탁자가 지정한 운용방법대로 자산을 운용하여야 한다. 그 운용과정에서 신탁회사가 신탁재산에 대하여 선량한 관리자의 주의의무를 다하였다면 자기책임의 원칙상 신탁재산의 운용 결과에 대한 손익은 모두 수익자에게 귀속된다. 그러나 신탁회사가 특정금전신탁의 신탁재산인 금전의 구체적인 운용방법을 미리 정하여 놓고 고객에게 계약 체결을 권유하는 등 실질적으로 투자를 권유하였다고 볼 수 있는 경우에는, 신탁회사는 신탁재산의 구체적 운용방법을 포함한 신탁계약의 특성 및 주요 내용과 그에 따르는 위험을 적절하고 합리적으로 조사하고, 그 결과를 고객이 이해할 수 있도록 명확히 설명함으로써 고객이 그 정보를 바탕으로 합리적인 투자판단을 할 수 있도록 고객을 보호하여야 할 주의의무가 있다. 이 경우 신탁회사가 고객에게 어느 정도의 설명을 하여야 하는지는 신탁재산 운용방법의 구체적 내용 및 위험도의 수준, 고객의 투자 경험 및 능력 등을 종합적으로 고려하여 판단하여야 한다). 위 판결들에 대한 해설로는, 이창열, 〈기업어음에 투자하는 특정금전신탁상품의 투자를 권유하는 경우 금융투자업자의 투자자보호의무 — 대상판결: 대법원 2015. 4. 23. 선고 2013다17674 판결 —〉; 이숭희, 〈[2018년 분야별 중요판례분석 13. 자본시장법] 신탁회사는 특정금전신탁계약에도 설명·고객보호의무 부담 가능〉.

2) 표준투자권유준칙과 모범규준에 관한 해설로는 김병오, 〈특정금전신탁과 투자권유 : 표준투자권유준칙을 중심으로〉.

에 처한다.

(1~15. 생략)

16. 제104조 제2항을 위반하여 신탁재산을 고유재산으로 취득한 자

(17. 이하 생략)

자본시장법 시행령 제105조 (고유재산에 의한 신탁재산의 취득)

법 제104조 제2항 제2호에서 "대통령령으로 정하는 경우"란 다음 각 호의 요건을 모두 충족하는 경우로서 금융위원회가 인정하는 경우를 말한다.

1. 신탁계약기간이 종료되기까지의 남은 기간이 3개월 이내일 것
2. 신탁재산을 고유재산으로 취득하는 방법 외에 신탁재산의 처분이 곤란할 경우일 것
3. 취득가액이 공정할 것

신탁법이 원칙적으로 고유재산과 신탁재산의 거래를 금지하면서도(신탁법 제34조 제1항), 예외적으로 ① 신탁행위로 허용한 경우, ② 수익자에게 그 행위에 관련된 사실을 고지하고 수익자의 승인을 받은 경우 또는 ③ 법원의 허가를 받은 경우에는 고유재산과 신탁재산의 거래를 할 수 있도록 허용하고 있는 것과는 달리(동조 제2항), 자본시장법의 규율을 받는 영리신탁에 있어서는 아래와 같이 ① 금전신탁재산의 운용상 필요한 경우, ② 수익자 보호를 위하여 불가피한 경우에 한하여 신탁계약이 정하는 바에 따라 고유재산과 신탁재산의 거래가 인정된다. 위와 같이 예외적으로 허용되는 경우가 아닌 한, 신탁업자가 행한 신탁재산과 고유재산 간의 거래는 수익자에게 이익이 된다 하더라도 효력이 없다(대법원 2009. 1. 30. 선고 2006다62461 판결).[1)]

1. 금전신탁재산의 운용상 필요한 경우

신탁업자의 경우 금전신탁에 관하여 그 운용에 의하여 취득한 자산이 거래소시장(다자간 매매체결회사에서의 거래를 포함한다) 또는 이와 유사한 시장으로서 해외에 있는 시장에서 시세[2)]가 있는 것일 때에 신탁행위에 따라 수익자에 대하여 부담하는 채무를 이행

1) 대법원 2009. 1. 30. 선고 2006다62461 판결(신탁법 제31조 제1항 본문에 의하면, 특별한 사정이 없는 한 누구의 명의로 하든지 신탁재산을 고유재산으로 하거나 이에 관하여 권리를 취득하지 못할 뿐만 아니라 고유재산을 신탁재산이 취득하도록 하는 것도 허용되지 아니하고, 위 규정을 위반하여 이루어진 거래는 무효이다. 한편, 금전신탁 이외의 신탁에 있어서 수탁자가 신탁회사인 경우에는, 신탁업법 제12조 제1항이, "단, 수익자에게 이익이 되는 것이 명백하거나 기타 정당한 이유가 있는 경우에는 법원의 허가를 얻어 신탁재산을 고유재산으로 할 수 있다"고 규정하고 있는 신탁법 제31조 제1항 단서마저 그 적용을 배제하여 매우 엄격한 규제가 이루어지고 있음에 비추어 볼 때, 신탁회사가 행한 신탁재산과 고유재산 간의 거래가 수익자에게 이익이 된다는 사정만으로는 그와 같은 거래를 유효하다고 볼 수는 없다).

2) 여기서의 시세란 증권시장 또는 파생상품시장에서 형성된 시세, 다자간매매체결회사가 상장주권의 매매를 중개함에 있어서 형성된 시세, 상장되는 증권에 대하여 증권시장에서 최초로 형성되는 시세를 말한다

하기 위하여 필요한 경우에 한하여 신탁계약이 정하는 바에 따라 신탁재산을 고유재산으로 취득할 수 있다. 이를 위반하여 신탁재산을 고유재산으로 취득한 자는 징역 3년 이하의 징역 또는 1억 원 이하의 벌금에 처한다.

통상적으로 이러한 내용은 신탁회사의 신탁약관에, "당사는 신탁재산에 속하는 유가증권으로서 증권거래소에 상장된 것에 관하여는, 당사가 수탁자로서 수익자에 대하여 부담하는 채무를 이행하기 위하여 필요한 경우에 한하여 시가에 의하여 이것을 매수하여, 당사의 고유재산으로 할 수 있다"고 규정되어 있다.[1)]

2. 수익자 보호를 위하여 불가피한 경우

연금 또는 퇴직금 지급을 목적으로 하는 신탁으로서 금융위원회의 고시에 의하여 손실의 보전 또는 이익이 보장되는 신탁계약(자본시장법 시행령 제104조 제1항 단서)에 한하여, ① 신탁계약이 해지되는 경우 또는 ②㉠ 신탁계약기간이 종료되기까지의 잔여기간이 3개월 이내이고 ㉡ 신탁재산을 고유재산으로 취득하는 방법 외에 신탁재산의 처분이 곤란하며 ㉢ 취득가액이 공정한 경우로서 금융위원회의 승인을 받은 경우(자본시장법 시행령 제105조), 신탁업자는 수익자 보호를 위하여 신탁계약이 정하는 바에 따라 신탁재산을 고유재산으로 취득할 수 있다. 현재 손실의 보전 또는 이익을 보장할 수 있는 신탁계약으로 금융위원회가 정하여 고시하고 있지 아니하므로 본 호에 의하여 고유재산으로의 신탁재산 취득은 허용되지 아니한다. 이를 위반하여 신탁재산을 고유재산으로 취득한 자는 징역 3년 이하의 징역 또는 1억 원 이하의 벌금에 처한다.

3. 수탁은행의 自行預金(self deposit)의 유효성

신탁업을 영위하는 은행이 신탁재산을 자신에게 예치하여 은행계정으로 하는 것을 신탁법 제34조 제1항 제1호의 '신탁재산을 고유재산으로 하는' 것으로 보아 이를 금지하여야 하는가 하는 문제이다. 원칙적으로 수탁자는 신탁재산을 가장 안전하고 유리한 예금기관에 맡겨야 할 것이다. 그러나 은행의 수탁부서는 안전성과 경제성보다 예금을 확보하기 위해 총력을 기울이는 수신부서의 요청을 먼저 고려할 가능성이 있다. 그러므로 이익충돌의 관점에서 본다면, 신탁재산을 수탁은행의 수신부서에 예치하는 것을 금지해야 할 정책적 이유가 존재한다. 그러나 수탁은행이 자신의 수신부서에 신탁재산을 예치

(자본시장법 제176조 제2항 제1호, 동법 시행령 제202조).

1) 한국증권법학회, 〈자본시장법 [주석서 I]〉, 449면.

할 경우 수수료의 절감 및 편리성도 존재한다. 따라서 수탁자인 은행이 일정한 조건하에서 행하는 자기예치는 수익자의 동의를 얻으면 유효하다고 볼 정책적 이유도 있을 것이다.[1)]

제2차 신탁법 Restatement 제170조 comment m.에 의하면 신탁행위로 자행예금을 인정하는 것은 유효하고, 미국의 많은 주에서 은행에 관하여 일정한 조건 하에서 자행예금을 인정하는 특별법이 있으며, 국립은행에 관하여는 자행예금이 예금보험의 대상이 되지 않는 경우에는 자행예금에 상당하는 액의 미국국채 등을 담보로서 분별관리하면 신탁재산 중의 대기자금을 자행예금으로 할 수 있게 하고 있다.[2)]

우리나라에서도 신탁계정의 여유금을 수탁은행의 은행계정으로 처리하는 이른바 銀行計定貸가 이용되고 있는데, 신탁계정의 여유금을 은행계정으로 처리하는 것은 넓은 의미에서는 충실의무에 저촉되지만, 수탁자가 신탁재산에 관하여 '권리를 취득'하는 것이 아니라 신탁계정의 여유금을 단지 이용하는 관계에 지나지 않고, 언제든지 수탁자에 의하여 이용이 중지될 수 있는 관계이므로, '신탁재산을 고유재산으로 취득하는' 경우에 해당하지 않고, 수익자의 승낙이 있으면 허용된다는 견해가 있다.[3)] 자본시장법 제74조에 의하면 투자매매업자 또는 투자중개업자가 투자자로부터 금융투자상품의 매매, 그 밖의 거래와 관련하여 투자자로부터 받은 금전("투자자예탁금")을 투자매매업자 또는 투자중개업자의 고유재산과 구분하여 증권금융회사에 예치 또는 신탁하여야 하되, 겸영금융투자업자 중 은행, 한국산업은행, 중소기업은행 그리고 보험회사는 증권금융회사에 대한 예치 외에 신탁업자에게 신탁할 수 있고, 이 경우 그 투자매매업자 또는 투자중개업자가 신탁업을 영위하는 경우에는 자기계약을 할 수 있다(자본시장법 제74조 제1항, 제2항). 또한 금액의 규모 또는 시간의 제약으로 인하여 신탁재산인 금전을 다른 방법으로 운용할 수 없는 경우에, 투자매매업자 또는 투자중개업자로서 신탁업을 영위하는 자와 신탁업을 겸영하는 은행, 증권금융회사 또는 보험회사에 한하여 당해 신탁업자의 고유계정에 신탁자금을 일시적으로 대여할 수 있다(금융투자업규정 4-87조 제1항 제1호).

4. 부동산신탁의 경우도 예외적으로 신탁재산과 고유재산 간 거래 허용 필요

현행 자본시장법상으로는 부동산신탁의 경우에는 고유재산과 신탁재산의 거래가 허용되는 예외를 두고 있지 아니하다. 그러나 신탁재산을 급하게 처분하여야 하는데 적당한 구입자가 나타나지 않는 부득이한 경우, 신탁업자의 처분재량이 없는 신탁의 경우, 경

1) 한국증권법학회, 〈자본시장법 [주석서 I]〉, 450면.
2) 최동식, 〈신탁법〉, 210면.
3) 최동식, 〈신탁법〉, 210면; 한국증권법학회, 〈자본시장법 [주석서 I]〉, 450~451면.

매절차 또는 특정 아파트의 분양 등 정형화된 부동산의 거래시장이 형성된 경우 등 신탁업자와 수익자 간 이해상충 가능성이 없는 경우에는 공정한 조건하에 수탁자가 신탁재산을 적정가격으로 구입할 수 있도록 허용할 필요성도 부정할 수 없다. 입법론적으로는, 부동산신탁의 경우라 하여 신탁재산과 고유재산간 거래를 원천적으로 봉쇄하기보다는, 신탁업자의 충실의무에 위반되지 아니하고 수익자의 이익을 위해 필요한 경우 예외적으로 허용될 수 있는 여지를 마련해 둠이 바람직하다고 본다.

자본시장법 제105조 (신탁재산 등 운용의 제한)

① 신탁업자는 신탁재산에 속하는 금전을 다음 각 호의 방법으로 운용하여야 한다.

1. 증권(대통령령으로 정하는 증권에 한한다)의 매수
2. 장내파생상품 또는 장외파생상품의 매수
3. 대통령령으로 정하는 금융기관에의 예치
4. 금전채권의 매수
5. 대출
6. 어음의 매수
7. 실물자산의 매수
8. 무체재산권의 매수
9. 부동산의 매수 또는 개발
10. 그 밖에 신탁재산의 안전성·수익성 등을 고려하여 대통령령으로 정하는 방법

② 신탁업자는 제103조 제1항 제5호 및 제6호의 재산만을 신탁받는 경우, 그 밖에 대통령령으로 정하는 경우를 제외하고는 신탁의 계산으로 그 신탁업자의 고유재산으로부터 금전을 차입할 수 없다.

③ 제1항 및 제2항에 따른 신탁재산 운용의 구체적 범위·조건·한도, 그 밖의 신탁재산의 운용방법 및 제한에 관하여 필요한 사항은 대통령령으로 정한다.

자본시장법 시행령 제106조 (신탁재산의 운용방법 등)

① 법 제105조 제1항 제1호에서 "대통령령으로 정하는 증권"이란 다음 각 호의 어느 하나에 해당하는 증권을 말한다.

1. 채무증권
2. 지분증권
3. 수익증권
4. 삭제 〈2013. 8. 27.〉
5. 파생결합증권

6. 증권예탁증권

② 법 제105조 제1항 제3호에서 "대통령령으로 정하는 금융기관"이란 다음 각 호의 어느 하나에 해당하는 금융기관을 말한다.

1. 은행
2. 「한국산업은행법」에 따른 한국산업은행
3. 「중소기업은행법」에 따른 중소기업은행
4. 증권금융회사
5. 종합금융회사
6. 「상호저축은행법」에 따른 상호저축은행
7. 「농업협동조합법」에 따른 농업협동조합
8. 「수산업협동조합법」에 따른 수산업협동조합
9. 「신용협동조합법」에 따른 신용협동조합

9의2. 「산림조합법」에 따른 산림조합

10. 「우체국 예금·보험에 관한 법률」에 따른 체신관서
11. 제1호부터 제10호까지의 기관에 준하는 외국 금융기관

③ 법 제105조 제1항 제10호에서 "대통령령으로 정하는 방법"이란 다음 각 호의 어느 하나에 해당하는 방법을 말한다.

1. 원화로 표시된 양도성 예금증서의 매수
2. 지상권, 전세권, 부동산임차권, 부동산소유권 이전등기청구권, 그 밖의 부동산 관련 권리에의 운용
3. 환매조건부매수
4. 증권의 대여 또는 차입
5. 「근로자퇴직급여 보장법」 제29조 제2항에 따른 신탁계약으로 퇴직연금 적립금을 운용하는 경우에는 같은 법 시행령 제26조 제1항 제1호 나목에 따른 보험계약의 보험금 지급청구권에의 운용
6. 그 밖에 신탁재산의 안정성·수익성 등을 고려하여 금융위원회가 정하여 고시하는 방법

④ 법 제105조 제2항에서 "대통령령으로 정하는 경우"란 다음 각 호의 어느 하나에 해당하는 경우를 말한다.

1. 법 제103조 제4항에 따라 부동산개발사업을 목적으로 하는 신탁계약을 체결한 경우로서 그 신탁계약에 의한 부동산개발사업별로 사업비(제104조 제7항에 따른 사업비를 말한다)의 100분의 15 이내에서 금전을 신탁받는 경우
2. 다음 각 목의 요건을 모두 충족하는 경우로서 금융위원회의 인정을 받은 경우
   가. 신탁계약의 일부해지 청구가 있는 경우에 신탁재산을 분할하여 처분하는 것이

곤란할 것

나. 차입금리가 공정할 것

⑤ 신탁업자가 신탁재산에 속하는 금전을 운용하는 경우에는 다음 각 호의 기준을 지켜야 한다.

1. 특정금전신탁인 경우(그 신탁재산으로 법 제165조의3 제3항에 따라 주권상장법인이 발행하는 자기주식을 취득·처분하는 경우만 해당한다)
   가. 법 제165조의3 제1항 제1호의 방법으로 취득할 것
   나. 자기주식을 취득한 후 1개월 이내에 처분하거나 처분한 후 1개월 이내에 취득하지 아니할 것
   다. 자기주식을 취득하고 남은 여유자금을 금융위원회가 정하여 고시하는 방법 외의 방법으로 운용하지 아니할 것
   라. 제176조의2 제2항 제1호부터 제5호까지의 어느 하나에 해당하는 기간 동안에 자기주식을 취득하거나 처분하지 아니할 것
2. 불특정금전신탁인 경우
   가. 사모사채(금융위원회가 정하여 고시하는 자가 원리금의 지급을 보증한 사모사채와 담보부사채는 제외한다)에 운용하는 경우에는 각 신탁재산의 100분의 3을 초과하지 아니할 것
   나. 지분증권(그 지분증권과 관련된 증권예탁증권을 포함한다) 및 장내파생상품에 운용하는 경우에는 각 신탁재산의 100분의 50을 초과하지 아니할 것. 이 경우 장내파생상품에 운용하는 때에는 그 매매에 따른 위험평가액(법 제81조 제2항에 따른 위험평가액을 말한다. 이하 이 조에서 같다)을 기준으로 산정한다.
   다. 장외파생상품에 운용하는 경우에는 그 매매에 따른 위험평가액이 각 신탁재산의 100분의 10을 초과하지 아니할 것
   라. 동일 법인 등이 발행한 지분증권(그 지분증권과 관련된 증권예탁증권을 포함한다)에 운용하는 경우에는 그 지분증권 발행총수의 100분의 15를 초과하지 아니할 것
   마. 그 밖에 금융위원회가 정하여 고시하는 신탁재산의 운용방법에 따를 것
3. 제1호 및 제2호 외의 신탁인 경우 수익자 보호 또는 건전거래질서를 유지하기 위하여 금융위원회가 정하여 고시하는 기준을 따를 것

금융투자업규정 제4-83조 (자사주신탁의 여유자금 운용)

영 제106조 제5항 제1호 다목에서 "금융위원회가 정하여 고시하는 방법"이란 다음 각 호의 어느 하나에 해당하는 방법을 말한다.

1. 제4-87조 제1항 제1호 또는 제2호에 따른 운용
2. 영 제106조 제2항 각 호의 금융기관에 대한 예치

금융투자업규정 제4-84조 (불특정금전신탁의 신탁재산운용)

① 영 제106조 제5항 제2호 가목에서 "금융위원회가 정하여 고시하는 자"란 다음 각 호의 어느 하나에 해당하는 자를 말한다.

1. 제4-87조 제1항 제5호 가목부터 다목까지의 자
2. 투자매매업자·투자중개업자
3. 「여신전문금융업법」에 따른 여신전문금융회사

② 신탁업자는 영 제106조 제5항 제2호 마목에 따라 불특정금전신탁의 신탁재산을 운용함에 있어 다음 각 호의 기준을 따라야 한다.

1. 신탁재산을 대출로 운용함에 있어 다음 각목의 어느 하나에 해당하는 경우를 제외하고는 동일한 개인 또는 법인에 대한 대출은 전 회계연도말 불특정금전신탁 수탁고 잔액의 100분의 5를 초과하지 아니할 것
   가. 당해 신탁업자의 고유계정(신탁업자의 고유재산을 관리하는 계정을 말한다. 이하 같다)에 대한 일시적인 자금의 대여. 다만, 금액의 규모 또는 시간의 제약으로 인하여 다른 방법으로 운용할 수 없는 경우에 한한다.
   나. 전 회계연도말 불특정금전신탁 수탁고 잔액의 100분의 10 이내에서 법 제355조의 자금중개회사의 중개를 거쳐 행하는 단기자금의 대여
2. 신탁재산에 속하는 증권을 대여하는 방법으로 운용하는 경우 그 대여거래 총액은 각 불특정금전신탁상품별로 신탁재산의 100분의 50을 초과하지 아니할 것
3. 대여자산의 중도상환 요청기간 중 결제를 목적으로 하는 경우 이외에는 신탁재산으로 증권을 차입하지 아니할 것

③ 〈삭제 2008.12.26.〉

금융투자업규정 제4-85조 (특정금전신탁의 자금운용기준)

① 신탁업자는 영 제106조 제5항 제3호에 따라 특정금전신탁의 자금을 위탁자가 지정한 방법에 따라 운용하여야 한다.

② 신탁업자는 제1항에 따른 위탁자로부터 신탁자금 운용방법을 지정받는 경우 법령에서 정하고 있는 범위에서 지정받아야 하며, 신탁자금 운용방법을 신탁계약서에 명시하여야 한다.

③ 신탁업자는 제1항에 불구하고 위탁자가 지정한 운용방법대로 운용할 수 없는 신탁재산이 있는 경우에는 제4-87조 제1항 제1호 또는 제2호에서 정하는 방법으로 운용할 수 있다.

금융투자업규정 제4-86조 (부동산신탁업자의 자금차입)

부동산신탁업자는 부동산신탁사업을 영위함에 있어서 부동산신탁재산으로 자금을 차입하는 경우에는 해당 사업 소요자금의 100분의 100이내에서 자금을 차입할 수 있다. 다만, 법 제103조 제4항에 따라 금전을 수탁한 경우에는 그 수탁금액과 자금차입 금

액을 합산한 금액이 사업 소요자금의 100분의 100 이내여야 한다.

금융투자업규정 제4-87조 (신탁재산의 운용방법)

① 신탁업자가 영 제106조 제5항 제3호에 따라 대출의 방법으로 신탁재산을 운용하는 경우 해당 대출의 범위는 다음 각 호의 것으로 한다. 다만, 제1호에 따른 대출은 투자매매업자 또는 투자중개업자로서 신탁업을 영위하는 자와 신탁업을 겸영하는 은행, 증권금융회사 또는 보험회사에 한한다.

1. 당해 신탁업자의 고유계정에 대한 일시적인 자금의 대여. 다만, 금액의 규모 또는 시간의 제약으로 인하여 다른 방법으로 운용할 수 없는 경우에 한한다.
2. 법 제355조의 자금중개회사의 중개를 거쳐 행하는 단기자금의 대여. 이 경우 한도는 전 회계연도말 신탁 수탁고 잔액의 "100분의 10"이내로 한다.
3. 신용대출
4. 저당권 또는 질권에 따라 담보되는 대출
5. 다음 각 목의 어느 하나에 해당하는 자가 원리금의 지급을 보증하는 대출
   가. 은행
   나. 영 제24조 제1호부터 제5호까지의 금융기관
   다. 「보험업법」에 따른 보증보험회사, 「신용보증기금법」에 따른 신용보증기금, 「기술신용보증기금법」에 따른 기술신용보증기금 또는 「한국주택금융공사법」에 따른 주택금융신용보증기금
   라. 「건설산업기본법」 제54조에 따른 공제조합
6. 사모사채의 매수. 다만, 다음 각 목의 어느 하나에 해당하는 경우는 제외한다.
   가. 투자매매업자 또는 투자중개업자로서 신탁업을 영위하는 자가 단기사채를 매수하는 경우
   나. 투자매매업자가 사업자금조달 목적이 아닌 금융투자상품 판매 목적으로 발행하는 「상법」 제469조 제2항 제3호에 따른 사채의 경우로서 법 제4조 제7항 제1호에 해당하는 사채권을 신탁업을 영위하는 자가 매수하는 경우

② 신탁업자가 영 제106조 제5항 제3호에 따라 어음을 매수하는 방법으로 신탁재산을 운용하는 경우 해당 어음은 다음 각 호의 어느 하나에 해당하여야 한다.

1. 다음 각 목의 금융기관이 발행·매출·중개한 어음
   가. 신탁업자
   나. 은행
   다. 「한국산업은행법」에 따른 한국산업은행
   다. 「중소기업은행법」에 따른 중소기업은행(다.는 규정상의 오기임. 저자 주)
   라. 종합금융회사
   마. 「상호저축은행법」에 따른 상호저축은행

바. 「한국수출입은행법」에 따른 한국수출입은행
사. 투자매매업자 또는 투자중개업자
아. 증권금융회사
자. 「보험업법」에 따른 보험회사
차. 「여신전문금융업법」에 따른 여신전문금융회사
2. 다음 각 목의 어느 하나에 해당하는 법인이 발행한 어음
가. 상장법인
나. 법률에 따라 직접 설립된 법인

③ 영 제106조 제5항 제2호 마목 및 같은 조 같은 항 제3호에 따라 신탁업자는 시장성 없는 증권 등을 공정하게 분류 · 평가하기 위하여 증권 등 시가평가위원회(이하 이 장에서 "시가평가위원회"라 한다)를 설치 · 운영할 수 있다.

④ 제3항의 시가평가위원회는 다음 각 호의 업무를 수행한다.
1. 평가대상채권의 매도실현위험에 대한 가산금리의 결정
2. 법 제263조의 채권평가회사가 제시하는 채권가격정보가 적용되지 아니하는 채권의 평가
3. 그 밖에 신탁재산의 평가에 관한 사항의 결정 등

⑤ 신탁업자는 시가평가위원회의 운용 등에 관한 세부기준을 정할 수 있다.

1. 신탁재산인 금전의 운용방법

신탁업자는 신탁재산에 속하는 금전을 ① 채무증권·지분증권·수익증권·파생결합증권·증권예탁증권의 매수, ② 장내파생상품 또는 장외파생상품의 매수, ③ 은행 등 정해진 금융기관에의 예치, ④ 금전채권의 매수, ⑤ 대출, ⑥ 어음의 매수, ⑦ 실물자산의 매수, ⑧ 무체재산권의 매수, ⑨ 부동산의 매수 또는 개발, ⑩ 그 밖에 신탁재산의 안전성·수익성 등을 고려하여, ㉠ 원화로 표시된 양도성 예금증서의 매수, ㉡ 지상권·전세권·부동산임차권·부동산소유권 이전등기청구권·그 밖의 부동산 관련 권리에의 운용, ㉢ 환매조건부매수, ㉣ 증권의 대여 또는 차입, ㉤ 근로자퇴직급여 보장법 제29조 제2항에 따른 신탁계약으로 퇴직연금적립금을 운용하는 경우에는 같은 항에 따른 보험계약에의 보험금 지급청구권에 운용하는 방법, ㉥ 기타 금융위원회가 정하여 고시하는 방법으로 운용하여야 한다(자본시장법 제105조 제1항, 동법 시행령 제106조 제3항).

신탁업자가 신탁재산에 속하는 금전을 대출의 방법으로 운용하는 경우에는, 금액의 규모 또는 시간의 제약으로 인하여 다른 방법으로 운용할 수 없는 경우에 한하여 당해

신탁업자의 고유계정에 대한 일시적인 자금의 대여(투자매매업자 또는 투자중개업자로서 신탁업을 영위하는 자와 신탁업을 겸영하는 은행, 증권금융회사 또는 보험회사에 한함), 법 제355조의 자금중개회사의 중개를 거쳐 행하는 단기자금의 대여(한도는 전 회계연도말 신탁 수탁고 잔액의 "100분의 10"이내일 것), 신용대출, 저당권 또는 질권에 따라 담보되는 대출, 또는 은행 등 정해진 금융기관이 원리금의 지급을 보증하는 대출 또는 사모사채를 매수하는 방법으로만 할 수 있다(자본시장법 시행령 제106조 제5항 제3호, 금융투자업규정 제4-87조 제1항).

또한 신탁업자가 신탁재산에 속하는 금전을 어음을 매수하는 방법으로 운용하는 경우, 해당 어음은 신탁업자·은행 등 정해진 금융기관이 발행·매출·중개한 어음이거나, 상장법인·법률에 따라 직접 설립된 법인이 발행한 어음이어야 한다(자본시장법 시행령 제106조 제5항 제3호, 금융투자업규정 제4-87조 제2항).

한편 신탁업자는 특정금전신탁의 자금을 위탁자가 지정한 방법에 따라 운용하여야 하고(금융투자업규정 제4-85조 제1항), 이 경우 법령에서 정하고 있는 범위에서 지정받아야 하며, 신탁자금 운용방법을 신탁계약서에 명시하여야 한다(동조 제2항). 위탁자의 운용방법 지정에 불구하고 위탁자가 지정한 운용방법대로 운용할 수 없는 신탁재산이 있는 경우에는, 당해 신탁업자의 고유계정에 대한 일시적인 자금의 대여(금액의 규모 또는 시간의 제약으로 인하여 다른 방법으로 운용할 수 없는 경우에 한함, 금융투자업규정 제4-87조 제1항 제1호), 자금중개회사의 중개를 거쳐 행하는 단기자금의 대여(한도는 전 회계연도말 신탁 수탁고 잔액의 "100분의 10" 이내로 함, 동항 제2호)의 방법으로 운용할 수 있다(금융투자업규정 제4-85조 제3항).[1)]

신탁업자가 특정금전신탁의 신탁재산인 금전으로 해당 위탁자가 발행하는 자기주식을 취득·처분하는 경우에는, ① 증권시장을 통하거나 자본시장법 제133조에 따른 공개매수의 방법으로 취득하여야 하고, ② 자기주식을 취득한 후 1개월 이내에 처분하거나 처분한 후 1개월 이내에 취득하여서는 안 되며, ③ 자기주식을 취득하고 남은 여유자금을 당해 신탁업자의 고유계정에 일시적으로 대여(금액의 규모 또는 시간의 제약으로 인하여 다른 방법으로 운용할 수 없는 경우에 한함)하거나, 자금중개회사의 중개를 거쳐 단기자금으

1) 대법원 2007. 11. 29. 선고 2005다64552 판결(특정금전신탁의 당사자가 신탁회사로 하여금 위탁자로부터 지정받은 운용방법과 달리 신탁업무운용요강, 은행신탁업무의 종류 및 방법서에서 규정하고 있는 신탁재산의 운용방법 중 하나를 선택하여 신탁자금을 운용할 수 있도록 약정한 예외사유 중의 하나인 '사정변경으로 인하여 지정방법대로의 운용이 신탁재산에 손실을 초래할 것이 명백히 예상되는 경우'라 함은, 신탁 당시에 예견하지 못하였던 사정으로 인하여 위탁자가 지정한 운용방법의 대상이 되는 전체 자산의 거래시장이 일반적·전반적으로 침체되어 위탁자가 지정한 방법에 따라 신탁자금을 운용하여서는 손실을 볼 수밖에 없음이 명백한 경우 등을 의미하는 것이라고 해석된다. 만일 단순히 신탁회사가 신탁재산으로 취득한 특정 자산의 가격이 예기치 않게 하락세에 있게 되어 이를 계속 보유하게 되면 손실을 초래할 것이 명백한 경우 등을 위 예외사유에 포함되는 것으로 해석하게 되면, 비록 신탁재산으로 취득한 특정 자산의 가격이 하락세에 있더라도 신탁회사는 지정된 운용방법의 대상에 속하는 다른 종목 내지 종류의 자산을 운용하여 수익을 올릴 수 있는 가능성이 존재함에도 불구하고 지정되지 않은 다른 운용방법을 임의로 선택할 수 있는 권리를 갖게 되어 위탁자 스스로 자산운용에 따른 위험과 손익을 고려하여 운영방법을 지정하도록 한 특정금전신탁의 취지가 훼손될 뿐만 아니라, 신탁재산의 운용 결과에 대한 손익을 모두 수익자에게 귀속시키는 자기책임주의와 실적배당주의 근거 역시 흔들리게 되므로, 그와 같은 경우는 위 예외사유에 해당한다고 할 수 없다).

로 대여(한도는 전 회계연도말 신탁 수탁고 잔액의 "100분의 10"이내일 것)하거나, 은행 등 정해진 금융기관에 예치하는 외의 방법으로 운용하여서는 안 된다(자본시장법 시행령 제106조 제5항 제1호, 금융투자업규정 제4-83조).

신탁업자가 불특정금전신탁의 신탁재산인 금전을 (i) 사모사채(은행 등 정해진 금융기관이 원리금의 지급을 보증한 사모사채와 담보부사채는 제외한다, 금융투자업규정 제4-84조 제1항)에 운용하는 경우에는 각 신탁재산의 100분의 3을 초과하여서는 안 되고, (ii) 지분증권(그 지분증권과 관련된 증권예탁증권을 포함) 및 장내파생상품에 운용하는 경우에는 각 신탁재산의 100분의 50(장내파생상품에 운용하는 때에는 그 매매에 따른 위험평가액(법 제81조 제2항에 따른 위험평가액을 말함)을 기준으로 산정)을 초과하여서는 안 된다. 또한 (iii) 장외파생상품에 운용하는 경우에는 그 매매에 따른 위험평가액이 각 신탁재산의 100분의 10을 초과하여서는 안 되고, (iv) 동일 법인 등이 발행한 지분증권(그 지분증권과 관련된 증권예탁증권을 포함한다)에 운용하는 경우에는 그 지분증권 발행총수의 100분의 15를 초과하여서는 안 되며, (v) 불특정금전신탁의 신탁재산을 대출로 운용하는 때에는 당해 신탁업자의 고유계정에 일시적으로 대여(금액의 규모 또는 시간의 제약으로 인하여 다른 방법으로 운용할 수 없는 경우에 한함)하거나 전 회계연도말 불특정금전신탁 수탁고 잔액의 100분의 10 이내에서 법 제355조의 자금중개회사의 중개를 거쳐 단기자금을 대여하는 경우를 제외하고는 동일한 개인 또는 법인에 대한 대출은 전 회계연도말 불특정금전신탁 수탁고 잔액의 100분의 5를 초과하여서는 안 된다. 또한 (vi) 신탁재산에 속하는 증권을 대여하는 방법으로 운용하는 경우 그 대여거래 총액은 각 불특정금전신탁상품별로 신탁재산의 100분의 50을 초과하여서는 안 되며, (vii) 대여자산의 중도상환 요청기간 중 결제를 목적으로 하는 경우 이외에는 신탁재산으로 증권을 차입하여서는 안 된다(자본시장법 시행령 제106조 제5항 제2호, 금융투자업규정 제4-84조 제2항).

한편 현행 자본시장법은 신탁재산을 제3자에게 담보로 제공하고 차입하는 것을 제한하고 있지 아니하다. 특히 금전신탁의 경우에는 레버리지를 이용한 투기적 거래에 악용되지 않도록 경계할 필요가 있을 것이다.

2. 신탁업자의 고유재산으로부터 금전차입행위 금지의 예외

신탁업자는 원칙적으로 신탁의 계산으로 그 신탁업자의 고유재산으로부터 금전을 차입할 수 없다. 다만, 부동산신탁 및 부동산관련권리취득신탁의 경우에는 신탁의 계산으로 신탁업자의 고유재산으로부터 금전을 차입할 수 있다(자본시장법 제105조 제2항). 또한 부동산 개발사업을 목적으로 하는 신탁계약을 체결한 경우로서 그 신탁계약에 의한 부동산 개발사업별로 사업비[1])의 100분의 15 이내에서 금전을 신탁받는 경우와 금융위원회의 인정을 받

1) 공사비, 광고비, 분양비 등 부동산개발사업에 드는 모든 비용에서 부동산 자체의 취득가액과 등기비용,

아 일정한 조건을 모두 충족하는 경우에는 예외적으로 신탁의 계산으로 그 신탁업자의 고유재산으로부터 금전을 차입할 수 있는데, 일정한 조건이란 ① 신탁계약의 일부해지 청구가 있는 경우 신탁재산을 분할하여 처분하는 것이 곤란한 경우일 것, ② 차입금리가 공정할 것을 말한다(자본시장법 시행령 제106조 제4항 제2호).

이를 위반한 소비대차 거래는 무효이다. 그러나 신탁업자가 고유계정에서 신탁계정으로 대여한 거래가 무효라 하더라도, 신탁업자가 수탁자로서 신탁사무의 처리를 위하여 외부 금융기관 등으로부터 차입한 신탁관련 차입금채무를 수탁자가 부담·변제하거나 그 차입금을 가지고 신탁사무의 처리 등에 지출한 비용은 신탁법 제46조의 비용상환청구권에 기하여 상환받을 수 있고, 다만 신탁업자는 신탁계정에 외부조달금리보다 가산된 이자를 부담시킬 수 없다(대법원 2009. 1. 30. 선고 2006다62461 판결).[1)]

3. 부동산 등 금전 이외의 신탁재산의 운용방법 규정 필요

현행 자본시장법은 "신탁재산에 속하는 금전"의 운용방법만을 명시하고 있을 뿐이고, 금융투자업규정 제4-86조(부동산신탁업자의 자금차입)에서 '부동산신탁업자는 부동산신탁사업을 영위함에 있어서 부동산신탁재산으로 자금을 차입하는 경우에는 해당 사업 소요자금의 100분의 100이내에서 자금을 차입할 수 있다. 다만, 법 제103조 제4항에 따라 금전을 수탁한 경우에는 그 수탁금액과 자금차입 금액을 합산한 금액이 사업 소요자금의 100분의 100 이내여야 한다'고 정하는 외에, 부동산 등 금전 이외의 신탁재산의 운용방법에 대한 규정은 두고 있지 아니하므로, 금전 이외의 신탁재산의 경우에는 비영리신탁을 규율하는 신탁법에 따라 결정될 수밖에 없다. 부동산 등 금전 이외의 신탁의 경우에는 금전보다 오히려 권리관계가 복잡함에도 불구하고 최소한의 운용기준조차 없어 당사자

그 밖에 부동산 취득에 관련된 부대비용을 제외한 금액(자본시장법 시행령 제104조 제6항).

1) 대법원 2009. 1. 30. 선고 2006다62461 판결(신탁회사인 피고는 각 신탁사업에 필요한 자금을 사업별로 조달하는 방식을 취하지 않고 신탁사업 전체를 기준으로 소요 예상자금을 미리 차입하여 고유계정에 보관하고 있다가 자금을 필요로 하는 개별 신탁사업의 신탁계정으로 대여하는 방법을 취하고 있는데, 고유계정에서 신탁계정으로 자금을 대여할 때에는 차입금리에 연 1.5% 내지 5%의 금리를 가산하고 있음을 알 수 있다. 위와 같은 이자부 소비대차 거래는 신탁법 제31조 제1항에 위반된 거래로서 무효라고 할 것이다. 다만, 피고는 고유계정에서 신탁계정으로 대여한 무효의 대여금채권을 근거로 비용보상청구권을 주장하는 것이라기보다는 신탁사무의 처리를 위하여 외부 금융기관 등으로부터 차입한 신탁 관련 차입금채무를 피고가 부담·변제하거나 그 차입금을 가지고 신탁사무의 처리 등에 사용하였음을 근거로 하여 비용보상청구권을 주장하는 것으로 선해할 수 있으므로, 피고가 원고에게 갖는 비용보상청구권의 범위를 산정함에 있어서는 위와 같이 피고가 원고에게 대여하면서 가산한 이자는 제외하여야 할 것이다. 이와 달리 원심이, 피고가 고유계정에서 신탁계정으로 자금을 재대여하고 일부 금리를 가산한 것은 신탁법 제31조 제1항에 반하여 무효라고 할 수 없다는 이유로 위와 같은 가산 이자도 피고의 비용보상의무의 범위에 속한다는 취지로 판단한 데에는, 신탁법 제31조 제1항의 해석·적용에 관한 법리를 오해하여 판결에 영향을 미친 위법이 있다).

간 분쟁 발생 시 전적으로 법원에 의존할 수밖에 없는 현상은 심각한 문제라고 하겠다.

4. 재신탁제도의 도입

신탁법 제3조 제5항은 재신탁의 방법으로 신탁재산을 운용하는 것을 허용하고 있다. 자본시장법에서는 신탁재산의 보관·관리업무는 신탁업자의 본질적 업무 중 하나로서 신탁업자가 이를 제3자에게 위탁하는 것을 금지하고 있었으나, 2020. 5. 19. 법률 제17295호로 개정된 자본시장법(2021. 5. 20. 시행)에서는 업무위탁과 관련된 금융투자업자의 자율성을 제고하기 위하여 금융투자업자가 제3자에게 위탁할 수 있는 범위를 확대함으로써 금융투자업자의 특화·전문화를 유도하기 위하여, 위탁자의 동의를 전제로 재위탁도 원칙적으로 허용하였다.[1] 이에 따라, 원신탁의 수탁자(신탁업자)가 본질적 업무 중 하나인 신탁재산의 보관·관리업무를 위탁하는 재신탁의 경우에도, 그 업무위탁을 받는 자가 업무 수행에 필요한 인가, 즉 신탁업 인가를 받은 자이면 원칙적으로 가능하게 되었다.

자본시장법 제106조 (여유자금의 운용)

신탁업자는 제103조 제1항 제5호 및 제6호의 재산만을 신탁받는 경우 그 신탁재산을 운용함에 따라 발생한 여유자금을 다음 각 호의 방법으로 운용하여야 한다.

1. 대통령령으로 정하는 금융기관에의 예치
2. 국채증권, 지방채증권 또는 특수채증권의 매수

---

1) 자본시장법 제42조(금융투자업자의 업무위탁)

① 금융투자업자는 금융투자업, 제40조 제1항 각 호의 업무 및 제41조 제1항의 부수업무와 관련하여 그 금융투자업자가 영위하는 업무의 일부를 제삼자에게 위탁할 수 있다. 다만, 대통령령으로 정하는 내부통제업무(해당 업무에 관한 의사결정권한까지 위탁하는 경우만 해당한다)는 제삼자에게 위탁하여서는 아니 된다.

자본시장법 시행령 제47조(본질적 업무의 범위)

① 법 제42조 제4항 전단에서 "대통령령으로 정하는 업무"란 금융투자업의 종류별로 다음 각 호에서 정한 업무를 말한다. 다만, 제3호 나 목 및 제5호 나 목의 업무 중 부동산의 개발, 임대, 관리 및 개량 업무와 그에 부수하는 업무, 제6호 나 목 및 다 목의 업무 중 채권추심업무 및 그 밖에 투자자 보호 및 건전한 거래질서를 해칠 우려가 없는 경우로서 금융위원회가 정하여 고시하는 업무는 제외한다.

(1.~5. 생략)

6. 신탁업인 경우에는 다음 각 목의 업무
 가. 신탁계약(투자신탁의 설정을 위한 신탁계약을 포함한다)과 집합투자재산(투자신탁재산은 제외한다)의 보관·관리계약의 체결과 해지업무
 나. 신탁재산(투자신탁재산은 제외한다. 이하 이 호에서 같다)의 보관 · 관리업무
 다. 집합투자재산의 보관·관리업무(운용과 운용지시의 이행 업무를 포함한다)
 라. 신탁재산의 운용업무[신탁재산에 속하는 지분증권(지분증권과 관련된 증권예탁증권을 포함한다)의 의결권행사를 포함한다]

3. 정부 또는 대통령령으로 정하는 금융기관이 지급을 보증한 증권의 매수
4. 그 밖에 제103조 제1항 제5호 및 제6호에 따른 신탁재산의 안정성·수익성 등을 저해하지 아니하는 방법으로서 대통령령으로 정하는 방법

자본시장법 시행령 제107조 (여유자금의 운용)

① 법 제106조 제1호 및 제3호에서 "대통령령으로 정하는 금융기관"이란 각각 제106조 제2항 각 호의 금융기관을 말한다.

② 법 제106조 제4호에서 "대통령령으로 정하는 방법"이란 다음 각 호의 어느 하나에 해당하는 방법을 말한다.

1. 법 제83조 제4항에 따른 단기대출
2. 제106조 제2항 각 호의 금융기관이 발행한 채권(특수채증권은 제외한다)의 매수
3. 그 밖에 신탁재산의 안정성·수익성 등을 해치지 아니하는 방법으로서 금융위원회가 정하여 고시하는 방법

금융투자업규정 제4-88조 (여유자금의 운용)

영 제107조 제2항 제3호에서 "금융위원회가 정하여 고시하는 방법"이란 다음 각 호의 어느 하나에 해당하는 신탁업자가 금액의 규모 또는 시간의 제약으로 인하여 다른 방법으로 운용할 수 없는 경우에 한하여 당해 신탁업자의 고유계정에 일시적으로 자금을 대여하는 방법으로 운용하는 것을 말한다.

1. 투자매매업자 또는 투자중개업을 겸영하는 신탁업자
2. 신탁업을 겸영하는 은행, 증권금융회사 또는 보험회사

부동산신탁 또는 부동산 관련 권리를 신탁재산으로 하는 신탁에서 그 신탁재산을 운용함에 따라 발생한 여유자금은 (i) 은행 등 정해진 금융기관에 예치, (ii) 국채증권·지방채증권 또는 특수채증권의 매수, (iii) 정부 또는 금융기관이 지급을 보증한 증권의 매수, (iv) 자금중개회사에 대한 30일 이내의 단기대출, (v) 금융기관이 발행한 채권(특수채증권의 재외)의 매수 및 (vi) 투자매매업자 또는 투자중개업을 겸영하는 신탁업자, 신탁업을 겸영하는 은행, 증권금융회사 또는 보험회사가 금액의 규모 또는 시간의 제약으로 인하여 다른 방법으로 운용할 수 없는 경우에 한하여 당해 신탁업자의 고유계정에 일시적으로 자금을 대여하는 방법으로 운용하여야 한다(자본시장법 제106조, 동법 시행령 제107조, 금융투자업규정 제4-88조).

자본시장법 제108조 (불건전 영업행위의 금지)

신탁업자는 다음 각 호의 어느 하나에 해당하는 행위를 하여서는 아니 된다. 다만, 수

익자 보호 및 건전한 거래질서를 해할 우려가 없는 경우로서 대통령령으로 정하는 경우에는 이를 할 수 있다.

1. 신탁재산을 운용함에 있어서 금융투자상품, 그 밖의 투자대상자산의 가격에 중대한 영향을 미칠 수 있는 매수 또는 매도 의사를 결정한 후 이를 실행하기 전에 그 금융투자상품, 그 밖의 투자대상자산을 자기의 계산으로 매수 또는 매도하거나 제삼자에게 매수 또는 매도를 권유하는 행위
2. 자기 또는 관계인수인이 인수한 증권을 신탁재산으로 매수하는 행위
3. 자기 또는 관계인수인이 대통령령으로 정하는 인수업무를 담당한 법인의 특정증권등(제172조 제1항의 특정증권등을 말한다. 이하 이 호에서 같다)에 대하여 인위적인 시세(제176조 제2항 제1호의 시세를 말한다)를 형성시키기 위하여 신탁재산으로 그 특정증권등을 매매하는 행위
4. 특정 신탁재산의 이익을 해하면서 자기 또는 제삼자의 이익을 도모하는 행위
5. 신탁재산으로 그 신탁업자가 운용하는 다른 신탁재산, 집합투자재산 또는 투자일임재산과 거래하는 행위
6. 신탁재산으로 신탁업자 또는 그 이해관계인의 고유재산과 거래하는 행위
7. 수익자의 동의 없이 신탁재산으로 신탁업자 또는 그 이해관계인이 발행한 증권에 투자하는 행위
8. 투자운용인력이 아닌 자에게 신탁재산을 운용하게 하는 행위
9. 그 밖에 수익자 보호 또는 건전한 거래질서를 해할 우려가 있는 행위로서 대통령령으로 정하는 행위

자본시장법 제444조 (벌칙)

다음 각 호의 어느 하나에 해당하는 자는 5년 이하의 징역 또는 2억원 이하의 벌금에 처한다.

(1~7. 생략)

8. 제71조(제7호를 제외한다), 제85조(제8호를 제외한다), 제98조 제1항(제101조 제4항에서 준용하는 경우를 포함한다)·제2항(제10호를 제외한다) 또는 제108조(제9호를 제외한다)를 위반하여 각 해당 조항 각 호의 어느 하나에 해당하는 행위를 한 자

(9. 이하 생략)

자본시장법 제449조 (과태료)

① 다음 각 호의 어느 하나에 해당하는 자에 대하여는 1억원 이하의 과태료를 부과한다.

(1~28의2. 생략)

29. 제71조(제7호에 한한다), 제85조(제8호에 한한다), 제98조 제2항(제10호에 한한다) 또는 제108조(제9호에 한한다)를 위반하여 각 해당 조항의 해당 호에 해당하는 행위를 한 자

(30. 이하 생략)

자본시장법 시행령 제109조 (불건전 영업행위의 금지)

① 법 제108조 각 호 외의 부분 단서에서 "대통령령으로 정하는 경우"란 다음 각 호의 어느 하나에 해당하는 경우를 말한다.

1. 법 제108조 제1호를 적용할 때 다음 각 목의 어느 하나에 해당하는 경우
   가. 신탁재산의 운용과 관련한 정보를 이용하지 아니하였음을 증명하는 경우
   나. 증권시장(다자간매매체결회사에서의 거래를 포함한다)과 파생상품시장 간의 가격 차이를 이용한 차익거래, 그 밖에 이에 준하는 거래로서 신탁재산의 운용과 관련한 정보를 의도적으로 이용하지 아니하였다는 사실이 객관적으로 명백한 경우
2. 법 제108조 제2호를 적용할 때 인수일부터 3개월이 지난 후 매수하는 경우

2의2. 법 제108조 제2호를 적용할 때 인수한 증권이 국채증권, 지방채증권, 「한국은행법」 제69조에 따른 한국은행통화안정증권, 특수채증권 또는 법 제4조 제3항에 따른 사채권(제68조 제4항에 따른 주권 관련 사채권 및 제176조의13 제1항에 따른 상각형 조건부자본증권은 제외한다. 이하 이 호에서 같다) 중 어느 하나에 해당하는 경우. 다만, 사채권의 경우에는 투자자 보호 및 건전한 거래질서를 위하여 금융위원회가 정하여 고시하는 발행조건, 거래절차 등의 기준을 충족하는 채권으로 한정한다.

3. 법 제108조 제5호를 적용할 때 같은 신탁업자가 운용하는 신탁재산 상호 간에 자산을 동시에 한쪽이 매도하고 다른 한쪽이 매수하는 거래로서 다음 각 목의 어느 하나에 해당하는 경우. 이 경우 매매가격, 매매거래 절차 및 방법, 그 밖에 필요한 사항은 금융위원회가 정하여 고시한다.
   가. 신탁계약의 해지(일부해지를 포함한다)에 따른 해지금액 등을 지급하기 위하여 불가피한 경우
   나. 그 밖에 금융위원회가 수익자의 이익을 해칠 염려가 없다고 인정하는 경우
4. 법 제108조 제6호를 적용할 때 다음 각 목의 어느 하나에 해당하는 경우. 다만, 「근로자퇴직급여 보장법」에 따른 특정금전신탁의 경우에는 다음 각 목(라목은 제외한다)의 어느 하나에 해당하는 경우 중 신탁재산으로 신탁업자의 원리금 지급을 보장하는 고유재산과 거래하는 경우는 제외한다.
   가. 이해관계인이 되기 6개월 이전에 체결한 계약에 따른 거래
   나. 증권시장 등 불특정다수인이 참여하는 공개시장을 통한 거래
   다. 일반적인 거래조건에 비추어 신탁재산에 유리한 거래
   라. 환매조건부매매
   마. 신탁업자 또는 이해관계인의 중개·주선 또는 대리를 통하여 금융위원회가 정

하여 고시하는 방법에 따라 신탁업자 및 이해관계인이 아닌 자와 행하는 투자대상자산의 매매

바. 신탁업자나 이해관계인의 매매중개(금융위원회가 정하여 고시하는 매매형식의 중개를 말한다)를 통하여 그 신탁업자 또는 이해관계인과 행하는 채무증권, 원화로 표시된 양도성 예금증서 또는 어음(기업어음증권은 제외한다)의 매매

사. 법 제104조 제2항 또는 법 제105조 제2항에 따른 거래

아. 예금거래(수탁액이 3억원 이상인 특정금전신탁 또는 「자산유동화에 관한 법률」 제3조에 따른 자산유동화계획에 의한 여유자금운용을 말한다)

자. 금액의 규모 또는 시간의 제약으로 인하여 다른 방법으로 운용할 수 없는 경우로서 일시적인 자금의 대여(그 신탁재산을 운용하는 신탁업자에게 대여하는 경우만 해당한다)

차. 그 밖에 거래의 형태, 조건, 방법 등을 고려하여 신탁재산과 이해가 상충될 염려가 없는 경우로서 금융위원회가 정하여 고시하는 거래

5. 제3항 제5호를 적용할 때 개별 신탁재산을 효율적으로 운용하기 위하여 투자대상자산의 매매주문을 집합하여 처리하고, 그 처리 결과를 신탁재산별로 미리 정하여진 자산배분명세에 따라 공정하게 배분하는 경우

② 법 제108조 제3호에서 "대통령령으로 정하는 인수업무"란 발행인 또는 매출인으로부터 직접 증권의 인수를 의뢰받아 인수조건 등을 정하는 업무를 말한다.

③ 법 제108조 제9호에서 "대통령령으로 정하는 행위"란 다음 각 호의 어느 하나에 해당하는 행위를 말한다.

1. 법 제9조 제5항 단서에 따라 일반투자자와 같은 대우를 받겠다는 전문투자자(제10조 제1항 각 호의 자는 제외한다)의 요구에 정당한 사유 없이 동의하지 아니하는 행위

1의2. 제68조 제5항 제2호의2 각 목의 어느 하나에 해당하는 일반투자자와 신탁계약(신탁재산을 녹취대상상품에 운용하는 경우에 한정한다)을 체결하는 경우 해당 신탁계약 체결과정을 녹취하지 아니하거나 녹취된 파일을 해당 투자자의 요청에도 불구하고 제공하지 아니하는 행위

2. 신탁계약을 위반하여 신탁재산을 운용하는 행위

3. 신탁계약의 운용방침이나 운용전략 등을 고려하지 아니하고 신탁재산으로 금융투자상품을 지나치게 자주 매매하는 행위

4. 수익자(수익자가 법인, 그 밖의 단체인 경우에는 그 임직원을 포함한다) 또는 거래상대방(거래상대방이 법인, 그 밖의 단체인 경우에는 그 임직원을 포함한다) 등에게 업무와 관련하여 금융위원회가 정하여 고시하는 기준을 위반하여 직접 또는 간접으로 재산상의 이익을 제공하거나 이들로부터 재산상의 이익을 제공받는 행위

5. 신탁재산을 각각의 신탁계약에 따른 신탁재산별로 운용하지 아니하고 여러 신탁계약의 신탁재산을 집합하여 운용하는 행위. 다만, 다음 각 목의 어느 하나에 해당하는 경우에는 이를 할 수 있다.
   가. 제6조 제4항 제2호에 해당하는 경우
   나. 다른 투자매매업자 또는 투자중개업자와 합병하는 등 금융위원회가 정하여 고시하는 요건을 갖춘 신탁업자가 제104조 제1항 단서에 따라 손실의 보전이나 이익의 보장을 한 신탁재산(그 요건을 갖춘 날부터 3년 이내에 설정한 신탁의 신탁재산으로 한정한다)을 운용하는 경우
6. 여러 신탁재산을 집합하여 운용한다는 내용을 밝히고 신탁계약의 체결에 대한 투자권유를 하거나 투자광고를 하는 행위
7. 제3자와의 계약 또는 담합 등에 의하여 신탁재산으로 특정 자산에 교차하여 투자하는 행위
8. 법 제55조·제105조·제106조·제108조 및 이 영 제104조 제1항에 따른 금지 또는 제한을 회피할 목적으로 하는 행위로서 장외파생상품거래, 신탁계약, 연계거래 등을 이용하는 행위
9. 채권자로서 그 권리를 담보하기 위하여 백지수표나 백지어음을 받는 행위
10. 그 밖에 수익자의 보호 또는 건전한 거래질서를 해칠 염려가 있는 행위로서 금융위원회가 정하여 고시하는 행위

금융투자업규정 제4-90조 (신탁재산 상호간의 거래)

① 영 제109조 제1항 제3호에 따라 같은 신탁업자가 운용하는 신탁재산 상호 간에 자산을 동시에 한쪽이 매도하고 다른 한쪽이 매수하는 거래(이하 이 조에서 "자전거래"라 한다)를 하는 경우에는 다음 각 호의 요건을 모두 충족하여야 한다.

1. 증권시장 등을 통한 처분(다자간매매체결회사를 통한 처분을 포함한다)이 곤란한 경우 등 그 불가피성이 인정되는 경우일 것
2. 제7-35조 제2항에 따른 부도채권 등 부실화된 자산이 아닐 것
3. 당해 신탁의 수익자의 이익에 반하지 않는 거래일 것
4. 당해 신탁약관의 투자목적 및 방침에 부합하는 거래일 것

② 신탁업자가 다음 각 호의 어느 하나에 해당하는 사유로 인하여 운용자산의 처분이 필요하나 시장매각이 곤란하다고 인정되는 경우에는 그 소요금액의 범위내에서 시장가격을 적용하여 운용자산을 자전거래하는 경우 영 제109조 제1항 제3호 나목에 따라 금융위원회로부터 인정받은 것으로 본다. 다만, 시장성 없는 자산의 경우에는 채권평가충당금 등을 감안하여 시장가격에 준하는 적정한 가격을 적용하여야 한다.

1. 이자, 조세공과금 또는 신탁보수의 지급
2. 신탁약관 등에서 정한 각종 한도의 준수

③ 신탁업자는 자전거래와 관련하여 필요한 절차·방법 등 세부기준을 마련하고 자전거래 관련 자료를 5년간 보관·유지하여야 한다.

금융투자업규정 제4-91조 (단순 중개 목적의 거래 등)

① 영 제109조 제1항 제4호 마목에서 "금융위원회가 정하여 고시하는 방법"이란 이해관계인이 일정수수료만을 받고 신탁업자와 이해관계인이 아닌 자 간의 투자대상자산의 매매를 연결시켜 주는 방법을 말한다.

② 영 제109조 제1항 제4호 바목에서 "금융위원회가 정하여 고시하는 매매형식의 중개"란 신탁업자가 채무증권, 원화로 표시된 양도성 예금증서 또는 어음(기업어음증권을 제외한다)을 이해관계인과 거래하는 경우 이해관계인에게 지급한 중개수수료(명목에 불구하고 이해관계인이 매매의 중개를 행한 대가로 취득하는 이익을 말한다)를 감안할 때 거래의 실질이 중개의 위탁으로 볼 수 있고, 이해관계인이 신탁업자로부터 매매 또는 중개의 위탁을 받아 신탁업자 또는 제3자로부터 매입한 채권 등을 지체 없이 제3자 또는 신탁업자에 매도하는 경우를 말한다.

금융투자업규정 제4-92조 (신탁업자의 이익제공·수령 기준)

① 영 제109조 제3항 제4호에서 "금융위원회가 정하여 고시하는 기준"이란 신탁업자(그 임직원을 포함한다. 이하 이 조에서 같다)가 신탁계약의 체결 또는 신탁재산의 운용과 관련하여 수익자(수익자가 법인, 그 밖의 단체인 경우 그 임직원을 포함한다. 이하 이 조에서 같다) 또는 거래상대방(거래상대방이 법인, 그 밖의 단체인 경우 그 임직원을 포함한다. 이하 이 조에서 같다)등에게 제공하거나 수익자 또는 거래상대방로부터 제공받는 금전·물품·편익 등의 범위가 일반인이 통상적으로 이해하는 수준에 반하지 않는 것을 말한다.

② 신탁업자가 제1항에 따른 금전·물품·편익 등을 10억원을 초과하여 특정 수익자 또는 거래상대방에게 제공하거나 특정 수익자 또는 거래상대방으로부터 제공받은 경우 그 내용을 인터넷 홈페이지 등을 통하여 공시하여야 한다.

③ 신탁업자가 제1항에 따른 금전·물품·편익 등을 제공하거나 제공받는 경우 제공목적, 제공내용, 제공일자 및 제공받는 자 등에 대한 기록을 유지해야 한다. 다만, 준법감시인에게 미리 보고하기 곤란한 경우에는 사후에 보고할 수 있다.

④ 협회는 제1항부터 제3항까지의 시행을 위하여 필요한 구체적 기준을 정할 수 있다.

금융투자업규정 제4-93조 (불건전 영업행위의 금지)

영 제109조 제3항 제10호에서 "금융위원회가 정하여 고시하는 행위"란 다음 각 호의 어느 하나에 해당하는 행위를 말한다.

1. 신탁대출, 증권의 매입 등 신탁자금의 운용과 관련하여 신탁, 예·적금, 집합투자증권, 보험 등 고유부문 취급 금융상품 판매 또는 가입을 강요함으로써 차주 등의

자금사용을 제한하거나 금융비용을 가중시키는 행위
2. 특정금전신탁에 속하는 금전으로 당해 신탁에 가입한 위탁자 또는 그 계열회사 발행주식, 어음, 회사채를 취득하거나 위탁자 또는 그 계열회사에 대출하는 행위(영 제106조 제5항 제1호에 따른 특정금전신탁재산으로 해당 위탁자가 발행하는 자기주식을 취득하는 경우를 제외한다)
3. 신탁자금의 운용과 관련하여 일정기간 동안 기업어음을 월 또는 일 단위로 계속하여 발행·중개·매수하는 조건, 위약금 지급 조건 등의 별도약정이 부수된 기업어음을 위탁자의 운용지시 없이 취득하는 행위
4. 영 제109조 제1항 제4호 아목의 예금의 금리 등을 고유계정의 예금과 불합리하게 차등하는 행위
5. 합리적인 기준 없이 신탁재산에 대한 매매주문을 처리할 투자중개업자를 선정하거나 정당한 근거 없이 투자중개업자간 수수료를 차별하는 행위
6. 신탁재산으로 신탁업자의 계열회사가 발행한 증권에 다음 각 목의 어느 하나에 해당하는 기준을 초과하여 투자하는 행위. 다만, 영 제106조 제5항 제1호에 따라 신탁재산으로 자기주식을 취득하는 경우는 제외한다.
   가. 지분증권의 경우 : 각 신탁재산 총액을 기준으로 100분의 50
   나. 지분증권을 제외한 증권(집합투자증권, 파생결합증권 및 법 제110조에 따른 수익증권은 제외한다)의 경우 : 전체 신탁재산을 기준으로 계열회사 전체가 그 신탁업자에 대하여 출자한 비율에 해당하는 금액[계열회사 전체가 소유하는 그 신탁업자의 의결권 있는 주식수를 그 신탁업자의 의결권 있는 발행주식 총수로 나눈 비율에 그 신탁업자의 자기자본(자기자본이 자본금 이하인 경우에는 자본금을 말한다)을 곱한 금액을 말한다]

6의2. 제6호에 불구하고 신탁재산을 신탁업자 또는 그 계열회사가 발행한 고위험 채무증권 등에 운용하는 행위
7. 신탁업자가 별표 13에서 정하는 전문인력을 갖추지 아니하고 「사회기반시설에 대한 민간투자법」에 따른 사회기반시설(이하 이 항에서 "사회기반시설"이라 한다)에 투자하는 신탁계약(사회기반시설과 관련되는 법인에 대한 대출채권의 신탁에 따른 수익권의 매입, 사회기반시설과 관련되는 법인이 발행한 증권의 매입 및 그 증권의 신탁에 따른 수익권의 매입에 집합투자재산의 100분의 40을 초과하여 투자하는 집합투자기구를 포함한다)을 체결하는 행위
8. 증권운용전문인력이 아닌 자가 금융투자상품의 운용업무를 하거나 부동산운용전문인력이 아닌 자가 부동산의 운용업무를 하는 행위
9. 별표 13에서 정하는 준법감시전문인력 및 집합투자재산 계산전문인력을 각각 2인 이상 갖추지 아니하고 집합투자재산의 보관·관리 업무를 하는 행위

10. 특정금전신탁의 특정한 상품(신탁업자가 신탁재산의 구체적인 운용방법을 미리 정하여 위탁자의 신탁재산에 대한 운용방법 지정이 사실상 곤란한 상품을 말한다)에 대해서 정보통신망을 이용하거나 안내 설명서를 비치하거나 배포하는 등의 방법으로 불특정다수의 투자자에게 홍보하는 행위
11. 금전신탁계약(투자자가 운용대상을 특정종목과 비중 등 구체적으로 지정하는 특정금전신탁의 경우에는 제외한다)을 체결한 투자자에 대하여 매 분기별 1회이상 신탁재산의 운용내역(신탁운용보고서의 기재사항 등은 제4-78조를 준용한다)을 신탁계약에서 정한 바에 따라 투자자에게 통지하지 아니하는 행위. 다만, 다음 각 목의 어느 하나에 해당하는 경우는 제외한다.
    가. 투자자가 서면으로 수령을 거절하는 의사표시를 한 경우
    나. 수탁고 잔액이 10만원 이하인 경우. 다만, 투자자가 신탁운용보고서의 통지를 요청하거나 직전 신탁운용보고서의 통지일로부터 3년 이내에 금전의 수탁 또는 인출이 있는 경우에는 그러하지 아니하다.
12. 신탁재산으로 증권을 매매할 경우 매매계약의 본인이 됨과 동시에 상대방의 위탁매매인·중개인 또는 대리인이 되는 행위. 다만, 다음 각 목의 어느 하나에 해당하는 특정금전신탁은 제외한다.
    가. 수탁액이 3억원 이상인 경우
    나. 증권시장을 통하여 거래되는 증권으로 운용하는 경우
13. 신탁 계약조건 등을 정확하게 공시하지 아니하는 행위
14. 신탁 계약조건 등의 공시와 관련하여 다음 각 목의 어느 하나에 해당하는 행위
    가. 신탁거래와 관련하여 확정되지 않은 사항을 확정적으로 표시하거나 포괄적으로 나타내는 행위
    나. 구체적인 근거와 내용을 제시하지 아니하면서 현혹적이거나 타 신탁상품보다 비교우위가 있음을 막연하게 나타내는 행위
    다. 특정 또는 불특정 다수에 대하여 정보통신망을 이용하거나 상품안내장 등을 배포하여 명시적으로나 암시적으로 예정수익률을 제시하는 행위
    라. 오해 또는 분쟁의 소지가 있는 표현을 사용하는 행위
15. 원본의 보전계약을 할 수 없는 상품에 대하여는 신탁통장 등에 신탁재산의 운용실적에 따라 원본의 손실이 발생할 수 있다는 내용을 기재하지 아니하는 행위
16. 실적배당 신탁상품의 수익률의 공시와 관련하여 다음 각 목의 사항을 준수하지 아니하는 행위
    가. 실적배당 신탁상품에 대하여 매일의 배당률 또는 기준가격을 영업장에 비치하는 등 게시할 것
    나. 배당률 또는 기준가격을 참고로 표시하는 경우에는 장래의 금리변동 또는 운

영실적에 따라 배당률 또는 기준가격이 변동될 수 있다는 사실을 기재할 것
다. 수익률을 적용하는 상품에 대하여 하나의 배당률로 표시하는 경우에는 전월 평균배당률로 기재하되, 하나 이상의 배당률로 표시하는 경우에는 최근 배당률부터 순차적으로 기재할 것

17. 고유재산・다른 신탁상품의 이익 또는 손실회피를 주된 목적으로 하는 행위로서 다음 각 목의 어느 하나에 해당하는 행위
가. 신탁재산을 고유재산・다른 신탁상품으로부터 신용공여를 받은 자가 발행한 증권・어음 등으로 운용하는 행위
나. 신탁재산을 고유재산・다른 신탁상품으로부터 신용공여를 받은 자에 대한 대출로 운용하는 행위

18. 특정금전신탁계약의 체결을 권유함에 있어 제4-94조 각 호의 사실을 사전에 알리지 아니하는 행위

19. 투자자문업자로부터 투자자문을 받은 신탁업자는 법 제102조의 선관의무 및 충실의무에 위반하여 내부적인 투자판단 과정없이 신탁재산을 운용하는 행위

20. 수시입출방식으로 신탁계약을 체결하고 신탁재산을 운용하면서 다음 각 목의 사항을 준수하지 아니하는 행위
가. 신탁재산을 거래일과 결제일이 동일한 자산으로 운용할 것
나. 신탁재산으로 운용할 수 있는 채무증권(금융기관이 발행・매출・중개한 어음을 포함한다)은 취득시점을 기준으로 신용평가업자의 신용평가등급(둘 이상의 신용평가업자로부터 신용평가등급을 받은 경우에는 그 중 낮은 신용평가등급이고, 세분류하지 않은 신용평가등급을 말한다. 이하 이 조에서 같다)이 최상위등급 또는 최상위등급의 차하위등급 이내일 것.
다. 신탁재산의 남은 만기의 가중평균된 기간이 90일 이내일 것
라. 신탁재산을 잔존만기별로 구분하여 관리하고 다음에 해당하는 비율을 유지할 것. (이 경우 제7-16조 제5항을 준용한다)
(1) 제7-16조 제3항 각 호에 해당하는 자산의 비율 : 100분의 10 이상
(2) 제7-16조 제4항 각 호에 해당하는 자산의 비율 : 100분의 30 이상

21. 특정 증권 등의 취득과 처분을 각 계좌재산의 일정비율로 정한 후 여러 계좌의 주문을 집합하는 행위. 다만 제26호에 따라 투자자를 유형화한 경우 각 유형에 적합한 방식으로 신탁재산을 운용하는 경우에는 그러하지 아니하다.

22. 연 1회 이상 일반투자자의 재무상태 등 변경여부를 확인하고 변경상황을 재산운용에 반영하지 아니하는 행위. 다만 투자자가 운용대상을 특정종목과 비중 등 구체적으로 지정하는 특정금전신탁은 제외한다.

22의2. 매 분기 1회 이상 일반투자자의 재무상태, 투자목적 등의 변경이 있는 경우 회

신해 줄 것을 투자자에게 통지하지 아니하는 행위. 다만, 투자자가 특정종목과 비중 등 운용대상을 구체적으로 지정하는 특정금전신탁은 제외한다.

23. 투자광고의 내용에 특정 신탁계좌의 수익률 또는 여러 신탁계좌의 평균수익률을 제시하는 행위
24. 투자권유시 제26호에 따라 투자자를 유형화한 경우 월별, 분기별 등 일정기간동안의 각 유형별 가중평균수익률과 최고·최저수익률을 같이 제시하는 행위 이외의 방법으로 수익률을 제시하는 행위
25. 성과보수를 수취하는 경우 기준지표(제4-65조 제1항에 따른 요건을 충족하는 기준지표를 말한다)에 연동하여 산정하지 않는 행위. 단 신탁업자와 투자자간 합의에 의해 달리 정한 경우에는 그러하지 아니하다.
26. 금전신탁(투자자가 운용대상을 특정종목과 비중 등 구체적으로 지정하는 특정금전신탁은 제외한다)의 경우 투자자의 연령·투자위험 감수능력·투자목적·소득수준·금융자산의 비중 등 재산운용을 위해 고려가능한 요소를 반영하여 투자자를 유형화하고 각 유형에 적합한 방식으로 신탁재산을 운용하지 않는 행위. 다만, 전문투자자가 투자자를 유형화하기 위한 조사를 원하지 아니할 경우에는 조사를 생략할 수 있으며, 이 경우 전문투자자는 자기의 투자 유형을 선택할 수 있다.
27. 신탁업을 경영하는 투자중개업자가 신탁업무와 투자중개업무를 결합한 자산관리계좌를 운용함에 있어 신탁재산에 비례하여 산정하는 신탁보수 외에 위탁매매수수료 등 다른 수수료를 부과하는 행위. 다만, 투자자의 주식에 대한 매매 지시 횟수가 신탁계약시 신탁업자와 투자자간 합의된 기준을 초과하는 경우 신탁보수를 초과하여 발생한 위탁매매 비용은 실비의 범위 이내에서 투자자에게 청구할 수 있다.
28. 투자권유자문인력이 아닌 자(투자권유대행인을 포함한다)에게 파생상품등에 투자하는 특정금전신탁계약의 투자권유를 하게 하는 행위
29. 특정금전신탁계약(「근로자퇴직급여 보장법」에 따라 퇴직연금의 자산관리업무를 수행하기 위한 특정금전신탁 및 제20호에 따라 신탁재산을 수시입출방식으로 운용하는 특정금전신탁은 제외한다)을 체결하는 개인투자자에 대하여 다음 각 목의 어느 하나에 해당하는 경우를 제외하고 법 제47조에 따른 설명의무를 이행하기 위한 설명서를 교부하지 아니하는 행위. 이 경우 설명서의 구체적인 내용은 협회가 정한다.
    가. 서명 또는 기명날인으로 설명서의 수령을 거부하는 경우
    나. 설명서에 갈음하여 신탁재산으로 운용하는 자산에 대한 투자설명서(집합투자증권의 경우 투자자가 투자설명서의 교부를 별도로 요청하지 아니하는 경우에는 간이투자설명서를 말한다)를 교부하는 경우
30. 제4-90조 제1항에 따른 자전거래 요건을 회피할 목적으로 신탁업자의 중개·주선

또는 대리를 통해 특정금전신탁의 수익권을 양도하거나 특정금전신탁계약을 포괄적으로 계약이전하는 행위

31. 신탁업자의 대주주(그의 특수관계인을 포함한다. 이하 이 조에서 같다)를 신탁사업과 관련한 공사계약 또는 용역계약의 상대방으로 선정하는 행위(제3자 또는 하도급 등을 통하여 우회하여 참여하게 하는 행위를 포함한다). 다만, 다음 각 목의 어느 하나에 해당하는 경우에는 그러하지 아니하다.
   가. 경쟁입찰(5인 이상의 지명경쟁입찰을 포함한다. 이하 이 조에서 같다)을 통하여 대주주가 시공사 또는 용역업체로 선정된 경우
   나. 경쟁입찰을 통하여 대주주가 하수급인으로 선정된 경우
32. 건설업종을 영위하거나 영위할 가능성이 있는 대주주의 임원 또는 직원(임원 또는 직원이 퇴임 또는 퇴직한 때로부터 2년 이내인 경우를 포함한다)을 임원(「상법」 제401조의2 제1항 각 호의 자를 포함한다)으로 선임 또는 겸직하게 하거나 파견 받아 근무하게 하는 행위

금융투자회사의 영업 및 업무에 관한 규정 제2-63조 (목적 등)

① 이 장의 규정은 금융투자업규정 제4-18조, 제4-61조, 제4-62조, 제4-76조, 제4-92조 및 제8-19조의10에 따라 금융투자회사 및 신용평가회사(이하 이 항에서 “금융투자회사등”이라 한다)가 해당 거래상대방(금융투자업규정에 의하여 금융투자회사등으로부터 재산상 이익을 제공받거나 금융투자회사등에 제공하는 자를 말한다. 이하 이 장에서 같다)에게 업무와 관련하여 금전, 물품, 편익 등(이하 이 장에서 “재산상 이익”이라 한다)을 제공하거나 제공받는 경우 준수하여야 할 절차 및 한도 등을 정함을 목적으로 한다.

② 제1항에 불구하고 다음 각 호의 어느 하나에 해당하는 경우에는 재산상 이익으로 보지 아니한다.

1. 금융투자상품에 대한 가치분석·매매정보 또는 주문의 집행 등을 위하여 자체적으로 개발한 소프트웨어 및 해당 소프트웨어의 활용에 불가피한 컴퓨터 등 전산기기
2. 금융투자회사가 자체적으로 작성한 조사분석자료
3. 경제적 가치가 3만원 이하의 물품 또는 식사
4. 20만원 이하의 경조비 및 조화·화환
5. 국내에서 불특정 다수를 대상으로 하여 개최되는 세미나 또는 설명회로서 1인당 재산상 이익의 제공금액을 산정하기 곤란한 경우 그 비용. 이 경우 대표이사 또는 준법감시인은 그 비용의 적정성 등을 사전에 확인하여야 한다.

③ 금융투자업규정 제4-7조의3 제2호의 협회가 정하는 경미한 재산상 이익이란 제2항 각 호를 말한다.

금융투자회사의 영업 및 업무에 관한 규정 제2-64조 (재산상 이익의 가치 산정)

재산상 이익의 가치는 다음과 같이 산정한다.
1. 금전의 경우 해당 금액
2. 물품의 경우 구입비용
3. 접대의 경우 해당 접대에 소요된 비용. 다만, 금융투자회사 임직원과 거래상대방이 공동으로 참석한 경우 해당 비용은 전체 소요경비 중 거래상대방이 점유한 비율에 따라 산정된 금액으로 한다.
4. 연수·기업설명회·기업탐방·세미나의 경우 거래상대방에게 직접적으로 제공되었거나 제공받은 비용
5. 제1호부터 제4호까지에 해당하지 아니하는 재산상 이익의 경우 해당 재산상 이익의 구입 또는 제공에 소요된 실비

금융투자회사의 영업 및 업무에 관한 규정 제2-65조 (재산상 이익의 제공한도)

① 금융투자회사가 금융투자업규정 제4-18조 제2항, 제4-61조 제2항, 제4-62조 제2항, 제4-76조 제2항 및 제4-92조 제2항에 따라 재산상 이익의 제공 또는 수령에 관한 공시를 하는 경우 다음 각 호의 사항을 포함하여야 한다.
1. 제공(수령)기간
2. 제공받은 자(금융투자회사가 수령한 경우에는 제공한 자)가 속하는 업종(한국표준산업분류상 업종별 세세분류에 따른 업종을 말한다)
3. 제공(수령)목적
4. 제1호의 기간 중 제공(수령)한 경제적 가치의 합계액

④ 삭제 〈2017. 4. 27.〉

⑤ 금융투자회사가 파생상품(유사해외통화선물을 제외한다)과 관련하여 추첨 기타 우연성을 이용하는 방법 또는 특정행위의 우열이나 정오의 방법(이하 이 항에서 "추첨등"이라 한다)으로 선정된 동일 일반투자자에게 1회당 제공할 수 있는 재산상 이익은 300만원을 초과할 수 없다. 다만, 유사해외통화선물 및 주식워런트증권과 관련하여서는 추첨등의 방법으로 일반투자자에 대하여는 재산상 이익을 제공할 수 없다.

⑥ 신탁회사(신탁업을 영위하는 금융투자회사를 말한다. 이하 같다)가 토지신탁(신탁의 인수시에 신탁재산으로 토지 등을 수탁하고 신탁계약에 따라 토지 등에 건물, 택지, 공장용지 등의 유효시설을 조성하여 처분·임대 등 부동산 사업을 시행하고 그 성과를 수익자에게 교부하여 주는 신탁을 말한다. 이하 같다) 업무와 관련하여 신탁수익(토지비 및 사업이익을 말한다. 이하 같다)을 수익자에게 선지급할 경우에는 별표 15의 "토지신탁수익의 신탁종료 전 지급 기준"에 의한 선지급 금액을 초과할 수 없다. 이 경우 제1항부터 제5항까지의 규정은 적용하지 아니한다.

금융투자회사의 영업 및 업무에 관한 규정 제2-66조 (재산상 이익의 수령한도)

① 금융투자회사는 거래상대방으로부터 1회당 및 연간 또는 동일 회계연도 기간 중

제공받을 수 있는 재산상 이익의 한도를 정하여야 한다. 이 경우 해당 재산상 이익의 한도는 일반적으로 용인되는 사회적 상규를 초과하여서는 아니 된다.

② 제1항에 불구하고 연수·기업설명회·기업탐방·세미나 참석과 관련하여 거래상대방으로부터 제공받은 교통비 및 숙박비는 대표이사 또는 준법감시인의 확인을 받아 재산상 이익의 한도 산정시 이를 제외할 수 있다.

금융투자회사의 영업 및 업무에 관한 규정 제2-67조 (내부통제 등)

① 금융투자회사가 거래상대방에게 재산상 이익을 제공하거나 제공받은 경우 제공목적, 제공내용, 제공일자, 거래상대방, 경제적 가치 등을 5년 이상의 기간 동안 기록·보관하여야 한다.

② 금융투자회사는 이사회(외국 금융투자회사의 지점 그 밖의 영업소의 경우 국내대표자를 말한다. 이하 이 조에서 같다)가 정한 금액을 초과하는 재산상 이익을 제공하고자 하는 경우에는 미리 이사회의 의결을 거쳐야 한다.

③ 금융투자회사는 재산상 이익의 제공에 대한 적정성 점검 및 평가절차 등이 포함된 내부통제기준을 제정·운영하여야 한다.

④ 금융투자회사는 재산상 이익의 제공 현황, 적정성 점검 결과 등을 매년 이사회에 보고하여야 한다.

⑤ 금융투자회사는 거래상대방 소속 기관의 장이 서면에 의하여 소속 임직원 및 투자권유대행인에 대한 재산상 이익의 제공 내역을 요청하는 경우 이에 응하여야 한다. 다만, 해당 임직원 및 투자권유대행인이 동의하지 아니하는 경우에는 그러하지 아니하다.

금융투자회사의 영업 및 업무에 관한 규정 제2-68조 (부당한 재산상 이익의 제공 및 수령금지)

① 금융투자회사는 다음 각 호의 어느 하나에 해당하는 경우 재산상 이익을 제공하거나 제공받아서는 아니 된다.

1. 경제적 가치의 크기가 일반인이 통상적으로 이해하는 수준을 초과하는 경우
2. 재산상 이익의 내용이 사회적 상규에 반하거나 거래상대방의 공정한 업무수행을 저해하는 경우
3. 재산상 이익의 제공 또는 수령이 비정상적인 조건의 금융투자상품 매매거래, 투자자문계약, 투자일임계약 또는 신탁계약의 체결 등의 방법으로 이루어지는 경우
4. 다음 각 목의 어느 하나에 해당하는 경우로서 거래상대방에게 금전, 상품권, 금융투자상품을 제공하는 경우. 다만, 사용범위가 공연·운동경기 관람, 도서·음반 구입 등 문화활동으로 한정된 상품권을 제공하는 경우는 제외한다.

가. 집합투자회사, 투자일임회사 또는 신탁회사 등 타인의 재산을 일임받아 이를 금융투자회사가 취급하는 금융투자상품 등에 운용하는 것을 업무로 영위하는 자(그 임원 및 재산의 운용에 관하여 의사결정을 하는 자를 포함한다)에게 제

공하는 경우

나. 법인 기타 단체의 고유재산관리업무를 수행하는 자에게 제공하는 경우

다. 집합투자회사가 자신이 운용하는 집합투자기구의 집합투자증권을 판매하는 투자매매회사(투자매매업을 영위하는 금융투자회사를 말한다. 이하 같다), 투자중개회사(투자중개업을 영위하는 금융투자회사를 말한다. 이하 같다) 및 그 임직원과 투자권유대행인에게 제공하는 경우

5. 재산상 이익의 제공 또는 수령이 위법·부당행위의 은닉 또는 그 대가를 목적으로 하는 경우
6. 거래상대방만 참석한 여가 및 오락활동 등에 수반되는 비용을 제공하는 경우
7. 금융투자상품 및 경제정보 등과 관련된 전산기기의 구입이나 통신서비스 이용에 소요되는 비용을 제공하거나 제공받는 경우. 다만, 제2-63조 제2항 제1호에 해당하는 경우는 제외한다.
8. 집합투자회사가 자신이 운용하는 집합투자기구의 집합투자증권의 판매실적에 연동하여 이를 판매하는 투자매매회사·투자중개회사(그 임직원 및 투자권유대행인을 포함한다)에게 재산상 이익을 제공하는 경우
9. 투자매매회사 또는 투자중개회사가 판매회사의 변경 또는 변경에 따른 이동액을 조건으로 하여 재산상 이익을 제공하는 경우

② 금융투자회사는 재산상 이익의 제공과 관련하여 거래상대방에게 비정상적인 조건의 금융투자상품의 매매거래나 투자자문계약, 투자일임계약 또는 신탁계약의 체결 등을 요구하여서는 아니 된다.

③ 금융투자회사는 임직원 및 투자권유대행인이 이 장의 규정을 위반하여 제공한 재산상 이익을 보전하여 주어서는 아니 된다.

금융투자회사의 영업 및 업무에 관한 규정 〈별표 15〉 토지신탁수익의 신탁종료 전 지급 기준

1. 관리형 토지신탁

구 분	내 용
1. 목적 및 정의	□ 목적 ○ 관리형 토지신탁(사업비의 조달의무를 위탁자가 부담하는 신탁을 말한다)에서 토지비 대출원리금의 상환 등을 목적으로 신탁수익을 신탁종료 전에 선지급 할 경우 안정적 사업관리가 가능한 선지급 범위를 정함 □ 용어 정의 ○ 분양수입금 : 부동산개발사업에 따른 수입. 다음 등식이 성립됨. [분양수입금 = 사업비 + 토지비 + 사업이익] - 사업비 : 공사비, 광고비, 분양비 등 부동산개발사업에 드는 모든 비용에서 토지비를 제외한 금액

	- 토지비 : 부동산 자체의 취득가액과 등기비용, 그 밖에 부동산 취득에 관련된 부대비용을 합한 금액 - 사업이익 : 분양수입금에서 사업비와 토지비를 공제한 금액 ○ 신탁수익 : 신탁계약 종료시 신탁계약에 따라 수익자에게 지급하는 금액. 다음 등식이 성립됨. [신탁수익 토지비 + 사업이익] ○ 책임준공 : '천재지변, 내란, 전쟁 등 불가항력적인 경우'를 제외하고는 시공사가 공사비 지급 지연 또는 민원 등 여하한 이유로도 공사를 중단하거나 지연할 수 없고 예정된 기간 내에 사용승인(임시사용승인을 제외, 이하 같음) 또는 준공인가를 득하기로 하는 의무를 부담하는 것 ○ 자금보충약정 : 사업비 부족분에 대한 자금조달 부담의무를 지기로 하는 약정 ○ 관계회사 : 「주식회사의 외부 감사에 관한 법률」상 관계회사
2. 선지급 조건	[시공사] □ 지급시점을 기준으로 회사채 신용등급 BBB^0 이상 시공사의 책임준공약정이 있어야 함. ※ 회사채 미발행 시공사의 경우 CP등급과 기업신용평가등급을 기준으로 신용도를 판단하며, 지급시점을 기준으로 CP등급이 A3 이상이거나 기업신용평가가 BBB^0 이상인 때에는 '회사채 신용등급 BBB^0 이상'에 해당하는 것으로 봄. 이하 같음. □ 지급시점을 기준으로 회사채 신용등급 BBB$^-$ 이하의 시공사가 책임준공 약정을 한 경우에는 BBB$^+$ 이상 시공사(당해 사업의 공사도급금액 이상의 시공능력평가액도 함께 보유)가 자금보충약정 또는 책임준공 연대보증을 하여야 함 [신탁계약서 및 개별약정서] □ 토지비를 대여한 자가 수익권에 대한 질권자 또는 우선수익자의 지위에 있을 경우에 한하여 토지비를 대여한 자에 대한 토지비 등의 선지급이 가능함을 관리형 토지신탁 계약서에 명기하여야 함 □ 「토지신탁수익의 신탁종료 전 지급 기준」에서 정한 범위 내에서 선지급이 가능하다는 취지의 조항을 관리형토지신탁 계약서 및 개별약정서 등에 명기하여야 함 [분양계약서] □ 수분양자의 보호를 위해 분양대금이 토지비, 공사비 등의 지급에 사용될 수 있음을 분양계약서에 명기하여야 함 [법인세 등 지급] □ 다음 조건이 모두 충족되는 경우에는 신탁사업에서 발생한 위탁자의 법인세, 법인지방소득세, 종합소득세, 개인지방소득세(이하, "법인세 등"이라 한다.) 지급을 목적으로 선지급금액 범위 내에서 수익자에 대한 선지급 가능

	① 위탁자가 해당 신탁사업의 법인세 등 산정 내역(전체 사업 및 사업별로 구분된 사업매출, 비용, 산출세액 등 신탁회사가 신탁사업의 법인세 등 확인을 위해 요구하는 자료 등)을 신탁회사에게 제출 ② 우선수익자 및 수익권에 대한 질권자 전원이 법인세 등 납부를 위한 선지급에 동의 ③ 위탁자가 신탁회사 앞으로의 법인세 등 환급금 양도를 약정
3. 선지급 금액	ㅁ 선지급 금액의 산정 ① 선지급 금액 ≦ 분양수입금* × [토지비 / (토지비 + 사업비)] (기 수납된 분양수입금 중 토지비 비율만큼 선지급 가능) * 지급시점의 분양분에 대한 기수납 분양수입금 ※ 토지비와 사업비는 신탁계약시 사업수지표상 자료를 적용. 다만, 토지취득에 따른 이자비용은 계산에서 제외함 ② 시공사의 회사채 신용등급이 BBB+ 이상이며, 예상 분양수입금이 사업비의 110%를 초과 하고, 전체 공사비(부지 매입비 제외)의 50% 이상 투입이 확인된 경우(다만, 아파트의 경우 동별 건축공정이 30% 이상이어야 함)로서 직전 회차 중도금이 완납된 때에는 다음의 기준을 적용할 수 있다. - 선지급금액 ≦ (분양수입금* − 사업비**) * 지급시점의 분양분에 대한 기 수납 및 장래수납예정 분양수입금 총액 ** 지급시점까지 지급된 사업비 및 향후 지급 예상되는 사업비 ※ 지급기준 ②의 적용 이후에는 ①의 기준에 의한 지급 불가 ③ 총 선지급 금액은 예상 신탁수익금액을 초과할 수 없음
4. 적용예외	ㅁ 다음 각호의 어느 하나에 해당하는 경우에는 「토지신탁수익의 신탁종료 전 지급 기준」의 2. 선지급조건 및 3. 선지급금액의 적용 없이 선지급 가능 ○ 대출금융기관이 자금보충약정을 한 경우 ○ 시공사(2. 선지급조건의 시공사 요건을 갖춘 시공사)의 관계회사인 시공사(회사채 신용등급 BBB+ 이상이어야 함)가 자금보충약정 및 책임준공 연대보증을 한 경우 ○ 사용승인일 이후 ○ 기관투자자나 펀드 등이 단독 또는 공동으로 분양물건을 일괄매수한 경우로서 매수자가 확정되고 시공사(회사채 신용등급 BBB0 이상)의 책임준공약정이 체결되었으며 위탁자 및 시공사의 요청과 매수자 전원의 서면동의가 있는 경우. 다만, 매수자가 중도금을 납입한 이후 또는 사용승인일까지 계약해제를 금지한 경우에 한함
5. 금지사항	ㅁ 대출약정의 효력이 신탁계약의 효력과 동등하거나 우선하게 하는 내용의 신탁계약 체결금지 ㅁ 신탁회사는 「토지신탁수익의 신탁종료 전 지급 기준」에 반하는 금융기관과의 임의인출 약정, 금융기관과의 자금집행순서 및 방법 임의변경약정 등 체결 금지

	□ 신탁회사가 당사자가 되는 토지비 대출약정 체결 금지 □ 신탁재산(분양대금계좌, 운영계좌, 보험금 및 건축중인 건축물 등)에 대한 대출금융기관의 질권설정 또는 대출금융기관에 대한 양도담보 제공 등 금지 □ 신탁회사의 분양수입금 관리계좌에서 선지급 및 사업비 집행을 위한 이체 외에 시공사 등 제3자의 계좌로 이체 금지

2. 차입형 토지신탁

구 분	내 용
1. 목적 및 정의	□ 목적 ○ 차입형 토지신탁(사업비의 조달의무를 신탁사가 부담하는 신탁을 말한다)에서 토지비 대출원리금의 상환 등을 목적으로 신탁수익을 신탁종료 전에 선지급 할 경우 안정적 사업관리가 가능한 선지급 범위를 정함 □ 용어 정의 ○ 분양수입금 : 부동산개발사업에 따른 수입. 다음 등식이 성립됨 [분양수입금 = 사업비 + 토지비 + 사업이익] - 사업비 : 공사비, 광고비, 분양비 등 부동산개발사업에 드는 모든 비용에서 토지비를 제외한 금액 - 토지비 : 부동산 자체의 취득가액과 등기비용, 그 밖에 부동산 취득에 관련된 부대비용을 합한 금액 - 사업이익 : 분양수입금에서 사업비와 토지비를 공제한 금액 ○ 신탁수익 : 신탁계약 종료시 신탁계약에 따라 수익자에게 지급하는 금액. 다음 등식이 성립됨 [신탁수익 = 토지비 + 사업이익]
2. 선지급 조건	[신탁계약서 및 개별약정서] □ 토지비를 대여한 자가 수익권에 대한 질권자 또는 우선수익자의 지위에 있을 경우에 한하여 토지비를 대여한 자가에 대한 토지비 등의 선지급이 가능함을 차입형 토지신탁 계약서에 명기하여야 함 □ 「토지신탁수익의 신탁종료 전 지급 기준」에서 정한 범위 내에서 선지급이 가능하다는 취지의 조항을 차입형토지신탁 계약서 및 개별약정서 등에 명기하여야 함 [분양계약서] □ 수분양자의 보호를 위해 분양대금이 토지비, 공사비 등의 지급에 사용될 수 있음을 분양계약서에 명기하여야함 [법인세 등 지급] □ 다음 조건이 모두 충족되는 경우에는 신탁사업에서 발생한 위탁자의 법인세, 법인지방소득세, 종합소득세, 개인지방소득세(이하, "법인세 등"이라 한다.) 지

	급을 목적으로 선지급금액 범위 내에서 수익자에 대한 선지급 가능 ① 위탁자가 해당 신탁사업의 법인세 등 산정 내역(전체 사업 및 사업별로 구분된 사업매출, 비용, 산출세액 등 신탁회사가 신탁사업의 법인세 등 확인을 위해 요구하는 자료 등)을 신탁회사에게 제출 ② 우선수익자 및 수익권에 대한 질권자 전원이 법인세 등 납부를 위한 선지급에 동의 ③ 위탁자가 신탁회사 앞으로의 법인세 등 환급금 양도를 약정
3. 선지급 금액	□ 선지급 금액의 산정 ○ 선지급금액 ≦ 분양수입금* − 사업비** (지급시점에서 안정적인 사업비 확보가 예상되는 경우 선지급 가능) * 지급시점의 분양분에 대한 기 수납 및 장래 수납예정 분양수입금총액 ** 지급시점까지 지급된 사업비 및 향후 지급 예상되는 사업비 ○ 총 선지급 금액은 예상 신탁수익금액을 초과할 수 없음
4. 적용예외	□ 사용승인일 이후 「토지신탁수익의 신탁종료 전 지급 기준」의 2. 선지급조건 및 3. 선지급금액의 적용 없이 선지급 가능
5. 금지사항	□ 대출약정의 효력이 신탁계약의 효력과 동등하거나 우선하게 하는 내용의 신탁계약 체결금지 □ 신탁회사는 「토지신탁수익의 신탁종료 전 지급 기준」에 반하는 금융기관과의 임의인출 약정, 금융기관과의 자금집행순서 및 방법 임의변경약정 등 체결 금지 □ 신탁회사가 당사자가 되는 토지비 대출약정 체결 금지 □ 신탁재산(분양대금계좌, 운영계좌, 보험금 및 건축중인 건축물 등)에 대한 대출금융기관의 질권설정 또는 대출금융기관에 대한 양도담보 제공 등 금지 □ 신탁회사의 분양수입금 관리계좌에서 선지급 및 사업비 집행을 위한 이체 외에 시공사 등 제3자의 계좌로 이체 금지

본조는 수익자 보호와 건전한 거래질서를 유지하기 위하여 신탁업자와 신탁재산과의 사이에 거래가 이루어지는 자기거래(self dealing)와 그 외의 이익상반행위를 중심으로 충실의무위반의 유형을 신탁업자의 금지행위로 예시하고 있다. 이에 위반한 자에 대하여는 5년 이하의 징역 또는 2억원 이하의 벌금에 처하는 벌칙규정이 있다(자본시장법 제444조 제8호).

1. 선행매매의 금지

신탁업자는 신탁재산을 운용함에 있어서 금융투자상품, 그 밖의 투자대상자산의 가격에 중대한 영향을 미칠 수 있는 매수 또는 매도 의사를 결정한 후 이를 실행하기 전에 그 금융투자상품, 그 밖의 투자대상자산을 자기의 계산으로 매수 또는 매도하거나 제3자에게 매수 또는 매도를 권유하는 행위를 하여서는 아니 된다(자본시장법 제108조 제1호).

그러나 수익자 보호 및 건전한 거래질서를 해할 우려가 없는 경우로서, 신탁재산의 운용과 관련한 정보를 이용하지 아니하였음을 증명하는 경우 또는 증권시장(다자간매매체결회사에서의 거래를 포함한다)과 파생상품시장 간의 가격 차이를 이용한 차익거래, 그 밖에 이에 준하는 거래로서 신탁재산의 운용과 관련한 정보를 의도적으로 이용하지 아니하였다는 사실이 객관적으로 명백한 경우에는 이를 할 수 있다(자본시장법 제108조 단서, 동법 시행령 제109조 제1항 제1호).

2. 충실의무 위반행위의 금지

신탁업자가 신탁재산에 손해를 주는 행위와 수익자의 이익을 희생시켜 자기 또는 제3자의 이익을 도모하는 행위에 해당하는 다음과 같은 행위들도 불건전 영업행위로서 금지된다.

가. 자기 또는 관계인수인이 인수한 증권을 신탁재산으로 매수하는 행위(자본시장법 제108조 제2호)

다만 인수일부터 3개월이 지난 후 매수하는 경우 또는 인수한 증권이 국채증권, 지방채증권, 「한국은행법」 제69조에 따른 한국은행통화안정증권, 특수채증권 또는 법 제4조 제3항에 따른 사채권(제68조 제4항에 따른 주권 관련 사채권 및 제176조의13 제1항에 따른 상각형 조건부자본증권은 제외한다. 다만, 투자자 보호 및 건전한 거래질서를 위하여 금융위원회가 정하여 고시하는 발행조건, 거래절차 등의 기준을 충족하는 채권으로 한정한다) 중 어느 하나에 해당하는 경우에는 이를 할 수 있다(자본시장법 제108조 단서, 동법 시행령 제109조 제1항 제2호, 제2호의 2).

나. 자기 또는 관계인수인이 발행인 또는 매출인으로부터 직접 증권의 인수를 의뢰받아 인수조건 등을 정하는 업무를 담당한 법인의 특정증권등(제172조 제1항의 특정증권등을 말함)에 대하여 인위적인 시세(제176조 제2항 제1호의 시세를 말함)를 형성시키기 위하여 신탁재산으로 그 특정증권등을 매매하는 행위(자본시장법 제108조 제3호, 동법 시행령 제109조 제2항)

다. 특정 신탁재산의 이익을 해하면서 자기 또는 제삼자의 이익을 도모하는 행위(자본시장법 제108조 제4호)

라. 신탁재산으로 그 신탁업자가 운용하는 다른 신탁재산, 집합투자재산 또는 투자일임재산과 거래하는 행위(자본시장법 제108조 제5호)

다만 같은 신탁업자가 운용하는 신탁재산 상호 간에 자산을 동시에 한쪽이 매도하고 다른 한쪽이 매수하는 거래("자전거래")로서, 신탁계약의 해지(일부해지를 포함한다)에 따른 해지금액 등을 지급하기 위하여 불가피한 경우이거나 또는 그 밖에 금융위원회가 수익자의 이익을 해칠 염려가 없다고 인정하는 경우에는 이를 할 수 있다(자본시장법 제108조 단서, 동법 시행령 제109조 제1항 제3호). 이 경우 ① 증권시장 등을 통한 처분(다자간매매체결회사를 통한 처분을 포함한다)이 곤란한 경우 등 그 불가피성이 인정되는 경우일 것, ② 발행인 또는 거래상대방의 부도, 회생절차개시신청 또는 파산절차의 진행 등으로 인하여 원리금의 전부 또는 일부의 회수가 곤란할 것이 명백히 예상되는 자산("부도채권 등 부실화된 자산", 금융투자업규정 제7-35조 제2항)이 아닐 것, ③ 당해 신탁의 수익자의 이익에 반하지 않는 거래일 것, ④ 당해 신탁약관의 투자목적 및 방침에 부합하는 거래일 것의 요건을 모두 충족하여야 한다(금융투자업규정 제4-90조 제1항).

신탁업자가 이자, 조세공과금 또는 신탁보수의 지급 또는 신탁약관 등에서 정한 각종 한도의 준수로 인하여 운용자산의 처분이 필요하나 시장매각이 곤란하다고 인정되는 경우에는 그 소요금액의 범위내에서 시장가격을 적용하여 운용자산을 자전거래하는 경우 금융위원회로부터 인정받은 것으로 본다. 다만, 시장성 없는 자산의 경우에는 채권평가충당금 등을 감안하여 시장가격에 준하는 적정한 가격을 적용하여야 한다(금융투자업규정 제4-90조 제2항).

신탁업자는 자전거래와 관련하여 필요한 절차·방법 등 세부기준을 마련하고 자전거래 관련 자료를 5년간 보관·유지하여야 한다(금융투자업규정 제4-90조 제3항).

마. 신탁재산으로 신탁업자 또는 그 이해관계인의 고유재산과 거래하는 행위 (자본시장법 제108조 제6호)

다만, 「근로자퇴직급여 보장법」에 따른 특정금전신탁의 경우에는 환매조건부매매 이외에 신탁재산으로 신탁업자의 원리금 지급을 보장하는 고유재산과 거래하는 경우를 제외하고,[1] ① 이해관계인이 되기 6개월 이전에 체결한 계약에 따른 거래, ② 증권시장 등 불특정다수인이 참여하는 공개시장을 통한 거래, ③ 일반적인 거래조건에 비추어 신탁재산에 유리한 거래, ④ 환매조건부매매, ⑤ 신탁업자 또는 이해관계인의 중개·주선 또는 대리를 통하여 이해관계인이 일정수수료만을 받고 신탁업자와 이해관계인이 아닌 자 간의 투자대상자산의 매매를 연결시켜 주는 방법[2]에 따라 신탁업자 및 이해관계인이 아닌

1) 위 예외규정에 대하여는, 신탁계약에 자사상품을 편입하게 되면 고유계정의 부실이 신탁계정으로 전이될 수 있고, 또한 상품제공기관이 분산된 경우에 비하여 단일기관 상품에 집중될 경우 파산 리스크에 크게 노출될 수 있으며, 수탁자의 충실의무가 훼손될 가능성이 존재함을 이유로, 퇴직연금 적립금의 대부분이 자행예금으로 운용되는 기형적 현실은, 신탁계약에서 요구하는 수탁자의 의무를 활용하여 근로자의 수급권을 보호하겠다는 정부의 의도의 실패라고 평가하는 견해가 있다(김재현, 〈퇴직연금 지배구조 진단과 부분적 대안으로서 신탁형 지배구조의 도입〉, 99~100면).

2) 금융투자업규정 제4-91조 제1항.

자와 행하는 투자대상자산의 매매, ⑥ 신탁업자나 이해관계인의 매매중개[1]를 통하여 그 신탁업자 또는 이해관계인과 행하는 채무증권, 원화로 표시된 양도성 예금증서 또는 어음(기업어음증권은 제외한다)의 매매, ⑦ 법 제104조 제2항 또는 법 제105조 제2항에 따른 거래, ⑧ 예금거래(수탁액이 3억원 이상인 특정금전신탁, 「자산유동화에 관한 법률」 제3조에 따른 자산유동화계획에 의한 여유자금운용을 말한다), ⑨ 금액의 규모 또는 시간의 제약으로 인하여 다른 방법으로 운용할 수 없는 경우로서 일시적인 자금의 대여(그 신탁재산을 운용하는 신탁업자에게 대여하는 경우만 해당한다), ⑩ 그 밖에 거래의 형태, 조건, 방법 등을 고려하여 신탁재산과 이해가 상충될 염려가 없는 경우로서 금융위원회가 정하여 고시하는 거래의 경우에는 이를 할 수 있다(자본시장법 제108조 단서, 동법 시행령 제109조 제1항 제4호).

바. 수익자의 동의 없이 신탁재산으로 신탁업자 또는 그 이해관계인이 발행한 증권에 투자하는 행위(자본시장법 제108조 제7호).

3. 부적격자에 의한 신탁재산 운용의 금지

신탁업자는 투자운용인력이 아닌 자에게 신탁재산을 운용하게 하는 행위를 하여서는 아니 된다(자본시장법 제108조 제8호).

4. 기타 시행령이 정하는 불건전 영업행위

자본시장법은 그 시행령으로 불건전 영업행위를 추가할 수 있도록 하였고(자본시장법 제108조 제9호), 이에 따라 동법 시행령에서는 아래와 같은 행위들을 불건전 영업행위로 규정하고 있으며, 이에 위반한 자에 대하여는 1억원 이하의 과태료를 부과한다고 규정하고 있다(동법 제449조 제1항 제29호).

가. 자본시장법 제9조 제5항 단서에 따라 일반투자자와 같은 대우를 받겠다는 전문투자자(제10조 제1항 각 호의 자는 제외한다)의 요구에 정당한 사유 없이 동의하지 아니하는 행위(자본시장법 시행령 제109조 제3항 제1호), 자본시장법 제68조 제5항 제2호의 2 각 목의 어느 하나에 해당하는 일반투자자와 신탁계약(신탁재산을 녹취대

1) 신탁업자가 채무증권, 원화로 표시된 양도성 예금증서 또는 어음(기업어음증권을 제외한다)을 이해관계인과 거래하는 경우 이해관계인에게 지급한 중개수수료(명목에 불구하고 이해관계인이 매매의 중개를 행한 대가로 취득하는 이익을 말한다)를 감안할 때 거래의 실질이 중개의 위탁으로 볼 수 있고, 이해관계인이 신탁업자로부터 매매 또는 중개의 위탁을 받아 신탁업자 또는 제3자로부터 매입한 채권 등을 지체 없이 제3자 또는 신탁업자에 매도하는 형식의 중개를 말한다(금융투자업규정 제4-91조 제2항).

상상품에 운용하는 경우에 한정한다)을 체결하는 경우 해당 신탁계약 체결과정을 녹취하지 아니하거나 녹취된 파일을 해당 투자자의 요청에도 불구하고 제공하지 아니하는 행위(자본시장법 시행령 제109조 제3항 제1호의2)

나. 신탁계약을 위반하여 신탁재산을 운용하는 행위(자본시장법 시행령 제109조 제3항 제2호)

다. 신탁계약의 운용방침이나 운용전략 등을 고려하지 아니하고 신탁재산으로 금융투자상품을 지나치게 자주 매매하는 행위(자본시장법 시행령 제109조 제3항 제3호)

라. 수익자(수익자가 법인, 그 밖의 단체인 경우에는 그 임직원을 포함) 또는 거래상대방(거래상대방이 법인, 그 밖의 단체인 경우에는 그 임직원을 포함) 등에게 업무와 관련하여 금융위원회가 정하여 고시하는 기준을 위반하여 직접 또는 간접으로 재산상의 이익을 제공하거나 이들로부터 재산상의 이익을 제공받는 행위(자본시장법 시행령 제109조 제3항 제4호).

여기서 금융위원회가 정하여 고시하는 기준이란 신탁업자(그 임직원 포함)가 신탁계약의 체결 또는 신탁재산의 운용과 관련하여 수익자(수익자가 법인, 그 밖의 단체인 경우 그 임직원 포함) 또는 거래상대방(거래상대방이 법인, 그 밖의 단체인 경우 그 임직원 포함) 등에게 제공하거나 수익자 또는 거래상대방로부터 제공받는 금전·물품·편익 등("재산상 이익")의 범위가 일반인이 통상적으로 이해하는 수준에 반하지 않는 것을 말하고(금융투자업규정 제4-92조 제1항), 그 재산상 이익이 10억원을 초과하여 특정 수익자 또는 거래상대방에게 제공되거나 제공받은 경우 그 내용을 인터넷 홈페이지등을 통하여 공시하여야 한다(동조 제2항).

신탁업자가 제1항에 따른 재산상 이익을 제공하거나 제공받는 경우 제공목적, 제공내용, 제공일자 및 제공받는 자 등에 대한 기록을 유지해야 한다(금융투자업규정 제4-92조 제3항).

그리고 시행에 필요한 구체적 기준과 한도는 금융투자업협회에서 정하도록 한바(금융투자업규정 제4-92조 제4항), 금융투자업협회가 제정한 '금융투자회사의 영업 및 업무에 관한 규정'에서는 재산상 이익으로 보지 않는 경우(제2-63조 제2항), 재산상 이익의 가치 산정(제2-64조), 재산상 이익의 제공 및 수령내역 공시 등(제2-65조), 재산상 이익의 수령한도(제2-66조), 내부통제 등(제2-67조), 부당한 재산상 이익의 제공 및 수령 금지(제2-68조)에 관해 구체적으로 규정하고 있다.

마. 신탁재산을 각각의 신탁계약에 따른 신탁재산별로 운용하지 아니하고 여러 신탁계약의 신탁재산을 집합하여 운용하는 행위

다만, 자본시장법 제103조 제2항에 따른 종합재산신탁으로서 금전의 수탁비율이

40% 이하인 경우, 또는 신탁재산의 운용에 의하여 발생한 수익금의 운용 또는 신탁의 해지·환매에 따라 나머지 신탁재산을 운용하기 위하여 불가피한 경우로서 신탁업자가 신탁재산을 효율적으로 운용하기 위하여 수탁한 금전을 공동 운용하는 것은 가능하다(자본시장법 시행령 제109조 제3항 제5호, 제6조 제4항 제2호). 또한, 개별 신탁재산을 효율적으로 운용하기 위하여 투자대상자산의 매매주문을 집합하여 처리하고, 그 처리 결과를 신탁재산별로 미리 정하여진 자산배분명세에 따라 공정하게 배분하는 경우에도 이를 할 수 있다(자본시장법 시행령 제109조 제1항 제5호).

바. 여러 신탁재산을 집합하여 운용한다는 내용을 밝히고 신탁계약의 체결에 대한 투자권유를 하거나 투자광고를 하는 행위(자본시장법 시행령 제109조 제3항 제6호)

사. 제3자와의 계약 또는 담합 등에 의하여 신탁재산으로 특정 자산에 교차하여 투자하는 행위(자본시장법 시행령 제109조 제3항 제7호)

아. 자본시장법 제55조·제105조·제106조·제108조 및 동법 시행령 제104조 제1항에 따른 금지 또는 제한을 회피할 목적으로 하는 행위로서 장외파생상품거래, 신탁계약, 연계거래 등을 이용하는 행위(자본시장법 시행령 제109조 제3항 제8호)

자. 채권자로서 그 권리를 담보하기 위하여 백지수표나 백지어음을 받는 행위(자본시장법 시행령 제109조 제3항 제9호)

차. 그 밖에 수익자의 보호 또는 건전한 거래질서를 해칠 염려가 있는 행위로서 금융위원회가 정하여 고시하는 행위(자본시장법 시행령 제109조 제3항 제10호).

금융위원회는 이에 해당하는 행위로서 아래와 같은 행위들을 규정하고 있다(금융투자업규정 제4-93조).

1. 신탁대출, 증권의 매입 등 신탁자금의 운용과 관련하여 신탁, 예·적금, 집합투자증권, 보험 등 고유부문 취급 금융상품 판매 또는 가입을 강요함으로써 차주 등의 자금사용을 제한하거나 금융비용을 가중시키는 행위

2. 특정금전신탁에 속하는 금전으로 당해 신탁에 가입한 위탁자 또는 그 계열회사 발행주식, 어음, 회사채를 취득하거나 위탁자 또는 그 계열회사에 대출하는 행위(자본시장법 시행령 제106조 제5항 제1호에 따른 특정금전신탁재산으로 해당 위탁자가 발행하는 자기주식을 취득하는 경우를 제외한다)

3. 신탁자금의 운용과 관련하여 일정기간 동안 기업어음을 월 또는 일 단위로 계속하여 발행·중개·매수하는 조건, 위약금 지급 조건 등의 별도약정이 부수된 기업어음을

위탁자의 운용지시 없이 취득하는 행위

4. 자본시장법 시행령 제109조 제1항 제4호 아목의 예금의 금리 등을 고유계정의 예금과 불합리하게 차등하는 행위

5. 합리적인 기준 없이 신탁재산에 대한 매매주문을 처리할 투자중개업자를 선정하거나 정당한 근거 없이 투자중개업자간 수수료를 차별하는 행위

6. 신탁재산으로 고유재산 또는 신탁업자의 계열회사가 발행한 증권에 대하여, 지분증권의 경우에는 각 신탁재산 총액을 기준으로 100분의 50, 지분증권을 제외한 증권(집합투자증권, 파생결합증권 및 법 제110조에 따른 수익증권은 제외한다)의 경우에는 전체 신탁재산을 기준으로 계열회사 전체가 그 신탁업자에 대하여 출자한 비율에 해당하는 금액[계열회사 전체가 소유하는 그 신탁업자의 의결권 있는 주식수를 그 신탁업자의 의결권 있는 발행주식 총수로 나눈 비율에 그 신탁업자의 자기자본(자기자본이 자본금 이하인 경우에는 자본금을 말한다)을 곱한 금액을 말한다]을 초과하여 투자하는 행위. 다만, 자본시장법 시행령 제106조 제5항 제1호에 따라 신탁재산으로 자기주식을 취득하는 경우는 제외한다.

6의2. 제6호에 불구하고 신탁업자 또는 그 계열회사가 발행한 고위험 채무증권 등에 운용하는 행위

7. 신탁업자가 금융투자업규정 별표 13에서 정하는 전문인력을 갖추지 아니하고 「사회기반시설에 대한 민간투자법」에 따른 사회기반시설(이하 이 항에서 "사회기반시설"이라 한다)에 투자하는 신탁계약(사회기반시설과 관련되는 법인에 대한 대출채권의 신탁에 따른 수익권의 매입, 사회기반시설과 관련되는 법인이 발행한 증권의 매입 및 그 증권의 신탁에 따른 수익권의 매입에 집합투자재산의 100분의 40을 초과하여 투자하는 집합투자기구를 포함한다)을 체결하는 행위

8. 증권운용전문인력이 아닌 자가 금융투자상품의 운용업무를 하거나 부동산운용전문인력이 아닌 자가 부동산의 운용업무를 하는 행위

9. 금융투자업규정 별표 13에서 정하는 준법감시전문인력 및 집합투자재산 계산전문인력을 각각 2인 이상 갖추지 아니하고 집합투자재산의 보관·관리 업무를 하는 행위

10. 특정금전신탁의 특정한 상품(신탁업자가 신탁재산의 구체적인 운용방법을 미리 정하여 위탁자의 신탁재산에 대한 운용방법 지정이 사실상 곤란한 상품을 말한다)에 대해서 정보통신망을 이용하거나 안내 설명서를 비치하거나 배포하는 등의 방법으로 불특정다수의 투자자에게 홍보하는 행위

11. 금전신탁계약(투자자가 운용대상을 특정종목과 비중 등 구체적으로 지정하는 특정금전신탁의 경우에는 제외한다)을 체결한 투자자에 대하여 매 분기별 1회이상 신탁재산의 운용내역(신탁운용보고서의 기재사항 등은 금융투자업규정 제4-78조를 준용한다)을 신탁계약에서 정

한 바에 따라 투자자에게 통지하지 아니하는 행위. 다만, 다음 각 목의 어느 하나에 해당하는 경우는 제외한다.

가. 투자자가 서면으로 수령을 거절하는 의사표시를 한 경우

나. 수탁고 잔액이 10만원 이하인 경우. 다만, 투자자가 신탁운용보고서의 통지를 요청하거나 직전 신탁운용보고서의 통지일로부터 3년 이내에 금전의 수탁 또는 인출이 있는 경우에는 그러하지 아니하다.

12. 신탁재산으로 증권을 매매할 경우 매매계약의 본인이 됨과 동시에 상대방의 위탁매매인·중개인 또는 대리인이 되는 행위. 다만, 다음 각 목의 어느 하나에 해당하는 특정금전신탁은 제외한다.

가. 수탁액이 3억원 이상인 경우

나. 증권시장을 통하여 거래되는 증권으로 운용하는 경우

13. 신탁 계약조건 등을 정확하게 공시하지 아니하는 행위

14. 신탁 계약조건 등의 공시와 관련하여 다음 각 목의 어느 하나에 해당하는 행위

가. 신탁거래와 관련하여 확정되지 않은 사항을 확정적으로 표시하거나 포괄적으로 나타내는 행위

나. 구체적인 근거와 내용을 제시하지 아니하면서 현혹적이거나 타 신탁상품보다 비교우위가 있음을 막연하게 나타내는 행위

다. 특정 또는 불특정 다수에 대하여 상품안내장 등을 배포하여 명시적으로나 암시적으로 예정수익률을 제시하는 행위

라. 오해 또는 분쟁의 소지가 있는 표현을 사용하는 행위

15. 원본의 보전계약을 할 수 없는 상품에 대하여는 신탁통장 등에 신탁재산의 운용실적에 따라 원본의 손실이 발생할 수 있다는 내용을 기재하지 아니하는 행위

16. 실적배당 신탁상품의 수익률의 공시와 관련하여 다음 각 목의 사항을 준수하지 아니하는 행위

가. 실적배당 신탁상품에 대하여 매일의 배당률 또는 기준가격을 영업장에 비치하는 등 게시할 것

나. 배당률 또는 기준가격을 참고로 표시하는 경우에는 장래의 금리변동 또는 운영실적에 따라 배당률 또는 기준가격이 변동될 수 있다는 사실을 기재할 것

다. 수익률을 적용하는 상품에 대하여 하나의 배당률로 표시하는 경우에는 전월 평균배당률로 기재하되, 하나 이상의 배당률로 표시하는 경우에는 최근 배당률부터 순차적으로 기재할 것

17. 고유재산·다른 신탁상품의 이익 또는 손실회피를 주된 목적으로 하는 행위로서

다음 각 목의 어느 하나에 해당하는 행위

가. 신탁재산을 고유재산·다른 신탁상품으로부터 신용공여를 받은 자가 발행한 증권·어음 등으로 운용하는 행위

나. 신탁재산을 고유재산·다른 신탁상품으로부터 신용공여를 받은 자에 대한 대출로 운용하는 행위

18. 특정금전신탁계약의 체결을 권유함에 있어 금융투자업규정 제4-94조 각 호의 사실[1)]을 사전에 알리지 아니하는 행위

19. 투자자문업자로부터 투자자문을 받은 신탁업자는 자본시장법 제102조의 선관의무 및 충실의무에 위반하여 내부적인 투자판단 과정없이 신탁재산을 운용하는 행위[2)]

20. 수시입출방식으로 신탁계약을 체결하고 신탁재산을 운용하면서 다음 각 목의 사항을 준수하지 아니하는 행위

가. 신탁재산을 거래일과 결제일이 동일한 자산으로 운용할 것[3)]

나. 신탁재산으로 운용할 수 있는 채무증권(금융기관이 발행·매출·중개한 어음을 포함한다)은 취득시점을 기준으로 신용평가업자의 신용평가등급(둘 이상의 신용평가업자로부터 신용평가등급을 받은 경우에는 그 중 낮은 신용평가등급이고, 세분류하지 않은 신용평가등급)이 최상위등급 또는 최상위등급의 차하위등급 이내일 것

다. 신탁재산의 남은 만기의 가중평균된 기간이 90일 이내일 것

라. 신탁재산을 잔존만기별로 구분하여 관리하고 다음에 해당하는 비율을 유지할 것 (이 경우 제7-16조 제5항[4)]을 준용한다)

---

1) 금융투자업규정 제4-94조(특정금전신탁계약서 기재사항) 영 제110조 제7호에서 "금융위원회가 정하여 고시하는 사항"이란 특정금전신탁계약서의 경우 다음 각 호의 사항을 말한다.
   1. 위탁자가 신탁재산인 금전의 운용방법을 지정하고 수탁자는 지정된 운용방법에 따라 신탁재산을 운용한다는 사실
   2. 특정금전신탁계약을 체결한 투자자는 신탁계약에서 정한 바에 따라 특정금전신탁재산의 운용방법을 변경지정하거나 계약의 해지를 요구할 수 있으며, 신탁회사는 특별한 사유가 없는 한 투자자의 운용방법 변경지정 또는 계약의 해지 요구에 대하여 응할 의무가 있다는 사실
   3. 특정금전신탁계약을 체결한 투자자는 자기의 재무상태, 투자목적 등에 대하여 신탁회사의 임·직원에게 상담을 요청할 수 있으며, 신탁업자의 임직원은 그 상담요구에 대하여 응할 준비가 되어 있다는 사실
   4. 특정금전신탁재산의 운용내역 및 자산의 평가가액을 투자자가 조회할 수 있다는 사실
2) 신탁업자가 투자자문업자로부터 자문을 받을 수는 있지만 투자자에 적합한 재산운용에 대한 판단이 없이 계좌를 운용함으로써 1:1계약인 신탁의 특성에 위반하고, 또한 투자자문업자가 투자자의 인적사항조차 알지 못하는 상태에서 사실상 신탁재산을 운용하는 것과 같은 결과가 되어 자본시장법의 기능별 분류에 위반되는 것을 방지하기 위한 규정이다. 금융위원회 2010. 12. 9. 제출 '금융투자업규정 개정안 신설·강화규제 심사안' 참조.
3) 거래일과 결제일이 다른 단기금융상품에 투자하면서 수시입출방식으로 운용하면 투자자의 인출요구에 대해 다른 투자자의 계좌 또는 고유재산으로 자금을 지급해야 한다는 점에서 유동성문제가 발생할 수 있으므로, 이를 방지하기 위한 규정이다. 금융위원회 2010. 12. 9. 제출 '금융투자업규정 개정안 신설·강화규제 심사안' 참조.

(1) 제7-16조 제3항 각 호[1]에 해당하는 자산의 비율 : 100분의 10 이상

(2) 제7-16조 제4항 각 호[2]에 해당하는 자산의 비율 : 100분의 30 이상

21. 특정 증권 등의 취득과 처분을 각 계좌재산의 일정비율로 정한 후 여러 계좌의 주문을 집합하는 행위. 다만 제26호에 따라 투자자를 유형화한 경우 각 유형에 적합한 방식으로 신탁재산을 운용하는 경우에는 그러하지 아니하다.

신탁업자가 투자자의 재산상황, 투자목적이 상이하더라도 사실상 동일한 방식으로 신탁재산을 운용함으로써 1:1계약인 신탁의 특성에 반하는 문제를 시정하여, 신탁업자가 투자자의 재산상황, 투자목적 등을 확인하고 이에 맞춰 신탁재산을 운용하도록 유도하기 위한 규정으로, 다만 투자자의 재산상황, 투자목적 등이 유사할 경우 이를 집합할 수 있도록 허용하고 있다.[3]

22. 연 1회 이상 일반투자자의 재무상태 등 변경여부를 확인하고 변경상황을 재산운용에 반영하지 아니하는 행위. 다만 투자자가 운용대상을 특정종목과 비중 등 구체적으로 지정하는 특정금전신탁은 제외한다.

22의2. 매 분기 1회 이상 일반투자자의 재무상태, 투자목적 등의 변경이 있는 경우 회신해 줄 것을 투자자에게 통지하지 아니하는 행위. 다만, 투자자가 특정종목과 비중 등 운용대상을 구체적으로 지정하는 특정금전신탁은 제외한다.

23. 투자광고의 내용에 특정 신탁계좌의 수익률 또는 여러 신탁계좌의 평균수익률을

---

4) 금융투자업규정 제7-16조(운용대상자산의 제한 등) ⑤ 일시적인 대량 환매대금의 지급으로 제3항 및 제4항에 따른 자산의 운용비율을 하회하게 되는 경우에는 하회된 날로부터 1개월까지는 그 비율에 적합한 것으로 본다.

1) 금융투자업규정 제7-16조(운용대상자산의 제한 등) ③ 집합투자업자는 단기금융집합투자기구의 집합투자재산을 운용함에 있어 집합투자재산의 100분의 10 이상을 다음 각 호의 자산에 운용하여야 한다.
   1. 현금
   2. 국채증권
   3. 통화안정증권
   4. 잔존만기가 1영업일 이내인 자산으로서 다음 각 호의 어느 하나에 해당하는 것
      가. 양도성 예금증서 · 정기예금
      나. 지방채증권 · 특수채증권 · 사채권(법 제71조 제4호 나목에 따른 주권 관련 사채권 및 사모의 방법으로 발행된 사채권은 제외한다) · 기업어음증권
      다. 영 제79조 제2항 제5호에 따른 어음(기업어음증권은 제외한다)
      라. 전자단기사채
   5. 환매조건부매수
   6. 단기대출
   7. 수시입출금이 가능한 금융기관에의 예치

2) 금융투자업규정 제7-16조(운용대상자산의 제한 등) ④ 집합투자업자는 단기금융집합투자기구의 집합투자재산을 운용함에 있어 집합투자재산의 100분의 30 이상을 다음 각 호의 자산에 운용하여야 한다.
   1. 제3항 제1호부터 제3호에 해당하는 것
   2. 잔존만기가 7영업일 이내인 자산으로서 제3항 제4호 각 목에 해당하는 것
   3. 제3항 제5호부터 제7호에 해당하는 것

3) 금융위원회 2010. 12. 9. 제출 '금융투자업규정 개정안 신설 · 강화규제 심사안' 참조.

제시하는 행위

24. 투자권유시 제26호에 따라 투자자를 유형화한 경우 월별, 분기별 등 일정기간동안의 각 유형별 가중평균수익률과 최고·최저수익률을 같이 제시하는 행위 이외의 방법으로 수익률을 제시하는 행위

25. 성과보수를 수취하는 경우 기준지표(금융투자업규정 제4-65조 제1항에 따른 요건을 충족하는 기준지표를 말한다)에 연동하여 산정하지 않는 행위. 단 신탁업자와 투자자간 합의에 의해 달리 정한 경우에는 그러하지 아니하다.

26. 금전신탁(투자자가 운용대상을 특정종목과 비중 등 구체적으로 지정하는 특정금전신탁은 제외한다)의 경우 투자자의 연령·투자위험 감수능력·투자목적·소득수준·금융자산의 비중 등 재산운용을 위해 고려가능한 요소를 반영하여 투자자를 유형화하고 각 유형에 적합한 방식으로 신탁재산을 운용하지 않는 행위

27. 신탁업을 경영하는 투자중개업자가 신탁업무와 투자중개업무를 결합한 자산관리계좌를 운용함에 있어 신탁재산에 비례하여 산정하는 신탁보수 외에 위탁매매수수료 등 다른 수수료를 부과하는 행위.[1] 다만, 투자자의 주식에 대한 매매 지시 횟수가 신탁계약시 신탁업자와 투자자간 합의된 기준을 초과하는 경우 신탁보수를 초과하여 발생한 위탁매매 비용은 실비의 범위 이내에서 투자자에게 청구할 수 있다.

28. 투자권유자문인력이 아닌 자(투자권유대행인을 포함한다)에게 파생상품등에 투자하는 특정금전신탁계약의 투자권유를 하게 하는 행위

29. 특정금전신탁계약(「근로자퇴직급여 보장법」에 따라 퇴직연금의 자산관리업무를 수행하기 위한 특정금전신탁 및 제20호에 따라 신탁재산을 수시입출방식으로 운용하는 특정금전신탁은 제외한다)을 체결하는 개인투자자에 대하여 다음 각 목의 어느 하나에 해당하는 경우를 제외하고 자본시장법 제47조에 따른 설명의무를 이행하기 위한 설명서를 교부하지 아니하는 행위. 이 경우 설명서의 구체적인 내용은 금융투자협회가 정한다.

가. 서명 또는 기명날인으로 설명서의 수령을 거부하는 경우

나. 설명서에 갈음하여 신탁재산으로 운용하는 자산에 대한 투자설명서(집합투자증권의 경우 투자자가 투자설명서의 교부를 별도로 요청하지 아니하는 경우에는 간이투자설명서를 말한다)를 교부하는 경우

30. 금융투자업규정 제4-90조 제1항에 따른 자전거래 요건을 회피할 목적으로 신탁업자의 중개·주선 또는 대리를 통해 특정금전신탁의 수익권을 양도하거나 특정금전신탁

1) 신탁업무와 투자중개업무를 동시에 하는 자가 위탁매매수수료를 따로 징수할 경우 고의적으로 매매회전율을 높여 수수료수익을 극대화할 가능성이 있어, 투자중개업무와 신탁업무를 동시에 제공하는 경우 투자자로부터 신탁재산에 비례하여 산정하는 신탁보수 외에 위탁매매수수료를 부과할 수 없도록 제한하고 있다. 금융위원회 2010. 12. 9. 제출 '금융투자업규정 개정안 신설·강화규제 심사안' 참조.

계약을 포괄적으로 계약이전하는 행위

31. 신탁업자의 대주주(그의 특수관계인을 포함한다. 이하 이 조에서 같다)를 신탁사업과 관련한 공사계약 또는 용역계약의 상대방으로 선정하는 행위(제3자 또는 하도급 등을 통하여 우회하여 참여하게 하는 행위를 포함한다). 다만, 다음 각 목의 어느 하나에 해당하는 경우에는 그러하지 아니하다.

가. 경쟁입찰(5인 이상의 지명경쟁입찰을 포함한다. 이하 이 조에서 같다)을 통하여 대주주가 시공사 또는 용역업체로 선정된 경우

나. 경쟁입찰을 통하여 대주주가 하수급인으로 선정된 경우

32. 건설업종을 영위하거나 영위할 가능성이 있는 대주주의 임원 또는 직원(임원 또는 직원이 퇴임 또는 퇴직한 때로부터 2년 이내인 경우를 포함한다)을 임원(「상법」 제401조의2 제1항 각 호의 자를 포함한다)으로 선임 또는 겸직하게 하거나 파견 받아 근무하게 하는 행위

5. 토지신탁의 신탁수익 선지급을 통한 프로젝트 파이낸스 대출금 상환

토지신탁(개발신탁)은 사업비 조달의무를 누가 부담하는지에 따라, 사업비 조달의무를 위탁자가 부담하는 '관리형 토지신탁'과 사업비 조달의무를 수탁자가 부담하는 '차입형 토지신탁'으로 구별된다('금융투자회사의 영업 및 업무에 관한 규정' 별표 15). 토지신탁사업의 구조 및 사업당사자의 역할은 신탁사업별로 당사자들이 정하는 바에 따라 다르나, 토지신탁의 기본적인 구조를 도해하면 아래와 같다.

[차입형 토지신탁]

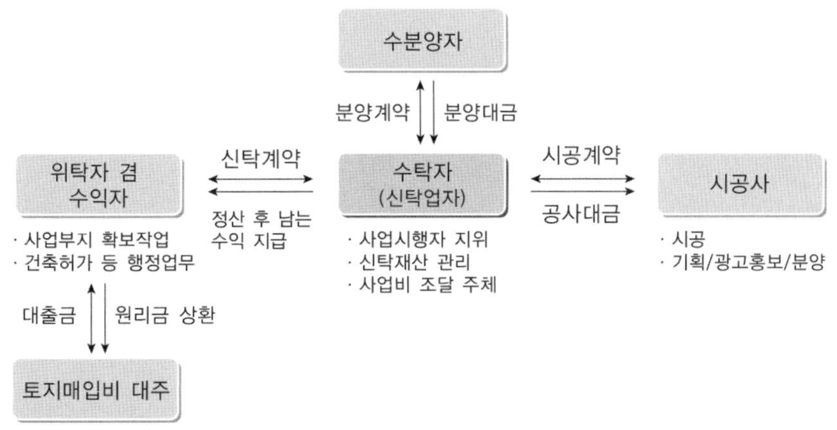

[관리형 토지신탁]

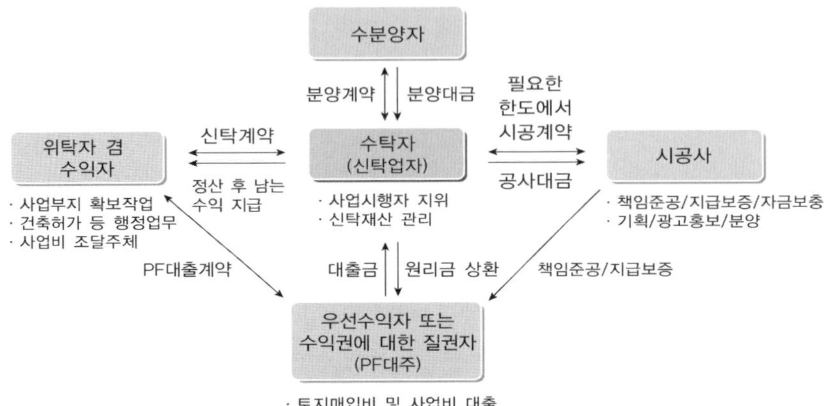

[토지신탁 사업당사자들의 역할]

구 분	차입형 토지신탁	관리형 토지신탁
위탁자	•사업부지 신탁 •건축허가, 사업계획승인 등 행정업무(수탁자 명의로 변경) •신탁종료시 수탁자가 부담하는 권리의무를 면책적으로 승계 •신탁사업에서 수탁자가 부담하는 비용, 손실 보상의무 부담	•좌동 •신탁사업에 필요한 사업비를 출연할 의무
수탁자	•사업부지의 수탁 •신탁재산의 소유권 관리 •신탁재산의 분양대금 관리 •건축물 분양 및 처분 •신탁사업에 필요한 사업비 조달	•좌동 •사업비 조달의무 없음 •분양업무를 시공사에 위임
시공사	•수탁자와의 시공계약에 따라 건축물 준공(일반적으로 공사비의 70%는 현금기성으로 지급받고, 30%는 분양수입금 재원에서 지급받거나 부족시 건축물로 대물변제) •건축물 준공 후 하자보수	•수탁자와의 시공계약에 따라 건축물 준공(공사비 기성대금 수령여부와 관계없이 책임준공) •신탁사업에 필요한 사업비 부족시 사업비 조달(자금보충) •신탁재산의 실질적 분양업무(기획/광고홍보) •건축물 준공 후 하자보수
대출 금융 기관	•토지대금 대출 : 위탁자에게 대출 •사업비 대출 : 수탁자(고유재산)에게 대출하고, 수탁자가 고유재산에서 비용지출	•위탁자(시공사 연대보증 조건)[1]에게 대출

차입형 토지신탁에서 위탁자가 토지매입을 위하여 차용한 대출원리금을 수탁자가 신탁재산(분양수입금)에서 상환하는 경우, 이로 인하여 신탁재산이 부족하게 되더라도 시공사·수분양자 등 신탁채권자는 수탁자의 고유재산에 대하여도 책임을 추궁할 수 있으므로,[1)] 신탁사업 관련자들의 이익을 직접적으로 해하는 것은 아니라고 볼 수도 있다. 그러나 한국부동산신탁, 대한부동산신탁의 파산 사례에서 보듯이 수탁자의 재무건전성 악화로 인하여 하나의 신탁사업이 부실화되고 신탁회사의 부도로 이어질 경우 간접적으로 수익자 및 신탁 관련자들에게 손실이 돌아오게 된다. 과거 금융감독원에서는, 차입형 토지신탁에서 신탁업자가 신탁종료 전 신탁수익의 선지급을 통해 위탁자의 대출원리금(토지비 대출금 포함)을 상환하는 행위를 위탁자에게 재산상의 이익을 제공하는 불건전 영업행위로 보아, 기관 및 관련 직원에 대해 징계 및 수익 선지급 금액을 회수하도록 조치한 사례가 있다.

2003년 무렵부터는 관리형 토지신탁이 발전하기 시작하였고, 금융감독원에서는 2006년경 위탁자가 토지매입을 위하여 금융기관으로부터 차입한 대출금을 수탁자가 공사대금 등 신탁사업비보다 우선하여 부담하기로 함으로써 금융기관 대출금을 신탁계정(분양수입금)에서 대신 지급한 행위에 대하여 해당 임원을 징계조치하였다.

그러나 PF대출원리금을 신탁재산에서 상환할 수 있도록 할 필요가 있다는 신탁업계의 요청에 따라, 한국금융투자협회 제정 '금융투자회사의 영업 및 업무에 관한 규정'에서는 2009. 12. 14. 토지신탁수익의 선지급 기준을 신설하여 명시적으로 차입형 토지신탁과 관리형 토지신탁에서 일정한 조건 하에 신탁수익의 선지급을 인정하되 안정적 사업관리가 가능한 선지급 범위를 정하고, 이 경우 불건전 영업행위에 해당하는 재산상 이익제공의 제공한도에 관한 규정을 배제하고 있다(제2-65조 제6항, 별표 15 '토지신탁수익의 신탁종료 전 지급 기준').[2)] '토지신탁수익의 신탁종료 전 지급 기준'에 의하면 차입형 토지신탁

---

1) 참고로 양기진, 〈신탁을 활용한 부동산 금융의 쟁점연구〉, 258면, 277~278면에서는, 시공사에 의한 2중, 3중 신용보강조치는 결과적으로 모든 사업위험을 시공사로 집중되게 함으로써 시공사의 부실로 이어지게 되는 문제를 지적하고, 시공사의 신용도에 의존하는 관행으로부터 탈피하기 위한 시도로서 토지매도인에 대한 토지매매대금 반환채권에 의한 신용보강 사례를 소개하고 있다.

1) 대법원 2004. 10. 15. 선고 2004다31883 판결(신탁사무의 처리상 발생한 채권을 가지고 있는 채권자는 수탁자의 일반채권자와 달리 신탁재산에 대하여도 강제집행을 할 수 있는데, 한편 수탁자의 이행책임이 신탁재산의 한도 내로 제한되는 것은 신탁행위로 인하여 수익자에 대하여 부담하는 채무에 한정되는 것이므로, 수탁자가 수익자 이외의 제3자 중 신탁재산에 대하여 강제집행을 할 수 있는 채권자에 대하여 부담하는 채무에 관한 이행책임은 신탁재산의 한도 내로 제한되는 것이 아니라 수탁자의 고유재산에 대하여도 미치는 것으로 보아야 한다).

2) 위 한국금융투자협회 제정 '금융투자회사의 영업 및 업무에 관한 규정' 별표 15 '토지신탁수익의 신탁종료 전 지급 기준'에서는 토지신탁수익의 선지급 기준을 신설하여 명시적으로 차입형 토지신탁과 관리형 토지신탁에서 "분양수입금 = 사업비 + 토지비 + 사업이익"으로 규정하고, 그 중 '토지비'를 '부동산 자체의 취득가액과 등기비용, 그 밖에 부동산 취득에 관련된 부대비용을 합한 금액'으로 정의하여, 신탁재산인 분양대금이 토지비, 공사비 등 PF대출금의 상환을 위해 사용될 수 있음을 인정하되, 수분양자 보호를 위

의 경우 지급시점에서 안정적인 사업비 확보가 예상되는 경우 선지급이 가능하고,[1] 관리형 토지신탁의 경우 기 수납된 분양수입금 중 토지비 비율만큼 선지급이 가능하며,[2] 총 선지급금액은 예상 신탁수익금액을 초과할 수 없다. 다만 차입형 토지신탁의 경우 사용승인일 이후, 관리형 토지신탁의 경우 ① 대출금융기관이 자금보충약정을 한 경우, ② 일정한 조건의 시공사의 관계회사인 시공사가 자금보충약정 및 책임준공 연대보증을 한 경우, ③ 사용승인일 이후, ④ 기관투자자나 펀드 등이 단독 또는 공동으로 분양물건을 일괄매수한 경우로서 매수자가 확정되고 일정 조건 이상의 시공사의 책임준공약정이 체결되었으며 매수자가 중도금을 납입한 이후 또는 사용승인일까지 계약해제가 금지된 경우로서 위탁자 및 시공사의 요청과 매수자의 서면동의가 있는 경우 중 어느 하나에 해당하는 경우에는 '토지신탁수익의 신탁종료 전 지급 기준'의 적용 없이 선지급이 가능하다. 또한, 〈토지신탁수익의 신탁종료 전 지급 기준〉에서는 일정 요건 하에서 위탁자의 법인세 등을 신탁재산에서 선지급할 수 있는 근거도 마련하였다.

6. 수탁자의 위탁자에 대한 대출이 불건전 영업행위에 해당하는지 여부

신탁회사가 고유재산에서 위탁자에게 대출을 하면서 신탁계약 내지 자금관리사무계약을 체결하는 경우 이러한 대출이 "위탁자에 대한 재산상 이익 제공"으로서 불건전 영업행위에 해당하는지 여부가 문제된다.

자본시장법이 시행되면서 폐지된 구 신탁업법은 신탁회사의 고유자금을 열거된 방법에 의하지 아니하고는 이를 운용할 수 없도록 하는 제한을 두고 있었으나,[3] 현행 자본

하여 이를 분양계약서에 명기하도록 하였다.

1) 즉, 선지급금액 ≦ (지급시점의 분양분에 대한 기 수납 및 장래 수납예정 분양수입금 총액) − (지급시점까지 지급된 사업비 및 향후 지급 예상되는 사업비).

2) 즉, 선지급금액 ≦ 지급시점의 분양분에 대한 기수납 분양수입금 × {토지비 / (토지비 + 사업비)}. 다만 시공사의 회사채 신용등급이 BBB+ 이상이며, 예상 분양수입금이 사업비의 110%를 초과하고, 전체 공사비(부지 매입비 제외)의 50% 이상 투입이 확인된 경우(다만, 아파트의 경우 동별 건축공정이 30% 이상이어야 함)로서 직전 회차 중도금이 완납된 때에는 "선지급금액 ≦ (지급시점의 분양분에 대한 기 수납 및 장래 수납예정 분양수입금 총액) − (지급시점까지 지급된 사업비 및 향후 지급 예상되는 사업비)"의 기준을 적용할 수 있다.

3) 구 신탁업법 제15조(고유자금운용의 제한) ① 신탁회사는 다음 각호의 방법에 의하지 아니하고는 그 고유자금을 운용할 수 없다.
   1. 공채, 사채 및 주식의 응모, 인수 또는 매입
   2. 제1호에 게기한 유가증권을 담보로 하는 대출
   3. 동산을 담보로 하는 대출
   4. 부동산의 매입
   5. 부동산 또는 법령에 의하여 설정한 재단을 저당으로 하는 대출
   6. 공공단체에 대한 대출
   7. 사회간접자본시설에대한민간투자법에 의하여 사업시행자로 지정된 자에 대한 대출
   8. 대통령령이 정하는 금융기관에의 예치 또는 우체국 예금

시장법에서는 앞서 본 바와 같이 신탁업자의 신탁재산에 속하는 금전 운용방법(제105조 제1항) 및 부동산 등 신탁재산 운용에 따라 발생한 여유자금의 운용방법(제106조)에 대하여 제한규정을 둔 외에는 신탁업자의 고유자금 운용에 관하여는 그 방법을 제한하는 규정을 별도로 두고 있지 아니하다.

금융투자업규정 제4-92조 제1항에서는 "신탁계약의 체결 또는 신탁재산의 운용과 관련하여" 수익자 또는 거래상대방 등에게 제공하는 금전·물품·편익 등의 범위가 일반인이 통상적으로 이해하는 수준에 반하지 않는 경우에는 불건전 영업행위에서 제외하고 있으나, 자본시장법 시행령 제109조 제3항 제4호에서는 신탁업자가 신탁계약의 체결 또는 신탁재산의 운용과 관련하여서만 아니라, "업무와 관련하여" 수익자 또는 거래상대방 등에게 위와 같은 기준을 위반하여 직접 또는 간접으로 재산상의 이익을 제공하는 행위를 금지하고 있어, 부수업무로서 행할 수 있는 자금관리사무의 위임계약의 체결과 관련하여 거래상대방에게 재산상의 이익을 제공하는 것도 일단은 불건전 영업행위의 유형에 포함된다고 해석된다. 그러나 수탁자가 업무와 관련하여 대출을 하는 행위 자체가 불건전 영업행위에 해당하는 재산상 이익 제공에 해당하는지, 혹은 부당한 조건에 의한 대출만이 이에 해당한다면 그 부당한 대출조건의 기준은 어떻게 볼 것인지에 관하여는 명확한 해석이 없다.

다만, 금융위원회는 2009. 7. 8.『신탁업자가 도시정비사업의 조합설립추진위원회와 개발 및 자금관리대리사무 계약을 체결한 후 초기자금(사업경비)을 상환조건부 무이자로 지원하는 것도 자본시장법 제41조에 의해 신고된 부수업무 내에서 정비사업 전문관리업을 수행하고, 동 정비사업 전문관리업을 수행하는 해당 도시정비사업에 대해서만 무이자 대출을 하며, 추후 신탁업자가 조합에 대해 이자 등 별도 수수료를 요구하지 않는 경우 자본시장법상 별도 제한을 받지 않는다』는 회신을 한 바 있어, 이러한 입장에 따른다면 신탁업자가 부수업무로서 체결하는 계약과 관련하여 거래상대방에게 무이자로 대출을 하는 행위에 관하여 금융위원회는 불건전 영업행위로서의 규제필요성을 염두에 두고 있지 아니한 것으로 보인다.

그러나 한편, 신탁회사가 자금관리사무의 위임계약만이 아니라 신탁계약을 체결하면서 거래상대방인 위탁자에게 대출을 하는 것은 일응 신탁계약의 체결과의 관련성이 있다고 할 것이므로, 신탁회사가 위탁자에게 대출을 하는 것이 "위탁자에 대한 재산상의 이익 제공"으로서 불건전 영업행위에 해당하는지 여부를 살펴볼 필요가 있다.

신탁계약의 체결과 관련하여 거래상대방에게 제공하는 것이 금지되는 '일반인이 통

---

9. 은행 또는 신탁회사가 인수한 어음의 매입
10. 간접투자자산운용법에 의한 부동산투자신탁의 수익증권 매입

상적으로 이해하는 수준에 반하는 재산상의 이익'이 무엇인지에 관하여는 정립된 해석이 없는 것으로 보이는데, '금융투자회사의 영업 및 업무에 관한 규정'에서는 재산상의 이익 제공이 비정상적인 조건의 거래, 계약 등의 방법으로 이루어지는 경우를 금지하고 있는 점에 비추어보면, 신탁업자가 위탁자에 대하여 자금을 대여하는 것 자체가 모두 재산상의 이익 제공으로서 금지된다고 보기는 어렵고, 비정상적인 조건으로 이루어지는 경우에는 '일반인이 통상적으로 이해하는 수준에 반하는 재산상의 이익'을 제공하는 것으로서 불건전한 영업행위로서 금지될 수 있을 것이다.

그렇다면 신탁업자가 위탁자에게 필요한 자금을 대여하면서 신탁업무를 수탁받는 행위만으로는 불건전한 영업행위로서의 재산상의 이익 제공행위에 해당하는지 여부를 일률적으로 말할 수 없고, 구체적으로 어떤 조건하에 위와 같은 대여가 이루어지는지를 종합적으로 검토하여 이것이 '비정상적인 조건'인지 여부에 따라 판단되어야 할 것이다. 예컨대, 신탁업자가 자신이 금융기관으로부터 차입하는 이자율(외부조달금리)보다 낮은 수준으로 위탁자에 대여하였다거나 혹은 신탁업자의 고유자금을 금융기관에 예치하는 방법 등으로 활용하였을 경우보다도 낮은 이자율로 대여하는 경우 그러한 범위 내에서 통상적인 수준을 넘어서는 재산상 이익을 제공한 것으로 볼 가능성이 있을 것이다. 또한 신탁업자가 자신이 금융기관으로부터 차입하는 이자율과 같은 이자율로 위탁자에게 대여하더라도, 그 이자율이 위탁자가 다른 금융기관으로부터 차용하는 경우보다 현저히 낮은 경우에는 이 역시 '비정상적인 조건'으로서 불건전 영업행위에 해당할 여지가 남아있다고 할 것이다.

자본시장법 제109조 (신탁계약)

신탁업자는 위탁자와 신탁계약을 체결하는 경우 제59조 제1항에 따라 위탁자에게 교부하는 계약서류에 다음 각 호의 사항을 기재하여야 한다.

1. 위탁자, 수익자 및 신탁업자의 성명 또는 명칭
2. 수익자의 지정 및 변경에 관한 사항
3. 신탁재산의 종류·수량과 가격
4. 신탁의 목적
5. 계약기간
6. 신탁재산의 운용에 의하여 취득할 재산을 특정한 경우에는 그 내용
7. 손실의 보전 또는 이익의 보장을 하는 경우 그 보전·보장 비율 등에 관한 사항
8. 신탁업자가 받을 보수에 관한 사항

9. 신탁계약의 해지에 관한 사항
10. 그 밖에 수익자 보호 또는 건전한 거래질서를 위하여 필요한 사항으로서 대통령령으로 정하는 사항

자본시장법 시행령 제110조 (신탁계약)

법 제109조 제10호에서 "대통령령으로 정하는 사항"이란 다음 각 호의 사항을 말한다.

1. 수익자가 확정되지 아니한 경우에는 수익자가 될 자의 범위ㆍ자격, 그 밖에 수익자를 확정하기 위하여 필요한 사항
2. 수익자가 신탁의 이익을 받을 의사를 표시할 것을 요건으로 하는 경우에는 그 내용
3. 「신탁법」 제4조 제1항에 따른 등기ㆍ등록 또는 같은 조 제2항에 따른 신탁재산의 표시와 기재에 관한 사항
4. 수익자에게 교부할 신탁재산의 종류 및 교부방법ㆍ시기
5. 신탁재산의 관리에 필요한 공과금ㆍ수선비, 그 밖의 비용에 관한 사항
6. 신탁계약 종료 시의 최종계산에 관한 사항
7. 그 밖에 건전한 거래질서를 유지하기 위하여 필요한 사항으로서 금융위원회가 정하여 고시하는 사항

금융투자업규정 제4-94조 (특정금전신탁계약서 기재사항)

영 제110조 제7호에서 "금융위원회가 정하여 고시하는 사항"이란 특정금전신탁계약서의 경우 다음 각 호의 사항을 말한다.

1. 위탁자가 신탁재산인 금전의 운용방법을 지정하고 수탁자는 지정된 운용방법에 따라 신탁재산을 운용한다는 사실
2. 특정금전신탁계약을 체결한 투자자는 신탁계약에서 정한 바에 따라 특정금전신탁재산의 운용방법을 변경지정하거나 계약의 해지를 요구할 수 있으며, 신탁회사는 특별한 사유가 없는 한 투자자의 운용방법 변경지정 또는 계약의 해지 요구에 대하여 응할 의무가 있다는 사실
3. 특정금전신탁계약을 체결한 투자자는 자기의 재무상태, 투자목적 등에 대하여 신탁회사의 임ㆍ직원에게 상담을 요청할 수 있으며, 신탁업자의 임직원은 그 상담요구에 대하여 응할 준비가 되어 있다는 사실
4. 특정금전신탁재산의 운용내역 및 자산의 평가가액을 투자자가 조회할 수 있다는 사실

자본시장법 제59조 제1항은 금융투자자를 보호한다는 견지에서 금융투자업자로 하여금 금융투자자에게 계약서류를 지체 없이 교부할 의무를 부과하고 있다. 이는 계약체결시 금융투자자가 계약내용을 정확하게 파악할 수 있도록 서면교부를 의무화하고 있는

것이다. 따라서 신탁업자 역시 금융투자업자로서 위탁자와 신탁계약을 체결하는 경우 신탁계약의 내용을 기재한 계약서류를 교부하여야 한다.

신탁계약서류에는 ① 위탁자, 수익자 및 신탁업자의 성명 또는 명칭, ② 수익자의 지정 및 변경에 관한 사항, ③ 신탁재산의 종류·수량과 가격, ④ 신탁의 목적, ⑤ 계약기간, ⑥ 신탁재산의 운용에 의하여 취득할 재산을 특정한 경우에는 그 내용, ⑦ 손실의 보전 또는 이익의 보장을 하는 경우 그 보전·보장 비율 등에 관한 사항, ⑧ 신탁업자가 받을 보수에 관한 사항, ⑨ 신탁계약의 해지에 관한 사항, ⑩ 수익자가 확정되지 아니한 경우에는 수익자가 될 자의 범위·자격, 그 밖에 수익자를 확정하기 위하여 필요한 사항, ⑪ 수익자가 신탁의 이익을 받을 의사를 표시할 것을 요건으로 하는 경우에는 그 내용, ⑫ 「신탁법」 제4조 제1항에 따른 등기·등록 또는 같은 조 제2항에 따른 신탁재산의 표시와 기재에 관한 사항, ⑬ 수익자에게 교부할 신탁재산의 종류 및 교부방법·시기, ⑭ 신탁재산의 관리에 필요한 공과금·수선비, 그 밖의 비용에 관한 사항, ⑮ 신탁계약 종료시의 최종계산에 관한 사항을 기재하여야 한다(자본시장법 제109조, 자본시장법 시행령 제110조).

또한 특정금전신탁계약서의 경우에는 위 사항에 추가하여, ⑯ 위탁자가 신탁재산인 금전의 운용방법을 지정하고 수탁자는 지정된 운용방법에 따라 신탁재산을 운용한다는 사실, ⑰ 특정금전신탁계약을 체결한 투자자는 신탁계약에서 정한 바에 따라 특정금전신탁재산의 운용방법을 변경지정하거나 계약의 해지를 요구할 수 있으며, 신탁회사는 특별한 사유가 없는 한 투자자의 운용방법 변경지정 또는 계약의 해지 요구에 대하여 응할 의무가 있다는 사실, ⑱ 특정금전신탁계약을 체결한 투자자는 자기의 재무상태, 투자목적 등에 대하여 신탁회사의 임·직원에게 상담을 요청할 수 있으며, 신탁업자의 임직원은 그 상담요구에 대하여 응할 준비가 되어 있다는 사실, ⑲ 특정금전신탁재산의 운용내역 및 자산의 평가가액을 투자자가 조회할 수 있다는 사실도 기재하여야 한다(자본시장법 시행령 제110조 제7호, 금융투자업규정 제4-94조).

자본시장법 제110조 (수익증권)

① 신탁업자는 금전신탁계약에 의한 수익권이 표시된 수익증권을 발행할 수 있다.

② 신탁업자는 제1항에 따라 수익증권을 발행하고자 하는 경우에는 대통령령으로 정하는 서류를 첨부하여 금융위원회에 미리 신고하여야 한다.

③ 수익증권은 무기명식으로 한다. 다만, 수익자의 청구가 있는 경우에는 기명식으로 할 수 있다.

④ 기명식 수익증권은 수익자의 청구에 의하여 무기명식으로 할 수 있다.

⑤ 수익증권에는 다음 각 호의 사항을 기재하고 신탁업자의 대표자가 이에 기명날인 또는 서명하여야 한다.

1. 신탁업자의 상호
2. 기명식의 경우에는 수익자의 성명 또는 명칭
3. 액면액
4. 운용방법을 정한 경우 그 내용
5. 제103조 제3항에 따른 손실의 보전 또는 이익의 보장에 관한 계약을 체결한 경우에는 그 내용
6. 신탁계약기간
7. 신탁의 원금의 상환과 수익분배의 기간 및 장소
8. 신탁보수의 계산방법
9. 그 밖에 대통령령으로 정하는 사항

⑥ 수익증권이 발행된 경우에는 해당 신탁계약에 의한 수익권의 양도 및 행사는 그 수익증권으로 하여야 한다. 다만, 기명식 수익증권의 경우에는 수익증권으로 하지 아니할 수 있다.

자본시장법 시행령 제111조 (수익증권 발행 신고 등)

① 법 제110조 제2항에서 "대통령령으로 정하는 서류"란 다음 각 호의 서류를 말한다.

1. 수익증권 발행계획서
2. 자금운용계획서
3. 신탁약관이나 신탁계약서

② 법 제110조 제5항 제9호에서 "대통령령으로 정하는 사항"이란 다음 각 호의 사항을 말한다.

1. 수익증권의 발행일
2. 수익증권의 기호 및 번호

본조에 의하면 신탁업자는 금전신탁계약에 의한 수익권이 표시된 수익증권을 발행할 수 있다. 이에 따라 발행된 수익증권은 금융투자상품의 하나인 증권에 포함된다(자본시장법 제4조 제2항 제3호, 제5항).

수익증권은 무기명식으로 하나, 수익자의 청구가 있는 경우에는 기명식으로 할 수 있고, 기명식 수익증권은 수익자의 청구에 의하여 무기명식으로 할 수 있다(자본시장법 제110조 제3항, 제4항). 수익증권이 발행된 경우에는 해당 신탁계약에 의한 수익권의 양도 및 행사는 그 수익증권으로 하여야 하나, 기명식 수익증권의 경우에는 수익증권으로 하지 아니할 수 있다(자본시장법 제110조 제6항).

수익증권을 발행하고자 하는 신탁업자는 수익증권 발행계획서, 자금운용계획서, 신탁약관이나 신탁계약서를 첨부하여 금융위원회에 미리 신고하여야 한다(자본시장법 제110조 제2항, 동법 시행령 제111조 제1항). 수익증권에는 (i) 신탁업자의 상호, (ii) 기명식의 경우에는 수익자의 성명 또는 명칭, (iii) 액면액, (iv) 운용방법을 정한 경우 그 내용, (v) 제103조 제3항에 따른 손실의 보전 또는 이익의 보장에 관한 계약을 체결한 경우에는 그 내용, (vi) 신탁계약기간, (vii) 신탁의 원금의 상환과 수익분배의 기간 및 장소, (viii) 신탁보수의 계산방법, (ix) 수익증권의 발행일, (x) 수익증권의 기호 및 번호를 기재하고 신탁업자의 대표자가 이에 기명날인 또는 서명하여야 한다(자본시장법 제110조 제5항, 동법 시행령 제111조 제2항).

신탁법이 모든 신탁재산에 대해 수익증권의 발행을 허용하고 있는 이상, 현행 자본시장법이 금전신탁에 한하여만 수익증권 발행을 허용하고 있는 규정은 개정될 필요가 있다. 이에 대하여, 동 규정은 신탁업자가 금전신탁의 수익증권 발행과 관련하여 신탁법에 추가하여 적용받는 규제로 이해함이 타당하고 현행 자본시장법은 부동산신탁 등 재산신탁의 수익증권 발행에 관한 사항을 규제하고 있지 않으므로 재산신탁의 경우 원칙적으로 신탁법에 따라 수익증권의 발행이 가능하다고 보는 견해[1]도 있으나, 2017. 1. 24.자 금융위원회 현장건의에 대한 회신 중 "수익증권 발행 등 신탁법상 허용된 다양한 운용방법을 여타 자산운용업 규제와의 정합성을 고려해 필요한 범위 내에서 허용할 계획입니다(2017년 금융위원회 업무보고)."라는 내용 등에 비추어, 현행 자본시장법이 부동산신탁 등 재산신탁의 수익증권 발행에 관한 사항을 규제하고 있지 아니한 것으로 해석하기에는 무리가 있다고 보인다.[2] 2012. 3. 26. 금융위원회 공고 제2012-61호로 입법예고된 자본시장법 일부개정법률안에서는 수익증권 발행을 모든 신탁재산에 대하여 허용하고 수익증권 발행시 수익증권 발행계획서 사전신고, 수익증권 발행총액 제한 등 수익증권 투자자 보호를 위한 다양한 보완 장치를 마련하였고, 금융거래의 투명성 제고, 실물거래에 따른 분실·도난 등 관리비용 등을 감안하여 수익증권 발행을 기명식으로 제한하고 발행시 예탁결제원에 일괄예탁토록 하는 규정, 신탁업자가 아닌 자(유사신탁업자)가 수익증권 발행신탁을 통해 수익증권을 발행하거나 자기신탁을 하는 경우 수익자 보호 등을 위하여 유사신탁업자에 대하여 신탁업자에 대하여 적용되는 발행규제, 영업행위규제 등을 일부 적용하고 금융위원회의 유사신탁업자에 대한 관련자료 제출 요청권도 포함하였으나, 도입되지는 아니하였다. 다만, 2019. 12. 18. 금융위원회가 지정한 9건의 혁신금융서비스 중에는 '분산원장 기반 부동산 유동화 유통 플랫폼 서비스'가 포함되었는데, 그 구체적인 내용은

1) 변제호 등 6인 공저, 〈자본시장법(제2판)〉, 352면.
2) 부동산신탁에서의 수익증권 발행을 활용한 자금조달방안의 논의를 제안하는 견해로, 최승재, 〈신탁수익증권을 통한 부동산개발사업의 자금조달방안〉.

아래와 같이 자본시장법상 금전신탁계약에 의한 수익증권 외에 부동산 신탁계약에 의한 수익증권 발행을 허용하고, 블록체인 기반 분산원장 기술을 활용한 디지털 증권 방식으로 부동산 유동화 수익증권을 일반투자자에게 발행·유통하는 서비스를 부가조건을 붙여 2020. 2.부터 출시할 수 있도록 지정일로부터 2년간 허용한다는 것이다.[1)]

□ (서비스 주요내용) 블록체인 기반 분산원장 방식을 활용하여 부동산 유동화 수익증권을 일반투자자에게 발행 · 유통하는 서비스

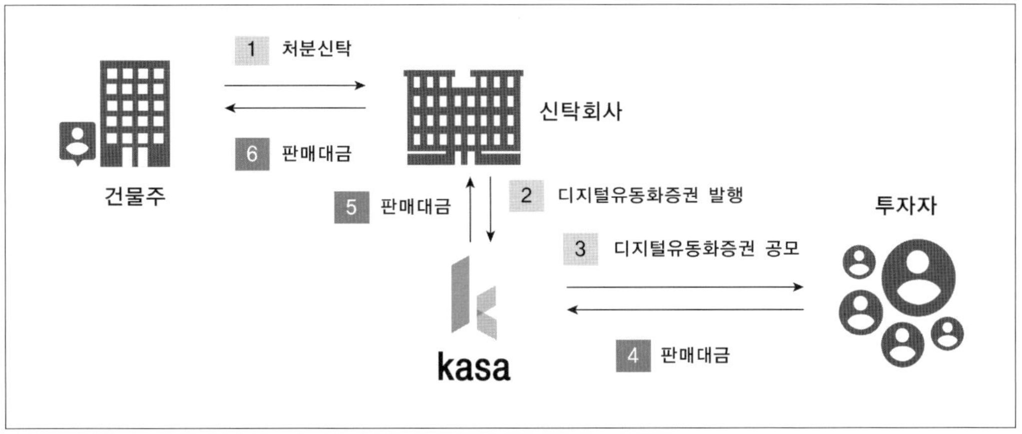

□ (특례 내용) 자본시장법 제110조 제1항, 제373조, 제11조

ㅇ 자본시장법상 ① 부동산 신탁계약에 의한 수익증권 발행, ② 증권거래 중개를 위한 투자중개업 및 거래소 인 · 허가 특례

그러나 자본시장법 제110조 제1항은 여전히 금전신탁계약에 의한 수익권이 표시된 수익증권 발행을 허용하는 조항일 뿐이고 부동산 신탁계약에 의한 수익권이 표시된 수익증권 발행을 허용하는 법 개정이 이루어진 것은 아니다. 따라서 이로써 부동산 신탁계약에 의한 수익권이 표시된 수익증권 발행도 일반적으로 허용된다고 보기는 어렵고, 오히려 금융위원회의 입장은 금전이 아닌 재산신탁의 수익증권 발행에 관해서도 엄격한 규제하에 있다고 보고 있는 것으로 이해된다. 혁신금융서비스의 한시적 운영결과에 따라 재산신탁의 수익증권 발행 허용여부에 관한 금융위원회의 입장 및 나아가 자본시장법의 개정여부가 달라질 수 있으므로 이를 지켜볼 필요가 있을 것이다.

1) 20191219 금융위원회 보도자료(12월 18일 금융위원회, 혁신금융서비스 9건 지정).

자본시장법 제111조 (수익증권의 매수)

신탁업자는 대통령령으로 정하는 방법에 따라 수익증권을 그 고유재산으로 매수할 수 있다. 이 경우 「신탁법」 제36조를 적용하지 아니한다.

자본시장법 시행령 제112조 (수익증권의 매수)

신탁업자는 법 제111조에 따라 수익증권을 그 고유재산으로 매수하는 경우에는 제104조 제4항에 따라 산정한 가액으로 매수하여야 한다.

신탁법 제36조에 의하면 수탁자는 누구의 명의로도 신탁의 이익을 향수하지 못하고 다만 수탁자가 공동수익자의 1인인 때에는 예외로 한다. 그러나 신탁업자는 수익증권을 신탁업자의 고유재산으로 매입할 수 있다. 자본시장법 제104조 제2항 제1호, 제2호의 신탁재산을 고유재산으로 취득할 수 있는 경우와 동일하게 보는 견해가 있으나,[1] 수익증권은 신탁재산에 해당하지 아니하므로, 현행 자본시장법상으로는 신탁업자가 수익증권을 고유재산으로 매수하는 경우에 제한이 없다고 보아야 할 것이다. 2012. 3. 26. 금융위원회 공고 제2012-61호로 입법예고된 자본시장법 일부개정법률안에서는 "신탁업자는 고유재산으로 수익증권을 매수할 수 없다. 다만, 투자자 보호 등을 위하여 필요한 경우로서 대통령령으로 정하는 경우에는 그러하지 아니하다. 이 경우 「신탁법」 제36조를 적용하지 아니한다"라고 하여, 예외적인 경우에만 수익증권을 신탁업자의 고유재산으로 매입할 수 있도록 제한을 두었으나 도입은 되지 아니하였다.

자본시장법 제112조 (의결권 등)

① 신탁재산으로 취득한 주식에 대한 권리는 신탁업자가 행사한다. 이 경우 신탁업자는 수익자의 이익을 보호하기 위하여 신탁재산에 속하는 주식의 의결권을 충실하게 행사하여야 한다.

② 신탁업자는 신탁재산에 속하는 주식의 의결권을 행사함에 있어서 다음 각 호의 어느 하나에 해당하는 경우에는 제1항에 불구하고 신탁재산에 속하는 주식을 발행한 법인의 주주총회의 참석 주식수에서 신탁재산에 속하는 주식수를 뺀 주식수의 결의내용에 영향을 미치지 아니하도록 의결권을 행사하여야 한다. 다만, 신탁재산에 속하는 주식을 발행한 법인의 합병, 영업의 양도·양수, 임원의 선임, 그 밖에 이에 준하는 사항으로서 신탁재산에 손실을 초래할 것이 명백하게 예상되는 경우에는 그러하지 아니하다.

1. 다음 각 목의 어느 하나에 해당하는 자가 그 신탁재산에 속하는 주식을 발행한 법

1) 한국증권법학회, 〈자본시장법 [주석서 I]〉, 477~478면.

인을 계열회사로 편입하기 위한 경우

가. 신탁업자 또는 그와 대통령령으로 정하는 특수관계에 있는 자

나. 신탁업자에 대하여 사실상의 지배력을 행사하는 자로서 대통령령으로 정하는 자

2. 신탁재산에 속하는 주식을 발행한 법인이 그 신탁업자와 다음 각 목의 어느 하나에 해당하는 관계에 있는 경우

가. 계열회사의 관계에 있는 경우

나. 신탁업자에 대하여 사실상의 지배력을 행사하는 관계로서 대통령령으로 정하는 관계에 있는 경우

3. 그 밖에 수익자의 보호 또는 신탁재산의 적정한 운용을 해할 우려가 있는 경우로서 대통령령으로 정하는 경우

③ 신탁업자는 신탁재산에 속하는 주식이 다음 각 호의 어느 하나에 해당하는 경우에는 그 주식의 의결권을 행사할 수 없다.

1. 동일법인이 발행한 주식 총수의 100분의 15를 초과하여 주식을 취득한 경우 그 초과하는 주식

2. 신탁재산에 속하는 주식을 발행한 법인이 자기주식을 확보하기 위하여 신탁계약에 따라 신탁업자에게 취득하게 한 그 법인의 주식

④ 신탁업자는 제삼자와의 계약 등에 의하여 의결권을 교차하여 행사하는 등 제2항 및 제3항의 적용을 면하기 위한 행위를 하여서는 아니 된다.

⑤ 제2항 각 호 외의 부분 단서는 상호출자제한기업집단에 속하는 신탁업자에게는 적용하지 아니한다.

⑥ 금융위원회는 신탁업자가 제2항부터 제5항까지의 규정을 위반하여 신탁재산에 속하는 주식의 의결권을 행사한 경우에는 6개월 이내의 기간을 정하여 그 주식의 처분을 명할 수 있다.

⑦ 신탁업자는 합병, 영업의 양도·양수, 임원의 선임 등 경영권의 변경과 관련된 사항에 대하여 제2항에 따라 의결권을 행사하는 경우에는 대통령령으로 정하는 방법에 따라 인터넷 홈페이지 등을 이용하여 공시하여야 한다.

자본시장법 시행령 제113조 (의결권행사의 제한 등)

① 법 제112조 제2항 제1호 가목에서 "대통령령으로 정하는 특수관계가 있는 자"란 특수관계인 및 제141조 제2항에 따른 공동보유자를 말한다.

② 법 제112조 제2항 제1호 나목에서 "대통령령으로 정하는 자"란 신탁업자의 대주주(최대주주의 특수관계인인 주주를 포함한다. 이하 이 조에서 같다)를 말한다.

③ 법 제112조 제2항 제2호 나목에서 "대통령령으로 정하는 관계"란 신탁업자의 대주주가 되는 관계를 말한다.

자본시장법 시행령 제114조 (의결권행사의 공시)

법 제112조 제7항에 따른 의결권 행사의 공시는 다음 각 호의 구분에 따른 방법으로 하여야 한다.

1. 의결권을 행사하려는 주식을 발행한 법인이 주권상장법인인 경우: 주주총회일로부터 5일 이내에 증권시장을 통하여 의결권 행사 내용 등을 공시할 것
2. 의결권을 행사하려는 주식을 발행한 법인이 주권상장법인이 아닌 경우: 법 제89조 제2항 제1호의 방법에 따라 공시하여 일반인이 열람할 수 있도록 할 것

신탁재산의 경우에 그 자체를 독립한 권리주체로 인정하지 않으므로[1] 신탁재산으로 취득한 주식에 대한 권리행사는 원칙적으로 신탁업자가 하게 된다. 이 경우 신탁업자는 수익자의 이익을 보호하기 위하여 신탁재산에 속하는 주식의 의결권을 충실하게 행사하여야 한다(자본시장법 제112조 제1항). 2013. 5. 28. 법률 제11845호의 개정이유에서는 집합투자업자의 의결권에 관한 자본시장법 제87조에 관하여 집합투자업자가 투자자의 이익 보호를 위하여 선량한 관리자로서의 주의의무 및 충실의무에 따라 집합투자기구의 재산에 속한 주식의 의결권을 행사하도록 하였다고 밝히고 있는바, 동법 제117조의2의 신설이유에 관하여도 이와 마찬가지로 신탁업자가 수익자의 이익 보호를 위하여 선량한 관리자로서의 주의의무 및 충실의무에 따라 신탁재산에 속하는 주식의 의결권을 행사하도록 한 취지로 보인다. 다만 위 규정이 개정되기 이전에도 신탁업자는 신탁재산에 속하는 주식의 의결권을 충실하게 행사할 의무가 배제되지 아니하였으나 단지 이를 명시한 것으로 해석된다.

신탁재산에 속하는 주식의 발행법인이 신탁업자와 계열관계에 있거나 사실상 지배력을 행사하는 관계 등 일정한 예외적인 경우에 그림자 투표(shadow voting)로 그 의결권 행사를 제한하고(자본시장법 제112조 제2항 본문, 동법 시행령 제113조), 다시 그림자 투표의 예외(동법 제112조 제2항 단서)를 인정하는 형식을 취하고 있다. 다만 자본시장법 제112조 제2항 제3호에서는 '그 밖에 수익자의 보호 또는 신탁재산의 적정한 운용을 해할 우려가 있는 경우로서 대통령령으로 정하는 경우'라고 포괄조항을 두고 있으나, 자본시장법 시행령에서는 위 제2항 제3호에 해당하는 경우를 별도로 정하고 있지 아니하다.

또한 초과취득 주식과 자기주식에 대한 의결권 행사가 금지되고(자본시장법 제112조 제3항), 의결권을 교차하여 행사하는 등 위와 같은 의결권 제한규정의 적용을 면하기 위한 행위를 하여

1) 대법원 2007. 9. 20. 선고 2005다48956 판결(신탁재산 독립의 원칙은 신탁재산의 감소 방지와 수익자의 보호 등을 위하여 수탁자의 고유재산과 신탁재산은 분별하여 관리하여야 하고 양자는 별개 독립의 것으로 취급하여야 한다는 것을 의미함에 그칠 뿐, 신탁재산 자체가 그 소유자 내지 명의자인 수탁자와 구별되는 별개의 법인격을 가진다는 것까지 의미하는 것은 아니므로, 수탁자가 수익자에 대하여 갖는 고유의 채권을 자동채권으로 하여 수익자가 신탁종료시 수탁자에 대하여 갖는 원본반환채권 등과 상계하는 것이 신탁관계에 신탁재산 독립의 원칙이 적용된다는 이유만으로 신탁법상 금지된 것이라고 할 수는 없다).

서는 안 되며(동조 제4항), 이를 위반하여 의결권이 행사된 주식에 대하여는 처분을 명할 수 있다(동조 제6항).

신탁재산에서 보유하고 있는 주식에 대한 의결권의 행사는 기관투자자로서 주식시장 등에 미치는 영향이 크다는 점을 감안하여 신탁업자가 합병, 영업의 양도·양수, 임원의 선임 등 경영권의 변경과 관련된 사항에 대하여 제2항에 따라 의결권을 행사할 경우에는 그 내용을 공시하도록 의무화하고 있다(자본시장법 제112조 제7항, 동법 시행령 제114조).[1] 위 문언만을 놓고 보면 제7항의 의결권 행사의 공시가 의무적인 사항은 제2항에 따라 의결권을 행사하는 경우만이고, 제2항에 해당하지 아니하여 제1항에 따라 일반적으로 의결권을 행사하는 경우에는 해당하지 아니한다고 해석될 수 있을 것이다.

그런데 유가증권시장 공시규정 제4편은 자본시장법 제87조 제8항,[2] 제112조 제7항,

---

1) 한국증권법학회, 〈자본시장법 [주석서 I]〉, 480면.

2) 자본시장법 제87조(의결권 등) ① 집합투자업자(투자신탁이나 투자익명조합의 집합투자업자에 한한다. 이하 이 조에서 같다)는 투자자의 이익을 보호하기 위하여 집합투자재산에 속하는 주식의 의결권을 충실하게 행사하여야 한다.

② 제1항에도 불구하고 집합투자업자는 다음 각 호의 어느 하나에 해당하는 경우에는 집합투자재산에 속하는 주식을 발행한 법인의 주주총회에 참석한 주주가 소유하는 주식수에서 집합투자재산에 속하는 주식수를 뺀 주식수의 결의내용에 영향을 미치지 아니하도록 의결권을 행사하여야 한다.

1. 다음 각 목의 어느 하나에 해당하는 자가 그 집합투자재산에 속하는 주식을 발행한 법인을 계열회사로 편입하기 위한 경우
   가. 그 집합투자업자 및 그와 대통령령으로 정하는 이해관계가 있는 자
   나. 그 집합투자업자에 대하여 사실상의 지배력을 행사하는 자로서 대통령령으로 정하는 자
2. 그 집합투자재산에 속하는 주식을 발행한 법인이 그 집합투자업자와 다음 각 목의 어느 하나에 해당하는 관계가 있는 경우
   가. 계열회사의 관계가 있는 경우
   나. 그 집합투자업자에 대하여 사실상의 지배력을 행사하는 관계로서 대통령령으로 정하는 관계가 있는 경우
3. 그 밖에 투자자 보호 또는 집합투자재산의 적정한 운용을 해할 우려가 있는 경우로서 대통령령으로 정하는 경우

③ 제2항에도 불구하고 집합투자업자는 법인의 합병, 영업의 양도·양수, 임원의 임면, 정관변경, 그 밖에 이에 준하는 사항으로서 투자자의 이익에 명백한 영향을 미치는 사항(이하 이 조에서 "주요의결사항"이라 한다)에 대하여 제2항의 방법에 따라 의결권을 행사하는 경우 집합투자재산에 손실을 초래할 것이 명백하게 예상되는 때에는 제1항에 따라 의결권을 행사할 수 있다. 다만, 「독점규제 및 공정거래에 관한 법률」 제9조 제1항에 따른 상호출자제한기업집단(이하 "상호출자제한기업집단"이라 한다)에 속하는 집합투자업자는 집합투자재산으로 그와 계열회사의 관계에 있는 주권상장법인이 발행한 주식을 소유하고 있는 경우에는 다음 각 호의 요건을 모두 충족하는 방법으로만 의결권을 행사할 수 있다.

1. 그 주권상장법인의 특수관계인(「독점규제 및 공정거래에 관한 법률」 제7조 제1항 제5호 가목에 따른 특수관계인을 말한다)이 의결권을 행사할 수 있는 주식의 수를 합하여 그 법인의 발행주식총수의 100분의 15를 초과하지 아니하도록 의결권을 행사할 것
2. 집합투자업자가 제81조 제1항 각 호 외의 부분 단서에 따라 같은 항 제1호 가목의 투자한도를 초과하여 취득한 주식은 그 주식을 발행한 법인의 주주총회에 참석한 주주가 소유한 주식수에서 집합투자재산인 주식수를 뺀 주식수의 결의내용에 영향을 미치지 아니하도록 의결권을 행사할 것

⑧ 집합투자업자는 집합투자재산에 속하는 주식 중 대통령령으로 정하는 주식(제9조 제15항 제3호 나목에 따른 주권상장법인의 경우에는 주식과 관련된 증권예탁증권을 포함한다)의 의결권 행사 내용 등을 다음 각 호의 구분에 따라 공시하여야 한다. 이 경우 공시 방법 등에 관하여 필요한 사항은 대통령령으로 정한다.

제186조 제2항에 따라 집합투자업자, 신탁업자, 투자회사등(이하 '집합투자업자등'이라 한다)이 유가증권시장주권상장법인에 대한 의결권행사내용의 공시를 이행함에 있어 필요한 사항을 정함을 목적으로 하면서도(유가증권시장 공시규정 제78조), 위 규정 제82조 제1항 제1호에서는 신탁업자가 수익자의 이익을 보호하기 위하여 신탁재산에 속하는 주식을 발행한 유가증권시장 상장법인의 주주총회에서 의결권을 행사하는 경우, '법인의 합병, 영업의 양도·양수, 임원의 임면, 정관변경, 그 밖에 이에 준하는 사항으로서 수익자의 이익에 명백한 영향을 미치는 사항'에 대하여 의결권을 행사하는 경우 의결권의 구체적 행사내용 및 그 사유를 공시하도록 규정하고 있고 여기의 공시의무에는 자본시장법 제112조 제2항의 각 호의 하나에 해당할 것을 요구하고 있지 아니하여,[1] 경영권의 변경과 관련된 사항에 대하여 제2항에 따라 의결권을 행사하는 경우에 신탁업자에게 공시의무를 규정한 자본시장법 규정과 배치되는 것이 아닌지 의문이 발생한다.

그러나 우선, 위 공시규정은 자본시장법의 하위 규정으로서 상위법인 자본시장법에 배치되게 규정하거나 혹은 그러한 의미로는 해석되어서는 안 되는 점, 집합투자업자의 의결권 행사시 공시의무를 규정한 자본시장법 제87조 제8항 제1호에서도 같은 조 제2항에 따라 그림자 투표로 의결권 행사가 제한되는 경우 및 같은 조 제3항에 따라 그림자 투표의 예외로 의결권 행사가 제한되지 아니하는 경우에 그 의결권 행사내용을 공시하도록 규정하고 있는 점에 비추어, 위 공시규정 제82조 제1항 제1호에서 명시하지 아니하였다 하더라도 여기서의 공시의무는 자본시장법 제112조 제2항에 따라 의결권을 행사하는 경우를 말한다고 해석하여야 할 것이다.

한편, 신탁업자에게 주식을 신탁하면서 그 의결권 행사의 지시권을 수익자 또는 위탁자에게 부여하는 행위가 적법, 유효한지에 관하여, 자본시장법 제112조가 신탁업자의 독자적인 의사결정권을 보장하기 위한 조항으로서 이를 침해하고 수익자, 위탁자 또는

---

1. 제2항 및 제3항에 따라 주요의결사항에 대하여 의결권을 행사하는 경우: 의결권의 구체적인 행사내용 및 그 사유
2. 의결권공시대상법인(각 집합투자재산에서 대통령령으로 정하는 비율 또는 금액 이상을 소유하는 주식을 발행한 법인)에 대하여 의결권을 행사하는 경우: 제7항에 따른 의결권의 구체적인 행사내용 및 그 사유
3. 의결권공시대상법인에 대하여 의결권을 행사하지 아니한 경우: 제7항에 따른 의결권을 행사하지 아니한 구체적인 사유

1) 유가증권시장 공시규정 제82조(집합투자업자등의 의결권 행사내용의 공시) ① 집합투자업자등은 투자자의 이익을 보호하기 위하여 집합투자재산에 속하는 주권등을 발행한 유가증권시장주권상장법인의 주주총회에서 의결권을 행사하는 경우 다음 각호의 구분에 따라 그 내용을 주주총회일부터 5일 이내에 문서로 작성하여 지체없이 거래소에 신고하여야 한다. 다만, 신탁업자의 경우에는 제2호 및 제3호를 적용하지 아니한다.
1. 법인의 합병, 영업의 양도·양수, 임원의 임면, 정관변경, 그 밖에 이에 준하는 사항으로서 투자자의 이익에 명백한 영향을 미치는 사항에 대하여 의결권을 행사하는 경우: 의결권의 구체적 행사내용 및 그 사유

제3자에게 의결권행사 지시권을 부여하는 신탁행위의 효력을 인정하기 어렵고, 이러한 의결권행사 지시권이 인정되려면 입법론적 해결이 필요하다는 견해도 있으나,[1] 제112조 제1항의 문언만으로 위와 같이 제한적인 해석이 도출될 수 있는지 의문이다. 신탁설정 당시 신탁행위로 의결권행사 지시권을 유보하는 것을 막을 이유는 없어 보인다. 신탁의 유연성 관점에서 당연하고 충실의무에도 반하지 않는다고 하겠다. 오히려 수탁자의 독자적 판단으로 의결권을 행사하도록 한다면 수탁자에게 가중한 부담을 줄 수 있고, 수익자의 이익에 반할 가능성마저도 있다.

자본시장법 제113조 (장부 · 서류의 열람 및 공시 등)

① 수익자는 신탁업자에게 영업시간 중에 이유를 기재한 서면으로 그 수익자에 관련된 신탁재산에 관한 장부 · 서류의 열람이나 등본 또는 초본의 교부를 청구할 수 있다. 이 경우 그 신탁업자는 대통령령으로 정하는 정당한 사유가 없는 한 이를 거절하여서는 아니 된다.

② 제1항에 따른 열람이나 등본 또는 초본의 교부 청구의 대상이 되는 장부 · 서류의 범위 등에 관하여 필요한 사항은 대통령령으로 정한다.

자본시장법 시행령 제115조 (장부 · 서류의 열람 및 공시 등)

① 법 제113조 제1항 후단에서 "대통령령으로 정하는 정당한 사유"란 다음 각 호의 어느 하나에 해당하는 경우를 말한다. 이 경우 신탁업자는 열람이나 교부가 불가능하다는 뜻과 그 사유가 기재된 서면을 수익자에게 내주어야 한다.

1. 신탁재산의 운용내역 등이 포함된 장부 · 서류를 제공함으로써 제공받은 자가 그 정보를 거래 또는 업무에 이용하거나 타인에게 제공할 것이 뚜렷하게 염려되는 경우
2. 신탁재산의 운용내역 등이 포함된 장부 · 서류를 제공함으로써 다른 수익자에게 손해를 입힐 것이 명백히 인정되는 경우
3. 신탁계약이 해지된 신탁재산에 관한 장부 · 서류로서 제62조 제1항에 따른 보존기한이 지나는 등의 사유로 인하여 수익자의 열람제공 요청에 응하는 것이 불가능한 경우

1) 서울대학교 금융법센터, 〈주식신탁 활용방안 연구〉, 68면, 법무부 용역보고서(2015. 9. 30.). 김병기, 〈의결권신탁제도에 관한 연구〉, 571면 이하에서는 의결권신탁이 우리 회사법이나 신탁법에 규정된 제도가 아니므로 의결권 신탁이 우리 회사법상 허용될 수 있는지에 대하여 부정적 견해와 긍정적 견해가 있고, 우리 회사법에 의결권 신탁제도를 도입할 필요가 있다고 한다. 엄세용, 〈의결권 신탁(voting trust)의 자본시장 활용 및 규제〉, 88면에서도 의결권 신탁을 국내에 도입하기 위해 근거법 정비가 요청된다고 하면서, 회사법에 의결권 신탁의 성립, 서면 요건, 존속기간 및 수탁자의 권리와 의무 등을 규정하고, 또한 회사법에 주주권으로 열거되어 있는 각종 조항에서 '의결권 신탁증서 소지인'에게도 당해 권리를 인정할지 여부도 명확히 규정하여야 할 것이라고 한다.

② 수익자가 법 제113조 제1항에 따라 열람이나 등본 또는 초본의 교부를 청구할 수 있는 장부 · 서류는 다음 각 호와 같다.
1. 신탁재산 명세서
2. 재무제표 및 그 부속명세서
3. 신탁재산 운용내역서

신탁법 제40조에 의하면 위탁자나 수익자는 수탁자에게 '신탁사무의 처리와 계산에 관한 장부 및 그 밖의 서류'의 열람 또는 복사를 청구하거나 '신탁사무의 처리와 계산에 관한 설명'을 요구할 권리가 있는바, 상사신탁에 있어서는 수익자가 영업시간 중 언제든지 신탁재산 명세서, 재무제표 및 그 부속명세서, 신탁재산 운용내역서의 열람 또는 등본·초본 교부 청구를 통해 신탁재산의 운용내역을 확인할 수 있도록 허용함으로써 수익자로 하여금 신탁재산의 관리·운용의 적정성 여부를 감시할 수 있도록 규정하고(자본시장법 제113조, 동법 시행령 제115조 제2항), 다만 신탁재산의 정보를 거래 또는 업무에 이용하거나 타인에게 제공할 목적으로 장부·서류의 열람을 요구하는 경우 또는 다른 수익자에게 손해를 입힐 것이 명백히 인정되는 경우, 수익자의 열람제공 요청에 응하는 것이 불가능한 경우에는 신탁업자가 사유가 기재된 서면으로 이를 거절할 수 있도록 보완장치를 마련하고 있다(자본시장법 제113조 제1항 2문, 동법 시행령 제115조 제1항).[1)]

자본시장법 제114조 (신탁재산의 회계처리 등)

① 신탁업자는 신탁재산에 관하여 회계처리를 하는 경우 금융위원회가 증권선물위원회의 심의를 거쳐 정하여 고시한 회계처리기준에 따라야 한다.
② 금융위원회는 제1항에 따른 회계처리기준의 제정 또는 개정을 전문성을 갖춘 민간법인 또는 단체로서 대통령령으로 정하는 자에게 위탁할 수 있다. 이 경우 그 민간법인 또는 단체는 회계처리기준을 제정 또는 개정한 때에는 이를 금융위원회에 지체 없이 보고하여야 한다.
③ 신탁업자는 신탁재산에 대하여 그 신탁업자의 매 회계연도 종료 후 2개월 이내에 「주식회사 등의 외부감사에 관한 법률」 제2조 제7호에 따른 감사인(이하 "회계감사인"이라 한다)의 회계감사를 받아야 한다. 다만, 수익자의 이익을 해할 우려가 없는 경우로서 대통령령으로 정하는 경우에는 회계감사를 받지 아니할 수 있다.
④ 신탁업자는 신탁재산의 회계감사인을 선임하거나 교체하는 경우에는 그 선임일 또

1) 한국증권법학회, 〈자본시장법 [주석서 Ⅰ]〉, 484~485면.

는 교체일부터 1주 이내에 금융위원회에 그 사실을 보고하여야 한다.

⑤ 회계감사인은 신탁업자가 행하는 수익증권의 기준가격 산정업무 및 신탁재산의 회계처리 업무를 감사할 때 관련 법령을 준수하였는지 여부를 감사하고 그 결과를 신탁업자의 감사(감사위원회가 설치된 경우에는 감사위원회를 말한다)에게 통보하여야 한다.

⑥ 회계감사인은 제9항에 따른 감사기준 및 「주식회사 등의 외부감사에 관한 법률」 제16조에 따른 회계감사기준에 따라 회계감사를 실시하여야 한다.

⑦ 회계감사인은 신탁업자에게 신탁재산의 회계장부 등 관계 자료의 열람·복사를 요청하거나 회계감사에 필요한 자료의 제출을 요구할 수 있다. 이 경우 신탁업자는 지체 없이 이에 응하여야 한다.

⑧ 「주식회사 등의 외부감사에 관한 법률」 제20조는 제3항에 따른 신탁재산의 회계감사에 관하여 준용한다.

⑨ 회계감사인의 선임기준, 감사기준, 회계감사인의 권한, 회계감사보고서의 제출 및 공시 등에 관하여 필요한 사항은 대통령령으로 정한다.

자본시장법 제115조 (회계감사인의 손해배상책임)

① 회계감사인은 제114조 제3항에 따른 회계감사의 결과 회계감사보고서 중 중요사항에 관하여 거짓의 기재 또는 표시가 있거나 중요사항이 기재 또는 표시되지 아니함으로써 이를 이용한 수익자에게 손해를 끼친 경우에는 그 수익자에 대하여 손해를 배상할 책임을 진다. 이 경우 「주식회사 등의 외부감사에 관한 법률」 제2조 제7호 나목에 따른 감사반이 회계감사인인 때에는 그 신탁재산에 대한 감사에 참여한 자가 연대하여 손해를 배상할 책임을 진다.

② 회계감사인이 수익자에 대하여 손해를 배상할 책임이 있는 경우로서 그 신탁업자의 이사·감사(감사위원회가 설치된 경우에는 감사위원회의 위원을 말한다. 이하 이 항에서 같다)에게도 귀책사유가 있는 경우에는 그 회계감사인과 신탁업자의 이사·감사는 연대하여 손해를 배상할 책임을 진다. 다만, 손해를 배상할 책임이 있는 자가 고의가 없는 경우에 그 자는 법원이 귀책사유에 따라 정하는 책임비율에 따라 손해를 배상할 책임이 있다.

③ 제2항 단서에도 불구하고 손해배상을 청구하는 자의 소득인정액(「국민기초생활 보장법」 제2조 제8호에 따른 소득인정액을 말한다)이 대통령령으로 정하는 금액 이하에 해당되는 경우에는 회계감사인과 신탁업자의 이사·감사는 연대하여 손해를 배상할 책임이 있다.

④ 「주식회사 등의 외부감사에 관한 법률」 제31조 제6항부터 제9항까지의 규정은 제1항 및 제2항의 경우에 준용한다.

자본시장법 시행령 제116조 (회계처리기준 제정의 위탁)

법 제114조 제2항 전단에서 "대통령령으로 정하는 자"란 「주식회사 등의 외부감사에 관한 법률 시행령」 제7조 제1항에 따른 사단법인 한국회계기준원(이하 "한국회계기준원"이라 한다)을 말한다.

자본시장법 시행령 제117조 (회계감사 적용면제)

법 제114조 제3항 단서에서 "대통령령으로 정하는 경우"란 다음 각 호의 어느 하나에 해당하는 경우를 말한다.

1. 다음 각 목의 어느 하나에 해당하는 금전신탁인 경우
   가. 특정금전신탁
   나. 이익의 보장을 하는 금전신탁(손실만을 보전하는 금전신탁은 제외한다)
   다. 회계감사 기준일 현재 수탁원본이 300억원 미만인 금전신탁
2. 법 제103조 제1항 제2호부터 제7호까지의 재산의 신탁인 경우

자본시장법 시행령 제118조 (회계감사인의 선임 등)

① 신탁업자는 회계감사인을 선임하거나 교체하려는 경우에는 감사의 동의(감사위원회가 설치된 경우에는 감사위원회의 의결을 말한다)를 받아야 한다.

② 신탁재산에 관한 회계감사기준은 금융위원회가 증권선물위원회의 심의를 거쳐 정하여 고시한다.

③ 신탁재산에 대한 회계감사와 관련하여 회계감사인의 권한은 법 및 「주식회사 등의 외부감사에 관한 법률」에서 정하는 바에 따른다.

④ 회계감사인은 신탁재산에 대한 회계감사를 마친 때에는 다음 각 호의 사항이 기재된 회계감사보고서를 작성하여 신탁업자에게 지체 없이 제출하여야 한다.

1. 신탁재산의 대차대조표
2. 신탁재산의 손익계산서
3. 신탁재산의 수익률계산서
4. 신탁업자와 그 특수관계인과의 거래내역

⑤ 신탁업자는 회계감사인으로부터 회계감사보고서를 제출받은 경우에는 이를 지체 없이 금융위원회에 제출하여야 한다.

⑥ 신탁업자는 금융위원회가 정하여 고시하는 방법에 따라 해당 수익자가 회계감사보고서를 열람할 수 있도록 하여야 한다.

⑦ 회계감사에 따른 비용은 그 회계감사의 대상인 신탁재산에서 부담한다.

자본시장법 시행령 제118조의2 (회계감사인 등의 손해배상책임)

법 제115조 제3항에 따라 회계감사인과 신탁업자의 이사·감사가 연대하여 손해를 배상할 책임이 있는 경우는 손해배상을 청구하는 자의 그 손해배상 청구일이 속하는 달

의 직전 12개월간의 소득인정액 합산금액이 1억5천만원 이하인 경우로 한다.

금융투자업규정 제4-95조 (신탁업자의 회계감사보고서 열람)

① 신탁업자는 영 제118조 제6항에 따라 회계감사보고서를 수익자가 열람할 수 있도록 해당 신탁업자의 본점 및 지점, 그 밖의 영업소에 2년간 비치하여야 한다.

② 제1항에 따른 회계감사보고서의 비치는 신탁업자가 회계감사보고서를 해당 신탁업자의 인터넷 홈페이지에 갈음할 수 있다. 다만 신탁업자는 수익자가 해당 신탁업자는 수익자가 해당 신탁업자의 본점 및 지점 그 밖의 영업소에서 회계감사보고서의 열람을 요청하는 경우에는 이에 응하여야 한다. 〈2020.9.23. 신설〉

신탁재산의 회계처리(accounting)라 함은 신탁재산에 포함된 각 자산을 공정하게 평가하여 신탁재산의 대차대조표 및 손익계산서에 기재하는 것을 말하는 것으로 자산의 평가(valuation)와는 다른 개념을 의미한다. 자본시장법에서는 신탁재산의 회계처리의 기준 및 회계감사 등에 관하여 규정하고 있다.[1] 신탁업자는 신탁재산에 대하여 그 신탁업자의 매 회계연도 종료 후 2개월 이내에 회계감사인의 회계감사를 받아야 한다. 다만, 수익자의 이익을 해할 우려가 없는 경우로서 (i) 금전신탁인 경우 특정금전신탁, 이익의 보장을 하는 금전신탁(손실만을 보전하는 금전신탁은 제외한다), 회계감사 기준일 현재 수탁원본이 300억원 미만인 금전신탁, (ii) 자본시장법 제103조 제1항 제2호부터 제7호까지의 재산의 신탁인 경우에는 회계감사를 받지 아니할 수 있다(자본시장법 제114조 제3항, 동법 시행령 제117조).

회계감사인은 회계감사의 결과 회계감사보고서 중 중요사항에 관하여 거짓의 기재 또는 표시가 있거나 중요사항이 기재 또는 표시되지 아니함으로써 이를 이용한 수익자에게 손해를 끼친 경우에는 그 수익자에 대하여 손해를 배상할 책임을 진다(자본시장법 제115조 제1항). 회계감사인이 수익자에 대하여 손해를 배상할 책임이 있는 경우로서 그 신탁업자의 이사·감사에게도 귀책사유가 있는 경우에는 그 회계감사인과 신탁업자의 이사·감사는 연대하여 손해를 배상할 책임을 진다(자본시장법 제115조 제2항 본문). 다만, 손해를 배상할 책임이 있는 자가 고의가 없는 경우에 그 자는 법원이 귀책사유에 따라 정하는 책임비율에 따라 손해를 배상할 책임이 있으나, 손해배상을 청구하는 자의 소득인정액(「국민기초생활 보장법」 제2조 제8호에 따른 소득인정액을 말한다)이 대통령령으로 정하는 금액 이하에 해당되는 경우에는 회계감사인과 신탁업자의 이사·감사는 연대하여 손해를 배상할 책임이 있다(자본시장법 제115조 제2항 단서). 2014. 1. 28. 법률 제12383호에서 밝히고 있는 개정이유는, 회계감사인이 증권의 수익자 또는 투자자에 대하여 손해배상책임이 있는 경우 해당 신탁회사 또는 집합투자업자의 이

1) 한국증권법학회, 〈자본시장법 [주석서 I]〉, 487면.

사·감사 등도 그 책임이 있는 때에는 그들과 연대하여 손해를 배상할 책임이 있다고 규정하고 있으나, 회사 재무제표 작성의 일차적 책임이 있는 해당 회사의 이사 또는 감사와 전수조사가 아닌 일정한 감사절차에 따라 감사하는 회계감사인은 그 책임의 정도가 다름에도 불구하고 서로 연대책임을 지도록 하는 것은 형평의 원칙에 부합하지 않는다는 문제점이 제기되고 있고, 현행 연대책임제도 하에서는 피고의 과실정도를 불문하고 회계감사인 등 변제력이 있는 특정피고를 대상으로 소송을 제기하는 사례가 증가하는 등 각종 부작용에 대한 우려가 커지고 있는 실정인바, 고의의 경우와 소액투자자에 대하여는 현행과 같이 연대하여 배상책임을 지도록 하되, 고의가 아닌 경우에는 귀책사유에 따라 법원이 정하는 비율에 따라 배상책임을 지도록 규정하면서 아울러 손해액의 일부를 배상받지 못하는 경우에는 변제력이 있는 피고가 일부를 추가부담하도록 하려는 취지라고 한다.

자본시장법 제116조 (합병 등)

① 신탁업자가 합병하는 경우 합병 후 존속하는 신탁업자 또는 합병으로 인하여 설립된 신탁업자는 합병으로 인하여 소멸된 신탁업자의 신탁에 관한 권리의무를 승계한다.

② 「신탁법」 제12조, 제21조 제2항 및 제3항은 신탁업자의 합병에 관하여 이의를 제기한 수익자가 있는 경우 그 신탁업자의 임무 종료 및 새로운 신탁업자의 선임 등에 관하여 준용한다.

③ 금융위원회는 신탁업자가 그 목적을 변경하여 다른 업무를 행하는 회사로서 존속하는 경우에는 그 회사가 신탁에 관한 채무 전부를 변제하기에 이르기까지 재산의 공탁을 명하거나, 그 밖에 필요한 명령을 할 수 있다. 합병으로 인하여 신탁업자가 아닌 회사가 신탁업자의 임무 종료를 위하여 필요한 사무를 처리하는 동안에도 또한 같다.

본조는 수탁자인 법인이 소멸회사로서 해산되더라도 소멸회사의 권리의무관계는 원칙적으로 존속회사(흡수합병시) 또는 합병 후의 신회사(신설합병시)에게 승계되는 것이므로 수탁자의 지위도 승계하는 것이 타당하다고 보아, 합병 후 존속하는 신탁회사 또는 신설회사가 합병으로 인해 소멸하는 신탁회사에 관한 권리·의무를 승계하는 것으로 규정하고 있다.[1] 이는 수탁자가 동일한 여러 개의 신탁을 1개의 신탁으로 하는 신탁법 제90조의 신탁의 합병과는 다른 개념이다.

1) 한국증권법학회, 〈자본시장법 [주석서Ⅰ]〉, 492면. 이 책 493면에서는, 합병으로 권리의무가 승계되는 것을 인정하기 위해서는 인가를 받은 지위도 당연히 합병 후의 존속회사 또는 신설회사에 승계되는 것으로 보아야 한다고 한다.

신탁업자의 합병에 관하여 이의를 제기한 수익자가 있는 경우 그 수익자의 신탁에 대한 신탁업자의 수탁자로서의 임무는 종료하고(신탁법 제12조), 법원에 신수탁자의 선임을 청구할 수 있다(동법 제21조 제2항).

금융위원회는 신탁업자가 그 목적을 변경하여 다른 업무를 행하는 회사로서 존속하는 경우에는 그 회사가 신탁에 관한 채무 전부를 변제하기에 이르기까지 재산의 공탁을 명하거나, 그 밖에 필요한 명령을 할 수 있다. 합병으로 인하여 신탁업자가 아닌 회사가 신탁업자의 임무 종료를 위하여 필요한 사무를 처리하는 동안에도 또한 같다.

자본시장법 제117조 (청산)

제95조는 신탁업을 영위하는 금융투자업자의 청산에 관하여 준용한다.

신탁업자에 대하여도 집합투자업자의 청산에 관한 규정이 준용됨에 따라, 금융위원회는 청산인 선임(자본시장법 제95조 제1항, 제3항, 제4항) 및 청산사무 감독 권한(동조 제2항)을 가지고, 신탁업자에게 보수를 주게 할 수 있으며(동조 제5항), 청산인이 업무를 집행함에 있어서 현저하게 부적합하거나 중대한 법령 위반사항이 있는 경우에는 직권으로 또는 이해관계인의 청구에 의하여 청산인을 해임할 수 있다(동조 제6항).

자본시장법 제117조의2 (관리형신탁에 관한 특례)

① 제103조 제1항 제4호부터 제6호까지의 어느 하나에 규정된 재산만을 수탁받는 신탁업자가 관리형신탁계약을 체결하는 경우 그 신탁재산에 수반되는 금전채권을 수탁할 수 있다.

② 제1항에 따른 신탁재산의 운용방법 및 제한에 관하여 필요한 사항은 대통령령으로 정한다.

자본시장법 시행령 제118조의3 (관리형신탁에 관한 특례)

① 신탁업자가 법 제117조의2 제1항에 따라 금전채권을 수탁한 경우 그 금전채권에서 발생한 과실인 금전은 다음 각 호의 어느 하나에 해당하는 방법으로 운용하여야 한다.

1. 제106조 제2항 각 호의 금융기관에의 예치

2. 국채증권, 지방채증권 또는 특수채증권의 매수
3. 국가 또는 제106조 제2항 각 호의 금융기관이 지급을 보증한 증권의 매수
4. 그 밖에 신탁재산의 안정성 및 수익성 등을 고려하여 총리령으로 정하는 방법
② 제1항에 따른 운용방법의 세부사항, 그 밖에 신탁재산의 제한에 필요한 사항은 금융위원회가 정하여 고시한다.

2013. 5. 28. 법률 제11845호로 개정된 자본시장법에서는 관리형신탁에 관한 특례로서, 동산, 부동산, 부동산 관련 권리 중 어느 하나에 규정된 재산만을 수탁받는 신탁업자가, 「신탁법」 제78조 제1항에 따른 수익증권발행신탁이 아닌 신탁으로서, 위탁자(신탁계약에 따라 처분권한을 가지고 있는 수익자를 포함한다)의 지시에 따라서만 신탁재산의 처분이 이루어지는 신탁 또는 신탁계약에 따라 신탁재산에 대하여 보존행위 또는 그 신탁재산의 성질을 변경하지 아니하는 범위에서 이용·개량 행위만을 하는 관리형신탁계약(수탁자가 「신탁법」 제46조부터 제48조까지의 규정에 따라 처분 권한을 행사하는 경우는 포함)을 체결하는 경우 그 신탁재산에 수반되는 금전채권을 수탁할 수 있도록 하는 규정을 신설하였다(자본시장법 제117조의2).

이에 따라 신탁업자가 금전채권을 수탁한 경우 그 금전채권에서 발생한 과실인 금전은 ① 제106조 제2항 각 호의 금융기관에의 예치, ② 국채증권, 지방채증권 또는 특수채증권의 매수, ③ 국가 또는 제106조 제2항 각 호의 금융기관이 지급을 보증한 증권의 매수 중 어느 하나에 해당하는 방법으로 운용하여야 한다(자본시장법 시행령 제118조의3 제1항 제1호 내지 제3호). 자본시장법 시행령에서는, 그 밖에 신탁재산의 안정성 및 수익성 등을 고려하여 총리령으로 운용방법을 정할 수 있도록 하였으나, 이에 관하여 자본시장법 시행규칙은 별도로 정하고 있지 아니하다. 또한 위와 같은 운용방법의 세부사항, 그 밖에 신탁재산의 제한에 필요한 사항은 금융위원회가 정하여 고시하도록 하였으나(자본시장법 시행령 제118조의3 제2항), 금융투자업협회는 이에 관한 별도 규정을 두고 있지 아니하다.

2013. 5. 28. 법률 제11845호의 개정이유에서는 자본시장법 제117조의2의 신설이유에 관하여 언급하고 있지 아니하고, 다만 금융위원회 2011. 7. 27. 공고 제2011-119호 자본시장법 일부개정법률(안) 입법예고에서 "금융투자상품 규제가 배제되는 관리형신탁의 정의를 명확히 하고 수탁 가능한 재산의 범위를 확대하는 한편, 금전 외 재산 신탁의 운용근거를 신설하는 등 신탁업 관련 규제를 정비함"이라고만 밝히고 있다. 위 조항이 실제로 적용되기 위해서는 추가적인 논의가 이루어져야 할 것으로 보인다.

V

특수한 유형의 신탁

Ⅴ. 특수한 유형의 신탁

제 1 절 부동산신탁

1. 부동산신탁의 의의

부동산신탁이란, 부동산을 신탁재산으로 하는 신탁 즉 위탁자와 수탁자 간의 신임관계에 기하여 위탁자가 수탁자에게 부동산을 이전하거나 담보권의 설정 또는 그 밖의 처분을 하고 수탁자로 하여금 수익자의 이익 또는 특정의 목적을 위하여 그 재산의 관리, 처분, 운용, 개발, 그 밖에 신탁 목적의 달성을 위하여 필요한 행위를 하게 하는 법률관계(신탁법 제2조)를 말한다.

부동산신탁은, '대내적 관계에서는 신탁자가 소유권을 보유하여 이를 관리 수익하면서 공부상의 소유명의만을 수탁자로 하여두는' 명의신탁(名義信託)[1]과 구별할 필요가 있다. 명의신탁 약정 및 그 약정에 따른 등기로 이루어진 부동산에 관한 물권변동은 부동산실명법 제4조[2]에 따라 무효이다. 그러나 신탁법상의 신탁은 대내외적으로 소유권이 수탁자에게 완전히 이전되고, 다만 수탁자는 신탁의 목적 범위 내에서 신탁계약에 정하여진 바에 따라 신탁재산을 관리하여야 하는 제한을 부담함에 불과하다는 점에서 차이가 있다(이에 관한 자세한 내용은 Ⅱ. 신탁법 제1장 제2조 7. 명의신탁 부분 참조).[3]

---

1) 대법원 1987. 5. 12.자 86다카2653 결정; 대법원 1996. 9. 10. 선고 95누7239 판결 등.

2) 부동산실명법 제4조(명의신탁약정의 효력) ① 명의신탁약정은 무효로 한다.
② 명의신탁약정에 따른 등기로 이루어진 부동산에 관한 물권변동은 무효로 한다. 다만, 부동산에 관한 물권을 취득하기 위한 계약에서 명의수탁자가 어느 한쪽 당사자가 되고 상대방 당사자는 명의신탁약정이 있다는 사실을 알지 못한 경우에는 그러하지 아니하다.
③ 제1항 및 제2항의 무효는 제3자에게 대항하지 못한다.

3) 대법원 2002. 4. 12. 선고 2000다70460 판결(신탁법상의 신탁은 위탁자가 수탁자에게 특정의 재산권을 이전하거나 기타의 처분을 하여 수탁자로 하여금 신탁 목적을 위하여 그 재산권을 관리·처분하게 하는 것이므로(신탁법 제1조 제2항), 부동산의 신탁에 있어서 수탁자 앞으로 소유권이전등기를 마치게 되면 대내외적으로 소유권이 수탁자에게 완전히 이전되고, 위탁자와의 내부관계에 있어서 소유권이 위탁자에게 유보되어 있는 것은 아니라 할 것이며, 이와 같이 신탁의 효력으로서 신탁재산의 소유권이 수탁자에

부동산신탁은 신탁을 업으로 하는 수탁자에 의한 '영리 부동산신탁'과 그렇지 아니한 '비영리 부동산신탁'으로 구분하여 볼 수 있을 것이다.

현재 비영리 부동산신탁은, 부동산재개발조합이 부동산 재건축, 재개발 등 도시환경 정비사업 시행을 위하여 조합원들로부터 부동산을 수탁하는 경우[1] 등에서 이용사례를 찾아볼 수 있기는 하나, 일반 사인들 간에는 거의 이용되지 않고 있다.[2]

영리 부동산신탁의 경우, 부동산신탁업자(자본시장법 제103조 제1항 제4호부터 제6호까지의 재산에 대한 신탁 업무 및 그 부대업무를 영위하는 조건으로 신탁업인가를 받은 신탁업자, 금융투자업규정 제3-4조 제1항)의 영업행위로서 이루어진다. 1990. 4. 13. 부동산 투기억제대책의 일환으로 부동산신탁 제도가 도입된 후, 1991. 성업공사의 대한부동산신탁, 한국감정원의 한국부동산신탁이 설립되었고,[3] 2017년 1월 기준 신탁업을 영위하는 전체 56개 신탁회사 중 은행(19개사), 증권(20개사), 보험(6개사) 등 겸영신탁회사 45개사 외에 전업 부동산신탁회사는 11개 회사였고, 2019년 추가로 3개사가 부동산신탁업 인가를 받았다.

20194년 6월말 기준 신탁회사 총 수탁고 924.3조 원 중 부동산신탁회사의 수탁고 비중은 23.8%(219.7조 원)를 차지하고 있고, 전체 신탁재산 중 부동산신탁의 수탁고 비중은 29%(268.1조 원)으로, 부동산신탁회사(219.7조 원) 외에도 은행이 43.4조 원, 증권회사가 1.3조 원의 각 부동산신탁 수탁고를 가진 것으로 나타났다.[4]

이 절에서는 부동산신탁회사에 의한 영리 부동산신탁을 중심으로 살펴본다.

2. 부동산신탁의 유형

현재 영리신탁으로서 행하여지고 있는 부동산신탁의 유형은 관리신탁, 처분신탁, 담보신탁, 토지신탁(개발신탁)으로 나누어볼 수 있다.[5]

종래 IMF 이전에는 토지신탁이 주로 이루어졌으나, 신탁회사가 고유계정으로 차입하는 사업형태로 인하여 필연적으로 부동산신탁회사가 과도한 리스크를 부담하게 되었고, 이는 신탁사업 중 하나가 부실화되면 곧 신탁회사의 파산으로 이어져, 결국 한국부동산신탁 및 대한부동산신탁이 파산하는 결과를 낳았다.[6]

게 이전되는 결과 수탁자는 대내외적으로 신탁재산에 대한 관리권을 갖는 것이고, 다만, 수탁자는 신탁의 목적 범위 내에서 신탁계약에 정하여진 바에 따라 신탁재산을 관리하여야 하는 제한을 부담함에 불과하다).

1) 재건축사업에서 신탁등기의 필요성에 관하여는 견해의 대립이 있다고 한다. 김대현, 〈주택재건축사업에서 신탁등기의 문제점〉.
2) 오창석, 〈개정 신탁법이 신탁실무에 미치는 영향〉, 53면.
3) 윤황지, 〈부동산신탁제도에 관한 연구〉, 290면.
4) 2019. 8. 14. 금융감독원 〈신탁관련 통계(2019년 2분기)〉.
5) 장현옥, 〈부동산신탁에 관한 연구〉, 149면.
6) 오창석, 〈개정 신탁법이 신탁실무에 미치는 영향〉, 54면.

IMF 이후 Project Financing('PF') 시장이 발전함에 따라, (i) 구 회사정리법 제240조 제2항(현 '채무자 회생 및 파산에 관한 법률' 제250조 제2항)에도 불구하고, 위탁자 및 수탁자의 도산에 영향을 받지 아니하는 신탁의 '도산절연성' 및 (ii) 위탁자의 채권자의 강제집행으로부터 신탁재산 자체를 보호할 수 있다는 신탁의 기능을 이용하여, 구조화된 프로젝트(structured finance)를 위한 매개물(vehicle)로서 담보신탁제도가 개발되었고, 이후 부동산신탁은 이러한 담보신탁을 위주로 발전하였다.[1]

2019년 6월말 현재 부동산신탁의 전체 수탁고 268.1조 원 중 토지신탁의 수탁고는 67.7조 원, 관리신탁은 16.6조 원, 처분신탁은 6.7조 원으로 나타났고, 담보신탁은 177.1조 원으로 가장 많은 부분을 차지하고 있다.[2]

실제 부동산신탁이 이루어지는 경우에는 아래와 같은 전형적인 유형의 신탁계약서에 특약사항으로 여러 가지 조항을 추가하여 사용되므로, 구체적인 사건에서 당해 부동산신탁의 유형을 판단함에 있어서는 그 신탁계약서의 제목에 구애받을 것이 아니라 신탁계약서의 전체 조항을 종합적으로 검토하여 그 신탁계약이 어떠한 유형의 부동산신탁에 해당하는지를 판단하여야 한다.[3]

이하에서는 관리신탁·처분신탁·토지신탁·담보신탁 및 그 밖에 부동산신탁이 이용되는 유형에 대하여 차례로 살펴본다.

가. 관리신탁

부동산관리신탁은 고도산업사회에서 복잡 다양한 권리의 보호와 합리적인 운용을 위하여 전문 부동산관리자가 부동산소유자를 대신하여 임대차 관리, 시설의 유지·관리, 세무관리 등 일체를 종합적으로 관리·운용하여 그 수익을 수익자에게 교부하거나('갑종 관리신탁'), 신탁부동산의 소유 명의만을 관리하여 주는('을종 관리신탁') 신탁제도이다. 갑종 관리신탁의 경우는 보통 부동산 소유자가 장시간 해외에 나가게 되어 부동산관리가 어려운 경우 또는 부동산을 소유하고는 있으나 임대차 업무, 시설의 유지관리, 세무관리, 수익금 관리업무 등 복잡하고 어려운 빌딩관리업무에 대한 전문지식 결여로 관리업무 시행이 어려운 때 이용되고, 을종 관리신탁은 부동산 소유자가 자신의 부동산에 발생할 수 있는 예기치 못한 위험으로부터 소유권을 안전하게 보존할 필요가 있는 경우에 이용되는데, 실무상으로는 갑종 관리신탁은 거의 이용되지 않고 을종 관리신탁만 행하여지고

1) 오창석, 〈개정 신탁법이 신탁실무에 미치는 영향〉, 54면.
2) 2019. 8. 14. 금융감독원 〈신탁관련 통계(2019년 2분기)〉.
3) 예를 들어, 부동산관리신탁계약서에 특약사항으로 수탁자가 제3자에게 신탁부동산을 직접 처분할 수 있다는 취지의 조항을 삽입하는 경우가 있는데, 이 경우는 부동산관리신탁 외에 부동산처분신탁의 성질도 함께 가지게 된다고 한다(진상훈, 〈부동산신탁의 유형별 사해행위 판단방법〉, 316면).

있다.[1)]

이러한 을종 관리신탁의 경우에 특히 이른바 '수동신탁'으로서 유효성 여부가 문제된다.

나. 처분신탁

부동산처분신탁은 부동산의 처분을 목적으로 수탁자에게 소유권을 이전하고 수탁자가 그 부동산을 처분하여 수익자에게 정산하여 주는 신탁이다. 즉, 대형·고가의 부동산으로서 매수자가 제한되어 있는 부동산, 권리관계가 복잡하여 처분방법이나 절차에 어려움이 있는 부동산, 잔금 정산까지 장기간이 소요되어 소유권관리에 안전을 요하는 부동산을 전문성과 공신력을 갖춘 수탁자에게 처분을 목적으로 소유권을 이전하고 수탁자로 하여금 그 부동산을 처분하게 하는 신탁이다.[2)]

부동산처분신탁에 있어서도 두 가지로 나누어 실무에서 행해지고 있다. 즉, 수탁자가 신탁부동산의 명의관리만을 하다가 처분하는 경우도 있고, 명의관리 이외에 처분시까지의 물건관리행위 일체를 스스로 하다가 처분하는 경우도 있다. 후자를 갑종 처분신탁이라 하고 전자를 을종처분신탁이라고 한다. 우리나라에서는 명의관리를 하다가 처분하는 을종처분신탁만이 행해지고 있다.[3)]

처분신탁에서는 매각이 주로 신탁목적이 되며, 매각하기까지의 관리는 소극적인 것이 많다. 관리처분형의 경우에는 신탁기간 중에는 수탁자가 관리업무를 수행하고 신탁기간이 종료하면 신탁재산을 처분하며, 즉시처분형은 신탁계약과 동시에 신탁재산이 매각처분된다.[4)]

신탁재산의 처분행위는 신탁재산권의 현상 또는 그 성질을 바꾸는 사실적 처분행위(가옥의 철거 등)와 신탁재산권의 변동을 발생시키는 법률적 처분행위(가옥의 매각, 담보권 설정 등)로 나눌 수 있다. 그러나 실무상 처분신탁은 거의 매각을 목적으로 하고 있으며, 철거는 물론 지상권의 설정이라든가 담보권의 설정 등은 없다고 한다.[5)]

원칙적으로 신탁재산의 처분주체는 수탁자이며, 처분행위에 있어서 수탁자의 기본적 의무는 관리신탁의 경우와 동일하다. 처분신탁에 의하여 수탁자가 해당부동산을 처분하면 실질과세의 원칙에 따라 그 처분시에 위탁자가 처분한 것으로 간주하여 각종 부동산 조세를 부과하게 된다(이에 관한 자세한 내용은 VI. 신탁과 조세 부분 참조).

---

1) 진상훈, 〈부동산신탁의 유형별 사해행위 판단방법〉, 316면.
2) 장현옥, 〈부동산신탁에 관한 연구〉, 153면.
3) 장현옥, 〈부동산신탁에 관한 연구〉, 153면.
4) 장현옥, 〈부동산신탁에 관한 연구〉, 154면.
5) 장현옥, 〈부동산신탁에 관한 연구〉, 154면.

다. 토지신탁

'토지신탁'이란 신탁의 인수시에 신탁재산으로 토지 등을 수탁하고 신탁계약에 따라 토지 등에 건물, 택지, 공장용지 등의 유효시설을 조성하여 처분·임대 등 부동산 사업을 시행하고 그 성과를 수익자에게 교부하여 주는 신탁을 말한다(금융투자협회 제정 '금융투자회사의 영업 및 업무에 관한 규정' 제2-65조 제6항).

토지신탁은 개정 전 신탁법에는 명문의 법적근거가 없이 「관리·처분」을 소극적인 관리와 처분뿐만 아니라 적극적인 방법에 의한 관리와 처분을 포함하는 것이고 부동산을 개발하여 사업을 시행하는 것은 적극적인 방법에 의한 관리와 처분에 해당한다고 해석하여 토지신탁이 시행되면서도, 그 법적근거를 명문화하는 것이 타당하다는 지적이 있어 왔는바, 현행 신탁법 제2조에서는 관리, 처분 외에도 「운용, 개발, 그 밖에 신탁 목적의 달성을 위하여 필요한 행위를 하게 하는 법률관계」라고 규정하여 개발행위의 법률상 근거를 명시하였다(이에 관한 자세한 내용은 Ⅱ. 신탁법 제1장 총설 제2조 부분 참조).

토지신탁은 개발사업 후 수익을 올리는 방법에 따라서 크게 임대형 토지신탁, 분양형(처분형) 토지신탁, 혼합형 토지신탁으로 구분된다.[1]

또는 사업비의 조달의무를 누가 부담하는지에 따라, 사업비의 조달의무를 위탁자가 부담하는 신탁인 '관리형토지신탁'과 사업비의 조달의무를 수탁자가 부담하는 '차입형토지신탁'으로 나누기도 한다(금융투자협회 제정 '금융투자회사의 영업 및 업무에 관한 규정' 별표 15. '토지신탁수익의 신탁종료 전 지급 기준').[2]

이러한 토지신탁은 토지소유자인 위탁자가 전문적인 토지개발자인 수탁자에게 소유권을 이전하고 수탁자가 스스로 토지소유권자의 지위에서 그 토지를 개발하여 그로부터의 수익을 배당하는 방법으로서 소위 토지소유자와 전문토지개발자와의 협력에 의하는 합동개발의 한 유형이라고 할 수 있기는 하나,[3] 판례는 『일반적으로 토지소유자가 부동산신탁회사에게 토지를 신탁하고 부동산신탁회사가 수탁자로서 신탁된 토지상에 건물을 신축하거나 택지를 조성하는 등 적절한 개발행위를 한 후 토지 및 지상건물을 일체로 분

---

1) 윤황지, 〈부동산신탁제도에 관한 연구〉, 284면.

2) 시행자에 의한 직접 부동산개발사업과 관리형 토지신탁을 이용한 부동산개발사업 간에 관리형 토지신탁의 리스크 저감효과에 관하여는 송석주·박인권, 〈관리형토지신탁을 통한 개발사업 리스크 저감에 관한 연구〉 참조. 최근에는 관리형 토지신탁을 응용한 형태로, '시공사가 책임준공의무를 기한 내에 이행하지 못할 경우 그 책임준공의무를 수탁자가 일정 기간 내에 대신 이행하기로 하고, 그 불이행으로 PF대출금융기관의 손해발생시 그 손해를 배상하기로 하는 내용'을 관리형 토지신탁계약서 특약에 포함하는 이른바 '책임준공확약조건부 관리형토지신탁'도 이용되고 있다. 금융감독원은 부동산신탁사 준법감시인 간담회를 통하여 과도한 손해배상금액 약정 등 이례적인 조건이 아닌 한 신탁업자가 수익자인 PF금융기관에게 책임준공확약을 제공하는 것이 지급보증 및 손실보전에 해당하지 않는 입장을 견지한 바 있으나, 2019. 7. 26. 금융감독원 질의회신(190022)에서는 확약상대방이 신탁사의 대주주인 경우 자본시장법 제34조(대주주와의 거래 등의 제한) 제2항에서 규정한 '신용위험을 수반하는 간접적 거래'에 해당할 소지가 있다는 회신을 한 바 있어, 이에 관해서는 추가적인 연구가 필요해 보인다.

3) 장현옥, 〈부동산신탁에 관한 연구〉, 156면.

양 또는 임대하여 그 수입에서 신탁회사의 투입비용을 회수하고 수익자에게 수익을 교부하는 취지의 계약은 이를 신탁법상의 신탁계약으로 볼 것이고, 달리 특별한 약정이 없는 한 토지소유자와 부동산신탁회사 사이의 동업계약으로 볼 것은 아니다』라고 판시하였다(대법원 2006. 6. 9. 선고 2004다24557 판결).

사업실적에 따르는 수익 또는 손실은 모두 수익자에게 귀속되며 신탁회사는 소정의 신탁보수를 받게 된다(다만 수익자가 수익권을 포기한 경우 토지신탁에서 발생한 손실의 귀속에 관한 논의는 Ⅱ. 신탁법 제5장 수익자의 권리·의무 제1절 수익권의 취득과 포기 중 제57조 부분 참조). 이러한 토지신탁은 부동산신탁의 여러 유형 중에서도 수탁자가 가장 적극적으로 신탁사무를 처리할 것이 요구되므로 그 주의의무의 내용도 상대적으로 복잡하게 되는데, 위 판례는 토지신탁계약의 수탁자에게 『우선적으로 위탁자의 지시에 따라 사무처리를 하여야 하나, 그 지시에 따라 신탁사업을 추진하는 것이 신탁의 취지에 적합하지 않거나 경제성이 없는 것으로 판단되어 위탁자에게 불이익할 때에는 그러한 내용을 위탁자에게 알려주고 그 지시를 변경하도록 조언할 의무』를 인정하였다(대법원 2006. 6. 9. 선고 2004다24557 판결).

또한 위 판례는 토지개발신탁에서 수탁자가 부동산신탁을 업으로 하는 전문가로서 보수를 지급받기로 한 후 전문지식에 기초한 재량을 갖고 신탁사업을 수행하다가 당사자들이 예측하지 못한 경제상황의 변화로 그 사업이 중단됨으로써 위탁자가 막대한 신탁비용채무를 부담하게 된 사정이 인정되는 경우, 이러한 사정도 신탁비용의 지출 또는 부담에서의 수탁자의 과실과 함께 고려하여 신의칙과 손해의 분담이라는 관점에서 상당하다고 인정되는 한도로 수탁자의 비용상환청구권 및 보수청구권의 행사를 제한하였다.

라. 담보신탁

부동산담보신탁이란 채무자가 위탁자가 되고 채권자를 수익자로 하여 채무자 또는 제3자(일종의 물상보증인에 해당)가 신탁부동산의 소유권을 수탁자에게 이전하고 수탁자는 담보의 목적을 위하여 신탁재산을 관리하다가 채무가 정상적으로 이행되면 신탁재산의 소유권을 위탁자에게 환원하고, 만약 채무자가 채무를 변제하지 아니할 때에는 신탁재산을 처분하여 그 대금으로써 채권자인 수익자에게 변제하고 잔액이 있을 때에는 채무자에게 반환하는 방법에 의한 것으로 신탁제도를 이용한 부동산 담보방법이다. 이 제도는 신탁의 담보적 기능을 이용한 관리신탁과 처분신탁의 결합형으로서, 실무상으로는 「관리·처분신탁」이라는 형식으로 계약을 체결하고 있다.[1)]

기존의 부동산담보제도로 이용되고 있는 저당권은 피담보채권에의 부종성으로 인하여 저당권 자체만을 유통시킬 수 없고, 그 실행 시 경매의 방법에 의하므로 시간과 비용

1) 윤황지, 〈부동산신탁제도에 관한 연구〉, 285면; 장현옥, 〈부동산 신탁에 관한 연구〉, 171~172면.

이 많이 소모되며 경매대금은 실거래가격보다 낮은 경우가 대부분인 단점이 있고, 변칙담보(양도담보, 가등기담보 등)는 그 실행을 위한 청산금을 담보권자 스스로 평가함으로써 평가액의 공정성에 관하여 의문이 있고, 담보목적의 등기임이 공시되지 않아 공시방법이 불충분하다는 단점이 있는데, 이에 반하여 부동산담보신탁은 피담보채권과 분리하여 수익권만을 양도할 수 있고,[1] 그 실행을 임의매각방법에 의하므로 시간과 비용을 절감할 수 있고 매각대금도 경매대금보다 일반적으로 높으며 공신력 있는 신탁회사가 수탁자로서 임의매각을 하므로 매각대금의 적정성을 기대할 수 있고, 담보목적의 신탁등기임이 신탁원부를 통하여 공시될 수 있는 장점을 가진다.[2] 또한 부동산담보신탁은 단순히 담보 자산만을 담보물로 삼는 것이 아니라 저당권 등의 기존의 담보제도에서는 활용할 수 없는 사업에서 발생되는 현금흐름(cash-flow)까지도 담보물로 삼을 수 있는 이점이 있고, 담보권자의 의사에 따라 담보물의 취득자를 정할 수 있는 편리성까지 있기 때문에 프로젝트 사업주체를 변경하여 사업을 계속 진행시킬 수 있는 특징이 있다고 한다.[3]

우리나라에서 신탁의 방법을 담보제도로 활용하기 시작한 것은 1993. 2. 4. 재무부가 담보신탁의 시행을 인가한 이후 각 부동산신탁회사가 담보신탁을 시행하면서이다. 담보신탁에 의한 신탁회사의 업무실적이 상당히 쌓여 있고, 수탁자를 공적 신용력이 있는 부동산신탁회사로 하기 때문에 위탁자는 안전하게 수탁자에게 담보를 위하여 소유부동산을 신탁할 수 있으며, 대출자인 금융기관도 수탁자인 부동산신탁회사를 신뢰하고 담보신탁의 방법에 의하여 대출을 실시하고 있다.[4]

구 회사정리법 제240조 제2항(채무자회생법 제250조 제2항)에도 불구하고, 담보신탁은 위탁자 및 수탁자의 도산에 영향을 받지 아니하는 신탁의 '도산절연성'을 가진다.[5]

---

1) 대법원 2017. 6. 22. 선고 2014다225809 전원합의체 판결; 대법원 2017. 9. 21. 선고 2015다52589 판결(위탁자가 금전채권을 담보하기 위하여 금전채권자를 우선수익자로, 위탁자를 수익자로 하여 위탁자 소유의 부동산을 신탁법에 따라 수탁자에게 이전하면서 채무불이행 시에는 신탁부동산을 처분하여 우선수익자의 채권 변제 등에 충당하고 나머지를 위탁자에게 반환하기로 하는 내용의 담보신탁을 해 둔 경우, 특별한 사정이 없는 한 우선수익권은 경제적으로 금전채권에 대한 담보로 기능할 뿐 금전채권과는 독립한 신탁계약상의 별개의 권리가 된다. 따라서 이러한 우선수익권과 별도로 금전채권이 제3자에게 양도 또는 전부되었다고 하더라도 그러한 사정만으로 우선수익권이 금전채권에 수반하여 제3자에게 이전되는 것은 아니고, 금전채권과 우선수익권의 귀속이 달라졌다는 이유만으로 우선수익권이 소멸하는 것도 아니다) 등 참조. 그러나 실무상 이루어지는 많은 담보신탁의 경우에 우선수익자가 갖는 수익권의 범위를 우선수익자가 채무자 또는 위탁자에 대하여 보유하는 대출원리금 채권으로 규정하고 그 한도 내에서만 수익을 얻을 수 있고, 처분요청도 우선수익자와 채무자간에 체결한 여신거래계약 불이행시로 정하고 있어, 이러한 경우 비록 수익권이 원인채권과 독립된 별개의 권리라고 하더라도 원인채권과 분리하여 우선수익권만을 양도하는 경우 신탁계약의 해석에 의하여 수익권의 행사에 문제가 발생할 수 있다. 노혁준, 〈최근 주요 부동산신탁 판례의 검토〉, 104면에서도, 실무상으로 이러한 분리거래를 특히 의도하는 것이 아니라면 불확실성을 제거한다는 차원에서라도 피담보채권과 우선수익권을 함께 거래대상으로 삼는 것이 바람직하다고 한다.
2) 진상훈, 〈부동산신탁의 유형별 사해행위 판단방법〉, 317~318면.
3) 한상곤, 〈부동산 담보신탁의 수익권에 관한 고찰〉, 5면.
4) 장현옥, 〈부동산신탁에 관한 연구〉, 172면.

부동산담보신탁계약에서는 신탁부동산의 처분과 관련하여 처분에 소요된 비용의 부담주체, 처분시기, 처분방법, 처분대금의 정산순서 등을 규정함이 일반적이다.[1]

신탁부동산의 처분시기로는 ① 우선수익자와 채무자간에 체결한 여신거래 및 보증채무약정 불이행 시, ② 위탁자가 신탁계약을 위반한 경우, ③ 기타 담보가치 저감 등 환가요인 발생 시 등으로 규정한다.

처분방법으로서 일반적으로 활용되는 방식은 '공매'를 통한 공개매각 방식이다. 공매는 일반적으로 위탁자의 채무불이행이 발생하여 우선수익자로부터 환가요청[2]이 있으면 공매 대상 및 그 절차와 내용에 대하여 일간지 등에 공고를 한 후 해당 기일에 입찰방식으로 매각절차를 진행한다. 만약 해당 기일에 유찰되는 경우에는 일정 비율씩 최저 매각가능 가격을 하락시키며 재차 매각절차를 밟는 형식으로 이루어진다. 유찰 후 다음 공매공고 전까지 전회차 공매조건으로 수의계약을 할 수 있도록 함이 일반적이다. 다만 수의계약 방식으로 처분하는 것이 법적으로 규제되지 않으므로 공개경쟁입찰방식을 채택하지 아니하고 일정 금액 이상으로 수의계약을 하는 것으로 특약으로 정할 수도 있다.[3]

처분시 처분대금의 정산 순서에 대해서는 일반적으로 ① 신탁계약과 관련된 비용 및 보수, ② 신탁등기 전 소액임대차보증금(주택임대차보호법 제8조, 상가건물 임대차보호법 제14조), ③ 신탁등기 전 임대차보증금(주택임대차보호법 제3조의2, 상가건물 임대차보호법 제5조), 근저당권(채권최고액 범위 내), 전세권, 등기된 임차권 등의 피담보채권, ④ 수탁자에게 반환의무 있는 임대차보증금 중 제2호 및 제3호에 해당하지 않는 것, ⑤ 우선수익자의 채권의 순서로 규정한다.

---

5) 대법원 2001. 7. 13. 선고 2001다9267 판결; 대법원 2004. 7. 22. 선고 2002다46058 판결; 대법원 2003. 5. 30. 선고 2003다18685 판결; 대법원 2017. 11. 23. 선고 2015다47327 판결(신탁자가 그 소유의 부동산에 채권자를 위하여 저당권설정등기를 마친 다음, 그 부동산에 대하여 수탁자와 부동산 신탁계약을 체결하고 수탁자 앞으로 신탁을 원인으로 한 소유권이전등기를 해 주어 대내외적으로 신탁부동산의 소유권이 수탁자에게 이전하였다면, 수탁자는 저당부동산의 제3취득자와 같은 지위를 가진다. 따라서 그 후 신탁자에 대한 회생절차가 개시된 경우 채권자가 신탁부동산에 대하여 갖는 저당권은 채무자회생법 제250조 제2항 제2호의 '채무자 외의 자가 회생채권자 또는 회생담보권자를 위하여 제공한 담보'에 해당하여 회생계획에 여기에 영향을 미치지 않는다. 또한 회생절차에서 채권자의 권리가 실권되거나 변경되더라도 이로써 실권되거나 변경되는 권리는 채권자가 신탁자에 대하여 가지는 회생채권 또는 회생담보권에 한하고, 수탁자에 대하여 가지는 신탁부동산에 관한 담보권과 그 피담보채권에는 영향이 없다) 등. 이에 대하여, 신탁의 도산절연성을 비판하고 담보신탁에 대해서도 거래의 형식보다는 실질을 중시하여 도산절차에서 회생담보권으로 취급하는 것이 타당하다는 견해로는, 정소민, 〈담보신탁의 법리에 관한 비판적 고찰〉; 윤진수, 〈담보신탁의 도산절연론 비판〉; 이은재, 〈신탁과 도산〉 등. 반대로, 신탁의 도산절연성은 신탁의 법리상 당연한 것으로서, 도산격리의 효과는 회사라는 독립된 인격을 활용하는 회사법 분야와 다르지 않다는 점 등을 들어 정당한 법의 활용으로 보아야 한다는 견해로, 이정선, 〈담보신탁의 특징과 법적 쟁점에 관한 연구〉; 이계정, 〈담보신탁과 분양보증신탁에 관한 연구〉; 김상명, 〈부동산 담보신탁에서 위탁자인 채무자가 도산하는 경우의 취급〉 등.

1) 한상곤, 〈부동산 담보신탁의 수익권에 관한 고찰〉, 18면.

2) 공동우선수익자의 환가요청에 관한 의사결정에 대한 자세한 내용은 Ⅱ. 신탁법 제5장 제5절 제71조 부분 참조.

3) 한상곤, 〈부동산 담보신탁의 수익권에 관한 고찰〉, 13면, 18면.

신탁계약의 종료시점에 대하여는 신탁계약의 해지, 우선수익자와 위탁자간 거래관계의 종료, 신탁부동산의 처분으로 인해 양수인에게 소유권이 이전된 경우, 신탁부동산의 멸실, 권리의 하자 등으로 신탁목적을 달성할 수 없는 경우 등으로 규정한다.

거래 실무에서는 채무자가 위탁자 겸 수익자가 되고 채권자를 우선수익자로 지정함이 일반적이다. 이 경우 신탁계약의 명칭은 부동산담보신탁계약, 분양형토지신탁계약, 담보신탁용 부동산관리·처분신탁계약 등 개별 사안에서 수탁자의 역할에 따라 조금씩 차이가 있으나, 채권자에게 담보목적으로 신탁의 수익이 우선적으로 부여된다는 점(수익자 또는 우선수익자 지정, 수익권에 대한 양도담보권 내지 질권 설정 등)에서는 크게 다르지 아니하다.[1) 우선수익권채권자의 이러한 우선수익권은 부동산담보신탁 설정의 원인관계에서 원인채권의 담보를 위하여 채권자에게 부여되는 권리이나, 원인채권이 양도되더라도 우선수익권이 이에 부종 또는 수반하여 양도되지 아니하므로 원인채권의 양도 및 대항요건과 별도로 우선수익권의 양도 및 대항요건을 갖추어야 한다. 만일 양자 중 하나에 대해서만 양도가 이루어진 경우, 원인채권이 담보를 잃게 되는 결과가 초래될 수 있다.[2) 또한 마찬가지로 수익자의 수익권에 대한 강제집행 역시 그 수익권이 담보하는 원인채권과 별개로 진행되므로, 현행 법제에서는 원인채권에 대한 강제집행과 수익권에 대한 강제집행 절차를 각각 별개로 진행하여야 하는 문제가 있다고 한다.[3)

담보신탁의 우선수익자에게도 수탁자에 대한 비용상환 등 수익자의 의무가 동일하게 인정되는지 여부가 문제될 수 있는데, 신탁법상 공동수익자의 채무부담에 대하여는 별다른 규정이 없으나, 신탁법 제26조 제4항에서 수탁자는 수익자에게 그가 얻은 이익의 범위에서 비용청구를 할 수 있도록 정하고 있으므로, 수탁자가 우선수익자를 상대로 비

1) 최수정, 〈담보를 위한 신탁〉, 11면; 부동산신탁이 담보 목적으로 활용되고 있는 유형에 관하여, 신영수·윤소연, 〈부동산신탁의 쟁점〉, 49~55면. 우선수익자의 담보권 강화 및 신탁관계의 명확한 공시를 위하여 신탁등기시 등기부에 수익자를 기재하도록 하는 방안을 제안하는 견해로, 한상곤, 〈PF신탁의 신탁등기 개선방안〉. 우선수익권의 성질에 관한 법원의 판시로, 대법원 2017. 6. 22. 선고 2014다225809 전원합의체 판결; 대법원 2018. 4. 12. 선고 2016다223357 판결(신탁행위로 정한 바에 따라 수익자로 지정된 사람은 당연히 수익권을 취득한다. 신탁재산에 속한 재산의 인도와 그 밖에 신탁재산에 기한 급부를 요구하는 청구권이 수익권의 주된 내용을 이루지만, 수익자는 그 외에도 신탁법상 수익자의 지위에서 여러 가지 권능을 가지며, 수익권의 구체적인 내용은 특별한 사정이 없는 한 계약자유의 원칙에 따라 신탁계약에서 다양한 내용으로 정할 수 있다. 우선수익권은 구 신탁법이나 신탁법에서 규정한 법률 용어는 아니나, 거래 관행상 통상 부동산담보신탁계약에서 우선수익자로 지정된 채권자가 채무자의 채무불이행 시에 신탁재산 처분을 요청하고 그 처분대금에서 자신의 채권을 위탁자인 채무자나 그 밖의 다른 채권자들에 우선하여 변제받을 수 있는 권리를 말한다. 우선수익권은 수익급부의 순위가 다른 수익자에 앞선다는 점을 제외하면 그 법적 성질은 일반적인 수익권과 다르지 않다. 채권자는 담보신탁을 통하여 담보물권을 얻는 것이 아니라 신탁이라는 법적 형식을 통하여 도산 절연 및 담보적 기능이라는 경제적 효과를 달성하게 되는 것일 뿐이므로, 그 우선수익권은 우선 변제적 효과를 채권자에게 귀속시킬 수 있는 신탁계약상 권리이다) 등 참조.
2) 한상곤, 〈부동산 담보신탁의 수익권에 관한 고찰〉, 16면, 26면.
3) 한상곤, 〈부동산 담보신탁의 수익권에 관한 고찰〉, 34면, 35면.

용상환청구를 하면 우선수익자 역시 자신이 얻은 이익의 범위 내에서 상환의무를 부담할 것이다(이에 관한 자세한 내용은 Ⅱ. 신탁법, 제4장 수탁자의 권리·의무, 제46조 3. 수익자에 대한 비용상환청구권 행사, 라. 행사방법, (2) 공동수익자의 경우 부분 참조).

마. 그 밖에 부동산신탁이 이용되는 유형

(1) 부동산투자신탁

부동산을 신탁재산으로 하는 신탁의 법률관계가 이루어지는 거래현상으로는, 자본시장법상 집합투자업자에 의하여 설정되는 부동산투자신탁이 있다.[1] 금융위원회로부터 인가를 받은 집합투자업자가 투자자로부터 자금을 모집하여 집합투자업자(위탁자)와 신탁업자(수탁자) 상호간에 체결되는 신탁약관에 따라 그 자금을 수탁자에게 신탁재산으로 이전한 후 그 신탁재산에 속하는 자금을 사용하여 수탁자가 제3자로부터 부동산을 취득하여 신탁재산에 편입시키는 방식으로 거래가 이루어지고,[2] 수익증권을 매입하는 투자자는 수익자가 되는 제3자를 위한 신탁(이른바 '타익신탁')의 형태를 갖는다.

신탁법상의 신탁관계의 경우 위탁자가 재산의 출연 이후에는 신탁재산의 관리에 전혀 관여하지 않는 것과 달리, 투자신탁에서 수탁자인 신탁업자는 신탁재산의 보관만을 하고 위탁자인 집합투자업자가 신탁재산의 투자운용 등 신탁관리를 수행한다는 점에서, 투자신탁 당사자간의 관계, 특히 집합투자업자와 투자자 간의 특수한 관계를 신탁관계 내지 신탁유사의 관계로 설명하고자 하는 여러 견해가 주장된다.[3]

(2) 부동산투자회사

한편 부동산투자회사법에 의하여 설립되는 부동산투자회사[4]는 국토교통부장관의 인

1) 회사 형태의 집합투자기구('회사형 펀드')의 경우에는 집합투자업자가 모집한 투자자가 투자회사의 주주가 되고, 모집된 자금은 주금으로 납입되며, 집합투자업자는 법인이사로서 투자회사의 경영권을 행사하게 되고, 투자회사의 명의로 부동산을 취득하게 된다.

2) 김형두, 〈부동산을 목적물로 하는 신탁의 법률관계〉, 971면. 미국의 경우에는 이른바 회사형 펀드 중 투자자가 환매를 청구할 수 있는 개방형 펀드를 Mutual Fund라고 부르는데, 우리나라의 금융실무에서는 회사형 펀드가 폐쇄형(환매가 허용되지 않는 형태)으로 이루어지고 있음에도 불구하고 이를 가리켜 Mutual Fund라고 부르는 경향이 있다고 한다.

3) ① 위탁회사를 능동당사자로, 다수의 투자자를 수동당사자로 하는 투자신탁약관을 기초로 투자자와 위탁회사간에 신탁법상의 신탁관계가 있다고 보고, 위탁회사와 수탁회사간의 신탁계약은 투자자로부터 신탁받은 신탁재산의 보관을 위한 부차적이고 형식적인 신탁관계로 보는 견해인 '법적 신탁설'(혹은 '이중신탁설'), ② 위탁회사와 수탁회사간의 신탁계약을 기초로, 투자자는 수익증권을 매입함으로써 수익자로서 투자신탁에 가담하게 되며, 투자자와 신탁재산의 운용을 위임받은 위탁회사간에는 직접적인 신탁관계가 없지만 신탁유사관계가 성립한다고 보는 견해인 '실질적 신탁설', ③ 위탁자와 수탁회사가 투자자산 보유도구로서 신탁이라는 수단을 채택하여 마련한 투자신탁계획에 투자자(수익자)가 참여하는 집단적 조직계약이라고 보는 견해인 '조직계약설'(박삼철, 〈투자신탁해설〉, 181~185면)이 있다.

4) 부동산투자회사를 실무에서는 Real Estate Investment Trust(REIT)라고 부른다. 여기서 Trust라는 영문은 일반적으로 신탁이라는 용어로 번역되는 것이나, 우리나라에 있어서 부동산투자회사는 신탁계약의 형식을 취하지 않고 회사의 형식을 취하므로 그 용어는 신탁법에 의한 신탁과 직접 관련은 없다(김형두, 〈부

가를 받아 부동산투자에 관한 영업을 하게 되는데, 자기관리형 부동산투자회사, 위탁형 부동산투자회사 및 기업구조조정 부동산투자회사의 세 가지 형태로 구분된다. 부동산투자회사가 부동산의 소유자로부터 부동산을 취득할 때에는 신탁을 이용하지 않고 그 명의로 직접 취득하지만, 일단 취득한 후에는 안전한 자산의 보관을 위하여 반드시 그 부동산을 자산보관기관에 위탁하여야 하기 때문에[1] 언제나 신탁법에 의한 신탁이 수반된다.[2]

(3) 건축물의 분양관리신탁

건분법에 의하면 오피스텔, 주상복합건물 등 일정한 성질 및 규모에 해당하는 건축물을 분양하고자 하는 분양사업자가 착공신고 후 곧바로 분양을 하려면 수분양자들의 보호를 위하여 금융기관 등으로부터 분양보증을 받거나 혹은 자본시장법에 따른 신탁업자와 신탁계약 및 대리사무계약을 체결하여야 한다.[3] 이러한 신탁은 안전한 분양관리의

동산을 목적물로 하는 신탁의 법률관계〉, 972면).

1) 부동산투자회사법 제35조(자산보관의 위탁 등) ① 부동산투자회사는 대통령령으로 정하는 바에 따라 자산의 보관과 이와 관련된 업무를 다음 각 호의 기관(이하 "자산보관기관"이라 한다)에 위탁하여야 한다.
   1. 「자본시장과 금융투자업에 관한 법률」에 따른 신탁업자
   2. 「한국토지주택공사법」에 따른 한국토지주택공사(이하 이 조에서 "한국토지주택공사"라 한다)
   3. 「금융회사부실자산 등의 효율적 처리 및 한국자산관리공사의 설립에 관한 법률」에 따른 한국자산관리공사(이하 이 조에서 "한국자산관리공사"라 한다)
   4. 「주택도시기금법」에 따른 주택도시보증공사
   5. 그 밖에 제1호부터 제4호까지에 준하는 기관으로서 대통령령으로 정하는 기관

   ② 한국토지주택공사 및 한국자산관리공사는 제1항에 따라 부동산의 보관업무를 수행하려면 「자본시장과 금융투자업에 관한 법률」에 따른 신탁업의 인가를 받아야 한다. 이 경우 「자본시장과 금융투자업에 관한 법률」 제24조는 적용하지 아니한다.

   부동산투자회사법 시행령 제37조(자산보관의 위탁) ① 부동산투자회사는 법 제35조 제1항에 따라 보유하고 있는 부동산·증권 및 현금을 다음 각 호의 구분에 따라 보관하여야 한다.
   1. 부동산(지상권·전세권 등 「자본시장과 금융투자업에 관한 법률」 제103조에 따라 신탁의 인수가 가능한 부동산 사용에 관한 권리를 포함하며, 법 제26조의3 제1항에 따른 토지로 보상을 받기로 결정된 권리는 포함하지 아니한다): 취득하는 즉시 회사 명의로 이전등기와 함께 다음 각 목의 어느 하나에 해당하는 자에게 신탁할 것
      가. 「자본시장과 금융투자업에 관한 법률」에 따른 신탁업자 또는 신탁업을 겸영하는 금융기관
      나. 「한국토지주택공사법」에 따른 한국토지주택공사
      다. 「금융회사부실자산 등의 효율적 처리 및 한국자산관리공사의 설립에 관한 법률」에 따른 한국자산관리공사
      라. 「주택법」에 따른 대한주택보증주식회사
      마. 외국의 법률에 따라 설립되어 신탁업을 영위하는 기관으로서 국토교통부장관이 인정하는 기관
   2. 증권 및 현금: 「자본시장과 금융투자업에 관한 법률」에 따른 신탁업자 또는 신탁업을 겸영하는 금융기관에 보관을 위탁할 것

2) 김형두, 〈부동산을 목적물로 하는 신탁의 법률관계〉, 972면.

3) 건분법 제4조(분양 시기 등) ① 분양사업자는 다음 각 호의 구분에 따라 건축물을 분양하여야 한다.
   1. 「자본시장과 금융투자업에 관한 법률」에 따른 신탁업자와 신탁계약 및 대리사무계약을 체결한 경우 또는 금융기관 등으로부터 분양보증을 받는 경우: 「건축법」 제21조에 따른 착공신고 후
   2. 해당 건축물의 사용승인에 대하여 다른 건설업자 둘 이상의 연대보증을 받아 공증받은 경우: 골조공사의 3분의 2 이상이 완료된 후

   ② 제1항 제1호의 적용과 관련하여 신탁회사가 분양사업자로 되는 신탁계약이 체결된 경우에는 착공신고 후 분양을 위한 별도의 신탁계약이 필요하지 아니하다. (제3항 중략)

목적을 달성하기 위하여 법률에 의하여 요구되는 것이다.[1)]

(4) 신탁방식에 의한 자산유동화

자산유동화법 제2조 제1호는 자산유동화를 위하여 허용되는 거래구조를 설명하고 있다. 그와 같이 허용되는 거래구조 중에서 같은 법 제2조 제1호 나목은 신탁법에 의한 신탁을 이용한 자산유동화를 규정하고 있다.[2)] 이러한 규정에 따르면 부동산을 소유하는 자가 그 부동산을 신탁업자에게 신탁하고, 신탁업자가 수익권을 유동화전문회사 또는 투자자들에게 발행함으로써 부동산의 자산유동화가 가능하다. 그러나 실무에 있어서는 부동산을 신탁하는 방식에 의한 자산유동화는 거의 이루어지지 않는다. 대부분의 경우 부동산의 자산유동화는 부동산의 소유자가 유동화전문회사에게 직접 소유권을 양도하는 방식으로 채택하고 있다. 실무가 이렇게 형성된 가장 큰 까닭은 부동산의 매매방식에 의하지 않고 신탁방식을 이용하게 되면 부동산의 이전에 따르는 거래세의 부담을 피할 수 있게 되는데, 자산유동화법에 의한 감독권한을 가진 금융위원회(실제로는 위탁을 받은 금융감독원)[3)]가 정책적 관점에서 이러한 거래현상을 바람직하지 않은 것으로 판단하고, 부동

---

④ 제1항 제1호에 따른 신탁계약·대리사무계약의 방법과 기준, 분양보증을 할 수 있는 금융기관 등의 종류 및 범위는 대통령령으로 정한다.

건분법 시행령 제3조(신탁계약 및 대리사무계약 등) ① 법 제4조 제1항 제1호에 따른 신탁계약(이하 "신탁계약"이라 한다)에는 다음 각 호의 사항이 포함되어야 한다.

1. 분양받은 자의 소유권등기 전날까지의 토지와 그 정착물의 소유권 관리에 관한 사항
2. 신탁받은 소유권의 처분에 관한 사항
3. 신탁을 정산할 때에 분양받은 자가 납부한 분양대금을 다른 채권 및 수익자의 권리보다 우선하여 정산하여야 한다는 사항

② 법 제4조 제1항 제1호에 따른 대리사무계약(이하 "대리사무계약"이라 한다)에는 다음 각 호의 사항이 포함되어야 한다.

1. 분양받은 자를 보호하기 위한 분양수입금 관리계좌의 개설에 관한 사항
2. 분양사업자는 분양수입금 총액을 신탁업자(「자본시장과 금융투자업에 관한 법률」에 따른 신탁업자를 말한다. 이하 같다)에게 양도하여야 한다는 사항
3. 분양대금은 신탁계약 및 대리사무계약에서 정한 토지매입비, 공사비, 설계비, 감리비 또는 그 밖의 부대사업비 등 해당 분양사업과 관련된 용도로만 사용할 수 있다는 사항
4. 그 밖에 신탁계약의 목적을 달성하기 위하여 국토교통부령으로 정하는 사항

③ 신탁업자는 제2항 제2호에 따라 양도받은 분양수입금을 별도의 독립된 계정으로 회계처리하여야 하며, 신탁계약 및 대리사무계약에서 정한 목적으로만 사용하여야 한다.

④ 신탁업자가 분양받은 자로부터의 입출금, 분양계약의 해제, 주소 관리 등 분양업무를 수행하는 경우에는 그 관리 내용을 공정하고 투명하게 전산으로 관리하여야 하고, 분양 개시일부터 6개월마다 분양사업자에게 통지하여야 한다.

1) 김형두, 〈부동산을 목적물로 하는 신탁의 법률관계〉, 972면.

2) 자산유동화법 제2조(정의) 이 법에서 사용하는 용어의 정의는 다음과 같다.
   1. "자산유동화"라 함은 다음 각목의 1에 해당하는 행위를 말한다.
      나. 「자본시장과 금융투자업에 관한 법률」에 따른 신탁업자(이하 "신탁업자"라 한다)가 자산보유자로부터 유동화자산을 신탁받아 이를 기초로 유동화증권을 발행하고, 당해 유동화자산의 관리·운용·처분에 의한 수익이나 차입금등으로 유동화증권의 수익금을 지급하는 일련의 행위

3) 자산유동화법 제38조 제1항에 따라 금융위원회는 ① 자산유동화계획의 등록, ② 자산양도의 등록, ③ 등록서류 등의 공시에 관한 업무의 전부 또는 일부를 금융감독원장에게 위탁할 수 있다.

산을 신탁하는 방식에 의한 자산유동화계획의 등록을 억제해 왔기 때문이라고 한다(이에 관해서는 Ⅳ. 특수한 유형의 신탁 제4절 자산유동화신탁 부분 참조).[1]

(5) 담보부사채신탁

담보부사채신탁법에 있어서 사채에 붙일 수 있는 물상담보로 제공되는 부동산관련 물권은 소유권이 아니라 저당권이고, 수탁자(신탁업자)는 그러한 저당권을 취득하는 것이므로 부동산소유권이 신탁되는 경우와 그 구조를 달리한다.[2] 신탁법 제2조에서는 "담보권의 설정"을 신탁재산 설정방법에 포함하여 담보권신탁을 명문으로 인정하고 있다(자세한 사항은 Ⅱ. 신탁법 제1장 총설 제2조 부분 참조).

3. 부동산신탁의 공시

부동산신탁의 경우 위탁자로부터 수탁자에게로 부동산소유권의 이전을 위하여 소유권이전등기와 그 부동산이 신탁재산임을 표시하는 신탁등기, 즉 이중의 등기를 하여야 한다. 그러나 소유권이전등기의 신청과 신탁등기의 신청은 동일한 서면으로써 함께 신청하여야 한다(부동산등기법 제82조 제1항).[3]

신탁을 원인으로 하는 소유권이전등기는 등기부에 하며 그 등기에 의해서 신탁부동산의 소유권이 위탁자에게서 수탁자에게로 이전된다. 신탁등기는 신탁계약의 내용을 공시하는 것으로서 신탁원부에 하게 되고, 그 신탁원부는 등기기록의 일부로 보게 되며, 그 신탁등기는 제3자에 대한 대항력을 가질 뿐이다(부동산등기법 제81조, 제82조, Ⅱ. 신탁법 제1장 제4조 부분 참조).

대법원 2012. 5. 9. 선고 2012다13590 판결은 "신탁법 제3조는 등기 또는 등록하여야 할 재산에 관하여는 신탁은 그 등기 또는 등록을 함으로써 제3자에게 대항할 수 있다고 규정하고, 구 부동산등기법은 신탁원부를 등기부의 일부로 보고 그 기재를 등기로 본다고 규정하고 있다. 따라서 위의 규정에 따라 등기의 일부로 인정되는 신탁원부에 신탁부동산에 대한 관리비 납부의무를 위탁자가 부담한다는 내용이 기재되어 있다면 수탁자는 이로써 제3자에게 대항할 수 있다."라고 판시하여, 신탁등기의 대항력의 의미를 신탁법 제4조 제1항에서 규정한 내용보다 확장하여, 신탁원부로 첨부된 신탁계약의 내용에 대하여서도 대항력을 인정하는 듯한 판시를 하였다. 이에 대하여 신탁법상 신탁행위로 다르게 정할 수 있다고 규정하는 사항 또는 신탁법의 해석상 임의규정인 경우에 한하여

1) 류혁선 · 최승재, 〈개정 신탁법상 자기신탁 및 수익증권 발행제도를 활용한 유동화 금융투자상품 설계에 대한 연구〉, 6~7면. 그 밖에도 자산보유자 자격요건의 잠탈을 방지하려는 것 등의 정책적 고려가 있을 수 있다고 한다(김형두, 〈부동산을 목적물로 하는 신탁의 법률관계〉, 972~973면).
2) 김형두, 〈부동산을 목적물로 하는 신탁의 법률관계〉, 975면.
3) 장현옥, 〈부동산신탁에 관한 연구〉, 140면.

그러한 신탁계약의 내용에 대해서만 제3자에 대한 대항력을 인정하여야 한다는 견해[1]가 있었다.

그런데 최근 대법원 2018. 9. 28. 선고 2017다273984 판결은 "집합건물법 제18조의 입법 취지와 공용부분 관리비의 승계 및 신탁의 법리 등에 비추어 보면, 위탁자의 구분소유권에 관하여 신탁을 원인으로 수탁자 앞으로 소유권이전등기가 마쳐졌다가 신탁계약에 따른 신탁재산의 처분으로 제3취득자 앞으로 소유권이전등기가 마쳐지고 신탁등기는 말소됨으로써, 위탁자의 구분소유권이 수탁자, 제3취득자 앞으로 순차로 이전된 경우, 각 구분소유권의 특별승계인들인 수탁자와 제3취득자는 특별한 사정이 없는 한 각 종전 구분소유권자들의 공용부분 체납관리비채무를 중첩적으로 인수한다고 봄이 타당하다. 또한 등기의 일부로 인정되는 신탁원부에 신탁부동산에 대한 관리비 납부의무를 위탁자가 부담한다는 내용이 기재되어 있더라도, 제3취득자는 이와 상관없이 종전 구분소유권자들의 소유기간 동안 발생한 공용부분 체납관리비채무를 인수한다고 보아야 한다."라고 판시하였다.

이 판결에 대한 평석으로, 채권적 권리에 불과한 신탁에 물권과 같은 대세효를 인정할 수 없고, 신탁재산의 귀속이 문제되는 사안이 아니면 신탁의 공시에 의해 대항력이 생길 여지가 없다는 견해,[2] 위 판결은 구 신탁법하 기존 판례의 문제점을 일부 인식한 것으로서 향후 2011년 개정된 신탁법의 해석에 있어서는 신탁원부에 위탁자로 하여금 관리비를 부담하도록 정하였더라도 관리비 청구권자는 수탁자에게 일반적으로 관리비를 청구할 수 있다고 해석하여야 한다는 견해,[3] 위 2017다273984 판결은 수탁자로부터 신탁부동산의 소유권을 이전받은 제3취득자를 상대로 관리비를 청구한 사안으로, 수탁자는 공시된 신탁원부 내용에 따라 관리비채무를 위탁자가 부담하는 것으로 '대항'할 수 있을 뿐 수탁자의 특별승계인도 그러한 대항력을 승계할 수 있다고 보지 않는 이상 기존 2012년 대법원 판결에 배치되는 것이 아니라는 견해[4]가 있다.

토지와 그 지상물을 신탁할 당시에 그 지상물이 미등기건물인 경우, 판례는 자기 비용과 노력으로 건물을 신축한 자는 그 건축허가의 명의에 관계없이 그 소유권을 원시취득한다고 보고(대법원 1985. 7. 9. 선고 84다카2452 판결), 미완성 건물을 인도받아 나머지 공사를 마치고 완공한 경우 그 건물이 공사 중단 시점에 이미 사회통념상 건물이라고 볼 수 있는 형태와 구조를 갖추고 있었다면 원래의 건축주가 그 건물의 소유권을 원시취득한다고 보고 있다(대법원 1984. 9. 25. 선고 93다카1858 판결, 대법원 2006. 5. 12. 선고 2005다68783 판결 등). 그러므로 신탁 당시 지상물이 독립한 건물이라고 볼

1) 오상민, 〈부동산등기법상 신탁등기의 대항력에 대한 검토〉.
2) 이연갑, 〈신탁등기의 대항력〉.
3) 노혁준, 〈최근 주요 부동산신탁 판례의 검토〉, 93면.
4) 허현, 〈신탁원부와 신탁공시의 대항력〉, 30면.

수 없는 상태였고, 그 후 수탁자가 건물을 완공한 때에는 그 건축허가가 타인인 위탁자 명의로 된 여부에 관계없이 수탁자가 그 소유권을 원시취득한다고 보게 될 것이나, 반면 신탁당시 독립한 건물로 볼 수 있는 상태에 이른 경우에는 수탁자 명의로 등기가 완료되기 전까지 미등기건물은 위탁자의 소유에 속하게 되므로 이를 유의할 필요가 있다.[1] 소유권보존등기가 경료되지 않은 건물이라고 하더라도 채무자의 소유로서 건물로서의 실질과 외관을 갖추고 그의 지번·구조·면적 등이 건축허가 또는 건축신고의 내용과 사회통념상 동일하다고 인정되는 경우에는 보전처분의 대상이 되므로,[2] 위탁자가 원시취득한 미등기 건물에 대하여 수탁자 명의로 소유권보존등기 또는 소유권이전등기가 완료되기 전에는 처분금지가처분을 경료하여 둘 수 있다. 한편 위탁자가 원시취득한 미등기 건물은 위탁자 앞으로 소유권보존등기를 한 다음 수탁자에게 이전등기함이 원칙이나, 위탁자와 수탁자 사이의 합치된 의사에 따라 수탁자 명의로 직접 소유권보존등기를 경료하였다면 그 소유권보존등기는 실체적 권리관계에 부합되어 적법한 등기로서의 효력이 인정될 수 있을 것인바,[3] 미등기건물을 포함하는 부동산신탁계약서에서는 이러한 합의를 둠이 일반적이다.

이 밖에도 부동산등기법에서는 수탁자의 임무 종료에 의한 등기(부동산등기법 제83조), 수탁자가 여러 명인 경우(동법 제84조), 신탁재산에 관한 등기신청의 특례(동법 제84조의2), 촉탁에 의한 신탁변경등기(동법 제85조), 직권에 의한 신탁변경등기(동법 제85조의2), 신탁변경등기의 신청(동법 제86조), 신탁등기의 말소(동법 제87조), 담보권신탁에 관한 특례(동법 제87조의2), 신탁재산관리인이 선임된 신탁의 등기(동법 제87조의3)에 관한 규정을 두고 있다.

4. 토지신탁 수탁자의 개발부담금 납부의무[4]

개발이익환수법은, 토지에서 발생하는 개발이익[5]을 환수하여 이를 적정하게 배분하여서 토지에 대한 투기를 방지하고 토지의 효율적인 이용을 촉진하여 국민경제의 건전한

---

1) 신영수 · 윤소연, 〈부동산신탁의 쟁점〉, 59~60면.

2) 대법원 2009. 5. 19.자 2009마406 결정; 대법원 2011. 6. 2.자 2011마224 결정.

3) 대법원 1995. 12. 26. 선고 94다44675 판결.

4) 이 밖에도 토지신탁의 경우 수탁자는 신탁재산이 환경오염시설물에 해당할 경우 시설물환경개선부담금(환경개선비용 부담법 제9조 제1항에 따르면 환경오염시설물의 소유자 또는 점유자가 환경개선부담금의 납부의무자가 된다), 교통유발 시설물에 해당할 경우 교통유발부담금(도시교통정비 촉진법 제36조 제1항에 따르면 교통유발 시설물의 소유자가 교통유발부담금의 납부의무자가 된다) 및 도로를 점용하고 있는 경우 도로점용료(도로법 제66조 제1항에 따르면 도로를 점용하는 자가 도로점용료의 납부의무자가 된다) 등의 부담주체가 될 수 있다(신영수 · 윤소연, 〈부동산신탁의 쟁점〉, 67면).

5) "개발이익"이란 개발사업의 시행이나 토지이용계획의 변경, 그 밖에 사회적 · 경제적 요인에 따라 정상지가 상승분을 초과하여 개발사업을 시행하는 자(이하 "사업시행자")나 토지 소유자에게 귀속되는 토지 가액의 증가분을 말한다(개발이익환수법 제2조 제1호).

발전에 이바지하는 것을 목적으로 한다(제1조). 그 제정이유(1989. 12. 30. 법률 제4175호)는, '각종 개발사업 기타 사회·경제적 요인에 따른 지가상승으로 발생하는 개발이익이 해당 토지소유자에 사유화됨으로써 개발이익을 목적으로 하는 투기가 성행하는 것을 방지하기 위하여 개발이익환수제도를 도입, 지가상승분의 일정액을 환수(개발사업시행자가 얻게 되는 개발이익은 개발이익환수법에 의한 개발부담금으로, 개발사업 주변지역의 토지소유자가 얻게 되는 개발이익은 토지초과이득세법에 의한 토지초과이득세로 각각 징수)함으로써 토지의 효율적인 이용을 촉진하려는 것임'을 밝히고 있다.

따라서 개발이익환수법에서는 원칙적으로, 개발부담금의 부과 대상인 개발사업의 사업시행자는 개발이익환수법이 정하는 바에 따라 개발부담금을 납부할 의무가 있다고 규정한다(제6조 제1항 본문).

그러면서도 개발이익환수법은 그에 대한 예외를 두어, 다만 (i) 개발사업을 위탁하거나 도급한 경우에는 그 위탁이나 도급을 한 자, (ii) 타인이 소유하는 토지를 임차하여 개발사업을 시행한 경우에는 그 토지의 소유자, (iii) 개발사업을 완료하기 전에 사업시행자의 지위나 위 (i), (ii)에 해당하는 자의 지위를 승계하는 경우에는 그 지위를 승계한 자가 개발부담금을 납부하여야 한다고 규정하고 있다(제6조 제1항 단서). 이는 개발이익환수법이 1993. 6. 11. 법률 제4563호로 개정되면서 추가된 내용으로, 그 개정이유는 '타인소유의 토지를 임차하여 개발하는 경우등은 개발이익이 토지소유자에게 귀속되므로 이와 같은 경우에는 토지소유자에게 개발이익을 부담하도록 함'이라고 밝히고 있다.

대법원은 위와 같은 예외 규정이 없는 구 개발이익환수법 하에서도 "사업시행자의 명의에 관계없이 실질적으로 개발이익이 귀속되는 자에게 개발부담금을 부과하여야 한다"고 해석하였다.[1)]

1) 대법원 1993. 7. 16. 선고 93누2940 판결(개발부담금을 부과하는 취지가 개발이익의 적정한 환수에 있는 것이어서 그 부과대상자는 개발이익이 실질적으로 귀속되는 자라야 하는 만큼, 구 개발이익환수에관한법률(1993. 6. 11. 법률 제4563호로 개정되기 전의 것) 제6조에서 규정하는 개발부담금 납부의무자인 사업시행자라 함은 개발사업시행계획승인서 등에 나와 있는 사업시행자의 명의에 관계없이 실질적으로 개발이익이 귀속되는 자 예컨대 당해 토지의 소유자 등으로 보아야 할 것이므로 개발이익의 실질적 귀속주체인 당해 개발토지의 소유자와 명의상 사업시행자가 다른 경우에도 그 토지소유자는 실질적 사업시행자인 만큼 같은 법 제3조 제1항에 의하여 개발부담금을 부과하여야 한다); 대법원 1993. 8. 24. 선고 92누19354 판결(구 개발이익환수에관한법률(1993. 6. 11. 법률 제4563호로 개정되기 전의 것) 제6조 제1항 소정의 개발부담금 납부의무자로서의 사업시행자는 특단의 사정이 없는 이상 개발사업 시행으로 불로소득적 개발이익을 얻게 되는 토지소유자인 사업시행자를 말하고, 토지가액 증가로 나타나는 개발이익을 얻지 않고 단순히 개발사업을 위탁 또는 도급받아 시행한 자나 토지를 임차하여 사업을 시행하는 자 등은 제외된다); 대법원 1993. 10. 8. 선고 93누10521 판결(구 개발이익환수에관한법률(1993. 6. 11. 법률 제4563호로 개정되기 전의 것) 제6조 소정의 개발부담금 납부의무자인 "사업시행자" 중 실질적으로 개발이익이 귀속되지 아니한 자는 그 부과대상자에 해당하지 않는다 할 것인바, 타인 소유의 토지를 임차하여 개발사업을 시행한 경우 그 토지가액 증가로 인한 개발이익은 특별한 사정이 없는 한 토지소유자에게 귀속된다 할 것이므로 그와 같은 경우 임차인에 불과한 사업시행자는 개발부담금 납부의무자가 아니다).

그러므로 개발이익환수법 제6조 제1항 단서 및 각 호는 개발사업시행계획승인서 등에 나와 있는 사업시행자 명의에 관계없이 실질적으로 개발이익이 귀속되는 자가 개발부담금의 납부의무자가 되는 경우를 열거한 것이고, 비단 열거되지 아니한 경우라도 사업시행자에게 실질적으로 개발이익이 귀속되지 아니하고 그 귀속자가 따로 있는 경우에는 개발이익의 귀속자가 납부의무를 부담한다고 해석하여야 할 것이다.

한편 대법원은, "토지 소유자인 사업시행자가 부동산신탁회사에 토지를 신탁하고 부동산신탁회사가 수탁자로서 사업시행자의 지위를 승계하여 신탁된 토지에서 개발사업을 시행한 경우에 그 토지가액의 증가로 나타나는 개발이익은 해당 개발토지의 소유자이자 사업시행자인 수탁자에게 실질적으로 귀속된다고 봄이 타당하고, 수탁자를 개발부담금의 납부의무자로 보아야 한다"고 판시하였다(대법원 2014. 8. 28. 선고 2013두14696 판결). 위 판결의 사안은 차입형 토지신탁 사업에 관한 것으로, '금융투자회사의 영업 및 업무에 관한 규정'[1] 별표 15 〈토지신탁수익의 신탁종료 전 지급 기준〉에서는 관리형 토지신탁을 '사업비의 조달의무를 위탁자가 부담하는 신탁을 말한다'고, 차입형 토지신탁을 '사업비의 조달의무를 신탁사가 부담하는 신탁을 말한다'고 각 정의하고 있다.

또한 동일한 차입형 토지신탁의 사안인 대법원 2014. 9. 4. 선고 2012두26166 판결의 원심인 대구고등법원 2012. 10. 26. 선고 2012누1243 판결은, 『① 위탁은 '남에게 사물이나 사람의 책임을 맡김' 또는 '법률 행위나 사무의 처리를 다른 사람에게 맡겨 부탁하는 일'을 의미하고, 반드시 신탁과 같이 '자기(수탁자) 명의로 타인(위탁자)의 계산에 의하여' 법률행위를 하게 하는 경우만을 의미하지는 않는 점, ② 앞서 본 법리를 종합하면 단순히 개발사업을 위탁받아 시행한 자가 개발부담금 납부의무자에서 제외되고 위탁자가 납부의무자가 되는 이유는 토지가액 증가로서 나타나는 개발이익이 위탁자에게 귀속되기 때문인 것으로 보아야 하는 점, ③ 지방세법 제107조 제2항 제5호상의 재산세 납부의무자에 관하여 '신탁법에 따라 수탁자명의로 등기·등록된 신탁재산의 경우에는 위탁자'라고 규정하고 있음에 비해, 개발이익환수법은 제6조 제1항 단서 제1호상의 개발부담금 납부의무자에 관하여 신탁이라는 용어는 사용하지 않고 단지 '개발사업을 위탁한 경우에는 위탁을 한 자'라고 규정하고 있는 점 등에 비추어 보면, 이 사건과 같이 신탁계약관계에 의하여 개발사업이 수행되어 수탁자인 원고에게 개발이익이 귀속되는 것으로 보아야 하는 경우는 원고가 지적하는 개발이익환수법 제6조 제1항 단서 제1호에서 규정하는 '개발사업을 위탁한 경우'에 해당되지 않는다고 보아야 한다』고 판시하였다.

---

1) 위 규정은 자본시장법, 동법 시행령, 동법 시행규칙 및 금융위원회의 금융투자업규정에서 동법 제283조에 따라 설립된 한국금융투자협회에 위임 또는 위탁한 업무의 수행과 금융투자회사가 영업 및 업무를 수행함에 있어 필요한 사항을 정함으로써 건전한 거래질서의 유지 및 투자자 보호에 기여함을 목적으로 한다(위 규정 제1-1조).

그러나 관리형 토지신탁은 수탁자가 위탁자로부터 사업시행자 명의를 인수받아 이를 관리하는 제한적인 업무를 수행하는 데 반하여, 차입형 토지신탁의 경우에는 수탁자가 자금조달을 비롯하여 시공사의 선정, 분양 업무 등 사업시행에 필요한 제반 업무를 수행하고 그 사업의 결과로 얻은 신탁수익을 수익자에게 지급하는 법률관계인 점이 다를 뿐, 신탁수익이 수탁자가 아닌 수익자에게 귀속된다는 점에 있어서는 다르지 아니하다. 또한 '위탁'은 누구의 명의·계산을 가리지 아니하고 법률행위나 사무의 처리를 다른 사람에게 맡겨 부탁하는 일을 의미하므로, 그 중 '자기(수탁자) 명의로 타인(위탁자)의 계산에 의하여' 법률행위를 하게 하는 경우인 '신탁'은 위 판시가 언급한 '위탁'의 개념에 속하는 개념이고, 수탁자에게 개발이익이 귀속되지 아니한다는 입장에서 보게 되면 '신탁계약 관계에 의하여 개발사업이 수행되어 수탁자에게 개발이익이 귀속되는 것으로 보아야 하는 경우'라는 판시는 그 전제부터 타당하지 아니한 것이라는 비판이 가능할 것이다. 수탁자는 소정의 신탁보수 및 고유계정에서 신탁계정으로 대여하여 투입한 사업비(신탁계정대)에 대하여 그 비용 및 지출한 날 이후의 이자[1]를 상환받는 것 외에는, 누구의 명의로도 신탁의 이익을 향수할 수 없고(신탁법 제36조 본문), 위탁자가 지정한 수익자에게 신탁이익을 지급하게 되므로, 개발이익이 실질적으로 귀속되는 자는 수탁자가 아닌 위탁자 겸 수익자로 보아야 한다는 입장도 충분히 설득력이 있다.

위 대구고등법원 2012. 10. 26. 선고 2012누1243 판결은, 『이 사건 개발행위로 인한 개발이익은 이 사건 개발사업의 시행 등에 따라 정상지가 상승분을 초과하여 발생한 이 사건 토지 가액의 증가분을 의미하므로, 그 개발이익은 제3자인 피고와의 관계에서 이 사건 토지의 소유자인 원고에게 실질적으로 귀속되고, 다만 이 사건 신탁계약상의 수익분배 약정은 신탁계약의 종료 시 원고와 반도주택과의 사이에서 실시할 사업정산 기준에 관한 내부적인 약정에 불과하다고 봄이 상당하다』고 판시하였다. 그러나 『신탁법 제3조는 "등기 또는 등록하여야 할 재산에 관하여는 신탁은 그 등기 또는 등록을 함으로써 제3자에게 대항할 수 있다"고 규정하고, 구 부동산등기법(2011. 4. 12. 법률 제10580호로 전문개정되기 전의 것) 제123조, 제124조는 신탁의 등기를 신청하는 경우에는 ① 위탁자, 수탁자 및 수익자 등의 성명, 주소 ② 신탁의 목적 ③ 신탁재산의 관리방법 ④ 신탁종료사유 ⑤ 기타 신탁의 조항을 기재한 서면을 그 신청서에 첨부하도록 하고 있고 그 서면을 신탁원부로 보며 다시 신탁원부를 등기부의 일부로 보고 그 기재를 등기로 본다고 규정하고 있다. 따라서 위의 규정에 따라 등기의 일부로 인정되는 신탁원부에 신탁부동산에 대한 관리비납부의무를 위탁자가 부담한다는 내용이 기재되어 있다면 수탁자는 이로써 제3

1) 신탁법 제46조(비용상환청구권) ② 수탁자가 신탁사무의 처리에 관하여 필요한 비용을 고유재산에서 지출한 경우에는 지출한 비용과 지출한 날 이후의 이자를 신탁재산에서 상환받을 수 있다.

자에게 대항할 수 있다』고 판시한 대법원 2012. 5. 9. 선고 2012다13590 판결에서 보듯이, 신탁계약서상 수익분배 약정은 신탁원부로서 등기의 일부로 인정되어 이로써 제3자에게 대항할 수 있다고 보아야 할 것이고, 신탁의 수익이 수탁자가 아닌 수익자에게 귀속된다는 점은 신탁법상 신탁의 본질적인 부분이므로, 이를 내부적인 약정에 불과하다고 본 것 역시 타당하지 아니하다.

따라서 관리형 토지신탁은 물론, 차입형 토지신탁의 경우에도 개발이익환수법 제6조 제1항 단서 및 제1호에서 열거되어 있는, 위탁자가 수탁자에게 '개발사업을 위탁한 경우'에 해당한다고 해석될 수 있다고 생각된다.

한편, 앞서도 언급한 바와 같이 차입형 토지신탁과 관리형 토지신탁은 '사업비의 조달의무를 위탁자와 신탁사 중 누가 부담하는지'라는 대표적인 차이에서 비롯하여, 위탁자와 신탁사의 역할 및 신탁사의 사업관여도 면에서 현격한 차이가 있다. 만일 신탁재산에서 개발부담금을 납부하기에 부족함이 없는 경우라면 수탁자가 이를 부과받더라도 신탁사무의 처리에 관하여 필요한 비용 지출의 일환으로 신탁재산에서 납부하면 족하므로 문제될 것이 없으므로, 개발부담금을 위탁자와 수탁자 중 누가 부담할 것인지의 문제는 결국 신탁재산에서 부족이 발생한 경우에 주로 문제될 것이다. 수탁자는 신탁재산이 신탁사무의 처리에 관하여 필요한 비용을 충당하기에 부족하게 될 우려가 있을 때에는 수익자에게 그가 얻은 이익의 범위에서 그 비용을 청구할 수 있다(신탁법 제46조 제4항 본문). 그런데 개발부담금이 수익자에게 비용을 청구할 수 있는 범위를 넘어서는 경우 그러한 개발부담금은 고스란히 신탁사의 재무적 손실로 이어지게 될 위험이 존재한다. 차입형 토지신탁의 경우에는 신탁사가 스스로 시행업무를 수행하였으므로 이러한 손실의 위험을 감수하고 신탁을 인수하였다고도 볼 여지가 있으나, 관리형 토지신탁의 경우에는 신탁사가 제한적 역할만을 수행하였고 제반 시행업무는 위탁자가 수행하였으므로 그로 인한 손실의 위험을 신탁사가 감수하여야 한다고 볼 근거는 더욱 희박하다고 할 것이다. 결국 차입형 토지신탁에서 수탁자의 개발부담금 납부의무에 관한 대법원 2013두14696 판결, 2012두26166 판결의 논리를 그 외의 토지신탁 유형에까지 확장할 수는 없다고 본다.[1)]

한편 이러한 논의들에도 불구하고, 최근 위 대법원 판결의 판시를 근거로 하여, 수탁자가 사업시행자 지위를 승계하는 차입형 혹은 관리형 토지신탁 사안만 아니라, 수탁자가 사업시행자 지위를 보유하지 아니하는 부동산담보신탁 및 부동산처분신탁의 경우에까지도 '인허가 명의를 기준으로 개발이익 향유 여부를 판단하여서는 안 되고, 개발사업 시행으로 인하여 발생한 개발이익은 토지 자체에 귀속되는 것으로서 대내외적으로 완전한 소유권을 보유하는 수탁자에게 귀속된다'는 이유로 수탁자에게 부과한 개발부담금 부

1) 같은 견해로 박주봉, 〈부동산신탁과 개발부담금〉, 75면.

과처분이 적법하다고 판단되는 사례[1])들이 발견된다. 그러나 만일 신탁부동산에 관하여 누가 개발사업을 시행하였는지를 불문하고 개발사업 후 수탁자가 신탁부동산을 환가함에 따라 개발이익이 신탁재산으로 귀속되는 경우라면 개발이익이 토지 자체에 귀속된다는 논거가 타당할 수 있다 하더라도, 부동산담보신탁 혹은 부동산처분신탁의 경우에 신탁계약에서 정한 처분사유가 발생하지 아니하여 수탁자가 신탁부동산의 소유권을 보유하고 있다가 신탁계약이 기간만료, 목적달성, 해지 등으로 종료하여 귀속권리자에게 이전되는 경우에는, 수탁자가 개발사업 완료시 대내외적으로 완전한 토지소유자라는 이유로 개발이익이 수탁자에게 귀속된다고 보기 어렵다. 위 판시들이 이러한 점까지 고려하였는지 의문이다. 이에 관해서는 추가적인 논의가 필요할 것이다.

5. 우선수익권과 수분양자에 대한 분양대금반환 사이의 순위

가. 수탁자가 위탁자의 수분양자에 대한 분양대금 반환의무를 승계하는지 여부

토지신탁에서 수탁자가 직접 분양자가 되어 수분양자와 사이에 분양계약을 체결하는 것과 달리, 그 외의 신탁에서 시행사인 위탁자가 수분양자와 사이에 분양계약을 체결한 경우에는, 원칙적으로 수분양자와의 관계에서 분양계약상의 의무를 부담하는 주체는 위탁자이고, 수분양자들과 사이에 계약관계가 없는 수탁자가 그러한 의무를 곧바로 승계하지는 아니한다고 할 수 있다.[2])

비록 하급심이기는 하나 시행사와 분양계약을 체결하고 분양대금은 시행사와 대리사무계약을 체결한 신탁회사 명의의 계좌로 입금한 후 수분양자들이 분양계약을 취소하고 분양대금 반환을 청구한 사안[3])에서, 법원은 『신탁회사는 분양계약의 당사자가 아니고, 단지 사업약정과 부동산담보신탁계약에 따라 점포들의 분양에 따른 자금관리업무 등을 위임받고, 점포들에 관하여 위 신탁계약을 원인으로 한 소유권이전등기를 경료받은 신탁회사일 뿐이라고 할 것인바, 비록 원고 주장과 같이 사업약정과 부동산신탁계약에 따라 신탁회사가 시행사 및 시공사, 대출금융기관들에 대한 관계에 있어 원고 주장과 같

1) 서울고등법원 2017. 9. 2. 선고 2017누49159 판결(2018. 1. 11. 심리불속행 상고기각으로 확정); 서울고등법원 2019. 2. 15. 선고 2009구35611 판결(상고포기로 확정) 등.

2) 인천지방법원 2008. 9. 11. 선고 2008가단11473 판결(점포 매매계약을 체결한 매도인이 부동산 신탁회사와 점포에 관한 부동산담보신탁계약을 체결하고 수탁자 명의로 소유권이전등기를 한 다음 매수인이 매매계약을 해제한 사안에서, 신탁계약의 내용상 수탁자가 위 매매계약상의 매도인 지위를 인수하였다고 볼 수 없으므로 매매계약 해제에 따른 원상회복의무를 부담하지 않는다고 한 사례).

3) 이 사건들에서 시행사, PF대출기관, 시공사 및 신탁회사는 상가 신축·분양사업을 위하여, 시행사가 PF대출기관들로부터 사업비를 대출받되 그 담보로 사업부지와 상가를 신탁회사에게 신탁하고, 분양수입금 등의 수납, 관리, 집행 등 자금관리업무를 신탁회사에게 위탁하여 대리사무를 통해 주관하며, 분양계약은 시행사를 매도인으로 하여 체결하되 신탁회사 명의로 개설한 분양수입금 관리계좌로 수납하기로 정하였다.

은 업무 및 의무를 부담한다고 하더라도, 그와 같은 사정만으로는 분양계약의 취소에 따른 분양대금의 반환의무를 부담한다고 보기 어렵다』고 하여, 분양계약 취소시 신탁회사가 수분양자들에 대하여 분양대금을 반환할 의무가 없다고 판시하였다(제주지방법원 2008. 7. 17. 선고 2007가합1711 판결; 서울중앙지방법원 2009. 10. 9. 선고 2008가합109963 판결 등).

또한 서울고등법원 2010. 9. 30. 선고 2009나106937 판결에서도, 분양계약이 취소되어 소급적으로 무효가 되는 경우 수분양자에 대한 분양대금 반환의무는 시행사가 부담하는 것이고, 신탁회사가 수분양자들에 대하여 직접 부당이득반환의무를 부담하는 것은 아니라고 판시하였다.

다만 경우에 따라서는 수분양자들을 보호하기 위하여 신탁계약상 위탁자가 수분양자간에 체결한 분양계약에 따른 분양자로서의 지위를 수탁자가 승계하기로 하는 등의 특별한 정함을 두는 사례도 있을 수 있는바, 만일 신탁계약상 이와 같은 특별한 정함이 있는 경우[1]에는, 수탁자가 위탁자의 기분양 아파트 분양계약 해제에 따른 분양대금 반환의무를 승계하게 될 것이다.

나. 수분양자에 대한 분양대금 반환채무 정산 순위

신탁회사가 위탁자와 사이에 자금관리대리사무계약을 체결하여 대출금융기관의 통제 하에 금융기관의 대출금과 분양수입금 등의 사업자금을 사전에 약정한 항목과 순서에 따라 관리하는 업무를 수행하는 경우,[2] 대법원 2009. 7. 9. 선고 2008다19034 판결이 있

1) 한편, 채무의 승계에 관한 특별한 정함이 있는지, 즉 제3자를 위한 계약에 해당하는지 여부의 해석과 관련하여서는, 대법원 2006. 9. 14. 선고 2004다18804 판결(건축주와 부동산신탁회사가 상가건물의 건축·분양에 관하여 체결한 부동산처분신탁계약 및 자금관리대리사무계약에서 '건설비 등을 건축주의 요청에 의하여 부동산신탁회사가 당사자에게 직접 지급함을 원칙으로 한다'라는 취지로 약정하였더라도, 이는 부동산신탁회사가 자신 명의로 예금계좌를 개설하여 그 계좌로 분양대금을 받아 자금관리를 하기로 하였기 때문으로 보이고, 도급계약의 당사자도 아닌 부동산신탁회사가 위 상가건물의 건축공사의 수급인에 대한 공사대금지급채무를 인수할 뚜렷한 이유가 없는 점 등에 비추어, 위 상가건물의 건축공사의 수급인은 위 약정에 근거하여 부동산신탁회사에 직접 공사대금지급청구를 할 수 없다고 본 사례) 참조.

2) 신탁회사가 자금관리대리사무계약에 따라 관리하는 자금의 성격에 관하여는, 대법원 2008. 12. 24. 선고 2006다7426 판결(시행사는 신탁회사와 사이에 이 사건 사업약정 및 대리사무계약 등을 체결하여 신탁회사로 하여금 이 사건 사업과 관련하여 시행사 명의로 차입하는 자금, 분양수입금, 수분양자의 연체료 등 일체의 자금을 신탁회사 명의로 개설한 계좌에 입금하여 관리하면서 이 사건 사업약정 등에서 정한 방식과 순서에 따라 집행하도록 위탁하였음을 알 수 있는바, 신탁회사에게 관리가 위탁된 위 자금은 목적이나 용도가 한정된 것이거나 대리사무를 처리하는 과정에서 시행사를 위하여 지급된 것이므로, 특별한 사정이 없는 한 시행사의 소유에 속한다고 볼 수 있다. 그런데 … 신탁회사에게 이 사건 사업과 관련하여 위탁된 자금은 이 사건 사업약정 및 대출약정에서 정한 바에 따라 금융기관의 차입원리금, 시공사에 대한 공사비, 제세공과금, 차입원리금 및 수분양자에 대한 중도금대출이자 대납금액 등으로 우선적으로 집행되도록 예정되어 있다 할 것이므로, 그 위탁된 자금은 금융기관의 차입원리금 등으로 우선 집행된 후에도 남게 되어야 일반관리비와 사업수익금 명목으로 시행사에게 확정적으로 귀속된다고 할 것이다. 원심이 같은 취지에서, 시행사가 신탁회사에게 관리를 위탁한 자금의 소유권은 시행사에게 있다고 하면서도, 이 사건 사업약정 등에 정하여진 조건이 충족되어야 시행사에게 확정적으로 귀속된다고 판단한 것은 정당하여 수긍이 가고, 거기에 상고이유에서 주장하는 바와 같은 위탁된 자금의 소유권 귀속에 관한

은 후로 수분양자가 시행사와의 분양계약을 해제한 후 시행사를 대위하여 신탁회사에게 분양대금의 반환을 청구할 수 있는지 여부를 두고 논란이 발생하였다.

위 대법원 2008다19034 판결은, 『미분양건물을 처분하여 정산하는 경우와 달리 이미 분양된 건물 부분을 처분하여 정산하는 경우에 있어서 수분양자에 대하여 부담하는 분양대금 반환채무는 부동산담보신탁계약에서 정한 1순위로 정산하여야 하는 채무 또는 그보다 앞선 순위로 정산하여야 할 채무에 해당하는 것으로 보아야 한다고 전제한 다음, 수탁자가 위탁자의 요청을 받아 이미 분양된 건물 부분을 매각한 대금으로 먼저 수분양자에 대한 분양대금과 상계하거나 공탁한 행위는 신탁계약 상의 정산의무를 위반하여 우선수익자의 우선수익권을 침해한 것이라고 볼 수 없다고 판단하여 우선수익권자의 이 부분 손해배상청구를 배척한 원심의 판단은, 부동산담보신탁계약, 대리사무계약의 관련 규정 내용 등에 비추어 정당한 것으로서 수긍할 수 있고, 거기에 신탁계약 상의 정산의무의 해석에 관한 법리오해 등의 위법이 없다』고 판시한 바 있다.[1)]

위 판결의 사안은, 수탁자가 대리사무계약에 따른 자금관리자로서, 이미 분양이 된

법리오해 등의 위법이 없다) 참조. 오상민, 〈담보신탁 및 자금관리대리사무에서 신탁회사의 분양대금반환책임〉, 246면에 의하면, 신탁법상 신탁재산의 정의와 그에 따른 법리에 의하면 분양수입금은 신탁재산에 해당한다고 보기 어려움에도 불구하고 분양수입금을 신탁재산으로 보는 하급심 판례가 양산되고 있는 이유는 법리적인 측면보다는 수분양자 보호라는 정서적인 측면이 기저에 작용하기 때문이라고 한다.

1) 보다 자세하게 위 대법원 판결의 원심인 서울고등법원 2008. 1. 25. 선고 2005나69542 판결의 판시를 살펴보면, 『우선수익권자가 신탁사업을 통해 건물을 분양하여 얻은 수익금으로 대리사무계약에 따른 순서에 따라 대출금을 상환받기 위하여 위탁자와 수탁자 사이의 대리사무계약에 동의를 하였고, 건물 준공시 금융기관 차입금 잔액이 있을 경우 위탁자는 미분양물건에 관하여 보존등기와 동시에 담보신탁계약을 체결하고 매각 등의 방법으로 대출 원리금에 충당하는 정산절차를 거치도록 되어 있으므로(대리사무계약 제13조) 위탁자가 분양한 건물에 대하여는 우선수익권이 제한된다고 봄이 상당한 점, 대리사무계약은 근본적으로 리모델링 사업의 안정적인 수행과 분양계약자의 권리보호를 위하여 이루어지는 것이고(대리사무계약 제1조, 제2조 제1항), 위탁자는 수탁자에게 분양계약의 관리 및 분양 또는 임대 수입금의 수납 관리계좌의 입출금 등 자금 관리업무를 위임하였으며, 분양계약자에 대한 입출금 및 '해약' 등을 전산관리하여야 함(대리사무계약 제3조 제1항 제2호, 제9조 제2항)에 비추어 분양수입금을 관리하는 수탁자는 수분양자와 계약이 해제되어 위탁자의 요청이 있을 경우 계약해제로 인한 원상회복의 범위 내에서는 이를 반환하여야 하는 점, 따라서 이미 분양이 된 건물 부분을 매각할 경우에는 분양자는 수분양자와의 계약을 해제할 수밖에 없으므로, 이미 분양된 물건을 처분하여 담보신탁계약을 정산할 경우에는 수분양자에 대한 분양금 반환채무는 이 사건 신탁계약 제21조 제1항에서 신탁보수와 함께 1순위로 정산하여야 하는 '신탁계약 및 처분절차와 관련하여 발생된 비용'에 해당하거나 오히려 이보다도 앞선 순위로 정산되어야 할 채무로 봄이 상당한 점, 만약 위와 같이 해석하지 아니하게 되면 우선수익권자로서는 수분양자가 이미 납부한 분양금으로 건축공사를 함으로써 신탁건물의 담보가치가 분양대금 만큼 증가되거나, 우선수익권자로서 대출금의 이자 등 채권을 일부 변제받았음에도 또 다시 수분양자에게 분양금을 반환하지 아니한 채 수분양된 물건을 매각한 대금에 관하여 우선권을 행사함으로써 수분양자의 희생하에 이중의 만족을 얻게 되는 매우 불합리한 결과에 이르게 되는 점 등에 비추어 보면, 미분양건물을 처분하여 정산을 하는 경우와 달리 위탁자가 분양한 건물을 처분하여 정산하는 경우 수탁자는 이 사건 신탁계약 제21조에 정한 처분대금의 정산시 위탁자의 요청이 있으면 위탁자와 수분양자들 사이의 분양계약 해제로 인한 분양대금을 우선적으로 반환할 수 있다고 봄이 상당하고, 따라서 이 사건에서 위탁자의 상계 요청을 받고 수탁자가 수분양자의 매각대금으로 분양대금과 상계하거나 공탁을 한 행위는 우선수익권자의 우선수익권을 침해하는 것이 아니라 이 사건 신탁계약에 따른 적법한 행위라고 할 것이고 신탁계약 제21조에 위반하였다고 할 수 없다』고 판시하였다.

건물 부분을 담보신탁계약에 따라 처분·정산하기 위하여 기존의 수분양자와의 분양계약을 해제하게 된 경우에, "분양수입금을 관리하는 수탁자는 수분양자와 계약이 해제되어 위탁자의 요청이 있을 경우 계약해제로 인한 원상회복의 범위 내에서는 이를 반환하여야 함"을 인정하고, 나아가 신탁부동산을 처분하여 그 처분대금을 우선수익권자에 앞서 수분양자에 대하여 분양계약 해제에 따른 분양대금 반환에 먼저 집행한 것이 정당하다고 판시한 것이다.

그런데 위 대법원 2008다19034 판결이 있은 후로, 시행사와의 분양계약을 취소 또는 해제한 수분양자들이 신탁회사를 상대로 시행사를 대위하여 분양대금 반환을 구하는 소송이 잇따랐고,[1] 이에 대하여 아래와 같이 하급심의 판단이 엇갈렸다.

먼저, 서울고등법원 2010. 9. 30. 선고 2009나106937 판결[2]에서는 분양계약이 취소되어 소급적으로 무효가 되는 경우 수분양자에 대한 분양대금 반환의무는 시행사가 부담하는 것이고, 신탁회사가 수분양자들에 대하여 직접 부당이득반환의무를 부담하는 것은 아니라고 판시하면서도, 『시행사가 수분양자와 사이에 체결한 분양계약이 취소되어 소급적으로 무효가 되는 경우에 있어서는, 시행사는 자신을 대리하여 분양대금을 수납한 신탁회사에 대하여 위와 같은 분양계약의 취소를 이유로 하여 그 분양대금의 반환을 요구할 수 있다』고 하여 신탁회사는 위탁자인 시행사에 대하여는 신탁재산의 한도 내에서 분양대금 상당액을 반환할 의무가 있다고 인정하면서,[3] 시행사가 무자력인 경우 수분양자

1) 오상민, 〈담보신탁 및 자금관리대리사무에서 신탁회사의 분양대금반환책임〉, 237면에 의하면, 주택법상 일반분양 주택을 20가구 이상 선분양하는 경우 시행사는 의무적으로 대한주택보증의 분양보증을 받아야 하므로 분양계약 해제에 따른 분양대금반환의 법적 분쟁이 수분양자와 신탁회사 사이에 발생하지 않지만 의무적 분양보증 대상이 아닌 상가나 오피스텔의 경우 분양계약 해제로 인한 분양대금반환의 법적 분쟁이 발생하게 된다고 한다.

2) 위 판결은 상고 각하로 확정되었다.

3) 위 판결은 이어서, 『위와 같이 분양계약이 취소되어 소외 회사가 피고에 대하여 분양대금의 반환을 요구할 수 있는 경우 그 분양대금에 관하여 피고와 시공사 및 대출 금융기관이 갖는 이익이 문제될 수 있으나, 분양대금은 신탁재산인 상가를 분양하여 그 대가로 지급받는 처분대금으로서 상가 자체를 대체하여 신탁재산이 되는 것이므로 그러한 처분대금으로서의 분양대금에 관하여 신탁회사와 시공사 및 대출금융기관이 갖는 이익은 상가를 분양하는 계약이 유효한 것을 전제로 하여 기대할 수 있는 이익이라고 할 것이다. 또한 신탁회사가 보관하면서 관리번호를 부여하는 분양계약서 양식에 의해서 분양계약을 체결하도록 하는 한편 신탁회사와 시공사 및 대출금융기관이 분양현황을 수시로 확인할 수 있게 한 것은, 시행사가 수분양자와 사이에 체결하는 분양계약의 유효성을 담보하고자 하는 것으로서, 이에 따라 신탁회사와 시공사 및 대출금융기관은 위와 같은 유효성에 관하여 어느 정도 예측할 수도 있다고 할 것이다. 나아가 위와 같이 분양계약이 취소될 경우에 있어서는 앞서 본 바와 같이 수분양자가 상가에 관하여 수분양자로서의 지위를 상실하고 상가 자체가 미분양 상태에서 신탁재산으로 환원되어, 시행사나 신탁회사가 상가 자체를 다시 분양하거나 처분할 수 있어 신탁재산의 전체적인 가치는 그대로 유지된다고 할 것이다. 이상과 같은 사정에 비추어 보면, 시행사와 신탁회사가 앞서 본 바와 같이 시공사 및 대출금융기관과 사업약정을 체결하여 분양수입금관리계좌에 입금된 모든 사업비의 지출을 일정한 순위에 따라 집행하기로 약정하고 당시 분양계약이 취소되는 경우에 관하여 명시적으로 약정하지는 않았다고 하더라도, 위와 같이 분양계약이 취소되어 시행사가 신탁회사에 대하여 그 분양대금의 반환을 요구하고 신탁회사가 이에 따라 분양대금을 시행사에게 반환하는 것은, 그 분양대금에 관하여 신탁회사 및 시공사와 대출금융기관이 갖는 이익이나 권리를 침해하는 것이라고 할 수 없다고 할 것이다』라고 판시하면서, 앞서 살

들이 채권자대위권에 기하여 위와 같은 시행사의 반환청구권을 행사할 수 있다고 판시하고, 이 경우 "신탁재산의 한도"의 의미는 분양수입금관리계좌의 잔액 한도에 한정되는 것이 아니라, "위탁자가 수탁자에게 신탁한 부동산 및 금전 등 재산 전체"를 의미한다고 판시하였다. 또한 서울고등법원 2012. 9. 6. 선고 2011나105128 판결[1]도 위와 유사한 취지로 판시한 바 있다.

그러나 반면 서울중앙지방법원 2013. 8. 14. 선고 2012나46537 판결[2]에서는 『대리사무 약정이 해지되었다거나 분양계약의 해제와 관련하여 시행사와 수탁자 사이에 분양대금의 반환에 관한 어떠한 약정이 있다는 등의 특별한 사정이 없으면 분양계약이 해제되었다는 사정만을 들어 시행사의 '대리인'에 불과한 수탁자가 이미 받은 분양대금을 '본인'인 시행사에게 반환하여야 하는 법률관계가 형성된다고 볼 수는 없다. 또한 대리사무 약정에 의하면 분양 개시 후 분양수입금 관리계좌에 입금된 수입금 중 공사비를 제외한 모든 사업비의 지출은 시공사와 대출금융기관의 확인을 얻은 시행사의 서면요청에 의하여 수탁자가 집행하여야 하는데, 위 확인을 얻었다고 인정할 만한 증거가 없는 이상, 시행사가 수탁자에게 바로 위 분양대금 반환을 청구할 수는 없다』고 하여, 자금관리자인 수탁자에 대하여 시행사를 대위한 수분양자의 분양대금 반환청구를 배척하였고, 또한 서울고등법원 2013. 2. 22. 선고 2012나56285 판결 및 서울고등법원 2013. 10. 11. 선고 2013나27208 판결에서도 이와 유사한 취지로 판시하였다.[3]

위와 같은 하급심 판례들은 구체적으로 어느 점이 대법원 2009. 7. 9. 선고 2008다19034 판결 및 그 하급심 판결 사안과 달라 그 결론을 달리 하게 되는지에 관하여 명시적으로 밝히지 아니하였다.[4] 우선, 대법원 2008다19034 판결은 수탁자가 신탁재산의 처

펴본 대법원 2009. 7. 9. 선고 2008다19034 판결을 원용하였다.

1) 위 판결은 대법원 2014. 12. 11. 선고 2012다70852호로 파기환송된 후 환송심인 서울고등법원 2014나61021호에서는 2015. 5. 22. 원고 패소판결이 선고되었다.

2) 『① 대리사무 약정에 따라 대리인인 피고의 이 사건 분양대금 수령의 효과는 곧 본인인 소외 회사에게 법률효과가 귀속되어 위 분양대금에 관하여 피고와 소외 회사 사이에 새로운 법률관계가 형성되지는 않는 점, ② 소외 회사와 원고 사이에 체결된 이 사건 분양계약이 해제되어 소급적으로 그 효력을 잃는다고 하더라도, '본인'인 소외 회사가 당해 분양계약의 수분양자들로부터 분양대금을 더는 받지 못하게 됨에 따라 '대리인'인 피고로서도 당해 분양계약의 수분양자들로부터 분양대금을 더는 받지 못하게 되는 것일 뿐이지 곧바로 대리사무계약(혹은 대리사무계약 중 해제된 분양계약과 관련된 부분)의 효력이 소급적으로 상실되어 피고가 이미 받은 분양대금을 수납·관리할 법률상 원인이 없게 된다고 볼 수는 없는 점, ③ 아무런 제한 없이 분양대금의 반환을 청구할 수 있다고 보게 되면 원고뿐만 아니라 소외 회사의 일반채권자들까지도 소외 회사의 피고에 대한 위 분양대금반환 채권에 대하여 강제집행을 할 수 있게 되어 수분양자들에게 실질적으로 불리한 결과가 초래될 수 있는 점 등』.

3) 위 서울고등법원 2012나56285 판결은 대법원 2015. 1. 15. 선고 2013다26838 판결로, 위 서울고등법원 2013나27208 판결은 대법원 2014. 12. 11. 선고 2013다82388 판결로 각 상고기각 확정되었다.

4) 한편 위 2012나56285 판결에서는 명시적으로 "대법원 2008다19034 판결은 사안을 달리하는 것이어서 이 사건에 원용할 수 없다"고 판시하였다. 그러나 이 사안에서는 수분양자가 분양받은 점포가 수탁자에 의한 신탁재산 처분이 아닌, 법원의 강제경매절차에 따라 그 소유권이 타인에게 이전되고, 매수인이 법원에 납부한 매각대금은 위 경매절차에서 우선순위에 따라 배당되었고(판시내용만으로는 어떠한 경위로

분비용으로서 수익자들에 대한 배당에 앞서 수분양자에게 분양대금을 반환한 데 대하여 그 당부를 판단한 사안이나, 그 후의 하급심 판결들은 나아가 수탁자가 시행사를 대위한 수분양자에게 이를 지급할 적극적 의무가 있는지 여부가 쟁점이 된 것으로, 사안을 바라보는 관점에 있어서 차이가 있었을 수 있다.

여기서 서울고등법원 2009나106937 판결과 다른 하급심 판결들의 결론이 갈리게 된 이유를 판결문에 나타난 사실관계만을 비교하여 보건대, 신탁계약 및 대리사무계약상에는 특별한 차이점이 발견되지 아니하나, 유사한 계약관계를 배경사실로 하여 (i) 분양대금이 신탁재산에 해당하는지 여부에 관하여, 위 2009나106937 판결에서는 분양대금이 신탁재산에 해당한다고 본 반면, 다른 하급심 판결들은 분양대금은 신탁재산에 해당하지 아니한다고 보았다.[1] 또한, (ii) 위 대법원 2008다19034 판결은 수탁자가 대리사무계약상 분양계약자에 대한 입출금 및 '해약' 등을 전산관리하여야 함에 비추어 분양수입금을 관리하는 수탁자는 수분양자와 계약이 해제되어 위탁자의 요청이 있을 경우 계약해제로 인한 원상회복의 범위 내에서는 이를 반환하여야 한다고 판시하였는바, 서울고등법원 2009나106937 판결에서는 수탁자와 우선수익자들이 분양현황을 수시로 확인할 수 있도록 하여 수탁자와 우선수익자들이 위와 같은 유효성을 어느 정도 예측할 수도 있었으므로 위 대법원 사례와 유사하다고 본 데 반하여, 다른 하급심 판결들은 대리사무 약정이 해지되었다거나 분양계약의 해제와 관련하여 시행사와 수탁자 사이에 분양대금의 반환에 관한 어떠한 약정이 있다는 등의 특별한 사정이 없으면 분양계약이 해제되었다는 사정만을 들어 시행사의 '대리인'에 불과한 수탁자가 이미 받은 분양대금을 '본인'인 시행사에게 반환하여야 하는 법률관계가 형성된다고 볼 수는 없다고 판시하였다.

분양계약 해제에 따른 수분양자의 신탁회사에 대한 분양대금반환의 대위청구를 인정할 경우, 언제 분양계약이 해제될지 모르는 불안정한 상황에서 신탁회사는 분양수입금을 사업자금으로 집행·운용하기 어려워지는 결과 시행사의 대규모 부동산사업 진행에

신탁재산에 대하여 강제경매가 이루어지게 되었는지를 파악하기 어렵다), 수분양자인 원고가 위 대법원 2008다19034 판결을 들어 "시행사가 그 매각대금 상당을 수분양자에게 반환할 수 있도록 수탁자가 그 매각대금 자체를 시행사에게 지급할 의무가 있다"고 주장한 데 대하여, 그 사안이 다름을 이유로 배척하는 판단을 한 것으로, 시행사가 분양계약을 체결한 신탁부동산을 수탁자가 처분한 경우에도 그러하다고 보기는 어려워 보인다.

1) 이들 하급심 판결은 ① 대리사무 약정에 따라 수탁자가 관리하는 분양수입금은 수탁자가 우선 수익자에게 담보로 제공된 신탁재산을 처분하여 받은 대금이 아니라 수분양자들과 분양계약을 체결한 시행사가 받은 시행사의 자금을 피고가 대신 관리하고 있는 것이며 시행사와 수분양자들 사이에 분양계약이 체결되고 분양대금이 납부되더라도 신탁계약이 해지되는 않는 한 신탁재산은 그대로 유지되는 점, ② 시행사가 수분양자로부터 분양대금을 완납받은 경우 시행사는 위 분양대금을 확인한 우선 수익자 등의 동의를 얻어 해당 부동산에 대한 신탁계약의 해지를 요청하며 그에 따라 소유권을 이전받은 시행사는 수분양자에게로 다시 소유권을 이전하여 주는 구조인 점 등을 근거로 들고 있으나, 이러한 점들은 서울고등법원 2009나106937 판결 사안에서도 다르지 아니하다.

지장을 초래하게 되고, 동일 논리대로라면 수분양자뿐만 아니라 시행사의 다른 일반 채권자들 역시 마찬가지로 대위청구가 가능하게 되고 이에 따른 보전처분 및 강제집행까지 할 수 있게 된다.[1)]

결국 수분양자의 분양대금 대위청구를 인정하였던 위 서울고등법원 2011나105128 판결은 대법원에서 파기환송되었고, 수분양자의 분양대금 대위청구를 부정한 위 서울중앙지방법원 2012나46537 판결 및 서울고등법원 2012나56285 판결은 각 대법원에서 상고기각 확정됨으로써, 위 대법원 2008다19034 판결이 있은 후로 수분양자가 시행사와의 분양계약 해제 후 시행사를 대위하여 신탁회사에게 분양대금반환을 청구할 수 있는지에 관한 해석을 둘러싸고 위와 같이 엇갈렸던 하급심 판례의 태도는, 분양계약 해제시 분양대금 반환에 관한 특별한 약정 등이 없는 한 수분양자의 시행사를 대위한 수탁자에 대한 분양대금 반환 청구를 배척하는 것으로 귀결된 것으로 보인다.

구체적으로 위 서울중앙지방법원 2012나46537 판결의 상고심인 대법원 2014. 12. 11. 선고 2013다71784 판결은 우선 (i) 신탁회사가 분양계약의 당사자가 아니고 수분양자는 신탁계약이나 대리사무 약정의 당사자가 아님을 들어 수분양자의 신탁회사에 대한 직접 분양대금 반환청구를 배척하였다. 다음으로 (ii) 분양계약을 해제한 수분양자가 분양대금 반환채권을 보전하기 위해 분양자인 시행사를 대위하여 그로부터 분양수입금 등의 자금관리를 위탁받은 수탁자인 신탁회사를 상대로 사업비 지출 요청권을 행사한 데 대하여, 시행사가 대리사무 약정에 따라 신탁회사에 대하여 갖는 사업비 지출 요청권은 수분양자가 보전하려는 권리인 분양대금 반환채권과 밀접하게 관련되어 있고, 수분양자가 사업비 지출 요청권을 대위하여 행사하는 것이 분양대금 반환채권의 현실적 이행을 유효적절하게 확보하기 위하여 필요한 경우이며, 수분양자가 시행사의 사업비 지출 요청권과 같은 대리사무 약정상 권리를 대위하여 행사하는 것이 채무자의 자유로운 재산관리행위에 대한 부당한 간섭이 된다고 보이지도 않으므로, 수분양자로서는 시행사에 대한 분양대금 반환채권을 보전하기 위하여 시행사를 대위하여 신탁회사에 분양대금 상당의 사업비 지출 요청권을 행사할 보전의 필요성이 있다고 판단하였다. 그러나 위 판결은 분양계약의 해제로 시행사가 신탁회사에게 담보계약에 따른 정산 순위의 제한이 없이 분양대금반환청구를 할 수 있는 것이 아니고,[2)] 시행사와 신탁회사 사이에 분양대금의 반환에 관한 특별한 사정이 없으면 분양계약이 해제되었다는 사정만을 들어 신탁회사가 분양

1) 오상민, 〈담보신탁 및 자금관리대리사무에서 신탁회사의 분양대금반환책임〉, 250면.

2) 더불어 위 판결은 신탁계약과 자금관리 대리사무 약정은 그 계약 체결의 목적이나 규율내용이 전혀 다른 별개의 계약으로 보아야 하고, 대리사무 약정에 따라 신탁회사가 관리하는 분양수입금은 애초부터 신탁계약에 정하고 있는 '신탁부동산의 처분대금이나 이에 준하는 것'에 해당한다고 볼 수 없다고 판단하여, 신탁회사가 대리사무계약에 따라 위탁자와 분양계약을 체결한 수분양자로부터 수납한 분양대금은 신탁재산이 아니라고 판시하였다.

대금을 시행사에 반환하여야 하는 법률관계가 형성된다고 볼 수 없으며, 또한 대리사무 약정에 의하면 분양 개시 후 분양수입금관리계좌에 입금된 수입금 중 공사비를 제외한 모든 사업비의 지출은 시공사와 대출금융기관의 확인을 얻은 시행사의 서면요청에 의하여 신탁회사가 집행하여야 하는데 위 확인이 없으므로, 시행사가 대리사무 약정에 의하여 신탁회사에게 바로 분양대금 반환을 청구할 수 없어 수분양자 역시 사업비 지출 요청권을 행사할 피대위채권이 없다고 봄으로써, 결국 시행사를 대위한 수분양자의 신탁회사에 대한 분양대금 반환청구를 배척하였다.

결론적으로, 위 대법원 2008다19034 판결의 취지는, 위탁자에 의하여 이미 분양된 신탁부동산을 수탁자가 처분하여 정산하는 경우 수탁자는 그 매매대금에서 수분양자에 대한 분양대금반환채무를 신탁사무처리에 필요한 비용으로서 우선수익권보다 먼저 지급할 수 있다는 의미에 국한되는 것으로 해석되고, 여기에서 나아가 수탁자가 신탁부동산을 처분하지 아니한 상태에서 수분양자에 대한 분양대금반환채무를 자신이 자금관리대리사무계약에 따라 관리하고 있는 위탁자의 사업자금에서 반환하여야 할 어떠한 의무가 있다고 인정한 것은 아니라고 볼 것이다.[1)] 또한 수탁자가 신탁부동산을 처분하여 정산하는 경우에도 자금관리대리사무계약에서 정해진 순서와 방법에 따라 위탁자의 수분양자에 대한 분양대금반환채무를 지급할 수 있다는 데 그칠 뿐, 수분양자가 수탁자에게 직접 그 지급을 구할 권리가 있는가 하는 점은 위 자금관리대리사무계약이 제3자를 위한 계약으로서 수분양자에게 권리를 취득하게 하는 것을 목적으로 하는지 여부를 별도로 판단하여야 하고, 수분양자가 위탁자를 대위하여 구하는 경우에도 자금관리대리사무계약상

1) 서울고등법원 2015. 5. 28. 선고 2015나2001589 판결(대법원 2015. 8. 13. 선고 2015다221156 심리불속행기각 판결로 확정)에서는, 앞서 대법원 2012다21621 판결 등을 인용하여 그와 유사한 판시를 하면서, 『수분양자들은 대법원 2009. 7. 9. 선고 2008다19034 판결을 원용하여 대리사무계약상 자금집행의 절차 규정에도 불구하고 수분양자들에게 최우선으로 분양대금이 정산되어야 하므로 신탁사의 반환채무가 인정되어야 한다는 취지로 주장한다. 그러나 수분양자들이 원용하는 대법원 판결은 이 사건 대리사무계약과 같이 자금인출 요청의 절차가 명시적으로 드러나 있지 않은 사안일 뿐만 아니라 무엇보다도 우선수익자의 환가요청으로 분양된 건물이 매각되어 부득이 분양계약이 해제될 수밖에 없게 되는 수분양자에 대해서는 그 분양대금 반환채무가 1순위로 정산하여야 할 채무에 해당한다는 취지이고, 이 사건은 원고들이 이미 위탁자에게 이 사건 각 분양계약을 해제한다는 의사표시를 함으로써 분양계약이 적법하게 해제됨에 따라 위탁자에 대하여 분양대금 반환채권을 보유하게 되고 다만 위탁자가 이 자금을 인출하기 위해서는 시공사와 공동의 자금 인출요청과 자금관리동의자의 사전 동의가 필요하다는 것인바, 수분양자들이 원용하는 위 대법원 판결은 이 사건과는 구체적 사안을 달리하여 원용하기에 적절하지 않다.』고 판단하였다. 또한 서울고등법원 2017. 11. 23. 선고 2016나2080282 판결(대법원 2018. 7. 12. 선고 2018다204992 판결로 상고기각)에서는 『원고(수분양자의 추심채권자)가 제시하는 대법원 2009. 7. 9. 선고 2008다19034 판결은 부동산담보신탁의 우선수익자가 수탁자를 상대로 제기한 손해배상청구사건에서, 수탁자가 분양된 신탁부동산을 매각한 후 매매대금을 정산하면서 그 매각대금채권과 분양계약해제로 인한 분양대금반환채무를 상계하거나 공탁한 것이 정당한지 여부가 쟁점인 사안으로서, 수분양자가 수탁자에 대하여 직접 분양계약 해제로 인한 분양대금반환채권 등을 가지는지 여부가 쟁점인 이 사건과는 그 기초가 되는 사실관계와 쟁점이 상이하다. 따라서 위 대법원 판결을 이 사건에 원용하기에는 적절하지 않은 것으로 보인다』라고도 판시하였다.

위탁자에게 그러한 권리가 인정되는지 여부가 다시 검토되어야 할 것이다.

이후로, 위탁자가 수분양자들과 상가 분양계약을 체결할 당시 부동산신탁회사와 체결한 분양관리신탁계약 및 대리사무계약에 따라 분양대금채권을 부동산신탁회사에 양도하였고, 수분양자들이 이를 승낙하여 분양대금을 전부 신탁회사의 계좌로 납입하였는데, 그 후 수분양자들이 위탁자와 신탁회사를 상대로 분양계약 해제로 인한 원상회복 또는 분양계약 취소로 인한 부당이득반환으로 이 납부한 분양대금 등의 지급을 구한 사안에서, 대법원 2017. 7. 11. 선고 2013다55447 판결, 대법원 2018. 7. 12. 선고 2018다204992 판결 등은 계약의 일방당사자가 계약상대방의 지시 등으로 급부과정을 단축하여 계약상대방과 또 다른 계약관계를 맺고 있는 제3자에게 직접 급부한 경우(이른바 삼각관계에서의 급부가 이루어진 경우), 그 급부로써 급부를 한 계약당사자의 상대방에 대한 급부가 이루어질 뿐 아니라 상대방의 제3자에 대한 급부도 이루어지는 것이므로 계약의 일방당사자는 제3자를 상대로 하여 법률상 원인 없이 급부를 수령하였다는 이유로 부당이득반환청구를 할 수 없음을 들어, 수분양자들이 분양계약에 따라 신탁회사 명의의 계좌에 분양대금을 입금한 것은 이른바 '단축급부'에 해당하고, 이러한 경우 신탁회사는 위탁자와의 분양관리신탁계약 및 대리사무계약에 따른 변제로서 정당하게 분양대금을 수령한 것이므로, 수분양자들이 신탁회사를 상대로 법률상 원인 없이 급부를 수령하였다는 이유로 원상회복청구나 부당이득반환청구를 할 수 없다고 판시하였다.[1)]

6. 부동산신탁과 임대차

판례는『임대차의 목적이 된 주택을 담보목적으로 신탁법에 따라 신탁한 경우에도 수탁자는 주택임대차보호법 제3조 제2항에 의하여 임대인의 지위를 승계한다』고 판시하였다(대법원 2002. 4. 12. 선고 2000다70460 판결). 이와 같이 담보신탁 또는 을종 관리신탁 등에서 위탁자가 신탁재산의 관리 혹은 사용·수익을 하고 있는 경우라 하더라도 신탁부동산의 소유권이 대내외적으로 수탁자에게 완전히 이전되었다는 점에서는 다를 바가 없다.

나아가, 주택임대차보호법 제3조(대항력 등) 제1항이 적용되는 임대차는 반드시 임차인과 주택의 소유자인 임대인 사이에 임대차계약이 체결된 경우에 한정되지는 않고, 주택의 소유자는 아니지만 주택에 관하여 적법하게 임대차계약을 체결할 수 있는 권한(적법한 임대권한)을 가진 임대인과 사이에 임대차계약이 체결된 경우도 포함되므로(대법원 1995. 10. 12. 선고 95다22283 판결; 대법원 2008. 4. 10. 선고 2007다38908, 38915 판결 등 참조), 주택에 관한 부동산담보신탁계약을 체결한 경우 임대

1) 이에 대한 평석으로, 장보은, 〈계약의 해소와 부당이득반환의 문제 : 선분양계약에서의 신탁관계를 중심으로〉; 김지훈, 〈분양계약 해제 시 담보신탁 법률관계와 관련한 대법원 판결의 동향〉.

권한은 특별한 약정이 없는 한 수탁자에게 있다고 할 것이지만, 위탁자가 수탁자의 동의 없이 임대차계약을 체결하였더라도 수탁자로부터 소유권을 회복한 때에는 위 임대차계약에 대하여 위 조항이 적용될 수 있다(대법원 2019. 3. 28. 선고 2018다44879, 44886 판결 참조). 이를 반대해석하면, 위탁자가 수탁자의 동의 없이 임대차계약을 체결한 경우에는 수탁자 혹은 수탁자로부터 신탁부동산을 취득하는 매수인 등에 대하여 임대차계약의 대항력을 주장할 수 없다고 할 것이다.[1)]

7. 부동산신탁에서의 기타 쟁점

가. 담보신탁의 공매절차를 통한 체육필수시설 인수인의 체육시설업자와 회원 간 약정 승계여부

체육시설의 설치 및 이용에 관한 법률(이하 '체육시설법'이라 한다) 제27조 제1항은 "체육시설업자가 사망하거나 그 영업을 양도한 때 또는 법인인 체육시설업자가 합병한 때에는 그 상속인, 영업을 양수한 자 또는 합병 후 존속하는 법인이나 합병에 따라 설립되는 법인은 그 체육시설업의 등록 또는 신고에 따른 권리·의무(제17조에 따라 회원을 모집한 경우에는 그 체육시설업자와 회원 간에 약정한 사항을 포함한다)를 승계한다."라고 정하고 있다. 그리고 같은 조 제2항은 "다음 각호의 어느 하나에 해당하는 절차에 따라 문화체육관광부령으로 정하는 체육시설업의 시설 기준에 따른 필수시설을 인수한 자에게는 제1항을 준용한다."라고 정하면서, 제1호로 "민사집행법에 따른 경매", 제2호로 "채무자 회생 및 파산에 관한 법률(이하 '채무자회생법'이라 한다)에 의한 환가", 제3호로 "국세징수법·관세법 또는 지방세징수법에 따른 압류 재산의 매각"을 열거하고 그다음 항목인 제4호에서 "그 밖에 제1호부터 제3호까지의 규정에 준하는 절차"를 명시하고 있다. 이처럼 체육시설법 제27조 제1항은 상속과 합병 외에 영업양도의 경우에도 체육시설업의 등록 또는 신고에 따른 권리·의무를 승계한다고 정하고, 제2항은 경매를 비롯하여 이와 유사한 절차로 체육시설업의 시설 기준에 따른 필수시설(이하 '체육필수시설'이라 한다)을 인수한 자에 대해서도 제1항을 준용하고 있다. 위와 같은 방법으로 체육시설업자의 영업이나 체육

1) 도건철·배재범, 〈부동산신탁과 임대차의 대항력〉, 41면에서는 다만 부동산신탁계약을 체결함에 있어서 '신탁부동산에 관한 임대차계약은 수탁자의 동의하에 위탁자가 체결하며 임대차보증금 및 임대료도 위탁자가 임차인으로부터 직접 지급받기로 한다'는 취지의 규정을 두는 경우가 통상적이고, 위 규정은 수탁자가 위탁자에게 임대차계약을 체결할 대리권을 수여하였다고 해석될 여지가 있어, 임차인이 유권대리 또는 표현대리 법리에 따라 수탁자에 대하여 임대차계약의 효력을 주장할 수 있을 것이라고 하나, 위와 같은 신탁계약상의 조항 역시 임대차계약에 관한 수탁자의 동의를 전제로 한 것으로 보일 뿐만 아니라, 설령 수탁자가 위탁자의 임대차계약 체결에 동의를 하였다고 하더라도 이것이 그 임대차계약에 따른 본인으로서의 효력을 인정하는 대리권 수여의 의사표시와 동일시할 수 있는지는 의문이다.

필수시설이 타인에게 이전된 경우 영업양수인 또는 체육필수시설의 인수인 등은 체육시설업과 관련하여 형성된 공법상의 권리·의무뿐만 아니라 체육시설업자와 회원 간의 사법상 약정에 따른 권리·의무도 승계한다.

그런데 체육시설업자가 담보 목적으로 체육필수시설을 신탁법에 따라 담보신탁을 하였다가 채무를 갚지 못하여 체육필수시설이 공개경쟁입찰방식에 의한 매각(이하 '공매'라 한다) 절차에 따라 처분되거나 공매 절차에서 정해진 공매 조건에 따라 수의계약으로 처분되는 경우, 이와 같은 체육필수시설의 처분이 민사집행법에 따른 경매, 채무자회생법에 의한 환가, 국세징수법 등에 따른 압류 재산의 매각에 준하는 절차에 해당하여 회원에 대한 권리·의무도 승계되는지 여부가 문제되었다.

종전에 대법원 2012. 4. 26. 선고 2012다4817 판결(원심인 서울고등법원 2011. 11. 9. 선고 2011나21268 판결)은 수탁자의 공매절차에 의한 매매가 체육시설법 제27조 제1, 2, 3호에 준하는 절차에 포함된다고 할 수 없다고 판시한 바 있다.[1)]

그러나 대법원 2018. 10. 18. 선고 2016다220143 전원합의체 판결은, 이러한 경우에도 체육시설법 제27조의 문언과 체계, 입법 연혁과 그 목적, 담보신탁의 실질적인 기능 등에 비추어 체육필수시설의 인수인은 체육시설업자와 회원 간에 약정한 사항을 포함하여 그 체육시설업의 등록 또는 신고에 따른 권리·의무를 승계한다고 보아야 한다고 판시하는 한편, 위 대법원 2012다4817 판결 등은 담보신탁의 위탁자가 체육시설업자가 아닌 사안에 관한 것이므로 위탁자가 체육시설업자인 사건에 원용하기에 적절치 않다고 보았다.[2)]

나. 도시환경정비사업[3)]에서 신탁 부동산의 '토지 등 소유자' 여부

구 도시 및 주거환경정비법(2015. 9. 1. 법률 제13508호로 개정되기 전의 것) 제2조 제9호 (가)목의 규정에서는, 도시환경정비사업의 경우 토지 등 소유자는 정비구역 안에 소재한

1) 위 판결에 대한 평석으로, 박종수, 〈신탁재산의 공매와 체육시설업의 승계 : 대법원 2012. 4. 26. 선고 2012다4817 판결을 중심으로〉. 공매를 통한 골프장시설의 매수인으로 하여금 골프장회원들에 대한 입회금반환채무를 승계하도록 하되, 이러한 승계에 대하여 체육시설법 제27조 제3항의 규정에 따라 사업계획승인도 승계가 이루어지도록 하고, 골프장 사업권의 귀속에 따른 경제적 이해관계의 조정은 골프장 사업자와 공매를 통한 골프장시설의 매수인 사이에 부당이득반환의 문제로 해결하도록 하는 것이 타당하다는 견해로, 이승섭, 〈골프장시설에 관한 담보신탁과 골프장 회원의 권리 보호〉.

2) 위 판결에 대한 평석으로, 최준규, 〈담보신탁을 근거로 한 체육필수시설의 매매와 매수인의 권리 의무 승계〉; 박재억, 〈체육필수시설 담보신탁을 근거로 한 매각 절차와 인수인의 체육시설업자 권리·의무 승계 여부〉; 이훈종, 〈체육필수시설에 관한 담보신탁계약에 따른 공매와 회원에 대한 권리·의무의 승계〉; 양형우, 〈담보신탁계약에 의한 공매 등 매각절차에서 골프장시설을 취득한 자의 입회보증금반환채무 승계 여부〉.

3) 한편, 2015년 도시 및 주거환경정비법의 개정으로 신탁업자도 재개발사업 및 재건축사업의 사업시행자가 될 수 있게 되었다. 구체적인 논의는 김종보·최종권, 〈신탁방식의 정비사업에서 신탁업자의 권한과 책임〉 참조. 본편에서는 자세히 다루지 아니한다.

토지 또는 건축물의 소유자 또는 그 지상권자를 말한다고만 정하였다. 이에 따라, 토지 등 소유자가 도시환경정비사업을 시행하고자 하는 경우에는 사업시행인가를 신청하기 전에 사업시행계획서에 대하여 토지 등 소유자의 4분의 3 이상의 동의를 얻어야 하는데, 도시환경정비사업 시행을 위하여 또는 사업 시행과 관련하여 부동산에 관하여 담보신탁 또는 처분신탁 등이 이루어진 경우에, 토지 등 소유자가 수탁자를 말하는지 아니면 위탁자를 말하는지가 문제되었다.

대법원 2015. 6. 11. 선고 2013두15262 판결은, 여기서의 토지등소유자는 모두 수탁자가 아니라 도시환경정비사업에 따른 이익과 비용이 최종적으로 귀속되는 위탁자로 해석하는 것이 타당하며, 토지 등 소유자의 자격 및 동의자 수를 산정할 때에는 위탁자를 기준으로 하여야 한다고 판시하였다.[1] 그 후 2015. 9. 1. 도시 및 주거환경정비법이 개정되어, 제2조 제9호의 '토지등소유자'의 정의 조항에 "제27조 제1항에 따라 「자본시장과 금융투자업에 관한 법률」 제8조 제7항에 따른 신탁업자(이하 "신탁업자"라 한다)가 사업시행자로 지정된 경우 토지등소유자가 정비사업을 목적으로 신탁업자에게 신탁한 토지 또는 건축물에 대하여는 위탁자를 토지등소유자로 본다."라는 단서규정이 신설되었다.

다. 위탁자의 수익권에 압류가 있는 경우 수분양자 앞으로의 직접 소유권 이전 가부

부동산 신탁계약에서 분양대금에 의한 우선수익자의 채권 변제가 확보된 상태에 이르면, 위탁자인 시행사는 매수인에게 분양된 부동산에 관한 소유권이전등기를 마쳐 주기 위하여 그 부분에 관한 신탁을 일부 해지할 수 있고, 우선수익자는 그 신탁 일부 해지의 의사표시에 관하여 동의의 의사표시를 하기로 하는 묵시적 약정을 한 것으로 볼 수 있다(대법원 2010. 12. 9. 선고 2009다81289 판결 참조).

그런데 위탁자의 채권자의 신청에 의하여 위탁자의 신탁수익권에 관하여 압류명령이 내려진 경우 신탁의 일부해지를 통하여 위탁자에 의하여 수분양자 앞으로 등기를 이전하는 데 장애가 발생하게 되는바, 위탁자의 채권자에 의한 압류명령이 있는 경우에도 분양대금을 완납한 수분양자에 대하여 소유권을 이전하는 데 장애가 없도록 하기 위하여 신탁계약에 특약사항으로 '수탁자는 신탁부동산의 소유권을 매수인에게 직접 이전할 수 있다'는 조항을 두는 경우가 적지 아니하였다.

그러나 대법원 2018. 12. 27. 선고 2018다237329 판결은, 위와 같은 특약사항은 신탁계약의 종료에 따른 수탁자의 위탁자에 대한 소유권이전등기의무와 매매계약에 따른 위

---

1) 위 판결에 대한 평석으로, 한석종, 〈도시환경정비사업에서 신탁 부동산의 '토지 등 소유자' (대법원 2015. 6. 11. 선고 2013두15262 판결)〉.

탁자의 매수인들에 대한 소유권이전의무가 단축되어 이행된 것에 불과하고 그와 달리 수탁자가 신탁계약에서 정한 바대로 신탁부동산을 처분하여 그에 따른 소유권이전등기를 한 것으로 볼 수 없다고 보아, 위탁자의 수익권에 대한 압류 및 추심명령이 수탁자에게 송달된 후 수탁자가 매수인들에게 소유권이전등기를 마쳐준 것이 압류 및 추심명령의 효력을 위반한 불법행위에 해당한다고 판시하였다.

위 대법원 판결에 의하면 위탁자가 분양을 실시하는 것을 예정하는 신탁사업의 경우 수분양자가 분양대금을 완납하고도 위탁자의 채권자에 의한 채권압류 등으로 인하여 소유권이전등기를 받을 수 없게 되는 상황이 발생하게 되므로, 수분양자 보호를 위한 방안이 연구될 필요가 있다고 보인다.

제 2 절 탄소배출권 신탁

1. 탄소배출권의 개념

탄소배출권(CERs; Certified Emission Reductions)은 6대 온실가스, 즉 이산화탄소(CO2), 메테인(CH4), 아산화질소(N2O), 과불화탄소(PFCs), 수소불화탄소(HFC), 육불화황(SF6)을 일정기간 동안 배출할 수 있는 권리[1]를 의미한다. 국제연합 기후변화협약의 구체적 이행 방안으로 온실가스 감축 목표를 효과적으로 달성하기 위해 채택한 의정서인 교토의정서(1997년 12월에 채택, 2005년 2월 16일부터 공식 발효)에서 탄소배출권의 개념이 생겨났다. 교토의정서에서 앞으로 탄소배출권의 거래를 허용함에 따라 온실가스 감축 의무가 있는 국가는 자신이 할당받은 배출량보다 적은 양을 배출할 경우에 남는 배출권을 타국에 판매할 수 있게 되었다.

2. 국내법상 탄소배출권 거래제도

우리나라에서도 2010. 1. 녹색성장법[2]이 제정되어 '총량제한 온실가스 배출권 거래제도'[3]에 대한 법적 근거 규정이 마련되었고(동법 제46조 제1항), 2012. 5. 2. 배출권거래법이 국회

1) 온실가스 중 이산화탄소가 배출량을 가장 많이 차지하여, '온실가스 배출권'을 통상 '탄소배출권'이라고 부른다. 이하에서도 둘을 혼용하여 사용한다.
2) 녹색성장법상의 '온실가스 배출권 거래 제도'는 일반적으로 통용되는 '탄소배출권 거래제도'를 지칭한다.
3) 탄소배출권 거래제에는 두 가지 유형, 즉 총량 제한방식(Cap & Trade)과 기준인정방식(Baseline & Credit)이

에서 제정되어 배출허용량의 할당방법, 등록 관리 방법 및 거래소 설치, 운영 등 세부적인 내용이 별도로 입법되었다. 다만, 배출권거래법에서도 온실가스 배출권의 법적 성격 또는 신탁 관련 내용을 명확히 규정하지는 아니하였고, 아래 3. 부분에서 살펴보는 바와 같은 논의가 이루어지고 있다.

우리나라에서는 기업들에게 충분한 준비기간을 부여하고, 거래시스템 등 인프라 구축을 마친 뒤 2015년부터 배출권거래소에서 탄소배출권 거래가 이루어질 전망이다. 현재까지는 전세계 중 유럽에서만 유럽기후거래소(ECX) 등에서 탄소배출권 거래가 이루어졌고, 현재 우리나라에서 나온 탄소배출권 펀드 내지 탄소배출권 투자신탁 역시 유럽기후거래소에서 거래되는 탄소배출권 등에 투자하여 수익을 추구하는 상품에 해당한다.

3. 탄소배출권 신탁

가. 탄소배출권의 법적 성격

탄소배출권은 민법상 일반적인 권리나 동산과는 다른, 지식재산권과 같은 특수한 무체재산권으로서 그 관리·운용 및 리스크 면에서 금전, 유가증권, 동산, 부동산 등 종래의 전형적인 신탁재산과는 다른 특성을 보유한다. 배출권은 그 자체로 이익을 발생시키는 것이 아니라 그 이용에 의하여 이익이 발생하고, 이행기간 종료시 권리가 소멸할 수 있기 때문에 리스크가 높으며(권리의 불안정성), 배출권의 취득·관리·운영이나 가치평가에 전문적·복합적 지식과 노하우가 필요하여 일반인이 취급하기가 어렵다.

탄소배출권을 자본시장법상 금융투자상품으로 볼 수 있는지와 관련하여 다양한 논의가 있었는데, 현재는 탄소배출권은 자본시장법상 금융투자상품에 해당하지 않는다고 보는 것이 공통적인 견해로 보인다. 구체적으로는 금융투자상품의 요소는 갖추고 있으나 투자자 보호 등 정책적 이유에서 금융투자상품으로 보지 않아야 한다는 견해,[1] 금융투자상품의 정의에 포함되나 자본시장법이 열거하는 증권과 파생상품에 해당하지 않는다는 견해,[2] 탄소배출권에는 가치평가의 불확실성이 존재하지 않으므로 거래의 위험 측면에서 금융투자상품에 해당하지 않는다는 견해[3] 등이 주장되고 있다.

있다. 전자는 먼저 이행기간별 배출허용총량(cap)에 해당하는 배출권을 할당하고 실제 배출량을 초과하거나 부족한 배출권을 거래하도록 하는 방식이고(할당량시장), 후자는 기준배출량을 먼저 정하고 이행기간 종료 후 실제 배출량과 기준 배출량을 비교하여 감축사업을 통해 초과달성한 실적만큼 배출권(credit)을 부여하여 거래하도록 하는 방식이다(프로젝트시장). 총량제한방식은 거래의 활성화 측면에서 유리하기 때문에 EU-ETS(Emission Trading Scheme), 우리나라 등 대부분의 배출권거래시장이 이를 택하고 있다.

1) 정순섭, 〈환경친화적 녹색금융을 위한 법적 과제〉, 105면.
2) 김도경 · 윤용희, 〈배출권거래제 도입에 따른 자본시장법의 적용상 한계와 개선방안〉, 197면.
3) 최문희, 〈온실가스 배출권 거래의 금융법적 논점〉, 112면.

탄소배출권은 자본시장법상 금융투자상품이 아닌 ‘일반상품’에 해당한다고 보인다.[1] 입법론적으로 독일과 같이 탄소배출권이 금융투자상품이 아님을 명시적으로 규정하여[2] 탄소배출권의 법적 성격을 명확히 할 필요가 있다고 보인다.

나. 탄소배출권 신탁의 필요성

앞서 살펴본 바와 같이 탄소배출권은 권리의 내용 자체가 불확정적이고, 그 자체가 유동성이 낮으므로 자산유동화 및 증권화의 필요와 이익이 발생하게 된다.

① 탄소배출권을 신탁할 경우, 그 신탁의 수익자는 수익권을 신탁법 등에 따라 자유롭게 양도할 수 있게 되므로, 탄소배출권의 거래가 간편해지고 법률관계가 안정될 수 있다. ② 또한 탄소배출권이 위탁자인 배출기업에서 수탁자에게로 신탁되어 관리·처분권이 이전되면, 배출기업은 배출량 감축에만 집중하여 온실가스 관련사업을 효율적으로 수행할 수도 있다. ③ 그리고 탄소배출권을 신탁하면, 수탁자에게 탄소배출권이 집중되어 수익권 내지 수익증권에 의하여 대량거래 및 소량거래의 필요에 탄력적으로 부응할 수도 있다.

다. 탄소배출권 신탁의 향후 전망

탄소배출권 거래제도는 탄소배출권 매각의 인센티브를 통하여 충분히 탄소배출량 감축사업을 유인·촉진하는 기능을 수행할 것으로 보인다. 위 탄소배출권 거래제도가 효과를 발휘하기 위해서는 거래의 활성화가 전제되어야 하는데, 신탁 제도는 탄소배출권의 유동화 및 증권화를 촉진하여 탄소배출권의 거래를 활성화하는데 크게 기여할 수 있다.

신탁법이 시행되고 배출권거래법상 탄소배출권 거래가 우리나라에서도 이루어지면, 탄소배출권 신탁을 포함한 다양한 종류의 신탁이 등장할 것으로 예상된다.

탄소배출권 신탁의 도입을 위한 법적 과제로는, 탄소배출권은 배출권등록부에 등록되어 공시되고 이전되므로 배출권등록부 기재사항으로서 ‘탄소배출권의 전부 또는 일부가 신탁재산인 경우 신탁의 기재’를 하도록 하고, 신탁업자에 대하여 탄소배출권 거래참가자의 자격을 부여하여 배출권등록부상 거래계정을 개설할 수 있도록 하며, 그 밖에 탄소배출권 신탁의 신탁업자가 수익증권 매매의 중개업무를 수행할 수 있도록 자본시장법에서는 수익증권발행신탁의 수탁자를 투자중개업자로 규제하는 규정도 마련하여야 한다고 한다.[3]

---

1) 자본시장법은 기초자산을 금융투자상품, 통화, 신용위험 등 위험 및 일반상품으로 분류하고, 일반상품을 “농산물, 축산물, 수산물, 임산물, 광산물, 에너지에 속하는 물품 및 이를 원료로 하여 제조하거나 가공한 물품, 그 밖에 이와 유사한 것”으로 정의하고 있다(자본시장법 제4조 제10항 제3호).
2) 독일 은행법 제1조 제11항, 증권거래법 제2조 제2b항.
3) 박철영, 〈신탁을 활용한 온실가스 배출권 거래〉, 41~42면; 김순석, 〈신탁을 활용한 배출권거래제도에 관한 연구〉.

제 3 절 저작권신탁

1. 저작권신탁의 개념

가. 개 념

저작권은 복제권, 공연권, 방송권, 전시권, 배포권, 전송권, 2차적 저작물 작성권 등의 저작재산권과 공표권, 성명표시권, 동일성 유지권 등의 저작인격권으로 구성된 복합적인 권리이다. 이 중 저작인격권은 재산권이 아니어서 양도대상이 되지 않으므로 신탁의 대상이 될 수 없고, 저작재산권만이 신탁의 대상이 될 수 있다(이하에서는 저작재산권만을 논의의 대상으로 삼기로 한다).

저작권법에서는 저작권위탁관리에 관한 규정을 두어 저작권신탁관리업자(수탁자)로 하여금 저작권자(위탁자)의 저작권을 신탁할 수 있도록 규정하고 있다. 저작권법에서 규정하고 있는 "저작권신탁관리업"은 저작재산권자, 배타적발행권자, 출판권자, 저작인접권자 또는 데이터베이스제작자의 권리를 가진 자를 위하여 그 권리를 신탁받아 이를 지속적으로 관리하는 업을 말하며, 저작물등의 이용과 관련하여 포괄적으로 대리하는 경우를 포함한다(저작권법 제2조 제26호). 판례는 『저작권신탁관리업은 저작권법에 근거하는 것으로서 법적 성질은 신탁법상 신탁에 해당』한다고 판시하고 있다(대법원 2012. 7. 12. 선고 2010다1272 판결).

나. 도입배경

저작권자들은 많은 시간과 노력을 들여 창작물을 만들어내지만, 막상 관련 법률을 숙지하지 못하여 자신의 저작권을 제대로 행사하지 못하는 경우가 많다. 저작권신탁을 활용할 경우, 저작권신탁업자는 다수의 저작권자들로부터 그들의 권리를 자신에게로 '집중'시켜 위탁받아 이를 관리하고, 저작권자로서의 권리를 행사하게 된다. 이렇게 저작권신탁을 통해, 저작권신탁업자가 다수 저작권자들의 권리를 일괄적으로 집중적으로 관리하여 행사하면 효율적으로 저작권자를 보호할 수 있게 된다. 저작권자는 번거로운 각종 법률 문제는 저작권신탁업자에게 위탁하여 처리하고 오로지 창작활동에만 전념할 수 있고, 이용자로서는 단일한 창구를 통해 각종 저작권을 사용할 수 있어서 계약비용 등을 절감하는 이익을 얻을 수 있다.[1] 이로써 궁극적으로는 국민의 창작활동을 고취하여 다

1) 특히 음악저작물의 경우에는 이미 오래 전부터 공연권을 중심으로 하는 저작권위탁관리가 일반화되어 있었다. 하나의 음악저작물이 하루에도 여러 장소에서 동시다발적으로 이용이 되고 있는 현실에서 저작권자가 이러한 모든 이용행위를 일일이 관리하기란 현실적으로 불가능하였고, 이용자 역시 다수의 음악저작물을 공연하는 경우 각각의 저작권자로부터 개별적으로 이용허락을 받아야 하기란 매우 번거로웠다.

양한 저작권이 생성되도록 유도하여 국가경쟁력 제고에도 기여할 수 있다.

신탁을 이용한 저작권 유동화의 활성화 방안에 대한 논의도 이루어지고 있다.[1]

2. 저작권신탁의 내용

저작권신탁계약을 체결하는 경우, 위탁자(저작권자)가 소유하고 있는 모든 저작권 및 장차 취득할 수 있는 모든 저작권을 신탁재산으로 수탁자에게 이전하고, 수익자를 위하여 그 관리를 위탁하며, 저작권신탁관리업자(수탁자)는 이를 승낙하고 저작권 관리에 의하여 취득한 저작물사용료를 위탁자가 지정하는 수익자에게 교부하기로 정하는 것이 보통이다. 이 때 위탁자는 저작권 관리의 범위를 구체적으로 지정할 수 있으며(예컨대, 연주 및 상영, 복제, 출판 등), 관리방법에 있어서도 수탁자와의 계약을 통해 그 내용을 정할 수 있다.

저작물의 사용이 있는 경우, 수탁자는 수탁자가 주무관청의 인가를 얻어 결정된 저작물의 사용료규정에 따라 저작물의 사용료를 수령하고, 그러한 저작물사용료는 수탁자가 주무관청의 인가를 얻어 결정된 분배방법에 따라 수익자에게 교부된다.

저작권신탁관리업자는 그 업무에 관하여 저작재산권자 그 밖의 관계자로부터 수수료를 받을 수 있다(저작권법 제105조 제4항). 신탁수수료는 수탁자가 주무관청의 허가를 얻어 결정된 수수료비율에 의해 저작권의 관리에 의하여 얻어진 저작물의 사용료 중에서 계산한다.

위와 같이 저작권법상의 저작권신탁은 수탁자가 위탁자로부터 저작권의 관리(사용료 징수, 분배, 침해행위 감시, 침해시 권리구제)를 목적으로 하는 것으로, 제3자에게 당해 신탁재산을 처분할 수는 없다.[2] 그 밖에 저작권신탁의 내용은 당사자 사이의 합의 내지 신탁법에 따라 규율된다.

신탁의 방법을 취하는 한, 저작권관리단체(수탁자)는 편리하지만, 위탁자인 권리자는 자신의 권리를 상실한다는 문제가 있다.[3] 저작권법에서는 저작권신탁관리업을 독점사업으로 규정하지 않지만 대부분의 분야에서 사실상 독점체제의 운영이 이루어지고 있어, 저작물 등의 권리자 또는 이용자의 입장에서 달리 선택의 여지가 없게 되어 저작권관리단체의 권한남용, 권리자 또는 이용자의 정당한 이익 침해가능성 등 폐해에 대한 지적이

이에 모든 음악저작물을 사단법인 한국음악저작권협회와 같은 단체에 집중시켜 놓고 그 단체로 하여금 권리행사를 대신 하도록 하고, 한편 이용자는 그 하나의 단체를 통하기만 하면 이용허락을 받을 수 있게 하는 방식이 자연스럽게 채택되었다.

1) 강남기, 〈저작권 신탁형 유동화에 관한 법적 연구〉.

2) 안성포, 〈무체재산권신탁의 활용방안〉, 8면.

3) 안성포, 〈무체재산권신탁의 활용방안〉, 9면; 대법원 2012. 7. 12. 선고 2010다1272 판결(저작권신탁관리계약에서 위탁자의 해지청구 등으로 신탁이 종료하더라도 저작권신탁관리업자가 위탁자에게 저작재산권을 이전할 때까지는 단순한 채권자에 불과한 위탁자에게는 침해될 저작재산권이 없으므로, 위탁자인 원고의 저작재산권 침해를 이유로 한 불법행위가 성립할 여지가 없다).

있어왔다. 음악저작권 분야에서는, 1964년 한국음악저작권협회가 창립된 이래 사실상 한국의 음악저작권 분야를 독점적으로 관리해오다가 2013년 말 문화부장관으로부터 '함께하는 음악저작인협회'가 음악 저작권신탁관리업 신규허가 대상자로 선정되어 경쟁을 시작하게 되었다.[1)]

저작권관리신탁계약이 해지된 경우 수탁자와 체결하였던 포괄 이용계약의 효력에 관하여, 판례는 저작물 이용자가 저작권자와의 이용허락계약에 의하여 취득하는 이용권은 저작권자에 대한 관계에서 저작물 이용행위를 정당화할 수 있는 채권으로서의 성질을 가지는 데 불과하므로, 저작권 신탁이 종료되어 저작권이 원저작권자인 위탁자에게 이전된 경우에는 원저작권자와 수탁자 사이에 수탁자가 행한 이용허락을 원저작권자가 승계하기로 하는 약정이 존재하는 등의 특별한 사정이 없는 한 저작물 이용자는 신탁종료에 따른 저작권 이전 후의 이용행위에 대해서까지 수탁자의 이용허락이 있었음을 들어 원저작권자에게 대항할 수 없다고 판시하였다(대법원 2015. 4. 9. 선고 2011다101148 판결).[2)]

3. 저작권의 일부에 대한 분리신탁

저작재산권의 일부는 양도도 가능하므로(저작권법 제45조) 저작권을 구성하는 일부 권리에 대하여도 신탁을 설정할 수 있기 때문에 신탁법에서는 명문으로 저작권의 분리신탁을 인정하고 있다(신탁법 제2조). 신탁범위선택제라고도 하며, 지분권의 분리, 복수의 저작물 중 일부 저작물에 대한 저작권의 신탁, 이용형태별 분리(예컨대 '다운로드서비스'에 관한 저작권만을 분리신탁하는 방식), 지역별 분리 등 다양한 방식으로 분리신탁이 이루어질 수 있을 것이다.[3)]

판례[4)]도 음악저작물의 저작권자가 2차적 저작물을 작성하여 이용할 권리를 제외한

1) 허중혁, 〈음악저작권 신탁관리단체의 권리행사와 그 한계〉. 저작권신탁관리단체에 의한 저작물의 포괄적 이용허락과 같은 경쟁 제한행위에 관하여 공정거래법상 검토가 필요하다는 지적이 있다(황태희, 〈저작권 신탁관리단체의 남용행위와 공정거래법 적용〉).

2) 위 판결에 대한 평석으로, 임상민, 〈저작권관리신탁계약이 해지될 경우 수탁자와 체결하였던 포괄 이용계약의 승계여부〉; 이규호, 〈음악저작물에 관한 신탁관리계약에 있어 신탁관리단체, 저작권자와 이용자 상호간의 법률관계〉, 69~71면; 최승재, 〈저작권신탁계약종료 시 저작권신탁관리업자가 체결한 계약의 효력〉. 이를 신탁약정 해지시 저작권 복귀시기의 논의로 보는 입장으로, 박준석, 〈지적재산권 신탁에 관한 고찰〉.

3) 이근영, 〈저작권법상 저작권신탁과 신탁범위선택제에 관한 소고〉; 최진원, 〈'신탁범위선택제'에 관한 연구 : 음악저쟉권 분야를 중심으로〉; 박성호, 〈저작권신탁관리업에서 '포괄적 대리'의 의미와 '신탁범위 선택제'의 실천방안〉.

4) 대법원 2006. 12. 22. 선고 2006다21002 판결(저작권법(2006. 12. 28. 법률 제8101호로 전문 개정되기 전의 것) 제41조 제2항은 저작재산권의 전부를 양도하는 경우에 특약이 없는 때에는 같은 법 제21조의 규정에 의한 2차적 저작물 또는 편집저작물을 작성할 권리는 포함되지 아니한 것으로 추정한다고 규정하고 있는바, 저작재산권의 수탁자가 저작자들로부터 음악저작물에 대한 저작재산권을 신탁받으면서 음악저작물에 관한 편집저작물을 작성할 권리까지 이전받지 않았다면, 저작재산권의 수탁자는 편집저작물 작성권을 침해당하였음을 이유로 손해의 배상을 청구할 수 없다).

나머지 저작재산권을 이전하여 설정한 신탁계약도 유효하다고 판시하여 저작권의 일부에 대한 분리신탁을 인정하고 있다.

제 4 절 자산유동화신탁

1. 자산유동화에서 신탁의 이용

가. 자산유동화의 의의

일반적으로 자산유동화는 채권, 부동산 등과 같은 재산권을 집합(pooling)한 다음 그 자산을 경제적 담보로 하여 유가증권 기타 사채 등 새로운 증권을 발행하고, 발행한 유가증권 등을 시장에 유통시켜 자금을 조달하는 과정을 의미한다.

자산유동화는 자산보유자의 신용이 아니라 유동화의 기초가 되는 자산 자체의 흐름 및 신용에 의존하여 증권을 발행, 유통시켜 자금을 조달한다는 점에서 자산보유자의 신용위험과 유동화자산을 분리하는 것이 핵심이라 할 수 있다.

자산보유자는 유동화를 위한 도관을 이용함으로써 본인의 자산을 본인으로부터 분리한 후 이를 시장에 판매하기가 쉬운 증권의 형태로 자산의 형태를 변형시키는 방법으로 본인의 자산을 유동화함으로써 보다 쉽게 자금을 조달할 수 있고, 재무구조를 개선할 수 있으며, 간접적으로 투자자를 모집할 수 있다는 장점이 있다.

나. 자산유동화법

자산유동화법은 1998년 9월 자산유동화의 활성화를 위하여 제정되었다. 그러나 자산유동화법은 모든 자산유동화 거래에 있어 강제되는 법률이 아니므로, 이론상으로는 자산유동화법에 의하지 않은 자산유동화도 가능하다. 하지만, 자산유동화법에 따르지 않으면 사채발행한도에 관한 상법의 규정[1)2)] 등과 같이 원활한 자산유동화를 위하여 자산유동

1) 자산유동화전문회사의 자산유동화계획에 따른 사채의 발행은 상법상 사채에 관한 규정을 준용하도록 하면서 그 중 상법 제469조 및 470조의 적용은 배제하고 있다. 그런데 2012. 4. 15. 시행된 개정 상법(2011. 4. 14. 법률 제10600호로 개정)은 발행할 수 있는 사채의 총액한도에 관한 상법 제470조를 삭제하였다.

2) 상법 제469조(사채의 발행) ① 회사는 이사회의 결의에 의하여 사채(社債)를 발행할 수 있다.
② 제1항의 사채에는 다음 각 호의 사채를 포함한다.
1. 이익배당에 참가할 수 있는 사채
2. 주식이나 그 밖의 다른 유가증권으로 교환 또는 상환할 수 있는 사채
3. 유가증권이나 통화 또는 그 밖에 대통령령으로 정하는 자산이나 지표 등의 변동과 연계하여 미리 정

화법에서 적용을 배제하고 있는 법조항들이 그대로 적용되므로 현실적인 어려움이 많다.

실무적으로 자산유동화법에 의한 자산유동화는 금융감독원에 자산유동화계획의 등록과 자산양도등록을 하여야 한다는 의미에서 '등록유동화'라고 부르고, 자산유동화법 밖에서 자산유동화계획이나 자산양도의 등록 없이 이루어지는 자산유동화를 '비등록유동화'라고 부르고 있다.[1] 다만, 비등록유동화의 대부분은 유동화회사가 사채 등의 유동화증권을 발행하여 자금을 조달하는 것이 아니라 금융기관으로부터의 차입 등의 방법으로 유동화자산의 인수자금을 조달하는 구조를 취하고 있으므로, 비록 자산유동화와 거래구조는 유사하다 하더라도 유동화자산을 증권화함으로써 유동성을 증대시켜 자금조달을 용이하게 한다는 의미에서의 '자산유동화'는 아니라고 하겠다.

다. 자산유동화법상 신탁의 이용

(1) 신탁을 이용한 자산유동화의 유형

자산유동화법에 따르면 자산유동화의 유형은 네 가지로 나누어 볼 수 있다(자산유동화법 제2조 제1호).[2] 그 중 신탁을 이용한 자산유동화의 유형은 ① 신탁회사가 자산보유자로부터 유동화자산을 신탁받아 이를 기초로 유동화증권을 발행하여 투자자들에게 판매하는 유형(나목), ② 신탁회사가 수탁자가 되어 투자자들로부터 금전을 신탁받아 그 자금으로 자산보유자로부터 유동화자산을 양도받는 형태(다목), ③ 신탁회사가 다른 유동화전문회사 또는 신탁회사로부터 유동화자산 또는 이를 기초로 발행된 유동화 증권을 신탁받아 이를 기초로

하여진 방법에 따라 상환 또는 지급금액이 결정되는 사채

③ 제2항에 따라 발행하는 사채의 내용 및 발행 방법 등 발행에 필요한 구체적인 사항은 대통령령으로 정한다.

④ 제1항에도 불구하고 정관으로 정하는 바에 따라 이사회는 대표이사에게 사채의 금액 및 종류를 정하여 1년을 초과하지 아니하는 기간 내에 사채를 발행할 것을 위임할 수 있다.

1) 한민, 〈신탁제도개혁과 자산유동화〉, 53면.

2) 자산유동화법 제2조(정의) 이 법에서 사용하는 용어의 정의는 다음과 같다.

1. "자산유동화"라 함은 다음 각목의 1에 해당하는 행위를 말한다.

가. 유동화전문회사가 자산보유자로부터 유동화자산을 양도받아 이를 기초로 유동화증권을 발행하고, 당해 유동화자산의 관리·운용·처분에 의한 수익이나 차입금 등으로 유동화증권의 원리금 또는 배당금을 지급하는 일련의 행위

나. 자본시장과 금융투자업에 관한 법률에 따른 신탁업자가 자산보유자로부터 유동화자산을 신탁받아 이를 기초로 유동화증권을 발행하고, 당해 유동화자산의 관리·운용·처분에 의한 수익이나 차입금 등으로 유동화증권의 수익금을 지급하는 일련의 행위

다. 신탁업자가 유동화증권을 발행하여 신탁받은 금전으로 자산보유자로부터 유동화자산을 양도받아 당해 유동화자산의 관리·운용·처분에 의한 수익이나 차입금 등으로 유동화증권의 수익금을 지급하는 일련의 행위

라. 유동화전문회사 또는 신탁업자가 다른 유동화전문회사 또는 신탁업자로부터 유동화자산 또는 이를 기초로 발행된 유동화증권을 양도 또는 신탁받은 유동화자산 또는 유동화증권의 관리·운용·처분에 의한 수익이나 차입금 등으로 자기가 발행한 유동화증권의 원리금·배당금 또는 수익금을 지급하는 일련의 행위

다시 유동화증권을 발행할 수 있는 다단계의 형태(라목)이다.

(2) 신탁의 도산절연성(담보신탁의 사안에서 법원의 태도)

대법원은 수익자가 위탁자에 대하여 보유하는 채권에 대한 담보목적으로 수익권을 보유하는 담보신탁이라고 하더라도 신탁재산은 위탁자의 도산으로부터 절연되므로, 채무자인 위탁자에 대하여 회생절차가 개시되더라도 수탁자의 신탁재산의 처분이나 수익자(즉, 채권자)의 수익권 행사는 위탁자에 대한 회생절차에 의해 영향을 받지 아니한다는 태도를 취하고 있다.[1)]

그러나 판례는 『타익신탁 방식에 의한 담보신탁의 경우에는 타익신탁에서 수익권은 제3자인 수익자에게 원시적으로 귀속된다는 이유로 해당 수익권은 위탁자에 대한 정리절차개시의 영향을 받지 않는다』고 하면서도, 방론으로 자익신탁이 설정된 이후 위탁자 겸 수익자가 해당 수익권을 양도담보로 제공하는 경우에는 위탁자의 재산인 수익권에 대하여 담보권을 설정하는 것이므로 위탁자에 대한 정리절차가 개시되었을 때 해당 담보권은 정리회사재산에 대한 담보권에 해당한다고 하였다(대법원 2002. 12. 26. 선고 2002다49484 판결).[2)]

이러한 대법원 판결들을 종합하여 보면, 대법원은 타익신탁과 자익신탁을 구별하여 처음부터 채권자가 담보목적으로 수익권을 취득하는 타익신탁 형태의 담보신탁의 경우에는 해당 수익권은 위탁자의 회생절차로부터의 절연을 인정하는 반면, 자익신탁 방식에 의해 위탁자가 일단 수익권을 취득한 이후 이를 채권자에게 담보목적으로 제공하는 경우에는 위탁자의 회생절차로부터의 절연을 인정하지 않는 것으로 보인다.

---

1) 대법원 2001. 7. 13. 선고 2001다9267 판결(신탁법상의 신탁은 위탁자가 특정의 재산권을 수탁자에게 이전하거나 기타의 처분을 하고 수탁자로 하여금 수익자의 이익을 위하여 또는 특정의 목적을 위하여 그 재산권을 관리, 처분하게 하는 법률관계를 말하므로, 신탁자가 어음거래약정상의 채무에 대한 담보를 위하여 자기 소유의 부동산에 대하여 수탁자와 담보신탁용 부동산관리 · 처분신탁계약을 체결하고 채권자에게 신탁원본 우선수익권을 부여하고서, 수탁자 앞으로 신탁을 원인으로 한 소유권이전등기를 경료하였다면, 위탁자의 신탁에 의하여 신탁부동산의 소유권은 수탁자에게 귀속되었다고 할 것이고, 그 후 신탁자에 대한 회사정리절차가 개시된 경우 채권자가 가지는 신탁부동산에 대한 수익권은 회사정리법 제240조 제2항에서 말하는 '정리회사 이외의 자가 정리채권자 또는 정리담보권자를 위하여 제공한 담보'에 해당하여 정리계획이 여기에 영향을 미칠 수 없다고 할 것이므로 채권자가 정리채권 신고기간 내에 신고를 하지 아니함으로써 정리계획에 변제의 대상으로 규정되지 않았다 하더라도, 이로써 실권되는 권리는 채권자가 신탁자에 대하여 가지는 정리채권 또는 정리담보권에 한하고, 수탁자에 대하여 가지는 신탁부동산에 관한 수익권에는 아무런 영향이 없다고 할 것이다).

2) 대법원 2002. 12. 26. 선고 2002다49484 판결(신탁계약시에 위탁자인 정리 전 회사가 제3자를 수익자로 지정한 이상, 비록 그 제3자에 대한 채권담보의 목적으로 그렇게 지정하였다 할지라도 그 수익권은 신탁계약에 의하여 원시적으로 그 제3자에게 귀속한다 할 것이지, 위탁자인 정리 전 회사에게 귀속되어야 할 재산권을 그 제3자에게 담보 목적으로 이전하였다고 볼 수는 없는 것이어서, 그 경우 그 수익권은 정리절차개시 당시 회사 재산이라고 볼 수 없다 할 것이고, 따라서 그 제3자가 정리절차에서 그 수익권에 대한 권리를 정리담보권으로 신고하지 아니하였다고 하여 회사정리법 제241조에 의하여 소멸된다고 볼 수는 없다 할 것이다(물론 신탁계약시에 위탁자인 정리 전 회사가 자신을 수익자로 지정한 후 그 수익권을 담보 목적으로 제3자에게 양도한 경우에는 그 수익권을 양도담보로 제공한 것으로서 정리절차개시 당시 회사 재산에 대한 담보권이 된다고 볼 것이다)).

이와 같은 대법원의 태도는 매우 논리적이기는 하나, 너무 거래행위의 외관 내지 형식론에 치우친 것으로 보인다. 위탁자의 회생절차로부터의 절연가능성이 논의되는 근본적인 이유는 회생절차의 주요원칙 중의 하나인 채권자 평등 원칙의 실질적 구현을 위한 것이라는 점에 비추어 볼 때, 신탁설정행위와 담보제공이 상당한 시차를 두고 전혀 별개의 거래행위로 이루어진 경우에는 대법원이 취하고 있는 태도가 타당하나, 처음부터 사실상 하나의 거래를 예정하고 자익신탁의 설정과 거의 동시에 수익권을 담보목적으로 채권자에게 양도한 경우를 타익신탁과 구별하여 전자의 경우에만 위탁자의 회생절차로부터 절연되지 않는다고 하는 것은 문제가 아닌가 생각한다.

특히 위탁자가 수탁자에게 담보권을 설정하는 형태의 신탁, 이른바 '담보권신탁'의 경우, 수탁자에 대한 완전한 소유권 이전을 전제로 하는 기존의 신탁과는 달리 수탁자가 보유하는 권리가 담보권에 불과하므로, 아무리 타익신탁의 방식에 의하여 신탁이 설정되었다 하더라도 이러한 경우 수익자가 보유하는 담보권을 물상보증인(즉, 수탁자)이 제공한 담보물에 대한 담보권과 같게 보아 바로 위탁자의 회생절차로부터 절연성을 인정할 수 있을지 의문이다. 따라서 단순히 자익신탁과 타익신탁이라는 이분법적인 구분보다는 보다 실체관계를 고려한 판단이 필요하다고 생각한다.[1]

(3) 자산유동화법 제13조의 유추적용 여부

한편 유동화전문회사를 통한 자산유동화의 경우, 유동화회사에 대한 유동화자산의 양도는 자산유동화법 제13조에서 규정한 요건(소위 '진정양도'요건)을 구비한 매매 또는 교환의 방식에 의하여서만 하도록 규정하고 있는바, 이러한 진정한 양도의 요건이 신탁의 경우에도 적용되느냐 여부에 대하여는, 자산유동화법 제13조의 법문을 고려할 때, 이를 유동화자산의 신탁에 적용되는 것으로 해석하기는 어렵다는 것이 지배적인 견해이다.[2]

그럼에도 불구하고 신탁을 이용한 자산유동화의 경우, 위탁자의 도산으로부터 절연 문제를 판단함에 있어 자산유동화법 제13조를 유추 적용하여야 한다는 견해[3]와 굳이 자산유동화법 제13조를 유추적용을 할 필요가 없이 신탁법에 따른 신탁이 이루어진 이상 위탁자로부터 신탁재산의 도산절연을 인정할 수 있다는 견해[4][5]가 대립하고 있다.

---

1) 참고로 일본에서는 담보신탁에 관하여 원칙적으로 위탁자의 도산으로부터의 절연을 인정하지 않는 것이 유력한 학설의 태도이다. 西村總合法律事務所, 〈ファイナンス法大全(下)〉, 제45면.

2) 한민, 〈신탁제도개혁과 자산유동화〉, 57면; 김용호 · 이선지, 〈자산유동화거래와 법적 과제〉, 28면.

3) 종래 금융감독원이 이와 같은 입장을 취하고 있었던 것으로 보인다.

4) 조영희, 〈파산절연과 자산유동화에 관한 법률 제13조에 관한 소고〉, 89면; 김용호 · 이선지, 〈자산유동화거래와 법적 과제〉, 28면.

5) 다만 김용호 · 이선지, 〈자산유동화거래와 법적 과제〉, 29면에 따르면 위 대법원 2001. 7. 13. 선고 2001다9267 판결은 신탁자에 대한 회사정리절차가 개시된 경우 채권자가 가지는 신탁수익권이 회사정리법 제240조 제2항에서 말하는 '정리회사 이외의 자가 정리채권자 또는 정리담보권자를 위하여 제공한 담보'에 해당한다는 논리에 근거하고 있는데, 기업구조조정촉진법상으로는 위와 같은 조항이 없으므로 자산보

자산유동화의 감독당국인 금융감독원은 종래 자산유동화계획의 등록여부를 결정함에 있어 자산유동화법 제13조를 유추 적용하여야 한다는 입장에 따라 업무를 처리하여 왔으나, 최근에는 유추 적용할 필요가 없다는 입장을 취하고 있는 것으로 보인다.

2. 신탁법에 따른 영향

가. 사업신탁과 자산유동화

구 신탁법에서는 신탁재산이 될 수 있는 대상을 "특정의 재산권"으로 규정하고 있었기 때문에 소극재산이 포함된 영업을 신탁의 대상으로 볼 수 있는지에 대하여 논란이 있었다. 자본시장법 제103조 제1항, 제2항은 신탁업자는 하나의 신탁계약에 의하여 위탁자로부터 금전, 증권, 금전채권, 동산, 부동산, 부동산 관련 권리, 무체재산권 중 둘 이상의 재산을 종합하여 수탁할 수 있도록 하여, 이른바 '종합재산신탁'을 인정하고 있으나 소극재산은 포함되지 않으므로 적극재산과 소극재산을 포괄하는 영업을 신탁재산으로 할 수는 없었다.

그러나 신탁법은 신탁재산이 될 수 있는 대상을 '특정의 재산(영업이나 저작재산권의 일부를 포함한다)'이라고 하며 신탁재산에 영업이 포함될 수 있음을 명시하였으므로 앞으로는 기업이 영업으로 인하여 발생한 채무와 함께 1개의 사업부문을 하나의 신탁계약으로 유동화하는 형태의 자산유동화 가능성을 열어두었다.

나. 신탁선언에 의한 신탁과 자산유동화

구 신탁법에서는 신탁선언에 의한 신탁설정, 즉 자기신탁이 가능한지 여부에 대하여 견해의 대립이 있었으나, 구 자산유동화법 제16조 제2항에서는 "신탁업자는 자산유동화계획에 따라 유동화자산을 양도 또는 신탁함에 있어서 신탁법 제2조, 민법 제563조 및 제596조의 규정에 불구하고 자기계약을 할 수 있다"고 하여 신탁선언에 의한 신탁의 설정을 예외적으로 인정하여 왔다. 이는 신탁선언을 허용하지 않던 구 신탁법 아래에서 위탁자가 그 자신을 수탁자로 하는 자기계약을 체결할 수 있도록 한 것이다.[1)]

유자에 대하여 기업구조조정촉진법에 따른 절차가 개시되고 유동화신탁이 담보신탁으로 인정되는 경우에는 유동화자산이 자산보유자의 도산위험으로부터 절연되지 않을 위험이 있으므로, 자산유동화법 제13조를 임의규정화하는 경우에는 동 규정이 신탁방식에 의한 자산유동화에도 적용될 수 있도록 함으로서 유동화신탁의 경우에도 진정한 양도(신탁)으로서 보호될 수 있도록 하는 것도 의미가 있을 것이라고 한다. 한편, 강율리, 〈신탁을 이용한 자산유동화에 관한 법적 문제점〉, 83~84면에 따르면, 유동화신탁거래의 안정성 및 법적 예측가능성을 높이고 당사자들의 혼란을 피하기 위해서라도 유동화신탁의 경우 어떠한 요건 하에서 진정한 신탁으로서 인정될 수 있을 것인가에 대한 기준이 제시되어야 할 것이라고 한다.

1) 한민, 〈신탁제도개혁과 자산유동화〉, 63면.

그러나 현행 신탁법은 신탁의 목적, 신탁재산, 수익자 등을 특정하고 자신을 수탁자로 정하는 위탁자의 선언으로서 신탁을 설정할 수 있다고 하여(신탁법 제3조 제1항 제3호), 신탁선언에 의한 신탁설정을 명시적으로 인정하였다. 현행 자산유동화법 제16조 제2항에서는 "신탁업자는 자산유동화계획에 따라 유동화자산을 양도 또는 신탁함에 있어서 신탁법 제3조 제1항, 민법 제563조 및 제596조의 규정에 불구하고 자기계약을 할 수 있다"고 하여 신탁법 제3조 제1항의 적용을 배제하고 있다.

유동화전문회사를 이용한 자산유동화거래에서 유동화전문회사는 유동화자산을 보유할 뿐이고, 통상적으로 자산보유자가 유동화자산을 관리하게 된다. 이 때, 자산보유자는 본인 고유의 자산과 유동화자산의 혼동을 막기 위하여 유동화자산에 대해 본인을 수탁자로, 유동화전문회사를 수익자로 하는 자기신탁을 설정할 수 있다.

신탁법은 신탁재산과 고유재산 간에 귀속관계를 구분할 수 없는 경우, 그 재산은 신탁재산에 속한 것으로 추정하고 서로 다른 신탁재산 간에 귀속관계를 구분할 수 없는 경우 그 재산은 각 신탁재산 간에 균등하게 귀속된 것으로 추정하도록 하여(신탁법 제29조), 수탁자로 하여금 고유재산을 구분하여 증명하도록 함으로써 수익자를 보호하고 있다. 따라서 자산관리자가 유동화자산에 대하여 유동화전문회사를 수익자로 하여 자기신탁을 설정하는 경우, 유동화증권 투자자의 이익보호에 도움이 된다.[1)]

특히 자기신탁과 다음 항의 수익증권 발행이 결합된 자기신탁형 수익증권발행신탁을 통하는 경우, 각 자산유동화 거래 건마다 유동화전문회사를 설립하거나 2단계 거래구조를 가지는 자산유동화법상의 유동화 수단에 비해, 자기신탁형 수익증권발행신탁은 SPC를 설립할 필요가 없이 회사가 스스로 수탁자가 되어 보유 중인 다양한 유동화자산을 유동화할 수 있어, 수수료 등 제반비용의 절감, 유동화회사 설립과 관련된 복잡한 문제를 피할 수 있는 장점이 예상되는바, 이에 관한 연구가 활발히 진행되고 있다.[2)]

다만, 신탁법상 신탁선언에 의한 자기신탁은 단독행위이나, 자산유동화법상 신탁선언에 의한 신탁설정은 그 형식이 신탁계약에 해당하므로 앞으로 자산유동화법의 규정에

1) 한민, 〈신탁제도개혁과 자산유동화〉, 65면.
2) 오영표, 〈신탁을 활용한 자금 조달에 관한 법적 연구: 자기신탁을 중심으로〉, 59~60면; 류혁선 · 최승재, 〈개정 신탁법상 자기신탁 및 수익증권 발행제도를 활용한 유동화 금융투자상품 설계에 대한 연구〉, 19면. 위 책 21면에서는, 다만 자기신탁형 수익증권발행신탁이 활용되기 위해서는 ① 자기신탁형 수익증권발행신탁이 집합투자의 개념정의에서 명시적으로 배제되도록 함으로써 금융업자로 하여금 PI자산을 유동화하여 금융투자상품을 개발 · 제공하는데 있어 법적 불확실성을 해소시켜줄 필요가 있고, ② 자기신탁형 수익증권발행신탁의 경우는 이해상충 발생가능성이 크지 아니하므로 고유재산운용업무와 신탁업자간에 규정되어 있는 정보교류차단 의무가 명시적으로 배제될 필요가 있으며, ③ 자기신탁형 수익증권발행신탁에서 수익증권의 직접공모가 가능하도록 제한을 완화할 필요가 있고, 특히 금융감독당국의 감독하에 있는 신탁업자 겸영 금융투자업자에게는 자본시장법에서 신탁법 제36조에서 정한 수탁자의 이익향수금지의 예외를 인정함으로써 수익증권 발행구조의 다변화를 추구하는 자본시장법의 개정이 필요하다고 지적한다.

의하여 신탁선언으로 신탁을 설정하는 경우, 신탁법에 따른 단독행위로 볼 것인지 아니면 자산유동화법에 따른 신탁계약으로 볼 것인지 논란의 여지가 있다. 입법적으로 하나의 형태로 통일시킬 필요가 있을 것으로 보인다.

다. 수익증권의 발행과 자산유동화

구 신탁법은 수익권을 유가증권화할 수 있는 일반적인 근거조문이 없었고, 자본시장법상 신탁재산이 금전인 경우에 한하여 수익증권의 발행이 가능하였다(자본시장법 제110조). 이에 신탁회사는 자산유동화법에 따른 신탁형 자산유동화나 자본시장법상의 금전신탁 외에는 수익증권을 발행할 수 있는 근거조문이 없어 신탁재산의 유동화에 일정 제약이 있었다.

그러나 신탁법은 신탁행위로 수익권을 표시하는 수익증권을 발행할 수 있도록 하여(신탁법 제78조), 신탁재산의 종류에 구애받지 않고 신탁법상의 신탁제도를 이용하여 신탁재산을 유동화할 수 있는 가능성을 열어두었다.

라. 유한책임신탁과 자산유동화

원칙적으로 수탁자는 신탁의 대외적인 거래에 의하여 채무가 생기는 경우에 신탁재산 뿐만 아니라 수탁자의 고유재산으로도 책임을 진다.[1)2)] 그러나 신탁재산의 유동화거래에서는 수탁자의 신용보다는 신탁재산의 신용이 우선하므로 수탁자 고유재산에 대한 책임을 제한할 필요가 있는데, 실무적으로는 상대방과 사이에서 수탁자가 특정한 신탁의

1) 대법원 2004. 10. 15. 선고 2004다31883, 31890 판결(신탁사무의 처리상 발생한 채권을 가지고 있는 채권자는 수탁자의 일반채권자와는 달리 신탁재산에 대하여 강제집행을 할 수 있는데(신탁법 제21조 제1항), 한편 수탁자의 이행책임이 신탁재산의 한도 내로 제한되는 것은 신탁행위로 인하여 수익자에 대하여 부담하는 채무에 한정되는 것이므로(신탁법 제32조), 수탁자가 수익자 이외의 제3자 중 신탁재산에 대하여 강제집행을 할 수 있는 채권자(신탁법 제21조 제1항)에 대하여 부담하는 채무에 관한 이행책임은 신탁재산의 한도 내로 제한되는 것이 아니라, 수탁자의 고유재산에 대하여도 미치는 것으로 보아야 한다. 그리고 수탁자가 파산한 경우에 신탁재산을 수탁자의 고유재산이 된 것을 제외하고는 파산재단을 구성하지 않는 것이지만(신탁법 제22조), 신탁사무의 처리상 발생한 채권을 가진 채권자는 파산선고 당시의 채권 전액에 관하여 파산재단에 대하여 파산채권자로서 권리를 행사할 수 있다).

2) 정순섭, 〈신탁의 기본구조에 관한 연구〉, 20면에 따르면 수탁자는 제3자에 대한 관계에서 신탁재산의 소유자이고, 대외적인 행위를 행하는 주체인 점, 전통적으로 신탁은 수탁자의 신용이나 명성을 이용하는 제도라는 점, 신탁법상 수탁자의 비용·손해보상청구권은 수탁자가 신탁사무의 처리를 위하여 제3자에 대하여 책임을 진 경우 그 비용이나 손해의 보상을 위한 근거로 볼 수 있는 점 등에서 신탁법상 수탁자가 신탁사무의 처리에 있어서 제3자에 대하여 채무를 부담한 경우 수탁자는 무한책임을 지는 것이 원칙이라고 한다. 다만, 대법원 2005. 4. 15. 선고 2004다24878 판결은 수탁자가 분양자로서 수분양자와 사이에 분양계약을 체결하는 분양형 토지신탁 사례에서, 분양계약 체결당시 위탁자, 신탁회사, 수분양자의 삼면계약으로 신탁계약의 해지 또는 종료 시 분양계약에 기한 수탁자의 모든 권리와 의무는 계약변경 등 별도의 조치 없이 위탁자가 승계한다는 약정을 한 경우, 위 승계약정은 신탁계약의 해지 또는 종료를 정지조건으로 하여 분양계약상의 분양자 지위를 위탁자에게 이전하기로 하는 계약인수로서, 사기 또는 하자담보책임에 의한 취소 또는 해제의 법률관계와 그로 인한 부당이득반환의무 및 불법행위에 의한 손해배상의무까지도 이전하기로 한 것이라고 봄이 상당하여, 분양계약으로 인한 모든 채권·채무관계는 신탁종료와 동시에 위탁자에게 면책적으로 이전되었다고 판시하였다.

수탁자로서 거래를 한다는 취지를 명시하고 그 거래에 의하여 발생한 채무의 이행은 신탁재산으로만 하는 내용의 책임한정특약을 이용하고 있다.[1]

위 책임한정특약의 효력은 일반적으로 유효한 것으로 받아들여지고 있으나, 일일이 개별적으로 체결하여야 한다는 부담이 있고, 이에 관한 직접적인 판례는 없어서 법적 안정성 측면에서 법률적 근거가 있는 경우보다는 미흡한 점이 있었다.[2]

신탁법에서는 신탁행위로 수탁자가 신탁재산에 속하는 채무에 대하여 신탁재산만으로 책임지는 이른바 '유한책임신탁'을 설정할 수 있도록 하여 수탁자의 책임을 제한할 수 있는 법률적 근거를 창설하였다(신탁법 제114조). 따라서 앞으로의 자산유동화거래에서는 유한책임신탁의 설정으로 수탁자의 고유재산에 대한 이행책임을 제한할 수 있을 것이다.

다만, 신탁법은 유한책임신탁의 파산능력을 인정하여, 청산 중인 유한책임신탁의 신탁재산이 그 채무를 모두 변제하기에 부족한 것이 분명하게 된 경우에는 신탁재산에 대하여 파산신청을 할 수 있도록 정하고 있는데(신탁법 제138조), 자산유동화거래에서 유동화증권 투자자의 이익을 보호하기 위해서 위탁자, 수탁자, 수익권자 등 이해관계인이 파산신청권을 포기하도록 약정할 필요가 있을 것으로 보인다.[3]

제 5 절 보험금청구권신탁

1. 보험금청구권신탁의 취지

가. 의 의

보험금청구권신탁은 보험금청구권을 신탁재산으로 하는 신탁의 형태로서 보험계약과 신탁계약의 결합으로 볼 수 있다.[4] 즉, 피상속인의 사망으로 인한 보험금이 피보험자의 상속인에게 곧바로 지급되는 것이 아니라 보험금을 적절히 관리·투자할 수 있는 수탁자에게 귀속되어 운용되고, 상속인은 수탁자로부터 신탁수익을 받게 된다.

나. 보험금청구권신탁의 효용성 및 보험급부신탁과의 비교

상속인이 생활능력이 없거나 재산관리능력이 없는 경우, 보험수익자인 상속인이 보험금

1) 안성포, 〈유동화에 따른 신탁재산의 독자성에 관한 소고〉, 300면.
2) 한민, 〈신탁제도개혁과 자산유동화〉, 67면.
3) 한민, 〈신탁제도개혁과 자산유동화〉, 67면.
4) 한기정, 〈생명보험신탁의 법적 문제에 관한 고찰〉, 80면, 83면.

청구권을 행사하여 보험금을 일시에 지급받으면 상속인이 모두 탕진할 위험이 있고, 만일 상속인이 소비하지 않는다 하여도 상속인의 고유재산과 혼합되어 상속인의 채권자의 책임재산으로 편입되어 상속인의 채권자가 보험금을 통하여 채권을 변제받을 가능성이 있다. 보험수익자가 피상속인일 경우에는 보험금은 상속재산에 포함되어 피상속인의 채권자의 책임재산으로 편입되므로 보험금에 대하여 신탁을 설정하는 것은 사해신탁이 될 위험이 있다.

그러나 피상속인이 보험금청구권신탁을 설정하게 되는 경우, 보험금청구권만을 신탁회사에 신탁하게 되어 보험사고 후 지급받게 되는 보험금을 분리하여 관리, 운용할 수 있게 되어 생활능력이나 재산관리능력이 없는 상속인의 생활을 보호할 수 있게 된다. 또한 보험금청구권이 신탁재산이 되므로 피상속인 또는 상속인의 채권자들이 보험금에 대하여 집행을 할 수 없게 되며, 사해신탁은 신탁의 설정 당시를 기준으로 판단하기 때문에 사해신탁에 해당하지 않는다.

2013. 7. 1. 시행된 개정 민법에서는 질병, 장애, 노령, 그 밖의 사유로 인한 정신적 제약으로 사무를 처리할 능력이 결여되거나 부족한 사람에게 성년후견제도(동법 제9조) 및 한정후견제도(동법 제12조), 특정후견제도(동법 제14조의20), 임의후견제도(동법 제959조의14)를 각각 도입하고 있는데, 이때 후견인은 법인도 가능하므로(동법 제930조 제3항) 보험금청구권신탁을 통하여 생활능력이 없는 상속인에 대한 일종의 재산적 후견인의 역할을 담당하게 할 수도 있다. 다만, 후견인은 가정법원의 허가를 받아야 하는데 피상속인과의 사이에서 보험금청구권에 관한 신탁계약을 체결한 수탁자가 실질적으로 재산적 후견인의 역할을 담당하게 되는 경우 가정법원의 허가요건을 잠탈할 우려가 있으므로 이러한 경우에는 가정법원이 선임한 후견인과의 사이에서 수탁자로서의 지위를 명확하게 규정할 필요가 있다.

2. 보험금청구권신탁의 유형

가. 위탁자가 보험계약자이자 보험수익자인 경우

위탁자가 자신을 보험수익자로 하여 보험계약을 체결한 후, 수탁자와의 사이에서 신탁계약을 체결하고 보험금청구권을 수탁자에게 양도하는 형태이다.

보험금청구권은 보험사고가 발생하기 이전에는 추상적 권리에 불과하므로 보험사고가 발생하기 이전에 보험금청구권을 신탁재산으로 하여 신탁계약을 체결할 수 있는지, 즉 보험금청구권에 대하여 신탁재산성을 인정할 수 있는지 여부가 문제가 된다. 이에 관하여는 아래 3항에서 살펴본다.

나. 위탁자가 보험계약자이고 수탁자가 보험수익자인 경우

위탁자가 보험계약을 체결하면서 수탁자를 보험수익자로 지정하거나, 위탁자 본인 또는 상속인을 보험수익자로 하여 보험계약을 체결한 후 보험수익자를 수탁자로 변경하는 형태이다.

이 경우, 보험수익자인 위탁자가 신탁계약에 따라 수탁자에게 보험금청구권을 양도하는 위 가항의 형태와는 달리 보험금청구권이 위탁자를 거치지 않고 보험수익자인 수탁자에게 곧바로 귀속되므로 수탁자가 스스로 보험금청구권에 관한 신탁을 설정해야 하는지 여부가 문제가 되었는데,[1] 신탁법에서는 신탁의 설정방법으로 신탁선언을 인정하고 있으므로 이 문제는 해결될 것으로 보인다.

다. 수탁자가 보험계약자이자 보험수익자인 경우[2]

수탁자가 피상속인과의 사이에서 특정 재산에 관하여 신탁계약을 체결한 후 신탁재산을 재원으로 하여 보험자와의 사이에서 보험계약을 체결하는 형태이다.

만일 신탁재산이 금전인 경우, 자본시장법상 금전의 운용방법을 제한하고 있는바(자본시장법 제105조 제1항) 수탁자가 신탁재산인 금전을 가지고 보험계약을 체결하는 방법으로 운용할 수 있는지가 문제된다. 나아가 수탁자가 보험업자까지 겸하는 경우 피상속인으로부터 인수받은 신탁재산을 가지고 보험계약을 체결하는 것이므로 수탁자의 자기거래 및 이해상충의 문제가 발생한다. 이에 관하여는 아래 4항, 5항에서 살펴본다.

3. 보험금청구권의 신탁재산성

보험금은 보험사고가 발생하기 이전에는 보험회사에 대하여 청구할 수 없고(상법 제727조) 보험금청구권은 보험사고가 발생하기 이전에는 추상적 권리에 불과하며 보험사고가 발생한 이후에 구체적 권리로 전환되므로 보험사고가 발생하기 이전에 보험금청구권에 대하여 신탁을 설정할 수 있는지 여부가 문제가 된다. 나아가 자본시장법 제103조 제1항은 신탁업자가 인수할 수 있는 신탁재산을 ① 금전, ② 증권, ③ 금전채권, ④ 동산, ⑤ 부동산, ⑥ 지상권, 전세권, 부동산임차권, 부동산 소유권 이전등기청구권, 그 밖의 부동산 관련 권리, ⑦ 무체재산권(지식재산권을 포함)으로 열거하고 있으므로 자본시장법상 보험금

1) 한기정, 〈생명보험신탁의 법적 문제에 관한 고찰〉, 93면.

2) 수탁자가 보험계약자이고 위탁자가 보험수익자인 경우, 즉 수탁자가 위탁자를 보험수익자로 하는 보험계약을 체결한 후 위탁자로부터 보험금청구권을 양도받는 형태도 상정할 수 있으나, 수탁자가 보험자와의 사이에서 보험계약을 체결하는 경우에는 수탁자 본인을 보험수익자로 설정하여 보험금청구권을 실행하는 것이 편리하므로, 현실적으로 이와 같은 형태는 행해지지 않을 것으로 보인다.

청구권을 신탁재산으로 볼 수 있는지 여부도 문제가 된다.[1)]

그러나 보험사고가 발생하기 이전의 보험금청구권은 추상적 권리에 불과할 뿐 현존하는 채권이고 제3자에게 양도할 수 있으며,[2)] 자본시장법 제103조 제1항에서 열거하고 있는 금전채권으로 파악할 수 있으므로 보험금청구권도 신탁재산에 해당한다고 보아야 한다.[3)] 다만, 해상보험이나 책임보험과 같은 손해보험 및 상해보험은 보험사고의 발생이 불확실하여 구체적 보험금청구권의 발생이 불확실하므로 보험사고의 발생이 확실한 생명보험(사망보험)에 한하여 보험금청구권신탁이 가능하다.

4. 수탁자의 자기거래 및 이익상반의 문제

수탁자 본인이 보험계약자가 되어 보험계약을 체결하는 경우, 만일 수탁자가 보험업을 겸영하여 보험자와 동일하다면 수탁자가 보험자와 보험계약자의 지위를 함께 가지게 되어 신탁재산을 수탁자의 고유재산으로 거래하게 되므로 수탁자의 자기거래 내지 이익상반의 문제가 발생한다(자본시장법 제108조 제6호, 신탁법 제34조 제1항).

신탁법상 신탁행위로 허용하거나, 수익자에게 이익상반행위에 관련된 사실을 고지하고 수익자의 승인을 받은 경우에는 수탁자의 자기거래가 허용되고 있다(신탁법 제34조 제2항). 그러나 자본시장법상 신탁업자의 자기거래행위는 수익자 보호 및 건전한 거래질서를 보호하기 위하여 금지되어 있고, 같은 법 시행령 및 금융위원회의 시행세칙 등에서도 보험금청구권신탁을 예외로 규정하고 있지 아니하므로 신탁법에서 정하고 있는 것과 같이 수익자의 승인을 받았다 하더라도 현행 자본시장법의 규정에 따르면 자기거래행위에 해당하여 금지될 것으로 보인다.[4)] 보험계약과 신탁계약의 자기거래와 문제와 도덕적 위험을 방지

1) 미국에서의 생명보험신탁은 생명보험증권을 신탁재산으로 양도하거나, 수탁자가 위탁자로부터 인수한 신탁재산으로 생명보험을 가입하는 형태로 행해지고 있으나, 우리나라의 생명보험증권은 유가증권이 아니므로 이를 신탁재산으로 할 수 없다(미래에셋생명보험, 〈생명보험신탁을 활용한 유족의 생활안전장치 마련〉, 31~32면; 한기정, 〈생명보험신탁의 법적 문제에 관한 고찰〉, 87면).

2) 대법원 2001. 6. 15. 선고 99다72453 판결(보험금청구권은 보험자의 면책사유 없는 보험사고에 의하여 피보험자에게 손해가 발생한 경우에 비로소 권리로서 구체화되는 정지조건부권리이고, 그 조건부권리도 보험사고가 면책사유에 해당하는 경우에는 그에 의하여 조건불성취로 확정되어 소멸하는 것이라 할 것인데, 위와 같은 보험금청구권의 양도에 대한 채무자의 승낙은 별도로 면책사유가 있으면 보험금을 지급하지 않겠다는 취지를 명시하지 않아도 당연히 그것을 전제로 하고 있다고 보아야 하고, 더구나 보험사고 발생 전의 보험금청구권 양도를 승인함에 있어서 보험자가 위 항변사유가 상당한 정도로 발생할 가능성이 있음을 인식하였다는 등의 사정이 없는 한 존재하지도 아니하는 면책사유 항변을 유보하고 이의하여야 한다고 할 수는 없으므로, 보험자는 비록 위 보험금청구권 양도 승인시에 면책사유에 대한 이의를 유보하지 않았다 하더라도 보험계약상의 면책사유를 주장할 수 있다).

3) 2010. 5. 12.자 금융위원회의 유권해석에 따르면 자본시장법 제103조 제1항 제3호의 "금전채권"은 확정적인 권리일 것을 요구하고 있는 것은 아니므로 보험금청구권도 신탁재산인 금전채권에 해당한다고 한다.

4) 한기정, 〈생명보험신탁의 법적 문제에 관한 고찰〉, 107면에 따르면 위탁자 또는 신탁수익자의 동의가 있는 경우에도 자기거래행위는 허용되지 않는지가 문제가 된다고 하면서, 자본시장법은 규제법으로서 기본

할 수 있는 보험신탁상품 개발을 위한 연구가 이루어지고 있다.[1]

5. 신탁재산의 운용으로 보험계약체결 가부

자본시장법 제105조 제1항은 신탁재산에 속하는 금전의 운용방법으로 ① 증권의 매수, ② 장내파생상품 또는 장외파생상품의 매수, ③ 대통령령으로 정하는 금융기관의 예치, ④ 금전채권의 매수, ⑤ 대출, ⑥ 어음의 매수, ⑦ 실물자산의 매수, ⑧ 무체재산권의 매수, ⑨ 부동산의 매수 또는 개발, ⑩ 그 밖에 신탁재산의 안전성·수익성 등을 고려하여 대통령령이 정하는 방법을 열거하고 있는데, 수탁자가 위탁자인 피상속인으로부터 일정 금원을 신탁받아 이를 재원으로 하여 보험계약을 체결하는 경우 자본시장법상 신탁재산에 속하는 금전의 운용방법에 포함되는지 여부가 문제가 된다.

생명보험증권은 자본신탁법상 신탁재산에 속하는 금전으로 매수할 수 있는 증권에 포함되지 아니하고, 그 외 신탁재산의 안전성·수익성 등을 고려하여 대통령령이 정하는 경우에도 해당하지 않는다.[2] 따라서 현행 자본시장법 내지 시행령의 개정이 없는 한, 수탁자가 위탁자인 피상속인으로부터 일정한 금원을 신탁받아 이를 재원으로 하여 보험계약을 체결하는 형태의 보험금청구권신탁의 설정은 어려울 것으로 보인다.

6. 기타의 문제

가. 소멸시효의 문제

보험금청구권은 특별한 사정이 없는 한 보험사고가 발생한 때로부터 소밀시효가 진행되는데 보험금청구권신탁에 따라 보험수익자로 지정된 수탁자가 보험사고를 인지하지

적으로 강행법규이므로 명시적 규정이 없음에도 불구하고 위탁자 등의 동의가 있는 경우 자기거래행위가 허용된다고 해석하기 어렵고, 자본시장법 제108조 제7호는 "수익자의 동의 없이 신탁재산으로 신탁업자 또는 그 이해관계인이 발행한 증권에 투자하는 행위"라고 하여 신탁수익자의 동의가 있으면 허용될 수 있는 금지행위를 규정하고 있다는 점에서, 자본시장법 제108조 제6호의 자기거래행위는 위탁자 등의 동의가 있더라도 금지된다고 해석해야 한다고 한다.

1) 권효상, 〈보험금청구권 신탁 관련 법적 논의〉; 김상훈, 〈새로운 재산승계수단으로서의 보험금청구권신탁〉.

2) 자본시장법 시행령 제106조(신탁재산의 운용방법 등) ③ 법 제105조 제1항 제10호에서 "대통령령으로 정하는 방법"이란 다음 각 호의 어느 하나에 해당하는 방법을 말한다.
1. 원화로 표시된 양도성 예금증서의 매수
2. 지상권, 전세권, 부동산임차권, 부동산소유권 이전등기청구권, 그 밖의 부동산 관련 권리에의 운용
3. 환매조건부매수
4. 증권의 대여 또는 차입
5. 「근로자퇴직급여 보장법」 제16조 제2항에 따른 신탁계약으로 퇴직연금 적립금을 운용하는 경우에는 같은 법 시행령 제17조 제1항 제1호 나목에 따른 보험계약의 보험금 지급청구권에의 운용
6. 그 밖에 신탁재산의 안정성 · 수익성 등을 고려하여 금융위원회가 정하여 고시하는 방법

못한 경우 보험금청구권이 시효로 소멸할 위험이 있다. 보험계약자나 보험수익자는 보험사고가 발생하였을 때 보험자에게 보험사고를 통지할 의무가 있는데(상법 제657조 제1항), 실제 보험사고의 발생을 가장 빨리 인지하여 보험자에게 통지할 수 있는 사람은 보험계약자와 친밀한 관계에 있는 보험금청구권신탁의 수익자이기 때문이다.

보험금청구권이 시효로 소멸하는 것을 방지하기 위하여 보험금청구권신탁의 수익자인 상속인에 대하여 수탁자에게 보험사고를 고지할 의무를 부과하여 계약서에 명시하는 방안을 강구해야 할 것이다.

나. 보험료 납부의 문제

보험계약자가 파산선고를 받거나 보험료의 지급을 지체한 때에는 보험수익자가 그 권리를 포기하지 아니하는 한 보험료를 납부할 의무가 있으므로(상법 제639조 제3항), 보험계약자이자 위탁자인 피상속인이 보험료의 납입을 연체하는 경우에는 보험수익자인 수탁자가 보험료를 납부할 의무가 있는지 여부가 문제가 된다. 보험계약상 보험수익자는 수탁자로 설정되어 있으나, 이는 보험사고 발생시 수탁자가 보험금청구권을 실행하여 운용하기 위한 장치일 뿐이고 실제 보험금청구권을 통하여 수익을 얻는 것은 보험금청구권신탁의 수익자인 상속인이 되기 때문이다. 추후 보험금청구권신탁이 활성화된다면 수탁자가 보험금청구권을 포기하고 보험료 납부의무에서 벗어나는 방안 및 보험금청구권신탁의 수익자인 상속인에게 보험료를 납부하도록 하는 방안, 보험료 미납으로 인한 보험계약의 종료시 그에 따른 신탁계약의 자동 종료 방안 등을 강구할 필요가 있다.

Ⅵ

신 탁 과 조 세

Ⅵ. 신탁과 조세

제 1 장　소득세법과 법인세법

제 1 절　통칙(신탁에 관한 소득과세 방식)

소득세법 제2조의3 (신탁재산 귀속 소득에 대한 납세의무의 범위)

① 신탁재산에 귀속되는 소득은 그 신탁의 이익을 받을 수익자(수익자가 사망하는 경우에는 그 상속인)에게 귀속되는 것으로 본다.

② 제1항에도 불구하고 수익자가 특별히 정하여지지 아니하거나 존재하지 아니하는 신탁 또는 위탁자가 신탁재산을 실질적으로 통제하는 등 대통령령으로 정하는 요건을 충족하는 신탁의 경우에는 그 신탁재산에 귀속되는 소득은 위탁자에게 귀속되는 것으로 본다.

법인세법 제5조 (신탁소득)

① 신탁재산에 귀속되는 소득에 대해서는 그 신탁의 이익을 받을 수익자가 그 신탁재산을 가진 것으로 보고 이 법을 적용한다.

② 제1항에도 불구하고 다음 각 호의 어느 하나에 해당하는 신탁으로서 대통령령으로 정하는 요건을 충족하는 신탁(「자본시장과 금융투자업에 관한 법률」 제9조 제18항 제1호에 따른 투자신탁은 제외한다)의 경우에는 신탁재산에 귀속되는 소득에 대하여 신탁계약에 따라 그 신탁의 수탁자[내국법인 또는 「소득세법」에 따른 거주자(이하 "거주자"라 한다)인 경우에 한정한다]가 법인세를 납부할 수 있다. 이 경우 신탁재산별로 각각을 하나의 내국법인으로 본다.

1. 「신탁법」 제3조 제1항 각 호 외의 부분 단서에 따른 목적신탁
2. 「신탁법」 제78조 제2항에 따른 수익증권발행신탁
3. 「신탁법」 제114조 제1항에 따른 유한책임신탁
4. 그 밖에 제1호부터 제3호까지의 규정에 따른 신탁과 유사한 신탁으로서 대통령령

> 으로 정하는 신탁
> ③ 제1항 및 제2항에도 불구하고 수익자가 특별히 정하여지지 아니하거나 존재하지 아니하는 신탁 또는 위탁자가 신탁재산을 실질적으로 통제하는 등 대통령령으로 정하는 요건을 충족하는 신탁의 경우에는 신탁재산에 귀속되는 소득에 대하여 그 신탁의 위탁자가 법인세를 납부할 의무가 있다.

1. 연혁 및 입법취지

가. 개　관

부가가치세, 재산세 등 다른 세목과 마찬가지로, 소득세 및 법인세에서도 신탁을 납세의무자로 볼 것인지 여부 및 (신탁을 납세의무자로 보지 않는 경우) 신탁과 관련한 과세물건(신탁소득)을 누구에게 귀속되는 것으로 보고 과세할 것인지가 가장 기본적이고 중요한 쟁점이라고 할 수 있다. 이에 관하여 전통적으로는 신탁 자체를 납세의무자로 보지 않고 신탁소득은 원칙적으로 수익자에게 귀속되는 것으로 보면서, 수익자가 없거나 특정되지 않는 경우에는 예외적으로 위탁자를 납세의무자로 보고 과세하였다. 이와 같이 신탁 자체가 아니라 신탁의 수익자 또는 위탁자에게 신탁소득이 귀속되는 것으로 보아 과세하는 입장을 일반적으로 "신탁도관이론"이라 한다.

그러나 2020년 개정된 소득세법 및 법인세법에서는 신탁 자체를 납세의무자로 보지 않는 원칙적인 입장은 유지하면서도 일정한 경우 신탁을 납세의무자로 보고 법인세를 납부할 수 있는 예외를 인정하고, 원칙적인 입장(즉, 신탁을 납세의무자로 보지 않는 경우)에 관하여도 수익자가 아니라 위탁자를 납세의무자로 볼 수 있는 경우를 보다 넓게 규정함으로써, 신탁소득의 과세에 관하여 상당한 변화를 가져오게 되었다. 신탁도관이론과 달리, 위와 같이 신탁 자체에 신탁소득이 귀속되는 것으로 보아 과세하는 입장을 일반적으로 "신탁실체이론"이라 하는데, 2020년 개정 세법은 신탁도관이론을 원칙으로 유지하면서 신탁실체이론의 입장을 부분적으로 수용하였다고 할 수 있다.

나. 2007년 개정 이전의 소득세법과 법인세법 변천 과정

소득세법과 법인세법은 모두 1949년 제정 이후 일관되게 현행 소득세법 제2조의3 제1항 및 법인세법 제5조 제1항에 대응하는 규정을 두고 있었다고 할 수 있으나, 세부적인 표현이나 체계는 다음과 같은 점에서 다소간의 변화가 있었다.

첫째, 1949년 제정 당시에는 '신탁재산에서 생하는 소득' 또는 '신탁재산에서 생기는 소득'이라는 표현을 사용하고 있었으나, 소득세법은 1974년에, 법인세법은 1967년에 각

각 '신탁재산에 귀속되는 소득'이라는 표현으로 바뀌었다.

둘째, 소득세법과 법인세법은 모두 '그 소득을 신탁의 이익으로서 받는 수익자가 신탁재산을 가진 것으로 간주하여 소득세(법인세)를 부과한다.'는 표현을 사용하였으나, 법인세법은 1967년에 '그 신탁의 이익을 받을 수익자(수익자가 특정되지 아니하거나 존재하지 아니하는 경우에는 그 신탁의 위탁자 또는 그 상속인)가 그 신탁재산을 가진 것으로 보고 이 법을 적용한다.'는 표현으로 바뀌었고, 소득세법은 1974년 '그 신탁의 수익자(수익자가 특정되지 아니하거나 존재하지 아니하는 경우에는 신탁의 위탁자 또는 그 상속인)를 당해 신탁재산의 소유자로 보고 그 소득금액을 계산한다.'는 표현으로 법인세법과 유사하게 개정되었다가 1994년 개정에서는 '그 신탁의 수익자(수익자가 특정되지 아니하거나 존재하지 아니하는 경우에는 신탁의 위탁자 또는 그 상속인)에게 당해 소득이 귀속되는 것으로 보아 소득금액을 계산한다.'는 표현을 사용하였다.

셋째, 법인세법은 비교적 일관되게 총칙에 신탁소득의 귀속에 관한 규정을 두고 있었던 반면, 소득세법은 초기에 총칙 규정에 두고 있다가 1974년부터 2007년 개정 전까지는 소득금액 계산에 관한 내용 및 체계를 갖고 있었다. 즉, 소득세법은 2007년 개정 전까지 소득금액의 계산에 관한 제46조에서 채권 등의 이자 등에 관한 소득금액 계산과 함께 신탁소득 금액의 계산 방법을 규정하고 있었다.

위와 같은 변천 과정의 연장선상에서 소득세법과 법인세법 모두 신탁도관이론에서 신탁재산에 귀속되는 소득에 관한 과세방법을 규정하고 있다는 점은 동일하지만, 세부적인 표현 및 변천과정에는 약간의 차이가 있다. 즉, 소득세법은 2007년에 현재와 같은 체계와 표현을 갖게 되었으며, 법인세법과 유사한 표현을 사용하다가 1994년부터 신탁재산에 귀속되는 소득이 수익자 등에게 '귀속되는 것으로' 간주하는 형태를 갖게 된 반면, 법인세법은 1967년에 현재와 같은 체계와 표현이 사용되었으며, 수익자 등이 '그 신탁재산을 가진 것으로' 간주하여 법인세를 부과하는 형식을 취하고 있다.

다. 2020년 소득세법 및 법인세법 개정

2020년 개정된 소득세법 및 법인세법은 신탁소득에 관한 납세의무자와 관련하여 크게 다음과 같은 2가지 점에서 큰 변화를 주었다.

먼저, 법인세법 제5조 제2항을 신설하여 목적신탁, 수익증권발행신탁, 유한책임신탁 등의 경우에는 선택에 따라 신탁재산 자체를 내국법인으로 간주하여 신탁소득에 관한 법인세를 납부할 수 있도록 하였다. 이는 목적신탁 등의 경우에 수익자 또는 위탁자 과세는 적용이 어렵거나 불합리한 결과를 가져올 수 있다는 기존의 비판을 반영한 것으로 볼 수 있다(아래 5.항 및 법인세법 제75조의10에 관한 주석 참조).

또한, 신탁 자체를 내국법인으로 간주하는 선택을 하지 않은 원칙적인 경우에도 수익자가 아니라 위탁자를 납세의무자로 하는 예외의 적용범위가 확대되었다(소득세법 제2조의3 제2항, 법인세법 제5조 제3항). 이러한 개정은 신탁소득에 관한 수익자 과세가 소득의 분산효과를 통해 조세회피 목적에 활용될 여지가 있다는 지적을 받아들인 것이라고 할 수 있다(아래 4.항 참조).

2. 적용범위 — 신탁재산에 귀속되는 소득

가. 신탁재산

부가가치세법 제3조의2 및 동 시행령 제5조의2 제1항에서 "신탁재산"을 "신탁법 또는 다른 법률에 따른 신탁재산"으로 명시하고 있는 것과 달리, 소득세법 및 법인세법에서는 이러한 명시적인 규정을 두고 있지 않다. 이에 따라 소득세법 제2조의3 제1항 및 법인세법 제5조 제1항 등의 적용과 관련하여는 "신탁재산"의 범위에 관한 해석이 필요할 수 있고, 대표적으로 명의신탁까지 포함하는 것인지가 문제될 수 있다.

이에 관하여는 법인세법 제5조 제1항과 관련하여 여기서 규정한 신탁에 명의신탁도 포함되는 것으로 해석된다는 견해가 있다.[1] 법인세법 제5조 제1항에서 사용하는 신탁의 개념은 세법에서 정의한 바 없으므로 사법상 개념으로 해석하여야 하고, 사법에서 신탁은 민법상 신탁과 신탁법상 신탁으로 구분할 수 있으며, 민법상 신탁은 이른바 양도담보와 같은 신탁적 양도와 명의신탁이 있다는 논리구성을 근거로 한다.

그러나 소득세법 제2조의3 제1항 및 법인세법 제5조 제1항은 모두 "신탁"이 아니라 "신탁재산"을 전제로 하고 있어서 문언상 위와 같은 방식으로 해석하는 것이 타당한지는 의문이 있고, 명의신탁 등의 경우에는 수익자의 개념이 따로 없다는 점을 고려할 때 위 조항들의 "신탁재산"은 부가가치세법과 마찬가지로 신탁법 및 다른 법률상 신탁재산을 전제로 한다고 보는 것이 자연스러운 해석이라고 보인다. 명의신탁의 경우에는 실질과세의 원칙을 적용하면 충분하고 수익자도 없는 이상 위 조항들을 적용할 실익이 있다고 보기도 어렵다.

나. 귀속되는 소득

"신탁재산에 귀속되는 소득"은 소득세법 및 법인세법의 제정 초기에 사용하던 "신탁재산에서 발생하는 소득"과 기본적으로 같은 의미라고 볼 수 있으며, 신탁재산인 채권, 주식, 부동산 등에서 발생하는 이자, 배당, 임대소득 등은 물론이고, 신탁재산(실물자산)이 처분되어 다른 신탁재산(금전)으로 대체됨에 따른 양도차익도 포함된다. 다만, 수탁자의

1) 손영철 · 서종군, 〈금융상품과 세법〉, 373면.

변경 등으로 신탁재산 자체가 이전되거나 수익권이 타인에게 양도된 경우에는 신탁재산에 귀속되는 소득이 있다고 하여 본 조항을 적용하기 어려울 것이고, 다른 조항에 따라 개별적으로 해결해야 할 것이다. 이를 차례로 살펴보면 다음과 같다.

(1) 위탁자와 수탁자 간의 신탁재산 이전

위탁자가 신탁계약을 체결하고 이에 따라 신탁재산이 성립하게 되는데, 이러한 단계에서 "신탁재산에 귀속되는 소득"이 있다고 할 수는 없을 것이다. 구체적으로 법인과세 신탁재산으로서 법인과세 수탁자가 납세의무를 부담하는 경우 위와 같은 거래는 일종의 자본 거래에 해당하므로 그에 관한 법인세가 발생하지 않는다고 보아야 할 것이고, 수익자 또는 위탁자가 납세의무자가 되는 경우에도 기본적으로 재산의 형태가 수익권 등으로 바뀔 뿐이고 그 신탁재산에 귀속되는 소득이 발생한다고 볼 수는 없다. 부가가치세법 제10조 제9항 제4호 가목은 이와 유사한 취지에서 신탁재산의 이전이 재화의 공급에 해당하지 않는다고 명시하고 있는데, 이러한 규정이 없는 소득세법 및 법인세법의 경우에도 해석상 동일하게 보아야 할 것이다. 다만, 신탁재산을 설정하고 타인을 수익권자로 지정함으로써 실질적으로 신탁재산을 양도한 것으로 보아 과세할 수 있는지 여부는 소득세법 제2조의3 및 법인세법 제5조의 적용 여부와는 별개로 판단이 필요할 수 있다(소득세법 제88조 제1호 다목 참조).

신탁계약의 해지 등에 따라 신탁이 종료되어 신탁재산이 위탁자에게 반환되는 경우에도 위와 마찬가지로 볼 수 있다. 즉, 신탁재산이 위탁자에게 반환되는 경우를 신탁재산의 처분과 동일하다고 보아 소득세법 제2조의3 제1항 및 법인세법 제5조 제1항이 적용된다고 볼 수는 없을 것이며, 그 과정에서 수익자가 갖는 권리에 변동이 발생하는 경우 그에 따른 과세 문제는 소득세법 및 법인세법상 다른 규정에 따라 판단하는 것이 타당하다. 부가가치세법 제10조 제9항 제4호 나목에서 유사한 취지의 규정을 두고 있음은 신탁의 설립의 경우와 동일하다.

(2) 수탁자의 변경 등에 따른 신탁재산 이전

수탁자가 변경됨에 따라 신탁재산이 이전되는 경우 신탁재산 자체는 동일성을 유지하는 것이 원칙일 것이므로 그에 따라 "신탁재산에 귀속되는 소득"이 있다고 볼 수는 없을 것이므로 소득세법 제2조의3 제1항 및 법인세법 제5조 제1항에 따라 수익자 또는 위탁자에 대한 과세가 될 수는 없다. 이러한 결론은 수탁자가 변경되어 새로운 수탁자에게 신탁재산을 이전하는 경우에 재화의 공급으로 보지 않는 부가가치세법 제10조 제9항 제4호 다목 및 취득세를 비과세하는 지방세법 제9조 제3항 제3호와 일관된 것이라고 할 수 있다.

단순한 수탁자의 변경이 아니라 신탁의 합병이나 분할에 따라 신탁재산의 이전이나 변동이 일어나는 경우에도 위와 동일한 결론이 내려질 수 있는지는 조금 더 복잡한 논의가 필요할 것이다. 법인세법 제75조의15는 법인과세 신탁재산의 합병과 분할에 관하여 각각 법인의 합병과 분할로 간주하여 법인세법을 적용하도록 하고 있으나, 법인과세 신탁이 아닌 그 밖의 신탁(즉, 소득세법 제2조의3 제1항 및 법인세법 제5조 제1항이 적용되는 신탁)에 관하여는 위 규정이 적용될 수 없으므로, 별도의 검토를 필요로 한다. 현행법상으로는 그 합병이나 분할의 내용에 따라 "신탁재산에 귀속되는 소득"이 있는지 여부 및 수익권 내용 변경에 따른 과세소득이 있는지 여부를 개별적으로 판단하여야 할 것이다.

(3) 수익권(수익증권)의 양도

신탁재산은 그대로인 상태에서 수익권이 양도된 경우에도 "신탁재산에 귀속되는 소득"이 있다고는 볼 수 없으므로 소득세법 제2조의3 제1항 및 법인세법 제5조 제1항이 적용되지는 아니할 것이고, 양도인이 누구인지에 따라 소득세법 및 법인세법의 다른 규정을 적용하여 과세 여부가 판단되어야 한다. 내국법인이 수익권을 양도하여 양도차익이 발생하였다고 한다면 법인세법상 포괄주의에 따라 그 양도차익을 원칙적으로 익금에 산입하여 법인세가 과세되는 반면, 거주자, 비거주자 및 외국법인인 경우에는 과세대상 소득으로 열거되었는지 여부를 개별적으로 살펴보아야 한다. 2020년 세법 개정에 따라 거주자가 신탁 수익권의 양도로 얻는 소득은 원칙적으로 양도소득세 과세대상이 될 수 있고 신탁 수익권의 양도로 인하여 신탁재산에 대한 지배·통제권이 사실상 이전되는 경우에는 신탁재산 자체의 양도로 간주된다(소득세법 제94조 제1항 제6호).

다. 신탁소득금액의 계산

(1) 구분경리

신탁재산에 귀속되는 소득을 계산하기 위해서는 가장 기본적으로 수탁자의 고유재산에 귀속되는 소득과 분리되어야 한다. 이에 따라 세법에서는 신탁업을 영위하는 법인의 신탁재산(보험회사의 특별계정은 제외)에 귀속되는 수입과 지출은 그 법인에 귀속되는 수입과 지출로 보지 아니하며(소득세법 시행령 제4조의2 제1항, 법인세법 제5조 제2항), 각 사업연도의 소득금액을 계산할 때 신탁재산에 귀속되는 소득과 그 밖의 소득을 각각 다른 회계로 구분하여 기록(구분경리)하도록 하고 있다(법인세법 제113조 제2항). 만일 일정한 수입이나 지출이 고유재산과 신탁재산에 공통되는 경우라면 비영리법인의 수익사업과 기타의 사업의 구분경리에 관한 법인세법 시행규칙 제76조를 준용하여 구분 계산해야 할 것이다.

(2) 신탁수수료의 경우

신탁재산에 귀속되는 소득을 얻기 위하여 신탁수수료 등을 수탁자에게 지급한 경우 그 신탁수수료 등은 필요경비에 해당한다고 할 수 있다.[1] 그런데 양도소득이나 사업소득 등과 달리, 이자소득(소득세법 제16조 제2항)이나 배당소득(소득세법 제17조 제3항 본문)의 경우에는 필요경비를 공제하지 않고 총수입금액을 소득금액으로 보고 있어 신탁수수료 등을 공제할 근거가 없게 된다. 투자신탁으로부터 지급받는 이익이 배당소득으로 구분되는 경우에도 마찬가지여서 운용보수, 신탁보수, 판매보수 등을 공제한 금액 자체를 총수입금액으로 볼 것인지, 아니면 위와 같은 비용도 필요경비에 해당한다고 보아 공제할 근거가 없는 이상 공제할 수 없다고 볼 것인지 논란이 될 수 있다.

이러한 점을 감안하여, 2003년 12월 30일에 신설된 소득세법 시행령 제23조 제5항(현행 제26조의2 제6항)은 투자신탁이익(집합투자기구로부터의 이익)의 경우에는 간접투자자산운용업법 또는 신탁업법(현행 자본시장법)에 따른 각종 보수·수수료를 뺀 금액을 배당소득금액으로 보도록 규정하였고, 2006년 2월 9일에는 소득세법 시행령 제26조의2(현행 제4조의2 제3항)를 신설하여 위 규정을 특정금전신탁에도 준용하도록 하였다.

3. 수익자 과세의 원칙

가. 수익자의 특정

소득세법 제2조의3 제1항 및 법인세법 제5조 제1항의 "그 신탁의 이익을 받을 수익자"는 기본적으로 신탁법상 수익자를 의미하는 것으로 볼 수 있다. 2020년 개정 전에 소득세법에서는 '신탁의 수익자'라는 용어를 사용한 반면, 법인세법에서는 '신탁의 이익을 받을 수익자'라는 조금 다른 표현이 쓰이고 있었으나, 소득세법이 법인세법과 동일한 표현으로 개정되었다. 수익자의 특정과 관련하여는 수익권에 조건이나 기한이 있는 경우, 수익자가 다수인 경우 등의 경우에는 이론상·실무상 다소 복잡한 문제가 발생할 수 있다.

먼저, 소득세법 시행령 제4조의2 제2항은 소득세법 제2조의3 제1항에 따른 수익자의 특정 여부 또는 존재 여부는 신탁재산과 관련되는 수입 및 지출이 있는 때의 상황에 따른다고 규정하고 있다. 법인세법 제5조 제1항과 관련하여는 이러한 규정이 없으나 같은 기준이 적용될 수밖에 없을 것이다. 이와 관련하여 유언대용신탁과 같이 신탁계약이 성립되어 있고 수익자도 정해져 있지만 위탁자의 사망이라는 조건이 성취되지 않은 경우에 그 수익자를 위 조항들의 수익자로서 특정되었다고 볼 수 있는지 여부가

1) 상가(37억원)를 처분하기 위하여 처분신탁계약을 체결하고 신탁수수료(5,000만원)를 지급한 경우 이를 필요경비(양도비)로 볼 수 있는지에 관하여 과세당국은 『양도비에는 자산을 양도하기 위한 계약서 작성비용 · 공증비용 · 인지대 · 소개비 등을 포함하나 위탁매매수수료가 이에 해당하는지는 사실판단사항임』이라고 회신한 바 있다(재산세과-529, 2009. 2. 16).

문제될 수 있다. 일본 소득세법 제13조 제1항 및 일본 법인세법 제12조의 경우에는 "신탁의 수익자(수익자의 권리를 현재 가지고 있는 것에 한한다)"라는 표현을 사용함으로써 위와 같이 장래의 수익권만을 갖는 경우가 제외된다고 규정하고 있는데, 이러한 문언이 없는 우리 세법상으로는 장래의 수익권만 갖는 경우에도 수익자로서 과세되는 것인지 문제될 수 있다.

위와 같은 문제는 수익자가 다수이고 그 내용 및 조건에 차이가 있는 경우(즉, 수익권이 질적으로 분할된 경우)에 보다 복잡하게 나타날 수 있다. 대표적으로 자산유동화 거래에서는 선순위 수익자와 후순위 수익자가 그 수익권의 인수가액 비율로 신탁의 수익을 배분받는 것이 아니라 선순위 수익자가 일정한 금액에 이르기까지 신탁의 수익을 배분받은 후에야 후순위 수익자가 나머지 수익을 배분 받을 수 있는 구조를 취하는 것이 일반적이다. 이러한 경우에도 현행 소득세법의 규정상으로는 최종적으로 분배금액이 확정된 시점이 아니라 일부라도 소득이 신탁재산에 귀속된 시점을 기준으로 수익자에 대한 과세가 이루어질 수밖에 없고, 이 시점에 단순히 지분비율 또는 수익증권 취득가액을 정하여 "신탁재산에 귀속되는 소득"에 관한 선순위 수익자와 후순위 수익자가 부담할 세액을 계산할 경우 수익분배가 종료된 후에야 수익분배를 받을 수 있는지 여부를 알 수 있는 후순위 수익자 입장에서는 형평에 어긋나는 결과가 발생하게 되고, 그렇다고 모두 선순위 수익자에게 귀속되는 것으로 과세하게 되면 실제 수령하는 이자보다 더 많은 과세부담을 지게 될 수 있어 합리적인 과세방법이라고 할 수 없다.[1)]

나. 구체적인 과세방법

소득세법 제2조의3 제1항은 수익자에게 신탁 소득이 귀속되는 것으로 간주하도록 하고 있고, 법인세법 제5조 제1항은 수익자가 신탁재산을 가진 것으로 보고 법인세법을 적용하도록 하고 있는데, 문언상의 차이는 있지만 모두 신탁도관이론에 따른 과세를 규정한 것으로 볼 수 있으며, 이에 따른 과세방법을 구체적으로 나누어 살펴보면 다음과 같다.

(1) 납세의무자(이중과세의 제거)

가장 기본적으로 신탁소득에 관한 납세의무자는 신탁의 수익자이고 신탁재산 자체 또는 수탁자에게 납세의무가 성립할 수 없다. 이에 따라 신탁재산 단계와 수익자의 단계에서 2번 과세되는 이중과세의 문제가 제거되며, 소득세법 제2조의3 제1항 및 법인세법 제5조 제1항이 갖는 가장 기본적인 의미라고 할 수 있다. 수익자가 개인인 경우에는

1) 조영희, 〈수익증권발행신탁을 통한 자산유동화거래 활성화를 위한 선결과제〉, 50~51면; 손영철 · 서종군, 〈금융상품과 세법〉, 366~370면.

소득세법 제2조의3 제1항을 적용하여 소득세가 과세되고, 법인인 경우에는 법인세법 제5조 제1항에 따라 법인세가 과세된다.

(2) 소득의 구분

신탁재산에 귀속되는 소득이 그대로 수익자에게 귀속되거나 수익자가 신탁재산을 가진 것으로 보아 과세되므로, 신탁재산 단계의 소득 구분이 수익자의 단계에 그대로 유지된다고 보아야 한다. 소득세법의 경우 제4조 제2항에서 이러한 점을 명시적으로 규정하고 있으나 법인세법에서도 소득구분이 문제되는 경우 같은 논리가 적용될 것이다. 예컨대, 신탁재산인 부동산의 임대료를 받아서 법인인 수익자에게 지급하는 경우, 소득의 귀속시기와 관련하여 법인세법 시행령 제68조부터 제71조 중 어느 규정에 의할 것인지 판단이 필요한 경우 신탁재산 단계를 기준으로 하여 법인세법 시행령 제71조를 적용하여야 할 것이고 법인인 수익자가 받는 소득의 성격에 따라 판단할 수 없는 것이 원칙이다.

(3) 소득의 귀속시기

소득 구분의 경우와 마찬가지로, 소득의 귀속시기도 신탁재산 단계를 기준으로 판단되고 수익자를 기준으로 하지 않는 것이 원칙이다. 즉, 신탁재산에 귀속되는 소득은 수익자에게 귀속되는 것으로 본다거나(소득세법 제2조의3 제1항) 수익자가 그 신탁재산을 가진 것으로 보고 법인세법을 적용하도록 하고 있으므로(법인세법 제5조 제1항), 신탁재산 내지 수탁자를 기준으로 한 소득의 귀속시기에 수익자의 소득 귀속시기도 도래한다고 보아야 하고, 다른 특별한 규정이 없는 한 양자가 달라지지 않는다.

일정한 소득이 신탁재산에 귀속되는 시기에 관하여는 별도의 규정이 없는 이상 각 소득의 종류별로 소득세법 및 법인세법상 관련 규정에 따라 판단하여야 하고, 여기서 소득의 종류를 구분하는 것도 위에서 본 바와 같이 신탁재산의 단계에 따른다. 법인세법 시행령 제70조 제5항(이자소득 등의 귀속사업연도)은 신탁업자가 운용하는 신탁재산(투자신탁재산 제외)에 귀속되는 이자소득 및 투자신탁의 이익은 원천징수일이 속하는 사업연도에 귀속되는 것으로 규정하고 있는데, 이 규정도 원칙적으로 신탁재산의 단계에서 소득의 구분 및 귀속시기를 판단하여야 함을 전제로, 원천징수에 관한 특례(법인세법 제111조 제6항)에 따른 예외를 규정한 것으로 볼 수 있다.

(4) 원천징수

원천징수도 신탁재산 단계와 수익자의 단계에서 각각 별도로 이루어지는 것이 아니라 신탁소득을 수탁자에게 지급하는 단계에서 수익자를 기준으로 한번만 이루어지는 것이 소득세법 제2조의3 제1항 및 법인세법 제5조 제1항에 따른 결론이다. 소득세법 제127조 제4항과 법인세법 시행령 제111조 제7항도 이를 전제로 하면서 원천징수의무를 수탁자(신탁업자)가 대리 또는 위임 관계에 따라 처리하는 것으로 규정하고 있다.

4. 위탁자 과세의 예외

가. 적용범위

기존에는 신탁소득에 대해서는 신탁설정 시에 수익자의 특정이나 존재를 전제로 한 수익자 과세를 원칙으로 하되, 수익자가 특별히 정해지지 아니하거나 존재하지 아니한 경우와 같이 예외적인 경우에만 보충적으로 위탁자 또는 그 상속인에게 과세하도록 규정하고 있었다(개정전의 소득세법 제2조의2 제6항, 법인세법 제5조 제1항). 이에 따라 수익자가 별도로 있을 수 없는 목적신탁의 경우에는 위탁자 또는 상속인은 단순히 신탁을 설정하였다는 이유로 신탁소득에 관한 납세의무를 부담하게 되고, 과세당국 입장에서도 실제 소득이 귀속되지 않아 담세력이 없는 당사자를 납세의무자로 과세해야 할 수도 있는 문제점이 있다.[1] 이러한 문제점은 2020년 개정세법에서 목적신탁의 경우 법인과세 신탁재산으로서 수탁자가 법인세를 납부할 수 있도록 함으로써 어느 정도는 완화되었다고 할 수 있다.

한편, 소득세법 및 법인세법의 개정으로 "위탁자가 신탁을 통제하는 등 대통령령이 정하는 요건을 충족하는 신탁"의 경우에도 위탁자 과세가 적용되는 것으로 그 적용범위를 확대하였다(소득세법 제2조의3 제2항 및 법인세법 제5조 제3항 신설). 이는 위탁자가 신탁재산을 실질적으로 지배·통제하면서도 형식적으로 수익자가 아니라는 점을 이용하여 신탁을 조세회피 수단으로 악용하는 것을 막기 위해 도입된 것이다. 이에 따라 신설된 소득세법 시행령 제4조의2 제4항 및 법인세법 시행령 제3조의2 제2항은 위탁자 과세 대상이 되는 신탁의 요건을 1) 위탁자가 신탁을 해지할 수 있는 권리, 수익자를 지정하거나 변경할 수 있는 권리, 신탁 종료 후 잔여재산을 귀속 받을 권리를 보유하는 등 신탁재산을 실질적으로 지배·통제할 것, 2) 신탁재산 원본을 받을 권리에 대한 수익자는 위탁자로, 수익을 받을 권리에 대한 수익자는 위탁자의 제43조 제7항에 따른 지배주주등의 배우자 또는 같은 주소 또는 거소에서 생계를 같이 하는 직계존비속(배우자의 직계존비속을 포함한다)으로 설정했을 것으로 정하고 있다.

나. 구체적인 과세방법

소득의 구분, 소득의 귀속시기, 원천징수 등에 관한 사항은 기본적으로 수익자에 관

1) 노유리 · 이환구, 신탁의 전반적인 해설 및 관련 조세, 월간 조세(2017. 11) Vol. 354, 27면.

하여 살펴본 바와 같다고 할 수 있다. 즉, 소득의 구분 및 귀속시기는 신탁재산 단계를 기준으로 위탁자에게 같은 종류의 소득이 동시에 귀속되는 것으로 보아 과세하여야 하며, 그 소득이 원천징수 대상인 경우에는 소득세법 제127조 제4항과 법인세법 시행령 제111조 제7항이 적용될 수 있다.

5. 수탁자 과세의 선택

법인세법 제5조 제2항이 신설됨에 따라 수탁자 과세가 적용되기 위해서는 다음과 같은 2가지 요건이 충족되어야 한다.

먼저, 신탁이 신탁법 제3조 제1항 각 호 외의 부분 단서에 따른 목적신탁, 신탁법 제78조 제2항에 따른 수익증권발행신탁, 신탁법 제114조 제1항에 따른 유한책임신탁에 해당하여야 한다. 자본시장법에 따른 투자신탁은 위와 같은 신탁의 종류에 속한다고 하더라도 적용대상에서 제외되며(법인세법 제5조 제2항 본문 괄호 부분), 위에 열거된 신탁과 유사한 신탁도 시행령에 따라 적용범위가 확대될 수 있으나 아직 관련 시행령 조항이 만들어지지는 않았다.

또한, 수익자가 둘 이상이어야 한다(법인세법 시행령 제3조의2 제1항 제1호 본문). 다만, 어느 하나의 수익자를 기준으로 법인세법 시행령 제2조 제5항에 따른 일정한 특수관계에 해당하는 자이거나 소득세법 시행령 제98조 제1항에 따른 특수관계인에 해당하는 자는 수익자 수를 계산할 때 포함하지 않는다(같은 호 단서). 따라서 특수관계인을 제외하고 실질적으로 수익자가 둘 이상인 경우에만 수탁자 과세가 적용될 수 있다.

나아가, 위탁자 과세가 되는 요건 중 하나인 법인세법 시행령 제3조의2 제2항 제1호의 요건, 즉 위탁자가 신탁을 해지할 수 있는 권리, 수익자를 지정하거나 변경할 수 있는 권리, 신탁 종료 후 잔여재산을 귀속 받을 권리를 보유하는 등 신탁재산을 실질적으로 지배·통제하는 경우에 해당하지 않아야 한다.

6. 입 법 례

가. 미 국

(1) 기본적인 입장

기본적으로 단순신탁과 복합신탁은 독립된 납세의무자로 인정되어 개인과 유사하게 과세된다는 점에서 신탁실체이론의 입장인 반면, 위탁자신탁은 신탁도관이론에 따라 그 위탁자가 계속 신탁재산을 소유하고 있는 것으로 간주하여 위탁자에게 과세한다. 또한, 단순신탁과 복합신탁의 경우에도 신탁이 수익자에게 배분한 소득을 신탁소득에서 공제할 수 있도록 한 것(미국세법 제651조, 제661조)과 수익자에게 분배된 소득의 성격은 신탁재산에게 귀속되는 소득의 성격을 기준으로 판단되는 것(미국세법 제652조, 제662조)은 신탁도관이론에 의한 것이라고 볼 수 있다.

(2) 단순신탁(Simple Trust)과 복합신탁(Complex Trust)

(가) 위탁자에 대한 과세

위탁자가 신탁에 재산을 양도하면 생존시에는 증여세를, 유언신탁의 경우에는 유산세를 납부하고, 소득세나 양도소득세는 부과되지 않는다.[1)]

(나) 신탁에 대한 과세

신탁의 소득세는 기본적으로 개인의 소득세와 마찬가지 방식이 적용되어, 총소득에서 비용공제, 배당소득공제, 인적 공제를 적용하여 "과세소득(Taxable Income)"을 산출하고, 여기에 신탁에 대하여 적용되는 세율을 곱하여 "산출세액"을 산출한 다음 세액공제를 하여 "납부할 세액"을 구하게 된다. 다만, 비용공제나 인적 공제(personal exemption), 세율[2)] 등에 있어서 개인의 소득세와 차이가 있고, 특히 신탁의 경우에는 소득배당에 따른 공제가 인정된다는 점이 개인의 경우와 뚜렷이 구분되는 특징이라고 할 수 있는데, 그 인정범위는 단순신탁인지 복합신탁인지에 따라 다르다.

(다) 수익자에 대한 과세

신탁에 허용된 배당소득공제 금액은 그 분배를 받도록 되어 있거나 분배받은 수익자의 총소득에 포함된다(미국세법 제652조 (a), 제662조 (a)). 이 경우 수익자에게 귀속되는 소득의 구분은 신탁에게 귀속되는 소득의 성격에 따라, 배당가능소득의 구성비율에 따라 수익자의 소득이 구성된 것으로 간주한다(미국세법 제652조 (b), 제662조 (b)).

(3) 위탁자신탁(Grantor trust)

(가) 위탁자에 대한 과세

위탁자신탁에 따라 납세의무를 부담하는 위탁자에는 신탁을 설립하였거나 신탁에 재산(금전 포함)을 직접 또는 간접적으로 무상이전한 자가 포함된다(미국 재무부규칙 § 1.671-2(e)(1)). 여기서 무상이전은 증여세 과세에 있어서 증여로 취급되는지 여부와 관계없이 공정시장가액(fair market value)에 의하지 아니한 이전을 의미한다(미국 재무부규칙 § 1.671-2(e)(2)(i)). 이에 따라 위탁자가 신탁한

1) 김재진·홍용식, 〈신탁과세제도의 합리화 방안〉, 78~79면.

2) 신탁에 대한 소득세율(2011년 15~39.6%) 자체는 개인의 경우와 동일하지만, 적용되는 과세구간에 있어서 신탁이 개인에 비하여 현저하게 낮다. 예를 들어 CPI를 고려하지 않을 경우 부부별도신고하는 개인의 경우 최저 세율 15% 적용구간이 18,450달러인 반면, 신탁의 경우에는 1,500달러이다(미국세법 제1조 (d), (e)).

자산에 대해서 증여세와 소득세를 동시에 납부해야 할 수도 있게 된다. 예를 들어 5년을 시한으로 신탁소득을 다른 사람에게 제공하고 5년 이후 신탁재산을 반환받는 경우 위탁자는 5년간 제공된 신탁소득에 관하여는 증여자로 증여세를 납부하여야 함과 동시에 위탁자신탁의 위탁자로서 신탁소득에 대한 소득세도 납부하여야 한다.[1)]

(나) 제3자에 대한 과세

위탁자가 아닌 제3자가 신탁 약정에 따라 신탁의 원금이나 소득을 자신에게 귀속시킬 권한을 자신만이 갖고 있는 경우에는 그 비율만큼 신탁에 있어서 위탁자로 취급된다(미국세법 제678조 (a)).

나. 일 본

(1) 기본적인 입장

일본 소득세법과 일본 법인세법도 우리 소득세법 및 법인세법과 마찬가지로 신탁을 도관으로 보아 수익자가 신탁재산에 속하는 자산과 부채, 수익과 비용을 갖는 것으로 간주하여 과세하는 것을 원칙으로 하고 있다(일본 소득세법 제13조 제1항 본문, 일본 법인세법 제12조 제1항 본문).

그러나 일정한 범위의 투자신탁(합동운용신탁과 증권투자신탁), 퇴직연금에 관한 신탁의 경우에 관하여는 2000년 세법 개정 이전부터 우리 소득세법과 유사하게 소득의 구분 및 과세시기의 측면에서 신탁실체이론에 의하여 과세를 하고 있었다.[2)] 이러한 기본 구조는 그 이후의 세법 개정에서도 그대로 유지되고 있고, 다만 그러한 투자신탁의 범위에 변화가 있었을 뿐이다.

나아가, 2000년 세법 개정에서는 자산유동화법의 특정목적신탁과 일정한 요건을 충족하는 특정투자신탁의 경우에 아예 수탁자에게 법인세를 과세하는 것으로 하였고,[3)] 2007년 세법 개정에서는 여기에 수익자가 없는 신탁을 포함시키는 등 그 범위를 확대하여 "법인과세신탁"으로 규정하였다.

(2) 집단투자신탁

(가) 신탁 단계의 원천징수

집단투자신탁의 수탁자는 법인인데, 일본 세법은 법인이 이자나 배당 등을 지급받는 경우에도 소득세를 원천징수하고 법인세 계산에 있어서 소득세를 공제하는 형태로 조정을 하고,[4)] 집단투자신탁은 일본 소득세법 제13조 제1항 단서에 따라 도관으로 취급되지

1) 장근호, 〈주요국의 조세제도 미국편(Ⅰ)〉, 853면.
2) 김재진 · 홍용식, 〈신탁과세제도의 합리화 방안〉, 60~61면.
3) 이준봉, 〈일본 신탁과세제도와 그 시사점〉, 978면 참조.
4) 국중호, 〈주요국의 조세제도 – 일본–〉, 96~97면.

않으므로, 원칙대로라면 해당 소득이 집단투자신탁에 지급되는 단계에서 원천징수되어야 할 것이다.

그러나 내국신탁회사가 인수한 증권투자신탁(국내에 있는 영업소에 신탁된 것으로 한정)의 신탁재산에 속하는 공사채, 합동운용신탁, 투자신탁 또는 특정수익증권발행신탁의 수익권, 사채적 수익권, 주식 또는 출자[1](이하 '공사채 등')에 대하여 국내에서 이자나 배당이 지급되는 경우 지급자가 비치하는 장부에 해당 공사채 등이 당해 신탁재산에 속하는 취지 기타 재무성령이 정하는 사항을 등재하였다면, 그 공사채 등에 따른 이자나 배당은 원천징수 대상에 해당하지 않는다(일본 소득세법 제176조 제1항).

그 밖의 경우에는 일단 수탁자에게 지급되는 단계에서 소득세가 원천징수되는데, 이에 따라 내국법인이 인수한 집단투자신탁(국내에 있는 영업소에 신탁된 것으로 한정)의 신탁재산에 대하여 납부된 소득세(외국법령에 의하여 부과되는 소득세에 해당하는 세금으로 시행령에서 정하는 것 포함)의 금액은 시행령이 정하는 바에 따라 집단투자신탁의 수익분배에 관련된 소득세액에서 공제한다(일본 소득세법 제176조 제3항).

(나) 수익자에 대한 과세

거주자와 외국법인에 있어서 합동운용신탁, 공사채투자신탁 및 공모공사채 등 운용투자신탁의 수익 분배에 관한 소득은 이자소득으로 구분되며(일본 소득세법 제23조 제1항, 일본 법인세법 제138조 제4호 二목), 투자신탁(공사채투자신탁 및 공모공사채 등 운용 투자신탁을 제외한다)과 특정수익증권발행신탁의 수익분배에 관한 소득은 배당소득으로 구분된다(일본 소득세법 제24조 제1항, 일본 법인세법 제138조 제5호 ロ목).

(3) 법인과세신탁

(가) 위탁자에 대한 과세

법인과세신탁의 위탁자가 보유한 자산을 신탁하는 경우 그 법인과세신탁에 관한 수탁법인에 대한 출자가 있는 것으로 본다(일본 법인세법 제4조의7 제9호, 일본 소득세법 제6조의3 제6호). 다만, 수익자가 없는 법인과세신탁의 경우에는 그 법인과세신탁에 관한 수탁법인에 대한 증여로 당해 재산을 이전한 것으로 본다(일본 소득세법 제6조의3 제7호).

(나) 신탁에 대한 과세

법인과세신탁의 수탁자는 각 법인과세신탁의 신탁자산 등(신탁재산에 속하는 자산과 부채 및 해당 신탁재산에 귀속되는 수익과 비용) 및 고유자산 등(법인과세신탁의 신탁자산등 이외의 자산과 부채 및 수익 및 비용)에 대해 각각 별도의 자로 보아 법인세법의 규정[2]을 적

1) 아래에서는 이를 '공사채 등'으로 지칭한다.
2) 다만, 제2조 제29호의 2(정의), 제4조(납세의무자) 및 제12조(신탁재산에 속하는 자산·부채 및 신탁재산에 속하는 수익·비용의 귀속), 제6장(납세지) 및 제5편(벌칙)을 제외한다.

용한다(일본 소득세법 제6조의2 제1항, 일본 법인세법 제4조의6 제1항).

이에 따라 법인과세신탁의 수탁자로서 신탁자산 등이 귀속되는 법인(수탁자가 개인인 경우에는 그 개인, 이하 "수탁법인")은 법인과세신탁이 신탁되는 영업소, 사무소 기타 이에 준하는 것이 국내에 있는 경우에는 당해 법인과세신탁에 관한 수탁법인은 내국법인으로 하고(일본 소득세법 제6조의3 제1호, 일본 법인세법 제4조의7 제1호), 국내에 없는 경우에는 당해 법인과세신탁에 관한 수탁법인을 외국법인으로 하며(동조 제2호), 수탁법인이 회사가 아닌 경우에도 법인세과세신탁에 관하여는 회사로 본다(동조 제3호).

투자신탁과 특정목적신탁(자산유동화신탁)의 경우 과세소득의 계산에 있어서 일정한 요건을 갖춘 경우에는 배당금원을 손금에 산입할 수 있지만, 그 외의 경우에 있어서는 통상의 주식배당으로서 취급된다.[1)]

(다) 수익자에 대한 과세

법인과세신탁의 수익권[2)]은 주식 또는 출자로 간주하여 법인과세신탁의 수익자는 주주 등에 포함되는 것으로 한다. 이 경우 그 법인과세신탁의 수탁자인 법인의 주식 또는 출자는 해당 법인과세신탁에 관한 수탁법인의 주식 또는 출자하지 않은 것으로 보고, 해당 수탁자인 법인의 주주 등은 해당 수탁법인 주주 등이 아닌 것으로 본다(일본 소득세법 제6조의3 제4호, 일본 법인세법 제4조의7 제6호).

법인과세신탁의 수익분배는 자본잉여금의 감소를 동반하지 않는 잉여금의 배당으로, 법인과세신탁의 원금 상환은 자본잉여금의 감소에 따른 잉여금 배당으로 본다(일본 소득세법 제6조의3 제8호, 일본 법인세법 제4조의7 제10호).

다. 싱가포르

(1) 사업신탁

싱가포르의 신탁 관련 법제는 1990년대에 이르기까지 영국법의 영향을 받아 수탁자법과 신탁회사법만이 존재하고 있었는데, 2000년대에 이르러서는 사업신탁만의 독자적인 법률인 사업신탁법(Business Trust Act)이 제정되었다. 싱가포르 소득세법(Income Tax Act)은 개인소득과 법인소득 모두를 규율 대상으로 하는데, 사업신탁법에 의하여 등록된 사업신탁의 경우에는 법인과 동일하게 과세한다. 사업신탁에 대해 소득세법상 법인과 동일하게 과세하는 이유는 사업신탁의 경제적 목적, 구조, 운영 등이 법인과 동일하기 때문이라고 할 수 있다.

1) 이준봉, 〈일본 신탁과세제도와 그 시사점〉, 980면.
2) 소득세법의 경우 공모공사채 등 운용 투자신탁 이외의 공사채 등 운용 투자신탁의 수익권 및 사채적인 수익권을 제외한다고 규정되어 있다.

소득세법상 법인과 동일하게 과세되는 사업신탁, 즉 사업신탁법에 의하여 등록된 사업신탁의 경우 신탁된 사업에서 발생한 소득에 대해 신탁단계에서 17%로 분리과세된다. 사업신탁의 수익자는 신탁된 사업에서 발생한 수익으로부터 배당을 받더라도 그 배당분에 대해서는 과세하지 않고, 수탁-운영사가 납부한 세액에 대해서도 공제받는 절차가 없다. 이 경우 수탁-운영사는 법인과 동일하게 취급하여 소득세 과세를 하는 것이므로 법인에게 적용하는 '국외원천소득에 대한 국외납부세액의 공제', '동일한 지배하에 있는 자들 간에 자산매각에 대한 소득세법 제24조의 선택', '사용자본공제, 결손금, 미공제기부금의 이월과 사용', '그룹공제제도에 의한 적격손실항목의 이전' 등의 규정은 수탁-운영사에게도 그대로 적용한다.

(2) 사업신탁 이외의 신탁

사업신탁을 제외한 나머지 신탁의 경우에는 수탁자가 회사일 수도 있고, 개인일 수도 있다. 싱가포르 소득세법은 사업신탁 외의 신탁에서 발생한 소득에 대해서 기본적으로 수탁자를 소득세 납세의무자로 하여 수탁자에게 과세할 수 있도록 하고 있다(ITA § 43 (1) (c)). 이것은 기본적으로 신탁실체이론에 입각한 체계라고 이해할 수 있다.

수탁자가, 신탁에서 발생한 소득의 수익자가 달리 정해져 있다는 사실을 소득세 감사관(Comptroller)에게 입증하면 그 부분에 대해서는 감사관의 결정에 따라 낮은 세율로 과세를 받거나, 수탁자 단계에서는 어떠한 세금도 부과받지 않을 수 있다(ITA § 43 (2)). 이 경우 신탁은 세무상 도관으로 취급되고 수익자에게 모든 소득이 과세되는 것이다.[1] 수익자에게 과세하는 경우 수익자가 법인인지, 개인인지에 따라 세율이 달라진다.

신탁소득에 대해 수탁자에게 과세하는 것은 신탁으로 인한 소득이 싱가포르 내에서 발생한 경우이고, 싱가포르 이외에서 발생한 소득의 경우 수익자가 싱가포르 거주자이면 그 거주자, 즉 수익자에게 과세한다.

소득세법 제4조 (소득의 구분)

② 제1항에 따른 소득을 구분할 때 다음 각 호의 신탁을 제외한 신탁의 이익은 「신탁법」 제2조에 따라 수탁자에게 이전되거나 그 밖에 처분된 재산권에서 발생하는 소득

1) 그러나 이처럼 수탁자가 세무상 도관으로 취급되고, 신탁에서 발생한 수익을 수익자의 소득으로 과세하게 하는 것은 모든 신탁에서 그러한 것은 아니고 예외가 있다. 이러한 예외에 해당하는 경우 신탁에서 발생한 소득은 수탁자 단계에서 과세해야 하는 것이고, 수탁자가 수익자를 입증한다고 하여 그 수익을 수탁자가 아닌 수익자에게 과세할 수는 없다. 그러한 예외에 속하는 것으로 예건대, REIT 상장지수펀드를 들 수 있음(ITA § 43 (2AA)). 단, 이러한 펀드의 경우에도 승인을 받게 되면, 일반적인 경우처럼 수탁자단계에서 과세를 하지 않고 수익자단계에서 과세하는 것으로 세무처리를 할 수 있다.

의 내용별로 구분한다.
1. 「법인세법」 제5조 제2항에 따라 신탁재산에 귀속되는 소득에 대하여 그 신탁의 수탁자가 법인세를 납부하는 신탁
2. 「자본시장과 금융투자업에 관한 법률」 제9조 제18항 제1호에 따른 투자신탁. 다만, 2022년 12월 31일까지는 이 법 제17조 제1항 제5호에 따른 집합투자기구로 한정한다.
3. 「자본시장과 금융투자업에 관한 법률」 제251조 제1항에 따른 집합투자업겸영보험회사의 특별계정

1. 연혁 및 입법취지

소득세법과 법인세법은 일관되게 이른바 신탁도관이론의 입장에서 현행 소득세법 제2조의3 제1항 및 법인세법 제5조 제1항에 해당하는 규정을 두고 있었고 이러한 입장에 의하면 신탁재산 단계의 소득구분이 수익자 또는 위탁자의 단계에도 그대로 유지되는 것이 논리일관된다고 할 수 있다. 실제로 소득세법 제4조 제2항이 2003년 신설되기 전에도 과세당국은『위탁자별로 관리·운영되는 특정금전신탁의 이익은 당해 신탁자산의 운영내역에 따라 이자소득, 배당소득, 양도소득 등으로 구분하여 과세하는 것』이라고 하여 같은 입장을 취하고 있었다.[1) 반면, 투자신탁 수익의 분배금에 관하여는 법률에서 이를 배당소득 또는 이자소득으로 규정하고 있었다.[2) 따라서 소득세법 제4조 제2항은 신탁도관이론에 따른 원칙(기존의 유권해석)을 명문화하면서, 동시에 투자신탁의 경우에는 소득구분에 관하여 다른 원칙이 적용된다는 점을 확인하는 규정이라고 할 수 있다.

한편, 2020년 개정에서는, 수탁자 과세 신탁이 선택적으로 추가되고 2023년부터 투자신탁(펀드) 관련 과세체계가 전면적으로 개편됨에 따라 종전에 일정한 집합투자기구에 인정되던 예외의 범위를 수탁자 과세 신탁 및 투자신탁 등으로 확대하였다.

2. 원　　칙

가. 원천에 따른 소득 구분

소득세법 제4조 제2항은 "신탁법 제2조에 따라 수탁자에게 이전되거나 그 밖에 처분된 재산권에서 발생하는 소득의 내용별로 구분"하도록 하고 있는데, 이는 신탁도관이론에 따른 결론을 풀어쓴 결과라고 볼 수 있다. 즉, 신탁재산 단계의 소득 구분이 수익자

1) 재소득 46011-105, 1995. 7. 26.
2) 2003. 12. 30. 개정 전의 소득세법 제17조 제1항 제5호는 "내국법인으로부터 받는 증권투자신탁(공채 및 사채투자신탁을 제외한다)수익의 분배금"을 배당소득의 하나로 명시하고 있었다.

또는 위탁자의 단계에 그대로 유지된다는 점을 규정한 것이다. 예를 들어 신탁재산인 채권에서 이자가 발생하여 수탁자에게 지급된 경우 그 이자가 위 규정의 문언상 "수탁자에게 이전된 소득"에 해당하므로 그 내용에 따라 소득세법상 이자소득으로 구분된다. 반면, 신탁재산인 부동산이 양도되어 수탁자가 양도차익을 얻게 되면, 그 양도차익은 "그 밖에 처분된 재산권에서 발생하는 소득"으로서 소득세법상 수익자 또는 위탁자의 양도소득에 해당하게 된다.

나. 법인세법의 경우

법인세법에서는 소득세법 제4조 제2항과 같은 취지의 규정을 두고 있지 않다. 이는 법인세법이 소득세법과 달리 과세소득을 포괄적으로 정의하고 있어 소득세법 제4조 제2항과 같이 일반적인 소득 구분 조항을 둘 필요가 없기 때문이라고 할 수 있다. 다만, 소득의 수입시기 등과 관련하여 소득 구분이 필요한 경우, 신탁도관이론의 입장에서 해석해야 할 것이다. 즉, 소득세법 제4조 제2항과 동일하게 원칙적으로는 소득세법 제4조 제2항과 같이 신탁도관이론에 따라 소득 원천에 따라 수입시기가 판단되어야 할 것이다.

다만, 법인과세 신탁재산, 투자신탁 등에서 받는 소득은 각각 법인세법 제75조의11 제3항, 제73조 제1항 제2호에 따라 배당으로 보거나 원천징수 대상이 되므로, 위와 같은 원칙 규정이 적용되지 않는다. 예컨대, 법인과세 신탁재산에 이자소득이 지급되는 경우에는 해당 신탁재산 단위에서 해당 소득에 관한 법인세를 납부하고, 수익자 등에게 지급되는 단계에서 배당으로 과세되면 되는 것이지, 소득세법 제4조 제2항과 같이 그 원천에 따라 소득 구분을 할 이유와 근거가 없는 것이다. 결과적으로 법인세법의 경우에도 소득세법 제4조 제2항의 원칙(신탁도관이론)뿐만 아니라 법인과세신탁재산 등에 관한 예외도 함께 적용된다고 볼 수 있다.

3. 예 외

가. 법인과세 신탁재산

2020년 법인세법 개정에 따라 목적신탁, 수익증권발행신탁, 유한책임신탁 등의 경우에는 신탁재산에 귀속되는 소득에 대하여 신탁계약에 따라 그 신탁의 수탁자가 법인세를 납부할 수 있는데, 이러한 경우에는 신탁재산에 귀속되는 소득은 그 신탁재산 단위에서 소득의 종류와 관계없이 포괄적으로 과세되고(법인세법 제75조의11 제1항) 수익자에게 분배되는 단계에서는 배당으로 과세되는 것이므로(같은 조 제3항), 그 수익자가 개인(거주자)이라고 하더라도 신탁재산 단계의 소득 원천에 따라 소득 구분이 달라지지 않는다. 이러한 점을 고려하여 소득세법 제4조 제2항 제1호는 "법인세법 제5조 제2항에 따라 신탁재산에 귀속되는 소득에 대하여 그 신탁의 수탁자가 법인세를 납부하는 신탁"의 경우에는 신탁도관이론에 따른 원칙이 적용되지 않음을 명시하고 있다.

나. 투자신탁

자본시장법 제9조 제18항 제11호의 투자신탁의 경우에는 법인과세 신탁재산으로서 법인세를 납부할 수 없는 것으로 명시되어 있다. 그러나 현행 소득세법상 이러한 투자신탁이 집합투자기구로서 소득세법 시행령 제26조의2 제1항 각호의 요건을 모두 충족하는 경우에서는 투자신탁에서 받는 이익이 소득세법 제17조 제1항 제5호에 따라 배당소득으로 과세되므로, 소득세법 제4조 제2항의 소득 원천에 따른 소득 구분이 적용되지 않는다. 또한, 2023년 시행되는 금융투자소득 과세체계 아래에서도 적격 집합투자기구에 해당하는지 여부 등에 따라 복잡하기는 하지만, 수익자의 소득은 원칙적으로 배당 또는 금융투자소득으로 구분되어 수익자의 소득이 신탁재산 단계의 소득 원천에 따라 구분되지 않는다. 이에 따라 소득세법 제4조 제2항 제2호는 자본시장법 제9조 제18항 제11호의 투자신탁을 법인과세 신탁재산과 마찬가지로 신탁도관이론에 따른 소득 구분 대상에서 제외되는 것으로 명시하면서, 2022년 12월 31일까지는 소득세법 제17조 제1항 제5호가 적용되어 신탁이익이 배당소득으로 과세되는 집합투자기구의 경우에만 예외가 인정되는 것으로 규정하고 있다.

다. 집합투자업겸영보험회사의 특별계정

자본시장법 제251조 제1항은 보험회사로서 제12조에 따라 집합투자업에 관한 금융투자업인가를 받은 보험회사의 경우 인가받은 범위 내에서 투자신탁재산의 운용업무를 영위할 수 있도록 하면서, 보험업법 제108조 제1항 제3호에 따른 특별계정은 자본시장법에 따른 투자신탁으로 간주하도록 규정하고 있다. 따라서 별도의 규정이 없다면 보험회사의 변액보험에 관하여도 투자신탁에 관한 소득세법 규정이 적용될 수 있게 된다. 이를 고려하여 소득세법 제4조 제2항은 종전부터 위와 같은 특별계정은 집합투자기구인 신탁은 물론 그 밖의 신탁에도 해당하지 않는 것으로 규정함으로써, 변액보험에서 발생하는 소득은 보험차익으로서 과세 여부 및 범위가 판단되도록 하고 있으며, 2020년 개정 세법도 같은 입장을 유지하고 있다.

제 2 절 법인과세 신탁재산

제 1 관 통 칙

법인세법 제75조의10 (적용 관계)

제5조 제2항에 따라 내국법인으로 보는 신탁재산(이하 "법인과세 신탁재산"이라 한다) 및 이에 귀속되는 소득에 대하여 법인세를 납부하는 신탁의 수탁자(이하 "법인과세 수탁자"라 한다)에 대해서는 이 장의 규정을 제1장 및 제2장의 규정에 우선하여 적용한다.

1. 입법취지

가. 기존 과세체계의 문제점

(1) 다양하고 유연한 신탁의 활용 저해

신탁은 법인과 비교할 때 유연성이 장점이므로 그 목적에 따라 다양한 유형의 신탁이 활용될 수 있으나, 개정 전의 법인세법에서는 원칙적으로 수익자만을 납세의무자로 규정하여, 신탁의 유연성과 다양성을 활용하는데 장애가 되는 면이 존재하였다.

신탁 중에는 신탁에서 발생한 소득을 수익자에게 단순히 전달해주는 도관(conduit)의 역할을 수행하는 것에서부터 법인과 같은 정도의 과세실체로서의 실질을 갖추고 법인과 견줄 정도의 활동을 하는 것에 이르기까지 스펙트럼이 다양하다. 또한 2011. 7. 25. 전부개정된 신탁법은 신탁의 유연성과 다양성을 최대한 활용할 수 있도록 수익증권발행신탁, 수익자연속신탁, 유언대용신탁 등 다양한 유형의 신탁을 법제화하였으나, 세법은 신탁을 단순히 투자신탁과 투자신탁 이외의 신탁으로만 구분하여 다양한 유형의 신탁을 충분히 반영하지 못하고 있을 뿐만 아니라 신탁에서 발생하는 소득의 납세의무자를 획일적으로 수익자로 규정함으로써 개정 신탁법의 의도 및 장점을 살리지 못하고 있었다.[1)]

(2) 법인과의 조세중립성 침해

신탁이 경제적 실체로서 법인과 유사한 활동을 수행하는데도 신탁을 오로지 도관으로만 인식하고 신탁재산으로부터의 소득에 대한 납세의무자를 오로지 수익자로만 보는 것은 법인과의 조세중립성을 해치고 신탁의 경제적 실질에도 부합하지 않는 측면 또한 존재하였다. 즉 신탁이 단순히 수익자에게 소득을 전달하는 도관으로서의 역할만 수행하

1) 기획재정부, 〈2020년 세법개정안 문답자료〉, 13~14면.

는 민사신탁의 역할을 넘어 경제적 실체로 법인과 유사한 활동을 수행할 수 있는 상사신탁 또는 영리신탁의 제도적 기반이 신설되었음에도, 여전히 신탁을 도관으로만 인식하여 수익자만을 납세의무자로 규정하는 것은 조세중립성을 저해하는 측면이 존재한다.[1)]

민사신탁의 수익자를 납세의무자로 하는 것은 소득의 실질귀속자에게 과세한다는 점에서 정당성을 찾을 수 있겠으나, 적극적으로 법인의 역할을 수행하는 상사신탁 또는 영리신탁에 대해서까지 신탁을 도관으로만 인식하여 민사신탁과 동일하게 수익자에게만 과세하는 것은 민사신탁과 상사신탁(영리신탁)의 차이를 간과한 면이 있다.

또한 자본시장법상으로도 투자자의 자산을 운용하여 수익을 분배하는 집합투자기구는 투자회사, 투자신탁 등의 다양한 형태가 존재하는데, 투자회사와 투자신탁이 사실상 동일한 역할을 수행함에도 불구하고 세법상 양자를 다르게 취급함으로써 조세중립성에 반하는 면이 있었다.

(3) 조세회피 가능성

수익자과세를 원칙으로 규정하고 있는 현행 규정상 신탁소득의 발생시기와 수익자에게 분배하는 시점 차이를 통해 과세를 이연하는 등 신탁단계에서 소득이 유보되어 조세회피가 가능성이 존재하여 과세의 불확실성이 초래되는 측면이 있었다.[2)]

나. 입법취지

개정된 법인세법은, 신탁법상 다양한 신탁유형을 반영하고, 신탁의 경제적 실질에 맞게 과세체계를 정비하려는 것으로, 1) 도관성이 인정되는 일반적인 신탁(수익자 과세신탁)에 대해서는 수익자 과세를 원칙으로 하되, 2) 위탁자가 신탁에 대해 지배권과 통제권을 보유하고 있어 위탁자를 실질수익자로 볼 수 있는 신탁(위탁자 과세신탁)에 대해서 위탁자 과세를 인정하는 한편, 3) 수익자가 불특정되거나, 영리를 목적으로 법인과 유사한 활동을 수행하는 사업신탁, 수익증권이 발행되어 신탁소득이 장기간 신탁에 유보할 가능성이 높고 수익증권이 되어 신탁이 단순히 도관의 역할을 수행한다고 보기 어려운 신탁 등 신탁재산에 1차적 납세의무를 부과하는 것이 효율적인 신탁에 대해서는 신탁재산을 별도의 법인으로 보되, 수탁자가 납세의무를 부담하는 수탁자 과세신탁(법인과세 신탁) 방식을 선택할 수 있도록 허용하고 있다. 특히, 수탁자 과세방식을 추가한 것은 소득 발생시마다 수익자에게 배분하지 않고, 신탁재산에 유보한 후 향후 배분될 수 있게 함으로써 신탁운용의 효율성을 제고하기 위한 것이라고 할 수 있다.[3)]

---

1) 기획재정위원회, 〈법인세법 일부개정법률안 검토보고(2020. 11.)〉, 12면.
2) 기획재정위원회, 〈법인세법 일부개정법률안 검토보고(2020. 11.)〉, 12면.
3) 기획재정부, 〈2020년 세법개정안 문답자료〉, 14면.

2. 개념 및 적용범위

가. 법인과세 신탁재산

법인과세 신탁재산은 법인세법 제5조 제2항에 따라 내국법인으로 보는 신탁재산을 의미하므로, 여기에 해당하는지 여부는 법인세법 제5조 제2항에 의해 판단된다. 따라서 목적신탁, 수익증권발행신탁, 유한책임신탁 등에 관하여 법인세 과세방식을 선택한 경우에 법인과세 신탁재산이 성립하게 되며, 위와 같은 신탁에 해당한다고 하더라도 법인세 과세방식을 선택하지 않은 경우에는 법인과세 신탁재산에 해당하지 않게 된다.

나. 법인과세 수탁자

법인과세 수탁자는 신탁재산에 귀속되는 소득에 관하여 법인세를 납부하는 신탁의 수탁자를 말한다. 이와 관련하여 법인세법 제5조 제2항은 수탁자를 법인세법상 내국법인 또는 소득세법에 따른 거주자인 경우에 한정한다고 명시하고 있으므로, 개인이라고 하더라도 거주자인 이상 신탁재산과 관련하여 법인세를 납부하는 수탁자에 해당할 수 있는 반면, 외국법인 또는 비거주자는 법인과세 수탁자가 될 수 없다.

하나의 법인과세 신탁재산에 관하여 다수의 수탁자가 있는 경우에 관하여는 법인세법 제75조의13 제1항에 따라 대표수탁자가 법인세를 납부하여야 하며, 나머지 수탁자들은 같은 조 제2항에 따라 연대납세의무를 부담한다.

법인세법 제75조의11 (신탁재산에 대한 법인세 과세방식의 적용)

① 법인과세 수탁자는 법인과세 신탁재산에 귀속되는 소득에 대하여 그 밖의 소득과 구분하여 법인세를 납부하여야 한다.

② 재산의 처분 등에 따라 법인과세 수탁자가 법인과세 신탁재산의 재산으로 그 법인과세 신탁재산에 부과되거나 그 법인과세 신탁재산이 납부할 법인세 및 강제징수비를 충당하여도 부족한 경우에는 그 신탁의 수익자(「신탁법」 제101조에 따라 신탁이 종료되어 신탁재산이 귀속되는 자를 포함한다)는 분배받은 재산가액 및 이익을 한도로 그 부족한 금액에 대하여 제2차 납세의무를 진다.

③ 법인과세 신탁재산이 그 이익을 수익자에게 분배하는 경우에는 배당으로 본다.

④ 신탁계약의 변경 등으로 법인과세 신탁재산이 제5조 제2항에 따른 신탁에 해당하지 아니하게 되는 경우에는 그 사유가 발생한 날이 속하는 사업연도분부터 제5조 제2항을

적용하지 아니한다.
⑤ 제1항부터 제4항까지의 규정에 따른 신탁재산의 법인세 과세방식의 적용 등에 필요한 사항은 대통령령으로 정한다.

1. 수탁자의 지위

가. 법인세 납세의무

법인과세 수탁자의 가장 기본적인 의무는 법인과세 신탁재산에 귀속되는 소득에 대하여 자신의 고유소득과 분리하여 법인세를 납부할 의무라고 할 수 있다(법인세법 제75조의11 제1항). 법인과세 수탁자는 법인과세 신탁재산별로 법인세를 납부하여야 하므로, 법인과세 수탁자는 신탁재산별로 귀속 소득을 각각 구분하여 경리하여야 한다(법인세법 제113조 제6항 신설). 또한, 자본시장법의 적용을 받는 법인은 신탁재산에 귀속되는 소득과 그 밖의 소득(즉, 고유재산에 관한 소득)도 구분경리하여야 하는데(같은 조 제2항), 자본시장법이 적용되지 않는 법인과세 수탁자라고 하더라도 위 제113조 제6항의 취지에 따라 고유재산과 신탁재산을 구분하여 각각의 소득을 계산하여야 할 것이다.

나. 설립신고 및 사업자등록

내국법인의 경우 그 설립등기일로부터 2개월 이내에 법인의 명칭과 대표자의 성명, 본점 등의 소재지, 사업 목적, 설립일 등이 기재된 설립신고서를 납세지 관할세무서장에게 신고하여야 하는데, 법인과세 신탁재산의 경우에도 설립일(즉, 그 신탁이 설정된 날)로부터 2개월 이내에 같은 의무를 수행하여야 하는 것이 원칙이다. 다만, 대표자의 성명과 본점 등의 소재지는 법인과세 수탁자를 기준으로 기재한다(법인세법 제109조 제1항).

한편, 법인이 사업을 시작하는 경우 원칙적으로 사업자등록을 하여야 하지만(법인세법 제111조 제1항) 부가가치세법에 따라 사업자등록을 한 경우에는 법인세법상 사업자등록을 한 것으로 간주되고(같은 조 제2항) 법인 설립신고도 간주되는데(법인세법 제109조 제1항 후단), 법인과세 신탁재산의 경우에도 수탁자가 부가가치세법에 따라 사업자등록을 한 경우 법인세법상 사업자등록이 간주된다(법인세법 제111조 제3항).

다. 수탁자 변경신고

법인세법 제109조의2 제1항 및 제2항은 수탁자가 변경되는 경우 2개월 이내에 신수탁자와 전수탁자가 각각 납세지 관할 서무서장에게 그 명칭과 대표자의 성명 등을 신고

하도록 하고 있다. 이는 수탁자가 변경되는 경우에도 손익에 영향을 주는 것은 아니지만(법인세법 제75조의16 제1항 참조), 실질적으로 납세의무자가 변경되는 효과가 있다는 점을 고려한 절차적 의무라고 할 수 있다.

2. 수익자의 지위

가. 소득의 구분(배당소득)

법인과세 신탁재산이 그 이익을 수익자에게 분배하는 경우에는 배당으로 본다(법인세법 제75조의11 제3항). 수익자가 법인인 경우 이에 따라 분배받은 수입배당금액은 익금불산입 규정의 적용 대상에서 제외된다(법인세법 제18조의2 제2항 제5호). 수익자에게 배당한 금액은 해당 배당 결의가 된 사업연도의 소득금액에서 공제하도록 하고 있어(법인세법 제75조의14 제1항), 일반적인 경우와 달리 법인과 주주 간의 이중과세 문제가 발생하지 않기 때문이다.

한편, 소득세법에서도 '법인과세 신탁재산으로부터 받는 배당금·분배금'이 배당소득 유형으로 추가 되었으며(소득세법 제17조 제1항 제2의2호 신설), 배당소득가산(gross-up)의 적용이 제외되는 배당에 법인과세 신탁재산으로부터 받는 배당금·분배금이 추가되었다(소득세법 제17조 제3항 단서 개정).

나. 제2차 납세의무

재산의 처분 등에 따라 법인과세 수탁자가 법인과세 신탁재산의 재산으로 그 법인과세 신탁재산에 부과되거나 그 법인과세 신탁재산이 납부할 법인세 및 강제징수비를 충당하여도 부족한 경우에는 그 신탁의 수익자(신탁법 제101조에 따라 신탁이 종료되어 신탁재산이 귀속되는 자를 포함)는 분배받은 재산가액 및 이익을 한도로 그 부족한 금액에 대하여 제2차 납세의무를 진다(법인세법 제75조의11 제2항). 제2차 납세의무는 납세자가 납세의무를 이행할 수 없는 경우에 납세자를 갈음하여 납세의무를 지는 것을 말하며(국세기본법 제2조 제11호), 국세기본법에서 청산인(제38조), 무한책임사원(제39조 제1호), 과점주주(제39조 제2호) 등에게 법인의 납세의무에 관한 제2차 납세의무를 부담하도록 하고 있는 것과 같은 취지에서, 법인과세 신탁을 이용하여 수익자가 부당하게 조세를 회피하는 것을 방지하기 위한 규정이라고 할 수 있다.[1)]

3. 법인과세 신탁재산의 변경(요건 미충족)

신탁계약의 변경 등으로 법인과세 과세신탁의 요건을 충족하지 못하게 되는 경우에는, 그 사유가 발생한 날이 속하는 사업연도 분부터 법인과세 신탁재산에 관한 특례가

1) 기획재정위원회, 〈법인세법 일부개정법률안 검토보고(2020. 11.)〉, 34면.

적용되지 않는다(법인세법 제75조의11 제4항). 예컨대, 신탁재산 처분권 등이 수탁자에서 위탁자로 이전됨으로써 법인세법 시행령 제3조의2 제1항 제2호 및 제2항 제1호의 요건을 충족하지 않게 된 경우에는 그러한 변경이 있었던 사업연도부터 법인과세 신탁재산으로서 지위를 잃게 되므로, 소득세법 제2조의3 및 법인세법 제5조에 따라 위탁자 또는 수익자에게 신탁소득이 귀속되는 것으로 보아 과세가 이루어져야 한다.

법인세법 제75조의12 (법인과세 신탁재산의 설립 및 해산 등)

① 법인과세 신탁재산은 「신탁법」 제3조에 따라 그 신탁이 설정된 날에 설립된 것으로 본다.

② 법인과세 신탁재산은 「신탁법」 제98조부터 제100조까지의 규정에 따라 그 신탁이 종료된 날(신탁이 종료된 날이 분명하지 아니한 경우에는 「부가가치세법」 제5조 제3항에 따른 폐업일을 말한다)에 해산된 것으로 본다.

③ 법인과세 수탁자는 법인과세 신탁재산에 대한 사업연도를 따로 정하여 제109조에 따른 법인 설립신고 또는 제111조에 따른 사업자등록과 함께 납세지 관할 세무서장에게 사업연도를 신고하여야 한다. 이 경우 사업연도의 기간은 1년을 초과하지 못한다.

④ 법인과세 신탁재산의 법인세 납세지는 그 법인과세 수탁자의 납세지로 한다.

⑤ 제1항부터 제4항까지의 규정을 적용할 때 법인과세 신탁재산의 최초 사업연도의 개시일, 납세지의 지정과 그 밖에 필요한 사항은 대통령령으로 정한다.

1. 법인과세 신탁재산의 설립

법인과세 신탁재산은 신탁법 제3조에 따라 그 신탁이 설정된 날에 설립된 것으로 본다(법인세법 제75조의12 제1항). 법인은 설립등기에 따라 과세단위로 인식되고 설립등기일이 최초 사업연도의 개시일이 되므로 법인과세 신탁재산도 이와 유사하게 신탁의 설정시점에 설립된 것으로 규정한 것이다.[1)] 이에 따라 법인과세 수탁자는 그 신탁이 설정된 날로부터 2개월 이내에 법인세법 제109조 제1항에 따른 설립신고를 하여야 한다.

2. 법인과세 신탁재산의 해산

법인이 해산하는 경우 그 청산소득에 대해 법인세가 과세되므로, 법인과세 신탁재산

1) 기획재정부, 〈2020년 세법개정안 상세본〉, 39면.

도 신탁의 종료시점에 해산한 것으로 명확히 규율할 필요가 있다.[1] 이에 법인세법은 법인과세 신탁재산은 신탁법 제98조부터 제100조까지의 규정에 따라 그 신탁이 종료된 날에 해산된 것으로 보도록 하면서, 신탁이 종료된 날이 분명하지 아니한 경우에는 부가가치세법 제5조 제3항에 따른 폐업일로 보도록 규정하고 있다(법인세법 제75조의12 제2항).

3. 사업연도 및 납세지

가. 사업연도

사업연도는 법인의 소득을 계산하는 1회계기간을 의미하며(법인세법 제2조 제5호), 일반적으로는 법령이나 법인의 정관 등에서 정하는 바에 따르게 된다(법인세법 제6조 제1항). 그런데 법인과세 신탁재산의 경우에는 수탁자가 해당 신탁재산에 대한 사업연도를 별도로 정하여 법인세법 제109조에 따른 설립신고 또는 제111조에 따른 사업자등록과 함께 납세지 관할 세무서장에게 신고하도록 하였다(법인세법 제75조의12 제3항). 한편, 법인과세 신탁재산의 최초 사업연도 개시일도 설립일과 마찬가지로 신탁법 제3조에 따라 신탁이 설정된 날로 한다(법인세법 시행령 제120조의2).

나. 납 세 지

법인과세 신탁재산의 법인세 납세지는 그 법인과세 수탁자의 납세지로 한다(법인세법 제75조의12 제4항). 다만 관할 지방국세청장이나 국세청장은, 납세의무자인 법인과세 수탁자의 본점 등의 소재지가 등기된 주소와 동일하지 않은 경우 또는 법인과세 수탁자의 본점 등의 소재지가 자산 또는 사업장과 분리되어 있어 조세포탈의 우려가 있다고 인정되는 경우와 같이, 위 규정에 따른 납세지가 그 법인과세 신탁재산의 납세지로 적당하지 않다고 인정되는 경우에는, 별도로 그 납세지를 지정할 수 있다(법인세법 시행령 제120조의3).

법인세법 제75조의13 (공동수탁자가 있는 법인과세 신탁재산에 대한 적용)

① 하나의 법인과세 신탁재산에 「신탁법」 제50조에 따라 둘 이상의 수탁자가 있는 경우에는 제109조 또는 제109조의2에 따라 수탁자 중 신탁사무를 주로 처리하는 수탁자(이하 "대표수탁자"라 한다)로 신고한 자가 법인과세 신탁재산에 귀속되는 소득에 대하여 법인세를 납부하여야 한다.

② 제1항에 따른 대표수탁자 외의 수탁자는 법인과세 신탁재산에 관계되는 법인세에 대하여 연대하여 납부할 의무가 있다.

1) 기획재정위원회, 〈법인세법 일부개정법률안 검토보고(2020. 11.)〉, 36면.

1. 입법취지

신탁법은 수탁자가 여럿인 경우 신탁재산은 수탁자들의 합유로 하면서(제50조 제1항) 신탁행위로 다른 수탁자의 업무집행을 대리할 업무집행 수탁자를 정할 수 있도록 하였고(같은 조 제5항), 공동수탁자들이 신탁사무의 처리에 관하여 제3자에게 부담한 채무를 부담하는 경우에는 연대하여 변제할 책임이 있다고 규정하고 있다(제51조 제1항).

개인 또는 법인[1]이 공동사업을 영위하는 경우에는 공동사업장을 1거주자로 보아 소득금액을 계산한 다음 이를 공동사업자에게 분배하는 방식으로 소득 관련 세액을 산출하게 되며(소득세법 제43조 제1항 및 제2항),[2] 공동사업장에 대한 사업자등록을 할 때 대표공동사업자를 신고하여야 한다(소득세법 제87조 제4항). 수탁자가 여럿인 경우 신탁재산이 합유라는 이유로 이러한 공동사업자 관련 규정을 적용할 경우, 해당 신탁을 공동사업장으로서 사업자등록을 한 후, 각 수탁자가 손익분배비율 등에 따라 각자 법인세를 납부해야 할 것이므로, 절차가 상당히 복잡해 질 수밖에 없다. 특히, 신탁재산은 대부분 수익자에게 분배됨을 전제로 하고 있다는 점을 고려하면, 위와 같은 번잡한 절차에 큰 실익이 있다고 보기도 어렵다.

위와 같은 점을 고려하여 법인세법 제75조의13은 신탁사무를 주로 처리하는 대표수탁자가 해당 법인과세 신탁재산에 귀속되는 전체 소득에 대하여 법인세를 납부하도록 하고, 나머지 공동수탁자는 연대납세의무를 부담하도록 하고 있다.

2. 대표수탁자

대표수탁자는 신탁사무를 주로 처리하는 수탁자를 의미한다. 앞서 언급한 공동사업자의 경우 대표공동사업자는 공동사업자들 중에서 선임된 자 또는 손익분배비율이 가장 큰 자로 정해지는 것과 달리, 대표수탁자는 업무처리를 기준으로 법인세법 제109조 제1항 제1호에 따라 신고된 바에 따라 정해진다. 대표수탁자가 변경되는 경우에는 그 변경 전의 대표수탁자와 변경 후의 대표수탁자가 각각 변경일 이후 2개월 이내에 변경사실을 증명하는 서류를 첨부하여 관할 세무서장에게 신고하여야 한다(법인세법 제109조의3 제3항).

---

1) 법인이 공동사업 영위시 그 공동사업 관련 사업자등록은 공동사업참여법인과는 별개의 사업체로서 사업장에 공동사업체의 인격에 따라 법인 또는 개인으로 사업자등록 하는 것임(서면인터넷방문상담3팀-148, 2006. 1. 20.).

2) 법인과 개인간 공동사업 영위 시 법인은 법인세법을 적용하여 산출된 금액을 당해 법인의 수익과 손비로 함(서면인터넷방문상담2팀-855, 2007. 5. 4.).

3. 대표수탁자 외의 수탁자

위 1.항에서 살펴본 바와 같이, 절차의 편의를 위하여 공동수탁자 중 대표수탁자가 법인세를 납부할 의무를 부담하지만, 신탁재산은 신탁법 제50조 제1항에 따라 공동수탁자의 합유에 속하므로, 대표수탁자가 법인세를 납부하지 않을 경우 징수와 관련하여는 문제가 있을 수 있다. 이러한 점을 고려하여 법인세법 제75조의13 제2항은 대표수탁자 외 수탁자는 법인과세 신탁재산의 법인세에 대하여 연대납세의무를 부담시키고 있다. 국세기본법 제25조 제1항에서 공동사업에 속하는 재산과 관계되는 국세 및 국세징수비에 관하여 공동사업자의 연대납세의무를 규정한 것과 같은 취지라고 할 수 있다.

제2관 과세표준과 그 계산

법인세법 제75조의14 (법인과세 신탁재산에 대한 소득공제)

① 법인과세 신탁재산이 수익자에게 배당한 경우에는 그 금액을 해당 배당을 결의한 잉여금 처분의 대상이 되는 사업연도의 소득금액에서 공제한다.

② 배당을 받은 법인과세 신탁재산의 수익자에 대하여 이 법 또는 「조세특례제한법」에 따라 그 배당에 대한 소득세 또는 법인세가 비과세되는 경우에는 제1항을 적용하지 아니한다. 다만, 배당을 받은 수익자가 「조세특례제한법」 제100조의15 제1항의 동업기업 과세특례를 적용받는 동업기업인 경우로서 그 동업자들에 대하여 같은 법 제100조의18 제1항에 따라 배분받은 배당에 해당하는 소득에 대한 소득세 또는 법인세가 전부 과세되는 경우에는 제1항을 적용한다.

③ 제1항을 적용받으려는 법인과세 신탁재산의 수탁자는 대통령령으로 정하는 바에 따라 소득공제 신청을 하여야 한다.

1. 입법취지(이중과세의 조정)

신탁재산에 대한 법인세 과세방식이 허용됨에 따라 해당 신탁소득에 대한 이중과세 조정이 필요하다. 개정 전에는 신탁소득 발생시 신탁단계에서 과세하지 않고 수익자에게만 과세하였으나, 개정 후에는 신탁소득 발생시 신탁단계에서 과세를 하고, 다시 신탁이익을 수익자에게 지급할 때에 수익자에게 과세하여 2번의 과세가 발생하기 때문이다. 미국의 경우에도 신탁 자체의 소득금액을 계산할 때 수익자에게 분배하는 금액을 공제하는 방식으로 신탁단계와 수익자단계의 이중과세를 조정하고 있고, 일본의 경우에도 법인과세 신탁 중 수익자에게 분배하는 금액을 공제하여 이중과세를 조정하고 있다.

이에 개정 법인세법은 신탁소득의 궁극적인 귀속자가 수익자인 점을 감안하여 수익자에게 배당한 금액을 신탁재산의 각 사업연도 소득에서 공제하도록 규정하였다. 이는 신탁단계에서 배당에 대한 이중과세 완전 조정이라고 할 수 있다.[1] 신탁 단계에서 이중과세를 조정하므로 개인·법인 주주 단계에서 배당세액 공제 및 수입배당금 익금불산입 적용은 배제된다(소득세법 제17조 제3항 단서, 법인세법 제18조의2 제2항 제5호, 제18조의3 제2항 제4호).

2. 요 건

법인과세 신탁재산이 수익자에게 배당한 경우에는, 그 금액을 해당 배당을 결의한 잉여금 처분의 대상이 되는 사업연도의 소득금액에서 공제한다. 이는 곧 수익자에게 배당한 금액에 대해 법인과세 신탁재산에게 소득공제를 적용하여 이중과세를 조정하는 것이다. 소득공제를 적용하는 시기는 해당 배당을 결의한 잉여금 처분의 대상이 되는 사업연도이다(법인세법 제75조의14 제1항). 위 규정에 따라 공제하는 배당금액이 해당 배당을 결의한 잉여금 처분의 대상이 되는 사업연도의 소득금액을 초과하는 경우 그 초과금액은 이를 없는 것으로 본다(법인세법 시행령 제120조의4 제1항).

그러나 배당을 받은 법인과세 신탁재산의 수익자에 대하여 이 법 또는 조세특례제한법에 따라 그 배당에 대한 소득세 또는 법인세가 비과세되는 경우에는, 이중과세 조정의 필요가 없으므로 소득공제를 적용하지 아니한다. 다만, 배당을 받은 수익자가 조세특례제한법 제100조의15 제1항의 동업기업과세특례를 적용받는 동업기업인 경우로서 그 동업자를 기준으로 소득공제 적용 여부를 판단한다(법인세법 제75조의14 제2항). 즉, 법인과세 신탁재산에서 배당을 받는 수익자가 위와 같은 동업기업인 경우 그에게 소득세 및 법인세가 부과되지 않는다는 이유로 소득공제가 배제되는 것은 아니며, 동업자가 조세특례제한법 제100조의18 제1항에 따라 배분받은 배당에 해당하는 소득에 대한 소득세 또는 법인세가 전부 과세되는 경우에는 소득공제가 적용된다.

3. 절 차

법인세법 제75조의14 제1항에 따라 소득금액공제를 적용받으려는 법인과세 신탁재산은 법인세법 제60조에 따른 과세표준신고와 함께 기획재정부령으로 정하는 소득공제 신청서를 납세지 관할세무서장에게 제출하여야 한다(법인세법 제75조의14 제3항, 법인세법 시행령 제120조의4 제2항).

---

1) 기획재정부, 〈2020년 세법개정안 문답자료〉, 15면.

법인세법 제75조의15 (신탁의 합병 및 분할)

① 법인과세 신탁재산에 대한 「신탁법」 제90조에 따른 신탁의 합병은 법인의 합병으로 보아 이 법을 적용한다. 이 경우 신탁이 합병되기 전의 법인과세 신탁재산은 피합병법인으로 보고, 신탁이 합병된 후의 법인과세 신탁재산은 합병법인으로 본다.

② 법인과세 신탁재산에 대한 「신탁법」 제94조에 따른 신탁의 분할(분할합병을 포함한다)은 법인의 분할로 보아 이 법을 적용한다. 이 경우 신탁의 분할에 따라 새로운 신탁으로 이전하는 법인과세 신탁재산은 분할법인등으로 보고, 신탁의 분할에 따라 그 법인과세 신탁재산을 이전받은 법인과세 신탁재산은 분할신설법인등으로 본다.

③ 제1항 및 제2항에 따른 신탁의 합병 및 분할과 관련하여 필요한 사항은 대통령령으로 정한다.

1. 입법 취지

법인세법 제2조 제13호부터 제16호에서는 합병법인, 피합병법인, 분할법인, 분할신설법인 등을 규정하고 있고, 동법 제44조부터 제50조까지에서 법인의 합병 및 분할시 과세특례를 규정하고 있다. 신탁법 제90조 및 제94조에서도 신탁의 유연성과 탄력성을 보장하기 위하여 신탁의 합병과 분할 및 분할합병에 대한 내용을 규정하고 있고 신탁법 제93조 및 제97조에서는 신탁의 합병 및 분할의 효과를 규정하고 있는 등 신탁의 합병과 분할에 따른 신탁재산의 권리 및 의무 등에 대해 신탁법에서 규정하고 있다. 법인세법 제75조의15는 신탁법에서 규정하고 있는 신탁의 합병과 분할에 대한 사항을 법인세법에 반영하여, 법인과세 신탁재산에 대해서 법인과 마찬가지로 합병 및 분할에 대한 규정을 마련하려는 것으로서, 법인과세 신탁재산과 일반적인 법인 간 형평성을 제고하기 위한 것이다.[1)]

2. 신탁의 합병

수탁자가 동일한 여러 개의 신탁을 1개의 신탁으로 하는 것을 신탁의 합병이라고 하며(신탁법 제90조), 합병 전의 신탁재산에 속한 권리·의무는 합병 후의 신탁재산에 존속하게 된다(신탁법 제93조). 이 경우 합병 전의 신탁재산과 합병 후의 신탁재산이 모두 법인과세 신탁재산이면 각각 피합병법인과 합병법인으로 보고 법인의 합병에 관한 법인세법 규정들을 적용한다(법인세법 제75조의15 제1항).

1) 기획재정위원회, 〈법인세법 일부개정법률안 검토보고(2020. 11.)〉, 44~45면.

따라서 합병 전의 신탁재산은 합병 후의 신탁재산에 자산을 양도한 것으로 보아 손익을 계상하는 것이 원칙이지만(법인세법 제44조 제1항), 일정한 요건을 갖춘 적격합병인 경우에는 양도가액을 합병 당시 현재의 순자산 장부가액으로 보아 양도손익이 없는 것으로 본다(같은 조 제2항). 이에 대응하여 합병 후의 신탁재산은 합병 전의 신탁재산을 시가로 양도받은 것으로 보고 양도가액과의 차액은 5년간 균등하게 나누어 손익에 산입하는 것이 원칙인 반면, 적격합병인 경우에는 자산을 장부가액으로 양도받은 것으로 한다(법인세법 제44조의2 및 제4조의3).

3. 신탁의 분할

신탁재산 중 일부를 분할하여 수탁자가 동일한 새로운 신탁의 신탁재산으로 할 수 있으며(신탁법 제94조 제1항), 이 경우 분할되는 신탁재산에 속한 권리·의무는 분할계획서가 정하는 바에 따라 분할 후 신설신탁에 존속하고(신탁법 제97조 제1항), 수탁자는 분할하는 신탁재산의 채권자에게 분할된 신탁과 분할 후의 신설신탁의 신탁재산으로 변제할 책임이 있다(같은 조 제2항). 또한, 신탁재산 중 일부를 분할하여 수탁자가 동일한 다른 신탁과 합병하는 것을 신탁의 분할합병이라고 하며(신탁법 제94조 제2항), 그 절차와 효과는 신탁의 분할과 유사하다(신탁법 제95조부터 제97조).

이러한 신탁의 분할 및 분할합병의 경우에도 신탁의 합병의 경우와 마찬가지로, 신탁의 분할에 따라 새로운 신탁으로 이전하는 신탁재산(즉, 분할된 신탁)과 신탁의 분할에 따라 그 신탁재산을 이전받은 신탁재산(즉, 분할 후의 신설신탁)을 각각 분할법인과 분할신설법인으로 보아 법인의 분할에 관한 법인세법 규정들을 적용한다(법인세법 제75조의15 제2항). 분할합병의 경우에도 동일한 법리가 적용된다.

법인세법 제75조의16 (법인과세 신탁재산의 소득금액 계산)

① 수탁자의 변경에 따라 법인과세 신탁재산의 수탁자가 그 법인과세 신탁재산에 대한 자산과 부채를 변경되는 수탁자에게 이전하는 경우 그 자산과 부채의 이전가액을 수탁자 변경일 현재의 장부가액으로 보아 이전에 따른 손익은 없는 것으로 한다.

② 제1항에 따른 수탁자의 변경이 있는 경우 변경된 수탁자의 각 사업연도의 소득금액의 계산 등에 필요한 사항은 대통령령으로 정한다.

1. 법인과세 신탁재산의 소득금액 계산

법인세법 제5조 제2항은 법인과세 신탁재산의 경우 신탁재산별로 하나의 내국법인으로 보도록 하고 있고, 법인세법 제75조의10에서는 법인과세 신탁재산에 관하여 제2장의2가 제1장 및 제2장에 우선하여 적용한다고 규정하고 있으므로, 법인세법 제75조의14부터 제75조의16 등에서 별도로 정하지 아니한 나머지 사항에 관하여는 일반적인 내국법인에 관한 규정에 따라 소득금액을 계산하여야 한다. 따라서 법인과세 신탁의 각 사업연도 소득은 그 사업연도에 속하는 익금의 총액에서 그 사업연도에 속하는 손금을 뺀 금액이 되며(법인세법 제14조 제1항), 과세표준은 각 사업연도의 소득에서 일정한 이월결손금, 비과세소득, 법인세법 제75조의14 등에 따른 소득공제액 등을 공제한 금액이 된다(법인세법 제13조 제1항).

2. 수탁자 변경의 경우

신탁재산의 수탁자가 변경된 경우 신탁법에 따라 신수탁자는 전수탁자가 신탁행위로 인하여 부담하는 채무를 승계하며, 신탁사무의 처리에 관하여 발생한 채권은 신탁재산의 한도에서 신수탁자에게도 행사할 수 있다(신탁법 제53조 제1항 및 제2항). 법인과세 신탁재산에 귀속되는 소득에 관한 법인세는 그 신탁재산 자체를 하나의 내국법인으로 하여 성립하는 것이므로, 수탁자가 변경된 경우에는 새로운 수탁자가 법인세 납세의무를 부담하게 된다. 이와 같이 실질적인 신탁재산의 변동 없이 신탁재산에 대해 단순히 납세의무를 부담하는 수탁자가 변경되는 경우, 수탁자 변경에 따른 법인세 부담이 발생하지 않음을 명확히 하기 위하여, 법인세법 제75조의16 제1항은 변경되는 수탁자에게 이전하는 경우 그 자산과 부채의 이전가액을 수탁자 변경일 현재의 장부가액으로 보아 이전에 따른 손익은 없는 것으로 하도록 명시하고 있다.[1]

한편 법인과세 신탁재산의 수탁자가 변경된 경우에는 이를 납세지 관할 세무서장에게 신고하여야 한다(법인세법 제109조의2 제1항). 신고기한은 신고사유 발생일로부터 2개월 이내에 신고하여야 한다(법인세법 제109조의2 제2항).

제3관 신고·납부 및 징수

법인세법 제75조의17 (법인과세 신탁재산의 신고 및 납부)

법인과세 신탁재산에 대해서는 제60조의2 및 제63조를 적용하지 아니한다.

1) 기획재정위원회, 〈법인세법 일부개정법률안 검토보고(2020. 11.)〉, 46~47면.

1. 원 칙

법인과세 신탁재산의 법인세 신고 및 납부에 관한 사항도, 소득금액 계산과 마찬가지로, 별도의 규정이 없는 한 일반적인 내국법인에 관한 규정에 따른다. 따라서 법인과세 수탁자는 각 사업연도의 종료일이 속하는 달의 말일부터 3개월 이내에 법인과세 신탁재산에 귀속되는 소득에 관한 법인세의 과세표준과 세액을 신고하여야 하며(법인세법 제60조 제1항), 여기에는 기업회계기준을 준용하여 작성한 재무제표, 세무조정계산서 등을 첨부하여야 하고(같은 조 제2항), 위 신고기한까지 각 사업연도의 소득에 관한 법인세를 납부하여야 한다(법인세법 제64조 제1항).

2. 예 외

가. 성실신고 확인서 제출의무의 배제

법인과세 신탁재산에 대해서는 법인세법 제60조의2의 성실신고확인서 제출 규정이 적용되지 않는다. 법인세법 제60조의2에 따라 부동산임대업을 주된 사업으로 하는 내국법인 등은 과세표준과 세액을 신고할 때 장부의 기장내용의 정확성 여부를 확인받아 법인세의 과세표준과 세액의 적정성을 세무사 등이 확인하고 작성하는 성실신고확인서를 제출하도록 규정하고 있는데, 이는 성실신고확인서를 제출하는 내국법인의 경우 부동산임대업 등 수동적 소득[1]이 주 수입원인 소규모 법인에 대한 관리 강화를 위하여 도입된 제도이다. 법인과세 신탁재산의 경우에는 이러한 성실신고확인서 제출의무를 적용할 실익이 적다고 할 것이므로, 성실신고 확인서 제출의무를 배제하는 것이다.[2]

나. 중간예납세액 납부의무의 배제

법인과세 신탁재산에 대해서는 법인세법 제63조에 따른 중간예납의무가 배제된다. 이는 법인세법 제63조의2 제2항 제2호 가목에서 도관의 성격이 강한 유동화전문회사 등에 대해서 중간예납세액 납부의무를 배제하고 있으므로, 법인과세 신탁재산의 경우에도 이와 유사하게 중간예납의무를 배제할 필요성이 있다는 점을 고려한 것이다. 또한 법인과세 신탁재산의 신고 및 납부부담이 발생하는 수탁자 입장에서는 본인의 고유재산에 대한 신고 및 납부의무까지 있는 상황에서 개별 신탁재산에 대한 중간예납의무가 발생한다고 할 경우 납세자인 수탁자의 납세부담이 지나치게 증가할 수 있으므로, 수탁자의 납세

1) 부동산임대업을 주된 사업으로 하거나, 부동산 등의 대여로 인하여 발생하는 수입, 이자 및 배당수입의 합이 전체 수입의 70% 이상인 경우에 성실신고확인서 제출 의무가 발생한다.
2) 기획재정위원회, 〈법인세법 일부개정법률안 검토보고(2020. 11.)〉, 49면.

협력부담을 완화시켜줄 필요성 역시 고려한 것이다.[1)]

법인세법 제75조의18 (법인과세 신탁재산의 원천징수)

① 제73조 제1항에도 불구하고 법인과세 신탁재산이 대통령령으로 정하는 소득을 지급받고, 법인과세 신탁재산의 수탁자가 대통령령으로 정하는 금융회사 등에 해당하는 경우에는 원천징수하지 아니한다.

② 제73조의2 제1항을 적용하는 경우에는 법인과세 신탁재산에 속한 원천징수대상채권등을 매도하는 경우 법인과세 수탁자를 원천징수의무자로 본다.

1. 법인세법 제73조 제1항 관련

법인과세 신탁재산을 내국법인으로 간주하여 법인세를 납부하도록 하고 있으므로, 법인세의 신고 및 납부에 관한 사항 이외에 원천징수에 관한 사항도 법인과세 신탁재산을 내국법인으로 보고 적용될 수 있다고 보아야 할 것이다. 따라서 법인과세 신탁재산에 귀속되는 이자소득 또는 투자신탁의 이익을 지급하는 경우에는 법인세법 제73조 제1항에 따라 그 법인과세 신탁재산을 원천납세의무자로 하여 법인세를 원천징수·납부하여야 하는 것이 원칙이다.

그러나 법인세법 제111조 제1항에 따라 일정한 금융회사의 이자소득 등이 지급되는 경우에는 위와 같은 원천징수 의무가 적용되지 않는 예외가 적용된다. 법인과세 신탁재산에 관하여 별도의 규정을 두지 않을 경우, 수탁자가 위와 같은 금융회사에 해당한다는 이유로 동일하게 예외를 적용할 것인지, 아니면 법인과세 신탁재산 자체를 하나의 내국법인으로 본다는 점을 근거로 원칙에 따라 원천징수를 적용할 것인지가 문제될 수 있다. 그런데 실제 납세의무는 법인과세 수탁자가 부담하게 되는데, 법인과세 수탁자가 금융회사에 해당함에도 불구하고 그에게 지급되는 이자 등에 대해서 원천징수의무를 부과하는 것은 자연스럽지 않고 법인과세 신탁재산의 활성화에 걸림돌이 될 수 있다. 이러한 점을 고려하여 법인세법 제75조의18 제1항은 법인과세 수탁자가 금융회사인 경우 법인과세 신탁재산에 귀속되는 일정한 소득에 대해서 원천징수 의무를 배제하도록 명시하고 있다.

1) 기획재정위원회, 〈법인세법 일부개정법률안 검토보고(2020. 11.)〉, 50면.

2. 법인세법 제73조의2 제1항 관련

내국법인이 채권·증권 또는 투자신탁의 수익증권을 타인에게 매도하는 경우에 이자, 할인액 및 투자신탁의 이익에 관한 법인세를 원천징수·납부하여야 하며, 이 경우 채권 등을 매도하는 내국법인을 원천징수의무자로 본다(법인세법 제73조의2 제1항). 이와 관련하여 법인세법 75조의18 제2항은 법인과세 신탁재산 자체가 아니라 법인과세 수탁자가 원천징수의무자로 하여 위 규정을 적용하여야 하는 것으로 명시하고 있다.

제 3 절 공익신탁

소득세법 제12조 (비과세소득)

다음 각 호의 소득에 대해서는 소득세를 과세하지 아니한다.

1. 「공익신탁법」에 따른 공익신탁의 이익

법인세법 제51조 (비과세소득)

내국법인의 각 사업연도 소득 중 「공익신탁법」에 따른 공익신탁의 신탁재산에서 생기는 소득에 대하여는 각 사업연도의 소득에 대한 법인세를 과세하지 아니한다.

1. 연혁 및 입법취지

2003년 12월 30일 개정 전에도 이자소득 중 공익신탁의 이익은 비과세소득으로 규정하고 있었다. 하지만, 2003년 12월 30일 개정시 종전의 공익신탁을 신탁법의 규정에 의한 공익신탁으로 명확히 규정하였으며, 신탁법 제65조의 규정에 의한 공익신탁에서 발생하는 이익은 이자소득뿐만 아니라 배당소득 등 다른 모든 소득에 대해서도 비과세되는 것으로 확장하였다. 이러한 법 개정사항은 2004년 1월 1일 이후 발생하는 소득분부터 적용하도록 규정하고 있다.

2014년 3월 18일에는 공익신탁법의 제정에 따라 신탁법에 따른 공익신탁이 공익신탁법에 따른 공익신탁으로 관련 표현이 바뀌었다.

2. 적용범위

가. 공익신탁법에 따른 공익신탁

공익신탁법상 공익신탁이란 공익사업을 목적으로 하는 신탁법에 따른 신탁으로서

제3조에 따라 법무부장관의 인가를 받은 신탁을 의미한다(공익신탁법 제2조 제2호). 따라서 공익사업을 목적으로 설정된 신탁이라고 하더라도 법무부장관의 인가를 받지 못한 경우에는 비과세 조항이 적용될 수는 없다. 상증법 제17조 및 제52조에서 상속세와 증여세가 비과세되는 공익신탁의 범위에 관하여 "종교·자선·학술 또는 그 밖의 공익을 목적으로 하는 신탁"이라는 추가적인 요건이 부가되어 있는 것과 달리 소득세법 및 법인세법에서는 위와 같은 추가적인 요건을 명시하지 않고 있다.

나. 신탁의 이익

소득세법에서 규정된 "공익신탁의 이익"과 법인세법에서 표현하고 있는 "공익신탁의 신탁재산에서 생기는 소득"은 같은 의미라고 볼 수 있다. 따라서 공익신탁의 신탁재산에서 발생한 소득이면 그것이 이자소득 등 소득세법상 과세대상 소득으로 열거되어 있는 경우에도 비과세대상 소득으로서 과세대상에서 제외된다.

3. 비교—출연자에 대한 기부금 공제

공익신탁 단계에서 발생하는 소득에 대한 비과세는 위와 같은 소득세법 제12조 제1호와 법인세법 제51조에 근거하여 이루어지지만, 그러한 공익신탁에 출연하는 개인이나 법인이 그 비용을 소득에서 공제할 수 있는지 여부와 그 범위는 개인의 경우 소득세법 시행령 제80조, 법인의 경우에는 법인세법 시행령 제39조에 따라 판단되는데, 그 요건에 약간의 차이가 있다.

먼저, 소득세법 시행령 제80조 제1항 제3호는 출연을 받는 신탁이 공익신탁법상 공익신탁인지 여부와 관계없이, 위탁자의 신탁재산이 위탁자의 사망 또는 약정한 신탁계약 기간의 종료로 인하여 상증법 제16조 제1항에 따른 공익법인 등에 기부될 것을 조건으로 거주자가 설정한 신탁으로서, 1) 위탁자가 사망하거나 약정한 신탁계약기간이 위탁자의 사망 전에 종료하는 경우 신탁재산이 상증법 제16조 제1항에 따른 공익법인 등에 기부될 것을 조건으로 거주자가 설정할 것과 2) 신탁설정 후에는 계약을 해지하거나 원금 일부를 반환할 수 없음을 약관에 명시할 것의 요건을 모두 충족하는 경우에 그 신탁에 신탁한 금액을 지정기부금에 해당하는 것으로 규정하고 있다. 따라서 공익신탁법상 공익신탁에 출연하는 경우에도 위 요건을 충족하지 못하는 경우에는 지정기부금에 해당하지 않을 수 있다.

반면, 법인세법은 상증법 시행령 제14조 제1항의 요건을 충족하는 공익신탁에 신탁하는 기부금을 지정기부금으로 규정하고 있다. 이는 공익신탁법상 공익신탁을 전제로 하지만, 수혜자 등과 관련한 추가적인 요건이 충족되어야 한다.

제 4 절 양도소득

소득세법 제88조 (정의)

이 장에서 사용하는 용어의 뜻은 다음과 같다.

1. "양도"란 자산에 대한 등기 또는 등록과 관계없이 매도, 교환, 법인에 대한 현물출자 등을 통하여 그 자산을 유상으로 사실상 이전하는 것을 말한다. 이 경우 대통령령으로 정하는 부담부증여 시 수증자가 부담하는 채무액에 해당하는 부분은 양도로 보며, 다음 각 목의 어느 하나에 해당하는 경우에는 양도로 보지 아니한다.
   다. 위탁자와 수탁자 간 신임관계에 기하여 위탁자의 자산에 신탁이 설정되고 그 신탁재산의 소유권이 수탁자에게 이전된 경우로서 위탁자가 신탁 설정을 해지하거나 신탁의 수익자를 변경할 수 있는 등 신탁재산을 실질적으로 지배하고 소유하는 것으로 볼 수 있는 경우

1. 위탁자와 수탁자의 관계

가. 기존의 논의 내용

신탁은 위탁자와 수탁자 간의 신임관계에 기하여 위탁자가 수탁자에게 특정의 재산을 이전 등의 처분을 하고 수탁자로 하여금 수익자의 이익 또는 특정의 목적을 위하여 그 재산의 관리, 처분, 운용, 개발, 그 밖에 신탁 목적의 달성을 위하여 필요한 행위를 하게 하는 법률관계이므로, 위탁자가 신탁계약에 기하여 신탁재산의 소유권을 수탁자에게 이전하는 것은 위탁매매계약에 기하여 목적물의 소유권을 위탁매매인에게 이전하는 경우와 마찬가지로[1] 수탁자에 대한 양도로 볼 수 없다. 따라서 위탁자가 수탁자에게 신탁재산의 소유권을 이전하였다고 하여 이를 자산의 양도로 보아 소득세법 또는 법인세법상 양도손익을 인식할 수는 없다고 보아야 하고, 이와 같이 보는 것이 신탁을 도관으로 보는 기본입장(신탁도관이론)과도 부합한다. 이는 신탁이 종료됨에 따라 수탁자가 신탁재산을 수익자에게 이전하는 경우에도 마찬가지여서 수탁자의 양도차익이 발생하지 않는다. 결국 위탁자와 수탁자의 관계에 있어서는 신탁재산의 이전에 따른 양도손익이 발생할 수 없게 된다.[2]

1) 상법 제103조(위탁물의 귀속) 위탁매매인이 위탁자로부터 받은 물건 또는 유가증권이나 위탁매매로 인하여 취득한 물건, 유가증권 또는 채권은 위탁자와 위탁매매인 또는 위탁매매인의 채권자간의 관계에서는 이를 위탁자의 소유 또는 채권으로 본다.
2) 광장신탁법연구회, 〈주석 신탁법〉 제2판, 633면.

나. 2020년 개정 세법

2020년 개정 소득세법에서 신설된 제88조 제1호 다목의 문언을 단순히 반대해석하면, "위탁자와 수탁자 간 신임관계에 기하여 위탁자의 자산에 신탁이 설정되고 그 신탁재산의 소유권이 수탁자에게 이전된 경우"로서 위탁자가 더 이상 신탁재산을 실질적으로 지배하고 소유하는 것으로 볼 수 없는 경우에는 수탁자에 대한 양도가 있는 것으로 볼 수 있다는 취지로 읽기 쉽다. 그러나 적어도 신탁도관이론을 유지하는 원칙적인 경우에는 아래 2.항에서 검토하는 바와 같이 위탁자가 신탁재산을 수익자에게 양도한 것으로 볼 수 있는지 여부와 별개로 위탁자가 수탁자에게 자산을 양도한 것으로 보아 과세할 수는 없다고 보아야 한다.[1)]

반면, 이른바 신탁실체이론에 따라 법인과세 신탁재산으로 법인과세 수탁자가 법인세를 납부하는 경우에, 위탁자가 그 수탁자에게 신탁계약에 따라 신탁재산을 이전하는 경우에는 일종의 현물출자로서 해당 신탁재산을 수탁자에게 양도한 것으로 볼 수 있는지 여부가 문제될 수 있다. 향후 과세 실무를 보아야 할 사항이나, 위와 같은 경우에는 수익권의 양도를 신탁재산의 양도로 간주하는 소득세법 제94조 제1항 제6호 단서가 적용되지 않는다고 볼 것인지 등을 종합적으로 고려하여야 할 것이다.

2. 위탁자와 수익자의 관계

가. 기존의 논의 내용

타익신탁을 설정하고 위탁자가 수익자로부터 일정한 대가를 받는 경우 타익신탁을 설정하기 위하여 수탁자에게 이전한 신탁재산을 실질적으로 수익자에게 양도한 것으로 보아 위탁자에게 그 신탁재산의 양도에 따른 소득세나 법인세가 과세될 수 있는지 여부가 문제될 수 있다. 그런데 위와 같은 경우 위탁자가 수익자로부터 받는 대가는 엄밀하게 보면 위탁자가 신탁에 따라 취득하게 되는 수익권을 제3자에게 이전함에 따른 대가라고 할 수 있으므로, 수익권의 양도에 대한 소득세 또는 법인세 과세문제와 동일하게 판단하는 것이 타당하다고 할 수 있다.[2)]

---

1) 기획재정부, 〈2020년 세법 개정안 문답자료〉, 17면에서도 "금번 개정은 신탁 설정시 양도소득세 과세기준을 명확히 하는 것으로, 현행과 달라지는 것은 없음"이라고 밝히고 있다.
2) 광장신탁법연구회, 〈주석 신탁법〉 제2판, 635~636면.

나. 2020년 개정 세법

개정된 소득세법 제88조 제1호 다목에서 "위탁자와 수탁자 간 신임관계에 기하여 위탁자의 자산에 신탁이 설정되고 그 신탁재산의 소유권이 수탁자에게 이전된 경우로서 위탁자가 신탁 설정을 해지하거나 신탁의 수익자를 변경할 수 있는 등 신탁재산을 실질적으로 지배하고 소유하는 것으로 볼 수 있는 경우"를 양도에서 제외되는 것으로 규정한 것도 위와 같은 기존 논의의 연장선상에 있는 것이라고 할 수 있다. 즉, 소득세법 제94조 제1항 제6호가 신설되어 수익권의 양도를 별도로 양도소득세 과세대상에 포함되었으나, 신탁 수익권의 양도를 통하여 신탁재산에 대한 지배·통제권이 사실상 이전되는 경우는 신탁재산 자체의 양도로 간주되는 것과 마찬가지로, 신탁을 설정하면서 수익권을 제3자에게 이전하고 대가를 받는 경우에도 해당 신탁재산의 양도로 볼 수 있지만, 위탁자가 실질적으로 신탁재산을 지배·소유하고 있는 경우에는 양도에 해당하지 아니한다는 점을 명시한 규정이 신설된 소득세법 제88조 제1호 다목이라고 할 수 있다. 이러한 관점에서 위탁자가 실질적으로 신탁재산을 지배하는지 여부에 관한 판단은 소득세법 제94조 제1항 제6호 단서에 따라 신탁재산에 대한 지배·통제권이 사실상 이전되는지 여부의 판단과 같은 기준에 따라 이루어져야 할 것이다.

다만, 현행 조문의 구조는 신탁의 설정에 따라 원칙적으로 신탁재산의 양도로 보고 위탁자가 신탁재산을 계속 실질적 지배·소유하고 있음을 증명하여야 양도에서 제외되는 것처럼 규정하고 있으나, 신탁도관이론의 입장을 취하고 있는 기본 구조 및 신탁 수익권의 양도의 경우와 비교 등을 고려할 때, 원칙적으로는 수탁자가 신탁재산을 양도하는 시점에 위탁자가 신탁재산에 귀속되는 소득에 관하여 수익자 또는 위탁자의 지위에서 소득세를 부담하게 되지만, 예외적으로 신탁의 설정 시점에 위탁자의 지배를 벗어나는 경우에 한하여 양도소득세가 부과되는 것으로 해석하는 것이 타당하다.[1)]

위와 같은 신설 규정은 기본적으로 유상 거래를 전제로 하는 것이므로, 신탁을 설정하면서 위탁자가 대가를 받지 않은 경우에는 상증법 제33조에 따른 증여세 과세 여부 및 증여시기가 문제되는 것은 별론으로 하고 양도소득세 부과는 문제되지 않는다.

1) 기획재정부, 〈2020년 세법개정안 상세본〉, 49면도 위와 같은 취지를 명시하고 있고, 기획재정부, 〈2020년 세법개정안 문답자료〉, 17면도 '금번 개정은 신탁 설정시 양도소득세 과세기준을 명확히 하는 것으로, 현행과 달라지는 것은 없음'이라고 밝히고 있다.

소득세법 제94조 (양도소득의 범위)

① 양도소득은 해당 과세기간에 발생한 다음 각 호의 소득으로 한다.

6. 신탁의 이익을 받을 권리(「자본시장과 금융투자업에 관한 법률」 제110조에 따른 수익증권 및 같은 법 제189조에 따른 투자신탁의 수익권 등 대통령령으로 정하는 수익권은 제외하며, 이하 "신탁 수익권"이라 한다)의 양도로 발생하는 소득. 다만, 신탁 수익권의 양도를 통하여 신탁재산에 대한 지배·통제권이 사실상 이전되는 경우는 신탁재산 자체의 양도로 본다.

1. 입법취지

가. 기존의 논의 내용

거주자의 과세소득은 기본적으로 열거된 소득에 한정되는 것이므로, 양도소득세 과세대상(소득세법 제94조 제1항),[1] 기타소득 과세대상(소득세법 제21조 제1항) 등에 열거되지 않고 있던 종전의 소득세법에서는 수익권의 양도에 관하여는 소득세를 과세할 수 없는 것이 원칙이었다고 할 수 있다. 다만, 수익권이 "부동산을 취득할 수 있는 권리"(소득세법 제94조 제1항 제2호 가목)에 해당하는 경우에는 그 수익권의 양도에 관하여 양도소득세가 부과될 수 있다는 것이 과세당국의 입장이었던 것으로 보인다.[2]

또한 신탁재산이 양도소득 또는 기타소득 과세대상에 해당하는 경우, 그러한 신탁재산을 표창하는 수익권의 유상양도를 신탁재산의 유상양도와 동일하게 보아 소득세를 과세할 수 있는지 여부가 문제될 수 있었다. 이에 대해서는 소득세법 제94조 제1항 제4호 다목과 같이 주식의 양도를 부동산의 양도와 동일하게 과세할 수 있도록 하는 근거가 없는 이상 수익권의 양도를 신탁재산의 양도와 동일하게 과세할 수는 없다는 견해도 있을 수 있으나, 소득세법 제88조 제1항은 "양도"를 "자산이 유상으로 사실상 이전되는 것"으로 정의하고 있고 소득세법 제2조의2 제6항에서 신탁을 도관으로 보는 규정을 두고 있으므로, 수익권의 양도로 인하여 신탁재산이 "사실상 이전"된 것으로 볼 수 있는 경우에는 양도소득세의 과세가 가능하다고 볼 수 있었다.[3]

---

1) 예규에서 『수익증권의 양도에 대하여는 양도소득세가 과세되지 아니하는 것임』이라고 본 것(소득 46011-2791, 1993. 9. 17)은 수익증권이 주식에 해당하지 않는다는 취지를 나타낸 것이라고 할 수 있다.

2) 과세당국은 구 법인세법상 특별부가세와 관련하여 부동산을 신탁법에 따라 신탁회사에 신탁을 하고 받은 수익증권이 "부동산을 취득할 수 있는 권리"에 해당하는지 여부는 신탁계약 및 수익증권의 내용 등을 종합적으로 감안하여 사실판단할 사항이라고 회신한 바 있다(제도 46013-579, 2000. 12. 1).

3) 광장신탁법연구회, 〈주석 신탁법〉 제2판, 639면 참조.

나. 2020년 개정 세법

위와 같이 별도의 규정을 두지 않는 경우에도 신탁 수익권에 대한 과세가 가능하기는 하지만, 어떠한 경우에 과세대상이 되는지 여부에 관한 판단이 쉽지 않았고, 이러한 점이 신탁의 활용을 저해하는 요소 중 하나였다고 볼 수도 있다. 이러한 측면을 고려할 때, 2020년 개정 세법은 거주자가 신탁 수익권을 양도하는 경우 원칙적으로 그 자체를 양도소득세 과세대상으로 하고, 거주자가 신탁 수익권의 양도를 통하여 신탁재산에 대한 지배·통제권이 사실상 이전되는 경우는 신탁재산 자체의 양도로 보는 것으로 규정하였다.

2. 적용범위

가. 신탁의 이익을 받을 권리

소득세법상 신탁의 이익을 받을 권리(즉, 신탁 수익권)는 신탁재산의 범위와 마찬가지로, 신탁법 등과 바로 연결하여 정의되어 있지는 않으며, 이러한 측면에서 신탁재산, 수탁자, 위탁자 등을 신탁법에 따르는 것으로 명시하고 있는 부가가치세법과 차이가 있다. 다만, 대부분의 경우 신탁 수익권은 신탁법 제56조 이하에 따라 취득하는 권리를 의미할 것이므로, 어떠한 권리가 수익권에 해당하는지 여부도 기본적으로 신탁법에 따라 판단될 것이다.

나. 수익증권 및 투자신탁의 수익권

소득세법 제94조 제1항 제6호 및 소득세법 시행령 제159조의3은 1) 자본시장법 제110조 제1항에 따라 (금전)신탁계약에 의한 수익권이 표시된 수익증권을 발행된 경우 그 수익권 또는 수익증권, 2) 자본시장법 제189조에 따른 투자신탁의 수익권 또는 수익증권으로서 해당 수익권 또는 수익증권의 양도로 발생하는 소득이 법 제17조 제1항에 따른 배당소득으로 과세되는 수익권 또는 수익증권, 3) 신탁의 이익을 받을 권리에 대한 양도로 발생하는 소득이 법 제17조 제1항에 따른 배당소득으로 과세되는 수익권 또는 수익증권, 4) 위탁자의 채권자가 채권담보를 위하여 채권 원리금의 범위 내에서 선순위 수익자로서 참여하고 있는 경우 해당 수익권[1] 등은 양도소득 과세대상인 신탁 수익권에서 제외되는 것으로 규정하고 있다.

---

1) 이 경우 법 제115조의2에 따른 신탁 수익자명부 변동상황명세서를 제출해야 한다.

3. 원칙 — 별도의 양도소득 과세대상

가. 분류과세

양도소득금액은 제94조 제1호·제2호 및 제4호에 따른 소득(부동산 관련 소득), 제3호에 따른 소득(주식 양도소득), 제4호에 따른 소득(파생상품 관련 소득), 제5호에 따른 소득(신탁 수익권 양도소득)을 구분하여 계산하고 결손금도 서로 합산하지 않도록 하고 있다(소득세법 제102조 제1호). 따라서 거주자가 특정 과세연도에 부동산의 양도와 부동산신탁 수익권의 양도가 함께 있었다고 가정할 경우, 그에 따른 세액은 각각 계산되며 서로 영향을 주지 않는다.

나. 기준시가

신탁 수익권의 기준시가는 상증법 제65조 제1항(신탁의 이익을 받을 권리의 평가)을 준용하여 평가한 가액으로 한다(소득세법 제99조 제1항 제8호). 따라서 양도소득세 과세와 관련한 기준시가가 문제되는 경우에는 상증법 시행령 제61조 제1항에 따라 1) 원본을 받을 권리와 수익을 받을 권리의 수익자가 같은 경우에는 평가기준일 현재 신탁재산의 가액에 의하고(제1호), 2) 원본을 받을 권리와 수익을 받을 권리의 수익자가 다른 경우에는 원본과 수익을 각각 별도의 산식에 따라 산출한 금액에 의하여 평가하게 되는데(제2호), 이 경우 평가기준일은 각각 양도일과 취득일을 기준으로 한다(소득세법 시행령 제165조 제12항).

다. 세 율

신탁 수익권의 양도소득에 관한 세율은 아래 표와 같으며(소득세법 제104조 제1항 제10호), 일반적인 주식 양도소득에 적용되는 세율과 동일하다.

양도소득과세표준	세율
3억원 이하	20퍼센트
3억원 초과	6천만원+(3억원 초과액×25퍼센트)

4. 예외 — 신탁재산 자체의 양도로 간주

신탁 수익권의 양도를 통하여 신탁재산에 대한 지배·통제권이 사실상 이전되는 경우는 신탁재산 자체의 양도로 보고 양도소득세를 과세한다(소득세법 제94조 제1항 제6호 단서). 이는 신탁 수익권의 양도를 특히 부동산 양도소득과 구분되는 분류과세 대상으로 할 경우, 실질적인 부동산 양도를 신탁 수익권으로 전환하여 양도함으로써 합산과세 및 세율로 인한 이익을 볼 수 있다는 점을 고려한 규정이라고 할 수 있다. 반면, 신탁재산 자체가 양도소득세 과세대상이 아니어서 신탁재산을 직접 양도한 경우에는 소득세가 과세되지 않음에도 불구하고, 신탁 수익권 양도로 인하여 과세대상이 되는 경우에도 위 조항에 따라 신탁 수익권의 양도소득 과세대상에서 제외될 여지가 있다.

소득세법 및 동 시행령에서 어떠한 경우에 "신탁재산에 대한 지배·통제권이 사실상 이전"된다고 볼 수 있는지와 관련한 판단기준을 명시하고 있지 않아, 향후 실무적으로 혼란이 있을 수 있는 부분으로 보인다. 소득세법 제2조의3 제2항의 위임에 따른 소득세법 시행령 제4조의2 제4항 제1호에서 "위탁자가 신탁을 해지할 수 있는 권리, 수익자를 지정하거나 변경할 수 있는 권리, 신탁 종료 후 잔여재산을 귀속 받을 권리를 보유하는 등 신탁재산을 실질적으로 지배·통제할 것"이라는 표현을 사용하고 있고 상증법 시행령 제25조 제1항 제3호 나목도 유사한 문언을 사용하고 있으므로, 위와 같은 3가지 권리의 보유 및 변동 상황을 종합적으로 고려하여 판단여야 할 것이다.

제 5 절 원천징수

소득세법 제127조 (원천징수의무)

④ 「자본시장과 금융투자업에 관한 법률」에 따른 신탁업자가 신탁재산을 운용하거나 보관·관리하는 경우에는 해당 신탁업자와 해당 신탁재산에 귀속되는 소득을 지급하는 자 간에 원천징수의무의 대리 또는 위임의 관계가 있는 것으로 보아 제2항을 적용한다.

소득세법 제155조의2 (특정금전신탁 등의 원천징수의 특례)

제4조 제2항에 따른 집합투자기구 외의 신탁의 경우에는 제130조에도 불구하고 제127조 제2항에 따라 원천징수를 대리하거나 위임을 받은 자가 제127조 제1항 제1호 및 제2호의 소득이 신탁에 귀속된 날부터 3개월 이내의 특정일(동일 귀속연도 이내로 한정한다)에 그 소득에 대한 소득세를 원천징수하여야 한다.

1. 연혁 및 입법취지

신탁도관이론에 따라 신탁재산에 귀속되는 소득에 관하여 수익자 또는 위탁자에게 소득세 또는 법인세를 과세하는 이상, 그 소득을 신탁재산에 지급하는 자가 지급시점에 수익자 또는 위탁자를 기준으로 원천징수를 하여야 한다. 그런데 신탁재산에 소득을 지급하는 자가 수익자 또는 위탁자를 일일이 파악하는 것은 특히 특정금전신탁과 같이 수익자가 다수인 경우에 현실적으로 어렵기 때문에, 종전에는 실무상 수익자에 이익을 지급하는 날을 수입시기 및 지급시기로 처리하였다.

이에 따라 신탁소득에 관한 과세시기가 수탁자에게 귀속되는 시점이 아니라 수익자에게 지급되는 시점으로 이연되는 문제를 해결하기 위하여, 2009년 1월 1일부터 1) 자본시장법에 따른 신탁업자가 신탁재산을 운용하거나 보관·관리하는 경우에는 해당 신탁업자가 해당 신탁재산에 귀속되는 소득을 지급하는 자의 원천징수의무를 대리하거나 위임받은 것으로 보고(소득세법 제127조 제4항, 법인세법 시행령 제111조 제7항),[1] 2) 그 신탁업자가 원천징수대상 소득이 신탁에 귀속된 날부터 3개월 이내의 특정일(동일 귀속연도 이내로 한정함)에 그 소득에 대한 소득세 또는 법인세를 원천징수하도록 하였다(소득세법 제155조의2, 법인세법 시행령 제111조 제6항).

2. 적용범위

가. 소득세법 제4조 제2항에 따른 집합투자기구 외의 신탁

위와 같은 규정들은 신탁도관이론에 따른 소득세법 제4조 제2항이 적용되는 것을 전제로 한 것이므로, 소득세법 제4조 제2항이 적용되지 않는 투자신탁의 경우에는 위 규정들도 적용되지 않는다. 즉, 집합투자기구신탁으로부터 지급되는 이익(배당소득)에 대하여는 투자신탁재산에 소득이 지급되는 시점이 아니라(소득세법 제155조의3, 법인세법 제73조 제2항) 신탁재산에서 수익자에게 이익을 지급하는 시점에 원천징수를 하므로(소득세법 시행령 제191조 제4호, 제46조 제7호, 법인세법 제73조 제1항 제2호), 소득세법 제155조의2 및 법인세법 시행령 제111조 제6항이 적용되지 않는다. 소득세법 제155조의2에서는 이러한 점을 명시하고 있고 법인세법 시행령 제111조 제6항에서는 명시하고 있지 않지만 동일하게 보아야 한다.

나. 자본시장법에 따른 신탁업자

소득세법 제127조 제4항 및 법인세법 시행령 제111조 제7항은 자본시장법상 신탁업자와 소득금액을 신탁소득을 지급하는 자 간에 원천징수의무의 위임 또는 대리관계가 성립하는 것으로 규정하고 있다. 따라서 수탁자가 신탁업자가 아닌 경우에는 별도의 위임 또는 대리가 있는 경우에 한하여 소득세법 제155조의2가 적용될 수 있고 수익자가 법인이어서 법인세법이 적용되는 경우에는 그나마 위와 같은 규정이 적용될 수 없어 입법상

1) 최초 시행 당시에는 소득세법 시행령 제184조의3 제2항에 규정되어 있다가 2010. 12. 27. 해당 내용이 법률로 이관되었고, 2013. 2. 15. 시행령 내용은 삭제되었다.

공백이 있다고 할 수 있다.

3. 원천징수 대상 소득

신탁재산에서 지급되는 소득이 원천징수대상인지 여부는 소득세법 제2조의3 제1항 및 법인세법 제5조 제1항에 따라 소득의 귀속자로서 소득을 지급받는 자를 기준으로 판단되어야 한다. 이에 따라 동일한 신탁의 수익자로 내국법인과 외국법인, 거주자와 비거주자가 모두 포함되어 있는 경우, 내국법인에게 소득을 지급할 경우에는 법인세법 제73조 제1항 및 제73조의2에 따라 이자소득이나 투자신탁 이익인 경우에 한하여 원천징수가 되는 반면, 거주자인 경우에는 소득세법 제127조에 열거된 이자소득, 배당소득 등에 한하여 원천징수가 적용되며, 외국법인 및 비거주자인 경우에는 국내 세법 및 조세조약에 따라 국내원천소득으로서 원천징수대상인 소득인지 여부에 따라 판단된다.

제 2 장 상속세 및 증여세법

제 1 절 총 칙

상증법 제5조 (상속재산 등의 소재지)

① 상속재산과 증여재산의 소재지는 다음 각 호의 구분에 따라 정하는 장소로 한다.

7. 「자본시장과 금융투자업에 관한 법률」을 적용받는 신탁업을 경영하는 자가 취급하는 금전신탁: 그 신탁재산을 인수한 영업장의 소재지. 다만, 금전신탁 외의 신탁재산에 대해서는 신탁한 재산의 소재지

1. 연혁 및 입법취지

피상속인 또는 수증자가 비거주자인 경우 재산의 소재지에 상속세 및 증여세의 과세 여부가 달라질 수 있다. 피상속인이 비거주자인 경우에는 국내에 있는 상속재산에 대해서만 상속세가 과세되고(상증법 제3조 제2호), 수증자가 비거주자인 경우에도 국내에 있는 증여재산에 대해서만 증여세가 과세되는 것이 원칙이다(상증법 제4조의2 제1항 제1호). 따라서 신탁의 경우에도 신탁재산의 소재지를 판단하는 것이 상속세 또는 증여세의 과세 여부 판단에 중요할 수 있는데, 구 상속세법은 1952년부터 "합동운용신탁[1]에 관한 권리에 대하여서는 그 신탁을 인수한 영업장의 소재에 의한다."는 규정을 두고 있었고, 1996년 전부개정된 상증법에서도 유사한 취지에서 "신탁업법 및 증권투자신탁업법의 적용을 받는 신탁업"에 관하여 현행과 같은 규정을 두었으며, 2010년 자본시장법이 제정되면서 현행과 같은 문언을 갖게 되었다.

2. 자본시장법에 따른 금전신탁

가. 금전신탁

자본시장법 제103조 제1항은 금전, 증권 등 신탁업자가 수탁할 수 있는 재산의 종류를 열거하고 있고, 같은 조 제3항 및 시행령 제103조에 따라 금전신탁의 종류는 특정금전신탁과 불특정금전신탁으로 구분된다. 이에 따라 특정금전신탁 등에 따라 신탁업자가 보유하고

1) "합동운용신탁"이라 함은 신탁회사 또는 신탁업무를 겸하는 은행이 인수한 금전신탁으로서 비합동인 다수의 위탁자의 신탁재산을 합동하여 운용하는 것을 말한다(구 상속세법 제3조 제4항).

있는 신탁재산이 금전인 경우에는 상증법 제5조 제1항 제7호 본문에 따라 영업장의 소재지에 따라 상속재산 또는 증여재산의 소재지가 판단되어야 한다는 점에 의문이 없다.

문제는 금전의 운용방법에 따라 유가증권 등 금전이 아닌 신탁재산을 취득한 경우에는 "금전신탁 외의 신탁재산"을 어떻게 해석하는지에 따라 재산의 소재지가 달라질 여지가 있다. 즉, 1) 위 제7호는 본문에서 "금전신탁"에 관한 재산의 소재지를 정하면서 단서에서 금전신탁 외의 신탁재산에 관한 규정을 두고 있어서 위와 같이 특정금전신탁에 따라 증권 등 다른 종류의 신탁재산을 취득한 경우 해당 부분은 그 증권 등의 소재지에 따라 상속세 및 증여세의 과세여부를 판단하게 될 것이나(제1설), 2) "금전신탁 외의 신탁재산"을 금전 이외의 재산을 목적물로 하는 신탁에 따른 신탁재산으로 보아 금전신탁에는 단서 규정이 적용되지 않는 것으로 해석한다면, 자산의 운용과 관계없이 모두 영업장 소재지에 따라 재산의 소재지가 판단되어야 할 것이다(제2설).

본문과 단서의 관계라는 체계에 비추어 본다면 제1설이 자연스럽다고 할 수도 있고, 이렇게 되면 금전을 신탁한 다음 운용방법에 따라 유가증권 등의 재산을 취득한 경우와 이를 직접 자신의 명의로 취득한 경우 간에 차이가 없게 되어 취득방법에 따라 과세여부가 달라지는 결과를 피할 수 있는 장점이 있다. 반대로, 제2설은 "신탁한 재산의 소재지"라는 문언에 부합하고 금전신탁과 관련하여 그 구성 자산의 종류를 따지지 않고 일률적인 판단이 가능하게 되어 실무상 편의를 도모할 수 있게 된다. 어느 경우이든 문언과 체계가 일관되도록 입법을 통해 명확하게 하는 것이 바람직하다.

나. 금전 이외의 신탁

자본시장법상 신탁업자가 유가증권 등 금전 이외의 신탁재산을 목적물로 신탁계약을 체결한 경우, (위 제1설에 따라) 상증법 제5조 제1항 제7호 단서를 금전신탁에 관한 규정이라고 본다면 다른 규정에 따라 재산의 소재지를 판단하여야 한다고 해석될 수 있다. 이에 의하면 상증법 제9조 제2항에 따라 수익권이 상속재산 또는 증여재산인 경우에는 상증법 제5조 제2항에 의해 수익자(피상속인)의 소재지에 따르면 될 것이나, 상증법 제9조 제1항에 따라 신탁한 재산 자체가 상속재산이 되는 경우에는 상증법 제5조 제2항에 의하는 것보다는 해당 신탁재산의 종류에 따라 같은 조 제1항 각호의 규정을 우선 적용하는 것이 자연스러울 것이다. 예컨대, 부동산신탁인 경우에 상증법 제9조 제1항에 따라 부동산 자체가 상속재산이 된다면 상증법 제5조 제1항 제1호에 따라 그 부동산의 소재지에 의하는 것이 타당하다.

반면, (위 제2설에 따라서) 상증법 제5조 제1항 제7호 단서는 부동산 등 금전 이외의 목적물을 신탁한 경우에 그 재산의 소재지에 따라 판단하도록 한 것으로 해석한다면, 같은 항의 다른 규정들을 기준으로 "신탁한 재산의 소재지"에 따라 판단되어야 할 것이다. 예컨대, 부동산신탁인 경우에는 같은 항 제1호에 따라 그 부동산의 소재지에 의하는 반면, 유가증권(주식)신탁이라면 같은 항 제6호에 따라 발행회사의 본점 소재지에 의하게 된다.

3. 그 밖의 신탁

수탁자가 자본시장법상 신탁업자에 해당하지 않는 신탁인 경우에는 상증법 제5조 제1항 제7호가 적용되지는 않는데, 이 경우 상속재산 또는 증여재산을 판단하는 기준은 금전신탁 이외의 신탁에 관하여 살펴본 바와 같다(제1설 기준). 즉, 상증법 제9조 제2항에 따라 수익권이 상속재산인 경우에는 상증법 제5조 제2항에 의해 수익자(피상속인)의 소재지에 따르면 될 것이나, 상증법 제9조 제1항에 따라 신탁한 재산 자체가 상속재산이 되는 것이므로 상증법 제5조 제2항에 의하는 것보다는 해당 신탁재산의 종류에 따라 같은 조 제1항 각호의 규정을 우선 적용하는 것이 자연스럽다고 할 수 있다.

제 2 절 상 속 세

상증법 제9조 (상속재산으로 보는 신탁재산)

① 피상속인이 신탁한 재산은 상속재산으로 본다. 다만, 제33조 제1항에 따라 수익자의 증여재산가액으로 하는 해당 신탁의 이익을 받을 권리의 가액(價額)은 상속재산으로 보지 아니한다.

② 피상속인이 신탁으로 인하여 타인으로부터 신탁의 이익을 받을 권리를 소유하고 있는 경우에는 그 이익에 상당하는 가액을 상속재산에 포함한다.

③ 수익자연속신탁의 수익자가 사망함으로써 타인이 새로 신탁의 수익권을 취득하는 경우 그 타인이 취득한 신탁의 이익을 받을 권리의 가액은 사망한 수익자의 상속재산에 포함한다.

④ 신탁의 이익을 받을 권리를 소유하고 있는 경우의 판정 등 그 밖에 필요한 사항은 대통령령으로 정한다.

상증법 시행령 제5조 (상속재산으로 보는 신탁재산)

법 제9조 제1항 단서 및 동조 제2항의 규정에 의한 신탁의 이익을 받을 권리를 소유하고 있는 경우의 판정은 제25조에 따라 원본 또는 수익이 타인에게 지급되는 경우를 기준으로 한다.

1. 연혁 및 입법취지

1950년 제정된 구 상속세법은 "조건부권리, 존속기간의 불확정한 권리, 신탁의 이익을 받을 권리 또는 소송중의 권리에 대하여서는 대통령령의 정하는 바에 의하여 그 가액을 평정한다."고 하여 피상속인이 갖고 있던 수익권도 상속재산에 포함될 수 있음을 명시하였다. 1996년 전면개정된 상증법은 제9조 제2항에서도 현행과 같이 "피상속인이 신탁으로 인하여 타인으로부터 신탁의 이익을 받을 권리를 소유하고 있는 경우에는 당해 이익에 상당하는 가액을 상속재산에 포함한다."고 규정함으로써 종전과 유사한 취지의 규정을 두었다. 상속세의 과세대상이 되는 상속재산에는 피상속인에게 귀속되는 재산으로서 금전으로 환산할 수 있는 경제적 가치가 있는 모든 물건과 재산적 가치가 있는 법률상 또는 사실상의 모든 권리를 포함하는 것이므로(상증법 제7조 제1항), 피상속인이 갖고 있던 수익권도 상속재산에 포함된다고 본 위 규정은 확인적 성격을 갖는다고 볼 수 있다.

반면, 상증법 제9조 제1항은 구 상속세법에는 해당 조항이 없다가 1996년 상증법으로 전면개정되면서 도입된 조항으로서, 피상속인이 신탁한 재산은 피상속인의 소유가 아니고 상증법 제9조 제2항에 따라 상속재산에 포함되는 수익권 이외에 별도로 신탁재산에 관한 권리가 인정되는 것도 아니므로, 확인적 규정이 아니라 의제적 규정이라고 할 수 있다. 이러한 의제적 규정이 도입된 배경은 정확히 확인되지 않으나, (소득 과세와 관련하여 위탁자 또는 그 상속인을 예외적으로 소득 귀속자로 보는 것과 마찬가지로) 2011년 7월 25일 개정 전 신탁법 제60조에서 "신탁이 종료된 경우에 신탁재산의 귀속권리자가 신탁행위에 정하여 있지 아니한 때에는 그 신탁재산은 위탁자 또는 그 상속인에게 귀속한다."고 규정하고 있다는 점에 기인한 것으로 보인다. 그런데 현행 신탁법 제101조는 신탁이 종료된 경우 신탁재산의 귀속자는 원칙적으로 수익자이고 수익자가 그 권리를 포기한 경우 예외적으로 위탁자에게 귀속하도록 정하고 있어, 현행 신탁법의 관점에서 볼 때 위와 같은 의제적 규정의 정당성은 인정되기 어렵다고 할 수 있다.

2. 피상속인이 위탁자인 경우

상증법 제9조 제1항에 따라 위탁자와 수익자가 일치하는 자익신탁의 경우에는 본문에 따라 신탁재산 자체가 상속재산에 포함되고, 위탁자와 수익자가 다른 타익신탁의 경우에도 원칙적으로 해당 신탁재산이 상속재산에 포함되지만 단서에 따라 수익자가 갖는 수익권 상당액이 제외된다. 따라서 타익신탁의 경우 수익권 상당액의 산정이 중요하게 되는데, 이에 관하여 종전에는 직접적·명시적인 규정은 없으나, 2020년 세법 개정에서

‘제33조 제1항에 따라 수익자의 증여재산가액으로 하는 해당 신탁의 이익을 받을 권리의 가액(價額)’을 의미하는 것으로 명시되었다.

상증법 시행령 제5조는 “법 제9조 제1항 단서 및 동조 제2항의 규정에 의한 신탁의 이익을 받을 권리를 소유하고 있는 경우의 판정은 제25조의 규정에 의하여 원본 또는 수익이 타인에게 지급되는 경우를 기준으로 한다.”고 함으로써 수익권자의 유무에 관하여만 직접적으로 규정하고 있으나, 상증법 시행령 제25조 제1항은 원칙적으로 수익이 수익자에게 실제 지급되는 날을 증여시기로 보면서 제1호에서는 “수익자로 지정된 자가 그 이익을 받기 전에 해당 신탁재산의 위탁자가 사망한 경우: 위탁자가 사망한 날”을 증여시기로 보도록 하고 있고, 같은 조 제2항 및 상증법 제65조에 따라 “신탁의 이익을 받을 권리”는 상증법 시행령 제61조에 따라 평가된다. 따라서 (체계가 다소 복잡하기는 하지만) 신탁의 수익자가 아직 이익을 받지 않은 상태에서 위탁자(피상속인)의 사망 시점에 증여시기가 도래하였다면 그 시점의 평가금액을 기준으로 수익자가 증여세를 납부하여야 하고, 상증법 제9조 제1항 단서에 따라 그 평가금액만큼은 상속재산에서 제외되는 것으로 해석할 수 있다.[1] 그러나 2020년 개정 세법에서 유언대용신탁 및 수익자연속신탁이 상속에 포함되는 것으로 보면서(상증법 제2조 제1호 라목 및 마목) 그에 따라 수익권을 취득한 자를 수유자로 보고 상속세를 과세하도록 하고 있으므로(상증법 제2조 제5호 다목), 유언대용신탁과 수익자연속신탁의 경우에는 신탁재산이 상속재산에 포함되고 수익자가 별도로 증여세가 발생하지 않게 되었다.

반면, 피상속인의 사망시점에 이미 상증법 시행령 제25조 제1항에 따른 증여시기가 도래한 경우에는 “타인이 신탁의 이익을 받을 권리를 소유하고 있는 경우”라는 문언과 다소 불일치하는 측면이 있지만, 그 증여시기를 기준으로 산정한 수익권 평가액만큼 상속재산에서 공제되는 것으로 해석할 수밖에 없을 것으로 보인다.

3. 피상속인이 수익자인 경우

먼저, 상증법 제9조 제1항과의 관계를 고려할 때, 같은 조 제2항은 타익신탁을 전제로 한 규정으로 볼 수 있다. 자익신탁의 경우에는 이미 제1항 본문에 따라 신탁재산 자체가 상속재산으로 포함되는데, 그와 관련한 수익권이 다시 제2항에 따라 상속재산에 포함될 수는 없기 때문이다. 즉, “신탁으로 인하여 타인으로부터 신탁의 이익을 받을 권리”

1) 물론, 이 경우 수익권 평가금액은 증여재산으로서 다시 상증법 제13조에 따라 상속세 과세가액에 가산되고 그 수익권에 관한 증여세 산출세액 상당액이 기납부세액으로 공제될 것이다. 이와 같은 취지에서 기획재정부, 〈2020년 세법개정안 상세본〉, 47면에서도 현행 규정이 “타인이 신탁의 수익권을 소유: 피상속인이 타인에게 수익권을 증여한 것으로 보아 증여세 과세”라고 하면서, “수익권은 다시 상속재산에 포함하여 상속세 과세(旣납부 증여세 공제)”라고 밝히고 있고, 개정 법령에서도 유연대용신탁과 수익자연속신탁의 경우를 제외한 일반적인 경우 이러한 해석론인 유지됨을 명시하고 있다.

는 자익신탁의 수익권도 타인(수탁자)으로부터 받는 것이라는 점에서 엄밀하게 보면 타익신탁의 경우로 한정한 문구가 아니라고 할 수도 있으나, 규정의 체계상 타익신탁의 수익권을 의미하는 것으로 해석하는 것이 타당하다.

한편, 상증법 시행령 제5조는 상증법 제9조 제1항 단서와 마찬가지로, 같은 조 제2항의 적용과 관련하여도 "신탁의 이익을 받을 권리를 소유하고 있는 경우의 판정은 제25조의 규정에 의하여 원본 또는 수익이 타인에게 지급되는 경우를 기준으로 한다."고 규정하고 있다. 따라서 상증법 시행령 제25조에 따라 증여시기가 도래한 후에 수익자가 사망한 경우에는 상증법 제9조 제2항이 적용되어 그 수익권이 상속재산에 포함될 것이나, 그 증여시기가 도래하기 전에 수익자가 사망한 경우에는 상증법 제9조 제2항이 적용되지 않고 수익자의 상속인이 신탁의 이익을 실제로 받는 시점에 증여세가 부과되는 것으로 해석될 수 있다.[1] 이 경우에도 "신탁으로 인하여 타인으로부터 신탁의 이익을 받을 권리를 소유하고 있는 경우"라는 법률의 문언만을 기준으로 하면 수익자에 대한 증여시기 도래 여부와 관계없이 수익자가 사망하면 상속재산에 포함되는 것으로 볼 수 있으나, 상증법 시행령에 의하여 과세 범위가 좁아지게 되는 것으로 볼 수 있다.

그러나 상증법 제9조 제1항과 관련하여 살펴본 바와 마찬가지로, 적어도 유언대용신탁과 수익자연속신탁의 경우에는 상속과 동일하게 과세되므로, 상증법 시행령 제25조에 따른 증여시기가 도래하지 않았더라도 사망한 수익자(피상속인)의 상속재산에 포함되고 별도로 증여세가 부과되지 않는다.

4. 수익자연속신탁의 경우

신탁행위로 수익자가 사망한 경우 그 수익자가 갖는 수익권이 소멸하고 타인이 새로 수익권을 취득하도록 하는 뜻을 정할 수 있는데, 이를 수익자연속신탁이라 한다(신탁법 제60조, 상증법 제2조 제1호 마목). 앞서 언급한 바와 같이 2020년 개정 세법은 수익자연속신탁이 상속에 포함되는 것으로 보면서(상증법 제2조 제1호 마목) 그에 따라 수익권을 취득한 자를 수유자로 보고 상속세를 과세하도록 하고 있으므로(상증법 제2조 제5호 다목), 상증법 제9조 제3항에 의하지 않더라도 그 수익권은 상속재산에 포함된다. 이러한 관점에서 본다면 상증법 제9조 제3항은 같은 조 제2항에 의할 경우 종전의 수익자가 받을 이익을 기준으로 상속재산의 가액이 산정되는 것

1) 과세당국은 현행과 같은 문언이 도입되지 않았던 구 상속세법과 관련하여 "타인이 위탁한 신탁재산에 대하여 수익자로 지정된 자가 그 신탁의 이익을 받게 된 때 이전에 사망한 경우, 그 신탁의 이익을 받을 권리를 상속재산에 포함하지 아니하는 것이나, 추후 그 신탁의 이익을 상속인이 받게 된 때에는 동법 제32조의 규정에 따라 그 상속인을 수증자로 하여 증여세가 과세되는 것임"이라고 해석하고 있었다(상증, 재산 01254-4391, 1989. 12. 1.).

과 달리, 새로운 수익자가 받을 이익을 기준으로 상속재산의 가액이 산정된다는 점에서 규정의 실익을 찾을 수 있다.

제 3 절 증 여 세

상증법 제33조 (신탁이익의 증여)

① 신탁계약에 의하여 위탁자가 타인을 신탁의 이익의 전부 또는 일부를 받을 수익자(受益者)로 지정한 경우로서 다음 각 호의 어느 하나에 해당하는 경우에는 원본(元本) 또는 수익(收益)이 수익자에게 실제 지급되는 날 등 대통령령으로 정하는 날을 증여일로 하여 해당 신탁의 이익을 받을 권리의 가액을 수익자의 증여재산가액으로 한다.

1. 원본을 받을 권리를 소유하게 한 경우에는 수익자가 그 원본을 받은 경우
2. 수익을 받을 권리를 소유하게 한 경우에는 수익자가 그 수익을 받은 경우

② 수익자가 특정되지 아니하거나 아직 존재하지 아니하는 경우에는 위탁자 또는 그 상속인을 수익자로 보고, 수익자가 특정되거나 존재하게 된 때에 새로운 신탁이 있는 것으로 보아 제1항을 적용한다.

③ 제1항을 적용할 때 여러 차례로 나누어 원본과 수익을 받는 경우에 대한 증여재산가액 계산방법 및 그 밖에 필요한 사항은 대통령령으로 정한다.

상증법 시행령 제25조 (신탁이익의 계산방법 등)

① 법 제33조 제1항 각 호 외의 부분에서 "원본(元本) 또는 수익(收益)이 수익자에게 실제 지급되는 날 등 대통령령으로 정하는 날"이란 다음 각 호의 구분에 따른 날을 제외하고는 원본 또는 수익이 수익자에게 실제 지급되는 날을 말한다.

1. 수익자로 지정된 자가 그 이익을 받기 전에 해당 신탁재산의 위탁자가 사망한 경우: 위탁자가 사망한 날
2. 신탁계약에 의하여 원본 또는 수익을 지급하기로 약정한 날까지 원본 또는 수익이 수익자에게 지급되지 아니한 경우: 해당 원본 또는 수익을 지급하기로 약정한 날
3. 원본 또는 수익을 여러 차례 나누어 지급하는 경우: 해당 원본 또는 수익이 최초로 지급된 날. 다만, 다음 각 목의 어느 하나에 해당하는 경우에는 해당 원본 또는 수익이 실제 지급된 날로 한다.

가. 신탁계약을 체결하는 날에 원본 또는 수익이 확정되지 않는 경우

나. 위탁자가 신탁을 해지할 수 있는 권리, 수익자를 지정하거나 변경할 수 있는 권리, 신탁 종료 후 잔여재산을 귀속 받을 권리를 보유하는 등 신탁재산을 실질적으로 지배·통제하는 경우

② 법 제33조 제1항을 적용할 때 여러 차례 나누어 원본과 수익을 지급받는 경우의 신탁이익은 제1항에 따른 증여시기를 기준으로 제61조를 준용하여 평가한 가액으로 한다.

1. 연혁 및 입법취지

1950년 제정된 증여세법은 "신탁계약에 의하여 위탁자가 타인에게 신탁의 이익을 향유하게 하여 그 원본 또는 수익을 받을 때" 이를 증여로 간주하고 증여세를 부과한다는 규정을 두고 있었고, 1952년 상속세법에 증여세 관련 규정이 통합되면서 "신탁자가 타인에게 신탁의 이익의 전부 또는 일부를 받은 권리를 소유하게 한 경우"에 관하여 종전과 유사한 취지의 규정을 두었으며, 이 때 "수회에 분하여 이를 받을 때에는 최초에 그 일부를 받을 때"를 증여시기로 정하였다.[1)]

현행 상증법은 이른바 "포괄주의"를 채택하여 "증여"는 행위 또는 거래의 명칭·형식·목적 등과 관계없이 경제적 가치를 계산할 수 있는 유형·무형의 재산을 직접 또는 간접적인 방법으로 타인에게 무상으로 이전(현저히 저렴한 대가를 받고 이전하는 경우를 포함)하는 것 또는 기여에 의하여 타인의 재산가치를 증가시키는 것을 의미는 것으로 보고 있다(상증법 제2조 제3항). 따라서 위탁자가 대가를 받지 않고 타인을 수익자로 지정함으로써 그 수익자에게 수익권의 가치에 상당하는 이익이 발생한 경우에는 별도의 규정이 없더라도 그 이익에 관하여 증여세가 부과될 수 있는 것이므로, 현행 상증법 제33조는 증여재산의 범위와 관련하여는 확인적 성격을 갖고, 증여시기와 증여재산 가액의 산정방법을 명확히 한다는 점에 의의가 있다고 할 수 있다.

한편, 증여시기에 관하여는 1981년 신설된 상속세법 제32조에서 원본 또는 수익의 이익을 받을 권리를 소득하게 한 때에는 수익자가 그 원본 또는 수익을 받을 때에 증여한 것으로 보되, 여러 차례 나누어 받을 때에는 최초에 그 일부를 받을 때를 증여시기로 규정하였다가, 1996년 상증법으로 전면 개정되면서 현재와 같이 상증법 시행령 제25조에서 규정하게 된 것인데, 당초에는 여러 차례 나누어 지급되는 경우에 관한 규정에 제외되어 있다가 1999년 개정에서 다시 포함되었고 이에 관한 문구상의 변경이 몇 차례 있었다.

---

1) 아울러 이때부터, 현행 상증법 제33조 제2항과 유사하게 "제1항의 경우에 수익자가 특정하지 아니한 때 또는 아직 존재하지 아니한 때에는 위탁자 또는 그 상속인을 수익자로 간주하고 수익자가 특정되거나 또는 존재하게 된 때에는 새로이 신탁이 있는 것으로 간주한다."는 규정이 있었으며, "원본 또는 수익의 수익자가 그 원본 또는 수익의 전부 또는 일부를 받게 된 때까지는 원본 또는 수익의 이익을 받을 권리를 위탁자 또는 상속인이 소유한 것으로 간주한다."는 내용도 포함되어 있었다.

2. 증여시기

가. 원칙—이익이 실제 지급되는 날

피상속인의 사망에 따라 수익권을 취득함으로써 상속세를 부담하게 되는 경우에는 실제 이익이 지급되는 시점과 관계없이 상속이 개시되는 시점에 상증법 제65조 제1항에 따라 평가된 금액을 기준으로 상속세가 과세될 수밖에 없지만, 위와 같이 수익자로 지정받음에 따라 수익권 상당액을 증여받는 경우에는 증여 당시에 상속세와 같이 평가한 금액으로 과세할 것인지 아니면 실제 이익이 지급되는 시점에 과세할 것인지가 문제되는데, 이에 관하여 상증법 제33조 제1항 및 동법 시행령 제25조 제1항은 증여시기를 원칙적으로 원본 또는 수익이 수익자에게 실제 지급되는 때로 보도록 하고 있다.

위와 같은 입장을 신탁도관이론과 신탁실체이론의 대립과 연결시켜서 신탁법인 철회불능 신탁을 원칙적인 모습으로 하는 이상 수익자 지정시점을 증여시기로 하는 것이 타당하지만, 정책적인 목적에서 과세가 이연된 것이라고 보는 견해도 있다.[1] 실무에서 계약에 따라 해지 불능을 전제로 하는 신탁을 체결하는 경우가 다수인 것은 사실이지만, 신탁법이 철회 불능 신탁을 원칙적인 형태로 한다고 보기는 어렵다. 오히려 신탁법상으로는 신탁을 해지하여 신탁재산이 위탁자에게 반환될 가능성이 있는 것이 원칙적인 모습이라고 할 수 있으므로, 위 규정은 이러한 법리적 특성을 고려하여 실제 지급되는 날을 증여시기로 규정하는 것이 자연스럽다.

나. 예　　외

(1) 위탁자가 사망한 날

상증법 시행령 제25조 제1항 제1호는 수익자로 지정된 자가 그 이익을 받기 전에 해당 신탁재산의 위탁자가 사망한 경우에는 위탁자가 사망한 날을 증여시기로 보도록 하고 있다. 이론적으로 볼 때는, 상증법 제9조 제1항 단서는 타익신탁의 경우 그 신탁이익에 상당하는 가액을 상속재산에서 제외하도록 규정하고 있으므로, 수익자로 지정된 자가 그 이익을 받기 전에 해당 신탁재산의 위탁자가 사망한 경우에도 그 이후에 실제로 원본 또는 수익이 지급되는 시점에 위탁자의 상속인들로부터 증여를 받는 것으로 법리를 구성하는 것이 불가능한 것은 아니다. 그러나 이렇게 되면 수익자가 동시에 상속인에 해당하는 경우에는 상당히 복잡한 문제가 발생할 수밖에 없을 것이므로, 위 조항은 위탁자의 사망시점에 증여가 이루어진 것으로 정리함으로써 위와 같은 문제를 피하기 위한 것으로 볼

---

1) 손영철, 〈신탁 관련 상속세 및 증여세의 문제점과 개선방안〉, 2019년 한국세무학회 추계학술발표대회 발표논문집, 102면.

수 있다.

이와 관련하여 유언대용신탁의 경우에도 위와 동일한 논리를 적용하여, 위탁자가 유언대용신탁을 한 후에 사망하여 사망 시점에 수익권을 취득하거나 신탁재산에 기한 급부를 받게 되는 경우에(신탁법 제59조 제1항), 상증법 제9조 제1항 단서 및 제33조에 따라 증여세가 과세되는 것인지,[1] 아니면 유언신탁과 동일하게 상속세가 과세되는 것으로 볼 것인지[2]가 문제될 수 있었다. 2020년 개정 세법에서는 유언대용신탁을 상속에 포함시키면서(상증법 제2조 제1호 라목) 그에 따라 수익권을 취득한 자를 수유자로 보고 상속세를 과세하도록 함(상증법 제2조 제5호 다목)으로써 위와 같은 문제를 입법적으로 해결하였다.

(2) 원본 또는 수익을 지급하기로 약정한 날

상증법 시행령 제25조 제1항 제2호는 신탁계약에 의하여 원본 또는 수익을 지급하기로 약정한 날까지 원본 또는 수익이 수익자에게 지급되지 아니한 경우에는 해당 원본 또는 수익을 지급하기로 약정한 날을 증여시기로 보도록 하고 있다. 따라서 원본 또는 수익 지급에 관하여 약정 일자와 실제 지급일자가 다른 경우에는 양자 중 이른 날을 기준으로 증여시기가 도래하게 된다.

(3) 원본과 수익이 확정적으로 분할 지급되는 경우 그 최초 지급일

상증법 시행령 제25조 제1항 제3호는 원본 또는 수익을 여러 차례 나누어 지급하는 경우에 원칙적으로 해당 원본 또는 수익이 최초로 지급된 날을 증여시기로 하되, 신탁계약을 체결하는 날에 원본 또는 수익이 확정되지 아니한 경우에는 (다시 원칙에 따라) 해당 원본 또는 수익이 실제 지급된 날을 증여일로 규정하고 있다. 따라서 결국 원본 또는 수익이 여러 차례 나누어 지급되는 경우로서 원본 또는 수익이 확정되어 있는 경우에만 그 최초 지급일이 증여시기가 된다고 할 수 있다. 다만, 단서 규정에 따라 다음과 같은 2가지 경우에는 다시 원칙으로 돌아가 해당 원본 또는 수익이 실제로 지급된 날이 증여시기가 된다.

먼저, 가목의 "원본 또는 수익이 확정되지 아니한 경우"는 문언상 수익금액이나 수익기간이 확정되지 않은 경우를 의미한다.[3] 주식의 신탁계약에 따라 상장법인의 배당금을 자녀들에게 분할하여 지급하기로 한 경우에는 그 배당금의 발생 및 그 금액이 신탁계약 시점에 확정되어 있지 않으므로, 상증법 시행령 제25조 제1항 제3호 본문에 따라 실제 지급되는 날을 증여시기로 본다.[4] 이에 대하여 상증법 제65조 등 평가규정에 따라 수익금

1) 김용택, 〈신탁과 상속세〉, 2019년 제25회 한국세법학회 하계학술대회 논문집, 52면.
2) 김종해 · 김병일, 〈상속세 및 증여세법상 유언대용신탁에 대한 과세방안〉, 294면 이하.
3) 박상진, 〈생전증여신탁과 유언신탁〉, 117면.
4) 기획재정부 재산세제과-593, 2011. 7. 26. 이 경우 배당금 자체가 발생하지 않을 수 있으므로 애초부터

이 확정되어 있지 않더라도 추산에 의하여 수익금을 계산할 수 있으므로, 위탁자가 신탁계약의 철회권이나 수익자 변경권 등을 보유하고 있는 경우로 보아야 한다는 견해도 있다.[1] 그러나 상증법 시행령 제25조 제2항에서 증여시기 규정을 전제로 평가규정을 적용하도록 하고 있는데, 이와 반대로 평가규정의 내용을 전제로 하여 증여시기 규정을 해석하는 것은 자연스럽다고 보기 어렵다. 또한, 위와 같은 해석에 의하면 수익금액이 확정되지 않았는데 신탁계약상 해지권을 포기하는 약정이 있으면 무리하게 수익금액을 추정하여 최초 지급 시점에 증여세가 과세되고, 수익금액은 확정되어 있더라도 신탁계약의 해지가 가능하다는 이유로 실제 지급시기를 증여시기로 보게 되는데, 증여계약의 해제가 가능하더라도 일단 증여세가 과세되는 것과 비교하여 볼 때 균형에 맞는지도 의문이다.

한편, 나목의 "위탁자가 신탁을 해지할 수 있는 권리, 수익자를 지정하거나 변경할 수 있는 권리, 신탁 종료 후 잔여재산을 귀속 받을 권리를 보유하는 등 신탁재산을 실질적으로 지배·통제하는 경우"는 2020년 세법 개정에 따라 추가된 것이다. 이에 따라 신탁계약 해지권, 수익자 변경권, 해지시 신탁재산 귀속권 등이 위탁자에게 부여되지 않아 원본과 수익이 실질적으로 수익자에게 귀속되는 경우에는 예외가 그대로 적용되어 최초 지급일에 수익자에게 증여세가 과세되는 반면, 위탁자가 실질적으로 지배·통제하는 경우에는 수익자가 원본 및 수익을 실제로 지급받는 시점에 증여세가 과세된다.

3. 소득세와의 관계

상증법 제33조 제1항 및 동법 시행령 제25조 제1항에 따라 수익자가 신탁재산에서 발생한 수익을 지급받는 시점에 증여세가 부과되는 경우, 소득세법 제2조의3 제1항에 따라 수익자는 그 수익에 관하여 소득세 납세의무도 부담하게 될 수 있다. 예컨대, 주식을 신탁하면서 위탁자가 자신의 자녀를 수익자로 지정하고 주식의 배당금을 수익자가 지급받도록 한 경우, 수익자는 실제로 배당금을 지급받는 시점에 증여세를 납부해야 함과 동시에[2] 그 배당에 관한 소득세를 납부하여야 한다.

이와 같이 타익신탁의 경우에 동일한 이익에 관하여 증여세와 소득세가 동시에 부과되는 결과에 관하여는, 1) 위탁자와 수익자가 동일인인 자익신탁의 경우 신탁수익의 발생에

원본 및 수익을 수차례 나누어 지급하기로 한 경우가 아니라고 볼 수도 있는데, 어느 경우이든 실제 지급되는 날이 증여시기가 되어 결론에는 차이가 없다.

1) 손영철, 〈신탁 관련 상속세 및 증여세의 문제점과 개선방안〉, 2019년 한국세무학회 추계학술발표대회 발표논문집, 102면.

2) 기획재정부 재산세제과-593, 2011. 7. 26(상장법인주식의 신탁계약에 따라 위탁자가 그 자녀를 수익자로 지정하고 해당 상장법인으로부터의 배당금을 분할하여 수익자가 지급받는 경우 그 신탁이익의 증여시기는 배당금의 실제 분할지급일이며, 증여재산가액은 수익자에게 실제 지급한 가액임).

관하여 위탁자(즉, 수익자)에게 소득세를 과세하고 그 이후에 가처분소득을 제3자인 타인에게 증여하면 증여세로 새로이 부과되는 것과 마찬가지로, 타익신탁의 경우에도 신탁의 수익에 대하여 발생단계에서 소득세가 과세되었다고 하더라도 그 수익권에 관한 증여세는 별도로 부과되어야 한다는 견해[1)]와 2) 상증법 제2조 제2항은 증여재산에 대하여 소득세가 과세되는 경우에는 그 재산에 대하여 수증자에게 증여세를 과세하지 않는다고 규정하고 있고, 동일한 거래가 소득세와 증여세의 과세요건을 모두 충족하여 동일인에게 소득세와 증여세의 과세요건을 동시에 충족하는 경우에 이러한 중복과세를 전혀 조정해 주지 않는다면 국민의 재산권을 과도하게 침해할 소지가 있음을 이유로 동일인에게 소득세와 증여세가 중복되는 경우에는 중복과세를 조정해 주는 것이 바람직하다는 견해[2)]가 대립하고 있다.

다만, 후자의 견해는 중복과세를 조정하는 방법으로 증여세의 과세표준에서 소득세의 과세표준을 공제하는 방법을 취하게 되면 증여세액이 거의 없게 되어 신탁이익에 대한 증여조항을 둔 취지에 반하게 되므로 먼저 소득세를 과세하고 수익권의 가액에서 소득세액을 공제한 나머지 금액을 과세표준으로 하여 증여세를 과세하는 것이 타당하다고 보고 있는데, 전자의 견해도 이러한 정도의 조정은 수익권을 평가함에 있어서 원천징수세액 상당액 등을 감안하도록 규정한 상증법 제61조 제2항 나목에 따라 가능하다는 입장이므로, 결과에 있어서는 차이가 없는 것으로 보인다.

과세당국도 신탁으로 인하여 위탁자가 타인에게 신탁의 이익의 전부 또는 일부를 받을 권리를 소유하게 한 경우에는 그 신탁이익에 대한 소득세 원천징수여부에 상관없이 그 신탁의 이익을 받을 권리를 증여한 것으로 보되(재삼 46014-2023, 1995. 8. 8), 그 신탁의 이익에 대한 소득세 원천징수액을 제외한 금액에 대하여 증여세를 부과한다는 입장이다(재삼 46014-272, 1996. 1. 31).

상증법 제52조의2 (장애인이 증여받은 재산의 과세가액 불산입)

① 대통령령으로 정하는 장애인(이하 이 조에서 "장애인"이라 한다)이 재산(「자본시장과 금융투자업에 관한 법률」에 따른 신탁업자에게 신탁할 수 있는 재산으로서 대통령령으로 정하는 것을 말한다. 이하 이 조에서 같다)을 증여받고 그 재산을 본인을 수익자로 하여 신탁한 경우로서 해당 신탁(이하 이 조에서 "자익신탁"이라 한다)이 다음 각 호의 요건을 모두 충족하는 경우에는 그 증여받은 재산가액은 증여세 과세가액에 산입하지 아니한다.

1. 「자본시장과 금융투자업에 관한 법률」에 따른 신탁업자(이하 이 조에서 "신탁업자"

1) 김재진 · 홍용식, 〈신탁과세제도의 합리화방안〉, 133~134면.
2) 이중교, 〈신탁법상의 신탁에 관한 과세상 논점〉, 350~351면.

라 한다)에게 신탁되었을 것
2. 그 장애인이 신탁의 이익 전부를 받는 수익자일 것
3. 신탁기간이 그 장애인이 사망할 때까지로 되어 있을 것. 다만, 장애인이 사망하기 전에 신탁기간이 끝나는 경우에는 신탁기간을 장애인이 사망할 때까지 계속 연장하여야 한다.

② 타인이 장애인을 수익자로 하여 재산을 신탁한 경우로서 해당 신탁(이하 이 조에서 "타익신탁"이라 한다)이 다음 각 호의 요건을 모두 충족하는 경우에는 장애인이 증여받은 그 신탁의 수익(제4항 단서에 따른 신탁원본의 인출이 있는 경우에는 해당 인출금액을 포함한다. 이하 이 조에서 같다)은 증여세 과세가액에 산입하지 아니한다.
1. 신탁업자에게 신탁되었을 것
2. 그 장애인이 신탁의 이익 전부를 받는 수익자일 것. 다만, 장애인이 사망한 후의 잔여재산에 대해서는 그러하지 아니하다
3. 다음 각 목의 내용이 신탁계약에 포함되어 있을 것
   가. 장애인이 사망하기 전에 신탁이 해지 또는 만료되는 경우에는 잔여재산이 그 장애인에게 귀속될 것
   나. 장애인이 사망하기 전에 수익자를 변경할 수 없을 것
   다. 장애인이 사망하기 전에 위탁자가 사망하는 경우에는 신탁의 위탁자 지위가 그 장애인에게 이전될 것

③ 제1항에 따른 그 증여받은 재산가액(그 장애인이 살아 있는 동안 증여받은 재산가액을 합친 금액을 말한다) 및 타익신탁 원본의 가액(그 장애인이 살아 있는 동안 그 장애인을 수익자로 하여 설정된 타익신탁의 설정 당시 원본가액을 합친 금액을 말한다)을 합산한 금액은 5억원을 한도로 한다.

④ 세무서장등은 제1항에 따라 재산을 증여받아 자익신탁을 설정한 장애인이 다음 각 호의 어느 하나에 해당하면 대통령령으로 정하는 날에 해당 재산가액을 증여받은 것으로 보아 즉시 증여세를 부과한다. 다만, 대통령령으로 정하는 부득이한 사유가 있거나 장애인 중 대통령령으로 정하는 장애인이 본인의 의료비 등 대통령령으로 정하는 용도로 신탁원본을 인출하여 원본이 감소한 경우에는 그러하지 아니하다.
1. 신탁이 해지 또는 만료된 경우. 다만, 해지일 또는 만료일부터 1개월 이내에 신탁에 다시 가입한 경우는 제외한다.
2. 신탁기간 중 수익자를 변경한 경우
3. 신탁의 이익 전부 또는 일부가 해당 장애인이 아닌 자에게 귀속되는 것으로 확인된 경우
4. 신탁원본이 감소한 경우

⑤ 제1항 또는 제2항을 적용받으려는 사람은 제68조에 따른 신고기한(타익신탁의 경

우에는 최초로 증여받은 신탁의 수익에 대한 신고기한을 말한다)까지 대통령령으로 정하는 바에 따라 납세지 관할세무서장에게 신청하여야 한다.
⑥ 제2항을 적용받으려는 사람이 최초로 증여받은 신탁의 수익에 대하여 제68조에 따른 신고 및 제5항에 따른 신청을 한 경우에는 최초의 증여 후에 해당 타익신탁의 수익자로서 증여받은 신탁의 수익(제2항에 따라 과세가액에 산입하지 아니하는 부분에 한정한다)에 대하여는 제68조에 따른 신고 및 제5항에 따른 신청을 하지 아니할 수 있다.
⑦ 제4항에 따른 증여세액의 계산방법 및 그 밖에 필요한 사항은 대통령령으로 정한다.

1. 연혁 및 입법취지

상속세와 관련하여는 1996년 상증법으로 전면개정 당시부터 상속인 및 동거 가족 중 장애인이 있는 경우 일정한 금액[1)]을 기타 인적 공제로서 추가적인 공제를 하도록 하고 있다. 장애인의 생활 안정 및 부양 부담을 고려한 규정이라고 할 수 있는데, 상속 당시에만 의미가 있어 피상속인이 사망하기 전에 사전증여를 고려하는 단계에는 의미가 없게 된다.

1998년 개정에 포함된 장애인 신탁 관련 조항은 신탁을 활용하는 경우 일정 금액에 대해서 증여세를 부과하지 않음으로써 위와 같은 문제점을 해소하기 위하여 도입된 규정이며, 장애인에 대한 사전증여 중에서도 신탁을 활용하는 경우에 한하여 비과세 규정을 두게 된 것은 신탁이라는 법적 장치를 통한 재산보호라는 측면을 고려한 것이라고 볼 수 있다. 이에 따라 증여세 과세가액 불산입이 적용된 증여재산은 증여자가 사망한 경우에도 상속세 과세가액에 합산되지 않는다(상증법 제13조 제3항).

다만, 위와 같은 기존 규정은 일단 장애인이 재산을 증여받은 다음 이를 신탁하는 이른바 "자익신탁"의 경우만을 규정하고 있었는데, 이러한 자익신탁의 경우에는 발달장애 등 정신장애가 있는 장애인의 경우 직접 신탁계약을 체결하는 것이 현실적으로 어렵고, 장애인의 법정대리인이 장애인 본인의 의사에 반해 신탁을 운영할 가능성이 있다는 한계가 있었다. 그러나 2019년 개정 세법에서는 타익신탁의 경우에도 유사한 혜택을 부여함으로써 장애인을 지원하고자 하는 자가 직접 신탁계약을 체결하는 방식으로 위와 같은 문제점을 보완할 수 있도록 하였다.

1) 신설 당시에는 "500만원에 75세에 달하기까지의 연수를 곱하여 계산한 금액"이었으나, 현재는 "1천만원에 상속개시일 현재 「통계법」 제18조에 따라 통계청장이 승인하여 고시하는 통계표에 따른 성별·연령별 기대여명(期待餘命)의 연수를 곱하여 계산한 금액"이다.

2. 자익신탁

가. 수 증 자

수증자는 장애인이어야 하며, 여기서 장애인에는 상증법 시행령 제45조의2 및 소득세법 시행령」 제107조 제1항에 따라 1) 장애인복지법에 따른 장애인 이외에, 2) 「국가유공자 등 예우 및 지원에 관한 법률」에 의한 상이자 및 이와 유사한 사람으로서 근로능력이 없는 사람, 3) 그밖에 항시 치료를 요하는 중증환자(지병에 의해 평상시 치료를 요하고 취학·취업이 곤란한 상태에 있는 자[1])도 포함된다. 일단 이러한 요건을 충족하여 증여세 과세가액 불산입 규정이 적용된 경우에는 그 이후에 장애가 치유된 경우 단지 장애가 치유된 사실만으로 해당 재산가액을 증여받은 것으로 볼 수는 없다.[2]

나. 증 여 자

신설 당시에는 "그의 직계존비속과 대통령령이 정하는 친족으로부터" 증여받는 경우로 적용범위가 한정되어 있었으나, 2016년 개정(2017년 1월 1일부터 시행)에서 해당 문구가 삭제되어 현재는 증여자의 범위에는 제한이 없는 것으로 해석된다. 참고로, 2016년 이전의 증여자 범위는 6촌 이내의 혈족, 4촌 이내의 혈족, 친생자로서 타인에게 친양자 입양된 자 및 그 배우자·직계비속으로 한정되었고, 이에 따라 배우자는 장애인신탁을 위한 증여자가 될 수 없었다.

다. 증여재산

자본시장법상 신탁업자에게 신탁할 수 있는 재산으로서 금전, 유가증권, 부동산으로 한정된다(상증법 시행령 제45조의2 제3항). 자본시장법상으로는 동산, 지상권, 전세권, 부동산임차권, 부동산소유권 이전등기청구권, 그 밖의 부동산 관련 권리 등도 신탁재산에 포함될 수 있으나(자본시장법 제103조 제1항), 장애인신탁의 목적물에서는 제외된다는 점에 유의하여야 한다. 장애인신탁은 정기적으로 금전을 교부할 필요성을 고려한 결과라고 할 수 있으나, 입법론에서 언급하는 바와 같이 금전채권 등이 제외된 것은 합리적이라고 보기 어렵다.

라. 신 탁

위와 같은 요건을 충족한 경우에도, 1) 증여받은 재산 전부를 자본시장법상 신탁업자에게 신탁하였을 것, 2) 그 장애인이 신탁의 이익 전부를 받는 수익자일 것, 3) 신탁기

1) 소득세법 기본통칙 50-107…2.
2) 서면인터넷방문상담4팀-3802, 2006. 11. 17.

간이 그 장애인이 사망할 때까지로 되어 있을 것(장애인이 사망하기 전에 신탁기간이 끝나는 경우에는 신탁기간을 장애인이 사망할 때까지 계속 연장하여야 한다) 등 신탁 관련 요건도 추가로 충족하여야 한다. 신탁의 설정 시점에 관한 명시적인 제한은 없으나, 증여세 신고기한까지 신탁계약서 등을 첨부하여 제출하여야 한다(상증법 제52조의2 제3항, 상증법 시행령 제45조의2 제12항).

마. 사후관리

장애인신탁에 따라 증여세가 면제된 후, 1) 신탁을 해지하거나, 신탁기간이 끝난 경우에 그 기간을 연장하지 아니한 경우, 2) 신탁기간 중 수익자를 변경하거나, 신탁업자에게 신탁한 증여재산가액이 감소한 경우, 3) 신탁의 이익 전부 또는 일부가 해당 장애인이 아닌 자에게 귀속되는 것으로 확인된 경우에는 증여세가 부과될 수 있다는 점에 유의하여야 한다. 그런데 위와 같은 추징 사유에 따라 신탁재산으로부터 원금인출이 금지되어 있어 갑작스런 건강악화 등으로 추가비용이 발생한 경우 신탁재산으로써 이를 충당하는 것을 불가능하게 함으로써 신탁으로써 효용을 현저하게 감퇴시킨다는 지적이 있었고,[1] 이에 따라 2017년 개정(2018년 1월 1일 시행)에서는 부득이한 사유가 있는 경우 이외에 1) 장애인 본인의 의료비 및 간병비용, 2) 장애인 본인의 특수교육비(장애인의 재활교육을 위하여 지급하는 비용 등의 용도로 인출되는 경우)도 추징 대상에서 제외되는 것으로 규정하고 있다.

3. 타익신탁

가. 수 익 자

자익신탁은 일단 증여받은 재산을 신탁하는 경우에 적용되는 것이므로 수증자, 위탁자 및 수익자가 장애인이어야 함에 비하여, 타익신탁에서는 증여자인 위탁자가 신탁한 재산에 대해서 적용되는 것이므로 수익자가 장애인이면 된다. 신탁의 내용상 그 장애인이 신탁의 이익을 전부받는 수익자여야 한다는 점은 자익신탁의 경우와 동일하지만, 장애인이 사망한 경우 잔여재산에 대해서는 예외가 인정된다는 점에서 차이가 있다.

나. 증여자(위탁자) 및 증여재산

증여자(위탁자)에 대한 제한이 없다는 점 및 자본시장법상 신탁업자에게 신탁할 수 있는 재산으로서 금전, 유가증권, 부동산으로 한정된다는 점은 자익신탁의 경우와 동일하다.

---

1) 건국대 산학협력단, 〈장애인신탁의 활성화 및 발전방안에 관한 연구〉, 7면.

다. 신 탁

신탁업자에 대하여 신탁되어야 한다는 점은 자익신탁의 경우와 동일하며, 1) 장애인이 사망하기 전에 신탁이 해지 또는 만료되는 경우에는 잔여재산이 그 장애인에게 귀속될 것, 2) 장애인이 사망하기 전에 수익자를 변경할 수 없을 것, 3) 장애인이 사망하기 전에 위탁자가 사망하는 경우에는 신탁의 위탁자 지위가 그 장애인에게 이전될 것 등의 요건도 충족하여야 한다.

4. 과세가액 불산입

자익신탁한 증여재산 가액(그 장애인이 살아 있는 동안 증여받은 재산가액을 합친 금액) 및 타익신탁 원본의 가액을 합산한 금액(그 장애인이 살아 있는 동안 그 장애인을 수익자로 하여 설정된 타익신탁의 설정 당시 원본가액을 합친 금액)을 합산한 금액은 5억원 한도 내에서 증여세 과세가액에 산입하지 아니한다(상증법 제52조의2 제3항). 이러한 증여세 과세가액 불산입을 적용받기 위해서는 증여세 신고기한까지 납세지 관할세무서장에게 신청항여야 하며, 타익신탁의 경우에는 최초로 증여받은 신탁의 수익에 대한 신고기한까지 이러한 신청을 하면 그 후에 받는 수익에 대해서는 증여세 과세가액 불산입이 적용되는 범위 내에서는 증여세 신고 및 위 적용신청을 하지 아니할 수 있다(같은 조 제5항 및 제6항).

5. 입 법 론

위와 같이 1998년부터 장애인신탁 관련 증여세 비과세 규정이 도입되었으나 현재까지도 크게 활용되고 있다고 보기는 어려운데, 이는 신탁에 관한 인식 부족 이외에도 다음과 같은 입법론적 문제점에서 기인하는 것으로 볼 수 있다.[1)]

첫째, 현재의 저금리기조를 고려하면 장애인의 안정적인 생활을 위해서는 상당규모의 신탁재산이 필요하다. 이러한 상황에서 신탁재산에 대한 증여세면제 한도액 5억원은 장애인신탁의 활성화라는 측면에서 보면 매우 미흡하다고 할 수 있다.

둘째, 위와 같이 완화되기는 하였으나 원금 인출이 원칙적으로 금지되고 의료비 및 특수교육비 등 명시된 용도로만 사용 가능하므로, 원금을 생계 유지를 위한 재원으로 사용할 수는 없어 신탁의 효용이 감소될 수밖에 없다.

셋째, 상속세와 증여세 관련하여는 원본 인출 금지를 전제로 증여세가 비과세되므로,

1) 건국대 산학협력단, 〈장애인신탁의 활성화 및 발전방안에 관한 연구〉, 15~20면.

장애인의 생계를 위한 재원은 신탁재산의 운용수익(이자, 배당)으로 충당할 수밖에 없는 상황에서 운용수익(신탁소득)에 대해 과세를 하게 되면 큰 실익이 없다고 볼 수도 있다. 즉, 생계 유지를 위한 원본 사용이 허용되거나 신탁소득에 관한 소득과세 비과세 또는 감면이 병행되지 않으면 큰 실익이 없다고 할 수 있다.

넷째, 수탁가능재산이 금전, 유가증권, 부동산으로 국한되어 있어 예컨대 금전채권은 수탁할 수 없는 등 증여자가 소유하고 있는 다양한 재산이 장애인을 위한 신탁재산으로 활용되는 것에 제약이 있다.

제4절 공익신탁

상증법 제17조 (공익신탁재산에 대한 상속세 과세가액 불산입)

① 상속재산 중 피상속인이나 상속인이 「공익신탁법」에 따른 공익신탁으로서 종교·자선·학술 또는 그 밖의 공익을 목적으로 하는 신탁(이하 이 조에서 "공익신탁"이라 한다)을 통하여 공익법인등에 출연하는 재산의 가액은 상속세 과세가액에 산입하지 아니한다.

② 제1항을 적용할 때 공익신탁의 범위, 운영 및 출연시기, 그 밖에 필요한 사항은 대통령령으로 정한다.

상증법 제52조 (공익신탁재산에 대한 증여세 과세가액 불산입)

증여재산 중 증여자가 「공익신탁법」에 따른 공익신탁으로서 종교·자선·학술 또는 그 밖의 공익을 목적으로 하는 신탁을 통하여 공익법인등에 출연하는 재산의 가액은 증여세 과세가액에 산입하지 아니한다. 이 경우 제17조 제2항을 준용한다.

상증법 시행령 제14조 (공익신탁의 범위등)

① 법 제17조 제1항의 규정에 의한 공익신탁은 다음 각호의 요건을 갖춘 것으로 한다.

1. 공익신탁의 수익자가 제12조에 규정된 공익법인등이거나 그 공익법인등의 수혜자일 것
2. 공익신탁의 만기일까지 신탁계약이 중도해지되거나 취소되지 아니할 것
3. 공익신탁의 중도해지 또는 종료시 잔여신탁재산이 국가·지방자치단체 및 다른 공익신탁에 귀속될 것

② 법 제17조 제1항에 따라 상속세과세가액에 산입하지 아니하는 재산은 상속세과세표준 신고기한까지 신탁을 이행하여야 한다. 다만, 법령상 또는 행정상의 사유로 신탁 이행이 늦어지면 그 사유가 끝나는 날이 속하는 달의 말일부터 6개월 이내에 신탁을 이행하여야 한다.

1. 연혁 및 입법취지

공익신탁을 통하여 공익법인에 출연하는 경우에 관한 규정은 1996년 상증법으로 전면개정하면서 신설된 규정으로서, 함께 신설된 상증법 제9조 제1항에 따른 문제점을 보완하는 규정으로 이해할 수 있다. 상증법 제9조 제1항 본문은 피상속인이 신탁한 재산이 원칙적으로 상속재산에 포함되도록 규정하고 있으므로, 공익신탁된 재산도 위탁자가 사망한 경우에 상속재산에 포함되어야 한다. 같은 항 단서에서 타인이 갖는 수익권을 제외하도록 규정하고 있으나, 공익신탁의 경우에는 수익자가 따로 없으므로 위 단서 규정에 의하여 공익신탁재산이 상속재산에서 제외될 수도 없다.

2. 적용범위

상증법 제17조 및 제52조는 모든 공익신탁에 신탁한 재산 자체가 아니라 공익신탁을 통하여 공익법인등에 출연하는 재산이 상속세 또는 증여세 과세가액 불산입 대상이 된다는 점에 유의할 필요가 있다. 이에 관하여 상증법 시행령 제14조 제1항은 1) 공익신탁의 수익자가 제12조에 규정된 공익법인등이거나 그 공익법인등의 수혜자일 것, 2) 공익신탁의 만기일까지 신탁계약이 중도해지되거나 취소되지 아니할 것, 3) 공익신탁의 중도해지 또는 종료시 잔여신탁재산이 국가·지방자치단체 및 다른 공익신탁에 귀속될 것 등을 보다 구체적으로 정하고 있다.

공익신탁법 제4조 제8호 나목은 “특정 개인이나 단체에 기부하거나 그 밖의 이익을 제공하는 것을 사업내용으로 하지 아니할 것. 다만, 다른 공익신탁이나 「공익법인의 설립·운영에 관한 법률」에 따른 공익법인(이하 “공익신탁등”이라 한다)에 이익을 제공하는 경우로서 해당 공익신탁의 공익사업을 수행하기 위하여 필요한 경우에는 그러하지 아니하다.”고 규정하고 있으므로, 공익신탁의 경우에는 원칙적으로 수익자의 개념이 있을 수 없고 예외적으로 공익신탁이나 공익법인에 한하여 수익자가 될 수 있는 것인데, 위 상증법 및 그 시행령에 의하면 공익신탁의 원칙적인 형태(수익자가 없는 경우)에 대해서는 상속세 및 증여세 면제가 적용될 여지가 없게 되고, 공익신탁이 공익법인의 수혜자에게 이익을 직접 지급하는 경우에 위 과세가액 불산입 규정이 적용될 수 있는지 여부가 명확하지 않다.[1)]

1) 유사한 취지로 공익신탁법 제정 전의 상황에 관한 김성균, 〈공익신탁 세제의 현황과 그 개선방안〉, 195면과 196면.

3. 입 법 론

위와 같이 공익신탁 자체가 아니라 궁극적으로 공익법인에 출연된 재산으로 한정함으로써 공익신탁 중에서도 일부 형태에 대해서만 상속세 및 증여세를 과세하지 않는 것이 타당한 입법인지 여부는 재검토가 필요하다. 특히, 공익신탁 관련 규정이 최초로 도입될 1996년 당시와 달리, 2015년 공익신탁법이 제정·시행되어 공익신탁의 설립 및 운영에 관한 사항이 보다 구체적으로 규제·감독될 수 있는 상황이 되었으므로, 공익신탁 자체를 공익법인과 별개로 상속세 및 증여세 비과세 대상으로 규정하는 방안을 적극적으로 검토하여야 할 것이다.

제 5 절 재산의 평가

상증법 제65조 (그 밖의 조건부 권리 등의 평가)

① 조건부 권리, 존속기간이 확정되지 아니한 권리, 신탁의 이익을 받을 권리 또는 소송 중인 권리 및 대통령령으로 정하는 정기금(定期金)을 받을 권리에 대해서는 해당 권리의 성질, 내용, 남은 기간 등을 기준으로 대통령령으로 정하는 방법으로 그 가액을 평가한다.

② 그 밖에 이 법에서 따로 평가방법을 규정하지 아니한 재산의 평가에 대해서는 제1항 및 제60조부터 제64조까지에 규정된 평가방법을 준용하여 평가한다.

상증법 시행령 제61조 (신탁의 이익을 받을 권리의 평가)

① 법 제65조 제1항에 따른 신탁의 이익을 받을 권리의 가액은 다음 각 호의 어느 하나에 따라 평가한 가액으로 한다. 다만, 평가기준일 현재 신탁계약의 철회, 해지, 취소 등을 통해 받을 수 있는 일시금이 다음 각 호에 따라 평가한 가액보다 큰 경우에는 그 일시금의 가액으로 한다.

1. 원본을 받을 권리와 수익을 받을 권리의 수익자가 같은 경우에는 평가기준일 현재 법에 따라 평가한 신탁재산의 가액
2. 원본을 받을 권리와 수익을 받을 권리의 수익자가 다른 경우에는 다음 각 목에 따른 가액
   가. 원본을 받을 권리를 수익하는 경우에는 평가기준일 현재 법에 따라 평가한 신탁재산의 가액에서 나목의 계산식에 따라 계산한 금액의 합계액을 뺀 금액
   나. 수익을 받을 권리를 수익하는 경우에는 평가기준일 현재 기획재정부령으로 정

하는 방법에 따라 추산한 장래에 받을 각 연도의 수익금에 대하여 수익의 이익에 대한 원천징수세액상당액등을 고려하여 다음의 계산식에 따라 계산한 금액의 합계액

$$\frac{\text{각 연도에 받을 수익의 이익} - \text{원천징수세액상당액}}{(1+\text{신탁재산의 평균 수익률 등을 고려하여 기획재정부령으로 정하는 이자율})^n}$$

n: 평가기준일부터 수익시기까지의 연수

② 제1항 나목에 따라 계산할 때 수익시기가 정해지지 않은 경우 평가기준일부터 수익시기까지의 연수는 제62조 제2호 또는 제3호를 준용하여 20년 또는 기대여명의 연수로 계산한다.

1. 연혁 및 입법취지

신탁의 이익을 받을 권리가 상속재산 또는 증여재산으로 보는 규정은 구 상속세법과 증여세법 제정 당시부터 있었고, 이에 따라 그에 관한 평가 규정도 시행령에 규정되기 시작하였는데, 처음에는 "신탁의 이익을 받을 권리는 그 신탁재산의 가액"에 따르는 비교적 단순한 형태였다. 그 후 1971년 개정에서 원본과 수익의 수익자가 다른 경우를 분리하기 시작하였고, 1988년에는 수익에 관한 수익권의 경우에 현재가치로 환산하는 규정이 도입되었는데, 모두 상속개시일 당시를 기준으로 하는 형태였고 최초로 정해진 할인율은 당시의 시중 금리보다 낮은 수준인 10%가 적용되었다.

1996년 상증법으로 전면개정되면서는 원본의 경우에도 수익시기까지의 기간에 대해서 현재가치 할인이 적용되는 것으로 바뀌었고, 할인율은 10%로 유지되다가 2017년 개정시부터 3%가 적용되었으며, 2019년에는 "평가기준일 현재 신탁계약의 철회, 해지, 취소 등을 통해 받을 수 있는 일시금이 다음 각 호에 따라 평가한 가액보다 큰 경우에는 그 일시금의 가액에 의한다."는 단서의 제한이 추가되었다.

2. 원칙 — 본문에 따른 평가

가. 원본과 수익에 관한 수익자가 같은 경우

원본을 받을 권리와 수익을 받을 권리의 수익자가 같은 경우에는 평가기준일 현재 상증법에 따라 평가한 신탁재산의 가액을 수익권의 가액으로 한다(상증법 시행령 제61조 제1항 제1호). 예컨대, 부동산을 신탁재산으로 하는 신탁의 수익권의 원본과 수익이 모두 동일한 수익자에게 귀

속되는 경우, 그 부동산을 상증법 제61조에 따라 평가한 금액이 수익권의 가액이 되는 것이다. 종전에는 수익에 원천징수세액을 차감하고 수익시기까지의 기간을 고려한 현재가치 할인이 적용되었으나, 2021년 개정된 시행령에서는 이러한 차감 및 할인을 고려하지 않는 것으로 개정되었다.

나. 원본과 수익에 관한 수익자가 다른 경우

먼저, 수익을 받을 권리의 가액은 장래받을 수익금에 대하여 수익에 대한 원천징수세액을 차감한 다음 평가기준일부터 수익시기까지 연수를 고려하여 현재가치로 할인한 금액으로 평가한다(상증법 시행령 제61조 제1항 제2호 나목). 여기서 장래받을 수익금이 확정되어 있지 않은 경우에는 원본의 가액에 3%를 곱하여 계산한 금액에 의하며(상증법 시행규칙 제19조의2 제2항), 수익시기가 정해지지 않은 경우에는 상증법 시행령 제62조 제2호 또는 제3호를 준용하여 (무기정기금인 경우와 같이) 20년으로 하거나 (종신정기금의 경우와 같이) 통계법 제18조에 따라 통계청장이 승인하여 고시하는 통계표에 따른 수익자의 성별·연령별 기대여명을 기준으로 한다.

한편, 원본을 받을 권리의 가액은 평가기준일 현재 상증법에 따라 평가한 신탁재산의 가액에서 수익을 받을 권리의 가액을 뺀 금액으로 평가한다(상증법 시행령 제61조 제1항 제2호 가목). 종전에는 수익에 대한 원천징수 세액을 고려하지 않을 뿐이고 평가일부터 수익시기까지의 기간을 고려하여 현재가치 할인을 하는 방식을 취함으로써 수익 부분과 독립적으로 평가하는 방식을 취하고 있었으나 2021년 시행령이 개정되면서 위와 같이 현재가치 할인을 적용하지 않고 수익을 받을 권리를 공제하는 방식으로 바뀌었다.

3. 예외 — 단서에 따른 제한

평가기준일 현재 신탁계약의 철회, 해지, 취소 등을 통해 받을 수 있는 일시금이 위와 같이 현재가치로 환산한 금액보다 큰 경우에는 그 일시금의 가액에 의한다(상증법 시행령 제61조 단서). 평가기준일 현재 받을 수 있는 일시금에 대해서만 적용되는 것이므로, 앞서 예를 든 원리금 분할 수령 상품과 같이 증여시기가 최초 수령 시점에 도래하고 당시 계약상 철회나 해지를 갖고 있지 않은 경우에는 그 후 합의나 취소사유 발생에 따라 취소하는 경우에는 위 규정이 적용된다고 보기 어려울 것이다.

제 3 장　부가가치세법

제 1 절　납세의무자

부가가치세법 제3조 (납세의무자)

① 다음 각 호의 어느 하나에 해당하는 자로서 개인, 법인(국가·지방자치단체와 지방자치단체조합을 포함한다), 법인격이 없는 사단·재단 또는 그 밖의 단체는 이 법에 따라 부가가치세를 납부할 의무가 있다.

1. 사업자
2. 재화를 수입하는 자

② 제1항에도 불구하고 대통령령으로 정하는 신탁재산(이하 "신탁재산"이라 한다)과 관련된 재화 또는 용역을 공급하는 때에는 「신탁법」 제2조에 따른 수탁자(이하 이 조, 제3조의2, 제8조, 제10조 제9항 제4호, 제52조의2 및 제58조의2에서 "수탁자"라 한다)가 신탁재산별로 각각 별도의 납세의무자로서 부가가치세를 납부할 의무가 있다.

③ 제1항 및 제2항에도 불구하고 다음 각 호의 어느 하나에 해당하는 경우에는 「신탁법」 제2조에 따른 위탁자(이하 이 조, 제3조의2, 제10조 제9항 제4호 및 제52조의2에서 "위탁자"라 한다)가 부가가치세를 납부할 의무가 있다.

1. 신탁재산과 관련된 재화 또는 용역을 위탁자 명의로 공급하는 경우
2. 위탁자가 신탁재산을 실질적으로 지배·통제하는 경우로서 대통령령으로 정하는 경우
3. 그 밖에 신탁의 유형, 신탁설정의 내용, 수탁자의 임무 및 신탁사무 범위 등을 고려하여 대통령령으로 정하는 경우

④ 제2항에 따라 수탁자가 납세의무자가 되는 신탁재산에 둘 이상의 수탁자(이하 "공동수탁자"라 한다)가 있는 경우 공동수탁자는 부가가치세를 연대하여 납부할 의무가 있다. 이 경우 공동수탁자 중 신탁사무를 주로 처리하는 수탁자(이하 "대표수탁자"라 한다)가 부가가치세를 신고·납부하여야 한다.

⑤ 제2항부터 제4항까지에서 규정한 사항 외에 신탁 관련 납세의무의 적용에 필요한 사항은 대통령령으로 정한다.

1. 연혁 및 입법취지

가. 2017년 개정 이전

2017. 12. 19. 개정(2018. 1. 1. 시행)되기 전의 부가가치세법(이하 '구 부가가치세법'이라

한다)은 신탁 내지 신탁재산과 관련한 규정을 두지 않았고, 이에 따라 1) 신탁의 설정에 따라 위탁자가 수탁자에게 신탁재산을 이전하거나 신탁의 종료에 따라 수탁자가 위탁자에게 신탁재산을 반환하는 경우, 2) 위탁자가 타인을 수익자로 지정하거나 수익자(위탁자)가 수익권을 양도하는 경우, 3) 수탁자가 신탁재산을 처분하거나 임대하는 경우에 부가가치세가 과세되는지 여부 및 그 납세의무자, 납세시점 등은 모두 해석에 맡겨져 있었다.

그 중에서도 위 3)에 해당하는 경우와 관련하여, 대법원은 종래 신탁법에 의한 신탁이 위탁매매와 같이 "자기(수탁자) 명의로 타인(위탁자)의 계산에 의하여 재화 또는 용역을 공급하거나 또는 공급받는 등의 신탁업무를 처리하고 그 보수를 받는 것이어서, 신탁재산의 관리·처분 등 신탁업무를 처리함에 있어서의 사업자 및 이에 따른 부가가치세 납세의무자는 원칙적으로 위탁자라고 보아야 한다."고 하면서, 다만 "신탁계약에 있어서 위탁자 이외의 수익자가 지정되어 신탁의 수익이 우선적으로 수익자에게 귀속하게 되어 있는 타익신탁의 경우에는, 그 우선수익권이 미치는 범위 내에서는 신탁재산의 관리·처분 등으로 발생한 이익과 비용도 최종적으로 수익자에게 귀속되어 실질적으로는 수익자의 계산에 의한 것으로 되므로, 이 경우 사업자 및 이에 따른 부가가치세 납세의무자는 위탁자가 아닌 수익자로 보아야 한다."고 해석함으로써, 자익신탁의 경우에는 위탁자가, 타익신탁의 경우에는 수익자가 각각 부가가치세 납세의무자가 된다고 보았다.[1] 다만, 조세심판원과 국세청은 실질적 통제권에 따라 부가가치세 납세의무자를 달리 보고, 실질적 통제권이 이전하는 단계에서 별도로 부가가치세 과세된다는 논리를 취하고 있었다.

그러나 대법원 2017. 5. 18. 선고 2012두22485 전원합의체 판결에서 위와 같은 종전의 판례를 변경하여, "재화를 공급하는 자는 위탁매매나 대리와 같이 부가가치세법에서 별도의 규정을 두고 있지 않는 한 계약상 또는 법률상의 원인에 의하여 그 재화를 사용·소비할 수 있는 권한을 이전하는 행위를 한 자를 의미한다"고 전제 한 후, "수탁자가 위탁자로부터 이전받은 신탁재산을 관리·처분하면서 재화를 공급하는 경우 수탁자 자신이 신탁재산에 대한 권리와 의무의 귀속주체로서 계약당사자가 되어 신탁업무를 처리한 것이므로, 이때의 부가가치세 납세의무자는 재화의 공급이라는 거래행위를 통하여 재화를 사용·소비할 수 있는 권한을 거래상대방에게 이전한 수탁자로 보아야" 한다는 입장을 취하였다.

나. 2018년부터 2021년

대법원이 위 전원합의체 판결에서 "위탁매매와 같이 별도의 규정이 없는 한" 수탁자

1) 대법원 2003. 4. 25. 선고 99다59290 판결 등.

를 납세의무자로 하여야 한다고 판시한 점 등을 고려하여, 2017년 12월 19일 개정된 부가가치세법 제10조 제8항(2020. 12. 22. 삭제, 이하 '구법 제10조 제8항'이라 한다)에서는, "신탁재산을 수탁자의 명의로 매매할 때에는 신탁법 제2조에 따른 위탁자가 직접 재화를 공급하는 것"으로 보도록 함으로써, 신탁재산을 수탁자가 매매하는 경우에 위탁매매와 동일한 구조로 파악하여 원칙적으로 위탁자를 납세의무자로 보는 특례 규정을 신설한 바 있다. 따라서 다시 수탁자를 납세의무자로 보도록 규정한 개정 법령(현행 부가가치세법 제3조 제2항)이 시행되는 2022. 1. 1. 전까지는 구법 제10조 제8항에 따라 위탁자를 원칙적인 납세의무자로 보아야 한다. 다만, 이와 관련하여는 다음 2가지 사항을 유의하여야 한다.

(1) 담보신탁의 경우

구법 제10조 제8항 단서 및 부가가치세법 시행령 제21조의2는 수탁자가 위탁자로부터 자본시장법 제103조 제1항 제5호(부동산) 또는 제6호(부동산에 관한 권리)의 재산을 위탁자의 채무이행을 담보하기 위하여 수탁으로 운용하는 내용으로 체결되는 신탁계약을 체결한 경우로서, 수탁자가 그 채무이행을 위하여 신탁재산을 처분하는 경우에는 수탁자가 재화를 공급하는 것으로 간주하도록 하였다. 따라서 자본시장법이 적용되지 않는 수탁업무를 수행하는 공기업이 위탁자의 채무 이행을 위하여 신탁재산을 처분하는 경우,[1] 신탁의 목적물이 부동산 또는 부동산에 관한 권리가 아닌 경우 등에는 위와 같은 예외가 적용되지 않으므로 본문의 원칙에 따라 위탁자를 납세의무자로 보게 되었다. 또한, 위 예외 규정은 신탁계약이 "위탁자의 채무이행을 담보하기 위하여" 체결되었을 뿐만 아니라, 신탁재산의 처분도 "그 채무이행을 위하여" 이루어지는 경우에 적용되었다. 따라서 구법 제10조 제8항 아래에서 담보신탁계약이 체결되었고 수탁자가 처분행위를 하였다고 하더라도 위탁자가 수분양자와 부동산(신탁재산) 매매계약을 체결하였으나 신탁계약상의 수익권 가압류 등 제한권리 사항이 존재하여 우선수익자가 수탁자에게 직접 소유권이전을 요청함에 따라, 수탁자가 별도의 매매계약을 체결하여 수분양자에게 소유권을 이전한 경우에는 위탁자가 납세의무자가 되는 것으로 해석되었다.[2]

(2) 신탁재산 매매 이외의 경우

구법 제10조 제8항은 수탁자에 의한 신탁재산 매매에 관하여 위탁매매와 같은 논리를 적용하여 납세의무자에 관한 예외를 규정한 것이므로, 수탁자가 신탁재산 매매 이외의 처분·관리행위를 함으로써 재화 또는 용역의 공급이 이루어지는 경우에는 위 규정이 아니라 일반원리에 따라 부가가치세 납세의무자를 판단하여야 한다. 그런데 대법원

1) 사전-2018-법령해석부가-0184, 2018. 6. 26.
2) 사전-2019-법령해석부가-0203, 2019. 5. 24.

2017. 5. 18. 선고 2012두22485 전원합의체 판결은 앞서 본 바와 같이 수탁자가 위탁자로부터 이전받은 신탁재산을 관리·처분하면서 재화를 공급하는 경우에 별도의 규정이 없는 이상 수탁자가 납세의무자가 되어야 한다고 보았으므로, 결국 수탁자가 원칙적인 납세의무자가 된다고 보아야 한다.[1] 과세당국도 신탁법에 따른 수탁자가 신탁부동산에 대한 유지·보존, 처분 및 수익금의 운용·관리 등의 업무를 수행하는 한편, 신탁부동산의 처분권은 지정된 수익자가 가지는 신탁에 있어서, 수탁자가 신탁에 따른 수탁자의 권한으로 위탁자와 수탁부동산에 관한 임대차 계약을 체결하고 임대료를 지급받는 경우 동 부동산 임대용역에 대한 부가가치세 납세의무자는 수탁자가 되는 것이라고 함으로써 같은 입장을 취하고 있다.[2]

다. 2022년 이후(시행 예정인 개정법률)

신탁재산의 매매에 따른 부가가치세를 원칙적으로 위탁자가 납부하도록 한 구법 제10조 제8항은 다음과 같은 점에서 많은 비판을 받아 왔다.

첫째, 대법원은 2017년 전원합의체 판결을 통해 거래의 외형에 대해 부과하는 부가가치세의 본질에 주목하여 수탁자가 원칙적인 부가가치세의 납세의무자가 되어야 한다는 취지의 판시를 하였음에도 불구하고, 구법 제10조 제8항은 여전히 위탁자가 원칙적인 납세의무자라고 규정하고 있다. 다만 담보신탁의 예외적인 경우에 한하여 수탁자가 납세의무자라고 규정하여 판례와의 직접적인 충돌을 소극적으로 회피하였다.

둘째, 구법 제10조 제8항은 신탁재산과 관련된 거래 중 재화의 공급에 대해서만 규율함으로써, 용역의 공급에 대한 규율을 사실상 공백으로 남기고 있다.[3] 그 결과 과세실무상 재화의 공급은 원칙적으로 위탁자가 납세의무자이나, 부동산 임대 등 용역의 공급은 대법원 판례에 따라 수탁자가 납세의무자로 부가가치세를 납부하고 있다.

셋째, 자본시장법상 재산을 위탁한 특수한 형태의 담보신탁의 경우를 제외하고는 모두 위탁자가 납세의무자라고 일률적으로 규정함에 따라 탄력적인 과세를 불가능하게 만들었다.

구 법 제10조 제8항의 입법취지는, 종래 과세 실무상 위탁자가 납세의무자이고 예외적으로 실질적 통제권이 이전되는 경우 수익자가 납세의무자가 된다고 보았는데, 입법을 통해 갑작스럽게 수탁자를 납세의무자로 보게 되면 혼란이 발생할 것을 고려한 것으로 보인다. 또한 종래 '실질적 통제권'이라는 불명확한 개념을 통해 부가가치세 납세의무자

1) 이동식, 〈신탁 관련 부가가치세 및 종합부동산세의 문제점과 개선방안〉, 2019년 한국세무학회 추계학술발표대회 발표논문집, 72면.
2) 기획재정부 부가가치세제과-419, 2019. 7. 4.
3) 이전오 외 2인, 〈세법상 신탁제도 관련 개편방안〉, 287면.

를 판단하도록 함에 따라 법적 안정성을 확보하기 어려웠다는 점을 고려하여, 이에 대한 해결책으로 가급적 일률적인 기준에 따라 납세의무자를 결정하도록 한 것으로 이해할 수 있다. 그러나 부가가치세는 거래의 외형에 대해 부과하는 거래세의 형태를 띠고 있다는 점에서 수탁자가 원칙적인 납세의무자라고 보는 대법원의 태도에 따라 부가가치세를 규율하는 것이 타당하다.

이러한 비판점을 받아들여 2020년 개정된 부가가치세법은 1) 신탁재산과 관련된 재화와 용역 공급의 납세의무자를 규정하는 일반 조항을 신설하고, 2) 원칙적으로 수탁자를 납세의무자로 보되, 3) 예외적으로 거래의 외형상 위탁자가 공급하는 것으로 볼 수 있는 경우 등에는 위탁자가 납세의무자가 될 수 있도록 규율하여, 대법원 판례의 태도와 일치하면서 탄력적인 과세가 가능하도록 개정되었다. 그 결과 거래 당사자 인식이 용이해지고 세금계산서 수수 등이 명확해지는 효과가 발생할 것으로 예상된다.[1)]

2. 적용범위

부가가치세법 제3조 제2항 및 제3항은 '신탁재산'과 관련한 재화 또는 용역을 공급하는 때에 적용된다. 여기서 신탁재산의 범위에 관하여 부가가치세법 시행령 제5조의2 제1항은 '신탁법 또는 다른 법률에 따른 신탁재산(해당 신탁재산의 관리, 처분 또는 운용 등을 통하여 발생한 소득 및 재산을 포함한다)'을 의미하는 것으로 정의하고 있다. 소득세법, 법인세법 등에서 신탁재산의 범위를 별도로 규정하지 않고 있는데, 개정된 부가가치세법이 거래의 외형에 초점을 맞추어 수탁자를 원칙적인 납세의무자로 하고 있음과 같은 맥락에서 신탁재산의 범위를 근거 법률에 따라 보다 명확히 하기 위한 것으로 볼 수 있다. 아울러, 신탁재산의 관리, 처분 또는 운용 등을 통하여 발생한 소득 및 재산을 포함하는 것으로 명시한 것은 이러한 소득 및 재산과 관련한 부가가치세 납세의무자에 관하여 해석상 혼란이 발생하는 것을 방지하기 위한 것으로 볼 수 있다.

나아가, 부가가치세법 제3조 제2항 및 제3항은 신탁재산과 '관련'한 재화 또는 용역의 공급에 적용되는데, 위에서 언급된 바와 같이 부가가치세법 시행령 제5조의2 제1항에서 '신탁재산의 관리, 처분 또는 운용 등을 통하여 발생한 소득 및 재산'까지 신탁재산의 범위에 포함되는 것으로 명시한 취지상 넓게 해석하는 것이 합리적일 것이다. 다만, 위탁자로부터 수탁자에게 신탁재산을 이전하는 경우, 신탁의 종료로 인하여 수탁자로부터 위탁자에게 신탁재산을 이전하는 경우, 수탁자가 변경되어 새로운 수탁자에게 신탁재산을 이전하는 경우 등은 부가가치세법 제10조 제9항 제4호에 따라 부가가치세가 비과세되므

1) 기획재정부, 〈2020년 세법개정안 문답자료〉, 14면.

로 위 조항이 적용될 여지가 없다는 점에 유의할 필요가 있다.

3. 원칙 — 수탁자가 납세의무자

가. 수탁자

개정된 부가가치세법 제3조 제2항은 신탁재산과 관련된 재화 또는 용역 공급의 납세의무자는 원칙적으로 수탁자라고 규정하면서, 여기서 수탁자는 신탁법 제2조에 따른 수탁자, 즉 '신탁을 인수하는 자'로 명시되어 있다. 앞서 언급된 바와 같이 신탁재산은 신탁법 또는 다른 법률에 따른 신탁재산으로 정의되어 있어, 규정체계상으로는 다른 법률에 따른 신탁재산의 경우에도 신탁법 제2조에 따라 신탁을 인수하는 자가 수탁자로서 납세의무자가 된다.

한편, 수탁자가 납세의무자가 되는 신탁재산에 다수의 공동수탁자가 있는 경우에는 그 공동수탁자들은 부가가치세에 관한 연대납세의무를 부담하며, 공동수탁자 중 신탁사무를 주로 처리하는 수탁자는 대표수탁자로서 부가가치세를 신고·납부할 의무를 부담한다. 법인과세 신탁재산에 관하여 공동수탁자가 있는 경우(법인세법 제75조의13)와 규정의 체계에는 다소 차이가 있으나 유사한 취지와 결과를 갖는다고 할 수 있다.

나. 신탁재산별

수탁자는 신탁재산별로 각각 별도의 납세의무자로서 부가가치세를 납부할 의무가 있는 것이므로, 수탁자가 둘 이상의 신탁재산을 소유하는 경우 신탁재산별로 부가가치세 납세의무가 성립한다. 이에 따라 납세의무자가 되는 수탁자는 해당 신탁재산을 사업장으로 보아 사업개시일로부터 20일 이내에 사업장 관할 세무서장에게 사업자등록 신청을 하여야 한다(부가가치세법 제8조 제6항). 이 경우 해당 신탁재산의 등기부상 소재지, 등록부상 등록지 또는 신탁사업에 관한 업무를 총괄하는 장소를 사업장으로 하며(부가가치세법 시행령 제8조 제7항), 신탁재산에 관하여 공동수탁자가 있는 경우에는 대표수탁자가 사업자등록을 하면 된다(부가가치세법 제8조 제6항).

4. 예외 — 위탁자가 납세의무자

부가가치세법 제3조 제3항은 1) 신탁재산과 관련된 재화 또는 용역을 위탁자 명의로 공급하는 경우, 2) 위탁자가 신탁재산을 실질적으로 지배 통제하는 경우로서 대통령령으로 정하는 경우, 3) 그 밖의 신탁의 유형, 신탁설정의 내용 등을 고려하여 대통령령으로 정하는 경우에는 예외적으로 위탁자가 납세의무자라고 규정하고 있다. 이는 위탁자를 거래의 외형상 공급자로 볼 수 있을 때는 위탁자를 납세의무자로 보면서도, 거래의 현실과 성격에 따라 융통성을 부여하기 위한 것이라고 할 수 있다.

개정된 부가가치세법 시행령은 위탁자가 신탁재산을 실질적으로 지배·통제하는 경우에 대하여 1) 부동산개발사업 목적 신탁으로서 수탁자가 개발사업비 조달의무를 부담하지 아니하는 경우, 2) 수탁자가 재개발사업·재건축사업 또는 가로주택정비사업·소규모재건축사업의 사업대행자인 경우라고 규정하고 있다(부가가치세법 시행령 제5조의2 제1항).

> **부가가치세법 제3조의2 (신탁 관련 제2차 납세의무 및 물적납세의무)**
>
> ① 제3조 제2항에 따라 수탁자가 납부하여야 하는 다음 각 호의 어느 하나에 해당하는 부가가치세 또는 강제징수비(이하 "부가가치세등"이라 한다)를 신탁재산으로 충당하여도 부족한 경우에는 그 신탁의 수익자(「신탁법」 제101조에 따라 신탁이 종료되어 신탁재산이 귀속되는 자를 포함한다)는 지급받은 수익과 귀속된 재산의 가액을 합한 금액을 한도로 하여 그 부족한 금액에 대하여 납부할 의무(이하 "제2차 납세의무"라 한다)를 진다.
>
> 1. 신탁 설정일 이후에 「국세기본법」 제35조 제2항에 따른 법정기일이 도래하는 부가가치세로서 해당 신탁재산과 관련하여 발생한 것
> 2. 제1호의 금액에 대한 강제징수 과정에서 발생한 강제징수비
>
> ② 제3조 제3항에 따라 부가가치세를 납부하여야 하는 위탁자가 제1항 각 호의 어느 하나에 해당하는 부가가치세등을 체납한 경우로서 그 위탁자의 다른 재산에 대하여 강제징수를 하여도 징수할 금액에 미치지 못할 때에는 해당 신탁재산의 수탁자는 그 신탁재산으로써 이 법에 따라 위탁자의 부가가치세등을 납부할 의무(이하 "물적납세의무"라 한다)가 있다.
>
> ③ 제1항 및 제2항에서 정한 사항 외에 제2차 납세의무 및 물적납세의무의 적용에 필요한 사항은 대통령령으로 정한다.

1. 연혁 및 입법취지

가. 2018년부터 2021년

부가가치세법 제3조의2는 제10조 제8항과 함께 2018년부터 시행·적용되는 규정으로서 위 2개의 규정은 표리관계에 있다고 할 수 있다. 즉, 부가가치세법 제10조 제8항 본문에 따라 수탁자에 의한 신탁재산 매매의 경우에 위탁자를 원칙적인 납세의무자로 보게 되면, 위탁자에게 신탁재산이 있는 경우에도 신탁재산은 법률적으로 수탁자의 소유인 이

상 위탁자에 대한 부가가치세 채권만으로는 압류 등 체납처분을 하는 경우 당연무효가 되는 문제가 발생하므로,[1] 위 신설 조항에 따라 이러한 문제가 발생하는 것을 막기 위하여 위탁자에 대한 부가가치세 채권으로 예외적인 경우 수탁자에 대한 강제집행을 할 수 있도록 하기 위하여 부가가치세법 제3조의2가 신설되었다.

나. 2022년 이후(시행 예정인 개정 법률)

신탁재산의 부가가가치세 납세의무자가 원칙적으로 수탁자로 변경됨에 따라 신탁 관련 제2차 납세의무 및 물적납세의무 규정도 개정되었다. 수탁자가 납세의무자가 되는 원칙적인 경우에 있어 부가가치세 등이 체납되면 수익자가 지급받은 수익 등을 한도로 제2차 납세의무를 부담하게 된다. 반면 예외적으로 위탁자가 납세의무자가 되는 경우에는 수탁자가 신탁재산으로써 물적납세의무를 부담하게 되며, 수익자의 제2차 납세의무는 발생하지 않을 것으로 보인다.

2. 수익자의 제2차 납세의무

가. 요　　건

수익자의 제2차 납세의무가 발생하기 위해서는 부가가치세법 제3조 제2항에 의해 수탁자가 납세의무자인 경우여야 하며, 그 수탁자가 신탁재산에 관한 부가가치세를 체납해야 한다. 부가가치세법 제3조 제3항에 따라 위탁자가 납세의무자인 경우에 수탁자가 제3조의2 제2항에 의해 부담하는 물적납세의무와 관련하여도 수익자의 제2차 납세의무가 발생할 수 있는지 여부가 문제될 수 있다. 국세기본법 제2조 제11호는 제2차 납세의무자가 납세자가 납세의무를 이행할 수 없는 경우를 전제로 하는 것으로 규정하고 있는데, 같은 조 제10호는 여기서 '납세자'에 연대납세의무자와 제2차 납세의무자는 포함되는 것으로 명시하고 있으나, 물적납세의무자는 포함하고 있지 않으므로, 체계상 제외하는 것이 타당할 것이다.

수탁자의 신탁재산으로 부가가치세 또는 강제징수비를 충당할 수 없어야 한다. 이때 신탁재산이란 「신탁법」 또는 다른 법률에 따른 신탁재산을 의미하며 신탁재산의 관리, 처분 또는 운용 등을 통하여 발생한 소득 및 재산을 포함한다(부가가치세법 시행령 제5조의2 제1항). 또한, 부가가치세는 신탁 설정일 이후에 「국세기본법」 제35조 제2항에 따른 법정기일(신고일 또는 납부고지서 발송일)이 도래한 것으로서 해당 신탁재산과 관련하여 발생한 것이어야 한다.

---

1) 대법원 2012. 4. 12. 선고 2010두4612 판결.

나. 효　　과

수익자의 제2차 납세의무가 발생하면 수익자는 지급받은 수익과 귀속된 재산을 합한 금액을 한도로 하여 수탁자가 신탁재산으로 충당하기에 부족한 금액에 대하여 납부할 의무를 부담한다. 이때 신탁의 수익자에게 귀속된 재산의 가액은 신탁재산이 해당 수익자에게 이전된 날 현재의 시가로 하며, 시가의 기준은 제62조에 따른다(부가가치세법 시행령 제5조의3 제1항).

3. 수탁자의 물적납세의무

가. 요　　건

부가가치세법 제3조 제3항에 따라 위탁자가 신탁재산과 관련된 재화 또는 용역공급의 납세의무자여야 하며, 그 위탁자가 부가가치세를 체납할 것을 요한다. 이때 체납의 대상이 되는 부가가치세 등은 신탁 설정일 이후에 국세기본법 제35조 제2항 제7호에 따른 법정기일(부가가치세법 제52조의2 제1항에 따른 납부고지서의 발송일)이 도래하는 부가가치세와 그 체납처분비를 의미한다.

수탁자의 물적납세의무는 납세의무자인 위탁자의 다른 재산에 대하여 체납처분을 하여도 징수할 금액에 미치지 못할 때에만 성립한다. 이는 양도담보권자의 물적납세의무(국세기본법 제42조 제1항)와 유사하게 보충성을 요구하는 것이라고 할 수 있다.

나. 효　　과

수탁자의 물적납세의무가 발생하면 수탁자는 신탁재산을 한도로 부가가치세 납부의무를 부담한다. 이때 신탁재산이란 「신탁법」 또는 다른 법률에 따른 신탁재산을 의미하며 신탁재산의 관리, 처분 또는 운용 등을 통하여 발생한 소득 및 재산을 포함한다(부가가치세법 시행령 제5조의2 제1항).

부가가치세법 제10조 (재화 공급의 특례)

⑨ 다음 각 호의 어느 하나에 해당하는 것은 재화의 공급으로 보지 아니한다.

4. 신탁재산의 소유권 이전으로서 다음 각 목의 어느 하나에 해당하는 것
   가. 위탁자로부터 수탁자에게 신탁재산을 이전하는 경우
   나. 신탁의 종료로 인하여 수탁자로부터 위탁자에게 신탁재산을 이전하는 경우
   다. 수탁자가 변경되어 새로운 수탁자에게 신탁재산을 이전하는 경우

일반적으로 신탁계약이 체결되면, 그 내용에 따라 위탁자가 일정한 재산을 수탁자에게 이전하고 신탁계약이 종료되면 그 재산은 다시 위탁자에게 반환된다. 이에 따라 수탁자에 의한 신탁재산의 관리·처분과 별개로, 위와 같은 위탁자와 수탁자 간 거래에 관하여도 부가가치세 과세될 수 있는지 여부가 별도로 문제될 수 있다. 그런데 이러한 거래의 경우에는 위탁자가 수탁자에게 용역의 대가를 지급하는 것이 일반적이고 반대로 수탁자가 위탁자에게 대가를 지급하지 않으므로 부가가치세 과세대상에 관한 일반법리에 따를 때에도 별도의 규정에 의하여 공급의제가 되지 않는 한 부가가치세 과세대상이 될 수 없다고 보는 것이 타당하다.[1)] 과세당국도 신탁계약에 따라 위탁자가 수탁자에게 신탁재산을 이전하는 경우에는 관련 세금계산서를 발급하지 아니하는 것이라고 하여 같은 입장을 보인 바 있다.[2)]

위와 같은 점을 고려할 때, 2017년 12월 19일 신탁재산에 관한 다른 부가가치세법 규정들과 함께 도입된 부가가치세법 제10조 제9항 제4호는 확인적 의미를 갖는 규정이라고 할 수 있다.

1) 이동식, 앞의 논문, 74면.
2) 기획재정부 부가가치세제과-447, 2017. 9. 1.

제 4 장 지방세법

제 1 절 취 득 세

지방세법 제7조 (납세의무자 등)

⑤ 법인의 주식 또는 지분을 취득함으로써 「지방세기본법」 제46조 제2호에 따른 과점주주(이하 "과점주주"라 한다)가 되었을 때에는 그 과점주주가 해당 법인의 부동산등(법인이 「신탁법」에 따라 신탁한 재산으로서 수탁자 명의로 등기·등록이 되어 있는 부동산등을 포함한다)을 취득(법인설립 시에 발행하는 주식 또는 지분을 취득함으로써 과점주주가 된 경우에는 취득으로 보지 아니한다)한 것으로 본다. 이 경우 과점주주의 연대납세의무에 관하여는 「지방세기본법」 제44조를 준용한다.

⑦ 상속(피상속인이 상속인에게 한 유증 및 포괄유증과 신탁재산의 상속을 포함한다. 이하 이 장과 제3장에서 같다)으로 인하여 취득하는 경우에는 상속인 각자가 상속받는 취득물건(지분을 취득하는 경우에는 그 지분에 해당하는 취득물건을 말한다)을 취득한 것으로 본다. 이 경우 상속인의 납부의무에 관하여는 「지방세기본법」 제44조 제1항 및 제5항을 준용한다.

⑮ 「신탁법」 제10조에 따라 신탁재산의 위탁자 지위의 이전이 있는 경우에는 새로운 위탁자가 해당 신탁재산을 취득한 것으로 본다. 다만, 위탁자 지위의 이전에도 불구하고 신탁재산에 대한 실질적인 소유권 변동이 있다고 보기 어려운 경우로서 대통령령으로 정하는 경우에는 그러하지 아니하다.

1. 과점주주 간주취득세와 신탁재산

시행사가 골프장 등 대형 부동산 관련 사업을 하는 경우에는 해당 부동산을 담보신탁 등의 형태로 신탁하여 두는 경우가 흔히 있는데, 이와 관련한 명시적인 규정이 없던 구 지방세법과 관련하여 시행사의 과점주주가 신탁회사에 신탁하여 놓은 부동산에 관하여도 과점주주로서 간주취득세를 부담하여야 하는지 여부가 문제된 바 있다. 이에 관하여 대법원은 "과점주주에 대한 간주취득세제도의 취지와 신탁의 법률관계 등에 비추어 보면, 어느 법인의 부동산이 신탁법에 의한 신탁으로 수탁자에게 소유권이 이전된 후 그 법인의 과점주주가 되거나 그 법인의 주식 또는 지분 비율이 증가된 경우에는 특별한 사정이 없는 한 신탁 부동산을 그 법인이 보유하는 부동산으로 보아 그 법인의 과점주주에게 구 지방세법(2010. 3. 31. 법률 제10221호로 전부 개정되기 전의 것) 제105조 제6항 등에서 정한 간주취득세를 부과할 수는 없다."고 보았다.[1]

2015년 12월 29일 일부개정으로 신설된 지방세법 제7조 제5항 괄호 부분은 위와 같은 상황에서 시행사의 과점주주에게 신탁재산에 관한 간주취득세를 부과하기 위한 규정이다. 즉, 시행사의 과점주주가 변동된 경우 법률관계를 기준으로 판단할 경우 시행사는 부동산이 아니라 수익권 등 부동산에 관한 권리를 보유하고 있는 것에 불과하고 이러한 권리는 본래 취득세 과세대상이 될 수 없는 것이나, 위 규정의 신설에 따라 시행사가 부동산을 보유하고 있는 것과 동일하게 보고 간주취득세가 과세될 수 있게 된 것이다.

2. 신탁재산의 상속

지방세법 제7조 제7항은 상속의 범위에 유증 및 포괄유증과 함께 "신탁재산의 상속"을 포함시켜서 취득세 전반에 관한 규정을 적용하도록 하고 있다. 이는 1995년 처음 신설된 규정으로서, "신탁재산의 상속"이 무엇을 의미하는 것인지 정의되어 있지 않으나, 상증법 제9조 제1항 본문과 같이 피상속인이 신탁한 재산이 피상속인의 사망에 따라 상속재산에 포함되는 경우를 전제로 하는 규정이라고 할 수 있다.

이에 따라 타익신탁의 경우에 상증법 제9조 제1항 단서에 따라 수익권의 가액이 공제되는 것과 동일하게, 취득세 과세가액의 범위에서 제외되는 것인지 여부가 문제될 수 있는데, 조세심판원은 국세인 상속세의 과세대상은 부동산, 금전채권, 유·무형의 재산 등 모든 재산을 포함하고 있고 상증법 제9조 제1항은 모든 상속재산 중에 채무는 제외하고 채권은 포함한다는 취지의 규정으로 지방세인 취득세의 과세대상은 부동산의 소유권 유무의 판단기준과 달리 동일하게 적용할 수 없다는 이유로 상증법과 같은 법리로 수익권 가액이 제외되어야 한다는 납세자의 주장을 받아들이지 않았다.[2]

3. 위탁자 및 수익자의 지위 이전

가. 위탁자의 지위 이전

지방세법 제7조 제15항은 2015년 신설된 규정으로서, 위탁자와 수탁자 간 거래에 대해서 취득세가 비과세되는 것을 이용하여 취득세 납세의무를 회피하는 것을 방지하기 위

1) 대법원 2014. 9. 4. 선고 2014두36266 판결.
2) 조심2017지1035(2018. 3. 28.).

한 규정이라고 할 수 있다. 즉, 지방세법은 위탁자로부터 수탁자에게 신탁재산을 이전하는 경우(지방세법 제9조 제3항 제1호)와 신탁의 종료로 인하여 수탁자로부터 위탁자에게 신탁재산을 이전하는 경우(동항 제2호)를 모두 취득세 비과세 대상으로 규정하고 있어, 신탁의 설정과 종료 사이에 위탁자를 변경한 다음 새로운 위탁자가 신탁재산을 반환받는 경우 별도의 규정이 없다면 실질적으로 소유권이 이전되었음에도 취득세가 부과되지 않는 결과가 발생할 수 있으므로, 이러한 경우 취득세가 부과될 수 있도록 하기 위하여 지방세법 제7조 제15항이 신설된 것이다.

위와 같은 취지상 실질적으로 소유권이 이전되었다고 보기 어려운 경우에는 같은 항 단서에 따라 취득세 과세대상에서 제외되는데, 여기에는 1) 자본시장법에 따른 부동산집합투자기구의 집합투자업자가 그 위탁자의 지위를 다른 집합투자업자에게 이전하는 경우, 2) 이에 준하는 경우로서 위탁자 지위를 이전하였음에도 불구하고 신탁재산에 대한 실질적인 소유권의 변동이 없는 경우가 포함된다(지방세법 시행령 제11조의2).

나. 수익자의 지위 이전

취득세 과세대상인 물건에 관한 신탁이 설정되고 이에 관한 수익자로 지정받은 경우 또는 신탁이 설정된 이후에 수익자(자익신탁의 경우는 위탁자)로부터 수익권을 양수하여 취득하는 경우 취득세가 부과될 수 있는지 여부가 문제될 수 있다. 이에 대하여는 1) 조세법률주의를 엄격하게 적용하는 입장에서, 수익권은 취득세 과세대상(지방세법 제7조 제1항)으로 열거되어 있지 않는 이상 수익권의 취득에 관하여는 취득세를 과세할 수도 없다는 견해와, 2) 실질과세의 원칙 및 신탁도관이론을 강조하는 수익권의 취득을 통하여 신탁재산에 대한 실질적인 통제권을 취득하게 된 수익자는 신탁재산을 사실상 취득한 것이라고 보는 견해가 있을 수 있다.

현재 취득세에 관한 과세당국의 유권해석은 엇갈리고 있다. 즉, 수익자로 지정받는 경우 신탁재산에서 발생되는 이익을 우선적으로 받을 수 있는 권리를 취득한 것일 뿐이고 해당 신탁재산을 취득한 것으로 볼 수는 없으므로 취득세 납세의무가 성립되지 아니한다고 봄으로써 위와 같은 취지로 해석한 것[1]과 신탁수익권 자체는 취득세 과세대상이 아니지만 신탁수익권 중 취득세의 과세대상 물건이 있을 경우에는 당해 물건은 취득세 과세대상에 해당한다고 본 것[2]으로 나뉜다. 그런데 위와 같이 위탁자 지위 이전에 관하

1) 세정-4636, 2004. 12. 20(신탁부동산의 지분이 표시된 수익권증서를 양수한 것은 신탁부동산에서 발생되는 수익을 우선적으로 받을 수 있는 권리를 양도한 것일 뿐 수익권증서에 표시된 신탁부동산을 취득한 것에 해당되지 아니하여 취득세 등의 부과대상이 아님); 세정-1919, 2007. 5. 25(최초 부동산 신탁설정시 수익자로 지정 받아 수익권증서를 양수받거나 위탁자로부터 수익권증서를 유상 매입하여 이를 양수한 것은 수익권증서에 표시된 신탁부동산을 취득한 것에 해당하지 않음).

2) 세정13407-297, 2001. 9. 6(신탁수익권 자체는 취득세 과세대상이 아니나, 신탁수익권 중 취득세의 과세

여 명시적인 규정이 신설되었다는 점과 비교하여 본다면, 반대해석상 전자와 같이 해석하는 것이 타당할 것이다.

판례도 전자와 같은 입장을 보이고 있다. 즉, 당초 토지를 매수하는 계약을 체결하였다가 매출 등의 어려움을 고려하여 관리형 토지신탁계약 및 신탁수익권 매매계약을 체결하고 수익권 매매대금을 지급하였는데[1] 사실상 토지를 취득하였다는 이유로 취득세가 과세된 사안에서, 제1심 법원 및 항소심 법원은 모두 "납세의무자가 경제활동을 함에 있어서는 동일한 경제적 목적을 달성하기 위해서도 여러 가지의 법률관계 중 하나를 선택할 수 있는 것이고, 과세관청으로서는 특별한 사정이 없는 한 당사자들이 선택한 법률관계를 존중하여야 할 것인바(대법원 2009. 4. 9. 선고 2007두26629 판결 등 참조), 이 사건 각 신탁계약이 취득세 납세의무를 회피하기 위한 위법한 목적의 신탁 내지 가장의 법률행위에 해당하여 그 효력이 인정되지 않고 그 결과 원고가 이 사건 각 매매계약에 따른 매수인으로서의 지위를 유지한 상태에서 잔금을 지급한 것이라는 등의 사정이 인정되지 않는 이상 원고가 이 사건 각 신탁수익권 매매계약에 따라 신탁수익권을 취득한 것이 아니라 이 사건 각 토지를 취득한 것으로 볼 수는 없다고 할 것인데, 피고가 제출한 자료만으로는 위와 같은 사정이 인정된다고 보기 어렵고, 이 사건 각 매매계약상의 이 사건 각 토지의 매매대금과 이 사건 각 신탁수익권 매매계약상의 신탁수익권 양수대금이 서로 같다는 등 피고가 들고 있는 사정만으로 이와 달리 볼 수 없다."고 판시하였고,[2] 이 판결은 대법원의 심리불속행 판결에 따라 그대로 확정되었다.[3]

4. 지목 변경으로 인한 취득세 납세의무자

지방세법 제7조 제4항은 "선박, 차량과 기계장비의 종류를 변경하거나 토지의 지목을 사실상 변경함으로써 그 가액이 증가한 경우에는 취득으로 본다"고 규정하고 있다. 이에 따라 신탁재산인 토지의 지목변경 등으로 가액이 증가한 경우 그로 인한 납세의무자가 누구인지가 문제되는데, 판례는 『신탁법상 신탁은 위탁자가 수탁자에게 특정의 재산권을 이전하거나 기타의 처분을 하여 수탁자로 하여금 신탁 목적을 위해 재산권을 관리·처분하게 하는 것이므로, 부동산 신탁에 있어 수탁자 앞으로 소유권이전등기를 마치게 되면 소유권이 수탁자에게 이전되는 것이지 위탁자와의 내부관계에 있어 소유권이 위

대상 물건이 있을 경우에는 당해 물건은 취득세 과세대상에 해당함).

1) 당초 체결한 매매계약은 잔금 미지급에 따라 해제된 것으로 인정되었다.

2) 제1심 — 서울행정법원 2018. 1. 11. 선고 2017구합65487 판결, 항소심 — 서울고등법원 2018. 10. 17. 선고 2018누35041 판결.

3) 대법원 2019. 2. 28. 선고 2018두62515 판결.

탁자에게 유보되는 것은 아닌 점, 신탁법 제19조는 “신탁재산의 관리·처분·멸실·훼손 기타의 사유로 수탁자가 얻은 재산은 신탁재산에 속한다”고 규정하고 있는데, 위 규정에 의하여 신탁재산에 속하게 되는 부동산 등 취득에 대한 취득세 납세의무자도 원칙적으로 수탁자인 점 등에 비추어 보면, 신탁법에 의한 신탁으로 수탁자에게 소유권이 이전된 토지에 대하여 법 제105조 제5항이 규정한 지목의 변경으로 인한 취득세 납세의무자는 수탁자로 봄이 타당하고, 위탁자가 토지의 지목을 사실상 변경하였다고 하여 달리 볼 것은 아니다』라고 판시하였다(대법원 2012. 6. 14. 선고 2010두2395 판결).

지방세법 제9조 (비과세)
③ 신탁(「신탁법」에 따른 신탁으로서 신탁등기가 병행되는 것만 해당한다)으로 인한 신탁재산의 취득으로서 다음 각 호의 어느 하나에 해당하는 경우에는 취득세를 부과하지 아니한다. 다만, 신탁재산의 취득 중 주택조합등과 조합원 간의 부동산 취득 및 주택조합등의 비조합원용 부동산 취득은 제외한다. 1. 위탁자로부터 수탁자에게 신탁재산을 이전하는 경우 2. 신탁의 종료로 인하여 수탁자로부터 위탁자에게 신탁재산을 이전하는 경우 3. 수탁자가 변경되어 신수탁자에게 신탁재산을 이전하는 경우

1. 수탁자의 신탁재산 취득

가. 위탁자 또는 다른 수탁자로부터 취득하는 경우

신탁(신탁법에 따른 신탁으로서 신탁등기가 병행되는 것만 해당한다)으로 인한 신탁재산의 취득으로서, 위탁자로부터 수탁자에게 신탁재산을 이전하는 경우 또는 수탁자가 변경되어 신수탁자에게 신탁재산을 이전하는 경우에는 취득세를 부과하지 않는다(지방세법 제9조 제3항). 이는 구 지방세법(2010. 3. 31. 법률 제10221호로 전부개정되기 전의 것) 제110조(취득세) 및 제128조(등록세)의 표제에서 알 수 있듯이 위탁자와 수탁자 간의 소유권이전은 “형식적인 소유권의 취득”에 해당한다는 점에 근거한 것이다.

이와 관련하여 과세당국은 신탁계약에 따라 수탁자 명의로 신탁재산에 관한 이전등기를 마친 이후에 일정한 시점에 신탁재산을 실질적으로 취득하였다는 논리로 수탁자에게 취득세를 부과한 바 있으나, 대법원은 이러한 경우 신탁재산에 관한 소유권이전등기 시점에 “부동산 취득”이 있었던 것이므로 그 이후에 수탁자가 신탁재산을 다시 취득하였다고 볼 수는 없으며 위 취득 당시에 취득세가 비과세되었다고 하여 달리 볼 것은 아니라고 판시하였다.[1)]

나. 신탁재산 운용과정에서 취득하는 부동산 등

신탁재산의 관리, 처분, 운용, 개발, 멸실, 훼손, 그 밖의 사유로 수탁자가 얻은 재산은 신탁법 제27조에 따라 신탁재산에 속한다. 신탁계약에 따라 위탁자로부터 수탁자에게 신탁재산을 이전하는 경우에는 취득세가 비과세되지만(지방세법 제9조 제3항 제1호), 이는 수탁자가 신탁계약에 따라 신탁재산을 취득하는 경우에 적용되는 것이므로 위와 같이 신탁재산의 관리, 처분 등에 따라 수탁자가 취득하는 재산이 부동산 등 취득세 과세대상 자산에 해당하는 경우에는 취득세가 과세된다. 판례도 처음에 금전을 신탁하였다가 나중에 그 돈으로 부동산을 매수한 경우(대법원 2000. 5. 30. 선고 98두10950 판결), 토지의 수탁자가 신탁계약에 따라 그 토지 위에 건물을 신축하여 건축물을 원시취득한 경우(대법원 2003. 6. 10. 선고 2001두2720 판결)에는 취득세 또는 구 지방세법상 등록세가 비과세된다고 보았다.

다. 주택조합 등의 경우

신탁재산의 취득 중 1) 주택조합 또는 주택재건축조합(이하 '주택조합 등')과 조합원 간의 부동산 취득 및 2) 주택조합 등의 비조합원용 부동산 취득은 비과세 대상에서 제외되는 것으로 규정되어 있다(지방세법 제9조 제3항 제1호 단서). 그런데 주택조합 등이 조합원으로부터 신탁으로 취득하는 주택부지 중 조합원용 토지는 위 조항만을 보면 "주택조합 등과 조합원 간의 부동산 취득"에 해당하므로 위 단서규정에 따라 취득세가 과세될 수 있는 것으로 보일 수 있으나, 지방세법 제7조 제8항(구 지방세법 제105조 제10항)의 '조합원용으로 취득하는 조합주택용 부동산'으로서 조합원이 취득하는 것으로 간주되어 조합원으로부터 조합원이 취득하는 결과로 되므로, 위 단서조항에 따른 취득세 과세대상이 아니라고 보는데 대하여 견해가 일치되어 있다.[2)]

반면, 주택조합 등이 조합원으로부터 신탁으로 취득하는 주택부지 중 비조합원용 토지의 경우에는 위와 같은 지방세법 제7조 제8항이 적용되지 않고 문언상 "주택조합 등과 조합원 간의 부동산 취득"에 해당하므로 "주택조합 등의 비조합원용 부동산 취득"이라는 부분이 없더라도 취득세 비과세 대상에서 제외되는 것으로 해석될 수도 있다. 그러나 판례는 입법취지 등을 들어 "주택조합 등과 조합원 간의 부동산 취득"을 "주택조합 등과 조합원 간의 조합원용 부동산 취득"으로 축소해석함으로써 주택조합 등이 조합원으로부

---

1) 대법원 2017. 6. 8. 선고 2015두49696 판결.
2) 최철환, 〈재건축주택조합의 일반분양용 토지에 관한 신탁재산취득의 취득세 과세 여부〉, 272~273면.

터 취득하는 주택부지 중 비조합원용 토지도 취득세 비과세대상에 포함되는 것으로 보았다(대법원 2008. 2. 14. 선고 2006두9320 판결).[1] 이에 따라 2008년 12월 31일 “주택조합 등의 비조합원용 부동산 취득”이 위 단서조항에 추가되었다. 이 경우 취득시기는 신탁으로 당해 부동산을 취득하는 시점이 아니라, 주택법에 따른 사용검사를 받은 날(주택조합의 경우) 또는 도정법 제54조 제2항에 따른 소유권이전 고시일의 다음 날(재건축조합의 경우)이다(지방세법 시행령 제20조 제7항).

2. 위탁자의 신탁재산 취득

위탁자로부터 수탁자에게 신탁재산을 이전하는 경우와 마찬가지로 신탁의 종료로 인하여 수탁자로부터 위탁자에게 신탁재산을 이전하는 경우에도 그 신탁재산 취득에 따른 취득세가 부과되지 않는다(지방세법 제9조 제3항).

구 지방세법에서는 신탁재산(부동산, 선박)을 수탁자로부터 위탁자가 아닌 수익자에게 이전하는 경우에는 위와 같은 비과세규정이 적용되지 않고, 일반적인 유상승계취득(원칙적으로 4%)의 경우보다 낮은 세율(3%)을 적용하였다. 그러나 2014. 1. 1. 지방세법 개정으로 신탁재산의 수익자이전에 대한 특례세율을 삭제하여 일반적인 승계취득세율(원칙적 4%)과 동일하게 적용하기로 하였다.

3. 수익자의 신탁재산 취득

신탁의 종료를 원인으로 하더라도, 위탁자와 달리 수익자가 신탁재산을 취득하는 경우에는 위와 같은 비과세 규정이 적용되지 않으므로, 취득세가 과세되는 것이 원칙이다. 다만, 수익자가 신탁재산을 취득하는 모든 경우에 취득세 과세대상이 된다고 할 수는 없고, 그 소유권 이전의 실질에 비추어 해제로 인한 원상회복의 방법으로 이루어진 경우에는 취득세 과세대상이 된다고 볼 수 없다.[2]

지방세법 제13조 (과밀억제권역 안 취득 등 중과)

① 「수도권정비계획법」 제6조에 따른 과밀억제권역에서 대통령령으로 정하는 본점이

1) 이러한 판례의 논리를 비판하면서 재건축조합이 조합사업을 위하여 조합원의 부동산을 신탁을 통하여 취득하는 경우, 일반분양분과 조합원분을 가릴 필요없이 모두 취득세 부과대상이 되지 못하고, 재건축조합이 일반분양분에 대한 수탁자의 지위에서 소유권을 보유하고 있다가 신탁관계를 해소하면서 이를 자신의 고유재산으로 취득하는 시점에 비로소 취득세가 부과되어야 한다고 견해로는 임채웅, 〈재건축주택조합의 신탁재산 취득 및 처분에 대한 취득세부과에 관한 연구〉, 292면 이하가 있다.

2) 대법원 2020. 1. 30. 선고 2018두32927 판결.

> 나 주사무소의 사업용 부동산(본점이나 주사무소용으로 신축하거나 증축하는 건축물과 그 부속토지만 해당하며, 「신탁법」에 따른 수탁자가 취득한 신탁재산 중 위탁자가 신탁기간 중 또는 신탁종료 후 위탁자의 본점이나 주사무소의 사업용으로 사용하는 부동산을 포함한다)을 취득하는 경우와 같은 조에 따른 과밀억제권역(「산업집적활성화 및 공장설립에 관한 법률」을 적용받는 산업단지 · 유치지역 및 「국토의 계획 및 이용에 관한 법률」을 적용받는 공업지역은 제외한다)에서 공장을 신설하거나 증설하기 위하여 사업용 과세물건을 취득하는 경우의 취득세율은 제11조 및 제12조의 세율에 중과기준세율의 100분의 200을 합한 세율을 적용한다.

1. 2016년 개정 이전의 해석(판례)

1) 수도권정비계획법상 과밀억제권역에서 본점이나 주사무소용 건축물을 신축하거나 증축하여 그 건축물과 부속토지를 취득하는 경우(지방세법 제13조 제1항), 2) 대도시에서 법인을 설립하거나 지점 또는 분사무소를 설치하는 경우 및 법인의 본점·주사무소·지점 또는 분사무소를 대도시로 전입함에 따라 대도시의 부동산을 취득(그 설립·설치·전입 이후의 부동산 취득을 포함한다)하는 경우(지방세법 제13조 제2항 제1호), 3) 대도시(공업지역 등 제외)에서 공장을 신설하거나 증설함에 따라 부동산을 취득하는 경우(지방세법 제13조 제2항 제2호)에는 취득세 중과세율이 적용된다.

이 가운데 지방세법 제13조 제2항에 해당하는 경우는 취득세와 등록세가 취득세로 일원화되면서, 구 지방세법상 등록세 중과에 관한 제138조 제1항이 그대로 규정된 것인데, 구 지방세법상 등록세 중과규정과 관련하여 판례는 『등록세는 재산권 기타 권리의 취득, 이전, 변경 또는 소멸에 관한 사항을 공부에 등기 또는 등록하는 경우에 등기 또는 등록이라는 단순한 사실의 존재를 과세대상으로 하여 그 등기 또는 등록을 받는 자에게 부과하는 조세로서, 그 등기 또는 등록의 유·무효나 실질적인 권리귀속의 여부와는 관계가 없는 것이고, 이와 같은 법리는 구 지방세법(1998. 12. 31. 법률 제5615호로 개정되기 전의 것) 제138조 제1항 제3호 소정의 중과세의 경우에도 마찬가지이므로, 신탁법상의 신탁계약에 의하여 수탁자인 부동산신탁회사 명의로 등기가 경료된 경우에 그 등기가 구 지방세법 제138조 제1항 제3호 소정의 중과세 대상에 해당하는지 여부를 판단함에 있어서는 수탁자를 기준으로 하여야 할 것』이라고 판시하였다(대법원 2003. 6. 10. 선고 2001두2720 판결).

2. 2016년 개정 이후의 해석

위와 같이 취득세 중과세 여부를 수탁자를 기준으로 판단하게 되면, 설립 후 5년 이상된 신탁회사로 하여금 부동산을 취득하게 한 다음, 신탁계약에 기하여 이를 사용하는 방법으로 취득세 중과세를 피할 수 있게 된다. 실제로 법제처는 신탁을 종료한 후 위탁자가 해당 건축물 중 일부 사무실을 본점사업용으로 사용하고 있는 경우에 관하여 이와 같은 취지로 해석하였다.[1]

2016년 개정에서 취득세 중과세 대상에 "「신탁법」에 따른 수탁자가 취득한 신탁재산 중 위탁자가 신탁기간 중 또는 신탁종료 후 위탁자의 본점이나 주사무소의 사업용으로 사용하는 부동산을 포함"하도록 한 것은 위와 같은 결과를 막기 위하여, 기본적으로는 수탁자를 기준으로 취득세 중과세 과세 여부를 판단하면서, 동시에 수탁자가 취득한 부동산이 실질적으로 위탁자의 본점이나 주사업소용 부동산으로 사용되는 경우에는 위탁자를 기준으로 하여 취득세 중과세율을 적용할 수 있도록 한 것이다.

위와 같은 규정은 어디까지나 중과세 적용 기준을 보충적으로 위탁자의 사용 여부에 의한다는 것일 뿐이고 이에 의하여 납세의무자가 변경되는 것은 아니라는 점에 유의하여야 한다. 즉, 위 요건에 해당하는 경우에도 취득세 납세의무자는 위탁자가 되며, 중과세 여부를 판단함에 있어 위탁자에 관한 사정이 고려될 뿐이다.

지방세법 제13조의3 (주택 수의 판단 범위)

제13조의2를 적용할 때 다음 각 호의 어느 하나에 해당하는 경우에는 다음 각 호에서 정하는 바에 따라 세대별 소유 주택 수에 가산한다.

1. 「신탁법」에 따라 신탁된 주택은 위탁자의 주택 수에 가산한다.

주택 실수요자를 보호하고 투기수요를 근절하는 부동산 대책의 일환으로, 지방세법이 2020. 8. 12. 개정되어 법인이 주택을 취득하거나 1세대가 2주택 이상을 취득하는 경우 등은 주택 취득에 따른 취득세율을 상향하는 지방세법 제13조의2가 신설되었다. 이에 따른 주택 수의 판단과 관련하여 지방세법 제13조의3이 신설되었는데, 제1호에서는 신탁법에 따라 신탁된 주택은 위탁자의 주택 수에 가산하도록 하고 있다. 위탁자가 주택을 신탁한 경우 위탁자가 실질적인 소유자는 일반적인 시각을 반영하고 있는 것이라고 할 수 있다.

1) 법제처 13-0326, 2013. 8. 30.(「수도권정비계획법」 제6조에 따른 과밀억제권역에서 위탁자가 취득한 토지를 「신탁법」에 따라 신탁받은 수탁자가 해당토지 위에 건축물을 신축·준공하여 수탁자 명의로 건축물에 대한 보존등기를 하고 취득세를 납부하였으며, 신탁을 종료한 후 위탁자가 해당 건축물 중 일부 사무실을 본점사업용으로 사용하고 있는 경우, 이를 위탁자가 「지방세법」 제13조 제1항에 따른 "본점이나 주사무소의 사업용 부동산을 취득하는 경우"로 보아 해당 건축물 및 토지에 대하여 같은 항에 따라 취득세 중과기준세율을 적용할 수는 없다).

제 2 절 재 산 세

지방세법 제107조 (납세의무자)

① 재산세 과세기준일 현재 재산을 사실상 소유하고 있는 자는 재산세를 납부할 의무가 있다. 다만, 다음 각 호의 어느 하나에 해당하는 경우에는 해당 각 호의 자를 납세의무자로 본다.

5. 「신탁법」 제2조에 따른 수탁자(이하 이 장에서 "수탁자"라 한다)의 명의로 등기 또는 등록된 신탁재산의 경우에는 제1항에도 불구하고 같은 조에 따른 위탁자(「주택법」 제2조 제11호가목에 따른 지역주택조합 및 같은 호 나목에 따른 직장주택조합이 조합원이 납부한 금전으로 매수하여 소유하고 있는 신탁재산의 경우에는 해당 지역주택조합 및 직장주택조합을 말하며, 이하 이 장에서 "위탁자"라 한다). 이 경우 위탁자가 신탁재산을 소유한 것으로 본다.

1. 연혁 및 입법취지

가. 2014년 개정 전

2014. 1. 1. 지방세법 개정 전에는, 재산세의 원칙적인 납세의무자는 재산세 과세기준일 현재 재산을 '사실상 소유하고 있는 자'로 명시하고(지방세법 제107조 제1항), 신탁재산이 수탁자 명의로 등기·등록되어 있는 경우에는 위탁자를 납세의무자로 규정하고 있었다. 그런데 신탁재산에 대하여는 신탁법 제22조에서 강제집행, 보전처분, 국세 등의 체납처분을 할 수 없다고 규정하고 있는 상황에서, 신탁재산의 재산세 납세의무자인 위탁자가 사실상 무자력인 경우에는, 수탁자가 고의 또는 과실 등의 사유로 재산세를 체납하더라도 과세관청이 체납처분 등을 할 수 없어[1] 신탁재산에 대한 재산세 체납이 증가하였다(2012년말 기준 전국 지방자치단체의 신탁재산에 대한 체납세금은 2,823억 원이다).[2]

나. 2014년 개정 법령

2014. 1. 1. 개정된 지방세법[3]에서는, "신탁재산의 경우 법률상 소유자는 수탁자이나

1) 송쌍종, 〈신탁등기 부동산에 대한 지방세제 개선방안〉, 10~11면 참조.
2) 김인규, 〈예산군, 신탁재산 세금체납 부조리 호소〉 참조.
3) 개정법은 2014. 1. 1. 개정 즉시 시행되었으며, 다만 부칙 제17조를 두어 신탁재산에 대한 재산세 납세의무자 변경에 관한 경과조치로서 개정법 시행전 재산세 납세의무가 성립한 경우에는 종전의 규정에 따르고, 개정법 시행 전에 「조세특례제한법」 및 「지방세특례제한법」에 따라 감면하였거나 감면하여야 할 재산세에 대해서는 그 감면기한이 종료될 때까지 재산세 납세의무자로 규정된 수탁자에게 해당 감면규정을 적용한다.

재산세 납세의무자는 위탁자로 되어 있기 때문에, 납세의무자인 위탁자가 재산세를 체납하더라도 신탁재산에 대하여 체납처분을 할 수 없다는 문제가 있음"[1]을 이유로, 신탁재산의 재산세 납세의무자를 위탁자에서 수탁자로 변경하였다. 이러한 지방세법의 개정에 따라, 1) 신탁재산에 대한 재산세 납세의무자가 수탁자가 됨으로써 위탁자가 수익권을 갖고 있지 않거나 수익권의 비중이 미미하여 실질적으로 신탁재산을 소유한 것으로 볼 수 없는 경우에도 위탁자를 납세의무자로 하는 것에 대한 불합리함이 개선되었고, 2) 신탁재산을 압류하는 등의 강제징수 방법을 통하여 쉽게 지방세 징수권을 확보할 수 있게 되었을 뿐 아니라, 3) 주택조합처럼 위탁자가 수많은 사람일 경우에 납세의무자를 수탁자로 하면 과세기준일 현재 그들의 현황을 일일이 확인하지 않아도 되는 등 납세의 편의성이 제고되고 과세관청의 징세비용이 절감되는 효과가 발생하였다.

다. 2020년 개정 법령

2014. 1. 1. 개정 전의 규정에 대하여 대법원이 신탁도관설의 입장에 따라 『신탁법에 의한 신탁재산을 수탁자 명의로 등기하는 경우에는 취득세를 과세하지 아니하면서 재산세 등은 등기명의자인 수탁자에게 부과하는 것이 실질과세의 원칙에 반한다는 비판을 수용하여 신탁법에 의하여 수탁자 명의로 등기된 경우에는 위탁자에게 재산세 납부의무를 부과하도록 한 것』이라고 판시(대법원 2005. 7. 28. 선고 2004두8767 판결)한 취지를 고려하면, 지방세법 제107조 제1항의 본문(원칙적인 재산세 납세의무자는 사실상 소유자라는 규정)은 개정하지 않은 채, 단지 신탁재산에 대한 납세의무자만을 형식적인 소유자인 수탁자로 변경한 것은, 조문 내의 일관성을 흐릴 뿐만 아니라 신탁도관설의 입장에도 부합하지 않는다는 비판이 입법 당시부터 있었다.[2]

나아가 수탁자에 대한 취득세는 비과세하면서 재산세와 종합부동산세는 등기명의자인 수탁자에게 부과할 경우에는, (단순히 실질과세의 원칙과 관련한 이론상의 문제를 떠나서) 1) 현실적으로 위탁자는 취득세 부담 없이 재산세와 종합부동산세 부담을 낮출 수 있는 반면 2) 수탁자는 별도의 근거를 두지 않는 한 높은 세금을 부담하게 된다는 현실적인 문제점도 중요하게 부각되었다.[3]

---

1) 안전행정부, 〈신탁부동산 관련 지방세법 개정 안내〉.

2) (i) 고윤성 · 이은자, 〈지방세법상 신탁재산에 대한 재산세 납세의무자의 변경으로 인한 문제점에 대한 고찰〉, 101~102면 참고, (ii) 오창석, 〈지방세법개정안에 대한 의견〉, 2면 참고, (iii) 〈지방세법개정안(제107조 제2항 제5호 삭제)의 법적 문제점〉, 10~13면 참고.

3) 특히 종합부동산세는 재산세의 납세의무자를 납세의무자로 규정하고 있으므로 구법 하에서는 수탁자가 신탁재산의 종합부동산세의 납세의무자도 되는데, 종합부동산세의 과세대상주택 또는 토지의 공시가격을 합산할 때, 신탁회사의 고유재산과 신탁재산을 구분해서 합산해야 하는지, 다수의 위탁자들과의 신탁계약에 따른 신탁재산의 경우 위탁자별 신탁재산을 구분해야 하는지가 불분명하게 규정되어 있다는 문제점도 있었다.

위와 같은 문제점을 고려하여 현행 지방세법은 다시 위탁자를 납세의무자로 하면서, 체납처분과 관련한 사항은 수탁자에게 물적납세의무(지방세법 제119조의2)를 부담시킴으로써 해결하는 방식을 취하게 되었다.

2. 적용범위

지방세법 제107조 제1항 제3호는 신탁법에 따라 수탁자 명의로 등기·등록된 신탁재산의 경우에 적용된다. 따라서 신탁법에 따른 등기·등록이 이루어지지 않은 신탁재산의 경우에는 일반원칙에 따라 '재산을 사실상 소유하고 있는 자'를 납세의무자로 보아야 할 것인데, 대법원은 『신탁법상 신탁계약이 이루어져 수탁자 앞으로 부동산의 소유권이전등기가 마쳐지면 대내외적으로 소유권이 수탁자에게 완전히 이전되어 수탁자는 신탁의 목적에 따라 신탁재산인 부동산을 관리·처분할 수 있는 권능을 갖게 되고 수탁자는 신탁의 목적 범위 내에서 신탁재산을 관리·처분하여야 하는 신탁계약상의 의무만을 부담하며 위탁자와의 내부관계에 있어서 부동산의 소유권이 위탁자에게 유보되어 있는 것이 아니므로, 신탁법에 따른 신탁등기가 마쳐지지 아니한 경우 신탁재산인 부동산에 관한 사실상의 소유자는 수탁자로 보아야 한다.』고 보았다.[1)]

3. 위탁자의 납세의무

지방세법 제107조 제1항은 재산세 납세의무자를 원칙적으로 과세대상 물건을 '사실상 소유하고 있는 자'로 규정하면서, 같은 조 제2항 제5호는 수탁자의 명의로 등기 또는 등록된 신탁재산의 경우에는 위탁자를 납세의무자로 보도록 하고 있다. 여기서 위탁자도 수탁자와 마찬가지로 신탁법 제2조에 따라 판단되며, 주택법 제2조 제11호 가목에 따른 지역주택조합 및 같은 호 나목에 따른 직장주택조합이 조합원이 납부한 금전으로 매수하여 소유하고 있는 신탁재산의 경우에는 해당 지역주택조합 및 직장주택조합을 의미한다고 명시하고 있다.

지방세법 제119조의2 (신탁재산 수탁자의 물적납세의무)

① 신탁재산의 위탁자가 다음 각 호의 어느 하나에 해당하는 재산세·가산금 또는 체

1) 대법원 2014. 11. 27. 선고 2012두26852 판결. 이는 종합부동산세에 관한 것이나, 재산세에 관한 대법원 2005. 7. 28. 선고 2004두8767 판결 등도 동일한 입장을 보였다.

납처분비(이하 이 조에서 "재산세등"이라 한다)를 체납한 경우로서 그 위탁자의 다른 재산에 대하여 체납처분을 하여도 징수할 금액에 미치지 못할 때에는 해당 신탁재산의 수탁자는 그 신탁재산으로써 위탁자의 재산세등을 납부할 의무가 있다.

1. 신탁 설정일 이후에 「지방세기본법」 제71조 제1항에 따른 법정기일이 도래하는 재산세 또는 가산금(재산세에 대한 가산금으로 한정한다)으로서 해당 신탁재산과 관련하여 발생한 것. 다만, 제113조 제1항 제1호 및 제2호에 따라 신탁재산과 다른 토지를 합산하여 과세하는 경우에는 신탁재산과 관련하여 발생한 재산세 등을 제4조에 따른 신탁재산과 다른 토지의 시가표준액 비율로 안분계산한 부분 중 신탁재산 부분에 한정한다.
2. 제1호의 금액에 대한 체납처분 과정에서 발생한 체납처분비

② 제1항에 따라 수탁자로부터 납세의무자의 재산세등을 징수하려는 지방자치단체의 장은 다음 각 호의 사항을 적은 납부통지서를 수탁자에게 고지하여야 한다.

1. 재산세등의 과세표준, 세액 및 그 산출 근거
2. 재산세등의 납부기한
3. 그 밖에 재산세등의 징수를 위하여 필요한 사항

③ 제2항에 따른 고지가 있은 후 납세의무자인 위탁자가 신탁의 이익을 받을 권리를 포기 또는 이전하거나 신탁재산을 양도하는 등의 경우에도 제2항에 따라 고지된 부분에 대한 납세의무에는 영향을 미치지 아니한다.

④ 신탁재산의 수탁자가 변경되는 경우에 새로운 수탁자는 제2항에 따라 이전의 수탁자에게 고지된 납세의무를 승계한다.

⑤ 지방자치단체의 장은 최초의 수탁자에 대한 신탁 설정일을 기준으로 제1항에 따라 그 신탁재산에 대한 현재 수탁자에게 납세의무자의 재산세등을 징수할 수 있다.

⑥ 신탁재산에 대하여 「지방세징수법」에 따라 체납처분을 하는 경우 「지방세기본법」 제71조 제1항에도 불구하고 수탁자는 「신탁법」 제48조 제1항에 따른 신탁재산의 보존 및 개량을 위하여 지출한 필요비 또는 유익비의 우선변제를 받을 권리가 있다.

⑦ 제1항부터 제6항까지에서 규정한 사항 외에 물적납세의무의 적용에 필요한 사항은 대통령령으로 정한다.

1. 입법취지

지방세법 제119조의2가 2020년 신설된 이유는 2014년 개정 전 상황을 살펴보면 쉽게 알 수 있다. 2014. 1. 1. 지방세법 개정 전에도 현행 지방세법과 마찬가지로 신탁재산이 수탁자 명의로 등기·등록되어 있는 경우에 위탁자를 납세의무자로 규정하고 있었다.

그런데 신탁법 제22조는 신탁재산에 대하여는 강제집행, 보전처분, 국세 등의 체납처분을 원칙적으로 할 수 없도록 하면서, '신탁 전의 원인으로 발생한 권리 또는 신탁사무의 처리상 발생한 권리에 기한 경우'에 한하여 예외적으로 체납처분이 가능하도록 하고 있다. 이에 따라 『위탁자가 수탁자에게 부동산의 소유권을 이전함으로써 당사자 사이에 신탁법에 의한 신탁관계가 설정되는 경우 신탁재산은 대내외적으로 소유권이 수탁자에게 완전히 이전되어 신탁 후에는 더 이상 위탁자의 재산으로 볼 수 없을 뿐 아니라, 신탁 이후에 신탁재산에 대하여 위탁자를 납세의무자로 하여 부과된 재산세는 신탁법 제22조 제1항에서 정한 '신탁 전의 원인으로 발생한 권리'에 해당된다고 볼 수 없고, 이러한 재산세는 같은 항이 규정한 '신탁사무의 처리상 발생한 권리'에도 포함되지 않으므로, 그 조세채권에 기하여는 수탁자 명의의 신탁재산에 대하여 압류하거나 그 신탁재산에 대한 집행법원의 경매절차에서 배당을 받을 수 없다.』는 것이 대법원의 일관된 판례이다.[1)]

따라서 신탁재산에 관한 재산세 납세의무자를 다시 위탁자로 변경하면서, 별도의 조치를 취하지 않을 경우 위와 같은 신탁법에 따라 체납처분에 관한 공백이 발생할 수밖에 없으므로, 위탁자가 재산세를 체납한 경우 수탁자에게 물적납세의무를 부담하도록 한 것이다. 부가가치세법에서 부가가치세 납세의무가 예외적으로 위탁자에게 있는 경우에 수탁자자에게 물적납세의무를 부담시키는 것과 같은 원리라고 할 수 있다.

2. 요 건

가. 적용대상 조세채무

재산세에 관한 수탁자의 물적납세의무는 1) 신탁 설정일 이후에 지방세기본법 제71조 제1항에 따른 법정기일(과세표준과 세액을 지방자치단체가 결정·경정 또는 수시부과결정하는 경우에 고지한 해당 세액에 대해서는 납세고지서의 발송일)이 도래하는 재산세 또는 가산금, 2) 이에 대한 체납처분 과정에서 발생한 체납처분비에 관하여 적용된다. 이에 따라 물적납세의무의 성립 여부와 관련하여는 신탁 설정일을 확정하는 것이 중요한데, 수탁자가 변경되는 경우에 지방세법 제119조의2 제5항은 지방자치단체의 장은 최초의 수탁자에 대한 신탁 설정일을 기준으로 그 신탁재산에 대한 현재 수탁자에게 물적납세의무를 부담시킬 수 있도록 하고 있다.

한편, 토지에 대한 재산세는 지방세법 제113조 제1항 제1호(종합합산과세대상) 및 제2호(별도합산과세대상)에 따라 신탁재산과 다른 위탁자 소유의 토지를 합산하여 과세될 수 있는데, 이러한 경우에는 신탁재산과 관련하여 발생한 재산세 등을 제4조에 따른 신탁재

1) 대법원 2017. 8. 29. 선고 2016다224961 판결.

산과 다른 토지의 시가표준액 비율로 안분계산한 부분 중 신탁재산 부분에 한정하여 물적납세의무가 성립한다.

나. 위탁자의 체납 및 보충성

수탁자의 물적납세의무는 납세의무자인 위탁자의 다른 재산에 대하여 체납처분을 하여도 징수할 금액에 미치지 못할 때에만 성립한다. 이는 양도담보권자의 물적납세의무(국세기본법 제42조 제1항)와 유사하게 보충성을 요구하는 것이라고 할 수 있다.

3. 효　과

수탁자의 물적납세의무가 발생하면 수탁자는 신탁재산을 한도로 재산세 및 강제징수비의 납부의무를 부담한다. 이에 따라 수탁자로부터 납세의무자의 재산세 등을 징수하려는 지방자치단체의 장은 납부통지서를 수탁자에게 고지하여야 하며(지방세법 제119조의2 제2항), 이러한 고지가 있은 후 납세의무자인 위탁자가 신탁의 이익을 받을 권리를 포기 또는 이전하거나 신탁재산을 양도하는 등의 경우에도 고지된 부분에 대한 수탁자의 물적납세의무에는 그대로 유지되며(같은 조 제3항), 신탁재산의 수탁자가 변경되는 경우에도 새로운 수탁자가 이전의 수탁자에게 고지된 납세의무를 승계한다(같은 조 제4항).

판례색인

사항색인

[ㅇ]

대표저자 약력

오창석(吳昌錫)

서울대학교 경영대학 경영학과 졸업
서울대학교 법과대학 사법학과 졸업
서울대학교 대학원 법학과(법학석사 : 상법)
서울대학교 대학원 법학과(상법)박사 수료
미국 New York주 변호사
한국변호사(대한변협, 서울변협)
미국 American University – Washington College of Law 석사 (LL.M.)
신용회복위원회 심의위원(2002~2005)
부동산신탁업협회 자문위원(2004~2009)
파산자 ㈜계몽드림월드 파산관재인(2004. 12.~2010. 5.)
산업통상자원부 해외자원개발융자심의회 위원(2008.~)
법무부 법무자문위원회 신탁법 개정 특별분과위원회 위원(2009~2010. 2.)
한국금융투자협회 신탁포럼구성원(2010.~)
예금보험공사 비상임이사(2011. 9.~)
해외자원개발사업법 개정연구위원(2012.~)
산업통상자원부 기술표준원 자문위원(2013. 1.~)
해외자원개발협회 산하 2013년도 자원에너지 법제연구회 연구위원(2013. 1.~)
유가증권시장 기업심사위원회 위원(2013. 3.~)
성신여자대학교 대학평의원회 의장(2014. 2. 25.~2016. 2. 24.)
세계은행 국제투자분쟁해결센터 조정위원(2015. 5. 19.~2021. 5. 19.)
법무법인 광장(Lee & Ko) 변호사(1992. 12.~2017. 2.)
현재 : 무궁화신탁 그룹 회장(2017.~)

주요 저서

"상법상 계산규정에 관한 제 고찰", 서울대 법학석사학위 논문 (1991)
"사고신고담보금에 관한 법률관계", 상사판례연구 (1995)
"무면허운전으로 인한 상해와 보험자책임", 김인섭 변호사 회갑기념논문집 (1996)
"산재법상 국가의 구상권과 그 범위", 보험법 연구 (1997)
"계속적 보증보험계약의 법률관계", 상사판례연구 (1998)
"Regulation of Korean Private Equity Funds", Asia law (2005)
"개정신탁법상 사해신탁에 관한 소고", 금융법학회 (2010)
"개정신탁법이 신탁실무에 미치는 영향", 서울대 BFL (2010)
"unconventional oil에 대한 미국환경규제 일반연구", 자원에너지법제연구회 연구논문집 (2012)
"개정신탁법상 사해신탁취소제도의 개관", 서울대 BFL (2013)

무궁화 신탁법연구회 명단(직함생략)

오창석(吳昌錫), 이화준(李禾濬), 윤성민(尹聖旻), 임재환(林在桓), 최재옥(崔宰鈺), 윤소린(尹昭麟), 신성원(申惺願), 이주석(李柱碩), 최제황(崔弟榥), 한동명(韓東明), 유서준(劉瑞峻), 류진엽(柳珍燁)

법무법인 광장 신탁법연구회 명단

감수 : 유원규(柳元奎) 변호사

집필 : 이은재(李垠宰) 변호사, 김지훈(金志勳) 변호사, 이지영(李芝英) 변호사,
홍석표(洪石杓) 변호사, 노유리(盧柔离) 변호사, 이환구(李桓求) 변호사,
안성민(安星珉) 변호사(현 판사), 오승환(吳承桓) 변호사,
김남홍(金南泓) 변호사, 박재만(朴宰滿) 변호사

제 3 판
주석 신탁법

초판발행 2013년 9월 10일
제 2 판발행 2016년 1월 1일
제 3 판발행 2021년 8월 10일

지은이 무궁화신탁법연구회 · 광장신탁법연구회
펴낸이 안종만 · 안상준

편 집 박가온
기획/마케팅 조성호
표지디자인 박현정
제 작 고철민 · 조영환

펴낸곳 (주) 박영사
서울특별시 금천구 가산디지털2로 53, 210호(가산동, 한라시그마밸리)
등록 1959. 3. 11. 제300-1959-1호(倫)
전 화 02)733-6771
f a x 02)736-4818
e-mail pys@pybook.co.kr
homepage www.pybook.co.kr
ISBN 979-11-303-3760-9 93360

정 가 45,000원